COMENTARIO MACARTHUR DEL NUEVO TESTAMENTO

I PEDRO A JUDAS

Tomos del ***Comentario al Nuevo Testamento*** de John MacArthur

Mateo
Marcos
Lucas
Juan
Hechos
Romanos
1 y 2 Corintios
Gálatas, Efesios
Filipenses, Colosenses y Filemón
1 y 2 Tesalonicenses, 1 y 2 Timoteo, Tito
Hebreos y Santiago
1 Pedro a Judas
Apocalipsis

COMENTARIO MACARTHUR DEL NUEVO TESTAMENTO

I PEDRO A JUDAS

JOHN MACARTHUR

EDITORIAL PORTAVOZ

La misión de Editorial Portavoz consiste en proporcionar productos de calidad —con integridad y excelencia—, desde una perspectiva bíblica y confiable, que animen a las personas a conocer y servir a Jesucristo.

Título del original: *The MacArthur New Testament Commentary: 1 Peter* © 2004 por John MacArthur y publicado por Moody Publishers, 820 N. LaSalle Boulevard, Chicago, IL 60610. Traducido con permiso.

Título del original: *The MacArthur New Testament Commentary: 2 Peter and Jude* © 2005 por John MacArthur y publicado por Moody Publishers, 820 N. LaSalle Boulevard, Chicago, IL 60610. Traducido con permiso.

Título del original: *The MacArthur New Testament Commentary: 1-3 John* © 2007 por John MacArthur y publicado por Moody Publishers, 820 N. LaSalle Boulevard, Chicago, IL 60610. Traducido con permiso.

Traducción: Ricardo Acosta

EDITORIAL PORTAVOZ
2450 Oak Industrial Drive NE
Grand Rapids, MI 49505 USA
Visítenos en: www.portavoz.com

ISBN 978-0-8254-1570-8

3 4 5 edición / año 29 28 27 26 25 24

Impreso en China
Printed in China

Contenido

1 Y 2 PEDRO

Dedicatorias

1 Pedro

A Louis Herwaldt, con gratitud por su liderazgo excepcional y generosidad al transmitir visión y fidelidad perdurables, a través de todos los años de lucha y sacrificio, hasta las actuales alegrías de su realización en el derramamiento de la gracia de Dios en The Master's College and Seminary. ¡No habríamos llegado hasta aquí sin su ayuda!

2 Pedro

A Rick Holland, mi consiervo pastor en Grace Community Church, quien me anima siempre con su amistad leal, su servicio fiel, su liderazgo entusiasta, y su excepcional predicación expositiva.

Contenido

Prólogo

Para mí sigue siendo una experiencia gratificante de comunión divina predicar de manera expositiva a través del Nuevo Testamento. Mi meta es tener siempre un profundo compañerismo con el Señor en el entendimiento de su Palabra, y a partir de esa experiencia explicar a su pueblo lo que un pasaje bíblico significa. En las palabras de Nehemías 8:8, me esfuerzo por poner "el sentido" en las Escrituras para que las personas puedan oír realmente a Dios hablando, y que al hacerlo puedan a su vez contestarle.

Es evidente que el pueblo de Dios debe entenderle, lo cual exige conocer su Palabra de verdad (2 Ti. 2:15) y permitir que more en abundancia en nosotros (Col. 3:16). De ahí que la idea central de mi ministerio sea ayudar a hacer viva la Palabra de Dios a su pueblo. Se trata de una aventura reconfortante.

Esta serie de comentarios del Nuevo Testamento refleja el propósito de explicar y aplicar las Escrituras. Algunos comentarios son sobre todo lingüísticos, otros teológicos, y otros tienen que ver más con la homilética. En esencia este comentario es explicativo o expositivo. No es lingüísticamente técnico, pero tiene que ver con la lingüística cuando eso parece ayudar a la adecuada interpretación. No es teológicamente extenso, pero se enfoca en las principales doctrinas de cada texto y en cómo estas se relacionan con toda la Biblia. Ante todo, no es homilético, aunque por lo general a cada unidad de pensamiento se la trata como un capítulo, con un claro esquema y flujo lógico de pensamiento. La mayoría de las verdades se ilustran y se aplican con otras Escrituras. Después de establecer el contexto de un pasaje, he tratado de seguir de cerca el desarrollo y el razonamiento del escritor.

Oro pidiendo que cada lector comprenda bien lo que el Espíritu Santo está diciendo a través de este segmento de su Palabra, de modo que su revelación pueda alojarse en las mentes de los creyentes y así lograr una mayor obediencia y fidelidad para la gloria de nuestro gran Dios.

Introducción a 1 Pedro

A lo largo de sus casi dos milenios de existencia, la Iglesia de Jesucristo ha estado habituada al sufrimiento. El choque de la verdad con el error, del reino de la luz con el de las tinieblas, y de los hijos de Dios con los del diablo produce inevitablemente un conflicto grave. A través de los siglos la realidad frecuente de los creyentes ha sido la de oposición, rechazo, ostracismo, desprecio, maltrato y hasta martirio. Que el diabólico sistema mundial descargue su furia sobre la Iglesia no debería sorprender a nadie, porque así es cómo trató al Señor Jesucristo. Al describir la persecución que sus seguidores experimentarían, Jesús señaló esta indiscutible verdad: "El discípulo no es más que su maestro, ni el siervo más que su señor. Bástale al discípulo ser como su maestro, y al siervo como su señor. Si al padre de familia llamaron Beelzebú, ¿cuánto más a los de su casa?" (Mt. 10:24-25).

Siglos antes de su nacimiento, Isaías predijo que Cristo sería "despreciado y desechado entre los hombres, varón de dolores, experimentado en quebranto" (Is. 53:3). El apóstol Juan indicó el rechazo hacia el Señor por parte del mundo pecador: "En el mundo estaba, y el mundo por él fue hecho; pero el mundo no le conoció. A lo suyo vino, y los suyos no le recibieron" (Jn. 1:10-11). Jesús dijo claramente a sus discípulos que iría a padecer y a morir. Mateo 16:21 expresa que "desde entonces comenzó Jesús a declarar a sus discípulos que le era necesario ir a Jerusalén y padecer mucho de los ancianos, de los principales sacerdotes y de los escribas; y ser muerto, y resucitar al tercer día" (cp. 17:12; Mr. 8:31; 9:12; Lc. 9:22; 17:25; 22:15; 24:26, 46; Hch. 1:3; 3:18; 17:3; 26:23; He. 2:10, 18; 5:8; 13:12; 1 P. 1:11; 2:21, 23; 4:1; 5:1).

Al no poder atacar a Jesús después de la resurrección, los enemigos de la verdad agredieron a los seguidores de Cristo. Incómodas por el crecimiento fenomenal de los discípulos, las autoridades judías intentaron desesperadamente y en vano acabar con la recién formada iglesia. Hechos 4:1-3 registra que

> *Hablando ellos [Pedro y Juan] al pueblo, vinieron sobre ellos los sacerdotes con el jefe de la guardia del templo, y los saduceos, resentidos de que enseñasen al pueblo, y anunciasen en Jesús la resurrección de entre los muertos. Y les echaron mano, y los pusieron en la cárcel hasta el día siguiente, porque era ya tarde.*

Al día siguiente el concilio les ordenó dejar de predicar en el nombre de Jesús (4:5-21). Sin desanimarse, los apóstoles siguieron predicando el evangelio, y como resultado, "levantándose el sumo sacerdote y todos los que estaban con él, esto es, la secta de los saduceos, se llenaron de celos; y echaron mano a los apóstoles y los pusieron en la cárcel pública" (5:17-18). Milagrosamente liberados de la cárcel, Pedro y Juan fueron al templo y reanudaron la predicación del evangelio (5:19-25). Arrastrados ante el concilio por segunda vez, a los apóstoles les ordenaron de nuevo que dejaran de predicar en el nombre de Jesús, amenaza reforzada esta vez con latigazos (5:26-40). Esteban, un predicador elocuente y audaz, enfrentó oposición (6:9-11), arresto, juicio ante el concilio (6:12—7:56), y martirio (7:57-60). La primera persecución dirigida a la Iglesia como un todo estalló tras el martirio de Esteban (8:1-4; 9:1-2; 11:19). Esta fue encabezada por Saulo de Tarso, un joven y celoso judío, quien se convertiría en el apóstol Pablo. Más tarde el malvado rey Herodes mandó matar a Santiago el hermano de Juan y arrestó a Pedro, solo para ver a este último liberado milagrosamente de la cárcel por parte de un ángel (12:1-11).

Después de su dramática conversión mientras se dirigía a Damasco (9:3-18), Pablo, anteriormente el más feroz perseguidor de la Iglesia, se convirtió en su más celoso misionero. El Señor estableció el curso del ministerio de Pablo cuando le manifestó a Ananías: "Yo le mostraré cuánto le es necesario padecer por mi nombre" (Hch. 9:16). Y padeció, casi desde el mismo instante de su conversión (cp. Hch. 9:20-25). Mientras viajaba por todo el Imperio Romano proclamando con valor la fe que una vez intentó destruir (Gá. 1:23), Pablo enfrentó continua aflicción e implacable oposición (Hch. 14:5-6, 19-20; 16:16-40; 17:5-9, 13-14, 18, 32; 18:12-17; 19:9, 21-41; 20:3, 22-23; 21:27-36; 23:12—24:9; 25:10-11; 27:1—28:28; cp. 1 Ts. 2:2; 2 Ti. 1:12; 2:9-10; 3:11). No sorprende que el sufrimiento fuera un tema importante en sus epístolas (p. ej., Ro. 8:17-18; 2 Co. 1:5-7; Fil. 1:29; 3:8-10; 1 Ts. 2:14; 2 Ts. 1:5; 2 Ti. 1:8; 2:3).

Con el paso del tiempo, la persecución de la iglesia se volvió más organizada, generalizada y sanguinaria. Lo que comenzó como sucesos aislados de las autoridades judías, o de turbas judías y gentiles, poco a poco se desarrolló dentro de la política oficial del gobierno romano, que veía el rechazo de los cristianos a participar en la religión estatal como una forma de rebelión. Tres siglos de persecuciones cada vez más crueles y generalizadas culminaron a principios del siglo IV en el intento sin cuartel del emperador Diocleciano de acabar con la Iglesia. En un cambio sorprendente de este acoso, en el año 313 d.C., el emperador Constantino, junto con Licinio, el gobernador de la parte oriental del imperio, publicó el edicto de Milán, que concedía total tolerancia para la fe cristiana.

Bajo la Iglesia Católica Romana que reemplazó a la Roma imperial como la potencia dominante en la Edad Media, la persecución se desató de nuevo. Los horrores de la Inquisición, la Masacre de San Bartolomé, y los martirios de hombres como Jan Hus, Hugh Latimer, Nicholas Ridley, Thomas Cranmer y William Tyndale personificaron el esfuerzo de la Iglesia Romana por exterminar el evangelio de Jesucristo. Más recientemente, cristianos han sido brutalmente reprimidos por regímenes comunistas e islámicos en todo el mundo.

Mientras Pedro escribía esta epístola, ya se estaban acumulando los siniestros nubarrones del primer gran estallido de persecución oficial instigada por el demente emperador Nerón. Como necesitaba chivos expiatorios para desviar las sospechas de los habitantes de que él había iniciado el gran incendio de julio del 64 d.C. que devastó a Roma, Nerón culpó a los cristianos, a quienes ya había percibido como enemigos de Roma debido a que no adorarían sino a Cristo. Como resultado los recubrieron de cera y los quemaron en la hoguera, los crucificaron, y los arrojaron a bestias salvajes. Aunque según parece la persecución oficial estaba confinada a la vecindad de Roma, los ataques a los cristianos sin duda alguna se extendieron sin control de las autoridades a otras partes del imperio. Fue a consecuencia de la persecución de Nerón que tanto Pedro como Pablo murieron martirizados. Sin embargo, antes de morir, Pedro escribió esta magnífica epístola para los creyentes que cuyo sufrimiento se intensificaría pronto. A lo largo de los siglos los cristianos asediados se han beneficiado del consejo sabio y de las amables y alentadoras palabras de consuelo del apóstol.

AUTOR

Pedro era el líder y portavoz reconocido de los Doce; su nombre encabeza las cuatro listas de los apóstoles en el Nuevo Testamento (Mt. 10:2-4; Mr. 3:16-19; Lc. 6:13-16; Hch. 1:13). Pedro y su hermano Andrés (quien le llevó a Jesús [Jn. 1:40-42]) se dedicaban al negocio de la pesca en el lago de Galilea (Mt. 4:18; Lc. 5:1-3). Originalmente eran de la aldea de Betsaida (Jn. 1:44), pero más tarde se mudaron a la ciudad cercana más grande de Capernaúm (Mr. 1:21, 29). El negocio de los hermanos era próspero, y les permitió poseer una casa espaciosa en esta ciudad (Mr. 1:29, 32-33; Lc. 4:38). Pedro era casado; Jesús sanó a su suegra (Lc. 4:38-39); además su esposa lo acompañaba en sus viajes misioneros (1 Co. 9:5).

El nombre de pila de Pedro era Simón, nombre común en la Palestina del siglo I. (En el Nuevo Testamento se mencionan otros ocho Simón: Simón el zelote o cananista [Mt. 10:4]; Simón el medio hermano del Señor [Mt. 13:55]; Simón el leproso [Mt. 26:6]; Simón de Cirene, a quien escogieron para llevar la cruz de Jesús [Mt. 27:32]; Simón el fariseo, en cuya casa Jesús cenó [Lc. 7:36-40]; Simón el padre de Judas Iscariote [Jn. 6:71]; Simón el mago [Hch. 8:9-24]; y Simón el curtidor, con quien Pedro se quedó en Jope [Hch. 9:43].) El nombre completo de Pedro era Simón Barjonás (Mt. 16:17), literalmente "Simón hijo de Jonás" (o Juan; cp. Jn. 1:42). En su primer encuentro, Jesús lo llamó Cefas (Jn. 1:42; cp. 1 Co. 1:12; 3:22; 9:5; 15:5; Gá. 1:18; 2:9, 11, 14), que es el nombre arameo para "roca"; "Pedro" es su equivalente griego (Jn. 1:42).

En ocasiones a Pedro se le llamó "Simón" en ambientes seculares o neutrales (p. ej. en referencia a su casa [Mr. 1:29; Lc. 4:38], a su suegra [Mr. 1:30; Lc. 4:38], o su negocio [Lc. 5:3, 10]). En tales momentos el uso del nombre no tenía insinuaciones espirituales. Pedro fue llamado "Simón" para resaltar los errores clave en su vida, aquellos momentos en que actuaba como su ego no regenerado.

En Mateo 17:24-25, Pedro confiadamente aseguró a los recaudadores de impuestos que Jesús pagaría el gravamen de dos dracmas para el mantenimiento del templo. Recordándole que como Hijo de Dios, Él estaba exento de pagar el impuesto, Jesús se dirigió a Pedro como "Simón" (v. 25). Afligido por la incapacidad de Pedro de mantenerse despierto con Él durante la agonía en Getsemaní, Jesús le dijo: "Simón, ¿duermes? ¿No has podido velar una hora?" (Mr. 14:37). Después de usar la barca de Pedro como plataforma desde la cual enseñó a las multitudes, Jesús le dijo: "Boga mar adentro, y echad vuestras redes para pescar" (Lc. 5:4). Pedro se mostró escéptico y reacio para seguir el consejo del Señor; después de todo, Jesús era rabino, no pescador. Sin duda de alguna manera exasperado, dijo: "Maestro, toda la noche hemos estado trabajando, y nada hemos pescado; mas en tu palabra echaré la red" (v. 5). La asombrosa redada de peces que resultaron de su obediencia (vv. 6-7) abrió los ojos de Pedro a la realidad de la deidad de Jesús, por tanto Lucas lo llamó por su nuevo nombre: "Simón Pedro, cayó de rodillas ante Jesús, diciendo: Apártate de mí, Señor, porque soy hombre pecador" (v. 8). Tras un acalorado debate entre los Doce sobre cuál de ellos era el más grande, Jesús advirtió al orgulloso y presumido Pedro su traición inminente: "Simón, Simón, he aquí Satanás os ha pedido para zarandearos como a trigo" (Lc. 22:31).

Después de la resurrección, Jesús llamó "Simón" a Pedro por última vez. Cansado de esperar que el Señor se apareciera (Mt. 28:7), Pedro anunció de manera impulsiva: "Voy a pescar" (Jn. 21:3). En obediencia a su líder, el resto de los discípulos dijeron: "Vamos nosotros también contigo" (v. 3). Pero aquellos a quienes Jesús llamó a ser pescadores de hombres (Mt. 4:19) no se les permitió volver a ser recogedores de peces, "y aquella noche no pescaron nada" (v. 3). A la mañana siguiente Jesús se reunió con el frustrado equipo en la playa, donde les preparó desayuno. Después Jesús preguntó tres veces a Pedro: "Simón, hijo de Jonás, ¿me amas?" (Jn. 21:15-17), y en todas las tres ocasiones este reafirmó su amor por el Señor.

Unas semanas después, el Espíritu Santo descendió sobre Pedro y el resto de los apóstoles, y de ahí en adelante la "Roca" vivió a la altura de su nombre. El apóstol tomó la iniciativa en buscar un reemplazo para Judas Iscariote (Hch. 1:15-26), valientemente predicó el evangelio (2:14-40; 3:12-26), realizó sanidades milagrosas (3:1-9; 5:12-16), confrontó audazmente a las autoridades judías

(4:8-20), y sin vacilación alguna disciplinó a miembros pecadores de la Iglesia (5:1-11). Fue Pedro quien confrontó a Simón el mago, diciéndole sin rodeos: "Tu dinero perezca contigo, porque has pensado que el don de Dios se obtiene con dinero" (Hch. 8:20). Fue a través del ministerio de Pedro que las puertas de la Iglesia se abrieron a los gentiles (Hch. 10:1-11:18).

Después de su aparición ante el concilio en Jerusalén (Hch. 15:7-12), Pedro casi desaparece del registro histórico del Nuevo Testamento hasta que escribió sus epístolas. Por el relato de Pablo acerca de la confrontación que tuvieron, es evidente que Pedro visitó Antioquía (Gá. 2:11-21), y la referencia a la disensión de Pedro en Corinto (1 Co. 1:12) sugiere que también pudo haber visitado esa ciudad. Como ya se registró, Pablo hizo alusión a los viajes misioneros de Pedro en 1 Corintios 9:5, pero la extensión de tales viajes no se conoce. Que el apóstol dirigiera 1 Pedro a iglesias en regiones específicas de Asia Menor (véase el análisis posterior bajo "Destino y lectores") podría indicar que había predicado en esas regiones.

La fuerte tradición de la iglesia primitiva ubica a Pedro en Roma al final de su vida. Es evidente que Pedro no estaba allí cuando Pablo escribió a los romanos (aprox. 57 d.C.), puesto que su nombre no aparece en la lista de personas a las que Pablo saludó (Ro. 16:1-15). Tampoco es probable que Pedro estuviera en Roma durante el primer encarcelamiento de Pablo, ya que no se lo menciona en las Epístolas de la Prisión (Efesios, Filipenses, Colosenses, Filemón), que fueron escritas en ese tiempo. Lo más probable es que Pedro llegara a Roma después que Pablo fuera liberado de su primer arresto romano. Fue allí que Pedro, al igual que Pablo, sufrió el martirio relacionado con la persecución de Nerón. Puesto que Nerón murió en el 68 d.C., la crucifixión cabeza abajo de Pedro, como sostiene la tradición, debió producirse sin duda antes de esa fecha.

A pesar de la circulación de falsificaciones que afirman ser escritas por Pedro (p. ej. el Evangelio de Pedro, Los Hechos de Pedro, y el Apocalipsis de Pedro), la iglesia primitiva nunca dudó que el apóstol escribiera 1 Pedro. La primera afirmación de eso viene en 2 Pedro, que él mismo describió como la segunda carta que había dirigido a sus lectores (2 P. 3:1). Hay comentarios acerca de que las palabras y las frases de 1 Pedro en tales escritos de fines del siglo I e inicios del siglo II pertenecen a la Epístola de Bernabé, la Primera Epístola de Clemente (que usa varias palabras griegas que no se encuentran en ninguna parte del Nuevo Testamento excepto en 1 Pedro), el Pastor de Hermas, y las Cartas de Ignacio. La obra antigua existente que en realidad cita de 1 Pedro es la Epístola de Policarpo a los Filipenses, probablemente escrita en la segunda década del siglo II. A mediados del siglo II, Justino Mártir pudo haber sabido de 1 Pedro; a finales de los siglos II y III, Ireneo, Tertuliano y Clemente de Alejandría definitivamente atribuyeron 1 Pedro al apóstol Pedro. Al resumir el punto de vista de la iglesia primitiva sobre la autenticidad de 1 Pedro, el historiador del siglo IV

Eusebio de Cesarea escribió: "Las obras que se llaman de Pedro, de las que sólo una epístola se conoce como auténtica y admitida entre los antiguos ancianos, son las ya mencionadas" (*Historia Eclesiástica* 3.3).

No obstante, a pesar del claro testimonio de la iglesia primitiva, incrédulos modernos escépticos, niegan la autenticidad de 1 Pedro, igual que hacen con la mayoría de los otros libros del Nuevo Testamento. Algunos ven en el libro una dependencia servil en los escritos de Pablo, y sostienen que no pudo haber caracterizado un verdadero escrito de Pedro, quien en sí era un eminente apóstol. Es cierto que Pedro conocía al menos algunos de los escritos de Pablo, puesto que se refiere a ellos en 2 Pedro 3:16. Sin embargo, las semejanzas entre 1 Pedro y las epístolas de Pablo no son tan grandes como para exigir dependencia literaria, en especial entre dos hombres que enseñaron la misma verdad apostólica (cp. Hch. 2:42). E.G. Selwyn advierte sabiamente:

> El vocabulario del N. T. no es muy amplio; y es limitada la cantidad de palabras disponibles para expresar una idea en particular. Por consiguiente, a menudo los paralelismos verbales no tienen otra razón que el hecho de que la palabra en cuestión era la obvia y natural para ser usada en las circunstancias. Las ideas en sí no son infinitamente numerosas; debido a que forman parte, o se derivan de, un evangelio definido... que era la razón de ser de la Iglesia Cristiana y de su fe (*The First Epistle of St. Peter* [Londres: Macmillan, 1961], p. 8).

Otros sostienen que Pedro, un compañero de Jesús, habría incluido más recuerdos personales del Señor en su epístola. Pero es precisamente la *presencia* de tales recuerdos en 2 Pedro lo que hace que los críticos rechacen su autenticidad (cp. 2 P. 1:16-18; 3:2). Ellos no pueden tocar en dos pianos a la vez. Tampoco tales recuerdos faltan por completo en 1 Pedro (5:1; cp. 5:2 con Jn. 21:16; 5:5 con Jn. 13:3-5). En un tema relacionado, 1 Pedro contiene paralelismos sorprendentes con sermones de Pedro registrados en Hechos (cp. 1:10-12 con Hch. 3:18; 1:17 con Hch. 10:34; 1:20 con Hch. 2:23; 1:21 con Hch. 2:32; 2:4, 7 con Hch. 4:11; 3:22 con Hch. 2:33; 4:5 con Hch. 10:42; el uso de *xulon* ["cruz"; lit., "madero"] en 2:24 y Hch. 5:30 y 10:39).

Otro argumento esgrimido por quienes rechazan la autoría petrina es que la persecución a la vista en 1 Pedro se realizó bajo el emperador Trajano (98-117 d.C.). Eso, por supuesto, fue mucho después de la vida del apóstol y, por tanto, él no pudo ser el autor de esta epístola. Señalan que Plinio, gobernador romano de Bitinia, escribió al emperador Trajano preguntándole en parte "si el nombre mismo [cristiano], aunque inocente de delito, debería castigarse, o únicamente los delitos vinculados a ese nombre" (citado en Henry Bettenson, *Documents of the Christian Church* [Londres: Oxford Univ., 1967], p. 3). Los críticos ven eso como el trasfondo para la amonestación de Pedro de que "si alguno padece como cristiano, no se avergüence, sino glorifique a Dios por ello" (4:16). Sin embargo, el concepto de sufrir por el nombre de Cristo no era nuevo a 1 Pedro, y fue presentado por el mismo Jesús. En Marcos 13:13 Él advirtió a sus seguidores: "Y seréis aborrecidos de todos por causa de mi nombre". Después de ser golpeado por el concilio, los apóstoles "salieron de la presencia del concilio, gozosos de haber sido tenidos por dignos de padecer afrenta por causa del Nombre" (Hch. 5:41; cp. 9:16; Mt. 5:11; 10:22; 24:9).

Pero el argumento más elocuente para quienes rechazan la autenticidad de 1 Pedro es el lingüístico. Insisten en que un simple pescador galileo cuya lengua nativa era el arameo no pudo haber escrito el griego fluido y pulido de 1 Pedro, sobre todo siendo un hombre descrito en Hechos 4:13 como "sin letras y del vulgo". Un argumento consecuente es que Pedro, no hablante griego nativo, no habría citado de la Septuaginta, como lo hace el escritor de 1 Pedro.

Existen buenas respuestas para cada uno de esos argumentos. Primera, algunos han exagerado las afinidades clásicas del griego de 1 Pedro. Segunda, la epístola contiene expresiones semíticas coherentes con la educación judía de Pedro. Tercera, Pedro era de Galilea, que incluso en la época de Isaías era conocida como "Galilea de los gentiles" (Is. 9:1). El griego, junto con el arameo y el hebreo, se hablaba comúnmente en toda Palestina (Robert L. Thomas y Stanley N. Gundry, *A Harmony of the Gospels* [Chicago: Moody, 1979], pp. 309ss.). Eso era específicamente cierto en Galilea, donde la influencia griega era fuerte, y cuyo territorio estaba cerca de la región gentil conocida como Decápolis. Siendo hombre de negocios en Galilea, casi con seguridad Pedro conocía el griego. Además, Pedro (Hch. 15:14) y sus compañeros galileos Andrés y Felipe tenían nombres griegos. Mateo y Santiago, también galileos, escribieron libros del Nuevo Testamento en excelente griego. Cuarta, Pedro escribió esta epístola después de tres décadas de viajar y ministrar entre personas en gran medida de habla griega, lo que le habría dado una mayor habilidad con el idioma griego. Quinta, para Pedro era natural citar la Septuaginta, ya que esa era la versión más conocida de sus lectores. Sexta, la frase "sin letras y del vulgo" en Hechos 4:13 no significa que Pedro fuera iletrado, sino más bien que era un laico, sin preparación rabínica (cp. Jn. 7:15). Tampoco son los eruditos los únicos que pueden producir grandes obras literarias; por ejemplo, John Bunyan, autor de una de las obras más fabulosas, *El progreso del peregrino*, era un humilde hojalatero (alguien que reparaba utensilios caseros). Por último, era común que escritores antiguos usaran amanuenses, o secretarios, para que les ayudaran a escribir sus libros. Aunque Pablo era un erudito muy bien educado (Hch. 26:24), hizo uso de uno de tales amanuenses (Ro. 16:22; cp. 1 Co. 16:21; Col. 4:18; 2 Ts. 3:17). Pedro también usó uno para escribir 1 Pedro, dictando su carta a Silvano (5:12), quien pudo pulir, bajo la supervisión de Pedro, el estilo literario del apóstol.

Quienes niegan la autoría de Pedro alegan que 1 Pedro o era una carta anónima a la que de alguna manera se relacionó su nombre, o más la obra apócrifa de un "falsificador piadoso" que anexó el nombre de Pedro a su carta en un intento de investirla con autoridad apostólica. Pero tales afirmaciones engañosas están llenas de abrumadores inconvenientes. Quienes afirman que originalmente la carta fue anónima sostienen que la introducción y la conclusión fueron añadidas más tarde para hacerla aparecer como si Pedro la hubiera escrito. Pero es difícil imaginar cómo una carta que había estado circulando anónimamente de repente pudo haber tenido el nombre de Pedro agregado a ella sin levantar sospechas en las iglesias a las que fue dirigida. Tampoco hay evidencia en algún manuscrito antiguo de que 1 Pedro circulara sin introducción ni conclusión.

Otra versión del punto de vista del "falsificador piadoso" sostiene que un individuo utilizó el nombre de Pedro, no para engañar, sino como un inofensivo recurso literario que sus lectores habrían entendido. Pero a esa teoría no le va mejor, como señala Donald Guthrie:

> Es imposible elaborar un caso inteligible para el uso de pseudónimo en 1 Pedro. El hecho de que el propósito del autor fuera alentar significa que las relaciones personales entre lectores y escritor jugarían una parte mucho más importante que la autoridad apostólica. ¿Por qué el autor, si no fue Pedro, no publicó sus estímulos en su propio nombre? Parece no haber respuesta satisfactoria a esta pregunta. La epístola no trata con alguna herejía que podría haber requerido autoridad apostólica para refutarla. Por otra parte, la mención de Silas y Marcos no puede considerarse como parte de la maquinaria para atribución de un nombre falso, porque un falso Pedro sin duda evitaría asociar tan de cerca con Pedro a aquellos que, según Hechos y las epístolas paulinas, eran asociados de Pablo (*New Testament Introduction* [4ª edición revisada; Downers Grove, Ill.: InterVarsity, 1990], p. 778).

La afirmación de que el uso de pseudónimos era un recurso literario aceptado también es falsa; la iglesia primitiva no aprobaba las supuestas falsificaciones piadosas. Pablo advirtió de cartas falsas que pretendían venir de parte de él (2 Ts. 2:2), y dio pasos para autenticar las suyas (1 Co. 16:21; Col. 4:18; cp. 2 Ts. 3:17). Tertuliano, uno de los padres de la iglesia primitiva, escribió acerca del líder de una iglesia que fue destituido del cargo por falsificar un documento en nombre de Pablo, aunque lo hizo por amor a Pablo (*On Baptism, XVII; The Ante-Nicene Fathers* [reimpreso; Grand Rapids: Eerdmans, 1973], 3:677). D. A. Carson, Douglas J. Moo y Leon Morris advierten que "no debemos enfocar las epístolas del Nuevo Testamento como si fuera algo común para los primeros cristianos escribir cartas a nombre ajeno. Hasta donde sabemos, no existe una de tales cartas que surja de cristianos de cualquier lugar cerca del período del Nuevo Testamento" (*An Introduction to the New Testament* [Grand Rapids: Zondervan, 1992], p. 368. Para un estudio a fondo del tema de los pseudónimos, véase pp. 367-71; véase también Thomas R. Schreiner, *1, 2 Peter, Jude*, The New American Commentary [Nashville: Broadman & Holman, 2003], pp. 270-73).

A pesar de los reparos de los críticos, la evidencia apoya fuertemente la afirmación de propiedad de que la carta fue escrita por "Pedro, apóstol de Jesucristo" (1:1).

DESTINO Y LECTORES

Pedro dirigió su epístola a los cristianos residentes en "Ponto, Galacia, Capadocia, Asia y Bitinia" (1:1), regiones dentro del Imperio Romano que hoy día forman parte de Turquía. El orden en que se nombran podría reflejar la ruta que el portador de la carta (Silvano, 5:12) siguió cuando la entregó. No se sabe a ciencia cierta cómo se extendió el evangelio a esas regiones. Pablo ministró en al menos parte de Galacia y Asia, pero no hay constancia de su obra evangelizadora en Ponto, Capadocia o Bitinia. Es más, el Espíritu Santo le prohibió entrar a Bitinia (Hch. 16:7). Podría ser que los convertidos por Pablo fundaran algunas de las iglesias (cp. Hch. 19:10, 26); y otras las podrían haber fundado aquellos que se convirtieron el día de Pentecostés (cp. Hch. 2:9). Pedro también pudo haber ministrado en esas regiones, aunque no hay registro de eso en Hechos. Las congregaciones consistían sobre todo de gentiles (cp. 1:14, 18; 2:9-10; 4:3-4), pero indudablemente también incluían a algunos judíos cristianos.

FECHA Y LUGAR DEL ESCRITO

Tres posibles ubicaciones se han sugerido para la "Babilonia" desde donde Pedro escribió (5:13). Algunos abogan por la antigua ciudad de Babilonia en Mesopotamia, pero esa región estaba escasamente poblada en la época de Pedro. Es poco probable que tanto él como Marcos y Silvano hubieran estado allí al mismo tiempo. Otros señalan a Babilonia en el río Nilo en Egipto. Sin embargo, este era poco más que un puesto militar romano, y también es poco probable que Pedro (junto con Marcos y Silvano) hubiera establecido residencia allí. "Babilonia" es más probable un nombre secreto para Roma, escogido por el libertinaje y la idolatría de la capital imperial (que caracterizará a la Babilonia de los últimos tiempos; cp. Ap. 17, 18). Con la persecución avecinándose en el horizonte, Pedro debió tener cuidado de no poner en peligro a los cristianos en Roma, quienes podrían haber enfrentado más dificultades si las autoridades romanas hubieran descubierto la carta. La fuerte asociación de Pedro con Roma en la tradición temprana apoya el punto de vista de que el apóstol escribió 1 Pedro desde Roma.

La fecha más probable para 1 Pedro es justo antes de la persecución de Nerón, que siguió al gran incendio que destruyó Roma en el verano del 64 d.C. La ausencia de alguna referencia al martirio hace menos probable que la epístola fuera escrita después que la persecución empezara, ya que para entonces habrían dado muerte a numerosos cristianos.

TEMA Y PROPÓSITO

El propósito expresado de Pedro para escribir su epístola fue que sus lectores estuvieran firmes en la verdadera gracia de Dios (5:12) frente a la escalada de persecución y sufrimiento. Para ese fin les recordó la decisión que tomaron y la esperanza segura de su herencia celestial, les delineó los privilegios y las bendiciones de conocer a Cristo; además el apóstol les dio instrucciones sobre cómo comportarse en un mundo hostil, y les señaló el ejemplo del padecimiento de Cristo. Pedro quería que sus lectores vivieran de manera triunfal en medio de la hostilidad, sin abandonar la esperanza, sin amargarse, sin perder la fe en Cristo, y sin olvidar la Segunda Venida. Al obedecer la Palabra de Dios a pesar del antagonismo del mundo, las vidas cristianas testificarán de la verdad del evangelio (2:12; 3:1, 13-17).

BOSQUEJO

Saludo (1:1-2)

I. Los cristianos que sufren deben recordar su gran salvación (1:3—2:10)
  A. La seguridad de la salvación (1:3-12)
    1. Está preservada por el poder de Dios (1:3-5)
    2. Está probada por los sufrimientos de Dios (1:6-9)
    3. Fue predicha por los profetas de Dios (1:10-12)
  B. Las consecuencias de la salvación (1:13—2:10)
    1. La prioridad de la santidad (1:13-23)
    2. El poder de la Palabra (1:24—2:3)
    3. El sacerdocio de los creyentes (2:4-10)

II. Los cristianos que sufren deben recordar su ejemplo delante de los hombres (2:11—4:6)
  A. Al vivir con honor delante de incrédulos (2:11—3:7)
    1. Sumisión en el ámbito cívico (2:11-17)
    2. Sumisión en el lugar de trabajo (2:18-25)
    3. Sumisión en la familia (3:1-7)
  B. Al vivir con honor delante de creyentes (3:8-12)
  C. Al vivir con honor en medio del sufrimiento (3:13—4:6)
    1. El principio de sufrir por la justicia (3:13-17)

2. El modelo de sufrir por la justicia (3:18-22)
3. El propósito de sufrir por la justicia (4:1-6)

III. Los cristianos que sufren deben recordar que su Señor regresará (4:7—5:11)

A. Las responsabilidades de la vida cristiana (4:7-11)
B. La realidad del padecimiento cristiano (4:12-19)
C. Requisitos para el liderazgo cristiano (5:1-4)
D. Consecución de la victoria cristiana (5:5-11)

Conclusión (5:12-14)

Los elementos de la elección 1

Pedro, apóstol de Jesucristo, a los expatriados de la dispersión en el Ponto, Galacia, Capadocia, Asia y Bitinia, elegidos según la presciencia de Dios Padre en santificación del Espíritu, para obedecer y ser rociados con la sangre de Jesucristo: Gracia y paz os sean multiplicadas. (1:1-2)

Aunque este es el punto de partida de la historia de la redención, puede parecer sorprendente iniciar una epístola haciendo referencia a la doctrina de la elección, pero eso es exactamente lo que el apóstol Pedro hace (cp. Ef. 1:1-5 y Tit. 1:1-2, donde Pablo empieza de igual modo). Y lo hace sin vacilar, después de las identificaciones de apertura, con la palabra **elegidos** (v. 2). Así Pedro empieza su carta escribiendo de una de las doctrinas más controversiales y odiadas, y lo hace sin vacilación, sin disculparse, sin esfuerzo destinado a paliar, y sin ninguna explicación o postergación a argumentos en contra. Declara esta verdad de la soberana elección por lo que es: una realidad reconocida y creída entre los apóstoles y en la Iglesia. Sin embargo, hoy esta doctrina innegablemente verdadera es cuestionada por muchos y despreciada por muchos otros. Arthur W. Pink, maestro bíblico y prolífico escritor teológico de origen británico que murió en 1952, escribió esto acerca de las opiniones sobre la soberanía de Dios y, en consecuencia, la doctrina adicional de la elección divina:

> Somos muy conscientes de que lo que hemos escrito está en abierta oposición con gran parte de la enseñanza actual tanto en la literatura religiosa como en los púlpitos típicos de la nación. Reconocemos que los postulados de la soberanía de Dios con todos sus corolarios están en desacuerdo directo con las opiniones y pensamientos del hombre natural. No obstante, la verdad es que el hombre natural es *incapaz* de pensar en estos asuntos: no es competente para formar una valoración adecuada del carácter y de las maneras en que Dios se manifiesta; y por esto Él nos ha dado una revelación de *su* mente, en que declara explícitamente: "Mis pensamientos no son vuestros pensamientos, ni vuestros caminos mis caminos, dijo Jehová. Como son más altos los cielos que la tierra, así son mis caminos más altos que vuestros caminos, y mis

> pensamientos más que vuestros pensamientos" (Is. 55:8-9). En vista de este pasaje, solo es de esperar que gran parte de los contenidos de la Biblia *entre en conflicto* con los sentimientos de la mente carnal, que está en *enemistad* contra Dios. Nuestro llamado entonces no es a las creencias populares de la época, ni a los credos de las iglesias, sino a la ley y el testimonio de Jehová. Lo único que pedimos es un examen imparcial y atento a lo que hemos escrito, y eso hecho en oración a la luz de la Lámpara de Verdad (*The Sovereignty of God*, edición revisada [Edinburgh: Banner of Truth, 1961], p. 19; cursivas en el original).

Según revela el análisis todavía relevante de Pink, es imperativo que los cristianos entiendan y aprecien plenamente esta enseñanza tan vital y crucial. Pedro expone las repercusiones teológicas y prácticas de la elección divina en siete categorías: la condición, la naturaleza, el origen, la esfera, el efecto, la seguridad y las ventajas de la elección.

LA CONDICIÓN DE LA ELECCIÓN

Pedro, apóstol de Jesucristo, a los expatriados de la dispersión en el Ponto, Galacia, Capadocia, Asia y Bitinia, (1:1)

Pedro, el autor inspirado, se identifica como **apóstol de Jesucristo.** Otros versículos del Nuevo Testamento también identifican a Pedro como un apóstol y, al poner su nombre a la cabeza de todas las listas de los apóstoles de Jesús (Mt. 10:2; Mr. 3:16; Lc. 6:14; Hch. 1:13), destacan que él era el líder de los Doce.

La intención de Pedro en esta primera parte de su saludo no solo fue identificar a sus lectores en cuanto a su origen celestial, como escogidos de Dios, sino también en cuanto al estado que tenían como residentes terrenales. El apóstol describe a sus lectores en esta condición terrenal como **expatriados.** *Parepidēmois* (**expatriados**) puede designar a quienes son residentes temporales, o a quienes son extranjeros o refugiados (cp. Gn. 23:4; Éx. 2:22; 22:21; Sal. 119:19; Hch. 7:29; He. 11:13). El apóstol los identifica además como personas que pertenecían a **la dispersión** en varios lugares. **Dispersión** se traduce de *diáspora,* de donde se deriva otro término castellano: *dispersos.* Comentarios, obras teológicas, y escritos sobre historia bíblica a menudo transcriben *diáspora* y la usan de forma intercambiable con **dispersión**. En sus otras dos apariciones en el Nuevo Testamento, *diáspora* es un término técnico que se refiere a la diseminación de los judíos a través del mundo a causa de los cautiverios asirio y babilonio. En ambos casos la palabra tiene el artículo definido (Jn. 7:35; Stg. 1:1). Sin embargo, aunque Pedro sí incluye aquí el artículo definido, es mejor interpretar el término como una referencia no técnica a creyentes muy dispersos geográficamente.

Aunque Dios llamó a Pedro a ser el **apóstol** a los judíos (Gá. 2:7), la ausencia del artículo definido con la *diáspora* argumenta que en su saludo Pedro no se estaba dirigiendo como tal a judíos. Otro pasaje apoya esa interpretación. En 2:11 identifica a sus lectores, no de manera racial o nacional sino espiritual: "Amados, yo os ruego como a extranjeros y peregrinos, que os abstengáis de los deseos carnales que batallan contra el alma". Por tanto, el apóstol no solamente se dirigió a judíos que estaban dispersos de su tierra natal, sino a creyentes gentiles, quienes espiritualmente eran **expatriados** en el mundo.

La Iglesia está compuesta de extranjeros y peregrinos esparcidos por todo el planeta, lejos de su verdadero hogar en el cielo (cp. Fil. 3:20; He. 11:13-16; 13:14). Específicamente, Pedro se estaba dirigiendo a las iglesias en **Ponto, Galacia, Capadocia, Asia y Bitinia,** todas provincias de Asia Menor (la moderna Turquía) en esa época. **Ponto** se hallaba en el extremo norte, y algunos de sus peregrinos judíos estuvieron en Jerusalén durante los acontecimientos extraordinarios de Pentecostés (Hch. 2:9). La provincia también era el hogar de Aquila (Hch. 18:2), el judío que junto con su esposa Priscila se hicieron cristianos en Roma y después ministraron al lado de Pablo (Hch. 18:18). **Galacia** estaba en Asia Menor central y contenía las poblaciones de Derbe, Listra e Iconio, donde Pablo ministró varias veces (Hch. 14:1-13; 16:1-5; 18:23). **Capadocia** estaba ubicada en la sección este de Asia Menor, al norte de Cilicia, y también se la menciona en relación con los peregrinos de Hechos 2:9. **Asia** incluía la mayor parte del occidente de Asia Menor y contenía tales divisiones como Misia, Lidia, Caria y gran parte de Frigia. La provincia fue el sitio de un ministerio extenso de Pablo en su tercer viaje: "Todos los que habitaban en Asia, judíos y griegos, oyeron la palabra del Señor Jesús" (Hch. 19:10) y se mencionan otros doce lugares en Hechos. **Bitinia** se localizaba en el noroeste de Asia Menor cerca del Bósforo, el estrecho que separa las secciones europea y asiática de la moderna Turquía. A esta provincia se alude solo en otro sitio en el Nuevo Testamento, cuando el Espíritu Santo, durante el segundo viaje misionero de Pablo, le prohibió entrar en ella (Hch. 16:7).

Según indican las regiones geográficas que Pedro menciona en su saludo, esta carta tuvo amplia circulación. Sin duda, en cada una de esas regiones las iglesias recibieron y leyeron la epístola. Por ejemplo, había al menos siete iglesias en Asia Menor (Éfeso, Esmirna, Pérgamo, Tiatira, Sardis, Filadelfia y Laodicea) que treinta años más tarde recibieron revelación especial del mismo Cristo resucitado (Ap. 1:11; capítulos 2—3). Y había otros lugares notables en Asia Menor, como Colosas, que Pedro ni siquiera menciona. Así que él estaba escribiendo a una gran cantidad de creyentes diseminados como extranjeros espirituales a través de una región pagana y hostil.

Pedro se dirigió a tan amplia audiencia debido a que la persecución romana de cristianos se había extendido a todo el imperio. Los creyentes en todas partes iban a sufrir (cp. Lc. 21:12; Fil. 1:29; Stg. 1:1-3). El apóstol quería que esos cristianos recordaran que en medio de sufrimiento y dificultades potencialmente enormes aún eran los escogidos de Dios, y que como tales podían enfrentar persecución con esperanza triunfante (cp. 4:13, 16, 19; Ro. 8:35-39; 2 Ti. 3:11; He. 10:34-36).

NATURALEZA DE LA ELECCIÓN

elegidos (1:2*a*)

Como expatriados espirituales, lo más importante para los lectores de Pedro no era su relación con la tierra sino su relación con el cielo. Al describir la esperanza de Abraham, el escritor de Hebreos declaró: "Esperaba la ciudad que tiene fundamentos, cuyo arquitecto y constructor es Dios" (11:10; cp. vv. 13-16; Jn. 14:1-3; Fil. 3:20).

Con la comprensión de esa verdad, Pedro identifica a sus lectores como **elegidos** (*eklektos*). El apóstol reitera esta idea en 2:9: "Vosotros sois linaje escogido, real sacerdocio, nación santa, pueblo adquirido por Dios, para que anunciéis las virtudes de aquel que os llamó de las tinieblas a su luz admirable". Las alusiones de Pedro al Antiguo Testamento en ese versículo dejan en claro su comprensión de que Dios había escogido soberanamente a Israel: "Tú eres pueblo santo para Jehová tu Dios; Jehová tu Dios te ha escogido para serle un pueblo especial, más que todos los pueblos que están sobre la tierra" (Dt. 7:6; cp. 14:2; Sal. 105:43; 135:4).

El amor soberano de Dios también dio lugar a su elección de la Iglesia. El apóstol Pablo informó a la iglesia en Éfeso: "En él asimismo tuvimos herencia, habiendo sido predestinados conforme al propósito del que hace todas las cosas según el designio de su voluntad" (Ef. 1:11). A los tesalonicenses declaró: "Nosotros debemos dar siempre gracias a Dios respecto a vosotros, hermanos amados por el Señor, de que Dios os haya escogido desde el principio para salvación, mediante la santificación por el Espíritu y la fe en la verdad" (2 Ts. 2:13; cp. Jn. 15:16; Ro. 8:29-30; 1 Co. 1:27; Ef. 1:4-5; 2:10; Col. 3:12; 1 Ts. 1:4; Tit. 1:1).

Jesús tampoco dudó en enseñar sin ambigüedades ni complejos la verdad de la elección: "Ninguno puede venir a mí, si el Padre que me envió no le trajere; y yo le resucitaré en el día postrero" (Jn. 6:44); "no hablo de todos vosotros; yo sé a quienes he elegido" (13:18; cp. Lc. 10:20; 18:7; Jn. 17:6, 9). El Señor supuso la verdad de la elección divina en su discurso del Monte de los Olivos, haciendo referencia indirecta a esta en tres ocasiones: "Y si aquellos días no fuesen acortados, nadie sería salvo; mas por causa de los escogidos, aquellos días serán acortados" (Mt. 24:22; véase también vv. 24, 31; Mr. 13:20).

Dios ha escogido personas de todo el mundo (Ap. 5:9; 7:9; cp. Jn. 10:16;

Hch. 15:14) para que le pertenezcan, y la Iglesia son esas personas (cp. Ro. 8:29; Ef. 5:27). A lo largo del Nuevo Testamento esta verdad se presenta claramente (2:8-9; Mt. 24:22, 24, 31; Lc. 18:7; Col. 3:12; Tit. 1:1-2; Stg. 2:5). El apóstol Juan cita reiteradamente a Jesús diciendo que el Padre da el Hijo a quien Él escoge:

> *Todo lo que el Padre me da, vendrá a mí; y al que a mí viene, no le echo fuera. Porque he descendido del cielo, no para hacer mi voluntad, sino la voluntad del que me envió. Y esta es la voluntad del Padre, el que me envió: Que de todo lo que me diere, no pierda yo nada, sino que lo resucite en el día postrero. Y esta es la voluntad del que me ha enviado: Que todo aquél que ve al Hijo, y cree en él, tenga vida eterna; y yo le resucitaré en el día postrero. Murmuraban entonces de él los judíos, porque había dicho: Yo soy el pan que descendió del cielo. Y decían: ¿No es éste Jesús, el hijo de José, cuyo padre y madre nosotros conocemos? ¿Cómo, pues, dice éste: Del cielo he descendido? Jesús respondió y les dijo: No murmuréis entre vosotros. Ninguno puede venir a mí, si el Padre que me envió no le trajere; y yo le resucitaré en el día postrero. Escrito está en los profetas: Y serán todos enseñados por Dios. Así que, todo aquel que oyó al Padre, y aprendió de él, viene a mí (Jn. 6:37-45).*

> *He manifestado tu nombre a los hombres que del mundo me diste; tuyos eran, y me los diste, y han guardado tu palabra… Cuando estaba con ellos en el mundo, yo los guardaba en tu nombre; a los que me diste, yo los guardé, y ninguno de ellos se perdió, sino el hijo de perdición, para que la Escritura se cumpliese… Padre, aquellos que me has dado, quiero que donde yo estoy, también ellos estén conmigo, para que vean mi gloria que me has dado; porque me has amado desde antes de la fundación del mundo (17:6, 12, 24).*

Los escogidos son expresiones del amor del Padre por el Hijo. Todos los que el Padre da, el Hijo recibe; y el Hijo los protege y los resucita a vida eterna. En principio, Jesús reveló esto a sus discípulos en el aposento alto: "No me elegisteis vosotros a mí, sino que yo os elegí a vosotros, y os he puesto para que vayáis y llevéis fruto, y vuestro fruto permanezca; para que todo lo que pidiereis al Padre en mi nombre, él os lo dé" (Jn. 15:16). Juan 5:21 afirma: "Porque como el Padre levanta a los muertos, y les da vida, así también el Hijo a los que quiere da vida". Lucas narra la elección soberana que Dios hizo de la iglesia en Pisidia durante el primer viaje misionero de Pablo:

> *Entonces Pablo y Bernabé, hablando con denuedo, dijeron: A vosotros a la verdad era necesario que se os hablase primero la palabra de Dios; mas puesto que la desecháis, y no os juzgáis dignos de la vida eterna, he aquí, nos volvemos a los gentiles. Porque así nos ha mandado el Señor, diciendo: Te he puesto para luz*

de los gentiles, a fin de que seas para salvación hasta lo último de la tierra. Los gentiles, oyendo esto, se regocijaban y glorificaban la palabra del Señor, y creyeron todos los que estaban ordenados para vida eterna. Y la palabra del Señor se difundía por toda aquella provincia (Hch. 13:46-49).

Pablo escribió con claridad la verdad de que la elección es totalmente consecuencia del propósito soberano y de la gracia de Dios, "quien nos salvó y llamó con llamamiento santo, no conforme a nuestras obras, sino según el propósito suyo y la gracia que nos fue dada en Cristo Jesús antes de los tiempos de los siglos" (2 Ti. 1:9). El gran apóstol define más adelante esta verdad en Romanos 8:28-30:

Y sabemos que a los que aman a Dios, todas las cosas les ayudan a bien, esto es, a los que conforme a su propósito son llamados. Porque a los que antes conoció, también los predestinó para que fuesen hechos conformes a la imagen de su Hijo, para que él sea el primogénito entre muchos hermanos. Y a los que predestinó, a éstos también llamó; y a los que llamó, a éstos también justificó; y a los que justificó, a éstos también glorificó.

Juan destaca además lo eterno de la elección al final del Nuevo Testamento cuando observa que el libro de la vida existió desde antes de la fundación del mundo (Ap. 13:8; 17:8; cp. 3:5; 20:12, 15; 21:27). Desde la eternidad pasada, Dios ha tenido en mente un enorme cuerpo de creyentes a los que decidió amar (1 Jn. 4:10; cp. Ro. 10:20), para salvarlos de su pecado (Ef. 2:1-5; Col. 2:13), y conformarlos a la imagen de su Hijo (Ro. 8:29; 1 Co. 1:7-9; 2 Co. 3:18; Jud. 24-25). Y cada uno de esos nombres, de toda nacionalidad y época de la historia, Dios lo aseguró específicamente en propósito eterno antes de que el mundo comenzara.

EL ORIGEN DE LA ELECCIÓN

según la presciencia de Dios Padre (1:2*a*)

Una explicación popular para la elección de parte de aquellos que no pueden aceptar la decisión soberana de Dios basada en nada más que su propia voluntad, se deriva de una mala comprensión de la **presciencia.** Según esa comprensión, el término simplemente significa adivinación o conocimiento sobrenatural del futuro. Los proponentes afirman que Dios en su omnisciencia miró los corredores del tiempo y vio quién creería el evangelio y quién no lo creería. Entonces eligió para la salvación a todos aquellos que Él sabía que decidirían creer, y les garantizó que llegarían al cielo. Sin embargo, hay por lo menos tres razones de que tal interpretación de **presciencia** no es bíblica. Primera, hace al hombre soberano en la salvación en lugar de Dios, aunque Jesús afirmó la soberanía suya y del Padre cuando les dijo a sus discípulos: "No me elegisteis vosotros a mí, sino que yo os elegí a vosotros" (Jn. 15:16; cp. Ro. 9:11-13, 16). Segunda, esta interpretación da al hombre un mérito excesivo por su propia salvación, lo que le permite participar de la gloria que pertenece solo a Dios. El conocido pasaje de la salvación, Efesios 2:8-9, acaba con esa noción: "Porque por gracia sois salvos por medio de la fe; y esto no de vosotros, pues es don de Dios; no por obras, para que *nadie se gloríe*" (cursivas añadidas; cp. 1 Co. 1:29, 31). Tercera, supone que el hombre caído puede buscar a Dios. Romanos 3:11, citando de Salmos 14:1-3 y 53:1-3, declara sin ambages: "No hay quien entienda, no hay quien busque a Dios" (cp. Ef. 2:1). El apóstol Juan define con exactitud la iniciativa salvadora de Dios: "En esto consiste el amor: no en que nosotros hayamos amado a Dios, sino en que él nos amó a nosotros, y envió a su Hijo en propiciación por nuestros pecados" (1 Jn. 4:10; cp. Ro. 5:8).

Cualquier tipo de definición de la presciencia centrada en el hombre es incompatible con la absoluta soberanía de Dios sobre todas las cosas: "Acordaos de las cosas pasadas desde los tiempos antiguos; porque yo soy Dios, y no hay otro Dios, y nada hay semejante a mí, que anuncio lo por venir desde el principio, y desde la antigüedad lo que aún no era hecho; que digo: Mi consejo permanecerá, y haré todo lo que quiero" (Is. 46:9-10; cp. 14:24, 27; Job 42:1-2; Sal. 115:3; 135:6; Jer. 32:17).

El uso de la palabra griega traducida **presciencia** en el versículo 2 también prueba que no puede significar simplemente conocimiento de acontecimientos y actitudes futuras. *Prognōsis* (**presciencia**) se refiere a intención eterna, predeterminada, amorosa y salvadora. En 1:20, Pedro usa el verbo relacionado "ya destinado", una forma de *proginōskō*, en referencia al conocimiento de Dios de la eternidad pasada de que enviaría a su Hijo para redimir a pecadores. El uso de este verbo no puede significar que Dios mirara dentro de la historia futura y viera que Jesús elegiría morir, por lo que lo hizo el Salvador. De la misma manera que Dios Padre conoció de antemano su plan para la crucifixión de Cristo desde antes de la fundación del mundo (Hch. 2:23; cp. 1 P. 2:6), también conoció de antemano a los elegidos. En ningún caso se trató de un asunto de simple información previa acerca de lo que iba a acontecer. Por tanto, **presciencia** implica determinación de parte de Dios de tener una relación con algunos individuos, basado en su plan eterno. Es el propósito divino el que lleva al cumplimiento de la salvación para los pecadores, conseguida por medio de la muerte de Jesucristo en la cruz, no simplemente es un conocimiento anticipado que observa cómo las personas responderán a la oferta de salvación que Dios haría.

En el Antiguo Testamento, "conocer" a alguien podía indicar una relación sexual (Nm. 31:18, 35; Jue. 21:12; cp. Gn. 19:8). Mucho antes de que Pedro articulara la naturaleza del conocimiento previo de Dios, "Jehová dijo a Moisés: También haré esto que has dicho, por cuanto has hallado gracia en mis ojos, y te he conocido por tu nombre" (Éx. 33:17). En relación con Cristo el Siervo, Isaías 49:1-2 declara: "Oídme, costas, y escuchad, pueblos lejanos. Jehová me llamó desde el vientre, desde las entrañas de mi madre tuvo mi nombre en memoria. Y puso mi boca como espada aguda, me cubrió con la sombra de su mano; y me puso por saeta bruñida, me guardó en su aljaba". Dios tuvo una relación predeterminada con el profeta Jeremías: "Antes que te formase en el vientre te conocí, y antes que nacieses te santifiqué, te di por profeta a las naciones" (Jer. 1:5). Amós escribió acerca del conocimiento previo de Dios en cuanto a Israel: "A vosotros solamente he conocido de todas las familias de la tierra" (Am. 3:2). En todas las referencias anteriores no se habla tan solo de que Dios tenga información *respecto de* alguien, sino que Él quería establecer una relación *con* alguien. Y la **presciencia** nos dice que Dios estableció eso por decreto divino antes del inicio del tiempo.

De acuerdo con la continuidad de las Escrituras, la comprensión del conocimiento previo en el Antiguo Testamento aparece otra vez en los evangelios. Jesús, aclarando la verdadera naturaleza de la salvación en su Sermón del Monte, declaró esto acerca de los falsos elegidos: "Muchos me dirán en aquel día: Señor, Señor, ¿no profetizamos en tu nombre, y en tu nombre echamos fuera demonios, y en tu nombre hicimos muchos milagros? Y entonces les declararé: Nunca os conocí; apartaos de mí, hacedores de maldad" (Mt. 7:22-23). Sin duda, Jesús sabía quiénes eran tales individuos, pero no los "conocía" en el sentido de que hubiera predeterminado una relación salvadora con ellos. Esa clase de relación está reservada para sus ovejas: "Yo soy el buen pastor; y conozco mis ovejas, y las mías me conocen" (Jn. 10:14; cp. vv. 16, 26-28; 17:9-10, 20-21). La **presciencia** de salvación entonces implica que Dios decide conocer a alguien para tener una relación íntima de salvación, escogiéndolo por consiguiente desde la eternidad pasada para que reciba su amor redentor.

LA ESFERA DE LA ELECCIÓN

en santificación del Espíritu, (1:2*b*)

La manifestación exterior de la elección de los elegidos hecha por Dios en la eternidad comienza a tiempo **en santificación del Espíritu.** La **santificación** abarca todo lo que **el Espíritu** produce en la salvación: fe (Ef. 2:8), arrepentimiento (Hch. 11:15-18), regeneración (Tit. 3:5) y adopción (Ro. 8:16-17). Por tanto, la elección, el plan de Dios, se convierte en una realidad en la vida del creyente a través de la salvación, la obra de Dios, que el Espíritu Santo lleva a cabo.

La **santificación** (*hagiasmō*) se refiere a separación, consagración y santidad. Primera de Pedro 2:9-10 ilustra el principio: "Mas vosotros sois linaje escogido, real sacerdocio, nación santa, pueblo adquirido por Dios, para que anunciéis las virtudes de aquel que os llamó de las tinieblas a su luz admirable; vosotros que en otro tiempo no erais pueblo, pero que ahora sois pueblo de Dios; que en otro tiempo no habíais alcanzado misericordia, pero ahora habéis alcanzado misericordia". En la salvación, la **santificación del Espíritu** aparta del pecado a los creyentes para Dios, los separa de la oscuridad y los lleva a la luz, los aparta de la incredulidad y los lleva a la fe, y los aísla misericordiosamente del amor al pecado y los lleva al amor de la justicia (Jn. 3:3-8; Ro.8:2; 2 Co. 5:17; cp. 1 Co. 2:10-16; Ef. 2:1-5; 5:8; Col. 2:13).

Años antes, ante el concilio de Jerusalén, Pedro expresó el mismo principio:

> *Y después de mucha discusión, Pedro se levantó y les dijo: Varones hermanos, vosotros sabéis cómo ya hace algún tiempo que Dios escogió que los gentiles oyesen por mi boca la palabra del evangelio y creyesen. Y Dios, que conoce los corazones, les dio testimonio, dándoles el Espíritu Santo lo mismo que a nosotros; y ninguna diferencia hizo entre nosotros y ellos, purificando por la fe sus corazones (Hch. 15:7-9).*

El Espíritu Santo limpió por fe los corazones de los gentiles convertidos. Eso pone de relieve una vez más que la salvación es obra del Espíritu (Jn. 3:3-8; cp. Ro. 15:16; 1 Co. 6:11; 1 Ts. 1:4-6; 2 Ts. 2:13; Tit. 3:5).

Una vez que el Espíritu Santo separa en la salvación a los creyentes del pecado, continúa para hacerlos más y más santos (cp. Fil. 1:6) en el proceso progresivo de separación y santificación de por vida (Ro. 12:1-2; 2 Co. 7:1; 1 Ts. 5:23-24; He. 12:14; cp. Ef. 4:24, 30; 2 Ti. 4:18). Pablo dice que Dios eligió a creyentes "para que fuésemos santos y sin mancha delante de él" (Ef. 1:4). Tal situación empieza en la salvación y se completa en la glorificación. El proceso de santificación es la manera en que el propósito redentor de Dios obra en la vida terrenal de los cristianos (cp. Ro. 6:22; Gá. 4:6; Fil. 2:12-13; 2 Ts. 2:13; He. 12:14).

EL EFECTO DE LA ELECCIÓN

para obedecer (1:2*c*)

La obediencia a Jesucristo es el efecto o subproducto de la elección divina. Efesios 2:10 declara: "Porque somos hechura suya, creados en Cristo Jesús para buenas obras, las cuales Dios preparó de antemano para que anduviésemos en ellas". **Obedecer** a Jesucristo es entonces equivalente a ser salvos. Pablo lo denominó "la obediencia a la fe" (Ro. 1:5). Los creyentes no obedecen perfecta

y totalmente (1 Jn. 1:8-10; cp. Ro. 7:14-25), pero sin embargo existe un patrón de obediencia en sus vidas, mientras por medio de Cristo se vuelven siervos de la justicia (Ro. 6:17-18; cp. Ro. 8:1-2; 2 Co. 10:5*b*).
Pablo estaba agradecido por los creyentes tesalonicenses porque vio en sus vidas muchos ejemplos de obediencia a Cristo.

> *Damos siempre gracias a Dios por todos vosotros, haciendo memoria de vosotros en nuestras oraciones, acordándonos sin cesar delante del Dios y Padre nuestro de la obra de vuestra fe, del trabajo de vuestro amor y de vuestra constancia en la esperanza en nuestro Señor Jesucristo. Porque conocemos, hermanos amados de Dios, vuestra elección; pues nuestro evangelio no llegó a vosotros en palabras solamente, sino también en poder, en el Espíritu Santo y en plena certidumbre, como bien sabéis cuáles fuimos entre vosotros por amor de vosotros. Y vosotros vinisteis a ser imitadores de nosotros y del Señor, recibiendo la palabra en medio de gran tribulación, con gozo del Espíritu Santo, de tal manera que habéis sido ejemplo a todos los de Macedonia y de Acaya que han creído. Porque partiendo de vosotros ha sido divulgada la palabra del Señor, no sólo en Macedonia y Acaya, sino que también en todo lugar vuestra fe en Dios se ha extendido, de modo que nosotros no tenemos necesidad de hablar nada; porque ellos mismos cuentan de nosotros la manera en que nos recibisteis, y cómo os convertisteis de los ídolos a Dios, para servir al Dios vivo y verdadero, y esperar de los cielos a su Hijo, al cual resucitó de los muertos, a Jesús, quien nos libra de la ira venidera (1 Ts. 1:2-10).*

Todos esos ejemplos (su fe, amor y esperanza en Cristo; la imitación de Pablo y el Señor; su conducta ejemplar delante de los demás; su proclamación de la Palabra; volverse de los ídolos; esperar a Cristo) demostraba verdadera regeneración de los tesalonicenses. (La primera epístola de Juan narra un caso aún más extenso de verdadera salvación como resultado de la obediencia a Cristo [2:3-5; 3:6-10, 24; 5:2-3].)

En la glorificación viene el cumplimiento del propósito de la elección y de la obra final de santificación, cuando los creyentes sean totalmente conformados a Cristo (Ro. 8:29; 1 Jn. 3:2). Hasta entonces, la obediencia es el efecto de la elección.

LA SEGURIDAD DE LA ELECCIÓN

y ser rociados con la sangre de Jesucristo: (1:2*d*)

Otro componente muy importante y práctico de la elección es la seguridad para el creyente. Esto se afirma en el pasaje citado antes (Jn. 6:37-40), en que Jesús dijo que no echaría fuera a quienes confían verdaderamente en Él, sino que los resucitaría en el día postrero. Dios indica esa seguridad en que los elegidos son **rociados con la sangre de Jesucristo.** La metáfora de Pedro aquí mira hacia atrás a la época del Antiguo Testamento en que se rociaba sangre sobre el pueblo de Israel. Ese acontecimiento es tan importante que la carta a los Hebreos lo menciona una vez específicamente y otra por alusión (9:19-20; 12:24). El siguiente pasaje en Éxodo describe el extraordinario suceso:

> *Y Moisés vino y contó al pueblo todas las palabras de Jehová, y todas las leyes; y todo el pueblo respondió a una voz, y dijo: Haremos todas las palabras que Jehová ha dicho. Y Moisés escribió todas las palabras de Jehová, y levantándose de mañana edificó un altar al pie del monte, y doce columnas, según las doce tribus de Israel. Y envió jóvenes de los hijos de Israel, los cuales ofrecieron holocaustos y becerros como sacrificios de paz a Jehová. Y Moisés tomó la mitad de la sangre, y la puso en tazones, y esparció la otra mitad de la sangre sobre el altar. Y tomó el libro del pacto y lo leyó a oídos del pueblo, el cual dijo: Haremos todas las cosas que Jehová ha dicho, y obedeceremos. Entonces Moisés tomó la sangre y roció sobre el pueblo, y dijo: He aquí la sangre del pacto que Jehová ha hecho con vosotros sobre todas estas cosas (24:3-8).*

Moisés acababa de regresar del monte Sinaí y oralmente revisó la ley para el pueblo de Dios recibida allí. Según afirma el texto, los israelitas respondieron con sumisión comprometiéndose a obedecer todo lo que Dios requería. Esto inició el acuerdo del pacto de decisiones entre Dios y su pueblo (cp. Éx. 19:3—20:17). Bajo la inspiración del Espíritu, Moisés escribió todas las palabras de la ley que acababa de recitar. Cuando terminó, a la mañana siguiente construyó un altar al pie del monte para simbolizar la ratificación del pacto entre Dios y el pueblo. A fin de representar la participación de toda la nación, el altar consistía de doce montones de piedras (columnas), una por cada una de las doce tribus. Para facilitar al pueblo una oportunidad adicional de expresar su determinación de obedecer la ley, Moisés ofreció holocaustos y becerros como ofrendas de paz. Moisés puso la mitad de la sangre de los animales sacrificados en grandes tazones, y la otra mitad la esparció sobre el altar de Dios. Entonces Moisés leyó al pueblo las palabras de la ley que había escrito la noche anterior y los israelitas comenzaron a jurar obediencia. Después de eso, Moisés salpicó al pueblo con la sangre restante de los tazones, y de este modo oficializó de manera visual y ceremonial la promesa y el compromiso de obediencia por parte del pueblo. La sangre derramada era una demostración tangible de que dos partes habían hecho un compromiso vinculante (cp. Gn. 15:9-18; Jer. 34:18-19). Israel hizo una promesa de obediencia a Dios, mediada a través de un sacrificio. La sangre esparcida sobre el altar representaba el pacto de Dios para revelar su ley, y la sangre esparcida sobre el pueblo significaba la aceptación de obedecer por parte del pueblo.

El Espíritu Santo compara ese compromiso excepcional con el pacto inherente en la fe salvadora en Jesucristo, la cual conlleva una promesa similar de obedecer la Palabra del Señor. Cuando los creyentes confían en el sacrificio expiatorio de Cristo por ellos, no solo aceptan el beneficio de su muerte a su favor, también se están sometiendo a su señorío soberano (cp. Mt. 7:24-27; 1 Ts. 1:9; 2:13; Stg. 1:21-23). Y la sangre de Cristo derramada en la cruz actúa como un sello para ese pacto. Es más, la noche antes de su muerte, cuando instituyó la Cena del Señor, Jesús repitió las palabras de Moisés en Éxodo 24:8: "Y tomando la copa, y habiendo dado gracias, les dio, diciendo: Bebed de ella todos; porque esto es mi sangre del nuevo pacto, que por muchos es derramada para remisión de los pecados" (Mt. 26:27-28). Intrínseca en el nuevo pacto estaba la promesa de que el Señor vendría y redimiría a los pecadores, y estos responderían cumpliendo la Palabra de Dios.

Pedro afirma que cuando los creyentes fueran espiritualmente **rociados con la sangre de Jesucristo,** entrarían en un pacto de obediencia. Años antes, Pedro y los demás apóstoles se refirieron a la verdad de obediencia cuando declararon a los líderes judíos: "A éste, Dios ha exaltado con su diestra por Príncipe y Salvador, para dar a Israel arrepentimiento y perdón de pecados. Y nosotros somos testigos suyos de estas cosas, y también el Espíritu Santo, el cual ha dado Dios a los que le obedecen" (Hch. 5:31-32).

Para recapitular la analogía del Antiguo Testamento: la sangre rociada sobre el altar de Dios simbolizaba su compromiso de perdonar (cumplido por completo en la muerte expiatoria de Cristo), y la sangre rociada sobre el pueblo simbolizaba su intención de obedecer la ley de Dios (más plenamente cumplido cuando los cristianos andan en el Espíritu y obedecen la Palabra). Primera de Juan 2:3-6 es inequívoca en cuanto a esta sumisión:

> *Y en esto sabemos que nosotros le conocemos, si guardamos sus mandamientos. El que dice: Yo le conozco, y no guarda sus mandamientos, el tal es mentiroso, y la verdad no está en él; pero el que guarda su palabra, en éste verdaderamente el amor de Dios se ha perfeccionado; por esto sabemos que estamos en él. El que dice que permanece en él, debe andar como él anduvo.*

Así como una moneda tiene dos caras, el nuevo pacto tiene dos lados: salvación y obediencia. Como resultado de la elección divina, los hijos de Dios reciben salvación del pecado y tienen el afán de obedecerle; y Él promete perdonarlos cuando no lo hacen. La misma sangre de Jesucristo que selló el nuevo pacto sigue limpiando espiritualmente los pecados de los cristianos cuando estos desobedecen (cp. He. 7:25; 9:11-15; 10:12-18; 1 Jn. 1:7).

LAS VENTAJAS DE LA ELECCIÓN

Gracia y paz os sean multiplicadas. (1:2*e*)

Los saludos de muchas otras epístolas del Nuevo Testamento (p. ej., Ro. 1:7; 1 Co. 1:3; Gá. 1:3; Fil. 1:2; 2 Ts. 1:2; Tit. 1:4; Ap. 1:4) repiten el deseo de Pedro para sus lectores. La idea de tal deseo se deriva aquí del modo optativo del verbo *plēthuntheiē*: **os sean multiplicadas.** El apóstol deseaba para su audiencia la **gracia** de Dios y su **paz** resultante (Ro. 5:1) en su máxima adjudicación o cantidad. Quería que ellos tuvieran lo mejor que Dios puede ofrecer a los creyentes, y que siguiera aumentando para su beneficio.

Pedro anhelaba que los destinatarios de su carta experimentaran todas las ricas y variadas bendiciones de ser los elegidos de Dios. Sin embargo, por lo general hoy día la tendencia es evitar las profundas consecuencias de la elección. A menudo los cristianos justifican tal actitud afirmando que la doctrina es demasiado profunda, demasiado confusa y demasiado divisiva. Pero los creyentes deberían regocijarse por los gloriosos beneficios que resultan al comprender la elección, y este versículo señala algunos de ellos.

Primero, la doctrina de la elección es la verdad que más humildes nos hace en toda la Biblia. Para los creyentes es muy aleccionador darse cuenta de que no tuvieron absolutamente nada que ver con la elección que Dios hiciera de ellos (Jn. 1:12-13; Ro. 9:16). Al entenderla de manera adecuada, la elección aplasta el orgullo moral y religioso, lo que representa una bendición porque Dios da gracia a los humildes (5:5; Pr. 3:34).

Segundo, la elección es una doctrina que exalta a Dios y resalta la adoración porque le concede toda la gloria. Deja en claro que la fe, el arrepentimiento y la capacidad del pecador de obedecer a Dios provienen de Él (cp. Sal. 110:3; Ef. 2:8-9). Solamente Dios puede otorgar perdón a su pueblo, cuando este peca (Pr. 20:9; Mi. 6:7; Ef. 1:7; 1 Jn. 1:7; 3:5). El salmista declara: "No a nosotros, oh Jehová, no a nosotros, sino a tu nombre da gloria, por tu misericordia, por tu verdad" (Sal. 115:1).

Tercero, otra ventaja de la elección es que produce gran gozo. Aquellos a quienes Dios elige se regocijan porque saben que no tienen esperanza de salvación aparte de la gracia electiva (Jn. 6:44; Hch. 4:12; 1 Ti. 2:5-6). Finalmente, los elegidos habrían perecido para siempre como todos los demás pecadores, si Dios no los hubiera escogido (cp. Ro. 9:29). El Salmo 65:4 expresa en parte: "Bienaventurado el que tú escogieres y atrajeres a ti, para que habite en tus atrios". Es un gozo supremo para los elegidos considerar que el Señor los ha amado con un amor eterno (cp. Lc. 10:20), desde antes de la fundación del mundo y hasta la eternidad futura.

Cuarto, la elección es beneficiosa porque promete a los cristianos una eternidad de privilegios espirituales. La expresión reverente de alabanza y gratitud a Dios de parte del apóstol Pablo, con la que inicia su carta a los efesios, es un resumen apropiado de muchos de tales privilegios.

> *Bendito sea el Dios y Padre de nuestro Señor Jesucristo, que nos bendijo con toda bendición espiritual en los lugares celestiales en Cristo, según nos escogió en él antes de la fundación del mundo, para que fuésemos santos y sin mancha delante de él, en amor habiéndonos predestinado para ser adoptados hijos suyos por medio de Jesucristo, según el puro afecto de su voluntad, para alabanza de la gloria de su gracia, con la cual nos hizo aceptos en el Amado, en quien tenemos redención por su sangre, el perdón de pecados según las riquezas de su gracia, que hizo sobreabundar para con nosotros en toda sabiduría e inteligencia, dándonos a conocer el misterio de su voluntad, según su beneplácito, el cual se había propuesto en sí mismo, de reunir todas las cosas en Cristo, en la dispensación del cumplimiento de los tiempos, así las que están en los cielos, como las que están en la tierra. En él asimismo tuvimos herencia, habiendo sido predestinados conforme al propósito del que hace todas las cosas según el designio de su voluntad, a fin de que seamos para alabanza de su gloria, nosotros los que primeramente esperábamos en Cristo. En él también vosotros, habiendo oído la palabra de verdad, el evangelio de vuestra salvación, y habiendo creído en él, fuisteis sellados con el Espíritu Santo de la promesa, que es las arras de nuestra herencia hasta la redención de la posesión adquirida, para alabanza de su gloria (Ef. 1:3-14; cp. 1 P. 2:9-10).*

Por último, la doctrina de la elección es un poderoso incentivo para una vida santa. Saber que Dios ha separado a los creyentes a causa de su amor especial por ellos es una motivación muy eficaz a vivir para la gloria de Dios. Ese principio sin duda estaba en la mente de Pablo cuando exhortó a los colosenses: "Vestíos, pues, como escogidos de Dios, santos y amados, de entrañable misericordia, de benignidad, de humildad, de mansedumbre, de paciencia; soportándoos unos a otros, y perdonándoos unos a otros si alguno tuviere queja contra otro. De la manera que Cristo os perdonó, así también hacedlo vosotros" (Col. 3:12-13). La gratitud a Dios por haberlos elegido debería impulsar a los creyentes a llevar una vida de obediencia y santidad.

Si los cristianos ignoran la doctrina de la elección fallan en comprender las glorias de la redención, fallan en honrar la soberanía de Dios y de Cristo, y no valoran los inmensos privilegios espirituales que les pertenecen. Los creyentes de hoy, así como aquellos en la época de Pedro, no deben pasar por alto la doctrina de la elección porque Dios desea que conozcan lo que su gracia ha provisto, y porque toda enseñanza espiritual es motivo para ofrecerle la alabanza que Él merece (cp. Sal. 19:7-9; 119:7, 14-16).

La elección es una verdad tan poderosa que cuando los cristianos la entienden sus ramificaciones prácticas transformarán su manera diaria de vivir. El hecho de que los creyentes conozcan la condición de su elección (que residen en la tierra como extranjeros espirituales a fin de alcanzar a quienes los rodean), la naturaleza de su elección (consecuencia total de la decisión soberana de Dios), la fuente de su elección (que Dios puso su amor en ellos desde la eternidad pasada), la esfera de su elección (que se convierte en una realidad por medio de la santificación del Espíritu Santo), el efecto de su elección (obediencia amorosa a Jesucristo), la seguridad de su elección (el pacto de obediencia que asegura perdón divino), y las ventajas de su elección (los muchos privilegios y bendiciones espirituales disponibles), produce en sus vidas tal poder que nunca podrían apreciar de ninguna otra manera.

La herencia eterna del creyente 2

Bendito el Dios y Padre de nuestro Señor Jesucristo, que según su grande misericordia nos hizo renacer para una esperanza viva, por la resurrección de Jesucristo de los muertos, para una herencia incorruptible, incontaminada e inmarcesible, reservada en los cielos para vosotros, que sois guardados por el poder de Dios mediante la fe, para alcanzar la salvación que está preparada para ser manifestada en el tiempo postrero. (1:3-5)

El apóstol Pedro sigue la introducción de su primera carta con una profunda doxología respecto a la maravilla de la salvación. Consideró esencial comenzar el cuerpo de la carta con este himno gozoso de alabanza, ya que los creyentes a los que la dirigió se enfrentaban a una severa persecución de parte de Roma. El pasaje es un himno de adoración que tiene el propósito de animar a los cristianos que viven en un mundo hostil a mirar más allá de sus problemas temporales y disfrutar de su herencia eterna.

La doxología de Pedro tiene componentes que ayudan a todos los creyentes a alabar a Dios de manera más inteligente. A fin de ayudar a la Iglesia a captar su herencia eterna, a bendecir y a adorar a Dios con mayor plenitud, Pedro establece cinco características relevantes: el origen, el motivo, la apropiación, la naturaleza, y la seguridad de la herencia del creyente.

EL ORIGEN DE LA HERENCIA DEL CREYENTE

Bendito el Dios y Padre de nuestro Señor Jesucristo, (1:3*a*)

Pedro da por sentado que es necesario para los creyentes bendecir a **Dios.** La intención es tan implícita que el texto griego omite la palabra "sea", que la mayoría de versiones añade. (En el original, la frase literalmente empieza: "Bendito el Dios", que transmite la expectativa de Pedro de que sus lectores "bendigan a Dios" como la fuente de toda herencia espiritual.) El apóstol adora a Dios e implora a los demás a hacer lo mismo.

Pedro además lo llama **el Dios y Padre de nuestro Señor Jesucristo,** frase que identificaba a Dios de una manera claramente cristiana. Históricamente los judíos habían bendecido a Dios como su creador y redentor de Egipto. La creación resaltaba el poder soberano de Dios en acción, y la redención de Israel de la esclavitud en Egipto resaltaba su poder salvador en acción. Pero quienes se convertían en cristianos debían bendecir a **Dios** como el **Padre de** su **Señor Jesucristo.**

Con una sola excepción (cuando el Padre lo abandonó en la cruz, Mt. 27:46), cada vez que los evangelios registran que Jesús se dirigió a Dios, lo llamó "Padre" o "mi Padre". Al hacer eso, Jesús estaba rompiendo con la tradición judía que casi nunca llamaban a Dios Padre, y que siempre lo hacían en un sentido más colectivo que personal (p. ej., Dt. 32:6; Is. 63:16; 64:8; Jer. 3:19; 31:9; Mal. 1:6; 2:10). Además, al llamar a Dios su **Padre,** Jesús estaba afirmando que participaba de la naturaleza divina. Mientras hablaba con los judíos en una observancia de la fiesta de la dedicación, Cristo declaró: "Yo y el Padre uno somos" (Jn. 10:30). Más adelante, en respuesta a la solicitud de Felipe de que revelara al Padre, Jesús expresó: "El que me ha visto a mí, ha visto al Padre" (Jn. 14:9; cp. vv. 8, 10-13). Jesús afirmó que Él y el Padre poseían la misma naturaleza divina, qué Él es totalmente Dios (cp. Jn. 17:1, 5). El Padre y el Hijo comparten la misma vida (uno es íntima y eternamente igual al otro) y nadie puede conocer de veras a uno sin conocer de verdad al otro (cp. Mt. 11:27; Lc. 10:22). Ninguna persona puede afirmar que conoce a Dios a menos que lo conozca como Aquel revelado en Jesucristo, su Hijo. Jesús mismo dijo: "Yo soy el camino, y la verdad, y la vida; nadie viene al Padre, sino por mí. Si me conocieseis, también a mi Padre conoceríais; y desde ahora le conocéis, y le habéis visto" (Jn. 14:6-7).

En sus escritos, el apóstol Pablo también declaró que el Padre y el Hijo tienen la misma esencia: "Bendito sea el Dios y Padre de nuestro Señor Jesucristo" (2 Co. 1:3; cp. Ef. 1:3, 17). De igual modo, Juan escribió en su segunda epístola: "Sea con vosotros gracia, misericordia y paz, de Dios Padre y del Señor Jesucristo" (2 Jn. 3). Cada vez que el Nuevo Testamento llama a Dios Padre, principalmente denota que Él es el **Padre** del **Señor Jesucristo** (Mt. 7:21; 10:32; 11:25-27; 16:27; 25:34; 26:39; Mr. 14:36; Lc. 10:21-22; 22:29; 23:34; Jn. 3:35; 5:17-23; 6:32, 37, 44; 8:54; 10:36; 12:28; 15:9; 17:1; Ro. 15:6; 2 Co. 11:31; cp. Jn. 14:23; 15:16; 16:23; 1 Jn. 4:14; Ap. 1:6). Dios también es el Padre de todos los creyentes (Mt. 5:16, 45, 48; 6:1, 9; 10:20; 13:43; 23:9; Mr. 11:25; Lc. 12:30, 32; Jn. 20:17; Ro. 1:7; 8:15; Gá. 4:6; Ef. 2:18; 4:6; Fil. 4:20; He. 12:9; Stg. 1:27;1 Jn. 2:13;3:1).

Un comentarista llama "una confesión enfocada" al uso que Pedro hace en el versículo 3 del nombre totalmente redentor de Cristo. Todo lo que la Biblia revela acerca del Salvador aparece en ese título: **Señor** lo identifica como Gobernante soberano; **Jesús** como Hijo encarnado; y **Cristo** como Rey y Mesías ungido. El apóstol personaliza ese magnífico título con la simple inclusión del pronombre **nuestro.** El divino **Señor** del universo pertenece a todos los creyentes, así como el **Jesús** que vivió, murió y resucitó por ellos, y así también el **Cristo,** el Mesías a quien Dios ungió como Rey eterno que les concederá su herencia gloriosa.

EL MOTIVO PARA LA HERENCIA DEL CREYENTE

que según su grande misericordia (1:3*b*)

Su grande misericordia fue el motivo detrás del cual Dios concedió vida eterna a los creyentes, esto es, participar de la misma vida del Padre, del Hijo y del Espíritu. Efesios 2:4-5 también expresa esta generosidad divina: "Pero Dios, que es rico en misericordia, por su gran amor con que nos amó, aun estando nosotros muertos en pecados, nos dio vida juntamente con Cristo (por gracia sois salvos)" (cp. Tit. 3:5). Tanto aquí como en Efesios, el escritor apostólico añadió un adjetivo ampliador (**grande** y "rico").

La **misericordia** se centra en la miserable y lastimera condición del pecador. El evangelio está motivado por la compasión de Dios hacia los que estaban muertos en sus delitos y pecados (Ef. 2:1-3). Todos los creyentes estuvieron una vez en esa condición desdichada y desamparada, agravada por un corazón engañoso (Gn. 6:5; 8:21; Ec. 9:3; Jer. 17:9; Mr. 7:21-23), una mente corrupta (Ro. 8:7-8; 1 Co. 2:14), y unos deseos malvados (Ef. 4:17-19; 5:8; Tit. 1:15) que los esclavizaban al pecado y los dirigían al justo castigo en el infierno. Por tanto, necesitaban que Dios, en su **misericordia,** mostrara compasión hacia la condición desesperada y perdida de ellos y la remediara (cp. Is. 63:9; Hab. 3:2; Mt. 9:27; Mr. 5:19; Lc. 1:78; Ro. 9:15-16, 18; 11:30-32; 1 Ti. 1:13; 1 P. 2:10).

Misericordia no es lo mismo que gracia. La misericordia tiene que ver con una condición miserable del individuo, mientras que la gracia tiene que ver con su culpa, lo que provocó tal condición. La misericordia divina lleva al pecador de la miseria a la gloria (un cambio de condición), y la gracia divina lo lleva de la culpa a la absolución (un cambio de posición; véase Ro. 3:24; Ef. 1:7). Al Señor le apena la condición no redimida de perdición y desesperación del pecador (Ez. 18:23, 32; Mt. 23:37-39). Eso se manifestó claramente durante su encarnación cuando Jesús sanó a las personas de sus enfermedades (Mt. 4:23-24; 14:14; 15:30; Mr. 1:34; Lc. 6:17-19). Él pudo haber demostrado su deidad en muchas otras maneras, pero decidió las sanidades porque estas ilustraban mejor el corazón compasivo y misericordioso de Dios hacia pecadores que sufrían la miseria temporal de su condición caída (cp. Mt. 9:5-13; Mr. 2:3-12). Los milagros de sanidad de Jesús, que casi desterraron la enfermedad de Israel, demostraron que era cierto lo que el Antiguo Testamento decía acerca de que Dios el Padre es misericordioso (Éx. 34:6; Sal. 108:4; Lm. 3:22; Mi. 7:18).

Aparte incluso de la posibilidad de cualquier mérito o valía de parte del pecador, Dios concede misericordia a quien quiere: "Pues a Moisés dice: Tendré misericordia del que yo tenga misericordia, y me compadeceré del que yo me compadezca. Así que no depende del que quiere, ni del que corre, sino de Dios que tiene misericordia" (Ro. 9:15-16). Por su infinita compasión y su libre, abundante e ilimitada **misericordia,** Él decidió otorgar vida eterna, y no fue por algo que los pecadores pudieran hacer o merecer (Éx. 33:19; Ro. 9:11-13; 10:20; 2 Ti. 1:9). Es totalmente comprensible que Pablo llamara a Dios "Padre de misericordias" (2 Co. 1:3).

LA APROPIACIÓN DE LA HERENCIA DEL CREYENTE

nos hizo renacer para una esperanza viva, por la resurrección de Jesucristo de los muertos, (1:3*c*)

El profeta Jeremías hizo una vez la pregunta retórica: "¿Mudará el etíope su piel, y el leopardo sus manchas?" (Jer. 13:23). Esta gráfica analogía sugería una respuesta negativa a la pregunta de si los pecadores podían cambiar sus naturalezas o no (cp. 17:9). La naturaleza pecaminosa de la humanidad necesita cambiar (Mr. 1:14-15; Jn. 3:7, 17-21, 36; cp. Gn. 6:5; Jer. 2:22; 17:9-10; Ro. 1:18-2:2; 3:10-18), pero solo Dios, obrando por medio de su Espíritu Santo, puede transformar el corazón humano pecador (Jer. 31:31-34; Jn. 3:5-6, 8; Hch. 2:38-39; cp. Ez. 37:14; Hch. 15:8; Ro. 8:11; 1 Jn. 5:4). A fin de que los pecadores reciban una herencia eterna de parte de Dios, deben experimentar el medio divino de transformación: el nuevo nacimiento. Pedro afirma esa verdad en esta última parte del versículo 3, cuando declara que Dios **nos hizo renacer** a los creyentes (véase análisis sobre 1:23-25 en el capítulo 7 de esta obra; cp. 2 Co. 5:17).

Jesús explicó de manera eficaz la necesidad de regeneración (el nuevo nacimiento) a Nicodemo, un destacado maestro judío.

> *Había un hombre de los fariseos que se llamaba Nicodemo, un principal entre los judíos. Este vino a Jesús de noche, y le dijo: Rabí, sabemos que has venido de Dios como maestro; porque nadie puede hacer estas señales que tú haces, si no está Dios con él. Respondió Jesús y le dijo: De cierto, de cierto te digo, que el que no naciere de nuevo, no puede ver el reino de Dios. Nicodemo le dijo: ¿Cómo puede un hombre nacer siendo viejo? ¿Puede acaso entrar por segunda vez en el vientre de su madre, y nacer? Respondió Jesús: De cierto, de cierto te digo, que el que no naciere de agua y del Espíritu, no puede entrar en el reino de Dios. Lo que es nacido de la carne, carne es; y lo que es nacido del Espíritu, espíritu es. No te maravilles de que te dije: Os es necesario nacer de nuevo. El viento sopla de donde quiere, y oyes su sonido; mas ni sabes de dónde viene, ni*

a dónde va; así es todo aquel que es nacido del Espíritu. Respondió Nicodemo y le dijo: ¿Cómo puede hacerse esto? Respondió Jesús y le dijo: ¿Eres tú maestro de Israel, y no sabes esto? De cierto, de cierto te digo, que lo que sabemos hablamos, y lo que hemos visto, testificamos; y no recibís nuestro testimonio. Si os he dicho cosas terrenales, y no creéis, ¿cómo creeréis si os dijere las celestiales? Nadie subió al cielo, sino el que descendió del cielo; el Hijo del Hombre, que está en el cielo. Y como Moisés levantó la serpiente en el desierto, así es necesario que el Hijo del Hombre sea levantado, para que todo aquel que en él cree, no se pierda, mas tenga vida eterna (Jn. 3:1-15).

Con el fin de ilustrar la idea del nuevo nacimiento, Jesús se refirió al episodio de la serpiente de bronce (Nm. 21:4-9), un relato del Antiguo Testamento que Nicodemo habría conocido bien. Cuando los israelitas mordidos por serpientes en el desierto reconocían tanto su pecado como el juicio de Dios sobre ellos por ese pecado, y miraban el objeto que Él proveyó para liberarlos (una serpiente de bronce en un asta), recibían sanidad física de las venenosas mordidas. Por analogía, para que los pecadores reciban liberación espiritual deben reconocer su condición espiritual como envenenada por su pecado y experimentar la salvación de la muerte espiritual y eterna mirando hacia el Hijo de Dios y confiando en Él como su Salvador. Jesús encaró el fariseísmo de Nicodemo y le dijo lo que todos los pecadores deben oír: que son espiritualmente regenerados solo por la fe en Jesucristo (cp. Jn. 1:12-13; Tit. 3:5; Stg. 1:18).

Pedro continúa declarando que los resultados de la regeneración en los creyentes es recibir **una esperanza viva.** El mundo incrédulo únicamente conoce esperanzas muertas (Job 8:13; Pr. 10:28; Ef. 2:12), pero los creyentes tienen una esperanza viva y eterna (Sal. 33:18; 39:7; Ro. 5:5; Ef. 4:4; Tit. 2:13; He. 6:19) que tendrá un cumplimiento pleno, definitivo y glorioso (Ro. 5:2; Col. 1:27). Se trata de una esperanza que más tarde Pedro describió así: "Nosotros esperamos, según sus promesas, cielos nuevos y tierra nueva, en los cuales mora la justicia" (2 P. 3:13). Esta esperanza es la que llevó a Pablo a decir a los filipenses: "Para mí el vivir es Cristo, y el morir es ganancia" (Fil. 1:21). Al morir, la esperanza de los creyentes se hace realidad cuando entran a la gloriosa presencia de Dios y a la comunión plena, gozosa y libre de obstáculos con la Trinidad, los ángeles y otros santos (Ro. 5:1-2; Gá. 5:5).

El recurso por el cual los cristianos se apropian de esta esperanza viva y eterna es el nacimiento espiritual, y el poder para esa apropiación fue demostrado **por la resurrección de Jesucristo de los muertos.** Jesús le dijo a Marta, justo antes de resucitar de la tumba a su hermano Lázaro: "Yo soy la resurrección y la vida; el que cree en mí, aunque esté muerto, vivirá. Y todo aquel que vive y cree en mí, no morirá eternamente" (Jn. 11:25-26; cp. 14:19). Pablo instruyó a los corintios en cuanto a las consecuencias vitales de la resurrección: "Si Cristo no resucitó, vuestra fe es vana; aún estáis en vuestros pecados" (1 Co. 15:17). Incluso si alguien esperó en Cristo en esta vida, pero no más allá de ella, estaría perdido (v. 19). Sin embargo, Cristo resucitó de los muertos, asegurando para siempre la esperanza viva del creyente en el cielo al conquistar definitivamente a la muerte (vv. 20-28, 47-49, 54-57).

LA NATURALEZA DE LA HERENCIA DEL CREYENTE

para una herencia incorruptible, incontaminada e inmarcesible, (1:4*a*)

La palabra clave de todo este pasaje es **herencia,** que es riqueza transmitida, o un legado que alguien recibe como miembro de una familia. El concepto tuvo sus orígenes en el Antiguo Testamento, con el cual los lectores de Pedro se habrían identificado fácilmente. Es más, la misma palabra griega (*klēronomia*), aquí traducida **herencia**, se usa en la Septuaginta para hablar de las partes de Canaán asignadas por Dios a cada tribu de Israel menos Leví (cp. Nm. 18:20-24; Jos. 13:32-33). Véase Números 26:54, 56 (la forma del verbo aparece en los vv. 53, 55); 34:2 (donde se usa para toda la tierra prometida como herencia colectiva de Israel; cp. Dt. 12:9); Josué 11:23; Deuteronomio 3:20 (para las tierras asignadas a las tribus al otro lado del Jordán). La palabra también se usa muchas veces para otra clase de herencia (p. ej., la herencia individual de las hijas de Zelofehad [Nm. 27:7-11]). *Klēronomia* a menudo se traduce "posesión" en varias traducciones castellanas del Antiguo Testamento.

El Antiguo Testamento afirma repetidas veces que bajo el antiguo pacto el pueblo de Dios, la nación de Israel, recibió una herencia (Nm. 26:53-56; 34:2, 29; Dt. 3:28; 26:1; 31:7; Jos. 11:23; 14:1; 1 R. 8:36; 1 Cr. 16:18; Sal. 105:11; cp. Sal. 78:55). Pedro les dijo a sus lectores que así como Israel recibió una herencia terrenal, la tierra de Canaán, así la Iglesia recibe una herencia espiritual en el cielo (Hch. 20:32; 26:18; Ef. 1:11,18; Col. 1:12; 3:24; He. 9:15). El apóstol les recordó que en medio de la persecución debían alabar a Dios y esperar con paciencia la **herencia** eterna prometida (4:13; Mt. 24:13; He. 12:2-3; cp. Ro. 6:18; 8:18; 12:12). Por tanto, él quería aumentar el conocimiento de ellos (y de todos los creyentes) respecto a la bendición eterna que ya les pertenece por la promesa en Cristo (cp. Ro. 8:16-17; 1 Jn. 3:2-3). Hasta ese momento, Dios está en el proceso de hacer madurar a sus hijos y conformarles la conducta para que sean cada vez más coherentes con la herencia espiritual que ya tienen (cp. 4:12-13, 19; 5:10; He. 12:5-12; Stg. 1:2-4; 5:11). Las palabras de Pedro recuerdan la exhortación de Pablo a los colosenses para que se centren en esa herencia: "Si, pues, habéis resucitado con Cristo, buscad las cosas de arriba, donde está Cristo sentado a la diestra de Dios. Poned la mira en las cosas de arriba, no en las de la tierra" (Col. 3:1-2; cp. Mt. 6:33; 1 Jn. 2:15-17).

Pedro agrega tres términos descriptivos para definir más el tipo de herencia que los creyentes obtienen: **incorruptible, incontaminada e inmarcesible. Incorruptible** (*aphtharton*) se refiere a lo que no se degenera, no muere, ni está sujeto a la destrucción. A diferencia de la herencia terrenal de los israelitas que vino y se fue a causa de sus pecados, la herencia espiritual de los creyentes nunca estará sujeta a destrucción. La herencia de los cristianos en el cielo, que se revelará en el futuro, es un tesoro glorioso que nunca se perderá.

Incontaminada (*amianton*) describe cosas que permanecen puras o impolutas. Todo en la creación caída es impuro y está contaminado por el pecado (Ro. 8:20-22; 1 Jn. 5:19), y por consiguiente, todo es defectuoso. A esto es a lo que el apóstol Pablo se refirió al escribir: "Porque sabemos que toda la creación gime a una, y a una está con dolores de parto hasta ahora" (Ro. 8:22). Toda la herencia terrenal está contaminada, pero no la herencia **incontaminada** que los creyentes tienen en Jesucristo (cp. Fil. 3:7-9; Col. 1:12). Esta es sin defecto y perfecta.

Por último, la herencia del creyente es **inmarcesible.** Esa palabra se traduce de la expresión *amaranton*, que se usaba en el griego secular para describir una flor que no se marchitaba ni moría. El término en este contexto sugiere que los creyentes tienen una herencia que nunca perderá su magnificencia. Ninguno de los elementos decadentes del mundo puede afectar el reino celestial (Lc. 12:33; cp. Ap. 21:27; 22:15). Ninguno de los estragos del tiempo ni los males del pecado pueden tocar la herencia de los creyentes porque esta se encuentra en un reino eterno sin pecado (cp. Dt. 26:15; Sal. 89:29; 2 Co. 5:1). Más tarde en esta carta Pedro reitera la naturaleza incorruptible de la herencia de la Iglesia: "Cuando aparezca el Príncipe de los pastores, vosotros recibiréis la corona incorruptible de gloria" (5:4).

LA SEGURIDAD DE LA HERENCIA DEL CREYENTE

reservada en los cielos para vosotros, que sois guardados por el poder de Dios mediante la fe, para alcanzar la salvación que está preparada para ser manifestada en el tiempo postrero. (1:4*b*-5)

Después de prometer que la herencia espiritual de los creyentes era de carácter permanente, Pedro añade algo más a la seguridad de sus lectores, declarando que esa herencia les está **reservada en los cielos.** Su naturaleza es fija e inalterable, y también lo es su lugar. **Reservada** (*tetērēmenēn*) significa "guardada" o "vigilada". El participio pasivo perfecto transmite la idea de la herencia ya existente que es vigilada cuidadosamente **en los cielos** para todos aquellos que confían en Cristo. No solo que esa herencia no cambia, sino que nadie la saquea. La realidad de una herencia eterna protegida e imperecedera es precisamente a lo que Jesús se refirió cuando declaró:

No os hagáis tesoros en la tierra, donde la polilla y el orín corrompen, y donde ladrones minan y hurtan; sino haceos tesoros en el cielo, donde ni la polilla ni el orín corrompen, y donde ladrones no minan ni hurtan. Porque donde esté vuestro tesoro, allí estará también vuestro corazón (Mt. 6:19-21).

Los cielos es el lugar más seguro en todo el universo. El apóstol Juan lo describe como un lugar al que no entrará "ninguna cosa inmunda, o que hace abominación y mentira, sino solamente los que están inscritos en el libro de la vida del Cordero" (Ap. 21:27; cp. 22:14-15).

No solo que la herencia está divinamente protegida, sino que quienes la poseen también son **guardados por el poder de Dios** de hacer algo para perderla o quedar separados de ella. **El poder de Dios** es su omnipotencia soberana que continuamente protege a sus elegidos. Si Dios es por los creyentes, nadie puede oponérseles (Ro. 8:31-39; Jud. 24). Todos los detalles de esta promesa son para proporcionar al creyente una esperanza imperecedera del cielo, a fin de proveer gozo y perseverancia.

La continua **fe** del cristiano en Dios es evidencia de la obra divina de guardar y proteger (Jn. 8:31; Col. 1:21-23; He. 3:6,14; Stg. 2:17, 20-26; 1 Jn. 5:4,11-13). En la conversión, Dios activa la fe en los corazones de los creyentes, y a medida que los guarda sigue activándoles esa fe (Sal. 37:24; Jn. 10:28; Fil. 1:6). Por su gracia, siempre obran juntos el poder omnipotente y protector de Dios, y la perseverancia del creyente en la fe (cp. Dn. 6:1-23).

Esta seguridad para el creyente y su herencia miran no solo más allá de esta vida sino también más allá de la historia humana, a fin de **alcanzar la salvación que está preparada para ser manifestada en el tiempo postrero. Salvación** (*sōtērian*) significa "rescate" o "liberación", y aquí denota la vida plena, eterna y definitiva que Dios aún no ha consumado. El Nuevo Testamento revela implícitamente una cronología triple para la salvación. El aspecto pasado de la salvación es la justificación; esta llega cuando una persona cree en Cristo (Ro. 10:9-10, 14-17) y es liberada del castigo por el pecado. El aspecto presente de la salvación es la santificación. Los creyentes están siendo continuamente liberados del poder del pecado (1 Jn. 1:9). Efesios 2:8 declara: "Porque por gracia sois salvos". La lengua griega literalmente expresa: "Están siendo salvados". La salvación por consiguiente es una ocurrencia pasada con resultados continuos en el presente. Tercero, la salvación también tiene un aspecto futuro: la glorificación (cp. Ro. 13:11). Cuando un creyente muere, Dios lo libera total y finalmente de la presencia del pecado (cp. He. 9:28) y al instante lo lleva a su herencia eterna en su presencia celestial. Pablo expresó con gran elocuencia a Timoteo su confianza personal en la seguridad de su herencia futura: "Y el Señor me librará de toda obra mala, y me preservará para su reino celestial. A él sea gloria por los siglos de los siglos. Amén" (2 Ti. 4:18; cp. Hch. 26:18; Ef. 1:11, 14, 18; Col. 1:12).

El libro de Hebreos tiene mucho que decir acerca de la herencia futura del creyente. En referencia a los ángeles, el escritor pregunta de forma retórica: "¿No son todos espíritus ministradores, enviados para servicio a favor de los que serán herederos de la salvación?" (1:14). Más tarde él dice esto respecto de Cristo y el nuevo pacto: "Así que, por eso es mediador de un nuevo pacto, para que interviniendo muerte para la remisión de las transgresiones que había bajo el primer pacto, los llamados reciban la promesa de la herencia eterna" (9:15; cp. v. 28).

Del aspecto futuro de la salvación se dice en particular que **está preparada,** es decir, completa y ya esperando la llegada del creyente. Pero la salvación futura también está relacionada con el fin de la historia humana. Pedro dice que debe **ser manifestada en el tiempo postrero.** Dios no completará totalmente la herencia de los creyentes hasta el último episodio de la historia redentora, concretamente el regreso de Jesucristo (cp. Mt. 25:34). Todos los creyentes reciben recompensas en el tribunal de Cristo después del arrebatamiento:

> *Porque nadie puede poner otro fundamento que el que está puesto, el cual es Jesucristo. Y si sobre este fundamento alguno edificare oro, plata, piedras preciosas, madera, heno, hojarasca, la obra de cada uno se hará manifiesta; porque el día la declarará, pues por el fuego será revelada; y la obra de cada uno cuál sea, el fuego la probará. Si permaneciere la obra de alguno que sobreedificó, recibirá recompensa (1 Co. 3:11-14; cp. 2 Co. 5:10; 2 Ti. 4:1, 8).*

Y la plenitud de la herencia eterna del cristiano se completará al final del reino milenial cuando Dios cree el cielo nuevo y la tierra nueva (Ap. 21:1-27):

> *Después me mostró un río limpio de agua de vida, resplandeciente como cristal, que salía del trono de Dios y del Cordero. En medio de la calle de la ciudad, y a uno y otro lado del río, estaba el árbol de la vida, que produce doce frutos, dando cada mes su fruto; y las hojas del árbol eran para la sanidad de las naciones. Y no habrá más maldición; y el trono de Dios y del Cordero estará en ella, y sus siervos le servirán, y verán su rostro, y su nombre estará en sus frentes. No habrá allí más noche; y no tienen necesidad de luz de lámpara, ni de luz del sol, porque Dios el Señor los iluminará; y reinarán por los siglos de los siglos (Ap. 22:1-5).*

Así como originalmente el Señor mismo fue la herencia de los levitas (Jos. 13:33), la tribu sacerdotal de Israel, así también Él es la herencia del sacerdocio real de Cristo (1 P. 2:9). El salmista sabía con certeza que heredaría a Dios: "Jehová es la porción de mi herencia y de mi copa; tú sustentas mi suerte. Las cuerdas me cayeron en lugares deleitosos, y es hermosa la heredad que me ha tocado" (Sal. 16:5-6; cp. 73:23-26). El profeta Jeremías, incluso en medio de los tiempos más difíciles, captó firmemente el mismo concepto: "Mi porción es Jehová, dijo mi alma; por tanto, en él esperaré" (Lm. 3:24). Los cristianos también son herederos de Dios con Cristo: "El Espíritu mismo da testimonio a nuestro espíritu, de que somos hijos de Dios. Y si hijos, también herederos; herederos de Dios y coherederos con Cristo, si es que padecemos juntamente con él, para que juntamente con él seamos glorificados" (Ro. 8:16-17).

Los cristianos poseen algunos de los beneficios de la salvación en esta vida, pero la gran plenitud de la redención está por venir. Dios ha prometido glorias indescriptibles en la perfección eterna del cielo que un día serán la experiencia consciente de todo creyente. Él es la fuente de la herencia del cristiano; esta viene debido a la misericordia divina y por el compasivo medio del nuevo nacimiento; y permanece perfecta y eternamente segura, una realidad en la que todos los creyentes pueden poner su esperanza.

El gozo de la salvación 3

En lo cual vosotros os alegráis, aunque ahora por un poco de tiempo, si es necesario, tengáis que ser afligidos en diversas pruebas, para que sometida a prueba vuestra fe, mucho más preciosa que el oro, el cual aunque perecedero se prueba con fuego, sea hallada en alabanza, gloria y honra cuando sea manifestado Jesucristo, a quien amáis sin haberle visto, en quien creyendo, aunque ahora no lo veáis, os alegráis con gozo inefable y glorioso; obteniendo el fin de vuestra fe, que es la salvación de vuestras almas. (1:6-9)

Uno de los capítulos más apreciados en los evangelios es Lucas 15. Allí Cristo narra tres parábolas memorables: la de la oveja perdida (vv. 4-7), la moneda perdida (vv. 8-10), y la del hijo perdido (pródigo) (vv. 11-32). Cada parábola representa la salvación, cada una describe un alma perdida perdonada y reconciliada con Dios. Además, cada parábola concluye con una celebración de tremendo júbilo por la recuperación de lo que se había perdido, que ilustra la respuesta del cielo ante la salvación de un pecador (15:6, 9, 32).

La salvación genuina y el gozo verdadero van de la mano y no se limitan a los habitantes celestiales. La meta de Pedro en este texto es lograr que, a la luz de la salvación eterna, los creyentes entiendan que el gozo debería ser para ellos una expresión constante. Este gozo refleja lo que sin duda Pedro conocía de la revelación del Antiguo Testamento. El salmista tenía mucho que decir acerca del gozo y el creyente: "Envía tu luz y tu verdad; éstas me guiarán; me conducirán a tu santo monte, y a tus moradas. Entraré al altar de Dios, al Dios de mi alegría y de mi gozo; y te alabaré con arpa, oh Dios, Dios mío" (Sal. 43:3-4; cp. 4:7; 5:11; 9:2; 32:11; 37:4; 51:12). El profeta Isaías escribió: "Y los redimidos de Jehová volverán, y vendrán a Sion con alegría; y gozo perpetuo será sobre sus cabezas; y tendrán gozo y alegría, y huirán la tristeza y el gemido" (Is. 35:10; cp. 61:10). El Evangelio de Lucas llama al nacimiento de Cristo "nuevas de gran gozo" (2:10), y Pablo elogió a los creyentes tesalonicenses por recibir "con gozo del Espíritu Santo" (1 Ts. 1:6; cp. Fil. 4:4; 1 Ts. 5:16) el mensaje del evangelio que les ofreció.

Pedro escribió con anticipación sobre el tema del gozo y el creyente porque sus lectores necesitaban el recordatorio y el ánimo cuando enfrentaran severa persecución. Más adelante, en 2:12, los exhortó: "Manteniendo buena vuestra manera de vivir entre los gentiles; para que en lo que murmuran de vosotros como de malhechores, glorifiquen a Dios en el día de la visitación, al considerar vuestras buenas obras". La clara sugerencia es que aunque los destinatarios de esta carta estuvieran sufriendo injustamente, debían esperar tal maltrato y soportarlo con gozo y paciencia (cp. 2:18-21; 3:9, 14-15, 17; 4:1, 12, 14, 16, 19; 5:10). A la luz de la bendición de la salvación, ninguna dificultad terrenal debía disminuirles el gozo (cp. Hab. 3:17-18; Mt. 5:11-12; Stg. 1:2).

El gozo de la salvación no es una emoción breve, superficial o circunstancial, sino más bien algo permanente y profundo (Ro. 5:11; 14:17; Gá. 5:22; Fil. 1:25; 4:4; cp. 1 Cr. 16:27; 29:17; Esd. 3:12; Neh. 8:10; Job 8:19; Sal. 5:11; 16:11; 43:4; Is. 35:10; 51:11; Mt. 13:44; 25:21; Lc. 24:52; Jn. 16:24; Hch. 13:52; Jud. 24), ligado estrechamente a las bendiciones espirituales de fe, esperanza y amor (cp. Ro. 5:2; 12:12; 15:13; He. 12:2), y otorgado por Dios a través de su Hijo y el Espíritu Santo (Lc. 2:10-11, 29-32, 38; 24:52; Jn. 15:11; 16:22; 17:13; 1 Ts. 1:6; cp. Jn. 10:10; 14:26-27; 16:33). La simple felicidad viene de acontecimientos positivos externos, pero el gozo de la salvación resulta de la confianza profundamente arraigada de que se posee vida eterna de parte del Dios vivo mediante el Cristo crucificado y resucitado (cp. Fil. 3:7-11; He. 6:19-20; 10:19-22; 1 Jn. 5:13-14), gozo que se comprenderá totalmente en la gloria del cielo.

Pedro brinda cinco perspectivas sobre el gozo para que los creyentes puedan triunfar incluso en las circunstancias más adversas. Él destaca la realidad de que el gozo se deriva de la confianza en una herencia protegida, en una fe probada, en una honra prometida, en una comunión personal con Cristo, y en una liberación presente.

CONFIANZA EN UNA HERENCIA PROTEGIDA

En lo cual vosotros os alegráis, (1:6*a*)

En lo cual se refiere al pasaje anterior (1:3-5), que detallaba la primera gran verdad que trae gozo a los cristianos, concretamente su herencia eterna protegida. **Os alegráis** (de *agalliaō*) es un término intenso y expresivo que significa estar enorme y abundantemente feliz, una felicidad que no es provisional ni basada en circunstancias o sensaciones superficiales. Jesús la usó en Mateo 5:12 en adición a la palabra más común para **alegráis** (*chairō*). Con ese uso intensificó el significado de su mandato a sus discípulos. Es más, en ese versículo los traductores de la Nueva Versión Internacional tradujeron la palabra como "llénense de júbilo". En el Nuevo Testamento *agalliaō* siempre se refiere al gozo espiritual en lugar del temporal, y por lo general tiene referencia a una relación con Dios (cp. 1:8; 4:13; Lc. 1:47; 10:21; Hch. 2:26; 16:34; Ap. 19:7). Además, ya que Pedro lo pone en el tiempo presente, transmite la idea de *continuo* gozo y felicidad.

Según se analizó en el capítulo anterior de esta obra, Dios ha reservado y protegido con seguridad una herencia eterna en los cielos para cada creyente. Por eso el apóstol Pablo instó a los creyentes a centrarse "en las cosas de arriba, no en las de la tierra" (Col. 3:2). Hubo una época en que ese gozo parecía difícil de alcanzar para los discípulos de Cristo. Jesús les declaró en el aposento alto: "De cierto, de cierto os digo, que vosotros lloraréis y lamentaréis, y el mundo se alegrará; pero aunque vosotros estéis tristes, vuestra tristeza se convertirá en gozo" (Jn. 16:20). Por poco tiempo los incrédulos se alegrarían y los discípulos llorarían como resultado de la muerte del Salvador (cp. Mt. 27:39, 44; Mr. 14:27; 16:10-11, 14; Lc. 24:17, 36-39). Pero cuando Él resucitó de la tumba y los discípulos lo vieron, su tristeza se convirtió en gozo (Lc. 24:12, 32, 52-53; cp. Jn. 21:7) y la promesa de vida después de la muerte para los creyentes (cp. Jn. 11:25-26; 14:1-4) se hizo creíble.

En todos los creyentes mora el Espíritu Santo (Jn. 14:16-17; Hch. 1:8; Ro. 8:9; 1 Co. 6:19; 12:13; Gá. 3:14; 1 Jn. 2:27; 3:24; 4:13; cp. Jn. 14:26; 16:13; Hch. 6:5; 2 Co. 6:16), quien se desempeña como una garantía o sello para asegurarles la herencia eterna:

> *En él también vosotros, habiendo oído la palabra de verdad, el evangelio de vuestra salvación, y habiendo creído en él, fuisteis sellados con el Espíritu Santo de la promesa, que es las arras de nuestra herencia hasta la redención de la posesión adquirida, para alabanza de su gloria (Ef. 1:13-14; cp. 4:30).*

El autor de Hebreos también se enfoca en la herencia espiritual protegida del creyente (4:1-10; 6:9-12, 19-20; 9:11-15; 11:13-16) y anima a sus lectores judíos a hacer lo mismo en medio del sufrimiento:

> *Pero traed a la memoria los días pasados, en los cuales, después de haber sido iluminados, sostuvisteis gran combate de padecimientos; por una parte, ciertamente, con vituperios y tribulaciones fuisteis hechos espectáculo; y por otra, llegasteis a ser compañeros de los que estaban en una situación semejante. Porque de los presos también os compadecisteis, y el despojo de vuestros bienes sufristeis con gozo, sabiendo que tenéis en vosotros una mejor y perdurable herencia en los cielos. No perdáis, pues, vuestra confianza, que tiene grande galardón; porque os es necesaria la paciencia, para que habiendo hecho la voluntad de Dios, obtengáis la promesa (10:32-36).*

Por difíciles que sean las circunstancias y las persecuciones que los creyentes enfrenten, se alegran en gran manera porque la esperanza futura se deriva de la resurrección de Cristo (1:3; 1 Co. 15:51-57; cp. Ro. 5:2; 12:12) y de la realidad presente de la morada del Espíritu (1:2), asegurando así una herencia protegida y eterna (cp. He. 10:32-36).

CONFIANZA EN UNA FE PROBADA

aunque ahora por un poco de tiempo, si es necesario, tengáis que ser afligidos en diversas pruebas, para que sometida a prueba vuestra fe, mucho más preciosa que el oro, el cual aunque perecedero se prueba con fuego, (1:6*b*-7*a*)

A continuación, Pedro pasa a una fuente de gozo que tiene inmensas ramificaciones prácticas para los creyentes: confianza en una fe probada. En vez de dejar que severos sufrimientos y persecuciones les roben el gozo y echen a perder la anticipación de la bendición futura en el cielo, los verdaderos creyentes con una perspectiva bíblica saben que tales sufrimientos en realidad pueden añadir a su gozo cuando experimentan gracia y anticipan el futuro.

En el resto del versículo 6 el apóstol enumera cuatro características concisas de las tribulaciones que Dios usa para probar la fe de los creyentes. Primero declara que los problemas se presentan **ahora por un poco de tiempo.** Son transitorios (cp. Sal. 30:5; Is. 54:7-8; Ro. 8:18), literalmente "por una temporada", lo que significa que pasarán rápidamente, como nuestro tiempo en la tierra. Pablo los denomina "leve tribulación momentánea" (2 Co. 4:17), con relación al "eterno peso de gloria".

Segundo, los problemas llegan **si es necesario;** es decir, cuando cumplen un propósito en las vidas de los creyentes (cp. Job 5:6-7; Hch. 14:22; 1 Ts. 3:3). Dios los usa para hacer humildes a los creyentes (Dt. 8:3; 2 Co. 12:7-10), separarlos de las cosas del mundo e indicarles el cielo (Jn. 16:33; Ap. 14:13; cp. Job 19:25-26), enseñarles a valorar la bendición divina como algo opuesto al dolor de la vida (4:13; Ro. 8:17-18), prepararlos con el fin de ayudar a otros (2 Co. 1:3-7; He. 13:3), disciplinarlos por sus pecados (1 Co. 11:30; cp. Job 5:17; Lc. 15:16-18; He. 12:5-12), y ayudarlos a fortalecer el carácter espiritual (Ro. 5:3; 2 Ts. 1:4-6; Stg. 1:2-4; 5:11). Más tarde en esta carta Pedro resume el beneficio de las tribulaciones: "El Dios de toda gracia, que nos llamó a su gloria eterna en Jesucristo, después que hayáis padecido un poco de tiempo, él mismo os perfeccione, afirme, fortalezca y establezca" (5:10).

Tercero, por medio de la frase **tengáis que ser afligidos,** Pedro reconoce que es innegable que los problemas producen aflicción (cp. Gn. 3:16-19; Sal. 42:7; 66:12; 89:30-32). **Afligidos** se refiere no solo a dolor físico sino también a angustia mental, incluso tristeza, congoja, desilusión y ansiedad. Por diseño divino, la tribulación debe ser dolorosa a fin de refinar a los creyentes para una mayor utilidad espiritual (cp. Sal. 34:19; 78:34; 119:71; Jn. 9:1-3; 11:3-4; 2 Co. 12:10).

Cuarto, el apóstol observa en el versículo 6 que los cristianos experimentan **diversas pruebas;** las tribulaciones vienen en muchas formas (Stg. 1:2). La palabra griega traducida **diversas** es *poikilos,* que significa "de diferentes colores".

Más tarde Pedro usa la misma expresión, traducida "multiforme", para describir la diversa gracia de Dios (4:10). Así como las pruebas son diversas, la suficiente gracia de Dios para los creyentes es igualmente diversa. No existe forma de tribulación que alguna faceta de la gracia divina no pueda reemplazar (cp. 1 Co. 10:13). La gracia de Dios es suficiente para todo sufrimiento humano.

Tales elementos simplemente declarados reiteran de modo implícito por qué la prueba no debe disminuir el gozo de los creyentes, y la primera mitad del versículo 7 afirma de manera explícita la razón: ellos se regocijan **para que** [sea] **sometida a prueba** [su] **fe, mucho más preciosa que el oro, el cual aunque perecedero se prueba con fuego.** Esta perspectiva sobre la tribulación no solo que no disminuye el gozo sino que en realidad produce gozo triunfante, ya que la experiencia valida la fe de los cristianos. **Prueba** (*dokimion*) se usa para describir el análisis del metal. El proceso de análisis pone al descubierto la pureza del metal y determina su verdadero contenido y valor después que todas las impurezas se han fundido Nm. 31:22-23; cp. Pr. 17:3; Zac. 13:9). Por analogía, Dios prueba la fe del creyente a fin de revelar su autenticidad (cp. Job 23:10). (Lo hace no porque deba descubrir quién es un verdadero creyente, sino para que los creyentes obtengan gozo y confianza en su fe probada [cp. Abraham en Gn. 22:1-19, y el ejemplo de las semillas en suelos poco profundos y espinosos en Mt. 13:5-7]). La expresión adjetival **prueba** [de] **vuestra fe,** más exactamente "el residuo probado de vuestra fe", capta la esencia del proceso de análisis espiritual.

Además de Abraham, el Antiguo Testamento contiene varios ejemplos más de cómo Dios pone a prueba la fe de su pueblo. Éxodo 16:4 expresa: "He aquí yo os haré llover pan del cielo; y el pueblo saldrá, y recogerá diariamente la porción de un día, para que yo lo pruebe si anda en mi ley, o no". En Deuteronomio 8:2 Moisés ordenó a los israelitas: "Y te acordarás de todo el camino por donde te ha traído Jehová tu Dios estos cuarenta años en el desierto, para afligirte, para probarte, para saber lo que había en tu corazón, si habías de guardar o no sus mandamientos". Pero todo el libro de Job es el ejemplo clásico de que Dios pone a prueba a un creyente. Sin importar lo que Satanás, con el permiso de Dios, arrojara sobre Job, este nunca dejó de confiar en el Señor (Job 1:6—2:10). A pesar de los esfuerzos tan inapropiados de sus amigos por consolarlo y aconsejarlo, y de que constantemente lo juzgaron mal (además de la exigencia de su esposa sin fe de que maldijera a Dios y se muriera) Job permaneció firme y su fe resultó ser verdadera (27:1-6) y se fortaleció en gran manera (42:1-6, 10-17).

Pedro usó el **oro** en su analogía porque era el más precioso y apreciado de todos los metales (Esd. 8:27; Job 28:15-16; Sal. 19:10; cp. 2 R. 23:35; Mt. 2:11), y en tiempos antiguos era la base para la mayoría de transacciones monetarias (cp. Ez. 27:22; Mt. 10:9). Así como el **fuego** separa el oro de la escoria inútil, así también Dios usa los sufrimientos y las pruebas para aislar la verdadera fe de la manifestación superficial. Sin embargo, aunque el oro se puede purificar al ser probado **con fuego,** es **perecedero** (cp. Stg. 5:3). Aun así, la fe probada es eterna, haciéndola **más preciosa que el oro.**

Los apóstoles, ministrando después de Pentecostés, son excelentes ejemplos de aquellos que pasaron pruebas difíciles y que por eso llegaron a confiar en su fe probada. Luego de que los líderes judíos los azotaran por continuar predicando el evangelio, "[los apóstoles] salieron de la presencia del concilio, gozosos de haber sido tenidos por dignos de padecer afrenta por causa del Nombre" (Hch. 5:41; cp. 4:13-21; 5:17-29, 40-41). Se regocijaron no solo porque Dios los consideró dignos de padecer por causa de la justicia, sino indudablemente debido a la confianza que obtuvieron al pasar la prueba. Habían recorrido un largo camino desde los días en que Jesús los amonestó por su "poca fe" (Mt. 8:26; cp. 16:8; 17:20; Lc. 8:25; 17:5), cuando lo abandonaron y huyeron después de la crucifixión (Mr. 14:27, 50-52), y cuando Pedro lo negó tres veces (Lc. 22:54-62).

CONFIANZA EN UNA HONRA PROMETIDA

sea hallada en alabanza, gloria y honra cuando sea manifestado Jesucristo; (1:7*b*)

La reflexión del apóstol acerca de la fe probada en la primera parte del versículo 7 lleva en realidad a su punto principal en la segunda mitad, es decir, que los creyentes deben regocijarse en la perspectiva de una honra prometida. En última instancia la verdadera fe llega a través de todos los problemas y sufrimientos de la vida, y obtiene honra eterna de parte de Dios.

El enfoque de Pedro no está en los cristianos que honran a Dios (aunque lo estarán haciendo, cp. Mt. 28:16-17; Jn. 4:23; 9:38; Ap. 4:10-11), sino en el elogio que Dios les hace. Dios concederá **alabanza, gloria y honra** a los creyentes **cuando sea manifestado Jesucristo.** Es increíble que ellos, quienes en esta vida están llamados a honrar siempre al Señor, puedan por su fidelidad en las pruebas provocar **alabanza** de parte del Señor en la vida venidera (cp. 1 S. 2:26; Sal. 41:11; 106:4; Pr. 8:35; 12:2; Hch. 7:46). Cerca de la conclusión de su parábola de los talentos, Jesús manifestó a los discípulos:

> *Y su señor le dijo: Bien, buen siervo y fiel; sobre poco has sido fiel, sobre mucho te pondré; entra en el gozo de tu señor. Llegando también el que había recibido dos talentos, dijo: Señor, dos talentos me entregaste; aquí tienes, he ganado otros dos talentos sobre ellos. Su señor le dijo: Bien, buen siervo y fiel; sobre poco has sido fiel, sobre mucho te pondré; entra en el gozo de tu señor (Mt. 25:21-23; cp. 24:47; 25:34; Lc. 22:29; 2 Ti. 4:8).*

La fe que salva y sus buenas obras resultantes siempre reciben elogio divino. "Es judío el que lo es en lo interior, y la circuncisión es la del corazón, en espíritu, no en letra; la alabanza del cual no viene de los hombres, sino de Dios" (Ro. 2:29). Que Dios alabaría la fe que salva y la verdadera fidelidad en medio de las dificultades es realmente sorprendente, por más que en primera instancia ambas sean dones de su gracia y poder (Ef. 2:8; Fil. 1:29). Tal alabanza para los creyentes demuestra la suprema generosidad del Señor (cp. Éx. 34:6; Sal. 33:5; 104:24; 2 Co. 8:9).

Pedro también usa el término **gloria,** que así como **alabanza** se refiera a lo que los creyentes reciben de Dios. Esto repite la enseñanza del apóstol Pablo: "El cual pagará a cada uno conforme a sus obras: vida eterna a los que, perseverando en bien hacer, buscan gloria y honra e inmortalidad… pero gloria y honra y paz a todo el que hace lo bueno, al judío primeramente y también al griego" (Ro. 2:6-7, 10). **Gloria** podría relacionarse mejor a la semejanza a Cristo con que Dios dotará a cada creyente (Jn. 17:22; Ro. 9:23; 1 Co. 15:42-44; 2 Co. 3:18; Fil. 3:21; Col. 3:4; 2 Ts. 2:14; 1 Jn. 3:2). Jesucristo fue Dios encarnado (Jn. 1:14), y el apóstol Juan declara: "Sabemos que cuando él se manifieste, seremos semejantes a él, porque le veremos tal como él es" (1 Jn. 3:2).

Honra probablemente se refiere a las recompensas que Dios dará a los creyentes debido a su servicio a Él. Pablo explica esto con más detalles en 1 Corintios 3:10-15:

> *Conforme a la gracia de Dios que me ha sido dada, yo como perito arquitecto puse el fundamento, y otro edifica encima; pero cada uno mire cómo sobreedifica. Porque nadie puede poner otro fundamento que el que está puesto, el cual es Jesucristo. Y si sobre este fundamento alguno edificare oro, plata, piedras preciosas, madera, heno, hojarasca, la obra de cada uno se hará manifiesta; porque el día la declarará, pues por el fuego será revelada; y la obra de cada uno cuál sea, el fuego la probará. Si permaneciere la obra de alguno que sobreedificó, recibirá recompensa. Si la obra de alguno se quemare, él sufrirá pérdida, si bien él mismo será salvo, aunque así como por fuego (cp. 9:25; 2 Co. 5:10; Col. 3:24; Stg. 1:12; 1 P. 5:4; 2 Jn. 8; Ap. 21:7; 22:12).*

Este triple tributo (**alabanza, gloria y honra**) ocurre **cuando sea manifestado Jesucristo. Manifestado** (*apokalupsei*) se refiere a la segunda venida de Cristo y en particular se enfoca en la época en que regrese para premiar a su pueblo redimido. Más adelante en este mismo capítulo Pedro vuelve a dirigir a sus lectores hacia estas realidades: "Por tanto, ceñid los lomos de vuestro entendimiento, sed sobrios, y esperad por completo en la gracia que se os traerá cuando Jesucristo sea manifestado" (1:13; cp. 4:13; Ro. 8:18; 1 Co. 1:7-8; 2 Ts. 1:5). En su parábola del siervo vigilante, Jesús habló de la anhelante anticipación de la recompensa eterna:

> *Estén ceñidos vuestros lomos, y vuestras lámparas encendidas; y vosotros sed semejantes a hombres que aguardan a que su señor regrese de las bodas, para que cuando llegue y llame, le abran en seguida. Bienaventurados aquellos siervos a los cuales su señor, cuando venga, halle velando; de cierto os digo que se ceñirá, y hará que se sienten a la mesa, y vendrá a servirles (Lc. 12:35-37).*

Sin embargo, ninguno de estos pasajes indica que los creyentes tendrán que esperar hasta el regreso de Cristo antes de que Él encuentre genuina la fe de ellos. La realidad de esa fe ya está validada al soportar con fidelidad las tribulaciones y pruebas. Es una asombrosa verdad que cuando Jesús vuelva a por los suyos no solo que ellos lo servirán gozosos, sino que también Él gentilmente les servirá y los honrará.

CONFIANZA EN UNA COMUNIÓN PERSONAL CON CRISTO

a quien amáis sin haberle visto, en quien creyendo, aunque ahora no lo veáis, os alegráis con gozo inefable y glorioso; (1:8)

Amor y confianza son dos ingredientes fundamentales en cualquier relación significativa. En este versículo, el apóstol exalta esos dos aspectos como esenciales para la relación de los creyentes con Cristo, y vitales para el gozo que resulta. Pedro también refleja verdaderos rasgos conmovedores y humildad personal con estas palabras, basado en su experiencia pasada y personal como uno de los Doce.

Sin incluir a Judas Iscariote (Mt. 26:14, 16; Lc. 22:47-48), Pedro fue el discípulo que mostró la violación más flagrante de fe y confianza en su Señor. No mucho después que el apóstol negara a Cristo por tres veces (Lc. 22:54-62), Jesús lo confrontó y tres veces le preguntó: "¿Me amas?" (Jn. 21:15-22). En forma humilde Pedro reflexionó en ese momento e implícitamente elogió a sus lectores perseguidos por su relación con Cristo. Pedro, a pesar de ser el líder de los apóstoles y de que vivió con Jesús durante tres años, en un momento crucial falló en afirmar su amor y confianza en Él. En marcado contraste, sus lectores, aunque **sin haberle visto,** en medio de amenazadora persecución y de sufrimientos conservaron un verdadero amor por Jesús y una fuerte confianza en Él.

La palabra **amor** (*agapate*) es el amor de la voluntad, la forma más noble de amar. El tiempo presente indica que la audiencia de Pedro constantemente amaba a su Señor, con un **amor** que define la esencia de ser cristiano. Pedro subraya este hecho más adelante en su carta: "Para vosotros, pues, los que creéis, él [Cristo] es precioso" (2:7; cp. 1 Co. 16:22; Ef. 6:24; 1 Jn. 4:19). El gozo verdadero fluye de un amor por el Maestro **a quien** no se le ha **visto,** Aquel a quien los creyentes también obedecen (cp. Jn. 14:21).

A continuación, Pedro elogia la fe y la confianza de sus lectores en Cristo. Es evidente que creer en Él va de la mano con amarlo. El alma que ama a Cristo no puede dejar de creer en Él, y el alma que cree no puede evitar amarlo. **Aunque ahora** los cristianos no ven a Cristo, aun así creen en Él. Jesús le dijo a Tomás: "Porque me has visto, Tomás, creíste; bienaventurados los que no vieron, y creyeron" (Jn. 20:29; cp. He. 11:1). La fe acepta el registro revelado y escrito de Jesucristo (los Evangelios; 2 Ti. 3:15; cp. 2 Cr. 20:20; Hch. 24:14), que lo describen en toda su gloria y lleva a que los creyentes lo amen (cp. He. 11:6). Cuanto más pueda la fe conocer de Cristo, y tanto más ese conocimiento posea el corazón, más fuerte se vuelve el amor de los creyentes por Él (cp. 2 Co. 8:7; Gá. 5:6; 1 Ti. 1:5; 1 Jn. 2:5) y más gozo muestran (cp. Sal. 5:11; 16:11). Por tanto, el amor y la confianza son los dos elementos que unen a los creyentes en una comunión viva con Jesucristo.

Tal relación maravillosa hizo que los lectores de Pedro se alegraran **con gozo inefable y glorioso. Inefable** (*aneklalētō*) literalmente significa "superior al habla". Quienes viven en comunión personal con Cristo experimentan un **gozo** tan divino que les es imposible comunicarlo; humanamente hablando, tal gozo está más allá del alcance del habla y de la expresión. Y ese gozo también es **glorioso** (*doxazō*), palabra que significa "rendir la más elevada alabanza" y de la que se deriva *doxología*. En su comunión con el Señor, los creyentes tienen tanto un amor sobrenatural (cp. Gá. 5:22; 2 Ts. 3:5; 1 Jn. 4:19) como un **gozo** trascendente (cp. Ec. 2:26; Sal. 4:7; 21:6; 68:3; 97:11; Jud. 24).

CONFIANZA EN UNA LIBERACIÓN PRESENTE

obteniendo el fin de vuestra fe, que es la salvación de vuestras almas. (1:9)

Pedro no está mirando el futuro sino el aquí y ahora; se podría traducir literalmente **obteniendo** (*komizomenoi*), como "recibir en el presente por uno mismo". La raíz *komizō* significa "recibir lo que se mereció". Que fluya la comunión personal de los creyentes con Cristo es el resultado debido, **el fin** presente **de** la **fe** de ellos, es decir **la salvación de** sus **almas. Salvación** se refiere a la liberación constante y actual que los creyentes obtienen del castigo y el poder del pecado… de su culpa (Ro. 6:18; Ef. 1:7; Col. 2:13-14), la condenación (Ro. 8:1), la ira (Ro. 5:9; 1 Ts. 1:10), la ignorancia (Ro. 10:3; Gá. 4:8; 1 Ti. 1:13), la angustia, la confusión, la desesperanza (1 Co. 15:17; 1 P. 1:3), y el dominio (Ro. 6:10-12).

Realmente no hay razón para que los creyentes pierdan su gozo cuando pueden aprovechar todas las realidades espirituales actuales y futuras mencionadas en este pasaje (fe probada en el presente, comunión con Cristo, y liberación; además una herencia futura protegida, y honra prometida. Así aseguró Jesús a los apóstoles: "Estas cosas os he hablado, para que mi gozo esté en vosotros, y vuestro gozo sea cumplido" (Jn. 15:11).

La grandeza de la salvación 4

Los profetas que profetizaron de la gracia destinada a vosotros, inquirieron y diligentemente indagaron acerca de esta salvación, escudriñando qué persona y qué tiempo indicaba el Espíritu de Cristo que estaba en ellos, el cual anunciaba de antemano los sufrimientos de Cristo, y las glorias que vendrían tras ellos. A éstos se les reveló que no para sí mismos, sino para nosotros, administraban las cosas que ahora os son anunciadas por los que os han predicado el evangelio por el Espíritu Santo enviado del cielo; cosas en las cuales anhelan mirar los ángeles. (1:10-12)

La historia comienza un día de verano hacia el final del siglo XIX cuando un joven de una ciudad inglesa fue de visita a la Escocia rural. Esa tarde fue a nadar en un pequeño lago en la campiña. Después de nadar una buena distancia desde la orilla, un grave calambre se apoderó del muchacho impidiéndole seguir nadando. Experimentó gran dolor y lanzó un grito a voz en cuello pidiendo ayuda. Un joven campesino que trabajaba en un campo cercano oyó los gritos del citadino y corrió tan rápido como pudo hacia el lago. Una vez allí se despojó de la camisa, se lanzó al agua, nadó hasta donde se hallaba el chico de la ciudad, y lo llevó sano y salvo a la orilla.

Varios años después los dos jóvenes se volvieron a encontrar. El citadino, aún lleno de gratitud porque el otro le había salvado la vida, estaba emocionado de volver a ver al joven campesino y le preguntó qué profesión había decidido seguir. Él contestó que había decidido seguir medicina. Puesto que los padres del chico de la ciudad eran acaudalados y estaban en gran deuda con el otro joven por haber salvado la vida de su hijo, al enterarse de la elección de carrera del campesino al instante prometieron pagarle la educación médica. Siguieron adelante con su promesa y el joven pasó a tener una brillante carrera en la investigación científica.

En 1928 el joven agricultor, entonces médico y bacteriólogo, descubrió el famoso y maravilloso fármaco llamado penicilina. En 1945 compartió el premio Nobel con otros dos científicos por el descubrimiento y el desarrollo de ese antibiótico. El joven agricultor escocés convertido en investigador científico, que murió en 1955, fue Alexander Fleming.

El joven citadino rescatado también obtuvo gran renombre. Durante la Segunda Guerra Mundial contrajo un caso de neumonía que puso en peligro su vida. Se recuperó en un hospital después de recibir penicilina, lo que significó que indirectamente Alexander Fleming le salvó dos veces la vida. El muchacho de la ciudad fue Winston Churchill, el famoso estadista y primer ministro británico durante la guerra. Curiosamente, al igual que Fleming, Churchill obtuvo un premio Nobel. Pero en su caso ganó el premio de 1953 en literatura por sus incisivos escritos sobre la historia de la Segunda Guerra Mundial.

Es maravilloso salvar una vida, y aún más fantástico salvar dos veces la vida de alguien, en especial cuando el salvado llegó a ser alguien tan influyente como Winston Churchill. Pero las contribuciones esforzadas y desinteresadas de Alexander Fleming no son nada comparadas con la grandeza de salvar el alma eterna de la persona. Esa gran salvación es el núcleo de la preocupación del apóstol Pedro en este pasaje. Él quería que sus lectores creyentes se enfocaran en ese rescate definitivo y total del pecado, Satanás, la muerte y el infierno que Dios tan misericordiosamente decidió darles por medio de la fe en su Hijo, Jesucristo. Pedro celebra la grandeza de la salvación recordando a sus lectores que por difíciles que sean las circunstancias o por severa que sea la persecución, podían aferrarse con confianza a la esperanza de la salvación eterna.

Difícilmente hay otra palabra tan bendita, esperanzada, consoladora o prometedora como *salvación.* El mensaje de la Biblia es que aunque el hombre no se puede salvar por sí mismo de las consecuencias eternas y atormentadoras de su pecado (Gn. 2:17; Jer. 2:22; 18:12; Jn. 3:19; Ro. 6:23; Ef. 2:1-3; Col. 2:13; 2 Ti. 2:25-26), Dios puede y quiere rescatar de la condenación a todos los que confían en Él y creen su Palabra (Mt. 11:28-30; Lc. 19:10; Jn. 1:12-13,29; 3:14-17; Hch. 10:43; Ef. 1:7; 1 Ts. 5:9; 2 Ti. 1:9; He. 7:25; Stg. 1:18). El apóstol Pablo escribió: "Dios muestra su amor para con nosotros, en que siendo aún pecadores, Cristo murió por nosotros" (Ro. 5:8). Dios no solamente ama a los pecadores, sino que solo Él puede salvarlos, porque "la salvación es de Jehová" (Sal. 3:8). Además, Dios desea salvar a los pecadores; Él "quiere que todos los hombres sean salvos y vengan al conocimiento de la verdad" (1 Ti. 2:4).

Por sobre todo, la salvación está de acuerdo con el plan y el propósito soberanos de Dios (Ro. 8:28-30; 2 Ts. 2:13-14; Ap. 13:8). Pablo recordó a Timoteo que Dios "nos salvó y llamó con llamamiento santo, no conforme a nuestras obras, sino según el propósito suyo y la gracia que nos fue dada en Cristo Jesús antes de los tiempos de los siglos" (2 Ti. 1:9). Esa declaración también indica que Dios designó que su Hijo fuera el medio de salvación (cp. 2:6; Is. 53:6, 10; Mt. 20:18-19; Jn. 1:17; Hch. 2:22-24; 13:23-32). Pablo declaró anteriormente a los creyentes en Roma: "No me avergüenzo del evangelio, porque es poder de Dios para salvación a todo aquel que cree" (Ro. 1:16). Y Dios fue fiel para ordenar predicadores que anunciaran que la obra de Jesucristo es el único medio de rescatar pecadores (cp. Hch. 13:1-3; Ro. 10:14-17; 1 Co. 1:21-25). Como vimos en el capítulo anterior de esta obra, Pedro observó el gozo de la iglesia en el glorioso regalo de la salvación (1:6-9). Por adversas que sean sus circunstancias, los cristianos nunca deben dejar de regocijarse por la grandeza de su salvación: "Cantad a Jehová, bendecid su nombre; anunciad de día en día su salvación" (Sal. 96:2; cp. Sal. 9:14; 21:1; 40:16; 71:23; 1 Cr. 16:23; Is. 25:9; 35:10; 1 Co. 6:20; 1 Ts. 5:16; Ap. 5:9).

El tema de Pedro en el capítulo inicial de esta carta es la bendición o grandeza de la salvación. Aquí la examina desde el punto de vista de cuatro agentes divinos que estuvieron involucrados con el mensaje de salvación: los profetas del Antiguo Testamento que la estudiaron, el Espíritu Santo que la inspiró, los apóstoles del Nuevo Testamento que la predicaron, y los ángeles que la examinaron.

LA SALVACIÓN FUE EL TEMA DE ESTUDIO DE LOS PROFETAS

Los profetas que profetizaron de la gracia destinada a vosotros, inquirieron y diligentemente indagaron acerca de esta salvación, escudriñando qué persona y qué tiempo (1:10-11*a*)

El apóstol llama primero la atención a la **salvación** a la que se refiere en el versículo 9 desde el punto de vista de **los profetas.** Estos fueron portavoces de Dios en el Antiguo Testamento **que profetizaron de la gracia destinada a** nosotros. Luego buscaron el significado de sus propios escritos proféticos para saber todo lo que podían conocer acerca de la salvación prometida de parte de Dios. De toda la verdad que los profetas recibieron a través de revelación divina (cp. Os. 12:10; Am. 3:7; He. 1:1; Stg. 5:10), la verdad de la salvación fue su mayor pasión. Desde Moisés a Malaquías, todos los profetas del Antiguo Testamento estaban fascinados por las promesas de salvación. Sin embargo, ellos no simplemente *desearon* recibir la salvación; *en realidad* la obtuvieron. Pero recibieron el don de la salvación de Dios sin ver su total cumplimiento (cp. He. 11:39-40), sin ver a Jesucristo y sin tener una relación con Él. Aunque los profetas escribieron acerca del Mesías, nunca comprendieron por completo todo lo que estaba involucrado en la vida, muerte y resurrección de Cristo.

El enfoque del intenso estudio de los profetas al tratar de comprender la persona y la obra de Cristo se centró en **la gracia destinada** a los pecadores a través de Él. La salvación tiene que ver sobre todo con el acto divino de salvar a pecadores (cp. Mt. 20:28; Lc. 24:46-47; Jn. 12:32-33; Tit. 3:7; He. 9:24-28), mientras que la gracia abarca todo el motivo detrás de la obra salvadora de Dios (cp. Hch. 20:32; Ro. 5:15; Ef. 2:5, 8-10; 2 Ts. 1:11-12). Los profetas trataron de entender **la gracia** de Dios y la misericordia en Cristo, su perdón, su bondad, su favor inmerecido, y su bendición prodigada en indignos pecadores. Sabían que la promesa divina de salvación por **la gracia destinada** se extendía más allá de Israel para incluir a gente de toda nación sobre la tierra (Is. 45:22; 49:6; 52:10; cp. Jn. 10:16; Ro. 15:9-12; 1 Jn. 2:2; Ap. 4:8-10; 7:9).

Es fundamental destacar que la frase **profetizaron de la gracia destinada** no indica que los profetas esperaran con interés una gracia salvadora que no existió en absoluto en tiempos del Antiguo Testamento. Por naturaleza Dios siempre ha sido un Dios inmutable en su misericordia (Éx. 34:6; Sal. 102:26-27; 116:5; Stg. 1:17). En el Antiguo Testamento siempre fue compasivo con quienes creyeron antes de que Cristo viniera (cp. Sal. 84:11), y desde entonces Él es compasivo con todos los que creen (Jn. 1:14).

Noé recibió gracia del Señor (Gn. 6:8). Moisés estaba totalmente consciente de esa misericordia cuando primero registró los principios morales y derechos de propiedad de la ley de Dios, como demuestra Éxodo 22:26-27: "Si tomares en prenda el vestido de tu prójimo, a la puesta del sol se lo devolverás. Porque sólo eso es su cubierta, es su vestido para cubrir su cuerpo. ¿En qué dormirá? Y cuando él clamare a mí, yo le oiré, porque soy misericordioso" (cp. 33:19; Gn. 43:29). El profeta Jonás, aunque tuvo dificultades en aceptar el arrepentimiento de los ninivitas, reconoció la misericordia de Dios: "Oró a Jehová y dijo: Ahora, oh Jehová, ¿no es esto lo que yo decía estando aún en mi tierra? Por eso me apresuré a huir a Tarsis; porque sabía yo que tú eres Dios clemente y piadoso, tardo en enojarte, y de grande misericordia, y que te arrepientes del mal" (Jon. 4:2).

La salvación siempre ha estado disponible para los pecadores (Dt. 32:15; Sal. 3:8; 27:1; Is. 55:1-2, 6-7; Jon. 2:9) y siempre únicamente por gracia. Así que durante el Antiguo Testamento nunca hubo ninguna duda de que Dios fuera misericordioso, pero la gran manifestación de su gracia estaba **destinada a** nosotros con la llegada de su Hijo. Isaías lo profetizó:

> *Reuníos, y venid; juntaos todos los sobrevivientes de entre las naciones. No tienen conocimiento aquellos que erigen el madero de su ídolo, y los que ruegan a un dios que no salva. Proclamad, y hacedlos acercarse, y entren todos en consulta; ¿quién hizo oír esto desde el principio, y lo tiene dicho desde entonces, sino yo Jehová? Y no hay más Dios que yo; Dios justo y Salvador; ningún otro fuera de mí. Mirad a mí, y sed salvos, todos los términos de la tierra, porque yo soy Dios, y no hay más. Por mí mismo hice juramento, de mi boca salió palabra en justicia, y no será revocada: Que a mí se doblará toda rodilla, y jurará toda lengua. Y se dirá de mí: Ciertamente en Jehová está la justicia y la fuerza; a él vendrán, y todos los que contra él se enardecen serán avergonzados (Is. 45:20-24).*

El profeta muestra la provisión divina de salvación para todas las naciones. Isaías y los demás profetas no vieron que se cumpliera esa salvación gentil (cp. Ro. 15:8-12; Ef. 3:4-7), pero sabían que el Mesías la iba a efectuar (Is. 53:4-5).

Escribieron acerca de una gracia de salvación que era mucho más amplia que cualquier cosa que habían observado (cp. Dt. 32:43; 2 S. 22:50; Sal. 18:49; 117:1; 118:22; Is. 8:14; 11:1-5, 10; 28:16; 65:1-2; Jer. 17:7; Os. 1:10; 2:23), y esas profecías incluyeron varios hechos básicos, algunos de los cuales más tarde fueron citados por escritores del Nuevo Testamento como Pablo (p. ej., Ro. 9:25-26, 33; 10:11-13, 20; 15:8-12, 20-21). Primero, las profecías declaraban que el Mesías iba a padecer. El Salmo 22 describe su crucifixión, e Isaías 53 describe otros detalles de su sufrimiento. Segundo, los escritores del Antiguo Testamento profetizaron que el Mesías triunfaría. El salmista declara que Dios establecerá a su Rey, Jesucristo, sobre su monte santo, donde Cristo gobernará entonces con mano de hierro (Sal. 2:6-9). El Salmo 16:10 dice que Dios no permitirá que su Santo vea corrupción, y Cristo efectivamente resucitó de la tumba y ascendió al cielo cuarenta días después (Lc. 24:1-12; Hch. 1:2-9). El profeta Isaías escribió que el gobierno estaría en hombros del Mesías y que sería un Dios poderoso que iba a reinar desde el trono de David (Is. 9:6-7). Tercero, los profetas previeron un Mesías que iba a salvar. Isaías anticipó el mandato del Mesías: "El Espíritu de Jehová el Señor está sobre mí, porque me ungió Jehová; me ha enviado a predicar buenas nuevas a los abatidos, a vendar a los quebrantados de corazón, a publicar libertad a los cautivos, y a los presos apertura de la cárcel; a proclamar el año de la buena voluntad de Jehová" (Is. 61:1-2). Jesús leyó esas palabras a la congregación en la sinagoga de su ciudad natal y se proclamó como el cumplimiento de ellas (Lc. 4:16-21).

A pesar de que los profetas del Antiguo Testamento estaban conscientes de que sus escritos describían una manifestación futura de la gracia de la salvación, su deseo de entender esas profecías era tan convincente y dominante que **inquirieron y diligentemente indagaron acerca de esta salvación** en sus propios escritos. Estos dos verbos hacen hincapié en la intensidad con que habían profundizado en sus profecías y en la diligencia con que las habían investigado para comprender mejor la magnitud de la gracia de la salvación.

Como Jesús dijo a sus discípulos: "Porque de cierto os digo, que muchos profetas y justos desearon ver lo que veis, y no lo vieron; y oír lo que oís, y no lo oyeron" (Mt. 13:17; cp. Is. 6:11; Hab. 1:2). Debido a que los profetas del Antiguo Testamento, entre ellos el último, Juan el Bautista, estaban limitados, pusieron gran empeño en estudiar sus propios escritos a fin de ver al Mesías y comprender la salvación que Él traería.

Algunos comentaristas han sugerido que Pedro reflexiona aquí en la actitud de los profetas *antes* de que Dios les diera algunas profecías. De acuerdo con este punto de vista, los profetas desearon con tal fuerza comprender el significado total de la salvación que analizaron con cuidado la verdad que habría de revelarse. En consecuencia, Dios les entregó profecía acerca del Mesías para que entendieran mejor la salvación divina. Sin embargo, eso no tiene sentido porque los profetas necesitaron primero revelación divina acerca de la salvación, de otro modo no habrían tenido base para inquirir e indagar como lo hicieron. Si ellos no hubieran tenido revelación acerca de una gracia futura traída por el Mesías, no habrían buscado más información al respecto, porque nadie hace preguntas en cuanto a algo de lo que no está consciente. Además, Dios no les entregó revelación a los hombres simplemente porque estos le suplicaran, porque tuvieran curiosidad acerca de ella, o porque tuvieran un deseo intenso de saber algo, sino que en su soberanía Él eligió a sus profetas, sus voceros, y el mensaje que les inspiraría que escribieran (cp. Éx. 3:1-10; 1 S. 3; Is. 6; Jer. 1:4-5).

Pedro señala también que los profetas del Antiguo Testamento no estaban interesados únicamente en la doctrina general de la salvación o en la enseñanza general respecto al Mesías. Intentaron saber más exactamente **qué persona** vendría como salvador, juez, profeta, sacerdote y rey, y durante **qué tiempo** o época ocurriría esa venida. Las indagaciones fueron acerca de quién y cuándo. (Procede observar aquí que a menudo los creyentes de hoy día enfrentan las mismas inquietudes relacionadas con las profecías acerca del futuro en el Nuevo Testamento. Pueden saber los acontecimientos revelados en la Biblia, pero las identidades exactas de las personas clave involucradas y cuándo exactamente ocurrirán ciertos hechos es un plan de estudios continuo para todos los interesados en la escatología). Juan el Bautista, último profeta del Antiguo Testamento y precursor de Cristo, provee una ilustración clásica de esta minuciosa búsqueda entre los profetas. Los discípulos de Juan ya conocían del ministerio de Jesús (cp. Mt. 9:14) y habían informado al respecto (Lc. 7:18). No obstante, Juan deseaba conocer con seguridad si Jesús era el Mesías profetizado:

> *Cuando Jesús terminó de dar instrucciones a sus doce discípulos, se fue de allí a enseñar y a predicar en las ciudades de ellos. Y al oír Juan, en la cárcel, los hechos de Cristo, le envió dos de sus discípulos, para preguntarle: ¿Eres tú aquel que había de venir, o esperaremos a otro? (Mt. 11:1-3).*

En respuesta, Jesús dio a conocer sus credenciales, todo lo cual cumplía las profecías del Antiguo Testamento (cp. Is. 29:18-19; 35:5-10; 61:1) respecto al Mesías: "Respondiendo Jesús, les dijo: Id, y haced saber a Juan las cosas que oís y veis. Los ciegos ven, los cojos andan, los leprosos son limpiados, los sordos oyen, los muertos son resucitados, y a los pobres es anunciado el evangelio" (vv. 4-5). Juan ya había señalado a Jesús y profetizado: "He aquí el Cordero de Dios, que quita el pecado del mundo" (Jn. 1:29). A pesar de que el Espíritu Santo lo inspiró a declarar eso, él aún cavilaba en su significado y quiso comprobar si en realidad Jesús era el Mesías (Lc. 7:18-23).

Si la grandeza de la salvación que había de venir fue el estudio intenso y la preocupación de todos los profetas, entonces debería ser igual de precioso, si no más, para aquellos creyentes de hoy que tienen toda la revelación.

LA SALVACIÓN FUE EL TEMA DE LA INSPIRACIÓN DEL ESPÍRITU

indicaba el Espíritu de Cristo que estaba en ellos, el cual anunciaba de antemano los sufrimientos de Cristo, y las glorias que vendrían tras ellos. A éstos se les reveló que no para sí mismos, sino para nosotros, (1:11*b*-12*a*)

Las profecías que el Espíritu Santo reveló a los profetas fueron divinamente inspiradas y escritas bajo su supervisión (cp. Jer. 1:9; 23:28; Ez. 2:7; Am. 3:7-8). Y el tema general de esas profecías era doble: **los sufrimientos de Cristo, y las glorias que vendrían.** El Antiguo Testamento se refiere a **los sufrimientos de Cristo** en pasajes como el Salmo 22:1-31; Isaías 52:13—53:12; Daniel 9:24-26; y Zacarías 12:10; 13:7 (cp. Sal. 89:24-37; Lc. 24:25-27; Ap. 19:10). **Las glorias que vendrían,** incluyendo tales verdades como la resurrección, ascensión y entronización de Cristo, aparecen en pasajes como Isaías 9:6-7; Daniel 2:44; 7:13-14; y Zacarías 2:10-13; 14:16-17.

El hecho de que Pedro usara la frase **Espíritu de Cristo que estaba en ellos** (cp. Ro. 8:9) demuestra que el Cristo eterno e inseparable del Espíritu Santo obró desde el interior de los escritores del Antiguo Testamento para registrar la revelación infalible de Dios. De ahí que el apóstol escribiera en su segunda carta que "nunca la profecía fue traída por voluntad humana, sino que los santos hombres de Dios hablaron siendo inspirados por el Espíritu Santo" (2 P. 1:21; p 2 Ti. 3:16). El Espíritu les **anunciaba** (*edēlou,* "planificaba") **de antemano** (*promarturomenon,* "previamente") lo que vendría. Claramente estaba atestiguando a los profetas acerca de la salvación de Dios que se lograría totalmente por medio de Jesucristo.

El Espíritu también dejó en claro que la indagación de los profetas no sería totalmente satisfecha, ya que el evangelio completo no se podía revelar durante esa época. Pedro indicó esta realidad cuando escribió: **A éstos se les reveló que no para sí mismos.** En el Pentateuco, Moisés profetiza acerca de la venida del Profeta, quien en realidad era el Mesías: "Profeta de en medio de ti, de tus hermanos, como yo, te levantará Jehová tu Dios; a él oiréis" (Dt. 18:15; cp. Nm. 24:17). Moisés y los demás profetas estaban mirando al futuro hacia la culminación de la obra salvadora de Cristo en un segmento futuro de la historia redentora (cp. He. 1:1-2). El escritor de Hebreos proporciona visión adicional: "Conforme a la fe murieron todos éstos sin haber recibido lo prometido, sino mirándolo de lejos" (He. 11:13; cp. vv. 39-40).

Aun así las profecías tuvieron gran valor (cp. Lc. 1:70; Hch. 3:18; 1 Ts. 5:20; 2 P. 1:19), aunque su cumplimiento no era para que los profetas del Antiguo

Testamento lo presenciaran. En lugar de eso previeron una época en que la obra salvadora del Mesías abarcaría a creyentes de todas las naciones en las bendiciones del nuevo pacto (Sal. 22:27-28; 72:8-17; cp. Is. 42:6; 60:1-3; 62:1-3, 11-12; 66:12-13). Ellos vivieron en esperanza, así como los cristianos que esperan la segunda venida del Señor. Los santos del Antiguo Testamento fueron salvos por fe en Dios basándose en el hecho de que el Mesías Jesús cargaría en el futuro con el juicio total de Dios por sus pecados (Is. 53:4-6). Dios estuvo aplicando siempre el nuevo pacto, ofreciendo siempre por gracia el perdón de los pecados a aquellos que se arrepentían y creían, aunque el nuevo pacto no fue ratificado hasta la cruz. Los creyentes del Antiguo Testamento fueron salvos por una gracia futura, los del Nuevo Testamento por una gracia pasada: la cruz es el pináculo de la redención.

LA SALVACIÓN FUE EL TEMA DE LA PREDICACIÓN DE LOS APÓSTOLES

las cosas que ahora os son anunciadas por los que os han predicado el evangelio por el Espíritu Santo enviado del cielo; (1:12*b*)

El Espíritu Santo inspiró no solo a los profetas del Antiguo Testamento, sino también a los apóstoles del Nuevo, quienes tomaron el evangelio totalmente revelado como tema de su predicación. **Las cosas** se refieren otra vez a la gracia de la salvación que vendría, específicamente en la persona de Jesucristo, y la actual proclamación del evangelio. Estas verdades que **son anunciadas** las había notificado Pedro años antes en el primer sermón apostólico registrado y predicado en Pentecostés, cuando "dijo: Arrepentíos, y bautícese cada uno de vosotros en el nombre de Jesucristo para perdón de los pecados; y recibiréis el don del Espíritu Santo. Porque para vosotros es la promesa, y para vuestros hijos, y para todos los que están lejos; para cuantos el Señor nuestro Dios llamare" (Hch. 2:38-39; cp. 2 Co. 6:2). Además de Pedro, entre aquellos que **han predicado el evangelio** se incluía al resto de los Doce, Pablo, Bernabé, Silas, Timoteo, Felipe, Jacobo el medio hermano de Jesús, Judas el hermano medio de Jesús, Esteban y otros no mencionados por nombre. No todos estos fueron apóstoles de Cristo en el mismo sentido que Pablo y los Doce (no todos habían visto al Señor resucitado), pero fueron enviados por la Iglesia como mensajeros del evangelio facultados **por el Espíritu Santo enviado del cielo.**

Pablo ilustra bien la devoción singular que tales predicadores tuvieron hacia la grandeza del mensaje de salvación. A los creyentes en Corinto les escribió:

> *Así que, hermanos, cuando fui a vosotros para anunciaros el testimonio de Dios, no fui con excelencia de palabras o de sabiduría. Pues me propuse no saber entre*

vosotros cosa alguna sino a Jesucristo, y a éste crucificado. Y estuve entre vosotros con debilidad, y mucho temor y temblor; y ni mi palabra ni mi predicación fue con palabras persuasivas de humana sabiduría, sino con demostración del Espíritu y de poder, para que vuestra fe no esté fundada en la sabiduría de los hombres, sino en el poder de Dios (1 Co. 2:1-5; cp. Ro. 1:16-17).

LA SALVACIÓN ES TEMA DE EXAMEN PARA LOS ÁNGELES

cosas en las cuales anhelan mirar los ángeles. (1:12*c*)

Los creyentes se preguntan qué saben y experimentan los ángeles en el reino espiritual e invisible. La Biblia indica algunas de las cosas que los ángeles hacen (se oponen a los demonios, Dn. 10:13; Jud. 9; llevan mensajes de parte de Dios Dn. 8:16-17; 9:21-23; 10:11; 12:6-7; Mt. 2:13; Lc. 1:19, 28; 2:10-14; y realizan otros servicios divinos, 1 R. 19:5; Sal. 91:11-12; Mt. 4:11; 13:39-42; Hch. 12:7-11; He. 1:14). Los cristianos desean tener santidad eterna y experimentar gloria y comunión con la Trinidad tanto como hacen los ángeles elegidos. Pero a la inversa, los ángeles se preguntan qué es experimentar la gracia, la gloria de la salvación y el perdón del pecado por parte de Dios. Pedro afirma que los ángeles están continuamente mirando con fascinación dentro de la grandeza de la salvación.

Cosas denota las muchas características de la salvación **en las cuales anhelan mirar los ángeles. Anhelan** se traduce de *epithumousin*, que describe que se tiene un fuerte deseo o impulso irresistible que no se satisface fácilmente. El término indica que el interés de los ángeles en la salvación no es meramente un capricho o una curiosidad secundaria, sino una fuerte pasión dentro de ellos. **Mirar** (*parakupsai*) literalmente significa estirar la cabeza o inclinarse. Otra forma de la misma palabra denota lo que el apóstol Juan hizo ante la tumba de Jesús: "Y bajándose a mirar, vio los lienzos puestos allí, pero no entró" (Jn. 20:5; cp. v. 11). Los ángeles, por así decirlo, quisieron acercarse y mirar profundamente en los asuntos relacionados con la salvación. Ellos tienen una curiosidad santa para entender el tipo de gracia que nunca experimentarán. Los santos ángeles no necesitan ser salvos, y los ángeles caídos no pueden ser salvos. Pero los santos intentan entender la salvación para poder glorificar con mayor plenitud a Dios, lo cual es la razón principal de la existencia humana (Job 38:7; Sal. 148:2; Is. 6:3; Lc. 2:13-14; He. 1:6; Ap. 5:11-12; 7:11-12; cp. Neh. 9:6; Fil. 2:9-11).

No es que los ángeles no hayan participado en el plan de salvación de Dios. Ellos anunciaron el nacimiento de Cristo (Lc. 1:26-35; 2:10-14), lo ministraron durante sus momentos de prueba (Mt. 4:11; Lc. 22:43), estuvieron al pie de la tumba cuando Él resucitó de los muertos (Mt. 28:5-7; Mr. 16:4-7; Lc. 24:4-7), estuvieron en su ascensión a los cielos (Hch. 1:10-11), y ahora le sirven al ministrar a todos los creyentes (3:22; He. 1:14). Dios ha hecho que sus ángeles presencien lo que ocurre en el cuerpo de Cristo. Ellos se regocijan y alaban a Dios siempre que salva a un pecador (Lc. 15:7, 10). Estaban observando al apóstol Pablo y a los demás apóstoles (1 Co. 4:9). Dios sigue exhibiendo su gracia salvadora delante de los ángeles "para que la multiforme sabiduría de Dios sea ahora dada a conocer por medio de la iglesia a los principados y potestades en los lugares celestiales" (Ef. 3:10).

Aunque los ángeles nunca experimentarán la redención, el libro del Apocalipsis contiene una fascinante descripción del interés que tienen en ella:

> *Y vino, y tomó el libro de la mano derecha del que estaba sentado en el trono. Y cuando hubo tomado el libro, los cuatro seres vivientes y los veinticuatro ancianos se postraron delante del Cordero; todos tenían arpas, y copas de oro llenas de incienso, que son las oraciones de los santos; y cantaban un nuevo cántico, diciendo: Digno eres de tomar el libro y de abrir sus sellos; porque tú fuiste inmolado, y con tu sangre nos has redimido para Dios, de todo linaje y lengua y pueblo y nación; y nos has hecho para nuestro Dios reyes y sacerdotes, y reinaremos sobre la tierra. Y miré, y oí la voz de muchos ángeles alrededor del trono, y de los seres vivientes, y de los ancianos; y su número era millones de millones, que decían a gran voz: El Cordero que fue inmolado es digno de tomar el poder, las riquezas, la sabiduría, la fortaleza, la honra, la gloria y la alabanza (Ap. 5:7-12).*

Los santos ángeles se unirán al cántico de redención aunque no hayan experimentado la salvación. Han sido testigos de la grandeza de la salvación de Dios, y **anhelan mirar** más profundamente en ella para poder alabarlo y glorificarlo más.

Por difíciles que sean las pruebas de la vida, los cristianos pueden enfrentarlas de manera triunfal debido a la grandeza de la gracia de Dios al darles una salvación que los profetas estudiaron, el Espíritu Santo inspiró, los apóstoles predicaron, y los ángeles siguen investigando.

Respuesta del creyente a la salvación

5

Por tanto, ceñid los lomos de vuestro entendimiento, sed sobrios, y esperad por completo en la gracia que se os traerá cuando Jesucristo sea manifestado; como hijos obedientes, no os conforméis a los deseos que antes teníais estando en vuestra ignorancia; sino, como aquel que os llamó es santo, sed también vosotros santos en toda vuestra manera de vivir; porque escrito está: Sed santos, porque yo soy santo. Y si invocáis por Padre a aquel que sin acepción de personas juzga según la obra de cada uno, conducíos en temor todo el tiempo de vuestra peregrinación; (1:13-17)

En su parábola del siervo fiel, Jesús dijo a sus oyentes: "A todo aquel a quien se haya dado mucho, mucho se le demandará" (Lc. 12:48). Sin duda ese principio también se relaciona con la respuesta de los cristianos a su salvación. Ya que ningún regalo es más grande que el del perdón de Dios y la salvación en Jesucristo, nada puede demandar una mayor respuesta.

En los versículos 1-12, el apóstol Pedro describió el lugar supremo de la salvación en el plan predestinado de Dios, explicó la maravillosa promesa de la herencia eterna, y proclamó su grandeza intrínseca. Entonces en el versículo 13 Pedro cambia al modo imperativo. Pasa de describir y explicar la naturaleza de la salvación, a indicar qué obligaciones y responsabilidades la salvación divina pone en todos aquellos que la han recibido. Estas obligaciones se pueden resumir en tres palabras: esperanza, santidad y honra.

LOS CREYENTES DEBEN RESPONDER CON ESPERANZA

Por tanto, ceñid los lomos de vuestro entendimiento, sed sobrios, y esperad por completo en la gracia que se os traerá cuando Jesucristo sea manifestado; (1:13)

La conjunción transitiva **por tanto** hace ir al lector de la declaración a la aplicación, del hecho a la inferencia. Dirige al creyente al énfasis principal de este versículo, que es ser **sobrios** y esperar. *Elpisate* es un imperativo presente activo por medio del cual Pedro exhorta a los creyentes en forma militar a una clase decisiva de acción; les dice **esperad,** como un acto obligatorio de la voluntad, no simplemente un sentimiento emocional. Les ordena vivir de manera expectante, anticipando con "una esperanza viva" su "herencia... reservada en los cielos... para ser manifestada en el tiempo postrero" (1:3, 4, 5).

La verdadera esperanza es una realidad espiritual vital, una de las tres virtudes supremas de la vida cristiana (1 Co. 13:13). Básicamente definida, la esperanza es la actitud del cristiano hacia el futuro (Hch. 24:15; Tit. 1:2; 2:13; 3:7). En su esencia, esperar es equivalente a tener fe (Ro. 5:1-2; Gá. 5:5; He. 11:1); es confiar en Dios (1 P. 1:21). La mayor diferencia entre las dos actitudes es que la fe consiste en confiar en Dios en la actualidad (Ro. 1:17; 3:28; 2 Co. 5:7; Gá. 2:20; 1 Ti. 6:12; Stg. 1:6), mientras que la esperanza es fe futura: confiar en Dios para lo que está por venir (He. 3:6). La fe se apropia de lo que Dios ya ha dicho y hecho en su Palabra revelada, y la esperanza anticipa lo que Él aún hará, como lo prometió en las Escrituras. **Por completo** significa sin reservas, y también se puede traducir "plenamente" o "perfectamente". Los cristianos no deben esperar a medias o de manera indecisa, sino con firmeza, sin ninguna ambigüedad o duda respecto a las promesas de Dios (cp. Ro. 8:25; 15:13; Col. 1:23; He. 6:19-20).

Los creyentes deben su esperanza exclusivamente a la misericordia y fidelidad de Dios (Sal. 33:18; 39:7; Tit. 1:2; 1 P. 1:21). Él proporcionó la salvación perfecta en Cristo (Is. 45:21-22; Jn. 3:14-16; Hch. 4:12; Ro. 1:16-17; 2 Ti. 1:10; cp. 1 Ti. 1:1), la cual resultó en el perdón de todos sus pecados pasados, presentes y futuros (Mt. 1:21; Jn. 1:29; Ef. 1:7; Col. 2:13-14; 1 Jn. 1:7; 3:5) y en la transformación que experimentan al pasar del reino de las tinieblas al reino eterno de la luz (Col. 1:13). Dios ha sido fiel en el pasado, es fiel en el presente, y será fiel a todas sus promesas para el futuro (Sal. 89:33; 119:90; 146:6; Is. 49:7; 1 Co. 1:9; 1 Ts. 5:24; cp. 1 Co. 10:13; 2 Ts. 3:3; 1 Jn. 1:9). Por tanto, los santos viven en una esperanza invariable. Pablo fue testigo del modo en que los tesalonicenses ilustraron esto: "Cómo os convertisteis de los ídolos a Dios, para servir al Dios vivo y verdadero, y esperar de los cielos a su Hijo" (1 Ts. 1:9*b*-10*a*).

Sin embargo, aunque la esperanza es beneficiosa para asentar y fortalecer a los santos (cp. Sal. 39:7; Hch. 24:15; Ro. 4:18; 1 Ts. 1:3), es también una forma de adoración que descansa en la fidelidad de Dios (cp. Job 13:15; Sal. 13:5; 31:14; 65:5; Pr. 14:26) y por ende glorifica su nombre (cp. Sal. 5:11; 33:21). La esperanza bíblica afirma la integridad de la promesa de Dios y declara que Él es un Dios que cumple el pacto (Dt. 7:9; Sal. 111:5). Pablo usó a Abraham para ilustrar esta esperanza:

> *Por tanto, es por fe, para que sea por gracia, a fin de que la promesa sea firme para toda su descendencia; no solamente para la que es de la ley, sino también*

> *para la que es de la fe de Abraham, el cual es padre de todos nosotros (como está escrito: Te he puesto por padre de muchas gentes) delante de Dios, a quien creyó, el cual da vida a los muertos, y llama las cosas que no son, como si fuesen. El creyó en esperanza contra esperanza, para llegar a ser padre de muchas gentes, conforme a lo que se le había dicho: Así será tu descendencia. Y no se debilitó en la fe al considerar su cuerpo, que estaba ya como muerto (siendo de casi cien años), o la esterilidad de la matriz de Sara. Tampoco dudó, por incredulidad, de la promesa de Dios, sino que se fortaleció en fe, dando gloria a Dios (Ro. 4:16-20).*

El patriarca esperó en la promesa de Dios de que le daría un hijo, y a pesar de que esto era "esperanza contra esperanza" (humanamente imposible), su fe se fortaleció ante la gloria de Dios. Dios recibe honra cuando se confía en Él.

La característica fundamental de la esperanza del creyente es **la gracia que se** les **traerá.** Pedro usa el participio presente *pheromenēn*, pero los traductores lo expresan como futuro, reconociendo la construcción gramatical griega que indica la absoluta seguridad de un acontecimiento futuro, refiriéndose a este como si ya hubiera ocurrido. El contexto exige claramente el uso del presente para tal uso, porque el suceso **que se** les **traerá** ocurrirá **cuando Jesucristo sea manifestado** (*apokalupsei,* "develado"): su Segunda Venida. Pedro insta a sus lectores a esperar esto como si fuera una realidad presente (véase también 1:7; 4:13; cp. 1 Co. 1:7). Esta frase, **cuando Jesucristo sea manifestado,** es exactamente la misma que inicia el libro del Apocalipsis, el cual desarrolla la culminación futura de la historia redentora, según la resume Apocalipsis 1:7: "He aquí que viene con las nubes, y todo ojo le verá, y los que le traspasaron; y todos los linajes de la tierra harán lamentación por él. Sí, amén". A continuación, el libro describe las asombrosas, maravillosas y sobrecogedoras visiones asociadas con el regreso de Cristo.

Los creyentes tienen la obligación de vivir en razón de la Segunda Venida. En esperanza aguardan aquel día en que Cristo regresará a por su pueblo para luego premiarlo y glorificarlo (Ro. 8:23; Fil. 3:20-21; Col. 3:4; 2 Ti. 4:8; 1 Jn. 3:2; Ap. 22:12). Pablo se refiere a este privilegio en su carta a Tito:

> *Porque la gracia de Dios se ha manifestado para salvación a todos los hombres, enseñándonos que, renunciando a la impiedad y a los deseos mundanos, vivamos en este siglo sobria, justa y piadosamente, aguardando la esperanza bienaventurada y la manifestación gloriosa de nuestro gran Dios y Salvador Jesucristo, quien se dio a sí mismo por nosotros para redimirnos de toda iniquidad y purificar para sí un pueblo propio, celoso de buenas obras (Tit. 2:11-14).*

Pedro no manda a los cristianos fijar su atención en los asombrosos fenómenos de la Segunda Venida, como se describen para que los entiendan en el

Apocalipsis, en las profecías del Antiguo Testamento, y en el sermón del Monte de los Olivos (Mt. 24—25). Tampoco reitera aquí las recompensas que los creyentes recibirán, según se estableció anteriormente en 1:3-4 (cp. Ap. 22:12). Más bien Pedro los exhorta, y exhorta a todos los creyentes, a ver todas estas cosas desde el punto de vista de la total falta de mérito que tienen, y a ver el cumplimiento de todas estas promesas en gloria eterna como **la gracia que se** les **traerá.** El punto del apóstol es que así como la salvación inicial fue enteramente por la **gracia** de Dios (Ef. 2:5, 8; 2 Ti. 1:9; cp. Hch. 15:11), también lo será su culminación en la glorificación y vida eterna que disfrutarán en el cielo. Así como los creyentes no merecen la redención de sus almas (Ef. 2:9; Tit. 3:5), la morada del Espíritu Santo en ellos (1 Co. 6:19: Ef. 1:13-14), o el perdón del pecado (Ef. 1:7; Col. 1:14), tampoco merecerán la redención de sus cuerpos pecadores (Ro. 8:23; cp. Gá. 1:4), el disfrute de un "eterno peso de gloria" (2 Co. 4:17), ni los privilegios de la perfección eterna, la felicidad celestial, y la comunión con el Padre (cp. Ap. 7:16-17). Todo lo que los elegidos reciben de Dios siempre se deriva del misericordioso propósito divino, no de la valía o mérito que tengan.

Al principio del versículo 13, dos frases adjetivales modificadoras describen cómo los creyentes deben fijar su esperanza. Primero, Pedro les dice a sus lectores: **ceñid los lomos de vuestro entendimiento.** Ceñir literalmente significa "rodear" y se puede referir a apretar un cinturón, amarrar una cuerda, o asegurar algo en preparación para cierta acción. En tiempos antiguos este concepto se refería a ceñirse la túnica (Éx. 12:11; 1 R. 18:46; 2 R. 4:29; 9:1; Jer. 1:17). Si una persona quería moverse con mayor rapidez y facilidad solía levantarse los bordes de la túnica y engancharlos en el cinturón. Metafóricamente Pedro aplica este proceso al **entendimiento.** Insta a los creyentes a tirar de todos los cabos sueltos de sus vidas, lo que quiere decir disciplinar los pensamientos (cp. Ro. 12:2), vivir según prioridades bíblicas (cp. Mt. 6:33), desenredarse de los estorbos pecaminosos del mundo (cp. 2 Ti. 2:3-5; He. 12:1), y llevar una vida justa y piadosa, en vista de la futura gracia que acompaña al regreso de Cristo (cp. Lc. 12:35; Col. 3:2-4).

Pablo usó tanto la misma palabra como la metáfora en su pasaje sobre la armadura de Dios: "Estad, pues, firmes, ceñidos vuestros lomos con la verdad, y vestidos con la coraza de justicia" (Ef. 6:14). Implícita en la frase "ceñidos vuestros lomos con la verdad" está otra vez el concepto de usar un cinturón. Es más, una traducción más literal de "verdad" sería "cinturón de veracidad". Lo primero que un soldado romano hacía antes de dirigirse a la batalla era ponerse el cinturón y atarse la túnica a fin de que sus bordes no le obstaculizaran la eficacia en combate. Ceñirse la túnica indicaba que el soldado tomaba en serio la preparación para la vida y la muerte, y el combate mano a mano. Pedro está diciendo que los creyentes deben asumir el mismo enfoque en la vida cristiana (cp. Stg. 4:7; 1 P. 5:8-9).

La segunda frase adjetival de Pedro a su audiencia manda: **sed sobrios,** y literalmente significa no intoxicarse, que es perder el control del pensamiento y la acción. Metafóricamente significa no perder la autoridad espiritual al absorber el sistema pecaminoso del mundo. Implica todo el reino de la firmeza o del dominio propio espiritual: tener claridad de mente y disciplina de corazón, encargarse de las prioridades y equilibrar la vida para que no esté sujeta a la influencia dominadora y corrupta de las seducciones de la carne (cp. Mt. 16:26; 18:7; Jn. 15:18-19; Ro. 12:2; 1 Co. 1:20-21; 2:12; 3:19; Gá. 4:3; 6:14; Ef. 2:2; Fil. 2:15; Col. 2:8, 20; 1 Ti. 6:20; Tit. 2:12; Stg. 1:27; 2 P. 1:4). La obediencia a este encargo viene a través de la obra de la Palabra y del Espíritu (Ef. 5:18; Col. 3:16).

Si un creyente encuentra algo más atractivo que la comunión con Jesucristo (2 Ti. 4:10; Stg. 4:4), si anhela más disfrutar de este mundo que recibir las alegrías del cielo, entonces no ama la venida de Cristo. Todos los creyentes deben más bien adoptar la perspectiva del apóstol Juan: "El que da testimonio de estas cosas dice: Ciertamente vengo en breve. Amén; sí, ven, Señor Jesús" (Ap. 22:20). Este tipo de esperanza es la respuesta adecuada para quienes han recibido la gran dádiva de la salvación.

LOS CREYENTES DEBEN RESPONDER EN SANTIDAD

como hijos obedientes, no os conforméis a los deseos que antes teníais estando en vuestra ignorancia; sino, como aquel que os llamó es santo, sed también vosotros santos en toda vuestra manera de vivir; porque escrito está: Sed santos, porque yo soy santo. (1:14-16)

Los cristianos que viven esperando el regreso de Cristo y tienen en cuenta todo el significado de este suceso, estarán motivados a vivir en santidad. El apóstol Juan manifiesta: "Y todo aquel que tiene esta esperanza en él, se purifica a sí mismo, así como él es puro" (1 Jn. 3:3). La verdadera esperanza da como resultado pureza de vida, o santidad, que es la segunda respuesta obligatoria del creyente para recibir el don de la salvación.

Pedro inicia este pasaje con la importante expresión **como hijos obedientes.** La palabra (*hupakoēs*), traducida como el adjetivo **obedientes** es en realidad un pronombre genitivo. Significa que la obediencia caracteriza a todo verdadero hijo de Dios (Jn. 8:31-32; 14:15, 21; 15:10; Ro. 6:17; Ef. 2:10; 1 Jn. 5:2-3; cp. Lc. 6:46), y distingue a los cristianos de los incrédulos, llamados "hijos de desobediencia" (Ef. 2:2). Los cristianos son lo opuesto; el carácter básico de un creyente es la obediencia a Dios, mientras el carácter básico de un incrédulo es la desobediencia (Jn. 3:20; Ro. 1:28-32; 8:7-8; Ef. 2:2; 4:17-18; 2 Ti. 3:2; Tit. 1:16; 3:3).

Sin embargo, a veces la desobediencia rompe los patrones de obediencia de los creyentes (cp. Mt. 18:15; Gá. 6:1; He. 12:1; 1 Jn. 1:8-10) porque sus espíritus redimidos están encarcelados en cuerpos carnales, donde el pecado mora todavía (Ro. 7:18,25; 8:12-13; cp. Mr. 14:38). En vista de esa realidad, Pedro los llama a ser santos. La obediencia es una consecuencia inevitable de la salvación (Ef. 2:10; 4:24; 1 Ts. 4:7; 2 Ti. 1:9), no obstante el apóstol insta a los creyentes a vivir en coherencia con los anhelos del corazón nuevo, buscando la santidad (cp. Ro. 6:12-14; 12:1; 2 Co. 7:1; Ef. 5:1-3, 8; Col. 3:12-13; He. 12:14; 2 P. 3:11).

La verdadera santidad tiene un aspecto negativo. Se experimenta cuando los creyentes **no** se conforman **a los deseos que antes** tenían. Conformarse significa "ser formado por" o "moldeado según" (cp. Ro. 12:2; Ef. 4:20-24). **Los deseos** que caracterizaban esa antigua vida incluyen ansias y pensamientos pecaminosos, anhelos perversos, apetitos descontrolados, impulsos sensuales, y todas las demás motivaciones y urgencias injustas que fuerzan a los no regenerados (cp. 1 Co. 6:9-11; Gá. 5:19-24; Ef. 5:3-5; 1 Ts. 4:4-5). Para los creyentes, esos **deseos** los tenían **antes estando en** su **ignorancia,** previamente a su salvación y cuando no conocían algo mejor (cp. Hch. 26:18; Ef. 2:1), lo que podría ser verdad en cuanto a gentiles (cp. Ef. 4:17-19) y también a judíos (cp. Ro. 10:2-3). La regeneración crea una nueva vida (2 Co. 5:17) que tiene tanto el deseo como el poder para vivir de manera justa. Las palabras inspiradas de Pablo en Colosenses 3:1-10 repiten el llamado de Pedro a la santidad:

> *Si, pues, habéis resucitado con Cristo, buscad las cosas de arriba, donde está Cristo sentado a la diestra de Dios. Poned la mira en las cosas de arriba, no en las de la tierra. Porque habéis muerto, y vuestra vida está escondida con Cristo en Dios. Cuando Cristo, vuestra vida, se manifieste, entonces vosotros también seréis manifestados con él en gloria. Haced morir, pues, lo terrenal en vosotros: fornicación, impureza, pasiones desordenadas, malos deseos y avaricia, que es idolatría; cosas por las cuales la ira de Dios viene sobre los hijos de desobediencia, en las cuales vosotros también anduvisteis en otro tiempo cuando vivíais en ellas. Pero ahora dejad también vosotros todas estas cosas: ira, enojo, malicia, blasfemia, palabras deshonestas de vuestra boca. No mintáis los unos a los otros, habiéndoos despojado del viejo hombre con sus hechos, y revestido del nuevo, el cual conforme a la imagen del que lo creó se va renovando hasta el conocimiento pleno.*

Pedro presenta entonces la norma positiva de santidad como la misma perfección de **aquel que es santo** que **llamó** a los creyentes, es decir Dios mismo. Negativamente, estos tienen que dejar de vivir en pecado como lo hacían antes de la regeneración; positivamente, tienen que ser **santos en toda** su **manera de vivir.** En el Sermón del Monte, Jesús fijó esta misma norma: "Sed, pues, vosotros perfectos, como vuestro Padre que está en los cielos es perfecto" (Mt. 5:48; cp. Ef. 5:1). En esta vida los creyentes no pueden ser inmaculados (cp. Ro. 7:14-25;

1 Jn. 1:8) como lo es Dios, pero no menos que la santidad de Dios es la meta a la que deben apuntar, equipados por la Palabra y el Espíritu (Ef. 2:10).

El llamado de Pedro a la santidad no era nuevo, pero imitaba al del Antiguo Testamento, como lo indica el apóstol al presentar una cita del antiguo pacto con la frase común **porque escrito está** (cp. Mr. 1:2; Lc. 2:23; Jn. 6:31; Ro. 1:17), seguida de la cita: **Sed santos, porque yo soy santo,** derivada de Levítico 11:44; 19:2; y 20:7. Dios reiteró este mandato en otras partes de la ley mosaica (cp. Éx. 19:5-6; Dt. 7:6-8). En Levítico 11:43-45 también declaró:

> *No hagáis abominables vuestras personas con ningún animal que se arrastra, ni os contaminéis con ellos, ni seáis inmundos por ellos. Porque yo soy Jehová vuestro Dios; vosotros por tanto os santificaréis, y seréis santos, porque yo soy santo; así que no contaminéis vuestras personas con ningún animal que se arrastre sobre la tierra. Porque yo soy Jehová, que os hago subir de la tierra de Egipto para ser vuestro Dios; seréis, pues, santos, porque yo soy santo.*

La razón dominante y atractiva para que el pueblo de Dios viva en santidad era su relación con Dios: "Habló Jehová a Moisés, diciendo: Habla a toda la congregación de los hijos de Israel, y diles: Santos seréis, porque santo soy yo Jehová vuestro Dios" (Lv. 19:1-2; cp. vv. 3, 10, 12, 14, 16, 18, 25, 28, 30-32, 34, 36-37; 18:2, 4-6, 21,30; 20:7-8, 24, 26; 21:6-8, 12, 15, 23; 22:2, 16, 32-33; 23:22). Así como los hijos de Israel estaban llamados a amar y servir a Dios, y a separarse de la inmoralidad e inmundicia, los creyentes de hoy deben responder al llamado soberano de llevar la imagen de Dios (Col. 3:10; cp. Ro. 8:29; 1 Co. 15:49; 2 Co. 3:18) y obedecer sus mandamientos a fin de ser santos, ya que el Santo se ha identificado con ellos en una obra eternamente gloriosa de gracia salvadora.

LOS CREYENTES DEBEN RESPONDER EN HONRA

Y si invocáis por Padre a aquel que sin acepción de personas juzga según la obra de cada uno, conducíos en temor todo el tiempo de vuestra peregrinación; (1:17)

Unida inseparablemente a la obligación de los creyentes de responder a la salvación en esperanza y santidad está su responsabilidad de honrar a Dios. La frase **conducíos en temor,** que significa "reverencia", "asombro" y "respeto" hacia Dios es el mandato de esta oración. La esperanza y la santidad producen una vida de adoración, la más elemental de las virtudes espirituales: "El temor de Jehová es el principio de la sabiduría, y el conocimiento del Santísimo es la inteligencia" (Pr. 9:10; cp. 14:26-27; 15:33; 19:23; Éx. 18:21; Lv. 25:17; Dt. 5:29; 6:13,

24; 10:12; Jos. 4:24; 1 S. 12:14, 24; Sal. 19:9; 25:14; 33:8; 34:9; 103:11; 111:10; 115:11, 13; 118:4; 2 Co. 5:11; He. 12:28-29; 1 P. 2:17; Ap. 14:7; 19:5).

Pedro empieza este versículo explicando la razón de tal conducta: Dios es el juez. **Si invocáis** a Dios **por Padre** implica que los creyentes todo el tiempo invocan (la actual voz media de *epikaleisthe,* "clamar" o "apelar a") a Dios de ese modo, y deberían hacerlo. Jesús instruyó a los discípulos a orar: "Padre nuestro que estás en los cielos" (Mt. 6:9). Pablo afirmo la legitimidad de tan íntima forma de invocar cuando dijo a los gálatas: "Por cuanto sois hijos, Dios envió a vuestros corazones el Espíritu de su Hijo, el cual clama: ¡Abba, Padre!" (Gá. 4:6; cp. Ro. 8:15). Esa es la manera adecuada para que los santos clamen a Dios. Pero Pedro no quería que los creyentes olvidaran que aunque tienen una relación íntima con su Padre celestial, deben conducirse en santidad **todo el tiempo de** su **peregrinación** en la tierra porque Dios también es **aquel que sin acepción de personas juzga según la obra de cada uno** (1 Co. 3:10-15; 2 Co. 5:9-10; He. 12:5-6; cp. Ef. 6:9).

Mientras haya personas viviendo en esta tierra como creyentes, Dios les lleva el registro de sus obras. En la manifestación de Jesucristo habrá un juicio para todos los creyentes. Pablo lo describió así a los corintios:

> *Conforme a la gracia de Dios que me ha sido dada, yo como perito arquitecto puse el fundamento, y otro edifica encima; pero cada uno mire cómo sobreedifica. Porque nadie puede poner otro fundamento que el que está puesto, el cual es Jesucristo. Y si sobre este fundamento alguno edificare oro, plata, piedras preciosas, madera, heno, hojarasca, la obra de cada uno se hará manifiesta; porque el día la declarará, pues por el fuego será revelada; y la obra de cada uno cuál sea, el fuego la probará. Si permaneciere la obra de alguno que sobreedificó, recibirá recompensa. Si la obra de alguno se quemare, él sufrirá pérdida, si bien él mismo será salvo, aunque así como por fuego (1 Co. 3:10-15).*

> *Yo en muy poco tengo el ser juzgado por vosotros, o por tribunal humano; y ni aun yo me juzgo a mí mismo. Porque aunque de nada tengo mala conciencia, no por eso soy justificado; pero el que me juzga es el Señor. Así que, no juzguéis nada antes de tiempo, hasta que venga el Señor, el cual aclarará también lo oculto de las tinieblas, y manifestará las intenciones de los corazones; y entonces cada uno recibirá su alabanza de Dios (1 Co. 4:3-5).*

> *Por tanto procuramos también, o ausentes o presentes, serle agradables. Porque es necesario que todos nosotros comparezcamos ante el tribunal de Cristo, para que cada uno reciba según lo que haya hecho mientras estaba en el cuerpo, sea bueno o sea malo (2 Co. 5:9-10).*

Sin embargo, esta advertencia acerca de Dios como juez de los creyentes no se limita a la futura recompensa de ellos. Primera de Pedro 4:17 afirma: "Es tiempo de que el juicio comience por la casa de Dios; y si primero comienza por nosotros, ¿cuál será el fin de aquellos que no obedecen al evangelio de Dios?" En ocasiones esta obra de Dios como juez de su Iglesia trae su disciplina directa, como se indicó en Hebreos 12:5-11:

> *Habéis ya olvidado la exhortación que como a hijos se os dirige, diciendo: Hijo mío, no menosprecies la disciplina del Señor, Ni desmayes cuando eres reprendido por él; Porque el Señor al que ama, disciplina. Y azota a todo el que recibe por hijo. Si soportáis la disciplina, Dios os trata como a hijos; porque ¿qué hijo es aquel a quien el padre no disciplina? Pero si se os deja sin disciplina, de la cual todos han sido participantes, entonces sois bastardos, y no hijos. Por otra parte, tuvimos a nuestros padres terrenales que nos disciplinaban, y los venerábamos. ¿Por qué no obedeceremos mucho mejor al Padre de los espíritus, y viviremos? Y aquéllos, ciertamente por pocos días nos disciplinaban como a ellos les parecía, pero éste para lo que nos es provechoso, para que participemos de su santidad. Es verdad que ninguna disciplina al presente parece ser causa de gozo, sino de tristeza; pero después da fruto apacible de justicia a los que en ella han sido ejercitados.*

En otras ocasiones esta disciplina de parte de Dios es indirecta, llevada a cabo por la Iglesia, como Jesús instruyera a los discípulos:

> *Por tanto, si tu hermano peca contra ti, ve y repréndele estando tú y él solos; si te oyere, has ganado a tu hermano. Mas si no te oyere, toma aún contigo a uno o dos, para que en boca de dos o tres testigos conste toda palabra. Si no los oyere a ellos, dilo a la iglesia; y si no oyere a la iglesia, tenle por gentil y publicano. De cierto os digo que todo lo que atéis en la tierra, será atado en el cielo; y todo lo que desatéis en la tierra, será desatado en el cielo. Otra vez os digo, que si dos de vosotros se pusieren de acuerdo en la tierra acerca de cualquiera cosa que pidieren, les será hecho por mi Padre que está en los cielos. Porque donde están dos o tres congregados en mi nombre, allí estoy yo en medio de ellos (Mt. 18:15-20).*

El verdadero amor y la verdadera adoración a Dios están marcados por la comprensión de que Él es el Padre amoroso, misericordioso y generoso del cristiano; pero que también es su Juez santo que disciplina. La manera cómo los creyentes se conducen delante de la omnisciente presencia del Señor importa tanto en el tiempo como en la eternidad. El testimonio de Pablo a los creyentes de Tesalónica es un modelo para todos los creyentes:

Vosotros sois testigos, y Dios también, de cuán santa, justa e irreprensiblemente nos comportamos con vosotros los creyentes; así como también sabéis de qué modo, como el padre a sus hijos, exhortábamos y consolábamos a cada uno de vosotros, y os encargábamos que anduvieseis como es digno de Dios, que os llamó a su reino y gloria (1 Ts. 2:10-12).

La maravilla de la redención 6

sabiendo que fuisteis rescatados de vuestra vana manera de vivir, la cual recibisteis de vuestros padres, no con cosas corruptibles, como oro o plata, sino con la sangre preciosa de Cristo, como de un cordero sin mancha y sin contaminación, ya destinado desde antes de la fundación del mundo, pero manifestado en los postreros tiempos por amor de vosotros, y mediante el cual creéis en Dios, quien le resucitó de los muertos y le ha dado gloria, para que vuestra fe y esperanza sean en Dios. (1:18-21)

El puritano Thomas Watson observó correctamente que la redención fue la obra más grandiosa de Dios: "Grande fue la obra de la creación, pero más grande es la obra de la redención; costó más redimirnos que crearnos; en la primera solo se necesitó hablar una Palabra, en la otra hubo que derramar sangre. Lucas 1:51. La creación no fue más que la obra de los dedos de Dios. Salmo 8:3. La redención es la obra de su brazo" (*Body of Divinity* [reimpresión; Grand Rapids: Baker, 1979], p. 146).

Redención es un término que describe una de las características esenciales de la salvación. Trata específicamente con el costo de la salvación y el medio por el cual Dios recibió el pago. Ya que todos los seres humanos son esclavos indefensos del pecado y están condenados por la ley, si se les ha de perdonar y de reconciliar con Dios, Él tiene que rescatarlos de su condición. Solo entonces puede liberarlos de la esclavitud y de la maldición del pecado.

Rescatados es la palabra clave en este pasaje. Este término (*lutroō*) significa "comprar la libertad mediante el pago de una redención", o "liberar por medio del pago de un precio". Para los griegos la palabra también era un término técnico para pagar dinero con el fin de recuperar un prisionero de guerra.

En lugar del sentido griego típico de la palabra para referirse a esclavos y prisioneros, las imágenes del apóstol Pedro para describir a los **rescatados** se deriva de varios pasajes del Antiguo Testamento. Sin duda uno de los principales fue la narración de la primera Pascua:

> *Habló Jehová a Moisés y a Aarón en la tierra de Egipto, diciendo: Este mes os será principio de los meses; para vosotros será éste el primero en los meses del año.*

> *Hablad a toda la congregación de Israel, diciendo: En el diez de este mes tómese cada uno un cordero según las familias de los padres, un cordero por familia. Mas si la familia fuere tan pequeña que no baste para comer el cordero, entonces él y su vecino inmediato a su casa tomarán uno según el número de las personas; conforme al comer de cada hombre, haréis la cuenta sobre el cordero. El animal será sin defecto, macho de un año; lo tomaréis de las ovejas o de las cabras. Y lo guardaréis hasta el día catorce de este mes, y lo inmolará toda la congregación del pueblo de Israel entre las dos tardes. Y tomarán de la sangre, y la pondrán en los dos postes y en el dintel de las casas en que lo han de comer. Y aquella noche comerán la carne asada al fuego, y panes sin levadura; con hierbas amargas lo comerán. Ninguna cosa comeréis de él cruda, ni cocida en agua, sino asada al fuego; su cabeza con sus pies y sus entrañas. Ninguna cosa dejaréis de él hasta la mañana; y lo que quedare hasta la mañana, lo quemaréis en el fuego. Y lo comeréis así: ceñidos vuestros lomos, vuestro calzado en vuestros pies, y vuestro bordón en vuestra mano; y lo comeréis apresuradamente; es la Pascua de Jehová. Pues yo pasaré aquella noche por la tierra de Egipto, y heriré a todo primogénito en la tierra de Egipto, así de los hombres como de las bestias; y ejecutaré mis juicios en todos los dioses de Egipto. Yo Jehová. Y la sangre os será por señal en las casas donde vosotros estéis; y veré la sangre y pasaré de vosotros, y no habrá en vosotros plaga de mortandad cuando hiera la tierra de Egipto (Éx. 12:1-13).*

La vida del cordero fue el precio requerido para salvar la vida de los primogénitos de las familias de Israel. El cordero fue una ilustración divinamente ordenada, y su sacrificio tipificó la muerte expiatoria de un sustituto inocente que redimía a quienes estaban en esclavitud. Este evento de la Pascua se convirtió inmediatamente en símbolo de redención sustitutiva (1 Co. 5:7-8). Dios decretó además que Israel celebrara anualmente la Pascua a fin de recordar perpetuamente a la nación la poderosa liberación que Dios les hiciera de Egipto (Dt. 16:2-3, 5-7), y para señalar al pueblo hacia el verdadero Cordero que un día iba a morir y a resucitar como sacrificio sustitutivo perfecto y definitivo por pecadores redimidos con su sangre (cp. Mt. 26:28; Jn. 1:29; 1 Co. 11:25-26; He. 9:11-12, 28).

Los israelitas recordaban la primera Pascua como la más grande demostración divina de poder redentor hasta ese momento: "Por tu gran amor guías al pueblo que has rescatado; por tu fuerza los llevas a tu santa morada" (Éx. 15:13, NVI; cp. Dt. 7:8; 2 S. 7:23; Sal. 78:35; 106:10-11; Is. 63:9). Pero por grandiosa que fuera esa redención, aquella de la cual escribió Pedro la sobrepasó infinitamente. Como para dar un nuevo énfasis a la grandeza de la salvación de Dios (cp. 1:1-12), este pasaje proporciona a los creyentes una teología de redención al contestar cuatro preguntas cruciales: ¿De qué redimió Dios a los creyentes? ¿Con qué los redimió? ¿Para quién los redimió? y ¿Para qué los redimió?

¿DE QUÉ REDIMIÓ DIOS A LOS CREYENTES?

de vuestra vana manera de vivir, la cual recibisteis de vuestros padres (1:18*b*)

La Biblia deja en claro la verdad de que todos los creyentes estuvieron una vez sujetos a la esclavitud del pecado y de la ira, y de que únicamente la redención de Cristo rompió esa esclavitud. Romanos 6:6, 17-18 (NVI), afirma:

> *Sabemos que nuestra vieja naturaleza fue crucificada con él para que nuestro cuerpo pecaminoso perdiera su poder, de modo que ya no siguiéramos siendo esclavos del pecado… Pero gracias a Dios que, aunque antes eran esclavos del pecado, ya se han sometido de corazón a la enseñanza que les fue transmitida. En efecto, habiendo sido liberados del pecado, ahora son ustedes esclavos de la justicia (cp. vv. 20, 22; Gá. 3:13; Ef. 1:7; Col. 1:13-14; Tit. 2:14; 3:5; He. 9:15).*

A la luz de esa realidad, Pedro estableció cuatro rasgos que caracterizan a todos, y que incluyen a los redimidos antes de la redención.

La primera característica de todos los pecadores no redimidos es lo que el versículo 14 de este capítulo llama "los deseos". "Deseos" (*epithumiais*) son pasiones irresistibles y dominadoras, generalmente hacia lo que es malo (cp. 4:2-3; Mt. 5:28; Ro. 1:24; Ef. 4:22; 1 Ts. 4:5; Tit. 3:3; Stg. 1:14-15; 2 P. 1:4; 1 Jn. 2:16; Jud. 16, 18). El término *imaginación*, usado a menudo en la literatura cristiana más antigua pero casi nunca en escritos contemporáneos y en traducciones de la Biblia, difunde claridad adicional sobre el significado de deseos. La traducción de Génesis 6:5 en la Reina-Valera 1960, la descripción de la abrumadora perversidad de la sociedad antediluviana, es un ejemplo: "Vio Jehová que la maldad de los hombres era mucha en la tierra, y que todo designio de los pensamientos del corazón de ellos era de continuo solamente el mal".

"Pensamientos del corazón" se refiere claramente a la mente, y todo pecado —en especial los deseos lujuriosos— se origina en la mente y en su "imaginación". Santiago 1:14-15 describe la obra de la imaginación pecaminosa: "Cada uno es tentado, cuando de su propia concupiscencia es atraído y seducido. Entonces la concupiscencia, después que ha concebido, da a luz el pecado; y el pecado, siendo consumado, da a luz la muerte". Jeremías 3:17 declara: "En aquel tiempo llamarán a Jerusalén: Trono de Jehová, y todas las naciones vendrán a ella en el nombre de Jehová en Jerusalén; ni andarán más tras la dureza de su malvado corazón" (cp. Jer. 7:24; 9:14; 11:8; 13:10; 16:12; 18:12; 23:17).

La carne controla la imaginación de los no redimidos (cp. 1 Co. 2:14; 2 Co. 4:3-4), y si no se la mantiene bajo control también puede afectar la imaginación del creyente (cp. Mr. 14:38; Ro. 13:14; Gá. 5:24; Fil. 3:3). Cuando la carne alimenta un pensamiento pecaminoso dentro de la imaginación, esta inventa un escenario de fantasía pecaminosa, ese escenario estimula la lujuria, la lujuria mueve las emociones, las emociones activan la voluntad, y la voluntad inicia una conducta pecaminosa (véase otra vez Stg. 1:14-15). La imaginación pecaminosa se compone principalmente de mentiras y distorsiones acerca de uno mismo, de las relaciones personales, de la realización personal, de la naturaleza de las cosas, y de Dios (cp. Jer. 17:9; Mr. 7:21-22; Ro. 7:23; 8:6-8). Esas falsas percepciones llevan a las personas a toda clase de conducta pecaminosa, que da como resultado lamentables sentimientos de culpa. Por tanto, ya que Dios ha redimido a los creyentes de una imaginación perversa y lujuriosa, entonces estos deben proteger sus mentes (Sal. 25:20; 39:1; Pr. 4:23; Lc. 21:34; 2 Jn. 8) de todas las influencias destructivas que tratan de atraerlos de nuevo a tales deseos pecaminosos. Cuando David finiquitaba su elogio por la generosa ofrenda del pueblo para la construcción del templo, ofreció este modelo de oración:

> *Yo sé, mi Dios, que tú pruebas los corazones y amas la rectitud. Por eso, con rectitud de corazón te he ofrecido voluntariamente todas estas cosas, y he visto con júbilo que tu pueblo, aquí presente, te ha traído sus ofrendas. Señor, Dios de nuestros antepasados Abraham, Isaac e Israel, conserva por siempre estos pensamientos en el corazón de tu pueblo, y dirige su corazón hacia ti (1 Cr. 29:17-18, NVI).*

Segundo, el versículo 14 identifica la esclavitud de los no redimidos como "ignorancia", refiriéndose a la ausencia de comprensión espiritual. La ignorancia de los líderes judíos obligó a Jesús a reprenderlos de esta manera:

> *¿Por qué no entendéis mi lenguaje? Porque no podéis escuchar mi palabra. Vosotros sois de vuestro padre el diablo, y los deseos de vuestro padre queréis hacer. Él ha sido homicida desde el principio, y no ha permanecido en la verdad, porque no hay verdad en él. Cuando habla mentira, de suyo habla; porque es mentiroso, y padre de mentira (Jn. 8:43-44; cp. 17:25).*

El apóstol Pablo quizás resumió mejor tal ignorancia en Efesios 4:18 cuando afirmó de los no redimidos: "Teniendo el entendimiento entenebrecido, ajenos de la vida de Dios por la ignorancia que en ellos hay, por la dureza de su corazón" (cp. 2:1-3,12; Ro. 1:28; 1 Co. 2:14; Gá. 4:8). Pablo dio testimonio de su antiguo estado en esa misma condición: "Habiendo yo sido antes blasfemo, perseguidor e injuriador; mas fui recibido a misericordia porque lo hice por ignorancia, en incredulidad" (1 Ti. 1:13).

El versículo que abre este pasaje se refiere a la tercera característica de los no redimidos: su **vana manera de vivir,** que identifica una existencia superficial, inútil y sin valor alguno. Sin que importe su manera de pensar, todo hombre o mujer no redimidos están viviendo de una **manera vana.** Incluso los mayores logros que los incrédulos parecen tener no tienen sentido desde la perspectiva de la eternidad. Jesús dejó eso en claro por medio de dos preguntas perspicaces a sus discípulos: "¿Qué aprovechará al hombre, si ganare todo el mundo, y perdiere su alma? ¿O qué recompensa dará el hombre por su alma?" (Mt. 16:26).

Pablo reconoció la inutilidad de la vida no redimida cuando prohibió a los habitantes de Listra que los adoraran a Bernabé y a él. "Varones, ¿por qué hacéis esto? Nosotros también somos hombres semejantes a vosotros, que os anunciamos que de estas vanidades os convirtáis al Dios vivo, que hizo el cielo y la tierra, el mar, y todo lo que en ellos hay" (Hch. 14:15; cp. Ro. 1:21; 6:20-21; 8:20; 1 Co. 3:20). Pablo también exhortó a los creyentes efesios a prohibir tan vanas maneras: "Esto, pues, digo y requiero en el Señor: que ya no andéis como los otros gentiles, que andan en la vanidad de su mente" (Ef. 4:17).

Aquí también hay un cuarto rasgo de la condición perdida de los no redimidos, es decir, la tradición religiosa, identificada como ideas que **recibisteis de vuestros padres.** Los fariseos y sus seguidores eran partidarios principales de tan inútil tradición, que motivó el duro reproche que Jesús les hiciera: "Hipócritas, bien profetizó de vosotros Isaías, cuando dijo: Este pueblo de labios me honra; mas su corazón está lejos de mí. Pues en vano me honran, enseñando como doctrinas, mandamientos de hombres" (Mt. 15:7-9; 23:1-4). La religión tradicional, sea el judaísmo apóstata o el paganismo en sus muchísimas formas, es un rasgo de la esclavitud al pecado (cp. Is. 29:13; Mt. 15:3, 6; Mr. 7:8-9, 13; Gá. 1:14; Col. 2:8), de la que las personas necesitan redención.

Las palabras de Pablo a Tito resumen bien esta esclavitud total de los no redimidos: "Porque nosotros también éramos en otro tiempo insensatos, rebeldes, extraviados, esclavos de concupiscencias y deleites diversos, viviendo en malicia y envidia, aborrecibles, y aborreciéndonos unos a otros" (Tit. 3:3; cp. Jer. 2:22; Ro. 1:18-32; Gá. 5:19-21; Ef. 5:5; Col. 3:5-7). Únicamente Dios puede liberar a las almas de esta esclavitud. El Salmo 107 lo describe de manera dramática:

> *Algunos moraban en tinieblas y sombra de muerte, aprisionados en aflicción y en hierros, por cuanto fueron rebeldes a las palabras de Jehová, y aborrecieron el consejo del Altísimo. Por eso quebrantó con el trabajo sus corazones; cayeron, y no hubo quien los ayudase. Luego que clamaron a Jehová en su angustia, los libró de sus aflicciones; los sacó de las tinieblas y de la sombra de muerte, y rompió sus prisiones. Alaben la misericordia de Jehová, y sus maravillas para con los hijos de los hombres. Porque quebrantó las puertas de bronce, y desmenuzó los cerrojos de hierro (vv. 10-16; cp. Pr. 20:9; Is. 43:25; 61:1; Jon. 2:9; Ro. 7:4-6; Gá. 4:3-5; Col. 2:13-14).*

¿CON QUÉ REDIMIÓ DIOS A LOS CREYENTES?

sabiendo que fuisteis rescatados... no con cosas corruptibles, como oro o plata, sino con la sangre preciosa de Cristo, como de un cordero sin mancha y sin contaminación, (1:18*a*, 19)

El Salmo 49:7-8 declara: "Ninguno de ellos podrá en manera alguna redimir al hermano, ni dar a Dios su rescate (porque la redención de su vida es de gran precio, y no se logrará jamás)". Pedro apeló al conocimiento básico de sus lectores de que la humanidad no tenía a su disposición nada que pudiera satisfacer ese precio. **Sabiendo** resalta **que** los creyentes estaban conscientes de que fueron **rescatados no con cosas corruptibles.** El precio de la redención no fue un valioso producto terrenal, **como oro o plata.** ¿Por qué incluso en este contexto Pedro mencionó esos dos metales preciosos? Es posible que en este caso recordara el pasaje del Antiguo Testamento acerca de la ofrenda de rescate que Dios requería que los israelitas pagaran (cp. Éx. 30:13, 15) por la acción de numerar a todos los varones en edad militar:

> *Habló también Jehová a Moisés, diciendo: Cuando tomes el número de los hijos de Israel conforme a la cuenta de ellos, cada uno dará a Jehová el rescate de su persona, cuando los cuentes, para que no haya en ellos mortandad cuando los hayas contado. Esto dará todo aquel que sea contado; medio siclo, conforme al siclo del santuario. El siclo es de veinte geras. La mitad de un siclo será la ofrenda a Jehová. Todo el que sea contado, de veinte años arriba, dará la ofrenda a Jehová. Ni el rico aumentará, ni el pobre disminuirá del medio siclo, cuando dieren la ofrenda a Jehová para hacer expiación por vuestras personas. Y tomarás de los hijos de Israel el dinero de las expiaciones, y lo darás para el servicio del tabernáculo de reunión; y será por memorial a los hijos de Israel delante de Jehová, para hacer expiación por vuestras personas (Éx. 30:11-16).*

Hacer un censo era pecado y se consideraba falta de confianza en Dios. En esa ocasión exclusiva en que Dios ordenó un censo, exigió una ceremonia de purificación como limpieza. Por ella los israelitas cancelarían el castigo implícito en el censo. Cuando Israel hizo un censo en desobediencia directa a la orden divina de no hacerlo, que significó un acto de desconfianza pecaminosa en el poder de Dios, como hizo David en 1 Crónicas 21, la Biblia registra que él cayó en la tentación de Satanás de satisfacer su orgullo en la fuerza militar de la nación. La falta de David en confiar y obedecer a Dios en el trato con sus enemigos acarreó la ira del Señor que lo llevó a castigar a Israel con una plaga letal ocasionada por un ángel destructor (vv. 11-17).

Pedro sabía que, a diferencia de la redención temporal que Dios permitió que los israelitas compraran con dinero en Éxodo 30, ninguna cantidad de dinero puede redimir de la esclavitud al pecado a las almas de las personas. El profeta Isaías vio la verdadera naturaleza de la redención definitiva de Dios para su pueblo cuando escribió: "Porque así dice Jehová: De balde fuisteis vendidos; por tanto, sin dinero seréis rescatados" (Is. 52:3).

Tras establecer con qué los creyentes no fueron redimidos, Pedro declaró el medio por el cual Dios los redimió: **con la sangre preciosa.** Él usó **sangre** como un sinónimo vívido para la muerte expiatoria en que participaba derramamiento de sangre. La **sangre** no solo era cualquier sangre sino la **preciosa** que pertenecía a **un cordero sin mancha y sin contaminación.** Las palabras del apóstol describen implícitamente el inmenso sacrificio que el propietario de tal cordero hacía cuando mataba su animal más fino, más puro y más perfecto, la misma clase de animal que Dios siempre requería como sacrificio (Lv. 22:19; Nm. 6:14; 28:3-4; Dt. 15:21; 17:1; cp. Éx. 12:5; Lv. 22:17-25). Ningún cordero expiatorio o ningún otro sacrificio animal pudo alguna vez quitar realmente el pecado, como lo deja en claro Hebreos 10:1-10:

> *Porque la ley, teniendo la sombra de los bienes venideros, no la imagen misma de las cosas, nunca puede, por los mismos sacrificios que se ofrecen continuamente cada año, hacer perfectos a los que se acercan. De otra manera cesarían de ofrecerse, pues los que tributan este culto, limpios una vez, no tendrían ya más conciencia de pecado. Pero en estos sacrificios cada año se hace memoria de los pecados; porque la sangre de los toros y de los machos cabríos no puede quitar los pecados. Por lo cual, entrando en el mundo dice: Sacrificio y ofrenda no quisiste; mas me preparaste cuerpo. Holocaustos y expiaciones por el pecado no te agradaron. Entonces dije: He aquí que vengo, oh Dios, para hacer tu voluntad, como en el rollo del libro está escrito de mí. Diciendo primero: Sacrificio y ofrenda y holocaustos y expiaciones por el pecado no quisiste, ni te agradaron (las cuales cosas se ofrecen según la ley), y diciendo luego: He aquí que vengo, oh Dios, para hacer tu voluntad; quita lo primero, para establecer esto último. En esa voluntad somos santificados mediante la ofrenda del cuerpo de Jesucristo hecha una vez para siempre (cp. 9:24-26; 10:11, 14).*

Todos esos sacrificios mostraban los efectos mortales del pecado y describían la idea de un sustituto final que tomaba el lugar del pecador, cumplido en el sacrificio de Jesucristo "una vez para siempre". Que Jesús fuera absoluta y perfectamente **sin mancha y sin contaminación** es el claro testimonio de la Biblia, relacionado en especial con la doctrina de la imputación, contenida en 2 Corintios 5:21: "Al que no conoció pecado, por nosotros lo hizo pecado, para que nosotros fuésemos hechos justicia de Dios en él":

Imputación hace referencia a un recuento legal. Imputar una culpa a alguien es asignar culpabilidad en la cuenta de esa persona. Del mismo modo, imputar justicia es contar la persona como justa. La culpa o la justicia que se imputa de este modo es una realidad plenamente objetiva; existe totalmente aparte de la persona a quien es imputada. En otras palabras, una persona a quien se imputa una culpa no se hace culpable por esa razón en un sentido real, sino que es tenida por culpable en un sentido legal. Es contar algo como si fuera de la persona sin que esto implique un cambio como tal en su carácter intrínseco.

La culpa de los pecadores fue imputada a Cristo. Él no estaba en ningún sentido manchado en realidad con la culpa. Simplemente fue tenido por culpable ante la corte del cielo, y la penalidad de toda esa culpa fue ejecutada en su contra. El pecado le fue imputado, mas no impartido a Él.

Esta es una declaración notable: "Al que no conoció pecado, por nosotros [Dios] *lo hizo pecado*, para que nosotros fuésemos hechos justicia de Dios en él". No puede significar que Cristo *se convirtió* en un pecador. No puede significar que Él hubiera cometido algún pecado, que su carácter se hubiera mancillado, o que Él llevó nuestro pecado en cualquier otro sentido aparte de una imputación legal.

Cristo no tenía capacidad para pecar. Él fue impecable. Este mismo versículo dice inclusive: "No conoció pecado". No tenía mancha alguna. Tenía que ser así para servir como el perfecto sustituto. Él era santo, inofensivo, incontaminado: separado de los pecadores (He. 7:26). Él era sin pecado (He. 4:15). Si el pecado hubiera denigrado su carácter en cualquier sentido —si se hubiera convertido en un pecador como tal— entonces Él mismo habría sido merecedor del castigo por el pecado, y por tanto no estaría calificado para presentar el pago por los pecados de los demás. El perfecto Cordero de Dios no podía ser otra cosa que un cordero sin mancha. Así que la frase "[Dios] lo hizo pecado" *no puede* significar que Cristo se hubiera manchado con el pecado como tal.

Lo que significa simplemente es que culpabilidad por *nuestros* pecados le fue imputada a Él, le fue tenida en cuenta como si fuera propia de Él. Muchos versículos de las Escrituras enseñan este concepto: "Él herido fue por nuestras rebeliones, molido por nuestros pecados" (Is. 53:5). "llevó él mismo nuestros pecados en su cuerpo sobre el madero" (1 P. 2:24). Él llevó "los pecados de muchos" (He. 9:28).

Así que en 2 Corintios 5:21, lo que Pablo quiere decir sencillamente es que Dios trató a Cristo como si Él fuera un pecador. Él imputó nuestra culpa en Él y aplicó sobre Él el castigo pleno por el pecado, aunque Cristo mismo no conocía el pecado.

> La culpa que Él llevó no era su culpa, pero Él la sobrellevó como si fuera suya. Dios puso *nuestra* culpa en la cuenta de Él y le hizo pagar el castigo por ello. Toda la culpa de todos los pecados de todos los que existen, fue imputada a Jesucristo: transferida a su cuenta como si Él fuera culpable de todo ello. Entonces Dios derramó toda la furia de su ira contra todo ese pecado, y Jesús tuvo que experimentarlo todo. Esto es lo que este versículo significa cuando dice de Cristo que Dios por nosotros, lo hizo pecado (John MacArthur, *La libertad y el poder del perdón* [Grand Rapids, MI: Portavoz, 1999], pp. 24-25; cursivas en el original).

Ya que todo pecado es una violación de la ley santa de Dios, y una deuda contraída con Él, es a Dios a quien hay que pagarle el precio. Únicamente el acreedor puede determinar los términos del rescate o la redención. El precio no fue pagado a Satanás como algunos han sugerido, como si se le hubiera ofendido y se le debiera compensar por los pecados en su contra. Todo pecado es contra Dios, y es Él quien establece los términos de la redención. El precio que Él requirió como pago fue la vida de su propio Hijo (Hch. 20:28; Ro. 3:24-25; Gá. 4:4-5; Ef. 1:7; Col. 1:13-14; Tit. 2:13-14).

La sangre de Cristo es la sangre más preciosa de todas porque Él fue la única persona totalmente perfecta que ha existido (cp. Jn. 1:14, 27; He. 4:14-15; 7:26-28). El escritor de Hebreos captó la esencia de Cristo como el perfecto mediador y sumo sacerdote del nuevo pacto, hecho posible por medio de su muerte como el sacrificio perfecto:

> *Pero estando ya presente Cristo, sumo sacerdote de los bienes venideros, por el más amplio y más perfecto tabernáculo, no hecho de manos, es decir, no de esta creación, y no por sangre de machos cabríos ni de becerros, sino por su propia sangre, entró una vez para siempre en el Lugar Santísimo, habiendo obtenido eterna redención. Porque si la sangre de los toros y de los machos cabríos, y las cenizas de la becerra rociadas a los inmundos, santifican para la purificación de la carne, ¿cuánto más la sangre de Cristo, el cual mediante el Espíritu eterno se ofreció a sí mismo sin mancha a Dios, limpiará vuestras conciencias de obras muertas para que sirváis al Dios vivo? Así que, por eso es mediador de un nuevo pacto, para que interviniendo muerte para la remisión de las transgresiones que había bajo el primer pacto, los llamados reciban la promesa de la herencia eterna (He. 9:11-15; cp. 4:15).*

El Nuevo Testamento afirma en otros muchos pasajes la misma verdad de la singularidad de la muerte expiatoria de Jesús (3:18; Jn. 1:29; 1 Co. 1:30; Gá. 3:13; Ap. 1:5; cp. 1 P. 2:4; Ap. 5:6-9; 14:4).

La sangre de Cristo se refiere no al fluido en su cuerpo sino a la totalidad de su muerte redentora. La Biblia habla de la sangre de Cristo casi tres veces más de lo que menciona la cruz, y cinco veces más de lo que se refiere a la muerte de Cristo. La palabra **sangre,** por tanto, es el término principal que usa el Nuevo Testamento para referirse a la expiación.

Pedro escribió que la elección es "para obedecer y ser rociados con la sangre de Jesucristo" (1:2). "Ser rociados con la sangre" es lo que selló el nuevo pacto (cp. He. 9:1-18). "Sin derramamiento de sangre no se hace remisión" (v. 22). Si Cristo no hubiera derramado literalmente su sangre en sacrificio por los pecados de los creyentes, estos no se habrían podido salvar. Esta es una razón de que la crucifixión fuera el medio ordenado por Dios mediante el cual Cristo debía morir; esta fue la demostración más vívida y visible de vida que fuera derramada como precio por los pecados.

El derramamiento de sangre fue igualmente el diseño de Dios para casi todos los sacrificios del Antiguo Testamento. Se derramaba la sangre en vez de matar a garrotazos, o por estrangulamiento, sofocamiento o quemadura. Dios diseñó que la muerte expiatoria ocurriera con pérdida de sangre, "porque la vida de la carne en la sangre está" (Lv. 17:11).

La **sangre de Cristo** fue literal y violentamente derramada en la crucifixión. Quienes niegan esta verdad o tratan de espiritualizar la muerte de Cristo son culpables de corromper el mensaje del evangelio. Jesucristo sangró y murió en el sentido más completo y literal, y cuando resucitó de los muertos fue literalmente resucitado. Negar la realidad absoluta de esas verdades es invalidarlas (cp. 1 Co. 15:14-17).

Sin embargo, el significado de la crucifixión no se expresa por completo únicamente en la pérdida de sangre. No hubo nada sobrenatural en la sangre de Jesús que santificara a quienes esta tocara. Aquellos que lo flagelaron pudieron haber quedado salpicados con la sangre. Pero esa aplicación literal de la sangre de Jesús no hizo nada para purgar sus pecados. Si el Señor hubiera sangrado sin morir, no se hubiera podido lograr la redención. Si la expiación se hubiera detenido antes sin que se hubiera satisfecho toda la paga del pecado, la sangre derramada de Jesús habría sido derramada en vano. Si la sangre en sí pudiera redimir pecadores, ¿por qué Jesús no solo sangró, sino que murió? No lo hizo porque "el derramamiento de sangre" en la Biblia es una expresión que significa más que solo sangrar.

El significado bíblico de este asunto es fácilmente evidente. Romanos 5:9-10 clarifica el punto; esos dos versículos muestran uno al lado del otro que ser "justificados en su sangre" (v. 9) es lo mismo que ser "reconciliados con Dios por la muerte de su Hijo" (v. 10). El elemento crítico en la salvación es la muerte expiatoria de Cristo en beneficio de los pecadores. El derramamiento de su **sangre** fue la manifestación visible de su vida siendo derramada en sacrificio, y la

Biblia usa constantemente la expresión "derramamiento de sangre" como una metonimia para muerte expiatoria (He. 9:22; 12:4; cp. 9:12, 14; 10:19; 11:28; 13:12, 20; Éx. 12:7, 13, 22-23; 23:18; 30:10; 34:25; Lv. 16:27; 17:11; Dt. 12:27; Mt. 26:28; Hch. 20:28; Ro. 3:25; 1 Co. 11:25; Ef. 1:7; 2:13; Col. 1:20; 1 P. 1:19; 1 Jn. 1:7; Ap. 1:5; 7:14).

Así, pues, la **sangre de Cristo** es preciosa; pero por preciosa que sea, esa sangre física sola no podía salvar ni lo hizo. Solo cuando fue derramada en muerte se pudo pagar el castigo por el pecado (Lc. 24:46; Hch. 17:3; Ro. 5:8-11; Ef. 2:13-16; Ap. 5:9; 13:8; cp. Jn. 11:50-51).

Es importante observar también que aunque Cristo derramó su sangre, la Biblia no dice que se desangrara hasta morir; enseña más bien que Él voluntariamente doblegó su espíritu (Jn. 10:18). Sin embargo, aun la muerte física no pudo haber producido salvación separada de su muerte espiritual, conforme a la cual Él fue separado del Padre (cp. Mt. 27:46) al cargar con la culpa completa por la totalidad de los pecados de todos los que alguna vez se salvarían.

Es claro que aunque Cristo derramara su sangre literal, no se pretende que muchas referencias a la sangre sean tomadas en sentido literal. Por ejemplo, una interpretación estrictamente literal no puede explicar pasajes como Juan 6:53-54: "De cierto, de cierto os digo: Si no coméis la carne del Hijo del Hombre, y bebéis su sangre, no tenéis vida en vosotros. El que come mi carne y bebe mi sangre, tiene vida eterna; y yo le resucitaré en el día postrero". Sería igualmente difícil explicar cómo se entiende la sangre física en Mateo 27:25 ("su sangre sea sobre nosotros, y sobre nuestros hijos"); Hch. 5:28 ("queréis echar sobre nosotros la sangre de ese hombre"); 18:6 ("vuestra sangre sea sobre vuestra propia cabeza"); 20:26 ("estoy limpio de la sangre de todos"); y 1 Corintios 10:16 ("la copa de bendición... ¿no es la comunión de la sangre de Cristo?").

Tratar de tomar en forma literal toda referencia a la sangre de Cristo puede llevar a errores graves. Por ejemplo, la doctrina católica romana conocida como transustanciación, enseña que el vino de comunión cambia milagrosamente en la verdadera sangre de Cristo, y que quienes participan de los elementos en la misa literalmente cumplen las palabras de Jesús en Juan 6:54: "El que come mi carne y bebe mi sangre, tiene vida eterna; y yo le resucitaré en el día postrero".

Algunos afirman que la sangre de Cristo no fue realmente humana. Sin embargo, ellos insisten en interpretar literalmente toda referencia del Nuevo Testamento a la sangre de Jesús. Erróneamente enseñan que la sangre física de Cristo fue preservada de alguna manera después de la crucifixión y llevada al cielo, donde ahora se aplica literalmente al alma de cada cristiano en la salvación.

Los creyentes no se salvan por alguna mística aplicación celestial de la sangre literal de Jesús. Nada en la Biblia indica que la sangre literal de Cristo esté preservada en el cielo ni que se aplique a los creyentes individuales. Cuando Pedro afirma aquí que los santos son redimidos por la sangre, no está hablando de un cuenco de sangre en el cielo. El apóstol se refiere a que son salvos por la muerte expiatoria de Cristo.

De igual modo, cuando Pablo se glorió en la cruz (Gá. 6:14), no se refirió a las vigas literales de madera; estaba hablando de todos los elementos de la obra redentora. Así como la cruz es una expresión que incluye toda la obra expiatoria de Cristo, así también lo es la sangre. No es el verdadero fluido lo que limpia a los creyentes del pecado sino la obra de redención de Cristo lograda al derramar su sangre en la muerte.

¿POR MEDIO DE QUIÉN REDIMIÓ DIOS A LOS CREYENTES?

ya destinado desde antes de la fundación del mundo, pero manifestado en los postreros tiempos por amor de vosotros, y mediante el cual creéis en Dios, quien le resucitó de los muertos y le ha dado gloria, (1:20*a*, 21*a*)

En esta sección Pedro describe más plenamente la singularidad del Cordero precioso, Jesucristo. El primer aspecto de eso es su predestinación. Que Él **ya** estuviera **destinado** (*proegnōsmenou*), literalmente "habiendo estado preparado", indica con claridad que Dios planificó enviar al Hijo como el Redentor encarnado **desde antes de la fundación del mundo.** El Padre no reaccionó ante la caída del hombre con una solución de última hora; antes de la caída (incluso antes de la creación) Él predestinó enviar a su Hijo como el Salvador (Hch. 2:23; 4:27-28; 2 Ti. 1:9; Ap. 13:8; cp. Is. 42:1; Ro. 8:29-30; Ef. 1:5-11). Incluso mientras actuaban burlonamente delante de la cruz, algunos enemigos de Jesús entre los gobernantes judíos parecieron reconocer que Dios tenía un Mesías predestinado: "A otros salvó; sálvese a sí mismo, si éste es el Cristo, el escogido de Dios" (Lc. 23:35). Por desgracia para ellos, estos dirigentes se negaron a reconocer que Jesús era ese escogido para ser el sacrificio por el pecado.

En segundo lugar, el Cordero precioso es único debido a su encarnación. El verbo que se tradujo **manifestado** (*phanerōthentos*) incluye la idea de dejar algo en claro o manifiesto, y es un pasivo indefinido que denota un acontecimiento histórico… en este contexto, el Hijo se vuelve humano (cp. Gá. 4:4-5). En su enriquecedor pasaje sobre la humildad de Cristo, Pablo resume la encarnación:

> *[Jesús] siendo en forma de Dios, no estimó el ser igual a Dios como cosa a que aferrarse, sino que se despojó a sí mismo, tomando forma de siervo, hecho semejante a los hombres; y estando en la condición de hombre, se humilló a sí mismo, haciéndose obediente hasta la muerte, y muerte de cruz (Fil. 2:6-8; cp. Jn. 1:14; Gá. 4:4).*

La frase **en los postreros tiempos** es una expresión conocida que se refiere a todo el período entre el nacimiento de Cristo y su segunda venida (cp. el sinónimo "postreros días" en 2 Ti. 3:1; He. 1:2; Stg. 5:3; 2 P. 3:3; y "último tiempo" en 1 Jn. 2:18). El griego para **tiempos** (*chronōn*) se refiere a un punto cronológico en el calendario divino de acontecimientos. Años antes, Pedro usó una expresión similar cuando citó del Antiguo Testamento para describir el milagro del día de Pentecostés acerca de la venida del Espíritu Santo: "Esto es lo dicho por el profeta Joel: y en los postreros días, dice Dios, derramaré de mi Espíritu sobre toda carne" (Hch. 2:16-17; cp. 1 Ti. 4:1; He. 1:2).

La tercera característica de la singularidad del Hijo es su resurrección. Dios **le resucitó de los muertos** en una prueba inequívocamente poderosa acerca de que Él era el sacrificio por el pecado y que había logrado la obra redentora de Dios (Hch. 2:24, 32; 3:15; 4:10; 13:33; 17:31; 26:23; Ro. 4:25; 1 Co. 15:20-26). En su saludo de inicio en la epístola a los Romanos, Pablo resume de manera concisa el significado de la resurrección: "[Jesús] fue declarado Hijo de Dios con poder, según el Espíritu de santidad, por la resurrección de entre los muertos" (Ro. 1:4).

En cuarto lugar, Pedro recuerda a los creyentes que Cristo es único porque en afirmación absoluta y culminante, Dios **le ha dado gloria.** Esa frase señala hacia la ascensión (Mr. 16:19; Lc. 24:50-51; Hch. 1:9-11), cuando Cristo regresó al paraíso y a la gloria que había disfrutado con el Padre desde toda la eternidad (3:22; Lc. 24:26; Jn. 17:4-5; Ef. 1:20-21; cp. Sal. 68:18). Al escribir sobre la superioridad de Cristo, el autor de Hebreos se refirió a la ascensión como la recompensa por la obra redentora perfecta: "Pero vemos a aquel que fue hecho un poco menor que los ángeles, a Jesús, coronado de gloria y de honra, a causa del padecimiento de la muerte, para que por la gracia de Dios gustase la muerte por todos" (He. 2:9; cp. 9:24; 12:2). Filipenses 2:9-11 le asigna a Jesús absoluto señorío sobre todas las cosas:

> *Por lo cual Dios también le exaltó hasta lo sumo, y le dio un nombre que es sobre todo nombre, para que en el nombre de Jesús se doble toda rodilla de los que están en los cielos, y en la tierra, y debajo de la tierra; y toda lengua confiese que Jesucristo es el Señor, para gloria de Dios Padre.*

¿PARA QUÉ REDIMIÓ DIOS A LOS CREYENTES?

por amor de vosotros, y mediante el cual creéis en Dios para que vuestra fe y esperanza sean en Dios. (1:20*b*, 21*b*)

Como para resaltar una verdad ya aclarada, Pedro reiteró a sus lectores que la obra redentora de Cristo fue **por amor de vosotros,** refiriéndose a todos los redimidos. Este énfasis en que Jesús murió por amor a los redimidos se explica más en los comentarios sobre 2:24 y 3:18 de los capítulos 15 y 19 respectivamente de esta obra (cp. Is. 53:4-6; 2 Co. 5:21; 8:9; Ef. 1:6).

Ya que la redención únicamente es **mediante** Jesús (Hch. 3:16; 4:12; cp. Jn. 3:36; 10:7,9; 1 Co. 1:4; 1 Ti. 2:5; 1 Jn. 5:11-12; 2 Jn. 9-11), no existe otra manera de llegar a Dios (Jn. 14:6). Esto marca la exclusividad del evangelio como la única forma de redención. Las personas no pueden creer **en Dios** aparte de reconocer la muerte, resurrección y señorío soberano de su Hijo. Es más, todos los que no creen en el evangelio no pueden conocer en absoluto a Dios y están sujetos a destrucción eterna.

> *Y a vosotros que sois atribulados, daros reposo con nosotros, cuando se manifieste el Señor Jesús desde el cielo con los ángeles de su poder, en llama de fuego, para dar retribución a los que no conocieron a Dios, ni obedecen al evangelio de nuestro Señor Jesucristo; los cuales sufrirán pena de eterna perdición, excluidos de la presencia del Señor y de la gloria de su poder (2 Ts. 1:7-9).*

También se debe considerar que la palabra **mediante** podría no solo indicar el *camino* hacia la fe salvadora de Dios, sino el *poder* para creer el evangelio. En 1 Corintios 3:5, Pablo escribió que él y Apolos eran "servidores por medio de los cuales habéis creído" en el lado humano; sin embargo, es evidente que ya que todas las personas están indefensas, ciegas y muertas en sus pecados, se necesita poder divino. Por eso Pablo sigue diciendo: "Según lo que a cada uno concedió el Señor". El mismo Cristo, por el Espíritu Santo, es el agente de salvación de los creyentes. Pedro sabía esto, como algunos creyentes judíos en Jerusalén lo reconocieron años antes, mientras concordaban con su enseñanza: "¡De manera que también a los gentiles ha dado Dios arrepentimiento para vida!" (Hch. 11:18).

Puesto que la redención **mediante** Jesús produce creyentes **en Dios,** es obvio que es por fe que debemos apropiarnos de la salvación (Mr. 1:15; 16:16; Jn. 6:29; 20:31; Hch. 11:21; 13:39, 48; 16:31; 20:21; Ro. 3:28; 5:15; 10:9-10, 14-15, 17; Ef. 2:8-9). La fe salvadora incluye creer **en** el único, verdadero y vivo **Dios** (He. 10:39; 11:6) y creer **mediante** su Hijo, Jesucristo (Jn. 6:40). Contenida en la frase **creéis en Dios** se halla todo lo que está implícito en la verdadera fe salvadora.

El final del versículo 21 da a conocer la doble y definitiva bendición de la redención: **para que** la **fe y** la **esperanza** de los creyentes **sean en Dios.** La **fe** permite a los creyentes confiar en que Dios les provee la gracia necesaria en medio de las actuales circunstancias, luchas y ansiedades de la vida (5:7; Sal. 5:11; 31:1; 37:5; 56:11; Pr. 29:25; Is. 26:3; Nah. 1:7; Fil. 4:6); y la **esperanza** permite creer en gracia futura, que habrá de revelarse para ellos en gloria celestial (véase el estudio de 1:4, 5, 13 en los capítulos 2 y 5 de esta obra; cp. Sal. 146:5;

Hch. 23:6; 24:15; Ro. 5:2; 8:18, 25; Gá. 5:5; Tit. 2:13; He. 6:11, 19). El salmista vincula la esperanza y la redención de esta manera: "Dios redimirá mi vida del poder del Seol, porque él me tomará consigo" (Sal. 49:15). Los creyentes tienen una esperanza inquebrantable de que un día Dios los resucitará de la tumba y les dará la bienvenida a la gloria final. El apóstol Pablo recordó a los romanos que la segura esperanza de los creyentes incluye redención del cuerpo: "Nosotros mismos, que tenemos las primicias del Espíritu, nosotros también gemimos dentro de nosotros mismos, esperando la adopción, la redención de nuestro cuerpo" (Ro. 8:23; cp. Fil. 3:20-21; 1 Jn. 3:2). Por fe, los santos disfrutan ahora la redención del alma ("las primicias del Espíritu"), y por la esperanza anticipan la redención del cuerpo de todos los efectos restantes de la caída.

El amor sobrenatural 7

Habiendo purificado vuestras almas por la obediencia a la verdad, mediante el Espíritu, para el amor fraternal no fingido, amaos unos a otros entrañablemente, de corazón puro; siendo renacidos, no de simiente corruptible, sino de incorruptible, por la palabra de Dios que vive y permanece para siempre. Porque: Toda carne es como hierba, y toda la gloria del hombre como flor de la hierba. La hierba se seca, y la flor se cae; mas la palabra del Señor permanece para siempre. Y esta es la palabra que por el evangelio os ha sido anunciada. (1:22-25)

Una anécdota de principios del siglo XX ilustra muy bien cómo los cristianos deben estar agradecidos por lo que Cristo ha hecho por ellos. Un día, mientras se hallaba sobre un andamio en un tercer piso, un ingeniero de la construcción tropezó y cayó a tierra en lo que pareció ser una fatal caída en picado. Justo debajo del andamio, un obrero levantó la mirada mientras el hombre caía, se dio cuenta de que estaba parado exactamente donde iba a caer el ingeniero, se apuntaló, y absorbió todo el impacto de la caída del otro hombre. El golpe hirió levemente al ingeniero, pero gravemente al obrero. La brutal colisión le fracturó casi todos los huesos de su cuerpo, y después de recuperarse de esas heridas quedó gravemente discapacitado.

Años más tarde, un periodista preguntó al antiguo obrero de la construcción cómo le había tratado el ingeniero desde el accidente. El discapacitado contestó: "Me dio la mitad de todo lo que posee, incluso una participación en su negocio. Constantemente se preocupa por mis necesidades y nunca permite que yo carezca de algo. Casi todos los días me da alguna muestra de agradecimiento o recuerdo".

A menudo los creyentes, a diferencia del agradecido ingeniero de la historia, olvidan que en el Calvario hubo un sustituto que sufrió todo el impacto de su peso pecador y que los rescató cuando se precipitaban hacia una eternidad en el infierno. Dios derramó su ira sobre el Sacrificio perfecto (1:19; cp. He. 4:15; 7:26-27), su Hijo sin pecado que "herido fue por nuestras rebeliones, molido por nuestros pecados; el castigo de nuestra paz fue sobre él, y por su llaga fuimos nosotros curados" (Is. 53:5; cp. 2 Co. 5:21; Gá. 1:3-4; He. 10:9-10; 1 P. 2:24). Cristo se sacrificó por todos los que creen, y cada uno de ellos sin duda debería estar consumido con gratitud demostrable hacia Él debido a ese amor, motivados a manifestarle amor superior a lo que es natural. Más allá de ese amor por el

Salvador está el amor mutuo participado con todos los demás que han sido rescatados de la muerte eterna. El apóstol Pedro lo llama **amor fraternal no fingido.**

En este pasaje se plantean cuatro preguntas básicas que el texto contesta para explicar este amor sobrenatural: ¿Cuándo están habilitados los creyentes para amar? ¿A quiénes deben amar los creyentes? ¿Cómo deben amar los creyentes? y ¿Por qué deben amar los creyentes?

¿CUÁNDO ESTÁN HABILITADOS LOS CREYENTES PARA AMAR?

Habiendo purificado vuestras almas por la obediencia a la verdad, (1:22*a*)

La Biblia reiteradamente deja en claro que el individuo no convertido está muy lejos de tener la capacidad de demostrar verdadero amor (Jn. 5:42; 1 Jn. 2:9, 11; 3:10; 4:20; cp. Job 14:4; Sal. 58:3; Jn. 15:18, 25; Ro. 8:7-8; 1 Co. 2:14; 2 Co. 3:5). Jesús dijo a los fariseos: "¡Ay de vosotros, fariseos! que diezmáis la menta, y la ruda, y toda hortaliza, y pasáis por alto la justicia y el amor de Dios. Esto os era necesario hacer, sin dejar aquello" (Lc. 11:42). Ellos estaban preocupados de los detalles minuciosos de la religión externa pero no pudieron (ni podían) manifestar el amor de Dios (cp. Jn. 5:42; 1 Jn. 3:16-17). En contraste, Jesús declaró que sin lugar a dudas ese amor distingue a los creyentes: "En esto conocerán todos que sois mis discípulos, si tuviereis amor los unos con los otros" (Jn. 13:35; cp. Jn. 14:21; 2 Co. 5:14; 1 P. 1:8; 1 Jn. 2:5; 4:12, 19; 5:1).

Fue en la salvación que los creyentes recibieron la capacidad de demostrar amor sobrenatural (Ro. 5:5). Cuando manifestaron **obediencia a la verdad** (fueron salvos), también habían **purificado** sus **almas. Purificado** (*hāgnikotes*) es un participio perfecto que describe una acción pasada con resultados continuos. Dios no solamente limpia el pasado de cristianos impuros (cp. 4:1-3; He. 9:22-23), sino que también les confiere nuevas capacidades para el presente y el futuro (2 Co. 5:17; cp. Ro. 6:3-14; Col. 3:8-10; 2 P. 1:4-9). Ezequiel esperaba con interés esta realidad espiritual cuando profetizó lo que Dios haría por los creyentes bajo el nuevo pacto:

> *Esparciré sobre vosotros agua limpia, y seréis limpiados de todas vuestras inmundicias; y de todos vuestros ídolos os limpiaré. Os daré corazón nuevo, y pondré espíritu nuevo dentro de vosotros; y quitaré de vuestra carne el corazón de piedra, y os daré un corazón de carne. Y pondré dentro de vosotros mi Espíritu, y haré que andéis en mis estatutos, y guardéis mis preceptos, y los pongáis por obra (Ez. 36:25-27; cp. Jer. 31:31-34; Mt. 26:28; Jn. 3:5; Ef. 5:26; Tit. 3:5).*

En apariencia, **purificado** parecería referirse a una obra humana; al contrario, se refiere a una obra totalmente divina. El profeta Ezequiel dejó eso en claro en el pasaje recién citado, y en sus cartas el apóstol Pablo también afirmó lúcidamente que la obra purificadora de la salvación es obra de Dios:

> *Pues, mirad, hermanos, vuestra vocación, que no sois muchos sabios según la carne, ni muchos poderosos, ni muchos nobles... Mas por él estáis vosotros en Cristo Jesús, el cual nos ha sido hecho por Dios sabiduría, justificación, santificación y redención; para que, como está escrito: El que se gloría, gloríese en el Señor (1 Co. 1:26, 30-31; cp. Sal. 37:39; Pr. 20:9; Ro. 11:6; 1 Co. 6:11; Ef. 5:25-26; 2 Ts. 2:13; Tit. 2:14; 3:5; He. 5:9).*

En este pasaje, Pedro supuso pero no se refirió a la *fe* que el Nuevo Testamento tan necesariamente asocia con la salvación (1:9; Hch. 14:27; 15:9; 20:21; 26:18; Ro. 3:22, 25-28; 4:5; 5:1; Gá. 2:16; 3:11, 24, 26; Ef. 2:8; Fil. 3:9; 2 Ts. 2:13; 2 Ti. 3:15). Sin embargo, junto con la purga que viene a través de la fe salvadora (Hch. 15:8-9), él se refiere a **la obediencia a la verdad,** un elemento intrínseco de la fe que salva (cp. Jn. 3:36; Ro. 10:10; Ef. 2:8-10; He. 5:9; 11:1-34). Así que Pedro no pasó por alto la fe con relación a la salvación; sencillamente definió esa fe. El apóstol reiteró para sus lectores la verdad de 1:2, donde afirmó que fueron salvos "según la presciencia de Dios Padre en santificación del Espíritu, para obedecer y ser rociados con la sangre de Jesucristo" (véase el estudio de ese versículo en el capítulo 1 de esta obra). Sin duda, **obediencia** puede ser un sinónimo del Nuevo Testamento para *fe.* Otros pasajes afirman ese hecho. Pablo escribió a los romanos: "¿No sabéis que si os sometéis a alguien como esclavos para obedecerle, sois esclavos de aquel a quien obedecéis, sea del pecado para muerte, o sea de la obediencia para justicia?" (Ro. 6:16; cp. 1:5; 6:17; 15:18; 16:19, 26; 2 Co. 9:13).

La fe no es una obra de obediencia iniciada por el ser humano (Ef. 2:8: "Porque por gracia sois salvos por medio de la fe; y esto no de vosotros, pues es don de Dios"), pero si en realidad es dada por Dios resultará en obediencia regular a la verdad por parte de los creyentes (cp. Stg. 1:22-25; 2:14-26; 1 Jn. 2:3-6; 3:7-9, 24) que manifestarán el amor de Dios a otros (cp. 1 Jn. 2:10-11; 3:10-11, 14-17; 4:7-8, 16, 20).

¿A QUIÉNES DEBEN AMAR LOS CREYENTES?

para el amor fraternal no fingido, (1:22*b*)

En la salvación, los creyentes se convierten en miembros del Cuerpo de Cristo, la Iglesia, que entonces se vuelve el objetivo para la nueva capacidad de amar conferida por el Espíritu que poseen (Ro. 5:5; 1 Ts. 4:9; 1 Jn. 3:14, 23; cp. Jn. 15:12; Fil. 1:9; 1 Jn. 3:18; 4:7-8; 5:1-2). Este **amor fraternal** (*philadelphia*) **no** debe ser **fingido** (*anupokriton,* "sin hipocresía"). Como conocía el peligro de la hipocresía, Pablo amonestó a los romanos: "El amor sea sin fingimiento" (Ro. 12:9). **El amor no fingido** debe ser la norma común para los creyentes (Ro. 12:10; 2 Co. 6:6; 8:8; Fil. 2:1-2; He. 13:1; 1 Jn. 3:11, 18), que reemplaza a todas las limitaciones y consideraciones terrenales (cp. 1 Co. 10:23-30). Dios puede usar la amorosa unidad de los creyentes para atraer a un mundo perdido y despertarlo a su necesidad de salvación (cp. Jn. 13:34-35; 1 Co. 10:31-33).

¿CÓMO DEBEN AMAR LOS CREYENTES?

amaos unos a otros entrañablemente, (1:22*c*)

El conocido verbo del Nuevo Testamento *agapaō* expresa el tipo ideal de amor, el cual es ejercido por voluntad y no por emoción, y que no lo determina la belleza o lo apetecible del objeto, sino la noble intención de aquel que ama. **Entrañablemente** (*ektenōs*) es un término fisiológico que significa estirar hasta el máximo límite la capacidad de un músculo. Metafóricamente, la palabra significa hacer algo de manera intensa, alcanzar la máxima extensión de algo, ser ferviente (Lc. 22:44; Hch. 12:5; cp. Hch. 26:7). Así es como Pedro la usó en 4:8 cuando escribió: "Y ante todo, tened entre vosotros ferviente amor; porque el amor cubrirá multitud de pecados". Dios quiere que el amor de los creyentes se propague de modo que con misericordia perdone y cubra el pecado entre ellos (véase todo el estudio de este versículo en el capítulo 21 de esta obra).

Sin embargo, ese amor tan fuerte no se deriva de algún requisito externo y legalista (cp. Sal. 40:8; Ro. 8:2; Gá. 5:1). Al contrario, Pedro manifestó a sus lectores que ese amor es una actitud motivada desde el interior, **de corazón puro** (Pr. 4:23; Mt. 22:37-39; Ef. 4:32; 1 Ti. 1:5; cp. Ro. 12:10; 1 Co. 13:8, 13; Gá. 5:14; 1 Ts. 1:3; He. 6:10), porque es un fruto que resulta cuando el Espíritu Santo mora en el cristiano. Pablo declaró a los gálatas que si vivían por ese Espíritu verían tal fruto en sus vidas:

> *Digo, pues: Andad en el Espíritu, y no satisfagáis los deseos de la carne… Mas el fruto del Espíritu es amor, gozo, paz, paciencia, benignidad, bondad, fe, mansedumbre, templanza; contra tales cosas no hay ley. Pero los que son de Cristo han crucificado la carne con sus pasiones y deseos. Si vivimos por el Espíritu, andemos también por el Espíritu (Gá. 5:16, 22-25; cp. Ef. 5:15-21).*

¿POR QUÉ DEBERÍAN AMAR LOS CREYENTES?

siendo renacidos, no de simiente corruptible, sino de incorruptible, por la palabra de Dios que vive y permanece para siempre. Porque: Toda carne es como hierba, y toda la gloria del hombre como flor de la hierba. La hierba se

seca, y la flor se cae; mas la palabra del Señor permanece para siempre. Y esta es la palabra que por el evangelio os ha sido anunciada. (1:23-25)

Los creyentes deben amarse mutuamente al máximo porque esto es coherente con la nueva vida en Cristo. El apóstol Juan escribió: "Todo aquel que cree que Jesús es el Cristo, es nacido de Dios; y todo aquel que ama al que engendró, ama también al que ha sido engendrado por él. En esto conocemos que amamos a los hijos de Dios, cuando amamos a Dios, y guardamos sus mandamientos" (1 Jn. 5:1-2; cp. 3:14; 4:7).

Es como si Pedro anticipara la pregunta de sus lectores de por qué deben amar de la manera en que les había mandado; por tanto, les dijo que se debería esperar que amaran de ese modo porque eran **renacidos.** El tiempo perfecto del participio *anagegennēmenoi* (**siendo renacidos**) resalta que el nuevo nacimiento ocurre en el pasado, con efectos continuos en el presente. Uno de esos efectos es que los creyentes mostrarán amor los unos por los otros.

Pablo definió esta transformación como una muerte con subsiguiente nueva vida en Cristo:

> *¿O no sabéis que todos los que hemos sido bautizados en Cristo Jesús, hemos sido bautizados en su muerte? Porque somos sepultados juntamente con él para muerte por el bautismo, a fin de que como Cristo resucitó de los muertos por la gloria del Padre, así también nosotros andemos en vida nueva (Ro. 6:3-4).*

La verdad de ese texto es en realidad "seca". Es decir, Pablo no está hablando de bautismo en agua, sino de inmersión espiritual en Jesucristo, *simbolizada* por el bautismo en agua. La inmersión en Cristo significa que los creyentes son colocados en la muerte de Jesús, por medio de la cual mueren a la antigua vida y Dios los considera participantes en la resurrección de Cristo, por la cual tienen nueva vida en Él. Además, el nuevo nacimiento conlleva una decisiva transformación completa y radical que se debe describir en los términos extremos de muerte y nuevo nacimiento (2 Co. 5:17). Los creyentes se visten "del nuevo hombre, creado según Dios en la justicia y santidad de la verdad" (Ef. 4:24; cp. Ro. 6:6; Col. 3:10). Aquellos que son **renacidos** pasan de estar sin Dios, sin ley y de ser egoístas (Ro. 3:9-18; 8:7-8) a manifestar verdadero arrepentimiento, confianza y amor. El Espíritu Santo los ilumina para que disciernan la verdad espiritual (1 Co. 2:14-15; 2 Co. 4:6) y les confiere poder para servir a la ley de Dios (la verdad contenida en su Palabra) y no a la ley del pecado (Ro. 6:17-18).

El nuevo nacimiento es monergista; es una obra hecha únicamente por el Espíritu Santo. Los pecadores no cooperan en su nacimiento espiritual (cp. Ef. 2:1-10) más de lo que los bebés cooperan en su nacimiento natural. Jesús dijo a Nicodemo: "El viento sopla de donde quiere, y oyes su sonido; mas ni sabes de dónde viene, ni a dónde va; así es todo aquel que es nacido del Espíritu" (Jn. 3:8; cp. Jn. 1:12-13; Ef. 2:4-5; Fil. 2:13).

Simiente representa la fuente de la vida. Todo lo que viene a la vida en el orden creado empieza con una simiente, la fuente básica de vida que inicia la existencia de plantas y animales. Pero nada en el mundo material tiene la capacidad de producir vida espiritual y eterna. Por eso Dios **no** efectúa el nuevo nacimiento usando **simiente corruptible.** En contraste a cómo un padre terrenal inicia el nacimiento humano con su **simiente corruptible,** Dios inicia el nacimiento espiritual con una simiente **incorruptible.** Todo lo que crece de simientes naturales es una creación soberana de Dios (Gn. 1:11-12), pero finalmente todo eso perece (Is. 40:8; Stg. 1:10-11). No obstante, los pecadores que nacen de nuevo obtienen vida eterna del Espíritu de Dios. Eso es así porque Él usa la simiente incorruptible de **la palabra de Dios que vive y permanece para siempre.** Las palabras de Pedro repiten lo que Santiago escribiera antes a sus lectores acerca del nuevo nacimiento: "El, de su voluntad, nos hizo nacer por la palabra de verdad, para que seamos primicias de sus criaturas" (Stg. 1:18; cp. Ro. 10:17).

A fin de fortalecer este punto, Pedro citó Isaías 40:6, 8, que contiene un conocido principio bíblico respecto a la transitoriedad de la vida (cp. Job 14:1-2; Sal. 39:4; 103:15; Mt. 6:27, 30; Stg. 4:14). **Toda carne** se refiere a todos los humanos y animales, y **hierba** se refiere al pasto silvestre de la típica campiña del Oriente Medio. La frase **la gloria del hombre como flor de la hierba** indica la belleza del escenario en que flores coloridas (cp. Mt. 6:28-29) surgen de vez en cuando por sobre el pasto. Por eso Pedro observó que aunque algo puede ser tan común como la **hierba** o tan exclusivamente encantador como una **flor,** finalmente **se seca** o **se cae,** muere. La vida humana es breve en este mundo. Las personas mueren como hierba seca bajo un agotador viento del este. En sus tumbas, los pobres y los analfabetos sin ninguna influencia son iguales a los acaudalados y los bien educados de gran influencia (cp. Job 3:17-19). Sin embargo, se trate de personas comunes o no, en Cristo estas nunca se deteriorarán o morirán espiritualmente. En vez de eso, son como **la palabra del Señor** que **permanece para siempre.**

Esa **palabra** que salva es el evangelio, como indica la elección de palabras de Pedro. Él usa *rhēma* para **palabra** (en vez de la expresión común *logos,* la referencia más amplia a Escrituras), que indica declaraciones específicas. **Anunciada** corresponde a *euangelisthen,* de la misma raíz de la palabra que significa "buenas nuevas", o "el evangelio". El apóstol se está refiriendo entonces al mensaje del evangelio, esa verdad bíblica que cuando se cree es la simiente **incorruptible** que produce nueva vida que también **permanece para siempre.**

Aunque los creyentes poseen nueva vida en Jesucristo y la capacidad de amar en una manera transcendental y agradable a Dios, la continua presencia de su carne no redimida (cp. Ro. 7:14-25) les impide amar como deberían hacerlo.

Por tanto, como en todo la relacionado con la obediencia, el Nuevo Testamento contiene para los creyentes una cantidad de otras exhortaciones hacia el amor verdadero (Jn. 13:34; 15:12; Ro. 12:10; Fil. 1:9; 1 Ts. 3:12; 4:9; 2 Ts. 1:3; 2 P. 1:7; 1 Jn. 3:23; 4:7, 21). Tales exhortaciones son para que, por la gracia y el poder de Dios, la Iglesia haga lo que ya es capaz de hacer. El llamado en este texto es para que los santos manifiesten un amor eterno por sus hermanos creyentes, el cual es coherente con una nueva vida incorruptible en Jesucristo por el poder de la palabra del evangelio que en sí es incorruptible.

Desear con ganas la Palabra 8

Desechando, pues, toda malicia, todo engaño, hipocresía, envidias, y todas las detracciones, desead, como niños recién nacidos, la leche espiritual no adulterada, para que por ella crezcáis para salvación, si es que habéis gustado la benignidad del Señor. (2:1-3)

El amor por la Palabra de Dios y deleitarse en ella distingue siempre a los que son de verdad salvos. Jesús manifestó: "Si vosotros permaneciereis en mi palabra, seréis verdaderamente mis discípulos; y conoceréis la verdad, y la verdad os hará libres" (Jn. 8:31-32). El apóstol Pablo repitió esos principios cuando afirmó: "Porque según el hombre interior, me deleito en la ley de Dios" (Ro. 7:22). Los santos del Antiguo Testamento también expresaron un gran anhelo por la Palabra de Dios. Job declaró: "Guardé las palabras de su boca más que mi comida" (Job 23:12). El Salmo 1 declara que el hombre de Dios "en la ley de Jehová está su delicia, y en su ley medita de día y de noche" (Sal. 1:2; cp. 19:9-10; 40:8). El profeta Jeremías valoró la revelación de Dios en una época difícil: "Fueron halladas tus palabras, y yo las comí; y tu palabra me fue por gozo y por alegría de mi corazón" (Jer. 15:16).

El placer del creyente en la Palabra de Dios es el tema principal del capítulo más largo de la Biblia, el Salmo 119. Aproximadamente en la mitad del capítulo, el salmista resume así su deleite en la Palabra y su dependencia de ella:

> *¡Oh, cuánto amo yo tu ley! Todo el día es ella mi meditación. Me has hecho más sabio que mis enemigos con tus mandamientos, porque siempre están conmigo. Más que todos mis enseñadores he entendido, porque tus testimonios son mi meditación. Más que los viejos he entendido, porque he guardado tus mandamientos; de todo mal camino contuve mis pies, para guardar tu palabra. No me aparté de tus juicios, porque tú me enseñaste. ¡Cuán dulces son a mi paladar tus palabras! Más que la miel a mi boca. De tus mandamientos he adquirido inteligencia; por tanto, he aborrecido todo camino de mentira (Sal. 119:97-104; cp. vv. 16, 24, 35, 47-48, 72, 92, 111, 113, 127, 159, 167, 174).*

Pedro quería que los cristianos fueran fieles a ese mismo anhelo hacia la Palabra de Dios, motivado por el Espíritu. De ahí que este pasaje sugiera cinco perspectivas que, si se siguen, llevarán a un deseo más fuerte y constante por la Palabra: los creyentes deben recordar su fuente de vida, deben eliminar sus pecados, deben admitir su necesidad, deben buscar su crecimiento espiritual, y deben reconocer sus bendiciones.

RECORDAR SU FUENTE DE VIDA

pues, (2:1*a*)

Pues (equivalente a "**por tanto**") nos remite a 1:23-25 y "la palabra del Señor permanece para siempre", la "simiente... incorruptible": el evangelio que produjo el nuevo nacimiento. La Palabra de Dios fue la fuente de salvación (2 Ti. 3:15) porque su gracia transformadora obró a través de la Palabra para crear nueva vida (Stg. 1:18; cp. Jn. 20:31; Ro. 10:17). La Palabra, actuando no como una simiente natural corruptible (cp. 1 Co. 15:36-37) sino como una simiente divina incorruptible (cp. Lc. 8:11; 1 Jn. 3:9), se convierte en la fuente de continua transformación y crecimiento espiritual de los creyentes (Sal. 119:105; Jn. 15:3; 17:17; Ro. 15:4; Ef. 5:26; 2 Ti. 3:16-17; cp. Dt. 17:19-20; Jos. 1:8).

Pues resultó ser un conciso recordatorio para los lectores de Pedro a perpetuar el poder salvador de la Palabra de Dios en sus vidas como una base para el compromiso constante con la Biblia como el único poder para vivir la vida cristiana (cp. Mt. 4:4; Hch. 20:32; Ro. 15:4; Gá 3:3; 4:9; 2 Ti. 3:16-17).

La Biblia contiene muchos otros recordatorios y exhortaciones acerca de su condición de indispensable como fuente de vida y poder espiritual (Sal. 19:10; 119:50, 93, 140; Pr. 6:23; 30:5; Mt. 7:24; Lc. 11:28; Col. 3:16). Dios declaró por medio del profeta Isaías:

> *Porque como desciende de los cielos la lluvia y la nieve, y no vuelve allá, sino que riega la tierra, y la hace germinar y producir, y da semilla al que siembra, y pan al que come, así será mi palabra que sale de mi boca; no volverá a mí vacía, sino que hará lo que yo quiero, y será prosperada en aquello para que la envié. (Is. 55:10-11; cp. He. 4:12)*

Jesús dijo a los discípulos: "Ya vosotros estáis limpios por la palabra que os he hablado" (Jn. 15:3). La Palabra de Dios es siempre tan poderosa en las vidas de los creyentes como cuando creyeron por primera vez (1 Ts. 2:13; cp. Sal. 19:7-9; Fil. 1:6).

ELIMINAR SUS PECADOS

Desechando, pues, toda malicia, todo engaño, hipocresía, envidias, y todas las detracciones, (2:1*b*)

Esforzarse por eliminar los pecados es prerrequisito para sustentar el deseo por la Palabra de Dios. Aferrarse a los pecados lleva a la persona en dirección opuesta a la verdad que desenmascara el pecado, lo confronta y exige justicia. Pedro usó un gerundio para mandar a sus lectores a deshacerse de los pecados en sus vidas. El verbo traducido **desechando** (*apothemenoi*) que se aplica a toda clase de rechazo, y a veces se refiere especialmente a quitarse la ropa sucia, que es la analogía que Pablo tenía en mente cuando amonestó a los colosenses: "Dejad también vosotros todas estas cosas: ira, enojo, malicia, blasfemia, palabras deshonestas de vuestra boca. No mintáis los unos a los otros, habiéndoos despojado del viejo hombre con sus hechos" (Col. 3:8-9; cp. Ef. 4:22, 25; He. 12:1; Stg. 1:21).

En las antiguas ceremonias de bautismo cristiano, por costumbre quienes eran bautizados se quitaban y descartaban la ropa que usaban para la ceremonia. Después de su bautismo se ponían ropa nueva que recibían de la iglesia. El cambio de ropa simbolizaba la realidad de la salvación de hacer a un lado la antigua vida y emprender la nueva (Ro. 6:3-7; 2 Co. 5:17; Ef. 4:24). Si tal transformación ocurría realmente en la vida de una persona, esta debía desechar **toda** (**toda** se usa aquí tres veces para resaltar totalidad) pecaminosidad que representaba un obstáculo para desear completamente la Palabra de Dios (He. 12:1; cp. 2 Ti. 2:4).

Toda malicia es la primera categoría de pecado que Pedro enumera. **Malicia** (que en español da la idea de querer hacer daño a alguien más) es una palabra con todo incluido (*kakia*) para pecado, refiriéndose a maldad y bajeza generalizada. Otras varias veces en la *Nueva Versión Internacional* (NVI) se traduce **malicia** (Ro. 1:29; 1 Co. 5:8; Ef. 4:31; Col. 3:8; Tit. 3:3), pero también se traduce como "afanes" (Mt. 6:34) y "maldad" (Hch. 8:22; Stg. 1:21).

Lo segundo que se manda a los creyentes es eliminar **todo engaño,** un término (*dolos*) que se refiere literalmente a "carnada" o "anzuelo". Denota astucia, deshonestidad, falsedad y traición (2:22; 3:10; cp. Mr. 7:22-23; Jn. 1:47; Ro. 1:29). Lucas usó el mismo término en Hechos 13:10 cuando cita la reprensión de Pablo a Elimas el mago por estar "lleno de todo tipo de *engaño* y fraude" (cursivas añadidas).

En tercer lugar, Pedro enumera **hipocresía** (*hupokrisis*), que originalmente identificaba a un actor que usaba una máscara. Se refiere a falta de sinceridad y fingimiento espiritual (cp. Ez. 33:31-32; Mt. 15:7-9; 23:23-24; Lc. 18:11; 2 Co. 5:12). La palabra describe cualquier conducta que no sea verdadera o coherente con lo que alguien realmente cree o afirma creer (Mt. 23:28; Mr. 12:15; Lc. 12:1; Ro. 12:9; Gá 2:13; 1 Ti. 4:2; Stg. 3:17).

Envidias (*phthonos*) define la actitud de quienes se resienten por la prosperidad de otros (cp. Mt. 27:18; Ro. 1:29; Fil. 1:15; Tit. 3:3). Con frecuencia eso lleva al rencor, la amargura, el odio y el conflicto (cp. 1 Co. 3:3; 1 Ti. 6:4; Stg. 3:16).

Por último, Pedro menciona **todas las detracciones** (*katalalias*), palabra onomatopéyica diseñada a sonar igual que los susurros y chismes llevados a cabo a espaldas de alguien como chismografía y murmuración (2 Co. 12:20). Se refiere esencialmente a difamar el carácter de alguien (cp. 2:12; 3:16; Stg. 4:11).

La lista de Pedro acerca de pecados específicos no es extensa pero sin duda representa el mal. Es más, el primer término, **toda malicia,** puede abarcar todos los pecados de modo que los lectores fueran motivados a confesar y arrepentirse. Esto allana el camino para un deseo sin obstáculos por la verdad de Dios.

ADMITIR SU NECESIDAD

desead, como niños recién nacidos, la leche espiritual no adulterada, (2:2*a*)

Los creyentes necesitan la verdad de Dios igual que un bebé necesita **leche.** Pedro compara la fortaleza de ese anhelo por la revelación divina con el deseo singular y dominante de los **niños recién nacidos** (*artigennēta brephē*) por la leche de la madre. Pedro pudo haber planteado el asunto solo con el término *brephē*, pero para resaltarlo añadió el adjetivo *artigennēta*, que literalmente significa "acabado de nacer". Las dos palabras identifican a un infante que acaba de salir del vientre de su madre y que con llanto pide la leche del seno materno. Esa única y desesperada ansia por leche es el primer anhelo expresado del recién nacido, diseñado por Dios para responder a la mayor necesidad del niño, e ilustra cuán fuertemente los creyentes deben desear la Palabra. Este anhelo es singular e implacable porque la vida depende de ello.

Desead (*epipothēsate*) es un verbo imperativo que manda a los creyentes a desear o apetecer algo fuertemente. El apóstol Pablo usa la palabra siete veces (Ro. 1:11; 2 Co. 5:2; 9:14; Fil. 1:8; 2:26; 1 Ts. 3:6; 2 Ti. 1:4), y en cada caso expresa intenso, periódico e insaciable deseo o pasión (cp. Sal. 42:1 y 119:174; Stg. 4:5). Su significado abarca tales aspectos como el fuerte deseo que un esposo o esposa sienten por su cónyuge, la fuerte ansiedad física que acompaña al hambre extrema, el anhelo conmovedor que se tiene por un ser querido muerto, el intenso deseo de un padre cristiano porque un hijo espiritualmente caprichoso se arrepienta y regrese a la obediencia, y los fuertes deseos que los creyentes tienen por la salvación de un familiar incrédulo o un amigo íntimo. Cada una de esas definiciones ilustra la clase de ansia fuerte e incontenible que Pedro quería que sus lectores tuvieran por la Biblia. Sin embargo, nada es más fuerte que el deseo que un bebé tiene por leche.

Pedro compara el objeto de sus ansias con **la leche espiritual no adulterada. No adulterada** (*adolos*) significa pura o no contaminada, y a menudo se refiere a productos agrícolas como cereales, vino, aceite vegetal, o en este caso **leche.** Los creyentes tienen que ansiar lo que es sin mezcla y puro, lo que proporciona verdadero sustento, es decir, **la leche espiritual. Espiritual** se traduce de *logikos*; que es la transcripción normal del término. En Romanos 12:1 muchas versiones utilizan "racional" para traducir *logikos.* Otras versiones castellanas traducen en ese versículo la palabra *logikos* como "agradable" (cp. NTV; NVI), un hecho que demuestra que no se debe ser excesivamente intolerantes con relación al significado de la palabra. Originalmente, *logikos* significaba "perteneciente al habla", o "perteneciente a la razón", que transmitía una sensación de racionalidad o razonabilidad. Si ese significado se aplicara al uso que Pedro hace de la palabra, los traductores habrían traducido la frase como "leche racional pura", o "leche razonablemente pura". Aquí los traductores de la RVR-60 decidieron traducir *logikos* como **espiritual,** porque la palabra transmite bien el intento de Pedro para guiar a sus lectores hacia la Biblia. Los rabinos tradicionalmente se referían a la ley de Dios como leche, y el Salmo 19:8-9 y 119:140 afirman que el precepto de Dios es puro y limpio. Por tanto, la traducción **leche espiritual** es una opción legítima y justa que describe a la Palabra como la fuente de **leche espiritual no adulterada** para los creyentes.

El contexto más amplio del versículo 2 apoya la traducción de *logikos.* Pedro concluye el capítulo 1 con un enfoque en que "la palabra del Señor permanece para siempre", es decir que es la fuente de la nueva vida para los creyentes. Por eso la referencia del apóstol a **leche espiritual** se relaciona contextualmente otra vez con la Palabra de Dios. Tal leche es por tanto sinónimo de la Biblia.

Es extraordinario que Pedro no mandara. No encargó a los creyentes que leyeran la Palabra, que estudiaran la Palabra, que meditaran en la Palabra, que enseñaran la Palabra, que predicaran la Palabra, que investigaran la Palabra, o que memorizaran la Palabra. Todos esos aspectos son esenciales, y otros pasajes sí mandan a que los creyentes que lo realicen (cp. Jos. 1:8; Sal. 119:11; Hch. 17:11; 1 Ti. 4:11, 13; 2 Ti. 2:15; 4:2). Sin embargo, Pedro se enfocó en el elemento más básico (que los creyentes necesitaban antes de ir tras alguno de los otros aspectos): un profundo y continuo anhelo por la Palabra de verdad (cp. 2 Ts. 2:10*b*).

Sea que se trate de creyentes recién convertidos o más maduros en la fe, desear la Palabra de Dios (cp. Neh. 8:1-3; Sal. 119:97, 103, 159, 167; Jer. 15:16; Hch. 17:11) siempre es esencial para la nutrición y el crecimiento espiritual (Job 23:12). Jesús afirmó esto cuando confrontó a Satanás en el desierto: "Escrito está: No sólo de pan vivirá el hombre, sino de toda palabra que sale de la boca de Dios" (Mt. 4:4; cp. Dt. 8:3; Lc. 4:4). En vista de la incesante producción de la cultura posmoderna de comida chatarra informativa a través de radio, televisión, cine, Internet, juegos por computadora, libros, periódicos, e incluso supuestos púlpitos cristianos (todo lo cual ocasiona desnutrición espiritual y embota los apetitos por el verdadero alimento espiritual) los creyentes deben comprometerse a nutrirse con regularidad de la Palabra de Dios.

BUSCAR CRECIMIENTO ESPIRITUAL

para que por ella crezcáis para salvación, (2:2*b*)

Siempre es triste ver a un ser humano desnutrido, débil y con retraso en su desarrollo. Pero más triste es ver creyentes espiritualmente desnutridos y poco desarrollados. Todos los creyentes deberían estar motivados por la oportunidad de crecer fuertes y maduros en Cristo, disfrutando mayor bendición y utilidad. **Crezcáis** (*auxēthēte*) es un verbo pasivo, que literalmente significa "que ojalá crezcan". Pedro usa el mismo verbo al final de su segunda carta cuando ordenó a los creyentes: "Creced en la gracia y el conocimiento de nuestro Señor y Salvador Jesucristo" (2 P. 3:18; cp. Hch. 20:32; 1 Ti. 4:6). Es por la ingesta de la verdad que el Espíritu Santo hace crecer y madurar a los creyentes (cp. 2 Co. 3:18).

Para salvación es el objetivo obvio del crecimiento espiritual de los creyentes. La Palabra los convertirá en la expresión final del aspecto de la santificación de su salvación, según Pablo mandó a los filipenses:

> *Por tanto, amados míos, como siempre habéis obedecido, no como en mi presencia solamente, sino mucho más ahora en mi ausencia, ocupaos en vuestra salvación con temor y temblor, porque Dios es el que en vosotros produce así el querer como el hacer, por su buena voluntad (Fil. 2:12-13; cp. Jn. 8:31-32; 2 Co. 3:18; Col. 1:21-23; He. 3:14; Stg. 1:25).*

La exhortación de Pedro de que los creyentes crezcan por medio de la Palabra implica firmemente la necesidad de no estar contentos con la condición actual de desarrollo espiritual. Esto también evoca lo que Pablo declaró acerca de su insatisfacción con el modo en que estaban las cosas en su propia vida:

> *Pero cuantas cosas eran para mí ganancia, las he estimado como pérdida por amor de Cristo. Y ciertamente, aun estimo todas las cosas como pérdida por la excelencia del conocimiento de Cristo Jesús, mi Señor, por amor del cual lo he perdido todo, y lo tengo por basura, para ganar a Cristo, y ser hallado en él, no teniendo mi propia justicia, que es por la ley, sino la que es por la fe de Cristo, la justicia que es de Dios por la fe; a fin de conocerle, y el poder de su resurrección, y la participación de sus padecimientos, llegando a ser semejante a él en su muerte, si en alguna manera llegase a la resurrección de entre los muertos. No que lo haya alcanzado ya, ni que ya sea perfecto; sino que prosigo, por ver si logro asir aquello para lo cual fui también asido por Cristo Jesús. Hermanos, yo mismo no pretendo haberlo ya alcanzado; pero una cosa hago: olvidando ciertamente lo que queda atrás, y extendiéndome a lo que está delante, prosigo a la meta, al premio del supremo llamamiento de Dios en Cristo Jesús (Fil. 3:7-14).*

La motivación por el verdadero crecimiento espiritual brota de una sensación justa de descontento, junto con un deseo sincero de no estar satisfecho sino por la Palabra de Dios.

RECONOCER SUS BENDICIONES

si es que habéis gustado la benignidad del Señor. (2:3)

La quinta perspectiva o motivación de Pedro para desear la Palabra de Dios repite las palabras del salmista: "Gustad, y ved que es bueno Jehová" (Sal. 34:8). **Si** empieza una cláusula condicional que explica los hechos o las condiciones necesarias para que una proposición sea cierta. Ya que en la conversión los lectores de Pedro habían **gustado** o experimentado **la benignidad** (bondad y gracia) **del Señor,** ya sabían cuán bendita y maravillosa era esta. Por tanto, debían haber deseado más de esa bondad por medio de alimentarse de la Palabra. Los creyentes deben reconocer con regularidad las bendiciones de su salvación, recordando las muchas ocasiones en que Dios ha contestado sus oraciones (cp. Sal. 40:1; 116:1; 138:3; Jer. 33:3; Mt. 7:7; Jn. 15:7; 1 Jn. 5:14-15), y todas las veces que Él ha tocado sus vidas con benevolencia y misericordia (cp. Sal. 17:7; 26:3; 36:7; 103:11; 106:1; 117:2; 118:29; 138:2; Lm. 3:22-23; Lc. 1:50; Gá 6:16; Ef. 2:4). El profeta Jeremías escribió: "Fueron halladas tus palabras, y yo las comí; y tu palabra me fue por gozo y por alegría de mi corazón; porque tu nombre se invocó sobre mí, oh Jehová Dios de los ejércitos" (Jer. 15:16).

La sencilla analogía de Pedro de comparar a un bebé recién nacido que ansía la leche de su madre con un creyente de cualquier nivel de madurez que anhela apasionadamente la Palabra de Dios, concluye la serie de exhortaciones del apóstol que comenzaron en 1:13. Primero, como resultado de su salvación, los cristianos deben responder a Dios buscando santidad (1:13-21). Segundo, los creyentes deben responder a otros en la iglesia amándolos como hermanos y hermanas en Cristo (1:22-25). Por último, los creyentes deben responder a su necesidad esencial de la Palabra deseándola continuamente (2:1-3). Todos deben afirmar con el salmista: "Sumamente pura es tu palabra, y la ama tu siervo. Pequeño soy yo, y desechado, mas no me he olvidado de tus mandamientos. Tu justicia es justicia eterna, y tu ley la verdad" (Sal. 119:140-142).

Privilegios espirituales. Primera parte: Unión con Cristo y acceso a Dios

9

Acercándoos a él, piedra viva, desechada ciertamente por los hombres, mas para Dios escogida y preciosa, vosotros también, como piedras vivas, sed edificados como casa espiritual y sacerdocio santo, para ofrecer sacrificios espirituales aceptables a Dios por medio de Jesucristo. (2:4-5)

El diccionario define privilegio como "derecho o inmunidad otorgada como beneficio, ventaja o favor peculiar", que puede estar "unido específicamente a una posición o cargo". Se trata de una bendición o libertad disfrutada por algunas personas, pero de la que otras no pueden beneficiarse. Los cristianos son una clase especial de personas que disfrutan exclusivos y eternos favores espirituales, otorgados por Dios a causa de la posición que tienen en Cristo. En este fragmento de su primera epístola, Pedro examina continuamente el variado y diverso conjunto de privilegios cristianos, y reorganiza las mismas verdades básicas en variadas imágenes para que sus lectores puedan ver la multifacética gloria de lo que significa ser hijos de Dios.

Muchos creyentes ven la vida cristiana más desde el punto de vista del deber espiritual que como un privilegio espiritual. Tienden a preocuparse con las presiones temporales de ese punto de vista como obligaciones y no aprecian las prerrogativas perdurables que Dios les ha dado para que disfruten. A menudo creen que esas bendiciones están reservadas para el cielo, para ser apreciadas únicamente en la presencia de Dios y de Cristo en ese lugar de perfecta alegría, paz, armonía, unidad, descanso, conocimiento y sabiduría. Puesto que no habrá enfermedad, dolor o muerte, el cielo parece ser el reino donde todo es privilegio y nada es deber. Sin embargo, los privilegios del cielo no excluirán el deber sino que lo combinarán perfectamente con una eternidad de adorar, honrar, servir y exaltar al Señor. Por tanto, el privilegio y los deberes espirituales no son mutuamente exclusivos de los creyentes, sea en esta vida o en la vida venidera. En este pasaje, el apóstol resalta la riqueza de los privilegios que los cristianos ya poseen en Cristo.

INICIO DE PRIVILEGIOS ESPIRITUALES

Acercándoos a él, piedra viva, desechada ciertamente por los hombres, mas para Dios escogida y preciosa, (2:4)

Es por medio de acercarse a Cristo que los creyentes ingresan al reino del privilegio espiritual. Jesús mismo, con Pedro y los demás apóstoles como testigos, invitaron a las personas a abandonar la confusión del pecado y acudir a Cristo mediante la fe, experimentando así el verdadero descanso del alma. "Venid a mí todos los que estáis trabajados y cargados, y yo os haré descansar. Llevad mi yugo sobre vosotros, y aprended de mí, que soy manso y humilde de corazón; y hallaréis descanso para vuestras almas" (Mt. 11:28-29). El alma que antes estaba atribulada ahora está en paz. En Juan 6:35, Jesús declaró a la multitud: "Yo soy el pan de vida; el que a mí viene, nunca tendrá hambre; y el que en mí cree, no tendrá sed jamás" (cp. vv. 37, 44, 65; 7:37-38). El apóstol Pablo afirmó a los efesios que únicamente en Cristo se hallan todas las bendiciones espirituales: "Bendito sea el Dios y Padre de nuestro Señor Jesucristo, que nos bendijo con toda bendición espiritual en los lugares celestiales en Cristo" (Ef. 1:3; cp. vv. 4-14).

Sin embargo, el verbo compuesto **acercándoos** (*proserchomenoi*) transmite más que el solo hecho de acercarse a Cristo en busca de salvación. La preposición *pros* es un prefijo para el verbo normal *erchomai* y añade intensidad, expresando una aproximación a Cristo en comunión íntima, permanente y personal. El escritor de Hebreos usa varias veces este mismo término para indicar una entrada consciente al interior de la presencia de Dios, con la intención de permanecer en ella (4:16; 7:25; 10:22). Para Pedro, la palabra sugiere el movimiento de toda la persona interior hacia la experiencia de íntima y continua comunión con Jesucristo.

Pedro usa luego la metáfora de una **piedra viva** para identificar a Aquel a quien llegan los creyentes, Jesucristo, y para presentar su análisis del privilegio espiritual. **Piedra** (*lithos*) a veces se refiere a una piedra preciosa tallada, pero por lo general significa "piedra de construcción". El Antiguo Testamento designa a Dios como la única roca (Dt. 32:3-4, 31), el cimiento y la fortaleza de su pueblo. En el Nuevo Testamento, Jesucristo es la roca (2:8; 1 Co. 10:4) y la **piedra** sobre la cual reposa la Iglesia. Aquí la imagen de Pedro es de una piedra que está perfectamente diseñada, conformada y tallada para convertirse en la piedra angular de la Iglesia, no solo en una piedra sino en una **piedra viva.** Esa **piedra viva** es Cristo porque Él vive para siempre, al haber resucitado de los muertos (Ro. 6:9). No solo que Jesús está vivo, sino que también da vida a todos los que confían en Él (cp. 1:3, 23; Jn. 5:21, 25; 6:51-53; 1 Co. 15:45; Col. 2:13; 1 Jn. 4:9; 5:11-13). La ausencia de un artículo definido antes de **piedra viva** resalta la calidad de esa vida y el carácter divino de Jesucristo.

Aunque Cristo es la fuente de todos los privilegios espirituales, esa fuente fue **desechada ciertamente por los hombres.** Esa frase se refiere principalmente a los líderes judíos y al pueblo judío que los siguieron al exigir la crucifixión de Cristo. Pero las palabras de Pedro también abarcan a todos los que han rechazado a Cristo desde esa época. **Desechada** (*apodedokimasmenon*) significa "rechazado después de haber sido examinado o probado". Puesto que los líderes judíos esperaban al Mesías, cuando Jesús afirmó ser el Cristo (Mt. 26:63-64; Jn. 1:49-51; 4:25-26; cp. Mt. 16:13-20; Lc. 4:14-21) ellos examinaron tal afirmación. Basados en sus corazones ciegos y sus falsas normas (Mt. 12:2, 10, 38; 15:1-2; 16:1; Mr. 12:13-34; Jn. 8:12-27) dedujeron que Él no daba la talla, así que lo desecharon (Jn. 19:7, 12, 15; cp. 7:41-52; 12:37-38). Desprecio y odio caracterizaron ese rechazo (Mt. 26:57-68; 27:20-25, 39-43; Mr. 12:12; Lc. 6:11; 13:14; Jn. 8:59; 10:31, 39; cp. Lc. 4:28-30); para ellos era inconcebible que Jesús pudiera ser la posible piedra angular del reino de Dios (cp. Sal. 118:22). Aquellos dirigentes le vieron como alguien que denunciaba neciamente su sistema religioso (cp. Mt. 23:1-36; Mr. 8:13-21), que era demasiado débil y humilde para derrocar a los invasores romanos y asegurar la libertad nacional de los judíos, y que estaba dispuesto a morir de manera ignominiosa en una cruz (Mt. 17:22-23; 20:17-19; Mr. 9:30-32; Lc. 18:31-34). Jesús simplemente no cumplía con ninguna de las expectativas del sistema judío.

A pesar de que los incrédulos han rechazado a Jesucristo, Él es **para Dios piedra viva escogida y preciosa.** El Padre lo midió por los estándares de la perfección divina, y declaró: "Este es mi Hijo amado, en quien tengo complacencia" (Mt. 3:17). Dios elogió y ordenó a Cristo (Dt. 18:15-16; Is. 42:1; Jer. 23:5-6; Mi. 5:2; Hch. 2:23; Gá 4:4; Ef. 1:22; He. 3:1-2; 5:4-5; cp. Gn. 3:15; Nm. 24:17; Sal. 45:6-7), como indica el uso que Pedro hace de **escogida** (*eklekton*). Dios también consideró a Jesús como **piedra preciosa** (*entimon*), que significa "valiosísima, de alto precio, fantástica" (cp. 1:19; Sal. 45:2), y la piedra angular perfecta y viva (Is. 28:16; 1 Co. 3:11; Ef. 2:20).

Uno de los temas principales de la predicación de Pedro en el libro de Hechos es el testimonio de la perfección de Cristo. En Hechos 2:22, lo identificó así: "Jesús nazareno, varón aprobado por Dios entre vosotros con las maravillas, prodigios y señales que Dios hizo entre vosotros por medio de él". Más adelante en Hechos hizo estas declaraciones: "A este Jesús resucitó Dios" (2:32; cp. 4:10; 5:30); "Este Jesús es la piedra reprobada por vosotros los edificadores, la cual ha venido a ser cabeza del ángulo" (4:11). Como testigo digno de confianza, Pedro estaba convencido de la extraordinaria posición de Cristo; por tanto, manifestó a quienes estaban reunidos en la casa de Cornelio: "Vosotros sabéis… cómo Dios ungió con el Espíritu Santo y con poder a Jesús de Nazaret, y cómo éste anduvo haciendo bienes y sanando a todos los oprimidos por el diablo, porque Dios estaba con él. Y nosotros somos testigos de todas las cosas que Jesús hizo en la tierra de Judea y en

Jerusalén; a quien mataron colgándole en un madero" (10:37-39). Es a esa única **piedra viva** que todo el mundo debe acudir para recibir los privilegios espirituales que acompañan a la salvación (cp. Mt. 11:28; Jn. 1:12; 2 Co. 5:17).

EL PRIVILEGIO DE LA UNIÓN CON CRISTO

vosotros también, como piedras vivas, (2:5*a*)

Cuando los pecadores llegan a la fe en Cristo, la "piedra viva", ellos también se convierten en **piedras vivas;** cuando alguien cree en Cristo comparte la vida de Él (cp. Jn. 17:21, 23; 2 Co. 3:18; Ef. 4:15-16; 1 Jn. 3:2). Ser **piedras vivas** significa que los creyentes tienen la vida eterna de Cristo; están unidos con Él, el cual es su primer privilegio espiritual. Ellos no solamente lo adoran, le obedecen y le oran; también están unidos con Él como piedras en un edificio espiritual del cual Cristo es la piedra angular. Los cristianos se convierten en partícipes de la naturaleza divina: "Porque habéis muerto, y vuestra vida está escondida con Cristo en Dios. Cuando Cristo, vuestra vida, se manifieste, entonces vosotros también seréis manifestados con él en gloria" (Col. 3:3-4; cp. Gá 2:20). Además, Pablo les dijo a los efesios:

> *Así que ya no sois extranjeros ni advenedizos, sino conciudadanos de los santos, y miembros de la familia de Dios, edificados sobre el fundamento de los apóstoles y profetas, siendo la principal piedra del ángulo Jesucristo mismo, en quien todo el edificio, bien coordinado, va creciendo para ser un templo santo en el Señor; en quien vosotros también sois juntamente edificados para morada de Dios en el Espíritu. (Ef. 2:19-22; cp. 1 Co. 3:9)*

El cimiento de este edificio espiritual es la doctrina de los apóstoles (cp. Hch. 2:42), la Biblia, la que por medio del Espíritu Santo recibieron y enseñaron fielmente (cp. Jn. 14:26; 15:26-27; 16:13; 2 Ti. 3:16; 2 P. 1:19-21; 3:1-2, 16).

En su unión con Cristo los creyentes tienen recursos espirituales para suplir todas sus necesidades. Por eso Pablo pudo orar a favor de los efesios: "Y a Aquel que es poderoso para hacer todas las cosas mucho más abundantemente de lo que pedimos o entendemos, según el poder que actúa en nosotros" (Ef. 3:20; cp. Gá 2:20; Col. 1:29). Y también por esto es que pudo decir a los romanos: "Porque no osaría hablar sino de lo que Cristo ha hecho por medio de mí para la obediencia de los gentiles, con la palabra y con las obras" (Ro. 15:18). La eficacia evangelizadora de Pablo resultaba del poder de Cristo obrando a través de él (cp. Hch. 13:46-48; 1 Co. 2:1-5; 1 Ti. 2:7; 2 Ti. 4:17). El poder de Cristo activa todo servicio espiritual de los creyentes (cp. 1 Co. 1:30; Fil. 4:13; 2 Ti. 2:21) y reside en ellos debido a su unión con Él (Jn. 15:4-11). Quienes confían en Cristo para salvación se vuelven **piedras vivas** al igual que su Salvador y Señor, y tienen el privilegio de acceder al poder espiritual que reside en Él.

EL PRIVILEGIO DE ACCEDER A DIOS COMO SACERDOTES

sed edificados como casa espiritual y sacerdocio santo, (2:5*b*)

El inmenso mundo de personas no redimidas no tiene acceso a Dios. Él no admite a incrédulos dentro de su compañerismo (cp. Pr. 12:2; Mt. 7:21-23; Col. 1:21; Ap. 22:14-15); es más, la Biblia dice que ellos están lejos (cp. Hch. 2:39; Ef. 2:13). Por otra parte, quienes conocen a Dios por medio de Cristo tienen el privilegio del acceso y la admisión a la presencia divina (Sal. 65:4; Jn. 10:9; Ro. 5:2; Ef. 2:18; 3:12; He. 4:16; 10:19-22).

Como creyente judío, el apóstol Pedro se dio cuenta de que la economía del Nuevo Testamento era diferente a la del Antiguo en términos de la presencia de Dios con los creyentes (Jn. 1:17-18; He. 8:7-13). En la antigua economía, el templo de Dios, que representaba su presencia (1 R. 8:10-11; 2 Cr. 5:13; 7:2-3), era una casa temporal y material (Lc. 21:5; Jn. 2:20); pero en la nueva, los creyentes están siendo **edificados como casa espiritual** que reemplaza a cualquier edificio material (Ef. 2:20-22; He. 3:6). Ellos constituyen el templo espiritual de Dios (cp. Hch. 17:24; 1 Co. 6:19-20; 2 Co. 6:16) que Pablo llamó "la casa de Dios, que es la iglesia del Dios viviente" (1 Ti. 3:15). El escritor de Hebreos identifica más la **casa espiritual** de este modo: "Cristo como hijo sobre su casa, la cual casa somos nosotros" (He. 3:6). Por tanto, los creyentes tienen acceso a Dios "como piedras vivas", y están en contacto con Él como su morada espiritual.

Los creyentes también funcionan como **sacerdocio santo.** Por desgracia, muchas personas asocian al "sacerdocio" con el modelo antibíblico que vemos en la Iglesia Católica Romana. Sin embargo, cuando la Biblia habla de que los creyentes son "sacerdotes", no se refiere al sistema católico, ni al sistema sacerdotal del antiguo pacto en que solo una tribu de sacerdotes servía oficialmente a Dios en ceremonias sagradas. En el Antiguo Testamento solo el sumo sacerdote podía entrar al lugar santísimo una vez al año (Lv. 16:2, 29-34; He. 9:1-10, 25). Cualquiera que de manera presuntuosa utilizaba la función sacerdotal sin cumplir plenamente los requisitos y las calificaciones del sacerdocio sufría grave juicio. Por ejemplo, el rebelde Coré y sus compañeros tuvieron la ambición errónea y pecaminosamente de ser sacerdotes, y Dios los destruyó (Nm. 16:1-40). Cuando el rey Saúl usurpó la función sacerdotal de Samuel en Gilgal, Dios le quitó el reino (1 S. 13:8-14). Cuando Uza tocó de manera imprudente el arca de Dios, la acción le costó la vida (2 S. 6:6-7). El rey Uzías usurpó el papel de los sacerdotes y fue castigado severamente por Dios (2 Cr. 26:16-21).

Sin embargo, bajo el nuevo pacto tales limitaciones no existen, ya que todos los creyentes son un **sacerdocio santo** (cp. 2:9). Tres pasajes del Antiguo Testamento brindan importantes paralelismos a las características del sacerdocio de los creyentes. Éxodo 28—29 establece los mandatos de Dios con relación al sacerdocio, tales como las normas y los principios para el cargo, así como las funciones del oficio. Levítico 8—9 describe la investidura de hombres en el oficio sacerdotal. Malaquías 2 contrasta un sacerdocio apóstata con el sacerdocio legítimo ordenado por Dios. De esos pasajes fluyen seis características básicas del sacerdocio en el Antiguo Testamento que tienen gran relevancia para los privilegios espirituales de los creyentes del Nuevo Testamento como sacerdotes.

Primero, Éxodo 28 revela que Dios elige soberanamente a los sacerdotes. A Moisés le ordenó: "Harás llegar delante de ti a Aarón tu hermano, y a sus hijos consigo, de entre los hijos de Israel, para que sean mis sacerdotes; a Aarón y a Nadab, Abiú, Eleazar e Itamar hijos de Aarón" (28:1). Igualmente, el sacerdocio de creyentes del Nuevo Testamento es un privilegio elegido. Jesús dijo a sus discípulos: "No me elegisteis vosotros a mí, sino que yo os elegí a vosotros, y os he puesto para que vayáis y llevéis fruto, y vuestro fruto permanezca" (Jn. 15:16). Los cristianos tienen este sacerdocio tan solo porque Dios los escogió antes de la fundación del mundo (Hch. 13:48; Ro. 8:29-33; Ef. 1:3-6; 1 Ts. 1:3-4; 2 Ts. 2:13; 2 Ti. 1:9; cp. Jn. 6:44; 15:16).

Dios eligió a Aarón y a sus hijos para el sacerdocio del Antiguo Testamento a pesar de que eran de la tribu de Leví, una de las menos respetadas de las doce tribus de Israel porque fue maldecida (Gn. 49:5-7). Dios eligió los sacerdotes de entre una tribu conocida por su violencia pecaminosa. Esa decisión funciona por el mismo principio bajo el nuevo pacto:

> *Pues mirad, hermanos, vuestra vocación, que no sois muchos sabios según la carne, ni muchos poderosos, ni muchos nobles; sino que lo necio del mundo escogió Dios, para avergonzar a los sabios; y lo débil del mundo escogió Dios, para avergonzar a lo fuerte; y lo vil del mundo y lo menospreciado escogió Dios, y lo que no es, para deshacer lo que es, a fin de que nadie se jacte en su presencia (1 Co. 1:26-29; cp. Mr. 2:17; Lc. 5:32; He. 7:28; Stg. 2:5).*

Dios eligió a los primeros sacerdotes de entre pecadores muy imperfectos y maldecidos: la tribu de Leví; y todavía elige su sacerdocio espiritual de entre los innobles, débiles y despreciados: pecadores comunes y corrientes.

La segunda característica del sacerdocio del Antiguo Testamento es que Dios los limpió del pecado antes de que cumplieran con sus deberes. Levítico 8:6-36 declara:

> *Entonces Moisés hizo acercarse a Aarón y a sus hijos, y los lavó con agua. Y puso sobre él la túnica, y le ciñó con el cinto; le vistió después el manto, y puso sobre él el*

efod, y lo ciñó con el cinto del efod, y lo ajustó con él. Luego le puso encima el pectoral, y puso dentro del mismo los Urim y Tumim. Después puso la mitra sobre su cabeza, y sobre la mitra, en frente, puso la lámina de oro, la diadema santa, como Jehová había mandado a Moisés. Y tomó Moisés el aceite de la unción y ungió el tabernáculo y todas las cosas que estaban en él, y las santificó. Y roció de él sobre el altar siete veces, y ungió el altar y todos sus utensilios, y la fuente y su base, para santificarlos. Y derramó del aceite de la unción sobre la cabeza de Aarón, y lo ungió para santificarlo. Después Moisés hizo acercarse los hijos de Aarón, y les vistió las túnicas, les ciñó con cintos, y les ajustó las tiaras, como Jehová lo había mandado a Moisés. Luego hizo traer el becerro de la expiación, y Aarón y sus hijos pusieron sus manos sobre la cabeza del becerro de la expiación, y lo degolló; y Moisés tomó la sangre, y puso con su dedo sobre los cuernos del altar alrededor, y purificó el altar; y echó la demás sangre al pie del altar, y lo santificó para reconciliar sobre él. Después tomó toda la grosura que estaba sobre los intestinos, y la grosura del hígado, y los dos riñones, y la grosura de ellos, y lo hizo arder Moisés sobre el altar. Mas el becerro, su piel, su carne y su estiércol, lo quemó al fuego fuera del campamento, como Jehová lo había mandado a Moisés. Después hizo que trajeran el carnero del holocausto, y Aarón y sus hijos pusieron sus manos sobre la cabeza del carnero; y lo degolló; y roció Moisés la sangre sobre el altar alrededor, y cortó el carnero en trozos; y Moisés hizo arder la cabeza, y los trozos, y la grosura. Lavó luego con agua los intestinos y las piernas, y quemó Moisés todo el carnero sobre el altar; holocausto de olor grato, ofrenda encendida para Jehová, como Jehová lo había mandado a Moisés. Después hizo que trajeran el otro carnero, el carnero de las consagraciones, y Aarón y sus hijos pusieron sus manos sobre la cabeza del carnero. Y lo degolló; y tomó Moisés de la sangre, y la puso sobre el lóbulo de la oreja derecha de Aarón, sobre el dedo pulgar de su mano derecha, y sobre el dedo pulgar de su pie derecho. Hizo acercarse luego los hijos de Aarón, y puso Moisés de la sangre sobre el lóbulo de sus orejas derechas, sobre los pulgares de sus manos derechas, y sobre los pulgares de sus pies derechos; y roció Moisés la sangre sobre el altar alrededor. Después tomó la grosura, la cola, toda la grosura que estaba sobre los intestinos, la grosura del hígado, los dos riñones y la grosura de ellos, y la espaldilla derecha. Y del canastillo de los panes sin levadura, que estaba delante de Jehová, tomó una torta sin levadura, y una torta de pan de aceite, y una hojaldre, y las puso con la grosura y con la espaldilla derecha. Y lo puso todo en las manos de Aarón, y en las manos de sus hijos, e hizo mecerlo como ofrenda mecida delante de Jehová. Después tomó aquellas cosas Moisés de las manos de ellos, y las hizo arder en el altar sobre el holocausto; eran las consagraciones en olor grato, ofrenda encendida a Jehová. Y tomó Moisés el pecho, y lo meció, ofrenda mecida delante de Jehová; del carnero de las consagraciones aquella fue la parte de Moisés, como Jehová lo había mandado a Moisés. Luego tomó Moisés del aceite de la unción, y de la sangre que estaba sobre el altar, y roció sobre Aarón, y sobre sus vestiduras, sobre sus hijos, y sobre las vestiduras de sus hijos con él; y santificó a Aarón y sus vestiduras, y a sus hijos y las vestiduras de sus hijos con él. Y dijo Moisés a Aarón y a sus hijos: Hervid la carne a la puerta del tabernáculo de reunión; y comedla allí con el pan que está en el canastillo de las consagraciones, según yo he mandado, diciendo: Aarón y sus hijos la comerán. Y lo que sobre de la carne y del pan, lo quemaréis al fuego. De la puerta del tabernáculo de reunión no saldréis en siete días, hasta el día que se cumplan los días de vuestras consagraciones; porque por siete días seréis consagrados. De la manera que hoy se ha hecho, mandó hacer Jehová para expiaros. A la puerta, pues, del tabernáculo de reunión estaréis día y noche por siete días, y guardaréis la ordenanza delante de Jehová, para que no muráis; porque así me ha sido mandado. Y Aarón y sus hijos hicieron todas las cosas que mandó Jehová por medio de Moisés.

Cada parte de la ceremonia de limpieza: el lavado (v. 6), la ofrenda de expiación (vv. 14-17), la ofrenda quemada (vv. 18-21), las consagraciones y las ofrendas mecidas (vv. 22-29) indicaban lo mismo: nadie, ni siquiera un hombre de la tribu de Leví o de la familia de Aarón, podía entrar al sacerdocio a menos que Dios lo hubiera limpiado totalmente del pecado.

De igual manera, cuando Jesús lavó los pies de sus discípulos en el aposento alto, dijo a Pedro, y en consecuencia a los demás: "Si no te lavare, no tendrás parte conmigo" (Jn. 13:8). Pablo proveyó más tarde adicional visión a la obra de limpieza de Cristo: "[Él] se dio a sí mismo por nosotros para redimirnos de toda iniquidad y purificar para sí un pueblo propio, celoso de buenas obras... nos salvó, no por obras de justicia que nosotros hubiéramos hecho, sino por su misericordia, por el lavamiento de la regeneración y por la renovación en el Espíritu Santo" (Tit. 2:14; 3:5). Jesús limpió a su pueblo mediante su sangre (Mr. 14:24; Hch. 20:28; Ro. 3:25; 5:9; Ef. 1:7; 2:13; He. 9:11-15; 1 Jn. 1:7; Ap. 1:5) y por medio de su Espíritu (Jn. 3:5; Ef. 1:13-14; cp. Mt. 3:11; Hch. 11:16) para que pudieran convertirse en sus sacerdotes.

Tercero, Dios vistió a los sacerdotes para el servicio. Éxodo 28 ofrece un relato detallado de las vestiduras de los sacerdotes, el propósito de las cuales lo resumen los versículos 40-43:

Y para los hijos de Aarón harás túnicas; también les harás cintos, y les harás tiaras para honra y hermosura. Y con ellos vestirás a Aarón tu hermano, y a sus hijos con él; y los ungirás, y los consagrarás y santificarás, para que sean mis sacerdotes. Y les harás calzoncillos de lino para cubrir su desnudez; serán desde los lomos hasta los muslos. Y estarán sobre Aarón y sobre sus hijos cuando entren en el tabernáculo de reunión, o cuando se acerquen al altar para servir en el santuario, para que no lleven pecado y mueran. Es estatuto perpetuo para él, y para su descendencia después de él (cp. Lv. 8:7-9).

Los "calzoncillos", o ropa interior, simbolizaban pureza sexual, y las otras vestimentas especiales simbolizaban el llamado único de los sacerdotes a la justicia, a la virtud y a la devoción. Dios los apartó y quería que parecieran distintos de los demás para que todo el mundo supiera que le pertenecían exclusivamente a Él (cp. Sal. 132:9, 16).

Los creyentes de hoy también son sacerdotes a quienes Dios ha vestido de justicia (cp. Sal. 24:5; Is. 61:10; Ro. 4:5, 11, 22). Pablo manifestó a los corintios: "Por él estáis vosotros en Cristo Jesús, el cual nos ha sido hecho por Dios sabiduría, justificación, santificación y redención" (1 Co. 1:30; cp. Ro. 14:17; 2 Co. 5:21; Fil. 3:9).

Cuarto, Dios ungió por medio de Moisés a los sacerdotes levitas para el servicio. "Luego tomó Moisés del aceite de la unción, y de la sangre que estaba sobre el altar, y roció sobre Aarón, y sobre sus vestiduras, sobre sus hijos, y sobre las vestiduras de sus hijos con él; y santificó a Aarón y sus vestiduras, y a sus hijos y las vestiduras de sus hijos con él" (Lv. 8:30; cp. v. 12). Esa unción identificaba que el poder y la presencia de Dios reposaban en el sacerdocio; simbolizaba atribución de poder de parte de Espíritu Santo (cp. Éx. 30:23-25, 29; 40:13-15; 1 S. 16:13). De igual modo, los creyentes del nuevo pacto son sacerdotes que han recibido una unción divina (cp. Jn. 7:38-39; 14:26; 16:13; Hch. 1:5, 8; Ro. 15:13; 1 Co. 12:13; Tit. 3:5-6). El apóstol Juan recordó a los destinatarios de su primera carta: "Vosotros tenéis la unción del Santo, y conocéis todas las cosas" (1 Jn. 2:20; cp. v. 27). Dios ha investido a los suyos con el poder y la autoridad de la presencia interior del Espíritu.

Puesto que Dios les ha concedido su autoridad especial, los sacerdotes de Israel tenían privilegios que no disfrutaban las demás personas: podían ir a donde a nadie más se le permitía ir y hacer cosas que a nadie más se le permitía hacer. Los cristianos de hoy tienen la misma ventaja espiritual, pero mucho mayor, de entrar a la presencia santa de Dios en cualquier momento, un privilegio que los incrédulos no poseen.

Una quinta característica del sacerdocio es que Dios preparó a sus miembros para el servicio. Después de las ceremonias descritas antes en Levítico 8, Moisés ordenó a Aarón y sus hijos: "De la puerta del tabernáculo de reunión no saldréis en siete días, hasta el día que se cumplan los días de vuestras consagraciones; porque por siete días seréis consagrados" (v. 33). Aunque exteriormente todo estaba en orden para la conclusión de Levítico 8, antes de que Aarón y sus hijos pudieran actuar como sacerdotes (cp. Lv. 9:2-4, 22-23), Dios requirió que pasaran un tiempo en preparación del corazón (cp. Esd. 7:10; Sal. 10:17), representado por los siete días.

La vida de Pablo ilustra para los creyentes del Nuevo Testamento el principio de preparación sacerdotal:

> *Pero cuando agradó a Dios, que me apartó desde el vientre de mi madre, y me llamó por su gracia, revelar a su Hijo en mí, para que yo le predicase entre los gentiles, no consulté en seguida con carne y sangre, ni subí a Jerusalén a los que eran apóstoles antes que yo; sino que fui a Arabia, y volví de nuevo a Damasco (Gá 1:15-17; cp. He. 10:22).*

Después de su conversión, Pablo poseía todos los requisitos para ser un sacerdote ejemplarmente espiritual, pero se alejó para tener un tiempo de preparación del corazón. No debía entrar al ministerio de manera prematura o ingenua (cp. el principio en 1 Ti. 3:6; 5:22). Esto sugiere la necesidad de preparación antes del servicio. Esta preparación del corazón se expresa en el llamado al sacrificio personal en Lucas 9:23-24 y Romanos 12:1-2.

Sexto, Dios llamó a los sacerdotes a la obediencia. Levítico 10:1-3 ilustra de manera gráfica las consecuencias de la desobediencia:

> *Nadab y Abiú, hijos de Aarón, tomaron cada uno su incensario, y pusieron en ellos fuego, sobre el cual pusieron incienso, y ofrecieron delante de Jehová fuego extraño, que él nunca les mandó. Y salió fuego de delante de Jehová y los quemó, y murieron delante de Jehová. Entonces dijo Moisés a Aarón: Esto es lo que habló Jehová, diciendo: En los que a mí se acercan me santificaré, y en presencia de todo el pueblo seré glorificado. Y Aarón calló.*

Quizás Nadab y Abiú usaron fuego que de alguna manera no era aceptable porque no venía del lugar sagrado ordenado por Dios (Lv. 16:12-13). O tal vez ellos usaron incienso que no estaba hecho según la receta divina (Éx. 30:34-38). O quizás ellos simplemente se habían emborrachado al celebrar su ordenación para el sacerdocio (cp. Lv. 10:9-11). Cualquiera que sea el caso, Dios se indignó mucho con su conducta y los destruyó, enviando así a todos los subsiguientes sacerdotes el mensaje aleccionador de que Él espera total obediencia de parte de ellos (cp. 1 S. 15:22; Mt. 7:21; Jn. 8:31; Hch. 5:29). En 1:14 Pedro amonesta a sus lectores con relación al llamado a la obediencia: "Como hijos obedientes, no os conforméis a los deseos que antes teníais estando en vuestra ignorancia".

Los sacerdotes obedientes tendrán gran respeto por la Palabra de Dios (Sal. 1:2; 119:42, 97, 161-162; Jer. 15:16; Tit. 1:9), por el verdadero caminar con Dios (Ef. 5:8-10; Col. 4:5-6; Stg. 1:25) y, como mensajeros de Dios, por un impacto sobre pecadores (2 Co. 5:18-21). El profeta Malaquías resaltó estas características cuando se refirió a los primeros días del sacerdocio:

> *La ley de verdad estuvo en su boca, e iniquidad no fue hallada en sus labios; en paz y en justicia anduvo conmigo, y a muchos hizo apartar de la iniquidad.*

> *Porque los labios del sacerdote han de guardar la sabiduría, y de su boca el pueblo buscará la ley; porque mensajero es de Jehová de los ejércitos (Mal. 2:6-7; cp. Dt. 33:10).*

El modelo de Malaquías para el sacerdocio fiel (cp. Mal. 2:5) fue quizás el mismo Aarón. Este presentó un marcado contraste con el sacerdote pecador de la época de Malaquías (Mal. 2:1-3) y proporcionó una sólida justificación para la reprensión del profeta a esos apóstatas (v. 4; cp. Nm. 25:7-13 y el ejemplo del nieto de Aarón, Finees, el sacerdote celoso que hizo retroceder la ira de Dios contra el pueblo y recibió el pacto divino de paz). La descripción que hace Malaquías del sacerdote fiel también sirve como una excelente analogía para los cristianos (cp. Hch. 1:8; Col. 2:6; 1 Jn. 2:6; Jud. 3), quienes resultan privilegiados de ser mensajeros de la verdad divina como sacerdotes del nuevo pacto.

EL PRIVILEGIO DE TENER ACCESO A DIOS POR MEDIO DE SACRIFICIOS ESPIRITUALES

para ofrecer sacrificios espirituales aceptables a Dios por medio de Jesucristo. (2:5*c*)

La función principal de los sacerdotes del Antiguo Testamento cuando ministraban en el tabernáculo y después en el templo, era ofrecer sacrificios de animales a Dios (Éx. 29:10-19; 2 Cr. 35:11). Pero cuando Cristo inició el nuevo pacto, esos sacrificios ya no fueron necesarios (He. 8:13; 9:11-15; 10:1-18). Según Pedro, ahora los únicos sacrificios que quedan para el sacerdocio que los creyentes deben **ofrecer** son **sacrificios espirituales.** R. C. H. Lenski, en su comentario, resume de manera eficaz la diferencia entre los sacrificios antiguos y nuevos:

> La tarea principal de los sacerdotes del Antiguo Testamento era la ofrenda material, sacrificios de animales, los cuales señalaban al venidero y grandioso sacrificio de Cristo. Estas muertes ya no son necesarias puesto que Cristo ofreció su sacrificio totalmente suficiente de una vez por todas. Ahora solo quedan para el sacerdocio santo de Dios los sacrificios de alabanza y acción de gracias, al considerar que todos los tesoros de la gracia de Dios se derraman ahora sobre nosotros a través de Cristo. De ahí que Pedro escriba en relación a todos sus lectores: "Sed edificados como casa espiritual y sacerdocio santo, para ofrecer sacrificios espirituales aceptables a Dios por medio de Jesucristo" [*anenegkai*], aoristo, derivado de [*anapherein*], con el fin de cargar o colocar tales sacrificios sobre el altar de sus corazones. El infinitivo aoristo es eficaz: en realidad llevar. "Sacrificios espirituales" armoniza con "casa

espiritual", los adjetivos se ponen de manera repetitiva, la repetición resalta el hecho de que todo en la relación de los lectores hacia Dios por medio de Cristo es ahora totalmente espiritual (*The Interpretation of the Epistles of St. Peter, St. John and St. Jude* [reimpresión; Minneapolis: Augsburg, 1966], p. 90).

Obviamente los sacerdotes del Antiguo Testamento debían ofrecer sacrificios que cumplieran los requisitos de Dios. Los animales que ofrecían debían ser los mejores: sin tacha, inmaculados y sin defecto alguno (Éx. 12:5; Lv. 9:2-3; 22:19; Nm. 6:14; Dt. 15:21; 17:1). Los sacerdotes también debían ofrecer los sacrificios animales y usar incienso de acuerdo con los requerimientos de Dios. (No seguir estrictamente los requerimientos divinos costó las vidas de Nadab y Abiú). Los sacerdotes del Nuevo Testamento tienen una responsabilidad parecida. Aunque disfrutan del privilegio de acceder sin restricciones a la presencia de Dios (He. 10:19-22), los cristianos aún tienen la seria responsabilidad de ofrecer sacrificios espirituales que sean **aceptables a Dios por medio de Jesucristo.** Cristo es el único mediador (Jn. 14:6; Hch. 4:12; 1 Ti. 2:5-6), el único que permite a los creyentes verdadero acceso al Padre (He. 4:14-16; 9:11-15).

Durante su discurso en el aposento alto, Jesús declaró a sus discípulos: "Todo lo que pidiereis al Padre en mi nombre, lo haré, para que el Padre sea glorificado en el Hijo. Si algo pidiereis en mi nombre, yo lo haré" (Jn. 14:13-14). Cualquier cosa que sus seguidores pidan, de acuerdo con la persona de Cristo, con su voluntad, y con el plan del reino, Él la cumplirá. De igual modo, cualquier ofrenda espiritual que los sacerdotes del nuevo pacto presenten a Dios debe ser de acuerdo con la persona y la obra de Cristo (1:15-16; 2:21-22; 1 Jn. 2:6); se debe conformar al diseño y método que revela su Palabra. Todas esas ofrendas deben ser actos puros de sacrificio, derivados de motivos puros, y enfocados en el objetivo puro de honrar a Dios. El Nuevo Testamento establece siete sacrificios espirituales básicos aceptables para los cristianos: sus cuerpos, su alabanza, sus buenas obras, sus posesiones, sus convertidos, su amor y sus oraciones.

La conocida y práctica exhortación del apóstol Pablo a los romanos manifiesta:

> *Así que, hermanos, os ruego por las misericordias de Dios, que presentéis vuestros cuerpos en sacrificio vivo, santo, agradable a Dios, que es vuestro culto racional. No os conforméis a este siglo, sino transformaos por medio de la renovación de vuestro entendimiento, para que comprobéis cuál sea la buena voluntad de Dios, agradable y perfecta (Ro. 12:1-2).*

El sacrificio espiritual que honra a Dios empieza cuando los creyentes le ofrecen todas sus facultades humanas, que incluye la mente y cada parte de su cuerpo.

Los no regenerados ceden los miembros de sus cuerpos al pecado, pero los redimidos entregan sus miembros como instrumentos de justicia (Ro. 6:13). En Romanos 12:1 Pablo enfatiza que Dios desea que el cuerpo del creyente sea "un sacrificio vivo", no uno muerto. Igual que cuando Abraham estuvo dispuesto a hacer con Isaac en Génesis 22:1-19, solo cuando los santos ofrecen a Dios todo lo que son en la vida, todo lo que poseen, y todo lo que esperan es que realmente se presentan ante Él con un sacrificio vivo. Ese es el compromiso total que Dios espera de los sacerdotes espirituales.

Un segundo sacrificio espiritual que es aceptable a Dios es la alabanza o adoración. "Ofrezcamos siempre a Dios, por medio de él, sacrificio de alabanza, es decir, fruto de labios que confiesan su nombre" (He. 13:15). Ofrecer alabanza a Dios involucra mucho más que solo expresar las palabras: "Alabado sea el Señor". Implica declarar de manera más completa y agradecida los atributos de Dios (p. ej., Sal. 83:18; 86:5, 10; 90:2; 92:15; 99:9; 102:26-27; 117:1-2; 119:68; 139:1-7; 145:1-9; Is. 44:6; Ro. 11:33; 1 Ti. 1:17) y sus obras (p. ej., Éx. 15:1-18, 20-21; Jue. 5:1-31; 1 S. 2:1-10; 2 S. 22:1-51; 1 Cr. 16:7-36; 29:10-15; Sal. 8:1-9; 19:1, 4; 30:1-7; 33:1-22; 66:1-20; 96:1-13; 103-107; 111:1-10; 121:1-8; 135-136; 145:10; 148-150).

Hebreos 13 elogia un tercer y cuarto sacrificios aceptables: "De *hacer bien* y de la *ayuda mutua* no os olvidéis" (v. 16, cursivas añadidas). "Hacer bien" implica llevar a cabo lo que es justo y que honra a Dios (cp. 2 Co. 9:8; Tit. 3:8; Stg. 3:17). Toda buena obra (sea la reprensión que restaura a un hermano, la acción amorosa y útil hacia alguien, el estudio de la Palabra de Dios, escuchar la Palabra predicada, o expresar una palabra justa) es un sacrificio espiritual en el nombre de Cristo que glorifica a Dios (2:12; Mt. 5:16; Col. 1:10; 3:17; He. 13:21; cp. 2 Ts. 3:13).

"Ayuda", o generosidad, es una buena obra específica que el escritor de Hebreos enumera. Implica dar de manera sacrificial de los propios recursos para suplir la necesidad de alguien más (Mr. 12:42-44; Hch. 2:45; 4:36-37; 2 Co. 8:1-4; 9:6-7; cp. Lc. 12:33; Fil. 2:30). El apóstol Pablo ilustró a los filipenses muchos de los aspectos de la verdadera ayuda y los elogió por su ejemplo de auténtica generosidad sacrificial para con él:

> *En gran manera me gocé en el Señor de que ya al fin habéis revivido vuestro cuidado de mí; de lo cual también estabais solícitos, pero os faltaba la oportunidad. No lo digo porque tenga escasez, pues he aprendido a contentarme, cualquiera que sea mi situación. Sé vivir humildemente, y sé tener abundancia; en todo y por todo estoy enseñado, así para estar saciado como para tener hambre, así para tener abundancia como para padecer necesidad. Todo lo puedo en Cristo que me fortalece. Sin embargo, bien hicisteis en participar conmigo en mi tribulación. Y sabéis también vosotros, oh filipenses, que al principio de la predicación del*

> *evangelio, cuando partí de Macedonia, ninguna iglesia participó conmigo en razón de dar y recibir, sino vosotros solos; pues aun a Tesalónica me enviasteis una y otra vez para mis necesidades. No es que busque dádivas, sino que busco fruto que abunde en vuestra cuenta. Pero todo lo he recibido, y tengo abundancia; estoy lleno, habiendo recibido de Epafrodito lo que enviasteis; olor fragante, sacrificio acepto, agradable a Dios. Mi Dios, pues, suplirá todo lo que os falta conforme a sus riquezas en gloria en Cristo Jesús (Fil. 4:10-19).*

Quinto, los convertidos —pecadores reconciliados— constituyen otro sacrificio ofrecido a Dios. Pablo describió este sacrificio espiritual a los romanos:

> *Mas os he escrito, hermanos, en parte con atrevimiento, como para haceros recordar, por la gracia que de Dios me es dada para ser ministro de Jesucristo a los gentiles, ministrando el evangelio de Dios, para que los gentiles le sean ofrenda agradable, santificada por el Espíritu Santo (Ro. 15:15-16).*

El apóstol veía las almas de aquellos que Dios le había permitido influir para salvación por medio de Cristo como **sacrificios espirituales aceptables a Dios.**

La muerte expiatoria de Cristo, derivada de su amor por los pecadores, sugiere un sexto sacrificio espiritual para los creyentes: el propio amor sacrificial de unos por otros (4:8; Mt. 22:37-39; Mr. 12:33; Jn. 13:34-35; Ro. 12:10; 1 Co. 10:24; 13:4-7; Gá 5:13; 1 Ts. 4:9; He. 6:10; 2 P. 1:7; 1 Jn. 4:7, 21; 5:1). Pablo animó a los efesios: "Sed, pues, imitadores de Dios como hijos amados. Y andad en amor, como también Cristo nos amó, y se entregó a sí mismo por nosotros, ofrenda y sacrificio a Dios en olor fragante" (Ef. 5:1-2). El amor demostrado en humildad generosa de unos para con otros es agradable a Dios.

Por último, las oraciones en el Nuevo Testamento se representan como sacrificios espirituales adecuados (4:7; Mt. 6:6; Mr. 1:35; Ef. 6:18; Fil. 4:6; 1 Ti. 2:1-2, 8; Stg. 5:16). El apóstol Juan, al principio de su visión del séptimo sello, identificó las oraciones de los santos como ofrendas:

> *Otro ángel vino entonces y se paró ante el altar, con un incensario de oro; y se le dio mucho incienso para añadirlo a las oraciones de todos los santos, sobre el altar de oro que estaba delante del trono. Y de la mano del ángel subió a la presencia de Dios el humo del incienso con las oraciones de los santos (Ap. 8:3-4; cp. Lc. 1:8-10).*

Tales ofrendas, apoyadas por el incienso suplido de manera divina, demuestran que Dios honra las oraciones de los creyentes, ofrecidas adecuadamente. A menudo a la oración no se le presta atención o se le subestima como un sacrificio espiritual, pero la iglesia antigua la tenía en una elevada opinión.

Crisóstomo, el padre de la iglesia y arzobispo de Constantinopla a principios del siglo V, declaró lo siguiente respecto a la necesidad de la oración:

> El poder de la oración ha sometido la fuerza del fuego; ha refrenado la furia de los leones, ha acabado con la anarquía, ha extinguido guerras, ha apaciguado los elementos, ha expulsado demonios, ha roto las cadenas de la muerte, ha expandido las puertas del cielo, ha mitigado enfermedades, ha repelido fraudes, ha rescatado ciudades de la destrucción, ha suspendido al sol en su curso, y ha detenido el avance del rayo. La oración es una cubierta protectora totalmente eficaz, un tesoro no disminuido, una mina que nunca se agota, un cielo al que las nubes no pueden oscurecer, un cielo ecuánime ante la tormenta. Es el origen, la fuente, la madre de mil bendiciones (Citado en E. M. Bounds, *Purpose in Prayer* [Chicago: Moody, s.f.], p. 19).

Los privilegios espirituales de los creyentes empiezan el momento en que el Espíritu Santo los atrae a la unión redentora con Jesucristo. Entonces tienen acceso a la mismísima presencia de Dios como sacerdotes que tienen el privilegio de ofrecer una variedad de sacrificios espirituales, los cuales son en realidad las características esenciales de la vida cristiana. Una de las principales funciones de la misión de la Iglesia para hacer que el reino de Dios avance es estimular a sus miembros a cumplir plenamente con sus deberes sacerdotales. Ese cumplimiento es, por encima de todas las representaciones externas, la medida divina del éxito de la Iglesia.

Privilegios espirituales. Segunda parte: Seguridad en Cristo, afecto por Cristo, decisión por Cristo y gobierno con Cristo

10

Por lo cual también contiene la Escritura: He aquí, pongo en Sion la principal piedra del ángulo, escogida, preciosa; y el que creyere en él, no será avergonzado. Para vosotros, pues, los que creéis, él es precioso; pero para los que no creen, la piedra que los edificadores desecharon, ha venido a ser la cabeza del ángulo; y: piedra de tropiezo, y roca que hace caer, porque tropiezan en la palabra, siendo desobedientes; a lo cual fueron también destinados. Mas vosotros sois linaje escogido, real sacerdocio, (2:6-9*b*)

En cierta ocasión un estudiante universitario acudió a un pastor.

—He decidido no creer en Dios —le dijo.

—Muy bien —replicó el pastor—, ¿podrías describirme por favor el Dios en el que no crees?

El estudiante procedió a esbozar un estereotipo de Dios, una representación que es totalmente injusta y carente de bondad esencial.

—Bueno, estamos en el mismo barco —comentó el pastor—. Yo tampoco creo en ese Dios.

Por desgracia, no todos los cristianos darían una respuesta tan acertada como hizo el pastor. Algunos individuos, incluso creyentes profesos, ven las circunstancias generales plagadas de pecado de la humanidad y, sin una verdadera comprensión del pecado, deciden que Dios es menos que bueno, interesado en nosotros, o capaz. Pero cuando alguien ve constantemente las cosas desde una perspectiva bíblica, es claro y convincente que Dios en realidad es bueno, misericordioso, compasivo y benevolente. Ese es el Dios que describe la Biblia, como el salmista escribiera: "La misericordia de Dios es continua" (Sal. 52:1; cp. Nah. 1:7). El significado original de la palabra *Dios* era "el bueno", e indica que desde hace muchos siglos el nombre de Dios era sinónimo de bondad.

Dios sigue siendo la fuente infinita e inagotable de toda bondad, visible en las bellezas de la creación y experimentada en su misericordia hacia los pecadores (cp. Stg. 1:17). Su bondad suprema y más generosa es el regalo de la redención del pecado, que culmina con vida eterna. El apóstol Pedro quería que sus lectores siguieran enfocándose en la bondad de Dios, quien ha concedido todos los privilegios espirituales. En 2:4-5 afirmó los dos primeros privilegios como unión con Cristo y acceso a Cristo... comunión esta expresada a través de creyentes que realizan un sacerdocio santo que a su vez brinda sacrificios espirituales. En los versículos 6-9*b* el apóstol presenta cuatro privilegios espirituales más para que los creyentes examinen: seguridad en Cristo, afecto por Cristo, elección por parte de Cristo y gobierno con Cristo.

SEGURIDAD EN CRISTO

Por lo cual también contiene la Escritura: He aquí, pongo en Sion la principal piedra del ángulo, escogida, preciosa; y el que creyere en él, no será avergonzado. (2:6)

Pedro añade a la lista de privilegios espirituales mencionando Isaías 28:16 con la frase **lo cual también contiene la Escritura,** dando testimonio de la inspiración y autoridad del libro profético. Ese versículo constituye una importante declaración mesiánica (cp. la referencia de Pablo al mismo versículo en Ro. 9:33) con la promesa de que cuando Cristo viniera sería la piedra angular de la nueva casa espiritual de Dios, la cual está formada por creyentes (cp. Mt. 21:42; Hch. 4:11; Ef. 2:19-22).

Por medio del profeta, Dios llamó la atención de su pueblo con las palabras **he aquí** para que vieran al Mesías como la piedra especial que el Padre mismo puso **en Sion**, Israel, y más específicamente el monte en Jerusalén (cp. 2 S. 5:7; 1 R. 8:1; Sal. 48:2; 51:18; 102:21; Is. 2:3; 4:3; 10:12; 24:23; 30:19; 52:2; Jer. 26:18; Am. 1:2; Mi. 3:12; Sof. 3:16; Zac. 1:17). El Mesías iba a venir a esa ciudad a establecer su reino espiritual entre quienes habrían de creer en Él. Cristo vino a Israel, a Jerusalén, y a pesar de que su gobierno terrenal fue rechazado y postergado hasta el milenio futuro (Ap. 20:1-7), sí estableció su gobierno espiritual en los corazones de todos los que creen en Él (cp. Lc. 17:20-21). En sentido figurado, **Sion** puede referirse al nuevo pacto, igual que Sinaí corresponde al antiguo pacto (cp. Gá. 4:24-25) o a bendiciones celestiales al igual que Sinaí representa juicio (cp. He. 12:18-23).

Cristo está equipado de manera única para su tarea y por tanto es una

piedra escogida, elegida de Dios. Los lectores judíos creyentes de Pedro habrían recordado que durante la construcción del templo de Salomón los trabajadores prepararon las piedras por adelantado y las llevaron al lugar (1 R. 6:7). Con la ayuda de un meticuloso plano del templo, los artesanos cortaron y moldearon cada piedra a su tamaño perfecto y determinaron el lugar exacto en que cada una calzaba. Con solo ajustes menores en el sitio, esas piedras del templo fueron colocadas con exactitud como partes de un enorme rompecabezas. Esa descripción es análoga a la elección que Dios hiciera de Cristo como el fundamento sobre el cual construir su templo espiritual (cp. Jn. 10:16; 1 Co. 3:9, 16-17; 1 Ti. 3:15; He. 3:6) conformado de creyentes en el Mesías Jesús, divinamente preparado (elegido) desde antes de la creación del mundo (2 Ti. 1:9; Ap. 13:8; 17:8).

Cristo no solo es una piedra viva y escogida, sino también una **piedra preciosa.** La palabra griega traducida **preciosa** (*entimon*) significa "inigualable en valor", "costosa" o "irremplazable". Cristo es irremplazable porque Él es la piedra angular, la piedra más importante en cualquier construcción. La palabra traducida **piedra del ángulo** (*akrogōniaios*) indica una piedra angular principal y describe la piedra que establece todos los ángulos adecuados para el edificio. Es como la plomada de la edificación en que se establecen las líneas horizontal y vertical del resto de la construcción; también establece la simetría exacta de toda la edificación. A fin de asegurar la perfecta precisión de la casa espiritual de Dios, la piedra angular principal tenía que ser sin tacha alguna. El único que podía establecer todos los ángulos de la casa de Dios era la **piedra del ángulo** perfectamente **escogida,** Jesucristo (Mt. 21:42; 1 Co. 3:11; Ef. 1:22; Col. 1:18; cp. Jn. 1:14; Fil. 2:9; Col. 1:15; He. 1:3; 7:26-28; 8:6).

De esta realidad fluye uno de los grandes privilegios para todo el que cree: cuando pone su confianza en Cristo, **no será avergonzado.** La palabra traducida **avergonzado** (*kataischunthē*) indica ser engañado en alguna confidencia, o poner la esperanza en alguien y que esa persona defraude esa esperanza. Quienes creen sinceramente en Cristo como Señor y Salvador nunca serán decepcionados por Él (Ro. 10:11-13; cp. Jer. 17:7-8). Al contrario, para siempre estarán seguros en Él (Jn. 10:3-4, 14, 27-28; Ro. 8:16; Ef. 1:13-14; Fil. 1:6; 2 Ti. 1:12; Stg. 1:12; 1 Jn. 5:20; cp. He. 4:15-16).

Puesto que Jesucristo es el Ser perfecto, exacto y preciso sobre quien Dios ha construido su Iglesia, todas las líneas que vienen de Él en toda dirección completan el perfecto templo de Dios. Nadie está nunca desalineado. Nadie cae de la estructura. Todo encaja de manera exacta y permanente (cp. Ef. 4:16). Por tanto, esta es la analogía que ilustra adecuadamente la seguridad de los creyentes.

Siglos antes de la encarnación de Cristo el profeta Isaías declaró que Israel podía tener suprema confianza en la seguridad que Dios proporcionaba:

> *No temas, pues no serás confundida; y no te avergüences, porque no serás afrentada, sino que te olvidarás de la vergüenza de tu juventud, y de la afrenta de tu viudez no tendrás más memoria. Porque tu marido es tu Hacedor; Jehová de los ejércitos es su nombre; y tu Redentor, el Santo de Israel; Dios de toda la tierra será llamado... Porque los montes se moverán, y los collados temblarán, pero no se apartará de ti mi misericordia, ni el pacto de mi paz se quebrantará, dijo Jehová, el que tiene misericordia de ti. (Is. 54:4-5, 10; cp. 50:7; 54:1-3)*

El apóstol Pablo expresó a los romanos esa misma clase de confianza. En vista de la decisión de los creyentes (Ro. 8:28-30) planteó una serie de preguntas retóricas (vv. 31-35) y resumió su respuesta a esas preguntas con esta majestuosa y poética expresión de alabanza a Dios por la seguridad de los creyentes:

> *Antes, en todas estas cosas somos más que vencedores por medio de aquel que nos amó. Por lo cual estoy seguro de que ni la muerte, ni la vida, ni ángeles, ni principados, ni potestades, ni lo presente, ni lo por venir, ni lo alto, ni lo profundo, ni ninguna otra cosa creada nos podrá separar del amor de Dios, que es en Cristo Jesús Señor nuestro. (vv. 37-39)*

La traducción que el historiador e himnólogo de la iglesia del siglo XIX, John Mason Neale, hace de las palabras de un himno latino del siglo VII resume de manera majestuosa y sucinta la esencia del versículo 6:

> Seguro cimiento Cristo ha sido hecho, Cristo la cabeza y piedra angular, escogido del Señor y precioso, une a toda la Iglesia en una sola, la ayuda eterna de la santa Sion, y su única confianza.

AFECTO POR CRISTO

Para vosotros, pues, los que creéis, él es precioso; pero para los que no creen, la piedra que los edificadores desecharon, ha venido a ser la cabeza del ángulo; y: piedra de tropiezo, y roca que hace caer, porque tropiezan en la palabra, siendo desobedientes; a lo cual fueron también destinados. (2:7-8)

Debido al valor **precioso** que los creyentes dan a Jesucristo, ellos tienen verdadero afecto por Él, lo que en sí mismo es otro privilegio espiritual. Este beneficio es el gozo de amar a Jesús. Él declaró a los judíos: "Si vuestro padre fuese Dios, ciertamente me amaríais" (Jn. 8:42). En el discurso del aposento alto les dijo a los apóstoles: "El que tiene mis mandamientos, y los guarda, ése es el que me ama; y el que me ama, será amado por mi Padre, y yo le amaré, y me manifestaré a él" (Jn. 14:21; cp. vv. 23-24). Más tarde les dijo: "Pues el Padre mismo os ama, porque vosotros me habéis amado, y habéis creído que yo salí de Dios" (16:27). Creer en Cristo y amarlo son por tanto privilegios inseparables (1 Co. 8:3; 1 P. 1:8; 1 Jn. 5:1).

Solamente **los que creen** manifiestan un amor incomparable por Cristo (cp. Mt. 10:37; 2 Co. 5:14). Sin embargo, en total contraste **los que no creen** (como los incrédulos líderes judíos) no aman ni amarán a Cristo. Con la cita del Salmo 118:22, Pedro afirmó que los judíos fueron **los edificadores** que **desecharon** a Cristo (**la piedra**). Como estudiamos en el capítulo anterior de esta obra, los judíos examinaron pero no aceptaron a Aquel que **ha venido a ser la cabeza del ángulo** (cp. 2:4). Para ellos, Jesús no tenía ningún valor como piedra angular de Dios porque no calzaba en la idea preconcebida que tenían acerca de lo que el Mesías debía ser (cp. Mt. 13:54-57; Lc. 4:20-30; 6:6-11). Tal rechazo fue trágico pero no sorprendente, como Pedro indicó al citar Isaías 8:14-15, donde se profetizó que el Mesías sería considerado **piedra de tropiezo, y roca que hace caer** para la mayoría de judíos, como lo fue el mismo Isaías (v. 12). Una **piedra de tropiezo** era algún pedrusco con que las personas podían tropezar mientras recorrían un camino, **y roca que hace caer** era el lecho rocoso contra el que podían quedar aplastadas después de caer a causa de la otra piedra. En el simbolismo de Pedro, los judíos **desecharon la** verdadera **cabeza del ángulo,** luego terminarían cayendo sobre ella para finalmente ser aplastados en juicio por la misma roca (Lc. 20:17-18; cp. Mt. 13:41).

El versículo 8 deja en claro que quienes rechazan a Cristo **tropiezan** y se enfrentan al juicio divino porque son **desobedientes** a **la palabra.** Los incrédulos reciben el juicio exacto que exige su decisión pecaminosa (perdición a la **cual fueron también destinados**) porque no creen ni obedecen el evangelio. Dios no destina activamente personas a la incredulidad; pero sí designa juicio (perdición) sobre todo incrédulo (Jn. 3:18, 36; 8:24; 2 Ts. 1:6-9; He. 3:19; 4:11). Dios juzga a los incrédulos como consecuencia de su falta de amor por Él, de su desobediencia a la Palabra, y de su negativa a creer en Él. Pablo declaró a los corintios: "El que no amare al Señor Jesucristo, sea anatema" (1 Co. 16:22).

ELECCIÓN POR PARTE DE CRISTO

Mas vosotros sois linaje escogido, (2:9*a*)

Para resaltar los destinos eternos opuestos de incrédulos y creyentes, Pedro comenzó este versículo con un fuerte adversativo: **mas.** A diferencia de los incrédulos que a causa de su rechazo a Cristo están destinados a la destrucción eterna, los creyentes son **linaje escogido.** Son un pueblo espiritual elegido por el mismo Dios.

El apóstol extrae otra vez su terminología de un pasaje del Antiguo Testamento:

> *Porque tú eres pueblo santo para Jehová tu Dios; Jehová tu Dios te ha escogido para serle un pueblo especial, más que todos los pueblos que están sobre la tierra. No por ser vosotros más que todos los pueblos os ha querido Jehová y os ha escogido, pues vosotros erais el más insignificante de todos los pueblos; sino por cuanto Jehová os amó, y quiso guardar el juramento que juró a vuestros padres, os ha sacado Jehová con mano poderosa, y os ha rescatado de servidumbre, de la mano de Faraón rey de Egipto. Conoce, pues, que Jehová tu Dios es Dios, Dios fiel, que guarda el pacto y la misericordia a los que le aman y guardan sus mandamientos, hasta mil generaciones (Dt. 7:6-9).*

Pedro identifica a quienes creen en Cristo como grupo **escogido,** así como Dios había escogido a Israel para un propósito especial dentro de su plan redentor (cp. Is. 43:21). Como estudiamos en el capítulo 1 de esta obra, es importante que los cristianos comprendan que su salvación se basa en el propósito soberano de elección por parte de Dios. De manera explícita e implícita la Biblia presenta esto como algo inconfundible (Jn. 15:16; Hch. 13:48; Ro. 9:13-16; 11:5; 1 Co. 1:9; Ef. 1:3-5; 1 Ts. 1:4; 2 Ts. 2:13-14; 2 Ti. 1:9; 2:10; Ap. 13:8; 17:8; 20:15); y la elección es el gran privilegio del cual se derivan todos los demás privilegios espirituales.

Las Escrituras sugieren al menos cinco superlativos relacionados con la elección soberana de Dios en cuanto a salvar a ciertos pecadores. Primero, la elección es absolutamente decisión única de Dios, por tanto, es la verdad más demoledora del orgullo humano que hallamos en la Palabra de Dios. Destroza la soberbia del hombre, ya que nada en su salvación se deriva de algún mérito que tenga, todo tiene que ver con Dios (cp. Jon. 2:9; Jn. 1:12-13; Ef. 2:8-9). Segundo, ya que la elección es totalmente por gracia divina, esta es la doctrina que más exalta a Dios (cp. Ro. 9:23; Ef. 1:6-7; 2:7; 2 Ts. 2:13). Tercero, la elección es la doctrina que más promueve la santidad. Puesto que Dios puso su amor sobre los creyentes antes de que el mundo comenzara, pase lo que pase ellos deberían estar consumidos de agradecimiento y pasión por obedecerle (cp. Dt. 11:13; Jos. 24:24; Ro. 6:17; 7:25). Cuarto, ya que la elección de Dios es eterna e inmutable, constituye la doctrina bíblica que brinda más fortaleza. Por eso proporciona a los creyentes verdadera paz sin importar las circunstancias que enfrenten (cp. Sal. 85:8; Jn. 14:27; 1 Co. 14:33; Ef. 2:14-15; Col. 1:20; 3:15; 2 Ts. 3:16). Por último, la elección es el privilegio espiritual que produce más gozo porque es la esperanza más segura que los creyentes tienen en medio de un mundo pecador (cp. 1:21; Ef. 4:4; Col. 1:5, 23; 1 Ts. 5:8; He. 7:19).

GOBIERNO CON CRISTO

real sacerdocio, (2:9*b*)

Pedro empleó un maravilloso símbolo cuando combinó en una metáfora referencias a la realeza y al sacerdocio. El concepto de un **real sacerdocio** viene de Éxodo 19:6, donde Dios le dio a Israel por medio de Moisés: "Vosotros me seréis un reino de sacerdotes, y gente santa". No obstante, la triste realidad es que Israel perdió su privilegio de poder sacerdotal a causa de su apostasía y su rechazo del Mesías (cp. Jn. 12:37-48; Ro. 10:16-21; 11:7-10; He. 3:16-19). Pero todos aquellos que creen en Jesús como el Mesías y confían únicamente en Él para salvación reciben el privilegio de convertirse en sacerdotes reales (Ap. 5:10).

Dos elementos principales constituyen la imagen del **real sacerdocio.** Primero, los sacerdotes sirven al Rey al tener acceso a su santa presencia, a la que llegan para ofrecerle sacrificios espirituales (véase el capítulo anterior de esta obra), y segundo, los sacerdotes gobiernan con el Rey en su reino.

Basileion (**real**) por lo general describe una residencia o palacio real (cp. Lc. 7:25), pero también se puede referir a una soberanía o monarquía. Pedro usa aquí el término para transmitir la idea general de realeza. La casa espiritual que mencionó en el versículo 5 resulta ser una casa real, el dominio de una familia real. Los creyentes son un sacerdocio gobernante, literalmente "una casa real de sacerdotes". El apóstol Juan escribió: "Bienaventurado y santo el que tiene parte en la primera resurrección; la segunda muerte no tiene potestad sobre éstos, sino que serán sacerdotes de Dios y de Cristo, y reinarán con él mil años" (Ap. 20:6; cp. Lc. 22:29-30; Ap. 3:21).

El único que puede establecer esa dinastía real es Jesucristo. Él es tanto Rey (Is. 9:7; Zac. 9:9; Mt. 2:2; Lc. 1:33; Jn. 1:49; 12:12-15; 18:36-37; 19:19; Ap. 19:16) como Sacerdote (Sal. 110:4; He. 4:15). El escritor de Hebreos expresó la cualidad única del sacerdocio real de Cristo:

> *Porque manifiesto es que nuestro Señor vino de la tribu de Judá, de la cual nada habló Moisés tocante al sacerdocio. Y esto es aún más manifiesto, si a semejanza de Melquisedec se levanta un sacerdote distinto, no constituido conforme a la ley del mandamiento acerca de la descendencia, sino según el poder de una vida indestructible. Pues se da testimonio de él: Tú eres sacerdote para siempre, según el orden de Melquisedec (He. 7:14-17; cp. Sal. 110:4; He. 5:6; 6:20).*

Melquisedec fue el modelo del Antiguo Testamento para el sacerdocio real (Gn. 14:18-20) y vislumbró a Cristo, el sacerdote real supremo y perfecto. Igual que Melquisedec, Cristo no heredó el sacerdocio a través de la línea sacerdotal, sino que Dios lo ungió como el sacerdote real sin pecado que trascendió el sistema levítico (He. 3:1-2; 5:4-5; 7:11, 14, 16; 8:1-2,6), cumplió la ley del antiguo pacto (Sal. 40:7-8; Mt. 5:17-18; He. 10:11-14), y se ofreció como el sacrificio del nuevo pacto por el pecado (Mt. 20:28; Jn. 1:29; He. 2:17; 7:27; 9:25-26; 10:12). Puesto que la salvación une a los creyentes con Cristo, ellos también se convierten en sacerdotes reales.

El privilegio de los cristianos de gobernar con Cristo incluye algunas conclusiones prácticas:

> *¿Osa alguno de vosotros, cuando tiene algo contra otro, ir a juicio delante de los injustos, y no delante de los santos? ¿O no sabéis que los santos han de juzgar al mundo? Y si el mundo ha de ser juzgado por vosotros, ¿sois indignos de juzgar cosas muy pequeñas? ¿O no sabéis que hemos de juzgar a los ángeles? ¿Cuánto más las cosas de esta vida? Si, pues, tenéis juicios sobre cosas de esta vida, ¿ponéis para juzgar a los que son de menor estima en la iglesia? (1 Co. 6:1-4)*

Ya que los creyentes gobernarán con Cristo en su reino, deben estar suficientemente calificados, sin ayuda o supervisión secular, para solucionar disputas relativamente pequeñas entre ellos. Pablo dijo además que ellos tendrán dominio sobre esos reinos celestiales que Dios les asigne. Nadie, ni siquiera un ángel, puede colocarse entre ellos y Dios.

Todo esto es motivo para provocar una doxología. Mientras los creyentes contemplan todos sus privilegios espirituales, desde la unión con Cristo hasta la seguridad en Él y gobernar con Él, deben ser transportados en alabanza y adoración sin límites. Cualquier cosa menos que esto denota indiferencia pecaminosa a esos grandes privilegios.

Privilegios espirituales. Tercera parte: Separación para Cristo, adquisición por parte de Cristo, iluminación en Cristo, compasión de Cristo y proclamación de Cristo

11

nación santa, pueblo adquirido por Dios, para que anunciéis las virtudes de aquel que os llamó de las tinieblas a su luz admirable; vosotros que en otro tiempo no erais pueblo, pero que ahora sois pueblo de Dios; que en otro tiempo no habíais alcanzado misericordia, pero ahora habéis alcanzado misericordia. (2:9*c*-10)

En repetidas ocasiones los relatos evangélicos hacen hincapié en el costo de seguir a Jesucristo. En Lucas 9:23-26, Jesús declaró a todos los que serían sus discípulos:

> *Si alguno quiere venir en pos de mí, niéguese a sí mismo, tome su cruz cada día, y sígame. Porque todo el que quiera salvar su vida, la perderá; y todo el que pierda su vida por causa de mí, éste la salvará. Pues ¿qué aprovecha al hombre, si gana todo el mundo, y se destruye o se pierde a sí mismo? Porque el que se avergonzare de mí y de mis palabras, de éste se avergonzará el Hijo del Hombre cuando venga en su gloria, y en la del Padre, y de los santos ángeles (cp. Mt. 5:19-20; 7:13-14, 21; Jn. 6:53-58, 60).*

Los regenerados entienden que vivir una vida cristiana conlleva sacrificios y costos. Jesús proporcionó dos analogías del discipulado que ilustran la necesidad de evaluar el costo:

> *Y el que no lleva su cruz y viene en pos de mí, no puede ser mi discípulo. Porque ¿quién de vosotros, queriendo edificar una torre, no se sienta primero y calcula*

los gastos, a ver si tiene lo que necesita para acabarla? No sea que después que haya puesto el cimiento, y no pueda acabarla, todos los que lo vean comiencen a hacer burla de él, diciendo: Este hombre comenzó a edificar, y no pudo acabar. ¿O qué rey, al marchar a la guerra contra otro rey, no se sienta primero y considera si puede hacer frente con diez mil al que viene contra él con veinte mil? Y si no puede, cuando el otro está todavía lejos, le envía una embajada y le pide condiciones de paz. Así, pues, cualquiera de vosotros que no renuncia a todo lo que posee, no puede ser mi discípulo (Lc. 14:27-33).

Varios pasajes más en las epístolas también resaltan el costo del discipulado (5:8-9; Ro. 12:1-2; 1 Co. 9:24-27; Ef. 6:10-18; Fil. 3:7-14; 1 Ti. 6:11-12; 2 Ti. 2:1-10; He. 12:1-2, 7-11; Stg. 1:21-25; 1 Jn. 2:15-17; cp. Ro. 13:11-14; Gá. 6:1-2; Ef. 5:15-21).

Sin embargo, en 2:4-10 el apóstol Pedro no mira el costo y el deber de seguir a Cristo sino el rico caleidoscopio de privilegios espirituales que Él proporciona a quienes han aceptado ese costo. Pedro sostiene las joyas de la redención a la luz de la gracia de Dios y revela maravillosos patrones de bendiciones espirituales que pertenecen a todos los que están en Cristo. El tema del privilegio espiritual, desde unión con Cristo hasta gobernar con Él, es un énfasis conocido del Nuevo Testamento. En Romanos 9:22, Pablo escribió que Dios quería demostrar su ira y manifestar su poder, por eso pacientemente soportó a los vasos de ira (incrédulos). El versículo 23 explica después la razón para el enfoque de Dios: "Y para hacer notorias las riquezas de su gloria, las mostró para con los vasos de misericordia que él preparó de antemano para gloria". Dios quería derramar sobre los creyentes las riquezas de su gloria (2 Co. 4:6; cp. Ef. 1:12; Fil. 2:11), todos los privilegios que acompañan a la salvación. Tales riquezas espirituales están prometidas tanto para el día de hoy como para el futuro (cp. Ro. 11:12; Ef. 1:7-8; 2:7; 3:8,16; Fil. 4:19).

Cuando Pedro concluyó su investigación de las glorias de los privilegios espirituales de los creyentes, enumeró cinco ventajas adicionales que los cristianos poseen: separación para Cristo, adquisición por parte de Cristo, iluminación en Cristo, compasión de Cristo, y proclamación de Cristo.

SEPARACIÓN PARA CRISTO

nación santa, (2:9*c*)

Como se indicó en capítulos anteriores de esta obra, Pedro continuó refiriéndose al Antiguo Testamento en apoyo de los privilegios que Dios ha concedido a los creyentes. Aquí alude a Éxodo 19:6 ("vosotros me seréis un reino de... gente santa") cuando declara que los creyentes están separados para Cristo como una **nación santa.** La palabra **nación** se traduce de *ethnos,* que significa "pueblo", como grupo étnico (Lc. 7:5; 23:2; Jn. 11:48, 50-52; Hch. 2:5; 10:22; Ap. 5:9).

Santa (*hagios*) significa "separada" o "apartada". En el Antiguo Testamento era común llamar nación santa al pueblo de pacto de Dios (cp. Lv. 19:2; 20:26; Dt. 7:6; Is. 62:12). Sin embargo, debido al pecado y a la incredulidad, Israel perdió (Dt. 4:27; 28:64; Ez. 16:59; Os. 9:17; Zac. 7:14; Ro. 11:17, 20) su gran privilegio (Gn. 12:2-3; Dt. 33:29; Ro. 3:1-2; 9:4-5) de ser el pueblo exclusivo de Dios. Pero lo que fue una tragedia para Israel se convirtió en una bendición para los creyentes gentiles (cp. Ro. 9—11). Israel no volverá a disfrutar el privilegio de ser el pueblo santo de Dios hasta que la nación finalmente se vuelva en fe hacia el Mesías (cp. Ez. 36:25-31; Ro. 11:24, 26).

Dios pone aparte a los creyentes principalmente para que tengan una relación con Él, y el servicio a Él fluye de esa relación. Varias referencias bíblicas indican que en el nuevo nacimiento los creyentes son apartados para Dios de la condenación del pecado y del mundo (cp. Sal. 4:3; Ro. 6:4-6; 1 Co. 6:11; 2 Co. 5:17; 6:17; 2 Ti. 2:21; He. 2:11). Años antes en el Concilio de Jerusalén, Pedro declaró:

> *Varones hermanos, vosotros sabéis cómo ya hace algún tiempo que Dios escogió que los gentiles oyesen por mi boca la palabra del evangelio y creyesen. Y Dios, que conoce los corazones, les dio testimonio, dándoles el Espíritu Santo lo mismo que a nosotros; y ninguna diferencia hizo entre nosotros y ellos, purificando por la fe sus corazones (Hch. 15:7-9; cp. He. 10:10, 14).*

Así la santificación (limpieza del pecado) está intrínsecamente ligada a la salvación (cp. 1 Co. 1:30). Y la santificación conlleva dos aspectos importantes: La posición de los cristianos delante de Dios, y el patrón progresivo y práctico de vida santa en ellos. Por eso al comienzo de su carta Pedro pudo declarar santos a sus lectores (1:1-2) y, sin embargo, en 1:16 los insta a ser santos. En el aspecto posicional de la santificación, Dios reconoce a los creyentes como separados del castigo del pecado, pero en el aspecto progresivo y práctico de la santificación, Él por medio del Espíritu Santo los ayuda a vivir más y más en santidad, ejerciendo así la realidad de la posición de ellos en su conducta (cp. Ro. 6:4; 8:1-2; Gá. 5:16-23; Ef. 4:20-24; Fil. 2:12-13; 1 Ts. 4:3).

El relato de Hechos en varios lugares refuerza la verdad de que la santificación es inseparable de la justificación. Pablo les dijo a los ancianos de Éfeso: "Y ahora, hermanos, os encomiendo a Dios, y a la palabra de su gracia, que tiene poder para sobreedificaros y daros herencia con todos los santificados" (Hch. 20:32). El apóstol identificó a los salvos por la frase "todos los santificados". De igual modo, en su defensa ante Agripa, Pablo repitió parte de lo que Dios le había dicho en su conversión en el camino a Damasco: El apóstol fue enviado "para que abras sus ojos [de los gentiles], para que se conviertan de las tinieblas a la luz, y de la potestad de Satanás a Dios; para que reciban, por la fe que es en mí, perdón de pecados y herencia entre los santificados" (Hch. 26:18). De nuevo "los santificados" se usó para describir a aquellos que Dios había perdonado y a quienes les había otorgado herencia celestial.

La santificación posicional hace a los cristianos una **nación santa** delante de Dios porque se les atribuye la propia justicia divina. Y prácticamente ellos están progresando en santidad por medio de la obra del Espíritu (cp. 2 Co. 3:18).

ADQUISICIÓN POR PARTE DE CRISTO

pueblo adquirido por Dios, (2:9*d*)

Dios prometió a los israelitas en el Sinaí: "Si diereis oído a mi voz, y guardareis mi pacto, vosotros seréis mi especial tesoro sobre todos los pueblos" (Éx. 19:5; cp. Dt. 7:6-7; 14:2; 26:18; Mal. 3:17). Una vez más, eso anuncia la verdad de la declaración de Pedro de que los cristianos son ahora un **pueblo adquirido por Dios.**

El término griego traducido **adquirido** (*peripoiēsis*) significa "comprar", "obtener por un precio" (cp. Ef. 1:14). Los creyentes le pertenecen a Dios porque Él los compró en el precio final (1:18-19; cp. 1 Co. 6:20; 7:23; He. 13:12; Ap. 5:9). Como Pablo recordó a Tito, ese precio fue "nuestro gran Dios y Salvador Jesucristo, quien se dio a sí mismo por nosotros [los cristianos] para redimirnos de toda iniquidad y purificar para sí un pueblo propio" (Tit. 2:13-14; cp. Hch. 20:28; 1 Co. 6:20).

Dios eligió de manera soberana a todos los que creen, y por el sacrificio de Cristo en la cruz pagó el precio para redimirlos (2:24; 3:18; Ro. 3:25-26; 5:8-11; Col. 1:20-22; 1 Ti. 2:6; 1 Jn. 4:10), y el Espíritu Santo los llevó a nueva vida por medio de la convicción de pecado y la fe en el Salvador. Por tanto, todos los creyentes le pertenecen al Dios que los redimió.

George Wade Robinson, del siglo XIX, expresó muy bien este privilegio en una de las estrofas de su himno evangélico: "Yo soy suyo y Él es mío":

> Suyo para siempre, solo suyo… ¿quién nos separará al Señor y a mí? Ah, ¡con qué resto de dicha puede Cristo llenar al tierno corazón! Cielo y tierra podrán desaparecer y huir, la primera luz nacida declinar en tinieblas, pero mientras Dios y yo seamos, yo soy suyo y Él es mío.

ILUMINACIÓN EN CRISTO

de aquel que os llamó de las tinieblas a su luz admirable; (2:9*f*)

A lo largo de la historia, el mundo no regenerado ha enfrentado dos clases de oscuridad: intelectual y moral. La oscuridad intelectual es ignorancia: incapacidad para ver y conocer la verdad; mientras la oscuridad moral es inmoralidad: incapacidad para ver y hacer lo que es recto (Sal. 58:3; Jer. 17:9; Ro. 8:7-8; 1 Co. 2:14; Ef. 4:17-19). Las **tinieblas** a las que Pedro se refiere aquí corresponden al segundo tipo: el estado pecaminoso de los incrédulos que están atrapados en la oscuridad espiritual de Satanás (Ef. 2:1-2; 2 Ti. 2:25-26; 1 Jn. 5:19), el príncipe de las tinieblas. Tal oscuridad moral es generalizada en su extensión y honda en su profundidad (Sal. 143:2; Ec. 7:20; Is. 53:6; Ro. 3:9-12). Los incrédulos son hijos nacidos en la oscuridad. No solo *andan* en tinieblas, sino que *aman* las tinieblas. Según Jesús:

> *Y esta es la condenación: que la luz vino al mundo, y los hombres amaron más las tinieblas que la luz, porque sus obras eran malas. Porque todo aquel que hace lo malo, aborrece la luz y no viene a la luz, para que sus obras no sean reprendidas. (Jn. 3:19-20)*

No obstante, Pedro recuerda a sus lectores que Cristo, de manera soberana, poderosa y eficaz, los **llamó de las tinieblas a su luz admirable.** Casi siempre en las epístolas cuando *kaleō* (**llamó**), o las palabras relacionadas *klēsis* y *klētos* aparecen, indican el llamamiento eficaz de Dios a la salvación (p. ej., 1:15; 2:21; 5:10; Ro. 1:6-7; 8:28, 30; 9:24; 1 Co. 1:9, 24; Gá. 1:6, 15; Ef. 4:4; 2 Ti. 1:9; 2 P. 1:3; Jud. 1). Ese llamado salvador es un tema repetitivo, cercano al corazón del apóstol en esta carta (cp. 1:1, 15; 2:21; 3:9; 5:10).

El lado positivo del llamado de Cristo para que los pecadores salgan **de las tinieblas** es que también de este modo los llama **a su luz admirable.** Pablo expresó este privilegio espiritual a los colosenses: "[Dios] nos ha librado de la potestad de las tinieblas, y trasladado al reino de su amado Hijo" (Col. 1:13). Cuando los creyentes reciben la luz de Cristo, Él les ilumina la mente para que puedan discernir la verdad, y les cambia las almas para que puedan aplicar esa verdad (cp. Sal. 119:105, 130; 1 Co. 2:15-16; 2 Co. 4:4; 2 P. 1:19). Reciben tanto la luz intelectual de la verdad de Dios como los deseos justos para obedecerla, ninguno de los cuales tenían ellos antes de la conversión.

COMPASIÓN DE CRISTO

vosotros que en otro tiempo no erais pueblo, pero que ahora sois pueblo de Dios; que en otro tiempo no habíais alcanzado misericordia, pero ahora habéis alcanzado misericordia. (2:10)

Pedro sacó una analogía del profeta Oseas cuando presentó el siguiente privilegio espiritual para los creyentes: la compasión de Cristo:

> *Concibió ella otra vez, y dio a luz una hija. Y le dijo Dios: Ponle por nombre Lo-ruhama, porque no me compadeceré más de la casa de Israel, sino que los*

quitaré del todo. Mas de la casa de Judá tendré misericordia, y los salvaré por Jehová su Dios; y no los salvaré con arco, ni con espada, ni con batalla, ni con caballos ni jinetes. Después de haber destetado a Lo-ruhama, concibió y dio a luz un hijo. Y dijo Dios: Ponle por nombre Lo-ammi, porque vosotros no sois mi pueblo, ni yo seré vuestro Dios. Con todo, será el número de los hijos de Israel como la arena del mar, que no se puede medir ni contar. Y en el lugar en donde les fue dicho: Vosotros no sois pueblo mío, les será dicho: Sois hijos del Dios viviente. (Os. 1:6-10)

Según este pasaje, habría de venir un tiempo en que los judíos ya no recibirían misericordia de Dios. Esto se cumplió directamente en el juicio que vino sobre el reino del norte a manos de los asirios (722 a.C.). Pero también habrá un tiempo futuro (v. 10), durante el milenio, en que Él tendrá compasión de "los hijos de Israel" y de Judá al salvar incontable cantidad de ellos (cp. Is. 61:4-6; Jer. 16:14-15; Ez. 37:20-22; Ro. 11:26-27).

En principio, Pedro aplicó a la iglesia, particularmente a sus miembros gentiles, las palabras del profeta relacionadas con los judíos (cp. Os. 2:23; Ro. 9:22-26). Como no creyentes, los gentiles no conocían ninguna misericordia de parte de Cristo, pues **en otro tiempo no** [eran] **pueblo.** Pero ahora ellos se habían convertido en el **pueblo de Dios,** porque habían **alcanzado misericordia** divina. **Misericordia** es sinónimo de compasión y esencialmente involucra la conmiseración de Dios junto con la miseria de los pecadores y el hecho de retenerles el justo castigo por sus pecados.

La Biblia habla de dos tipos de misericordia divina. Primero está la misericordia general de Dios (cp. Sal. 145:9; Lm. 3:22), que es evidente en su compasión providencial hacia toda la creación (Sal. 36:7; 65:9-13; Mt. 5:44-45; Hch. 14:14-17; 17:23-28; cp. Ro. 1:20). La misericordia común muestra la paciente piedad de Dios y la tolerante compasión hacia los pecadores (3:20; Sal. 86:15; 103:8; 2 P. 3:9; cp. Lc. 13:6-9) porque Él tenía todo el derecho, en vista del pecado de ellos, de destruirlos a todos. En vez de eso, en el momento actual Dios decide en forma compasiva no desatar todas las desastrosas consecuencias que la pecaminosidad de la humanidad merece (cp. Gn. 9:8-11). Pero finalmente la misericordia general de Dios expirará y las personas sentirán las plenas consecuencias del pecado (Mt. 24:4-22; Ap. 6:7-8; 8:7—9:19; 14:14-19; 16:1-21; 18:1-24; 19:17-21; 20:7-15; cp. Gn. 6:3; Is. 27:11; Jer. 44:22).

En segundo lugar está la clemencia divina y salvadora mostrada hacia los elegidos, que es la **misericordia** a la que Pedro se refirió. Ellos no solo reciben la misericordia común de Dios en esta vida, sino también su misericordia redentora para la vida venidera (Dn. 7:18; Jn. 14:2; 2 Ti. 4:8; Ap. 2:7; 7:16-17; 21:1-7). Los elegidos, aunque sin merecer más intrínsecamente que todos los demás, reciben el perdón de Dios por sus pecados y su liberación de la condenación eterna, todo según los propósitos soberanos y amorosos de Dios (Ro. 8:28-30; Ef. 1:4; 2 Ti. 1:9; Tit. 1:2; cp. Sal. 65:4; Ro. 9:15-16; Stg. 2:5).

La compasión de Cristo, o **misericordia** hacia los creyentes es un privilegio espiritual que excede los límites del lenguaje (cp. Sal. 57:10; 59:16-17; 103:11; 136:1-9). Rescata a los creyentes del juicio en el infierno y les concede una herencia eterna en el cielo (1:4; Sal. 37:18; Hch. 20:32; 26:18; Ef. 1:11, 14, 18; Col. 1:12; 3:24; He. 9:15), por lo que Pablo llamó a Dios como "Padre de misericordias" (2 Co. 1:3; cp. Ro. 9:23; Tit. 3:5). Las palabras de un escritor expresan de manera apropiada cómo todos los cristianos se deberían sentir hacia tan divina compasión:

> Cuando tus misericordias todas, oh mi Dios,
> Mi resurgida alma examina,
> Embelesado con la escena absorto quedo,
> En asombro, amor y alabanza.

PROCLAMACIÓN DE CRISTO

para que anunciéis las virtudes (2:9*e*)

Por último, Dios ha provisto su caleidoscopio de privilegios espirituales para los creyentes por un propósito general: **que** anuncien **las virtudes** de Cristo. No existe mayor privilegio que ser un heraldo para el evangelio.

Anunciéis (*exangeilēte*) viene de una palabra griega que aparece solo aquí en el Nuevo Testamento. Significa "publicar", o "divulgar" y hacerlo en el sentido de decir algo de otro modo desconocido. Aquello que generalmente se desconoce y que Pedro anima a que los creyentes divulguen son **las virtudes** de Cristo, el Salvador. **Virtudes** (*aretas*) puede implicar la capacidad de realizar actos poderosos y heroicos. Contrario a lo que podría indicar en castellano, el término se refiere más a esas clases de acciones que a algunos atributos o cualidades reales intrínsecas. Los cristianos tienen el gran privilegio de decir al mundo que Cristo tiene el poder para llevar a cabo la obra extraordinaria de redención (Hch. 1:8; 2:22; 4:20; 5:31-32; Ap. 15:3; cp. Sal. 66:3, 5, 16; 71:17; 73:28; 77:12, 14; 104:24; 107:22; 111:6-7; 118:17; 119:46; 145:4; Jn. 5:36; 10:25 con relación a los actos maravillosos de Dios).

Que Dios elija pecadores indignos como representantes suyos y los use para atraer hacia sí a otros pecadores es un privilegio más allá de toda expectativa. Esto hizo que Pablo escribiera:

> *Doy gracias al que me fortaleció, a Cristo Jesús nuestro Señor, porque me tuvo por fiel, poniéndome en el ministerio, habiendo yo sido antes blasfemo, perseguidor e*

injuriador; mas fui recibido a misericordia porque lo hice por ignorancia, en incredulidad. Pero la gracia de nuestro Señor fue más abundante con la fe y el amor que es en Cristo Jesús. Palabra fiel y digna de ser recibida por todos: que Cristo Jesús vino al mundo para salvar a los pecadores, de los cuales yo soy el primero. Pero por esto fui recibido a misericordia, para que Jesucristo mostrase en mí el primero toda su clemencia, para ejemplo de los que habrían de creer en él para vida eterna. Por tanto, al Rey de los siglos, inmortal, invisible, al único y sabio Dios, sea honor y gloria por los siglos de los siglos. Amén (1 Ti. 1:12-17).

La vida cristiana ejemplar 12

Amados, yo os ruego como a extranjeros y peregrinos, que os abstengáis de los deseos carnales que batallan contra el alma, manteniendo buena vuestra manera de vivir entre los gentiles; para que en lo que murmuran de vosotros como de malhechores, glorifiquen a Dios en el día de la visitación, al considerar vuestras buenas obras. (2:11-12)

En un aspecto importante, la cultura moderna es parecida a la de la época de Pedro: incrédulos en todas partes atacan y critican constantemente al cristianismo. Tales oponentes del evangelio suelen ser ruidosos en sus críticas y muchos han tenido éxito en conquistar las principales instituciones económicas, sociales y educativas de la sociedad occidental. El apologista cristiano Wilbur M. Smith al final de la Segunda Guerra Mundial observó correctamente que el mundo se ha opuesto al cristianismo incluso desde los días de Jesús, y que los creyentes no deberían esperar que hoy la situación sea diferente:

> Al principio se pensaría que una religión que exalta y trata de seguir al único hombre perfecto y justo que ha vivido sobre esta tierra; que nunca dañó a nadie; cuyas palabras liberaron de la superstición y del temor; cuyas obras redimieron del dolor, de los demonios, de la muerte y del hambre; cuya vida fue un gran rayo de luz disparado en la tenebrosa oscuridad del mundo romano en ese siglo sensual y escéptico; quien murió porque nos amó, y que siempre trató de llevar a los hombres a la comunión con Dios para otorgarles vida eterna y un hogar en el cielo, tendría aceptación. Pues cualquiera habría creído que tal personaje, y la religión que su vida y su obra establecieron en la tierra, habrían sido recibidos con brazos abiertos desde el primer momento en que fueran anunciados. Además, se habría creído que por su mismo mensaje y por las buenas obras que fluyeron de él, y la esperanza que estableció, nunca recibiría oposición, ataque o denuncia, excepto por parte de los demonios del infierno y de Satanás, quien es mentiroso y asesino desde el principio. Sin embargo, esa no ha sido la marcha de los acontecimientos. Es más, según los registros desde el nacimiento de nuestro Señor

> hasta el final de la visión de San Juan acerca del tiempo de anarquía y persecución por venir, el mismo Nuevo Testamento da testimonio en la manera más sorprendente del hecho de que Cristo mismo fue atacado de la forma más brutal y constante, de que sus apóstoles padecieron la misma oposición, y de que esos mismos apóstoles profetizarían que el cristianismo seguiría sufriendo hasta el final de esta era (*Therefore, Stand* [Grand Rapids: Baker, 1945], p. 1).

A menudo es la conducta escandalosa de los supuestos cristianos la que proporciona combustible para las crueles acusaciones de críticos y escépticos, mientras que la rectitud de los verdaderos cristianos hace lo posible por acallar a los oponentes del cristianismo. El comentarista Robert Leighton escribió:

> Cuando un cristiano anda de manera irreprochable, sus enemigos no tienen dónde hincarle los dientes, sino que se ven obligados a roerse sus propias lenguas perversas. Así lo garantiza el piadoso, a fin de cerrar las bocas mentirosas de hombres insensatos, pues a estos les es doloroso ser así detenidos, como la mordaza es a las bestias, y esto castiga la malicia que poseen. Este es el camino de un cristiano sabio, que en vez de preocuparse impacientemente por los errores o las malas censuras intencionales de los hombres, se mantiene quieto mediante su espíritu apacible, su vida recta, y su inocente silencio; esto, como una roca, rompe las olas dentro de la espuma que ruge molesta (*Commentary on First Peter* [reimpresión; Grand Rapids: Kregel, 1972], p. 195).

Alexander MacLaren, el predicador escocés del siglo XIX, comentó: "El mundo saca sus ideas acerca de Dios principalmente de las personas que afirman pertenecer a la familia de Dios. Nos interpretan mucho más de lo que leen la Biblia. Pues a nosotros nos ven, mientras solo oyen acerca de Jesucristo" (*First and Second Peter and First John* [Nueva York: Eaton and Maines, 1910], p. 105). En el Sermón del Monte, Jesús declaró a todos los que habrían de seguirlo en serio: "Así alumbre vuestra luz delante de los hombres, para que vean vuestras buenas obras, y glorifiquen a vuestro Padre que está en los cielos" (Mt. 5:16). Esa es la esencia de lo que en este pasaje Pedro exhortó a que sus lectores hicieran: llevar vidas ejemplares, lo cual es la base más eficaz para hacer atractivo y creíble el evangelio.

Los destinatarios de la carta del apóstol necesitaban un poco de motivación para perseverar en su evangelización en medio de los difíciles sufrimientos y persecuciones que estaban enfrentando. Pedro invitó a sus lectores a fortificar sus testimonios con dos aspectos cruciales de la vida justa: una disciplina personal ejemplar que es interior y privada, y una conducta personal que es exterior y pública.

DISCIPLINA INTERIOR EJEMPLAR

Amados, yo os ruego como a extranjeros y peregrinos, que os abstengáis de los deseos carnales que batallan contra el alma, (2:11)

Pedro comenzó su exhortación dirigiéndose a sus lectores como **amados,** lo que implicaba que ellos, como objetos del inconmensurable amor de Dios, tenían el deber de obedecer a Aquel que los amaba. Sobre esa base les dijo: les **ruego** (*parakaleō,* como en Ro. 12:1, o "advierto") que correspondan al amor de Dios viviendo para Él.

Pedro identificó además a sus lectores **como a extranjeros y peregrinos,** lo que les recordaba que en realidad no eran miembros de la sociedad del mundo. Pablo escribió: "Nuestra ciudadanía está en los cielos, de donde también esperamos al Salvador, al Señor Jesucristo" (Fil. 3:20). Como **extranjeros** espirituales, los creyentes deben evitar las cosas de este mundo (1 Jn. 2:15-17; cp. Mr. 4:19; Jn. 12:25; 15:19; Ro. 12:2; Col. 2:8, 20; Stg. 1:27; 1 Jn. 5:4). **Extranjeros** (*paroikous*) literalmente significa "al lado de la casa". La palabra vino a indicar a todo aquel que vive en una nación que no es la suya, y que por tanto es un forastero. El término se adapta a cristianos que no pertenecen al sistema de este mundo, pero que viven junto a aquellos que sí pertenecen aquí.

Pedro también usó el término **peregrinos** (*parepidēmous*), que es un sinónimo para **extranjeros.** Se refiere a un visitante (la DHH traduce la palabra "de paso por este mundo") que viaja por un país y que quizás tiene allí una breve estadía. El escritor de Hebreos recordó a los creyentes: "No tenemos aquí ciudad permanente, sino que buscamos la por venir" (13:14; cp. 11:13-16).

Puesto que los cristianos no son parte del mundo, deben abstenerse **de los deseos carnales** (cp. Ro. 8:5-9, 12-13; 13:14; Gá 5:13, 16-17). A pesar de que la regeneración produce nueva disposición con anhelos santos, esa fuerza de nueva vida se mantiene encarcelada dentro de la antigua carne humana no redimida, lo que precipita una batalla continua entre el espíritu y la carne. Sin embargo, los creyentes ya no son esclavos de la injusticia, y el pecado ya no es su amo, si no son libres del dominio y del poder exclusivo de estas fuerzas. La palabra **abstengáis** significa que mediante la nueva vida y el Espíritu que mora en ellos, los santos tienen la capacidad de refrenar su carne libidinosa, incluso en una cultura posmoderna dominada por la sensualidad, la inmoralidad y el relativismo moral.

La expresión **deseos carnales** no se limita a inmoralidad sexual, sino que más bien abarca los males de la naturaleza pecaminosa de la humanidad. El apóstol Pablo advirtió a los gálatas: "Y manifiestas son las obras de la carne, que son: adulterio, fornicación, inmundicia, lascivia, idolatría, hechicerías, enemistades, pleitos, celos, iras, contiendas, disensiones, herejías, envidias, homicidios, borracheras, orgías, y cosas semejantes a estas" (Gá 5:19-21). Cuando los creyentes ven a Cristo, su humanidad no redimida será redimida (cp. Ro.8:23).

Al usar la frase **que batallan contra el alma** Pedro intensificó su reflexión sobre los **deseos carnales.** En el griego, la palabra **que** indica que es el carácter de tales deseos y ansias los **que batallan contra** el nuevo corazón que Dios ha creado dentro del **alma** de todo creyente. Incluso Pablo mismo se halló en medio de la intensa lucha que cada cristiano experimenta:

> *Porque sabemos que la ley es espiritual; mas yo soy carnal, vendido al pecado. Porque lo que hago, no lo entiendo; pues no hago lo que quiero, sino lo que aborrezco, eso hago. Y si lo que no quiero, esto hago, apruebo que la ley es buena. De manera que ya no soy yo quien hace aquello, sino el pecado que mora en mí. Y yo sé que en mí, esto es, en mi carne, no mora el bien; porque el querer el bien está en mí, pero no el hacerlo. Porque no hago el bien que quiero, sino el mal que no quiero, eso hago. Y si hago lo que no quiero, ya no lo hago yo, sino el pecado que mora en mí. Así que, queriendo yo hacer el bien, hallo esta ley: que el mal está en mí. Porque según el hombre interior, me deleito en la ley de Dios; pero veo otra ley en mis miembros, que se rebela contra la ley de mi mente, y que me lleva cautivo a la ley del pecado que está en mis miembros (Ro. 7:14-23; cp. Gá 5:17-18).*

Que batallan es una expresión fuerte que por lo general significa llevar a cabo una campaña militar de largo alcance. Implica no solo antagonismo sino agresión implacable y maliciosa. Ya que esto se lleva a cabo en **el alma,** se trata de una clase de guerra civil. Unida con el concepto de **deseos carnales,** la imagen es la de un ejército de terroristas libidinosos que emprende una búsqueda interna y destruye la misión a fin de conquistar el alma del creyente.

Antes de la conversión, todos los pecadores viven bajo el dominio de los deseos carnales:

> *Y él os dio vida a vosotros, cuando estabais muertos en vuestros delitos y pecados, en los cuales anduvisteis en otro tiempo, siguiendo la corriente de este mundo, conforme al príncipe de la potestad del aire, el espíritu que ahora opera en los hijos de desobediencia, entre los cuales también todos nosotros vivimos en otro tiempo en los deseos de nuestra carne, haciendo la voluntad de la carne y de los pensamientos, y éramos por naturaleza hijos de ira, lo mismo que los demás (Ef. 2:1-3; cp. 4:25-28; 5:8-11; Col. 3:5-11).*

Sin embargo, una vez salvados Dios ordena a los creyentes abstenerse de ser impulsados por la lujuria:

> *No améis al mundo, ni las cosas que están en el mundo. Si alguno ama al mundo, el amor del Padre no está en él. Porque todo lo que hay en el mundo, los deseos de la carne, los deseos de los ojos, y la vanagloria de la vida, no proviene del Padre, sino del mundo. Y el mundo pasa, y sus deseos; pero el que hace la voluntad de Dios permanece para siempre (1 Jn. 2:15-17; cp. 2 Co. 6:16-7:1).*

La clave para abstenerse de los deseos carnales y vencer las tentaciones carnales yace en caminar en el poder del Espíritu (Gá. 5:16) y ejercer una disciplina espiritual (1 Co. 9:27; 2 Co. 7:1). La batalla se gana o se pierde en el interior, según Santiago informa:

> *Cuando alguno es tentado, no diga que es tentado de parte de Dios; porque Dios no puede ser tentado por el mal, ni él tienta a nadie; sino que cada uno es tentado, cuando de su propia concupiscencia es atraído y seducido. Entonces la concupiscencia, después que ha concebido, da a luz el pecado; y el pecado, siendo consumado, da a luz la muerte. (Stg. 1:13-15)*

Esto sigue al llamado de Santiago en el versículo 12 para el mismo tipo de conducta de la que habla Pedro: "Bienaventurado el varón que soporta la tentación; porque cuando haya resistido la prueba, recibirá la corona de vida, que Dios ha prometido a los que le aman".

COMPORTAMIENTO EXTERIOR RECTO

manteniendo buena vuestra manera de vivir entre los gentiles; para que en lo que murmuran de vosotros como de malhechores, glorifiquen a Dios en el día de la visitación, al considerar vuestras buenas obras. (2:12)

A fin de evangelizar de manera eficaz, la vida interior del cristiano debe ser visible al mundo exterior. De ahí que Pedro ordene a sus lectores que vivan **manteniendo** su **manera de vivir** (conducta diaria) en un alto nivel. **Buena** se traduce de una palabra (*kalēn*) rica y variada en significado, que por lo general significa "de hermosa forma externa". Al menos otras seis palabras y expresiones en español ofrecen visión sobre su significado: precioso, delicado, encantador, refinado, aceptable a la vista y noble. El término connota el tipo más encantador de bondad visible. **Gentiles** (*ethnos*) se refiere a "naciones" o al mundo no salvo (cp. Lc. 2:32; Ro. 2:14; 15:9-12, 16; 1 Co. 5:1; 12:2; Gá 3:8; 1 Ts. 4:5; 3 Jn. 7). Si los lectores de Pedro iban a ser testigos **entre los gentiles,** era esencial que manifestaran una conducta irreprochable.

En el siglo I, la calificación de **malhechores** (*kakopoiōn*) hacía recordar muchas de las acusaciones paganas específicas hechas contra los cristianos: rebeldes contra el gobierno romano, practicantes de canibalismo, participantes en incesto, involucrados en actividades subversivas que amenazaban el progreso económico del imperio y se oponían a la esclavitud, y que practicaban el ateísmo al no adorar al César o a los dioses romanos (cp. Hch. 16:18-21; 19:19, 24-27).

En lo que murmuran, los creyentes debían vivir de manera opuesta a todo lo antedicho, manifestando así que los incrédulos estaban equivocados, y demostrando la validez del evangelio (Mt. 5:16; Tit. 3:8). En la plataforma de esa credibilidad, el testimonio personal tiene gran influencia. Al observar la vida excepcional de tales creyentes, algunos creerán, serán salvos, y glorificarían **a Dios en el día de la visitación.**

Día de la visitación es un concepto del Antiguo Testamento (cp. Jue. 13:2-23; Rt. 1:6; 1 S. 3:2-21; Sal. 65:9; 106:4; Zac. 10:3) que se refiere a ocasiones en que Dios visitó a la humanidad ya sea para bendición o juicio. El profeta Isaías escribió acerca de la visitación divina con el propósito de juicio: "¿Y qué haréis en el día del castigo? ¿A quién os acogeréis para que os ayude, cuando venga de lejos el asolamiento? ¿En dónde dejaréis vuestra gloria?" (Is. 10:3; cp. 23:17). Por otra parte, Éxodo 3:2-10 habla de la visitación de Dios para anunciar la liberación definitiva de Israel de Egipto, lo cual sería una bendición para su pueblo. De igual modo, Jeremías profetizó la visita de Dios para liberar a los judíos de Babilonia: "Porque así dijo Jehová: Cuando en Babilonia se cumplan los setenta años, yo os visitaré, y despertaré sobre vosotros mi buena palabra, para haceros volver a este lugar" (Jer. 29:10; cp. 27:22). El Antiguo Testamento habla de otros casos más en que Dios visitó al pueblo para bendición y juicio.

Por lo general, en el Nuevo Testamento **visitación** indica bendición y redención. En el período inmediatamente posterior al nacimiento de Juan el Bautista, su padre Zacarías profetizó: "Bendito el Señor Dios de Israel, que ha visitado y redimido a su pueblo" (Lc. 1:68; cp. v. 78; 7:16). Por otra parte, con relación a la destrucción de Jerusalén en el 70 d.C., Jesús expresó: "Te derribarán a tierra, y a tus hijos dentro de ti, y no dejarán en ti piedra sobre piedra, por cuanto no conociste el tiempo de tu visitación" (Lc. 19:44). Ya que los judíos rechazaron la visitación de salvación de Cristo, esta se convirtió en una visitación de juicio (cp. Mt. 11:20-24; 21:37-43; Ro. 11:17, 20; 1 Ts. 2:14-16).

La redención de Dios es inherente en la referencia de Pedro al **día de la visitación.** El apóstol usó la expresión para mostrar que al ver buenas obras y virtud cristiana en las vidas de los creyentes, algunos tendrían el privilegio de glorificar **a Dios** cuando Él también los visite con salvación.

Un conmovedor ejemplo del siglo XX de cómo una vida santa puede influir en la salvación de los incrédulos viene de un campamento japonés de prisioneros en Filipinas durante la Segunda Guerra Mundial. Los misioneros estadounidenses Herb y Ruth Clingen y su joven hijo fueron prisioneros de los japoneses durante tres años. El diario de Herb narra cómo los captores de su familia torturaron, asesinaron y mataron de hambre a muchos de los otros reclusos del campamento. En particular, los prisioneros odiaban y temían al comandante del campamento, Konishi. Herb describió un plan especialmente diabólico que Konishi ejecutó sobre los Clingen y sus compañeros reclusos casi al final de la guerra:

> Konishi halló una manera ingeniosa de abusar aún más de nosotros. *Aumentó* la ración de comida, pero nos dio *palay*: arroz con cáscara. Comer arroz con su afilada cáscara exterior ocasionaría hemorragia intestinal que nos mataría en horas. No teníamos herramientas para quitar la cáscara, y hacer manualmente el trabajo, machacando el grano al extenderlo con un pesado madero, consumiría más calorías de las que el arroz podía suministrar. Esta era una sentencia de muerte para todos los internos (Herb y Ruth Clingen, "Cántico de liberación", revista *Masterpiece* [primavera de 1989], p. 12; cursivas en el original).

Sin embargo, la providencia divina salvó a los Clingen y a otros en febrero de 1945 cuando las fuerzas aliadas liberaron el campamento donde estaban los prisioneros. Eso evitó que el comandante llevara a cabo su plan de disparar y matar a todos los prisioneros sobrevivientes. Años después, los Clingen "se enteraron que a Konishi lo habían encontrado trabajando como guardián de un campo de golf en Manila. El hombre fue llevado a juicio y ahorcado por sus crímenes de guerra. Antes de su ejecución profesó su conversión al cristianismo, diciendo que le había afectado profundamente el testimonio de los misioneros cristianos que él había perseguido" ("Cántico de liberación", p. 13). La evangelización eficaz fluye del poder de una vida recta.

Sometimiento a la autoridad civil 13

Por causa del Señor someteos a toda institución humana, ya sea al rey, como a superior, ya a los gobernadores, como por él enviados para castigo de los malhechores y alabanza de los que hacen bien. Porque esta es la voluntad de Dios: que haciendo bien, hagáis callar la ignorancia de los hombres insensatos; como libres, pero no como los que tienen la libertad como pretexto para hacer lo malo, sino como siervos de Dios. Honrad a todos. Amad a los hermanos. Temed a Dios. Honrad al rey. (2:13-17)

Como ciudadanos del cielo, los cristianos se someten por completo a la autoridad divina, pero la posibilidad de la aplicación errónea de esa verdad es que estos se pueden volver indiferentes y hasta despectivos hacia el mundo en que viven, perdiendo así muchas oportunidades de dar un testimonio positivo. La separación que los creyentes hagan del mundo debe ser equilibrada mediante el adecuado respeto y la humilde sumisión a todas las instituciones legítimas de autoridad humana.

Esteban, el primer mártir cristiano, es un modelo convincente de sumisión correcta a los mandatos de la autoridad terrenal. El Nuevo Testamento lo presenta como un "varón lleno de fe y del Espíritu Santo" (Hch. 6:5). Hechos 6:8-14 describe el trasfondo de los sucesos que llevaron a su gran enfrentamiento con las autoridades judías:

> *Esteban, lleno de gracia y de poder, hacía grandes prodigios y señales entre el pueblo. Entonces se levantaron unos de la sinagoga llamada de los libertos, y de los de Cirene, de Alejandría, de Cilicia y de Asia, disputando con Esteban. Pero no podían resistir a la sabiduría y al Espíritu con que hablaba. Entonces sobornaron a unos para que dijesen que le habían oído hablar palabras blasfemas contra Moisés y contra Dios. Y soliviantaron al pueblo, a los ancianos y a los escribas; y arremetiendo, le arrebataron, y le trajeron al concilio. Y pusieron testigos falsos que decían: Este hombre no cesa de hablar palabras blasfemas contra este lugar santo y contra la ley; pues le hemos oído decir que ese Jesús de Nazaret destruirá este lugar, y cambiará las costumbres que nos dio Moisés.*

Esteban tuvo una asombrosa reacción ante esas acusaciones injustas y distorsionadas: "Todos los que estaban sentados en el concilio, al fijar los ojos en él, vieron su rostro como el rostro de un ángel" (6:15). Esteban entonces respondió a la breve pregunta del sumo sacerdote: "¿Es esto así?" (7:1), con un mensaje evangelizador amplio e inspirado por el Espíritu Santo (7:2-53). Sus convincentes palabras enfurecieron a los líderes judíos, pero la reacción de él al violento rechazo hacia su persona y su predicación fue de sumisión piadosa y humilde, y de fe inquebrantable:

> *Oyendo estas cosas, se enfurecían en sus corazones, y crujían los dientes contra él. Pero Esteban, lleno del Espíritu Santo, puestos los ojos en el cielo, vio la gloria de Dios, y a Jesús que estaba a la diestra de Dios, y dijo: He aquí, veo los cielos abiertos, y al Hijo del Hombre que está a la diestra de Dios. Entonces ellos, dando grandes voces, se taparon los oídos, y arremetieron a una contra él. Y echándole fuera de la ciudad, le apedrearon; y los testigos pusieron sus ropas a los pies de un joven que se llamaba Saulo. Y apedreaban a Esteban, mientras él invocaba y decía: Señor Jesús, recibe mi espíritu. Y puesto de rodillas, clamó a gran voz: Señor, no les tomes en cuenta este pecado. Y habiendo dicho esto, durmió. Y Saulo consentía en su muerte. En aquel día hubo una gran persecución contra la iglesia que estaba en Jerusalén; y todos fueron esparcidos por las tierras de Judea y de Samaria, salvo los apóstoles (Hch. 7:54—8:1).*

La forma humilde en que Esteban se sometió a la injusticia y la persecución contribuyó sin duda alguna a la transformación de Saulo de Tarso de ser un odioso perseguidor a ser un apóstol fiel de Jesucristo.

En este pasaje, lleno de imperativos, emergen seis elementos de sumisión cristiana a la autoridad: el mandato de sumisión, el motivo para la sumisión, el grado de sumisión, la razón para la sumisión, la actitud de la sumisión, y la aplicación de la sumisión.

EL MANDATO DE SUMISIÓN

someteos (2:13*b*)

Aunque a fin de cuentas los creyentes no están bajo autoridad humana, Dios sin embargo espera que se sometan a las instituciones humanas que Él ha ordenado. Quiere que demuestren cualidades de un carácter fiel (cp. 2 P. 1:5-7) y un verdadero interés por la sociedad; es decir, una preocupación que busca la paz (3:11; cp. Sal. 34:14; Mt. 5:9; Ro. 14:19; Stg. 3:18) y que desea evitar tribulaciones y delitos (cp. Ro. 12:14-21). Con esa finalidad, los cristianos deben obedecer las leyes y respetar toda autoridad, a menos que sean llamados a hacer algo que Dios prohíbe, o a no hacer algo que Él ordena (Hch. 4:19; 5:27-29).

Someteos (*hupotassō*) es una expresión militar que literalmente significa "ordenar en formación bajo la autoridad del comandante". El Antiguo Testamento apoya el principio de sumisión a la autoridad (cp. Dt. 17:14-15; 1 S. 10:24; 2 R. 11:12; 1 Cr. 29:24). Proverbios 24:21-22 declara: "Teme a Jehová, hijo mío, y al rey; no te entremetas con los veleidosos; porque su quebrantamiento vendrá de repente; y el quebrantamiento de ambos, ¿quién lo comprende?" La sumisión a los gobernantes es correcta porque es Dios quien los designa; por tanto, no hay lugar para apoyar a "los veleidosos", a rebeldes que tratan de derrocar al gobierno.

Por medio del profeta Jeremías, el Espíritu Santo declaró lo siguiente:

> *Así ha dicho Jehová de los ejércitos, Dios de Israel, a todos los de la cautividad que hice transportar de Jerusalén a Babilonia: Edificad casas, y habitadlas; y plantad huertos, y comed del fruto de ellos. Casaos, y engendrad hijos e hijas; dad mujeres a vuestros hijos, y dad maridos a vuestras hijas, para que tengan hijos e hijas; y multiplicaos ahí, y no os disminuyáis. Y procurad la paz de la ciudad a la cual os hice transportar, y rogad por ella a Jehová; porque en su paz tendréis vosotros paz. Porque así ha dicho Jehová de los ejércitos, Dios de Israel: No os engañen vuestros profetas que están entre vosotros, ni vuestros adivinos; ni atendáis a los sueños que soñáis. Porque falsamente os profetizan ellos en mi nombre; no los envié, ha dicho Jehová. Porque así dijo Jehová: Cuando en Babilonia se cumplan los setenta años, yo os visitaré, y despertaré sobre vosotros mi buena palabra, para haceros volver a este lugar. Porque yo sé los pensamientos que tengo acerca de vosotros, dice Jehová, pensamientos de paz, y no de mal, para daros el fin que esperáis. Entonces me invocaréis, y vendréis y oraréis a mí, y yo os oiré; y me buscaréis y me hallaréis, porque me buscaréis de todo vuestro corazón. Y seré hallado por vosotros, dice Jehová, y haré volver vuestra cautividad, y os reuniré de todas las naciones y de todos los lugares adonde os arrojé, dice Jehová; y os haré volver al lugar de donde os hice llevar (Jer. 29:4-14).*

Aunque ese pasaje fue sobre todo un mensaje para los judíos con relación a su conducta mientras estaban cautivos en Babilonia, tiene connotaciones para los cristianos, quienes deben promover el bienestar de la sociedad y su gobierno mientras ponen la esperanza en su hogar eterno (cp. Jn. 14:2-3; He. 4:9-10; 11:13-16; Ap. 21:1-4).

Casi una década antes de que Pedro escribiera su carta, el apóstol Pablo ya había enseñado acerca de la sumisión al gobierno:

> *Sométase toda persona a las autoridades superiores; porque no hay autoridad sino de parte de Dios, y las que hay, por Dios han sido establecidas. De modo que quien se opone a la autoridad, a lo establecido por Dios resiste; y los que resisten,*

acarrean condenación para sí mismos. Porque los magistrados no están para infundir temor al que hace el bien, sino al malo. ¿Quieres, pues, no temer la autoridad? Haz lo bueno, y tendrás alabanza de ella; porque es servidor de Dios para tu bien. Pero si haces lo malo, teme; porque no en vano lleva la espada, pues es servidor de Dios, vengador para castigar al que hace lo malo (Ro. 13:1-4).

Aunque tanto Pedro como Pablo vivieron en el abiertamente pecador y decadente Imperio Romano, una sociedad tristemente célebre por la maldad (homosexualidad, infanticidio, corrupción gubernamental, maltrato de la mujer, inmoralidad, violencia), ninguno de los apóstoles ofreció alguna exención por medio de la cual los creyentes fueran libres para desafiar a la autoridad civil. Jesús mismo había ordenado: "Dad, pues, a César lo que es de César" (Mt. 22:21).

A lo largo de la historia y en la actualidad ha habido varias transgresiones a ordenanzas, hechos de desobediencia civil, insurrecciones, revoluciones, y diferentes intentos subversivos de derrocar gobiernos, todo ello en nombre del cristianismo. La Biblia de ninguna manera absuelve tales acciones. Al contrario, la orden bíblica es sencilla: **someteos** a la autoridad civil, sea cual sea su naturaleza (véase el estudio de 2:18 en el siguiente capítulo de esta obra). Incluso gobernantes perversos y crueles, y sistemas opresores son mucho mejor que la anarquía. Además, todas las formas de gobierno, desde dictaduras hasta democracias, están llenas de maldad porque las dirigen pecadores caídos. No obstante, la autoridad civil es de parte de Dios, aunque los gobernantes individuales sean impíos.

EL MOTIVO PARA LA SUMISIÓN

Por causa del Señor (2:13*a*)

Pedro declaró el motivo para someterse a la autoridad con tanta claridad como dio la orden básica de someterse. **Por causa del Señor,** por lo que es obligatorio someterse, al igual que ocurre con todos los mandamientos divinamente inspirados. Los cristianos obedecen porque desean honrar al Señor (cp. Sal. 119:12-13, 33; Hch. 13:48; 1 Co. 10:31).

En realidad, los creyentes obedecen a la autoridad terrenal para honrar a la autoridad soberana de Dios (cp. Sal. 2:8; 9:20; 22:28; 46:10; 47:8; 66:7; 72:11; 83:18; 96:10; 113:4). Robert Culver escribió acerca de la soberanía de Dios sobre toda autoridad humana:

> Solamente Dios tiene derechos soberanos… La teoría democrática es tan antibíblica como la monarquía de derecho divino. Por cualquier

medio que los hombres lleguen a las posiciones de gobierno (descendencia dinástica, relación aristocrática familiar, recursos materiales plutócratas, o elección democrática, "no hay autoridad sino de parte de Dios" (Ro. 13:1). Además, el gobierno civil es un instrumento, no un fin. Los hombres son el fin cercano, pero solo Dios es fin supremo. El estado no posee ni a sus ciudadanos, ni las propiedades, las mentes, los cuerpos o los hijos de ellos. Todos pertenecen a su Creador: Dios, quien nunca ha entregado al estado derechos de dominio eminente (*A Biblical View of Civil Government* [Chicago: Moody, 1974], p. 47).

Los creyentes también se someten para imitar el ejemplo de Cristo de sumisión obediente a su Padre. El versículo 23 de este capítulo revela el comportamiento modelo del Señor, "quien cuando le maldecían, no respondía con maldición; cuando padecía, no amenazaba, sino encomendaba la causa al que juzga justamente". Cristo vivió bajo el gobierno injusto e inicuo de las autoridades judías y romanas, y sin embargo nunca se opuso al derecho de gobernar de tales autoridades. Denunció los pecados de los líderes judíos (Mt. 16:11-12; 23:13-33), pero no trató de derrocarles su autoridad. De igual modo, Jesús nunca dirigió demostraciones contra la esclavitud y el abuso de la justicia del gobierno romano, ni participó en ningún acto de desobediencia civil. Ni siquiera objetó cuando esas autoridades lo trataron y lo crucificaron injustamente (Mt. 26:62-63; Mr. 15:3-5; Jn. 19:8-11). En vez de preocuparse con reformas políticas y sociales, Cristo siempre se enfocó en asuntos pertenecientes a su reino (Mt. 4:17; Mr. 1:15; Lc. 5:31-32; 19:10; Hch. 1:3; cp. Mt. 11:28-30).

Dios se complace cuando las personas no salvas asocian a los cristianos con virtud espiritual, justicia, amor, bondad, humildad y el evangelio de la salvación (Fil. 2:14-15; cp. Pr. 4:18), y no con protestas contra instituciones humanas. Pablo también tenía el compromiso firme y unánime requerido para los creyentes cuando ministran: "Así que, hermanos, cuando fui a vosotros para anunciaros el testimonio de Dios, no fui con excelencia de palabras o de sabiduría. Pues me propuse no saber entre vosotros cosa alguna sino a Jesucristo, y a éste crucificado" (1 Co. 2:1-2). El apóstol únicamente se involucraría en la guerra espiritual por las almas de los pecadores, como lo explica el siguiente texto:

> *Pues aunque andamos en la carne, no militamos según la carne; porque las armas de nuestra milicia no son carnales, sino poderosas en Dios para la destrucción de fortalezas, derribando argumentos y toda altivez que se levanta contra el conocimiento de Dios, y llevando cautivo todo pensamiento a la obediencia a Cristo (2 Co. 10:3-5).*

Las "fortalezas" se describen como "argumentos". El griego es *logismes*, que significa "ideologías". La verdadera guerra que los santos deben emprender es contra ideas fatales, maneras impías de pensar, y cualquier sistema religioso o filosófico "que se levanta contra" la verdad de Dios. Todos los sistemas antibíblicos de ideas que mantienen cautivas a las personas deben ser aplastados por la Palabra de verdad, y los pecadores cautivos deben liberarse para que obedezcan a Jesucristo. Cuando el Señor expresó: "Mi reino no es de este mundo" (Jn. 18:36), definió la esfera del llamado y el deber de los creyentes: enfocar los esfuerzos ministeriales únicamente en asuntos relacionados con el gobierno espiritual y eterno del Señor.

EL GRADO DE SUMISIÓN

a toda institución humana, ya sea al rey, como a superior, ya a los gobernadores, como por él enviados para castigo de los malhechores y alabanza de los que hacen bien. (2:13*c*-14)

Al revisar la enseñanza fundamental y detallada de la responsabilidad de los creyentes a la autoridad civil, se pueden ver tres propósitos esenciales para el gobierno:

> *Porque los magistrados no están para infundir temor al que hace el bien, sino al malo. ¿Quieres, pues, no temer la autoridad? Haz lo bueno, y tendrás alabanza de ella; porque es servidor de Dios para tu bien. Pero si haces lo malo, teme; porque no en vano lleva la espada, pues es servidor de Dios, vengador para castigar al que hace lo malo (Ro. 13:3-4).*

Tales propósitos —restringir al mal, promover el bien público y castigar la maldad— se derivan de la verdad general de que Dios establece toda autoridad (Ro. 13:1), y explican por qué la orden de Pedro se extiende **a toda institución humana.** Para mantener la paz y el orden en la sociedad, Dios las ha ordenado todas; por tanto, limitar o hacer excepción a la orden de someterse a **toda** autoridad aprobaría la desobediencia y la falta de respeto al plan de Dios. (Para un análisis más completo y bíblico de los propósitos del gobierno, véase el capítulo 3 de mi libro: *Why Government Can't Save You* [Nashville: Word, 2000]).

La palabra griega *ktisis* ("cimiento"), de la que se deriva **institución,** siempre aparece en el Nuevo Testamento en relación con las actividades creativas de Dios (cp. Ro. 1:20, 25; 8:39; 2 Co. 5:17; Gá 6:15; Col. 1:15, 23; 2 P. 3:4). (Es, más, el segundo significado léxico que por lo general se da a *ktisis* es "la acción de crear" o "creación"). Dios ha creado todos los fundamentos de la sociedad

humana: trabajo, familia y gobierno. Pedro designó a la sociedad humana no en relación con su origen sino con su función o esfera de operación. La intención del apóstol fue, por tanto, ordenar sometimiento **a toda institución humana** porque cada una es ordenada por Dios. Los creyentes deben someterse a las autoridades civiles, a empleadores (2:18; Ef. 6:5; Col. 3:22), y en la familia (Ef. 5:21-6:2). En los dos últimos ámbitos, el motivo también es a causa de Señor (Ef. 5:22; 6:1, 5-6; Col. 3:18, 20, 22-24).

Esa orden no excluye a autoridades que toman decisiones malas o injustas. El Antiguo Testamento reconoce la existencia de gobernantes corruptos (cp. Dn. 9:11-12; Mi. 7:2-3) pero también reconoce que Dios tiene la prerrogativa de juzgarlos. A pesar del mal que ocurre debido a que las autoridades son caídas y las instituciones son imperfectas, los creyentes deben confiar en que Dios aún ejerce un gobierno soberano y perfectamente sabio sobre las sociedades y las naciones (cp. Gn. 18:25).

Pedro explica en detalle la sumisión de los creyentes al hacer ver que esto se aplica a todos los niveles de autoridad. Al desglosar la autoridad en categorías específicas, él habla del nivel más alto de quien está en autoridad: el **rey, como a superior.** Obviamente esto reconoce la legitimidad del gobierno de un hombre como una forma de gobierno ordenada por Dios. La monarquía, o su paralelo la dictadura, es una forma que Dios usa en el mundo. Fue en especial un reto para los creyentes en la época de Pedro obedecer esta parte de la orden porque el rey (el César) era un tirano demente: el emperador romano Nerón. Pero hasta él era divinamente ordenado para su papel de liderazgo de llevar a cabo los propósitos fundamentales del gobierno. **Gobernadores** es un término que se refiere a un nivel más bajo de autoridad (cp. Lc. 2:1-2; 3:1; Hch. 7:10): funcionarios debajo del rey que **por él** podían ser **enviados.**

Pedro imitó a Pablo cuando dijo que los funcionarios de gobierno han sido designados **para castigo de los malhechores.** Años antes, cuando lo traicionaron y lo arrestaron, Jesús enseñó a Pedro la lección de que se requiere y se reserva al gobierno la responsabilidad de la pena capital (Gn. 9:5-6):

> *Entonces se acercaron y echaron mano a Jesús, y le prendieron. Pero uno de los que estaban con Jesús, extendiendo la mano, sacó su espada, e hiriendo a un siervo del sumo sacerdote, le quitó la oreja. Entonces Jesús le dijo: Vuelve tu espada a su lugar; porque todos los que tomen espada, a espada perecerán. ¿Acaso piensas que no puedo ahora orar a mi Padre, y que él no me daría más de doce legiones de ángeles? (Mt. 26:50-53; cp. Jn. 18:10-11).*

Jesús estaba afirmando el derecho del gobierno romano de usar la espada contra Pedro si este la usaba contra alguien. Solo a los gobernantes se les ha dado ese derecho de llevar la espada para castigar a los transgresores (Ro. 13:4).

Por tanto, los creyentes nunca deben participar en actos de justicia por mano propia.

Por otra parte, Dios ha establecido a los funcionarios civiles para la **alabanza de los que hacen bien.** Por lo general las autoridades premian a buenos ciudadanos con trato justo y favorable (Ro. 13:3; cp. Gn. 39:2-4; 41:37-41; Pr. 14:35; Dn. 1:18-21). La función del gobierno es clara: crear temor que refrene el mal, castigar a quienes hacen lo malo, y proteger a quienes hacen el bien.

LA RAZÓN PARA LA SUMISIÓN

Porque esta es la voluntad de Dios: que haciendo bien, hagáis callar la ignorancia de los hombres insensatos; (2:15)

La razón por la que los cristianos se deben someter a toda autoridad es bastante clara y básica: tal conducta calla las bocas de los críticos del evangelio. Es **la voluntad de Dios** que los cristianos estén **haciendo bien** por medio del respeto a la autoridad, para así hacer **callar la ignorancia de los hombres insensatos.**

La palabra traducida **callar** (*phimoun*) significa "refrenar, amordazar o dejar sin palabras" (cp. Mt. 22:12, 34; Mr. 1:25; 4:39; Lc. 4:35). Denota silenciar o acallar a alguien a fin de hacer que esa persona sea incapaz de responder.

La palabra que Pedro usó para **ignorancia** (*agnōsian*) significa más que solo falta de conocimiento. Si ese significado fuera lo único que él hubiera querido transmitir, habría usado una forma del término *agnoia.* Pero *agnōsian* indica rechazo intencional y hostil a la verdad (cp. 1 Co. 15:34). El apóstol se refirió a una falta de percepción espiritual que más adelante caracterizó como **insensatos** (*aphronōn*). Ese término significa "carente de sentido, sin razón", y puede expresar falta de sanidad mental.

Integridad, fibra moral impecable, y pureza de vida son herramientas de carácter eficaces para acallar a los enemigos del cristianismo. Pablo mandó a Tito que les dijera a los nuevos convertidos en Creta:

> *Recuérdales que se sujeten a los gobernantes y autoridades, que obedezcan, que estén dispuestos a toda buena obra. Que a nadie difamen, que no sean pendencieros, sino amables, mostrando toda mansedumbre para con todos los hombres. Porque nosotros también éramos en otro tiempo insensatos, rebeldes, extraviados, esclavos de concupiscencias y deleites diversos, viviendo en malicia y envidia, aborrecibles, y aborreciéndonos unos a otros (Tit. 3:1-3).*

Esa conducta virtuosa de buenos ciudadanos es especialmente necesaria para los líderes de la iglesia. Una de las calificaciones para ser un anciano es que el hombre "tenga buen testimonio de los de afuera, para que no caiga en descrédito y en lazo del diablo" (1 Ti. 3:7; cp. Tit. 1:6). Esa clase de testimonio impecable, aun delante de quienes rechazan el evangelio, acalla al enemigo y permite que el poder salvador de Cristo se manifieste.

LA ACTITUD DE SUMISIÓN

como libres, pero no como los que tienen la libertad como pretexto para hacer lo malo, sino como siervos de Dios. (2:16)

La actitud correcta es necesaria para que los cristianos sumisos mantengan su credibilidad entre los no creyentes. Muestran la actitud correcta cuando actúan **como libres.** Ellos deben comprender que, como consecuencia de la obra redentora de Cristo (cp. 1:18-19), están libres de la condenación del pecado (Ro. 6:7, 18; 8:1-2), de la maldición de la ley (Gá 3:13), de la esclavitud a Satanás (cp. Ro. 16:20; Col. 1:13; He. 2:14; 1 Jn. 2:13; 4:4), del control del mundo (cp. 1 Co. 9:19; Gá 4:3-5; 5:1; Col. 2:20), y del poder de la muerte (Ro. 8:38-39; 1 Co. 15:54-56).

Sin embargo, Pedro advierte que quienes son libres en Cristo no **tienen** esa **libertad** espiritual **como pretexto para hacer lo malo** de no someterse a las autoridades (cp. 1 Co. 8:9; 10:32; Gá 5:13). **Pretexto** indica poner una máscara o velo sobre algo, **malo** (*kakias*) es un término que significa "bajeza" y resulta de la venganza, la amargura, la hostilidad y la desobediencia (Gn. 6:5; 8:21; Pr. 6:14; Is. 13:11; Mt. 12:35; 15:19; Jn. 3:19-20; 7:7; Ro. 1:29-30; Gá 1:4).

Una verdadera actitud justa hará que los cristianos usen su libertad **como siervos de Dios.** Pablo exhortó a los corintios: "Porque el que en el Señor fue llamado siendo esclavo, liberto es del Señor; asimismo el que fue llamado siendo libre, esclavo es de Cristo" (1 Co. 7:22). Esa libertad los ha llevado de la esclavitud de servir al pecado al privilegio de ser esclavos de la justicia.

> *¿No sabéis que si os sometéis a alguien como esclavos para obedecerle, sois esclavos de aquel a quien obedecéis, sea del pecado para muerte, o sea de la obediencia para justicia? Pero gracias a Dios, que aunque erais esclavos del pecado, habéis obedecido de corazón a aquella forma de doctrina a la cual fuisteis entregados; y libertados del pecado, vinisteis a ser siervos de la justicia. Hablo como humano, por vuestra humana debilidad; que así como para iniquidad presentasteis vuestros miembros para servir a la inmundicia y a la iniquidad, así ahora para santificación presentad vuestros miembros para servir a la justicia. Porque cuando erais esclavos del pecado, erais libres acerca de la justicia. ¿Pero qué fruto teníais de aquellas cosas de las cuales ahora os avergonzáis? Porque el fin de ellas es muerte. Mas ahora que habéis sido libertados del pecado y hechos siervos de Dios, tenéis por vuestro fruto la santificación, y como fin, la vida eterna (Ro. 6:16-22).*

Siervos (de la misma palabra para esclavos) definía al nivel más bajo de servidumbre en el mundo greco romano, pero para los creyentes describió la gozosa libertad de ser siervos de Cristo y de hacer lo recto en vez de lo malo (cp. Jn. 15:15; Gá 5:13; Ef. 6:6; Tit. 2:14). La libertad en Cristo y la ciudadanía en el reino de Dios de ninguna manera permiten a los creyentes abusar o ignorar las normas de conducta que Dios ha establecido para ellos en la tierra.

LA APLICACIÓN DE LA SUMISIÓN

Honrad a todos. Amad a los hermanos. Temed a Dios. Honrad al rey. (2:17)

Pedro resumió su mandato de sumisión a toda autoridad —su teología de ciudadanía— en cuatro dimensiones prácticas y aplicables de vida. Primera, los creyentes deben honrar a **todos.** Toda persona fue creada a imagen de Dios (Gn. 1:26; 9:6*b;* Stg. 3:9*b;* cp. Sal. 100:3*a*) y, por tanto, se le debe algún grado de respeto. En el siglo I la mayoría de la gente creía que los esclavos no eran personas y que no tenían derechos. Pero Pedro dijo a sus lectores que ya no debían tratarlos de esa manera (cp. Col. 4:1). Los cristianos no deben discriminar a ninguna clase de individuo a causa de raza, nacionalidad o posición económica (cp. Ro. 2:11; Ef. 6:8-9; Stg. 2:1-9). Eso no significa que ignoren los diferentes niveles de autoridad y estructura social, o que participen en una tolerancia sin sentido por la conducta de cualquiera, sino quiere decir que deben mostrar respeto por todos como individuos creados a imagen de Dios.

La segunda aplicación es que los creyentes amen **a los hermanos.** Deben mostrar al mundo que aman a sus compañeros cristianos. El apóstol Juan también escribió en varias ocasiones acerca de este principio:

> *Un mandamiento nuevo os doy: Que os améis unos a otros; como yo os he amado, que también os améis unos a otros. En esto conocerán todos que sois mis discípulos, si tuviereis amor los unos con los otros (Jn. 13:34-35; cp. 15:12).*

> *Y este es su mandamiento: Que creamos en el nombre de su Hijo Jesucristo, y nos amemos unos a otros como nos lo ha mandado (1 Jn. 3:23; cp. 4:7, 21).*

> *Todo aquel que cree que Jesús es el Cristo, es nacido de Dios; y todo aquel que ama al que engendró, ama también al que ha sido engendrado por él (1 Jn. 5:1).*

Tercera, los creyentes deben temer **a Dios** (Dt. 13:4; Sal. 111:10; Pr. 9:10; Ec. 12:13; He. 12:9, 28; Ap. 15:4), lo cual incluye confiar en Él en toda circunstancia (Sal. 36:7; Pr. 3:5; 14:26; 16:20; Is. 26:4), por difícil que sea (cp. 5:7; Sal. 34:22; Pr. 29:25; Nah. 1:7; 2 Co. 1:10; 2 Ti. 1:12). Los cristianos deben adorarlo como

Único soberano (Mt. 6:33-34; Ro. 8:28; 11:33) y como quien organiza todo según su perfecta voluntad (1 S. 2:7-8; Sal. 145:9; Pr. 19:21). Tal temor también anima a los creyentes a someterse a toda autoridad terrenal, porque tienen el mayor respeto por Aquel que les ha mandado hacerlo.

Por último, los creyentes deben honrar **al rey,** lo que lleva el tema al punto de partida, de nuevo al mandato básico del versículo 13. Esta aplicación vuelve a repetir la enseñanza de Pablo en Romanos 13, en particular el versículo 7: "Pagad a todos lo que debéis: al que tributo, tributo; al que impuesto, impuesto; al que respeto, respeto; al que honra, honra". Como agente de Dios para llevar a cabo los propósitos del gobierno, el monarca, presidente o primer ministro es digno del respeto que ordena Dios.

Cuando los creyentes obedecen los principios de este pasaje, esto da verdadera credibilidad a su fe. La sumisión a la autoridad civil es la realización de lo que se podría llamar "ciudadanía evangélica", a lo largo de las líneas de la declaración de Jesús en el Sermón del Monte:

> *Vosotros sois la luz del mundo; una ciudad asentada sobre un monte no se puede esconder. Ni se enciende una luz y se pone debajo de un almud, sino sobre el candelero, y alumbra a todos los que están en casa. Así alumbre vuestra luz delante de los hombres, para que vean vuestras buenas obras, y glorifiquen a vuestro Padre que está en los cielos (Mt. 5:14-16).*

Sometimiento en el lugar de trabajo 14

Criados, estad sujetos con todo respeto a vuestros amos; no solamente a los buenos y afables, sino también a los difíciles de soportar. Porque esto merece aprobación, si alguno a causa de la conciencia delante de Dios, sufre molestias padeciendo injustamente. Pues ¿qué gloria es, si pecando sois abofeteados, y lo soportáis? Mas si haciendo lo bueno sufrís, y lo soportáis, esto ciertamente es aprobado delante de Dios. Pues para esto fuisteis llamados; (2:18-21*a*)

Hoy día la cultura posmoderna parece aferrarse a una sola obligación moral básica: el sagrado deber de garantizar la igualdad de derechos para todo el mundo. Ya nadie habla de sacrificio o privilegio, sino solo de derechos, tales como derechos étnicos, derechos reproductivos, derechos de inmigrantes, derechos de homosexuales, y derechos en el lugar de trabajo.

Si las personas no reciben la libertad personal que creen que se les debería dar, expresan sus quejas en forma de paros, huelgas, boicoteo y rebeliones políticas. A tales manifestantes por lo general los motiva la creencia de que todos son iguales en toda forma y con derecho exactamente a las mismas cosas que todos los demás.

En el lugar de trabajo, los empleados expresan sus quejas por una falta de "derechos" a través de bajo rendimiento, "enfermedades", protestas o huelgas generales que impiden a la administración realizar la tarea de la empresa. En ocasiones la administración responde con cierres patronales o incluso con el despido de los empleados en huelga. A veces las acciones laborales resultan en aumentos de salarios y en mejoras de beneficios para los empleados, o quizás en un acuerdo de compromiso que a la larga beneficia a ambas partes.

Sin embargo, el enfoque en los "derechos" en el lugar de trabajo, cualesquiera que sean los resultados, es incongruente con la vida cristiana. En vez de eso, los creyentes deben preocuparse de la obediencia y la sumisión a la voluntad de Dios. Cuando obedecen y se someten a sus superiores, como Él manda, demuestran que su verdadera esperanza está en el mundo venidero.

David provee una excelente ilustración de la actitud sumisa que Dios busca en el contexto de servir bajo la autoridad de alguien. Una vez que Dios lo eligió para reemplazar a Saúl como rey, Saúl intentó matar a David. Primera de Samuel describe la razón fundamental del odio de Saúl:

> *Aconteció que cuando volvían ellos, cuando David volvió de matar al filisteo, salieron las mujeres de todas las ciudades de Israel cantando y danzando, para recibir al rey Saúl, con panderos, con cánticos de alegría y con instrumentos de música. Y cantaban las mujeres que danzaban, y decían: Saúl hirió a sus miles, y David a sus diez miles. Y se enojó Saúl en gran manera, y le desagradó este dicho, y dijo: A David dieron diez miles, y a mí miles; no le falta más que el reino. Y desde aquel día Saúl no miró con buenos ojos a David. Aconteció al otro día, que un espíritu malo de parte de Dios tomó a Saúl, y él desvariaba en medio de la casa. David tocaba con su mano como los otros días; y tenía Saúl la lanza en la mano. Y arrojó Saúl la lanza, diciendo: Enclavaré a David a la pared. Pero David lo evadió dos veces (1 S. 18:6-11; cp. 19:9-10).*

Frente a tal hostilidad, David descansó en la promesa divina de que sería rey. Por tanto, no necesitó exigir su derecho a gobernar; tampoco insistió en vengarse del rey Saúl. Sin embargo, el monarca siguió tratando de quitarle la vida a David.

> *Y tomando Saúl tres mil hombres escogidos de todo Israel, fue en busca de David y de sus hombres, por las cumbres de los peñascos de las cabras monteses. Y cuando llegó a un redil de ovejas en el camino, donde había una cueva, entró Saúl en ella para cubrir sus pies; y David y sus hombres estaban sentados en los rincones de la cueva. Entonces los hombres de David le dijeron: He aquí el día de que te dijo Jehová: He aquí que entrego a tu enemigo en tu mano, y harás con él como te pareciere. Y se levantó David, y calladamente cortó la orilla del manto de Saúl. Después de esto se turbó el corazón de David, porque había cortado la orilla del manto de Saúl. Y dijo a sus hombres: Jehová me guarde de hacer tal cosa contra mi señor, el ungido de Jehová, que yo extienda mi mano contra él; porque es el ungido de Jehová. Así reprimió David a sus hombres con palabras, y no les permitió que se levantasen contra Saúl. Y Saúl, saliendo de la cueva, siguió su camino. También David se levantó después, y saliendo de la cueva dio voces detrás de Saúl, diciendo: ¡Mi señor el rey! Y cuando Saúl miró hacia atrás, David inclinó su rostro a tierra, e hizo reverencia. Y dijo David a Saúl: ¿Por qué oyes las palabras de los que dicen: Mira que David procura tu mal? He aquí han visto hoy tus ojos cómo Jehová te ha puesto hoy en mis manos en la cueva; y me dijeron que te matase, pero te perdoné, porque dije: No extenderé mi mano contra mi señor, porque es el ungido de Jehová. Y mira, padre mío, mira*

> *la orilla de tu manto en mi mano; porque yo corté la orilla de tu manto, y no te maté. Conoce, pues, y ve que no hay mal ni traición en mi mano, ni he pecado contra ti; sin embargo, tú andas a caza de mi vida para quitármela. Juzgue Jehová entre tú y yo, y véngueme de ti Jehová; pero mi mano no será contra ti (1 S. 24:2-12).*

Increíblemente, desde un punto de vista humano, otra vez David no quiso hacer daño a Saúl, aunque tuvo otra oportunidad de contraatacar al rey. Primera de Samuel 26:6-12 narra lo que aconteció:

> *Entonces David dijo a Ahimelec heteo y a Abisai hijo de Sarvia, hermano de Joab: ¿Quién descenderá conmigo a Saúl en el campamento? Y dijo Abisai: Yo descenderé contigo. David, pues, y Abisai fueron de noche al ejército; y he aquí que Saúl estaba tendido durmiendo en el campamento, y su lanza clavada en tierra a su cabecera; y Abner y el ejército estaban tendidos alrededor de él. Entonces dijo Abisai a David: Hoy ha entregado Dios a tu enemigo en tu mano; ahora, pues, déjame que le hiera con la lanza, y lo enclavaré en la tierra de un golpe, y no le daré segundo golpe. Y David respondió a Abisai: No le mates; porque ¿quién extenderá su mano contra el ungido de Jehová, y será inocente? Dijo además David: Vive Jehová, que si Jehová no lo hiriere, o su día llegue para que muera, o descendiendo en batalla perezca, guárdeme Jehová de extender mi mano contra el ungido de Jehová. Pero toma ahora la lanza que está a su cabecera, y la vasija de agua, y vámonos. Se llevó, pues, David la lanza y la vasija de agua de la cabecera de Saúl, y se fueron; y no hubo nadie que viese, ni entendiese, ni velase, pues todos dormían; porque un profundo sueño enviado de Jehová había caído sobre ellos.*

El apóstol Pablo expresó más específicamente el principio divino de conceder respeto y no buscar retaliación: "No paguéis a nadie mal por mal; procurad lo bueno delante de todos los hombres. Si es posible, en cuanto dependa de vosotros, estad en paz con todos los hombres. No os venguéis vosotros mismos, amados míos, sino dejad lugar a la ira de Dios; porque escrito está: Mía es la venganza, yo pagaré, dice el Señor" (Ro. 12:17-19; cp. Lc. 6:32-35; 1 Co. 7:20-21, 24). Como estudiamos en el capítulo anterior de esta obra, ni Pedro, ni Pablo, ni ninguno de los demás escritores del Nuevo Testamento defendió alguna vez que los subordinados se levantaran contra sus superiores.

En esta sección Pedro pasa de la política al trabajo, y manda a los creyentes que son siervos o esclavos que se sometan a sus amos. En términos más amplios, eso significa que los empleados cristianos deben respetar y obedecer a sus empleadores. El apóstol emitió su orden no solo como un mandato sino también como un motivo de sumisión.

EL MANDATO PARA LA SUMISIÓN

Criados, estad sujetos con todo respeto a vuestros amos; no solamente a los buenos y afables, sino también a los difíciles de soportar. (2:18)

La fuerza laboral en el mundo romano consistía de esclavos, y la manera en que se les trataba era amplia. Algunos amos apreciaban a sus esclavos como miembros confiables de la casa y los trataban como parte de la familia. Pero muchos no lo hacían, porque había escasas protecciones (y prácticamente ningún derecho) para los esclavos, quienes eran considerados propiedad y no como personas. Los esclavos poseían poco o nada, y no tenían ningún recurso legal al que pudieran apelar cuando los maltrataban. Por ejemplo, el influyente filósofo griego Aristóteles escribió: "Un esclavo es una herramienta viva, y una herramienta es un esclavo inanimado" (*Ethics*, 1161*b*). Al escribir acerca de la agricultura, el noble romano Varro aseguró que lo único que distinguía a un esclavo de una bestia o de una carreta era que el esclavo podía hablar.

Se puede decir que mientras el evangelio se extendía por todo el mundo grecorromano, la mayoría de convertidos eran esclavos. Pablo dijo a los corintios:

> *Pues mirad, hermanos, vuestra vocación, que no sois muchos sabios según la carne, ni muchos poderosos, ni muchos nobles; sino que lo necio del mundo escogió Dios, para avergonzar a los sabios; y lo débil del mundo escogió Dios, para avergonzar a lo fuerte; y lo vil del mundo y lo menospreciado escogió Dios. (1 Co. 1:26-28)*

Esa realidad es la razón de que el Nuevo Testamento dirigiera mucha enseñanza a esclavos (1 Co. 7:20-24; Ef. 6:5-6; Col. 3:22; 1 Ti. 6:1-2; Tit. 2:9-10; Flm. 12-16). Estos conformaban gran parte de la iglesia gentil, y su lugar en la sociedad hizo que surgieran algunos problemas importantes. Primero, a menudo los creyentes esclavos suponían que al haberse vuelto libres en Cristo (Ro. 6:17-18; 7:6; 1 Co. 7:22; 12:13; Gá 3:28; Ef. 6:8; Col. 3:11, 24) también tenían el derecho a ser libres de sus amos. Segundo, a veces los esclavos convertidos suponían que les correspondía cierto ascenso social debido a sus dones espirituales y a su liderazgo en la iglesia. Cuando un esclavo se convertía en anciano de la iglesia, y por tanto en supervisor espiritual de su amo creyente, era necesario abordar el tema de su subordinación a su amo en el lugar de trabajo. Bajo enseñanza apostólica, los primeros cristianos desarrollaron fuertes y correctas convicciones sobre cuestiones relacionadas con la esclavitud. No trataron de incitar una rebelión de esclavos, sino que se enfocaron en asegurarse que las actitudes cristianas de los esclavos fueran correctas. La carta de Pablo a Filemón es un testimonio inspirado de la voluntad divina para un esclavo, quien era hermano en Cristo, a fin de cumplir su deber con su amo.

Criados (*oiketai*) viene de la raíz que significa "casa", y por tanto es el término básico para sirvientes de la casa (cp. Hch. 10:7). La mayor parte de esos criados servían en un hogar o bajo el propietario de una hacienda con los deberes de ser campesinos que araban el campo del propietario, a fin de pagar a los galenos que atendían las necesidades médicas de su familia. El mandato básico de Pedro para ellos es: **estad sujetos** (*hupotassomenoi*, un participio pasivo presente con el sentido de un imperativo presente, que significa "alinearse debajo de"). Los esclavos debían estar continuamente sujetos **a** sus **amos,** los *despotai* (de donde se deriva la palabra castellana *déspotas*), que tenían absoluta propiedad y total control sobre los esclavos (cp. 1 Ti. 6:1-2; Tit. 2:9).

La sumisión de los criados se debía rendir **con todo respeto,** es decir, sin amargura o negatividad, sino más bien con una actitud de gentil honra. Esa era una manera de mostrar respeto a Dios mismo y de cumplir las enseñanzas de Pedro acerca del temor de Dios, expresado en otra parte de su carta (1:17 [véase el estudio de este versículo en el capítulo 5 de esta obra]; 2:17; 3:2; 3:15). Dios diseñó la relación criado-amo a fin de asegurar seguridad, cuidado, apoyo, productividad y la conducta de la actividad humana. La tierra cede sus productos y su riqueza material para apoyar y enriquecer a la humanidad a través de la providencia de las relaciones laborales. Esta es una institución de Dios desde la caída hacia adelante (Gn. 3:17-19). Dios ha diseñado un complejo de habilidades y oportunidades, relaciones y experiencias, para permitir a los seres humanos obtener los ricos recursos de este planeta.

Tal actitud temerosa hacia Dios debe extenderse más allá de los amos **buenos y afables,** incluso **también a los difíciles de soportar. Buenos** (*agathois*) significa "alguien que es recto, favorable y razonable por las necesidades de otro". **Afables** (*epieikesin*) se refiere a "alguien que es considerado, sensato y justo". Por tanto, la expresión **buenos y afables** describe a una persona magnánima, amable y compasiva, la clase de amo a quien es fácil someterse. El tipo de amos a los que no es fácil someterse Pedro los llama **difíciles de soportar** (*skoliois*), un término que literalmente significa "curvado" o "torcido", y que metafóricamente significa "perverso" o "deshonesto". (La palabra se transcribe en terminología médica para describir una condición torcida de la columna vertebral [escoliosis]).

En su carta a los efesios, el apóstol Pablo explicó más la voluntad de Dios sobre este asunto:

> *Siervos, obedeced a vuestros amos terrenales con temor y temblor, con sencillez de vuestro corazón, como a Cristo; no sirviendo al ojo, como los que quieren agradar a los hombres, sino como siervos de Cristo, de corazón haciendo la voluntad de Dios; sirviendo de buena voluntad, como al Señor y no a los hombres, sabiendo que el bien que cada uno hiciere, ése recibirá del Señor, sea siervo*

o sea libre. Y vosotros, amos, haced con ellos lo mismo, dejando las amenazas, sabiendo que el Señor de ellos y vuestro está en los cielos, y que para él no hay acepción de personas (Ef. 6:5-9).

En el lugar de trabajo los empleados deben someterse a los empleadores como si estuvieran sirviendo a Cristo mismo. Tal sumisión imposibilita toda rebelión, protesta, motín, huelga o desobediencia de cualquier tipo, aunque el empleador sea difícil de soportar.

EL MOTIVO PARA LA SUMISIÓN

Porque esto merece aprobación, si alguno a causa de la conciencia delante de Dios, sufre molestias padeciendo injustamente. Pues ¿qué gloria es, si pecando sois abofeteados, y lo soportáis? Mas si haciendo lo bueno sufrís, y lo soportáis, esto ciertamente es aprobado delante de Dios. Pues para esto fuisteis llamados; (2:19-21*a*)

Debería tener poca importancia para los creyentes cuáles son sus circunstancias en el lugar de trabajo, ya sean ellos directores generales o custodios, o que reciban un considerable aumento salarial o que se conformen con un recorte de salario a fin de que la compañía pueda mantener su solvencia. El factor de importancia primordial es que mantengan su testimonio ante el mundo de pecadores que observan (cp. Mt. 5:15-16; Mr. 4:21; Fil. 2:14-16), y eso ocurre en el lugar de trabajo cuando los creyentes trabajan con conciencia de la gloria de Dios. Tal conciencia es la motivación no solo para el comportamiento ejemplar y la sumisión en el trabajo, sino también para confiar en la soberanía de Dios en toda situación. El teólogo A. W. Pink escribió:

> Cuando vemos la aparente derrota de lo justo, y el triunfo del poder y de la maldad… parecería como si Satanás estuviera sacando lo mejor del conflicto. Pero cuando miramos por *encima,* y no alrededor, se hace explícitamente evidente un trono para el ojo de la fe… Esta es entonces nuestra confianza: *Dios está en el trono* (*The Sovereignty of God,* ed. rev., [Edinburgh: Banner of Truth, 1961], pp. 149-50; cursivas en el original).

La motivación para el sometimiento de los creyentes en el lugar de trabajo reside en la corta frase **porque esto merece aprobación,** que literalmente significa "esta es una gracia". Dios se complace cuando los creyentes hacen su trabajo en una manera humilde y sumisa para sus superiores (cp. 1 S. 15:22; Sal. 26:3; 36:10; Stg. 1:25). Es especialmente propicio para Dios **si alguno** [un creyente] **a causa de la conciencia delante de Dios, sufre molestias padeciendo injustamente.** Trátese de un esclavo en la época de Pedro que soportaba con paciencia un trato cruel, o de un empleado en la época actual que no toma represalias contra un supervisor cruel e injusto, Dios se agrada. Esto es a lo que Santiago se refirió como una experiencia de "sumo gozo" por la cual los creyentes son perfeccionados (Stg. 1:2-4). La mayor bendición es realmente para quien sufre.

Conciencia delante de Dios se refiere a la conciencia general ya mencionada de su presencia, que a su vez es la principal motivación de los creyentes para someterse en el sitio de trabajo. La palabra traducida **sufre** significa "soportar", y el término **molestias** sugiere dolor, sea físico o mental. Es el deseo del Señor que cuando los creyentes están **padeciendo injustamente** en el lugar de trabajo, no vacilen en su testimonio sino que con humildad y paciencia acepten el trato injusto, sabiendo que Dios tiene control soberano de toda circunstancia (Sal. 33:11; 103:19; Pr. 16:1, 9; 19:21; Is. 14:27; 46:9-10; Hch. 17:28; Ro. 8:28-30; cp. 1:6-7; 2 Co. 4:17-18) y que promete bendecir a quienes sufren.

Sin duda muchos destinatarios de esta epístola soportaban dolorosas e injustas palizas como esclavos. Sus amos quizás los privaban de comida, los obligaban a trabajar sin razón largas horas, o los castigaban con injusticia en muchas maneras. A diferencia de los empleados modernos en las naciones occidentales industrializadas, aquellos esclavos no tenían a nadie a quién acudir por indemnización de agravios, ningún representante sindical, ni juntas de gobierno o defensores del pueblo para resolver disputas, y ninguna manera de presentar demandas civiles. Simplemente debían soportar todas las circunstancias dolorosas y difíciles que sus amos les imponían... y los creyentes lo hacían para la gloria y la honra de Dios (cp. Mt. 5:10; 2 Ts. 1:4-5; Stg. 5:11), lo que evidenciaba la perspectiva celestial que tenían.

Pedro insistió en su razonamiento con una pregunta retórica negativa, seguida por una afirmación positiva. La respuesta implícita a su pregunta: **¿qué gloria es, si pecando sois abofeteados, y lo soportáis?** es: "No hay gloria". Los creyentes que pecan merecen castigo (cp. Sal. 66:18; Jer. 5:25; Dn. 9:8; He. 12:5-11), y lo deben soportar con paciencia.

Por otra parte, Pedro ofreció la aseveración positiva: **Mas si haciendo lo bueno sufrís, y lo soportáis, esto ciertamente es aprobado delante de Dios.** Cuando los esclavos creyentes hacían **lo** que era **bueno,** aun así algunos tenían que padecer por eso, incluso hasta el punto de ser **abofeteados** como si realmente merecieran castigo. Esto indica que, entre varias formas, el duro trato venía físicamente por medio de fuertes golpes con los puños o con instrumentos (cp. Mr. 14:65). Quizás algunos eran castigados debido a sus convicciones cristianas. Repito, quienes soportaban tal sufrimiento **ciertamente** eran aprobados **delante de Dios.** A Él siempre le complace ver creyentes que aceptan fielmente cualquier adversidad y que tratan con ella (cp. 3:14; 4:14, 16; Mt. 5:11-12; 1 Co. 4:11-13; 2 Co. 12:9-10; Stg. 1:12).

Pedro concluyó esta sección con la asombrosa declaración del inicio del versículo 21: **Pues para esto fuisteis llamados.** Haber sido **llamados** se refiere al eficaz llamado de la salvación (1:15; 5:10; cp. Ro. 8:28, 30; 9:24; 1 Co. 1:9; Gá 1:6, 15; Ef. 4:1, 4; Col. 3:15; 2 Ts. 2:14; 2 Ti. 1:9; He. 9:15; 2 P. 1:3). Tan pronto como el Espíritu Santo llama a las personas de la oscuridad a la luz, estas se convierten en enemigas del mundo (Jn. 15:18-19; 1 Jn. 3:13) y en blanco de ataques injustos y desleales cuando tratan de obedecer a Cristo. Pablo le dijo a Timoteo: "Y también todos los que quieren vivir piadosamente en Cristo Jesús padecerán persecución" (2 Ti. 3:12; cp. Mr. 10:30; Jn. 15:20; 16:33).

Para Dios es más importante que quienes son ciudadanos del cielo muestren un testimonio fiel, marcado por integridad espiritual, a que luchen por conseguir sus derechos percibidos en este mundo. Para Él es más importante que los cristianos defiendan la credibilidad del poder del evangelio, a que obtengan un aumento o un ascenso en su profesión. Definitivamente es mucho más importante para Dios que los creyentes demuestren sumisión a la soberanía divina en todo aspecto, a que protesten contra problemas en su lugar de trabajo. Martyn Lloyd-Jones ilustra así el valor de la sumisión de los cristianos a aquello a lo que fueron **llamados**, al rigor de la disciplina y las tribulaciones en el día a día:

> Somos como el muchacho escolar que le gusta evadir ciertas cosas, y que huye de los problemas y las pruebas. Pero damos gracias a Dios de que debido a que Él tiene mayor interés en nosotros y sabe lo que resulta para nuestro bien, nos hace pasar a través de las disciplinas de la vida; Dios hace que aprendamos las tablas de multiplicar; fuimos creados para luchar con los elementos de la gramática. Muchas cosas que constituyen sufrimientos para nosotros son esenciales para que un día podamos ser hallados sin mancha ni arruga (*The Miracle of Grace* [reimpresión; Grand Rapids: Baker, 1986], p. 39).

Siempre que los creyentes enfrentan pruebas en el trabajo deben verlas como oportunidades para su crecimiento espiritual y para evangelizar. La razón principal de que Dios permita a los creyentes permanecer en este mundo es porque podría usarlos para ganar a los perdidos y así llevar gloria a su nombre. Aquellos que sufren teniendo la actitud adecuada serán bendecidos en esta vida y honrados más adelante en la presencia del Señor.

El Jesús sufriente 15

porque también Cristo padeció por nosotros, dejándonos ejemplo, para que sigáis sus pisadas; el cual no hizo pecado, ni se halló engaño en su boca; quien cuando le maldecían, no respondía con maldición; cuando padecía, no amenazaba, sino encomendaba la causa al que juzga justamente; quien llevó él mismo nuestros pecados en su cuerpo sobre el madero, para que nosotros, estando muertos a los pecados, vivamos a la justicia; y por cuya herida fuisteis sanados. Porque vosotros erais como ovejas descarriadas, pero ahora habéis vuelto al Pastor y Obispo de vuestras almas. (2:21*b*-25)

Si fuéramos a obtener una muestra representativa de cómo las personas en la sociedad occidental vislumbran quién fue Jesús, las respuestas sin duda incluirían las siguientes precisiones: Él fue el niño de Navidad en el pesebre de Belén (Lc. 2:15-16); fue el joven carpintero de Nazaret que en una ocasión confundió a los maestros religiosos en Jerusalén (Lc. 2:45-47); fue un maestro humilde y amoroso (Mt. 5:1-12); Jesús fue un sanador compasivo y poderoso que curó enfermedades (Mt. 8:14-17) y resucitó muertos (Jn. 11:1-44); fue un predicador valiente y perspicaz que entusiasmó a las multitudes mientras explicaba la voluntad de Dios (Mt. 7:28-29); y fue el ejemplo perfecto y el modelo ideal de masculinidad (Lc. 2:52; cp. Mt. 4:1-11; Fil. 2:7; He. 4:15).

Cada una de las anteriores imágenes de Cristo es verdadera e instructiva hasta cierto punto. Pero podemos afirmar que todas ellas no captan por completo su vida y ministerio. Una imagen del Hijo de Dios reemplaza a todas las demás en importancia, y es crucial para el propósito de su encarnación. Se trata de la de Jesús como Siervo sufriente y Salvador crucificado. En la cruz Él mostró claramente su deidad y su humanidad juntas, y concluyó su obra redentora: la expiación por el pecado, la razón para que viniera al mundo. El apóstol Pablo resumió así la suprema importancia de la muerte y resurrección de Cristo: "Me propuse no saber entre vosotros cosa alguna sino a Jesucristo, y a éste crucificado" (1 Co. 2:2).

Este pasaje final de 1 Pedro 2 presenta al Mesías sufriente y revela tres aspectos de su sufrimiento: Él fue para los creyentes el ejemplo perfecto para el sufrimiento, el substituto perfecto de los creyentes en el sufrimiento, y se convirtió en el perfecto pastor de los creyentes a través del sufrimiento.

EL EJEMPLO PERFECTO DE SUFRIMIENTO PARA LOS CREYENTES

porque también Cristo padeció por nosotros, dejándonos ejemplo, para que sigáis sus pisadas; el cual no hizo pecado, ni se halló engaño en su boca; quien cuando le maldecían, no respondía con maldición; cuando padecía, no amenazaba, sino encomendaba la causa al que juzga justamente; (2:21*b*-23)

Como vimos en el capítulo anterior de esta obra, los cristianos han sido llamados a la persecución y el sufrimiento, ya sea en el lugar de trabajo o en cualquier otro ámbito de la vida (2:20-21*a*). En toda forma de sufrimiento deben mirar hacia Cristo como su norma y su ejemplo. Para Él, la senda hacia la gloria fue el camino del sufrimiento (Lc. 24:25-26), y el patrón es el mismo para sus seguidores.

La frase de Pedro **porque también Cristo padeció por nosotros** nos recuerda sin duda la realidad de su muerte eficaz, sustitutiva y en relación con el pecado, es decir, su sufrimiento redentor (cp. la exposición en la siguiente sección de este capítulo). El sufrimiento del Cristo redentor como el único sacrificio por el pecado no tiene parangón con los sufrimientos de sus seguidores. Sin embargo, hay características del sufrimiento de Jesús que proporcionan un ejemplo para que los cristianos sigan en sus propios padecimientos. Por ejemplo, en violación total de la justicia y la bondad, fue crucificado como un criminal (Is. 53:12; Mt. 27:38) aunque no cometió ningún delito (1:19; cp. Is. 53:9; Jn. 8:46; 2 Co. 5:21; He. 7:26). Él fue perfectamente sin pecado. Por otro lado, la vida en este mundo siempre ha estado llena de un trato injusto hacia los fieles de Dios (cp. 2 Ti. 3:12). No obstante, la ejecución de Cristo demuestra que se puede ser absolutamente fiel a la voluntad de Dios y aun así experimentar sufrimiento injusto. Por eso la actitud de Cristo en su muerte en la cruz provee a los creyentes el ejemplo definitivo de cómo reaccionar ante la persecución y castigos inmerecidos (cp. He. 12:3-4).

Eso es sin duda a lo que se refiere Pedro, porque añade las palabras **dejándonos ejemplo.** Los creyentes nunca sufrirán por la salvación de otros, ni por la de ellos mismos. Pero sufrirán por causa de Cristo, y el ejemplo de Él es su ejemplo para una respuesta que honre a Dios. La palabra traducida **ejemplo** es *hupogrammon*, que literalmente significa "por escrito", y se refiere a un modelo puesto bajo una hoja de papel de calcar para que las imágenes originales se puedan duplicar. En tiempos antiguos los niños aprendían a escribir haciendo trazos sobre las letras del alfabeto para facilitarles el aprendizaje de escribirlas. Cristo es el **ejemplo** o modelo sobre el cual los creyentes trazan sus vidas. Al hacerlo, están siguiéndole **sus pisadas.** *Ichnesin* (**pisadas**) significa "huellas" o "rastros". Tanto para los creyentes como para Cristo, las huellas por este mundo son a menudo por senderos de padecimiento injusto.

En vista del sufrimiento que estaban soportando (1:6-7; 2:20; 3:14, 17; 4:12-19; 5:9) y que habrían de soportar, Pedro quiso que sus lectores miraran más de cerca cómo su Señor reaccionó ante el sufrimiento. Ya que Cristo soportó inigualable padecimiento cuando fue a la cruz, Pedro, a fin de exponer el ejemplo, enfocó ese acontecimiento como la máxima experiencia. El apóstol examinó la reacción de Jesús al sufrimiento intenso a través de las palabras proféticas de Isaías 53, el capítulo más importante del Antiguo Testamento sobre el sufrimiento del Mesías.

Pedro tomó primero de Isaías 53:9 para describir la reacción de Cristo ante el trato injusto. La frase **el cual no hizo pecado, ni se halló engaño en su boca** es un paralelo cercano a las palabras del profeta en la segunda mitad de ese versículo: "aunque nunca hizo maldad, ni hubo engaño en su boca". En algunas traducciones Isaías usa la palabra "violencia" (p. ej. NVI, RVC, NBLH, LBLA) en vez de maldad, no en el sentido de un simple acto de fanatismo, sino con el significado de pecado (maldad), todo lo cual es violencia contra Dios y su ley. El profeta señaló que el Siervo sufriente (el Cristo que vendría) nunca violaría la ley de Dios. Los traductores de la Septuaginta entendieron esto y usaron "sin ley" en vez de "violencia" para traducir el término. Pedro escogió la palabra **pecado** porque bajo la inspiración del Espíritu Santo supo que ese era el significado de Isaías.

Pedro tomó aún más de Isaías, afirmando la impecabilidad de Cristo al declarar que no **se halló engaño en su boca.** Con gran facilidad y frecuencia el corazón del hombre expresa el pecado a través de la boca, según el profeta dejó en claro incluso al documentar su propia experiencia: "¡Ay de mí! que soy muerto; porque siendo hombre inmundo de labios, y habitando en medio de pueblo que tiene labios inmundos, han visto mis ojos al Rey, Jehová de los ejércitos" (Is. 6:5; cp. Mt. 15:18-19; Lc. 6:45; Stg. 1:26; 3:2-12). La boca de Jesús nunca pudo haber pronunciado algo pecaminoso, puesto que no hubo pecado en Él (Lc. 23:41; Jn. 8:46; 2 Co. 5:21; He. 4:15; 7:26; 1 Jn. 3:5). **Engaño** viene de *dolos* (véase el estudio de esa palabra en 2:1, capítulo 8 de esta obra), que se usa aquí como un término general para corrupción pecaminosa.

Pedro describe a continuación la respuesta ejemplar de Cristo ante tan injusta tortura, diciendo: **quien cuando le maldecían, no respondía con maldición,** repitiendo de nuevo la predicción de Isaías 53:7: "Angustiado él, y afligido, no abrió su boca; como cordero fue llevado al matadero; y como oveja delante de sus trasquiladores, enmudeció, y no abrió su boca". Durante las crueles horas que antecedieron a la crucifixión misma, Jesús padeció bajo repetidas provocaciones de sus acusadores (Mt. 26:57-68; 27:11-14, 26-31; Jn. 18:28—19:11). Intentaron presionarlo hasta el límite con sus intensas burlas y tortura física, pero no pudieron lograrlo (Mr. 14:65; Lc. 22:63-65). Él no se enojó ni tuvo represalias contra sus acusadores (Mt. 26:64; Jn. 18:34-37).

Cuando le maldecían es un participio presente (*loidoroumenos*) que significa usar lenguaje abusivo y vil una y otra vez contra una persona, "apilar maltrato sobre alguien". Describía un tipo sumamente duro de maltrato verbal que podía ser más molesto que el maltrato físico. Pero Jesús aceptó con paciencia y humildad todo el maltrato verbal que le lanzaron (Mt. 26:59-63; 27:12-14; Lc. 23:6-10) y no devolvió el maltrato a sus torturadores. La realidad de que Jesús **no respondía con maldición** es mucho más notable si se consideran las justas, rectas, poderosas y legítimas amenazas que Él pudo haber expresado en respuesta (cp. Mt. 26:53). Como el soberano y omnipotente Hijo de Dios y Creador y Sustentador del universo, Jesús pudo haber lanzado a sus crueles e incrédulos enemigos al infierno eterno con una palabra de su boca (cp. Lc. 12:5; He. 10:29-31). Al final, aquellos que no se arrepintieron ni creyeron en Él serían enviados al infierno; pero por esta vez Jesús soportó sin represalia, estableciendo así un ejemplo para los creyentes. **Cuando padecía, no amenazaba;** en vez de devolver amenazas ante el ultraje continuo e injusto, Él prefirió aceptar el sufrimiento e incluso pedir a su Padre que perdonara a quienes lo maltrataban (Lc. 23:34).

Para esa asombrosa respuesta, y contra quienes le rechazaron llenos de odio, Jesús sacó las fuerzas de su total confianza en el propósito final de su Padre de lograr justicia para su causa. Él **encomendaba la causa al que juzga justamente.** El verbo traducido **encomendaban** (*paredidou*) significa "comprometer", o "entregar", y al estar en tiempo imperfecto quiere decir acción pasada repetida. Con cada nueva oleada de maltrato que venía una y otra vez, Jesús siempre estuvo "entregándose" a Dios para que lo guardara a buen recaudo. Lucas registra cómo hasta el mismo final, ese patrón continuó: "Padre, en tus manos encomiendo mi espíritu. Y habiendo dicho esto, expiró" (Lc. 23:46). Subyacente a la aceptación firme y pacífica de Jesús había una inquebrantable confianza en el plan perfectamente justo de aquel **que juzga justamente** (cp. Jn. 4:34; 15:10; 17:25). Él sabía que Dios lo protegería según su justicia perfecta y santa. Alan Stibbs comenta:

> En... el caso único de la pasión de nuestro Señor, cuando el inmaculado sufrió como si fuera el peor de los pecadores, y soportó el castigo extremo del pecado, hay un doble sentido en que Él pudo haber reconocido a Dios como el Juez justo. En primer lugar, debido a que voluntariamente y en cumplimiento del propósito divino, Él estaba tomando el lugar del pecador y al llevar el pecado no protestó ante lo que habría de sufrir. En vez de eso reconoció conscientemente que ese era el castigo justo por el pecado. Así que se entregó para ser castigado y reconoció que al permitir que tal vergüenza, dolor y maldición cayeran sobre Él, el Dios justo estaba juzgando con justicia. En segundo lugar, puesto que Él no tenía pecado, también creyó que a su debido tiempo Dios, como el

> Juez justo, lo vindicaría como justo y lo exaltaría de la tumba premiándolo porque había soportado de manera voluntaria por el bien de los demás al darle al Padre el derecho de salvarlos por completo del castigo y el poder de las propias maldades de los seres humanos (*The Tyndale New Testament Commentaries, The First Epistle of Peter* [Grand Rapids: Eerdmans, 1971], p. 119).

Jesús es el ejemplo perfecto de los creyentes en padecer por causa de la justicia, y establece la norma para que ellos confíen en Dios como su Juez justo (cp. Job 36:3; Sal. 11:7; 31:1; 98:9; 119:172; Jer. 9:24). Aunque los santos no son sin pecado, son justos en Cristo y tienen la promesa de la vindicación de Dios para ellos. Tal esperanza sin duda motivó a Esteban a fijar la mirada en el Cristo exaltado y a pedir a Dios perdón para sus asesinos (Hch. 7:54-60). Pablo escribió:

> *Porque esta leve tribulación momentánea produce en nosotros un cada vez más excelente y eterno peso de gloria; no mirando nosotros las cosas que se ven, sino las que no se ven; pues las cosas que se ven son temporales, pero las que no se ven son eternas (2 Co. 4:17-18; cp. Ro. 8:18; 2 Ti. 2:12; He. 2:10; Stg. 1:2-4; 1 P. 1:6-7).*

El apóstol sugiere que la intensa pero comparativamente insignificante cantidad de sufrimiento que los creyentes experimentan en esta vida dará como resultado un peso infinitamente más grande (lit., "masa pesada") de gloria en la vida venidera.

EL PERFECTO SUSTITUTO DE LOS CREYENTES EN EL SUFRIMIENTO

quien llevó él mismo nuestros pecados en su cuerpo sobre el madero, para que nosotros, estando muertos a los pecados, vivamos a la justicia; y por cuya herida fuisteis sanados. (2:24)

Pedro pasa entonces a la realidad esencial del sufrimiento del Señor: su muerte sustitutoria (Mr. 10:45; Ro. 5:8; Ef. 5:2; cp. He. 2:17). Leon Morris comenta:

> La redención es sustitutiva, porque significa que Cristo pagó el precio que nosotros no podíamos pagar, lo pagó en nuestro lugar, y quedamos libres. La justificación interpreta nuestra salvación de manera judicial, y como lo ve el Nuevo Testamento, Cristo asumió nuestra responsabilidad legal, la tomó en nuestro lugar. Reconciliación significa hacer que las personas se integren al quitar la causa de la hostilidad. En este caso la

> causa es el pecado, y Cristo quitó esa causa por nosotros. No podíamos tratar con el pecado. Él pudo y lo hizo, y lo hizo en tal manera que nos es contado. La propiciación nos señala hacia la eliminación de la ira divina, y Cristo logró esto al soportar la ira por nosotros. Fue nuestro pecado lo que atrajo esa ira; fue Él quien la llevó... ¿Había que pagar un precio? Él lo pagó. ¿Había una victoria que debía ganarse? Él la ganó. ¿Había un castigo que debía soportarse? Él lo soportó. ¿Había un juicio que debía enfrentarse? Él lo enfrentó (*The Cross in the NewTestament* [Grand Rapids: Eerdmans, 1965], p. 405).

Pablo, igual que Pedro, dio suma importancia a la expiación sustitutiva de Cristo. A los gálatas les escribió: "Cristo nos redimió de la maldición de la ley, hecho por nosotros maldición (porque está escrito: Maldito todo el que es colgado en un madero)" (Gá 3:13; cp. 2 Co. 5:21; 1 P. 3:18). La importancia de la sustitución de Cristo no se puede exagerar:

> Dicho sin rodeos y con claridad, si Cristo no es mi sustituto, aún ocupo el lugar de un pecador condenado. Si mis pecados y mi culpa no son transferidos a Él, si Él no los lleva sobre sí, entonces con toda seguridad permanecen conmigo. Si Él no lidió con mis pecados, yo debo enfrentar las consecuencias. Si Él no llevó mi castigo, aún se cierne sobre mí (Morris, p. 410).

Pedro explicó el sacrificio de Cristo a favor de los creyentes con alusiones adicionales a la conocida descripción de Isaías acerca de la muerte del Mesías (Is. 53:4-5, 11). **Él mismo** (*hos... autos*) es una personalización enérgica y resalta que el Hijo de Dios, de manera voluntaria y sin coerción (Jn. 10:15, 17-18), murió como el único sacrificio suficiente por los pecados de todos los que creerían (cp. Jn. 1:29; 3:16; 1 Ti. 2:5-6; 4:10; He. 2:9, 17). El mismo nombre *Jesús* indica que "él salvará a su pueblo de sus pecados" (Mt. 1:21). **Llevó** viene de *anapherō* y aquí significa acarrear el peso enorme e intenso del pecado. Ese peso del pecado es tan fuerte que Romanos 8:22 afirma "que toda la creación gime a una" debajo de él. Solo Jesús podía quitar de los elegidos tan enorme peso (cp. He. 9:28).

Cualquiera que entendiera las Escrituras hebreas como lo hizo Pedro, y que experimentara los sacrificios en el templo, habría estado familiarizado con la verdad de la muerte sustitutiva y por ende captaría el significado de Cristo como la ofrenda total y definitiva por el pecado.

Que Jesús **llevó él mismo** los **pecados** de los creyentes significa que sufrió el castigo por todos los pecados de quienes alguna vez serían perdonados. Al recibir la ira de Dios contra el pecado, Cristo soportó en la cruz no solamente la muerte en su cuerpo (Jn. 19:30-37), sino que resistió por un tiempo la más horrible separación del Padre (Mt. 27:46). Cristo cargó todo el castigo por los pecados de los santos, satisfaciendo así la justicia divina y liberando a Dios para perdonar a quienes se arrepienten y creen (Ro. 3:24-26; 4:3-8; 5:9; 1 Ts. 1:10). Explícito en el pronombre **nuestros** está la provisión específica, la real expiación a favor de todos los que alguna vez creerían. La muerte de Cristo es eficaz únicamente por los pecados de aquellos que creen, quienes son los elegidos de Dios (cp. Mt. 1:21; 20:28; 26:28; Jn. 10:11, 14-18, 24-29; Ap. 5:9; véase también el estudio de la elección en el capítulo 1 de esta obra).

Cuando Cristo murió, lo hizo **para que** los creyentes, **estando muertos a los pecados,** pudieran vivir **a la justicia.** Esta es la manera de Pedro de decir lo que el apóstol Pablo declara en Romanos 6:3-11:

> *¿O no sabéis que todos los que hemos sido bautizados en Cristo Jesús, hemos sido bautizados en su muerte? Porque somos sepultados juntamente con él para muerte por el bautismo, a fin de que como Cristo resucitó de los muertos por la gloria del Padre, así también nosotros andemos en vida nueva. Porque si fuimos plantados juntamente con él en la semejanza de su muerte, así también lo seremos en la de su resurrección; sabiendo esto, que nuestro viejo hombre fue crucificado juntamente con él, para que el cuerpo del pecado sea destruido, a fin de que no sirvamos más al pecado. Porque el que ha muerto, ha sido justificado del pecado. Y si morimos con Cristo, creemos que también viviremos con él; sabiendo que Cristo, habiendo resucitado de los muertos, ya no muere; la muerte no se enseñorea más de él. Porque en cuanto murió, al pecado murió una vez por todas; mas en cuanto vive, para Dios vive. Así también vosotros consideraos muertos al pecado, pero vivos para Dios en Cristo Jesús, Señor nuestro.*

La unión con Cristo en su muerte y resurrección no cambia únicamente la posición de los creyentes delante de Dios (quien los declara justos, puesto que sus pecados han sido pagados y quitados de ellos), sino que también les cambia la naturaleza: no solo son justificados y santificados, sino transformados de pecadores en santos (2 Co. 5:17; Tit. 3:5; Stg. 1:18).

Apogenomenoi (**estando muertos**) no es la palabra normal para "fallecer" y se usa solo aquí en el Nuevo Testamento. Significa "estar lejos de, partir, estar perdido, o dejar de existir". Cristo murió por los creyentes para separarlos del castigo por el pecado, de modo que este no puede condenarlos. El registro de los pecados de ellos, la acusación de culpabilidad que los habría dirigido al infierno fue clavada "en la cruz" (Col. 2:12-14). Jesucristo pagó por completo a Dios la deuda que ellos tenían. En ese sentido, todos los cristianos son liberados del castigo por el pecado. También son liberados de su poder dominante, de modo que puedan vivir para **la justicia** (cp. Ro. 6:16-22).

Pedro describe esta muerte al pecado, y el hecho de llegar a estar vivos para la justicia, como una sanidad: **por cuya herida fuisteis sanados.** Esto también lo tomó del profeta del Antiguo Testamento cuando escribió: "Por su llaga fuimos nosotros curados" (Is. 53:5). **Herida** es un uso mejor que "flagelación" puesto que la última podría dar la impresión de que la paliza dada a Jesús produjo salvación. Tanto Isaías como Pedro quisieron decir que la **herida** de Jesús fue parte del proceso de ejecución. **Herida** es una referencia general, un sinónimo para todo el sufrimiento que llevó a Cristo a la muerte. Y la sanidad aquí es espiritual, no física. En estas referencias a los padecimientos de Cristo, ni Isaías ni Pedro pensaron en sanidad física como consecuencia. La sanidad física para todos los que creen resulta de la obra expiatoria de Cristo, pero tal sanidad espera un futuro cumplimiento en las perfecciones del cielo. En la gloria de la resurrección, los creyentes no experimentarán enfermedad, dolor, sufrimiento o muerte (Ap. 21:1-4; 22:1-3).

En consideración justa de esta explicación, se debe admitir que el apóstol Mateo parece relacionar el ministerio de sanidad física de Jesús con la profecía de Isaías:

> *Y cuando llegó la noche, trajeron a él muchos endemoniados; y con la palabra echó fuera a los demonios, y sanó a todos los enfermos; para que se cumpliese lo dicho por el profeta Isaías, cuando dijo: El mismo tomó nuestras enfermedades, y llevó nuestras dolencias. (Mt. 8:16-17)*

Algunos afirman que lo anterior demuestra que los cristianos pueden reclamar ahora sanidad física en la expiación. Sin embargo, una comprensión más exacta de la narración de Mateo (8:16-17) revela que Jesús sanó a las personas para ilustrar la sanidad física que todos los creyentes experimentarán en la gloria que ha de venir.

> La enfermedad y la muerte no se pueden quitar de manera permanente hasta que el pecado sea permanentemente quitado, y por eso la suprema obra de Jesús fue conquistar el pecado. En la expiación Él trató con el pecado, la muerte y la enfermedad; pero estos tres aún están con nosotros. Cuando murió en la cruz, Jesús magulló la cabeza de Satanás y quebrantó el poder del pecado, y la persona que confía en la obra expiatoria de Cristo es inmediatamente liberada del castigo por el pecado y un día será liberada de la misma presencia del pecado y sus consecuencias. El cumplimiento final de la obra redentora de Cristo está aún en el futuro para los creyentes (cp. Ro. 8:22-25; 13:11). Cristo murió por los pecados de la humanidad, pero los cristianos aún caen en pecado; Él conquistó la muerte, pero sus seguidores todavía mueren;

> y Él venció el dolor y la enfermedad, pero su pueblo sigue sufriendo y enfermando. Hay sanidad física en la expiación, así como hay total liberación del pecado y la muerte en la expiación; pero todavía esperamos el cumplimiento de esa liberación en el día en que el Señor ponga fin al sufrimiento, al pecado, y a la muerte.
>
> Quienes afirman que los cristianos nunca deben enfermar porque hay sanidad en la expiación también deberían afirmar que los cristianos no deberían morir, porque Jesús también conquistó la muerte en la expiación. El mensaje central del evangelio es la liberación del pecado; es la buena nueva del perdón, no de la salud. Cristo fue hecho pecado, no enfermedad, y murió en la cruz por nuestro pecado, no por nuestra enfermedad. Como Pedro deja en claro, la herida de Cristo nos sana del pecado, no de la enfermedad. "Llevó él mismo nuestros pecados en su cuerpo sobre el madero, para que nosotros, estando muertos a los pecados, vivamos a la justicia" (1 P. 2:24) (John MacArthur, *Matthew 8-15,* MacArthur New Testament Commentary [Chicago: Moody, 1987], p. 19).

Si la sanidad física de la expiación estuviera totalmente llevada a cabo ahora, ningún creyente enfermaría ni moriría. Pero es evidente que eso no es así. El sacrificio sustitutorio del Señor a favor de los suyos sana sus almas ahora y sus cuerpos en el futuro.

EL PASTOR PERFECTO DE LOS CREYENTES A TRAVÉS DEL SUFRIMIENTO

Porque vosotros erais como ovejas descarriadas, pero ahora habéis vuelto al Pastor y Obispo de vuestras almas. (2:25)

Al concluir este pasaje, Pedro aludió una vez más a Isaías 53: "Todos nosotros nos descarriamos como ovejas, cada cual se apartó por su camino; mas Jehová cargó en él el pecado de todos nosotros" (v. 6). Si Dios no hubiera determinado que los pecados de todos los creyentes debían recaer en Jesús, no habría pastor para llevar el rebaño de Dios al redil.

La frase **porque vosotros erais como ovejas descarriadas** describe por analogía el deambular extraviado, sin propósito, peligroso e inútil de los pecadores perdidos, a quienes Jesús describió como "ovejas que no tienen pastor" (Mt. 9:36). El verbo traducido **habéis vuelto** (*epestraphēte*) tiene la connotación de arrepentimiento: apartarse del pecado y volverse en fe hacia Jesucristo. Pero los lectores de Pedro habían confiado en la muerte sustitutoria de Cristo y se habían vuelto a Él por salvación. Igual que el hijo pródigo en Lucas 15:11-32, ellos se habían alejado de la desdicha de su antigua vida pecaminosa (cp. Ef. 2:1-7; 4:17-24; Col. 3:1-7; 1 Ts. 1:2-10) y habían recibido nueva vida en Cristo (cp. Ef. 5:15-21; Col. 3:8-17; 1 Ts. 2:13-14). Todos aquellos que son salvos, llegan a estar bajo el perfecto cuidado, la provisión y la protección del **Pastor y Obispo de** sus **almas**.

La analogía de Dios como pastor es un tema conocido y profuso en las Escrituras (cp. 5:4; Sal. 23:1; Ez. 34:23-24; 37:24). Jesús se identificó como Dios cuando tomó el título divino y habló de sí mismo como "el buen pastor" (Jn. 10:11, 14). **Pastor** es un título adecuado para el Salvador ya que transmite bien su tarea de alimentar, guiar, proteger, limpiar y restaurar su rebaño. Y los creyentes como ovejas también es una analogía adecuada porque las ovejas son torpes y fáciles de engañar (una oveja llamada "la oveja Judas" en tiempos modernos dirige a las otras ovejas al matadero), sucias, (la lanolina en la lana de las ovejas recoge toda clase de suciedad), e indefensas (no tienen capacidades naturales defensivas). (Véase el estudio del pastoreo en el capítulo 23 de esta obra).

El término **Obispo** (*episkopos*) sirve como un sinónimo, es otra forma de describir el cuidado de Cristo por su rebaño. Es la palabra generalmente traducida "supervisor", que junto con **Pastor** también describe las responsabilidades del pastor o anciano (cp. 1 Ti. 3:1-7; Tit. 1:5-9). Más adelante en esta carta Pedro usa ambas raíces cuando exhorta a los ancianos: "Apacentad la grey de Dios... cuidando de ella, no por fuerza, sino voluntariamente; no por ganancia deshonesta, sino con ánimo pronto" (5:2). Al morir y resucitar por su rebaño, el Señor se ha convertido en el **Pastor y Obispo** de sus almas eternas. Al sufrir, Él se convirtió en su ejemplo, su sustituto y su pastor.

Cómo ganar a un cónyuge no salvo

16

Asimismo vosotras, mujeres, estad sujetas a vuestros maridos; para que también los que no creen a la palabra, sean ganados sin palabra por la conducta de sus esposas, considerando vuestra conducta casta y respetuosa. Vuestro atavío no sea el externo de peinados ostentosos, de adornos de oro o de vestidos lujosos, sino el interno, el del corazón, en el incorruptible ornato de un espíritu afable y apacible, que es de grande estima delante de Dios. Porque así también se ataviaban en otro tiempo aquellas santas mujeres que esperaban en Dios, estando sujetas a sus maridos; como Sara obedecía a Abraham, llamándole señor; de la cual vosotras habéis venido a ser hijas, si hacéis el bien, sin temer ninguna amenaza. Vosotros, maridos, igualmente, vivid con ellas sabiamente, dando honor a la mujer como a vaso más frágil, y como a coherederas de la gracia de la vida, para que vuestras oraciones no tengan estorbo. (3:1-7)

Para que los creyentes mantengan un testimonio ejemplar en este mundo incrédulo deben vivir con integridad en las cuatro áreas principales de interacción social, ordenadas por Dios, que Pedro trata: la sociedad (2:13-17), el lugar de trabajo (2:18-25), la familia (3:1-7), y la iglesia (3:8-9). Con relación a las tres dimensiones seculares de vida, el apóstol manda a los creyentes ser un testimonio del bien positivo del evangelio (2:9), y también negativamente para acallar a los críticos de la fe (2:12-15).

Esta sección de apertura del capítulo 3 trata con la tercera y la más pequeña unidad de la estructura social ordenada por Dios: la familia. En las otras dos categorías se requiere sometimiento a la autoridad civil (2:13-14) y a los empleadores (2:18). El asunto de la sumisión también es crucial en la familia, comenzando con la esposa al esposo. Pedro dirige aquí seis versículos a la sumisión de las esposas a los esposos y uno al servicio de los esposos a las necesidades de las esposas, una división que a primera vista podría parecer desequilibrada. Pero en la época de Pedro, cuando una esposa se volvía cristiana el potencial para la dificultad era mucho mayor del que resultaba si el esposo se convertía primero en creyente. En esa sociedad, cuando las mujeres, a quienes se les veía como inferiores a los hombres, se hacían cristianas sin que sus esposos también fueran salvos, era previsible la probabilidad de ser avergonzadas por lo que se veía como un acto de desafío por parte de la esposa, como era el conflicto generado posteriormente.

LA RESPONSABILIDAD DE LA ESPOSA

Asimismo vosotras, mujeres, estad sujetas a vuestros maridos; para que también los que no creen a la palabra, sean ganados sin palabra por la conducta de sus esposas, considerando vuestra conducta casta y respetuosa. Vuestro atavío no sea el externo de peinados ostentosos, de adornos de oro o de vestidos lujosos, sino el interno, el del corazón, en el incorruptible ornato de un espíritu afable y apacible, que es de grande estima delante de Dios. Porque así también se ataviaban en otro tiempo aquellas santas mujeres que esperaban en Dios, estando sujetas a sus maridos; como Sara obedecía a Abraham, llamándole señor; de la cual vosotras habéis venido a ser hijas, si hacéis el bien, sin temer ninguna amenaza. (3:1-6)

En la cultura grecorromana de siglo I las mujeres recibían poco o ningún respeto. Mientras vivían en la casa de su padre estaban sujetas a la ley romana de la *patria potestas* ("el poder del padre"), que concedía a los padres autoridad final de vida y muerte sobre sus hijos. Los esposos tenían una clase parecida de autoridad legal sobre sus esposas. La sociedad relacionaba a las mujeres como simples siervas que debían quedarse en casa y obedecer a sus esposos. Si una mujer decidía obedecer el evangelio, esa decisión de cambiar de religión por su cuenta podía resultar en grave maltrato por parte de su marido no salvo. Cuando ocurría tal conversión, una esposa debía saber cómo responder a su esposo a fin de que pudiera ganarlo para el evangelio. El deber esencial de ella era ser sumisa, como en el caso de las relaciones civiles y en el lugar de trabajo.

Primero, la esposa creyente tiene la responsabilidad de permanecer con su esposo incrédulo. Si él desea mantener la unión, ella no debe divorciarse: "Si una mujer tiene marido que no sea creyente, y él consiente en vivir con ella, no lo abandone" (1 Co. 7:13; cp. v. 39; Ro. 7:2-3). Pablo continuó diciendo que los cónyuges no salvos se benefician de las bendiciones divinas que sus cónyuges salvos reciben de parte de Dios: "Porque el marido incrédulo es santificado en la mujer, y la mujer incrédula en el marido" (1 Co. 7:14). Sin embargo, si un esposo incrédulo no quiere permanecer con su esposa creyente, ella no tiene que obligarlo a quedarse porque tal intento solo podría producir perturbación, y los creyentes están llamados a la paz: "Pero si el incrédulo se separa, sepárese; pues no está el hermano o la hermana sujeto a servidumbre en semejante caso, sino que a paz nos llamó Dios" (v. 15). Cuando el vínculo se rompe bajo tales condiciones, el creyente es libre para volver a casarse en el Señor, igual que en el caso de muerte (v. 39).

Que las mujeres cristianas son espiritualmente iguales a los hombres en Cristo está claro en Gálatas 3:27-28: "Porque todos los que habéis sido bautizados en Cristo, de Cristo estáis revestidos. Ya no hay judío ni griego; no hay esclavo ni libre; no hay varón ni mujer; porque todos vosotros sois uno en Cristo Jesús". Sin embargo, Dios ha mandado a las mujeres tener ciertas obligaciones con sus esposos, lo que Pedro identifica como sumisión, fidelidad y modestia.

ELLA DEBE SER SUMISA Y FIEL

Asimismo vosotras, mujeres, estad sujetas a vuestros maridos; para que también los que no creen a la palabra, sean ganados sin palabra por la conducta de sus esposas, considerando vuestra conducta casta y respetuosa. (3:1-2)

La expresión **asimismo** se remite a los dos ejemplos antes mencionados de sumisión: los ciudadanos a las autoridades civiles (2:13) y los siervos a sus amos (2:18). El mismo verbo (*hupotassō*), traducido **estad sujetas** y considerado en relación con esas dos referencias, aparece únicamente aquí y es una forma presente intermedia, que resalta acción reflexiva ("sométete"). El uso en el Nuevo Testamento de esta palabra, que significa "bajar la cabeza", "estar sujeto a", o "bajo rango", es común (cp. 2:18; 3:5; 5:5; Lc. 2:51; 10:17, 20; Ro. 8:7; 10:3; 13:1, 5; 1 Co. 14:32, 34; 15:27; 16:16; Ef. 1:22; 5:21, 24; Fil. 3:21; Tit. 2:9; 3:1; He. 2:5, 8; 12:9; Stg. 4:7). Bajo inspiración del Espíritu, el apóstol Pablo también enseñó que las esposas deben someterse al liderazgo de sus esposos (Ef. 5:22-23; Col. 3:18; Tit. 2:4-5). Sumisión no implica inferioridad moral, intelectual o espiritual en la familia, en el lugar de trabajo o en la sociedad en general; pero es el diseño de Dios para las funciones necesarias para el bienestar de la humanidad. En la misma línea, un oficial al mando no necesariamente es superior en carácter a las tropas que dirige, pero su autoridad es vital para el apropiado funcionamiento de la unidad. Que Pedro se refiriera específicamente **a *vuestros* maridos** (cursivas apropiadas añadidas) indica la intimidad matrimonial y señala que el apóstol no estaba mandando a las mujeres ser serviles a todos los hombres en todo contexto. Pablo también establece el diseño de Dios para la autoridad y la sumisión en las funciones de hombres y mujeres dentro de la Iglesia (1 Co. 11:3,8-9; 1 Ti. 2:11-14; cp. 1 Co. 14:34).

La frase **los que no creen a la palabra** describe la condición del esposo incrédulo como alguien que rechaza el evangelio (cp. 2 Ts. 1:8-9; He. 4:2). Es asombroso que a pesar de la enemistad del alma de este individuo hacia el Señor, si su esposa cristiana sigue sometiéndose al marido ella podría ser el instrumento que Dios use a fin de ganarlo para Cristo **sin palabra.** Esa expresión no se refiere a *la* Palabra de Dios sino a las palabras de la esposa. Ya antes en esta carta Pedro dejó en claro que la Biblia es esencial para la salvación de todos: "Siendo renacidos, no de simiente corruptible, sino de incorruptible, por la palabra de Dios que vive y permanece para siempre" (1:23; cp. Ro. 10:17). El punto de Pedro aquí es que **la conducta** santa de la esposa es el testimonio más valioso para abrir el corazón del esposo al evangelio. Él necesitará oír las palabras de salvación, quizás de parte de su esposa; pero esto ocurrirá si él puede ver que ella es sumisa como una mujer fiel que realmente recomienda el evangelio al esposo. Cómo vive un creyente en esa relación tan íntima ayuda a que la gracia de Cristo sea algo creíble (cp. Mt. 5:16).

Una actitud encantadora, amable y sumisa es la herramienta de evangelización más eficaz que tiene la esposa creyente (cp. Pr. 31:26; Mt. 5:16; Fil. 2:15; Tit. 2:3-5). Relacionado con eso se encuentra la responsabilidad de ellas de mostrar una **conducta casta y respetuosa,** manifestando su santificación a través de Cristo por medio de una vida compuesta de comportamiento irreprochable y puro hacia Dios y hacia sus esposos. La palabra **respetuosa** viene de *phobos* ("temor"), usada en 2:17 para definir la actitud requerida de aquellos que dan honra al mismo Dios (cp. Pr. 24:21). Esto es precisamente lo que se manda a las esposas en Efesios 5:22: "Las casadas estén sujetas a sus propios maridos, como al Señor". Eso significa que ellas deben mostrar honra y respeto a sus esposos como al Señor. El tema se desarrollará y se ilustrará más en el estudio del versículo 6, bajo el siguiente título.

ELLA HA DE SER MODESTA

Vuestro atavío no sea el externo de peinados ostentosos, de adornos de oro o de vestidos lujosos, sino el interno, el del corazón, en el incorruptible ornato de un espíritu afable y apacible, que es de grande estima delante de Dios. Porque así también se ataviaban en otro tiempo aquellas santas mujeres que esperaban en Dios, estando sujetas a sus maridos; como Sara obedecía a Abraham, llamándole señor; de la cual vosotras habéis venido a ser hijas, si hacéis el bien, sin temer ninguna amenaza. (3:3-6)

Este texto no prohíbe a las esposas peinarse el cabello ni usar joyas o ropa bonita; por eso algunas traducciones bíblicas (NTV, BLPH) añaden la palabra *tanto.* La esposa en Cantar de los cantares estaba hermosamente adornada, como por ejemplo en Cantares 1:10; 4:11; 7:1. Lo importante es que esto no debía constituir la preocupación o el interés principal en el asunto de atraer a un esposo incrédulo hacia Cristo. En la cultura grecorromana las mujeres se dedicaban a su **atavío** superficial, usando a menudo los mejores cosméticos, tinturando el cabello con colores extravagantes, usando **peinados ostentosos,** y portando (especialmente en la cabeza) costosas joyas para coronar su vestimenta elegante. Pero los **peinados ostentosos,** los **adornos de oro o** los **vestidos lujosos** no hacían ninguna contribución a la transformación espiritual. Tales preocupaciones frívolas aún consumen a las mujeres en la cultura actual dominada por los medios de comunicación. Sin embargo, las mujeres cristianas, en especial aquellas cuyos esposos no son salvos, aún están bajo este mandato. Mucho tiempo antes de la época de Pedro, Dios pronunció juicio a través del profeta Isaías con relación a las mujeres que prestan atención obsesiva y ostentosa a los adornos externos:

> *Asimismo dice Jehová: Por cuanto las hijas de Sion se ensoberbecen, y andan con cuello erguido y con ojos desvergonzados; cuando andan van danzando, y haciendo son con los pies; por tanto, el Señor raerá la cabeza de las hijas de Sion, y Jehová descubrirá sus vergüenzas. Aquel día quitará el Señor el atavío del calzado, las redecillas, las lunetas, los collares, los pendientes y los brazaletes, las cofias, los atavíos de las piernas, los partidores del pelo, los pomitos de olor y los zarcillos, los anillos, y los joyeles de las narices, las ropas de gala, los mantoncillos, los velos, las bolsas, los espejos, el lino fino, las gasas y los tocados. Y en lugar de los perfumes aromáticos vendrá hediondez; y cuerda en lugar de cinturón, y cabeza rapada en lugar de la compostura del cabello; en lugar de ropa de gala ceñimiento de cilicio, y quemadura en vez de hermosura. (Is. 3:16-24; cp. Jer. 2:32)*

En lugar de estar consumidas por su apariencia externa, las esposas cristianas deben estar dedicadas a embellecer lo **interno,** lo **del corazón.** La Nueva Biblia Latinoamericana de Hoy pone esta nota al pie de página: Lit. *la persona oculta en el corazón.* (Persona viene de *anthrōpos,* "hombre", que demuestra el uso bíblico del género masculino para describir incluso a una mujer). Ellas deberían manifestar la belleza interna de la virtud espiritual. Pablo ordenó a las mujeres creyentes que "se atavíen de ropa decorosa, con pudor y modestia; no con peinado ostentoso, ni oro, ni perlas, ni vestidos costosos, sino con buenas obras, como corresponde a mujeres que profesan piedad" (1 Ti. 2:9-10; para una observación acerca de estos versículos, véase John MacArthur, *Comentario MacArthur del Nuevo Testamento: Primera Timoteo* [Grand Rapids: Portavoz, 2004], pp. 93-94).

En particular, la esposa creyente debe caracterizarse no por modas terrenales pasajeras, que hoy están aquí y mañana habrán desaparecido, sino literalmente por lo **incorruptible** (la calidad está implícita), que describe la herencia eterna del creyente en el cielo. Las esposas cristianas deben ser devotas, no a la belleza temporal sino a los adornos encantadores de la piedad. **Afable** viene de una palabra que se refiere a una actitud humilde y dócil, expresada en sumisión paciente;

apacible significa "tranquilo" o "calmado". Tal carácter en el **espíritu** de una esposa creyente constituye la verdadera belleza interior **que es de grande estima delante de Dios,** y que resulta eficaz en presentarla no solo valiosa y atractiva ante su esposo, sino en demostrar la belleza y el valor de la regeneración.

Sin duda, es posible que la apariencia de una mujer sea tan desaliñada y sin adornos como para avergonzar y desalentar a su marido, a quien tal indiferencia en el nombre de Cristo haría ofensivo el evangelio y sería tan perjudicial espiritualmente como prestar demasiada atención a lo externo. El Señor se agrada más cuando el adorno modesto de una mujer cristiana, aunque considerado y encantador, refleja la belleza interior que Cristo ha conformado en ella.

En otro tiempo (en los días del Antiguo Testamento) muchas mujeres creyentes (**santas mujeres**) ejemplificaban estos principios de sumisión y piedad modesta (cp. Rt. 3:11; Pr. 31:10-31). Pedro afirma que ellas **así también se ataviaban, estando sujetas a sus maridos.** Por tanto, su llamado a tal comportamiento tiene precedentes, y como ejemplo el apóstol cita específicamente a **Sara,** observando que ella **obedecía a Abraham, llamándole señor** (amo). **Llamándole** (*kalousa*) es un participio presente que indica la actitud continua de Sara de respeto hacia su esposo Abraham: lo trataba como su **señor** o amo.

Cuando Pablo escribió que por fe todos los santos son hijos de Abraham, estaba diciendo que todos los creyentes han seguido el mismo camino que tomó Abraham. Él es el modelo del Antiguo Testamento para creer la Palabra de Dios, y todos después de él y que hacen lo mismo pertenecen a la familia de la fe (Ro. 4:1-16; Gá 3:7-29). De igual modo, todas las esposas de los creyentes que siguen el ejemplo de Sara de sumisión y modestia han **venido a ser hijas** suyas en ese sentido. Las esposas que siguen el modelo de Sara se han comprometido a hacer **el bien** o lo que es correcto, aunque sin embargo pudieran tener algunos temores serios en cuando a dónde pudiera llevar tal sumisión a un esposo incrédulo. La palabra griega para **temer** es *ptoēsis,* una expresión fuerte que significa "aterrador" o "pavoroso". En lugar de sucumbir a tales temores (cp. Sal. 27:1; Pr. 1:33; 29:25; 2 Ti. 1:7; 1 Jn. 4:18), aquellas que son fieles a someterse puesto que esto es correcto o está **bien,** pueden ser usadas por el Señor en la salvación de sus esposos.

LA RESPONSABILIDAD DEL ESPOSO

Vosotros, maridos, igualmente, vivid con ellas sabiamente, dando honor a la mujer como a vaso más frágil, y como a coherederas de la gracia de la vida, para que vuestras oraciones no tengan estorbo. (3:7)

Igualmente se refiere otra vez al deber de la sumisión (2:13, 18; 3:1). Esta vez es el esposo creyente el que se somete a servir a su esposa. Los **maridos** obedecen ese deber al adherirse a tres responsabilidades básicas respecto a cuidar de las necesidades de sus esposas: consideración, caballerosidad y compañerismo.

CONSIDERACIÓN

vivid con ellas sabiamente, (3:7*a*)

Primero, los esposos deben cumplir el mandato: **vivid con ellas sabiamente,** lo que significa que deben ser considerados. **Sabiamente** habla de ser sensibles y tener en cuenta las necesidades físicas y emocionales de sus esposas. La palabra traducida **vivid** (*sunoikountes*) significa "morar juntos", y se refiere a convivir con una persona en intimidad y amarla. Los maridos creyentes deben nutrir y amar constantemente a sus esposas en el vínculo de la intimidad:

> *Maridos, amad a vuestras mujeres, así como Cristo amó a la iglesia, y se entregó a sí mismo por ella, para santificarla, habiéndola purificado en el lavamiento del agua por la palabra, a fin de presentársela a sí mismo, una iglesia gloriosa, que no tuviese mancha ni arruga ni cosa semejante, sino que fuese santa y sin mancha. Así también los maridos deben amar a sus mujeres como a sus mismos cuerpos. El que ama a su mujer, a sí mismo se ama. (Ef. 5:25-28; cp. Pr. 5:18-19; 1 Co. 7:3-5)*

CABALLEROSIDAD

dando honor a la mujer como a vaso más frágil, (3:7*b*)

Un esposo creyente debe también ser caballeroso con su esposa, entendiendo que ella es un **vaso más frágil,** ya que es **mujer.** Así como la sumisión no implica inferioridad intrínseca para quienes se someten (véase el estudio del versículo 1 de este pasaje), así la frase **más frágil** no significa que la esposa sea intrínsecamente más débil en carácter o intelecto que su esposo. La palabra traducida "**vaso más frágil**" por los traductores de la Reina Valera 1960 tampoco significa que las mujeres sean espiritualmente inferiores a los hombres (cp. Gá 3:28). Solo quiere decir que ellas por lo general poseen menos fuerzas físicas que ellos. Con eso en mente, los esposos cristianos son los proveedores y protectores sacrificiales de sus esposas (cp. 1 S. 1:4-5; Ef. 5:23, 25-26; Col. 3:19; 1 Ti. 5:8), sean estas creyentes o no.

COMPAÑERISMO

y como a coherederas de la gracia de la vida, para que vuestras oraciones no tengan estorbo (3:7*c*)

Tercero, los esposos deben ser compañeros de sus esposas **como coherederas de la gracia de la vida,** lo que no se refiere a la vida eterna sino a la amistad verdadera e íntima que solo pertenece a aquellos que son poseedores del regalo más bendecido de Dios en esta vida: el matrimonio. Pedro califica al matrimonio como **la gracia de la vida** porque **gracia** (*charis*) significa "favor inmerecido" (cp. Ro. 1:5; 3:24; 5:15, 17; 12:3; 15:15; 2 Co. 8:1; 9:8; Gá 2:9; Ef. 2:7; 3:2, 7; 4:7; 4:29; 2 Ti. 1:9; He. 4:16; Stg. 4:6). El matrimonio es una providencia divina dada a la humanidad independientemente de la actitud que esta tenga hacia el Dador. La compañía íntima en el matrimonio, la bendición más rica de esta vida, era un concepto extraño para la cultura grecorromana de la época de Pedro. Por lo general los esposos no estaban interesados en tener amistad con sus esposas, y esperaban simplemente que ellas mantuvieran cuidada la casa y criaran hijos. En contraste, el esposo cristiano debe cultivar todas las riquezas que Dios diseñó dentro de la gracia del matrimonio **dando honor** a la esposa en amorosa consideración, caballerosidad y compañerismo. **Para que** sus **oraciones no tengan estorbo** es la recompensa que Dios promete al esposo cariñoso y atento (cp. Sal. 66:18; Is. 59:2; Jn. 9:31; Stg. 4:3). Las **oraciones** aquí en mente podrían ser específicamente por la salvación de una esposa incrédula, pero nada en el texto las limitan a eso. La advertencia claramente dada es que si un esposo en Cristo no está cumpliendo sus responsabilidades para con su esposa, Dios quizás no le conteste las oraciones. Ninguna amenaza divina más seria que esa podría darse a un creyente: la interrupción de todas las promesas de oraciones oídas y contestadas (cp. Jn. 14:13-14). El corte de la bendición es gravísimo, lo que muestra cuán importante es el tierno cuidado que los esposos cristianos deben dar a sus compañeras en esta **gracia de la vida.**

La clave para tener un testimonio positivo ante una esposa no salva es llevar una vida cristiana ejemplar como esposo fiel y sumiso. Esa obediencia agrada a Dios y proporciona el testimonio que honra a Jesucristo delante de la compañera no salva.

Vivamos y amemos la buena vida 17

Finalmente, sed todos de un mismo sentir, compasivos, amándoos fraternalmente, misericordiosos, amigables; no devolviendo mal por mal, ni maldición por maldición, sino por el contrario, bendiciendo, sabiendo que fuisteis llamados para que heredaseis bendición. Porque: El que quiere amar la vida y ver días buenos, refrene su lengua de mal, y sus labios no hablen engaño; apártese del mal, y haga el bien; busque la paz, y sígala. Porque los ojos del Señor están sobre los justos, y sus oídos atentos a sus oraciones; pero el rostro del Señor está contra aquellos que hacen el mal. (3:8-12)

La Declaración de Independencia de los Estados Unidos contiene la conocida frase "la vida, la libertad y la búsqueda de la felicidad", que su autor Thomas Jefferson enumeró entre los "derechos inalienables" que Dios otorgó a las personas. Para la mayor parte de la sociedad posmoderna la búsqueda de ese ideal significa principalmente ir tras objetos de gratificación personal tales como dinero, casas, autos, vacaciones, ropa fina, buenos alimentos, las mejores sillas en eventos deportivos y de diversión, además de salud y bienestar. En ocasiones esa búsqueda incluye los aspectos hedonistas más básicos de la vida como sexo promiscuo, frecuente consumo de alcohol, y uso sin restricciones de supuestas drogas recreacionales (p. ej., marihuana, pasta base de cocaína, éxtasis y metanfetaminas). No obstante, la triste realidad es que tales sustancias representan solo una fiebre temporal que dista mucho de ser la verdadera vida buena que realmente satisface el corazón.

Una de las más notorias personificaciones de la vida hedonista del siglo XX fue el famoso novelista Ernest Hemingway. Autor de destacadas obras literarias tales como *Fiesta, Adiós a las armas, El viejo y el mar,* Hemingway también se hizo notorio por su estilo de vida innovador. Tenía poca consideración por las enseñanzas de la Biblia o por sistemas tradicionales de moralidad. Buscaba la "buena vida" con determinación. Su talento literario le trajo fama, prestigio y dinero, lo que le permitió buscar placer en todo el mundo por medio de expediciones de caza y pesca, fiestas y reuniones con celebridades, mucho consumo de licor, entretenimiento y reportajes en varias guerras y revoluciones, además de dormir con mujeres dondequiera que iba. Sin embargo, nada de eso finalmente le proporcionó a Hemingway alguna clase de satisfacción genuina o duradera. Su vida terminó de modo trágico un día de 1961 cuando él mismo se mató con un disparo de pistola en la cabeza.

Incluso las páginas de las Escrituras contienen ejemplos de hombres que fueron tras la buena vida en todos los lugares equivocados. Salomón poseía increíble riqueza en forma de tierras, palacios, carros y caballos, oro y plata, y muchas mujeres hermosas. Puesto que era rey sobre Israel, también tenía gran poder e influencia. Él parecía poseer todo lo que constituía la buena vida. Es más, 2 Crónicas 9:3-4 declara que cuando la reina de Sabá visitó a Salomón y observó el enorme poder, las inmensas riquezas y la imponente presencia del rey, se quedó impresionada. Sin embargo, hacia el final de su vida, Salomón no estaba contento y falló en experimentar la vida en toda su plenitud. En Eclesiastés 2:17 escribió: "Aborrecí, por tanto, la vida, porque la obra que se hace debajo del sol me era fastidiosa; por cuanto todo es vanidad y aflicción de espíritu". Salomón llegó a darse cuenta de que la buena vida no se halla en grandes logros o mucha educación (Ec. 1:12-14, 16). Tampoco la encontró en el placer (2:3) ni en las posesiones materiales (2:4-11). Finalmente llegó a esta aleccionadora conclusión de que en realidad la vida era más angustiosa que agradable:

> *Me volví y vi todas las violencias que se hacen debajo del sol; y he aquí las lágrimas de los oprimidos, sin tener quien los consuele; y la fuerza estaba en la mano de sus opresores, y para ellos no había consolador. Y alabé yo a los finados, los que ya murieron, más que a los vivientes, los que viven todavía. Y tuve por más feliz que unos y otros al que no ha sido aún, que no ha visto las malas obras que debajo del sol se hacen (Ec. 4:1-3).*

Los creyentes deberían amar la vida que Dios les ha concedido y disfrutar las bondades de la existencia día a día, pero muchos no lo hacen. Pedro reconoció que los creyentes no están exentos de severas y variadas dificultades que roban el gozo (1:6). Según se analizó antes en esta obra, la fe de los creyentes los identifica como extranjeros en medio de una sociedad agresivamente hostil (2:11), que hace de la persecución y el sufrimiento parte integral de lo que significa vivir en un ambiente impío (2:20-21; 3:14-15, 17; 4:1, 12, 19; 5:10). Sin embargo, a pesar del sufrimiento, en este pasaje Pedro se dirige al creyente como "el que quiere amar la vida y ver días buenos" (v. 10) y le da instrucciones sobre cómo llevar a cabo ese deseo. Aquí podemos discernir fácilmente cuatro consejos básicos del apóstol para vivir y amar la buena vida, incluso en medio de los problemas amenazantes actuales: tener la actitud correcta, la respuesta oportuna, la norma apropiada, y el incentivo correcto. Pedro concluye su estudio sobre la conducta cristiana en un mundo impío, que comenzó en 2:11, empezando en 3:8*a* con la palabra **finalmente** (*to de telos*), que la Nueva Biblia Latinoamericana de Hoy (NBLH) traduce "en conclusión". Esto no significa el final de la carta, sino la clausura de la sección actual. Tras referencias específicas a las relaciones civiles (2:13-17), a las relaciones en el lugar de trabajo (2:18-20), y a las relaciones con cónyuges incrédulos (3:1-7), Pedro ofrece a todos los creyentes una exhortación general, que les abrirá las puertas a la vida de bendición que Dios desea que disfruten.

TENER LA ACTITUD CORRECTA

sed todos de un mismo sentir, compasivos, amándoos fraternalmente, misericordiosos, amigables; (3:8*b*)

Todo empieza con la actitud adecuada. Cinco virtudes espirituales constituyen esta perspectiva que honra a Dios.

Primera, los creyentes deben tener **un mismo sentir.** La palabra compuesta traducida **un mismo sentir** (*homophrones*) literalmente significa "ser armoniosos". Los creyentes deben vivir juntos en armonía, manteniendo un compromiso común con la verdad que produce unidad interna de corazón los unos para con los otros (cp. Ro. 12:5, 16; 1 Co. 10:17; 12:12; Gá 3:28; Fil. 2:1-5). No deben estar en conflicto entre sí, ni siquiera bajo severa persecución:

> *Solamente que os comportéis como es digno del evangelio de Cristo, para que o sea que vaya a veros, o que esté ausente, oiga de vosotros que estáis firmes en un mismo espíritu, combatiendo unánimes por la fe del evangelio, y en nada intimidados por los que se oponen, que para ellos ciertamente es indicio de perdición, mas para vosotros de salvación; y esto de Dios (Fil. 1:27-28).*

Jesús instruyó a los discípulos: "Un mandamiento nuevo os doy: Que os améis unos a otros; como yo os he amado, que también os améis unos a otros. En esto conocerán todos que sois mis discípulos, si tuviereis amor los unos con los otros" (Jn. 13:34-35). En su oración sacerdotal, Jesús oró con gran sentimiento por la unidad espiritual de todos los creyentes (Jn. 17:20-23), oración que fue contestada. Todos los creyentes son uno en Cristo (Ef. 4:4-6; cp. 1 Co. 6:17; 8:6). Esta realidad espiritual debería ser la base para la armonía visible de la Iglesia. La iglesia primitiva fue un modelo de unidad visible (Hch. 2:42-47).

Compasivos, el segundo factor para experimentar la plenitud de la vida cristiana es prácticamente una transcripción de *sumpatheis,* que significa "tener en común el mismo sentimiento". Los cristianos deben estar unidos en la verdad, pero también listos para ser **compasivos** con los sufrimientos de otros, incluso los de aquellos a quienes no conocen (cp. Mt. 25:34-40; He. 13:3; Stg. 1:27). Igual que Cristo, el compasivo sumo sacerdote (He. 4:15), ellos deben participar de los sentimientos de los demás, así de sus tristezas como de sus alegrías (Ro. 12:15; 1 Co. 12:26; 2 Co. 2:3; Col. 3:12; cp. Jn. 11:35; Stg. 5:11). Los creyentes no deben ser insensibles, indiferentes, ni críticos, aun hacia los perdidos en su dolor de luchar con las dificultades de la vida (cp. Mt. 9:36; Lc. 13:34-35; 19:41). Los santos deben estar a su lado con compasión para declarar la verdad redentora de Dios (cp. Hch. 8:26-37).

Tercero, Pedro usó el término *philadelphoi,* traducido aquí como **fraternalmente.** La primera parte de la palabra proviene del verbo *phileō,* "amar", y se refiere al afecto entre personas que están íntimamente relacionadas en alguna forma. Aquellos que demuestran ese afecto lo harán por medio de servicio generoso de unos por otros (Hch. 20:35; Ro. 14:19; 15:2; 2 Co. 11:9; Fil. 4:14-16; 1 Ts. 5:11, 14; 3 Jn. 6). Tal servicio comienza en la Iglesia entre creyentes y se extiende hacia afuera en el mundo.

Cuarto, **misericordiosos** se traduce de *eusplagchnoi,* la raíz que se refiere a los órganos internos de alguien y que a veces se traduce "entrañas" o "intestinos" (p. ej., Hch. 1:18). Los afectos y las emociones tienen un impacto visceral, de ahí que la palabra signifique una clase poderosa de sentimiento (Ef. 4:32; cp. 2 Co. 7:15; 1 Ts. 2:8). Al igual que **compasivos,** la expresión simboliza estar tan afectado por el sufrimiento de otros como para sentirlo profundamente, siguiendo el tipo de compasión misericordiosa que Dios, por medio de su Hijo, tiene por los pecadores (cp. Mt. 23:37; Lc. 13:34; 19:41-42; Jn. 11:35).

El último factor en la lista de Pedro para disfrutar la bondad de la vida cristiana, **amigables,** viene de una palabra griega, *tapeinophrones* ("de mente humilde"). Podría decirse que la humildad es la virtud más esencial y global de la vida cristiana (5:5; Mt. 5:3; 18:4; Lc. 14:11; 18:14; Ef. 4:1-2; Col. 3:12; Stg. 4:6; cp. Sal. 34:2; Pr. 3:34; 15:33; 22:4). Pablo usó una forma de esta expresión griega en Filipenses 2:3: "Nada hagáis por contienda o por vanagloria; antes bien con humildad, estimando cada uno a los demás como superiores a él mismo". Años antes Jesús demostró la importancia de su propio ejemplo de humildad cuando declaró: "Llevad mi yugo sobre vosotros, y aprended de mí, que soy manso y humilde de corazón; y hallaréis descanso para vuestras almas" (Mt. 11:29; cp. Fil. 2:5-8).

Las alegrías de la vida de los creyentes en Cristo se maximizan cuando están unidos en la verdad y la vida unos con otros, teniendo un carácter pacífico, siendo misericordiosos hacia aquellos que necesitan el evangelio, sensibles a los dolores de pecadores caídos, sacrificiales en amoroso servicio hacia todos, compasivos en lugar de implacables, y sobre todo humildes como su Salvador.

TENER LA RESPUESTA OPORTUNA

no devolviendo mal por mal, ni maldición por maldición, sino por el contrario, bendiciendo, sabiendo que fuisteis llamados para que heredaseis bendición. (3:9)

El enfoque cristiano hacia la vida incorpora no solamente la acción correcta motivada por la actitud adecuada, sino también la reacción oportuna cuando se recibe maltrato. **No devolviendo mal por mal** empieza con un participio imperativo presente que expresa un mandato negativo (*mē apodidontes*), que también puede querer decir "dejar de responder". Si un creyente no está contraatacando al mal con más mal, no debe empezar a hacerlo; si lo está haciendo, debe dejar de hacerlo (cp. Lv. 19:18; Dt. 32:35-36; Pr. 20:22; 24:29; Ro. 12:19; He. 10:30).

Mal viene de *kakos*, que denota la calidad intrínseca de la maldad, no solo malas palabras o acciones. Cuando son maltratados por alguien con perversa disposición, los creyentes no deben tomar represalias. Pedro repite lo que Jesús enseñó en el Sermón del Monte:

> *Oísteis que fue dicho: Ojo por ojo, y diente por diente. Pero yo os digo: No resistáis al que es malo; antes, a cualquiera que te hiera en la mejilla derecha, vuélvele también la otra; y al que quiera ponerte a pleito y quitarte la túnica, déjale también la capa; y a cualquiera que te obligue a llevar carga por una milla, ve con él dos. Al que te pida, dale; y al que quiera tomar de ti prestado, no se lo rehúses. Oísteis que fue dicho: Amarás a tu prójimo, y aborrecerás a tu enemigo. Pero yo os digo: Amad a vuestros enemigos, bendecid a los que os maldicen, haced bien a los que os aborrecen, y orad por los que os ultrajan y os persiguen; para que seáis hijos de vuestro Padre que está en los cielos (Mt. 5:38-45a; cp. Is. 53:7; Lc. 23:34; Hch. 7:60; Ro. 12:14, 17; 1 Co. 4:12; 1 Ts. 5:15).*

Una vez más, como sucede con la actitud correcta (v. 8), Cristo es el ejemplo (véase el estudio de 2:21-23 en el capítulo 15 de esta obra).

Volviendo al asunto del habla, Pedro advirtió a sus lectores que no devolvieran **maldición por maldición.** El término **maldición** (*loidoria*) significa "una queja abusiva contra", "insulto" o "hablar mal de" alguien, y es la raíz de la palabra traducida también "maldición" en 2:23. Participar en tal venganza es una respuesta inaceptable para los creyentes (Ef. 4:29; Col. 3:8; cp. Pr. 4:24; 19:1; Ec. 5:6). El apóstol Pablo procuró tener la respuesta verbal adecuada para sus enemigos: "Nos maldicen, y bendecimos" (1 Co. 4:12), y advirtió a otros creyentes a no maldecir (6:10) y ni siquiera a juntarse con quienes lo hacen (5:11). Hay una ocasión, registrada en Hechos 23:1-5, en que Pablo fue culpable de dar un insulto en venganza:

Entonces Pablo, mirando fijamente al concilio, dijo: Varones hermanos, yo con toda buena conciencia he vivido delante de Dios hasta el día de hoy. El sumo sacerdote Ananías ordenó entonces a los que estaban junto a él, que le golpeasen en la boca. Entonces Pablo le dijo: ¡Dios te golpeará a ti, pared blanqueada! ¿Estás tú sentado para juzgarme conforme a la ley, y quebrantando la ley me mandas golpear? Los que estaban presentes dijeron: ¿Al sumo sacerdote de Dios injurias? Pablo dijo: No sabía, hermanos, que era el sumo sacerdote; pues escrito está: No maldecirás a un príncipe de tu pueblo.

En lugar de tomar represalias cuando los tratan con hostilidad, los creyentes deben responder **bendiciendo.** El término traducido **bendiciendo** es la palabra de la cual se deriva la palabra *elogio en* español. Significa alabar o hablar bien de otros (cp. Lc. 1:42). La amonestación de Pedro sugiere varias aplicaciones prácticas.

Primera, los creyentes pueden bendecir a las personas amándolas de manera incondicional (Jn. 13:34; 15:12; Ro. 12:9-10; Col. 2:2; 3:14; 1 Ts. 4:9; Stg. 2:8; 1 Jn. 3:23; 4:7). Segunda, pueden dar una bendición al orar por la salvación de un incrédulo (cp. Mt. 5:44; 1 Ti. 2:1-4) o por la santificación de un hermano creyente. Tercera, los creyentes pueden bendecir a los demás expresando gratitud por ellos (Ro. 1:8; 1 Co. 1:4; 2 Co. 1:11; Fil. 1:3-5; Col. 1:3-6; 2 Ts. 1:3). Por último, y lo más importante, los creyentes deben perdonar a quienes los persiguen (4:8; Mr. 11:25; Lc. 17:4; Col. 3:13; cp. Gn. 50:20-21; 2 S. 18:5; Pr. 19:11). Jesús ilustró perfectamente el motivo para tal perdón en la parábola de Mateo 18:21-35:

Entonces se le acercó Pedro y le dijo: Señor, ¿cuántas veces perdonaré a mi hermano que peque contra mí? ¿Hasta siete? Jesús le dijo: No te digo hasta siete, sino aun hasta setenta veces siete. Por lo cual el reino de los cielos es semejante a un rey que quiso hacer cuentas con sus siervos. Y comenzando a hacer cuentas, le fue presentado uno que le debía diez mil talentos. A éste, como no pudo pagar, ordenó su señor venderle, y a su mujer e hijos, y todo lo que tenía, para que se le pagase la deuda. Entonces aquel siervo, postrado, le suplicaba, diciendo: Señor, ten paciencia conmigo, y yo te lo pagaré todo. El señor de aquel siervo, movido a misericordia, le soltó y le perdonó la deuda. Pero saliendo aquel siervo, halló a uno de sus consiervos, que le debía cien denarios; y asiendo de él, le ahogaba, diciendo: Págame lo que me debes. Entonces su consiervo, postrándose a sus pies, le rogaba diciendo: Ten paciencia conmigo, y yo te lo pagaré todo. Mas él no quiso, sino fue y le echó en la cárcel, hasta que pagase la deuda. Viendo sus consiervos lo que pasaba, se entristecieron mucho, y fueron y refirieron a su señor todo lo que había pasado. Entonces, llamándole su señor, le dijo: Siervo malvado, toda aquella deuda te perdoné, porque me rogaste. ¿No debías tú también

> *tener misericordia de tu consiervo, como yo tuve misericordia de ti? Entonces su señor, enojado, le entregó a los verdugos, hasta que pagase todo lo que le debía. Así también mi Padre celestial hará con vosotros si no perdonáis de todo corazón cada uno a su hermano sus ofensas.*

Es inconcebible que los creyentes vivan con esa forma evidente de doble criterio que mostraba el siervo implacable en la parábola. Pedro lo deja en claro al declarar que los creyentes han sido **llamados para que** heredaran (recibieran libremente) **bendición** (un regalo). Lo que resalta el apóstol es que los creyentes han recibido la bendición divina, inmerecida y eterna de perdón total de una deuda impagable para con un Dios santo, y vida celestial para siempre con Él (Mt. 1:21; Jn. 10:28; Ro. 5:8-9; 6:23; Gá 1:4; Ef. 1:7; Col. 1:14; 2:13-14; 1 Ts. 5:9; 1 Jn. 4:9-10), en lugar de la merecida ira de Dios y de venganza por el pecado. El perdón de un creyente concedido libremente a alguien que lo ha ofendido debería ser una consecuencia fácil, ya que tanto el creyente como el ofensor son muy pequeños comparados con la grandeza de Dios y con cómo Él ha sido ofendido.

TENER LA NORMA APROPIADA

Porque: El que quiere amar la vida y ver días buenos, refrene su lengua de mal, y sus labios no hablen engaño; apártese del mal, y haga el bien; busque la paz, y sígala. (3:10-11)

Robertson McQuilkin escribió lo siguiente acerca de una presuposición y convicción crucial que todos los creyentes deben tener con relación a la naturaleza de la Biblia y su uso:

> Ya que Dios es el autor, la Biblia es certificada. Es absoluta en su autoridad para el pensamiento y la conducta humana. "Por medio de las Escrituras" es un tema repetitivo en todo el Nuevo Testamento. En realidad, el Nuevo Testamento contiene más de doscientas citas directas del Antiguo Testamento. Además, el Nuevo Testamento presenta una larga e incierta cantidad de alusiones al Antiguo. Los escritores del Nuevo Testamento, siguiendo el ejemplo de Jesucristo, construyeron su teología basándose en el Antiguo Testamento. Para Cristo y los apóstoles, citar la Biblia era resolver un problema (*Understanding and Applying the Bible*, ed. rev. [Chicago: Moody, 1983, 1992], p. 20).

Así como Cristo y los apóstoles vivieron y ministraron por la norma definitiva de la Santa Biblia, así también deben hacer los cristianos que disfrutarían el regalo de vida de Dios (Pr. 6:23; Mt. 4:4; Ro. 15:4; 2 Ti. 3:16; He. 4:12). Pedro ilustra ese principio aquí citando de un salmo para defender lo que acababa de enseñar.

La palabra **porque** al inicio del versículo 10 vincula los versículos 8 y 9 a la cita que Pedro hace del Salmo 34:12-14, apoyando su exhortación de que los creyentes deben tener una respuesta adecuada ante la hostilidad. Un cristiano, descrito aquí como **el que quiere amar la vida y ver días buenos,** debe abstenerse de hablar algo que venga del subyacente **mal** de una disposición inmoral.

La **lengua** a menudo es indomable y propensa al pecado: "Y la lengua es un fuego, un mundo de maldad. La lengua está puesta entre nuestros miembros, y contamina todo el cuerpo, e inflama la rueda de la creación, y ella misma es inflamada por el infierno" (Stg. 3:6; cp. 1:26; 3:9-10; Sal. 12:3; Pr. 12:18; 15:2, 4).

Además de abstenerse de represalias verbales, los creyentes deben evitar que **sus labios hablen engaño.** Ellos deben estar absolutamente comprometidos con la verdad (Sal. 51:6; Pr. 3:3; 23:23; 1 Co. 13:6; Fil. 4:8; cp. Jos. 24:14; 1 S. 12:24) y en oposición a todo engaño, mentira e hipocresía (Éx. 20:16; Pr. 6:16-19; 10:18; 12:17, 19, 22; Zac. 8:16; Ef. 4:25; Col. 3:9). Estos asuntos del habla se controlan, no en la boca sino en el interior, como Jesús dijo en Mateo 12:34: "Porque de la abundancia del corazón habla la boca".

El versículo 11, tomado del Salmo 34:14, contiene cuatro mandatos imperativos directos. Primero, los creyentes deben apartarse **del mal** (cp. Pr. 3:7; 16:6, 17; Is. 1:16-17; 1 Ts. 5:22). El verbo apartarse (*ekklinatō*) connota un rechazo intensamente fuerte de lo que es pecaminoso; en este contexto, se refiere a trato pecaminoso de otros, incluso de quienes persiguen a los santos (cp. Mt. 5:44; Ro. 12:14).

Segundo, Pedro manda a sus lectores hacer **el bien,** lo cual es excelente en calidad, y expresa profunda virtud. Eso contrasta bruscamente con la idea contemporánea de la buena vida como "cada cual hace lo suyo", es decir cualquier cosa que se sienta bien (sexo ilícito, drogas, alcohol, entretenimiento excesivo y sin sentido) a expensas de obedecer la voluntad de Dios. (Un examen de varias palabras en la frase anterior **el que quiere amar la vida y ver días buenos** agudiza aún más el contraste entre una visión mundana de la buena vida y un punto de vista bíblico). **Vida** [*zōēn*, antes que *bios*] connota todas las experiencias y riquezas de vivir a lo máximo, no simplemente vivir como algo opuesto a morir. **Amar** [*agapan*] viene de la palabra más fuerte para esa emoción y denota un afecto o deseo de voluntad firme [p. ej., Mt. 22:37-39; Jn. 13:34-35; 14:15, 23; 21:15-17; Ro. 5:8; 8:35, 39; 1 Co. 13:1-4, 8, 13; Ef. 2:4; 5:25; 1 Jn. 3:1, 16].

El tercer y cuarto imperativos aparecen juntos en el mandato para los creyentes: **busque la paz, y sígala.** Los verbos traducidos **busque** y **sígala** transmiten una acción dinámica y de actividad intensa. (Implícita en la frase está la analogía del cazador que enérgicamente rastrea su presa). **Paz** (*eirēnēn*) denota una condición constante de tranquilidad que produce alegría y felicidad permanentes (cp. Lc. 2:14; 8:48; 19:38; Jn. 14:27; 16:33; Ro. 5:1; 8:6; 15:13; Gá 5:22; Fil. 4:7; Col. 3:15; 2 Ts. 3:16). Los cristianos deben buscar **la paz** y seguirla de forma activa, incluso con sus perseguidores y con otros que no conocen a Cristo (cp. Ro. 12:18; 14:19; 1 Ts. 5:13; 2 Ts. 3:16). Deben ser conocidos en el mundo como pacificadores: quienes luchan por la armonía con otros hasta donde sea posible, sin comprometer la verdad (cp. Mt. 5:9; Ro. 12:18; 14:17, 19; 2 Co. 13:11; 2 Ti. 2:22; Stg. 3:17).

TENER EL INCENTIVO CORRECTO

Porque los ojos del Señor están sobre los justos, y sus oídos atentos a sus oraciones; pero el rostro del Señor está contra aquellos que hacen el mal. (3:12)

La cita que aquí Pedro hace del Salmo 34:15-16 fija de manera vívida la realidad que debería motivar a los creyentes a llevar vidas que agraden a Dios. Las palabras del salmista describen a un Dios soberano que gobierna (Sal. 90:2; 102:25-27; Dn. 4:35; Ef. 3:11), que lo ve todo (Job 28:24; Pr. 5:21), que lo sabe todo (Sal. 147:5; Ro. 11:33), que responsabiliza a las personas por el comportamiento que muestran (Gn. 2:16-17; Ro. 1:20), y que amenaza con castigar la desobediencia (Ez. 18:4; Ro. 6:23). Pero para Pedro el tema principal aquí no es el juicio sino el cuidado compasivo que Dios tiene por su pueblo.

Los ojos del Señor es una frase común del Antiguo Testamento que se relaciona con la vigilancia bondadosa y especial de Dios sobre su pueblo (Pr. 5:21; Zac. 4:10). A veces la frase indica la vigilancia de juicio de parte de Dios (Am. 9:8; cp. Pr. 15:3), pero aquí el énfasis está en su omnisciente conciencia de todo detalle de las vidas de los creyentes (cp. Sal. 139:1-6).

Dios también está mirando **sobre los justos** de modo que **sus oídos** estén **atentos a sus oraciones.** La palabra traducida **oraciones** (*deēsin*) significa "súplica", "petición", o "ruego", y se relaciona con el clamor de los creyentes porque Dios les supla sus necesidades (Sal. 5:2; Mt. 7:7; Fil. 4:6; 1 Jn. 5:14-15). Dios siempre está consciente de todo en la vida de sus hijos. Debería ser un gran incentivo para los creyentes vivir como Pedro ha esbozado, sabiendo que pueden tener confianza en que el Señor siempre está observando y esperando, listo para oír y contestar sus oraciones (4:7; Sal. 50:15; 65:2; 138:3; Ro. 8:26; He. 4:16).

Por otra parte, **el rostro del Señor está contra aquellos que hacen el mal.** En contraste a **los ojos del Señor,** que se refiere a la vigilancia, el concepto del Antiguo Testamento del **rostro del Señor** se relaciona con juicio (cp. Gn. 19:13; Lm. 4:16). Sus **ojos** representan su omnisciencia que lo ve todo, mientras que su **rostro** en este contexto representa la manifestación de su ira y desagrado (cp. Sal. 76:6-8). La ira de Dios es **contra aquellos que hacen el mal** y contra aquellos que desobedecen su Palabra (cp. Ap. 6:16).

Los cristianos, sean de hoy o de la época de Pedro, siempre han tenido que contender con un mundo hostil. Pero pueden vivir con humildad, respondiendo a la persecución igual que Cristo, y adhiriéndose a la norma de autoridad divina porque ellos tienen la promesa de que aun en medio de circunstancias incómodas Dios está vigilando sobre ellos, protegiéndolos, y listo para extenderles sus bendiciones.

Valores contra un mundo hostil 18

¿Y quién es aquel que os podrá hacer daño, si vosotros seguís el bien? Mas también si alguna cosa padecéis por causa de la justicia, bienaventurados sois. Por tanto, no os amedrentéis por temor de ellos, ni os conturbéis, sino santificad a Dios el Señor en vuestros corazones, y estad siempre preparados para presentar defensa con mansedumbre y reverencia ante todo el que os demande razón de la esperanza que hay en vosotros; teniendo buena conciencia, para que en lo que murmuran de vosotros como de malhechores, sean avergonzados los que calumnian vuestra buena conducta en Cristo. Porque mejor es que padezcáis haciendo el bien, si la voluntad de Dios así lo quiere, que haciendo el mal. (3:13-17)

Hoy día hay una creciente hostilidad hacia el cristianismo bíblico en toda la cultura occidental. Pero las raíces de esa hostilidad tienen décadas, incluso siglos, de antigüedad. Francis Schaeffer proporcionó el siguiente análisis en la década de los setenta:

> En el antiguo Israel, cuando la nación se había apartado de Dios y de su verdad y sus mandatos como se dan en las Escrituras, el profeta Jeremías gritó que había muerte en la ciudad. Estaba hablando no solo de muerte física en Jerusalén sino también de una muerte más amplia. Debido a que la sociedad judía de esa época se había alejado de lo que Dios les había dado en la Biblia, había muerte en la *polis*, es decir muerte en toda la cultura y en toda la sociedad.
>
> En nuestra época, sociológicamente el hombre destruyó la base que le daba la posibilidad de libertad sin anarquía. Los humanistas han estado decididos a darle muerte al conocimiento de Dios y al conocimiento de que Dios no ha guardado silencio, sino que ha hablado en la Biblia y por medio de Cristo; ellos han estado decididos a hacer esto a pesar de que la muerte de los valores ha llegado con la muerte de ese conocimiento.

> Vemos dos efectos de nuestra pérdida de significado y de valores. El primero es degeneración. Piense en el Times Square de la ciudad de Nueva York, en la cuarenta y dos y Broadway. Si vamos a lo que solía ser la encantadora Kalverstraat en Ámsterdam, ¡descubriremos también que se ha vuelto igual de repugnante! Lo mismo se puede decir de encantadoras calles antiguas en Copenhagen. ¡Pompeya ha regresado! Las marcas de la antigua Roma nos dejan una cicatriz: degeneración, decadencia, depravación, amor a la violencia sin ninguna justificación. La situación es clara. Si nos fijamos, la vemos. Si la vemos, nos preocupamos.
>
> Sin embargo, *debemos* notar que hay un segundo resultado de la pérdida moderna de significado y de valores que es más inquietante, y que muchas personas no ven. Este segundo resultado es que existirá la élite. La sociedad no puede soportar el caos. Algún grupo o individuo llenará el vacío. Una élite nos ofrecerá absolutos arbitrarios, ¿y quién se interpondrá en su camino? (*How Should We then Live?* [Westchester, Ill.: Crossway, 1976], pp. 226-27; cursivas en el original).

Los creyentes de la época de Pedro vivían en el Imperio Romano al que se refirió Schaeffer, enfrentando la misma clase de degeneración y depravación que asaltan a la Iglesia hoy. No obstante, ellos enfrentaron hostilidad y persecución más abierta y con mayor frecuencia de la que enfrentan los creyentes en la cultura moderna. Sin embargo, en algunos lugares del mundo existe persecución directa a creyentes, y es probable que en los años venideros los cristianos en todas partes enfrenten creciente hostilidad, tanto de parte de autoridades civiles como de incrédulos a nivel personal. Este pasaje habla a todos los que viven de manera santa en medio de una cultura hostil e impía. El apóstol Pedro ofrece cinco principios que los creyentes deben comprender para equiparse y defenderse contra las amenazas de un mundo incrédulo y hostil: pasión por la bondad, disposición a sufrir… por lo bueno y lo malo, devoción a Cristo, preparación para defender la fe, y buena conciencia.

PASIÓN POR LA BONDAD

¿Y quién es aquel que os podrá hacer daño, si vosotros seguís el bien? (3:13)

La pregunta retórica de Pedro muestra que es anormal para la mayoría de la gente, incluso la que es hostil al cristianismo, hacer daño a los creyentes que siguen **el bien.** Por otra parte, el mundo vacila muy poco en atacar con gran hostilidad a esos charlatanes y farsantes que se enriquecen a expensas de otros. **Bien** se refiere por lo general a una vida caracterizada por generosidad, altruismo, amabilidad y consideración hacia los demás (cp. Sal. 37:3; 125:4; Pr. 3:27; 11:23; 2 Co. 9:8; Gá 6:9-10; Ef. 2:10; Col. 1:10; 1 Ts. 5:15; 1 Ti. 6:18; Tit. 1:8; 2:7, 14; 3:14; He. 13:16; Stg. 3:13, 17; 3 Jn. 11). Tal estilo de vida tiene una manera de refrenar la mano incluso de los enemigos más acérrimos del evangelio (cp. 2:12; Mt. 5:16; Ro. 12:20-21).

La Biblia de las Américas traduce así este versículo: "¿Y quién os podrá hacer daño si demostráis tener celo por lo bueno?" **Demostráis** (*genēsthe*) significa "cumplir" e indica la calidad básica del creyente, que debe ser seguir **el bien** y ser irreprochable (cp. Ro. 13:3; Fil. 2:14-16; 2 Ti. 2:20-22). **Celo** (*zēlōtēs*) significa "intensidad" o "entusiasmo", y describe a una persona con gran ardor por una causa específica. En tiempos del Nuevo Testamento había un partido político radical de patriotas judíos, llamado los zelotes (de *zēlōtēs*), que se empeñaba en liberar a los judíos de todo dominio extranjero por medio de cualquier medida extrema (mentir, robar, asesinar) que fuera necesaria, incluso si tales esfuerzos daban como resultado su propia muerte. Sin duda Pedro conocía a ese grupo; Simón el zelote, uno de sus compañeros apóstoles, probablemente había sido uno de los miembros (Mt. 10:4; Mr. 3:18; Lc. 6:15; Hch. 1:13) y el apóstol quería que sus lectores tuvieran celo por lo que era noble (cp. 1 Co. 14:12; 2 Co. 7:11; Tit. 2:14; Ap. 3:19).

Por supuesto, tener celo por lo bueno, o seguir **el bien,** produce una vida ejemplar —el deleite y el objetivo de todos los creyentes— que lleva a vivir de manera pura y a perder las ansias por las atracciones impías del mundo.

DISPOSICIÓN A SUFRIR... POR LO BUENO Y LO MALO

Mas también si alguna cosa padecéis por causa de la justicia, bienaventurados sois. Por tanto, no os amedrentéis por temor de ellos, ni os conturbéis... Porque mejor es que padezcáis haciendo el bien, si la voluntad de Dios así lo quiere, que haciendo el mal. (3:14, 17)

Tener pasión por la bondad sin duda no es una garantía de primer orden contra el sufrimiento; solo podría hacerlo menos probable o menos frecuente. Jesucristo "anduvo haciendo bienes" (Hch. 10:38; cp. Jn. 10:32), pero un mundo hostil finalmente lo mató (Mt. 27:22-23; Lc. 23:23-25; Hch. 2:23; cp. Is. 53:9). El mismo Cristo dejó en claro que los creyentes no pueden suponer que han de escapar a todo sufrimiento si su Señor no escapó (cp. Mt. 10:24-25; Lc. 6:22; Jn. 15:20; Hch. 14:22; Fil. 1:29-30; 2 Ti. 3:12; He. 12:3-4).

Mas también si transmite la idea de "tal vez" o "contrario a lo que se esperaba", y calza con el verbo **padecéis** (*paschoite*), que en esta forma verbal griega (optativa) expresa una condición de cuarta clase que sugiere que no hay seguridad de que el sufrimiento ocurrirá, pero podría ocurrir.

Muchos cristianos en la iglesia primitiva, incluso algunos de los lectores de Pedro (1:6-7; 2:20; 4:12-16), sí padecieron **por causa de la justicia** (Hch. 5:40-41; 7:57-60; 8:3-4; 12:1-4; 13:50; 16:20-24; 17:5-9; 26:9-11), debido a su conducta recta y piadosa. De igual modo, los fieles cristianos de hoy no deben sorprenderse o asustarse si llegan tales sufrimientos, porque eso se convierte en un medio por el cual resultan **bienaventurados.** ¿De qué maneras trae bendición sufrir por la bondad? Más adelante en esta carta Pedro describe algunas de las maneras: "El Dios de toda gracia, que nos llamó a su gloria eterna en Jesucristo, después que hayáis padecido un poco de tiempo, él mismo os perfeccione, afirme, fortalezca y establezca" (5:10).

Pedro no es el único escritor del Nuevo Testamento que habló de bendición en el sufrimiento. Santiago lo hizo en su carta: "Hermanos míos, tened por sumo gozo cuando os halléis en diversas pruebas, sabiendo que la prueba de vuestra fe produce paciencia. Mas tenga la paciencia su obra completa, para que seáis perfectos y cabales, sin que os falte cosa alguna" (1:2-4). Las bendiciones del sufrimiento tampoco escaparon a la observación de Pablo.

> *Por tanto, no desmayamos; antes aunque este nuestro hombre exterior se va desgastando, el interior no obstante se renueva de día en día. Porque esta leve tribulación momentánea produce en nosotros un cada vez más excelente y eterno peso de gloria; no mirando nosotros las cosas que se ven, sino las que no se ven; pues las cosas que se ven son temporales, pero las que no se ven son eternas (2 Co. 4:16-18).*

Al apóstol Juan se le dio en Apocalipsis 2:10 una promesa relacionada con el sufrimiento: "No temas en nada lo que vas a padecer. He aquí, el diablo echará a algunos de vosotros en la cárcel, para que seáis probados, y tendréis tribulación por diez días. Sé fiel hasta la muerte, y yo te daré la corona de la vida".

Bendecidos (*makarioi*) no resalta aquí el efecto (felicidad o gozo) sino el motivo para tal "privilegio" u "honor". Elisabet, madre de Juan el Bautista y pariente de María, la madre de Jesús, le dijo a esta última: "Bendita tú entre las mujeres" (Lc. 1:42). El corazón de María sería traspasado con muchas tristezas (2:35), por tanto, la declaración de Elisabet no fue simplemente una referencia a felicidad general. Por el contrario, se refirió al favor divinamente concedido y al privilegio de dar a luz a Cristo (1:26-35). Todos los creyentes pueden tener la misma sensación de privilegio al participar en los sufrimientos de Jesús:

> *Bienaventurados los que padecen persecución por causa de la justicia, porque de ellos es el reino de los cielos. Bienaventurados sois cuando por mi causa os vituperen y os persigan, y digan toda clase de mal contra vosotros, mintiendo. Gozaos y*

alegraos, porque vuestro galardón es grande en los cielos; porque así persiguieron a los profetas que fueron antes de vosotros (Mt. 5:10-12; cp. Ap. 14:13).

La amonestación de Pedro para sus lectores, **no os amedrentéis por temor de ellos, ni os conturbéis,** es una alusión a Isaías 8:12*b*-13: "Ni temáis lo que ellos temen, ni tengáis miedo. A Jehová de los ejércitos, a él santificad; sea él vuestro temor, y él sea vuestro miedo". El contexto histórico de estos versículos es importante. Con una invasión inminente por parte de Asiria, Acaz, rey de Judá enfrentaba una crisis. Los reyes de Israel y Siria habían tratado de hacer una alianza con él en contra de las fuerzas asirias, pero Acaz se había negado. Por eso Israel y Siria amenazaban invadir a Judá. Mientras tanto Acaz había aliado a Judá con Asiria, pero el profeta Isaías le advirtió contra tan infame alianza y le dijo que no temiera. Acaz y el pueblo de Judá no debían temer a Asiria como ocurría con Siria e Israel, sino que más debían temer al Señor confiando en Él.

De igual modo, Pedro escribió a los cristianos: **no os amedrentéis por temor de ellos,** literalmente les dijo que no debían "temer a su propio temor", es decir, a ser intimidados por incrédulos que los perseguirían (cp. Sal. 118:6; Pr. 29:25; Mt. 10:28; Lc. 12:4-5; Hch. 4:23-30). Además, el apóstol les dijo: **ni os conturbéis,** literalmente les expresó: "No tiemblen ni se conmuevan" (cp. 4:16, 19).

En su disposición a sufrir, los creyentes deben enfrentar con valor todas las circunstancias (cp. Jos. 1:7, 9; 10:25; 2 S. 10:12; 1 Cr. 28:10, 20; Esd. 10:4; Sal. 31:24; Mr. 6:50; 1 Co. 16:13). El sufrimiento debe verse como una oportunidad para recibir bendiciones espirituales, no como una excusa para comprometer la fe ante un mundo hostil. Así como John Bunyan, el predicador y escritor inglés del siglo XVII, aceptó la prisión en la cárcel de Bedford por predicar sin licencia, y el reformador Martín Lutero se paró firme delante de sus enemigos y se negó a retractarse de sus creencias bíblicas, los creyentes de hoy día deben mantenerse firmes frente al sufrimiento. Los cristianos cuyas mentes y afectos están puestos en las cosas de arriba (Col. 3:2-3) se regocijarán cuando deban experimentar sufrimiento porque a través de este visualizan las bendiciones que obtendrán.

Con relación al sufrimiento, hay dos posibilidades. Primera, **por causa de la justicia** los creyentes pueden aceptar ese dolor como parte del plan sabio y soberano de Dios para bendecir sus vidas. Segunda, pueden padecer **haciendo el mal,** recibiendo la disciplina esperada del Señor por la desobediencia a su Palabra (cp. 2:20; 4:15-19). A veces Dios quiere que los creyentes sufran por causa de la justicia para que puedan recibir las bendiciones que resultan de tal sufrimiento. También es la voluntad de Dios que los creyentes soporten el beneficioso castigo divino cuando pecan (He. 12:5-11). De las dos posibilidades que pueden venir, Pedro reconoce que la primera es única porque llega tan solo **si la**

voluntad de Dios así lo quiere. Esa es una promesa consoladora. Sin duda Pablo aprendió tal lección:

> *Y para que la grandeza de las revelaciones no me exaltase desmedidamente, me fue dado un aguijón en mi carne, un mensajero de Satanás que me abofetee, para que no me enaltezca sobremanera; respecto a lo cual tres veces he rogado al Señor, que lo quite de mí. Y me ha dicho: Bástate mi gracia; porque mi poder se perfecciona en la debilidad. Por tanto, de buena gana me gloriaré más bien en mis debilidades, para que repose sobre mí el poder de Cristo. Por lo cual, por amor a Cristo me gozo en las debilidades, en afrentas, en necesidades, en persecuciones, en angustias; porque cuando soy débil, entonces soy fuerte (2 Co. 12:7-10).*

Los cristianos sufren **por causa de la justicia** cuando Dios quiere que así sea. Él no quiere que pequemos, por tanto en cierto sentido ese sufrimiento no es lo que deseaba para ellos aunque a veces se vuelve la voluntad divina para el ejercicio de la justicia de los creyentes (He. 12:11).

DEVOCIÓN A CRISTO

sino santificad a Dios el Señor en vuestros corazones, (3:15*a*)

Aquí el apóstol vuelve a aludir a Isaías 8:13: "A Jehová de los ejércitos, a él santificad". Cuando los creyentes santifican al **Señor en** sus **corazones** afirman su sujeción al control, a la instrucción y a la guía de Dios. Al hacerlo también declaran la majestad soberana de Dios, se someten a ella (cp. Dt. 4:35; 32:4; 1 R. 8:27; Sal. 90:2; 92:15; 99:9; 145:3,5; Is. 43:10; Ro. 8:28; 11:33) y demuestran que solamente lo temen a Él (Jos. 24:22-24; Sal. 22:23; 27:1; 34:9; 111:10; 119:46, 63; Pr. 14:26; Mt. 4:10).

Santificad (*hagiasate*) significa "apartarse" o "consagrarse". Pero en este contexto también conlleva dar el principal lugar de adoración, exaltación y adoración al **Señor.** Los creyentes que santifican al **Señor** lo apartan de todos los demás como el único objeto de su amor, reverencia, lealtad y obediencia (cp. Ro. 13:14; Fil. 2:5-11; 3:14; Col. 3:4; 2 P. 1:10-11). Reconocen la perfección de Él (He. 7:26-28), magnifican su gloria (Hch. 7:55-56; cp. Ap. 1:12-18), exaltan su preeminencia (Col. 1:18), y se someten a la voluntad divina (Mr. 3:35; Ro. 12:2; Ef. 6:6; He. 10:36; 1 Jn. 2:17), con la comprensión de que en ocasiones esa sumisión incluye sufrimiento.

Esta honra a Cristo como Señor no es algo externo, sino que sucede **en** los **corazones** de los verdaderos adoradores, aunque deban enfrentar sufrimiento injusto. Ese sometimiento y confianza en los propósitos perfectos del Señor soberano producen valor, audacia y fortaleza para triunfar en medio de las situaciones más adversas.

PREPARACIÓN PARA DEFENDER LA FE

y estad siempre preparados para presentar defensa con mansedumbre y reverencia ante todo el que os demande razón de la esperanza que hay en vosotros; (3:15*b*)

No se trata solo de resistir a través de la bendición de sufrir a lo que los creyentes deben someterse; también está la oportunidad de defender la verdad cuando son perseguidos. Los cristianos deben estar **preparados para presentar defensa** de la fe. El término griego para **defensa** (*apologia*) es la palabra de la que se derivan los términos *apología* y *apologética* en español. A menudo significa una defensa formal ante un tribunal judicial (cp. Hch. 25:16; 2 Ti. 4:16), pero Pablo también usa la palabra de manera informal a fin de manifestar su habilidad para responder a quienes lo cuestionaban (Fil. 1:16). **Siempre** indica la necesidad de los creyentes de preparación constante y prontitud para responder, sea en un tribunal formal o de manera informal, **ante todo el que** les **demande razón** de por qué viven y creen de la manera en que lo hacen. **Razón** es simplemente *logos*, "palabra" o "mensaje", y llama a los santos a estar **preparados** en el momento en que alguien **demande** (tiempo presente) para dar las palabras correctas en respuesta a preguntas acerca del evangelio.

Al evangelio se le identifica como **la esperanza que hay en** los creyentes. **Esperanza** es sinónimo de fe cristiana porque el motivo de que los creyentes acepten a Jesucristo como Señor y Salvador representa el anhelo que tienen de escapar del infierno y entrar en la gloria eterna (cp. Hch. 26:6; Ef. 1:18; 4:4; Col. 1:23; He. 10:23). Por tanto, la **esperanza** se convierte en el foco de cualquier explicación razonable que los creyentes deberían poder brindar con relación a su salvación. (Para más entendimiento del significado de esperanza, véase el estudio de 1:3 en el capítulo 2 de esta obra).

La defensa del creyente de esta esperanza ante el incrédulo que la **demande** debe ser firme y contundente, pero al mismo tiempo transmitida **con mansedumbre y reverencia. Mansedumbre** se refiere a modestia o humildad, no en el sentido de debilidad sino en el de no ser dominante o déspota (cp. Ef. 4:15, "siguiendo la verdad en amor"). El Señor mismo se caracterizó por esta virtud, como recordó Pablo: "Yo Pablo os ruego por la mansedumbre y ternura de Cristo" (2 Co. 10:1*a*).

Reverencia expresa devoción a Dios, un profundo respeto por su verdad, e incluso respeto por la persona que escucha (Col. 4:6; 2 Ti. 2:24-26).

Los cristianos que no pueden presentar una explicación bíblicamente clara de su fe (cp. 1 Ts. 5:19-22; 1 Jn. 2:14) estarán inseguros cuando sean fuertemente cuestionados por los incrédulos (cp. Ef. 4:14-15). En algunos casos tal inseguridad puede socavar su seguridad en cuanto a la salvación. Los ataques del mundo pueden abrumar a aquellos que no se han "vestido con la coraza de fe y de amor, y con la esperanza de salvación como yelmo" (1 Ts. 5:8; cp. Ef. 6:10-17).

BUENA CONCIENCIA

teniendo buena conciencia, para que en lo que murmuran de vosotros como de malhechores, sean avergonzados los que calumnian vuestra buena conducta en Cristo. (3:16)

Lo último que permitirá a los creyentes estar seguros en medio de un mundo hostil es una **buena conciencia.** La **conciencia** es el mecanismo interior divinamente colocado que o acusa o excusa a una persona, actuando como medio de convicción o afirmación. Según manifiesto en otra parte:

> La conciencia es el alma reflexionando sobre sí misma; la palabra en español "**conciencia**" y en griego *suneidēsis* conlleva la idea de conocerse a sí mismo. De acuerdo con Romanos 2:14, aun quienes no tienen la ley escrita de Dios tienen un sentido moral innato de lo que está bien y está mal: "Porque cuando los gentiles que no tienen ley, hacen por naturaleza lo que es de la ley, éstos, aunque no tengan ley, son ley para sí mismos". La conciencia, o bien afirma el comportamiento correcto, o bien condena el comportamiento pecador.
>
> Sin embargo, la conciencia no es infalible. No es la voz de Dios ni su ley moral, como señala Colin G. Kruse de manera muy útil:
>
>> La conciencia no debe ser equiparada ni con la voz de Dios ni con la ley moral, es más bien una facultad humana que juzga las acciones humanas a la luz de la norma de conducta más elevada que una persona puede percibir. Dado que toda la naturaleza humana se ha visto afectada por el pecado, tanto la percepción de la norma de conducta requerida como la función de la conciencia (como parte constitutiva de la naturaleza humana) se han visto afectadas por el pecado. Por esta razón, la conciencia no puede tener nunca la posición de juez final del comportamiento humano. Es posible que la conciencia nos excuse de lo que Dios no nos excusará; y, a la inversa, es igualmente posible que la conciencia nos condene por cosas que Dios permite. Por lo tanto, el veredicto final pertenece solamente a Dios

> (cp. 1 Co. 4:2-5). No obstante, rechazar la voz de la conciencia es exponerse al desastre espiritual (cp. 1 Ti. 1:19). No podemos rechazar la voz de la conciencia con impunidad, pero podemos modificar la norma de conducta con la cual se mide si obtenemos una mayor comprensión de la verdad (*The Second Epistle of Paul to the Corinthians,* The Tyndale New Testament Commentaries [Grand Rapids: Eerdmans, 1995], pp. 70-71).

Dado que la conciencia obliga a la persona a cumplir el más alto nivel de norma que posee, los creyentes tienen que establecer esa norma al máximo nivel mediante el reconocimiento de toda la Palabra de Dios. Ya que los creyentes llenan sus mentes con las verdades de las Escrituras, ven más claramente la ley perfecta de Dios. Entonces sus conciencias los llamarán a vivir de acuerdo con esta ley.

La conciencia funciona como una claraboya, no como una lámpara; no produce su propia luz, solamente deja que entre la luz de la moral. Por ello, la Biblia enseña la importancia de tener una limpia y buena conciencia. Pablo le escribió así a Timoteo: "El propósito de este mandamiento es el amor nacido de corazón limpio, y de buena conciencia, y de fe no fingida" (1 Ti. 1:5). Pocos versículos después, Pablo enfatizaba la importancia de mantener "la fe y buena conciencia", y advirtió que por desechar la segunda "naufragaron en cuanto a la fe algunos" (v. 19). Un requisito necesario para los diáconos es "que guarden el misterio de la fe con limpia conciencia" (1 Ti. 3:9). Pedro ordenó esto a los creyentes: "[Tengan] buena conciencia, para que en lo que murmuran de vosotros como de malhechores, sean avergonzados los que calumnian vuestra buena conducta en Cristo" (1 P. 3:16). Tanto Pablo (Hch. 23:1; 2 Ti. 1:3) como el autor de Hebreos (He. 13:18) testificaron que habían mantenido buenas conciencias.

En la salvación, Dios limpia la conciencia de toda su acumulación de culpa, vergüenza y menosprecio propio. El autor de Hebreos lo escribió así: "La sangre de Cristo, el cual mediante el Espíritu eterno se ofreció a sí mismo sin mancha a Dios, limpiará vuestras conciencias de obras muertas para que sirváis al Dios vivo" (He. 9:14). Por ello los creyentes tienen "purificados los corazones de mala conciencia" (He. 10:22). La conciencia limpia ya no acusa por los pecados del pasado, que están perdonados (Sal. 32:5; 103:12; Pr. 28:13; Mi. 7:18-19; Col. 1:14; 2:13-14; 1 Jn. 1:9) por la sangre de Cristo (Ef. 1:7; 1 Jn. 1:7; Ap. 1:5).

Los creyentes deben guardar la pureza de sus conciencias limpiadas ganando la batalla por la santidad en su interior, donde opera la conciencia. Pablo ganó la victoria en ese objetivo, por esto declaró al

> sanedrín lo siguiente: "Yo con toda buena conciencia he vivido delante de Dios hasta el día de hoy" (Hch. 23:1); y al gobernador Félix dijo: "Por esto procuro tener siempre una conciencia sin ofensa ante Dios y ante los hombres" (Hch. 24:16). A Timoteo le escribió así: "Doy gracias a Dios, al cual sirvo desde mis mayores con limpia conciencia" (2 Ti. 1:3). Le recordó a su joven protegido que "el propósito [del] mandamiento es el amor nacido de corazón limpio, y de buena conciencia, y de fe no fingida" (1 Ti. 1:5) y lo exhortó a guardar la "buena conciencia, desechando la cual naufragaron en cuanto a la fe algunos" (1 Ti. 1:19). Como se señaló anteriormente, Pablo instruyó que los diáconos deben guardar "el misterio de la fe con limpia conciencia" (1 Ti. 3:9). Los cristianos también deben tener cuidado de no provocar que otros creyentes violen sus conciencias (1 Co. 8:7-13; 10:24-29) (John MacArthur, *Comentario MacArthur del Nuevo Testamento: 2 Corintios* [Grand Rapids: Portavoz, 2015], pp. 34-34).

Una **buena conciencia** es lo que todo cristiano debe tener, o mejor aún, mantener.

Una **conciencia** tranquila permite a los creyentes ser libres de cualquier carga de culpa cuando enfrentan hostilidad y crítica del mundo (cp. Job 27:6; Ro. 14:22; 1 Ti. 3:9). No obstante, una conciencia impura no puede estar tranquila (cp. Gn. 42:21; 2 S. 24:10; Hch. 2:37) y es incapaz de soportar la presión procedente de pruebas difíciles y de persecuciones. En cuanto a lo **que murmuran,** los creyentes deberían estar de acuerdo con el apóstol Pablo, quien declaró: "Y por esto procuro tener siempre una conciencia sin ofensa ante Dios y ante los hombres" (Hch. 24:16; cp. 2 Co. 1:12). (Para un análisis más profundo de la conciencia, véase John MacArthur, *The Vanishing Conscience* [Dallas: Word, 1994], especialmente los capítulos 2, 3, 10, y apéndices 2 y 3).

Los creyentes de quienes **murmuran**, y que tienen **buena conducta en Cristo,** tendrán sus conciencias tranquilas, estarán despreocupados por la culpa, y sus vidas piadosas demostrarán que todas las críticas de los incrédulos son falsas. **Murmuran** (*katalaleisthe*) es una palabra onomatopéyica (cuya pronunciación sugiere su significado) que describe "hablar mal" o "maltrato verbal". **Calumnian** significa "amenazan", "insultan", o "maltratan". Una conciencia pura puede soportar y desviar cualquier lenguaje abusivo e insultante que el mundo le arroje (cp. 1 Co. 4:12). Quienes participan en tan pecaminoso maltrato a creyentes obedientes (Sal. 42:10; 74:10; Mt. 27:29, 31, 41, 44; Mr. 15:32; Lc. 23:36; Hch. 2:13), con el propósito de avergonzarlos y frustrarlos, serán **avergonzados** (cp. Gn. 42:8-21).

La adversidad es una realidad, y sufrir es un privilegio espiritual para los creyentes. Si comprenden "que a los que aman a Dios, todas las cosas les ayudan a bien" (Ro. 8:28), podrán aceptar el sufrimiento como parte del plan de Dios para ellos, y se dotarán a sí mismos con las seguridades divinas contra un mundo hostil. El puritano Thomas Watson escribe:

> Las aflicciones actúan para bien, mientras dan paso a la gloria... No que ellos merezcan gloria, pero tales aflicciones los preparan para eso. Así como el arado prepara la tierra para un cultivo, así también las aflicciones nos preparan y nos alistan para la gloria. El pintor pone su oro sobre colores oscuros, por lo que Dios pone primero los colores oscuros de la aflicción, y luego pone el color dorado de la gloria. Al odre se le curte antes de ponerle el vino: Los odres de misericordia se curten primero con aflicción, y luego se derrama en ellos el vino de gloria. Por tanto, vemos que las aflicciones no son perjudiciales sino provechosas para los santos (*All Things for Good* [reimpresión; Edinburgh: Banner of Truth, 1986], p. 32).

El triunfo del sufrimiento de Cristo

19

Porque también Cristo padeció una sola vez por los pecados, el justo por los injustos, para llevarnos a Dios, siendo a la verdad muerto en la carne, pero vivificado en espíritu; en el cual también fue y predicó a los espíritus encarcelados, los que en otro tiempo desobedecieron, cuando una vez esperaba la paciencia de Dios en los días de Noé, mientras se preparaba el arca, en la cual pocas personas, es decir, ocho, fueron salvadas por agua. El bautismo que corresponde a esto ahora nos salva (no quitando las inmundicias de la carne, sino como la aspiración de una buena conciencia hacia Dios) por la resurrección de Jesucristo, quien habiendo subido al cielo está a la diestra de Dios; y a él están sujetos ángeles, autoridades y potestades. (3:18-22)

Pedro termina su sección sobre el sufrimiento injusto de los creyentes con el ejemplo de cómo el padecimiento injusto de Cristo logró el propósito triunfal de Dios. En el corazón del evangelio está el hecho de que Jesucristo, quien era perfectamente justo, murió por individuos absolutamente injustos. Triunfó a través de ese sufrimiento injusto, según Dios había predeterminado, proveyendo redención para el mundo. En ese hecho único, Dios cumplió sus intenciones y los hombres perversos también cumplieron las suyas (Hch. 2:23-24; 4:27-28; cp. Gn. 50:19-20). El misterio de la providencia divina es que Dios es absolutamente soberano, pero su gobierno y su predeterminación no están separados de la responsabilidad humana. Y la maldad del hombre no reduce a Cristo a una causa secundaria. Dios es primordial en llevar a cabo providencialmente todos los elementos de su plan y voluntad perennes. El ejemplo perfecto de Cristo de padecer injustamente y a través de eso lograr el glorioso propósito salvador de Dios debería brindar a los creyentes esperanza y confianza para el triunfo del propósito divino en medio de sus propios sufrimientos (cp. Ro. 8:17; 2 Co. 2:14; Fil. 1:29). A fin de darles un entendimiento más enriquecedor del bendito resultado de la injusticia en la cruz, Pedro insta a sus lectores a considerar cuatro elementos de la victoria del Señor: Su victoriosa carga del pecado, su victorioso sermón, su victoriosa salvación, y su victoriosa supremacía.

SU VICTORIOSA CARGA DEL PECADO

Porque también Cristo padeció una sola vez por los pecados, el justo por los injustos, para llevarnos a Dios, (3:18*a*)

Las conjunciones **también** y **por** hacen volver a los lectores de Pedro al pasaje anterior (3:13-17) y les recuerda que no se deberían sorprender o desanimar por el padecimiento, ya que **Cristo** triunfó en su sufrimiento aunque **padeció** una muerte muy dolorosa, y del tipo más horrible: la crucifixión. En contraste, el autor de la carta a los hebreos recuerda a sus lectores que sufrían, que ellos "aún no [habían] resistido hasta la sangre" (12:4). La mayoría de creyentes no morirá como mártires, pero incluso cuando lo hacen, esa muerte es la paga por sus pecados (Ro. 6:23). Todas las personas mueren porque son pecadoras, lo que en un sentido convierte en una muerte justa incluso a la muerte por causa de la justicia. El hombre merece morir; Jesús no lo merecía.

Algunas versiones (p. ej. LBLA, BLPH, NBLH, TLA, NVI) traducen en este versículo a la palabra **padeció** como "murió", una interpretación basada en diferentes manuscritos griegos. Pero las distintas traducciones no cambian el significado: Cristo **padeció** al morir por los pecados. El pecado ocasionó la muerte del Cristo inmaculado. Este es el ejemplo supremo de sufrimiento por causa de la justicia (v. 18), y Él estuvo dispuesto a soportarlo para beneficio de los pecadores (Is. 53:4-6, 8-12; Mt. 26:26-28; Jn. 1:29; 10:11, 15; Ro. 5:8-11; 8:32; 1 Co. 15:3; 2 Co. 5:15, 18-19; Gá 1:4; Ef. 2:13-16; Col. 1:20-22; 1 Ts. 1:10; 1 Ti. 2:5-6; He. 2:9, 17; 7:27; 9:12, 24-28; 10:10; 13:12; 1 Jn. 1:7; 2:2; 4:10; Ap. 1:5; 5:9). Ya antes en esta carta Pedro afirmó que Cristo "no hizo pecado" (2:22). Nunca tuvo un solo pensamiento, palabra o acción que no agradara por completo a Dios; más bien su conducta en todo aspecto fue perfectamente santa (Is. 53:11; Lc. 1:35; 2 Co. 5:21; He. 4:15; 7:26; cp. Jn. 5:30; He. 1:9).

Por tanto **Cristo padeció por los pecados** porque "fue ofrecido una sola vez para llevar los pecados de muchos" (He. 9:28; cp. Ro. 8:3; He. 10:5-10). En la economía del Antiguo Testamento, Dios requería sacrificios de animales para simbolizar la necesidad de expiar el pecado por medio de la muerte de un sustituto inocente (Éx. 29:31-33, 36; Lv. 1:4-5; 8:34; 16:2-16; 17:11; 23:26-27; Nm. 15:25; 1 Cr. 6:49); el Nuevo Testamento presenta a Cristo como el sacrificio perfecto que cumplió todos los símbolos en la realidad de expiar por todos los pecadores que alguna vez creerían (Jn. 3:14-15; Ro. 5:6-11; 1 Co. 5:7; He. 9:11-14, 24, 28; 12:24; 13:11-12).

La frase **una sola vez** se traduce de la palabra *hápax*, que significa "de validez perpetua, que no requiere repetición". Para los judíos tan familiarizados con su sistema de sacrificios, este era un concepto totalmente nuevo. A fin de expiar por el pecado habían matado millones de animales a lo largo de los siglos. Durante su celebración anual de la Pascua se sacrificaba hasta un cuarto de millón de ovejas. Pero la única muerte expiatoria de Jesucristo acabó con ese desfile insuficiente de animales hacia el altar de una vez *y* para siempre (He. 1:3; 7:26-27; 9:24-28; 10:10-12), cuando llevó el castigo que los elegidos debían pagar y lo soportó por ellos, cumpliendo así a satisfacción el justo juicio de Dios.

Por consiguiente, en la muerte sustitutoria de Cristo padeció **el justo por los injustos.** Como la ofrenda perfecta por el pecado, Él voluntariamente (Jn. 10:15-18) y de acuerdo con el propósito redentor del Padre desde antes de la fundación del mundo (Hch. 2:23; 4:27-28; 13:27-29; cp. 2 Ti. 1:9; Ap. 13:8) llevó sobre sí todo el castigo que los injustos debían pagar (2:24). Ningún texto lo declara de manera más concisa que 2 Corintios 5:21: "Al que no conoció pecado, por nosotros lo hizo pecado, para que nosotros fuésemos hechos justicia de Dios en él". Mucho más se puede decir acerca del pecado y la imputación, como dice en otra parte (cp. Ro. 3—6), pero aquí Pedro dirige sus declaraciones a lo práctico, refiriéndose al sufrimiento sustitutorio de Jesús como una ilustración de cómo la más extrema aflicción e injusticia dio como resultado el triunfo singularmente supremo de la salvación. Esto debería ser eminentemente alentador para los creyentes que sufren de manera injusta.

El triunfo en la muerte de Cristo se expresa en la frase **para llevarnos** [a los creyentes] **a Dios.** El rasgado divino del velo del templo de arriba hacia abajo (Mt. 27:51) demostró simbólicamente la realidad de que Él había abierto el camino hacia Dios. El lugar santísimo celestial, el "trono de la gracia" (He. 4:16), fue hecho disponible para el inmediato acceso de todos los verdaderos creyentes. Como sacerdotes reales (2:9), todos los creyentes son bienvenidos a la presencia de Dios (He. 4:16; 10:19-22).

El verbo traducido **para llevarnos** (*prosagō*) expresa el propósito específico de las acciones de Jesús. A menudo describe a alguien a quien se está haciendo pasar o a quien se le da acceso hacia otra persona. En el griego clásico la forma del pronombre tácito se refiere a quien hace pasar. En los tribunales antiguos ciertos funcionarios controlaban el acceso al rey. Verificaban el derecho de alguien de verlo y luego hacían pasar a esa persona a donde estaba el monarca. Cristo ahora realiza esa función para los creyentes. Hebreos 6:20 dice con relación al atrio interior del cielo que Él "entró por [los creyentes] como precursor, hecho sumo sacerdote para siempre". Cristo entró para llevar a los elegidos a la comunión con Dios (cp. Sal. 110:4; He. 2:17-18; 3:1-2; 4:14—15; 5:4-6; 7:17, 21-22, 25; 8:1-2, 6; 9:13-14).

EL SERMÓN VICTORIOSO DE CRISTO

siendo a la verdad muerto en la carne, pero vivificado en espíritu; en el cual también fue y predicó a los espíritus encarcelados, los que en otro tiempo desobedecieron, (3:18*b*-20*a*)

Algunos críticos han puesto en duda la resurrección de Cristo de entre los muertos afirmando que en primer lugar no murió. Según ese razonamiento escéptico, Él simplemente se desmayó y quedó en un estado semicomatoso en la cruz, la frialdad de la tumba lo revivió, se desenvolvió, y salió. Pero la frase **siendo a la verdad muerto en la carne** no deja duda de que la vida física de Jesús cesó en la cruz. A fin de acelerar la muerte de los dos ladrones en el Calvario, crucificados a cada lado de Cristo, los verdugos romanos quebraron sus piernas (Jn. 19:31-32). (Las víctimas de crucifixión posponían sus muertes tanto como fuera posible levantándose sobre las piernas, lo que les permitía tomar otra bocanada de aire). Sin embargo, los soldados no se molestaron en romper las piernas de Cristo porque pudieron ver que Él ya estaba muerto. Para confirmar esa realidad, uno de ellos le horadó el costado con una lanza, ocasionándole que saliera agua y sangre, una señal fisiológica de que sin duda estaba muerto (19:33-37).

La frase **pero vivificado en espíritu** es una referencia a la persona eterna de Jesús. El texto griego omite el artículo definido, lo que sugiere que Pedro no se estaba refiriendo al Espíritu Santo, sino a que el Señor estaba espiritualmente vivo, contrastando la condición de la **carne** (cuerpo) de Cristo con la de su **espíritu.** Su espíritu eterno siempre ha estado vivo, aunque su cuerpo terrenal estuvo entonces muerto; pero tres días después ese cuerpo fue resucitado en un estado transformado y eterno.

Algunos intérpretes creen que la mencionada frase describe la resurrección de Jesús. Pero si el apóstol hubiera querido hacer tal referencia habría usado una expresión como "siendo a la verdad muerto en la carne, pero vivificado en la *carne*". La resurrección no fue simplemente una realidad espiritual, fue física (cp. Lc. 24:39; Jn. 20:20, 27). De ahí que el planteamiento aquí de Pedro debe ser que aunque el cuerpo de Jesús estaba muerto, permaneció **vivificado en** su **espíritu** (cp. Lc. 23:46).

A pesar de que Cristo es Aquel que en sí es vida eterna (1 Jn. 5:20), experimentó un tipo de muerte espiritual, definida no como cese de la existencia sino como una experiencia de separación de Dios. Mientras se hallaba en la cruz, Jesús estaba plenamente consciente al gritar: "Dios mío, Dios mío, ¿por qué me has desamparado?" (Mt. 27:46). Esa declaración refleja su sentido temporal y humanamente incomprensible del aislamiento por parte del Padre, mientras que toda la ira de Dios y la carga de las iniquidades de los pecadores fue puesta en Él y juzgada (cp. 2 Co. 5:21; Gá 3:10-13; He. 9:28). Durante ese breve tiempo la experiencia de Cristo iguala a la condición de los incrédulos que paradójicamente viven en muerte espiritual (separación de Dios) en esta vida y enfrentan juicio divino en la muerte física (cp. Dn. 12:2; Mt. 25:41, 46; Mr. 9:43-48; Jn. 3:36; Ap. 20:15). En su muerte por el pecado y su resurrección a gloria eterna, Cristo conquistó la muerte; sin embargo, los pecadores no regenerados experimentan sus propias muertes por los pecados de los que no se arrepintieron, y experimentarán vergüenza y castigo por toda la eternidad.

En el cual también se refiere a lo que ocurrió con su espíritu vivo mientras su cuerpo físico muerto yacía en la tumba (con relación a su sepultura, véase Mt. 27:57-60; Jn. 19:38-42). **Fue** (*poreuomai*) denota ir de un lugar a otro (véase también el v. 22, donde la palabra se usa con referencia a la ascensión). Cuando el texto certifica que Cristo **predicó a los espíritus encarcelados,** está indicando que a propósito fue a un lugar real para hacer un anuncio triunfal a seres cautivos antes de resucitar al tercer día.

El verbo traducido **predicó** (*kērussō*) significa que Cristo "enseñó" o "anunció su triunfo como un heraldo". En el mundo antiguo los heraldos llegaban a una ciudad como representantes de los reyes para hacer anuncios públicos o preceder a generales y monarcas en las procesiones que celebraban triunfos militares, anunciando las victorias ganadas en batalla. Este verbo no sugiere que Jesús fuera a predicar el evangelio, o si no Pedro probablemente habría usado una forma del verbo *euangelizō* ("evangelizar"). Cristo fue a proclamar su victoria al enemigo anunciando su triunfo sobre el pecado (cp. Ro. 5:18-19; 6:5-6), la muerte (cp. Ro. 6:9-10; 1 Co. 15:54-55), el infierno, los demonios, y Satanás (cp. Gn. 3:15; Col. 2:15; He. 2:14; 1 Jn. 3:8).

Cristo dirigió su anuncio **a los espíritus,** no a seres humanos, o si no Pedro habría usado *psuchai* ("almas") en lugar de *pneumasin*, una palabra que el Nuevo Testamento nunca usa para referirse a personas excepto cuando un genitivo las califica (p. ej., He. 12:23; "los espíritus de los justos").

Desde la caída de Satanás y sus demonios ha habido un conflicto cósmico entre las fuerzas angelicales del bien y el mal (cp. Job 1—2; Dn. 10:13; Zac. 3:1; Ef. 6:16; Ap. 12:3-4; 16:12-14). Después de la aparente victoria del diablo cuando indujo a Adán y Eva (y en consecuencia a todos sus descendientes) a caer en pecado (Gn. 3:1-7; Ro. 5:12-14), Dios prometió al mismo diablo la destrucción final por parte del Mesías, quien triunfaría con una aplastante victoria sobre él, a pesar de que también sufriría una herida leve de parte del diablo (Gn. 3:15). En consecuencia, Satanás trató de evitar esto por medio del genocidio de los judíos (cp. Est. 3:1—4:3) y de la destrucción de la línea mesiánica misma durante la época de Joás (2 Cr. 22:10-12; cp. 23:3, 12-21). Cuando toda esa estratagema falló, intentó matar al naciente Mesías (Mt. 2:16-18). Frustrado por eso, Satanás trató de tentar al mismo Cristo a que abandonara su misión (Mt. 4:1-11; Lc. 4:1-13). Más tarde incitó a los líderes judíos y a sus seguidores a causar disturbios que dieron como resultado la crucifixión del Señor (Mr. 15:6-15). Los diabólicos dirigentes judíos incluso se encargaron de que la tumba de Jesús estuviera custodiada para que Él no saliera del sepulcro (Mt. 27:63-66). Los demonios quizás habían estado celebrando su aparente victoria tras la muerte y sepultura de Cristo, pero solo para de inmediato quedar profunda y permanentemente desilusionados cuando el mismo Cristo vivo se les apareció. Los espíritus angelicales a los que Cristo se dirigió estaban **encarcelados** (*phulakē*; en un verdadero lugar de prisión, no simplemente en una condición).

En la actualidad los creyentes deben luchar contra los poderes de las fuerzas demoníacas sueltas mientras estas influyen en ellos a través del sistema mundial corrupto sobre el cual Satanás rige. El apóstol Pablo manifestó a la iglesia en Éfeso: "No tenemos lucha contra sangre y carne, sino contra principados, contra potestades, contra los gobernadores de las tinieblas de este siglo, contra huestes espirituales de maldad en las regiones celestes" (Ef. 6:12), lo que claramente dice que la jerarquía demoníaca está realizando de manera activa y libre su obra en el mundo. No fue a tales espíritus sueltos, sino a los demonios encarcelados, a los que Cristo fue a anunciarles su triunfo.

El libro de Apocalipsis llama a esta prisión "el pozo del abismo", literalmente "el pozo sin fondo". Algunos análisis de Apocalipsis 9:1-2 proveen mayor entendimiento de la prisión y de sus sujetos cautivos.

> Con su teatro de operaciones hoy día restringido a la tierra, y acabándosele el tiempo (cp. 12:12), Satanás buscará ahora reunir a todas sus huestes demoníacas: las que ya están en la tierra, que fueron echadas al planeta junto con él, y las encarceladas en el pozo del abismo (literalmente "el pozo sin fondo". *Abussos* (pozo del abismo) aparece siete veces en Apocalipsis, siempre en referencia a la morada de demonios encarcelados (cp. 9:2, 11; 11:7; 17:8). Durante el milenio Satanás mismo será mantenido cautivo allí, encadenado y encerrado con los demás prisioneros demoníacos (20:1, 3).
>
> La Biblia enseña que Dios ha escogido, en su soberanía, encarcelar a algunos demonios en ese **pozo** de castigo. Segunda Pedro 2:4 dice que "Dios no perdonó a los ángeles que pecaron, sino que arrojándolos al infierno los entregó a prisiones de oscuridad, para ser reservados al juicio". La frase "arrojándolos al infierno" es un participio griego derivado del sustantivo griego *Tartarus.* Tal y como Jesús empleó un término para el infierno, derivado del vocabulario popular de los judíos (*Gehenna*; cp. Mt. 5:22), así Pedro escogió un término de la mitología griega que conocían sus lectores. Tártaro era el nombre que se usaba en la literatura griega para referirse al lugar donde los peores pecadores, los que habían ofendido personalmente a los dioses, iban después de la muerte y recibían castigo. El lugar donde Dios guarda a los demonios encarcelados es sin duda diferente del lugar imaginario de la mitología griega. Sin embargo, el empleo del término *Tártaro* sí parece llevar la idea de que, debido a la atrocidad de su pecado, Dios ha encarcelado a ciertos ángeles caídos en tal lugar de aislamiento y de

los tormentos más severos. Ellos permanecen en ese lugar, esperando su sentencia para el castigo final en el eterno lago de fuego (Ap. 20:10, 13-14).

Los demonios encarcelados en el abismo son, sin duda, los más malvados, viles y perversos de todos los ángeles caídos. Judas describe algunos de ellos como "ángeles que no guardaron su dignidad, sino que abandonaron su propia morada", apuntando que Dios "los ha guardado bajo oscuridad, en prisiones eternas, para el juicio del gran día; como Sodoma y Gomorra y las ciudades vecinas, las cuales de la misma manera que aquéllos, habiendo fornicado e ido en pos de vicios contra naturaleza, fueron puestas por ejemplo, sufriendo el castigo del fuego eterno" (Jud. 6-7). Ese pasaje describe a ciertos ángeles caídos que dejaron su dominio angelical para entregarse al pecado sexual con seres humanos, como los hombres de Sodoma y Gomorra intentaron pervertidamente tener relaciones sexuales con ángeles (Gn. 19:1, 4-5).

Pedro revela cuándo ocurrió este pecado de los ángeles:

> *Porque también Cristo padeció una sola vez por los pecados, el justo por los injustos, para llevarnos a Dios, siendo a la verdad muerto en la carne, pero vivificado en espíritu; en el cual también fue y predicó a los espíritus encarcelados, los que en otro tiempo desobedecieron, cuando una vez esperaba la paciencia de Dios en los días de Noé, mientras se preparaba el arca, en la cual pocas personas, es decir, ocho, fueron salvadas por agua (1 P. 3:18-20).*

Los "espíritus encarcelados" en el abismo son "los que en otro tiempo desobedecieron… en los días de Noé". Son demonios que cohabitaron con mujeres en el fallido intento de Satanás de corromper el género humano y hacer imposible su redención (Gn. 6:1-4). Que los demonios aún temen ser enviados al abismo es evidente por el hecho de que algunos le rogaron a Jesús que no los enviara allá (Lc. 8:31). Eso sugiere que otros demonios han sido encarcelados después de los sucesos de Génesis 6. Los demonios liberados por Satanás al toque de la quinta trompeta puede que no incluya a los que pecaron en la época de Noé (cp. Jud. 6), ya que de ellos se dice que están "en prisiones eternas" (Jud. 6) hasta el último día cuando se les enviará al eterno lago de fuego (20:10; Jud. 7). Los liberados pudieran ser otros demonios encarcelados en el abismo. Así que el pozo es el lugar preparatorio de encarcelación de los demonios, desde donde algunos serán liberados para este juicio (*Comentario MacArthur del Nuevo Testamento: Apocalipsis* [Grand Rapids: Portavoz, 2010], pp. 261-62).

Pedro identifica aún más a los demonios a los que Cristo predicó su sermón triunfal como **los que en otro tiempo desobedecieron.** Según la razón de que Dios los atara permanentemente en el lugar de reclusión, esa desobediencia se relaciona específicamente con algo que ocurrió **en los días de Noé**.

¿Cuál fue esa desobediencia que tuvo resultados tan graves y permanentes? Los lectores de Pedro deben haber conocido el pecado específico cometido por los demonios encarcelados porque el apóstol no lo detalló. Génesis 6:1-4 relata esta desobediencia demoníaca:

> *Aconteció que cuando comenzaron los hombres a multiplicarse sobre la faz de la tierra, y les nacieron hijas, que viendo los hijos de Dios que las hijas de los hombres eran hermosas, tomaron para sí mujeres, escogiendo entre todas. Y dijo Jehová: No contenderá mi espíritu con el hombre para siempre, porque ciertamente él es carne; mas serán sus días ciento veinte años. Había gigantes en la tierra en aquellos días, y también después que se llegaron los hijos de Dios a las hijas de los hombres, y les engendraron hijos. Estos fueron los valientes que desde la antigüedad fueron varones de renombre.*

Satanás y sus ángeles ya se habían rebelado, habían sido expulsados del cielo, siendo sujetados eternamente en un estado de perversidad pura. El diablo había tenido éxito en el huerto y su fuerza demoníaca había estado en acción motivando la corrupción en el mundo.

El relato de Génesis 6 fue quizás el esfuerzo más atroz que Satanás hizo en relación con la provisión ordenada por Dios en cuanto al matrimonio (v. 1). Los demonios montaron un ataque sobre el matrimonio y la procreación, que tuvo malvada influencia en las generaciones posteriores.

"Los hijos de Dios" se yuxtapone con "las hijas de los hombres". El contraste es entre seres sobrenaturales y mujeres. "Hijos de Dios" no pueden ser hombres, o serían llamados "hijos de los hombres". Tampoco pueden ser hombres justos de una línea justa de personas, o setitas (como algunos sugieren), porque eso no contrasta con "hijas de los hombres", como si todas las mujeres fueran injustas y todos los "hijos de Dios" fueran únicamente hombres.

La interpretación más antigua, el punto de vista tradicional judío de antiguos rabinos y modernos comentaristas judíos, así como de los padres de la iglesia, es que "los hijos de Dios" eran demonios, o ángeles caídos. El contexto de juicio en el diluvio imposibilita que ángeles santos estén a la vista (véase Gordon J. Wenham, *Genesis 1-15,* Word Biblical Commentary [Waco, Tex.: Word, 1987), 1:139).

La frase "hijos de Dios" (hebreo *bene haelohim*) siempre se refiere a ángeles en sus otros usos en el Antiguo Testamento (cp. Job 1:6; 2:1; 38:7; Sal. 29:1; 89:6). El término siempre se emplea como aquellos creados directamente por Dios, no los que son procreados por medio de nacimiento humano, igual que los setitas, los nobles, reyes o aristócratas. Los espíritus celestiales están en contraste con las mujeres terrenales. Estos entonces son ángeles caídos que actuaron de manera perversa, sobrepasando los límites de su esfera. Desafiaron a Dios al dejar su mundo espiritual para entrar en la esfera humana (así como Satanás había entrado al mundo animal en el Edén). Este es el primer registro bíblico de posesión demoníaca: demonios morando en personas.

Tales espíritus malvados fueron atraídos hacia mujeres, a quienes vieron "hermosas" en alguna manera perversa y lujuriosa. Ellas eran "las hijas" que se mencionan en 6:1 (no un tipo especial de mujeres), a quienes los demonios tomaron por esposas. El hebreo es *Laqach,* que describe transacciones matrimoniales (Gn. 4:19; 11:29; 12:19; 20:2-3; 25:1), no violación o fornicación.

Sin duda esa situación plantea la pregunta: ¿Cómo pueden seres espirituales casarse con mujeres? Esto es posible solo si moran en cuerpos humanos, como los ángeles pueden hacer y han hecho (cp. Gn. 18:1-2, 8; 19:1, 5; He. 13:2). Esos demonios entraron en cuerpos humanos (un fenómeno a menudo encontrado por Cristo y los apóstoles en la narración del evangelio), como es evidente por los hijos que nacieron de esas uniones (Gn. 6:4). A pesar de que los hijos eran humanos, había en ellos una generalizada influencia de los demonios.

> *Y vio Jehová que la maldad de los hombres era mucha en la tierra, y que todo designio de los pensamientos del corazón de ellos era de continuo solamente el mal. Y se arrepintió Jehová de haber hecho hombre en la tierra, y le dolió en su corazón. Y dijo Jehová: Raeré de sobre la faz de la tierra a los hombres que he creado, desde el hombre hasta la bestia, y hasta el reptil y las aves del cielo; pues me arrepiento de haberlos hecho (Gn. 6:5-7).*

El hecho de que las personas estuvieran accesibles a los demonios muestra la maldad del ser humano en esa época. Tales individuos poseídos por demonios produjeron entonces una generación que era más que corrupta tanto por dentro como por fuera, a la que se debía destruir.

> *Y se corrompió la tierra delante de Dios, y estaba la tierra llena de violencia. Y miró Dios la tierra, y he aquí que estaba corrompida; porque toda carne había corrompido su camino sobre la tierra. Dijo, pues, Dios a Noé: He decidido el fin de todo ser, porque la tierra está llena de violencia a causa de ellos; y he aquí que yo los destruiré con la tierra (Gn. 6:11-13).*

La tentación original en el huerto puede ayudar a explicar la estrategia demoníaca:

> *Pero la serpiente era astuta, más que todos los animales del campo que Jehová Dios había hecho; la cual dijo a la mujer: ¿Conque Dios os ha dicho: No comáis*

de todo árbol del huerto? Y la mujer respondió a la serpiente: Del fruto de los árboles del huerto podemos comer; pero del fruto del árbol que está en medio del huerto dijo Dios: No comeréis de él, ni le tocaréis, para que no muráis. Entonces la serpiente dijo a la mujer: No moriréis; sino que sabe Dios que el día que comáis de él, serán abiertos vuestros ojos, y seréis como Dios, sabiendo el bien y el mal. Y vio la mujer que el árbol era bueno para comer, y que era agradable a los ojos, y árbol codiciable para alcanzar la sabiduría; y tomó de su fruto, y comió; y dio también a su marido, el cual comió así como ella (Gn. 3:1-6).

El plan de Satanás en el Edén fue convencer a Eva de que ella se volvería como Dios; de que ella y Adán podían ser elevados a una vida superior, escapando incluso a las pocas limitaciones que experimentaban. Si eso era atractivo, volverse más "sobrenaturales", antes de que el pecado y la muerte reinaran, ¿cuán atractivo podría ser después? Génesis 4 y 5 relatan que la muerte reinaba en toda la creación, y con ella el sufrimiento y la aflicción (ocho veces en el capítulo 5 aparece la frase "y murió"). Sería coherente con la estrategia de Satanás prometer un encumbramiento sobrenatural, una experiencia trascendental, una comunión con los espíritus, e incluso victoria sobre la muerte y, por tanto, vida eterna, a través de una pervertida unión marital.

Satanás siempre ha prometido que si la humanidad es receptiva al mundo espiritual puede eludir el juicio y obtener inmortalidad. Tal insidiosa promesa parece conocida. Ciertas religiones falsas desde entonces, comenzando ya en las religiones de misterio babilónicas con sus ritos paganos de fertilidad, han prometido alguna vía mágica para que los humanos obtengan un nivel superior de existencia (inmortalidad o incluso divinidad), en que las relaciones sexuales fuera de lo común juegan un papel clave en el proceso.

Pero a pesar de la participación y la promesa de Satanás, la descendencia de las uniones de Génesis, aunque demonizada, estaba conformada solo por seres humanos y por tanto objetivos para el juicio divino que estaba a punto de ocurrir. Cuando Dios ahogó al mundo ciento veinte años después, todos ellos perecerían porque solo eran "carne" (Gn. 6:3). No eran más que individuos depravados y dominados por demonios.

Génesis 6:4 agrega: "Había gigantes en la tierra en aquellos días, y también después que se llegaron los hijos de Dios a las hijas de los hombres, y les engendraron hijos. Estos fueron los valientes que desde la antigüedad fueron varones de renombre". "Gigantes" se traduce de una palabra hebrea que significa "los caídos", o aquellos de gran poder que aplastan a las personas. El texto expresa que ellos ya estaban en la tierra cuando los demonios encarnados fueron tras las mujeres. El término se usa en otro lugar, Números 13:30-33, donde describe no una raza de antepasados, puesto que ninguno sobrevivió al diluvio, sino a individuos en la tierra de Canaán que eran poderosos conquistadores que amenazaban a Israel. Cuando los incrédulos espías que entraron a Canaán quisieron impedir que Israel fuera a la batalla, describieron a los moradores como gigantes, adoptando la antigua transcripción con el fin de explicarse mejor, porque la palabra se usaba comúnmente para describir enemigos aterradores.

La frase "y también después" clarifica el propósito de mencionar a los gigantes. Después que los "hijos de Dios" y las "hijas de los hombres" se casaran, proliferaron hijos que eran como los gigantes ("valientes que desde la antigüedad fueron varones de renombre"). De tales uniones salió una gran cantidad de guerreros poderosos e infames, que igual que los gigantes eran héroes en una forma peligrosa... que obtuvieron poder y reputación, y que indujeron temor en tiempos antiguos siendo feroces y mortíferos. Todos esos hijos, junto con los anteriores gigantes, perecieron con el resto del mundo (Gn. 7:23-24).

Lo que sella esta interpretación es el texto dado aquí por Pedro. El Señor predicó su triunfo sobre Satanás, el pecado, la muerte y el infierno a los peores demonios: los que desobedecieron a Dios en la peor manera en los días de Noé antes del diluvio. El gran esfuerzo de los ángeles caídos por endemoniar a las personas, obstaculizar el propósito redentor de Dios, y evitar que la "simiente" de la mujer (Gn. 3:15) aplastara la cabeza de Satanás y enviara a los demonios al lago de fuego (Mt. 25:41; Ap. 19:20; 20:10, 14, 15) fue finalmente frustrado en la cruz.

En su segunda carta, Pedro también se refiere brevemente al pecado de los demonios encarcelados:

> *Porque si Dios no perdonó a los ángeles que pecaron, sino que arrojándolos al infierno los entregó a prisiones de oscuridad, para ser reservados al juicio; y si no perdonó al mundo antiguo, sino que guardó a Noé, pregonero de justicia, con otras siete personas, trayendo el diluvio sobre el mundo de los impíos; y si condenó por destrucción a las ciudades de Sodoma y de Gomorra, reduciéndolas a ceniza y poniéndolas de ejemplo a los que habían de vivir impíamente (2 P. 2:4-6).*

La inmoralidad que ocasionó el diluvio está vinculada con la perversión que trajo como consecuencia el fuego y el azufre sobre Sodoma y Gomorra (Gn. 18 y 19). Judas hace el mismo paralelo:

> *Y a los ángeles que no guardaron su dignidad, sino que abandonaron su propia morada, los ha guardado bajo oscuridad, en prisiones eternas, para el juicio del gran día; como Sodoma y Gomorra y las ciudades vecinas, las cuales de la misma manera que aquéllos, habiendo fornicado e ido en pos de vicios contra naturaleza, fueron puestas por ejemplo, sufriendo el castigo del fuego eterno (vv. 6-7).*

Esos espíritus malignos fueron enviados al abismo porque sobrepasaron los límites de la tolerancia de Dios. Llenaron la tierra con su vileza hasta tal punto que ni siquiera ciento veinte años de predicación de Noé convencieron a nadie más allá de su familia a arrepentirse, creer en Dios, y escapar de su juicio. Desde esa época, los demonios que cometieron tales pecados atroces habían estado encarcelados y atados cuando Jesús murió en el Calvario. Quizás para entonces creían que Él había perdido la ventaja sobre ellos, pero ese no era el caso. En lugar de eso, Cristo apareció en medio de ellos y les predicó su triunfo. Colosenses 2:15 declara: "[Dios] despojando a los principados y a las potestades, los exhibió públicamente, triunfando sobre ellos en la cruz".

Lo que Pedro quiere dar a conocer es fascinante y dramático: los creyentes sufrirán "por causa de la justicia" (3:14), y por hacer el bien (v. 17). Todo creyente que sufre se puede animar con que esto no es un desastre sino más bien la senda hacia la victoria espiritual. El ejemplo sin igual de tal triunfo es el Señor mismo, quien padeció injustamente y por medio de ese sufrimiento conquistó al pecado y los demonios del infierno (v. 22). En realidad Dios usa poderosamente la persecución injusta para sus propósitos santos.

LA VICTORIOSA SALVACIÓN DE CRISTO

cuando una vez esperaba la paciencia de Dios en los días de Noé, mientras se preparaba el arca, en la cual pocas personas, es decir, ocho, fueron salvadas por agua. El bautismo que corresponde a esto ahora nos salva (no quitando las inmundicias de la carne, sino como la aspiración de una buena conciencia hacia Dios) por la resurrección de Jesucristo, (3:20*b*-21)

Pedro vio al relato bíblico de **cuando una vez esperaba la paciencia de Dios en los días de Noé,** antes de enviar el diluvio, como una analogía para la triunfal salvación provista por medio de Jesucristo. Dios fue paciente con el mundo corrupto, según declara Génesis 6:3: "No contenderá mi espíritu con el hombre para siempre, porque ciertamente él es carne; mas serán sus días ciento veinte años". Durante ese período de gracia de ciento veinte años, Noé fue un "pregonero de justicia" (2 P. 2:5) que anunció juicio, pero también ofreció el camino de la liberación. Los miembros de la familia de Noé fueron las únicas **personas, es decir, ocho** sobre la tierra en prestar atención a la advertencia divina y escapar de la catástrofe que se avecinaba de un diluvio universal. Por tanto, solo Noé, su esposa y sus tres hijos con sus esposas **fueron** las únicas personas **salvadas por agua** mientras los demás miembros de la humanidad perecieron ahogados en un acto de justicia por parte de Dios (Gn. 6:9—8:22).

Durante el período de gracia, la gente pudo ver **mientras se preparaba el**

arca por parte de Noé y sus hijos. Aunque el propósito del arca era rescatar del diluvio a Noé y su familia, también fue para los creyentes una lección objetiva del inminente juicio de Dios sobre el mundo. La nula capacidad de respuesta al "sermón del arca" revela cuán profunda era la maldad en la época de Noé: "Vio Jehová que la maldad de los hombres era mucha en la tierra, y que todo designio de los pensamientos del corazón de ellos era de continuo solamente el mal" (Gn. 6:5).

Pedro usó la frase **que corresponde a esto,** que contiene la palabra *antitupon*, cuyo significado es "copia", "contraparte" o "figura que apunta a" para hacer la transición a la salvación en Cristo. De esa palabra proviene el término teológico *símbolo,* que en el Nuevo Testamento describe una expresión terrenal de una realidad celestial; un símbolo o analogía de una verdad espiritual (cp. Jn. 3:14-16; He. 4:1-10; 8:2, 5). La preservación en el arca de aquellos que le creyeron a Dios es análoga a la salvación que los creyentes tienen en Cristo.

Algunos comentaristas creen que el diluvio es el símbolo porque *antitupon* (bautismo, v. 21) y *hudatos* (**agua,** v. 20) son sustantivos neutros. Sin embargo, es mejor ver el símbolo en el sentido más amplio de Noé y la experiencia total de su familia con el arca. Dios los preservó de las aguas del diluvio mientras el resto de la humanidad perecía. Noé y sus hijos son un verdadero símbolo de la salvación en Jesucristo, quien preserva a los creyentes sin peligro a través del juicio de Dios sobre los pecadores.

Ciertas tradiciones teológicas malinterpretan la declaración de Pedro **el bautismo... ahora nos salva** para referirse a la salvación espiritual por bautismo en agua (es decir, regeneración bautismal). Pero **bautismo** (de *baptizō*) simplemente significa "inmersión", y no solo en agua. Pedro emplea aquí **bautismo** para referirse a inmersión figurada en Cristo como el arca de protección que navegará por sobre el holocausto del juicio a los malvados. Noé y su familia fueron inmersos no solo en agua, sino en el mundo bajo juicio divino. Todo el tiempo estuvieron protegidos por estar en el arca. Dios los preservó en medio de su juicio, que es lo que también hace por todos los que confían en Cristo. El juicio final de Dios traerá fuego y furia sobre el mundo, destruyendo todo el universo (cp. 2 P. 3:10-12); no obstante, el pueblo de Dios será protegido y llevado a eternos cielos nuevos y tierra nueva (v. 13).

Pedro dejó en claro que no quería que sus lectores creyeran que se estaba refiriendo al **bautismo** en agua cuando específicamente dijo **no quitando las inmundicias de la carne.** (Para un estudio más completo del bautismo y la regeneración, véase John MacArthur, *Comentario MacArthur del Nuevo Testamento: Hechos* [Grand Rapids: Portavoz, 2014], pp. 76-79). Que Pedro realmente estaba refiriéndose a una realidad espiritual cuando escribió **el bautismo... ahora nos salva** también está claro por la frase **sino como la aspiración de una buena**

conciencia hacia Dios, por la resurrección de Jesucristo. El único bautismo que salva a las personas es seco —el espiritual tanto en la *muerte* como en la resurrección de Cristo— para aquellos que apelan a Dios para que los ponga en la seguridad del arca espiritual de la salvación (cp. Ro. 10:9-10).

Así como el diluvio sumergió a todas las personas en el juicio de Dios, pero algunas lo pasaron a salvo, así también en el juicio final participará todo el mundo, pero aquellos que están en Cristo lo pasaran a salvo. La experiencia de la familia de Noé en el diluvio también es análoga a la experiencia de todos los que reciben salvación. Así como ellos murieron a su mundo anterior cuando entraron al arca y luego experimentaron casi una resurrección cuando salieron del arca hacia un nuevo mundo después del diluvio, así también todos los cristianos mueren a su mundo antiguo cuando entran al cuerpo de Cristo (Ro. 7:4-6; Gá 2:19-20; Ef. 4:20-24). Ellos posteriormente disfrutan novedad de vida que culmina un día con la resurrección a vida eterna. Pablo enseñó a los romanos:

> *¿O no sabéis que todos los que hemos sido bautizados en Cristo Jesús, hemos sido bautizados en su muerte? Porque somos sepultados juntamente con él para muerte por el bautismo, a fin de que como Cristo resucitó de los muertos por la gloria del Padre, así también nosotros andemos en vida nueva (Ro. 6:3-4; cp. 1 Co. 6:17; 10:2; 12:13; Gá 3:27; Ef. 4:5).*

Por tanto, Dios provee salvación porque un pecador, por fe, es sumergido en la muerte y resurrección de Cristo, de quien se vuelve propiedad a través de esa unión espiritual. La salvación no ocurre por medio de un rito, inclusive el bautismo en agua (**quitando las inmundicias de la carne**), **sino** por **la aspiración de una buena conciencia hacia Dios. Aspiración** (*eperōtēma*) es un término técnico que se usaba al hacer contratos. Aquí se refiere a estar de acuerdo en cumplir ciertas condiciones requeridas divinamente antes de que Dios ponga a alguien en el arca de la seguridad (Cristo). Todo aquel que va a ser salvo debe llegar primero a Dios con un deseo de obtener una **buena** (limpia) **conciencia** y una disposición de cumplir las condiciones (arrepentimiento y fe) necesarias para obtenerla. Cuando aspiran a tener una buena conciencia para con Dios, es decir, una conciencia libre de acusación y condenación (cp. Ro. 2:15), las personas no regeneradas muestran que están cansadas del pecado que las domina y que desean ser liberadas de su carga de culpa y de la amenaza del infierno (cp. Lc. 18:13-14; Hch. 2:37-38). Ansían la limpieza espiritual que viene por medio de la sangre derramada de Cristo (3:18; cp. 1:18-19; 2:24; He. 9:14; 10:22). Por tanto, se arrepienten de sus pecados y le suplican a Dios que las perdone y les quite la culpa que plaga su conciencia, todo lo cual está disponible al confiar en el sacrificio expiatorio de Cristo. El bautismo en agua no salva; es el bautismo del Espíritu Santo en el pecador que confía en Jesucristo, la única arca de salvación de los elegidos, lo que rescata para siempre del infierno al pecador y lo lleva en forma segura al cielo. Este es el triunfo definitivo del sufrimiento de Cristo por esa persona y la garantía del triunfo en medio de su propio sufrimiento injusto.

LA SUPREMACÍA VICTORIOSA DE CRISTO

quien habiendo subido al cielo está a la diestra de Dios; y a él están sujetos ángeles, autoridades y potestades. (3:22)

Pedro concluye este pasaje con una gloriosa notal final relacionada con el sufrimiento triunfal de Cristo. El Antiguo y el Nuevo Testamentos afirman que **la diestra** es un lugar de prestigio y poder (Gn. 48:18; 1 Cr. 6:39; Sal. 16:8; 45:9; 80:17; 110:1; Mr. 16:19; Hch. 2:33; 5:31; Ro. 8:34; Ef. 1:20; He. 12:2). **La diestra de Dios** es el lugar preeminente de honor y autoridad por toda la eternidad (Éx. 15:6; Dt. 33:2; Sal. 16:11; 18:35; 45:4; 48:10; 89:13; 98:1; 118:15-16; Mt. 26:64; Hch. 7:55-56; Col. 3:1; He. 1:3; 8:1; Ap. 5:7; cp. Ap. 2:1). Allí es donde Cristo fue después de concluir su obra de redención, y allí es desde donde gobierna hoy día.

Después de describir la humildad, el sufrimiento y la muerte de Jesús, el apóstol Pablo aseveró confiadamente:

> *Por lo cual Dios también le exaltó hasta lo sumo, y le dio un nombre que es sobre todo nombre, para que en el nombre de Jesús se doble toda rodilla de los que están en los cielos, y en la tierra, y debajo de la tierra; y toda lengua confiese que Jesucristo es el Señor, para gloria de Dios Padre (Fil. 2:9-11).*

El autor de Hebreos se refirió varias veces a la posición de soberanía de Cristo, comenzando a inicios de la carta:

> *El cual, siendo el resplandor de su gloria, y la imagen misma de su sustancia, y quien sustenta todas las cosas con la palabra de su poder, habiendo efectuado la purificación de nuestros pecados por medio de sí mismo, se sentó a la diestra de la Majestad en las alturas, hecho tanto superior a los ángeles, cuanto heredó más excelente nombre que ellos. Porque ¿a cuál de los ángeles dijo Dios jamás: Mi Hijo eres tú, yo te he engendrado hoy, y otra vez: Yo seré a él Padre, y él me será a mí hijo? Y otra vez, cuando introduce al Primogénito en el mundo, dice: Adórenle todos los ángeles de Dios (He. 1:3-6; cp. Hch. 5:31; 7:55-56; Ro. 8:34; He. 10:12; 12:2).*

Habiendo subido al cielo es una referencia a la ascensión de Cristo, que Lucas describe en el primer capítulo de Hechos:

> *Y habiendo dicho estas cosas, viéndolo ellos, fue alzado, y le recibió una nube que le ocultó de sus ojos. Y estando ellos con los ojos puestos en el cielo, entre tanto que él se iba, he aquí se pusieron junto a ellos dos varones con vestiduras blancas, los cuales también les dijeron: Varones galileos, ¿por qué estáis mirando al cielo? Este mismo Jesús, que ha sido tomado de vosotros al cielo, así vendrá como le habéis visto ir al cielo (Hch. 1:9-11).*

Cuando ascendió al cielo, "Jesús entró por [los pecadores] como precursor, hecho sumo sacerdote para siempre según el orden de Melquisedec" (He. 6:20). Desde esa posición como sumo sacerdote celestial, Cristo intercede continuamente por los creyentes (He. 7:25; 9:24).

Cristo asumió su posición de supremacía sobre **ángeles, autoridades y potestades** (seres angelicales, inclusive Satanás y sus demonios; véase Gn. 19:1; 28:12; Sal. 78:49; 148:2; Mt. 4:11; 13:41; 25:31; Lc. 2:15; 15:10; Ro. 8:38; Ef. 3:10; 6:12; Col. 1:16; 2:18; Jud. 6; Ap. 5:11; 8:2) **y a él están sujetos** por la cruz, hecho del cual Jesús predicó a los demonios encarcelados. Esto vuelve a demostrar que Él no estaba predicando a los demonios un mensaje de salvación, ya que los demonios no pueden ser salvos, sino que están condenados para siempre: "Porque ciertamente no socorrió a los ángeles, sino que socorrió a la descendencia de Abraham" (He. 2:16).

La declaración final de Pedro en este pasaje y capítulo resalta otra vez que la cruz y la resurrección son las que someten a las huestes angelicales caídas y rebeldes ante Jesucristo, y las que salvan del juicio eterno a las almas, que es el mayor triunfo del sufrimiento que alguna vez ha habido de una persona justa. Esto también refleja las palabras de Pablo a los efesios:

> *Según la operación del poder de su fuerza, la cual operó en Cristo, resucitándole de los muertos y sentándole a su diestra en los lugares celestiales, sobre todo principado y autoridad y poder y señorío, y sobre todo nombre que se nombra, no sólo en este siglo, sino también en el venidero (Ef. 1:19-21; cursivas añadidas).*

La palabra traducida **están sujetos** (de *hupotassō*: "alinearse según rango debajo de") describe la actual situación de todos los seres espirituales en relación a Cristo. Él es supremo sobre todos (Fil. 2:9-11).

La muerte sustitutoria de Cristo por los pecadores fue una acción de gracia (Hch. 15:11; Ro. 5:15, 17; Ef. 1:7; 2:5, 8-9; Tit. 2:11; 3:7; He. 2:9), gracia victoriosa y soberana extendida a hombres y mujeres depravados y malvados que en realidad no merecían nada más que juicio eterno de parte de Dios. Charles Wesley escribió en su himno "And Can It Be":

¡Tus misterios tuyos son! ¡Muere el inmortal!
Tu extraño diseño ¿quién lo puede explorar?
El serafín primogénito en vano intenta
hacer sonar lo profundo del amor divino.
¡Tuya la misericordia es! Deja que la tierra adore,
que las mentes angelicales no pregunten más.

Fue por los seres humanos perdidos por los que Cristo murió, y los ángeles perdidos solo podían escuchar consternados la proclama de la victoria de Cristo. Incluso los ángeles elegidos solo pueden maravillarse ante lo que no pueden entender por completo (cp. 1:12). Los creyentes deberían estar agradecidos porque "Cristo, cuando aún [eran] débiles, a su tiempo murió por los impíos" (Ro. 5:6).

Una vez más, cuán poderosamente el Señor Dios saca victoria de la persecución al Salvador. Y los santos pueden tener la confianza en que Él hará lo mismo en medio de las persecuciones que ellos padecen. "Mas a Dios gracias, el cual nos lleva siempre en triunfo en Cristo Jesús, y por medio de nosotros manifiesta en todo lugar el olor de su conocimiento" (2 Co. 2:14). Finalmente ellos estarán a la diestra de Dios en el cielo (Ap. 3:21), juzgando incluso a los ángeles (1 Co. 6:3).

Los creyentes no solo miran a Cristo como un ejemplo de triunfo en medio del sufrimiento injusto, también se unen plenamente y para siempre en ese triunfo.

Cómo armarse contra el sufrimiento injusto 20

Puesto que Cristo ha padecido por nosotros en la carne, vosotros también armaos del mismo pensamiento; pues quien ha padecido en la carne, terminó con el pecado, para no vivir el tiempo que resta en la carne, conforme a las concupiscencias de los hombres, sino conforme a la voluntad de Dios. Baste ya el tiempo pasado para haber hecho lo que agrada a los gentiles, andando en lascivias, concupiscencias, embriagueces, orgías, disipación y abominables idolatrías. A éstos les parece cosa extraña que vosotros no corráis con ellos en el mismo desenfreno de disolución, y os ultrajan; pero ellos darán cuenta al que está preparado para juzgar a los vivos y a los muertos. Porque por esto también ha sido predicado el evangelio a los muertos, para que sean juzgados en carne según los hombres, pero vivan en espíritu según Dios. (4:1-6)

Todo lo que conduce a este pasaje desde los versículos anteriores (3:8-22) se ha enfocado en los creyentes esparcidos que sufren persecución por parte del mundo, y que incluso enfrentan la posibilidad de morir. Sufrir injustamente por ser justo también está en la mente de Pedro en 1:6-9; 2:19-23; 4:14-19; 5:6-10. Saber cómo enfrentar esas pruebas es esencial para el crecimiento y el gozo de los cristianos.

En esta sección el apóstol invita a los creyentes a estar dispuestos a enfrentar persecución a causa de la justicia, e incluso martirio por Cristo. Su invitación es un llamado a la fortaleza, a la decisión, y a la firmeza inquebrantable igual que un soldado que va a la batalla.

El verbo clave en todo este párrafo es el mandato de **armaos,** de lo cual surgen todas las motivaciones para obedecer la orden. El verbo, empleado solo aquí en el Nuevo Testamento, viene de *hoplizō*, un imperativo indefinido medio, que literalmente significa "protegerse con armas" o "ponerse como armadura". La forma sustantiva *hoplon* significa "armas" y se usa en seis pasajes como p. ej., Juan 18:3; 2 Corintios 6:7; 10a. La imagen es de preparación para la batalla.

El apóstol Pedro proporciona a los creyentes cuatro perspectivas que los motivan a ser fuertes cuando la rectitud conlleva sufrimiento y quizás martirio.

Los creyentes fortalecen su determinación en medio de la persecución cuando están armados con una comprensión de la actitud de Cristo, de la voluntad de Dios, de la transformación del pasado, y de la esperanza de vida eterna.

LA ACTITUD DE CRISTO

Puesto que Cristo ha padecido por nosotros en la carne, vosotros también armaos del mismo pensamiento; pues quien ha padecido en la carne, terminó con el pecado, (4:1)

Puesto que obviamente señala de nuevo a lo que Pedro escribió en el pasaje precedente, que Cristo soportó en la cruz su mayor sufrimiento, muriendo bajo el juicio divino como el justo por los injustos; pero Él también logró allí para los creyentes el más grande triunfo sobre el pecado y su poder condenador, sobre las fuerzas del infierno, y sobre el poder de la muerte. La cruz de Jesucristo es la prueba definitiva de que el sufrimiento puede llevar a la victoria sobre las fuerzas del mal. **Puesto que Cristo ha padecido en la carne,** los creyentes deben armarse **del mismo pensamiento.** Cuando Jesús padeció **en la carne,** murió (3:18; cp. Is. 53:10; Mt. 27:50; Hch. 2:23) en cumplimiento del plan divino de redención. Cuando Él fue a la cruz, el Padre lo hizo pecado y maldición por todo aquel que cree; como dijera Pablo: "Cristo nos redimió de la maldición de la ley, hecho por nosotros maldición (porque está escrito: Maldito todo el que es colgado en un madero)" (Gá 3:13; cp. Dt. 21:23). Él vino "en semejanza de carne de pecado y a causa del pecado" (Ro. 8:3; cp. 2 Co. 5:21; 1 P. 2:24). Por tanto, sintió injustamente toda la fuerza de la maldad del pecado, pero al hacerlo ganó para sus santos la salvación y para sí mismo el eterno honor y la alabanza de todos los que vivirán en el cielo (cp. Ap. 5:8-14).

El recurso principal que Pedro pide para armar a los creyentes es el **mismo pensamiento** que se manifestó a través del sufrimiento y la muerte de Cristo. Tal **pensamiento** ("actitud", "propósito" o "principio") es una disposición a morir, debido a que los cristianos saben que la muerte produce la más grande victoria (cp. 1 Co. 15:26, 54-55; 2 Ti. 1:10; Ap. 21:4). El mismo Pedro tendría esa misma oportunidad cuando enfrentó el martirio y fue fiel hasta la muerte (cp. Jn. 21:18-19).

El apóstol no estaba expresando una idea nueva a sus lectores. Jesús había enseñado positivamente: "Si alguno quiere venir en pos de mí, niéguese a sí mismo, tome su cruz cada día, y sígame" (Lc. 9:23), y negativamente: "El que no toma su cruz y sigue en pos de mí, no es digno de mí. El que halla su vida, la perderá; y el que pierde su vida por causa de mí, la hallará" (Mt. 10:38-39). Tomar la cruz no tiene ninguna connotación mística y significa algo más que solo un poco de dedicación espiritual adicional. Cuando Jesús habló de tomar la cruz, sus oyentes sabían que se estaba refiriendo a ser ejecutado en una cruz. Sabían exactamente lo que Él quería decir, que debían confesar a Jesús como Señor, a cualquier precio, aunque esto significara morir físicamente por causa de Cristo. El apóstol Pablo entendió bien el principio de tomar la cruz:

> *estamos atribulados en todo, mas no angustiados; en apuros, mas no desesperados; perseguidos, mas no desamparados; derribados, pero no destruidos; llevando en el cuerpo siempre por todas partes la muerte de Jesús, para que también la vida de Jesús se manifieste en nuestros cuerpos. Porque nosotros que vivimos, siempre estamos entregados a muerte por causa de Jesús, para que también la vida de Jesús se manifieste en nuestra carne mortal. De manera que la muerte actúa en nosotros, y en vosotros la vida (2 Co. 4:8-12; cp. 1 Co. 15:31; 2 Ti. 4:6).*

Miles de mártires a lo largo de la historia de la Iglesia han estado dispuestos a morir (cp. He. 11:13-16, 35-38) porque se armaron **del mismo pensamiento** que tenía Jesucristo: ser fiel al Padre a cualquier costo, sabiendo que la cruz precede a la corona. Cuanto mayor sea el sufrimiento justo, mayor es la recompensa. Y los mártires de la historia comprendieron que el mayor triunfo de todos está en la muerte, porque los creyentes que han muerto han terminado **con el pecado.** El verbo en tiempo perfecto resalta una condición de libertad permanente del pecado. Por supuesto, esto fue eterno para Cristo. Él llevó la maldición del pecado solo una vez y para siempre (He. 7:27; 9:12; 10:10, 12, 14). Los creyentes pueden enfrentar la muerte con la misma actitud que su Señor tuvo, de modo que cuando esta venga ellos habrán entrado en una condición eterna de perfección santa, libres de las influencias y los efectos de todo pecado (cp. 1 Co. 15:42-43; 2 Co. 5:1; Ap. 21:4; 22:14-15).

Jesús es el precursor que aseguró victoria total sobre el pecado y la muerte. Después de morir y resucitar de la tumba, Él obtuvo un cuerpo glorificado (Mr. 16:9-14; Lc. 24:36-43; Jn. 20:19-29; cp. Fil. 3:21) y fue liberado de los poderes pecaminosos (demonios y hombres malvados) a los que se había expuesto de manera voluntaria (Mt. 4:1-11) en su encarnación (Jn. 1:9-11, 14-16; Fil. 2:6-8) y al cargar con el pecado (Is. 53:4-5; Mt. 20:28; Jn. 1:29; 2 Co. 5:21; He. 2:17; 1 Jn. 2:1-2). Jesús enfrentó voluntariamente la muerte "por el gozo puesto delante de él" (He. 12:2). Saber que en su muerte conquistaría el pecado para siempre constituyó un gozo que compensó cualquier sufrimiento que debió soportar en este mundo. Lo peor que le puede ocurrir a un creyente que padece injustamente es la muerte, y en realidad eso es lo mejor que le puede suceder porque significa el final definitivo y eterno del pecado. Si el cristiano está armado con el objetivo de ser liberado del pecado, y se logra por medio de la muerte, desaparece la terrible amenaza de la muerte y esta incluso se convierte en preciosa (cp. Fil. 1:21; 2 Ti. 4:18).

Los cristianos pueden animarse aún más cuando recuerdan lo que el pecado les ha hecho toda su vida en la tierra. El pecado siempre está presente en la carne no redimida y asalta a los creyentes mientras estén vivos (Sal. 38:18; Ro. 7:5; He. 12:1), levantándose constantemente dentro de ellos para extender sus perjudiciales efectos (cp. Stg. 1:14-15). El conflicto constante con el pecado les hace desear más y más escapar de él (Ro. 7:18, 23-24; cp. 8:20-22; 2 Ti. 2:19), y comprender la esperanza que Pablo ofreció cuando le afirmó a Tito que "Jesucristo… se dio a sí mismo por [los creyentes] para [redimirlos] de toda iniquidad y purificar para sí un pueblo propio, celoso de buenas obras" (Tit. 2:13-14). Así como Cristo resucitó a una nueva vida y a la libertad del pecado, Dios ha prometido lo mismo para los creyentes después que mueran: "Así también es la resurrección de los muertos. Se siembra en corrupción, resucitará en incorrupción. Se siembra en deshonra, resucitará en gloria; se siembra en debilidad, resucitará en poder" (1 Co. 15:42-43; cp. vv. 44, 49).

En las siguientes palabras culminantes relacionadas con la resurrección Pablo resume muy bien el triunfo que los creyentes tienen sobre el pecado y la muerte:

> *Y cuando esto corruptible se haya vestido de incorrupción, y esto mortal se haya vestido de inmortalidad, entonces se cumplirá la palabra que está escrita: Sorbida es la muerte en victoria. ¿Dónde está, oh muerte, tu aguijón? ¿Dónde, oh sepulcro, tu victoria? ya que el aguijón de la muerte es el pecado, y el poder del pecado, la ley. Mas gracias sean dadas a Dios, que nos da la victoria por medio de nuestro Señor Jesucristo (1 Co. 15:54-57).*

LA VOLUNTAD DE DIOS

para no vivir el tiempo que resta en la carne, conforme a las concupiscencias de los hombres, sino conforme a la voluntad de Dios. (4:2)

Todo pecado es desobediencia **a la voluntad de Dios.** En ese sentido todo pecado es un acto personal de rebelión por parte de los creyentes en contra de Él (cp. Sal. 51:4). El Nuevo Testamento contiene muchas exhortaciones a la obediencia que resaltan este hecho. Por ejemplo, al concluir su Sermón del Monte, Jesús advirtió a sus oyentes en términos muy personales acerca de la desobediencia. Llamó suyas "estas palabras":

> *Cualquiera, pues, que me oye estas palabras, y las hace, le compararé a un hombre prudente, que edificó su casa sobre la roca. Descendió lluvia, y vinieron ríos,*

y soplaron vientos, y golpearon contra aquella casa; y no cayó, porque estaba fundada sobre la roca. Pero cualquiera que me oye estas palabras y no las hace, le compararé a un hombre insensato, que edificó su casa sobre la arena; y descendió lluvia, y vinieron ríos, y soplaron vientos, y dieron con ímpetu contra aquella casa; y cayó, y fue grande su ruina (Mt. 7:24-27).

Al final la condenación vendrá sobre quienes no obedecieron la voluntad de Dios (Mt. 25:41-46; Jud. 15), inclusive sobre quienes profesaron ser obedientes: "No todo el que me dice: Señor, Señor, entrará en el reino de los cielos, sino el que hace la voluntad de mi Padre que está en los cielos" (Mt. 7:21).

Pablo manda a los creyentes: "No os conforméis a este siglo, sino transformaos por medio de la renovación de vuestro entendimiento, para que comprobéis cuál sea la buena voluntad de Dios, agradable y perfecta" (Ro. 12:2; cp. Ef. 6:5-6; Col. 4:12). Por otra parte, el pecado es una expresión de desobediencia (cp. Neh. 9:26; 1 Jn. 3:4) y una negativa a hacer lo que Dios ha mandado (Sal. 106:24-25; 107:11; cp. Jer. 22:21; 35:14*b*).

La esperanza de los cristianos es dejar de pecar algún día en el cielo. Ya que esa es la meta, el propósito para su salvación, tiene fuertes implicaciones para ellos hoy día, así que deben **no vivir el tiempo que resta en la carne, conforme a las concupiscencias de los hombres.** Puesto que avanzan hacia la santidad en la eternidad venidera, los santos deben **vivir** (*bioō*; una referencia a la vida terrenal) el resto del tiempo que Dios les da en la tierra en busca de esa santidad, cualquiera que sea el costo físico. Ellos deben estar armados para la victoria de vivir según **la voluntad de Dios,** no para los deseos pecaminosos **de los hombres**. Pedro llama **concupiscencias** a esos deseos, una palabra fuerte (*epithumia*) que significa "anhelo apasionado", y en este contexto sugiere malos deseos. El apóstol insta a los creyentes a rehuir el pecado, a no vivir ya impulsados por los deseos humanos (2 Ti. 2:22) que están arraigados en la carne no redimida (Ro. 7:17-18; Gá 5:17) y que caracteriza el estado no regenerado de las personas (Ef. 2:1-3) y la vida en este mundo (1 Jn. 2:15-17).

Pedro está diciéndoles a los creyentes que se armen con un compromiso de hacer la voluntad de Dios y de abandonar sus antiguos pecados. Esto es precisamente lo que el apóstol Pablo pide en Romanos 6:8-12:

Y si morimos con Cristo, creemos que también viviremos con él; sabiendo que Cristo, habiendo resucitado de los muertos, ya no muere; la muerte no se enseñorea más de él. Porque en cuanto murió, al pecado murió una vez por todas; mas en cuanto vive, para Dios vive. Así también vosotros consideraos muertos al pecado, pero vivos para Dios en Cristo Jesús, Señor nuestro. No reine, pues, el pecado en vuestro cuerpo mortal, de modo que lo obedezcáis en sus concupiscencias.

LA TRANSFORMACIÓN DEL PASADO

Baste ya el tiempo pasado para haber hecho lo que agrada a los gentiles, andando en lascivias, concupiscencias, embriagueces, orgías, disipación y abominables idolatrías. A éstos les parece cosa extraña que vosotros no corráis con ellos en el mismo desenfreno de disolución, y os ultrajan; pero ellos darán cuenta al que está preparado para juzgar a los vivos y a los muertos. (4:3-5)

Este pasaje es una descripción vívida del patrón de vida trágica y devastadora de los incrédulos, que termina inexorablemente en juicio. Los versículos igualan varias de las descripciones que Pablo hace en cuanto a la condición perdida de la humanidad, y que describen el carácter y las consecuencias del pecado (Ro. 1:18-32; 1 Co. 6:9-10; Gá 5:19-21; cp. Ef. 5:3-7; Col. 3:5-10; 2 Ti. 3:1-7). Pedro recuerda a los creyentes que dejen atrás todo lo que pertenece a la antigua vida que llevaban en pecado y bajo juicio. Puesto que han sido liberados de esa vida malvada, sus almas están purificadas (1:22) y **el tiempo** de servir al pecado **ya** forma parte del **pasado** (Ro. 7:5; 1 Co. 6:9-11*a*; Ef. 2:1-3). La frase **el tiempo pasado** es literalmente "ha fallecido el tiempo" (*parelāluthōs chronos*) que significa tiempo cronológico. Está en modo perfecto, como los dos verbos que siguen, **haber hecho** (de *katergazomai*, "producir") y **andando** (de *poreuomai*, "conducir la vida de alguien"). Desarrollándose cada uno en el otro, estos tres verbos en tiempo perfecto dejan en claro que el pasado pecaminoso es para el creyente un libro cerrado y que su serie de pecado está acabada. **Baste** (*arketos*) en este contexto significa más que simplemente adecuado, pero transmite el sentido de ser más que suficiente. Los lectores de Pedro habían tenido una vida plena de oportunidades para pecar, y eso es más que suficiente en cuanto a **haber hecho lo que agrada a los gentiles** (las personas no convertidas) y haber vivido para satisfacer pasiones pecaminosas (cp. Ef. 2:1-3). **Lo que agrada** (*boulēma*) transmite aquí el sentido de un anhelo propuesto. Los corazones de los no salvos determinan seguir sus pasiones como parte de lo que Pedro llamó antes la "vana manera de vivir" que llevan (1:18).

Esa antigua disposición es de estar **andando** tras algo, y ha dirigido los asuntos de la vida a lo largo de una senda específica de comportamiento; Pedro describió eso a sus lectores con seis términos: **Lascivias** (*aselgeia*) describe a quienes se dedican a un vicio desenfrenado sin restricciones de ninguna clase (cp. Ro. 13:13). También se podría traducir "libertinaje", es decir una indulgencia excesiva en placer sensual. Muchas personas no regeneradas viven anárquicamente, haciendo alarde de sus vicios en abierto desafío a la ley de Dios (cp. Ro. 1:21-32; 2 Co. 12:21), mientras otras son menos evidentes (cp. 1 Ti. 5:24). **Concupiscencias** (*epithumia*) son las pasiones pecaminosas que impulsan a las personas a tal indulgencia (cp. 1 Ts. 4:5; 1 Ti. 6:9; Jud. 18).

Embriagueces (*oinophlugia*) literalmente significa "vino burbujeante", y se refiere a intoxicación habitual. Este término también puede referirse a los efectos del uso de narcóticos. **Orgías** (*kōmos*) se refiere a participar en fiestas bestiales y desenfrenos. En una fuente griega extra bíblica, el término describía una pandilla de borrachos que cantan a todo pulmón y se tambalean por las calles, ocasionando disturbio público. El apóstol completó su lista de términos con dos expresiones más que encajan en esta imagen de conducta incontrolada: **disipación y abominables idolatrías.** *Potos* (**disipación**) se trata de sesiones en que las personas se reúnen con el único fin de emborracharse. **Abominables idolatrías** denota la adoración inmoral y pervertida a falsos dioses (tales como Dionisio o Baco, el dios griego del vino) que acompañaba a la **disipación y** las **embriagueces.**

En el ejercicio de tales prácticas en sus antiguas vidas, los lectores del apóstol se habían entregado a suficiente cantidad de despreciables pecados como esos, los que no debían volver a cometer. Recordarles el dolor y la miseria que les ocasionaban esos hechos era una motivación para que evitaran con diligencia tal conducta, sobre todo debido a que la meta de su nueva vida era entrar al lugar santo donde el pecado terminaría para siempre.

Aquellos pecados habían sido una forma de vida tan arraigada para los lectores de Pedro que cuando los abandonaron, a sus compañeros pecadores que aún no habían sido regenerados **les** parecía **cosa extraña** (*xenizō*), que significa "estar asombrados" o "sorprendidos", con la connotación de ofenderse o resentirse. El pecado era un estilo de vida tan normal para los incrédulos (cp. Sal. 64:5; Jn. 8:34; 2 P. 2:14) que no solamente se asombraban de que la vida de los cristianos hubiera cambiado de manera tan rotunda (cp. 1 Ts. 1:9), sino que incluso se resentían del hecho de que los nuevos creyentes ya no corrieran **con ellos en el mismo desenfreno de disolución.** Esa expresión representa tan vívidamente a una enorme multitud corriendo alocadamente, que un comentarista la describió como "una eufórica estampida de buscadores de placer". **Desenfreno** (*anachusis*) representa aguas juntándose y desbordándose en exceso o sobreabundancia. **Disolución** o disipación (*asotia*) es ese estado en que la mente de una persona es tan corrupta, que solo piensa en la maldad y en cómo podría satisfacer sus pasiones pecaminosas. Huelga decir que los cristianos ya no desean tal búsqueda sin sentido de las pasiones que arrojan las personas en un estado de libertinaje excesivo.

Los que fueron amigos se convierten en enemigos y a menudo **ultrajan** a quienes pareciera que se les dice: **no corráis con ellos en** la conducta pecaminosa. **Ultrajan** (*blasphemeō*) literalmente significa "blasfemar", "calumniar o difamar a alguien", o "hablar mal de alguien". Fuentes antiguas, tanto cristianas como no cristianas, proveen amplia evidencia de que fue la renuencia de los cristianos a ser parte de muchas diversiones convencionalmente aceptadas y de ceremonias obscenas, y su negativa a participar en funciones idólatras e inmorales, lo que ocasionó que los incrédulos los odiaran y los calumniaran. Eso llevó a la persecución y sufrimiento injustos por causa de la justicia.

Sin embargo, Pedro aseguró a sus lectores que quienes calumnian y persiguen a los creyentes **darán cuenta al que está preparado para juzgar a los vivos y a los muertos.** Estos atacantes despiadados están acumulando una deuda con Dios que estarán pagando por toda la eternidad. El **que está preparado para juzgar** los hará responsables en última instancia (cp. Mt. 18:23-34). **Los vivos** (aquellos que vivían cuando Pedro les escribió, y **los muertos**, quienes ya habían fallecido) serán juzgados, de modo "que toda boca se cierre y todo el mundo quede bajo el juicio de Dios" (Ro. 3:19; cp. Mt. 25:31-33, 41-46). El apóstol Pablo describió quizás de manera más gráfica la severidad del juicio a los perseguidores incrédulos:

> *Porque es justo delante de Dios pagar con tribulación a los que os atribulan, y a vosotros que sois atribulados, daros reposo con nosotros, cuando se manifieste el Señor Jesús desde el cielo con los ángeles de su poder, en llama de fuego, para dar retribución a los que no conocieron a Dios, ni obedecen al evangelio de nuestro Señor Jesucristo; los cuales sufrirán pena de eterna perdición, excluidos de la presencia del Señor y de la gloria de su poder (2 Ts. 1:6-9).*

Dios está preparado para administrar juicio imparcial (1:17), pero al mismo tiempo, ya que ha entregado todo juicio a Jesucristo (Jn. 5:22-27), el Padre juzgará a través de la delegación en su Hijo a aquellos que se oponen a los cristianos:

> *Y vi un gran trono blanco y al que estaba sentado en él, de delante del cual huyeron la tierra y el cielo, y ningún lugar se encontró para ellos. Y vi a los muertos, grandes y pequeños, de pie ante Dios; y los libros fueron abiertos, y otro libro fue abierto, el cual es el libro de la vida; y fueron juzgados los muertos por las cosas que estaban escritas en los libros, según sus obras. Y el mar entregó los muertos que había en él; y la muerte y el Hades entregaron los muertos que había en ellos; y fueron juzgados cada uno según sus obras. Y la muerte y el Hades fueron lanzados al lago de fuego. Esta es la muerte segunda. Y el que no se halló inscrito en el libro de la vida fue lanzado al lago de fuego (Ap. 20:11-15).*

LA ESPERANZA DE VIDA ETERNA

Porque por esto también ha sido predicado el evangelio a los muertos, para que sean juzgados en carne según los hombres, pero vivan en espíritu según Dios. (4:6)

Por último, los creyentes deben equiparse con la esperanza genuina de la realidad de la vida eterna. Dios les ha prometido que a través de la muerte vencerán el pecado, escaparán al juicio final, y entrarán al cielo eterno en santa perfección. Pedro, por tanto, recuerda a sus lectores que **el evangelio** (el mensaje salvador de Cristo) **también ha sido predicado** (anunciado) incluso **a los muertos** (aquellos que oyeron y creyeron el evangelio pero que habían muerto para cuando él escribió). Algunos que leyeron esta carta los habrían conocido y comprendieron que varios de los santos muertos fueron mártires. Aunque algunos de los creyentes muertos fueron **juzgados en carne según los hombres** (ejecutados físicamente), estaban triunfalmente vivos **en espíritu según Dios** (cp. He. 12:23). Lo que Pedro está diciendo es que esos creyentes, incluso bajo trato injusto (incluida la muerte) deberían estar dispuestos y sin temor a sufrir, sabiendo que lo único que puede hacer la muerte es llevar triunfalmente sus espíritus eternos hacia la vida eterna en el cielo.

Había preguntas en la iglesia primitiva acerca de si los creyentes que murieron y se perdieron el regreso del Señor podrían haberse perdido la promesa de gloria, especialmente si fueron muertos por los enemigos de Jesucristo. Pablo escribió a los tesalonicenses el famoso pasaje del arrebatamiento para asegurarles que quienes murieron no perdieron las promesas relacionadas con el regreso de Cristo:

> *Tampoco queremos, hermanos, que ignoréis acerca de los que duermen, para que no os entristezcáis como los otros que no tienen esperanza. Porque si creemos que Jesús murió y resucitó, así también traerá Dios con Jesús a los que durmieron en él. Por lo cual os decimos esto en palabra del Señor: que nosotros que vivimos, que habremos quedado hasta la venida del Señor, no precederemos a los que durmieron. Porque el Señor mismo con voz de mando, con voz de arcángel, y con trompeta de Dios, descenderá del cielo; y los muertos en Cristo resucitarán primero. Luego nosotros los que vivimos, los que hayamos quedado, seremos arrebatados juntamente con ellos en las nubes para recibir al Señor en el aire, y así estaremos siempre con el Señor. Por tanto, alentaos los unos a los otros con estas palabras (1 Ts. 4:13-18).*

Así como Cristo fue crucificado pero estaba vivo en espíritu y fue resucitado de los muertos, los creyentes podrán sufrir muerte física pero sus espíritus permanecerán vivos y entrarán en la promesa de vida eterna. (Véase el estudio de 3:18-20 en el capítulo anterior de esta obra).

Ninguna presión de los enemigos del evangelio y ninguna persecución injusta por parte de un mundo impío pueden privar a los creyentes de la victoria; más bien, todo su sufrimiento por causa de la justicia tiene un poder perfeccionador, les aumenta la fuerza espiritual, los hace humildes, los motiva a orar, les enriquece su recompensa, y en caso de que los enemigos de Cristo les quiten la vida, ellos habrán alcanzado su objetivo final y el propósito eterno de Dios; pues para siempre habrán "terminado con el pecado".

Pablo entendía esto cuando escribió:

> *Por tanto, no desmayamos; antes aunque este nuestro hombre exterior se va desgastando, el interior no obstante se renueva de día en día. Porque esta leve tribulación momentánea produce en nosotros un cada vez más excelente y eterno peso de gloria; no mirando nosotros las cosas que se ven, sino las que no se ven; pues las cosas que se ven son temporales, pero las que no se ven son eternas (2 Co. 4:16-18).*

Deber espiritual en un mundo hostil

21

Mas el fin de todas las cosas se acerca; sed, pues, sobrios, y velad en oración. Y ante todo, tened entre vosotros ferviente amor; porque el amor cubrirá multitud de pecados. Hospedaos los unos a los otros sin murmuraciones. Cada uno según el don que ha recibido, minístrelo a los otros, como buenos administradores de la multiforme gracia de Dios. Si alguno habla, hable conforme a las palabras de Dios; si alguno ministra, ministre conforme al poder que Dios da, para que en todo sea Dios glorificado por Jesucristo, a quien pertenecen la gloria y el imperio por los siglos de los siglos. Amén. (4:7-11)

Comenzando a finales de la década de los sesenta y extendiéndose en la mayor parte de la de los setenta, la iglesia evangélica en América del Norte experimentó un avivamiento y una expansión por medio del llamado movimiento Jesús. Esto destacó un renovado interés en el estudio bíblico, y en consecuencia en la evangelización y el discipulado, especialmente en los campus universitarios. Nuevas traducciones y paráfrasis de la Biblia aparecieron (p. ej., *The Living Bible, Good News Bible, New International Version*), y otras traducciones modernas obtuvieron mayor aceptación (p. ej., *Revised Standard Version, New American Standard Bible, New English Bible*). Al mismo tiempo se extendieron rápidamente ministerios de radiodifusión evangélica y de publicación de libros y música. En todo el continente aparecieron muchas iglesias independientes nuevas y, junto con algunas iglesias evangélicas existentes, experimentaron un rápido crecimiento numérico. Algunas construyeron auditorios y otras instalaciones más grandes, y hasta cierto punto aquellas congregaciones fueron precursoras de las mega iglesias de hoy día.

Sin embargo, las tendencias actuales en algunos sectores se han desviado en gran manera de esos días bíblicamente impulsados de avivamiento y renovación. La filosofía del buscador sensible en el crecimiento de la iglesia, con su espíritu de inclusividad y de reducción del énfasis en la claridad doctrinal y en el amor por la verdad, ha asimilado la estrategia de mercadeo del mundo y ha desarrollado una clase de evangelio popular que hoy domina el paisaje eclesiástico. A medida que se sigue eliminando de su comunicación todo lo que puede parecer ofensivo, y por ende se va perdiendo el control sobre el verdadero contenido del mensaje bíblico, la Iglesia presenta cada vez más un egocentrismo cimentado en la psicología secular, en el pragmatismo, y en realidad un afán por hacer de los "expertos" incrédulos los asesores más influyentes de la Iglesia. (Para un análisis mucho más amplio y profundo de este fenómeno, véase John MacArthur, *El evangelio según Jesucristo*, ed. revisada y expandida [El Paso: Casa Bautista de Publicaciones, 1991; *The Gospel According to the Apostles* [Nashville: Word, 1993, 2000]; *¿Por qué un único camino?* [Grand Rapids: Portavoz, 2004]; y *Difícil de creer* [Nashville: Grupo Nelson, 2011]).

Más que el liberalismo teológico, el cual está claramente definido y es más fácil de reconocer y confrontar, la búsqueda de aceptación social y cultural constituye una amenaza sutil e insidiosa para la salud espiritual de la Iglesia. Ese movimiento evangélico mundano pretende adherirse a la verdad, pero calladamente la socava. Esa ideología ofrece experiencia musical estilo pop, emoción sentimental, atención a necesidades autodefinidas, y técnicas de solución práctica de problemas (a menudo derivada de encuestas de mercado) en lugar de respuestas bíblicas con relación a la ley de Dios, al pecado, al perdón y a la justicia.

La Iglesia contemporánea necesita urgentemente renovación espiritual, y eso ocurrirá solo cuando los creyentes vayan más allá de los deseos personales y anhelen pensar, hablar y vivir en la manera que la Biblia enseña. Cuando lo hagan, la Iglesia será más que una multitud; se volverá espiritualmente poderosa ante un mundo hostil. Para tal fin, en este pasaje el apóstol Pedro instruye a los cristianos con relación a tres aspectos muy básicos de nuestro deber: el incentivo para nuestro deber espiritual, las instrucciones para nuestro deber, y la intención de nuestro deber.

EL INCENTIVO PARA NUESTRO DEBER ESPIRITUAL

Mas el fin de todas las cosas se acerca; (4:7*a*)

La palabra traducida **fin** (*telos*) no necesariamente indica cese, terminación o conclusión cronológica. Más bien aquí significa "consumación", "cumplimiento", "un objetivo alcanzado", "o una meta lograda". En este contexto se refiere a la segunda venida de Cristo. El **fin** a la vista aquí no es la consumación de la persecución para los lectores de Pedro. Tampoco el apóstol tenía en mente un inminente cambio en el gobierno que daría como resultado un trato más benévolo para los creyentes. La referencia de Pedro al cumplimiento **de todas**

las cosas indica que está hablando del regreso del Señor (cp. Hch. 3:21; Col. 3:4; 2 Ts. 1:10; 2 Ti. 4:1, 8; He. 9:28; Ap. 20:11-13).

El verbo traducido **se acerca** (*ēggiken*) significa "inminente". El tiempo perfecto indica un proceso consumado con una cercanía resultante, el evento (el regreso de Cristo) es inminente; podría ocurrir en cualquier momento (cp. Mt. 24:37-39; Ro. 13:12; 1 Ts. 5:2; Ap. 16:15; 22:20). Por eso los creyentes deben vivir con una actitud continua de anticipación o expectativa, como un símbolo de fidelidad. El hecho de que Pedro viviera con una sensación de dicha inminencia se muestra al principio de esta epístola cuando animó a sus lectores a que estuvieran protegidos por el poder de Dios "para alcanzar la salvación que está preparada para ser manifestada en el tiempo postrero" (1:5), "cuando sea manifestado Jesucristo" (1:7; cp. 1:13; 2:12). Muchas otras referencias del Nuevo Testamento también resaltan la importancia de la anticipación de los creyentes por el inminente regreso del Señor (Mr. 13:35-37; Lc. 12:40; 21:36; 1 Co. 1:7; 1 Ti. 6:14; Tit. 2:13; Stg. 5:7-9).

Los judíos que vivieron durante el ministerio terrenal de Cristo presenciaron el final del antiguo pacto y la inauguración del nuevo pacto. Todo el sistema de ceremonias, rituales, sacrificios, sacerdotes y ofrendas del Antiguo Testamento terminó con el rasgado en dos del velo del templo y la apertura del lugar santísimo a todo el mundo (Mt. 27:51; Jn. 19:30; He. 10:14-22). En el año 70 d.C. Dios resaltó esa transición al enviar juicio por medio del ejército romano bajo el mando de su general Tito Vespasiano, con el fin de destruir a Jerusalén y al templo. Eso dio cumplimiento a la profecía de Cristo a los apóstoles: "Cuando Jesús salió del templo y se iba, se acercaron sus discípulos para mostrarle los edificios del templo. Respondiendo él, les dijo: ¿Veis todo esto? De cierto os digo, que no quedará aquí piedra sobre piedra, que no sea derribada" (Mt. 24:1-2).

El apóstol Pablo escribió a los corintios con relación a la repentina fracción de segundo en el arrebatamiento de la Iglesia, el primer acontecimiento en la secuencia que lleva al regreso y al gobierno terrenal de Cristo:

> *He aquí, os digo un misterio: No todos dormiremos; pero todos seremos transformados, en un momento, en un abrir y cerrar de ojos, a la final trompeta; porque se tocará la trompeta, y los muertos serán resucitados incorruptibles, y nosotros seremos transformados. Porque es necesario que esto corruptible se vista de incorrupción, y esto mortal se vista de inmortalidad (1 Co. 15:51-53).*

En ese evento Dios vestirá en inmortalidad a todo cristiano (cp. 5:4; Fil. 3:21; 2 Ti. 4:8) en la fracción de segundo que la luz tarda en reflejarse en la pupila del ojo. Dicho suceso es tanto repentino como un misterio, lo que indica que Dios aún no ha revelado todos sus detalles, inclusive el tiempo.

Con relación al arrebatamiento, Pablo dio instrucciones a los tesalonicenses:

> *Por lo cual os decimos esto en palabra del Señor: que nosotros que vivimos, que habremos quedado hasta la venida del Señor, no precederemos a los que durmieron. Porque el Señor mismo con voz de mando, con voz de arcángel, y con trompeta de Dios, descenderá del cielo; y los muertos en Cristo resucitarán primero. Luego nosotros los que vivimos, los que hayamos quedado, seremos arrebatados juntamente con ellos en las nubes para recibir al Señor en el aire, y así estaremos siempre con el Señor (1 Ts. 4:15-17).*

"Nosotros" indica que el apóstol creía que el regreso de Cristo podría ocurrir durante su vida. Hoy la Iglesia debería vivir con mucha más expectativa (cp. Stg. 5:7-8).

El autor de Hebreos exhortó a sus lectores a seguir reuniéndose y animándose unos a otros porque el día del regreso de Cristo "se acerca" (He. 10:25). Casi dos mil años han trascurrido desde entonces, y el regreso del Señor está obviamente cerca. Por tanto, hoy es aún más urgente que los creyentes no dejen de reunirse para edificarse y consolarse unos a otros con la verdad divina (cp. Hch. 2:42; Ro. 15:5-7; He. 3:13; 10:24-25; 12:26-28).

Cuando se acercaba el final de su vida, el apóstol Juan estaba firmemente convencido de que el regreso de Cristo, con todos sus acontecimientos y fenómenos relacionados y divinamente mostrados a él en las visiones de revelación, podían ocurrir muy pronto. Bajo la inspiración de Espíritu, Juan dio testimonio de esa verdad para bendición de los cristianos vivos que anticipaban el regreso de Cristo (cp. Ap. 1:3; 22:20).

Justo antes de su ascensión, Jesús les dijo a los apóstoles: "No os toca a vosotros saber los tiempos o las sazones, que el Padre puso en su sola potestad" (Hch.1:7; cp. Mt. 24:36). A pesar de que Dios quiere que los creyentes se centren en la esperanza del regreso de Cristo, ha decidido no revelar el tiempo exacto en que eso ocurrirá. Si ellos hubieran sabido que la fecha específica del regreso del Señor estaba muy lejos, podían haber perdido la motivación y haber caído en la complacencia, o si hubieran creído que estaba demasiado cerca pudieron haber participado en una actividad frenética y llena de pánico a medida que el día se acercara. La inminencia elimina ambos extremos a fin de que todos los cristianos a lo largo de la historia de la Iglesia puedan vivir con expectativa bíblicamente equilibrada.

Vivir con el entendimiento de que la primera característica del regreso del Señor, el arrebatamiento de la Iglesia, **se acerca**, estimula a los creyentes a una vida santa. Juan escribió:

> *Mirad cuál amor nos ha dado el Padre, para que seamos llamados hijos de Dios; por esto el mundo no nos conoce, porque no le conoció a él. Amados, ahora*

> *somos hijos de Dios, y aún no se ha manifestado lo que hemos de ser; pero sabemos que cuando él se manifieste, seremos semejantes a él, porque le veremos tal como él es (1 Jn. 3:1-2; cp. 2 Co. 5:10).*

Estar conscientes también de que cuando Él regrese vendrá para juzgar a los impíos (4:5; cp. 2 Ts. 1:6-9) incita a los santos a evangelizar, como indicó Pablo: "Conociendo, pues, el temor del Señor, persuadimos a los hombres; pero a Dios le es manifiesto lo que somos; y espero que también lo sea a vuestras conciencias" (2 Co. 5:11).

La iglesia primitiva ya estaba en los últimos días (1 Jn. 2:18), lo cual había comenzado con la primera venida de Cristo (He. 1:1-2). Pablo describió detalladamente a Timoteo la atmósfera espiritual de su época, de modo que supiera qué esperar mientras trabajaba en la iglesia:

> *También debes saber esto: que en los postreros días vendrán tiempos peligrosos. Porque habrá hombres amadores de sí mismos, avaros, vanagloriosos, soberbios, blasfemos, desobedientes a los padres, ingratos, impíos, sin afecto natural, implacables, calumniadores, intemperantes, crueles, aborrecedores de lo bueno, traidores, impetuosos, infatuados, amadores de los deleites más que de Dios, que tendrán apariencia de piedad, pero negarán la eficacia de ella; a éstos evita (2 Ti. 3:1-5; cp. 4:3-4; 1 Ti. 4:1-3).*

El autor de la carta a los Hebreos proporcionó más comentarios adicionales sobre el pleno significado de Cristo y los últimos días:

> *pero ahora, en la consumación de los siglos, se presentó una vez para siempre por el sacrificio de sí mismo para quitar de en medio el pecado. Y de la manera que está establecido para los hombres que mueran una sola vez, y después de esto el juicio, así también Cristo fue ofrecido una sola vez para llevar los pecados de muchos; y aparecerá por segunda vez, sin relación con el pecado, para salvar a los que le esperan (He. 9:26-28).*

La primera venida del Señor proveyó salvación a través de su muerte en el Calvario. Por medio de la obra expiatoria de Cristo, Dios redimió del reino de las tinieblas a los creyentes, les perdonó sus pecados, y los instaló en el reino de su Hijo (Col. 1:13-14; cp. Sal. 103:12; Mt. 26:28; Hch. 26:18; 1 Co. 1:30; 2 Co. 5:19; Ef. 1:7; 2:13; Col. 2:13; He. 9:14; 1 Jn. 1:7). Cristo vino para demostrar su autoridad, proclamar su reino y derrotar al pecado y la muerte (cp. Sal. 45:6; Is. 9:7; Jer. 23:5; Mt. 12:28; 18:3; Mr. 1:15; Lc. 10: 9, 11; 11:20; 17:21; Jn. 18:36; Ro. 14:17; He. 1:8; 12:28). La Iglesia está ahora en los últimos días de ese reino espiritual e interior. El regreso de Cristo y su juicio culminarán en el establecimiento de su reino terrenal de mil años (cp. Is. 65:17-25; Ez. 37:24-25; Os. 3:5; Zac. 14:16-21; Ap. 20:1-6), antes de los eternos cielos nuevos y nueva tierra donde los justos morarán para siempre (cp. Mt. 25:34; Jn. 14:2; He. 12:22-24, 28; 2 P. 1:11; 3:13; Ap. 3:21; 7:16-17; 21:1-4; 22:3-4).

Otros textos del Nuevo Testamento respaldan la exhortación de Pedro hecha aquí de que los creyentes deben llevar vidas santas, esperando el inminente regreso de Jesucristo (cp. 1 Co. 1:7; 16:22; 2 P. 3:11-13; 1 Jn. 2:28). Sin embargo, la Biblia no requiere un extremismo escatológico demasiado celoso (p. ej., fijación de fechas, preocupación o fascinación indebidas respecto a detalles no revelados, especulación imprudente en cuanto a la relación de acontecimientos actuales con los últimos hechos, abandono de la sociedad o elusión de responsabilidades mientras de manera pasiva esperamos el regreso de Jesús). Jesús enseñó:

> *Estén ceñidos vuestros lomos, y vuestras lámparas encendidas; y vosotros sed semejantes a hombres que aguardan a que su señor regrese de las bodas, para que cuando llegue y llame, le abran en seguida. Bienaventurados aquellos siervos a los cuales su señor, cuando venga, halle velando; de cierto os digo que se ceñirá, y hará que se sienten a la mesa, y vendrá a servirles (Lc. 12:35-37).*

Cuando Cristo regrese servirá a quienes han anticipado con paciencia ese día. Pero también advirtió a los creyentes a estar alertas y preparados para ese acontecimiento (Mt. 24:42-44), porque ellos no saben la hora o el día exacto de su aparición (cp. 2 P. 3:10).

El apóstol Pablo afirmó que la característica de todo verdadero cristiano es un deseo de agradar al Señor: "Por tanto procuramos también, o ausentes o presentes, serle agradables. Porque es necesario que todos nosotros comparezcamos ante el tribunal de Cristo, para que cada uno reciba según lo que haya hecho mientras estaba en el cuerpo, sea bueno o sea malo" (2 Co. 5:9-10). Los cristianos estarán delante Cristo en ese tribunal para rendir cuentas de sus vidas. Él no los juzgará por sus pecados porque su sacrificio en la cruz ya los limpió. En ese tribunal el Señor recompensará a todos los creyentes por obras que fueron buenas, evaluando eficacia, dedicación, devoción y utilidad en el servicio a Él (cp. 1 Co. 3:10-15; 4:1-5). Comprender esa realidad futura debería infundir dentro de cada creyente un deseo de pureza constante (2 P. 3:14, 18), como ocurrió con los apóstoles Pablo (Fil. 3:14; 2 Ti. 4:7-8) y Juan (1 Jn. 3:2-3).

INSTRUCCIONES EN CUANTO A NUESTRO DEBER

sed, pues, sobrios, y velad en oración. Y ante todo, tened entre vosotros ferviente amor; porque el amor cubrirá multitud de pecados. Hospedaos los

unos a los otros sin murmuraciones. Cada uno según el don que ha recibido, minístrelo a los otros, como buenos administradores de la multiforme gracia de Dios. Si alguno habla, hable conforme a las palabras de Dios; si alguno ministra, ministre conforme al poder que Dios da, (4:7*b*-11*a*)

Tales mandatos exigentes dejan en claro que todo aquel que recibe de veras a Jesucristo debe considerar primero el alto costo de hacerlo. Seguir a Jesús exige total abnegación y anhelante sumisión a su señorío, incluso si obedecer significa la muerte. "Y decía a todos: Si alguno quiere venir en pos de mí, niéguese a sí mismo, tome su cruz cada día, y sígame" (Lc. 9:23; para más sobre el costo del discipulado, véase John MacArthur, *Difícil de creer* [Nashville: Nelson, 2011]). Cuando los cristianos evangelizan a otros también deben animarlos a considerar el costo (Mt. 19:21; Lc. 9:59-62; 14:26-33; cp. Mt. 13:44-46). Sin embargo, aunque el mensaje del evangelio es un llamado a someterse a Cristo, es también una gentil invitación. Jesús declaró: "Llevad mi yugo sobre vosotros... porque mi yugo es fácil, y ligera mi carga" (Mt. 11:29, 30). El discipulado es costoso y eternamente placentero, pero el costo del rechazo es infinitamente mayor y eternamente horrible (cp. Sal. 9:17; Pr. 13:15; Is. 33:14; Mt. 8:12; 13:42; 25:41; Lc. 16:23). Una vida sin Cristo tarde o temprano implica aplastante culpa, desilusión sin esperanza, problemas sin solución, y como si todo eso fuera poco, condenación eterna. Por tanto, el discipulado es una paradoja en cuanto a que seguir al Señor es costoso pero fácil (cp. Mt. 11:28-30; 1 Jn. 5:3), y a que es exigente pero gratificante (cp. Ro. 2:7; 8:17-18; He. 4:9; 10:35; Stg. 1:12; Ap. 2:10; 3:21; 21:7).

Dios no solo requiere que los discípulos obedezcan los mandamientos, sino que por medio del poder del Espíritu Santo, que obra con misericordia a través de la Biblia, les hace posible cumplir esos mandamientos (Ef. 5:15-21; Fil. 4:13; Col. 3:16-17; cp. 2 Ti. 1:7-8). Debido a que el mundo posmoderno es tan complejo, el cristianismo contemporáneo a menudo supone erróneamente que las soluciones a los problemas y las dificultades de los creyentes también son complejas. Pero los principios básicos de la vida cristiana son sencillos y directos, ya que Dios ha elegido personas humildes y comunes para que conozcan el propósito y la voluntad divina (1 Co. 1:27-28). Además, a causa de la regeneración los creyentes anhelan obedecer a Dios y ser más conformados a la imagen de Cristo (Fil. 3:7-14). El pecado les limita la habilidad para hacer lo que es correcto (Ro. 7:19), pero todos los verdaderos cristianos odian el pecado y aman la justicia (vv. 22-25). La clave para el manejo de las tribulaciones y las tentaciones es desarrollar disciplina espiritual diaria (cp. Lc. 6:40; 16:10-12; 1 Co. 4:2; 2 Ti. 2:2), que incluye cultivar las disciplinas espirituales necesarias que producen fe y valor crecientes (cp. Sal. 31:24; 1 Co. 16:13; Ef. 6:16; Col. 1:23; He. 11:1-2; 1 Jn. 5:4-5).

Esta sección contiene tres elementos básicos que los santos necesitan para edificar vidas ejemplares, permanecer firmes y ser testigos eficaces al mundo:

santidad personal, relativa a su relación con Dios; amor mutuo, que atañe a su relación de unos con otros; y servicio espiritual, tocante a su responsabilidad con la Iglesia.

CON RELACIÓN A LA SANTIDAD PERSONAL

sed, pues, sobrios, y velad en oración. (4:7*b*)

Es lógico que el pensamiento piadoso esté en el centro de la comunión con Dios, ya que mientras más conozcamos la mentalidad de una persona, más enriquecedora será la relación con ella (Ro. 12:1-2; Ef. 4:23-24; Fil. 4:8). La palabra traducida **sed** se deriva de un término que literalmente significa: "Estar en sus cabales" (*sōphroneō*), estar bajo control y no dejarse llevar por una opinión errante de uno mismo (Ro. 12:3; cp. Pr. 23:7), emoción indebida o pasión incontrolable. Marcos la usó para describir al maniaco del que Jesús liberó una legión de demonios (Mr. 5:15). El verbo también se refiere a proteger la mente (cp. Pr. 4:23) y mantenerla lúcida. La mente cristiana debe estar claramente fija en prioridades espirituales y vida justa (Jos. 1:8; Mt. 6:33; Col. 3:2, 16; Tit. 2:11-12), objetivos de los que un mundo autoindulgente, engañoso y muy influenciado por Satanás trata constantemente de distraer la atención, desviar y destruir (cp. 1 Jn. 2:15-16). Cuando las mentes de los creyentes están sometidas a Cristo (2 Co. 10:5) y a su Palabra (Sal. 1:2; 19:7, 10; 119:97, 103, 105; cp. 2 Ti. 3:15-17) estos ven las cosas desde una perspectiva eterna.

La vida santa también requiere agudeza espiritual. **Sobrios** (*nēphō*) se relaciona de cerca en significado con **velad,** y denota estar espiritualmente atentos. Jesús expresó un sentimiento parecido cuando advirtió a los apóstoles: "Velad" (Mt. 24:42) y "Velad y orad" (26:41).

El pensamiento piadoso y la agudeza espiritual son cruciales para mantenerse **en oración. Oración** es el acceso a todos los recursos espirituales, pero los creyentes no pueden orar adecuadamente si sus mentes son inestables debido a ocupaciones mundanas, ignorancia de la verdad divina, o indiferencia hacia los propósitos divinos (cp. 1 Co. 14:15; He. 10:22; 1 Jn. 5:14-15). Los santos que estudian en serio las Escrituras y descubren sus profundas verdades en cuanto a Dios experimentan una enriquecedora comunión con Él (Sal. 42:1; Jn. 14:23; 2 Co. 13:14; 1 Jn. 1:3), al entender lo que Pablo llamó "la mente de Cristo" (1 Co. 2:16; cp. Is. 40:13; 2 Ti. 1:7). Este elemento esencial en la relación del creyente con Dios está ilustrado por la relación del Espíritu con el Padre. Pablo escribió: "El que escudriña los corazones sabe cuál es la intención del Espíritu, porque conforme a la voluntad de Dios intercede por los santos" (Ro. 8:27). Puesto que el Espíritu Santo y el Padre conocen perfectamente la mente uno del otro, existe un perfecto acuerdo en la intercesión del Espíritu.

La vida santa viene cuando los creyentes leen y meditan a diario en la Palabra de Dios, a fin de conocer los pensamientos de Dios y tener comunión con Él según su voluntad. Judas llama a esto "orando en el Espíritu Santo" (v. 20).

CON RELACIÓN AL AMOR MUTUO

Y ante todo, tened entre vosotros ferviente amor; porque el amor cubrirá multitud de pecados. Hospedaos los unos a los otros sin murmuraciones. (4:8-9)

El amor mutuo tiene que ver principalmente con las relaciones mutuas entre los creyentes. **Ante todo** se refiere a la suprema importancia de esa virtud en la vida cristiana (cp. 1 Co. 13:13; Fil. 2:2; Col. 3:14), y el imperativo traducido **tened** une a "sobrios" y a "velad en espíritu de oración" bajo la prioridad de que haya **entre vosotros ferviente amor. Ferviente** (*ektenēs*) denota dilatación o esfuerzo, y describe a una persona que corre con músculos tensos, ejerciendo máximo esfuerzo. La antigua literatura griega usaba la palabra para describir a un caballo esforzándose y corriendo a toda velocidad. A principios de esta carta (1:22) Pedro también la usa como un adverbio relacionado para describir la intensidad y el esfuerzo que deben caracterizar al **amor** cristiano. Tal amor es sacrificial, no sentimental, y requiere un esfuerzo del músculo espiritual en cada creyente para amar a pesar de los insultos, los agravios y las incomprensiones de los demás (Pr. 10:12; Mt. 5:44; Mr. 12:33; Ro. 12:14, 20; 1 Jn. 4:11; cp. Ro. 12:15; Gá. 6:10; Ef. 5:2; Stg. 1:27).

Es obvio que el verdadero amor tiende intrínsecamente a perdonar las ofensas de los demás (cp. Pr. 10:12). Pero los comentaristas difieren en cómo interpretar la expresión **el amor cubrirá multitud de pecados.** Algunos afirman que se refiere al amor de Dios que cubre pecados, mientras otros dicen que describe a creyentes que amorosamente pasan por alto las transgresiones entre ellos. Ya que el texto no ofrece ninguna explicación, parece que lo mejor es entender la frase como un axioma general. Sea de Dios o del hombre, el amor cubre el pecado.

Amor se deriva de la conocida palabra griega *agapē* (cp. 1:8, 22; 2:17; 3:10), que conlleva un fuerte significado volitivo, o perteneciente a la voluntad. La salvación resulta de la decisión del Señor de amar a todos los que creen: "Dios muestra su amor para con nosotros, en que siendo aún pecadores, Cristo murió por nosotros" (Ro. 5:8; cp. Jn. 3:16; 1 Jn. 4:19). Los cristianos deben seguir el ejemplo de Señor, decidiendo incluso amar a quienes son desagradables, porque "toda la ley y los profetas" (Mt. 22:40) dependen de hacer eso (vv. 37-39), igual que hace el testimonio de ellos (Jn. 13:34-35). La orden **hospedaos** (literalmente "amar a los extranjeros") lleva ese **amor** más allá del círculo de amistades cristianas hacia otros creyentes que ni siquiera conocen (cp. He. 13:2).

Según la ley mosaica, los judíos debían practicar la hospitalidad con los extranjeros (Éx. 22:21; Dt. 14:29; cp. Gn. 18:1-2). Jesús elogió a los creyentes que proveían comida, ropa y refugio a otros (Mt. 25:35-40; cp. Lc. 14:12-14). Sin embargo, el espíritu de hospitalidad se extiende más allá de los actos tangibles de proveer alimentos o un lugar donde posar. Incluye no solamente el acto sino una actitud generosa, de modo que lo que se haga, sin importar el sacrificio, se haga **sin murmuraciones.** La hospitalidad bíblica no tiene que ver con la mentalidad del "Almanaque del pobre Richard", que afirma que los pescados y las visitas apestan después de tres días.

Puesto que los creyentes aún pecan (Ro. 7:18-19; 1 Jn. 1:8; cp. 1 Ti. 1:15), lo único que preservará la unidad de la Iglesia es el amor que perdona y se extiende en bondad hacia los extraños. El amor también juega un papel básico en la evangelización de los incrédulos. Jesús dijo a los apóstoles: "En esto conocerán todos que sois mis discípulos, si tuviereis amor los unos con los otros" (Jn. 13:35).

CON RELACIÓN AL SERVICIO ESPIRITUAL

Cada uno según el don que ha recibido, minístrelo a los otros, como buenos administradores de la multiforme gracia de Dios. Si alguno habla, hable conforme a las palabras de Dios; si alguno ministra, ministre conforme al poder que Dios da, (4:10-11*a*)

Todo cristiano **ha recibido** un **don** especial (don espiritual), un poder divino para ministrar al cuerpo. Pablo escribió: "A cada uno le es dada la manifestación del Espíritu para provecho... Pero todas estas cosas las hace uno y el mismo Espíritu, repartiendo a cada uno en particular como él quiere" (1 Co. 12:7, 11). Así como cada parte del cuerpo humano tiene una función particular, así también sucede con cada miembro del Cuerpo de Cristo (cp. 12:14).

Las categorías de las que el Señor saca los componentes del don para cada creyente se dan en dos pasajes paulinos:

> *Digo, pues, por la gracia que me es dada, a cada cual que está entre vosotros, que no tenga más alto concepto de sí que el que debe tener, sino que piense de sí con cordura, conforme a la medida de fe que Dios repartió a cada uno. Porque de la manera que en un cuerpo tenemos muchos miembros, pero no todos los miembros tienen la misma función, así nosotros, siendo muchos, somos un cuerpo en Cristo, y todos miembros los unos de los otros. De manera que, teniendo diferentes dones, según la gracia que nos es dada, si el de profecía, úsese conforme a la medida de la fe; o si de servicio, en servir; o el que enseña, en la enseñanza; el que exhorta, en la exhortación; el que reparte, con liberalidad; el que preside, con solicitud; el que hace misericordia, con alegría (Ro. 12:3-8).*

Ahora bien, hay diversidad de dones, pero el Espíritu es el mismo. Y hay diversidad de ministerios, pero el Señor es el mismo. Y hay diversidad de operaciones, pero Dios, que hace todas las cosas en todos, es el mismo. Pero a cada uno le es dada la manifestación del Espíritu para provecho. Porque a éste es dada por el Espíritu palabra de sabiduría; a otro, palabra de ciencia según el mismo Espíritu; a otro, fe por el mismo Espíritu; y a otro, dones de sanidades por el mismo Espíritu. A otro, el hacer milagros; a otro, profecía; a otro, discernimiento de espíritus; a otro, diversos géneros de lenguas; y a otro, interpretación de lenguas. Pero todas estas cosas las hace uno y el mismo Espíritu, repartiendo a cada uno en particular como él quiere (1 Co. 12:4-11).

(Para un comentario completo sobre estos dos pasajes de dones espirituales, véase John MacArthur, *Comentario MacArthur del Nuevo Testamento: Romanos* [Grand Rapids: Portavoz, 2010], pp. 173-84, y *Comentario MacArthur del Nuevo Testamento: Primera Corintios* [Grand Rapids: Portavoz, 2003], pp. 325-335).

Los dones espirituales de cada creyente son únicos, como si cada uno fuera un copo de nieve o una huella espiritual. Es como si en su paleta espiritual Dios sumergiera su pincel en diferentes colores, o categorías de dones, y pintara en cada cristiano una mezcla exclusiva de colores. No solo que Dios otorga dones espirituales y los dispone en maneras diferentes Ef. 4:7), sino que también da a los creyentes la fe necesaria para ejercerlos, como hizo con Pablo (cp. Ro. 12:3). Este apóstol resume así el poder del funcionamiento de los dones: "Ahora bien, hay diversidad de dones, pero el Espíritu es el mismo. Y hay diversidad de ministerios, pero el Señor es el mismo. Y hay diversidad de operaciones, pero Dios, que hace todas las cosas en todos, es el mismo" (1 Co. 12:4-6).

Puesto que el Espíritu Santo supervisa soberanamente la distribución de los dones espirituales (1 Co. 12:11), los creyentes no pueden ganarlos, orar pidiéndolos, ni generarlos de ninguna manera (cp. Hch. 8:20). El término traducido "don" en Efesios 4:7 (*dōrea*) destaca la liberalidad de la gracia y los dones divinos, mientras que *charisma* (**don**) resalta el aspecto misericordioso de lo que Dios ha hecho. Esa palabra se refiere en el Nuevo Testamento tanto a dones espirituales como a salvación (p. ej., Ro. 1:11; 6:23; 1 Co. 1:7; 1 Ti. 4:14; 2 Ti. 1:6).

Cuando los creyentes ministran con sus dones **a los otros,** lo hacen en una forma que benefician mutuamente a la Iglesia (cp. 1 Co. 12:7). A la inversa, la falta de uso o depreciación errónea de los dones (y quizás también de quienes los poseen) afecta negativamente al Cuerpo de Cristo:

Si dijere el pie: Porque no soy mano, no soy del cuerpo, ¿por eso no será del cuerpo? Y si dijere la oreja: Porque no soy ojo, no soy del cuerpo, ¿por eso no será del cuerpo? Si todo el cuerpo fuese ojo, ¿dónde estaría el oído? Si todo fuese oído, ¿dónde estaría el olfato? Mas ahora Dios ha colocado los miembros cada uno de ellos en el cuerpo, como él quiso. Porque si todos fueran un solo miembro, ¿dónde estaría el cuerpo? Pero ahora son muchos los miembros, pero el cuerpo es uno solo. Ni el ojo puede decir a la mano: No te necesito, ni tampoco la cabeza a los pies: No tengo necesidad de vosotros. Antes bien los miembros del cuerpo que parecen más débiles, son los más necesarios; y a aquellos del cuerpo que nos parecen menos dignos, a éstos vestimos más dignamente; y los que en nosotros son menos decorosos, se tratan con más decoro. Porque los que en nosotros son más decorosos, no tienen necesidad; pero Dios ordenó el cuerpo, dando más abundante honor al que le faltaba, para que no haya desavenencia en el cuerpo, sino que los miembros todos se preocupen los unos por los otros (1 Co. 12:15-25).

Los dones muy visibles y evidentes (p. ej., predicar, enseñar, evangelizar) no son necesariamente los más valiosos en cada caso. Dios ve los dones de los creyentes como edificadores y su ejercicio como algo esencial para el bienestar del Cuerpo de Cristo. **Buenos administradores** son quienes manejan sus dones espirituales de modo sabio y los usan de manera obediente (cp. 1 Co. 4:2; Tit. 1:7). Los lectores de Pedro estaban familiarizados con los **administradores** que manejaban la tierra, los fondos, los suministros alimentarios, y otros recursos de los propietarios. La analogía del apóstol era obvia, y por tanto no usar los dones debilita a la iglesia local porque otros no pueden reemplazar los dones exclusivos de los creyentes que no están ministrando.

La variedad de dones espirituales se expresa en la palabra **multiforme,** que literalmente significa "de muchos colores" o "multifacético". Dos creyentes pueden tener el don de la enseñanza, pero cada uno lo demostrará con una mezcla única de gracia y fe. Eso provee lo necesario para la edificación y la diversidad espiritual útil dentro de la iglesia. Por ejemplo, la predicación de un dirigente puede resaltar la exhibición de misericordia y mansedumbre, mientras que la de otro podría enfatizar el discernimiento de la verdad, y la de otro más la sabiduría en su aplicación.

Puesto que los dones espirituales resultan de la **gracia de Dios,** la Iglesia no puede idear ningún plan humano para repartirlos. Muchos cristianos quizás no puedan clasificar claramente su propio don debido a su singularidad, pero tales individuos pueden estar disponibles al Espíritu Santo (cp. Jn. 14:26; Ro. 14:17; 15:13; 1 Co. 2:10, 12-13; 2 Ti. 1:14), pudiendo observar cómo Él los motiva y los utiliza en el ministerio.

Las dos categorías más amplias de dones espirituales son los del lenguaje y del servicio. **Si alguno habla,** ministrará por medio de categorías de predicación y enseñanza, sabiduría, conocimiento y discernimiento. **Si alguno ministra,** lo hará por medio de aspectos tales como administración, oración, misericordia o ayuda. Además, quienes hablan no deben comunicar opinión humana, sino que deben hacerlo **conforme a las palabras de Dios,** según se revela únicamente en la Biblia (cp. Hch. 7:38; Ro. 3:2). De igual modo, cualquier don de servicio no debe ejercerse por poder humano, sino **conforme al poder que Dios da** (cp. Fil. 4:13), es decir, en dependencia en el Espíritu Santo.

LA INTENCIÓN DE NUESTRO DEBER

para que en todo sea Dios glorificado por Jesucristo, a quien pertenecen la gloria y el imperio por los siglos de los siglos. Amén. (4:11*b*)

Como es la meta en todo para los creyentes, el propósito de cumplir las obligaciones del deber cristiano en medio de un mundo hostil es que **sea Dios glorificado.** Estas cláusulas finales del pasaje constituyen una doxología, una expresión de alabanza y gloria a Dios (cp. Ro. 11:36; 16:27; Ef. 3:20-21; 1 Ti. 1:17; Jud. 25), que los cristianos pueden expresar correctamente solo **por Jesucristo. En todo** se refiere a la totalidad de los asuntos de responsabilidad cristiana.

Los comentaristas han debatido durante mucho tiempo en cuanto a si **a quien** se refiere a **Dios** o a **Jesucristo.** Lo mejor es ver la designación como una ambigüedad bendecida e inspirada; **la gloria y el imperio** pertenecen tanto a Dios en Cristo como a Cristo en Dios, **por los siglos de los siglos** (cp. Sal. 104:31; 113:4; 138:5; Hab. 2:14; Mt. 17:2; Jn. 1:14; 10:30; 2 Co. 4:6; Col. 1:15; He. 1:3; 2 P. 1:16-18).

Los creyentes querrán glorificar a Dios en todo lo que piensan, dicen y hacen. El apóstol Pablo expresó: "Si, pues, coméis o bebéis, o hacéis otra cosa, hacedlo todo para la gloria de Dios" (1 Co. 10:31). Obedecerán más fácilmente la exhortación de Pablo si están motivados por la certeza y la cercanía de la Segunda Venida, que resulta en santidad personal, amor mutuo, y servicio espiritual dentro de la Iglesia.

Pedro concluyó este pasaje con el conocido **amén,** un término para afirmación que significa "que así sea".

Las observaciones de J. C. Ryle sobre la vida santa aún se aplican a todos los creyentes que viven en un mundo hostil al cristianismo:

> Un hombre santo busca vivir con mentalidad espiritual. Hace todo lo posible por establecer totalmente sus afectos en las cosas de arriba, y procura no aferrarse demasiado a las cosas de la tierra. No descuidará los asuntos de la vida actual, pero el primer lugar en su mente y pensamientos los da a la vida venidera. Trata de vivir como quien tiene su tesoro en el cielo, y como quien pasa por este mundo como extranjero y peregrino en camino hacia su hogar (*Holiness* [reimpresión; Hertfordshire: Evangelical Press, 1987], p. 37).

La prueba de fuego 22

Amados, no os sorprendáis del fuego de prueba que os ha sobrevenido, como si alguna cosa extraña os aconteciese, sino gozaos por cuanto sois participantes de los padecimientos de Cristo, para que también en la revelación de su gloria os gocéis con gran alegría. Si sois vituperados por el nombre de Cristo, sois bienaventurados, porque el glorioso Espíritu de Dios reposa sobre vosotros. Ciertamente, de parte de ellos, él es blasfemado, pero por vosotros es glorificado. Así que, ninguno de vosotros padezca como homicida, o ladrón, o malhechor, o por entremeterse en lo ajeno; pero si alguno padece como cristiano, no se avergüence, sino glorifique a Dios por ello. Porque es tiempo de que el juicio comience por la casa de Dios; y si primero comienza por nosotros, ¿cuál será el fin de aquellos que no obedecen al evangelio de Dios? Y: Si el justo con dificultad se salva, ¿En dónde aparecerá el impío y el pecador? De modo que los que padecen según la voluntad de Dios, encomienden sus almas al fiel Creador, y hagan el bien. (4:12-19)

Por nueve días durante el verano del 64 d.C., un enorme incendio rugió en la ciudad de Roma. Las llamas se extendieron rápidamente a través de las estrechas calles de la ciudad y de las muchas viviendas de madera muy apiñadas y, por lo general, abarrotadas de gente. Debido al conocido deseo de renovar a Roma por cualquier medio, la población creía que el emperador Nerón fue el responsable de iniciar el incendio. A medida que el fuego destruía la mayor parte de los distritos de la ciudad, él observaba con regocijo desde la Torre de Mecenas. Las tropas romanas evitaron que las personas extinguieran el incendio, e incluso iniciaron algunos fuegos más. El desastre desmoralizó en gran manera a los romanos debido a que muchos perdieron casi todos sus bienes terrenales, y también vieron quemado su orgullo cívico. Con la gente resentida contra Nerón en un nivel elevado, este desvió la atención de sí mismo y convirtió a la comunidad cristiana en el chivo expiatorio por el incendio.

El ardid de Nerón fue ingenioso porque los cristianos en el Imperio Romano ya eran blancos injustos de mucho odio y calumnias. Los incrédulos informaron falsamente que los cristianos consumían carne y sangre humana durante la Cena del Señor (cp. Mr. 14:22-25; 1 Co. 11:23-26), y que el beso santo (cp. 5:14;

Ro. 16:16; 1 Co. 16:20; 2 Co. 13:12; 1 Ts. 5:26) en realidad era una señal de lujuria incontrolada. Además, los romanos veían al cristianismo como una secta del judaísmo. Con el aumento del antisemitismo en esos días, la población fácilmente adoptó también una actitud anticristiana. El cristianismo también había causado estrés dentro de las familias cuando uno de los cónyuges (en particular mujeres) llegaba a creer pero el otro no. Tal situación generó más resentimiento hacia los santos.

Tras el incendio de Roma, Nerón se aprovechó de ese sentimiento anticristiano y castigó a los creyentes usándolos como antorchas humanas para iluminar sus fiestas en el jardín, cosiéndolos dentro de pieles de animales para ser devorados por depredadores, crucificándolos, y sometiéndolos a torturas atroces e injustas.

Es probable que el apóstol Pedro escribiera esta carta justo antes del inicio de la persecución de Nerón. Por eso, según se analizó antes en esta obra (1:6-7; 2:11-12, 19-20; 3:8-9, 14, 17; 4:1), el principal tema repetitivo del apóstol es cómo sus lectores debían responder al tratamiento injusto. Hoy va en aumento la hostilidad hacia los cristianos que hablan contra los pecados de la cultura y en defensa de la exclusividad del evangelio. Por tanto, a fin de soportar tanto la hostilidad actual como la que podría venir en el futuro, los creyentes deben prestar atención a las instrucciones de este pasaje sobre cómo soportar las graves pruebas. Estos versículos llevan a los creyentes a esperar sufrimiento, a regocijarse en medio del sufrimiento, a evaluar el sufrimiento, y a encomendar el sufrimiento a Dios. (Para un trato más amplio de todo el tema del sufrimiento, véase John MacArthur, *El poder del sufrimiento* [Grand Rapids: Portavoz, 2005]).

ESPERAR SUFRIMIENTO

Amados, no os sorprendáis del fuego de prueba que os ha sobrevenido, como si alguna cosa extraña os aconteciese, (4:12)

Al no esperar que los persiguieran de manera tan infame, era comprensible que los creyentes a los que Pedro escribió estuvieran sorprendidos, atribulados y confundidos por su padecimiento. Quizás esperaban que la vida estuviera llena de bendiciones, beneficios y protección divina. Sin embargo, la expectación de sufrimiento por parte de los creyentes está ligada a las palabras de Jesús, quien escribió a los apóstoles: “Si el mundo os aborrece, sabed que a mí me ha aborrecido antes que a vosotros” (Jn. 15:18), la amonestación de Pablo a Timoteo: “Todos los que quieren vivir piadosamente en Cristo Jesús padecerán persecución” (2 Ti. 3:12), y la advertencia del apóstol Juan: “Hermanos míos, no os extrañéis si el mundo os aborrece” (1 Jn. 3:13). Para los cristianos, la confrontación con el pecado y el mundo a menudo resulta en sufrimiento, lo cual es parte del costo prometido del discipulado (cp. Mt. 10:38-39; 16:24-26; Jn. 12:24-26). Tener en cuenta el precio es algo que se halla detrás de las palabras de Jesús de que nadie construye una torre o entra en batalla sin primero calcular el costo (Lc. 14:28-32).

Amados (*agapētos*, cp. 2:11) es una palabra pastoral común que comunica ternura, compasión, afecto y cuidado (cp. 1 Co. 4:14; 1 Ts. 2:8). Tal amor proporciona un dulce acolchado para que las agotadas almas de los creyentes reposen en medio de las pruebas y persecuciones. El padecimiento severo puede tentarlos a dudar del amor de Dios y permitir que entre a sus mentes el mismo pensamiento que una vez motivó a la esposa de Job a pronunciar las despreciables palabras: "¿Aún retienes tu integridad? Maldice a Dios, y muérete" (Job 2:9). Por eso el apóstol intentó tranquilizar a sus lectores acerca del amor constante tanto de él como de Dios.

La frase **no os sorprendáis** informa que los creyentes deben esperar que el evangelio de Cristo sea ofensivo para muchos, y que esto provocará persecución. El original griego es *zenizō*, que significa "estar asombrado o extrañado" por la novedad de algo. Los cristianos nunca deberían sorprenderse por la persecución. Más adelante en el versículo, Pedro usa el sustantivo relacionado *zenos*, traducido como **alguna cosa extraña,** pero eso también se podría traducir como "algo sorprendente", que enfatiza aún más lo que dice Pedro sobre esperar persecución. Ya que los santos son obedientes a Dios y eficaces en proclamar el evangelio, la animosidad entre los incrédulos es inevitable. "Somos grato olor de Cristo en los que se salvan, y en los que se pierden; a éstos ciertamente olor de muerte para muerte, y a aquéllos olor de vida para vida. Y para estas cosas, ¿quién es suficiente?" (2 Co. 2:15-16; cp. 4:3; 1 Co. 1:18). Como dice el adagio probado por el tiempo: "El sol que derrite la cera también endurece la arcilla", y "el evangelio salva y mata" (cp. Ro. 9:15-24). Trátese de hostilidad hacia su mensaje exclusivo, de sus esfuerzos por evangelizar, o de su piadoso estilo de vida, los creyentes deben recordar que la dificultad es un corolario de la fe bíblica (Mr. 10:30; Jn. 16:33; 1 Ts. 3:4; 2 Ti. 2:3-4; 3:12; cp. Mt. 7:13-14).

A pesar de que el término traducido **fuego de prueba** (*purōsis*) describe figuradamente una dolorosa experiencia de persecución, también se usa para un horno de fundición que purga de impurezas (cp. Sal. 66:10; Pr. 17:3; véase también el estudio de 1:6-7 en el capítulo 3 de esta obra). Puede ser que aquí Pedro esté usando su conocimiento de la profecía de Malaquías:

> *He aquí, yo envío mi mensajero, el cual preparará el camino delante de mí; y vendrá súbitamente a su templo el Señor a quien vosotros buscáis, y el ángel del pacto, a quien deseáis vosotros. He aquí viene, ha dicho Jehová de los ejércitos. ¿Y quién podrá soportar el tiempo de su venida? ¿O quién podrá estar en pie cuando él se manifieste? Porque él es como fuego purificador, y como jabón de lavadores.*

Y se sentará para afinar y limpiar la plata; porque limpiará a los hijos de Leví, los afinará como a oro y como a plata, y traerán a Jehová ofrenda en justicia. (Mal. 3:1-3)

Ese texto habla de fuego purificador, en contraste con el fuego consumidor en Malaquías 4:1: "Porque he aquí, viene el día ardiente como un horno, y todos los soberbios y todos los que hacen maldad serán estopa; aquel día que vendrá los abrasará, ha dicho Jehová de los ejércitos, y no les dejará ni raíz ni rama". La evidencia de que Pedro estaba pensando en las palabras de Malaquías se ve reforzada por la referencia del apóstol a "la casa de Dios" (v. 17), donde tal juicio purificador debe venir. Pedro está diciendo que la persecución constituye la purga que el Señor hace de su templo: su pueblo.

El maltrato que **ha sobrevenido** sobre los creyentes también es como una **prueba** para comprobar la autenticidad de su fe (cp. Job 23:10; Ro. 5:3; 2 Co. 1:10; 2 Ti. 3:11; Stg. 1:3-12). Sufrir por causa de la justicia no solo refina sino que, incluso antes que eso, revela si las personas son verdaderos creyentes. Jesús ilustró esta verdad en la parábola de los suelos: "Parte [de la semilla] cayó en pedregales, donde no había mucha tierra; y brotó pronto, porque no tenía profundidad de tierra; pero salido el sol, se quemó; y porque no tenía raíz, se secó" (Mt. 13:5-6). El Señor describió una respuesta superficial e inadecuada a la predicación del evangelio. Algunas personas no permitieron que la semilla de la Palabra penetrara el suelo duro de sus corazones, y pronto la persecución reveló que su reacción al evangelio no fue más que una profesión superficial y falsa (vv. 20-21).

El verbo traducido **os aconteciese** (*sumbainontos*) podría significar "caer por casualidad", y exige que los cristianos entiendan que las experiencias del sufrimiento injusto por Cristo no son accidentales sino inevitables porque el mensaje del pecado, de la salvación y del juicio ofende. Además, estos incidentes ocurren por diseño de Dios y revelan si la fe de los creyentes profesantes está realmente regenerada (cp. Job 5:17; Pr. 3:11-12; He. 12:5-11; Ap. 3:19).

GLORIARSE EN EL SUFRIMIENTO

sino gozaos por cuanto sois participantes de los padecimientos de Cristo, para que también en la revelación de su gloria os gocéis con gran alegría. Si sois vituperados por el nombre de Cristo, sois bienaventurados, porque el glorioso Espíritu de Dios reposa sobre vosotros. Ciertamente, de parte de ellos, él es blasfemado, pero por vosotros es glorificado. (4:13-14)

Por cuanto es una manera generosa de traducir *katho* ("mientras", "según lo cual") y por consiguiente muestra que la recompensa eterna de los cristianos es proporcional al sufrimiento terrenal que sufren (cp. Ro. 8:18; 2 Co. 4:16-18; He. 11:26; 2 Jn. 8; Ap. 2:10). Se trata de una relación razonable ya que el sufrimiento revela fidelidad al Señor Jesucristo, quien observó esta relación entre la prueba y la recompensa, diciendo:

> *Bienaventurados seréis cuando los hombres os aborrezcan, y cuando os aparten de sí, y os vituperen, y desechen vuestro nombre como malo, por causa del Hijo del Hombre. Gozaos en aquel día, y alegraos, porque he aquí vuestro galardón es grande en los cielos; porque así hacían sus padres con los profetas. (Lc. 6:22-23)*

Pedro enriquece aún más la resistencia de quienes son perseguidos al declarar que ellos son **participantes de los padecimientos de Cristo.** Eso no tiene ningún sentido redentor; ni se refiere únicamente a la unión espiritual con Él, como Pablo lo describe en Romanos 6; se refiere a que los creyentes experimentan el mismo tipo de sufrimiento que Cristo soportó: padecer por lo que es justo. R. C. H. Lenski detalla correctamente el significado del dicho de Pedro:

> Los lectores [de 1 Pedro] están solo en comunión con los padecimientos de Cristo. Este es un pensamiento que Pablo sostiene de manera total y prominente en Romanos 8:17; 2 Corintios 1:7; 4:10; Filipenses 1:29; 3:10; Colosenses 1:24. El tema se remonta al mensaje de Cristo (Jn. 15:20, 21).
>
> Participamos en los padecimientos de Cristo cuando sufrimos por causa de su nombre, cuando el odio que lo golpeó nos golpea también a causa de Él. No hay una idea de tener comunión en la expiación del padecimiento de Cristo, y en que nuestro sufrimiento también sea expiatorio. En Mateo 5:12 la persecución nos coloca en la compañía de los profetas perseguidos (en realidad una gran exaltación); aquí nos pone en la compañía de Cristo mismo, en una comunión incluso mayor, o [*koinōnia*]. ¿Es esa una "cosa extraña" o la debemos considerar extraña? Persecución es lo que debemos considerar adecuado y natural esperar, sí, como Pedro afirma (siguiendo a Mt. 5:12), es una causa de gozo (*The Interpretation of the Epistles of St. Pedro, St. John and St. Jude* [reimpresión; Minneapolis: Augsburg, 1966], p. 203).

El Cristo que padeció a manos de hombres malvados, aunque nunca tuvo pecado (Is. 53:9; Mt. 26:67; 27:12, 26, 29-31, 39-44; Jn. 10:31, 33; 11:8; Hch. 2:23), prometió a los creyentes que sería un privilegio sufrir de la misma forma cuando manifestó: "Acordaos de la palabra que yo os he dicho: El siervo no es mayor que su señor. Si a mí me han perseguido, también a vosotros os perseguirán; si han guardado mi palabra, también guardarán la vuestra" (Jn. 15:20).

A medida que los creyentes sufren injustamente deberían gozarse, como lo hizo su Señor, un sentimiento totalmente inaceptable para aquellos que no tienen esperanza de recompensa eterna, pero afirmado por el Señor cuando declaró:

> *Bienaventurados los que padecen persecución por causa de la justicia, porque de ellos es el reino de los cielos. Bienaventurados sois cuando por mi causa os vituperen y os persigan, y digan toda clase de mal contra vosotros, mintiendo. Gozaos y alegraos, porque vuestro galardón es grande en los cielos; porque así persiguieron a los profetas que fueron antes de vosotros (Mt. 5:10-12).*

La revelación de su gloria llegará "el día en que el Hijo del Hombre se manifieste" (Lc. 17:30), lo cual se refiere al regreso de Cristo. El Señor reanudó la total experiencia de **su gloria** después de ascender al cielo, pero aún no la ha revelado en la tierra para que todos vean (cp. Mt. 24:30; Fil. 2:9-11; Ap. 19:11-16). (Pedro, Santiago y Juan obtuvieron un vislumbre de esa gloria cuando presenciaron la transfiguración de Cristo [Mr. 9:2-3; cp. 2 P. 1:16-18]).

El segundo uso que Pedro hace de **gocéis** (*chairō*) en el versículo 13 está calificado por **gran alegría** (*agalliaō*), una referencia a un gozo delirante. Cuando Cristo regrese, los creyentes se gozarán **con gran alegría** (cp. el estudio de gozo en el capítulo 3 de esta obra), y lo harán proporcionalmente a su participación en los padecimientos de Él en esta vida. Quienes participan de los sufrimientos del Señor también comunicarán su gloria (5:1; cp. Mt. 20:20-23). El padecimiento de los santos por la justicia los prueba, los refina, y hace que obtengan un "excelente y eterno peso de gloria" (2 Co. 4:17), para que mientras más grande sea su sufrimiento mayor sea su esperanza, y la riqueza de su gozo (cp. 2 Co. 4:16-18; Stg. 1:2).

El nombre de Cristo es la causa del odio malévolo dirigido hacia los creyentes (Mt. 10:22; 24:9). En los primeros días de la iglesia, el **nombre de Cristo** se convirtió primero en sinónimo del Salvador mismo y de todo lo que Él representa (cp. Lc. 24:47; Jn. 1:12; Hch. 2:38; 4:17, 30; 9:15; 19:17). Pedro aseveró en su sermón ante el concilio: "En ningún otro hay salvación; porque no hay otro nombre bajo el cielo, dado a los hombres, en que podamos ser salvos" (Hch. 4:12). Más tarde los apóstoles "salieron de la presencia del concilio, gozosos de haber sido tenidos por dignos de padecer afrenta por causa del Nombre" (5:41). En la visión de Jesús relacionada con la conversión de Saulo de Tarso y su posterior predicación como el apóstol Pablo, Cristo le dijo a Ananías de Damasco: "Yo le mostraré cuánto le es necesario padecer por mi nombre" (9:16). No es el **nombre** "Cristo" lo que ofende a los impíos, sino más bien quién es Él y lo que dijo e hizo lo que causa hostilidad de parte de ellos.

Esa animosidad se resume en la palabra **vituperados** (*oneidizō*), que significa "acusar" o "lanzar insultos sobre". En la Septuaginta describe hostilidad acumulada para con Dios y su pueblo por parte de los paganos (Sal. 42:10; 44:16; 74:10, 18; cp. Is. 51:7; Sof. 2:8). En el Nuevo Testamento se refiere a las indignidades y maltratos que Cristo soportó por parte de los pecadores (Mt. 27:44; Mr. 15:32; Ro. 15:3). En el siglo I, a menudo los incrédulos se exasperaban y se enfurecían porque con mucha frecuencia los creyentes hablaban de Cristo, y cuya acusación hacia los pecadores ellos despreciaban (cp. Hch. 4:17-18; 17:1-7).

Sin embargo, todo el odio y la violencia del mundo contra los cristianos no reducen el hecho de que sean **bienaventurados**. En realidad son más **bienaventurados** por ese sufrimiento, no solo por el premio eterno que recibirán sino por la bendición actual, **porque el glorioso Espíritu de Dios reposa sobre** ellos. No es tan solo debido al sufrimiento que el Espíritu Santo reposa sobre los creyentes, como cuando Él llegaba y salía de un profeta del Antiguo Testamento, sino más bien que Él ya está de manera permanente en los creyentes (Ro. 8:9; 1 Co. 6:19-20; 12:13), concediéndoles alivio sobrenatural en medio de su sufrimiento. Puesto que el Espíritu es **Dios,** la gloria divina define su naturaleza (cp. Sal. 93:1; 104:1; 138:5). **Glorioso** rememora a la *Shejiná,* que en el Antiguo Testamento simbolizaba la presencia terrenal de Dios (Éx. 24:16-17; 34:5-8; 40:34-38; Hab. 3:3-4). Cuando el tabernáculo y el arca del pacto fueron llevados al recién dedicado templo de Salomón, "la gloria de Jehová [llenó] la casa de Jehová" (1 R. 8:11). Así como la brillante nube de la *Shejiná* reposaba en el tabernáculo y el templo, así el Espíritu Santo vive y ministra hoy día a los creyentes. **Reposa** (del tiempo presente de *anapauō*) significa "dar descanso, refrigerio e interrupción del trabajo duro" (cp. Mt. 11:28-29; Mr. 6:31), y describe uno de los ministerios del Espíritu. "Refrigerio" viene sobre esos creyentes que padecen por causa del Salvador y del evangelio. El Espíritu les da gracia al impartirles resistencia, comprensión y todo el fruto que viene en el abanico de su bondad: "El fruto del Espíritu es amor, gozo, paz, paciencia, benignidad, bondad, fe, mansedumbre, templanza; contra tales cosas no hay ley" (Gá 5:22-23).

Ese tipo de refrigerio y poder divinos llegaron sobre Esteban, un líder de la iglesia en Jerusalén y su primer mártir conocido. Cuando comenzó a defender su fe ante los dirigentes judíos, estos "vieron su rostro como el rostro de un ángel" (Hch. 6:15). La conducta de Esteban expresaba serenidad, tranquilidad y gozo, todo el fruto del Espíritu, no disminuido sino incluso ampliado por el sufrimiento y la gracia del Consolador sobre él. Los miembros del concilio se enfurecieron cuando Esteban les hizo un recuento de la historia redentora desde el Antiguo Testamento, relato que culminó con la obra expiatoria de Jesús el Mesías. La paz de Esteban controlada por el Espíritu se hizo evidente cuando "lleno del Espíritu Santo, puestos los ojos en el cielo, vio la gloria de Dios, y a Jesús que estaba a la diestra de Dios, y dijo: He aquí, veo los cielos abiertos, y al Hijo del Hombre que está a la diestra de Dios" (Hch. 7:55-56). Mientras sus enemigos intentaban matarlo a pedradas, Esteban "invocaba y decía: Señor Jesús, recibe mi espíritu. Y puesto de rodillas, clamó a gran voz: Señor, no les tomes en cuenta este pecado. Y habiendo dicho esto, durmió" (vv. 59-60). Realmente, el Espíritu de gloria lo elevó por sobre el sufrimiento hasta un dulce descanso. Esa obra poderosa del Espíritu fue la causa del testimonio posterior de Pablo en 2 Corintios 12:9-10: "Y me ha dicho: Bástate mi gracia; porque mi poder se perfecciona en la debilidad. Por tanto, de buena gana me gloriaré más bien en mis debilidades, para que repose sobre mí el poder de Cristo. Por lo cual, por amor a Cristo me gozo en las debilidades, en afrentas, en necesidades, en persecuciones, en angustias; porque cuando soy débil, entonces soy fuerte".

EVALUAR EL SUFRIMIENTO

Así que, ninguno de vosotros padezca como homicida, o ladrón, o malhechor, o por entremeterse en lo ajeno; pero si alguno padece como cristiano, no se avergüence, sino glorifique a Dios por ello. Porque es tiempo de que el juicio comience por la casa de Dios; y si primero comienza por nosotros, ¿cuál será el fin de aquellos que no obedecen al evangelio de Dios? Y: Si el justo con dificultad se salva, ¿en dónde aparecerá el impío y el pecador? (4:15-18)

No todo sufrimiento trae el alivio del Espíritu Santo. Las dificultades generadas por acciones fuera de la ley obviamente no representan sufrir por la justicia. Si algún creyente es **homicida, o ladrón** (delitos capitales en el mundo antiguo), no tiene derecho de quejarse por ser castigado, ni ningún derecho de esperar la gracia del Espíritu. Lo mismo se aplica a cualquiera que padece **como malhechor** (*kakopoios*), un término más general que abarca todos los delitos sin excepción (cp. 2:14; 3 Jn. 11).

La sorprendente inclusión del término traducido **entremeterse en lo ajeno** (*allotriepiskopos*), usado solo aquí en el Nuevo Testamento, y en principio al parecer de menor importancia en comparación con los términos anteriores de Pedro, muestra que todos los pecados, no solamente los delitos, hacen perder el consuelo y el reposo del Espíritu Santo. La palabra literalmente significa "alguien que se mete en cosas ajenas a su llamado", "agitador" o "buscapleitos". Las exhortaciones de Pablo a los tesalonicenses ilustran el significado de la palabra:

> *Y que procuréis tener tranquilidad, y ocuparos en vuestros negocios, y trabajar con vuestras manos de la manera que os hemos mandado (1 Ts. 4:11).*

> *Porque oímos que algunos de entre vosotros andan desordenadamente, no trabajando en nada, sino entremetiéndose en lo ajeno. A los tales mandamos y*

exhortamos por nuestro Señor Jesucristo, que trabajando sosegadamente, coman su propio pan (2 Ts. 3:11-12).

Los cristianos nunca deben ser alborotadores o agitadores en la sociedad o en sus lugares de trabajo (cp. 1 Ti. 2:1-3; Tit. 3:1-5). Pueden confrontar los pecados en las vidas de otros creyentes, ayudar a administrar disciplina en la iglesia, estimular a los incrédulos con el evangelio, y animar a los santos compañeros a mayores niveles de piedad; pero con relación a los asuntos privados de otros que no nos incumben, los creyentes nunca deben entrometerse de manera inapropiada. Más específicamente, Pedro se estaba refiriendo al activismo político y a la agitación civil, que son actividades perjudiciales o ilegales que interfieren con el buen funcionamiento de la sociedad y el gobierno. Tales actividades obligan a las autoridades a imponer castigo (Ro. 13:2-4; para un estudio más amplio de estos temas, véase el capítulo 13 de esta obra). Está mal que los creyentes vean tal castigo como persecución por su fe. Si se salen de la fe y esto les trae problemas, hostilidad, resentimiento o percusión, no tienen más derecho de esperar el reposo del Espíritu Santo del que esperarían si fueran asesinos. El hecho de que Pedro incluya aquí *allotriepiskopos* en su lista de pecados podría significar que algunos discípulos, en su celo por la verdad y su resentimiento por el paganismo, estaban causando problemas en la sociedad por razones más allá de una preocupación sincera y legítima por el evangelio.

Recuerdo una conversación que tuve una vez con un pastor ruso que había sufrido en gran manera bajo el comunismo soviético. Le pregunté si él o sus compañeros cristianos se rebelaron alguna vez contra el gobierno. Replicó que todos estaban convencidos de que, si alguna vez eran ofendidos o perseguidos por las autoridades civiles, sería únicamente por causa del evangelio. La iglesia rusa en realidad se fortaleció en ese ambiente, y el hombre se preguntaba cómo los pastores en Estados Unidos podían contar con personas santas sin que padecieran por el evangelio.

Si alguno padece como cristiano, su sufrimiento califica para la bendición del Espíritu Santo. Que **no se avergüence** (*aischunō*, "no sentirse deshonrado"), **sino** más bien que a causa de esta bendición de consuelo sobrenatural **glorifique a Dios por ello.** Los creyentes del siglo I se referían unos a otros como "hermanos" (Hch. 1:15-16; 6:3; 9:30; 12:17; 15:13), "santos" (Hch. 9:13; Ro. 8:27; 15:25; 1 Co. 16:1), y los "de este Camino" (Hch. 9:2; 19:9, 23; 22:4; 24:14, 22). Sin embargo, es irónico que el término **cristiano** no fue un nombre que los creyentes asumieron al principio para sí mismos; al contrario, debido a que originalmente fue una designación despectiva que el mundo les dio, el nombre se asociaba con odio y persecución (cp. Hch. 11:26; 26:28). Este se ha convertido en, y debería seguir siéndolo, el nombre dominante y amado por el que se conoce a los creyentes, esto es los que pertenecen a Cristo.

Sino glorifique a Dios en este contexto significa alabarlo por el privilegio y el honor de sufrir **por ello,** debido a todo lo que Él ha hecho, está haciendo y hará para siempre por sus santos. Este tipo de sufrimiento no solo produce gozo por la recompensa celestial y la bendición de **Dios,** sino que también purifica a la Iglesia. Aquí el pensamiento de Pedro vuelve a las imágenes de Malaquías 3:1-3 (véase comentario sobre el v. 12, antes en este capítulo). El Señor purgará su templo: su pueblo. **Es tiempo** (*kairos*) en este contexto designa un momento decisivo y crucial para **que el juicio comience.** La palabra griega para **juicio** es *krima* y se refiere a un proceso judicial que toma una decisión sobre el pecado de alguien. El término identifica una cuestión de sentencia judicial (cp. 1 Co. 6:7) y se usa específicamente para juicio divino (cp. Ro. 2:5; 5:16; 11:33). El juicio divino sobre los creyentes es la decisión que Dios toma sobre los pecados de ellos, lo que incluye disciplinar y lleva a la limpieza (cp. 5:9-10) a **la casa de Dios,** pero no a condenación eterna:

> *Ahora, pues, ninguna condenación hay para los que están en Cristo Jesús (Ro. 8:1).*

> *Mas siendo juzgados, somos castigados por el Señor, para que no seamos condenados con el mundo (1 Co. 11:32).*

Casa es la referencia de Pedro a la Iglesia; otros versículos del Nuevo Testamento también clarifican ese significado (cp. 2:5; Gá 6:10; Ef. 2:19; 1 Ti. 3:15; He. 3:6; 10:21).

Pedro plantea la pregunta comparativa: **si primero** [el juicio] **comienza por** [los creyentes], **¿cuál será el fin de aquellos que no obedecen al evangelio de Dios?** La respuesta es clara: el juicio concluye con la condenación final que Cristo hará de los impíos en el gran trono blanco (Ap. 20:11-15; cp. Mt. 7:21-23; 25:44-46). Aunque Dios disciplina ahora a su propio pueblo, el juicio futuro para los perdidos será infinitamente más devastador (cp. Dn. 12:2; Mt. 13:41-42, 49-50; 22:11-14; 25:41; Mr. 9:44-49; Lc. 13:23-28; 16:23-24; Ap. 14:10-11).

Es muchísimo mejor para la gente soportar el sufrimiento con gozo ahora como creyentes que son purificados por el testimonio eficaz y la gloria eterna, que soportar después tormento eterno como incrédulos (cp. Lc. 16:19-31). Pedro reforzó ese punto para sus lectores con una cita de la Septuaginta tomada de Proverbios 11:31: **Si el justo con dificultad se salva, ¿en dónde aparecerá el impío y el pecador? Con dificultad** viene del adverbio *molis* (relacionado con *molos,* "difícilmente"), que significa "a duras penas" o "apenas" (véase usos en Hch. 14:18; 27:7, 8, 16) y que manifiesta la dificultad con que los creyentes son llevados a la salvación final a través de los fuegos del sufrimiento injusto, la purga divina, y la disciplina ordenada por Dios:

> *Si soportáis la disciplina, Dios os trata como a hijos; porque ¿qué hijo es aquel a quien el padre no disciplina? Pero si se os deja sin disciplina, de la cual todos han sido participantes, entonces sois bastardos, y no hijos (He. 12:7-8).*

Pablo afirmó esta necesidad en respuesta a su propio sufrimiento intenso a manos de los judíos malvados que lo apedrearon en Listra. Lucas ofrece el relato del sufrimiento y la respuesta de Pablo en Hechos 14:19-22:

> *Entonces vinieron unos judíos de Antioquía y de Iconio, que persuadieron a la multitud, y habiendo apedreado a Pablo, le arrastraron fuera de la ciudad, pensando que estaba muerto. Pero rodeándole los discípulos, se levantó y entró en la ciudad; y el día siguiente salió con Bernabé para Derbe. Y después de anunciar el evangelio a aquella ciudad y de hacer muchos discípulos, volvieron a Listra, a Iconio y a Antioquía, confirmando los ánimos de los discípulos, exhortándoles a que permaneciesen en la fe, y diciéndoles: Es necesario que a través de muchas tribulaciones entremos en el reino de Dios.*

Ese fue tan solo un incidente en una larga lista de pruebas injustas que el apóstol soportó, registradas especialmente en 2 Corintios 1:3-11; 4:7-18; 6:4-11; 7:5; 11:23-33, y que concluyeron en 12:7-10, en que Pablo demuestra que su sufrimiento fue para doblegarlo y así fortalecerlo:

> *Y para que la grandeza de las revelaciones no me exaltase desmedidamente, me fue dado un aguijón en mi carne, un mensajero de Satanás que me abofetee, para que no me enaltezca sobremanera; respecto a lo cual tres veces he rogado al Señor, que lo quite de mí. Y me ha dicho: Bástate mi gracia; porque mi poder se perfecciona en la debilidad. Por tanto, de buena gana me gloriaré más bien en mis debilidades, para que repose sobre mí el poder de Cristo. Por lo cual, por amor a Cristo me gozo en las debilidades, en afrentas, en necesidades, en persecuciones, en angustias; porque cuando soy débil, entonces soy fuerte.*

Jesús dijo que los creyentes tendrían aflicción en este mundo, que incluye ser perseguidos hasta la muerte (Jn. 16:2-3, 33), y que tal sufrimiento les vendría por causa de Él (Mt. 10:24-25) a fin de que "perfeccionase por aflicciones al autor de la salvación de ellos" (He. 2:10; cp. 1 P. 1:11). Fue difícil para Jesús ser el Salvador debido al inconmensurable dolor que soportó por la exposición a este mundo pecaminoso y por tener que estar bajo la maldición de Dios por todos los pecados de todos aquellos que alguna vez creerían. Si fue **con dificultad** que Él se entregó para redimir a los pecadores, y **con** dolorosa **dificultad** que los redimidos soportan para su gloria final, ¿piensa alguien que **el impío y el pecador,** que han vivido sin padecer por la justicia (porque son injustos), simplemente morirán y dejarán de existir, o que se les dará un lugar en el cielo porque Dios no es nada más que amor y perdón? Esa es una idea ridícula. Pedro está diciendo que el sufrimiento eterno de los impíos, comparado con el padecimiento temporal de los piadosos, es mucho más grande. Pablo distingue de esta manera los sufrimientos terrenales de los santos y el castigo sin fin de los perdidos:

> *Esto es demostración del justo juicio de Dios, para que seáis tenidos por dignos del reino de Dios, por el cual asimismo padecéis. Porque es justo delante de Dios pagar con tribulación a los que os atribulan, y a vosotros que sois atribulados, daros reposo con nosotros, cuando se manifieste el Señor Jesús desde el cielo con los ángeles de su poder, en llama de fuego, para dar retribución a los que no conocieron a Dios, ni obedecen al evangelio de nuestro Señor Jesucristo; los cuales sufrirán pena de eterna perdición, excluidos de la presencia del Señor y de la gloria de su poder (2 Ts. 1:5-9).*

ENCOMENDAR EL SUFRIMIENTO A DIOS

De modo que los que padecen según la voluntad de Dios, encomienden sus almas al fiel Creador, y hagan el bien. (4:19)

De modo que atrae al lector hacia el obvio deber que tiene al sufrir. **Los que padecen según la voluntad de Dios** reciben este aliento con relación a la dificultad de su justo dolor, que sucede **según la voluntad de Dios** (cp. 3:7; 5:10). Al saber esta realidad los creyentes dan reposo a **sus almas** en el cuidado y el propósito de Dios. **Encomienden** (*paratithemi*) es un término bancario que se refiere a depositar para tener custodia segura. Sería necesario preocuparse adecuadamente por el carácter y la capacidad de la persona a la que se da tal confianza. Jesús usó la misma palabra en la cruz cuando encomendó su espíritu al Padre (Lc. 23:46; cp. el estudio de 2:23 en el capítulo 15 de esta obra). Los creyentes deben animarse aún más a recordar que Aquel a quien entregaron sus almas es el **fiel Creador.** Solo aquí en el Nuevo Testamento se llama **Creador** a Dios. Esto se debe a que generalmente se entendía que el Autor de todo, el Diseñador de todo lo que existe, Aquel que sustenta no solo esta creación material sino que logra su propósito en todo, llevará a cabo lo que desea; solo Él es totalmente capaz y digno de confianza para hacer **el bien.** ¿Quién podría ser mejor que el confiable Creador que siempre actúa con justicia? Puesto que Dios es fiel en sí mismo y para sus propias promesas, las almas de los creyentes descansan en el poder y el propósito divinos (cp. 1:3-5; Jn. 10:27-30; 17:11-12, 15; Ro. 8:35-39; Ef. 1:13-14; Fil. 1:6; 1 Ts. 5:23-24; 2 Ti. 1:12; Jud. 24-25).

El salmista David recorrió la senda que lo llevó de la angustia por causa de sus perseguidores hasta la seguridad en su fiel Creador. El Salmo 31 es un enriquecedor ejemplo de un creyente que se encomienda a Dios:

> *En ti, oh Jehová, he confiado; no sea yo confundido jamás; líbrame en tu justicia. Inclina a mí tu oído, líbrame pronto; sé tú mi roca fuerte, y fortaleza para salvarme. Porque tú eres mi roca y mi castillo; por tu nombre me guiarás y me encaminarás. Sácame de la red que han escondido para mí, pues tú eres mi refugio. En tu mano encomiendo mi espíritu; tú me has redimido, oh Jehová, Dios de verdad. Aborrezco a los que esperan en vanidades ilusorias; mas yo en Jehová he esperado. Me gozaré y alegraré en tu misericordia, porque has visto mi aflicción; has conocido mi alma en las angustias. No me entregaste en mano del enemigo; pusiste mis pies en lugar espacioso. Ten misericordia de mí, oh Jehová, porque estoy en angustia; se han consumido de tristeza mis ojos, mi alma también y mi cuerpo. Porque mi vida se va gastando de dolor, y mis años de suspirar; se agotan mis fuerzas a causa de mi iniquidad, y mis huesos se han consumido. De todos mis enemigos soy objeto de oprobio, y de mis vecinos mucho más, y el horror de mis conocidos; los que me ven fuera huyen de mí. He sido olvidado de su corazón como un muerto; he venido a ser como un vaso quebrado. Porque oigo la calumnia de muchos; el miedo me asalta por todas partes, mientras consultan juntos contra mí e idean quitarme la vida. Mas yo en ti confío, oh Jehová; digo: Tú eres mi Dios. En tu mano están mis tiempos; líbrame de la mano de mis enemigos y de mis perseguidores. Haz resplandecer tu rostro sobre tu siervo; sálvame por tu misericordia. No sea yo avergonzado, oh Jehová, ya que te he invocado; sean avergonzados los impíos, estén mudos en el Seol. Enmudezcan los labios mentirosos, que hablan contra el justo cosas duras con soberbia y menosprecio. ¡Cuán grande es tu bondad, que has guardado para los que te temen, que has mostrado a los que esperan en ti, delante de los hijos de los hombres! En lo secreto de tu presencia los esconderás de la conspiración del hombre; los pondrás en un tabernáculo a cubierto de contención de lenguas. Bendito sea Jehová, porque ha hecho maravillosa su misericordia para conmigo en ciudad fortificada. Decía yo en mi premura: Cortado soy de delante de tus ojos; pero tú oíste la voz de mis ruegos cuando a ti clamaba. Amad a Jehová, todos vosotros sus santos; a los fieles guarda Jehová, y paga abundantemente al que procede con soberbia. Esforzaos todos vosotros los que esperáis en Jehová, y tome aliento vuestro corazón.*

El pastoreo del rebaño 23

Ruego a los ancianos que están entre vosotros, yo anciano también con ellos, y testigo de los padecimientos de Cristo, que soy también participante de la gloria que será revelada: Apacentad la grey de Dios que está entre vosotros, cuidando de ella, no por fuerza, sino voluntariamente; no por ganancia deshonesta, sino con ánimo pronto; no como teniendo señorío sobre los que están a vuestro cuidado, sino siendo ejemplos de la grey. Y cuando aparezca el Príncipe de los pastores, vosotros recibiréis la corona incorruptible de gloria. (5:1-4)

W. Phillip Keller escribió: "No es por accidente que Dios nos haya elegido como ovejas. El comportamiento de las ovejas y de los seres humanos se parece en muchos aspectos… Las ovejas no 'se ocupan simplemente de ellas mismas' como alguien podría suponer. Más que cualquier otro tipo de rebaño, ellas requieren atención sin fin y un cuidado meticuloso" (*A Shepherd Looks at Psalm 23* [Grand Rapids: Zondervan, 1979], pp. 20-21).

Por ejemplo, Dios ha creado a la mayoría de animales con un misterioso instinto para encontrar su camino a casa. Pero si una oveja se extravía en territorio desconocido, se desorienta por completo y no puede hallar su camino de vuelta, como en la conmovedora parábola del Señor acerca de la oveja perdida (Lc. 15:3-7). Las ovejas necesitan un pastor que las guíe, las atienda, las proteja, y que a veces las rescate del peligro.

Las ovejas pasan la mayor parte de su tiempo comiendo y bebiendo. Pero si se pierden son incapaces de hallar alimento adecuado y agua. Abandonadas a su suerte, comen indiscriminadamente plantas tanto saludables como venenosas, o arrasan y arruinan su propio pasto. Además, es necesario guiarlas hasta cierta agua que no sea impura, que no esté estancada, que no esté muy caliente ni muy fría, ni demasiado borrascosa. Por eso es que el salmista se refiere a "aguas de reposo" en el Salmo 23:2.

Las ovejas también tienen mucha necesidad de ayuda por parte de alguien más. Debido a que su lana segrega una gran cantidad de lanolina aceitosa que impregna su vellón, se les adhiere mucho polvo, pasto y suciedad traída por el viento. Ya que estos animales no tienen habilidad para limpiarse, permanecen sucias hasta que los pastores las esquilan. Entre esquilada y esquilada es necesario cortarles esa sucia y pegajosa acumulación debajo de sus colas, porque de lo contrario no eliminan adecuadamente los desperdicios y pueden enfermar o incluso morir. Como las ovejas también son por naturaleza pasivas y prácticamente indefensas contra los depredadores, y cuando son atacadas su único recurso es huir llenas de pánico, el pastor debe estar siempre alerta para defenderlas y rescatarlas de ataques.

No es de extrañar entonces que Jesús comparara a las multitudes desorientadas, confundidas, impuras y espiritualmente perdidas con rebaños de ovejas sin pastores (Mt. 9:36; Mr. 6:34). Estas no podían alimentarse espiritualmente por su cuenta y no tenían a nadie que las guiara y las protegiera. El profeta Isaías también comparó la condición de la humanidad perdida con las ovejas extraviadas: "Todos nosotros nos descarriamos como ovejas, cada cual se apartó por su camino" (Is. 53:6).

Todas las imágenes anteriores acerca de ovejas y pastores eran conocidas por los miembros de la sociedad principalmente agrícola del siglo I, pero aun hoy día se deben tener en cuenta si hemos de entender la riqueza de este pasaje. Sin duda Pedro comprendía las imágenes cuando llamó a los creyentes **la grey de Dios,** y cuando mandó a los **ancianos** que la apacentaran. Puesto que incluso los creyentes son propensos a errar, a aceptar lo que les perjudica, a volverse inmundos, y a ser muy vulnerables e indefensos por cuenta propia, y a menudo ingenuos, es apremiante la demanda de pastores que sean fieles y responsables. Y cuando la Iglesia está bajo severa persecución, como ocurría en el tiempo de Pedro, es aún más vulnerable y está en gran necesidad de pastores fuertes, santos y eficaces. El apóstol, escribiéndoles a los ancianos de varias iglesias en Asia Menor (1:1) y a los ancianos de la Iglesia en todas las épocas, les dio varios mandatos fundamentales y cruciales con relación al pastoreo. Tales disposiciones se pueden entender mejor haciendo cuatro preguntas básicas respecto a este pasaje: ¿A quiénes se envían a pastorear? ¿A quiénes se debe pastorear? ¿Cómo se debe pastorear? ¿Por qué razón deben servir los pastores?

¿A QUIÉNES SE ENVÍAN A PASTOREAR?

Ruego a los ancianos que están entre vosotros, yo anciano también con ellos, y testigo de los padecimientos de Cristo, que soy también participante de la gloria que será revelada: Apacentad (5:1-2*a*)

Ruego es la solicitud del apóstol por la realidad de que los destinatarios de esta epístola estaban padeciendo persecución (4:12-19) y que eran atacados por causa de la justicia. Ese hecho llevó a Pedro a exhortar **a los ancianos** a pastorear a las atribuladas y acosadas ovejas. El primer y evidente punto que aquí se debe tomar en cuenta es que el Espíritu Santo afirma que tal liderazgo y responsabilidad espiritual para con la Iglesia pertenecen a **los ancianos.** Eso es característico y constante en los libros del Nuevo Testamento que tratan con la Iglesia. La primera mención de los ancianos aparece en Hechos 11:30, donde el escritor Lucas los identifica como los líderes de la iglesia en Jerusalén. Posteriores referencias en Hechos (14:23; 15:4, 6, 22, 23; 16:4; 20:17; 21:18) continúan dejando en claro el papel de los ancianos. En 1 Timoteo 5:17, Pablo los identifica como aquellos hombres que gobiernan mientras "trabajan en predicar y enseñar". Tito 1:5 establece que los ancianos debían dirigir cada iglesia en toda ciudad. Las calificaciones para tales hombres aparecen en 1 Timoteo 3:1-7 y Tito 1:5-9. (Para un examen detallado de estos dos pasajes, véase John MacArthur, *Comentario MacArthur del Nuevo Testamento: Primera Timoteo* [Grand Rapids: Portavoz, 2004], pp. 107-137; MacArthur, *Comentario MacArthur del Nuevo Testamento: Tito,* [Grand Rapids: Portavoz, 2002], pp. 33-70).

Ruego (*parakaleō*) significa literalmente "alentarse unos a otros", o en sentido general "animar u obligar a alguien a ir en cierta dirección". El sustantivo relacionado se asocia a menudo con el ministerio del Espíritu Santo (cp. Jn. 14:16-17, 26; 15:26; 16:7). Aquí Pedro dirige la apelación **a los ancianos,** quienes son los designados por el Señor para ser los líderes dotados de la iglesia. Existen tres términos del Nuevo Testamento usados de manera intercambiable para referirse a estos hombres: anciano (*presbuterion*; cp. 1 Ti. 5:19; 2 Jn. 1; 3 Jn. 1), obispo o supervisor (*episkopos*; cp. 2:25; Fil. 1:1; 1 Ti. 3:2; Tit. 1:7), y pastor (*poimēn;* cp. Ef. 4:11). *Anciano* resalta la madurez necesaria del hombre para tal ministerio, y en muchas iglesias protestantes es el título oficial escogido para el cargo. *Obispo,* o *supervisor,* establece la responsabilidad general de la tutela. *Pastor* tiene que ver con la palabra **apacentad** y expresa el deber prioritario de alimentar o enseñar la verdad de la Palabra de Dios.

El Antiguo Testamento está lleno de referencias a los ancianos en Israel (p. ej., Lv. 4:15; Nm. 11:25; Dt. 25:7; 1 R. 21:11; Sal. 107:32; Pr. 31:23). El Nuevo Testamento también indica que los ancianos seguían siendo importantes en la sociedad judía en aquellos días (p. ej., Mt. 15:2; 16:21; Lc. 9:22; Hch. 4:5; 24:1). Cada sinagoga tenía sus ancianos gobernantes que tenían deberes de liderazgo y eran responsables por enseñar (cp. Neh. 8:4-8; 9:5; Hch. 15:21). La iglesia primitiva adoptó ampliamente un modelo parecido (cp. Hch. 2:42-47; 6:4), y estableció una pluralidad de hombres piadosos y dotados para guiar, proteger y alimentar a cada congregación local (cp. Tit. 1:5). Era responsabilidad de los ancianos predicar la verdad con el fin de edificar a los creyentes y protegerlos contra el pecado y el error, siendo siempre los mayores ejemplos de fidelidad para el rebaño (5:3; 1 Ti. 4:12; He. 13:7).

Es importante que Pedro usara el plural, **ancianos.** En referencia a este ministerio, el término siempre aparece en plural en el Nuevo Testamento, afirmando que el cargo estaba designado para una pluralidad de hombres. Un uso singular de la palabra en referencia a los líderes de la iglesia ocurre solo en casos tales como cuando el apóstol Juan se llama "el anciano" (2 Jn. 1; 3 Jn. 1) o cuando Pedro aquí se llama **anciano también,** y cuando se da instrucción acerca de una acusación contra un anciano específico (1 Ti. 5:1, 19). La pluralidad de líderes fieles, tal como fue diseñado por el Señor, no solo provee más cuidado ministerial (cp. Éx. 18:13-26) sino que ofrece algunas salvaguardas importantes (cp. Pr. 11:14). Primero, ayuda a proteger a la iglesia en contra del error. El apóstol Pablo dijo a la iglesia en Corinto: "Asimismo, los profetas hablen dos o tres, y los demás juzguen... Y los espíritus de los profetas están sujetos a los profetas" (1 Co. 14:29, 32). Nadie debía hablar o ministrar de forma independiente (cp. 1 Co. 14:26-33), enseñando estrictamente por su cuenta y sin ser responsable o estar sometido al conocimiento de otros maestros.

Una pluralidad de ancianos en una iglesia local también evita desequilibrio. Es común que el dominio por parte de un líder resulte en autoritarismo sobre el rebaño, a menudo con un énfasis excesivo en alguna doctrina o práctica que no está en armonía con el resto de la Biblia, exponiendo a las personas a grave error doctrinal y práctica anti bíblica. Hay variedad de cargos, dones y administraciones (Ro. 12:3-8; 1 Co. 12:4-11), y cada creyente, incluso los ancianos, tiene un don único (véase el estudio sobre 4:10-11 en el capítulo 21 de esta obra), y no hay dos dones exactamente iguales. Una pluralidad de ancianos piadosos y dotados enriquece a la iglesia, ya que Dios no da todas las habilidades espirituales a un solo hombre. La elevación indebida de un hombre por sobre lo que es apropiado (cp. 1 Ti. 3:6; 5:22) representa un abuso contra el cual una pluralidad de ancianos en la iglesia protege.

Por último, una pluralidad de ancianos evita la discontinuidad en la iglesia. Cuando un hombre que ha sido el único líder dominante en una iglesia local se marcha sin siquiera haber desarrollado ancianos compañeros, nadie puede reemplazarlo, lo que resulta en una interrupción importante del ministerio para esa iglesia. En ese vacío sin pastor, los comités de ovejas luchan por encontrar un pastor entre quienes no tienen rebaño o entre aquellos a quienes les gustaría un rebaño diferente. Los resultados a menudo son desilusionadores e incluso divisivos. Por tanto, Dios diseñó que la iglesia local sea pastoreada por una pluralidad de ancianos (cp. Hch. 14:23; Tit. 1:5).

La tarea de apacentar conlleva una responsabilidad sin igual delante del Señor de la Iglesia (He. 13:17; cp. 1 Co. 4:1-5). Aunque tal tarea incluye los elementos positivos de liderazgo espiritual hacia la madurez y la semejanza a Cristo, así como la tutela espiritual para proteger al rebaño, su objetivo principal es alimentar a ese rebaño a través de la predicación y enseñanza eficaz de la revelación divina, que es la fuente de todos los elementos positivos. Pedro recibió de primera mano instrucción de parte del mismo Señor resucitado, acerca de la principal responsabilidad de apacentar:

> *Cuando hubieron comido, Jesús dijo a Simón Pedro: Simón, hijo de Jonás, ¿me amas más que éstos? Le respondió: Sí, Señor; tú sabes que te amo. El le dijo: Apacienta mis corderos. Volvió a decirle la segunda vez: Simón, hijo de Jonás, ¿me amas? Pedro le respondió: Sí, Señor; tú sabes que te amo. Le dijo: Pastorea mis ovejas. Le dijo la tercera vez: Simón, hijo de Jonás, ¿me amas? Pedro se entristeció de que le dijese la tercera vez: ¿Me amas? y le respondió: Señor, tú lo sabes todo; tú sabes que te amo. Jesús le dijo: Apacienta mis ovejas (Jn. 21:15-17).*

Jesús usó dos veces la palabra "apacienta" (*boskō*), que se podría traducir "alimentar". "Pastorear" (*poimainō*) encarna todos los aspectos del pastoreo. La tarea del pastor no es decir a las personas únicamente lo que quieren oír (2 Ti. 4:3-4), sino edificarlas y fortalecerlas con las verdades profundas del sólido alimento espiritual que produce discernimiento, convicción, congruencia, poder y testimonio eficaz con relación a la grandeza de la obra salvadora de Cristo. Cualquiera que sea la terminología con que el Nuevo Testamento identifique al pastor y a su tarea, por sobre todo se halla la primacía de la verdad bíblica. Él está para alimentar a las ovejas.

En tiempos del Antiguo Testamento, siempre que los pastores espirituales de Israel fallaban en alimentar o cuidar del pueblo, por medio de sus profetas Dios los reprendía. Jeremías declaró:

> *¡Ay de los pastores que destruyen y dispersan las ovejas de mi rebaño! dice Jehová. Por tanto, así ha dicho Jehová Dios de Israel a los pastores que apacientan mi pueblo: Vosotros dispersasteis mis ovejas, y las espantasteis, y no las habéis cuidado. He aquí que yo castigo la maldad de vuestras obras, dice Jehová. Y yo mismo recogeré el remanente de mis ovejas de todas las tierras adonde las eché, y las haré volver a sus moradas; y crecerán y se multiplicarán. Y pondré sobre ellas pastores que las apacienten; y no temerán más, ni se amedrentarán, ni serán menoscabadas, dice Jehová (Jer. 23:1-4; cp. Ez. 34:2-16).*

Pedro incluye algo de motivación convincente en esta exhortación a los líderes en cuanto a pastorear. Primero, el respetado apóstol se identificó humildemente con ellos llamándose a sí mismo **anciano.** En vez de sacar ventaja de su respeto hacia él como un apóstol y enaltecerse por esa razón, Pedro tuvo afinidad con la tarea de ellos como alguien que entendía los retos y las dificultades inherentes al pastorado (véase otra vez Jn. 21:15-17).

Como otra motivación, Pedro les recordó que él era **testigo de los padecimientos de Cristo.** El hecho de que hubiera visto al Cristo sufriente y resucitado afirmaba la realidad de su identidad apostólica (Lc. 6:12-16; cp. Hch. 1:12-17) y le daba autoridad. **Testigo** (*martus*) tiene doble significado: alguien que personalmente vio y experimentó algo, y alguien que da testimonio de lo que vio. Puesto que a muchos de los que dieron testimonio de sus experiencias con Cristo los habían matado, el término *mártir* llegó a referirse a alguien que fue matado por ser testigo cristiano (cp. Mt. 16:24-25; 24:9; Ap. 6:9; 20:4). En el caso de Pedro, ser **testigo** de los padecimientos de Jesús junto con sus compañeros apóstoles, y ser comisionado para proclamar esos sufrimientos a fin de declarar el mensaje del evangelio (cp. Lc. 24:45-48; Hch. 22:15), lo convertía en una fuente confiable para animar a los ancianos a que cumplieran su deber. La obra redentora del Señor fue un enfoque primordial en la predicación de Pedro (Hch. 2:14-36; 3:12-26; 4:8-12), y un tema importante en esta carta (1:11, 19; 2:21-24; 3:18; 4:1, 13).

La mención que Pedro hace de la gloria futura motiva por medio de expectación. Como alguien que fue **participante de la gloria que será revelada,** el apóstol podía ofrecer a los otros ancianos la verdadera esperanza de una recompensa eterna por el fiel servicio que realizaban. **La gloria que será revelada** apunta hacia el regreso de Cristo (cp. 1:7-9; 4:7, 12-13; Mt. 24:30; 25:31; Mr. 13:26; Lc. 21:27; véase el estudio de 4:7*a* en el capítulo 21 de esta obra) cuando Él venga en plena expresión de su gloria para destruir a los impíos, premiar a los suyos, y establecer su reino para siempre. Pedro afirma que él **también** es **participante** (*koinōnos*) en esa última bendición, indicando que así también sucede con los ancianos. Que los creyentes participen de la gloria eterna con su Señor es la esencia de su esperanza (5:10; cp. 2 Co. 1:1-7; Fil. 3:20-21; Col. 1:27; 3:4; 2 Ts. 2:14; He. 2:10; 2 P. 1:3; 1 Jn. 3:2). Y que quienes pastorean recibirán un día tal galardón de parte del mismo Cristo debería ser una motivación poderosa para todos los lectores de Pedro (véase el estudio de 4:13 en el capítulo anterior de esta obra y de 1:3-5 y 1:13 en los capítulos 2 y 5, respectivamente). Sin duda, la anticipación de Pedro era exponencialmente ampliada porque él había visto esa gloria venidera en la transfiguración (cp. Mt. 17:1-8; 2 P. 1:16-19).

¿A QUIÉNES SE DEBE PASTOREAR?

la grey de Dios que está entre vosotros, (5:2*b*)

Este pasaje establece claramente que los ancianos tienen la mayordomía más seria delegada para pastorear no su propio rebaño sino **la grey de Dios.** Jesucristo vino a la tierra para redimir a su Iglesia (cp. Jn. 10:11; Ef. 5:25*b*-27). Después de ascender de vuelta al cielo, envió su Espíritu para fortalecer a su Iglesia (cp. Jn. 16:5-11; Hch. 1:4-9) con los necesarios dones espirituales y hombres dotados, a fin de apacentar al rebaño para que sea como Cristo (cp. Jn. 14:26;

15:15-17; Ef. 4:11-12). Y el hecho de que Cristo comprara ese rebaño con su propia sangre (1:18-19; cp. Hch. 20:28) destaca el valor de la Iglesia para el Señor. En la forma que se presenta, el término traducido aquí **rebaño** (*poimnion*) es un diminutivo, un término de cariño que resalta aún más la preciosidad de la Iglesia (cp. Jn. 10:1-5). El comentarista R. C. H. Lenski se hace eco de este énfasis:

> "Rebaño" trae a la mente todas las imágenes de pastor halladas en la Biblia: las ovejas mansas, indefensas, susceptibles a extraviarse, necesitadas de un pastor, felices, pacíficas bajo el cuidado de este, que producen pesar cuando se pierden, dispersas, etc. Esta es la "grey de Dios" que fue comprada a gran precio (Hch. 20:28), que es sumamente preciosa a la vista de Él, y que constituye una gran confianza puesta en las manos de pastores humanos que deben seguir el ejemplo de Yahvé, el Pastor (Sal. 23:1), y de Cristo, el Buen Pastor (v. 4). ¡Qué pastor podría tener el cuidado de alguna parte de la grey *de Dios* y tratarla de manera despreocupada! Las palabras de Pedro son parcas pero rebosantes de ternura y serio significado (*The Interpretation of the Epistles of St. Pedro, St. John and St. Jude* [reimpresión; Minneapolis: Augsburg, 1966], p. 218; cursivas en el original).

¿CÓMO SE DEBE PASTOREAR?

cuidando de ella, no por fuerza, sino voluntariamente; no por ganancia deshonesta, sino con ánimo pronto; no como teniendo señorío sobre los que están a vuestro cuidado, sino siendo ejemplos de la grey. (5:2*c*-3)

A la pregunta clave de cómo los ancianos deben pastorear, Pedro proporciona respuestas tanto positivas como negativas. **Cuidando** en realidad se traduce de una sola palabra griega, *episkopeō*, que literalmente significa "tener cobertura sobre", o "vigilar sobre". El sustantivo es *episkopos* ("obispo", o "supervisor"; cp. 1 Ti. 3:1). Su clara connotación aquí en esta primera respuesta positiva es que los pastores deben vigilar el rebaño para evaluar su condición, así como para guiarlo, protegerlo y alimentarlo.

La segunda manera positiva en que los ancianos deben ejercer la supervisión es **siendo ejemplos de la grey.** Los pastores deben participar lo suficiente en la vida del rebaño, a fin de que puedan implantar un ejemplo santo para que las personas sigan. El aspecto más importante del liderazgo espiritual, y la mejor prueba de su eficacia, es el poder de una vida ejemplar (cp. la aplicación del apóstol Pablo en cuanto a esto en Hch. 20:17-38; 2 Co. 1:12-14; 6:3-13; 11:7-11; 1 Ts. 2:1-10; 2 Ts. 3:7-9; 2 Ti. 1:13-14). Pablo incluso llegó tan lejos como para exhortar a sus ovejas a que lo imitaran (1 Co. 4:16; 11:1; 1 Ts. 1:6; cp. He. 13:7).

La supervisión espiritual bíblica también implica evitar tres peligros inherentes en la tarea pastoral. El primer peligro que Pedro menciona es pastorear **por fuerza,** y no como líderes siervos entusiastas y dispuestos que ministran **voluntariamente.** La enseñanza obvia es que el pastor debe ser diligente en lugar de perezoso, con un corazón más motivado que obligado a ser fiel, y que debe mostrarse apasionado en cuanto a su privilegiado deber en vez de ser indiferente. Cuando el corazón está lleno de Cristo y se encuentra motivado por el amor hacia Él y hacia las almas, existe mucha compulsión interior que imposibilita cualquier necesidad de presión motivacional externa.

Desde esta perspectiva, Pablo declara: "Si anuncio el evangelio, no tengo por qué gloriarme; porque me es impuesta necesidad; y ¡ay de mí si no anunciare el evangelio!" (1 Co. 9:16). Él definió la adecuada compulsión para ministrar cuando escribió: "Conociendo, pues, el temor del Señor, persuadimos a los hombres... el amor de Cristo nos constriñe" (2 Co. 5:11, 14). La pasión personal de Pablo también es evidente en Romanos 1:14-16:

A griegos y a no griegos, a sabios y a no sabios soy deudor. Así que, en cuanto a mí, pronto estoy a anunciaros el evangelio también a vosotros que estáis en Roma. Porque no me avergüenzo del evangelio, porque es poder de Dios para salvación a todo aquel que cree; al judío primeramente, y también al griego.

Este servicio celoso se debe efectuar de acuerdo con la voluntad de Dios, así como el Señor quiere que el sufrimiento injusto perfeccione a sus santos (4:19). Quienes pastorean al pueblo de Dios no tienen que dudar en cuanto a la diligencia y la seriedad con que deben cumplir su ministerio espiritual de cuidar las almas preciosas que son del Señor, sabiendo que tendrán que rendir cuentas: "Obedeced a vuestros pastores, y sujetaos a ellos; porque ellos velan por vuestras almas, como quienes han de dar cuenta; para que lo hagan con alegría, y no quejándose, porque esto no os es provechoso" (He. 13:17).

El segundo peligro que los pastores deben evitar es la tentación de ser motivados por dinero o beneficios materiales. En Hechos 20:33-35, Pablo manifiesta la actitud correcta:

Ni plata ni oro ni vestido de nadie he codiciado. Antes vosotros sabéis que para lo que me ha sido necesario a mí y a los que están conmigo, estas manos me han servido. En todo os he enseñado que, trabajando así, se debe ayudar a los necesitados, y recordar las palabras del Señor Jesús, que dijo: Más bienaventurado es dar que recibir (cp. 1 Ts. 2:8-9; 1 Ti. 6:6-11).

Los requisitos bíblicos básicos para ser anciano también dejan en claro que este se debe caracterizar por ser un siervo desinteresado, comprometido a sacrificarse y a no preocuparse por el dinero y el materialismo (1 Ti. 3:3; Tit. 1:7; cp. 2 Ti. 3:1-2). Sin embargo, esto no quiere decir que no se deba compensar de manera adecuada a los pastores. Pablo enseñó que quienes ministran la Palabra tienen el derecho de vivir de ese ministerio (1 Co. 9:7-14). Es más, aquellos ancianos que sirven con diligencia, con mayor compromiso y excelencia en enseñar la Palabra y guiar a las ovejas, deberían recibir mayor reconocimiento y una remuneración más generosa de parte de sus congregaciones (1 Ti. 5:17-18; cp. 1 Ts. 5:12-13).

Ganancia deshonesta en realidad va más allá de la sola búsqueda de riquezas, y habla de la vergonzosa adquisición de estas. Los verdaderos pastores nunca usarán el ministerio para robar el dinero de las ovejas o para adquirirlo con deshonestidad, como hacen siempre los falsos profetas. Tan despreciable conducta es típica de falsos pastores, de charlatanes y herejes que se disfrazan como siervos de Dios con el fin de enriquecerse y despojar a sus víctimas (Is. 56:11; Jer. 6:13; 8:10; Mi. 3:11). En su segunda carta Pedro califica a los falsos maestros con un lenguaje fuerte: "Por avaricia harán mercadería de vosotros con palabras fingidas. Sobre los tales ya de largo tiempo la condenación no se tarda, y su perdición no se duerme" (2:3). En cambio, los verdaderos pastores se regocijan por el privilegio de servir a todo costo personal; como Pablo les dijo a los corintios: "Yo mismo me gastaré del todo por amor de vuestras almas" (2 Co. 12:15). Ministrar por dinero y beneficio personal es prostituir el llamado del Señor de la Iglesia, así como lo es la pereza e indiferencia hacia las personas confiadas a los ancianos. Ningún verdadero pastor debería permitir que la riqueza personal lo motive, sino que más bien debería servir **con ánimo pronto** (*prothumōs*, "de manera voluntaria, libre y entusiasta") debido al enaltecido llamado y privilegio (cp. 1 Ti. 1:12-17).

Finalmente, los llamados a pastorear pueden estar en peligro de querer dominar a otros de manera pecaminosa. **Señorío sobre** (*katakurieuō*) connota intensidad en dominar sobre personas y circunstancias (véase Diótrefes como un ejemplo en 3 Jn. 9-10). Todo tipo de liderazgo autocrático, opresivo e intimidante, con elementos de demagogia (rasgos que suelen caracterizar al estilo de liderazgo y a la metodología de hombres no regenerados) es una perversión del cargo de supervisor. En Mateo 20:25-28, el Señor Jesús estableció la norma:

> *Entonces Jesús, llamándolos, dijo: Sabéis que los gobernantes de las naciones se enseñorean de ellas, y los que son grandes ejercen sobre ellas potestad. Mas entre vosotros no será así, sino que el que quiera hacerse grande entre vosotros será vuestro servidor, y el que quiera ser el primero entre vosotros será vuestro siervo; como el Hijo del Hombre no vino para ser servido, sino para servir, y para dar su vida en rescate por muchos.*

Como para impulsar el reto de los ancianos con el peso de la responsabilidad que tenían, Pedro añade un fuerte recordatorio de que quienes pastorean no eligen su responsabilidad, ni a aquellos por quienes son responsables. Todo pastor tiene personas que **están** bajo su **cuidado** (*klērōn*, "lo que se entrega para que otro cuide") por parte del Señor mismo. La enseñanza de Cristo en Mateo 18, la primera instrucción relacionada con la vida en la Iglesia, acentúa cuán preciosos son sus hijos (creyentes) y cómo se les debe tratar:

> *Cualquiera que reciba en mi nombre a un niño como este, a mí me recibe. Y cualquiera que haga tropezar a alguno de estos pequeños que creen en mí, mejor le fuera que se le colgase al cuello una piedra de molino de asno, y que se le hundiese en lo profundo del mar. ¡Ay del mundo por los tropiezos! porque es necesario que vengan tropiezos, pero ¡ay de aquel hombre por quien viene el tropiezo! Por tanto, si tu mano o tu pie te es ocasión de caer, córtalo y échalo de ti; mejor te es entrar en la vida cojo o manco, que teniendo dos manos o dos pies ser echado en el fuego eterno. Y si tu ojo te es ocasión de caer, sácalo y échalo de ti; mejor te es entrar con un solo ojo en la vida, que teniendo dos ojos ser echado en el infierno de fuego. Mirad que no menospreciéis a uno de estos pequeños; porque os digo que sus ángeles en los cielos ven siempre el rostro de mi Padre que está en los cielos. Porque el Hijo del Hombre ha venido para salvar lo que se había perdido. ¿Qué os parece? Si un hombre tiene cien ovejas, y se descarría una de ellas, ¿no deja las noventa y nueve y va por los montes a buscar la que se había descarriado? Y si acontece que la encuentra, de cierto os digo que se regocija más por aquélla, que por las noventa y nueve que no se descarriaron. Así, no es la voluntad de vuestro Padre que está en los cielos, que se pierda uno de estos pequeños (Mt. 18:5-14).*

¿POR QUÉ RAZÓN DEBEN SERVIR LOS PASTORES?

Y cuando aparezca el Príncipe de los pastores, vosotros recibiréis la corona incorruptible de gloria. (5:4)

Príncipe de los pastores es uno de los títulos más hermosos para el Salvador en toda la Biblia. La imagen de pastor para el Mesías aparece primero en el Antiguo Testamento (Zac. 13:7; cp. Sal. 23:1). El Evangelio de Juan lo llama "el buen pastor" (10:11; cp. vv. 2, 12, 16, 26-27). El escritor de Hebreos da a Cristo el nombre del gran pastor (13:20-21). A principios de esta carta, Pedro lo llama "Pastor y Obispo" de las almas (2:25).

Aparezca (*phaneroō*) significa "manifestarse", "mostrarse", o "revelarse". Aquí, igual que en 5:1, la referencia es a la revelación de Cristo en la Segunda Venida, tiempo en que los pastores recibirán **la corona incorruptible de gloria.** En el mundo grecorromano de la época de Pedro, coronas en lugar de trofeos eran los premios por la victoria en eventos atléticos:

> *¿No sabéis que los que corren en el estadio, todos a la verdad corren, pero uno solo se lleva el premio? Corred de tal manera que lo obtengáis. Todo aquel que lucha, de todo se abstiene; ellos, a la verdad, para recibir una corona corruptible, pero nosotros, una incorruptible. (1 Co. 9:24-25)*

Las coronas temporales con el tiempo se oxidan, se destiñen o, si son hechas de plantas, mueren rápidamente. Pedro no estaba esperando tan solo alguna versión **incorruptible** de una **corona** terrenal, sino metafóricamente la **gloria** eterna que no se marchita. El término **incorruptible** viene del mismo origen que el nombre de la flor (amaranto) que supuestamente no pierde su floración. (Véase otra vez el breve estudio de este término bajo 1:4 en el capítulo 2 de esta obra). La frase de Pedro se puede expresar como "la incorruptible corona que es la gloria". Esto es coherente con el uso del caso genitivo en otras menciones de la recompensa eterna. Santiago escribió de la corona que es vida (1:12). Pablo escribió de la corona que es justicia (2 Ti. 4:8) y de la corona que es gozo (1 Ts. 2:19). Todas estas son facetas de bendición eterna y todas son incorruptibles.

La recompensa de gloria eterna debería ser la única razón que todo pastor necesita para desear servir fielmente. El tema de premios futuros como incentivos para el servicio cristiano ya ha sido uno de los énfasis de Pedro en esta carta (1:4-5, 13; 4:13; cp. 4:7). La plena expresión de la corona eterna y gloriosa de un pastor estará en proporción a su servicio fiel en la tierra (cp. 1 Co. 9:24-27; 2 Co. 5:10; 2 Ti. 4:6-8; Ap. 2:10).

Pastorear el rebaño es una responsabilidad seria y aleccionadora, y los ancianos son responsables ante Dios por sus ministerios. Santiago estaba totalmente consciente de esa responsabilidad cuando escribió la siguiente advertencia: "No os hagáis maestros muchos de vosotros, sabiendo que recibiremos mayor condenación" (3:1; cp. Ez. 3:17-19; 33:7-9; Hch. 20:26-27; 2 Ti. 4:1-2; He. 13:17). Santiago no estaba tratando de desalentar a los pastores verdaderamente calificados y dispuestos, sino que estaba recordando las ambiciosas y elevadas normas de Dios para ellos, y la recompensa ("juicio") que recibirán ante el tribunal de juicio de Cristo (cp. 1 Co. 3:9-15; 4:3-5; 2 Co. 5:9-11). Los supervisores de Cristo enfrentan una tarea de enormes proporciones, pero la fiel vigilancia produce recompensa eterna en la forma de mayor servicio y gozo en el cielo del Señor: "Su señor le dijo: Bien, buen siervo y fiel; sobre poco has sido fiel, sobre mucho te pondré; entra en el gozo de tu señor" (Mt. 25:23).

Actitudes fundamentales de la mente cristiana

24

Igualmente, jóvenes, estad sujetos a los ancianos; y todos, sumisos unos a otros, revestíos de humildad; porque: Dios resiste a los soberbios, y da gracia a los humildes. Humillaos, pues, bajo la poderosa mano de Dios, para que él os exalte cuando fuere tiempo; echando toda vuestra ansiedad sobre él, porque él tiene cuidado de vosotros. Sed sobrios, y velad; porque vuestro adversario el diablo, como león rugiente, anda alrededor buscando a quien devorar; al cual resistid firmes en la fe, sabiendo que los mismos padecimientos se van cumpliendo en vuestros hermanos en todo el mundo. Mas el Dios de toda gracia, que nos llamó a su gloria eterna en Jesucristo, después que hayáis padecido un poco de tiempo, él mismo os perfeccione, afirme, fortalezca y establezca. A él sea la gloria y el imperio por los siglos de los siglos. Amén. Por conducto de Silvano, a quien tengo por hermano fiel, os he escrito brevemente, amonestándoos, y testificando que ésta es la verdadera gracia de Dios, en la cual estáis. La iglesia que está en Babilonia, elegida juntamente con vosotros, y Marcos mi hijo, os saludan. Saludaos unos a otros con ósculo de amor. Paz sea con todos vosotros los que estáis en Jesucristo. Amén. (5:5-14)

El espíritu de esta época en la sociedad occidental es de antiintelectualismo. El pensamiento de la Nueva Era, una fuente importante de tal insensatez, ha influido en muchas maneras en la religión y la filosofía. En el espíritu del misticismo hindú, la filosofía de la Nueva Era cree todo y nada al mismo tiempo. Las distinciones entre lo natural y lo sobrenatural tienden a mezclarse en una confusión nebulosa. El énfasis está en experiencias místicas en lugar de contenido racional.

A través de los tiempos, especialmente en el siglo pasado, esa clase de perspectiva se ha abierto paso de manera gradual pero firme dentro de la cristiandad. La Iglesia Católica Romana siempre ha estado muy involucrada en misticismo, con rituales y ceremonias que suplantan la adoración bíblica y la predicación del verdadero evangelio. Los protestantes neoortodoxos promueven un tipo diferente de antiintelectualismo, al que el finado Francis Schaeffer llamó "un salto de fe" dentro del reino irracional. El movimiento carismático es tal vez el abastecedor más patente de antiintelectualismo místico y subjetivismo espiritual. Agreguemos posmodernismo, la idea de que no hay verdad absoluta y de que cada persona puede desarrollar su propio punto de vista basado en la intuición y la experiencia, y obtendremos un concepto adicional del grado en que este antiintelectualismo ha invadido el mundo de hoy.

Los anteriores sistemas reducen a Dios a un ser aislado, trascendente, accesible y conocible solo por medio de experiencia o sensación mística, en lugar de ser revelado a través de la verdad proposicional. A la Biblia no se la ve como la única revelación inspirada de Dios, sino como no infalible ni acreditada. En consecuencia, a la verdad divina se le hace caso omiso, los absolutos morales de lo bueno y lo malo desaparecen, y el engaño acerca de la condición espiritual del ser humano prevalece.

Tal insensatez mística es la antítesis de cómo se debe conocer a Dios, quien nunca pretendió que su pueblo se relacionara con Él sin que las personas pusieran sus mentes en la revelación divina. La comunión y adoración verdaderas se deben basar en un entendimiento claro y preciso de la verdad bíblica. Por medio del salmista David, Dios declaró: "Te haré entender, y te enseñaré el camino en que debes andar; sobre ti fijaré mis ojos. No seáis como el caballo, o como el mulo, sin entendimiento" (Sal. 32:8-9; cp. 25:8). El profeta Isaías escribió estas conocidas palabras: "Venid luego, dice Jehová, y estemos a cuenta" (Is. 1:18). En Jeremías, Dios reprendió a su pueblo por su terrible falta de comprensión espiritual: "Mi pueblo es necio, no me conocieron; son hijos ignorantes y no son entendidos" (Jer. 4:22; cp. Os 4:6).

Dios siempre se ha preocupado de que los creyentes usen sus mentes redimidas para escudriñar las Escrituras con el fin de conocerlo (cp. Mt. 13:23; Jn. 17:17; Hch. 17:11; 1 Co. 14:15; Ef. 4:14; Col. 1:9; 2 Ti. 2:15; He. 5:12-14) y de llegar a conformarse a la imagen de su Hijo. El apóstol Pablo les dijo a los filipenses: "Y esto pido en oración, que vuestro amor abunde aun más y más en ciencia y en todo conocimiento, para que aprobéis lo mejor, a fin de que seáis sinceros e irreprensibles para el día de Cristo" (Fil. 1:9-10). Pedro también requirió de los creyentes que usaran sus mentes para entender la verdad de Dios y aplicarla a sus vidas: "Vosotros también, poniendo toda diligencia por esto mismo, añadid a vuestra fe virtud; a la virtud, conocimiento" (2 P. 1:5; cp. Ro. 12:1-2; 1 Co. 2:16; 2 Ti. 1:7).

El Señor también se preocupa por la condición de la mente no regenerada. Pablo escribió a los romanos: "Y como ellos no aprobaron tener en cuenta a Dios, Dios los entregó a una mente reprobada, para hacer cosas que no convienen" (Ro. 1:28). A los corintios les explicó: "El dios de este siglo cegó el entendimiento de los incrédulos, para que no les resplandezca la luz del evangelio de la gloria de Cristo, el cual es la imagen de Dios" (2 Co. 4:4). El apóstol instruyó a los efesios: "Esto, pues, digo y requiero en el Señor: que ya no andéis como los otros gentiles [no redimidos], que andan en la vanidad de su mente" (Ef. 4:17), y a los colosenses les recordó: "Vosotros también... erais en otro tiempo extraños y enemigos en vuestra mente" (Col. 1:21). En Romanos 8:5-8, Pablo ofreció quizás el mejor resumen del contraste entre el pensamiento no regenerado y la mente regenerada:

> *Porque los que son de la carne piensan en las cosas de la carne; pero los que son del Espíritu, en las cosas del Espíritu. Porque el ocuparse de la carne es muerte, pero el ocuparse del Espíritu es vida y paz. Por cuanto los designios de la carne son enemistad contra Dios; porque no se sujetan a la ley de Dios, ni tampoco pueden; y los que viven según la carne no pueden agradar a Dios (cp. 1 Co. 2:14; 2 Co. 10:5; Gá 5:19-25; Ef. 2:1).*

Si los elegidos tienen un enfoque descuidado y superficial de la verdad de la Biblia, sus mentes no pueden estar llenas con los pensamientos divinos que deben conformar y controlar sus conductas (cp. Dt. 6:5; Pr. 15:14; 18:15; 22:17; Mt. 22:37; Ef. 4:23; 5:15-17; He. 10:16). Es crucial que el creyente adopte continuamente la verdad, "porque cual es su pensamiento en su corazón, tal es él" (Pr. 23:7).

Dicho todo esto, todavía existe el peligro de suponer que el pensamiento espiritual es tan solo procesar información a fin de comprender la doctrina de manera intelectual, cuando por el contrario el pensamiento espiritual implica mucho más. Incluye todas las actitudes, convicciones y motivaciones que llevan a poner en práctica la verdad doctrinal.

En la última sección de esta carta, Pedro enfoca las actitudes piadosas tan necesarias para producir una mente espiritual. En una letanía final de exhortaciones y algunas palabras finales, el apóstol lleva a sus lectores a considerar las actitudes cristianas esenciales: sujeción, humildad, confianza, dominio propio, vigilancia, fortaleza, esperanza, adoración, fidelidad y amor.

SUJECIÓN

Igualmente, jóvenes, estad sujetos a los ancianos; (5:5*a*)

Así como hizo antes en la carta (3:1, 7), Pedro usa *homoiōs* (**igualmente**) como un vocablo de transición. En 3:1, la versión Reina-Valera de 1960 traduce la palabra como "asimismo". En todos los tres casos en que la usa, la expresión marca un cambio de enfoque de un grupo a otro. En 5:1-4 Pedro se dirigió a líderes de la iglesia; ahora se vuelve a la congregación. Así como los pastores se sujetan al Gran Pastor, así también el rebaño se sujeta a sus pastores.

La actitud fundamental en la vida de los santos debe ser la sumisión, un tema relativamente conocido ya en esta epístola. En 2:13-20 y 3:1-7 Pedro manda que los creyentes se sometan a empleadores, autoridades civiles, y también dentro del matrimonio. No se requiere menos de quienes están bajo el liderazgo del cargo divinamente instituido de pastor en la entidad más importante sobre la tierra: la propia Iglesia de Cristo.

Aunque nadie está exento de la exhortación de Pedro de que todos deben sujetarse a los **ancianos,** él se dirige específicamente a los **jóvenes.** A pesar de que no se indica en el contexto por qué los escogió, es probable que lo haya hecho porque es obvio que ellos por lo general tienden a ser los miembros más agresivos y testarudos de cualquier grupo. No hay razón para verlos como alguna facción reconocida o como una asociación fija en la iglesia. Es probable que el asunto de la sumisión no haya sido un gran problema para las mujeres o las personas mayores en la iglesia, que eran más experimentadas y maduras espiritualmente (cp. Sal. 119:100; Pr. 16:31; 20:29).

Al llamar a los jóvenes a estar **sujetos** a quienes son mayores en el Señor, Pedro volvió a utilizar el término militar *hupotassō*, "alinearse bajo rango". El apóstol llama a todos en la iglesia a dejar a un lado el orgullo de promoción personal y colocarse de manera voluntaria y respetuosa bajo el liderazgo de sus pastores (cp. 1 Ti. 5:17; He. 13:7). Está claro que, dado el contexto anterior (vv. 1-4), **ancianos** se refiere a los líderes espirituales, los pastores y ancianos, no simplemente a los santos de mayor edad. El hecho de que toda la iglesia tenga la obligación de someterse a aquellos que Dios ha puesto en autoridad sobre esta es un tema en las cartas de Pablo:

> *Hermanos, ya sabéis que la familia de Estéfanas es las primicias de Acaya, y que ellos se han dedicado al servicio de los santos. Os ruego que os sujetéis a personas como ellos, y a todos los que ayudan y trabajan (1 Co. 16:15-16).*

> *Os rogamos, hermanos, que reconozcáis a los que trabajan entre vosotros, y os presiden en el Señor, y os amonestan; y que los tengáis en mucha estima y amor por causa de su obra. Tened paz entre vosotros (1 Ts. 5:12-13).*

Como puede verse en el contexto más amplio, los cristianos deben estar sujetos a todo aquel en autoridad, pero especialmente en la iglesia. El proceso de crecimiento espiritual florece entre aquellos que han tenido una actitud de sumisión. Un rebaño no sumiso, por otra parte, dificulta el ministerio de los pastores y pierde una característica clave en la santificación: "Obedeced a vuestros pastores, y sujetaos a ellos; porque ellos velan por vuestras almas, como quienes han de dar cuenta; para que lo hagan con alegría, y no quejándose, porque esto no os es provechoso" (He. 13:17).

HUMILDAD

y todos, sumisos unos a otros, revestíos de humildad; porque: Dios resiste a los soberbios, y da gracia a los humildes. Humillaos, pues, bajo la poderosa mano de Dios, para que él os exalte cuando fuere tiempo; (5:5*b*-6)

Inseparablemente ligada a una actitud subyacente y sumisa está una mente entregada a la humildad (cp. Sal. 25:9; Dn. 10:12; Mi. 6:8; Mt. 5:3-5; Ef. 4:1-2; Stg. 4:10). Puesto que el que es de verdad humilde —y solo el humilde— siempre se somete, los dos mandatos de Pedro abarcan a **todos** los creyentes.

Revestíos (*egkomboomai*) literalmente significa "atarse algo encima", como un delantal de trabajo usado por los siervos. Aquí se describe de manera figurada el hecho de que la persona se cubra con una actitud de **humildad** mientras se somete a las autoridades que tiene sobre sí. La palabra para **humildad** aquí es *tapeinophrosunēn*, "de poca importancia mental", o "autodegradación". Describe la actitud de quien sirve voluntariamente, incluso en las tareas más bajas (cp. 1 Co. 4:1-5; 2 Co. 4:7; Fil. 2:5-7). Tal vez incluso más que hoy, la humildad no era una característica admirada en el mundo pagano del siglo I. Las personas la veían como un distintivo de debilidad o cobardía, para ser tolerada únicamente en la involuntaria sumisión de los esclavos.

Es probable que cuando Pedro escribió este versículo haya recordado la ocasión en que Cristo se ciñó una toalla y lavó los pies de los discípulos, incluso los del mismo apóstol, como está registrado en Juan 13:3-11 y aplicado por Jesús en los vehículos 12-17, como sigue:

> *Así que, después que les hubo lavado los pies, tomó su manto, volvió a la mesa, y les dijo: ¿Sabéis lo que os he hecho? Vosotros me llamáis Maestro, y Señor; y decís bien, porque lo soy. Pues si yo, el Señor y el Maestro, he lavado vuestros pies, vosotros también debéis lavaros los pies los unos a los otros. Porque ejemplo os he dado, para que como yo os he hecho, vosotros también hagáis. De cierto, de cierto os digo: El siervo no es mayor que su señor, ni el enviado es mayor que el que le envió. Si sabéis estas cosas, bienaventurados seréis si las hiciereis (cp. Sal. 131:1-2; Mt. 25:37-40; Lc. 22:24-27; Ro. 12:3, 10, 16; Fil. 2:3-11).*

A fin de reforzar su exhortación acerca de la humildad, Pedro citó de Proverbios 3:34, **Dios resiste a los soberbios, y da gracia a los humildes** (cp. Stg. 4:6). La cita del apóstol difiere ligeramente de la Septuaginta al sustituir **Dios** por "Señor" en la Septuaginta, pero es obvio que los nombres son sinónimos. Sin duda, el hecho de que el Señor resista **a los soberbios** (cp. Pr. 6:16-17*a*; 8:13) es la mayor motivación para que los santos adopten una actitud de humildad. El orgullo pone a alguien contra Dios y viceversa. Por otra parte, Dios bendice **y da**

gracia a los humildes (cp. Job 22:29; Sal. 37:11; Pr. 22:4; 29:23; Mt. 11:29; Lc. 10:21; 18:13-14; 1 Co. 1:28-29; 2 Co. 4:7-18). El profeta Isaías estableció bien el principio: "Porque así dijo el Alto y Sublime, el que habita la eternidad, y cuyo nombre es el Santo: Yo habito en la altura y la santidad, y con el quebrantado y humilde de espíritu, para hacer vivir el espíritu de los humildes, y para vivificar el corazón de los quebrantados" (Is. 57:15; cp. 66:2).

El apóstol Pablo conocía la gracia que viene a los humildes:

> *Y para que la grandeza de las revelaciones no me exaltase desmedidamente, me fue dado un aguijón en mi carne, un mensajero de Satanás que me abofetee, para que no me enaltezca sobremanera; respecto a lo cual tres veces he rogado al Señor, que lo quite de mí. Y me ha dicho: Bástate mi gracia; porque mi poder se perfecciona en la debilidad. Por tanto, de buena gana me gloriaré más bien en mis debilidades, para que repose sobre mí el poder de Cristo. Por lo cual, por amor a Cristo me gozo en las debilidades, en afrentas, en necesidades, en persecuciones, en angustias; porque cuando soy débil, entonces soy fuerte. (2 Co. 12:7-10)*

Basado en el versículo anterior de Proverbios que Pedro mencionara, este mandato viene con énfasis: **Humillaos** en sumisión, no solo para evitar la oposición divina y recibir la gracia divina, sino porque la autoridad sobre todos los creyentes en la Iglesia no es otra cosa que **la poderosa mano de Dios.** O como Santiago lo estableció: "Humillaos delante del Señor" (4:10*a*).

La poderosa mano de Dios describe el poder soberano de Dios en acción, en y a través de los ancianos de la iglesia, así como en la experiencia de vida de su pueblo (cp. Is. 48:13; Ez. 20:33-34; Sof. 1:4; 2:13; Lc. 1:49-51). Ya sea para liberación (Éx. 3:19-20; 13:3-16), prueba (Job 30:20-21) o castigo (Ez. 20:33-38), el poder de Dios siempre está cumpliendo sus propósitos eternos en beneficio de los suyos (cp. Sal. 57:2; 138:8; Is. 14:24-27; 46:10; 55:11; Jer. 51:12; Hch. 2:23; Ro. 8:28; 9:11, 17; Ef. 3:11; Fil. 2:13). Durante su tiempo de persecución, sufrimientos y pruebas, esa garantía sin duda animó a la audiencia de Pedro a perseverar (cp. Sal. 37:24; Pr. 4:18; Mt. 10:22; 24:13; Ro. 8:30-39; He. 12:2-3; Stg. 1:4, 12; Ap. 3:5), al saber que todo el sufrimiento es solo para que **él** los **exalte cuando fuere tiempo** (cp. 5:10). A pesar de que Jesucristo nació en el tiempo apropiado (Gá 4:4; Tit. 1:3) y padeció una muerte sustitutiva en el tiempo exacto que Dios designó (1 Ti. 2:6), Dios exaltará (*hupsoō*, "alzará o levantará") o librará a los creyentes de sus pruebas, tribulaciones y sufrimientos en el tiempo sabiamente determinado por Él. Algunos han sugerido que esta exaltación podría ser una referencia a la gloria final escatológica que viene a los creyentes en la Segunda Venida, "el tiempo postrero" al que Pedro se refirió en 1:5 (cp. 2:12); pero la frase griega *en kairō* es literalmente "a tiempo" (cp. Hch. 19:23; Ro. 9:9) y no se trata de un término escatológico. Es mejor ver esto como el tiempo señalado en que el Señor libra de la dificultad a los creyentes humildes y sumisos.

Si la actitud fundamental para el crecimiento espiritual es la sumisión, la humildad constituye, pues, la base a la que se ancla el fundamento. Volverse orgullosamente rebelde, pelear contra los propósitos del Señor, o juzgar su providencia como cruel o injusta, es perderse la dulce gracia de su exaltación cuando el sufrimiento haya cumplido el propósito (cp. Stg. 1:2-4). Es el Señor Jesús mismo quien prometió: "Cualquiera que se enaltece, será humillado; y el que se humilla, será enaltecido" (Lc. 14:11).

CONFIANZA

echando toda vuestra ansiedad sobre él, porque él tiene cuidado de vosotros. (5:7)

Cuando los creyentes soportan con humildad y sumisión encuentran su fortaleza en medio de las pruebas por medio de la plena confianza en el propósito perfecto de Dios. Sin duda el salmista David es la fuente de Pedro, debido que esta confianza era suya, y a que el apóstol debió haber conocido muy bien sus palabras: "Echa sobre Jehová tu carga, y él te sustentará; no dejará para siempre caído al justo" (Sal. 55:22). La **ansiedad** de David provenía de los ataques de un amigo similar a Judas (véase vv. 12-14), una prueba más difícil de soportar porque viene de alguien amado y en quien se confiaba. Pedro extrajo de ese texto para instruir a todos los creyentes en todo tipo de tribulación, a fin de seguir el ejemplo de David y entregarse por completo al cuidado del Señor (cp. 2:23; 4:19).

Echando (de *epiriptō*) significa lanzar algo sobre algo o alguien más. Por ejemplo, en Lucas 19:35 se usa en referencia a lanzar un manto sobre un animal. Pedro exhorta a los creyentes a echar **sobre** el Señor **toda ansiedad,** palabra esta que puede incluir todo desagrado, desánimo, desesperación, duda, dolor, sufrimiento y cualquier otra prueba que estén enfrentando (cp. 2 S. 22:3; Sal. 9:10; 13:5; 23:4; 36:7; 37:5; 55:22; Pr. 3:5-6; Is. 26:4; Nah. 1:7; Mt. 6:25-34; 2 Co. 1:10; Fil. 4:6-7,19; He. 13:6) porque pueden confiar en el amor, la fidelidad, el poder y la sabiduría de Dios.

DOMINIO PROPIO

Sed sobrios, (5:8*a*)

Este mandato requiere otro elemento básico de pensamiento según Dios, el cual Pedro ya mencionó (véanse los estudios anteriores sobre 1:13 y 4:7 en los capítulos 5 y 21 de esta obra). En un nivel físico, **sobrios** (*nēphō*) se refiere al autocontrol con relación a la embriaguez. Sin embargo, aquí como en sus otros usos en el Nuevo Testamento, tiene una connotación más metafórica (cp. 1 Ti. 2:15; 3:2, 11; Tit. 2:2). Incluye ordenar y equilibrar asuntos importantes de la vida, lo que requiere la disciplina de la mente y el cuerpo, y evita las atracciones embriagadoras del mundo (cp. 2:11; Lc. 21:34; Ro. 12:1-2; 13:14; Fil. 4:8; Col. 3:2; 1 Ts. 5:6-8; Tit. 2:12; Stg. 1:27; 4:4; 1 Jn. 2:15-16).

VIGILANCIA

y velad; porque vuestro adversario el diablo, como león rugiente, anda alrededor buscando a quien devorar; (5:8*b*)

La razón de que los cristianos deban cultivar las anteriores actitudes de sumisión, humildad, confianza y dominio propio es que enfrentan la oposición espiritual feroz e implacable de parte de Satanás y sus demonios. Los creyentes no deben ser indiferentes a esa realidad (cp. Pr. 15:19; He. 6:12) ni complacientes con el pecado (1 Co. 5:6; He. 3:13), mucho menos deben volverse víctimas del enemigo (2 Co. 2:11; Ef. 6:11; cp. 1 Ts. 3:5). En lugar de eso, las realidades de la guerra espiritual requieren vigilancia. Pedro insta a los creyentes: **velad** (*grēgorēsate*), una orden imperativa que significa "estar vigilante", o "permanecer despierto". Las fuerzas espirituales que asaltan a los cristianos, no solo directamente (cp. Gn. 3:1-7; Mr. 1:13; 2 Co. 12:7; 1 Ts. 2:18) sino a menudo de manera muy sutil (2 Co. 11:14), requieren que quienes aman a Cristo mantengan tal vigilancia. El Señor advirtió a sus discípulos: "Velad y orad, para que no entréis en tentación; el espíritu a la verdad está dispuesto, pero la carne es débil" (Mt. 26:41).

Pedro identifica a Satanás como **vuestro adversario el diablo;** el pronombre **vuestro** hace muy personal tal designación. Satanás no solo es el adversario de Dios y sus santos ángeles, sino que es el enemigo cruel e implacable de todo el pueblo de Dios (cp. Job 1:6-8; 2:1-6; Zac. 3:1). **Adversario** (*antidikos*) se usaba como un término técnico con el significado de "oponente legal", así como de todo tipo de enemigo que sea seria y agresivamente hostil. El término traducido **diablo** (*diabolos*) lleva esta oposición al nivel de un "enemigo malicioso que calumnia o ataca". Jesús lo llamó tres veces el príncipe de este mundo (Jn. 12:31; 14:30; 16:11; cp. Ef. 2:2), lo cual muestra la formidable plataforma desde la que lanza sus malévolos asaltos.

El diablo controla el reino demoníaco y administra el sistema del mundo humano y caído. En persona y a través de sus representantes los demonios que, al igual que él, nunca duermen ni descansan, tenazmente y como un depredador en medio de su propia oscuridad malvada, Satanás caza para matar. Él **como león rugiente, anda alrededor buscando a quien devorar** (cp. Job 1:6-12;

2:1-7). La imagen que Pedro ofrece de un **león rugiente** se deriva del Antiguo Testamento (Sal. 7:2; 10:9-10; 17:12; 22:13-21; 35:17; 58:6; 104:21; Ez. 22:25) y describe la crueldad de este cazador cuando persigue a su presa. **Devorar** tiene el sentido de "tragar", haciendo hincapié en el objetivo final, no para herir sino para destruir. A diferencia de la mayoría de creyentes modernos, Pedro no habría tenido la experiencia de ver leones en un zoológico. Sin embargo, pudo haber presenciado el sangriento espectáculo de leones matando víctimas para el entretenimiento de los romanos. Sin duda él estaba consciente de tales sucesos.

La oposición de Satanás a Dios y a los creyentes se halla detrás de los enemigos humanos de Dios y su Palabra. Apocalipsis 12 es el pasaje crucial que traza las líneas de batalla en la prolongada guerra con los enemigos del reino de Dios (vv. 3-4; cp. Is. 14:12-16; Ez. 28:1-19). Aquellos demonios que no están atados (véase el estudio de 3:19-20 en el capítulo 19 de esta obra) son las fuerzas siniestras y diabólicas detrás del sistema mundial. Los hijos de Dios, en su lucha contra el engaño y la tentación que viene del mundo a su carne, en realidad están batallando con estrategias demoníacas y contendiendo con estas (Ef. 6:11-12; cp. 2 Co. 10:3-5).

Satanás y los demonios se ocultan invisibles en el mundo espiritual, pero hacen su obra a través de agentes humanos (cp. 1 Ti. 4:1-2; 2 P. 2:1-22; Jud. 3-16). Apocalipsis 12:4 declara que "el dragón se paró frente a la mujer que estaba para dar a luz, a fin de devorar a su hijo tan pronto como naciese". El dragón es Satanás, la mujer es Israel, y el hijo es Cristo. La dramática imagen es la del Mesías a punto de salir de Israel, el pueblo escogido de Dios, y de Satanás a punto de devorarlo. El enemigo intentó implementar ese plan a través del horrible asesinato de todos los niños varones menores de dos años en Belén y sus alrededores por parte de Herodes el Grande (Mt. 2:13-18). Intentó derrotar a Cristo dándole los reinos del mundo sin ningún sufrimiento (Mt. 4:1-11; Lc. 4:1-12). Judas Iscariote también fue un instrumento de Satanás, usado para traicionar al Señor en un esfuerzo mal concebido por frustrar de algún modo el plan de Dios (Lc. 22:3; Jn. 13:27; cp. Mt. 26:47-56). Satanás también usó a los dirigentes judíos en un esfuerzo por obstaculizar la misión redentora de Cristo (cp. Mt. 12:14; 21:46; 22:15-16; 26:1-5; 27:20-23; Lc. 6:7; Jn. 5:16; 7:1-13, 32; 8:44, 59; 11:8, 47-48, 53, 57). El enemigo continúa incansable en sus esfuerzos por oponerse a Cristo, tratando de torcer el evangelio salvador (cp. Gá 1:6-9; 1 Jn. 4:1-4) e intentando arruinar el plan redentor de Dios (cp. Mt. 13:38-39; 2 Co. 2:11; 4:3-4).

Además de oponerse directamente a Jesucristo, a lo largo de los siglos Satanás ha tratado de destruir a la nación de Israel (cp. Est. 3:1—4:3), el pueblo del cual vendría el Mesías. En su visión, a Juan se le dio una mirada en el tiempo futuro de tribulación al final de la era, y vio que "la mujer huyó al desierto, donde tiene lugar preparado por Dios, para que allí la sustenten por mil doscientos sesenta días" (Ap. 12:6). Dios preservará a Israel ("la mujer") durante la última mitad ("mil doscientos sesenta días") del período de tribulación de siete años en que Satanás, a través del anticristo, intente de nuevo y sin éxito destruir a los judíos. Estos serán protegidos y salvados (Zac. 12:10; 13:1; Ro. 11:11-12, 25-29), y a ellos se les dará el reino prometido (Zac. 14:4-9, 16-21; Ap. 20:1-6).

Tercero, la estrategia de Satanás ha sido oponerse a los ángeles santos: "Después hubo una gran batalla en el cielo: Miguel y sus ángeles luchaban contra el dragón; y luchaban el dragón y sus ángeles; pero no prevalecieron, ni se halló ya lugar para ellos en el cielo" (Ap. 12:7-8). Cuando Satanás cayó la primera vez del cielo, aquellos ángeles que se le unieron en su rebelión lo acompañaron en la guerra contra el arcángel Miguel, (cp. Dn. 10:13, 21; 12:1), y contra sus legiones de ángeles santos.

Los creyentes son el cuarto objetivo en la estrategia cósmica de guerra contra Dios, y el principal enfoque de la amonestación de Pedro en este pasaje. El apóstol Juan describe esa parte de la visión: "Entonces el dragón se llenó de ira contra la mujer; y se fue a hacer guerra contra el resto de la descendencia de ella, los que guardan los mandamientos de Dios y tienen el testimonio de Jesucristo" (Ap. 12:17). Tras ser expulsados del cielo, el diablo ("el dragón") y sus demonios comenzaron su asalto contra "el resto de la descendencia de ella" (los creyentes), aquellos que obedecen los mandamientos de Dios y confían en Cristo para su salvación. No contento con engañar a los no creyentes (Ap. 12:9; 2 Co. 4:3-4) y esclavizarlos a su sistema mundial de ignorancia, incredulidad, falsa religión, y pecado, Satanás también enfoca sus esfuerzos en oponerse a los santos.

Satanás intenta **devorar** a los creyentes de varias maneras. Primera, Dios le puede permitir atacarlos directamente. La historia de la experiencia penosa de Job y el triunfo final de su fe ilustra esto muy bien. En el Nuevo Testamento, Pedro mismo experimentó el ataque violento de Satanás (Lc. 22:31-34) cuando el enemigo hizo que negara tres veces a Cristo (vv. 54-62). Sin embargo, el Señor usó ese incidente para fortalecer la fe del apóstol y darle mayor habilidad para instruir a otros (cp. Jn. 21:15-22). El apóstol Pablo también tuvo que lidiar con el asalto de un agente demoníaco que guió el ataque de falsos maestros sobre la iglesia en Corinto (2 Co. 12:7-10). Algunos de los miembros de la iglesia en Esmirna padecieron como resultado de persecución satánica (Ap. 2:10), y otros en Tiatira experimentaron las dolorosas consecuencias de enseñanza demoníaca en su iglesia (Ap. 2:18-24). El quinto sello revela los miles de asesinados por Satanás a través del anticristo durante la gran tribulación cuando piden que la justicia divina llegue rápidamente contra los perversos enemigos (Ap. 6:9-11). Finalmente, Dios incluso usa a Satanás como agente de castigo para quienes profesan predicar a Cristo, pero, en realidad, extravían a otros con falsa doctrina (1 Ti. 1:18-20), y para aquellos que no están dispuestos a arrepentirse de su pecado (1 Co. 5:1-5).

En general, Satanás y sus demonios lanzan constantemente ataques sobre creyentes individuales a través del omnipresentemente pecaminoso y seductor sistema mundial. Juan condensa la batalla espiritual a tres puntos en que la condición caída de los creyentes es susceptible a la tentación:

> *No améis al mundo, ni las cosas que están en el mundo. Si alguno ama al mundo, el amor del Padre no está en él. Porque todo lo que hay en el mundo, los deseos de la carne, los deseos de los ojos, y la vanagloria de la vida, no proviene del Padre, sino del mundo. Y el mundo pasa, y sus deseos; pero el que hace la voluntad de Dios permanece para siempre (1 Jn. 2:15-17; cp. Hch. 5:3).*

Segundo, Pablo reconoce los ataques de Satanás a los creyentes en el reino más íntimo de las relaciones humanas: el matrimonio y la familia. Por eso el apóstol encargó a los corintios:

> *El marido cumpla con la mujer el deber conyugal, y asimismo la mujer con el marido. La mujer no tiene potestad sobre su propio cuerpo, sino el marido; ni tampoco tiene el marido potestad sobre su propio cuerpo, sino la mujer. No os neguéis el uno al otro, a no ser por algún tiempo de mutuo consentimiento, para ocuparos sosegadamente en la oración; y volved a juntaros en uno, para que no os tiente Satanás a causa de vuestra incontinencia (1 Co. 7:3-5).*

Cuando un cónyuge niega la relación física al otro, Satanás tentará al privado a que peque, acelerando así actitudes que a menudo traen la destrucción de ese matrimonio y esa familia.

Tercero, los creyentes —tanto los dirigentes como los miembros de la congregación— son susceptibles a los ataques de Satanás dentro de la iglesia. Pablo dio instrucciones a Timoteo de elegir a hombres bien calificados como pastores (1 Ti. 3:1-6), a fin de que no estén sujetos a "la condenación del diablo" (v. 7). Satanás también trata de destruir la unidad de la iglesia, de hacer ineficaz su poder espiritual y de confundir su propósito (cp. 1 Co. 1:10-13; 6:1-6; 11:17-34; 14:20-38; Ap. 2—3).

La primera línea de defensa de Pedro para la protección contra las estrategias de Satanás es sencilla y directa: **Sed sobrios, y velad.** Si Satanás engañó tan fácilmente a Eva en el perfecto ambiente del Edén (Gn. 3:1-13; 1 Ti. 2:14; cp. 2 Co. 11:3), cuánto más susceptibles a la astucia y al engaño del diablo son los pecadores redimidos que viven en un mundo pecador y caído (2 Co. 11:3).

Contrario a lo que algunos enseñan, la Biblia en ninguna parte manda a los creyentes atacar al diablo o a los demonios con oraciones o fórmulas, ni a "atar al diablo". Quienes neciamente participan en inútiles esfuerzos de hablarle a Satanás (quien de todos modos no es omnipresente), de ordenarle, o rechazarlo a él o a otros demonios están confundidos y equivocados en cuanto a sus poderes como cristianos. Ya que los santos no son apóstoles de Cristo, no tienen autoridad sobre los demonios (cp. Mt. 10:1; Lc. 9:1; 2 Co. 12:12). Sólo el mismo Cristo, enviando a un ángel santo y poderoso, puede atar a Satanás:

> *Vi a un ángel que descendía del cielo, con la llave del abismo, y una gran cadena en la mano. Y prendió al dragón, la serpiente antigua, que es el diablo y Satanás, y lo ató por mil años; y lo arrojó al abismo, y lo encerró, y puso su sello sobre él, para que no engañase más a las naciones, hasta que fuesen cumplidos mil años; y después de esto debe ser desatado por un poco de tiempo (Ap. 20:1-3).*

Satanás ya ha sido derrotado por Cristo (cp. Ro. 16:20), y por medio de la fe en la verdad y la oración también puede ser derrotado en las vidas de los creyentes. Es por la Palabra de Dios, creída y obedecida, que los cristianos pueden vencer a Satanás:

> *Os escribo a vosotros, hijitos, porque vuestros pecados os han sido perdonados por su nombre. Os escribo a vosotros, padres, porque conocéis al que es desde el principio. Os escribo a vosotros, jóvenes, porque habéis vencido al maligno. Os escribo a vosotros, hijitos, porque habéis conocido al Padre (1 Jn. 2:12-13; cp. 4:4-6).*

Los creyentes saldrán victoriosos si espiritualmente están alerta a cualquier influencia satánica que se manifieste en su entorno y sus relaciones, y si evalúan potenciales tentaciones y huyen de ellas (Pr. 1:10-17; 4:14-15; Mt. 18:8-9; 26:41; 1 Co. 6:18; 10:13-14; 2 Co. 2:11; 1 Ti. 6:11; 2 Ti. 2:22; Stg. 1:13-16).

FORTALEZA

al cual resistid firmes en la fe, sabiendo que los mismos padecimientos se van cumpliendo en vuestros hermanos en todo el mundo. (5:9)

Pedro ordena a los cristianos tener una mente que sea resuelta con la cual resistir **firmes en la fe** a Satanás. Tal resistencia hace que el diablo huya (Stg. 4:7). **Resistid** significa "tomar posición en contra", y estar **firmes** es hacer de esa posición algo sólido (el griego es *stereos*, de donde viene el vocablo *estéreo*, que significa "sólido", o equilibrado en ambos extremos). Esto se logra al estar sólidamente fijos **en la fe** (*tē pistei*), lo cual constituye la revelación bíblica que se halla en todo el cuerpo de verdad revelada contenida en las Escrituras (cp. Gá 1:23; Ef. 4:5,13; Fil. 1:27; 1 Ti. 4:1). Este es un llamado a conocer y creer la sana doctrina, a ser exigentes en distinguir la verdad del error, y a estar dispuestos a defender la verdad y poner al descubierto el error. El pedido de Judas es más apropiado en este vínculo: "Amados, por la gran solicitud que tenía de escribiros acerca de nuestra común salvación, me ha sido necesario escribiros exhortándoos que contendáis ardientemente por la fe que ha sido una vez dada a los santos" (Jud. 3). Es esa fe de "una vez por todas" la que es la revelación escrita de Dios y constituye la **fe** en la cual los creyentes se afirman sólidamente, y con la cual resisten constantemente a Satanás. Esta firme posición es el resultado de la fiel dirección de los pastores en la iglesia, como Pablo lo indica en Efesios 4:11-14:

> *Y él mismo constituyó a unos, apóstoles; a otros, profetas; a otros, evangelistas; a otros, pastores y maestros, a fin de perfeccionar a los santos para la obra del ministerio, para la edificación del cuerpo de Cristo, hasta que todos lleguemos a la unidad de la fe y del conocimiento del Hijo de Dios, a un varón perfecto, a la medida de la estatura de la plenitud de Cristo; para que ya no seamos niños fluctuantes, llevados por doquiera de todo viento de doctrina, por estratagema de hombres que para engañar emplean con astucia las artimañas del error.*

Ya que Satanás es un mentiroso (Jn. 8:44; cp. Gn. 3:1; 2 Ts. 2:9) y un engañador (Ap. 20:7-8), la única manera segura de resistirlo es mediante la fiel obediencia a la verdad bíblica. La batalla es espiritual, en el reino sobrenatural, según Pablo observa:

> *Pues aunque andamos en la carne, no militamos según la carne; porque las armas de nuestra milicia no son carnales, sino poderosas en Dios para la destrucción de fortalezas, derribando argumentos y toda altivez que se levanta contra el conocimiento de Dios, y llevando cautivo todo pensamiento a la obediencia a Cristo (2 Co. 10:3-5).*

Los "argumentos" son ideologías, ideas, teorías, filosofías religiosas y sistemas satánicos de pensamiento "que se [levantan] contra el conocimiento de Dios"; es decir, son puntos de vista antibíblicos que mantienen cautivas a las personas como si estuvieran recluidas en una gran fortaleza. Los cristianos no pueden destruir esas ideas con ingenio humano, sino solo con la verdad bíblica: "Llevando cautivo todo pensamiento a la obediencia a Cristo". Solo cuando alguien tiene la mente de Cristo sobre un tema en particular es que es rescatado de tales ideas.

Pedro concluye esta sección con un mensaje de confianza para sus lectores, de que no están solos mientras perseveran con humildad y sumisión, de manera vigilante y valiente en medio de muchas persecuciones, sufrimientos y pruebas. Él les recuerda **que los mismos padecimientos se van cumpliendo en** sus **hermanos en todo el mundo.** Los cristianos en otros lugares pueden tener afinidad con ellos porque todo segmento de la comunidad cristiana ha experimentado o experimentará ataque de parte del enemigo (cp. He. 13:3). Dios permite esta forma de pruebas dolorosas para lograr su perfecta obra en las vidas de sus elegidos (cp. 1:6-7; 4:19; 5:10; Mt.5:10-12; Jn. 15:18-21; 2 Co.1:6-7; Stg. 5:11).

ESPERANZA

Mas el Dios de toda gracia, que nos llamó a su gloria eterna en Jesucristo, después que hayáis padecido un poco de tiempo, él mismo os perfeccione, afirme, fortalezca y establezca. (5:10)

La esperanza proporciona a los creyentes un ambiente de confianza en que después de la tribulación y la dificultad de esta vida pueden contar con que Dios los glorificará en el cielo. Y durante esta vida pueden contar con la obra continua del Señor de santificarlos por medio del sufrimiento (cp. Sal. 33:18; Pr. 10:28; Ro. 4:18-21; 5:5; Gá. 5:5; Tit. 1:2; 2:13; He. 3:6; 6:19; véase también el estudio de 1:3, 13, 21 con relación a la esperanza, en los capítulos 2, 5 y 6 de esta obra). Para apreciar plenamente ese futuro, los creyentes deben comprender que esto solo puede venir **después que** hayan **padecido un poco de tiempo** (cp. Ro. 8:18; véase también el estudio de 1:6 en el capítulo 3 de esta obra). Los cristianos no deben temer el sufrimiento, pues saben que nada los puede separar del amor de Cristo (Ro. 8:31-39).

Pedro llama a Dios **el Dios de toda gracia,** lo que recuerda el título que Pablo le da de el "Dios de toda consolación" (2 Co. 1:3). Dios ya ha prometido gracia para la eternidad; aquí se provee **gracia** para el presente (cp. 4:10; 5:5; Ro. 12:3; 16:20; 1 Co. 3:10; 15:10; 2 Co. 1:12; 9:8; 12:9; Ef. 3:7; 4:7; Fil. 1:7; 2 Ti. 2:1; He. 4:16; 12:15; 13:9; Stg. 4:6; 2 P. 3:18), a fin de fortalecer a los creyentes y hacer de su carácter cristiano lo que este debería ser.

El apóstol observa además que Dios **llamó** a los creyentes (una referencia al llamado eficaz y salvador del Señor; cp. 1:15; 2:9, 21; 3:9) **a su gloria eterna en Jesucristo** (1:4-7; 4:13; 5:1, 4). La gloria a la que los santos son llamados la describió Pablo en Filipenses 3:11-14:

> *Si en alguna manera llegase a la resurrección de entre los muertos. No que lo haya alcanzado ya, ni que ya sea perfecto; sino que prosigo, por ver si logro asir aquello para lo cual fui también asido por Cristo Jesús. Hermanos, yo mismo no pretendo haberlo ya alcanzado; pero una cosa hago: olvidando ciertamente lo que queda atrás, y extendiéndome a lo que está delante, prosigo a la meta, al premio del supremo llamamiento de Dios en Cristo Jesús.*

El apóstol Juan también describió esto en 1 Juan 3:2-3:

> *Amados, ahora somos hijos de Dios, y aún no se ha manifestado lo que hemos de ser; pero sabemos que cuando él se manifieste, seremos semejantes a él, porque le veremos tal como él es. Y todo aquel que tiene esta esperanza en él, se purifica a sí mismo, así como él es puro.*

La gloria de los santos será ser semejantes a Jesucristo (Fil. 3:20-21). Debido a ese objetivo, Dios **mismo** (personalmente), mientras ellos aún están aquí (y aunque el diablo los ataque) usa el padecimiento de los creyentes para moldearlos a la imagen de Cristo (cp. 2 Ts. 3:3). Pedro describe de forma concisa la promesa de ese proceso santificador de maduración espiritual por parte de Dios con cuatro palabras sinónimas: **perfeccione** (llevar a la plenitud; cp. Fil. 1:6; He. 2:10; 10:1; Stg. 1:4); **afirme** (conformar; cp. Sal. 90:17; 119:106; Ro. 15:8; 1 Co. 1:8); **fortalezca** (robustecer; cp. Lc. 22:32; 1 Ts. 3:2; 2 Ts. 2:17; 3:3; Stg. 5:8); y **establezca** (poner como fundamento; cp. Sal. 7:9; 89:2; Is. 9:7; Ro. 16:25; 1 Ts. 3:13). Todos estos términos connotan fuerza e inamovilidad, que Dios quiere para todos los creyentes mientras enfrentan la batalla espiritual (1 Co. 15:58; 16:13; Ef. 6:10; 2 Ti. 2:1). Él los establece firmemente en la verdad de la revelación divina, donde permanecen en fe y confianza hasta que comprendan su gloria eterna.

La oración de Pablo por los efesios es coherente con la promesa que Pedro hace aquí:

> *Para que habite Cristo por la fe en vuestros corazones, a fin de que, arraigados y cimentados en amor, seáis plenamente capaces de comprender con todos los santos cuál sea la anchura, la longitud, la profundidad y la altura, y de conocer el amor de Cristo, que excede a todo conocimiento, para que seáis llenos de toda la plenitud de Dios (Ef. 3:17-19).*

ADORACION

A él sea la gloria y el imperio por los siglos de los siglos. Amén. (5:11)

Al contemplar toda la gracia divina mencionada, y abrumado tanto por la idea de santificación y glorificación como por el deseo de ilustrar una mentalidad de adoración, Pedro irrumpe en una corta doxología de regocijo porque Dios tiene **el imperio** sobre todas las cosas **por los siglos de los siglos** (cp. 4:11). Aunque ya no da mandatos en esta sección del capítulo, el apóstol sigue ideando el pensamiento cristiano y una disposición santa, que somete a sus lectores a los líderes espirituales y los hace humildes delante de Dios para cuando sean exaltados a su debido tiempo. Tal actitud también echa toda preocupación sobre Dios; ejerce dominio propio, vigilancia y fortaleza contra el enemigo; manteniendo al mismo tiempo la esperanza de que el proceso de sufrimiento perfeccionará a los creyentes en la tierra y les producirá recompensa celestial. Además de todas las exhortaciones de Pedro, y en respuesta a las promesas adheridas a ellas, las mentes de los creyentes deben estar constantemente llenas con una actitud de alabanza y adoración hacia Dios (1:3-4; 2:9; Sal. 50:23; 96:2; 138:5; 148:13; Is. 24:14; 42:12; 43:21; He. 13:15; Jud. 25; Ap. 4:10-11).

Imperio (*kratos*) en realidad significa fortaleza, y aquí denota la capacidad de Dios de dominar, de tener todo en el universo bajo su control soberano e inatacable (cp. Éx. 15:11-12; Job 38:1—41:34; Sal. 8:3; 66:7; 89:13; 102:25; 103:19; 136:12; Is. 48:13; Jer. 23:24; Mt. 19:26; Ro. 9:21). Ya que Él tiene todo poder, sabiduría, autoridad y soberanía, es digno de toda la alabanza y de la adoración que los santos le puedan rendir.

FIDELIDAD

Por conducto de Silvano, a quien tengo por hermano fiel, os he escrito brevemente, amonestándoos, y testificando que ésta es la verdadera gracia de Dios, en la cual estáis. (5:12)

Esta sección constituye los saludos finales que ilustran varias actitudes más de la mente cristiana. Aunque Pedro no manda específicamente que sus lectores las exhiban, son evidentes en sus referencias a otros creyentes.

La lealtad de un compañero siervo de Cristo estaba en la mente del apóstol cuando mencionó a **Silvano,** otro nombre para Silas, quien viajó con Pablo (Hch. 15:40; 16:25) y a veces aparece en sus cartas (2 Co. 1:19; 1 Ts. 1:1; 2 Ts. 1:1). Silas era profeta (Hch. 15:32, 40) y ciudadano romano (16:37) que fue amanuense o secretario de Pedro para esta carta. Silvano registró las palabras del apóstol y más tarde entregó la epístola a sus destinatarios (véase el estudio en la introducción). Pedro lo llama **hermano fiel,** un modelo de fidelidad en cuanto a la verdad y a la Iglesia, y a Pedro mismo, como lo indica él mismo en la referencia personal: **a quien tengo por hermano fiel.**

Pedro también inserta en una frase secundaria un resumen de su propósito: **Os he escrito brevemente, amonestándoos, y testificando que ésta es la verdadera gracia de Dios.** ¿Qué puede él querer decir con esto que no sea referirse a la propia carta, con toda la verdad del evangelio viniendo a sus lectores y a todos los demás que aman **la verdadera,** salvadora, santificadora y glorificadora **gracia de Dios?** Este es un reconocimiento a la inspiración que en un sentido anticipa la declaración del apóstol en 2 Pedro 1:20-21: "Entendiendo primero esto, que ninguna profecía de la Escritura es de interpretación privada, porque nunca la profecía fue traída por voluntad humana, sino que los santos hombres de Dios hablaron siendo inspirados por el Espíritu Santo". Allí el apóstol afirma la inspiración del Antiguo Testamento; aquí habla de su primera carta como la verdad relacionada con la salvación que Dios proporciona. Pedro escribió como un autor inspirado y autorizado de "la palabra de Dios que vive y permanece para siempre" (1:23; cp. 2 P. 3:2). Ya que esto es verdadero, el apóstol exhorta a los creyentes a ser fieles a la verdad de su carta, exclamando: **en la cual estáis.** Esto reitera el llamado 5:9 a permanecer firmes en la fe (cp. Ro. 5:1-2).

AMOR

La iglesia que está en Babilonia, elegida juntamente con vosotros, y Marcos mi hijo, os saludan. Saludaos unos a otros con ósculo de amor. Paz sea con todos vosotros los que estáis en Jesucristo. Amén. (5:13-14)

Pedro terminó la epístola no mandando la actitud de amor sino ilustrándola personalmente. Su amor por los creyentes en Roma, desde donde él escribió, se ve en la designación de **la iglesia que está en Babilonia,** que es una referencia indirecta a la iglesia en la capital del imperio. Según se observó en la introducción, **Babilonia** es posiblemente la palabra de código o nombre alternativo para Roma (cp. Ap. 14:8 donde Juan usa Babilonia para representar a todo el sistema mundial controlado por el anticristo; véase también 16:19; 17:5; 18:2, 10, 21). Algunos comentaristas sugieren que Babilonia resume el vínculo de Roma con las falsas religiones. Pero podría ser mejor entender que al estar intensificándose la persecución, Pedro fue cuidadoso en no poner en peligro a los cristianos romanos. Al haber escrito esta carta desde Roma, el apóstol no quiso que el manuscrito se descubriera y que la iglesia fuera perseguida aún más. Por tanto, no hizo mención a Roma, dejando en ignorancia a cualquier autoridad curiosa y hostil de que esta carta se originó en la capital imperial.

Los creyentes en Roma demostraron verdadero amor y afecto al enviar sus saludos, como lo hizo **Marcos,** a quien Pedro llamó **mi hijo,** una designación que indica que era el hijo espiritual del apóstol (como Timoteo lo fue de Pablo). Este es el Juan Marcos mencionado en Hechos 12:12, que era primo de Bernabé, y quien lo acompañó junto con Pablo a Antioquía y Chipre (12:25; 13:4-5). Más tarde los abandonó en Perge (13:13), lo que hizo que Pablo se negara a llevarlo en el segundo viaje misionero del apóstol (15:36-41). Luego Pablo manifestó que Juan Marcos le era útil (2 Ti. 4:11). **Marcos** también fue el autor del evangelio que lleva su nombre.

Saludaos unos a otros con ósculo de amor es obviamente otro indicador del afecto que los creyentes deben tener unos por otros. El **ósculo** santo —hombres a hombres y mujeres a mujeres— era una señal externa habitual de afecto entre los creyentes en la iglesia primitiva (Ro. 16:16; 1 Co. 16:20; 2 Co. 13:12; 1 Ts. 5:26; cp. Lc. 7:45; 22:47-48).

Pedro terminó su carta con la sencilla declaración: **Paz sea con todos vosotros los que estáis en Jesucristo** (cp. Mr. 9:50; Lc. 2:14; Jn. 14:27; 20:19, 21, 26; Ro. 1:7; 5:1; 1 Co. 14:33; 2 Co. 13:11; Ef. 4:3; Fil. 4:7; Col. 3:15; 2 Ts. 3:16; He. 13:20; Ap. 1:4).

No hay atajo para que una mente cristiana posea las actitudes y los motivos santos que Pedro esbozó. Estas se perfeccionarán únicamente cuando de manera regular y fiel los creyentes se ponen bajo la influencia de la predicación, la enseñanza y el estudio de la verdad de Dios, y permiten con obediencia que su Palabra les cambie los corazones y conforme sus caracteres (Lc. 11:28; Stg. 1:22-25; cp. Sal.19:7; 119:105; Pr. 6:23; Mr. 4:20; Lc. 6:46-48; Jn. 14:21; 17:17; Ro. 15:4; Col. 3:16; 2 P. 1:2-8; véase también el comentario sobre 2:1-3 en el capítulo 8 de esta obra).

Introducción a 2 Pedro

Algunos ven a 2 Pedro (junto con Judas) como el "rincón sombrío" del Nuevo Testamento. En consecuencia, esta carta no se predica, estudia, analiza o cita a menudo. Incluso se la ha rechazado en algunos círculos académicos donde los críticos la descartan como una carta seudónima (falsificada), indigna de un estudio serio.

Sin embargo, la Iglesia de Jesucristo ignora a esta epístola a su propio riesgo. Después de todo, Pedro la escribió para ayudar a los creyentes a enfrentar un mundo repleto de engaño espiritual sutil. Como sabía que su muerte era inminente (1:14), el apóstol quiso recordar a sus lectores las verdades que ya les había enseñado, de modo que esas verdades siguieran protegiéndoles después de su partida (v. 15). Pedro también estaba consciente de que la amenaza de los falsos maestros se cernía en el horizonte, y quiso poner al descubierto a los apóstatas con el fin de expulsar de la iglesia sus doctrinas demoníacas.

La advertencia de Pedro nunca ha sido más oportuna de lo que es hoy. El rápido avance de los medios masivos de comunicación, junto con la falta de discernimiento de la Iglesia, han permitido que el error doctrinal se extienda como reguero de pólvora. Los falsos maestros propagan sus herejías por medio de televisión, radio, internet, libros, revistas y seminarios, haciendo todo lo posible por promoverse a sí mismos. En el proceso, sus carnadas atraen multitudes que cambian la verdad por mentiras arbitrarias (cp. 1 Ti. 1:19; 2 Ti. 2:16-18). Para colmo de males, algunos en la Iglesia moderna, motivados por el miedo cobarde al rechazo o por ideas equivocadas acerca del amor, son renuentes a desenmascarar a los apóstatas de la actualidad. En lugar de contrarrestar el error, o bien lo aceptan o le hacen caso omiso en nombre de la tolerancia.

No obstante, el apóstol Pedro no tuvo reparos en denunciar a los engañadores que amenazaban a su amada grey. Los reconoció por lo que eran: lobos disfrazados de ovejas (Mt. 7:15; Hch. 20:29) que se hallan al acecho para devorar a los ignorantes con sus seductoras mentiras. Pedro comprendió que los falsos maestros son emisarios del infierno y títeres de Satanás, motivados por amor al dinero, poder, prestigio y protagonismo. Debido a que son maestros del engaño, pregonan con éxito doctrinas de demonios a almas desprevenidas, comercializando ruina eterna como si fuera vida eterna.

La única defensa segura contra las tácticas de estos engañadores se encuentra en la verdad de la Palabra de Dios. Por supuesto que Pedro sabía esto, razón por la cual escribió esta epístola. Como un verdadero hombre de Dios, le preocupaba mucho proteger a quienes estaban bajo su cuidado espiritual.

CONTROVERTIDA AUTORÍA PETRINA

Aunque sin querer dignificar generalmente a escépticos incrédulos, en este caso es útil ver cómo esta epístola se eleva a la altura de la integridad inspirada frente a los asaltos acerca de la legitimidad de la misma.

La autoría de 2 Pedro se ha debatido más agresivamente y mucho más que la de cualquier otro libro del Nuevo Testamento. Sin embargo, la carta misma declara explícitamente que fue escrita por "Simón Pedro, siervo y apóstol de Jesucristo" (1:1). El texto griego en realidad reza: "Simeón Pedro", usando la forma hebrea del nombre del apóstol utilizado además únicamente en Hechos 15:14 (véase nota al pie en LBLA, NBLH, NTV). Tal referencia solo refuerza la afirmación de que el autor fue Pedro, ya que es improbable que un falsificador usara una forma desconocida del nombre del apóstol. En 1:14 el autor se refirió a la predicción que Cristo hiciera de su muerte (cp. Jn. 21:18); en 1:16-18 afirmó haber sido uno de los testigos (de lo cual solo hubo tres; Mt. 17:1) de la transfiguración; en 3:1 se refirió a una carta anterior (1 Pedro) que el autor escribió a sus lectores; y en 3:15 se refirió a Pablo como "amado hermano", haciéndose por tanto colega espiritual del gran apóstol. Tales alusiones personales fortalecen aún más la afirmación de que la carta fue escrita por Pedro, afirmación que debería representar una certeza a menos que hubiera pruebas convincentes de lo contrario. Como se verá pronto, tales pruebas no existen.

Sin ninguna lógica, muchos críticos ven las alusiones personales como la obra de un falsificador que intentó hacerse pasar como el mismo Pedro. Es irónico que muchos de esos mismos críticos sostengan que 1 Pedro tampoco fue escrita por ese apóstol, precisamente porque a 1 Pedro *le faltan* suficientes alusiones personales a él. Según Daniel B. Wallace señala: "Al leer la literatura, no podemos dejar de ver un elemento caprichoso y de doble rasero, en que los eruditos ya han llegado a su conclusión a pesar de las pruebas" ("Second Peter: Introduction, Argument and Outline" [Biblical Studies Press: www.bible.org, 2000]).

Además de las alusiones personales de la epístola a sucesos en la vida de Pedro, hay similitudes entre el lenguaje de 2 Pedro y los discursos del apóstol en Hechos. El verbo traducido "alcanzado" (1:1) aparece únicamente otras tres veces en el Nuevo Testamento, una de ellas en Hechos 1:17; "piedad" se usa cuatro veces en 2 Pedro (1:3, 6, 7, 3:11), pero en otras partes (fuera de las epístolas pastorales) solo por parte de Pedro en Hechos 3:12); "el día del Señor" (3:10) aparece en Hechos 2:20, y solo en 1 Tesalonicenses 5:2 y 2 Tesalonicenses 2:2 en el resto del Nuevo Testamento. El uso de tales palabras poco usuales sugiere aún más que el apóstol Pedro escribió esta epístola.

Sin embargo, muchos eruditos no se conforman con aceptar a primera vista las afirmaciones de la epístola. En vez de eso insisten en que alguien que afirmaba ser Pedro la escribió décadas después de la muerte del apóstol. Con el fin de apoyar su rechazo a la autenticidad de la carta, esos críticos fomentan varios argumentos.

Primero observan que la iglesia primitiva fue lenta en aceptar a 2 Pedro como parte del canon de las Escrituras. La primera persona que declaró explícitamente que Pedro la escribió fue Orígenes, a inicios del siglo III. Los críticos afirman que no hay rastro de la existencia de la epístola hasta ese momento. Además, aunque Orígenes la aceptaba como un verdadero escrito de Pedro, señaló que otros tenían dudas acerca de su autenticidad. Escribiendo en el siglo IV, el historiador Eusebio de Cesarea también expresó dudas en cuanto a 2 Pedro. No la rechazó, pero la incluyó entre los libros del Nuevo Testamento cuya autenticidad estaba en duda. El silencio de los padres de la iglesia antes de la época de Orígenes se toma como una negación tácita de la autenticidad de 2 Pedro.

Los críticos también señalan varios supuestos problemas históricos que, según ellos, indican que la epístola no se pudo haber escrito durante la vida de Pedro. Primero, sostienen que la referencia a las cartas de Pablo (3:15-16) refleja una época en que tales cartas se habían recopilado y reconocido como Escrituras. Argumentan que esto no sucedió hasta mucho tiempo después de la muerte de Pedro. Segundo, los críticos creen que los falsos maestros de los que se habla eran gnósticos del siglo II. Tercero, el escritor se refiere a "vuestros apóstoles" (3:2) y declara que los "padres" (que se supone que fueron la primera generación de cristianos) ya habían muerto (3:4). Desde una perspectiva crítica, eso sugiere que 2 Pedro fue escrita por alguien que no era apóstol ni pertenecía a la primera generación de creyentes. Por último, los críticos sostienen que la referencia a la predicción de Cristo en cuanto a la muerte de Pedro (1:14) se deriva de Juan 21:18. Sin embargo, el Evangelio de Juan no se escribió durante la vida de Pedro.

Un argumento convincente en la percepción de muchos críticos es la supuesta dependencia de 2 Pedro en Judas. Puesto que fechan a Judas después de la vida de Pedro, se deduce que este no pudo haber escrito 2 Pedro. Además, los críticos insisten en que un apóstol no habría sacado ideas tan extensamente de una fuente no apostólica.

Esos críticos implacables también señalan supuestas diferencias en estilo, vocabulario y doctrina entre 1 y 2 Pedro. Sugieren que el lenguaje griego de la primera epístola es pulido y sofisticado, mientras que el de la segunda es tosco y poco natural, repleto de lenguaje grandilocuente y construcciones difíciles. Los críticos afirman que el vocabulario de las dos epístolas también es muy diferente, y que 2 Pedro muestra un conocimiento de la cultura y la filosofía griega más allá de la comprensión de un simple pescador galileo. Por último, según los cálculos que esgrimen, muchos temas doctrinales que se hallan en 1 Pedro están ausentes en 2 Pedro. Todos esos factores llevan a muchos escépticos a insistir en que el mismo autor no pudo haber escrito ambas epístolas.

No obstante, tras un examen más minucioso, cada uno de los argumentos anteriores falla totalmente en descalificar a Pedro como el autor de esta epístola.

Es cierto que la confirmación externa de 2 Pedro en los escritos de los padres de la iglesia es menos extensa que la encontrada para la mayoría de los demás libros del Nuevo Testamento. Sin embargo, es mucho más completa que la confirmación dada a cualquiera de los libros excluidos del canon. Es más, 2 Pedro nunca fue rechazada como falsa (incluso por los padres que hubieran cuestionado su autenticidad, tales como Eusebio), ni se le atribuyó alguna vez a nadie más que a Pedro.

Aunque Orígenes fue el primero en atribuir 2 Pedro al apóstol Pedro, otros antes de él estaban familiarizados con la epístola. Orígenes fue un crítico literario astuto, y es probable que no lo hubiera engañado una falsificación reciente. Por otra parte, él cita varias veces la epístola como parte de las Escrituras, lo que sugiere fuertemente que 2 Pedro era conocida y aceptada como canónica mucho antes de su época. La inclusión de la epístola en el papiro Bodmer P72 del siglo III también indica que en ese tiempo se le consideraba parte del canon. (El Códice Sinaítico y el Códice Vaticano, monumentales manuscritos del siglo IV, y el Códice Alejandrino, del siglo V, también incluyen a 2 Pedro).

El maestro de Orígenes, Clemente de Alejandría, escribió un comentario sobre las epístolas católicas (generales), que incluye a 2 Pedro (Eusebio *Historia eclesiástica,* 6.14.1). Al escribir un comentario sobre el libro, Clemente indica que consideró esta carta como parte de las Escrituras (y por tanto auténtica). Además, el testimonio de Clemente brinda fuerte evidencia de que la canonicidad de la epístola fue generalmente aceptada por la Iglesia en la primera mitad del siglo II.

Una evidencia más de la existencia y aceptación de la epístola en ese tiempo viene de Justino Mártir (aprox. 100-165 d.C.). En su *Diálogo con Trifón,* Justino escribió: "Así como había falsos profetas contemporáneos con los santos profetas [judíos], hay muchos falsos maestros entre nosotros, de los cuales nuestro Señor nos advirtió que nos cuidáramos" (82.1). Tal pasaje tiene un parecido sorprendente con 2 Pedro 2:1: "Pero hubo también falsos profetas entre el pueblo, como habrá entre vosotros falsos maestros, que introducirán encubiertamente herejías destructoras, y aun negarán al Señor que los rescató, atrayendo sobre sí mismos destrucción repentina". El hecho de que la palabra griega traducida "falsos maestros" (*pseudodidaskaloi*) aparezca antes de la época de Justino solo en 2 Pedro 2:1 sugiere además que Justino la tomó de 2 Pedro.

El apócrifo *Apocalipsis de Pedro,* fechado en la primera mitad del siglo II, muestra clara evidencia de dependencia literaria en 2 Pedro. En la primera parte del siglo II, la *Epístola de Bernabé* (5:4) declara "que con justicia se perderá un hombre que teniendo el conocimiento del camino de justicia se obliga a entrar al camino de la oscuridad", un pasaje que recuerda a 2 Pedro 2:21: "Porque mejor les hubiera sido no haber conocido el camino de la justicia, que después de haberlo conocido, volverse atrás del santo mandamiento que les fue dado". De igual modo, las palabras de *Bernabé* 15:4, "en seis mil años el Señor traerá todas las cosas a su fin; porque el día con Él significó mil años; y Él mismo me dará testimonio, diciendo: He aquí, el día del Señor será como mil años", parecen haberse extraído de 2 Pedro 3:8: "Mas, oh amados, no ignoréis esto: que para con el Señor un día es como mil años, y mil años como un día".

El *Pastor de Hermas,* fechado también en los primeros años del siglo II, expresa: "Anda y di a todos los hombres que se arrepientan, y vivirán para Dios; porque en su compasión el Señor me envió para dar arrepentimiento a todos, aunque algunos de ellos no lo merecen a causa de sus hechos; pero al sufrir por mucho tiempo, el Señor quiso que fueran llamados a ser salvos por medio de su Hijo" (*Similitud* 8.11.1). Es extraordinario el parecido con 2 Pedro 3:9: "El Señor no retarda su promesa, según algunos la tienen por tardanza, sino que es paciente para con nosotros, no queriendo que ninguno perezca, sino que todos procedan al arrepentimiento".

El hecho de que 2 Pedro apenas fuera conocida en el siglo II lo sugieren también dos obras gnósticas: *El evangelio de la verdad* y *El libro secreto de Juan,* que contienen probables menciones a esta carta.

Casi al mismo tiempo que el apóstol Juan escribiera el libro del Apocalipsis (a mediados de la década de los noventa del siglo I), Clemente de Roma escribió: "Dejemos que este pasaje bíblico esté lejos de nosotros, donde Él manifestó: 'Miserables los de doble ánimo, que dudan en su alma y declaran: Estas cosas también oímos en los días de nuestros padres, y he aquí que hemos envejecido, y ninguna de estas cosas nos han acontecido'" (*1 Clemente* 23.3). Clemente parece estar repitiendo 2 Pedro 3:4, que expresa: "¿Dónde está la promesa de su advenimiento? Porque desde el día en que los padres durmieron, todas las cosas permanecen así como desde el principio de la creación". Ambos pasajes relacionan el escepticismo de falsos maestros, y los dos continúan advirtiendo que el juicio se avecina (*1 Clemente* 23.5; 2 P. 3:10).

Otros dos pasajes en *1 Clemente* usan frases griegas halladas en el Nuevo Testamento solo en 2 Pedro y en ningún escrito extra bíblico de esa época. Ambos usan la frase traducida "excelente (la RVR-60 traduce la misma palabra griega como 'magnífica') gloria" en referencia a Dios (*1 Clemente* 9.2; 2 P. 1:17); los dos pasajes describen a la fe cristiana como "el camino de la verdad" (*1 Clemente* 35.5; 2 P. 2:2).

Por último, si 2 Pedro fue escrita antes de Judas, entonces Judas es el primer documento en citarla (véase el estudio de la relación entre Judas y 2 Pedro en la "Introducción a Judas"). El argumento de los críticos de que la supuesta dependencia literaria de 2 Pedro en Judas demuestra que Judas se escribió después de la vida de Pedro depende de dos suposiciones. Primera, el autor de 2 Pedro debió haber sacado ideas de Judas. Segunda, Judas se debió haber escrito después de la vida de Pedro. No obstante, ninguna de estas suposiciones se puede probar.

La evidencia interna indica que 2 Pedro vino primero, ya que Pedro empleó tiempos futuros para describir las falsas enseñanzas de los apóstatas (2:1-3; 3:3). Por otra parte, en paralelo a 2 Pedro, Judas usa tiempos que expresan que aquellos que fueron profetizados habían llegado (Jud. 4). No usa tiempos futuros con relación a los apóstatas.

Las referencias extrabíblicas arriba mencionadas constituyen un sólido argumento de que 2 Pedro era conocida en la Iglesia desde el siglo I en adelante. Es verdad que ninguno de los padres que aludieron a 2 Pedro antes de la época de Orígenes citó a 2 Pedro como fuente. Sin embargo, eso no era extraño; los padres apostólicos citan a 1 Pedro veintinueve veces sin nombrar a Pedro, y a Romanos treinta y una veces sin nombrar a Pablo (véase Robert E. Picirilli, "Allusions to 2 Peter in the Apostolic Fathers", *Journal for the Study of the New Testament* 33 [1988], p. 74). (Para un resumen de las alusiones a 2 Pedro en los escritos de los padres de la iglesia antes del tiempo de Orígenes, véase también Michael J. Kruger, "The Authenticity of 2 Peter", *Journal of the Evangelical Theological Society* 42/4 [1999], pp. 649-56; B. B. Warfield, "The Canonicity of Second Peter", en John E. Meeter, ed., *Selected Shorter Writings of Benjamin B. Warfield*, vol. 2 [Phillipsburg, N.J.: Presbyterian and Reformed, 1973], pp. 49-68).

Las alusiones a 2 Pedro por parte de los padres de la Iglesia no prueban que Pedro escribió su segunda carta; pero sí eliminan la objeción de que la supuesta falta de certificación externa descarta una fecha durante la vida de Pedro. También explica por qué la epístola fue finalmente aceptada por la Iglesia como canónica; no era una falsificación del siglo II como muchos críticos modernos sostienen, sino que tenía antecedentes que se remontan a los tiempos apostólicos. Kruger realza la importancia de la aceptación definitiva de 2 Pedro por la iglesia como parte del canon de las Escrituras:

> En nuestra investigación para determinar la autenticidad de 2 Pedro no podemos pasar por alto la realidad de que a pesar de las reticencias de algunos, esta carta fue definitiva y totalmente aceptada por la

> Iglesia como canónica en todos los sentidos. El hecho de que 2 Pedro enfrentara tal resistencia (sumada a la incesante oposición de falta de literatura petrina) y a que *aún* prevaleciera, demuestra que es digna de seria consideración. ¿Es tan fácil descartar las conclusiones de Orígenes, Cirilo de Jerusalén, Gregorio Nacianceno, Epifanio [sic], Atanasio, Agustín, Rufino, Jerome, y los concilios de la iglesia de Laodicea, Hipona y Cartago? Por consiguiente, si la epístola de 2 Pedro tuvo tan firme posición en el canon del siglo IV, entonces quizás la responsabilidad de la prueba debería recaer sobre aquellos que sugieren que no pertenecía allí. ("Authenticity", p. 651, cursivas en el original).

No hay justificación para que los críticos modernos supongan que tales estudiosos antiguos eran crédulos y poco sofisticados. Al contrario, los mismos concilios que aceptaron a 2 Pedro como canónica también rechazaron otras obras que reclamaban a Pedro como su autor (tales como *El evangelio de Pedro, La predicación de Pedro, La enseñanza de Pedro, El apocalipsis de Pedro, Los hechos de Pedro y los doce apóstoles, La epístola de Pedro a Felipe*, y *La carta de Pedro a Santiago*). Dichos concilios reconocieron que 2 Pedro se destacaba claramente de tales falsificaciones como Escrituras divinamente inspiradas.

Las supuestas dificultades históricas planteadas por los críticos no demuestran que 2 Pedro no se pudiera haber escrito durante la vida del apóstol. La referencia a las cartas de Pablo (3:15-16) no se debe forzar para que signifique *todo* lo que Pablo escribió; simplemente habla de esas epístolas de las que Pedro estaba consciente cuando escribió 2 Pedro. Nada en el texto habla de una colección de cartas inspiradas de Pablo ni sugiere que Pedro o sus lectores estaban familiarizados con todas ellas. El hecho de que las cartas de Pablo ya estuvieran circulando entre las iglesias durante su propia vida se clarifica en Colosenses 4:16.

Tampoco es un anacronismo, como algunos acusan, que Pedro se refiera a las cartas inspiradas de Pablo como Escrituras (3:16). Los apóstoles sabían que lo que escribían bajo la inspiración del Espíritu Santo (Jn. 14:26) eran Escrituras a la par con el Antiguo Testamento. Pablo afirmó varias veces estar escribiendo las mismas palabras de Dios. En 1 Corintios 2:13 declaró: "Lo cual también hablamos, no con palabras enseñadas por sabiduría humana, sino con las que enseña el Espíritu, acomodando lo espiritual a lo espiritual", mientras que en 14:37 agregó: "Si alguno se cree profeta, o espiritual, reconozca que lo que os escribo son mandamientos del Señor". Pablo elogió a los tesalonicenses porque cuando recibieron la palabra de Dios que oyeron de parte de él, la recibieron "no como palabra de hombres, sino según es en verdad, la palabra de Dios" (1 Ts. 2:13; cp. 2 Co. 13:3; 1 P. 4:11-12).

Tampoco la evidencia apoya la afirmación de que los falsos maestros a los que

2 Pedro se refiere fueran gnósticos del siglo II. Los elementos de la enseñanza hereje que ellos predicaban eran comunes al siglo I, mientras que las enseñanzas características del gnosticismo del siglo II (p. ej. el dualismo cosmológico, un creador maligno que formó el mundo físico perverso y la salvación por medio de conocimiento secreto) están ausentes de 2 Pedro. Charles Bigg escribe:

> Todas las características de la descripción de los falsos maestros y burladores se encuentran en la era apostólica. Si tenían "ojos llenos de adulterio", eran aquellos en Corinto que defendían el incesto. Si "blasfemaban de las dignidades", eran aquellos que hablaban mal de San Pablo. Ellos profanaban el ágape [la fiesta de amor o el culto de comunión], igual que hacían los corintios. Se mofaban de la Parusía [el regreso de Cristo], y algunos de los corintios negaban que hubiera habido resurrección (*A Critical and Exegetical Commentary on the Epistles of St. Peter and St. Jude*, The International Critical Commentary [Edinburgh, T. & T. Clark, 1902], p. 239).

Segunda de Pedro tampoco analiza los asuntos clave del siglo II (p. ej. el papel de los obispos en el gobierno de la iglesia, el gnosticismo plenamente desarrollado, y el montanismo). La falta de mención en cuestiones concretas del siglo II es especialmente notable en 3:8: "Mas, oh amados, no ignoréis esto: que para con el Señor un día es como mil años, y mil años como un día". Una de las principales creencias del siglo II era el chilianismo, una forma primitiva de premilenialismo. Si 2 Pedro fue escrita en el siglo II, es poco probable que su autor hubiera dejado de mencionar el chilianismo en relación con 3:8.

El autor ya se había identificado como apóstol (1:1), por lo que la referencia a "vuestros apóstoles" (3:2) no puede querer decir que él se excluyera de ese grupo. Puesto que los apóstoles fueron dados por Dios a la Iglesia (cp. 1 Co. 12:28; Ef. 2:20; 4:11-12), era apropiado para Pedro describirlos (incluyéndose él mismo) como "vuestros apóstoles". Los "padres" a los que se refiere 2 Pedro 3:4 no eran la primera generación de cristianos, sino los patriarcas del Antiguo Testamento. Ambos contextos (el diluvio; vv. 5-6) y el uso de la frase "los padres" apoyan tal interpretación. En el Nuevo Testamento (Jn. 6:58; 7:22; Hch. 13:32; Ro. 9:5; 11:28; 15:8; He. 1:1) y en los escritos de los padres apostólicos, esa frase no se refiere a la primera generación de creyentes sino a los patriarcas del Antiguo Testamento.

Tampoco es necesario que la mención de la muerte inminente de Pedro (1:14) se derive de Juan 21:18. Obviamente, Pedro estuvo allí cuando Jesús hizo tal predicción, y la oyó con sus propios oídos.

Mucho se ha hablado de las diferencias de estilo entre las dos epístolas de Pedro. Pero las diferencias no son tan importantes como muchos aseveran con seguridad. El comentarista Joseph Mayor, quien negó que Pedro escribiera 2 Pedro, admitió, sin embargo: "No existe ese abismo entre [1 y 2 Pedro] que algunos podrían tratar de presentar" (citado en D. Edmond Hiebert, *Second of Peter and Jude: An Expositional Commentary* [Greenville, S.C.: Unusual Publications, 1989], p. 12). Tampoco las dos breves epístolas que Pedro escribió proporcionan suficiente material para establecer de manera definitiva su estilo.

Algunos sostienen que el vocabulario de las dos epístolas es tan diferente que el mismo autor no pudo haber escrito ambos libros. No obstante, el porcentaje de palabras comunes en 1 y 2 Pedro es más o menos el mismo porcentaje común en 1 Timoteo y Tito, ambas escritas por Pablo y parecidas en contenido. También es similar a la cantidad de vocabulario común hallado en 1 y 2 Corintios (Kruger, "Authenticity", pp. 656-57).

La diferencia en vocabulario y estilo entre 1 y 2 Pedro se puede explicar en parte por sus diferentes temas: 1 Pedro fue escrita para consolar a quienes padecen persecución, 2 Pedro para advertir del peligro de falsos maestros. A pesar de que no aportan nada al análisis, las diferencias en estilo pueden reflejar que Silvano (Silas) actuó como amanuense de Pedro para 1 Pedro (1 P. 5:12), una costumbre común en la época del apóstol. Bajo la dirección de este, Silvano pudo haberle suavizado la gramática y la sintaxis. No obstante, ya que lo más probable era que Pedro estuviera en la cárcel cuando escribió 2 Pedro (véase "Fecha, lugar de escritura, y destino" más adelante), él quizás no tuvo acceso a un amanuense y por eso tal vez escribió la epístola por mano propia.

La acusación de que 2 Pedro refleja una comprensión de la filosofía helenística más allá de lo que pudiera esperarse que Pedro conociera no solo supone neciamente conocer lo que Pedro en realidad sabía, sino que también pasa por alto la influencia del entorno de Pedro en él. El apóstol nació y se crió en Galilea, la cual incluso en la época de Isaías era conocida como "Galilea de los gentiles" (Is. 9:1). Cerca estaba la región gentil conocida como Decápolis (Mt. 4:25; Mr. 5:20; 7:31). Además, se sabe que muchos de los términos helenísticos que Pedro usaba eran de uso común en su época. El apóstol usaba términos con los que sus lectores estaban familiarizados, sin revestirlos con los matices de significado que los filósofos griegos les daban.

A pesar de las supuestas diferencias en estilo de 1 y 2 Pedro, existen notables similitudes entre los libros. El texto de los saludos en ambas epístolas, "Gracia y paz os sean multiplicadas" (1 P. 1:2; 2 P. 1:2) es idéntico en el griego, y la frase no se encuentra en ninguna otra parte del Nuevo Testamento. Otras palabras comunes a ambos libros pero raras en el resto del Nuevo Testamento incluyen *aretē* ("admirable", "excelencia", "diligencia"; 1 P. 2:9; 2 P. 1:3, 5), *apothesis* ("quitando", "abandonar"; 1 P. 3:21; 2 P. 1:14), *philadelphia* ("amor fraternal" 1 P. 1:22; 2 P. 1:7), *anastrophē* ("manera de vivir", "conducta"; 1 P. 1:15, 18; 2:12; 3:1, 2, 16; 2 P. 2:7; 3:11), y *aselgeia* ("lascivias", "disoluciones", "nefanda conducta", "concupiscencias"; 1 P. 4:3; 2 P. 2:2, 7, 18). Además, 2 Pedro, al igual que 1 Pedro, contiene expresiones semíticas coherentes con la educación judía del apóstol.

Aunque los diferentes temas de cada epístola requerían que Pedro abordara diferentes cuestiones doctrinales, hay sin embargo algo común en la enseñanza. Ambas cartas hablan del mensaje profético de Dios revelado en el Antiguo Testamento (1 P. 1:10-12; 2 P. 1:19-21), del nuevo nacimiento (1 P. 1:23; 2 P. 1:4), de la elección soberana que Dios hace de los creyentes (1 P. 1:2; 2 P. 1:10), de la necesidad de santidad personal (1 P. 2:11-12; 2 P. 1:5-7), del juicio de Dios sobre la inmoralidad (1 P. 4:2-5; 2 P. 2:10-22), de la segunda venida de Cristo (1 P. 4:7, 13; 2 P. 3:4), del juicio a los malvados (1 P. 4:5, 17; 2 P. 3:7), y del señorío de Cristo (1 P. 1:3; 3:15; 2 P. 1:8, 11, 14, 16; 2:20; 3:18).

Solo hay dos posibilidades en cuanto a la autoría de 2 Pedro. O fue escrita por Pedro como se afirma, o se trata de un seudónimo y la obra de un falsificador que se hizo pasar por el apóstol. Si lo último fuera cierto, el autor habría sido un hipócrita y también un mentiroso, un impostor que condena a falsos maestros por ser lo que él mismo era, y por ofrecer severa advertencia acerca del juicio divino.

Por otra parte, si el libro fue escrito por un falsificador es difícil ver cuál era la motivación de este sujeto. Los autores de obras seudónimas por lo general adjuntaban a sus escritos el nombre de una persona prominente para dar credibilidad a sus falsas enseñanzas. Pero 2 Pedro no contiene enseñanza que contradiga el resto del Nuevo Testamento. Puesto que es totalmente ortodoxa, la epístola pudo haber salido fácilmente bajo el propio nombre del autor. Incluso el autor observa que los falsos maestros (a quienes está condenando) rechazaban la autoridad apostólica de Pablo (3:16). Es más, no se impresionaban con ningún tipo de autoridad (2:1, 10). Por consiguiente, una apelación falsificada a la autoridad apostólica no habría añadido mucho al argumento del autor (en especial ya que al hacerlo habría sido culpable de la misma hipocresía que estaba denunciando).

Las obras seudónimas también se escribían a veces porque a las personas les fascinaba saber más acerca de los personajes importantes de la iglesia primitiva. Sin embargo, 2 Pedro no contiene nueva información respecto a Pedro.

Hay muchas otras dificultades con el punto de vista de que 2 Pedro es un seudónimo. Por ejemplo, es difícil explicar la diferencia en estilo entre las dos epístolas, ya que la mayoría de autores seudónimos intentaban copiar el estilo de la persona que fingían ser. Además, un falsificador no habría tenido que hacer que Pedro confesara su incapacidad para entender los escritos de Pablo (3:15-16); los autores seudónimos tendían a glorificar a sus héroes (los declarados "autores") y a exagerarles sus aptitudes. Un autor seudónimo tampoco se habría referido a Pablo como "nuestro amado hermano" (3:15). Los escritos de la iglesia primitiva no hablan del apóstol en términos tan familiares. Por ejemplo, Policarpo se refirió a él como "el bendito y glorioso Pablo" (*Epístola de Policarpo a los Filipenses*, 3.1), Clemente lo llamó "el bendito Pablo" (*1 Clemente*, 47:1), e Ignacio lo describió como "Pablo, quien fue santificado, quien obtuvo un buen informe, quien es digno de toda felicitación; en cuyos pasos de buen grado me encontraría pisando" (*Carta a los efesios*, 12.2).

Algunos sostienen que la escritura de libros seudónimos (llamados falsificaciones piadosas) era una costumbre aceptada. Puesto que todo el mundo sabía que alguien más escribió el libro en nombre del supuesto autor, no había un engaño involucrado. Pero la pregunta obvia es: ¿Qué propósito habría en escribir un documento seudónimo si todo el mundo sabía que se trataba de un seudónimo? En el caso de 2 Pedro, ¿por qué un autor seudónimo habría incluido todas las alusiones a Pedro si sus lectores sabían que Pedro no escribió la epístola?

A pesar de las afirmaciones de algunos eruditos, no hay evidencia de que la iglesia primitiva aceptara la práctica de los seudónimos. Por el contrario, "nadie parece haber aceptado un documento como religioso o filosóficamente normativo que se supiera que es falsificado. No conozco un solo ejemplo... Estamos obligados a admitir que en los círculos cristianos se consideraban los seudónimos como una estrategia deshonrosa que, si se llegaba a descubrir, el documento se rechazaba y al autor, si era conocido, lo vituperaban" (L. R. Donelson, *Pseudepigraphy and Ethical Argument in the Pastoral Epistles* [citado en Thomas R. Schreiner, *1, 2 Peter, Jude*, The New American Commentary (Nashville: Broadman & Holman, 2003), p. 272]).

Desde el principio la Iglesia rechazó documentos falsificados. En 2 Tesalonicenses 2:2, Pablo advirtió a los tesalonicenses: "No os dejéis mover fácilmente de vuestro modo de pensar, ni os conturbéis, ni por espíritu, ni por palabra, ni por carta como si fuera nuestra, en el sentido de que el día del Señor está cerca". Incluso en esa etapa inicial en la historia de la Iglesia, los falsificadores hacían circular cartas que pretendían ser de Pablo para extender así más fácilmente falsa doctrina. De ahí que el apóstol advirtió a sus lectores que no se dejen engañar, y dio pasos para certificar que sus cartas eran verídicas (2 Ts. 3:17; cp. 1 Co. 16:21; Gá. 6:11; Col. 4:18). El obispo que escribió la obra seudónima *Los hechos de Pablo y Tecla* fue retirado del cargo, aunque protestó diciendo que la había escrito por amor al apóstol y con deseos de honrarlo (Tertuliano, *On Baptism, XVII; The Ante-Nicene Fathers*, vol. 3 [reimpresión; Grand Rapids: Eerdmans, 1973], p. 677). El canon muratorio, una lista del siglo II de los libros del Nuevo Testamento, rechazó dos cartas falsas que pretendían ser escritas por Pablo, "ya que no es apropiado que el veneno se mezcle con la miel" (citado en F. F. Bruce, *The Canon of Scripture* [Downers Grove, Ill.: InterVarsity, 1988], p. 160). Por ese mismo tiempo Serapión, el obispo de Antioquía, ofreció la siguiente explicación por rechazar el falso *Evangelio de Pedro:* "Nosotros, hermanos, recibimos a Pedro y a los demás apóstoles como al mismo Cristo. Pero rechazamos esos escritos que falsamente llevan su nombre, ya que estamos familiarizados con los apóstoles, y también sabemos que no ha llegado hasta nosotros tal legado" (citado en Eusebio, *Historia eclesiástica,* 6.12).

El Nuevo Testamento dio mucha importancia a la veracidad (cp. Jn. 19:35; Ro. 3:7; 1 Co. 13:6; 2 Co. 4:2; 7:14; 13:8; Ef. 4:15, 25; 5:9; Col. 3:9; 1 Ti. 2:7; 3:15). El Espíritu Santo, el "Espíritu de verdad" (Jn. 14:17; 15:26; 16:13; 1 Jn. 5:6), nunca pudo haber inspirado una falsificación. Por tanto, la iglesia primitiva rechazó con toda razón tales obras. Si 2 Pedro hubiera sido una falsificación, también la habrían rechazado.

Por eso, a pesar del escepticismo y las dudas de los críticos modernos, la mejor respuesta a la pregunta de quién escribió 2 Pedro es: "Simón Pedro, siervo y apóstol de Jesucristo" (1:1).

FECHA, LUGAR DE ESCRITURA, Y DESTINO

Según la tradición, a Pedro lo martirizaron casi al final de la persecución que hizo Nerón. Puesto que Nerón murió en el 68 d.C., la muerte de Pedro debió haber ocurrido antes de ese tiempo. Según parece, 2 Pedro se debió escribir poco antes de la muerte del apóstol (1:14), quizás en el 67 o 68 d.C. Pedro no informa dónde se hallaba cuando escribió esta epístola. Pero ya que su muerte era inminente, y que fue martirizado en Roma, es probable que la escribiera estando allí preso. A diferencia de la primera epístola, 2 Pedro no menciona a sus destinatarios. Sin embargo, puesto que esta era la segunda carta que les había escrito (3:1), probablemente se trataba de las mismas personas (o al menos de algunas de las mismas personas) a las que fue dirigida 1 Pedro, creyentes que vivían en "Ponto, Galacia, Capadocia, Asia y Bitinia" (1 P. 1:1), provincias ubicadas en Asia Menor (la actual Turquía).

OCASIÓN

Pedro escribió su primera epístola con el fin de consolar e instruir a los creyentes que se enfrentaban a la amenaza externa de persecución. El apóstol se refiere en esta segunda carta a la amenaza aún más mortal de los falsos maestros que surgirían dentro de la iglesia. Advirtió a los creyentes que estuvieran alerta contra las mentiras engañosas de los falsos maestros. La vívida e incisiva descripción de los herejes y apóstatas que él hace solo es comparable a la de Judas.

Pedro no identificó una herejía específica. Según se indicó antes en "Autor" en la introducción a 1 Pedro, a esta herejía le faltaban las características del gnosticismo del siglo II. Fueran quienes fueran estos herejes, eran como muchos otros que han negado a Cristo (2:1); que han retorcido las Escrituras, incluso los escritos de Pablo (3:15-16); que se han ido tras "fábulas artificiosas" (1:16) de "herejías destructoras" (2:1); que se han burlado de la segunda venida de Cristo (3:4) y del juicio venidero (3:5-7); que han practicado inmoralidad (2:2, 13-14, 19); que han despreciado la autoridad (2:10); que han sido arrogantes y vanos (2:18); y que han buscado ganancia material (2:3, 14). Segunda de Pedro no solo sirve como un reproche muy necesario hacia los falsos maestros de la época del apóstol, sino que también presenta características comunes a los falsos maestros de todos los tiempos. A causa de la maldad de vida que fluye de la doctrina hereje, Pedro se enfocó más en la conducta piadosa que en las enseñanzas específicas que los herejes propagaban. El Señor Jesucristo manifestó estas palabras:

> *Por sus frutos los conoceréis. ¿Acaso se recogen uvas de los espinos, o higos de los abrojos? Así, todo buen árbol da buenos frutos, pero el árbol malo da frutos malos. No puede el buen árbol dar malos frutos, ni el árbol malo dar frutos buenos. Todo árbol que no da buen fruto, es cortado y echado en el fuego. Así que, por sus frutos los conoceréis (Mt. 7:16-20).*

BOSQUEJO

Saludo (1:1-2)

I. Evitemos la falsa enseñanza comprendiendo la salvación (1:3-11)
   A. La salvación la sustenta el poder de Dios (1:3-4)
   B. La confirman las gracias cristianas (1:5-7)
   C. Resulta en abundante recompensa (1:8-11)
II. Evitemos la falsa enseñanza comprendiendo las Escrituras (1:12-21)
   A. Estas se confirman por el testimonio apostólico (1:12-18)
   B. Son inspiradas por el Espíritu Santo (1:19-21)
III. Evitemos la falsa enseñanza descubriendo a los falsos maestros (2:1-22)
   A. Su infiltración (2:1-3)
   B. Su juicio (2:4-10*a*)
   C. Su atrevimiento (2:10*b*-13a)
   D. Su impureza (2:13*b*-17)
   E. Su influencia (2:18-22)
IV. Evitemos la falsa enseñanza comprendiendo el futuro (3:1-18)
   A. La certeza del día del Señor (3:1-10)
   B. Las implicaciones prácticas del día del Señor (3:11-18)

La fe preciosa del creyente. Primera parte: Origen, sustancia y suficiencia

25

Simón Pedro, siervo y apóstol de Jesucristo, a los que habéis alcanzado, por la justicia de nuestro Dios y Salvador Jesucristo, una fe igualmente preciosa que la nuestra: Gracia y paz os sean multiplicadas, en el conocimiento de Dios y de nuestro Señor Jesús. Como todas las cosas que pertenecen a la vida y a la piedad nos han sido dadas por su divino poder, mediante el conocimiento de aquel que nos llamó por su gloria y excelencia, por medio de las cuales nos ha dado preciosas y grandísimas promesas, para que por ellas llegaseis a ser participantes de la naturaleza divina, habiendo huido de la corrupción que hay en el mundo a causa de la concupiscencia; (1:1-4)

John Murray, uno de los principales teólogos reformados del siglo XX, escribió lo siguiente acerca del profundo y superlativo significado de la expiación:

> El Padre no escatimó a su propio Hijo. No perdonó nada que exigieran los dictados de la rectitud constante. Y es el trasfondo del consentimiento de su Hijo lo que oímos cuando Él declara: "Pero no se haga mi voluntad, sino la tuya" (Lc. 22:42). ¿Por qué? Fue para que el amor eterno e invencible pudiera hallar la plena comprensión de su deseo y propósito en la redención por medio del precio y del poder. El espíritu del Calvario es el amor eterno, y la base de la justicia eterna. Es el mismo amor manifestado en el misterio de la agonía en Getsemaní y el árbol maldito del Calvario que envuelven seguridad eterna alrededor del pueblo de Dios. "El que no escatimó ni a su propio Hijo, sino que lo entregó por todos nosotros, ¿cómo no nos dará también con él todas las cosas?" (Ro. 8:32). "¿Quién nos separará del amor de Cristo? ¿Tribulación, o angustia, o persecución, o hambre, o desnudez, o peligro, o espada?" (Ro. 8:35). "Por lo cual estoy seguro de que ni la muerte, ni la vida, ni ángeles, ni principados, ni potestades, ni lo presente, ni lo por venir, ni lo alto, ni lo profundo, ni ninguna otra cosa creada nos podrá

separar del amor de Dios, que es en Cristo Jesús Señor nuestro" (Ro. 8:38, 39). Esa es la seguridad que una perfecta expiación ratifica, y es la perfección de la expiación la que la afirma (*Redemption—Accomplished and Applied* [Grand Rapids: Eerdmans, 955], p. 78).

Sin lugar a dudas, la redención divina de los pecadores, a fin de dar vida eterna por medio de la obra expiatoria de su Hijo Jesucristo, es el regalo más precioso de Dios para todos los que creen. Con la certeza de la salvación a la vista, Pedro empieza su segunda carta enriqueciendo a sus lectores respecto a tres grandes verdades acerca de la salvación: su origen, su sustancia y su suficiencia.

ORIGEN DE LA SALVACIÓN

Simón Pedro, siervo y apóstol de Jesucristo, a los que habéis alcanzado, por la justicia de nuestro Dios y Salvador Jesucristo, una fe igualmente preciosa que la nuestra: (1:1)

Según la costumbre de la época, el apóstol empezó su epístola con un saludo tradicional, identificándose adecuadamente como el autor. **Simón,** la forma griega del hebreo "Simeón", el padre de una de las doce tribus de Israel, era un nombre judío común (cp. Mt. 13:55; 26:6; 27:32; Hch. 1:13; 8:9; 9:43). **Pedro** es la forma de una palabra griega que significa "roca" (Cefas es su equivalente arameo; véase Jn. 1:42; 1 Co. 1:12; 3:22; 9:5; 15:5; Gá. 1:18; 2:9, 11, 14). El apóstol usó ambos nombres con el fin de asegurarse que los destinatarios de la carta supieran exactamente de parte de quién venía el escrito.

Al identificarse como **siervo,** Pedro se puso con humildad y gratitud en la posición de sumisión, deber y obediencia. Algunos de los más grandes líderes en la historia de la redención usaron el título de *siervo* (p. ej., *Moisés,* Dt. 34:5; Sal. 105:26; Mal. 4:4; *Josué,* Jos. 24:29; *David,* 2 S. 3:18; Sal. 78:70; *todos los profetas,* Jer. 44:4; Am. 3:7; *Pablo,* Ro. 1:1; Fil. 1:1; Tit. 1:1; *Santiago,* Stg. 1:1; *Judas,* Jud. 1), y con el tiempo se convirtió en una designación adecuada para todo creyente (cp. 1 Co. 7:22; Ef. 6:6; Col. 4:12; 2 Ti. 2:24). En los días de Pedro, llamarse por voluntad propia **siervo** (*doulos,* "esclavo") era rebajarse gravemente en medio de una cultura en la que a los esclavos se les consideraba no mejores que los animales. Aunque esa práctica podría haber sido socialmente humillante, era espiritualmente honorable. Era reconocer que se tenía el deber de obedecer al amo, sin importar el costo. Del sentido en que esto se aplica a los cristianos, William Barclay explica:

> (i) Llamar al cristiano [*doulos*] de Dios quiere decir que es su posesión inalienable. En el mundo antiguo el amo poseía sus esclavos de la

misma manera que poseía sus herramientas. Un siervo podía cambiar de amo; pero un esclavo no. El cristiano pertenece inalienablemente a Dios.

(ii) El llamar al cristiano [*doulos*] de Dios quiere decir que está incondicionalmente a su disposición. En el mundo antiguo, el amo podía hacer lo que quisiera con su esclavo; tenía hasta poder de vida o muerte sobre él. El cristiano no tiene derechos propios porque se los ha rendido a Dios.

[(iii)] Llamar al cristiano el *doulos* de Dios quiere decir que le debe una incuestionable obediencia. La ley antigua era tal que la orden de un amo era la única ley del esclavo. Incluso si a un esclavo se le ordenaba hacer algo que violaba la ley, no podía protestar, porque en cuanto a él se refería, la orden de su amo era la ley. En cualquier situación, el cristiano solo tiene una pregunta para hacer: "Señor, ¿qué quieres que yo haga?" La orden de Dios es su única ley.

[(iv)] El llamar al cristiano [*doulos*] de Dios quiere decir que debe estar constantemente a su servicio. En el mundo antiguo el esclavo no tenía literalmente tiempo propio, ni vacaciones, ni ocio. Todo su tiempo pertenecía a su amo. El cristiano no puede, ni deliberada ni inconscientemente, programar su vida con las horas y las actividades que pertenecen a Dios, y las horas y actividades en las que puede hacer lo que quiera. El cristiano es necesariamente una persona cuyos momentos todos está al servicio de Dios (William Barclay, *Comentario al Nuevo Testamento* [Barcelona: Editorial Clie, 1999], p. 1015; cursivas en el original).

Aunque Pedro se veía humildemente como siervo, también se presentó con nobleza como un **apóstol de Jesucristo,** alguien oficialmente enviado por el mismo Cristo como testigo divinamente comisionado del Señor resucitado, con autoridad para proclamar la verdad de Cristo (Mt. 10:1; Mr. 3:13; 16:20; Lc. 6:13; Hch. 1:2-9, 22; 1 Co. 9:1; 1 Jn. 1:1; cp. Mt. 28:19-20; Jn. 14:26; 16:13). Al presentarse en estos términos, Pedro establece un modelo para todos aquellos en el liderazgo espiritual: el anonimato sumiso y sacrificial de un esclavo, combinado con la dignidad, el significado y la autoridad de un apóstol.

El apóstol envió esta carta **a los** mismos cristianos que recibieron la primera. Ellos formaban parte de los elegidos de Dios esparcidos en las regiones gentiles de "Ponto, Galacia, Capadocia, Asia y Bitinia" (1 P. 1:1). Tales creyentes eran gentiles en su mayoría, pero sin duda alguna también había judíos cristianos entre los destinatarios de la epístola, la cual es muy probable que Pedro escribiera en el año 67 o 68 d.C., casi un año después de escribir su primera carta (para más detalles, véase la introducción a 2 Pedro).

La manera en que Pedro describió a sus lectores es teológicamente rica, aunque breve, y señala hacia la fuente divina de salvación. **Habéis alcanzado** implica que la salvación de los creyentes es un regalo. El verbo (*lagchanō*) significa "obtenido por voluntad divina" o "entregado por medio de asignación" (como en la práctica bíblica de echar suertes para conocer la voluntad de Dios; cp. Lv. 16:8-10; Jos. 7:14; 1 S. 14:38-43; 1 Cr. 25:8-31; Pr. 16:33; 18:18; Jon. 1:7; Hch. 1:16-26). Es evidente que se refiere a algo que no se consigue por esfuerzo humano o que se basa en la dignidad personal, sino que emana del propósito soberano de Dios. Los lectores de Pedro recibieron **fe** debido a que Dios en su gracia se la había querido dar (cp. Hch. 11:15-17; Gá. 3:14; Ef. 1:13; Fil. 1:29).

Una fe podría significar aquí *la* fe objetiva, como en las doctrinas de la fe cristiana, o podría denotar creencia subjetiva. Pero lo mejor es entenderla en este contexto sin el artículo definido (en contraste a Judas 3) como fe subjetiva, el poder del cristiano para creer el evangelio de salvación. Aunque creer en el evangelio se ordena a todos, de modo que todos son responsables por su obediencia o desobediencia (y en ese sentido este es el lado humano de la salvación), Dios aún debe conceder sobrenaturalmente a los pecadores la habilidad y el poder de creer para salvación (Ef. 2:8-9; cp. 6:23; Ro. 12:3; 1 Co. 2:5). Pedro comenzó su primera epístola escribiendo acerca de la decisión y la elección divina en la salvación, mientras que aquí se refiere a la respuesta humana de fe. La soberanía de Dios y la responsabilidad humana forman los elementos esenciales de la salvación. Solo cuando el Espíritu Santo aviva el alma muerta de alguien en respuesta a escuchar o leer el evangelio, a esto se llama fe salvadora iniciada de modo que el pecador pueda aceptar la redención (cp. Hch. 11:21; 16:14).

Otra evidencia de que la fe aquí es subjetiva viene de la descripción que Pedro hace de la fe de sus lectores como **igualmente preciosa que la nuestra.** La palabra traducida **igualmente** (*isotimon*) significa "del mismo valor", o "de igual privilegio". Designa aquello que es igual en rango, posición, honor, prestigio, precio o valor. Esto no tendría sentido si se refiriera al objeto de la verdad del evangelio, ya que esa verdad no tiene igual. Cada creyente ha recibido fe como un don personal, una fe que es la misma en naturaleza, el precioso regalo de Dios que produce iguales privilegios espirituales en salvación para todos los que la reciben (cp. Jn. 17:20; Hch. 11:15-17; 13:39). Dentro de los fieles, Dios no ve distinciones entre cristianos; como Pablo escribió: "Ya no hay judío ni griego; no hay esclavo ni libre; no hay varón ni mujer; porque todos vosotros sois uno en Cristo Jesús" (Gá. 3:28; cp. v. 26; Ro. 10:12-13).

Todos los elegidos han recibido como un don la fe que salva. Efesios 2:8-9 declara: "Porque por gracia sois salvos por medio de la fe; y esto no de vosotros, pues es don de Dios; no por obras, para que nadie se gloríe". Estos versículos tienen profundo significado y aplicación trascendental.

> Nuestra respuesta en la salvación es **la fe,** pero ni siquiera esto es **de nosotros, pues es don de Dios.** La **fe** no es algo que ejercemos en nuestro propio poder o con nuestros propios recursos. En primer lugar, no *tenemos* poder ni recursos adecuados para ello. Además de esto, Dios preferiría que no confiásemos en tales cosas aun si las tuviéramos. De otro modo la salvación sería en parte por nuestras propias **obras,** y tendríamos alguna razón para jactarnos de nosotros mismos. Pablo se propone hacer énfasis en que hasta **la fe** es ajena para nosotros mientras no sea dada por Dios.
>
> Algunos han objetado esta interpretación diciendo que **la fe** (*pistis*) tiene declinación femenina, mientras que **esto** (*touto*) es neutro. Lo cierto es que no hay problema en ello mientras se entienda que la palabra **esto** no se refiere con exactitud al sustantivo **fe** sino al acto de creer. Además, esta interpretación pone el mejor sentido al texto porque si **esto** se refiere a **por gracia sois salvos** (es decir, a la declaración completa), la adición de **y esto no de vosotros, pues es don de Dios** sería redundante, porque gracia se define como un acto que Dios realiza a nuestro favor sin merecerlo. Si la salvación es por gracia, tiene que ser un regalo inmerecido de Dios. **La fe** es presentada como un regalo de Dios en 2 Pedro 1:1, Filipenses 1:29 y Hechos 3:16…
>
> Al aceptar la obra consumada de Cristo a nuestro favor, actuamos por la **fe** suministrada por la **gracia** de Dios. Ese es el acto supremo de fe humana, el acto que a pesar de ser nuestro, tiene su razón de ser en Dios porque es su **don** dado a nosotros **por gracia.** Cuando una persona se ahoga y deja de respirar, no hay nada que pueda hacer en absoluto. Para que pueda respirar de nuevo es indispensable que otra persona le inicie la respiración. Una persona que está muerta espiritualmente no puede tan siquiera tomar una decisión de fe a no ser que Dios primero le infunda el aliento de vida espiritual. La **fe** es el simple acto de respirar el oxígeno suministrado por la **gracia** de Dios. Por esa razón somos responsables de ejercerla y también de las consecuencias que trae el no hacerlo (cp. Jn. 5:40) (John MacArthur, *Comentario MacArthur del Nuevo Testamento: Gálatas, Efesios* [Grand Rapids: Portavoz, 2010], pp. 86-87).

Lo más probable es que Pedro usa el pronombre **nuestra** porque tenía en mente el conflicto entre judíos y gentiles en la Iglesia. El libro de Hechos registra que el apóstol estaba muy relacionado con ese tema en los primeros días de la Iglesia. Él explicó a hermanos judíos separatistas su encuentro con la casa del gentil Cornelio:

> *Entonces comenzó Pedro a contarles por orden lo sucedido, diciendo: Estaba yo en la ciudad de Jope orando, y vi en éxtasis una visión; algo semejante a un gran*

lienzo que descendía, que por las cuatro puntas era bajado del cielo y venía hasta mí. Cuando fijé en él los ojos, consideré y vi cuadrúpedos terrestres, y fieras, y reptiles, y aves del cielo. Y oí una voz que me decía: Levántate, Pedro, mata y come. Y dije: Señor, no; porque ninguna cosa común o inmunda entró jamás en mi boca. Entonces la voz me respondió del cielo por segunda vez: Lo que Dios limpió, no lo llames tú común. Y esto se hizo tres veces, y volvió todo a ser llevado arriba al cielo. Y he aquí, luego llegaron tres hombres a la casa donde yo estaba, enviados a mí desde Cesarea. Y el Espíritu me dijo que fuese con ellos sin dudar. Fueron también conmigo estos seis hermanos, y entramos en casa de un varón, quien nos contó cómo había visto en su casa un ángel, que se puso en pie y le dijo: Envía hombres a Jope, y haz venir a Simón, el que tiene por sobrenombre Pedro; él te hablará palabras por las cuales serás salvo tú, y toda tu casa. Y cuando comencé a hablar, cayó el Espíritu Santo sobre ellos también, como sobre nosotros al principio. Entonces me acordé de lo dicho por el Señor, cuando dijo: Juan ciertamente bautizó en agua, mas vosotros seréis bautizados con el Espíritu Santo. Si Dios, pues, les concedió también el mismo don que a nosotros que hemos creído en el Señor Jesucristo, ¿quién era yo que pudiese estorbar a Dios? (Hch. 11:4-17; cp. 10:1-48).

Pedro reiteró en el concilio de Jerusalén la verdad de que Dios no tiene favoritos en cuanto a la salvación y a los privilegios espirituales de judíos y gentiles:

Pero algunos de la secta de los fariseos, que habían creído, se levantaron diciendo: Es necesario circuncidarlos, y mandarles que guarden la ley de Moisés. Y se reunieron los apóstoles y los ancianos para conocer de este asunto. Y después de mucha discusión, Pedro se levantó y les dijo: Varones hermanos, vosotros sabéis cómo ya hace algún tiempo que Dios escogió que los gentiles oyesen por mi boca la palabra del evangelio y creyesen. Y Dios, que conoce los corazones, les dio testimonio, dándoles el Espíritu Santo lo mismo que a nosotros; y ninguna diferencia hizo entre nosotros y ellos, purificando por la fe sus corazones. Ahora, pues, ¿por qué tentáis a Dios, poniendo sobre la cerviz de los discípulos un yugo que ni nuestros padres ni nosotros hemos podido llevar? Antes creemos que por la gracia del Señor Jesús seremos salvos, de igual modo que ellos (Hch. 15:5-11).

Por tanto, no debería sorprender que Pedro se refiriera aquí a esa misma verdad. Entre sus elegidos Dios no tiene favoritismos basados en origen étnico; Él brinda a todos los cristianos la misma fe salvadora con todos sus privilegios (cp. Ef. 2:11-18; 4:5).

La fe salvadora de los creyentes está disponible debido a **la justicia de... Jesucristo.** Los pecadores reciben vida eterna porque el Salvador les atribuye su **justicia** perfecta (2 Co. 5:21; Fil. 3:8-9; 1 P. 2:24), cubriéndoles sus pecados y haciéndolos aceptables ante Él. Romanos 4:4-8 declara:

Pero al que obra, no se le cuenta el salario como gracia, sino como deuda; mas al que no obra, sino cree en aquel que justifica al impío, su fe le es contada por justicia. Como también David habla de la bienaventuranza del hombre a quien Dios atribuye justicia sin obras, diciendo: Bienaventurados aquellos cuyas iniquidades son perdonadas, y cuyos pecados son cubiertos. Bienaventurado el varón a quien el Señor no inculpa de pecado (cp. Hch. 13:38-39).

Esta doctrina tan importante de la justicia atribuida está en el mismo corazón del evangelio cristiano. La salvación es un regalo de parte de Dios en todos los aspectos. Tanto la fe para creer como la justicia para satisfacer la santidad de Dios provienen de Él. Cristo llevó en la cruz la ira de Dios contra todos los pecados de aquellos que habrían de creer (2 Co. 5:18-19). Tales pecados fueron imputados a Cristo para que Dios pudiera imputar a los creyentes toda la justicia que era de Él. Su justicia cubre por completo a los redimidos, tal como lo expresó de manera hermosa el profeta Isaías: "En gran manera me gozaré en Jehová, mi alma se alegrará en mi Dios; porque me vistió con vestiduras de salvación, me rodeó de manto de justicia, como a novio me atavió, y como a novia adornada con sus joyas" (Is. 61:10).

Cabe señalar que Pedro no se refiere aquí a Dios **nuestro** Padre sino a **nuestro Dios y Salvador Jesucristo.** Aquí la justicia procede del Padre, pero alcanza a todo creyente a través del Hijo, Jesucristo (cp. Gá. 3:8-11; Fil. 3:8-9). La construcción griega pone un solo artículo antes de la frase **Dios y Salvador,** lo cual hace que ambos términos se refieran a la misma persona. Por tanto, Pedro identifica a Jesús, no solo como Salvador sino también como Dios (cp. 1:11; 2:20; 3:2, 18; Is. 43:3, 11; 45:15, 21; 60:16; Ro. 9:5; Col. 2:9; Tit. 2:13; He. 1:8), el autor e instrumento de la salvación. El apóstol clarificó la misma relación en su sermón de Pentecostés en que tomó la verdad de Dios del Antiguo Testamento y la aplicó a Jesús (Hch. 2:21-36; cp. Mt. 1:21; Hch. 4:12; 5:31).

SUSTANCIA DE LA SALVACIÓN

Gracia y paz os sean multiplicadas, en el conocimiento de Dios y de nuestro Señor Jesús. (1:2)

En la versión de Pedro de este saludo familiar recuerda a sus lectores que los verdaderos santos viven en el reino de **gracia y paz,** tal como el apóstol Pablo enseñó a los cristianos romanos: "Justificados, pues, por la fe, tenemos paz para con Dios por medio de nuestro Señor Jesucristo; por quien también tenemos entrada por la fe a esta gracia en la cual estamos firmes, y nos gloriamos en la esperanza de la gloria de Dios" (Ro. 5:1-2). Dios quiere que la sustancia de la salvación de **gracia y paz sean multiplicadas,** es decir, que llegue a sus hijos en raudales interminables y abundantes. Declaraciones similares llenan las epístolas (p. ej., 1 Co. 1:3; 2 Co. 1:2; Gá. 1:3; Ef. 1:2). La **gracia** (*charis*) es un favor gratuito e inmerecido de parte de Dios hacia los pecadores, que otorga a quienes creen en el evangelio perdón total y eterno a través del Señor Jesucristo (Ro. 3:24; Ef. 1:7; Tit. 3:7). **Paz** (*eirēnē*) con Dios y de parte de Él en todas las circunstancias de la vida es el efecto de la gracia (Ef. 2:14-15; Col. 1:20), que se deriva del perdón que Dios ha concedido a todos los elegidos (cp. Sal. 85:8; Is. 26:12; 2 Ts. 3:16). "Gracia sobre gracia" (Jn. 1:16) es una expresión que define el flujo ilimitado de favor divino, mientras que la paz viene con tal plenitud que es divina y está más allá del entendimiento humano (Jn. 14:27; Fil. 4:7). Los creyentes reciben **gracia** incomparable por cada pecado (Sal. 84:11; Hch. 4:33; 2 Co. 9:8; 12:9; He. 4:16) y **paz** abundante por cada prueba (Jn. 14:27; 16:33).

Toda esta gracia y paz vienen **en** (a través de) **el conocimiento de Dios y de nuestro Señor Jesús.** Estos elementos no están disponibles para quienes no conocen ni aceptan de todo corazón el evangelio. **Conocimiento** (*epignōsis*; cp. 1:8; 2:20) es una forma reforzada de la palabra griega básica para "conocimiento" (*gnōsis;* cp. 1:5, 6; 3:18). Transmite la idea de una sabiduría plena y abundante a través del conocimiento en que participa cierto grado de entendimiento íntimo acerca de un tema específico (cp. Ro.3:20; 10:2; Ef. 1:17). La sustancia de la salvación de alguien es este tipo de conocimiento racional y objetivo de Dios por medio de su Palabra (cp. Jn. 8:32; 14:6; 17:17; 2 Jn. 2). Este concepto fundamental del conocimiento pertenecía ante todo al Antiguo Testamento (cp. Éx. 5:2; Jue. 2:10; 1 S. 2:12; Pr. 2:5; Os. 2:20; 5:4). Pablo usó a menudo la misma palabra en relación con la verdad divina (Ef. 1:17; 4:13; Fil. 1:9; Col. 1:9, 10; 2:2; 3:10; 1 Ti. 2:4; 2 Ti. 2:25; 3:7; Tit. 1:1). El conocimiento que produce salvación no se deriva de sentimientos, intuición, emoción o experiencia personal sino únicamente de la verdad revelada y basada en el evangelio predicado en la Palabra y procedente de ella: "Así que la fe es por el oír, y el oír, por la palabra de Dios" (Ro. 10:17; cp. v. 14).

La salvación requiere un conocimiento verdadero de la persona y la obra de Jesucristo (cp. Gá. 2:20; Fil. 3:10). Involucra no el simple conocimiento de la verdad *acerca de* Él sino *conocerlo* de veras por medio de la verdad de su Palabra (cp. Jn. 20:30-31; 21:24; 2 Ti. 3:15-17; 1 Jn. 5:11-13). De ahí que Pedro concluyera esta carta exhortando a sus lectores creyentes, quienes ya poseían tal **conocimiento** salvador para crecer "en la gracia y el conocimiento de nuestro Señor y Salvador Jesucristo" (3:18). Conocer al Señor al ser salvos es el punto de partida. El resto de la vida del creyente es una búsqueda de mayor conocimiento de la gloria y la gracia del Señor. Pablo manifestó que esa era su búsqueda apasionada, "a fin de conocerle, y el poder de su resurrección, y la participación de sus padecimientos, llegando a ser semejante a él en su muerte" (Fil. 3:10). El apóstol también dejó en claro que estar consumido con la gloria de su Señor era el medio por el cual el Espíritu Santo lo transformó en la semejanza a Cristo (2 Co. 3:18).

SUFICIENCIA DE LA SALVACIÓN

Como todas las cosas que pertenecen a la vida y a la piedad nos han sido dadas por su divino poder, mediante el conocimiento de aquel que nos llamó por su gloria y excelencia, por medio de las cuales nos ha dado preciosas y grandísimas promesas, para que por ellas llegaseis a ser participantes de la naturaleza divina, habiendo huido de la corrupción que hay en el mundo a causa de la concupiscencia; (1:3-4)

En 2 Corintios 9:8 el apóstol Pablo hace una asombrosa declaración acerca de la abrumadora y generosa suficiencia de la salvación de Dios: "Poderoso es Dios para hacer que abunde en vosotros toda gracia, a fin de que, teniendo siempre en todas las cosas todo lo suficiente, abundéis para toda buena obra". La palabra traducida "suficiente" (*autarkeia*) se refiere a autosuficiencia, lo que significa tener todo lo necesario. Además significa ser independiente de circunstancias externas y de lo que las fuentes externas pueden proveer. Los recursos espirituales de los creyentes, proporcionados generosamente por la gracia divina, son suficientes para satisfacer las demandas de la vida (Fil. 4:19; cp. 2 Cr. 31:10).

Pero a pesar de la revelación de Dios en cuanto a su tremenda generosidad (cp. 1 Cr. 29:10-14), a menudo los cristianos creen que de alguna manera Él fue tacaño en la dispensación de su gracia. Dios puede haberles dado suficiente gracia para permitirles la justificación (Ro. 3:24), pero no suficiente para la santificación. O a su vez a algunos creyentes les han enseñado que recibieron suficiente gracia para la justificación y la santificación, pero no suficiente para la glorificación, y por tanto temen perder la salvación. Incluso si creen que hay suficiente gracia para la glorificación final, muchos cristianos aún sienten que no hay suficiente para poder tratar con los problemas y pruebas de sus vidas. Sin embargo, no existe razón alguna para que algún creyente dude de la suficiencia de la gracia de Dios o para que busque recursos espirituales en otra parte (cp. Éx. 34:6; Sal. 42:8; 84:11; 103:11; 107:8; 121:1-8; Lm. 3:22-23; Jn. 1:16; 10:10; Ro. 5:15, 20-21; 8:16-17, 32; 1 Co. 2:9; 3:21-23; Ef. 1:3-8; 2:4-7; 3:17-19; 1 P. 5:7). Pablo amonestó a los colosenses:

> *Mirad que nadie os engañe por medio de filosofías y huecas sutilezas, según las tradiciones de los hombres, conforme a los rudimentos del mundo, y no según Cristo. Porque en él habita corporalmente toda la plenitud de la Deidad, y vosotros estáis completos en él, que es la cabeza de todo principado y potestad (Col. 2:8-10).*

Jesús comparó a la salvación con una fiesta de bodas: "El reino de los cielos es semejante a un rey que hizo fiesta de bodas a su hijo... He aquí, he preparado mi comida; mis toros y animales engordados han sido muertos, y todo está dispuesto; venid a las bodas" (Mt. 22:2, 4; cp. Lc. 15:17-24; Ap. 19:6-9). Él usó esa analogía porque en la cultura judía del siglo I la fiesta de bodas representaba una celebración generosa. De igual manera, cuando Jesús redimió a los suyos Dios dispensó con generosidad a través de la morada del Espíritu Santo toda la gracia y recursos espirituales (Ro. 12:5-8; 1 Co. 12:8-10; Ef. 3:20-21) que los creyentes necesitarían. Pedro recordó a sus lectores cuatro componentes esenciales de la realidad de la salvación suficiente a su disposición: poder divino, provisión divina, adquisición divina y promesas divinas.

PODER DIVINO

nos han sido dadas por su divino poder, (1:3*b*)

Cualquiera que sea la suficiencia espiritual que tengan los creyentes, esta no se debe a ningún poder que posean dentro de sí mismos (cp. Mt. 19:26; Ro. 9:20-21; Ef. 1:19; Fil. 3:7-11; 1 Ti. 1:12-16; Tit. 3:5) sino que se deriva del **divino poder.** Pablo lo expresó de esta manera: "Al que puede hacer muchísimo más que todo lo que podamos imaginarnos o pedir, por el poder que obra eficazmente en nosotros" (Ef. 3:20, NVI). El **poder** que actúa en los creyentes es de la misma naturaleza divina del que resucitó a Cristo (cp. Ro. 1:4; 1 Co. 6:14; 15:16-17; 2 Co. 13:4; Col. 2:12). Ese poder permite a los santos hacer obras que agradan y glorifican a Dios (cp. 1 Co. 3:6-8; Ef. 3:7), así como lograr propósitos espirituales que ellos ni siquiera pueden imaginarse (véase otra vez Ef. 3:20).

El pronombre posesivo **su** se refiere al Señor Jesús. Si el pronombre personal modificara a Dios, es probable que Pedro no hubiera usado la palabra descriptiva **divino,** ya que la deidad está intrínseca en el nombre de Dios. El uso que el apóstol hace de **divino** con relación al Hijo resalta que Jesús es verdaderamente Dios (cp. Jn. 10:30; 12:45; Fil. 2:6; Col. 1:16; 2:9; He. 1:3) y además refuta cualquier duda persistente que algunos lectores puedan haber tenido respecto a esa realidad (cp. 1 Jn. 5:20). Pedro mismo había sido testigo del poder divino de Cristo (1:16; cp. Mr. 5:30; Lc. 4:14; 5:17).

La provisión de poder espiritual (bendiciones espirituales) que Dios hace a los creyentes nunca se corta. Ellos podrían distanciarse de la fuente divina por medio del pecado, o no ministrar y no utilizar lo que está disponible, pero desde el momento en que experimentan fe en Jesucristo, tales bendiciones espirituales les **han sido dadas** por parte de Dios para fortalecerlos. **Han sido dadas** (*dedōrēmenēs*) es un pasivo perfecto, que significa que en el pasado, con resultados continuos en el presente, Dios otorgó de manera permanente su poder a los creyentes.

PROVISIÓN DIVINA

Como todas las cosas que pertenecen a la vida y a la piedad (1:3*a*)

A causa de sus constantes pecados y fracasos como cristianos, a muchos de ellos les resulta difícil no pensar en que incluso después de la salvación se ha perdido algo en el proceso de santificación. Esta incorrecta idea hace que los creyentes busquen "segundas bendiciones", "bautismos espirituales", lenguas, experiencias místicas, visiones psicológicas especiales, revelaciones privadas, "autocrucifixión", la "vida más profunda", emociones aumentadas, ataduras de demonios, y combinaciones de varias de estas características en un intento por lograr lo que supuestamente se ha perdido de sus recursos espirituales. Toda clase de ignorancia y tergiversación de las Escrituras acompaña a esas actividades insensatas, que en sus raíces corruptas son fallas en entender exactamente lo que Pedro afirma aquí. Los cristianos han recibido **todas las cosas** en forma del poder divino que se necesita con el fin de prepararlos para la santificación, no les falta nada en absoluto. En vista de tal realidad, el Señor responsabiliza a todos los creyentes por obedecer todos los mandatos de la Biblia. Los cristianos no pueden afirmar que sus pecados y fracasos son consecuencia de la provisión limitada de Dios. No hay tentación ni asalto de Satanás y sus demonios que esté más allá de los recursos que los cristianos poseen para vencer (1 Co. 10:13; 12:13; 1 P. 5:10). A fin de resaltar la magnitud del poder divino dado a cada creyente, Pedro hace la asombrosa declaración de que los santos han recibido de parte de Dios **todas las cosas que pertenecen a la vida y a la piedad.** Sintácticamente, el término **todas las cosas** está en la posición enfática porque el Espíritu Santo está resaltando a través de Pedro la magnitud de la autosuficiencia de los creyentes.

El gran poder que dio vida espiritual a los cristianos sustentará esa **vida** en toda su plenitud. Sin pedir más, ellos ya tienen todos los recursos espirituales que necesitan para perseverar en una vida santa. **La vida y la piedad** definen el ámbito de la santificación, la vivencia de la vida cristiana para la gloria de Dios: que se halla entre la salvación inicial y la glorificación final. Con la dádiva de la nueva vida en Cristo (Jn. 3:15-16; 5:24; 6:47; Tit. 3:7; 1 Jn. 2:25) vino todo lo relacionado para la conservación de esa **vida,** todo el trayecto hacia la glorificación. Es por eso que los creyentes están eternamente seguros (Jn. 6:35-40; 10:28-29; 2 Co. 5:1; 1 Jn. 5:13; Jud. 1, 24-25) y se les puede asegurar que Dios les dará poder para perseverar hasta el final (Mt. 24:13; Jn. 8:31; He. 3:6, 14;

Ap. 2:10), a través de toda tentación, pecado, fracaso, vicisitud, lucha y pruebas de la vida.

La palabra traducida **piedad** (*eusebeia*) engloba tanto la verdadera reverencia en adoración como su compañía, la obediencia activa. Los santos nunca deberían cuestionar la suficiencia de Dios, porque su gracia que es tan poderosa para salvar es igualmente poderosa para sustentarlos y darles la posibilidad de llevar una conducta recta (Ro. 8:29-30; Fil. 1:6).

ADQUISICIÓN DIVINA

mediante el conocimiento de aquel que nos llamó por su gloria y excelencia, (1:3*c*)

Después de tener en cuenta el poder divino y la provisión divina a disposición de los cristianos, surge entonces la pregunta: "¿Cómo se experimentan esas verdades en toda plenitud?" El apóstol indica que esto se hace **mediante el conocimiento de** Jesús. **Conocimiento** (*epignōsis*) se refiere al discernimiento que es profundo y verdadero. La palabra se usa a veces de manera intercambiable con el término más básico *gnōsis,* que simplemente significa conocimiento. Pero Pedro se está refiriendo a algo más que a un conocimiento superficial de la vida, muerte y resurrección de Jesús. Cristo mismo advirtió del peligro de un conocimiento inadecuado de Él, incluso por parte de quienes ministran en su nombre:

> *No todo el que me dice: Señor, Señor, entrará en el reino de los cielos, sino el que hace la voluntad de mi Padre que está en los cielos. Muchos me dirán en aquel día: Señor, Señor, ¿no profetizamos en tu nombre, y en tu nombre echamos fuera demonios, y en tu nombre hicimos muchos milagros? Y entonces les declararé: Nunca os conocí; apartaos de mí, hacedores de maldad (Mt. 7:21-23; cp. Lc. 6:46).*

El conocimiento salvador personal del Señor es el punto de partida obvio para los creyentes, y al igual que ocurre con todo en la vida cristiana, viene **de aquel que** los **llamó** (Jn. 3:27; Ro. 2:4; 1 Co. 4:7; cp. Jon. 2:9). Teológicamente, el llamado de Dios comprende dos aspectos: el llamado general y el llamado eficaz. El teólogo Charles M. Horne define así estos dos aspectos de manera resumida:

> El llamado general es una invitación que viene por medio de la predicación del evangelio: es un llamado que incita a los pecadores a aceptar la salvación. "En el último y gran día de la fiesta, Jesús se puso en pie y alzó la voz, diciendo: Si alguno tiene sed, venga a mí y beba" (Jn 7:37; cp. Mt 11:28; Is 45:22; etc.).

Este mensaje (*kerygma*), que debe ser proclamado con autoridad —no debatido de forma opcional— contiene tres elementos esenciales: (1) Es un relato de hechos históricos, una proclama histórica: Cristo murió, fue enterrado, y resucitó (1 Co 15:3-4). (2) Es una interpretación confiable de esos eventos, una evaluación teológica. Cristo murió por nuestros pecados. (3) Es una oferta de salvación para todo el que la desee, una convocatoria ética. ¡Arrepiéntanse! ¡Crean!
El llamado general se debe ofrecer de manera gratuita y universal. "Jesús se acercó... diciendo: Toda potestad me es dada en el cielo y en la tierra. Por tanto, id, y haced discípulos a todas las naciones" (Mt 28:18-19).

El llamado eficaz es activo; es decir, siempre resulta en salvación. Se trata de una invitación *creativa* que acompaña a la predicación externa del evangelio; está investida con el poder para entregar el destino divinamente previsto. "Llama poderosamente la atención que en el Nuevo Testamento el término para llamado, cuando se usa de modo específico con referencia a la salvación, se aplica de manera casi uniforme, no a la invitación universal del evangelio sino al llamamiento que lleva a los hombres a un estado de salvación y que, por tanto, es eficaz" (John Murray, *Redemption—Accomplished and Applied* [Grand Rapids: Eerdmans, 1955], p. 88).

Quizás el pasaje clásico sobre el llamado eficaz se encuentra en Romanos 8:30: "Y a los que predestinó, a éstos también llamó". Otras referencias pertinentes incluyen: Romanos 1:6-7; 1 Corintios 1:9, 26; 2 Pedro 1:10.

El llamado eficaz es inmutable, asegurando así nuestra perseverancia. "Porque irrevocables son los dones y el llamamiento de Dios" (Ro 11:29). (*Salvation* [Chicago: Moody, 1971], pp. 47-48; cursivas en el original. Véase también estas otras referencias del Nuevo Testamento: Jn. 1:12-13; 3:3-8; 6:37, 44-45, 64-65; Hch. 16:14; Ef. 2:1, 5, 10; Col. 2:13; 1 Ts. 1:4-5; 2 Ti. 1:9; Tit. 3:5).

Como en todos los aspectos de este llamado en las epístolas, el uso que Pedro hace aquí de **llamó** se refiere claramente al llamado eficaz e irresistible hacia la salvación.

Dios lleva a cabo su llamado salvador por medio de la majestad revelada de su propio Hijo. Los pecadores son atraídos **por** la **gloria y** la **excelencia** de Jesucristo. En la Biblia **gloria** siempre pertenece solo a Dios (cp. Éx. 15:11; Dt. 28:58; Sal. 8:1; 19:1; 57:5; 93:1; 104:1; 138:5; 145:5; Is. 6:3; 42:8, 12; 48:11; 59:19; He. 1:3; Ap. 21:11, 23). Por eso cuando los pecadores ven la gloria de Cristo están presenciando la deidad de Él (cp. Lc. 9:27-36; Jn. 1:3-5, 14). A menos que a través de la predicación del evangelio (Ro. 10:14-17) comprendan quién es Cristo (el glorioso Hijo de Dios que es Salvador; cp. Jn. 20:30-31; 2 P. 1:16-18), y que entiendan la necesidad que tienen de arrepentimiento, a fin de llegar a Jesús en fe, suplicando salvación, los pecadores no pueden escapar al infierno y entrar al cielo.

Por tanto, cuando Dios atrae a los pecadores hacia sí mismo, ellos no solo ven la gloria de Cristo como Dios, sino también su **excelencia** como hombre. Eso se refiere a la vida moralmente virtuosa de Jesús y a su perfecta humanidad (cp. Mt. 20:28; Lc. 2:52; 22:27; 2 Co. 8:9; Fil. 2:7; He. 2:17; 4:15; 7:26; 1 P. 2:21-23; 1 Jn. 3:3). Todas las bendiciones de la salvación, el poder y la provisión llegan solo a quienes ven y creen las palabras y los hechos del inmaculado Hombre/Dios (cp. Jn. 14:7-10; Hch. 2:22; 1 Co. 15:47; 1 Jn. 1:1-2; 5:20).

PROMESAS DIVINAS

por medio de las cuales nos ha dado preciosas y grandísimas promesas, para que por ellas llegaseis a ser participantes de la naturaleza divina, habiendo huido de la corrupción que hay en el mundo a causa de la concupiscencia; (1:4)

La gloria de Cristo como Dios y su excelencia como el Hombre perfecto atraen a las personas a una relación salvadora con Él. **Por medio de** estos atributos de gloria y excelencia Jesús ha logrado todo lo que es necesario para la salvación de los creyentes, por lo que Él también les **ha dado** sus **preciosas y grandísimas promesas.** El término traducido **ha dado** viene del mismo verbo (*dōreomai*) que aparece en el versículo 3, de nuevo en el tiempo perfecto, describiendo acción pasada con efectos continuos.

Pedro describe todas las promesas de la salvación en Cristo como **preciosas** (*timios*) **y grandísimas** (*megistos*), que respectivamente significan "valiosas" y "más grandes". Estas palabras incluyen todas las **promesas** divinas para los propios hijos de Dios contenidas tanto en el Antiguo Testamento como en el Nuevo (cp. 2 Co. 7:1), tales como: la vida espiritual (Ro. 8:9-13), la vida de resurrección (Jn. 11:25; 1 Co. 15:21-23), el Espíritu Santo (Hch. 2:33; Ef. 1:13), gracia abundante (Jn. 10:10; Ro. 5:15, 20; Ef. 1:7), gozo (Sal. 132:16; Gá. 5:22), fortaleza (Sal. 18:32; Is. 40:31), guía (Jn. 16:13), ayuda (Is. 41:10, 13-14), instrucción (Sal. 32:8; Jn. 14:26), sabiduría (Pr. 2:6-8; Ef. 1:17-18; Stg. 1:5; 3:17), cielo (Jn. 14:1-3; 2 P. 3:13), recompensas eternas (1 Ti. 4:8; Stg. 1:12).

El Señor concede todas estas promesas **para que por** medio de **ellas** los creyentes lleguen **a ser** totalmente **participantes de la naturaleza divina.** En primer lugar, el hecho de llegar **a ser** no está concebido para presentar simplemente una posibilidad futura, sino una certeza actual. El verbo se basa en todo lo que Pedro ha escrito. Él ha declarado que en la salvación los santos son llamados eficazmente por parte de Dios mediante el verdadero conocimiento de la gloria y la excelencia de Cristo, y por tanto los creyentes reciben todo lo relacionado con la vida y la bondad, así como promesas espirituales de valor incalculable. Es por todo eso que ellos pueden llegar a ser, aquí y ahora, poseedores de la propia vida eterna de Dios (cp. Jn. 1:12; Ro. 8:9; Gá. 2:20; Col. 1:27). A menudo **participantes** (*koinōnos*) se traduce "comunión", y significa "partícipe" o "socio". Los creyentes son en esta vida socios de la misma vida que le pertenece a Dios (Col. 3:3; 1 Jn. 5:11; cp. Jn. 6:48-51).

De aquello en que los creyentes participan Pedro cambia a aquello en que no forman parte: **la corrupción que hay en el mundo a causa de la concupiscencia.** Quienes participan de la vida eterna de Dios y Cristo han **huido** completamente de los efectos del pecado (Fil. 3:20-21; 1 Jn. 3:2-3; cp. Tit. 1:2; Stg. 1:12; 1 Jn. 2:25; Ap. 2:10*b*-11). **Corrupción** (*phthora*) denota un organismo en descomposición o putrefacción, con su hedor acompañante. La descomposición moral del mundo está motivada por **la concupiscencia** (*epithumia*), o "deseos de la carne" (1 Jn. 2:16; cp. Ef. 2:3; 4:22). **Habiendo huido** describe una lucha triunfante del peligro, en este caso los efectos de la propia naturaleza, la pecaminosidad del mundo en decadencia, y su destrucción final (cp. Fil. 3:20-21; 1 Ts. 5:4, 9-10; Ap. 20:6). En la glorificación los creyentes serán redimidos totalmente, por lo que tienen vida eterna en santidad perfecta en un nuevo cielo y una nueva tierra donde ningún pecado o ninguna corrupción existirán alguna vez (cp. Ap. 21:1-4; 22:1-5).

Cabe señalar que Pedro toma de la terminología de la religión mística panteísta que pide a sus adherentes reconocer la naturaleza divina dentro de ellos y perderse entre la esencia de los dioses. Los falsos maestros antiguos (los gnósticos) y los más recientes (místicos orientales y todo tipo de gurús de la Nueva Era) a menudo han resaltado la importancia de obtener personalmente conocimiento trascendental. Sin embargo, el apóstol Pedro destacó a sus lectores la necesidad de reconocer que solo naciendo espiritualmente de nuevo (Jn. 3:3; Stg. 1:18; 1 P. 1:23) se puede obtener el verdadero conocimiento divino, vivir de forma justa como hijos de Dios (Ro. 8:11-15; Gá. 2:20), y así participar de la naturaleza de Dios (cp. 2 Co. 5:17). Los falsos profetas de la época de Pedro creían que el conocimiento trascendental elevaba a las personas por encima de cualquier necesidad de moral. Pedro el apóstol respondió a esa idea asegurando que el verdadero conocimiento de Dios por medio de Cristo da a los creyentes todo lo que necesitan para llevar vidas como Dios manda (cp. 2 Ti. 3:16-17).

La fe preciosa del creyente. Segunda parte: Su seguridad

26

vosotros también, poniendo toda diligencia por esto mismo, añadid a vuestra fe virtud; a la virtud, conocimiento; al conocimiento, dominio propio; al dominio propio, paciencia; a la paciencia, piedad; a la piedad, afecto fraternal; y al afecto fraternal, amor. Porque si estas cosas están en vosotros, y abundan, no os dejarán estar ociosos ni sin fruto en cuanto al conocimiento de nuestro Señor Jesucristo. Pero el que no tiene estas cosas tiene la vista muy corta; es ciego, habiendo olvidado la purificación de sus antiguos pecados. Por lo cual, hermanos, tanto más procurad hacer firme vuestra vocación y elección; porque haciendo estas cosas, no caeréis jamás. Porque de esta manera os será otorgada amplia y generosa entrada en el reino eterno de nuestro Señor y Salvador Jesucristo. (1:5-11)

La doctrina de la seguridad, preservación o perseverancia eternas de los santos es el hecho objetivo, revelado por el Espíritu, de que la salvación es perpetua, mientras que la convicción es la confianza subjetiva de los creyentes, dada por el Espíritu, de que poseen realmente dicha salvación eterna. Aunque tanto el Antiguo como el Nuevo Testamento hablan mucho sobre la seguridad (p. ej., Job 19:25; Is. 32:17; Col. 2:2; 1 Ts. 1:4-5; He. 6:11; 10:22), muchos que profesan a Jesucristo luchan por experimentarla. Eso hace surgir la obvia pregunta de por qué algunos cristianos no tienen seguridad. Parece que hay una combinación de varias razones por las cuales los creyentes dudan de su salvación. Aunque en cierto modo esta división es artificial, debido a que las razones se superponen, sigue siendo útil revisarlas.

Primera, algunos no tienen seguridad porque se hallan bajo una predicación exigente, de confrontación y condenatoria de la ley que mantiene un elevado nivel de justicia, obliga a las personas a reconocer sus pecados, y les hace sentir el peso de su pecado y del desagrado de Dios. Tal predicación podría alterar en gran manera a algunos oyentes y les haría vacilar en cuanto a su condición espiritual. El púlpito que cuenta con fuerte confrontación no siempre equilibra ese aspecto con la predicación que transmite intenso consuelo a quienes están bajo la gracia, lo cual produce convicción verdadera.

Segunda, algunas personas sienten que son demasiado pecadoras para ser salvas, y por eso tienen dificultad en aceptar el perdón. Podría haber dos causas básicas para esto. Primera, la conciencia humana puede ser implacable en algunas almas sensibles, y de manera natural brinda poco perdón y poca gracia y misericordia para aliviar la condenación y la culpa (cp. Sal. 58:3; Pr. 20:9). Segunda, la santidad, la ley de Dios, y la justicia divina hablan fuertemente contra el pecado (cp. Is. 35:8; 52:11; Ro. 6:13, 19); la propia ley no contiene nada de perdón (Dt. 27:26; Gá. 3:21; He. 10:28; Stg. 2:10; cp. Jer. 9:13-16; Hch. 13:39).

Una tercera razón para la falta de seguridad es que algunos no comprenden con exactitud el evangelio. Tienen una idea errónea (arminiana) que sostiene que la salvación exige tanto el esfuerzo de ellos como el de Dios. Creen que la salvación está segura mientras el creyente continúe creyendo y evite conductas pecaminosas. Pero la seguridad de la salvación eterna puede ser muy difícil de alcanzar para el individuo que cree que esta depende en parte de su propio "libre albedrío" en cooperación con Dios. Tales personas necesitan una verdadera comprensión del evangelio, es decir que la salvación es una actividad totalmente soberana y divina en la que la redención del pecador (de la justificación a la glorificación) depende únicamente de Dios (Jn. 6:37, 44-45, 64-65; 15:16; Ro. 8:31-39; Fil. 1:6; 1 Ts. 1:4-5; 2 Ts. 2:13-14; 2 Ti. 1:9; Jud. 24-25).

Algunos creen que Dios perdonó solamente los pecados cometidos hasta el momento de la salvación, y que las transgresiones cometidas después permanecen sin perdón a menos que se confiesen; esto significa que un individuo debe estar confesando conscientemente durante toda su vida cristiana para continuar recibiendo perdón. Sin embargo, contrario a tal manera de pensar la Biblia enseña que Dios envió a su Hijo al mundo con el fin de pagar por completo el precio de todos los pecados pasados, presentes y futuros de todos los que creen (Is. 43:25; 44:22; 53:5, 8, 11; 61:10; Jn. 1:29; Ro. 3:25; 5:8-11; Ef. 1:7; 1 Jn. 1:7; 2:2; 4:10; cp. Is. 1:18). Además, la resurrección de Cristo afirmó la aceptación de Dios de ese pago total (Ro. 4:25; 8:34; 1 Co. 15:17). Una comprensión exacta de la totalidad del perdón es fundamental para la seguridad de los creyentes.

Cuarta, algunas personas carecen de seguridad porque no pueden recordar el momento exacto de su salvación. El evangelicalismo y el fundamentalismo han puesto erróneamente demasiado énfasis en un acontecimiento dramático: la denominada decisión por Cristo. Han hecho tanto hincapié en hacer una oración, en levantar una mano, en recorrer un pasillo, o en firmar una tarjeta, que cuando las personas no pueden recordar tal suceso podrían preguntarse si su salvación es verdadera. La única base legítima para la seguridad no tiene nada que ver con un hecho pasado en que se "tomó una decisión", sino que se basa en la realidad de la confianza actual de la obra expiatoria de Cristo, como lo evidencia el patrón actual de fe, obediencia, justicia y amor por el Señor (cp. 1 Jn. 1:6-7; 2:6) que el creyente muestra.

Quinta, algunos creyentes siguen sintiendo la fuerte influencia de su carne o humanidad no redimida, y se preguntan si son realmente nuevas criaturas en Cristo (2 Co. 5:17). Un día todos los santos experimentarán liberación total de la carne cuando entren al reino celestial (Ro. 8:23; 1 Jn. 3:2; cp. 1 Co. 15:52-57). Pero mientras sientan que el poder de la carne se rebela contra ellos (Ro. 7:14-25; Gá. 5:17) podrían dudar que en realidad sean de Cristo.

No obstante, es necesario leer Romanos 7:14-25 de forma equilibrada. El pasaje no explica la realidad y el poder de la carne, pero sí habla del deseo de creyente de hacer lo que es correcto (vv. 15, 19, 21), de su odio por el pecado (vv. 23-24), y de su deleite en la ley de Dios (v. 22). La batalla a la que Pablo se refiere es un indicativo del espíritu regenerado en lucha contra la carne (cp. Ro. 8:5-6), y por tanto es una razón para que los santos tengan confianza en que poseen nueva vida en Cristo. Los incrédulos no tienen esa lucha (Ro. 3:10-20) ni confianza en Cristo.

Sexta, otros cristianos pueden carecer de seguridad porque no ven la mano de Dios en todas las pruebas que padecen. Por tanto, se pierden la prueba más fuerte de seguridad, la cual es una fe comprobada. Pablo instruyó a los romanos:

> *Justificados, pues, por la fe, tenemos paz para con Dios por medio de nuestro Señor Jesucristo; por quien también tenemos entrada por la fe a esta gracia en la cual estamos firmes, y nos gloriamos en la esperanza de la gloria de Dios. Y no sólo esto, sino que también nos gloriamos en las tribulaciones, sabiendo que la tribulación produce paciencia; y la paciencia, prueba; y la prueba, esperanza; y la esperanza no avergüenza; porque el amor de Dios ha sido derramado en nuestros corazones por el Espíritu Santo que nos fue dado (Ro. 5:1-5; cp. He. 6:10-12; Stg. 1:2-4).*

Pedro escribió antes:

> *En lo cual vosotros os alegráis, aunque ahora por un poco de tiempo, si es necesario, tengáis que ser afligidos en diversas pruebas, para que sometida a prueba vuestra fe, mucho más preciosa que el oro, el cual aunque perecedero se prueba con fuego, sea hallada en alabanza, gloria y honra cuando sea manifestado Jesucristo (1 P. 1:6-7).*

Los sufrimientos prueban la fe de los creyentes, no para el bien de Dios sino del de ellos. El Señor sabe que la fe de los cristianos es verdadera fe salvadora porque Él se las otorgó (Ef. 2:8-9); sin embargo, ellos reconocen que su fe es real porque triunfa en medio de las pruebas que experimentan. En la providencia soberana de Dios, Él ordenó que los sufrimientos de los creyentes constituyeran el crisol del que se deriva la seguridad que tienen (cp. Job 23:10; Ro.8:35-39).

Séptima, otros carecen de seguridad porque no conocen ni obedecen la Biblia, y por tanto no andan en el Espíritu, cuyo ministerio es dar certeza a los cristianos sumisos (Ro. 8:14-17). Lo hace primero iluminándoles las Escrituras (1 Co. 2:9-10). El mismo proceso de iluminación significa que el Espíritu Santo está confirmando a los creyentes que son hijos de Dios. Segundo, el Espíritu da testimonio a través de la salvación misma, a medida que revela a los santos que Jesucristo es en realidad quien los salva (1 Jn. 4:13-14). La obra del Espíritu en los corazones de los elegidos les hace amar a Cristo y vivir en el amor de Dios (Gá. 4:6). Tercero, el testimonio del Espíritu atrae a los creyentes hacia la comunión con Dios, como lo indica la expresión "¡Abba, Padre!" en Romanos 8:15 y en Gálatas 4:6. Ese término de intimidad connota una petición de alabanza y adoración generada por el Espíritu y ofrecida al Padre.

Por último, y quizás mezclado en todos los puntos anteriores, algunos creyentes carecen de seguridad porque pecan intencionalmente. Está claro que quien camina en la carne y satisface sus deseos (Gá. 5:16-21) no conocerá la bendición del fruto espiritual del gozo de la seguridad (vv. 22-23). La pureza y la seguridad van de la mano, como señala Hebreos 10:22: "Acerquémonos con corazón sincero, en plena certidumbre de fe, purificados los corazones de mala conciencia, y lavados los cuerpos con agua pura". Cuando los creyentes caen en pecado les pueden venir dudas, al igual que ocurrió incluso al salmista en varias ocasiones (p. ej., Sal. 31:22; 32:3-4; 77:1-4, 7). Cualesquiera que sean las causas de la falta o pérdida de seguridad, la cura fiable es caminar en el Espíritu y por tanto obedecer los mandamientos de Dios (Ez. 36:27; Jn. 14:26; 16:13; 1 Co. 2:12-13).

La seguridad de la posición de gracia delante de Dios no es un asunto de menor importancia, sino que en realidad es la suprema bendición de la experiencia cristiana (Ro. 5:1; 8:38-39; cp. Sal. 3:8; Is. 12:2). Esto es así porque quien duda pierde el gozo de todas las demás bendiciones de la vida en Cristo (cp. Ef. 1:3-14). Primero, la seguridad hace que el corazón viva al más alto nivel de gozo. Con relación al propósito de su primera epístola, el apóstol Juan dijo a sus lectores: "Estas cosas os escribimos, para que vuestro gozo sea cumplido" (1 Jn. 1:4).

Segundo, la bendición de la seguridad levanta el alma para buscar los propósitos de Dios por sobre todo lo demás. Las conocidas palabras iniciales del Padrenuestro sugieren esto: "Padre nuestro que estás en los cielos, santificado sea tu nombre. Venga tu reino. Hágase tu voluntad, como en el cielo, así también en la tierra" (Mt. 6:9-10; cp. v. 33).

Tercero, la seguridad también llena de gratitud y alabanza al corazón. El salmista demostró esto: "Mas yo esperaré siempre, y te alabaré más y más. Mi boca publicará tu justicia y tus hechos de salvación todo el día, aunque no sé su número" (Sal. 71:14-15; cp. 103:1-5).

Una cuarta bendición de la seguridad es que fortalece el alma contra tentaciones y pruebas. Pablo exhortó a los efesios:

> *Por tanto, tomad toda la armadura de Dios, para que podáis resistir en el día malo, y habiendo acabado todo, estar firmes... Sobre todo, tomad el escudo de la fe, con que podáis apagar todos los dardos de fuego del maligno. Y tomad el yelmo de la salvación, y la espada del Espíritu, que es la palabra de Dios (Ef. 6:13, 16-17).*

El yelmo se entiende mejor no como la salvación misma sino como Pablo lo identifica en 1 Tesalonicenses 5:8: "La esperanza de salvación". Cuando las pruebas y las tentaciones asaltan a los creyentes, Dios los protege de la pérdida de esperanza.

Quinto, la seguridad también obliga a los cristianos a amar la obediencia. El salmista declaró: "Tu salvación he esperado, oh Jehová, y tus mandamientos he puesto por obra" (Sal. 119:166). En cambio, la inseguridad de no saber si la salvación es segura puede hacer que las personas caigan más profundamente en los pecados de temor y duda, los cuales llevan consigo algunas transgresiones más.

Sexto, la bienaventuranza de la seguridad tranquiliza el alma con paz perfecta y reposo en medio de las tormentas de la vida. Independientemente de las circunstancias que azotan a los creyentes, hay un ancla divina de seguridad (He. 6:19).

Séptimo, la seguridad permite a los creyentes esperar con paciencia la misericordia necesaria en el tiempo perfecto de Dios. Si su esperanza descansa firmemente en la certeza de la salvación, entonces pueden perseverar en esperar que se cumpla esa esperanza (Ro. 8:25; cp. Sal. 130).

Por último, la bienaventuranza de la seguridad purifica el corazón. Juan escribió: "Sabemos que cuando él se manifieste, seremos semejantes a él, porque le veremos tal como él es. Y todo aquel que tiene esta esperanza en él, se purifica a sí mismo, así como él es puro" (1 Jn. 3:2*b*-3). Si los creyentes están conscientes de que pasarán la eternidad con el Señor, disfrutando sus recompensas por el servicio terrenal a Él, esto cambiará la manera en que viven (cp. 2 Co. 5:9-10).

Las promesas de confiabilidad y suficiencia de la Palabra de Dios proporcionan un fundamento firme para una fuerte seguridad acerca de la salvación. La Confesión Bautista de 1689 (también conocida como la Antigua Confesión de Londres) resume bien la doctrina de la seguridad:

> Aunque los creyentes que lo son por un tiempo y otras personas no regeneradas vanamente se engañen a sí mismos con esperanzas falsas y

presunciones carnales de que cuentan con el favor de Dios y que están en estado de salvación (pero la esperanza de ellos perecerá[1]), los que creen verdaderamente en el Señor Jesús y le aman con sinceridad, esforzándose por andar con toda sinceridad delante de él, pueden en esta vida estar absolutamente seguros de hallarse en el estado de gracia, y pueden regocijarse en la esperanza de la gloria de Dios; y tal esperanza nunca les avergonzará.[2]
1. Jer. 17:9; Mt. 7:21-23; Lc. 18:10-14; Jn. 8:41; Ef. 5:6, 7; Gá. 6:3, 7-9.
2. Ro. 5:2, 5; 8:16; 1 Jn. 2:3; 3:14, 18, 19, 24; 5:13; 2 P. 1:10.

Esta certeza no es un mero convencimiento conjetural y probable, basada en una esperanza falible, sino que es una seguridad infalible de fe[1] basada en la sangre y la justicia de Cristo reveladas en el evangelio;[2] y también en la evidencia interna de aquellas virtudes del Espíritu a las cuales éste les hace promesas,[3] y en el testimonio del Espíritu de adopción testificando con nuestro espíritu que somos hijos de Dios;[4] y, como fruto suyo, mantiene el corazón humilde y santo.[5]
1. Ro. 5:2, 5; He. 6:11, 19, 20; 1 Jn. 3:2, 14; 4:16; 5:13, 19, 20.
2. He. 6:17, 18; 7:22; 10:14, 19.
3. Mt. 3:7-10; Mr. 1:15; 2 P. 1:4-11; 1 Jn. 2:3; 3:14, 18, 19, 24; 5:13.
4. Ro. 8:15, 16; 1 Co. 2:12; Gá. 4:6, 7.
5. 1 Jn. 3:1-3.

(*Confesión Bautista de Fe de 1689* [Pensacola, Florida: Chapel Library, 2009], p. 17)

Todo ese estudio lleva al texto para este capítulo, en el cual Pedro (1:5-11) llega a la conclusión de su análisis inicial de la soteriología al darle una mirada detallada a este tema de la seguridad. El don divino de vida eterna conlleva la posibilidad y la intención de que sus receptores vayan a disfrutar los beneficios plenos de la verdadera seguridad (Jn. 10:10; Ro.8:16; Col. 2:2; He. 6:11; 10:22; 1 Jn. 3:19; cp. Sal. 3:8; Is. 12:2). Los creyentes que están dudosos o confundidos acerca de su salvación, que sucumben al temor y no experimentan la anticipación de las promesas de Dios o los beneficios plenos de una fe vital, están fuera de la voluntad de Dios. Un estudio de la seguridad revela además que los cristianos que disfrutan esta certeza no se vuelven presas fáciles de falsos maestros (como los herejes a los que el apóstol analiza en el capítulo 2 de esta carta), y están preparados para resistir sus engaños y errores (cp. Ef. 6:10-11; Jud. 20-23). Pedro examina las bendiciones de la seguridad identificando cuatro aspectos: el esfuerzo prescrito, las virtudes buscadas, las opciones presentadas y los beneficios prometidos.

EL ESFUERZO PRESCRITO

vosotros también, poniendo toda diligencia por esto mismo, añadid a (1:5*a*)

Debido a todas las "preciosas y grandísimas promesas" (v. 4) que Dios ha entregado a los creyentes, y a que han recibido "todas las cosas que pertenecen a la vida y a la piedad" (v. 3), **por esto mismo** ellos deben responder con el máximo esfuerzo para vivir por Cristo. Esta prescripción repite la exhortación de Pablo a los filipenses:

> *Por tanto, amados míos, como siempre habéis obedecido, no como en mi presencia solamente, sino mucho más ahora en mi ausencia, ocupaos en vuestra salvación con temor y temblor, porque Dios es el que en vosotros produce así el querer como el hacer, por su buena voluntad (Fil. 2:12-13).*

Por medio de Cristo, Dios concedió a los creyentes una salvación perfecta y plena (cp. Ef. 1:7; 3:17-21; Col. 2:10; Tit. 2:14; 1 P. 2:9); sin embargo, paradójicamente les exige que la expresen **poniendo toda diligencia** (cp. Col. 1:28-29). **Poniendo** (*pareispherō*) significa "traer", o "suministrar además" e implica hacer un gran esfuerzo para proveer algo necesario. En vista del esfuerzo de Dios en proporcionar salvación, y paralelo a ese esfuerzo, los creyentes están obligados a recurrir a todas sus facultades regeneradas para llevar vidas piadosas (3:14; cp. Ro. 6:22; Gá. 6:9; Ef. 5:7-9; He. 6:10-12). Ellos deben desempeñar ese esfuerzo con **toda diligencia** (*spoudē,* "celo y entusiasmo"), acompañada por una sensación de urgencia (cp. 2 Co. 8:7).

La **fe** salvadora es el terreno en que crece el fruto de la santificación cristiana (cp. Ro. 15:13; Ef. 2:10; 5:9; Gá. 5:22-23; 2 Ts. 2:13-15; He. 6:11-12, 19-20; 1 Jn. 5:13). Sin embargo, esa fe batalla con la carne y no producirá una sensación firme de seguridad a menos que los santos busquen santificación (cp. Fil. 3:12-16). La palabra que se traduce **añadid** (*epichorēgeō*) se deriva del término que significa "director de coro". En los antiguos grupos corales, el director era responsable por suministrar todo lo necesario para su grupo, y por tanto el término para "director de coro" llegó a referirse a un proveedor. William Barclay proporciona este trasfondo adicional:

> [El verbo griego] viene del nombre *[choregōs],* que quiere decir literalmente *el director de un coro.* Tal vez la mayor contribución que hizo Grecia, y especialmente Atenas, al mundo fueron los grandes dramas de hombres como Esquilo, Sófocles y Eurípides, que todavía figuran entre nuestras más apreciadas posesiones. Todos estos dramas necesitaban coros numerosos y era, por tanto, muy caro montarlos.

> En los grandes días de Atenas había ciudadanos pudientes y generosos que asumían voluntariamente el deber de reunir, mantener, entrenar y equipar tales coros a sus propias expensas. Estos dramas se representaban en las grandes fiestas religiosas. Por ejemplo, en la ciudad de Dionysia se ponían tres tragedias, cinco comedias y cinco ditirambos. Había que encontrar personas que proveyeran los coros para todo esto, lo que podía elevarse a 3.000 dracmas. Los que se hacían cargo de esa empresa a costa de su propio bolsillo y por amor a sus ciudades se llamaban *[chorēgoi]*...
>
> La palabra sugiere hasta un cierto derroche. No quería decir equipar a lo pobre o miserablemente, sino aportando generosamente todo lo necesario para una representación noble. *[Epichorēgein]* salió al ancho mundo y amplió su significado, no solamente al equipamiento de un coro, sino a asumir responsabilidad por cualquier clase de equipamiento. Puede querer decir equipar a un ejército con las provisiones necesarias; o equipar a un alma con todas las virtudes necesarias para la vida. (William Barclay, *Comentario al Nuevo Testamento* [Barcelona: Editorial Clie, 1999], p. 1017).

Los creyentes deben suministrar ("proveer pródiga o generosamente"), junto con todo lo que Cristo ha provisto, todas las virtudes requeridas para mantener la seguridad de la salvación (cp. Lc. 10:20; Ro. 5:11; 14:17).

LAS VIRTUDES BUSCADAS

vuestra fe virtud; a la virtud, conocimiento; al conocimiento, dominio propio; al dominio propio, paciencia; a la paciencia, piedad; a la piedad, afecto fraternal; y al afecto fraternal, amor. (1:5*b*-7)

La siguiente cualidad, **virtud** (*aretē*), usa la palabra distintiva en el griego clásico que describe a la excelencia moral. Tan encumbrado término se usaba para heroísmo moral, percibido como la capacidad divinamente concedida de sobresalir en hazañas valientes y heroicas. Llegó a abarcar la cualidad más destacada en la vida de alguien, o el apropiado y excelente cumplimiento de una tarea o de un deber (cp. Fil. 4:8). *Aretē* nunca tuvo el significado de virtud que se encuentra enclaustrada, sino la que se manifiesta en el curso normal de vida. El apóstol Pablo modeló así la búsqueda de tal heroísmo espiritual: "Prosigo a la meta, al premio del supremo llamamiento de Dios en Cristo Jesús" (Fil. 3:14; cp. 2 Co. 5:9; 1 Ts. 4:1, 10).

En el núcleo de la virtud está el **conocimiento. Conocimiento** se refiere a la verdad divina que se halla en la base del discernimiento y la sabiduría espiritual

(Ro. 15:14; 2 Co. 10:5; Col. 1:9; cp. Pr. 2:5-6; 9:10), la verdad propiamente comprendida y aplicada (cp. Col. 1:10; Flm. 6). Esta virtud está relacionada con la iluminación (cp. 2 Co. 4:6), que es tener la mente muy bien esclarecida en cuanto a la verdad de la Biblia (Col. 3:10; Tit. 1:1; 2 P. 1:3; 3:18) y requiere diligente estudio y meditación en ella (Jn. 5:39; Hch. 17:11; 2 Ti. 2:15; cp. Dt. 11:18; Job 23:12; Sal. 119:97, 105), con el fin de adquirir "la mente de Cristo" (1 Co. 2:16).

Del conocimiento fluye una tercera cualidad: **dominio propio** (*egkrateia*), que literalmente significa "retenerse uno mismo" (cp. Gá. 5:23). Se usaba con relación a atletas que buscaban autodisciplina y autocontrol, golpeando incluso sus cuerpos para ponerlos en sumisión (cp. 1 Co. 9:27). También se abstenían de alimentos deliciosos, vino y actividad sexual, con el fin de enfocar todas sus fuerzas y su atención en su régimen de entrenamiento. La falsa teología (como la propuesta por los herejes de la época de Pedro y analizada en los capítulos 2 y 3) separa inevitablemente la fe de la conducta, porque no puede liberar el alma de los efectos nocivos del pecado, y obliga a los seguidores a batallar con sus propias fuerzas por controlarse y a dar rienda suelta a sus pasiones (cp. 1 Ti. 6:3-5; 2 Ti. 2:14, 16-19; 1 Jn. 4:1-6; Jud. 16-19).

Una cuarta virtud esencial tras la cual los cristianos deben ir es la **paciencia,** que entraña perseverancia y resistencia para hacer lo correcto (Lc. 8:15; Ro. 2:7; 8:25; 15:4-5; 2 Co. 12:12; 1 Ti. 6:11; 2 Ti. 3:10; Tit. 2:2; Ap. 2:19): resistir tentaciones y soportar en medio de pruebas y dificultades.

Paciencia (*hupomonē*) es un término difícil de expresar con una sola palabra. Algo poco común en el griego clásico, el Nuevo Testamento a menudo utiliza la expresión para referirse a permanecer firmes en medio de trabajos desagradables y penurias (cp. Ro. 5:3-4; 12:12; 2 Co. 1:6; 2 Ts. 1:4; Stg. 1:12; 1 P. 2:20; Ap. 2:2-3), del tipo que pueden hacer la vida sumamente difícil, dolorosa, penosa y traumática, incluso hasta el punto de la muerte (cp. Ap. 1:9; 3:10; 13:10; 14:12). Barclay vuelve a ofrecernos información útil:

> [*Hupomonē*] se traduce corrientemente por *paciencia*; pero *paciencia* es una palabra demasiado pasiva. [*Hupomonē*] siempre tiene un trasfondo de coraje. Cicerón definía *patientia,* su equivalente latino como: «El sufrir voluntario y cotidiano de cosas duras y difíciles por causa del honor y de la utilidad.» Didimo de Alejandría escribe sobre el temple de Job: «No es que el hombre justo no deba tener sentimientos, aunque debe soportar pacientemente todo lo que le aflija; pero es una virtud auténtica cuando una persona siente profundamente las cosas con las que lucha, pero sin embargo desprecia el dolor por causa de Dios.»
>
> [*Hupomonē*] no se limita a aceptar y sufrir; siempre mira hacia

delante. Se dice de Jesús... que por el gozo que tenía por delante, soportó la cruz despreciando la vergüenza (Hebreos 12:2). Eso es [*Hupomonē*], la firmeza cristiana. Consiste en aceptar con coraje todo lo que la vida nos pueda hacer, y transformar hasta el peor suceso en otro paso adelante y hacia arriba. (Barclay, *Comentario,* p. 1018).

En el centro de la búsqueda espiritual está una quinta cualidad, **piedad,** que viene de un término (*eusebeia*) que significa reverencia por Dios (1:3; 3:11; 1 Ti. 2:2; 6:6; cp. 1 Co. 10:31). También se podría traducir "religión verdadera", o "adoración auténtica", y trasmite la idea de que quien la posee honra y adora apropiadamente a Dios (1 Ti. 3:16; Tit. 1:1; cp. Jn. 4:24; Fil. 3:3). En el pensamiento griego *eusebeia* abarcaba todos los rituales relacionados con la adoración y la lealtad ofrecidas a dioses paganos, respecto a todo lo que es divino. Los primeros cristianos santificaron las definiciones griegas de la palabra y la dirigieron hacia el único Dios verdadero y Padre del Señor Jesucristo. El apóstol Pablo instruyó a Timoteo en que tal reverencia hacia Dios es de máxima prioridad a causa de su valor eterno. Pablo escribió: "La piedad para todo aprovecha, pues tiene promesa de esta vida presente, y de la venidera" (1 Ti. 4:8; cp. Hch. 2:25-28).

De la reverencia vertical por Dios en cada segmento de la vida fluye la virtud horizontal del **afecto fraternal.** El acompañante del afecto por Dios es el afecto por los demás (cp. Ro. 13:8-10; Gá. 5:14; 1 Ts. 1:3; He. 6:10; Stg. 2:8). Es muy probable que Pedro estuviera recordando aquí lo que Jesús les había dicho a los dirigentes religiosos:

Y uno de ellos, intérprete de la ley, preguntó por tentarle, diciendo: Maestro, ¿cuál es el gran mandamiento en la ley? Jesús le dijo: Amarás al Señor tu Dios con todo tu corazón, y con toda tu alma, y con toda tu mente. Éste es el primero y grande mandamiento. Y el segundo es semejante: Amarás a tu prójimo como a ti mismo. De estos dos mandamientos depende toda la ley y los profetas (Mt. 22:35-40; cp. 1 Jn. 4:20-21).

La búsqueda de devoción mutua en los santos fluye de la virtud más exaltada de todas: **amor.** Para los creyentes, el **amor** por los demás (especialmente compañeros cristianos) siempre ha sido inseparable del amor por Dios (Jn. 13:34; 15:12; 1 Ts. 4:9; 1 Jn. 3:23; 4:7, 21). Este es el conocido amor *agapē,* el amor sacrificial y desinteresado de la voluntad (Mt. 5:43-44; 19:19; Mr. 10:21; Lc. 6:35; Jn. 14:21, 23; 15:12-13; Ro. 12:9; 1 Co. 8:1; 16:14; 2 Co. 8:8; Gá. 5:13-14; Ef. 1:15; Fil. 1:9; 2:2; Col. 1:4; 1 Ts. 3:6; He. 10:24; 1 Jn. 2:5; 4:7-12). (Para un estudio más amplio del concepto bíblico del amor, véase el capítulo 7 de esta obra.)

LAS OPCIONES PRESENTADAS

Porque si estas cosas están en vosotros, y abundan, no os dejarán estar ociosos ni sin fruto en cuanto al conocimiento de nuestro Señor Jesucristo. Pero el que no tiene estas cosas tiene la vista muy corta; es ciego, habiendo olvidado la purificación de sus antiguos pecados. (1:8-9)

Dios seguramente no quiere que sus hijos sean desgraciados y dudosos en cuanto al regalo de la salvación que les ha dado; al contrario, desea y se deleita en el gozo y la confianza que muestran (cp. Sal. 5:11; 16:11; 33:1; 90:14; 105:43; Jn. 15:11; Hch. 13:52; Ro. 15:13). Si los cristianos han de disfrutar plenamente de su seguridad como Dios les desea, deben considerar las dos opciones que Pedro presenta en este pasaje y elegir la positiva en lugar de la negativa.

Positivamente, Pedro pide que se busquen **estas cosas** (la lista anterior de virtudes) y explica la consecuencia de hacerlo. La frase traducida **están en vosotros, y abundan,** es una fuerte expresión sacada de dos participios presentes (*huparchonta* y *pleonazonta*). El primero denota tener una propiedad en un sentido permanente, y el segundo se refiere a poseer más que suficiente, incluso demasiado, de algo. Si las virtudes están presentes y abundan en la vida de los creyentes, y van cada vez más en aumento, esas cualidades **no** los **dejarán** ("hacer", "poner en orden") **estar** espiritualmente **ociosos ni sin fruto.**

Ociosos (*argos*), significa "inactivo", o "haragán" cuando se emplea en el Nuevo Testamento, y siempre describe algo inoperante o inservible (cp. Mt. 12:36; 20:3, 6; 1 Ti. 5:13; Tit. 1:12; Stg. 2:20). **Sin fruto** (*akarpos*) o "estéril" se usa a veces en relación con incredulidad o apostasía. Por ejemplo, Pablo advirtió en contra de "las obras infructuosas de las tinieblas" (Ef. 5:11). Judas describió a los apóstatas como "árboles otoñales, sin fruto, dos veces muertos y desarraigados" (Jud. 12). Mateo 13:22 y Marcos 4:19 usan la palabra cuando relatan la descripción que Jesús hace de los creyentes superficiales en la parábola del sembrador. Puede referirse incluso a verdaderos creyentes que por un tiempo son improductivos (Tit. 3:14; cp. 1 Co. 14:14). Las vidas de los cristianos serán cada vez más productivas espiritualmente si buscan las virtudes que Pedro indica. Pero si esas cualidades no están presentes, es muy probable que los creyentes lleguen a ser idénticos a los profesantes superficiales que Jesús describe en su parábola.

El uso de la expresión que identifica el verdadero **conocimiento de nuestro Señor Jesucristo** demuestra que Pedro se está dirigiendo a verdaderos cristianos. A los auténticos creyentes Dios les ha concedido positivo **conocimiento** salvador (1:3; Lc. 1:77; 2 Co. 2:14; 4:6; 8:7; Col. 2:2-3; 3:10; cp. Pr. 1:7; 2:5-6; 9:10; Is. 33:6), por tanto, poseen la capacidad de buscar y aplicar fructíferamente las virtudes mencionadas. Si esas cualidades están presentes en la vida de alguien, entonces tiene y disfruta este genuino **conocimiento.**

Por otra parte, Pedro presenta una opción negativa para que sus lectores eviten. Si alguien que profesa fe en Cristo no busca las virtudes y la productividad, y por tanto **no tiene estas cosas, tiene la vista muy corta,** y **es ciego,** incapaz de discernir su verdadera condición espiritual (cp. Is. 59:10; Ap. 3:17).

El creyente que no está experimentando un incremento en las virtudes renuncia a la seguridad, **habiendo olvidado la purificación de sus antiguos pecados.** Literalmente la frase aquí quiere decir "albergar [*lambanō*] falta de memoria [*lēthē*]". **Purificación** se traduce de *katharismos,* de donde se deriva la palabra *catarsis* ("limpieza"). Tal pecado del creyente lo hace incapaz de confiar en que fue limpiado y rescatado de su antigua vida (Ef. 2:4-7; 5:8, 26; Tit. 3:5-6; Stg. 1:18; 1 P. 1:23; 1 Jn. 1:7). Estos creyentes en pecado no pueden tener la seguridad de haber sido realmente salvos porque no ven un aumento de virtud y utilidad en su vida. Así como una vez estuvieron ciegos ante la salvación que entonces les hizo ver, ahora pueden volver a experimentar cierto tipo de ceguera espiritual.

Esa clase de amnesia espiritual lleva a esos cristianos a repetir antiguos pecados, y les roba seguridad. Tal seguridad se relaciona directamente con el servicio y la obediencia espiritual en la actualidad, no tan solo con una salvación pasada atenuada en la memoria del creyente desobediente.

LOS BENEFICIOS PROMETIDOS

Por lo cual, hermanos, tanto más procurad hacer firme vuestra vocación y elección; porque haciendo estas cosas, no caeréis jamás. Porque de esta manera os será otorgada amplia y generosa entrada en el reino eterno de nuestro Señor y Salvador Jesucristo. (1:10-11)

Pedro insta a los creyentes a elegir la opción positiva mencionada en el versículo 8. Reiterando lo dicho en el versículo 5 ("poniendo toda diligencia"), el apóstol manda a los creyentes que procuren **tanto más** ser espiritualmente diligentes, a fin de conocer y disfrutar la realidad de la salvación eterna. **Procurad** (*spoudasate*) es la forma verbal del sustantivo *spoudē* ("diligencia") usada en el versículo 5, y de nuevo transmite urgencia y entusiasmo. Con la finalidad de resaltar el derecho de los creyentes a disfrutar la seguridad, el apóstol no habla de la fe de ellos sino de la elección soberana de Dios. Los cristianos pueden **hacer firme** (en Hebreos 9:17, la palabra para **firme** [*bebaios*] se usa en el sentido de una validez o confirmación legal) la **vocación y elección** que Dios hace de ellos. **Haciendo** (*poieisthai*) es reflexivo, e indica que los creyentes deben afirmarse a sí mismos. **Vocación y elección** son realidades inseparables que evidencian el llamado que Dios hace a la salvación de los creyentes (Ro. 11:29; 2 Ts. 2:14; 2 Ti. 1:9; cp. Mt. 4:17; Hch. 2:38; 3:19; 17:30), basado en la elección soberana que ya les hizo en la eternidad pasada (Ro. 8:29; Ef. 1:4, 11; Tit. 1:2; 1 P. 2:9). La preocupación de Pedro es que los cristianos tengan confianza y seguridad de que están incluidos entre los elegidos. Dios conoce a sus escogidos (cp. 2 Ti. 1:9, y el estudio de 1 P. 1:1-5 en el capítulo 2 de esta obra), y ellos deberían disfrutar el conocimiento de que le pertenecen.

Porque haciendo estas cosas, es decir, buscando cada vez más las virtudes morales esenciales para vivir en santidad, los cristianos ofrecen evidencia ante sí mismos y disfrutan la seguridad de que Dios les ha concedido vida eterna (cp. He. 6:11). **Haciendo** hace referencia al patrón de conducta diaria (cp. Ro. 12:9-13; Gá. 5:22-25; Ef. 5:15; Col. 3:12-17). Si este patrón está de acuerdo con las virtudes morales que Pedro describió, los creyentes **no** caerán **jamás** en la duda, la desesperación, o el temor. Esto les permite disfrutar con confianza de una vida espiritual abundante y productiva (cp. Sal. 16:11; Jn. 10:10; Ef. 1:18; 2:7; 1 Ti. 6:17).

De esta manera, refiriéndose otra vez a la búsqueda constante de santidad, las bendiciones de la seguridad y la perseverancia llegan a los creyentes. En consecuencia, les **será otorgada amplia y generosa entrada en el reino eterno de nuestro Señor y Salvador Jesucristo.** La seguridad de tener **entrada en el reino eterno** es la experiencia del cristiano que practica lo que Pedro ha enumerado. Todo eso se convierte en un gran estímulo para los cansados lectores del apóstol. Ningún creyente tiene que vivir con dudas acerca de la salvación; en la actualidad todos ellos podrían disfrutar de una seguridad **amplia y generosa.** Una abundante recompensa celestial en el futuro también podría estar implícita (cp. 2 Ti. 4:8; He. 4:9; 12:28; 1 P. 5:4; Ap. 2:10; 22:12).

El Señor recompensará a sus hijos en base a la fidelidad con que busquen la justicia (véase de nuevo 1 Co. 3:11-14; 2 Co. 5:10). La seguridad en esta vida y las riquezas en el cielo son los beneficios de la diligencia y la productividad espiritual.

Declaración del legado de Pedro

27

Por esto, yo no dejaré de recordaros siempre estas cosas, aunque vosotros las sepáis, y estéis confirmados en la verdad presente. Pues tengo por justo, en tanto que estoy en este cuerpo, el despertaros con amonestación; sabiendo que en breve debo abandonar el cuerpo, como nuestro Señor Jesucristo me ha declarado. También yo procuraré con diligencia que después de mi partida vosotros podáis en todo momento tener memoria de estas cosas. (1:12-15)

Todo buen maestro se da cuenta del valor de la repetición. Las investigaciones han mostrado que una hora después de oír un mensaje hablado, las personas olvidan hasta el 90 por ciento de lo que oyeron. Con seguridad Dios sabía eso cuando le dijo a Israel:

> *Oye, Israel: Jehová nuestro Dios, Jehová uno es. Y amarás a Jehová tu Dios de todo tu corazón, y de toda tu alma, y con todas tus fuerzas. Y estas palabras que yo te mando hoy, estarán sobre tu corazón; y las repetirás a tus hijos, y hablarás de ellas estando en tu casa, y andando por el camino, y al acostarte, y cuando te levantes. Y las atarás como una señal en tu mano, y estarán como frontales entre tus ojos; y las escribirás en los postes de tu casa, y en tus puertas (Dt. 6:4-9; cp. v. 12; 7:18; 8:2, 18-20; 9:7; 2 R. 17:38; 1 Cr. 16:12; Sal. 78:7, 11, 42; 103:2; 106:7, 13; 119:16, 153; Is. 51:13-15; Mr. 12:29-30, 32-33).*

A pesar de todas las advertencias y los avisos a lo largo de los siglos, los israelitas han tenido gran retentiva para las cosas malas y poca retentiva para la verdad de Dios, por lo que Isaías les acusó: "Te olvidaste del Dios de tu salvación, y no te acordaste de la roca de tu refugio" (Is. 17:10*a*; cp. 51:13*a*; Os. 8:7-14). De igual modo, el Señor dio la Pascua como un recordatorio anual de la redención, gracia y misericordia, juicio y justicia, y pacto con Israel (Éx. 13:3-10). Sin embargo, hoy día cuando los judíos observan la Pascua están recordando la salida de Egipto, aun mientras rechazan al Dios que los liberó (cp. Ro. 2:28-29; 10:2-4).

Incluso los creyentes tienden a recordar las cosas que es mejor olvidarlas y a olvidar las que deberían recordarse (cp. Ro. 7:15, 18-19; He. 12:5). Por eso

Pedro escribe las palabras en este texto y más adelante les dice a sus lectores: "Amados, esta es la segunda carta que os escribo, y en ambas despierto con exhortación vuestro limpio entendimiento" (3:1). Y no mucho después que Pedro escribiera esto, Judas exhortó a sus lectores: "Vosotros, amados, tened memoria de las palabras que antes fueron dichas por los apóstoles de nuestro Señor Jesucristo" (Jud. 17; cp. Hch. 20:35; 2 Ti. 2:8; Stg. 1:25). Puesto que su carta es muy parecida a 2 Pedro, Judas debió haber tenido en mente la epístola de Pedro. Ambos estaban siguiendo el ejemplo del Señor cuando amonestó a los apóstoles: "Acordaos de la palabra que yo os he dicho" (Jn. 15:20).

En este pasaje Pedro se desvía de su tema de la salvación y deja caer una declaración acerca de la importancia de que las personas recuerden la verdad esencial. Cristo había llamado a Pedro a pastorear (Jn. 21:15-19), y las palabras del apóstol revelan su pasión pastoral en cuatro motivaciones: urgencia, bondad, fidelidad y brevedad.

URGENCIA

Por esto, yo no dejaré de recordaros siempre estas cosas, (1:12*a*)

Por esto se remite de nuevo a la grandeza de la salvación (1:1-4) y a la dicha de la seguridad (1:5-11), temas tan cruciales que nunca deben olvidarse. Pedro no quiere que sus lectores olviden que fueron salvados (v. 9), ni las bendiciones de su salvación (v. 3). Cuando el apóstol usa el tiempo futuro, **no dejaré de,** estaba primero indicando que recordaría a sus oyentes la verdad **siempre** que tuviera la oportunidad, incluso al escribir esta epístola inspirada por el Espíritu. Pero también anticipó a todos que en las épocas venideras leerían esta carta y se les recordaría **estas** grandes **cosas** que Dios le había encomendado decir.

El apóstol Pablo, al igual que Pedro, sabía la necesidad de repetir la verdad: "Por lo demás, hermanos, gozaos en el Señor. A mí no me es molesto el escribiros las mismas cosas, y para vosotros es seguro" (Fil. 3:1; cp. Ro. 15:15; 2 Ts. 2:5). Judas también trató de recordar a sus lectores lo que ya sabían (v. 5).

Al contrario de lo que algunos creen, no existe tal cosa como la verdad espiritual nueva, sino tan solo un entendimiento más claro de las verdades eternas (Is. 40:8; 1 P. 1:23-25; cp. Mt. 5:18) que la Palabra de Dios enseña. Las personas no siempre conocen las verdades de la Biblia, ni siempre escuchan interpretaciones verdaderas y precisas de ellas. Por tanto, hay quienes en esa condición pueden creer que cierta verdad es nueva, y lo es para ellos. Pero no hay nueva revelación de parte de Dios (cp. Jud. 3). Todos los que predican y enseñan las Escrituras están recordando a las personas de modo tan constante lo que Dios ha dicho en su Palabra que tanto la repetición de Él como la de ellos hace que la verdad se asimile.

Sin duda alguna 2 Pedro 2 y la carta de Judas ilustran vívidamente este principio de la repetición divina en la Biblia. Las epístolas del Nuevo Testamento tratan con el mismo evangelio y toda su riqueza, revelándolo en diferentes términos y analogías. Los evangelios sinópticos narran la misma historia de tres maneras. Jesús repitió su mensaje en sermones, parábolas y lecciones objetivas adondequiera que iba, exponiendo a sus seguidores a la verdad una y otra vez. Tal repetición fue clave en la capacitación de los doce.

Incluso los mensajes de los profetas del Antiguo Testamento son básicamente los mismos, ya que predican ley, justicia y perdón. Los Salmos repiten los atributos y las obras de Dios. Los libros de Crónicas repasan material de 1 y 2 Samuel y de 1 y 2 Reyes. Deuteronomio 5:1-22 es una segunda entrega de la ley en el Sinaí (Éx. 20), que hacía que el pueblo la recordara y se preparara para entrar a la tierra prometida.

BONDAD

aunque vosotros las sepáis, y estéis confirmados en la verdad presente. (1:12*b*)

Pedro fue un pastor amable que entendió y mostró sensibilidad por su rebaño. La Biblia encomia la bondad (cp. 2 Co. 10:1; Gá. 5:23; 6:1; 1 Ts. 2:7; 2 Ti. 2:25), la humildad (cp. Mt. 5:5; 1 Ti. 6:11; Stg. 3:13) y la ternura (cp. Ef. 4:32), características que Pedro demostró cuando reconoció que sus lectores ya poseían virtudes piadosas. Los estaba animando, sin ser condescendiente o indiferente a la devoción que tenían hacia Cristo (cp. 1 P. 5:2-3).

Sin duda los destinatarios de esta carta habían oído otras cartas inspiradas del Nuevo Testamento que les fueron leídas y predicadas (cp. 3:15-16), por lo que conocían y creían **la verdad,** y ahora estaban siendo **confirmados** en ella. El verbo traducido **confirmados** (*stērizō*), que significa "establecer firmemente", o "fortalecer", es participio pasivo perfecto que indica una condición establecida. A través de su fidelidad los destinatarios de la carta habían mostrado evidencia de que el verdadero evangelio estaba firmemente **presente** en ellos. Sin lugar a dudas Pedro los afirmó como creyentes verdaderos y maduros. Él pudo haber hecho eco de las palabras de Pablo a los colosenses: "Ya habéis oído por la palabra verdadera del evangelio, que ha llegado hasta vosotros, así como a todo el mundo, y lleva fruto y crece también en vosotros, desde el día que oísteis y conocisteis la gracia de Dios en verdad" (Col. 1:5*b*-6; cp. 1 Ts. 2:13; 1 Jn. 2:27; 2 Jn. 2). Cuando alguien llega a conocer a Cristo, la verdad mora en esa persona (2 P. 1:12; 1 Jn. 2:14, 27; 2 Jn. 2; cp. Jn. 17:19; 2 Co. 11:10; Ef. 4:24; 6:14). Todavía era indispensable que los lectores de Pedro recibieran este recordatorio, en vista de la amenaza que enfrentaban por la poderosa infiltración de falsos maestros (capítulo 2 de esta carta).

FIDELIDAD

Pues tengo por justo, en tanto que estoy en este cuerpo, el despertaros con amonestación; (1:13)

Al haber sido un confidente íntimo de Jesús como el líder reconocido de los doce, más que cualquier otro hombre el apóstol Pedro vivió en proximidad estrecha y constante a la verdad divina. Sin embargo, él y sus compañeros apóstoles aún no entendían o apreciaban esa verdad, incluso al final del ministerio terrenal de Cristo, como indica la pregunta que el Señor les hiciera: "¿Tanto tiempo hace que estoy con vosotros, y no me [habéis] conocido?" (Jn. 14:9).

Pedro le falló tremendamente a su Maestro por un tiempo, a pesar de la advertencia de Jesús (véase Lc. 22:31-34, 54-62). Por tanto, el apóstol supo de primera mano que aunque los creyentes estén cimentados en la verdad necesitan pastoreo constante para impedir que merodeen hacia el pecado. El pastor bíblico exhibe fidelidad en enseñar al pueblo lo que Dios le ha entregado.

No solo se trata de que tal instrucción leal sea beneficiosa, útil y fortalecedora, aunque sin duda lo es. Más allá de los beneficios, Pedro tiene **por justo** (*dikaios*), es decir que consideraba correcto reprender a los creyentes. Su devoción como pastor lo hacía fiel a su pueblo porque él era leal a su Señor en hacer lo que era **justo, en tanto que** estuviera morando **en este cuerpo** terrenal. El término traducido **este cuerpo** (*skēnōma*) es la palabra usada para "tienda de campaña", sacado de la conocida imagen de los nómadas de Oriente Medio en tiendas de campaña portátiles. Pedro también estaba en una morada temporal y sabía que un día Dios plegaría esa tienda de campaña con el fin de liberarle el alma eterna y así darle entrada al cielo.

Mientras Dios le diera vida terrenal, Pedro sería fiel para despertar **con amonestación** a quienes el Señor pusiera en su vida. **Despertaros** es una forma compuesta del verbo *diegeirō,* que quiere decir "activar completamente", o "estimular a fondo" una condición de letargo, somnolencia o sueño. Nada menor al estado de alerta espiritual satisfaría a este pastor leal, pues los creyentes pueden volverse haraganes (cp. Mr. 13:35-37; Ro. 13:11; 1 Ts. 5:6; He. 6:12), y no estar alerta y lúcidos respecto a asuntos espirituales u otros deberes (cp. Pr. 13:4; 24:30-31). Esa palabra pudo haber hecho que Pedro recordara su propia incapacidad para permanecer despierto en Getsemaní la noche antes de la muerte de Jesús (Mt. 26:36-46).

El pastor como Dios manda alienta a su rebaño principalmente **con amonestación.** De manera constante e incansable se mantiene enseñando y revisando todos los importantes temas, doctrinas y mandamientos de la Biblia. No importa cuánta verdad divina hayan oído los creyentes o cuán espiritualmente maduros sean, todavía necesitan recordatorios para aplicar esa verdad (cp.

Ro. 12:1-13:10; 1 Co. 3:5-23; Gá. 5:1-6; Ef. 4:11-16). Al querer que el rebaño recuerde, el verdadero pastor lo alimenta constantemente con toda la dieta bíblica. Como se da cuenta de que la familiaridad puede generar menosprecio, emplea todos los pasajes sobre cada tema, de modo que haya frescura en vez de familiaridad.

BREVEDAD

sabiendo que en breve debo abandonar el cuerpo, como nuestro Señor Jesucristo me ha declarado. También yo procuraré con diligencia que después de mi partida vosotros podáis en todo momento tener memoria de estas cosas. (1:14-15)

Por último, la pasión y la motivación de Pedro por el ministerio incluyen una clara comprensión de la brevedad de su vida misma (cp. Job 7:6-7; 9:25-26; 14:1-2; Sal. 39:5; 89:47*a*; 90:5-6, 10; Stg. 4:13-17). Por eso escribió que sabía con certeza **que en breve** debía **abandonar el cuerpo.** Es evidente que Pedro creía que su muerte estaba cerca, y la describió en la analogía de **abandonar** su tienda de campaña, la misma imagen que Pablo usó en su segunda carta a los corintios:

> *Porque sabemos que si nuestra morada terrestre, este tabernáculo, se deshiciere, tenemos de Dios un edificio, una casa no hecha de manos, eterna, en los cielos. Y por esto también gemimos, deseando ser revestidos de aquella nuestra habitación celestial (2 Co. 5:1-2).*

La expresión **en breve** conlleva un doble significado en que puede denotar "prontitud" o "rapidez". Quizás aquí transmite ambas cosas. Cuando Pedro escribió esto ya tenía más de setenta años; por tanto era razonable que esperara que su muerte no estuviera muy lejos. También sabía que su muerte sería repentina o rápida, **como nuestro Señor Jesucristo** se lo había **declarado.** El Señor Jesús había indicado claramente como cuarenta años antes, durante la restauración del apóstol en que volvió a comisionarlo entre el tiempo de la resurrección y la ascensión del Señor, que la muerte del apóstol sería más bien repentina:

> *De cierto, de cierto te digo: Cuando eras más joven, te ceñías, e ibas a donde querías; mas cuando ya seas viejo, extenderás tus manos, y te ceñirá otro, y te llevará a donde no quieras. Esto dijo, dando a entender con qué muerte había de glorificar a Dios. Y dicho esto, añadió: Sígueme (Jn. 21:18-19).*

Las palabras de Jesús fueron una predicción del martirio de Pedro. El hecho de que predijera que el apóstol sería ejecutado, específicamente por crucifixión, se evidencia por la expresión "extenderás tus manos". Por tanto, Pedro había vivido otras cuatro décadas, o más, siendo fiel en apacentar las ovejas del Señor, sabiendo todo el tiempo que en cualquier momento su vida terminaría rápidamente. (La tradición, registrada por Eusebio [*Historia eclesiástica,* 3:1, 30], atestigua que Pedro fue crucificado cabeza abajo a petición de él mismo porque se sentía indigno de morir igual que había muerto Cristo).

En vista de la brevedad de su vida y ministerio, Pedro intentaba **con** gran **diligencia** recordar la verdad a los creyentes, de modo **que después de** su **partida** ellos pudieran **en todo momento tener memoria de estas cosas.** No hay razón para limitar las palabras del apóstol, **estas cosas,** a lo que escribió exactamente antes (vv. 1-11), como algunos hacen. Todo lo que se encuentra en esta carta es parte de la doctrina esencial, para ser insertado de manera inolvidable en las mentes de los creyentes.

El apóstol usó el término **partida** (*exodos*) para referirse a su muerte porque la palabra connota la salida de un lugar (tierra) para ir a otro (cielo), el éxodo que todo creyente disfrutará (1 Co. 15:50-57; He. 4:9-10). A Pedro, al igual que a Pablo (Hch. 20:24), no le interesaba que los miembros de su audiencia lo recordaran a él o a su muerte, sino que recordaran la verdad que les había enseñado.

Que Pedro entendía muy bien la urgencia, la bondad, la fidelidad y la brevedad de su ministerio se evidencia en esta epístola, especialmente como se resume en la declaración del legado en este pasaje. El líder de los doce quería que los creyentes evitaran los peligros de la negligencia espiritual; por tanto, trabajó con diligencia a través de su predicación y escritos para reiterar los asuntos importantes. Él deseaba dejar su última voluntad fin y su testamento a fin de recordar a los santos la grandeza de la salvación y la bendición de la seguridad, y asegurarse de que la falsa doctrina no les robara su rica herencia espiritual.

La Palabra segura 28

Porque no os hemos dado a conocer el poder y la venida de nuestro Señor Jesucristo siguiendo fábulas artificiosas, sino como habiendo visto con nuestros propios ojos su majestad. Pues cuando él recibió de Dios Padre honra y gloria, le fue enviada desde la magnífica gloria una voz que decía: Este es mi Hijo amado, en el cual tengo complacencia. Y nosotros oímos esta voz enviada del cielo, cuando estábamos con él en el monte santo. Tenemos también la palabra profética más segura, a la cual hacéis bien en estar atentos como a una antorcha que alumbra en lugar oscuro, hasta que el día esclarezca y el lucero de la mañana salga en vuestros corazones; entendiendo primero esto, que ninguna profecía de la Escritura es de interpretación privada, porque nunca la profecía fue traída por voluntad humana, sino que los santos hombres de Dios hablaron siendo inspirados por el Espíritu Santo. (1:16-21)

A través de los siglos la Biblia ha tenido muchos y tremendos críticos y detractores. Los ataques a la veracidad bíblica posiblemente alcanzaron su momento decisivo durante la época de la iluminación. Hayden V. White articuló de la siguiente manera el ambiente de ese período:

> La actitud mental en la iluminación era internamente compleja y variada, pero más o menos puede caracterizarse como una dedicación de la razón, la ciencia y la educación humana como el mejor medio para levantar una sociedad estable de hombres libres en la tierra. Esto significó que la iluminación era básicamente desconfiada de la religión, hostil a la tradición, y resentida de cualquier autoridad basada solo en la costumbre o la fe. A fin de cuentas, esta época no fue nada más que secular en su orientación; ofreció el primer programa en la historia de la humanidad para la construcción de una comunidad humana constituida únicamente de material natural ("Editor's Introduction", en Robert Anchor, *The Enlightenment Tradition* [New York: Harper & Row, 1967], ix; citado en Norman L. Geisler y William E. Nix, *A General Introduction to the Bible,* revisada y aumentada [Chicago: Moody, 1968, 1986], p. 139).

A través de sus escritos y la promoción de sus ideas seculares, filósofos tales como Thomas Hobbes (1588-1679; materialismo), Benedict de Spinoza (1632-1677; panteísmo racionalista y naturalismo), David Hume (1711-1776; escepticismo y súpernaturalismo), Immanuel Kant (1724-1804; agnosticismo filosófico), Friedrich Schleiermacher (1768-1834; romanticismo y teología positiva), y Georg W. F. Hegel (1770-1831; el idealismo filosófico y el proceso dialéctico [tesis, antítesis y síntesis]) hicieron mucho por socavar y destruir la confianza en la infalibilidad de la Biblia y el entendimiento bíblico de la naturaleza de la verdad. Tales filosofías de la iluminación también allanaron el camino para el liberalismo teológico (Albrecht Ritschl, 1822-1899; Adolf von Harnack, 1851-1930), el existencialismo y el relativismo posmoderno de la actualidad (Soren Kierkegaard, 1813-1855; Friedrich W. Nietzsche, 1844-1900; Rudolf Bultmann, 1884-1976; Martin Heidegger, 1889-1976); y la alta crítica (F. C. Baur, 1792-1860; Julius Wellhausen, 1844-1918).

Sin embargo, eruditos conservadores, ortodoxos y evangélicos tales como Francis Turretin (1623-1687), Jonathan Edwards (1703-1758), Charles Hodge (1797-1878), Benjamin B. Warfield (1851-1921), y J. Gresham Machen (1881-1937) defendieron de modo incansable y constante la suficiencia y la confiabilidad de la Biblia. Esos hombres y otros maestros que honran a Dios apoyaron firmemente el punto de vista de la Reforma de la supremacía de la Palabra de Dios, que Bush y Nettles la resumen así:

> Los reformadores creían en la Biblia como el mensaje escrito de parte de Dios. Era confiable, sin duda alguna. Se la estudiaba, se le tenía en cuenta. Se la tomaba como la autoridad definitiva con relación a tales temas sobre los que habla o hace afirmaciones. Dios no había revelado todo. La Biblia no contenía expresamente toda la verdad que podía conocerse. Pero lo que enseñaba se creía que era totalmente confiable. La verdad en cualquier otra rama no contradecía la verdad bíblica. A partir de la Biblia se podía encontrar el verdadero conocimiento de la realidad (L. Russ Bush y Tom J. Nettles, *Baptists and the Bible* [Chicago: Moody, 1980], p. 175).

Lo que el apóstol Pedro escribió en 2 Pedro 1:16-21 es fundamental para el entendimiento que los reformadores tenían de las Escrituras, y expresa claramente que en la Biblia los creyentes disponen de una revelación escrita y precisa de la verdad de Dios. Pedro repitió la declaración del salmista: "El testimonio de Jehová es fiel, que hace sabio al sencillo" (Sal. 19:7*b*; cp. 93:5; 111:7). Dios, por medio del profeta Isaías, reveló esto con relación a la confiabilidad y al efecto de su Palabra:

> *Porque como desciende de los cielos la lluvia y la nieve, y no vuelve allá, sino que riega la tierra, y la hace germinar y producir, y da semilla al que siembra, y*

pan al que come, así será mi palabra que sale de mi boca; no volverá a mí vacía, sino que hará lo que yo quiero, y será prosperada en aquello para que la envié (Is. 55:10-11; cp. 40:8; Sal. 119:89; Mt. 5:18; 24:35; Jn. 10:35b; 2 Ti. 2:19a).

Pedro escribió en su segunda epístola a creyentes bombardeados por falsa enseñanza que intentaba socavarles la confianza en la Biblia y, por tanto, destruir la fe cristiana. En el capítulo 2 describe en términos vívidos a los proponentes de tales errores con el fin de que los creyentes pudieran entender y reconocer mejor el peligro que tales proponentes representaban. Sin embargo, no basta simplemente con estar conscientes de los falsos maestros; los creyentes deben saber cómo defenderse contra esos errores. El arma en esa defensa es la segura Palabra de Dios (cp. 2 Co. 10:3-5). En el presente pasaje el apóstol hace referencia a su propia experiencia de testigo de la revelación, y a la revelación sobrenatural y escrita de Dios.

EXPERIENCIA PRESENCIAL DE PEDRO

Porque no os hemos dado a conocer el poder y la venida de nuestro Señor Jesucristo siguiendo fábulas artificiosas, sino como habiendo visto con nuestros propios ojos su majestad. Pues cuando él recibió de Dios Padre honra y gloria, le fue enviada desde la magnífica gloria una voz que decía: Este es mi Hijo amado, en el cual tengo complacencia. Y nosotros oímos esta voz enviada del cielo, cuando estábamos con él en el monte santo. (1:16-18)

Porque es el término casual que une este pasaje con el anterior, explicando por qué Pedro recuerda la verdad a sus lectores. Él está absolutamente convencido de la verdad que enseña porque la había experimentado en persona. También habla por los otros apóstoles y por los demás autores del Nuevo Testamento cuando afirma refiriéndose en segunda persona del plural: **no os hemos dado a conocer... fábulas artificiosas.** Todo lo que habían presenciado lo recibieron por revelación sobrenatural (Jn. 1:51; 1 Jn. 1:1-3), verificando que lo que les fue enseñado y posteriormente predicaron era la verdad (Mt. 13:11, 16-17; cp. Mt. 11:25-26; 1 Co. 2:10).

La afirmación de comienzo de Pedro contesta la acusación de sus críticos de que él enseñaba mentiras cuidadosamente elaboradas con el único objetivo de atraer seguidores crédulos y ganar dinero de ellos. Los falsos maestros religiosos comúnmente buscan el poder y la popularidad que no solo trae dinero (cp. Mi. 3:11), sino también favores sexuales (cp. Jer. 23:14). No obstante, Pedro refutó a sus acusadores diciendo que él y sus compañeros apóstoles no estaban **siguiendo** el enfoque engañoso de los falsos maestros.

Artificiosas proviene de *sophizō* ("hacer entendidos") y connota ideas sofisticadas y sutilmente inventadas. La expresión también se refiere a cualquier cosa clandestina o engañosa. Al tratar de devorar a las ovejas, los falsos maestros camuflan sus mentiras (cp. 2:1) para hacerlas parecer como verdad divina (Jer. 6:14; 14:14; 23:16, 21, 26; cp. Mt. 7:15).

Fábulas (*muthos,* de donde se deriva la palabra *mitos*) hace referencia a historias legendarias de dioses y personajes heroicos que participaban en sucesos milagrosos y realizaban hazañas extraordinarias. Tales fábulas caracterizaban la mitología pagana y su visión del mundo. Pablo usa *muthos,* que siempre tiene una connotación negativa en el Nuevo Testamento, tanto como Pedro, para referirse a las mentiras, las invenciones y los engaños de todos los falsos maestros (1 Ti. 1:4; 4:7; 2 Ti. 4:4; Tit. 1:14). Pedro negó rotundamente que estuviera aprovechándose de tales historias ficticias cuando había **dado a conocer** su enseñanza. Sin lugar a dudas, los falsos maestros habían manifestado a los lectores del apóstol que la fe y la doctrina cristiana solo eran otro conjunto de mitos y fábulas.

Dado a conocer (*gnōrizō*) se usa a menudo en el Nuevo Testamento para hablar de impartir nueva revelación (Jn. 17:26; Ro. 16:26; Ef. 1:9; 3:3, 5, 10; cp. Lc. 2:15; Jn. 15:15; Hch. 2:28; Ro. 9:22-23; 2 Co. 8:1; Col. 1:27; 4:7, 9). En este caso, la revelación se relacionaba con **el poder y la venida** del **Señor Jesucristo**, es decir, su segunda venida en gloria y dominio (Mt. 25:31; Lc. 12:40; Hch. 1:10-11; Tit. 2:13; 1 P. 1:13; Ap. 1:7). Al parecer los falsos maestros no solo estaban socavando la enseñanza de Pedro en general, sino que también estaban negando específicamente lo que él expresaba acerca del regreso de Cristo. La referencia de Pedro a esa línea de ataque más tarde en esta carta (3:3-4) confirma ese hecho.

Puesto que Pedro relacionó la frase **el poder y la venida** con la aparición del **Señor Jesucristo,** este es un seguro indicador de se refería al regreso del Señor (cp. Mt. 24:30; 25:31; Ap. 19:11-16). La descripción ciertamente no calza con la primera venida de Jesús en mansedumbre y humildad (cp. Lc. 2:11-12; Ro. 1:3; 2 Co. 8:9; Fil. 2:6-7).

Venida es la palabra común del Nuevo Testamento *parousia,* que también quiere decir "aparecer" o "llegar". Siempre que este término se usa en el Nuevo Testamento con relación a Jesucristo, se refiere a su regreso. W. E. Vine analiza este aspecto del significa del vocablo:

> Cuando se usa para el regreso de Cristo significa no simplemente su venida momentánea a por sus santos, sino su presencia con ellos desde ese momento hasta su revelación y manifestación al mundo. En algunos pasajes la palabra da notoriedad al comienzo de esa época, el curso del período que se sugiere en 1 Corintios 15:23; 1 Tesalonicenses 4:15; 5:23; 2 Tesalonicenses 2:1; Santiago 5:7, 8; 2 Pedro 3:4. En otros pasajes el curso es sobresaliente: Mateo 24:3, 37; 1 Tesalonicenses 3:13; 1 Juan 2:28; en otros es la conclusión del período: Mateo 24:27; 2 Tesalonicenses

2:8 (*An Expository Dictionary of New Testament Words,* 4 tomos. [Londres: Oliphants, 1940; reimpresión, Chicago: Moody: 1985], 1:209).

Pedro ha declarado en su primera carta la verdad de la segunda venida de Cristo (1 P. 1:7, 13; 4:13; 5:4). Pero aquí hace hincapié en que él y los otros apóstoles eran testigos de la misma majestad que Cristo manifestará en todo su esplendor cuando regrese. Desde luego que todos los apóstoles habían contemplado toda la majestad de Cristo durante su vida y su ministerio (Jn. 2:11; 17:6-8), y también en su muerte (Jn. 19:25-30), resurrección (Lc. 24:33-43) y ascensión (Hch. 1:9-11), por lo que quienes fueron escritores del Nuevo Testamento (p. ej., Mateo, Juan y Pedro) fueron testigos oculares de gran parte de lo que escribieron. Lo que Pedro señala es que los falsos maestros negaban las afirmaciones que él hacía respecto a Jesús, pero a diferencia del apóstol, ellos no fueron testigos presenciales de la vida y del ministerio de Cristo.

Visto con nuestros propios ojos (*epoptai*) originalmente significaba "observadores generales" o "espectadores", pero con los años su significado evolucionó. Barclay explica:

> En el uso del griego de los días de Pedro, éste era un término técnico. Ya hemos hablado de las religiones mistéricas. Consistían en una especie de [dramas] de pasión, en los que se representaba la historia de un dios que había vivido, sufrido, muerto y resucitado, [para nunca más volver a morir]. Al adorador se le permitía estar presente en el [drama] de pasión y se le ofrecía la experiencia de identificarse con el dios que moría y resucitaba, solamente después de un largo curso de instrucción y preparación. Cuando llegaba a ese punto, era un iniciado y la palabra técnica que le describía [*epoptēs*]; era un testigo presencial privilegiado de las experiencias del dios (William Barclay, *Comentario al Nuevo Testamento* [Barcelona: Editorial Clie, 1999], p. 1019).

Con ese uso en mente, está claro que Pedro se veía y veía a sus compañeros apóstoles como espectadores preeminentemente privilegiados que habían alcanzado el mayor y más verdadero nivel de experiencia espiritual en estar con Cristo. Pedro tenía en mente un evento particular que de modo dramático mostró con anterioridad la venidera **majestad** de Cristo.

Majestad (*megaleiotēs*), que también se puede traducir "esplendor", "grandeza" o "magnificencia", se usa en otras partes del Nuevo Testamento para identificar "la grandeza de Dios" (Lc. 9:43). Jesús había profetizado que algunos de los apóstoles verían la manifestación de la grandeza divina de Él: "De cierto os digo que hay algunos de los que están aquí, que no gustarán la muerte, hasta que hayan visto al Hijo del Hombre viniendo en su reino" (Mt. 16:28; cp. Lc. 9:27).

En ese hecho especial en que **Dios Padre** estaba presente, Cristo **recibió de** Él **honra** (*timē,* "estado exaltado") **y gloria** (*doxa,* "radiante esplendor"). El primer término otorga a Jesús el más exaltado respeto y reconocimiento (Jn. 5:23; 1 Ti. 1:17; He. 2:9; Ap. 4:9, 11; 5:12-13), y el segundo le confiere brillantez divina sin igual (Mt. 24:30; Lc. 9:32; cp. Jn. 1:14; 17:22; 2 Ts. 1:9).

En ese extraordinario suceso **Dios** el **Padre** también llamó a Cristo **magnífica gloria** (un hermoso nombre sustituto para Dios; cp. Dt. 33:26, LXX), y le envió una **voz** (anuncio audible) sumamente significativa. La **voz** del Padre fue: **Este es mi Hijo amado, en el cual tengo complacencia,** lo cual podía referirse a una de dos ocasiones diferentes: el bautismo del Señor o su transfiguración (Mt. 3:17; 17:5). Una descripción más detallada del apóstol acerca de este episodio lo identifica exactamente como la transfiguración, ya que **esta voz** fue **enviada del cielo, cuando estábamos con él en el monte santo.** Lo más probable es que se tratara del monte Hermón, la montaña más alta cerca de Cesarea de Filipo (cp. Mr. 8:27), donde Pedro, Jacobo y Juan vieron la nube de gloria divina alrededor de ellos y a Jesús, y oyeron la voz de parte de Dios (Mt. 17:5; Mr. 9:7; Lc. 9:35).

El anuncio **este es mi Hijo amado, en el cual tengo complacencia** es la afirmación del Padre con relación a que el Hijo tiene naturaleza y esencia idénticas con Él (cp. Jn. 5:17-20; Ro. 1:1-4; Gá. 1:3; Col. 1:3; 2:9), y a que Cristo es perfectamente justo (cp. 2 Co. 5:21; He. 7:26). De este modo, en una declaración concisa Dios declaró una relación con Cristo tanto de naturaleza divina como de amor divino (el vínculo perfecto de amor y santidad dentro de la Divinidad), y su total satisfacción con todo lo que Jesús dijo e hizo. Como conclusión clara, el pronunciamiento del Padre también confirmó el derecho de Cristo de volver a venir, en el momento ordenado, y de recibir a los suyos y poseer el reino que por derecho le pertenece. Así lo declara Apocalipsis 5:9-13:

> *Y cantaban un nuevo cántico, diciendo: Digno eres de tomar el libro y de abrir sus sellos; porque tú fuiste inmolado, y con tu sangre nos has redimido para Dios, de todo linaje y lengua y pueblo y nación; y nos has hecho para nuestro Dios reyes y sacerdotes, y reinaremos sobre la tierra. Y miré, y oí la voz de muchos ángeles alrededor del trono, y de los seres vivientes, y de los ancianos; y su número era millones de millones, que decían a gran voz: El Cordero que fue inmolado es digno de tomar el poder, las riquezas, la sabiduría, la fortaleza, la honra, la gloria y la alabanza. Y a todo lo creado que está en el cielo, y sobre la tierra, y debajo de la tierra, y en el mar, y a todas las cosas que en ellos hay, oí decir: Al que está sentado en el trono, y al Cordero, sea la alabanza, la honra, la gloria y el poder, por los siglos de los siglos.*

(Para un comentario completo sobre la transfiguración y Mateo 17:1-13, véase John MacArthur, *Matthew 16-23,* MacArthur New Testament Commentary [Chicago: Moody, 1988], pp. 61-72).

No existe razón alguna para que los lectores de Pedro de entonces o de ahora ponga su fe en los falsos maestros que niegan el glorioso regreso futuro de Jesucristo. Mientras que esos herejes no estuvieron presentes en el monte de la transfiguración, Pedro fue un testigo presencial de la majestad de la Segunda Venida. Él, Jacobo y Juan vieron a Moisés y Elías afirmando a Cristo (Lc. 9:30-32), y sobre todo, los apóstoles oyeron a Dios mismo honrar a su Hijo.

REVELACIÓN SOBRENATURAL DE DIOS

Tenemos también la palabra profética más segura, a la cual hacéis bien en estar atentos como a una antorcha que alumbra en lugar oscuro, hasta que el día esclarezca y el lucero de la mañana salga en vuestros corazones; entendiendo primero esto, que ninguna profecía de la Escritura es de interpretación privada, porque nunca la profecía fue traída por voluntad humana, sino que los santos hombres de Dios hablaron siendo inspirados por el Espíritu Santo. (1:19-21)

Por acertados que ellos fueron en declarar la verdad, Dios no dependió simplemente de los relatos orales y presenciales de los apóstoles. Dios, a través de la mediación del Espíritu Santo, supervisó la narración de tales experiencias y pensamientos en la revelación inspirada de la Biblia (2 Ti. 3:16). La respuesta de Pedro a quienes ponían en duda la validez de las experiencias del apóstol es que los creyentes tienen una fuente incluso mejor: **la palabra profética más segura** de las Escrituras. Algunos comentaristas sostienen que la frase indica que las experiencias de los apóstoles validaron la Biblia, que el atisbo de la gloria del reino de Jesús en el monte de la transfiguración confirmó de alguna manera las predicciones de los profetas con relación a la Segunda Venida. Esa es una explicación posible, pero la interpretación literal de la frase, "tenemos la más segura palabra profética", recomienda otra explicación, una tan confiable y útil como lo fue la experiencia de Pedro: **la palabra profética** de la Biblia que es **más segura.** A lo largo de la historia de la redención, Dios mismo ha enfatizado reiteradamente que su Palabra inspirada es verdadera, infalible y la fuente totalmente suficiente de verdad, lo cual no requiere confirmación humana (Sal. 19:7; 119:160; Jn. 17:17; 1 Co. 2:10-14; 1 Ts. 2:13; cp. Pr. 6:23; Dn. 10:21).

El uso de **tenemos** en el versículo 19 no presenta tanto énfasis como el nosotros del versículo 18, donde se refiere a Pedro, Jacobo y Juan. En vez de eso, este segundo uso se refiere genéricamente a todos los creyentes. Como grupo son poseedores de la Palabra, la fuente de la verdad de Dios que es mucho más fiable que las experiencias colectivas de todos ellos, incluso como apóstoles. Segunda de Corintios 12:1 es un ejemplo útil de las limitaciones de la experiencia humana como fuente de verdad: "Ciertamente no me conviene gloriarme; pero vendré a las visiones y a las revelaciones del Señor". El apóstol Pablo deseaba defender su apostolado, pero parece admitir que las visiones y experiencias personales (incluso de los cielos) no son útiles ni fundamentales como baluartes de la verdad de Dios. Eso se debe a que no se pueden verificar ni repetir, y a que son incomprensibles (vv. 2-4). En realidad, Pablo prefirió defender su apostolado con sus padecimientos y no con sus visiones sobrenaturales (vv. 5-10). Cuando los autores del Nuevo Testamento escribieron acerca de Cristo y su regreso prometido, confirmaron la verdad de las Escrituras del Antiguo Testamento (cp. Mt. 4:12-16; 12:19-20; 21:1-5; Lc. 4:16-21; Ro. 15:3; He. 5:5-6; 1 P. 2:6-7, 22; Ap. 19:10). Así que no fue la experiencia de los apóstoles sino el relato inspirado y escriturado de la vida y las palabras de Cristo, escrito por autores inspirados por el Espíritu y contenidas en el Nuevo Testamento, que lo valida el Antiguo. Esa validación cumple las creencias de los judíos con relación a la supremacía de la revelación escrita, tal como Michael Green explica:

> Los judíos prefirieron siempre la profecía a la voz del cielo. En realidad, consideraron a la última, *bath qōl,* o revelación divina entregada en la época posprofética, "hija de la voz", como un sustituto inferior para la revelación, puesto que los días de la profecía habían cesado. Y en cuanto a los apóstoles, es difícil insistir demasiado en su respeto por el Antiguo Testamento. Uno de sus más fuertes argumentos para la verdad del cristianismo fue el de la profecía (véanse las disertaciones en Hechos, Romanos XV, I Pedro II, o todo Hebreos o Apocalipsis.). Ellos buscaron en la palabra escrita de Dios la seguridad absoluta, igual que su Maestro, a quien le bastó decir "escrito está" para poner punto final a la cuestión... [Pedro] está diciendo: "Si usted no me cree, vaya a las Escrituras". Calvino afirma: "La pregunta no es si los profetas son más confiables que el evangelio"; es simplemente que "ya que los judíos no tenían duda de que todo lo que los profetas enseñaban venía de Dios, no asombra que Pedro afirmara que la palabra de dichos profetas era más segura" (*The Second General Epistle of Peter and the Epistle of Jude* [Grand Rapids: Eerdmans, 1968], p. 87).

La expresión **la palabra profética** en la época de Pedro abarcaba todo el Antiguo Testamento. El término se extiende más allá de los pasajes de la profecía predictiva hasta incluir toda la Palabra inspirada, la cual en general anticipa la venida del Mesías, según clarificó Pablo cuando escribió:

> *Y al que puede confirmaros según mi evangelio y la predicación de Jesucristo, según la revelación del misterio que se ha mantenido oculto desde tiempos eternos, pero que ha sido manifestado ahora, y que por las Escrituras de los profetas,*

> *según el mandamiento del Dios eterno, se ha dado a conocer a todas las gentes para que obedezcan a la fe, al único y sabio Dios, sea gloria mediante Jesucristo para siempre. Amén (Ro. 16:25-27).*

Jesús mismo afirmó esa realidad, diciendo: "Escudriñad las Escrituras; porque a vosotros os parece que en ellas tenéis la vida eterna; y ellas son las que dan testimonio de mí" (Jn. 5:39; cp. Lc. 24:27, 44-45). Aunque el Señor estaba hablando principalmente de las Escrituras del Antiguo Testamento, las palabras no se limitan a eso. Las Escrituras son las Escrituras, y lo que es cierto del Antiguo Testamento también lo es con relación a las Escrituras del Nuevo Testamento (cp. 2 P. 3:15-16, en el que Pedro llama Escrituras a los escritos de Pablo).

Pedro afirma que sus lectores harían **bien en estar atentos** a **la palabra profética.** Si ellos iban a vivir expuestos a los sutiles errores de los falsos maestros, era muy urgente que conocieran y prestaran atención cuidadosa a la Biblia para que pudieran rechazar las falsas enseñanzas (Sal. 17:4; Hch. 18:28; Ef. 6:11, 17; cp. Mt. 4:4; 22:29; 1 Co. 10:11; Ap. 22:19). A fin de expresar su punto de modo incluso más directo, el apóstol ofreció una sencilla metáfora en que compara la Palabra de Dios con **una antorcha que alumbra en lugar oscuro.** Esa figura del lenguaje recuerda las conocidas palabras del salmista: "Lámpara es a mis pies tu palabra, y lumbrera a mi camino" (Sal. 119:105; cp. v. 130; 43:3; Pr. 6:23). **Oscuro** (*auchmēros*) es el significado que viene de la idea original de esta palabra, "seco" o "árido", y después "sucio" o "turbio". La frase **lugar oscuro** abarca la lóbrega tenebrosidad del mundo caído que impide que las personas vean la verdad hasta que la **antorcha** de la revelación divina les resplandezca.

Por tanto, Pedro compara la Biblia con una antorcha que provee luz a un mundo pecador en tinieblas. El calendario de la historia redentora se mueve hacia **el día** que Dios ha designado para el evento glorioso en el que Jesucristo regrese en total y resplandeciente esplendor y majestad (Mt. 24:30; 25:31; Tit. 2:13; Ap. 1:7; cp. Col. 3:4). Cuando **el día esclarezca,** Cristo finalizará la temporal noche terrenal del pecado y de tinieblas espirituales, regresando en gloria para establecer su reino. El apóstol Juan describe esto en Apocalipsis 19:11-16:

> *Entonces vi el cielo abierto; y he aquí un caballo blanco, y el que lo montaba se llamaba Fiel y Verdadero, y con justicia juzga y pelea. Sus ojos eran como llama de fuego, y había en su cabeza muchas diademas; y tenía un nombre escrito que ninguno conocía sino él mismo. Estaba vestido de una ropa teñida en sangre; y su nombre es: EL VERBO DE DIOS. Y los ejércitos celestiales, vestidos de lino finísimo, blanco y limpio, le seguían en caballos blancos. De su boca sale una espada aguda, para herir con ella a las naciones, y él las regirá con vara de hierro; y él pisa el lagar del vino del furor y de la ira del Dios Todopoderoso. Y en su vestidura y en su muslo tiene escrito este nombre: REY DE REYES Y SEÑOR DE SEÑORES.*

El acontecimiento agridulce marca la culminación del propósito de la salvación de Dios y su juicio sobre los malvados (cp. Is. 2:12; 13:6; Sof. 1:14; 1 Co. 1:8; 3:13; 4:5; Ef. 4:30; 1 Ts. 3:13; 2 Ts. 1:7; 2 Ti. 4:1; 1 P. 2:12).

Lucero de la mañana (*phōsphoros*), que literalmente significa "portador de luz", era el nombre dado al planeta Venus, el cual precede al sol de la mañana en el cielo, y se usa aquí para Cristo, cuya venida inicia el reino milenial y el establecimiento de su reinado. La Biblia se refiere en varios lugares a Cristo como una estrella (Nm. 24:17; Ap. 2:28; 22:16; cp. Mt. 2:2). Pedro añade el hecho de que la estrella sale **en** los **corazones** de los creyentes. Cristo regresará en un resplandor de luz físicamente visible que abarcará todo y afectará a cada ser humano para bendición o maldición. Cambiará la tierra milenial (3:10-13), destruyendo finalmente el universo y reemplazándolo con cielos nuevos y nueva tierra (Ap. 20:11; 21:1). La referencia a los **corazones** indica que su regreso también transformará a los creyentes en reflejos perfectos de la verdad y la justicia de Cristo, y los hará entrar a la imagen de su gloria (Ro. 8:29; Fil. 3:20-21; 1 Jn. 3:1-2). En su segunda venida reemplazará la revelación temporal perfecta de las Escrituras con la revelación eterna perfecta de su persona. Él cumplirá la Palabra escrita y la inscribirá para siempre en los corazones de los santos glorificados.

Pedro pasa de considerar el final de la Biblia, cuando esta gobierna totalmente el corazón perfeccionado, a tener en cuenta el inicio de las Escrituras: su inspiración divina. Según lo escribió Pablo: "Toda la Escritura es inspirada por Dios" (2 Ti. 3:16); en consecuencia, **ninguna profecía de la Escritura es de interpretación privada.** La frase **es de** se traduce de *ginetai*, que significa más exactamente "llega a ser de", "se origina en" o "surge de". Ninguna porción de los santos escritos, el Antiguo Testamento o el Nuevo, nació en la manera que lo hicieron todas las falsas profecías (cp. Jer. 14:14; 23:32; Ez. 13:2). Por ejemplo, el profeta Jeremías explicó el modo en que Dios veía a los falsos profetas de esa época:

> *Así ha dicho Jehová de los ejércitos: No escuchéis las palabras de los profetas que os profetizan; os alimentan con vanas esperanzas; hablan visión de su propio corazón, no de la boca de Jehová. Dicen atrevidamente a los que me irritan: Jehová dijo: Paz tendréis; y a cualquiera que anda tras la obstinación de su corazón, dicen: No vendrá mal sobre vosotros. Porque ¿quién estuvo en el secreto de Jehová, y vio, y oyó su palabra? ¿Quién estuvo atento a su palabra, y la oyó? He aquí que la tempestad de Jehová saldrá con furor; y la tempestad que está preparada caerá sobre la cabeza de los malos. No se apartará el furor de Jehová hasta que lo haya hecho, y hasta que haya cumplido los pensamientos de su corazón; en los postreros días lo entenderéis cumplidamente. No envié yo aquellos profetas, pero ellos corrían; yo no les hablé, mas ellos profetizaban. Pero si ellos hubieran estado en mi secreto, habrían hecho oír mis palabras a mi pueblo, y lo habrían*

hecho volver de su mal camino, y de la maldad de sus obras. ¿Soy yo Dios de cerca solamente, dice Jehová, y no Dios desde muy lejos? ¿Se ocultará alguno, dice Jehová, en escondrijos que yo no lo vea? ¿No lleno yo, dice Jehová, el cielo y la tierra? Yo he oído lo que aquellos profetas dijeron, profetizando mentira en mi nombre, diciendo: Soñé, soñé (Jer. 23:16-25; cp. Ez. 13:3).

Esos falsos profetas hablaban de sus propios asuntos, de sus propias ideas, pero nunca el verdadero mensaje de Dios surgió de una **interpretación** humana. **Interpretación** (*epiluseōs*) es una desafortunada traducción porque en castellano indica cómo uno entiende la Biblia, mientras que el sustantivo griego es un genitivo que indica fuente. Por tanto, Pedro no se está refiriendo a la explicación de las Escrituras, sino a su origen. La siguiente declaración en el versículo 21, **porque nunca la profecía fue traída por voluntad humana, sino** (*alla*, "precisamente lo opuesto", "todo lo contrario") **que los santos hombres de Dios hablaron siendo inspirados por el Espíritu Santo,** apoya también el punto de origen. Lo que los seres humanos pudieran pensar o creer no tiene absolutamente nada que ver con la profecía divina. (Véase el estudio de 1 P. 1:10-11*a* en el capítulo 4 de esta obra).

Inspirados (*pheromenoi*) es un participio pasivo presente que quiere decir "llevado continuamente" o "transportado a lo largo". Lucas usa dos veces este verbo (Hch. 27:15, 17) para describir cómo el viento empuja fuerte a un barco de vela a través de las aguas. Para Pedro fue como si los escritores de las Escrituras levantaran sus velas espirituales y permitieran que el Espíritu los llenara con su poderoso aliento de revelación mientras plasmaban por escrito sus palabras divinas (cp. Lc. 1:70). Cuando Jeremías declaró: "Vino, pues, palabra de Jehová a mí, diciendo" (Jer. 1:4), estaba escribiendo por todos los escritores del Antiguo Testamento y, por extensión, por todos los escritores del Nuevo Testamento que los siguieron. El único que conoce la mente de Dios es el Espíritu de Dios (1 Co. 2:10-13; cp. Jn. 15:26; Ro. 8:27; 11:34; cp. Jn. 3:8), por tanto, solo Él pudo haber inspirado las Escrituras.

Si los creyentes van a enfrentar los errores de los falsos maestros, deben tratar de conocer, aceptar y obedecer la totalidad de la Biblia, incluso como hizo el apóstol Pablo al declarar ante el gobernador romano Félix: "Pero esto te confieso, que según el Camino que ellos [los judíos] llaman herejía, así sirvo al Dios de mis padres, creyendo *todas las cosas* que en la ley y en los profetas están escritas" (Hch. 24:14, cursivas añadidas).

Una descripción de los falsos maestros

29

Pero hubo también falsos profetas entre el pueblo, como habrá entre vosotros falsos maestros, que introducirán encubiertamente herejías destructoras, y aun negarán al Señor que los rescató, atrayendo sobre sí mismos destrucción repentina. Y muchos seguirán sus disoluciones, por causa de los cuales el camino de la verdad será blasfemado, y por avaricia harán mercadería de vosotros con palabras fingidas. (2:1-3*a*)

No hay nada más ofensivo para Dios que la distorsión de su Palabra (cp. Ap. 22:18-19). Falsificar los hechos acerca de Dios y de lo que dijo, promocionando incluso las mentiras de Satanás como si fueran la verdad de Dios, es la forma más vil de hipocresía. Con la eternidad en juego es difícil creer que alguien pudiera engañar de manera intencional a otras personas, enseñándoles algo que espiritualmente es catastrófico. Sin embargo, tal arrogancia atroz es exactamente lo que caracteriza a los falsos ministerios de los falsos maestros.

Como el padre de las mentiras (Jn. 8:44), Satanás está constantemente usando el engaño y la falsa doctrina para atacar a la Iglesia, empleando falsos maestros para infiltrarse en el verdadero rebaño. Cuando afirman que enseñan verdad, estos proveedores del error demoniaco se disfrazan como ángeles de luz (cp. 2 Co. 11:14) e intentan entrar sin ser vistos al redil. Como resultado, a lo largo de la historia redentora Dios ha advertido en muchas ocasiones a los creyentes de estar alerta contra tales hombres (y mujeres).

Deuteronomio 13, por ejemplo, contiene una advertencia anticipada de Moisés contra los falsos profetas. Se prescribe un grave castigo para estos hombres, junto con todos los que apoyan su falsedad:

> *Cuando se levantare en medio de ti profeta, o soñador de sueños, y te anunciare señal o prodigios, y si se cumpliere la señal o prodigio que él te anunció, diciendo: Vamos en pos de dioses ajenos, que no conociste, y sirvámosles; no darás oído a las palabras de tal profeta, ni al tal soñador de sueños; porque Jehová vuestro Dios os está probando, para saber si amáis a Jehová vuestro Dios con todo vuestro*

> *corazón, y con toda vuestra alma. En pos de Jehová vuestro Dios andaréis; a él temeréis, guardaréis sus mandamientos y escucharéis su voz, a él serviréis, y a él seguiréis. Tal profeta o soñador de sueños ha de ser muerto, por cuanto aconsejó rebelión contra Jehová vuestro Dios que te sacó de tierra de Egipto y te rescató de casa de servidumbre, y trató de apartarte del camino por el cual Jehová tu Dios te mandó que anduvieses; y así quitarás el mal de en medio de ti (Dt. 13:1-5; cp. 18:20-22).*

Esta misma solemnidad se repite en el Nuevo Testamento por parte de Cristo y los apóstoles, que cuidadosamente advierten a los creyentes en cuanto a los falsos maestros y sus engaños (Mt. 24:11; Lc. 6:26; 2 Co. 11:13-15). A la luz de esta amenaza satánica, los escritores del Nuevo Testamento hacen hincapié en la importancia de estar armados con la verdad (cp. Ef. 6:14-17) con el propósito de discernir (1 Ts.5:20-22). Para ellos la pureza doctrinal era una prioridad muy elevada (1 Jn. 4:1) y una preocupación sincera (2 Co. 11:28). Es más, los apóstoles reservaron sus críticas más duras para quienes distorsionan la verdad (cp. Gá. 1:9; Fil. 3:2).

El punto de vista del Antiguo y del Nuevo Testamento es inequívoco: Dios no tolera los falsos profetas (cp. Is. 9:15; Mi. 3:5-7; Mt. 7:15-20; 1 Ti. 6:3-5; 2 Ti. 3:1-9; 1 Jn. 4:1-3; 2 Jn. 7-11). Es irónico que muchos en la iglesia de hoy día hacen exactamente lo contrario: toleran a cualquier maestro que afirma ser cristiano, sin importar el *contenido* de su enseñanza. Tan irreflexiva aceptación, en el nombre del amor y la unidad, ha producido una descuidada indiferencia hacia la verdad. En consecuencia, algunos cristianos ven los absolutos bíblicos como una vergüenza, prefiriendo aceptar falsos maestros a pesar de la clara protesta de la Biblia (Jer. 28:15-17; 29:21, 32; Hch. 13:6-12; 1 Ti. 1:18-20; 3 Jn. 9-11).

Sin lugar a dudas, los ataques de Satanás a menudo son externos, por medio de la propagación de falsas religiones y sectas. Pero también utiliza tácticas internas, tratando de destruir al pueblo de Dios desde el interior. Por tanto, sus siervos, como lobos vestidos de ovejas (Mt. 7:15), hacen todo lo posible para infectar al rebaño con la doctrina de demonios (1 Ti. 4:1). Debido a que esta falsa enseñanza viene en formas sutiles, los que no tienen discernimiento son a menudo engañados y no puedan distinguir el error de la verdad.

Pedro entendía el peligro que la falsa doctrina representaba para sus lectores. En su primera epístola ya les había advertido que estuvieran alerta contra las tácticas del diablo (1 P. 5:8). En este pasaje vuelve a hablar de las estrategias del maligno, exponiendo a los siervos de Satanás por lo que en realidad son. Es más, el apóstol nos da una clara descripción de los falsos maestros, analizando específicamente su esfera de acción, el sigilo, el sacrilegio, el éxito, la sensualidad, el estigma, y el motivo que sustenta sus operaciones. Como resultado, las perspectivas de Pedro son tan aplicables hoy día como lo fueron hace dos milenios, ya que abordan un problema que sigue afectando a la Iglesia contemporánea (cp. 2 Jn. 7).

SU ESFERA DE ACCIÓN

Pero hubo también falsos profetas entre el pueblo, como habrá entre vosotros falsos maestros, (2:1*a*)

Después que acababa de analizar la segura palabra de verdad (1:19-21), Pedro cambia ahora su enfoque a las palabras engañosas de los falsos profetas (capítulo 2). La conjunción coordenada **pero** caracteriza esta transición contrastante. Por medio de verdaderos profetas, Dios ha hablado la verdad a su pueblo, **pero** a través de falsos profetas Satanás siempre ha tratado de ensombrecer o contaminar el mensaje divino. Como siervos del engañador, los falsos profetas propagan mentiras y falsedades en su ataque sistemático a la verdad.

A lo largo de la historia estos mercenarios espirituales siempre han asediado a la grey de Dios. Incluso en tiempos del Antiguo Testamento **hubo también falsos profetas entre el pueblo** de Israel que propagaron sus engaños y causaron devastación (1 R. 22:1-28; Jer. 5:30-31; 6:13-15; 23:14-16, 21, 25-27; 28:1-17; Ez. 13:1-7, 15-19). Ese Israel del Antiguo Testamento se ve evidenciado aquí tanto por la terminología de Pedro (cp. Mt. 2:4; Lc. 22:66; Hch. 7:17; 13:17; 26:17, 23, donde usos similares de la expresión **el pueblo** se refieren claramente al pueblo judío), como por sus ilustraciones del Antiguo Testamento (Noé, 2:5; Sodoma y Gomorra, 2:6; Lot, 2:7; y Balaam, 2:15).

Incluso durante el ministerio de Jesús los falsos profetas seguían siendo un grave problema para el pueblo judío (Mt. 7:15-20). Por eso todo el sistema religioso era corrupto, con los fariseos proveyendo el ejemplo principal de la falsa religión. He aquí la acusación que Cristo hace a estos embaucadores espirituales:

> *Pero el Señor le dijo: Ahora bien, vosotros los fariseos limpiáis lo de fuera del vaso y del plato, pero por dentro estáis llenos de rapacidad y de maldad. Necios, ¿el que hizo lo de fuera, no hizo también lo de adentro? Pero dad limosna de lo que tenéis, y entonces todo os será limpio. Mas ¡ay de vosotros, fariseos! que diezmáis la menta, y la ruda, y toda hortaliza, y pasáis por alto la justicia y el amor de Dios. Esto os era necesario hacer, sin dejar aquello. ¡Ay de vosotros, fariseos! que amáis las primeras sillas en las sinagogas, y las salutaciones en las plazas. ¡Ay de vosotros, escribas y fariseos, hipócritas! que sois como sepulcros que no se ven, y los hombres que andan encima no lo saben. Respondiendo uno de los intérpretes de la ley, le dijo: Maestro, cuando dices esto, también nos afrentas a nosotros. Y él dijo: ¡Ay de vosotros también, intérpretes de la ley! porque cargáis a los hombres*

> *con cargas que no pueden llevar, pero vosotros ni aun con un dedo las tocáis. ¡Ay de vosotros, que edificáis los sepulcros de los profetas a quienes mataron vuestros padres! De modo que sois testigos y consentidores de los hechos de vuestros padres; porque a la verdad ellos los mataron, y vosotros edificáis sus sepulcros. Por eso la sabiduría de Dios también dijo: Les enviaré profetas y apóstoles; y de ellos, a unos matarán y a otros perseguirán, para que se demande de esta generación la sangre de todos los profetas que se ha derramado desde la fundación del mundo, desde la sangre de Abel hasta la sangre de Zacarías, que murió entre el altar y el templo; sí, os digo que será demandada de esta generación. ¡Ay de vosotros, intérpretes de la ley! porque habéis quitado la llave de la ciencia; vosotros mismos no entrasteis, y a los que entraban se lo impedisteis (Lc. 11:39-52; cp. 12:1; Mt. 23:13-36; Mr. 12:38-40).*

Así **como** Pedro sabía que falsos profetas habían asaltado a Israel, también tenía la certeza de que **habrá entre** la Iglesia **falsos maestros.** Años atrás Jesús había profetizado que en los últimos días la Iglesia tendría que soportar gran variedad de falsos maestros: "Mirad que nadie os engañe. Porque vendrán muchos en mi nombre, diciendo: Yo soy el Cristo; y a muchos engañarán" (Mt. 24:4-5; cp. vv. 11, 24).

De igual manera, Pablo advirtió a Timoteo:

> *Que prediques la palabra… Porque vendrá tiempo cuando no sufrirán la sana doctrina, sino que teniendo comezón de oír, se amontonarán maestros conforme a sus propias concupiscencias, y apartarán de la verdad el oído y se volverán a las fábulas (2 Ti. 4:2-4; cp. Hch. 15:24; 20:29-30; Ro. 16:17-18; Gá. 1:6-9; 1 Ti. 4:1-3; 2 Ti. 3:1-9; Jud. 4, 12-13).*

Los falsos maestros se presentan cuando la Iglesia comienza a aceptar la cultura mundana que la rodea. En consecuencia, las congregaciones ya no desean sufrir (aferrarse a) la sana (saludable) doctrina. La adoración y la predicación centradas en Dios se sustituyen por payasadas y entretenimiento centrado en el hombre. Un énfasis bíblico en el pecado, el arrepentimiento y la santidad se reemplaza con un hincapié en la autoestima y las necesidades que se perciben. Las personas buscan maestros que solo prediquen ideas agradables y positivas "conforme a sus propias concupiscencias" porque tienen "comezón de oír". Como resultado, esos maestros populares (que se "amontonarán") "apartarán de la verdad" a las mentes de las personas, dejándolas sensibles a la influencia engañosa de Satanás.

La advertencia de la Biblia es clara: en la Iglesia *surgirán* falsos maestros. Es más, la Iglesia es uno de los principales campos de acción de Satanás. Por eso todo verdadero pastor debe estar continuamente alerta, estudiando, proclamando y defendiendo constantemente la verdad, "para que también pueda exhortar con sana enseñanza y convencer a los que contradicen" (Tit. 1:9*b*).

EL SIGILO DE LOS FALSOS MAESTROS

que introducirán encubiertamente herejías destructoras, (2:1*b*)

Los falsos maestros no son sinceros y claros acerca de sus acciones. Después de todo, la Iglesia nunca los aceptaría si las estratagemas que usan quedan al descubierto. Por el contrario, **encubiertamente** y de forma engañadora entran a la Iglesia haciéndose pasar por pastores, maestros y evangelistas. Por eso es que Judas también los describe como "hombres [que] han entrado encubiertamente" (Jud. 4). El verbo traducido **encubiertamente** (*pareisduō*) significa "colarse sin ser visto" o "entrar a hurtadillas de manera fingida". El término se refiere a un acusado inteligente que intenta engañar a un juez, o a un delincuente que vuelve en secreto a un lugar del que fue desterrado.

Al hacerse pasar como verdaderos pastores, los falsos maestros introducen **herejías destructoras** (o literalmente "herejías de devastación"). **Destructoras** (*apōleias*) significa "ruina total" y habla de la condenación final y eterna de los malvados. En este contexto el término indica que las payasadas de estos hombres tienen consecuencias eternas desastrosas, tanto para ellos como para sus seguidores. Que esta palabra griega tiene el sentido de condenación puede verse por su uso para describir a quienes atraviesan la puerta ancha en Mateo 7:13, por su uso para describir el destino de Judas en Juan 17:12, por su aplicación en la condena a los incrédulos en Romanos 9:22, por su uso para describir el juicio del hombre de pecado en 2 Tesalonicenses 2:3, y por el uso que Pedro hace en 3:7 de esta carta para describir la destrucción de los impíos. El apóstol caracterizó tales **herejías** como opuestas al evangelio, que condenan en lugar de salvar.

El término **herejías** (*haireseis*) denota "una opinión, especialmente una idea obstinada que es sustituida por la sumisión al poder de la verdad, y que conduce a la división y la formación de sectas" (W. E. Vine, *An Expository Dictionary of New Testament Words,* 4 tomos. [Londres: Oliphants, 1940; reimpresión, Chicago: Moody, 1985], 2:217). Al usar esta palabra, Pedro indica que tales falsos maestros han intercambiado la verdad de la Palabra de Dios por opiniones proclamadas por ellos mismos. En consecuencia, distorsionan la verdad para sus propios fines, convenciendo a los ingenuos de que les crean sus mentiras. De ahí que su enseñanza no era más que una falsificación religiosa, una falsa imitación cristiana. Aunque *haireseis* puede simplemente referirse a una secta o división (Hch. 24:14; cp. 5:17; 15:5; 24:5; 26:5; 28:22; 1 Co. 11:19), aquí se refiere a la peor clase de desviación y engaño: enseñar que tales afirmaciones son bíblicas, pero en realidad son todo lo contrario.

Los falsos maestros no siempre se oponen abiertamente al evangelio. Algunos afirman creerlo y aseguran ser poseedores de la verdadera interpretación; pero en verdad lo malinterpretan u ofrecen un mensaje superficial e inadecuado que no puede salvar. Puesto que su enseñanza es tan letal como lo es su sutileza, las opiniones sedicentes de los falsos maestros pueden condenar las almas de incautos creyentes profesos (cp. Mt. 13:20-22, 36-42, 47-50). A menos que se arrepientan, crean la verdad, y se vuelvan a Cristo, quienes aceptan estas doctrinas herejes estarán eternamente perdidos.

EL SACRILEGIO DE LOS FALSOS MAESTROS

y aun negarán al Señor que los rescató, atrayendo sobre sí mismos destrucción repentina. (2:1*c*)

La conjunción **aun** pone de relieve la magnitud inconcebible de la arrogancia de los falsos maestros, un orgullo que se evidencia porque **negarán al Señor. Negarán** es un término fuerte que significa "rechazar", "no estar dispuesto a" o "decir con firmeza no". El mismo verbo aparece en Hebreos 11:24 para describir el rechazo de Moisés a ser llamado hijo de la hija de Faraón. Aquí en este pasaje Pedro usó el participio en tiempo presente (*arnoumenoi*) para denotar un patrón habitual de rechazo, indicando que los falsos maestros rechazan de manera característica la autoridad divina (cp. Jud. 8).

Señor (*despotēs*, de donde se deriva la palabra *déspota* en español) significa "soberano", "gobernante" o "señor". El vocablo aparece diez veces en el Nuevo Testamento y siempre se refiere a alguien que tiene autoridad suprema. En cuatro ocasiones (1 Ti. 6:1, 2; Tit. 2:9; 1 P. 2:18) se refiere al señor de una casa o una hacienda, quien tiene autoridad sobre todos los criados. Tanto aquí como en las otras cinco apariciones (Lc. 2:29; Hch. 4:24; 2 Ti. 2:21; Jud. 4; Ap. 6:10) se refiere directamente a Cristo o a Dios.

Por tanto, para Pedro el supremo sacrilegio de los falsos maestros es que niegan el señorío soberano de Jesucristo. Por supuesto, quizás no nieguen exteriormente la deidad, la expiación, la resurrección o la segunda venida de Cristo. Pero en su interior se niegan firmemente a someter sus vidas al gobierno soberano del Señor (Pr. 19:3; cp. Éx. 5:2; Neh. 9:17). Como resultado, los estilos inmorales y rebeldes de estos individuos inevitablemente los traicionarán.

La frase **que los rescató** calza perfectamente en la analogía de Pedro, quien está aludiendo al señor de una casa que compra esclavos y los pone a cargo de varios quehaceres hogareños. Puesto que ahora se les considera propiedad personal del señor, ellos le deben completa lealtad. Aunque los falsos maestros sostienen que son parte de la familia de Cristo, con sus actitudes rechazan tales declaraciones, negándose a convertirse en siervos bajo la autoridad de él. **Rescató** (*agorazō*) significa "comprar" o "redimir del mercado", y en este contexto es comparable a Deuteronomio 32:5-6 (cp. Sof. 1:4-6). Los falsos maestros de la época de Pedro proclamaban a Cristo como su Redentor, pero se negaban a aceptar su señorío soberano, revelando por ende su verdadero carácter como enemigos no regenerados de la verdad bíblica.

Muchos toman la declaración del **Señor que los rescató** en el sentido que Cristo ha comprado realmente la redención total para todas las personas, incluso para los falsos maestros. Comúnmente se cree que Cristo murió para pagar por completo el castigo por los pecados de todos los seres humanos, sea que alguna vez lleguen a creer o no. La idea popular es que Dios ama a todos y quiere que todos sean salvos; en consecuencia, Cristo murió por todo el mundo.

Esto significa que la muerte de Cristo fue un sacrificio o redención potencial que se convierte en verdadera expiación cuando un pecador se arrepiente y cree el evangelio. Según este punto de vista, la evangelización consiste en convencer a pecadores para que reciban lo que ya se ha hecho por ellos. Todos pueden creer y ser salvos si lo desean, ya que nadie queda excluido de la expiación.

Si este punto de vista se lleva a su conclusión lógica, el infierno estaría lleno de personas cuya salvación fue comprada por Cristo en la cruz. Por tanto, el lago de fuego estaría lleno de personas condenadas cuyo pecado Cristo expió totalmente al haber llevado el castigo que les correspondía bajo la ira de Dios.

De acuerdo con este punto de vista, el cielo estaría poblado por individuos que tuvieron la misma expiación provista para ellos, pero que están allí porque *la* recibieron. Según los proponentes de esta opinión, Cristo murió en la cruz por los condenados en el infierno al igual que lo hizo por los redimidos en el cielo. La única diferencia entre el destino de los redimidos y el de los condenados es la decisión del pecador.

Esta perspectiva sostiene que el Señor Jesucristo murió para hacer posible la salvación, no para hacerla real. Él no compró totalmente la salvación para cualquier persona. Tan solo quitó una barrera para todo el mundo, lo que simplemente hace de la salvación algo potencial. En última instancia el pecador es quien, por lo que hace, determina la naturaleza de la expiación y su aplicación. De acuerdo con esta perspectiva, cuando Jesús clamó: "Consumado es", realmente se debió traducir: "Se deja constancia".

Por supuesto, las dificultades y falacias que surgen de la interpretación anterior de este punto de vista se derivan de la falta de comprensión de dos enseñanzas bíblicas muy importantes: la doctrina de la incapacidad absoluta (llamada a menudo depravación total) y la doctrina de la expiación misma.

Correctamente entendida, la doctrina de la incapacidad absoluta afirma que todos los seres humanos están muertos en sus delitos y pecados (Ef. 2.1), están separados de la vida de Dios (Ro. 1:21-22), están haciendo solamente el mal que brota de corazones engañosos en estado terminal (cp. Jer. 17:9), son incapaces de entender las cosas de Dios (1 Co. 2:14), están cegados por el amor al pecado, y además cegados por Satanás (2 Co. 4:4), están deseando solamente hacer la voluntad de su padre el diablo, son incapaces de buscar a Dios, y no tienen disposición alguna para arrepentirse (cp. Ro. 3:10-23). Por tanto, ¿cómo va el pecador a tomar la decisión correcta de activar la expiación a su favor?

Está claro que la salvación solo viene de parte de Dios (cp. Sal. 3:8; Jon. 2:9): Él debe dar luz, vida, vista, entendimiento, arrepentimiento y fe (Jn. 1:12-13; 1 Co. 1:30; Ef. 2:8-9). La salvación viene al pecador por parte de Dios a través de su voluntad y poder. Puesto que eso es verdad, y está basado en la doctrina de la elección soberana (1 P. 1:1-3; 2 P. 1:3; cp. Ro. 8:26-30; 9:14-22; Ef. 1:3-6), Dios determinó la extensión de la expiación.

¿Por quiénes murió Cristo? Murió por todos los que habrían de creer porque fueron elegidos, llamados, justificados y se les concedió arrepentimiento y fe por parte del Padre. La expiación es limitada a quienes creen, que conforman el grupo de los elegidos de Dios. Cualquier creyente que no cree en la salvación universal sabe que la expiación de Cristo es limitada (cp. Mt. 7:13; 8:12; 10:28; 22:13; 25:46; Mr. 9:43, 49; Jn. 3:17-18; 8:24; 2 Ts. 1:7-9). Cualquier persona que rechaza la idea de que toda la humanidad se salvará cree necesariamente en una expiación limitada, ya sea limitada por el pecador que es soberano o por Dios que es soberano.

Se debe olvidar la idea de una expiación ilimitada. Si se afirma que los pecadores tienen el poder para limitar su aplicación, entonces la expiación por su naturaleza está limitada en poder y eficacia reales. Con ese entendimiento es menos que una expiación real, y de hecho es simplemente potencial y está restringida por las voluntades de seres humanos caídos. Pero la verdad es que solo Dios puede poner los límites de la expiación, que se extiende a cada pecador creyente sin distinción.

Los adherentes del punto de vista ilimitado deben afirmar que Cristo en realidad no expió por alguien en particular, sino potencialmente por todo el mundo sin excepción alguna. Todo lo que hizo en la cruz no fue un pago general y completo por el pecado, porque pecadores por quienes murió aún están condenados. El infierno está repleto de individuos cuyos pecados habrían sido pagados por Cristo, pecado cancelado, pero aun así castigados para siempre.

Por supuesto, tal idea es completamente inaceptable. Dios limita la expiación a los elegidos, para quienes no fue algo potencial sino una satisfacción real por el pecado. Dios proporcionó el sacrificio en su Hijo, el cual pagó realmente por los pecados de todos los que habrían de creer, los elegidos por Él para la salvación (cp. Mt. 1:21; Jn. 10:11, 27-28; Ef. 5:25-26).

Charles Spurgeon ofreció una vez una perspectiva precisa y convincente sobre el debate acerca del alcance de la expiación:

> A menudo nos dicen que limitamos la expiación de Cristo porque declaramos que Él no produjo satisfacción para todos los hombres, porque entonces todos los hombres se salvarían. Bueno, nuestra respuesta a esto es que, por otro lado, nuestros oponentes la limitan; nosotros no. Los arminianos dicen: Cristo murió por todos los hombres. Pregúnteles qué quieren decir con eso. ¿Murió Cristo para asegurar la salvación de todos los hombres? Ellos afirman: "No, por supuesto que no". Les hacemos la siguiente pregunta: ¿Murió Cristo para asegurar la salvación de algún hombre en particular? Contestan: "No". Están obligados a admitir esto, si son coherentes. También señalan: "No, Cristo, ha muerto para que cualquier hombre pueda ser salvo si..." y luego siguen ciertas condiciones de salvación. Ahora, ¿quién es el que limita la muerte de Cristo? Ustedes, ¿por qué? Porque afirman que Cristo no murió infaliblemente para asegurar la salvación de cualquier persona. Discúlpennos, cuando dicen que limitamos la muerte de Cristo, contestamos: "No, queridos amigos, ustedes son los que hacen eso". Afirmamos que Cristo murió para asegurar infaliblemente la salvación de una multitud que nadie puede contar, que a través de la muerte de Cristo no solo se podrían salvar, sino que son salvos y no pueden por ninguna posibilidad correr el riesgo de ser nada más que salvos. Ustedes pueden recibir su expiación; quédense con ella. Nosotros nunca renunciaremos a la nuestra por el bien de ella (Citado por J. I. Packer, "Introductory Essay", en John Owen, *The Death of Death in the Death of Christ* [s.p., s.f.; reimpresión, Londres: Banner of Truth, 1959], p. 14).

El escritor contemporáneo David Clotfelter añade estas observaciones:

> Desde el punto de vista calvinista, es el arminianismo es el que presenta dificultades lógicas, pues declara que Jesús murió por multitudes que nunca se salvarán, incluso millones que ni siquiera oirán de Él. También asevera que en el caso de aquellos que están perdidos, la muerte de Jesús, representada en la Biblia como un acto por medio del cual Él llevó sobre sí el castigo que debió haber sido nuestro (Is. 53:5), fue ineficaz. Cristo sufrió una vez por los pecados de ellos, pero ahora tendrán que sufrir en el infierno por esos mismos pecados.
>
> La expiación arminiana tiene la apariencia inicial de ser muy generosa, pero mientras más de cerca se le mira, menos impresiona. ¿Garantiza la salvación de alguna persona? No. ¿Garantiza que aquellos

> por quienes Cristo murió tendrán la oportunidad de oír de Él y responderle? No. ¿Quita de alguna manera o incluso aligera los padecimientos de los perdidos? No. En realidad, la expiación arminiana no *expía.* Simplemente despeja el camino para que Dios acepte a quienes pueden levantarse por sus propios medios. Los calvinistas no creen que alguna persona caída tenga tal poder, y por tanto ven la expiación arminiana como inadecuada para la salvación de pecadores y como una ofensa para Cristo (*Sinners in the Hands of a Good God* [Chicago: Moody, 2004], p. 165; cursivas en el original).

Por consiguiente, los pecados de los falsos maestros no fueron pagados en la expiación de Cristo.

En oposición a lo que algunos cristianos creen hoy, a quienes rechazan el señorío de Cristo no se les debe designar simplemente como cristianos de segunda clase (como *creyentes,* pero no *discípulos*). En lugar de eso, los que rechazan el señorío soberano de Cristo enfrentarán **destrucción repentina** si no se arrepienten de tal rebelión (cp. He. 10:25-31). **Repentina** (*tachinos*) significa "rápida" o "inminente", y **destrucción** (*apōleia*) se refiere a perdición o condenación eterna en el infierno (cp. Mt. 7:13; Jn. 17:12; 2 Ts. 2:3). Este horrible destino, que viene en la muerte o en el regreso de Cristo (Jn. 12:48; 2 Ts. 1:7-10) espera a los falsos maestros y a todos los que los siguen en su sendero sin arrepentimiento.

EL ÉXITO DE LOS FALSOS MAESTROS

Y muchos seguirán (2:2*a*)

La Biblia es clara en que **muchos** más individuos **seguirán** el camino ancho que lleva a la destrucción de los que se adherirán al camino estrecho que lleva a la vida (Mt. 7:13-14; cp. 24:10-12). En parte, el mérito se lo llevan los falsos maestros debido a la popularidad del "camino ancho", porque conducen a las personas por ese camino y las animan a no mirar hacia atrás. El mensaje de independencia, libertad y exaltación personal que predican es intrínsecamente atractivo para el corazón humano caído, que prefiere servirse a sí mismo antes que someterse a Cristo.

Jesús declaró en su Sermón del Monte: "No todo el que me dice: Señor, Señor, entrará en el reino de los cielos, sino el que hace la voluntad de mi Padre que está en los cielos" (Mt. 7:21). Las afirmaciones superficiales y poco sinceras de ser seguidores de Cristo no tienen sentido; solo aquellos que se someten por completo al señorío del Señor y obedecen su voluntad demuestran que le pertenecen de veras (cp. Jn. 15:14-16; Stg. 1:22-25; 1 Jn. 2:3-6; 5:1-5).

LA SENSUALIDAD DE LOS FALSOS MAESTROS

sus disoluciones, (2:2*b*)

Disoluciones habla de prácticas vergonzosas y se refiere a la inmoralidad sexual habitual y conducta libertina sin restricciones. Al usar la forma plural del sustantivo (*aselgeiais*), Pedro destaca que la lascivia sexual de los falsos maestros viene en muchas formas y extremos. Puesto que han rechazado el señorío de Cristo, sus vidas se caracterizan por rebeldía e indulgencia desenfrenadas (cp. Mt. 23:28; 2 Ts. 2:7; 1 Jn. 3:4). De manera intencional se niegan a poner restricciones a sus deseos carnales o aventuras sexuales. La decadente conducta de estos individuos llevó a Judas a comparar sus pecados con los de los habitantes de Sodoma y Gomorra:

> *Porque algunos hombres han entrado encubiertamente, los que desde antes habían sido destinados para esta condenación, hombres impíos, que convierten en libertinaje la gracia de nuestro Dios, y niegan a Dios el único soberano, y a nuestro Señor Jesucristo... como Sodoma y Gomorra y las ciudades vecinas, las cuales de la misma manera que aquéllos, habiendo fornicado e ido en pos de vicios contra naturaleza, fueron puestas por ejemplo, sufriendo el castigo del fuego eterno (Jud. 4, 7; cp. Gn. 18:16—19:29).*

Sin duda alguna Pedro estuvo de acuerdo con la evaluación que Judas hiciera de los falsos maestros, como se verá más adelante en este capítulo de su epístola (2:7, 10, 13-14, 18-19, 22). Al referirse reiteradamente a la conducta pecaminosa de tales maestros, Pedro clarificó que las **disoluciones** absolutas son una característica distintiva de estas falsificaciones espirituales. Un maestro podría afirmar ser vocero de Dios, pero si su vida se caracteriza por corrupción, lujuria e inmoralidad, demuestra que en realidad es un fraude.

EL ESTIGMA DE LOS FALSOS MAESTROS

por causa de los cuales el camino de la verdad será blasfemado, (2:2*c*)

El camino de la verdad se refiere a la doctrina correcta y la predicación precisa del evangelio (Hch. 9:2; 19:9, 23; 22:4; 24:14, 22; cp. Mt. 7:14; Jn. 14:6; Hch. 16:17; 18:25-26). Sin embargo, **por causa de los** falsos maestros, y de la destrucción espiritual que dejan a su paso, el mensaje bíblico ha sido reprochado ante los ojos del mundo. Así lo declara Lenski:

> Al ver a cristianos profesos correr hacia toda clase de excesos, personas ajenas blasfeman, denigran, maldicen y condenan al verdadero

> cristianismo. Afirman: "Si eso es cristianismo, ¡maldito sea!" Cuando muchos siguen tales excesos, los de afuera no pueden distinguir y, por tanto, blasfeman respecto a todo el "camino". Los no creyentes consideran que tales falsos exponentes son verdaderos productos del cristianismo (R. C. H. Lenski, *The Interpretation of the Epistles of St. Peter, St. John, and St. Jude* [reimpresión, Minneapolis: Augsburg, 1966], p. 307).

Mediante su enseñanza engañosa y su conducta inmoral, los falsos maestros han **blasfemado** (literalmente han "difamado", "calumniado" o "denigrado") el evangelio. Por supuesto, el modo de funcionar que usan es coherente con la misión de Satanás. Por una parte, él trata de socavar a la Iglesia desde el interior, introduciendo herejías engañosas y falsas doctrinas. Por otra parte, trata de empañar la reputación de la Iglesia desde el exterior, desenmascarando periódicamente a falsos maestros ante un mundo que observa con atención. Cuando los incrédulos relacionan la conducta de los falsos maestros con la práctica de la verdadera Iglesia, el nombre de Cristo es inevitablemente difamado.

Para contrarrestar estos implacables esfuerzos satánicos, la Iglesia debe ser doctrinalmente pura, y los cristianos deben llevar el tipo de vidas justas que hacen creíble el poder transformador de Cristo. Con esto en mente, el apóstol Pablo exhortó a los filipenses a ser "irreprensibles y sencillos, hijos de Dios sin mancha en medio de una generación maligna y perversa, en medio de la cual [resplandezcan] como luminares en el mundo" (Fil. 2:15; cp. Mt. 5:16; Ef. 2:10; 5:8; 1 Ts. 2:12; Tit. 2:5, 7, 14; 1 P. 2:9-12).

EL MOTIVO SUSTENTADOR DE LOS FALSOS MAESTROS

y por avaricia harán mercadería de vosotros con palabras fingidas. (2:3*a*)

A los falsos maestros básicamente no los motiva una fascinación por la falsa doctrina o la rebeldía, y ni siquiera una inclinación por la inmoralidad sexual. Por supuesto que participan activamente en cada una de esas actividades. Pero la gente común y corriente puede cometer todos esos pecados sin ser maestros. En lugar de eso, la motivación principal que motiva a los falsos maestros es un amor desenfrenado por el dinero. El término para **avaricia** (*pleonexia*) connota un incontrolado deseo codicioso por dinero y riqueza. Más tarde en este capítulo Pedro describe a los falsos maestros como individuos que "tienen el corazón habituado a la codicia" (v. 14). Ansían tanto dinero como sea posible (cp. 1 Ti. 6:3-5, 10) y son expertos en despojar de la riqueza a los miembros de la iglesia. Esta es una acusación bíblica común y corriente, y una caracterización de los charlatanes religiosos (véase Jer. 6:13; 8:10; 1 Ti. 6:3, 5, 9-11; Tit. 1:7, 11; 1 P. 5:1-3; Jud. 11, 16).

A fin de lograr sus materialistas objetivos, los falsos maestros **harán mercadería de** los miembros de la iglesia **con palabras fingidas. Mercadería** (*emporeuomai*) significa "traficar en" o "lograr ganancia de". Tales sujetos quieren enriquecerse de las personas a quienes "ministran". Aunque afirman servir a otros, solo están interesados en servirse a sí mismos **con** el uso de **palabras fingidas** para enriquecer sus propios bolsillos.

Curiosamente, la palabra en español *plástico* se deriva del término **fingidas** (*plastos*). De acuerdo con sus raíces etimológicas, *plástico* originalmente tenía la connotación de algo de lo que se pone en duda su autenticidad. Después de todo, los artículos de plástico se ven a menudo como si fueran fabricados de otros materiales como madera, metal, porcelana, etc. Por tanto, a primera vista el plástico "engaña" a los consumidores. De igual forma, los falsos maestros tienen que ver con la doctrina falsa. Su teología no se basa realmente en la verdad bíblica, sino que simplemente la moldean por medio de falsos argumentos con el fin de que parezca verdadera (cp. Col. 2:8, 20-23; 2 Ti. 2:14-18).

Entonces el objetivo de Satanás es engañar a la mayor cantidad de personas que le sea posible, dentro y fuera de la Iglesia, por medio de falsos maestros. En contraste, el objetivo de Dios es identificar y exponer a tales hipócritas. A través de la advertencia de Pedro, el Espíritu Santo deja en claro que los falsos maestros están en todas partes, y esto ha sido así desde los albores de la historia redentora. En respuesta, los creyentes deben estar alerta y discernir, tomando en serio la amonestación apostólica de Pablo a los ancianos efesios:

> *Por tanto, mirad por vosotros, y por todo el rebaño en que el Espíritu Santo os ha puesto por obispos, para apacentar la iglesia del Señor, la cual él ganó por su propia sangre. Porque yo sé que después de mi partida entrarán en medio de vosotros lobos rapaces, que no perdonarán al rebaño. Y de vosotros mismos se levantarán hombres que hablen cosas perversas para arrastrar tras sí a los discípulos. Por tanto, velad, acordándoos que por tres años, de noche y de día, no he cesado de amonestar con lágrimas a cada uno. Y ahora, hermanos, os encomiendo a Dios, y a la palabra de su gracia, que tiene poder para sobreedificaros y daros herencia con todos los santificados (Hch. 20:28-32).*

Juicio divino sobre los falsos maestros

30

Sobre los tales ya de largo tiempo la condenación no se tarda, y su perdición no se duerme. Porque si Dios no perdonó a los ángeles que pecaron, sino que arrojándolos al infierno los entregó a prisiones de oscuridad, para ser reservados al juicio; y si no perdonó al mundo antiguo, sino que guardó a Noé, pregonero de justicia, con otras siete personas, trayendo el diluvio sobre el mundo de los impíos; y si condenó por destrucción a las ciudades de Sodoma y de Gomorra, reduciéndolas a ceniza y poniéndolas de ejemplo a los que habían de vivir impíamente, y libró al justo Lot, abrumado por la nefanda conducta de los malvados (porque este justo, que moraba entre ellos, afligía cada día su alma justa, viendo y oyendo los hechos inicuos de ellos), sabe el Señor librar de tentación a los piadosos, y reservar a los injustos para ser castigados en el día del juicio; y mayormente a aquellos que, siguiendo la carne, andan en concupiscencia e inmundicia, (2:3*b*-10*a*)

Dios es la verdad.

Vez tras vez la Biblia reitera esta sencilla pero indispensable realidad (Sal. 25:10; 31:5; 57:10; 86:15; 108:4; 117:2; Jn. 1:9, 14, 17; 3:33; 7:28; 14:17; 15:26; 16:13; 17:3; 1 Ts. 1:9; 1 Jn. 5:6, 20; Ap. 3:7, 14; 6:10; 15:3; 19:11). El salmista declara respecto a Él: "Justicia y juicio son el cimiento de tu trono; misericordia y verdad van delante de tu rostro" (Sal. 89:14). El profeta Isaías coincide: "El que se bendijere en la tierra, en el Dios de verdad se bendecirá; y el que jurare en la tierra, por el Dios de verdad jurará" (Is. 65:16). Y el Señor Jesucristo, como Dios en carne humana, proclama: "Yo soy el camino, y la verdad, y la vida" (Jn. 14:6*a*).

Como el Dios de la verdad, Él no puede mentir. Incluso el malvado profeta Balaam reconoció esto: "Dios no es hombre, para que mienta, ni hijo de hombre para que se arrepienta. El dijo, ¿y no hará? Habló, ¿y no lo ejecutará?" (Nm. 23:19; cp. Ro. 3:4; Tit. 1:2). Y el autor de Hebreos concuerda: "Es imposible que Dios mienta" (He. 6:18).

Por tanto, cuando Dios habla siempre dice la verdad. Esto significa que su Palabra infalible es perfectamente sin error y totalmente confiable. Dicho de modo simple, la Biblia —al igual que su Autor— es la verdad (Sal. 12:6; 19:7; 119:151, 160; cp. Neh. 8:3; Sal. 119:42, 130; Mt. 22:29; Jn. 17:17; Hch. 18:28; 20:32; Ro. 1:2; 15:4; 16:26; Ef. 5:26; 2 Ti. 3:15-17; He. 4:12; Stg. 1:18; 2 P. 1:19-21). Teniendo en cuenta esto, no es de extrañar que Dios quiera que sus siervos proclamen y expliquen su Palabra de manera veraz (2 Co. 4:2; 2 Ti. 2:15), con precisión y por completo, sin desviación ni manipulación (cp. Dt. 4:2; 12:32; Ap. 22:19). Hacer cualquier otra cosa es malinterpretar tanto el significado pretendido como el carácter inherente de Dios mismo.

En marcado contraste, Satanás es el pícaro mentiroso y padre de mentiras (Jn. 8:44; cp. Gn. 3:1; 2 Co. 11:14; 2 Ts. 2:9); su objetivo principal, como enemigo de Dios, es engañar, y con eso en mente "cegó el entendimiento de los incrédulos, para que no les resplandezca la luz del evangelio de la gloria de Cristo, el cual es la imagen de Dios" (2 Co. 4:4). En otras palabras, Satanás y sus siervos se oponen de forma antagónica a los propósitos salvadores de Dios; distorsionan la verdad para ensombrecer el mensaje divino.

Por supuesto, al final todos los planes de Satanás resultarán frustrados (Ap. 20:10-15; cp. Is. 24:21-23). Después de todo, Dios es soberano sobre el malvado y sus secuaces (cp. Job 1:12, 2:6; Lc. 8:31; 22:31). Además, como Dios de verdad, el Señor se opone a todos los engañadores que pertenecen a Satanás (cp. Pr. 6:16-19; 19:5, 9; Mt. 4:1-11), y promete que finalmente serán castigados para siempre (cp. Ap. 21:8; 22:15).

De hecho, la Biblia deja en claro que Dios aborrece toda mentira (Pr. 6:16, 17; 12:22), especialmente las que se inventan acerca de Él y de su Palabra. Santiago 3:1 advierte que todos los maestros espirituales (incluso creyentes) están sometidos a "mayor condenación" (un nivel superior de responsabilidad delante de Dios) debido a la influencia que ejercen (cp. 1 Co. 3:9-15). Cuando falsos maestros incrédulos propagan mentiras y herejías espirituales están a la vez aumentando la severidad de su castigo futuro. Mientras se destruyen a sí mismos engañan también a otros, razón por la cual Dios siempre ha respondido de modo tan extremo ante la falsa enseñanza.

> *Por tanto, así ha dicho Jehová el Señor: Por cuanto vosotros habéis hablado vanidad, y habéis visto mentira, por tanto, he aquí yo estoy contra vosotros, dice Jehová el Señor. Estará mi mano contra los profetas que ven vanidad y adivinan mentira; no estarán en la congregación de mi pueblo, ni serán inscritos en el libro de la casa de Israel, ni a la tierra de Israel volverán; y sabréis que yo soy Jehová el Señor (Ez. 13:8-9; cp. Is. 9:13-17; 28:14-17; Jer. 14:14-15; 23:13-15).*

A medida que Pedro continúa con su retrato de los falsos maestros, resalta la seriedad que Dios le da a la verdad, y también cuán hostil es hacia quienes la distorsionan. El apóstol ya ha ofrecido a sus lectores una descripción general de los falsos maestros (vv. 1-3*a*). Más adelante en este capítulo ampliará esa descripción, añadiendo detalladas y vívidas imágenes en palabras. Pero antes que nada, en esta sección (vv. 3*b*-10*a*) explica en detalle la "destrucción repentina" (v. 1), o sea el juicio seguro e inminente que Dios traerá sobre los engañadores espirituales. Tal juicio, que sin duda alguna caerá sobre todo falso maestro que no se arrepiente, se desarrolla bajo tres encabezados: la promesa del juicio, el precedente para el juicio, y el patrón del juicio.

LA PROMESA DEL JUICIO

Sobre los tales ya de largo tiempo la condenación no se tarda, y su perdición no se duerme. (2:3*b*)

Aunque los falsos maestros no enfrentarán la **condenación** eterna hasta su muerte, su sentencia fue decretada por Dios **ya de largo tiempo.** (La frase **ya de largo tiempo** se traduce de una palabra, *ekpalai,* que simplemente significa "desde hace muchísimo tiempo".) A lo largo de la historia, desde el primer pronunciamiento de juicio sobre la serpiente en el huerto (Gn. 3:13-15), Dios ha condenado a todos aquellos que distorsionan la verdad divina (cp. Is. 8:19-21; 28:15; Jer. 9:6-9; 14:14-15; Sof. 3:1-8; Ap. 21:8, 27). La expresión **no se tarda** recalca la triste realidad de la retribución divina; la sentencia de Dios contra todo maestro mentiroso está acumulando activamente ira hasta que cada uno perezca en el infierno. (Véase el estudio sobre la frase de Judas 4 "los que desde antes habían sido destinados para esta condenación" en el capítulo 2 de mi comentario de Judas).

Con las palabras **su perdición no se duerme,** Pedro personifica la condenación eterna de los falsos maestros como si se tratara de un verdugo que permanece despierto, listo para administrar la justa sentencia de condenación de parte de Dios sobre aquellos que le falsifican su Palabra.

EL PRECEDENTE PARA EL JUICIO

Porque si Dios no perdonó a los ángeles que pecaron, sino que arrojándolos al infierno los entregó a prisiones de oscuridad, para ser reservados al juicio; y si no perdonó al mundo antiguo, sino que guardó a Noé, pregonero de justicia, con otras siete personas, trayendo el diluvio sobre el mundo de los impíos; y si condenó por destrucción a las ciudades de Sodoma y de Gomorra, reduciéndolas a ceniza y poniéndolas de ejemplo a los que habían de vivir impíamente, y libró al justo Lot, abrumado por la nefanda conducta de los malvados (porque este justo, que moraba entre ellos, afligía cada día su alma justa, viendo y oyendo los hechos inicuos de ellos), (2:4-8)

Pedro continúa su denuncia de los falsos maestros haciendo referencia a tres relatos conocidos de juicio divino del libro de Génesis. Podría haber sido tentador para algunos de los lectores originales de Pedro dudar si los falsos maestros serían realmente castigados o no. Por el momento parecían estar floreciendo, pues hacían circular sus mentiras espirituales y disfrutaban de popularidad, sensualidad y riqueza. Entonces Pedro les recordó a sus lectores la historia bíblica, y señaló que, así como Dios juzgó fielmente en el pasado, así también hará prevalecer la justicia en el presente.

A medida que el apóstol ofrece una visión general de los tres ejemplos del Antiguo Testamento pone de relieve los extremos de la ira de Dios (en el caso de los ángeles caídos), del alcance de la ira de Dios (en el caso del mundo antiguo en la época del diluvio), y de la profundidad de la ira de Dios (en el caso de Sodoma y Gomorra). En otras palabras, no hay criaturas demasiado encumbradas, demasiado numerosas, o demasiado básicas para escapar al juicio divino; la venganza del Señor se impondrá sobre todos los que se le oponen. Además, como Pedro señala en este pasaje, los falsos maestros de su época no fueron la excepción.

EL CASO DE LOS ÁNGELES CAÍDOS

Porque si Dios no perdonó a los ángeles que pecaron, sino que arrojándolos al infierno los entregó a prisiones de oscuridad, para ser reservados al juicio; (2:4)

La frase breve **porque si** inicia una sentencia condicional que se extiende hasta el versículo 8. Sin embargo, la partícula **si** no implica inseguridad aquí y es probable que se traduzca mejor "ya que". Ya que **Dios no perdonó a los ángeles** del cielo cuando **pecaron** contra Él (ni les proveyó ningún medio de salvación), los humanos que pervierten la verdad divina tampoco deben esperar una vía de escape a la venganza divina. Los ángeles, al igual que los seres humanos (Mt. 24:45-51; 25:14-30; Lc. 12:48; 16:1-8; 19:12-27; 1 Co. 4:2), eran responsables de honrar a Dios y obedecer su verdad. Los que se rebelaron fueron sentenciados al castigo eterno.

La dinámica espiritual de cómo y por qué **pecaron** los ángeles permanece en muchos sentidos como un misterio teológico. El más exaltado de todos los ángeles, Lucifer, quiso encumbrarse a una posición de igualdad con Dios. Como se muestra en el dramático lenguaje de Apocalipsis 12:3-9, un tercio de los ángeles se unieron a la revuelta celestial comandada por Lucifer, de modo arrogante se rebelaron contra Dios, y fueron expulsados del cielo (cp. Is. 14:12-21; Ez. 28:12-19; Lc. 10:18).

Sin embargo, es probable que Pedro no se esté refiriendo aquí a los ángeles que cayeron originalmente, ya que no fueron arrojados de inmediato **al infierno** ni fueron confinados de modo permanente **a prisiones de oscuridad** para esperar su juicio final. Es más, se trata de los demonios que ahora están sueltos por el mundo, asegurando los propósitos de Satanás. El apóstol Pablo los identifica cuando escribió: "Porque no tenemos lucha contra sangre y carne, sino contra principados, contra potestades, contra los gobernadores de las tinieblas de este siglo, contra huestes espirituales de maldad en las regiones celestes" (Ef. 6:12; cp. 2:1-2; 1 P. 5:8). Cuando el Señor regrese, los demonios (junto con Satanás) serán atados durante el reinado milenial de Cristo (Is. 24:21-23; Ap. 20:1-3) y finalmente serán lanzados al lago de fuego (Ap. 20:10).

Arrojándolos al infierno es en realidad la traducción de una sola palabra, *tartarōsas*. El verbo, usado solo aquí en el Nuevo Testamento, se deriva de tártaro, que en la mitología griega identificaba a un abismo subterráneo que era incluso más bajo que el Hades (infierno). Tártaro llegó a referirse a la morada de los espíritus más malvados, donde los peores rebeldes y criminales recibían el castigo divino más severo. Muchos como Jesús usaron el término *gehena* (el nombre para el vertedero de basura de Jerusalén, donde ardía constantemente el fuego) para ilustrar los tormentos inextinguibles de la angustia eterna (Mt. 5:22, 29-30; 10:28; 18:9; 23:15, 33; Mr. 9:43, 45, 47; Lc. 12:5); Pedro usó una palabra conocida del pensamiento popular griego para designar al infierno. El libro pseudoepígrafo *1 Enoc,* una conocida obra para la mayoría de los judíos del Nuevo Testamento (cp. Jud. 14), también menciona el tártaro (1:9). Pedro debió haber tenido plena confianza en que sus lectores entendían lo que quiso decir, ya que no les dio ninguna explicación del término.

Además, el apóstol describe este encarcelamiento demoníaco diciendo que Dios **entregó** a los ángeles caídos **a prisiones de oscuridad. Entregó** (*paredōken*), como en Hechos 8:3 y 12:4, significa encarcelar. **Prisiones de oscuridad** (cp. Mt. 8:12) es la mejor traducción, aunque algunos manuscritos antiguos dicen "cadenas" (como en la RVA). Trátese de **prisiones** o de "cadenas", la traducción de la idea es la misma: se refiere a la pérdida de la libertad en un lugar de confinamiento, un destino que los demonios temían (cp. Mt. 8:29; Lc. 8:31). Los que fueron enviados allí estaban **reservados al juicio,** como prisioneros culpables que esperan la sentencia final y la ejecución en el último día (cp. Ap. 20:10).

No obstante, dos preguntas importantes aún surgen del texto: ¿A qué ángeles caídos se refiere esta acción? Y ¿qué hicieron para merecer tan severo encarcelamiento? Lo que Pedro no explica, Judas sí lo hace:

> *Y a los ángeles que no guardaron su dignidad, sino que abandonaron su propia morada, los ha guardado bajo oscuridad, en prisiones eternas, para el juicio del gran día; como Sodoma y Gomorra y las ciudades vecinas, las cuales de la misma manera que aquéllos, habiendo fornicado e ido en pos de vicios contra*

naturaleza, fueron puestas por ejemplo, sufriendo el castigo del fuego eterno (Jud. 6-7).

La realidad de que esos demonios "no guardaron su dignidad", significa que se salieron de su propia esfera de existencia y comportamiento, "su propia morada". Judas 6 es una referencia a los acontecimientos de Génesis 6:1-4 en que ciertos ángeles caídos poseyeron a hombres mortales y luego cohabitaron con mujeres. La flagrante transgresión de tales demonios fue una clara violación de los límites que Dios les había establecido. Judas 7 compara sus "vicios contra naturaleza" a los de Sodoma y Gomorra de haber "fornicado" (es decir, practicado homosexualidad, una perversión que Dios condena por completo: Lv. 18:22; 20:13; Ro. 1:26-27; 1 Co. 6:9). (Para un estudio más detallado del texto de Judas, véase la sección Judas 6-7 en el capítulo 2 de mi comentario de Judas. Cabe señalar que Pedro también se refirió a esos mismos demonios en su primera epístola; véase el análisis de 1 Pedro 3:18-22 en el capítulo 19 de esta obra).

Desde luego, el propósito principal de Pedro aquí no fue abundar en detalles de este relato acerca de los ángeles caídos, sobre todo porque sus lectores al parecer ya conocían el tema. Al contrario, él usó este ejemplo para enfatizar la idea central de su argumento, concretamente que Dios juzga con severidad a todos los que se le oponen a Él y a su verdad. Al igual que esos ángeles, los falsos maestros rebeldes enfrentarán la ira divina.

EL CASO DEL MUNDO ANTIGUO

y si no perdonó al mundo antiguo, sino que guardó a Noé, pregonero de justicia, con otras siete personas, trayendo el diluvio sobre el mundo de los impíos; (2:5)

No solo que Dios juzgó a ciertos ángeles caídos, sino que tampoco **perdonó al mundo antiguo.** Es más, acabó con la totalidad de la población humana **trayendo el diluvio sobre** ella y ahogando en **el diluvio** a **los impíos**. El **mundo antiguo** se refiere a las personas que vivían en ese tiempo del **diluvio,** todas las cuales eran malvadas. El **mundo** fue destruido por esta razón.

> *Y vio Jehová que la maldad de los hombres era mucha en la tierra, y que todo designio de los pensamientos del corazón de ellos era de continuo solamente el mal. Y se arrepintió Jehová de haber hecho hombre en la tierra, y le dolió en su corazón. Y dijo Jehová: Raeré de sobre la faz de la tierra a los hombres que he creado, desde el hombre hasta la bestia, y hasta el reptil y las aves del cielo; pues me arrepiento de haberlos hecho (Gn. 6:5-7).*

Sin embargo, Dios **guardó a Noé,** quien era justo, un verdadero adorador de Dios inmerso en una sociedad malvada y corrupta. Resistiendo la sofocante perversidad que lo rodeaba, y caminando con Dios, Noé junto con su esposa y sus hijos con sus esposas, constituyeron las **otras siete personas** a quienes el Señor **guardó** de la destrucción en el arca. Más de un siglo antes de que llegara de veras el diluvio, Dios reveló a Noé su plan para enviar juicio:

> *Pero Noé halló gracia ante los ojos de Jehová. Estas son las generaciones de Noé: Noé, varón justo, era perfecto en sus generaciones; con Dios caminó Noé. Y engendró Noé tres hijos: a Sem, a Cam y a Jafet. Y se corrompió la tierra delante de Dios, y estaba la tierra llena de violencia. Y miró Dios la tierra, y he aquí que estaba corrompida; porque toda carne había corrompido su camino sobre la tierra. Dijo, pues, Dios a Noé: He decidido el fin de todo ser, porque la tierra está llena de violencia a causa de ellos; y he aquí que yo los destruiré con la tierra (Gn. 6:8-13).*

Mientras construía el arca, Noé también actuó como **pregonero de justicia,** advirtiendo a las personas de la muerte inminente y la retribución divina, y las llamó a arrepentirse. Años antes Enoc les había predicado un mensaje parecido:

> *De éstos también profetizó Enoc, séptimo desde Adán, diciendo: He aquí, vino el Señor con sus santas decenas de millares, para hacer juicio contra todos, y dejar convictos a todos los impíos de todas sus obras impías que han hecho impíamente, y de todas las cosas duras que los pecadores impíos han hablado contra él (Jud. 14-15; véase el comentario sobre este pasaje en el capítulo 4 de mi comentario de Judas).*

Diluvio se traduce de *kataklusmos,* de donde se deriva la palabra castellana *cataclismo.* El relato del Génesis, junto con evidencia geológica actual, indica que el diluvio fue realmente *catastrófico* en todo sentido (cp. Gn. 7:10-24). Debido a la pecaminosidad del hombre, Dios destruyó a todo individuo y animal de tierra (excepto los que estaban en el arca), cubriendo todo el planeta con agua, hasta los picos de las montañas más elevadas (Gn. 7:19-20). (Para un examen bíblico y científico detallado del diluvio, véase John C. Whitcomb, hijo, y Henry M. Morris, *El diluvio del Génesis* [Barcelona: Editorial Clie, 1982]; para una defensa concisa de la doctrina bíblica de un diluvio universal, véase Morris, *Science and the Bible,* ed. rev. [Chicago: Moody, 1986], capítulo 3, "Science and the Flood").

Impíos (cp. 2:6; 3:7; Jud. 4, 15, 18), del griego *asebeia,* es la caracterización de la humanidad antigua en una palabra, un término que se refiere a la falta total de reverencia, adoración o temor de Dios (cp. Mt. 24:11, 24; 1 Jn. 4:1-3; 2 Jn. 7). Los padres de la iglesia primitiva lo usaban para describir a los ateos y herejes.

Al igual que los falsos maestros de la época de Pedro, los **impíos** de los días de Noé, por medio de su rebelde inmoralidad, finalmente provocaron el juicio de Dios sobre sí mismos.

EL CASO DE SODOMA Y GOMORRA

y si condenó por destrucción a las ciudades de Sodoma y de Gomorra, reduciéndolas a ceniza y poniéndolas de ejemplo a los que habían de vivir impíamente, y libró al justo Lot, abrumado por la nefanda conducta de los malvados (porque este justo, que moraba entre ellos, afligía cada día su alma justa, viendo y oyendo los hechos inicuos de ellos), (2:6-8)

Para su tercer ejemplo histórico del juicio divino, el apóstol descendió a las pervertidas profundidades **de Sodoma y de Gomorra.** Estas eran a la vez las principales ciudades de la cuenca o llanura del Jordán (Gn. 13:12; 14:8; Dt. 29:23), localizadas en el valle de Sidim o mar salado, cerca del extremo sureste del Mar Muerto. Antes de la destrucción de Sodoma y Gomorra, el Génesis describe favorablemente la región como fértil, un lugar ideal para plantar cultivos y criar animales (13:8-10).

A causa del grave pecado de estas ciudades, Dios las **condenó** a la **destrucción.** El juicio descrito en Génesis 19:1-28 fue un paralelo en menor escala al del diluvio universal (que ocurrió más o menos cuatrocientos cincuenta años antes). Al igual que Noé y su familia, Lot y sus hijas fueros los únicos habitantes que escaparon. Todos los ciudadanos **de Sodoma y de Gomorra** fueron erradicados, esta vez por incineración y asfixia en vez de muerte por inmersión. Génesis 19:24-25 resume así el relato:

> *Entonces Jehová hizo llover sobre Sodoma y sobre Gomorra azufre y fuego de parte de Jehová desde los cielos; y destruyó las ciudades, y toda aquella llanura, con todos los moradores de aquellas ciudades, y el fruto de la tierra.*

La palabra traducida **destrucción** (*katastrophē,* de la cual el vocablo castellano *catástrofe* es una transliteración) indica derribar y arruinar totalmente. La devastación fue tan completa que redujo a ambas ciudades a nada más que **ceniza.** (La frase **reduciéndolas a ceniza** está descrita por una palabra en el original: [*tephrōsas*] un participio pasado de una raíz verbal que también se puede traducir "cubierto de ceniza"). Es más, el juicio de Dios fue tan definitivo que las ruinas siguen sin descubrirse, y la ubicación exacta de las ciudades todavía se desconoce. Es posible, pero sin sustento alguno, que fueran enterradas debajo de lo que ahora es la densa agua mineral en la parte sur del Mar Muerto. Que esta **destrucción** se refiere a más que muerte física está claro en el texto paralelo en Judas 7, que afirma que las personas de esas ciudades "fueron puestas por ejemplo, sufriendo el castigo del fuego eterno". No solo que el juicio divino enterró bajo cenizas los cuerpos de los habitantes, sino que hundió sus almas en el juicio eterno. Es a causa del castigo perpetuo que las ciudades son ejemplos, al igual que los ángeles caídos.

Aunque es probable que los ciudadanos de Sodoma y Gomorra conocieran el mensaje de justicia y juicio que Noé predicó luego del diluvio (trasmitido después del diluvio por Noé y su familia), no obstante lo rechazaron. En lugar de eso decidieron vivir en pecado y perversión, sobre todo en homosexualidad (Gn. 19:4-11). Más de veinte veces en la Biblia estas ciudades se usan como **ejemplo a los que habían de vivir impíamente** (véase Mt. 10:14, 15; 11:23, 24; Lc. 17:28-32). Dios usó las ciudades y su holocausto para enviar una inequívoca advertencia a generaciones futuras de pecadores rebeldes; concretamente que los depravados no pueden ir tras la impiedad y al mismo tiempo escapar de la venganza de Dios y del juicio eterno (cp. 3:7, 10; Mt. 25:41; Ro. 1:18; 2:5, 8; Ef. 5:6; 1 Ts. 2:16; 2 Ts. 1:8; He. 10:26-27; Ap. 6:17).

Antes de la destrucción de Sodoma y Gomorra, Dios le hizo conocer a Abraham la maldad de estas ciudades (Gn. 18:20-21; cp. 13:13). En respuesta, el patriarca expresó su sincera preocupación por algunos individuos justos que pudieran aún estar viviendo allí. Imploró al Señor que retuviera su juicio por bien de ellos (Gn. 18:23-33). El Señor estaba dispuesto a preservar las ciudades si se pudieran hallar tan solo diez moradores justos. Pero cuando ni siquiera se pudo cumplir ese mínimo, el Señor destruyó la población malvada.

Como en el ejemplo anterior del diluvio, Pedro consoló a sus lectores recordándoles a aquellos que escaparon al castigo. Durante el diluvio, Dios preservó de manera misericordiosa a Noé y su familia. En este caso, durante la demolición de Sodoma y Gomorra, Dios **libró al justo Lot,** junto con sus dos hijas.

Aquellos que conocen el relato del Génesis podrían preguntarse por qué a **Lot** se le designa como **justo** no menos de tres veces en los versículos 7-8. Después de todo, cuando aparece por primera vez en la Biblia se le describe implícitamente como superficial, egoísta y mundano (Gn. 13:5-13). Durante los acontecimientos de Génesis 19 Lot demostró inequívoca debilidad moral e increíblemente mal juicio cuando, en lugar de los ángeles visitantes, ofreció a sus hijas a los lujuriosos sodomitas (vv. 6-8). Más tarde dudó cuando los ángeles lo instaron a salir inmediatamente de la ciudad (vv. 15-22). Incluso después de haber escapado a la ira de Dios, Lot mostró una conducta sorprendentemente pecaminosa, incluso con embriaguez e incesto (vv. 30-35).

Sin embargo, hay razones para designar a Lot como **justo** (es decir, un creyente). Por ejemplo, al igual que su tío Abraham (cp. Gn. 15:6; Ro. 4:3, 20-24), Lot era justo en el sentido de ser un creyente a quien Dios le había acreditado justicia por la fe del hombre. Esto no significaba que Lot o Abraham estuvieran libres de pecado (véase Gn. 16:1-6 para un ejemplo de la desobediencia de Abraham), pero eran justos en sentido forense. Dios les imputó la justicia divina porque eran verdaderos creyentes (cp. Sal. 24:3-5; Fil. 3:9). Además Lot, al igual que Abraham, es una ilustración de justificación en el Antiguo Testamento.

Sin lugar a dudas, Lot también mostró varias señales de la obra del Espíritu Santo en su corazón. Por ejemplo, su reverencia hacia los ángeles santos que lo visitaron proporcionó un marcado contraste con los pervertidos procederes de sus vecinos (Gn. 19:1-8). Y aunque inicialmente dudó en salir de la ciudad, en última instancia obedeció la orden de Dios y hasta advirtió a sus yernos acerca de la inminente perdición (19:14). Además, cuando finalmente salió, obedeció negándose a mirar hacia atrás (cp. 19:17).

Pedro señala a continuación que Lot era justo de corazón, como se desprende del hecho de que estaba **abrumado por la nefanda conducta de los malvados.** Su odio por el pecado de quienes lo rodeaban era una señal segura de que se trataba de un creyente (cp. Sal. 97:10; 119:7, 67-69, 77, 101, 106, 121, 123; Pr. 8:13; Ro. 12:9). A veces Lot pudo haber sido materialista y moralmente débil, pero no quería ninguna parte de **la nefanda conducta** que caracterizaba a la cultura de esos hombres **malvados.** El término **nefanda** (*aselgeia*) significa "conducta escandalosa", mientras que **malvados** (*athesmos*) denota acciones que son "sin restricciones" y "sin normas legales", violando tanto la convicción de la conciencia como el mandamiento de Dios. La flagrante inmoralidad de sus conciudadanos había **abrumado** en gran manera a Lot; la palabra griega (*kataponeō*) transmite la idea de agotar a alguien por medio de desgaste y honda tribulación del alma.

La profundidad del abatimiento de Lot se encuentra en la declaración entre paréntesis de Pedro: **porque este justo, que moraba entre ellos, afligía cada día su alma justa, viendo y oyendo los hechos inicuos de ellos.** La palabra **afligía** (*basanizō*) literalmente significa "torturar", y demuestra el enorme suplicio que Lot experimentaba por estar expuesto a la maldad que lo rodeaba. Pedro sabía que sus lectores, al vivir en medio de la cultura corrupta en que se hallaban, podían identificarse con la difícil posición de Lot. Las propias situaciones que vivían les angustiaban igualmente el alma mientras presenciaban los excesos inmorales de los falsos maestros y sus seguidores (cp. 2:18-20).

Así como Noé y su familia, Lot se enfrentó al pecado de su época y se negó a seguir las doctrinas demoníacas y las costumbres inmorales que impregnaban la sociedad antigua. Recordando el relato del juicio de Dios sobre Sodoma y Gomorra, Pedro advierte a sus lectores acerca de la perdición que enfrentarán todos los enemigos de Dios (y específicamente los falsos maestros). Sin embargo, al destacar la salvación de Lot, el apóstol al mismo tiempo consuela a los justos recordándoles que no tienen nada que temer.

EL PATRÓN DEL JUICIO

sabe el Señor librar de tentación a los piadosos, y reservar a los injustos para ser castigados en el día del juicio; y mayormente a aquellos que, siguiendo la carne, andan en concupiscencia e inmundicia. (2:9-10*a*)

Ya antes en esta sección (en el v. 4) Pedro comenzó una larga cláusula condicional. Ahora, en los versículos 9 y 10 proporciona la conclusión: *si* (o ya que) Dios supo a quién juzgar y a quién rescatar en el pasado, entonces sin duda **sabe** cómo hacer lo mismo en el presente y el futuro.

Siglos antes de la época de Pedro, la Biblia estableció el patrón divino de juicio. El profeta Malaquías escribió:

> *Entonces los que temían a Jehová hablaron cada uno a su compañero; y Jehová escuchó y oyó, y fue escrito libro de memoria delante de él para los que temen a Jehová, y para los que piensan en su nombre. Y serán para mí especial tesoro, ha dicho Jehová de los ejércitos, en el día en que yo actúe; y los perdonaré, como el hombre que perdona a su hijo que le sirve. Entonces os volveréis, y discerniréis la diferencia entre el justo y el malo, entre el que sirve a Dios y el que no le sirve. Porque he aquí, viene el día ardiente como un horno, y todos los soberbios y todos los que hacen maldad serán estopa; aquel día que vendrá los abrasará, ha dicho Jehová de los ejércitos, y no les dejará ni raíz ni rama. Mas a vosotros los que teméis mi nombre, nacerá el Sol de justicia, y en sus alas traerá salvación; y saldréis, y saltaréis como becerros de la manada. Hollaréis a los malos, los cuales serán ceniza bajo las plantas de vuestros pies, en el día en que yo actúe, ha dicho Jehová de los ejércitos (Mal. 3:16—4:3).*

En pocas palabras, **el Señor sabe** cómo juzgar a los malvados mientras al mismo tiempo preserva a los que le pertenecen (cp. Mt. 13:36-43; 1 Ts. 4:13-18; 5:1-5).

Entonces para Pedro el patrón del juicio divino está claro. Primero hay consuelo en el hecho de que **el Señor sabe** cómo **librar de tentación a los piadosos.** Dios sabe cómo salvar a quienes le pertenecen; por tanto, ellos no tienen absolutamente nada qué temer (Sal. 27:1; Pr. 1:33; Jn. 14:27; 2 Ti. 1:7; cp. Is. 8:12). En este contexto la palabra traducida **tentación** (*peirasmos,* que por lo general transmite el concepto de prueba) connota la idea de un ataque con intención de destruir. (Véase Mr. 8:11; Lc. 4:12; Hch. 20:19; y Ap. 3:10 para otros ejemplos en que *peirasmos* se usa en este mismo sentido.) Los creyentes entonces son llamados a confiar en la sabiduría infinita y el poder soberano de su protector divino (cp. Ro. 8:28, 38-39).

Dios no solo sabe cómo rescatar a sus hijos sino también cómo **reservar a los injustos para ser castigados en el día del juicio.** Los está reservando **para el día del juicio** final y mientras tanto también son **castigados. Los injustos** son como prisioneros en la cárcel que esperan la sentencia final y la transferencia a su último destino. Mientras esperan, siguen acumulando más culpa (cp. Ro. 2:3-6). Ellos enfrentarán el **juicio** ante el gran trono blanco, el tribunal futuro donde Dios condena a todos los impíos de todas las épocas al infierno eterno, el lago de fuego (Ap. 20:11-15; cp. Mt. 11:22, 24; 12:36; Jn. 12:48; Hch. 17:31).

El Señor apunta **mayormente a aquellos que, siguiendo la carne, andan en concupiscencia e inmundicia, y desprecian el señorío.** De ahí que Pedro cierre el círculo del debate volviendo a contar dos características principales de los falsos maestros. Al igual que los malvados contemporáneos de Noé y Lot, los falsos maestros son esclavos del pecado. El griego indica que sus vidas se caracterizan por un continuo "ir tras la carne en degradante lujuria". Son deshonestos, irrespetuosos y desagradables a Dios, pues persiguen activamente sus fantasías sensuales (como se mencionó antes en 2:2; cp. Jud. 6, 7) y ostentan con avidez sus irreverentes blasfemias (cp. 2:1). **Concupiscencia** se traduce de *miasmou,* que significa "contaminación". La palabra castellana *miasma,* que significa fétido y malsano, se deriva de este término. **Señorío** (*kuriotēs*) significa "autoridad" (cp. Ef. 1:21; Col. 1:16; Jud. 8), y en este contexto indica que los falsos maestros rechazaron la autoridad soberana de Jesucristo sobre sus vidas. Según se analizó en el versículo 1, superficialmente se identificaban con Él pero se negaban a vivir de acuerdo con los mandamientos del Señor.

En consonancia con la inequívoca promesa de Dios, el juicio divino llegará finalmente sobre todos sus enemigos (cp. 1 Co. 15:25-26). El precedente histórico no deja lugar para la duda. Igual que en el pasado, Dios en última instancia destruirá a todos los que se le oponen, incluso a los falsos maestros y sus seguidores. No obstante, al mismo tiempo rescatará a los creyentes de tan aterrador fin. Este pasaje repite, por tanto, las palabras de Pablo a los tesalonicenses:

> *Debemos siempre dar gracias a Dios por vosotros, hermanos, como es digno, por cuanto vuestra fe va creciendo, y el amor de todos y cada uno de vosotros abunda para con los demás; tanto, que nosotros mismos nos gloriamos de vosotros en las iglesias de Dios, por vuestra paciencia y fe en todas vuestras persecuciones y tribulaciones que soportáis. Esto es demostración del justo juicio de Dios, para que seáis tenidos por dignos del reino de Dios, por el cual asimismo padecéis. Porque es justo delante de Dios pagar con tribulación a los que os atribulan, y a vosotros que sois atribulados, daros reposo con nosotros, cuando se manifieste el Señor Jesús desde el cielo con los ángeles de su poder, en llama de fuego, para dar retribución a los que no conocieron a Dios, ni obedecen al evangelio de nuestro Señor Jesucristo; los cuales sufrirán pena de eterna perdición, excluidos de la presencia del Señor y de la gloria de su poder, cuando venga en aquel día para ser glorificado en sus santos y ser admirado en todos los que creyeron (por cuanto nuestro testimonio ha sido creído entre vosotros) (2 Ts. 1:3-10).*

Criaturas nacidas para ser asesinadas

31

y desprecian el señorío. Atrevidos y contumaces, no temen decir mal de las potestades superiores, mientras que los ángeles, que son mayores en fuerza y en potencia, no pronuncian juicio de maldición contra ellas delante del Señor. Pero éstos, hablando mal de cosas que no entienden, como animales irracionales, nacidos para presa y destrucción, perecerán en su propia perdición, recibiendo el galardón de su injusticia, ya que tienen por delicia el gozar de deleites cada día. Estos son inmundicias y manchas, quienes aun mientras comen con vosotros, se recrean en sus errores. Tienen los ojos llenos de adulterio, no se sacian de pecar, seducen a las almas inconstantes, tienen el corazón habituado a la codicia, y son hijos de maldición. Han dejado el camino recto, y se han extraviado siguiendo el camino de Balaam hijo de Beor, el cual amó el premio de la maldad, y fue reprendido por su iniquidad; pues una muda bestia de carga, hablando con voz de hombre, refrenó la locura del profeta. Estos son fuentes sin agua, y nubes empujadas por la tormenta; para los cuales la más densa oscuridad está reservada para siempre. Pues hablando palabras infladas y vanas, seducen con concupiscencias de la carne y disoluciones a los que verdaderamente habían huido de los que viven en error. Les prometen libertad, y son ellos mismos esclavos de corrupción. Porque el que es vencido por alguno es hecho esclavo del que lo venció. Ciertamente, si habiéndose ellos escapado de las contaminaciones del mundo, por el conocimiento del Señor y Salvador Jesucristo, enredándose otra vez en ellas son vencidos, su postrer estado viene a ser peor que el primero. Porque mejor les hubiera sido no haber conocido el camino de la justicia, que después de haberlo conocido, volverse atrás del santo mandamiento que les fue dado. Pero les ha acontecido lo del verdadero proverbio: El perro vuelve a su vómito, y la puerca lavada a revolcarse en el cieno. (2:10*b*-22)

Los pastores fieles protegen a sus rebaños. Trabajan duro día tras día para instruir, reprender, corregir y capacitar al pueblo de Dios (cp. 2 Ti. 3:16-17), llevando sus rebaños por la senda de la verdad (Sal. 119:105). Como el buen Pastor mismo, montan guardia incluso cuando los enemigos espirituales atacan (Hch. 20:28-32; cp. Jn. 10:13-14). La cobardía no es una consideración para ellos; tampoco lo es el acomodo. Después de todo, han recibido la comisión divina de pastorear "la grey de Dios [hasta que] aparezca el Príncipe de los pastores" (1 P. 5:2, 4).

Debido a que aman la verdad y cuidan de veras la salud de sus congregaciones, los verdaderos pastores siempre están recelosos de las falsas enseñanza. Reconocen la naturaleza mortal de las mentiras de Satanás: patrañas espirituales diseñadas para engañar, dividir y finalmente destruir al pueblo de Dios. Por eso es que los pastores fieles predican la verdad y ponen el error al descubierto con tal tenacidad. Se dan cuenta de que la eternidad está en juego.

En esta línea, el puritano John Owen escribió:

> A ellos [pastores] les corresponde preservar la verdad o doctrina recibida del evangelio y profesada en la iglesia, y defenderla contra toda oposición. Este es un fin principal del ministerio... Y el descuido pecaminoso de este deber es lo que ha causado la mayor parte de herejías y errores perniciosos que han infectado y arruinado a la iglesia. Aquellos, muchos de los cuales, cuyo deber era preservar la doctrina del evangelio integro en la profesión pública de este han "hablado cosas perversas, para arrastrar a los discípulos tras ellos". Obispos, presbíteros, maestros públicos, han sido los cabecillas de las herejías. Por eso este deber, especialmente en esta época, cuando las verdades fundamentales del evangelio están impugnadas en tanto lugar por parte de todo tipo de adversarios, se debe de una manera especial estar atentos (*Works,* ed. William Goold [Johnstone y Hunter: Edinburgh, 1850-53], XVI:81s. Citado en J. I. Packer, *A Quest for Godliness* [Wheaton, Ill.: Crossway, 1990], p. 64).

En otras palabras, los líderes fieles de la iglesia adoptan una postura agresiva contra los falsos maestros y sus doctrinas. No pueden aceptar o tolerar el error en el nombre del amor, ni pueden sencillamente pasarlo por alto. Al contrario, están llamados a "refutar a los que contradicen" (Tit. 1:9).

Pedro mismo era un pastor preocupado (1 P. 5:1-4), que con furia retórica respondía a los falsos maestros. Es más, muchos años antes Jesús le había encargado específicamente que alimentara al pueblo de Dios (Jn. 21:15-17). Ahora, al escribir su segunda epístola, el apóstol reservó las más fuertes palabras de reprensión divina para quienes sustituirían veneno espiritual por la leche pura de la Palabra (cp. 1 P. 2:2). Su puntiaguda descripción remata el retrato de los falsos maestros que comenzó en 2:1-3. (Al igual que ocurrió con la sección anterior, esta también se asemeja mucho a la epístola de Judas).

En este pasaje el Espíritu Santo no identifica específicamente los blancos de las críticas de Pedro. El texto ni siquiera ofrece una descripción detallada de los errores precisos que se refutan. Se deduce entonces que la diatriba del apóstol está destinada a ser aplicada de modo general a la enseñanza falsa en cualquier forma y época. Quienes propagan engaño doctrinal invitan a los más elevados niveles de denuncia divina: condenación que está merecida por al menos cinco razones: su arrogancia, costumbres, compensación, profecías y perversión de los falsos maestros.

SU ARROGANCIA

y desprecian el señorío. Atrevidos y contumaces, no temen decir mal de las potestades superiores, mientras que los ángeles, que son mayores en fuerza y en potencia, no pronuncian juicio de maldición contra ellas delante del Señor. Pero éstos, hablando mal de cosas que no entienden, como animales irracionales, nacidos para presa y destrucción, perecerán en su propia perdición, recibiendo el galardón de su injusticia, (2:10*b*-13*a*)

Desde la rebelión inicial de Satanás (cp. Ez. 28:17), el descaro ha sido la característica principal de los enemigos de Dios (cp. 1 Ti. 3:6). Los falsos maestros, por supuesto, no pueden ser la excepción a esta regla. Sus palabras y sus acciones revelan actitudes de arrogancia egocéntrica; son **atrevidos** e insolentes, como es típico de los no regenerados que son hijos del diablo. Son audaces y **contumaces** (*tolmētai,* literalmente "desafiadores" o "insensatos") para desafiar a Dios exaltándose ellos mismos, sin importarles las consecuencias (p. ej., 2 Cr. 32:25; Est. 3:5; Dn. 4:30; 5:20, 22-23; Hch. 12:21-23). Están decididos a seguir su propio camino a cualquier precio, siendo tercos y **atrevidos** (*authadeis*), un término que connota engreimiento vanidoso y obstinación.

Para ilustrar el alcance de la arrogancia inquebrantable de tales individuos, Pedro observa que **no temen decir mal de las potestades superiores. Decir mal** (*blasphēmeō*), vocablo del que la palabra *blasfemia* es una transliteración, significa "calumniar" o "hablar de manera ligera o profana de asuntos sagrados" (cp. 2 R. 19:4, 22; Sal. 74:18; 1 Ti. 1:20; Ap. 16:10-11). Y **potestades superiores** en este contexto se refiere a demonios (cp. Jud. 8), que son **potestades** (*doxa,* "glorias") que poseen una existencia trascendental y sobrenatural, más allá del nivel humano (Ef. 6:12). Aunque estos falsos maestros eran simples mortales, que por naturaleza son "un poco menor que los ángeles" (Sal. 8:5), con gran arrogancia se consideran a sí mismos superiores a los seres angelicales.

La Biblia muestra que los ángeles caídos conservan aún la huella de la majestad divina, una sombra de la gloria que tenían antes de la caída. En este sentido son como los hombres pecadores —que siguen conservando la imagen divina

(Gn. 1:26; Sal. 8:5) y creación posterior a la caída— lo que evidencia su magnificencia dada por Dios (1 Co. 15:40-41). Por tanto, sigue habiendo una cantidad transcendente de dignidad para los demonios, a pesar de estar caídos. El apóstol Pablo sugiere esto cuando se refiere a los demonios como principados, poderes y gobernadores (cp. 2 Co. 10:3-5) delineando al menos tres niveles de majestad y autoridad dentro del reino demoníaco. Aunque no hay duda de que están subordinados a Dios, los ángeles caídos (bajo el liderazgo de Satanás) ejercen gran influencia y poder en este mundo (Jn. 12:31; cp. Ef. 2:2). Durante veintiún días un demonio poderoso impidió al valiente ángel Gabriel hacer la obra de Dios hasta que el arcángel Miguel y poderosos ángeles llegaron para ayudarle (Dn. 10:13). Sin embargo, sin ningún temor los falsos maestros de la época de Pedro simplemente se burlaron de los demonios, suponiendo que ellos (como hombres caídos) eran de alguna manera superiores a los ángeles caídos.

Es necesario reconocer que muchos falsos profetas modernos en los sectores extremos del movimiento carismático hacen con ligereza sus fortunas supuestamente atando y condenando a los demonios, como si tuvieran verdadero poder sobre tales demonios. En realidad, se trata de falsos exorcistas como los "hijos de un tal Esceva" (Hch. 19:13-16) que calzan perfectamente en la descripción de Pedro. Los paganos desarrollan elaborados ardides para apaciguar a sus dioses demoníacos. No obstante, los maestros y predicadores que son falsos cristianos declaran descaradamente su autoridad sobre las fuerzas del infierno.

En contraste, incluso **los ángeles** justos, **que son mayores en fuerza y en potencia, no pronuncian juicio de maldición contra ellas** (las potestades superiores del v. 10) **delante del Señor.** Ya que no hay modificador, el término **ángeles** se refiere a los santos **que** sin duda **son mayores en fuerza y en potencia** que los hombres caídos o los demonios. Pero incluso desde su exaltada posición, los ángeles santos no irrespetan a sus homólogos caídos como hacen los falsos maestros. Por ejemplo, el poderoso arcángel Miguel, que "contendía con el diablo, disputando con él por el cuerpo de Moisés, no se atrevió a proferir juicio de maldición contra él, sino que dijo: El Señor te reprenda" (Jud. 9). Al igual que Miguel, los creyentes no deberían confrontar solos a Satanás y sus secuaces. En vez de eso deberían buscar los poderes de intervención de Dios contra los demonios. Sin embargo, los falsos maestros, en marcado contraste, se muestran tan seguros de sí mismos, tan descarados y temerarios que hacen lo que ni siquiera Miguel "se atrevió a" hacer: injuriar directamente a las potestades superiores como si tuvieran autoridad sobre ellas. (Para más información sobre la lucha entre Miguel y Satanás, véase el análisis de Jud. 8-9 en el capítulo 3 de mi comentario de Judas).

Las imprudentes blasfemias a Dios y a los ángeles por parte de los falsos maestros demuestran que estos son **como animales irracionales** (cp. Jud. 10).

Se les puede comparar a bestias que no tienen capacidad racional, que actúan únicamente por auto indulgencia y pasión irreflexiva. Los **animales** nacen como criaturas de instinto, lo que significa que sus reacciones al estímulo están programadas de antemano, insertadas por Dios en su composición genética (cp. Gn. 1:30). Puesto que actúan por instinto, los animales no son racionales; por tanto, no hacen contribuciones intelectuales a la sociedad. Es más, la mayoría de ellos tienen como papel principal en el sistema ecológico servir **para presa y destrucción,** proporcionando de este modo carne para otros miembros de la cadena alimentaria.

Los embaucadores espirituales, presentándose fraudulentamente como verdaderos maestros, exhiben ignorancia como la del animal, **hablando mal de cosas que no entienden.** Ridiculizan la verdad divina y la autoridad celestial, expresando cosas que ni siquiera entienden. Al igual que los animales, no hacen ninguna contribución positiva y en realidad servirían mejor a los demás estando muertos. De ahí que al final del versículo 12 se predice que ellos **perecerán en su propia perdición.** No escaparán a la futura ira de Dios. Cuando el fuego de Dios consuma al mundo entero con todas sus criaturas (3:7, 12), los falsos maestros también serán finalmente destinados **para presa y destrucción** al igual que las demás criaturas. Judas agrega que los malignos programas instintivos de estos falsos maestros serán destruidos (v. 11). Como enemigos de Dios, tras haber distorsionado intencionalmente el mensaje de la Palabra, enfrentarán castigo eterno en el lago de fuego (Ap. 20:9-15).

En realidad, el lago de fuego es donde los falsos maestros sufrirán para siempre la furia de la ira de Dios, **recibiendo el galardón de su injusticia.** (Esta frase no es la mejor traducción, ya que podría malinterpretarse que está mal que Dios los juzgue. El griego para **recibiendo** es *adikoumenoi*, un presente medio o forma verbal pasiva mejor entendida como significado "resultar perjudicado", "ser dañado" o "ser ofendido" [cp. Ap. 2:11]). De ese modo personifican la ley de la siembra y la cosecha: "No os engañéis; Dios no puede ser burlado: pues todo lo que el hombre sembrare, eso también segará" (Gá. 6:7; cp. Os. 10:12-13). Los que se dedican a la falsa doctrina, exhibiendo un enfoque fanfarrón hacia las cosas espirituales, serán castigados eternamente por sus transgresiones (cp. Jer. 8:1-2; 14:15; 29:32).

SUS COSTUMBRES

ya que tienen por delicia el gozar de deleites cada día. Estos son inmundicias y manchas, quienes aun mientras comen con vosotros, se recrean en sus errores. Tienen los ojos llenos de adulterio, no se sacian de pecar, seducen a las almas inconstantes, tienen el corazón habituado a la codicia, y son hijos de maldición. (2:13*b*-14)

Como regla general, los pecadores tienden a cometer actos depravados en la noche: "Los que duermen, de noche duermen, y los que se embriagan, de noche se embriagan" (1 Ts. 5:7). Según los historiadores, la pagana sociedad romana toleraba la disipación y la juerga, siempre y cuando se limitaran discretamente al amparo de las tinieblas. Pero el libertinaje era mal visto y desaprobado durante el día cuando todos lo podían presenciar. Debido a su naturaleza pública, tal comportamiento se consideraba inapropiado, incluso por parte de incrédulos romanos. No obstante, los falsos maestros de la época de Pedro estaban tan consumidos por la lujuria, la codicia y el vicio que consideraban **delicia el gozar de deleites cada día,** sin querer esperar hasta el anochecer.

A consecuencia de la pasión que mostraban por la perversión, Pedro comparó a estos charlatanes espirituales con **inmundicias y manchas,** dos términos que hablan de lugares sucios, defectos, sarna y cosas enfermas. Como llagas malignas, los falsos maestros **se recrean en sus errores** y disfrutan abiertamente del fruto de su pecado. Al mismo tiempo engañan a quienes caen bajo la influencia de su enseñanza (Ro. 16:18; 2 Ti. 3:13; Jud. 16-19; cp. Jer. 23:26; 2 Co. 11:13; 2 Ts. 2:10), promoviendo activamente la maldad en las vidas de sus seguidores.

Para empeorar las cosas, los falsos maestros introducen su lascivia en la Iglesia, y de manera resuelta **comen con** los santos. **Comen** (*suneuōcheomai*) significa también "estar de parranda" o "entretenerse juntos", como en una comida pública. Aquí podría referirse a una fiesta de amor de la iglesia que acompañaba a la Santa Cena (cp. el análisis sobre Jud. 12*a* en el capítulo 3 de mi comentario de Judas). Fingiendo fe en Cristo, los falsos maestros deseaban tener un lugar legítimo en la mesa. Pero en realidad eran una influencia contaminante. En otra parte del Nuevo Testamento, como una protección contra tales intromisiones, el Espíritu Santo advierte a los creyentes que efectúen comidas especiales en la iglesia con propiedad (1 Co. 11:20-22), a cuidarse de falsos maestros que podrían querer infiltrarlos (Mt. 7:15; cp. Hch. 20:28-31; 1 Co. 16:13), y a que se alejen de tales individuos (2 Jn. 9-11).

En el versículo 14 Pedro cambia el enfoque de la conducta pública de los falsos maestros a sus pensamientos y acciones en privado. **Tienen los ojos llenos de adulterio** indica que estos farsantes espirituales ya no poseían ninguna disciplina moral; ni siquiera podían mirar a una mujer sin verla como un objeto potencial de su adulterio o fornicación (cp. Mt. 5:28). En pocas palabras, la lujuria que exhibían era insoportable e insaciable, una forma atroz de lascivia que estaba llena de deseos pecaminosos.

No obstante, incluso como depredadores amenazantes, los falsos maestros siguen ganando adeptos dentro de la Iglesia. Como agentes de Satanás, **seducen a las almas inconstantes,** ensañándose con los débiles espirituales (cp. Stg. 1:6), convenciéndolos de creer mentiras doctrinales, y atrayéndolos hacia estilos libertinos de vida. La palabra **seducen** (*deleazō*) literalmente significa "atrapar con un cebo", y la imagen de la palabra es inconfundible. Los falsos maestros, al igual que los pescadores con el uso de un señuelo, engañan a sus víctimas haciéndoles creer engaños. Bajo el disfraz de ministerio auténtico apuntan hacia los incautos (cp. 2 Ti. 3:6-8) espiritualmente inmaduros, sin discernimiento o incrédulos. Pedro sabía que solamente un fundamento firme en la Palabra de Dios constituía una defensa segura contra las tácticas de estos farsantes (1 P. 2: 1-3; cp. Ef. 4:14; 1 Jn. 2:13).

Más allá de los favores sexuales, los falsos maestros de la época de Pedro también estaban interesados en acumular riqueza. La frase **tienen el corazón habituado a la codicia** indica que su inmoralidad siempre estaba acompañada por avaricia. **Habituado** (*gumnazō*), de donde se deriva la palabra *gimnasio* en español, es un término atlético que significa "ejercicio" o "disciplina". Como verbo presenta una inquietante descripción de los falsos maestros. William Barclay explica:

> El cuadro es terrible. La palabra que usa para *entrenado* se usa de los atletas que se ejercitan para los juegos. Aquellas personas han entrenado sus mentes de hecho para que no se concentren más que en deseos prohibidos. Han peleado deliberadamente con su conciencia hasta destruirla; [han luchado intencionadamente con sus mejores sentimientos hasta conseguir estrangularlos; han luchado deliberadamente con Dios hasta echarlo de la vida; han luchado deliberadamente con sus sentimientos más finos hasta que los han estrangulado; se han entrenado deliberadamente para concentrarse en las cosas prohibidas. Sus vidas han sido una batalla terrible para destruir la virtud y capacitarse en las técnicas del pecado] (*William Barclay, Comentario al Nuevo Testamento* [Barcelona: Editorial Clie, 1999], p. 1024; cursivas en el original).

Sin lugar a dudas, Pedro entendía que las acciones de estos individuos no eran accidentales. Sus infracciones eran delitos premeditados, no lapsos momentáneos de juicio. Como autores intelectuales del pecado, los falsos maestros habían planeado sus ataques y habían motivado sus corazones hacia fines sensuales y materialistas.

Con disgusto comprensible, el apóstol responde con un apelativo cortante pero apropiado: **hijos de maldición.** Como mentirosos e hipócritas, los falsos maestros personifican a aquellos a quienes Dios ha maldecido al infierno. La frase de Pedro es un hebraísmo que expresa la idea de que los seres humanos son "hijos" de cualquier influencia que tenga dominio en sus vidas (cp. Gá. 3:10, 13; Ef. 2:1-3; 1 P. 1:14). Como siervos de Satanás y esclavos del pecado fueron correctamente denunciados como hijos de la maldición del infierno.

SU COMPENSACIÓN

Han dejado el camino recto, y se han extraviado siguiendo el camino de Balaam hijo de Beor, el cual amó el premio de la maldad, y fue reprendido por su iniquidad; pues una muda bestia de carga, hablando con voz de hombre, refrenó la locura del profeta. (2:15-16)

El diccionario define *compensación* como un incentivo para hacer algo, o como un motivador para realizar una tarea. En el caso de los falsos maestros, Pedro reveló que el principal incentivo de ellos era y es el beneficio personal. En pocas palabras, su compensación era realmente una etiqueta de precio: los motivaba el dinero, como ya se había observado en los versículos 3 y 14. A fin de ilustrar más este punto, Pedro compara a los falsos maestros con el falso profeta Balaam del Antiguo Testamento (Nm. 22-24; cp. Jud. 11).

Los falsos maestros, al igual que Balaam antes que ellos, **han dejado el camino recto. El camino recto** es una metáfora del Antiguo Testamento que indica obediencia a la Palabra de Dios (Gn. 18:19; 1 S. 12:23; Job 8:19; Sal. 18:30; 25:9; 119:14, 33; Pr. 8:20, 22; cp. Hch. 13:10). **Dejado** describe una rebelión directa y deliberada contra las Escrituras. Al rechazar la Palabra de Dios, los falsos maestros de la época de Pedro se negaron a andar en obediencia, eligiendo a su vez extraviarse del rumbo a pesar de las consecuencias eternas (cp. Jud. 13). Al hacer eso estaban **siguiendo** insensatamente **el camino de Balaam hijo de Beor.**

La historia de **Balaam** es un ejemplo clásico de un profeta que estaba motivado por el beneficio económico. Después de ser contratado por Balac, el rey de Moab, Balaam intentó maldecir al pueblo de Israel cuando vagaban por el desierto (Nm. 22:1-6). Balac veía a los israelitas como una amenaza militar y esperaba derrotarlos con la ayuda de Balaam. Este individuo se había ganado una reputación como profeta a sueldo, y era de una ciudad junto al río Éufrates donde eruditos han encontrado evidencia de una secta de profetas cuyas actividades se asemejaban a las costumbres de Balaam.

En la primera mitad de Números 22, Balaam parece ser un profeta fiel (vv. 7-21). Sin embargo, incluso en este pasaje sus tácticas parecen sugerir que esperaba negociar un pago mayor de parte de Balac antes de realizar su servicio profético (v. 13). Por supuesto, al final Balaam no maldijo a Israel sino que lo bendijo. A pesar de todo, estaba más que dispuesto a aceptar las riquezas de Balac (vv. 18, 40; 24:13) porque **amó el premio de la maldad** (cp. Pr. 11:18). Si Dios no hubiera intervenido a favor de Israel, Balaam habría pecado voluntariamente para su propio beneficio material (cp. Dt. 23:4-5).

Aunque Balaam afirmó hablar solamente las palabras de Dios, el Señor sabía que deseaba maldecir a Israel a cambio de dinero. A causa de su codicia, Balaam

fue reprendido por su iniquidad. Mientras el falso profeta cabalgaba sobre su **muda bestia de carga,** el Señor hizo milagrosamente que el animal hablara **con voz de hombre** (Nm. 22:22-35) lo cual **refrenó la locura del profeta.** El término traducido **locura** (*paraphronia*) literalmente significa "al lado de la propia mente". En otras palabras, Balaam era tan codicioso que estaba "al lado de sí mismo". Su amor por el dinero lo había llevado a actuar de manera irracional (cp. 2 Co. 11:23).

Además de la codicia, Balaam también estaba motivado por la inmoralidad sexual. Cuando su intento de maldecir a Israel falló, el **profeta** trató de arruinar a los hebreos por medio de corrupción moral. Usó su influencia para promover relaciones que Dios había prohibido estrictamente (Éx. 34:12-16; Dt. 7:1-4; Jos. 23:11-13; Esd. 9:12; cp. Éx. 23:32), es decir, matrimonios entre los israelitas y sus vecinos paganos, los moabitas y los madianitas (Nm. 25; 31:9-20). En Números 31:16, Moisés identifica a Balaam como una importante influencia corruptora: "He aquí, por consejo de Balaam [las mujeres paganas] fueron causa de que los hijos de Israel prevaricasen contra Jehová en lo tocante a Baal-peor, por lo que hubo mortandad en la congregación de Jehová" (cp. Nm. 25:1-3). Balaam animó a los israelitas a practicar idolatría, inmoralidad y matrimonios mixtos en un segundo intento por destruirlos, esta vez mediante la asimilación dentro de la sociedad cananea pagana. La apostasía del profeta no solo atacó la santidad de Dios, sino que también amenazó la misma existencia de su pueblo elegido. Aunque Balaam lo sabía muy bien, permitió que los impulsos carnales guiaran sus decisiones. Y como resultado padeció la definitiva pena de muerte (Nm. 31:8; cp. Pr. 13:15).

SUS PROFECÍAS

Estos son fuentes sin agua, y nubes empujadas por la tormenta; para los cuales la más densa oscuridad está reservada para siempre. Pues hablando palabras infladas y vanas, seducen con concupiscencias de la carne y disoluciones a los que verdaderamente habían huido de los que viven en error. Les prometen libertad, y son ellos mismos esclavos de corrupción. Porque el que es vencido por alguno es hecho esclavo del que lo venció. (2:17-19)

Tres características principales siempre han marcado el estilo de ministerio de los falsos maestros. Primera, son autoritarios (Jer. 5:31), gobernando invariablemente a sus iglesias de una manera dominante (cp. 3 Jn. 9-10), y denunciando con firmeza a quienes les cuestionan su autoridad. Para empeorar las cosas, siempre les falta capacitación formal u ordenación reconocida, y actúan más allá de cualquier responsabilidad bíblica o teológica legítima.

Segunda, los falsos maestros ministran en una forma centrada en el hombre

(Jer. 23:16, 26; Ez. 13:2), satisfaciendo lo que creen que las personas quieren oír y aceptar (cp. Is. 30:10; 2 Ti. 4:3-4). En consecuencia, predican sus propias visiones (Lm. 2:14; Ez. 13:9; Zac. 10:2; Col. 2:18) de salud, riqueza, prosperidad y falsa paz (Jer. 6:14; 23:17; Ez. 13:10, 16). El verdadero maestro resalta la santidad de Dios, la pecaminosidad del hombre, y la desesperada condición resultante. Sin embargo, los falsos maestros prefieren mensajes de su propia elaboración: melosos engaños que apelan a los apetitos carnales de sus oyentes.

Tercera, los falsos maestros tratan con desprecio a las doctrinas históricas de la Iglesia basadas en las Escrituras (cp. Jer. 6:16). En lugar de predicar la ortodoxia bíblica, promocionan sus propias y autoproclamadas novedades, metodologías y doctrinas. A propósito, se distancian del pasado, refrendando con arrogancia algún enfoque recién inventado para ministrar, y a menudo afirman revelación privada de parte de Dios en defensa de sus tesis humanas.

Sin lugar a dudas, todas estas tres características correspondían a los falsos maestros de la época de Pedro. Pero el apóstol no resultó engañado por el carisma o los trucos de los farsantes. Él los conocía por lo que realmente eran: **fuentes sin agua, y nubes empujadas por la tormenta** (cp. Jud. 12*b*).

Al describir a los falsos maestros Pedro eligió dos metáforas que representan agua, el elemento natural más esencial en el árido Oriente Medio. Debido a su relativa escasez y su vital importancia, el agua proporcionaba el ejemplo perfecto de sustento espiritual. Es más, el Señor Jesucristo había usado esta misma metáfora años antes cuando prometió a sus discípulos: "Si alguno tiene sed, venga a mí y beba. El que cree en mí, como dice la Escritura, de su interior correrán ríos de agua viva" (Jn. 7:37-38).

Por tanto, como espejismos en el cálido desierto arenoso, Pedro describe a los falsos maestros como aquellos que prometen lo que no cumplen. Son **fuentes sin agua** que no ofrecen nada más que falsas esperanzas de alivio a los sedientos espirituales. También los trata como **nubes empujadas por la tormenta.** En la región mediterránea oriental la brisa marina trae periódicamente niebla que parece indicar lluvia. Pero a veces la humedad atmosférica se mantiene solo brevemente y no produce lluvias importantes. La tierra queda reseca y árida; los habitantes quedan desilusionados. Al igual que esas **nubes,** los falsos maestros no tienen sustancia ni proveen refrigerio transformador de vida (cp. Jud. 12).

Sin titubear, Pedro volvió a anunciar el terrible juicio que espera a los falsos maestros: **para los cuales la más densa oscuridad está reservada para siempre** (cp. Jud. 13). La **densa oscuridad** mencionada aquí se refiere al infierno, el lugar de castigo eterno donde coexisten el fuego (Mt. 13:42; 25:41) y las tinieblas (Mt. 8:12; 22:13).

A pesar del hecho de que no tienen sustancia espiritual para ofrecer, los falsos maestros invariablemente afirman tener gran sabiduría y conocimiento,

hablando palabras infladas y vanas. Engañan a sus seguidores a través de su extravagante verborrea y su rimbombante retórica, haciéndolos creer que poseen profunda erudición teológica, insondable visión espiritual, e incluso revelaciones de parte de Dios. Con tales "verdades" deslumbran a sus víctimas (Judas llamó "estrellas errantes" a tales individuos, v. 13), aunque en realidad no dicen nada que sea verdaderamente divino y, como un meteorito, se desvanecen en la oscuridad (cp. Jud. 13*b*). En la Iglesia de hoy estas **palabras infladas y vanas** (cp. 1 Ti. 1:5-6; 6:3-5; 2 Ti. 2:14-18; Tit. 3:9) incluyen el vocabulario florido del ritualismo religioso, las complicadas doctrinas de las sectas pseudocristianas, y los razonamientos académicos del liberalismo dominante.

Igual que en la época de Pedro, los falsos maestros contemporáneos **seducen** a sus oyentes **con concupiscencias de la carne y disoluciones,** usando su vocabulario vacío y arrogante. No se preocupan por llevar la verdad a la mente de las personas; en cambio apuntan a sus lujurias, ofreciéndoles un mensaje carnal orientado en sensaciones que alimentan los instintos sensuales de los oyentes. A menudo tales maestros poseen un encanto personal y un atractivo carismático que otras personas, especialmente mujeres susceptibles, encuentran encantador (cp. 2 Ti. 3:1-6; 4:3-4).

Los individuos que siguen a los falsos maestros son **los que verdaderamente habían huido de los que viven en error.** En otras palabras, son hombres y mujeres que a través de determinación moral están tratando de mejorar su situación. Incluyen a personas que batallan con relaciones destrozadas, que luchan con "necesidades emocionales sentidas", y que desesperadamente anhelan alivio de la culpa, la ansiedad y el estrés. Están insatisfechas con el estilo de vida **de los que viven en error** (la multitud promedio de humanidad no regenerada) y buscan una mejor manera de vivir (cp. Mr. 10:17-22) o alguna forma de experiencia religiosa (cp. Hch. 8:18-24). Pero eso no significa que sean verdaderamente redimidos. Es más, en medio de su desesperación, soledad e intentos de mejoramiento personal son sumamente susceptibles a las explotaciones seductoras de los falsos maestros.

Cuando atraen a estas personas, los falsos maestros les **prometen libertad** y victoria mientras **son ellos mismos esclavos de corrupción.** Sus vacías promesas incluyen liberación, propósito, prosperidad, paz y felicidad. Sin embargo, **ellos mismos** ni siquiera poseen tales bendiciones. En realidad, son esclavos de su lujuria, **porque el que es vencido por alguno es hecho esclavo del que lo venció.** Se encuentran tan rematadamente dominados y controlados por su naturaleza pecaminosa (Jn. 8:34; Ro. 6:16) que su enseñanza es vacía de cualquier poder divino. A pesar de que ofrecen libertad, son esclavos del pecado y totalmente incapaces de otorgar verdadera libertad espiritual porque rechazan a Jesucristo, el único que puede liberar realmente el alma (Jn. 8:31-32, 36; Ro. 8:2; Gá. 5:1; He. 2:14-15; cp. Stg. 1:25).

SU PERVERSIÓN

Ciertamente, si habiéndose ellos escapado de las contaminaciones del mundo, por el conocimiento del Señor y Salvador Jesucristo, enredándose otra vez en ellas son vencidos, su postrer estado viene a ser peor que el primero. Porque mejor les hubiera sido no haber conocido el camino de la justicia, que después de haberlo conocido, volverse atrás del santo mandamiento que les fue dado. Pero les ha acontecido lo del verdadero proverbio: El perro vuelve a su vómito, y la puerca lavada a revolcarse en el cieno. (2:20-22)

Sin lugar a dudas, los falsos maestros de la época de Pedro eran individuos externamente religiosos. Habían profesado fe en Jesucristo y tal vez convencían a otros de que sabían mucho más acerca de Él de lo que en realidad era cierto. De otro modo no habrían podido infiltrarse de forma tan eficaz en la iglesia.

En la búsqueda de la religión, específicamente el cristianismo, **ciertamente ellos** escaparon **de las contaminaciones del mundo. Contaminaciones,** o "poluciones", es *miasma,* una palabra cuya transliteración al español transmite el mismo significado que en el griego: "Volátil exhalación que antiguamente se creía que causaba enfermedad… influencia o ambiente que tiende a agotar o corromper". El sistema depravado **del mundo** produce, por así decirlo, vapores venenosos, males infecciosos y vicios morales en todas las formas imaginables. La humanidad perdida está muy contaminada por la inmoralidad y la vanidad del mundo, y algunos, como aquellos que se convierten en falsos maestros, tratan de escapar a él. Lo hacen **por el conocimiento del Señor y Salvador Jesucristo,** hallando refugio temporal en la iglesia. Tal **conocimiento** constituye una acertada sensibilización *acerca de* Cristo, pero de ninguna manera un conocimiento salvador *de* Él (Mt. 7:21-23; He. 6:4-6; 10:26-29). Por tanto, los esfuerzos de estas personas a la larga resultan en nada más que reforma moral temporal y superficial a través de religión, la religión del cristianismo nominal, vacío de fe y arrepentimiento verdaderos.

Es evidente que los falsos maestros no están realmente en Cristo porque **enredándose otra vez en** las contaminaciones del mundo **son vencidos.** No son los vencedores de los que el apóstol Juan escribió en su primera epístola (1 Jn. 5:4-5) o en el libro del Apocalipsis (2:7, 11, 17, 26; 3:5, 12, 21). Puesto que no hay verdadera salvación para ellos, ni han recibido gracia para vencer el poder del pecado (Ef. 1:7), para andar en el Espíritu Santo (1 Co. 2:12-13; Ef. 2:8-10), y para perseverar en la fe (Fil. 2:12-13; 2 Ts. 1:11-12), se hunden de nuevo en la contaminación del mundo y rechazan por completo el evangelio de la salvación. Este **postrer estado viene a ser** muchísimo **peor que el primero.** Después de todo, aquellos que entienden la verdad y, sin embargo, la abandonan enfrentarán mucho mayor juicio que quienes nunca la han oído (cp. Mt. 10:14-15; 11:22-24; Mr. 6:11; Lc. 12:47-48).

En consecuencia, mejor les hubiera sido no haber conocido el camino de la justicia, que después de haberlo conocido, volverse atrás del santo mandamiento que les fue dado (cp. Mt. 26:24). El camino de la justicia es la fe cristiana (véase el estudio de 2:2 en el capítulo 29 de esta obra). Debido a la mayor condenación que enfrentan, a los falsos maestros les vendría mejor no haber oído acerca de la Biblia y la doctrina que, después de considerarla, haberla rechazado. Su insincera consideración del evangelio les proporciona acceso a la enseñanza divina en la Palabra de Dios, el santo mandamiento (cp. Éx. 24:12; Dt. 6:1, 25; Jos. 22:5; 2 R. 17:37; Sal. 19:8; 119:96; Pr. 6:23; Mt. 15:3; Jn. 12:50; Ro. 7:12; 16:26; 1 Jn. 2:7). Pero en última instancia renuncian a Cristo y su fe salvadora. Por tanto, desprecian el único camino verdadero de salvación y en consecuencia quedan sin ninguna esperanza de vida eterna. El escritor de Hebreos ofrece una advertencia parecida contra la apostasía:

> *Porque es imposible que los que una vez fueron iluminados y gustaron del don celestial, y fueron hechos partícipes del Espíritu Santo, y asimismo gustaron de la buena palabra de Dios y los poderes del siglo venidero, y recayeron, sean otra vez renovados para arrepentimiento, crucificando de nuevo para sí mismos al Hijo de Dios y exponiéndole a vituperio (He. 6:4-6; cp. Mt. 13:3-7; Jn. 6:60-66).*

Más adelante en esa carta, el escrito reitera la misma verdad en diferentes palabras:

> *Porque si pecáremos voluntariamente después de haber recibido el conocimiento de la verdad, ya no queda más sacrificio por los pecados, sino una horrenda expectación de juicio, y de hervor de fuego que ha de devorar a los adversarios. El que viola la ley de Moisés, por el testimonio de dos o de tres testigos muere irremisiblemente. ¿Cuánto mayor castigo pensáis que merecerá el que pisoteare al Hijo de Dios, y tuviere por inmunda la sangre del pacto en la cual fue santificado, e hiciere afrenta al Espíritu de gracia? Pues conocemos al que dijo: Mía es la venganza, yo daré el pago, dice el Señor. Y otra vez: El Señor juzgará a su pueblo. ¡Horrenda cosa es caer en manos del Dios vivo! (He. 10:26-31).*

(Para un comentario sobre los pasajes de *Hebreos*, véase *Comentario MacArthur del Nuevo Testamento: Hebreos y Santiago*, [Grand Rapids: Portavoz, 2014], pp. 165-168, 287-291).

Los maestros apóstatas, como Pedro los describe, en realidad se desarrollan dentro de la iglesia donde en parte exhumados del fango de la maldad en la sociedad, oyen la verdad pero al final la rechazan. Así como Judas Iscariote, se reproducen en proximidad a Jesucristo y su Palabra, cubriéndose en la fingida justicia de la hipocresía. En última instancia usan a la iglesia únicamente para sus propios fines egoístas, como parásitos espirituales, tratando seductoramente de arrastrar con ellos a tantos como sea posible, para malvada satisfacción de las huestes de Satanás (cp. 1 Ti. 4:1-2).

En una última imagen de la despreciable naturaleza de los falsos maestros, Pedro los describe usando representaciones gráficas del reino animal. Su primera analogía de lo que **les ha acontecido** a ellos es **lo** que dice el **verdadero proverbio** (Proverbios 26:11): **El perro vuelve a su vómito.** La segunda tal vez la tomó prestada de un antiguo adagio secular: **la puerca lavada** vuelve **a revolcarse en el cieno.** En tiempos bíblicos los perros y los cerdos eran animales despreciables (cp. Job 30:1; Sal. 22:16; Mt. 7:6; Lc. 16:21). A los perros, por ejemplo, casi nunca los tenían como mascotas domésticas porque por lo general eran animales callejeros semisalvajes, a menudo sucios, enfermos y peligrosos (cp. 1 R. 14:11; 21:19, 23-24; Is. 56:11; Ap. 22:15). Vivían en los basureros y estaban dispuestos a comerse **su** propio **vómito.** No sorprende entonces que los judíos trataran a los perros con desprecio y disgusto. Los cerdos de igual modo representaban la suciedad, siendo los seres más bajos en inmundicia para los judíos (cp. Lc. 15:15-16). Esto principalmente se debía a que la ley mosaica los declaraba ceremonialmente inmundos (Lv. 11:7; Dt. 14:8). La comparación de Pedro es entonces inconfundible: Los falsos maestros son la personificación de la inmundicia y de la obscenidad espiritual.

Tristemente el cristianismo contemporáneo cuenta con muchos individuos como los que Pedro describe en este pasaje. Estos han ido tras mejoramiento personal y reforma moral en su búsqueda de experiencias espirituales y religiosas. Muchos de ellos se han convertido en maestros, predicadores y profetas designados por sí mismos dentro de la iglesia profesante. Por desgracia, igual que perros sucios o cerdos inmundos, finalmente regresan a sus antiguos estilos de vida, rechazando así al Único que puede reformarlos de veras. Quienes se convierten en líderes espirituales son en realidad falsos maestros motivados por sus propios intereses egoístas y sus deseos sensuales. Al considerarles el carácter abominable y la condenatoria influencia, la advertencia de Pedro es clara: ¡Aléjense de los falsos maestros y desenmascárenlos! Los creyentes genuinos deben escuchar a los verdaderos apóstoles y profetas, no a los falsos (3:1-2).

La certeza de la Segunda Venida 32

Amados, esta es la segunda carta que os escribo, y en ambas despierto con exhortación vuestro limpio entendimiento, para que tengáis memoria de las palabras que antes han sido dichas por los santos profetas, y del mandamiento del Señor y Salvador dado por vuestros apóstoles; sabiendo primero esto, que en los postreros días vendrán burladores, andando según sus propias concupiscencias, y diciendo: ¿Dónde está la promesa de su advenimiento? Porque desde el día en que los padres durmieron, todas las cosas permanecen así como desde el principio de la creación. Estos ignoran voluntariamente, que en el tiempo antiguo fueron hechos por la palabra de Dios los cielos, y también la tierra, que proviene del agua y por el agua subsiste, por lo cual el mundo de entonces pereció anegado en agua; pero los cielos y la tierra que existen ahora, están reservados por la misma palabra, guardados para el fuego en el día del juicio y de la perdición de los hombres impíos. Mas, oh amados, no ignoréis esto: que para con el Señor un día es como mil años, y mil años como un día. El Señor no retarda su promesa, según algunos la tienen por tardanza, sino que es paciente para con nosotros, no queriendo que ninguno perezca, sino que todos procedan al arrepentimiento. Pero el día del Señor vendrá como ladrón en la noche; en el cual los cielos pasarán con grande estruendo, y los elementos ardiendo serán deshechos, y la tierra y las obras que en ella hay serán quemadas. (3:1-10)

Jesucristo *va* a regresar.

A lo largo de los siglos, la realidad de esa maravillosa promesa ha conformado el meollo de la expectativa cristiana. Esa es la esperanza bendita de la Iglesia (Tit. 2:11-14), su máximo anhelo (cp. Ro. 8:23), y el gran clímax de la historia salvadora (Mt. 25:31-46), un tiempo de redención para los creyentes (Ef. 4:30) y el momento de juicio para los enemigos de Dios (2 Ts. 2:1-12). También marca el inicio del reino terrenal de Cristo (Ap. 20:6), durante el cual los santos reinarán con Él en santidad (2 Ti. 2:12; Ap. 5:10). La esperanza de resurrección corporal (1 Ts. 4:13-18), la recompensa espiritual (cp. Mt. 25:21, 23), y un sistema mundial justo (Is. 9:6-7) están todos vinculados al regreso de Jesús. No es de extrañar entonces que la iglesia primitiva encontrara gran consuelo en la Segunda Venida. Después de todo, los lectores de esta epístola ya habían soportado mucha persecución fuera de la iglesia (cp. 1 P. 4:12-14). Ahora estaban experimentando problemas internos por parte de los falsos maestros. Por tanto, anhelaban el regreso de su Salvador, el Juez que enderezaría todas las cosas (cp. 2 Ti. 4:7-8). Según explica un escritor:

> La esperanza de la venida de Cristo era de gran importancia para la iglesia primitiva. En realidad, su certeza era tan real que los creyentes del siglo I se saludaban entre sí con el término "Maranata", que significa "el Señor viene". En lugar de estar asustados por tal posibilidad, se aferraban a ella como a la culminación de todos sus sufrimientos. Como es lógico, el Nuevo Testamento refleja esta intensa expectativa refiriéndose al regreso de Jesús, sea directa o indirectamente, en cada libro del Nuevo Testamento excepto Filemón y 3 Juan (Nathan Busenitz, *Living a Life of Hope* [Ulrichsville, Ohio: Barbour Books, 2003], p. 122).

Desde luego, el diablo también reconoce cuán importante es esta doctrina para la Iglesia. Cuando los cristianos viven en la expectativa del regreso prometido de Cristo demuestran celo y entusiasmo espiritual, reconociendo que pronto darán cuenta a su Maestro (Ro. 13:11; 1 Ti. 6:14; 2 Ti. 4:5). Como escribiera el apóstol Juan, se trata de una esperanza purificadora (1 Jn. 3:3). Sin embargo, cuando los creyentes se olvidan de la Segunda Venida y en su lugar empiezan a enfocarse en las cosas de este mundo, se absorben en lo temporal y se vuelven apáticos y fríos hacia lo eterno. Satanás sabe que si logra que la Iglesia subestime la importancia del regreso de Cristo, o incluso que niegue por completo su realidad, puede quitar una fuente muy significativa de esperanza y motivación cristiana. Para tal fin el diablo instala continuamente escépticos y falsos maestros dentro de la iglesia, hombres que rechazan, minimizan o alteran la promesa de Jesús. Tales cínicos que hoy día plagan la cristiandad también estaban alrededor en la época de Pedro. (Para un enfoque más detallado de la venida del Señor y de quienes la niegan, véase John MacArthur, *La Segunda Venida* [Grand Rapids: Portavoz, 1999]).

En 3:1-10, Pedro responde directamente a los ataques de los falsos maestros. En primer lugar, considera los argumentos falaces que hacían contra la Segunda Venida. A continuación, contesta esas acusaciones, proporcionando argumentos opuestos que apoyan el regreso de Cristo. Por último, el apóstol finaliza asegurando a sus lectores que, a pesar de lo que digan los herejes, el juicio futuro de Dios es seguro.

ARGUMENTOS EN CONTRA DE LA SEGUNDA VENIDA

sabiendo primero esto, que en los postreros días vendrán burladores, andando según sus propias concupiscencias, y diciendo: ¿Dónde está la promesa de su advenimiento? Porque desde el día en que los padres durmieron, todas las cosas permanecen así como desde el principio de la creación. (3:3-4)

En su descarado rechazo del regreso de Cristo, los falsos maestros de la época de Pedro comenzaron negando la Palabra de Dios. Aunque reconocían **la promesa de su advenimiento** (véase el estudio de los vv. 1-2 a continuación; 3:15-16; cp. Mt. 10:23; 24:29-31, 42; 25:31; Mr. 8:38; Hch. 1:10-11; 3:20-21; 1 Co. 4:5; Fil. 3:20; 1 Ts. 1:10; 5:23; 2 Ti. 4:1; Tit. 2:13; He. 9:28; 1 P. 5:4; 1 Jn. 2:28; Ap. 16:15), simplemente la menospreciaban como falsa. En vez de someterse a la propia revelación de Dios, los falsos maestros rechazaban de plano la realidad de la segunda venida de Jesús, de manera simultánea y para su propia satisfacción pecaminosa, haciendo caso omiso a cualquier idea futura de rendición de cuentas (cp. 1 P. 5:1-4). Como resultado, se burlaban de los que eran justos, alardeaban de su propia inmoralidad, y de manera insensata se aferraban a una visión uniformista del mundo. El apóstol analizó cada uno de estos tres factores (burlas, inmoralidad y filosofía uniformista) para sus lectores, a medida que desenmascaraba la verdadera motivación de los corazones de los falsos maestros.

BURLAS

sabiendo primero esto, que en los postreros días vendrán burladores, (3:3*a*)

A lo largo de la historia de la Iglesia los falsos maestros han tratado habitualmente de intimidar a los fieles actuando como **burladores** despectivos mediante el menosprecio sarcástico. En este caso, la esperanza de la venida de Jesús sufría la peor parte del escarnio.

Sin lugar a dudas, la iglesia primitiva creía que el regreso de Cristo era inminente. El apóstol Pablo, por ejemplo, creía que esto iba a ocurrir incluso en el transcurso de su vida (cp. 1 Ts. 4:17), opinión que probablemente tenían todos los discípulos. Como seguidores de Cristo, anhelaban reunirse con su Señor y ver su reino establecido en la tierra.

Pero el paso del tiempo amenazó pronto la sensación de expectativa de la iglesia. Al parecer algunos de los cristianos a quienes Pedro escribió estaban comenzando a dudar incluso de que Jesús regrese algún día. Les preocupaba que su esperanza no fuera tan segura como habían creído al principio.

Los falsos maestros, desde luego, se apresuraron a sacar provecho de tales temores, plantando semillas de nuevas dudas y alimentando ansiedad apocalíptica.

Como línea inicial de defensa, Pedro comenzó recordando a sus lectores que sabían **primero esto.** La frase **primero esto** no se refiere a secuencia cronológica, sino más bien a prioridad máxima. Antes de desarrollar sus argumentos opuestos, el objetivo principal del apóstol fue advertir a sus lectores acerca de las tácticas de los falsos maestros, en concreto que estaban negando resueltamente el regreso de Cristo con el fin de satisfacer sus propias proezas sin enfrentar consecuencias. (Para un estudio sobre cómo Pablo respondió a preocupaciones similares con relación al regreso de Cristo, véase la exposición de 1 Tesalonicenses 4:13-18 y 2 Tesalonicenses 2:1-5 en John MacArthur, *Comentario MacArthur del Nuevo Testamento: 1 y 2 Tesalonicenses, 1 y 2 Timoteo, Tito* [Grand Rapids: Portavoz, 2012]).

El apóstol continuó con la expresión común del Nuevo Testamento **en los postreros días,** una frase que se refiere a todo el tiempo entre la primera y la segunda venida de Cristo (cp. Hch. 2:17; 2 Ti. 3:1; He. 1:2; Stg. 5:3; 1 P. 1:20; 1 Jn. 2:18; Jud. 18). A todo lo largo de ese prolongado período **vendrán burladores** que tratarán de socavar la confianza de la Iglesia en el regreso de Cristo. A pesar de que Pedro usa la forma del tiempo futuro de *erchomai* (**vendrán**), no estaba limitando las actividades de los **burladores** a algún día futuro lejano. Al contrario, estaba indicando la seguridad de la presencia de tales individuos dentro de la Iglesia. Siempre ha habido aquellos que se burlan de la promesa de juicio o de liberación (cp. Is. 5:18-19; Jer. 17:15; Ez. 12:21-24; Mal. 2:17). Y tales blasfemias continuarán hasta el final de la historia redentora (cp. Jud. 18-19).

Para resaltar su idea, Pedro indica que **vendrán burladores** que se reirán de la verdad. Por medio de sus burlas sin sentido, incluso hoy día los falsos maestros atacan la promesa de Cristo y a cualquiera que la cree. El argumento que esgrimen no es sano ni lógico; más bien es una forma despiadada de intimidación que ridiculiza a los cristianos llenos de esperanza como individuos tontos y mal informados.

INMORALIDAD

andando según sus propias concupiscencias, (3:3*b*)

Sea que los falsos maestros lo admitan o no, la inmoralidad es la verdadera razón por la que niegan la Segunda Venida. La palabra traducida **andando** es una forma del verbo *poreuomai,* que literalmente significa "viajar" o "ir". Denota una línea de conducta o comportamiento de largo plazo (cp. Lc. 1:6; Hch. 9:31; 14:16). En cuanto a los falsos maestros, sus estilos de vida se enfocan en **sus propias concupiscencias** y en su sensualidad (cp. 2:10, 13-14, 18). Por tanto, niegan el regreso de Cristo porque les desagrada la idea de la retribución divina (cp. Ro. 1:18). Quieren la libertad de ir tras todo tipo de placeres lujuriosos sin ningún temor al castigo futuro. En las propias palabras de Michael Green:

> El hedonismo antropocéntrico [búsqueda de placer centrado en el hombre] siempre se burla de la idea de normas definitivas y de una división final entre los salvos y los perdidos. Para los hombres que viven en el mundo de lo relativo, la afirmación de que lo relativo pondrá fin a lo absoluto es poco menos que ridícula. Para los hombres que alimentan una creencia en la autodeterminación y la perfectibilidad humanas, la misma idea de que han de rendir cuentas y de que son dependientes es un trago amargo. ¡Con razón se burlan! (*The Second Epistle of Peter and the Epistle of James* [Grand Rapids: Eerdmans, 1968], p. 127).

Por el contrario, los creyentes aceptan el hecho de que el Señor va a regresar (Hch. 1:10-11), que darán cuenta de sus vidas (Ro. 14:12; 2 Co. 5:10), y que Él les dará recompensas basadas en la fidelidad (1 Co. 3:12-15). Ellos también creen que cuando Cristo venga revelará los aspectos secretos del corazón (1 Co. 4:5). Quienes confían de verdad en el regreso del Señor tienen un incentivo para llevar una vida santa (Fil. 3:20-21; 4:1; 1 Jn. 3:2-3) porque se dan cuenta de "que cada uno de nosotros dará a Dios cuenta de sí" (Ro. 14:12).

UNIFORMISMO

y diciendo: ¿Dónde está la promesa de su advenimiento? Porque desde el día en que los padres durmieron, todas las cosas permanecen así como desde el principio de la creación. (3:4)

La burlona pregunta **¿dónde está la promesa de su advenimiento?** inserta un rechazo a la venida del Señor basado en una opinión revisionista de la historia. A fin de apoyar este punto equivocado de vista, los falsos maestros afirmaban que **desde el día en que los padres durmieron, todas las cosas permanecen así como desde el principio de la creación.** Aunque la frase **los padres** puede referirse a los padres de la fe cristiana o a la primera generación de creyentes que habían muerto, ninguno de tales significados es probable. Más bien, de acuerdo con otras referencias del Nuevo Testamento (p. ej., Ro. 9:5; He. 1:1), quizás se trata de una referencia a los patriarcas del Antiguo Testamento (cp. Gn. 25:8-10; 35:28-29; 49:33). **Durmieron** es un eufemismo del Nuevo Testamento para la muerte (Jn. 11:11, 13; 1 Co. 11:30; 15:51).

El argumento de los herejes era simple. Si **todas las cosas permanecen así como desde el principio de la creación** (que significa que el universo es un sistema de causa y efecto divinamente creado pero cerrado y naturalista), entonces la intervención divina (que incluye el regreso de Cristo) debe descartarse *a priori*. En tiempos modernos, a ese punto de vista se le conoce como uniformismo. Al sostener que el presente es la clave del pasado, el uniformismo afirma que los únicos procesos naturalistas que alguna vez han funcionado en el pasado son los mismos procedimientos que funcionan hoy día. Esto niega categóricamente la intervención divina a lo largo de la historia mundial, oponiéndose en particular a la creación en seis días y al diluvio universal.

El surgimiento del uniformismo moderno ocurrió en gran manera debido a los esfuerzos del abogado y geólogo británico del siglo XIX Charles Lyell. Su libro *Principios de geología* tuvo una profunda influencia en la comunidad científica de su época. Es más, el uniformismo de Lyell fue una columna principal sobre la cual Charles Darwin estableció su teoría de la evolución. (Darwin llevó con él una copia de *Principios de geología* durante su famoso viaje a bordo del *Beagle* a las Galápagos y otras islas de la costa del Pacífico en América del Sur entre 1831-32). Como resultado de la hipótesis de Lyell el catastrofismo, que previamente había sido la filosofía dominante entre los geólogos, fue en gran parte abandonado durante más de un siglo.

Sin embargo, en las últimas décadas ha habido un resurgimiento del interés en el catastrofismo entre los geólogos seculares. Se hizo manifiesto que existe demasiada evidencia de catastrofismo en las características geológicas de la tierra para apoyar el punto de vista sosegado y uniformista de Lyell. Pero en lugar de aceptar el relato bíblico de una creación catastrófica de seis días y de otra catástrofe universal (es decir, el diluvio de la época de Noé), los "nuevos catastrofistas" optaron por innumerables catástrofes más pequeñas.

Sin lugar a dudas, hay un elemento de uniformidad general en el universo; se trata de una manifestación del cuidado providencia de Dios por su creación. Después de todo, se produciría caos si las leyes naturales y los procesos universales no funcionan normalmente en una manera constante. Un punto de vista bíblico del universo ve entonces a la creación como un sistema *abierto,* en que Dios ha ordenado un funcionamiento uniforme de las causas naturales, pero también un universo en que Él ha intervenido y aún interviene. Los que van más allá de esto, abogando por un uniformismo tan rígido como para impedir la participación de Dios en la historia, se han engañado insensatamente. Al igual que los falsos maestros de los días de Pedro, los de hoy día niegan las promesas de las Escrituras (incluso el regreso de Cristo) basándose en su convenientemente inventada perspectiva global del mundo.

ARGUMENTOS PARA LA SEGUNDA VENIDA

Amados, esta es la segunda carta que os escribo, y en ambas despierto con exhortación vuestro limpio entendimiento, para que tengáis memoria de las palabras que antes han sido dichas por los santos profetas, y del mandamiento del Señor y Salvador dado por vuestros apóstoles... Estos ignoran voluntariamente, que en el tiempo antiguo fueron hechos por la palabra de Dios los

cielos, y también la tierra, que proviene del agua y por el agua subsiste, por lo cual el mundo de entonces pereció anegado en agua; pero los cielos y la tierra que existen ahora, están reservados por la misma palabra, guardados para el fuego en el día del juicio y de la perdición de los hombres impíos. Mas, oh amados, no ignoréis esto: que para con el Señor un día es como mil años, y mil años como un día. El Señor no retarda su promesa, según algunos la tienen por tardanza, sino que es paciente para con nosotros, no queriendo que ninguno perezca, sino que todos procedan al arrepentimiento. (3:1-2, 5-9)

Al refutar las acusaciones blasfemas presentadas por los falsos maestros, Pedro se basó en cuatro fuentes principales: Las Escrituras, la historia, la eternidad y el carácter de Dios.

LAS ESCRITURAS

Amados, esta es la segunda carta que os escribo, y en ambas despierto con exhortación vuestro limpio entendimiento, para que tengáis memoria de las palabras que antes han sido dichas por los santos profetas, y del mandamiento del Señor y Salvador dado por vuestros apóstoles; (3:1-2)

Las palabras con que Pedro inicia este segmento, **amados, esta es la segunda carta,** indican que el apóstol también escribió otras cartas a esta misma audiencia. Es más, esta expresión es tal vez una referencia implícita a 1 Pedro, su otra **carta** canónica. El corazón pastoral del apóstol y la verdadera preocupación hacia sus lectores se expresan en el término **amados** (cp. 3:8), usado muy frecuentemente por los apóstoles Pablo y Juan en sus escritos del Nuevo Testamento.

Pedro escribió sus dos cartas inspiradas en parte para recordar a sus lectores ciertas verdades básicas doctrinales y espirituales (1:12-15; 1 P. 1:13-16, 22-25). El vocablo **despierto** indica su esfuerzo por perturbar cualquier autosatisfacción y clarificar la urgencia espiritual con la cual advirtió a su audiencia acerca de los falsos maestros. El apóstol se opuso de manera activa y agresiva a los herejes, con la esperanza de proteger de los lobos amenazadores a su rebaño. Para hacer eso debió alertar las sensibilidades de sus destinatarios, revelándoles **con exhortación** la verdad al **limpio entendimiento** que tenían. En la salvación, el Espíritu Santo da a cada creyente un **limpio entendimiento,** una mente sincera que está purificada y sin contaminación de las seductoras influencias del mundo y la carne (Ro. 8:9, 11, 13-16; cp. 1 Co. 2:12; 3:16; 6:11; Ef. 1:12-14; 2 Ti. 1:7, 14). Al reiterar las verdades espirituales que sus lectores ya sabían, el apóstol los armó con renovada convicción y refutación en contra de la falsa enseñanza.

El primer recordatorio de Pedro tiene que ver con la verdad de las Escrituras acerca del Antiguo Testamento, **las palabras que antes han sido dichas por los santos profetas** (cp. 1:20-21). (El uso que Pedro hace del adjetivo **santos** provee un marcado contraste entre la maldad de los falsos profetas y la justicia de los verdaderos [cp. Jud. 14-15]).

En todo el Antiguo Testamento los **profetas** auguraron continuamente el juicio escatológico de Dios. Por ejemplo, Isaías proclama:

> *Porque he aquí que Jehová vendrá con fuego, y sus carros como torbellino, para descargar su ira con furor, y su reprensión con llama de fuego. Porque Jehová juzgará con fuego y con su espada a todo hombre; y los muertos de Jehová serán multiplicados (Is. 66:15-16; cp. 13:10-13; 24:19-23; 34:1-4; 51:6).*

Y el profeta Malaquías repite este tema, anunciando:

> *Porque he aquí, viene el día ardiente como un horno, y todos los soberbios y todos los que hacen maldad serán estopa; aquel día que vendrá los abrasará, ha dicho Jehová de los ejércitos, y no les dejará ni raíz ni rama. Mas a vosotros los que teméis mi nombre, nacerá el Sol de justicia, y en sus alas traerá salvación; y saldréis, y saltaréis como becerros de la manada. Hollaréis a los malos, los cuales serán ceniza bajo las plantas de vuestros pies, en el día en que yo actúe, ha dicho Jehová de los ejércitos (Mal. 4:1-3).*

Por tanto, de Isaías a Malaquías, desde el principio de los profetas del Antiguo Testamento hasta el final, el tema de la ira final de Dios (a menudo llamada "el día del Señor") está claramente anunciado (cp. Ez. 30:3; Jl. 2:31; Mi. 1:3-4; Sof. 1:14-18; 3:8; Mal. 4:5).

El **mandamiento del Señor y Salvador dado por** los **apóstoles** se refiere al Nuevo Testamento (cp. un uso parecido de *entolē* [mandamiento] en 1 Ti. 6:14) y su tema: Jesucristo. (Pedro los llama **vuestros apóstoles** para denotar la relación que tenían con la iglesia). Veintitrés de los veintisiete libros del Nuevo Testamento se refieren explícitamente al regreso del Señor. De los cuatro que no lo hacen (Gálatas, Filemón, 2 Juan y 3 Juan) Gálatas 5:5 sí le hace referencia: "Pues nosotros por el Espíritu aguardamos por fe la esperanza de la justicia". Y 2 Juan 8 habla de la recompensa futura del creyente, una doctrina que halla su cumplimiento definitivo después de la Segunda Venida. En realidad entonces solamente Filemón y 3 Juan guardan completo silencio sobre el tema. En los doscientos sesenta capítulos del Nuevo Testamento hay cerca de trescientos casos en que los apóstoles de Cristo hacen referencia a la segunda venida del Señor.

Al proclamar su gran esperanza, los apóstoles simplemente estaban reflejando la promesa de su Salvador: "Porque el Hijo del Hombre vendrá en la gloria de su Padre con sus ángeles, y entonces pagará a cada uno conforme a sus obras" (Mt. 16:27; cp. 25:31; 26:64; Mr. 13:3-27; Lc. 12:40). El apóstol Pablo, por ejemplo, confirmó varias veces su creencia en el glorioso regreso de Cristo (1 Co. 4:5; 15:23-28; 1 Ts. 3:13; 2 Ts. 1:7-8, 10; 2 Ti. 4:1, 8; Tit. 2:13; cp. He. 9:27-28), un acontecimiento que el apóstol Juan describió de esta manera:

> *Entonces vi el cielo abierto; y he aquí un caballo blanco, y el que lo montaba se llamaba Fiel y Verdadero, y con justicia juzga y pelea. Sus ojos eran como llama de fuego, y había en su cabeza muchas diademas; y tenía un nombre escrito que ninguno conocía sino él mismo. Estaba vestido de una ropa teñida en sangre; y su nombre es: EL VERBO DE DIOS. Y los ejércitos celestiales, vestidos de lino finísimo, blanco y limpio, le seguían en caballos blancos. De su boca sale una espada aguda, para herir con ella a las naciones, y él las regirá con vara de hierro; y él pisa el lagar del vino del furor y de la ira del Dios Todopoderoso. Y en su vestidura y en su muslo tiene escrito este nombre: REY DE REYES Y SEÑOR DE SEÑORES (Ap. 19:11-16; cp. 1:7; 16:15; Is. 24:23).*

De Mateo a Apocalipsis se reitera una y otra vez el regreso de Cristo. Pedro entendía el peso de este testimonio apostólico inspirado. Como resultado afirmó la Segunda Venida con inquebrantable confianza.

HISTORIA

todas las cosas permanecen así como desde el principio de la creación. Estos ignoran voluntariamente, que en el tiempo antiguo fueron hechos por la palabra de Dios los cielos, y también la tierra, que proviene del agua y por el agua subsiste, por lo cual el mundo de entonces pereció anegado en agua; pero los cielos y la tierra que existen ahora, están reservados por la misma palabra, guardados para el fuego en el día del juicio y de la perdición de los hombres impíos. (3:4*b*-7)

A menudo los escritores del Nuevo Testamento recurrieron a la historia del Antiguo Testamento para destacar un punto (p. ej., 1 Co. 10:1-13; He. 11; cp. Ro. 15:4), igual como Jesús hizo en varias ocasiones (Lc. 11:29-32; 17:26-32). De ahí que no sorprenda que Pedro hiciera lo mismo. En este caso recurrió a la historia del Antiguo Testamento para defender más la Segunda Venida.

Como **todas las cosas** de los falsos maestros **permanecen** con su visión uniformista de la historia (véase el estudio anterior del v. 4), ellos **ignoran** los hechos históricos. La palabra traducida **ignoran voluntariamente** (*lanthanō*) en realidad tiene una connotación negativa, y la Nueva Versión Internacional la traduce "intencionalmente olvidan". Los hechos no simplemente evitan a tales burladores. Más bien, esos individuos han cerrado a propósito sus ojos a la verdad. De modo deliberado hacen caso omiso a la evidencia histórica, eligiendo no prestar atención a los informes bíblicos de la retribución divina. Puesto que les encanta su pecado, y desean vivir a su antojo (cp. Job 20:12-13; Sal. 36:1-4; 73:5-12; Pr. 13:19; 14:9; 16:30; 26:11; Jn. 3:20; Ro. 1:21-32; Ef. 4:17-19; 2 Ti. 3:2-4), tomaron decisiones conscientes de no pensar en las consecuencias finales (cp. Nm. 15:31; Dt. 7:9-10; Job 36:12, 17; Sal. 34:16; 78:49-50; Mt. 10:28; 13:41-42, 49-50; Ro. 1:18; 1 Co. 6:9-10; Gá. 6:8; 2 Ts. 2:8-10; Ap. 21:8, 27).

Como resultado de su ceguera autoinducida, los falsos maestros descartaron dos acontecimientos monumentales en la historia que les desaprueban sus puntos uniformistas de vista. El primero es la creación cuando el universo junto con **los cielos fueron hechos** al instante **por la palabra de Dios** (Gn. 1:1). Él no necesitó materiales preexistentes (Gn. 1:1-2:1; cp. Is. 40:28; 45:8, 12, 18; 48:13; Hch. 17:24) ni prolongados períodos. Aunque Dios siempre ha existido (Sal. 90:2; 102:25-27; Ro. 1:20; Ap. 16:5), la creación marcó el inicio del universo en tiempo y espacio. Las Escrituras, sobre todo Génesis 1—2, apoyan una creación relativamente reciente y una tierra joven, creada especialmente de la nada en seis días consecutivos de veinticuatro horas. La frase **en el tiempo antiguo** no sugiere una creación de miles de millones de años de antigüedad. Varios miles de años sin duda habrían bastado para el uso de esa frase de Pedro. Además, una visión de una tierra joven (en la que el universo no tiene más de diez mil años) está claramente apoyada por el contexto más amplio del Génesis (véase, por ejemplo, las genealogías en los capítulos 5, 10-11).

Cuando Dios creó los cielos, **también** fue formada divinamente **la tierra, que proviene del agua y por el agua subsiste.** Dios conformó la tierra entre dos superficies de masa acuosa (Gn. 1:6-9; cp. Pr. 8:27-29). En el segundo día de la creación recogió las aguas superiores en algo así como una bóveda de vapor alrededor de toda la tierra, y las aguas más bajas en reservas subterráneas, ríos, lagos y mares. Entonces al tercer día separó la tierra del agua, permitiendo que apareciera la tierra seca (Gn. 1:10). (Para un trato completo de la creación bíblica y muchos de los principales asuntos implicados, véase John MacArthur, *La batalla por el comienzo* [Grand Rapids: Portavoz, 2003]).

Cuando Adán y Eva vivían en el mundo anterior al diluvio, debajo de la bóveda de vapor que Dios había creado, estaban protegidos de la perjudicial radiación del sol. Por este motivo vivieron mucho más tiempo que los seres humanos de hoy (cp. Gn. 5:5). Sin embargo, a pesar del ambiente ideal que disfrutaban, la situación espiritual del mundo anterior al diluvio empeoró rápidamente. Es más, la maldad de los descendientes de Adán y Eva aumentó tanto que Dios decidió juzgar al mundo y ahogar a todos sus habitantes menos a ocho de ellos (Gn. 6:5-7, 11-13). **Por lo cual el mundo de entonces pereció anegado**

en agua. La referencia de Pedro a **mundo** no es principalmente a la tierra física, puesto que el planeta en sí no fue destruido, sino más bien al orden mundial pecaminoso (1 Jn. 2:15-17; cp. 1 Co. 1:20-21; 2 Co. 4:4; Gá. 4:3; Col. 2:8, 20; 1 Ti. 6:17; He. 11:7; Ap. 11:15; 18:2-20). El término **anegado** (*katakluzō,* de donde se deriva la palabra *cataclismo* en español) significa "inundar" o "ahogar", e implica desbordamiento destructivo total.

Contrario a las objeciones de ciertos escépticos, habría habido más que suficiente agua para cubrir toda la tierra. Además del agua que ya había sobre la superficie de la tierra (la cual incluso en el mundo posterior al diluvio de hoy día cubre casi tres cuartas partes del planeta), existían otras dos enormes fuentes de agua: reservas subterráneas ("las fuentes del grande abismo" [Gn. 7:11; cp. 8:2]), y la bóveda creada en el día dos ("las aguas que estaban sobre la expansión" [Gn. 1:7]). Estas dos fuentes juntas proveyeron suficiente agua para abarcar todo el globo con lluvia durante cuarenta días y cuarenta noches (Gn. 7:12). El lenguaje de Génesis 7, donde el diluvio se describe en detalle, puede explicarse únicamente si un diluvio universal está a la vista. (Para comentario adicional sobre el diluvio, véase notas sobres Génesis 7:11—8:4 en John MacArthur, *La Biblia de estudio MacArthur* [Nashville: Grupo Nelson, 2011]).

Los falsos maestros de la época de Pedro se negaban a ver correctamente la historia del mundo. Debido a su hedonismo egocéntrico proporcionan un ejemplo clásico de ignorancia voluntaria. Al igual que los historiadores revisionistas de hoy, los falsos maestros negaban deliberadamente tanto la historia de la creación como el diluvio, los dos acontecimientos catastróficos que refutan con facilidad sus opiniones uniformistas.

En Génesis 9:11, 15, Dios prometió nunca más volver a destruir la tierra por medio de un diluvio universal. Pero eso *no* significa que nunca vuelva a promulgar juicio global. Al contrario, **los cielos y la tierra que existen ahora, están reservados por la misma palabra, guardados para el fuego.** Mientras que el sistema mundial anterior al diluvio fue ahogado por el agua, el actual sistema mundial será consumido por las llamas (Job 21:30; Sal. 9:7; 96:13; Mt. 13:40-42; 25:32; Ro. 2:5; He. 9:27; 10:27). Ese juicio futuro, como pasó con el diluvio, vendrá **por** el poder y la autoridad de **la misma palabra** de Dios.

La Biblia asocia a menudo **fuego** con el juicio final. El profeta Isaías escribió:

> *Porque he aquí que Jehová vendrá con fuego, y sus carros como torbellino, para descargar su ira con furor, y su reprensión con llama de fuego. Porque Jehová juzgará con fuego y con su espada a todo hombre; y los muertos de Jehová serán multiplicados (Is. 66:15-16; cp. Dn. 7:9-10; Mi. 1:4; Mal. 4:1).*

El Nuevo Testamento también vincula al fuego con juicio. Pablo manifestó a los tesalonicenses:

> *Porque es justo delante de Dios pagar con tribulación a los que os atribulan, y a vosotros que sois atribulados, daros reposo con nosotros, cuando se manifieste el Señor Jesús desde el cielo con los ángeles de su poder, en llama de fuego, para dar retribución a los que no conocieron a Dios, ni obedecen al evangelio de nuestro Señor Jesucristo (2 Ts. 1:6-8; cp. Mt. 3:10-12).*

Así como la abundante presencia de agua facilitó el diluvio, lo dominante del fuego hace creíble un infierno futuro. Por ejemplo, las galaxias constan de miles de millones de ardientes estrellas. Incluso el centro de la tierra contiene un enorme volumen de roca fundida que arde a más de 6.800 grados centígrados. Solo una corteza de quince kilómetros de espesor separa a la humanidad del ardiente centro de la tierra. Más significativo aún, debido a su estructura atómica toda la creación es una potencial bomba atómica. El devastador poder de las armas nucleares demuestra la fuerza destructora que Dios ha puesto dentro del átomo. Cuando Él esté listo usará ese tipo de energía nuclear en un holocausto atómico que desintegrará el universo (véase el comentario sobre 3:10 más adelante en este capítulo y sobre 3:12 en el próximo capítulo de esta obra).

Entonces la advertencia de Pedro es clara: **los cielos y la tierra están guardados** por Dios **para el fuego en el día del juicio y de la perdición de los hombres impíos.** Así como en el tiempo de Noé, ese día de juicio final será para **los hombres impíos** y no para los creyentes (cp. Mt. 25:41; Lc. 3:17; Jn. 5:29). El Señor sacará del mundo a los que le pertenecen antes de desatar su ira definitiva (cp. Mal. 3:16-18).

ETERNIDAD

Mas, oh amados, no ignoréis esto: que para con el Señor un día es como mil años, y mil años como un día. (3:8)

Moisés declaró en el Salmo 90:4: "Porque mil años delante de tus ojos son como el día de ayer, que pasó, y como una de las vigilias de la noche". La paráfrasis que Pedro hace del salmo animaba a sus lectores a no pasar por alto **esto:** que el punto de vista de Dios en cuanto al tiempo es muy diferente al de la humanidad (cp. Sal. 102:12, 24-27). La cantidad de tiempo terrestre que transcurre no tiene importancia desde la perspectiva eterna de Dios. Un momento no es diferente de un eón, y los eones pasan como momentos para el Dios eterno.

Lo que puede parecer muchísimo tiempo para los creyentes, **como mil años,** es realmente corto, **como un día,** a los ojos de Dios. En el contexto Pedro sostiene que aunque el regreso de Cristo puede parecer lejano para los seres humanos, es inminente desde la perspectiva de Dios. Las personas finitas no deben limitar a su calendario a un Dios infinito. El Señor Jesucristo regresará en el momento *exacto* determinado por Dios en la eternidad pasada. Quienes insensatamente exigen que Dios actúe según el marco de tiempo de ellos pasan por alto que Él es "el Alto y Sublime, el que habita la eternidad" (Is. 57:15). De igual modo, aquellos que sostienen que Cristo no regresará porque aún no ha vuelto demuestran el colmo de la insensatez.

Más allá de la sensación general de que **mil años** significan mucho tiempo en comparación con **un día** que significa muy poco, existe también aquí la indicación específica de que mil años en realidad yacen entre la primera fase del día del Señor al final del tiempo de tribulación (Ap. 6:17) y la última fase al final del reino milenial. Al fin de ese trayecto el Señor destruirá el universo y creará nuevos cielos y nueva tierra (Ap. 20:1-21:1).

EL CARÁCTER DE DIOS

El Señor no retarda su promesa, según algunos la tienen por tardanza, sino que es paciente para con nosotros, no queriendo que ninguno perezca, sino que todos procedan al arrepentimiento. (3:9)

El apoyo de Pedro a la Segunda Venida culminó con una apelación al carácter de Dios. La idea central de su argumento es esta: La razón de que el regreso de Cristo no sea inmediato se debe a que Dios es paciente con los pecadores. Toda espera solo es atribuible a la paciencia misericordiosa del Señor. No es que Él sea indiferente, impotente o distraído. Al contrario, es exactamente lo opuesto. Debido a que Dios es compasivo y paciente demora su venida a fin de que los pecadores elegidos puedan llegar al arrepentimiento (1 P. 3:20; cp. Mt. 4:17; 9:13; Mr. 6:12; Lc. 15:10; Ro. 2:4; 2 Ti. 2:25; Ap. 2:5).

A pesar de las burlas de los escarnecedores, **el Señor no retarda su promesa, según algunos la tienen por tardanza. Retarda** (*bradunō*) significa "demorado" o "tardío", y sugiere la idea de "pérdida de tiempo". Nada de eso se aplica a Dios; su aparente tardanza no es por falta de capacidad, amnesia o apatía. Para el cumplimiento de **su promesa,** Dios está haciendo que todo obre exactamente según su plan y programación perfectos (cp. 2 S. 22:31; Sal. 111:5, 7-8; Is. 25:1; Jer. 33:14; 2 Co. 1:20). Ese mismo principio se aplicó a la primera venida de Cristo: "Pero cuando vino el cumplimiento del tiempo, Dios envió a su Hijo, nacido de mujer y nacido bajo la ley" (Gá. 4:4).

Paciente se traduce de una forma del verbo *makrothumeō*. Esta es una palabra compuesta que combina "grande" con "mucho enojo". Pedro la usa para mostrar que Dios tiene una enorme capacidad para almacenar enojo e ira antes de desbordarse en juicio (cp. Éx. 34:6; Jl. 2:13; Mt. 18:23-27; Ro. 2:4; 9:22). Mientras que ese juicio es inevitable y mortal, la misericordiosa paciencia de Dios ofrece de antemano a los elegidos la oportunidad de reconciliación y salvación (véase 3:15). La ira de Dios hacia el pecador individual se apacigua al instante cuando esa persona se arrepiente y cree en el evangelio (cp. Lc. 15:7, 10; Hch. 13:47-48).

Nosotros se refiere tanto a los lectores inmediatos de Pedro como a todos los que alguna vez llegarán a la fe en Jesucristo (cp. Jn. 10:16). Hay quienes sostienen que el pronombre implica la salvación de todas las personas. Sin embargo, el contexto inmediato y los comentarios acerca de "la perdición de los hombres impíos" (v. 7) limita claramente **nosotros** a los creyentes. La carta está dirigida a "a los que habéis alcanzado, por la justicia de nuestro Dios y Salvador Jesucristo, una fe igualmente preciosa que la nuestra... por medio de las cuales nos ha dado preciosas y grandísimas promesas, para que por ellas *llegaseis* a ser participantes de la naturaleza divina" (1:1*b*, 4*a*; cursivas añadidas). De ahí en adelante, el uso de **nosotros** está dirigido a los creyentes (2:1-3; 3:2). El pronombre de 3:1 está representado por "amados". Las palabras del versículo 8, "mas, oh amados, no *ignoréis* esto" (cursivas añadidas), vuelven a vincular a **nosotros** con los amados. El **nosotros** para con quienes el Señor es paciente se refiere, por tanto, a los mismos amados que Él está esperando que se arrepientan.

Dios desea que **ninguno perezca** ("ser totalmente destruido" en el infierno eterno), pero algunos sufren condenación porque están muertos en sus pecados y rechazan el ofrecimiento que Dios hace de salvación en Cristo. Al mismo tiempo, la Biblia clarifica que el Padre no se complace en la muerte de los perdidos: "Porque no quiero la muerte del que muere, dice Jehová el Señor; convertíos, pues, y viviréis" (Ez. 18:32; cp. Jer. 13:17; Mt. 23:37). De hecho, Dios en realidad ofrece salvación a todos (cp. Is. 45:21-22; 55:1; Mt. 11:28; Jn. 3:16; Hch. 17:30; 1 Ti. 2:3-4; Ap. 22:17).

La Biblia establece con claridad que Dios aborrece absolutamente el pecado (Dt. 25:16; 1 R. 14:22; Sal. 5:4-6; 45:7; Pr. 6:16-19; 15:9; Hab. 1:13) y de ahí las consecuencias potenciales para cada individuo, que incluyen castigo eterno en el infierno. Sin embargo, a fin de mostrar su propia gloria en medio de la ira, Dios eligió salvar a algunos y no salvar a otros. De este modo lo explicó el apóstol Pablo:

> *Así que no depende del que quiere, ni del que corre, sino de Dios que tiene misericordia. Porque la Escritura dice a Faraón: Para esto mismo te he levantado, para mostrar en ti mi poder, y para que mi nombre sea anunciado por toda la tierra. De manera que de quien quiere, tiene misericordia, y al que quiere endurecer, endurece (Ro. 9:16-18; cp. Jos. 11:20; Jn. 1:13; 6:37, 44; Ro. 11:7).*

El contexto indica que **ninguno** y **todos** están limitados a los elegidos, es decir, a **todos** los que el Señor ha elegido y llamará para sí. En otras palabras, Cristo no regresará hasta que cada persona a quien Dios ha elegido sea salva.

Al usar el término **nosotros** (una referencia a los lectores creyentes de Pedro), el apóstol limita a **ninguno** y a **todos** a la esfera de los seres humanos elegidos.

Por supuesto, una vez que todos los elegidos están incluidos, la paciencia de Dios se agotará. Después de haber dado al mundo todo el tiempo determinado en su soberanía, Dios derramará su ira sobre la tierra. Aunque su paciencia ahora mismo pone freno a su juicio, el tiempo de gracia que la humanidad disfruta ahora, por prolongado que parezca según normas humanas, no durará para siempre (cp. Gn. 6:3).

LA SEGURIDAD DEL JUICIO DIVINO

Pero el día del Señor vendrá como ladrón en la noche; en el cual los cielos pasarán con grande estruendo, y los elementos ardiendo serán deshechos, y la tierra y las obras que en ella hay serán quemadas. (3:10)

Basándose en sus argumentos anteriores, Pedro afirma con confianza que **el día del Señor *vendrá*.** Sin que importe lo que puedan declarar los falsos maestros, la evidencia contra ellos es abrumadora.

En la Biblia **el día del Señor** significa las intervenciones extraordinarias y milagrosas de Dios en la historia humana con propósitos de juicio, que culminarán en su juicio final de los malvados en la tierra y la destrucción del universo actual. Los profetas del Antiguo Testamento veían el día final del Señor como juicio, oscuridad y condenación sin igual, un día en que el Señor destruiría por completo a sus enemigos, reivindicaría su nombre, revelaría su gloria, y establecería su reino (Is. 2:10-21; 13:6-22; Jl. 1—2; Am. 5; Abd. 15; Sof. 1:7-18; Zac. 14; Mal. 4). Los escritores del Nuevo Testamento también previeron ese día como un acontecimiento impresionante y terrible (2 Ts. 2:2; cp. Mt. 24:29-31). Según el libro del Apocalipsis, este hecho se reflejará en dos etapas: durante la tribulación (Ap. 6:17) y luego del milenio (Ap. 20:7-10). Después, Dios establecerá cielos nuevos y tierra nueva (Ap. 21:1).

Un examen más a fondo de la frase **el día del Señor** revela diecinueve referencias incuestionables en el Antiguo Testamento y cuatro en el Nuevo Testamento. Los profetas del Antiguo Testamento usaron la expresión para describir tanto acerca de juicios históricos (Is. 13:6-22; Ez. 30:2-19; Jl. 1:15; Am. 5:18-20; Sof. 1:14-18) como de juicios escatológicos lejanos (Jl. 2:30-32; 3:14; Zac. 14:1; Mal. 4:1, 5). Seis veces lo llaman "el día de perdición" y cuatro veces "el día de venganza". Los escritores del Nuevo Testamento lo llaman un día de "ira", "visitación" y el "gran día del Dios Todopoderoso" (Ap. 16:14). Estos son juicios terribles de parte de Dios (cp. Jl. 2:30-31; 2 Ts. 1:7-10) provistos a causa de la abrumadora pecaminosidad del mundo.

Pedro describió que el día del Señor llegará **como ladrón en la noche,** lo que significa que será inesperado, sin advertencia, y desastroso para quienes no están preparados. El apóstol Pablo usó la misma comparación cuando escribió a los tesalonicenses: "Porque vosotros sabéis perfectamente que el día del Señor vendrá así como ladrón en la noche" (1 Ts. 5:2).

Con la culminación de la fase final del día del Señor, **los cielos pasarán con grande estruendo,** una conmoción universal que el mismo Jesucristo predijo en el Sermón del Monte: "El cielo y la tierra pasarán" (Mt. 24:35). **Cielos** se refiere al universo físico visible del espacio interestelar e intergaláctico. Igual que Cristo, Pedro predijo la desintegración de todo el universo como una desaparición ("pasarán") instantánea, no por medio de una posibilidad naturalista sino únicamente por la intervención omnipotente de Dios.

El término **estruendo** (*rhoizēdon*) es una onomatopeya, una palabra que suena como lo que significa. Se refiere a "un sonido de ráfaga", o "un sonido fuerte", y también tiene la connotación de los silbidos crepitantes que emiten los objetos cuando son consumidos por el fuego. En ese día futuro el ruido de los átomos del universo desintegrándose será ensordecedor, diferente a cualquier cosa que los mortales hayan oído alguna vez.

Pedro sigue ampliando su declaración anterior del versículo 7: **los elementos ardiendo serán deshechos, y la tierra y las obras que en ella hay serán quemadas.** La palabra **elementos** (*stoicheia*) literalmente significa "los que están en fila", como letras del alfabeto o números. Cuando se usa en referencia al mundo físico, describe los componentes atómicos básicos que componen el universo.

El calor será tan intenso que **la tierra y las obras que en ella hay serán quemadas.** El poder de Dios consumirá todo en el reino material, el planeta entero (con sus civilizaciones, ecosistemas y recursos naturales) y el universo celestial circundante. Sin embargo, en medio de esa angustiosa destrucción, el Señor protegerá su rebaño.

En la actualidad los burladores y los falsos maestros podrían mofarse. Pero sus comentarios despectivos y sus ofensas descaradas solo tienen corta vida. Un día Cristo regresará y el juicio de Dios será desplegado, una realidad que está garantizada por su promesa y apoyada por su poder. Después de su regreso todo el universo actual dejará de existir. Será reemplazado por un cielo y una tierra totalmente nuevos donde los justos vivirán para siempre con Dios (Ap. 22:5). Los injustos, por otra parte, enfrentarán las consecuencias eternas de su pecado (Ap. 20:10-15).

En vista de todo esto, los creyentes deben esperar con anhelante expectación. Después de todo, Jesucristo viene otra vez, y su regreso sucederá con puntualidad.

Cómo vivir en la anticipación del regreso de Cristo

33

Puesto que todas estas cosas han de ser deshechas, ¡cómo no debéis vosotros andar en santa y piadosa manera de vivir, esperando y apresurándoos para la venida del día de Dios, en el cual los cielos, encendiéndose, serán deshechos, y los elementos, siendo quemados, se fundirán! Pero nosotros esperamos, según sus promesas, cielos nuevos y tierra nueva, en los cuales mora la justicia. Por lo cual, oh amados, estando en espera de estas cosas, procurad con diligencia ser hallados por él sin mancha e irreprensibles, en paz. Y tened entendido que la paciencia de nuestro Señor es para salvación; como también nuestro amado hermano Pablo, según la sabiduría que le ha sido dada, os ha escrito, casi en todas sus epístolas, hablando en ellas de estas cosas; entre las cuales hay algunas difíciles de entender, las cuales los indoctos e inconstantes tuercen, como también las otras Escrituras, para su propia perdición. Así que vosotros, oh amados, sabiéndolo de antemano, guardaos, no sea que arrastrados por el error de los inicuos, caigáis de vuestra firmeza. Antes bien, creced en la gracia y el conocimiento de nuestro Señor y Salvador Jesucristo. A él sea gloria ahora y hasta el día de la eternidad. Amén. (3:11-18)

Un día, en el futuro relativamente cercano, este universo será totalmente destruido. Bajo el peso de la ira consumidora de Dios, en el castigo final, se derretirá en un holocausto definitivo de inimaginable intensidad.

Para los enemigos de Dios ese juicio futuro será una pesadilla ineludible. Pero para los hijos de Dios significará el cumplimiento de la esperanza de los cristianos, un sueño hecho realidad, en los albores del reinado de Cristo en la tierra, seguido por la creación de nuevos cielos y nueva tierra. Y para Dios mismo, esto marcará su triunfo total sobre todos los que se le oponen, e incluye la destrucción final de la muerte y la total erradicación del pecado (1 Co. 15:24-28).

Este último segmento contiene la exhortación que Pedro hace a sus lectores para que reaccionen correctamente ante el regreso del Señor y el juicio final. Después de todo, la conducta diaria de estos debe ser coherente con la esperanza que tienen (cp. Ro. 15:13; Col. 1:23; He. 6:11; 1 Jn. 3:3) mientras piensan en la realidad de la recompensa divina y la promesa de la gloria eterna.

La frase **puesto que todas estas cosas han de ser deshechas** se refiere al pasaje anterior (3:7-10), en el que se predice la destrucción de este universo. Hasta el momento en que todo sea reemplazado finalmente por un estado eterno glorioso, Pedro se dirige así al modo en que sus lectores deberían actuar: **cómo no debéis vosotros andar en santa y piadosa manera de vivir.** Esta declaración parece una pregunta en algunas traducciones, pero en realidad es una exclamación de asombro, un recurso retórico que no espera una respuesta. La frase **cómo no debéis vosotros** se traduce del exclusivo término griego *potapous,* que también se podría traducir "cuán asombrosamente excelentes deberían ser". A la luz del juicio prometido de Dios, Pedro retó a sus lectores a vivir en consonancia con su esperanza cristiana, permitiendo así que sus expectativas del regreso de Cristo influyan en su comportamiento diario.

Como extranjeros y peregrinos, los creyentes no forman parte del sistema del mundo (Fil. 3:20; He. 11:10-11, 16; 1 P. 1:1; 1 Jn. 2:15-17). Por tanto, deben vivir teniendo en cuenta las bendiciones eternas que recibirán cuando Jesucristo se revele finalmente en toda su gloria (cp. Mt. 5:48; Col. 3:2; 1 P. 1:13-15). El apóstol Pablo, por ejemplo, mostró ese tipo de actitud.

> *Por tanto procuramos también, o ausentes o presentes, serle agradables. Porque es necesario que todos nosotros comparezcamos ante el tribunal de Cristo, para que cada uno reciba según lo que haya hecho mientras estaba en el cuerpo, sea bueno o sea malo (2 Co. 5:9-10; cp. 1 Co. 4:5b).*

Es evidente que el pensamiento de la recompensa futura y la rendición de cuentas a Dios transformó la perspectiva de Pablo sobre cómo vivía. Saber que un día iba a estar delante de Cristo, su Rey, fue una gran motivación para andar "como es digno" (Ef. 4:1).

A medida que Pedro extraía sus implicaciones prácticas de la verdad escatológica, exhortaba a sus lectores a llevar también vidas dignas, caracterizadas por una **santa** (acciones y comportamientos externos) **y piadosa** (actitudes internas del corazón y reverencia) **manera de vivir.** La complejidad del mandato que el apóstol les entregó, vivir teniendo en cuenta la Segunda Venida, se teje de siete hilos distintos: perspectiva eterna, paz interior, pureza práctica, predicación fiel, percepción doctrinal, progreso espiritual, y alabanza continua.

PERSPECTIVA ETERNA

¡esperando y apresurándoos para la venida del día de Dios, en el cual los cielos, encendiéndose, serán deshechos, y los elementos, siendo quemados,

se fundirán! Pero nosotros esperamos, según sus promesas, cielos nuevos y tierra nueva, en los cuales mora la justicia. (3:12-13)

Si los creyentes están **esperando y apresurándo**se **para la venida del día de Dios,** tal vehemente expectativa no permite que se preocupen o teman ese día. Más bien, como Pablo escribió a Tito, estarán gozosamente "aguardando la esperanza bienaventurada y la manifestación gloriosa de nuestro gran Dios y Salvador Jesucristo" (Tit. 2:13; cp. 2 Ti. 4:8; Ap. 22:20).

Esperando expresa una actitud de esperanza, una perspectiva de la vida que anhela vigilante la llegada del Señor. El uso que Pedro hace de **apresurándo**se solo fortalece tal concepto. En lugar de temer la desaparición inminente del mundo, los cristianos la anhelan, sabiendo que tienen mucho que esperar y nada que temer del Padre que los ama (1 Jn. 4:18). Por eso, al igual que Pablo, fácilmente pueden decir *Maran-ata,* "el Señor viene" (1 Co. 16:22; cp. 1 Jn. 2:28; Ap. 22:20).

La venida se traduce del término conocido *parousia,* que literalmente significa "la presencia". En el Nuevo Testamento no se describe ante todo un lugar o suceso. En vez de eso, se resalta la llegada personal y corporal de Jesucristo.

Algunos comentaristas comparan el **día de Dios** con el "día del Señor", pero estas no son expresiones sinónimas. El **día de Dios** se refiere al estado eterno en que Dios someterá permanentemente a todos sus enemigos (cp. Sal. 110:1; Hch. 2:33-35; 1 Co. 15:28; Fil. 2:10-11; 3:21; He. 10:13). Sin embargo, el "día del Señor", según se analizó en el capítulo anterior de esta obra, se refiere a los hechos finales y turbulentos que acompañan al juicio final de los incrédulos. Aunque sin duda los cristianos anhelan el día de Dios, su actitud hacia la agitación que lo precede es más sobria. La experiencia de la visión en que el apóstol Juan comía un pequeño libro y lo encontraba dulce al paladar pero difícil de tragar (Ap. 10:9-10), ejemplifica de modo dramático esos sentimientos dobles. El librito representa el juicio venidero: dulce para los creyentes a causa del **día de Dios,** pero amargo debido al "día del Señor".

En el cual, refiriéndose al día de Dios, indica que algunos otros acaecimientos seguros se deben realizar primero para que este ocurra. En preparación para ese día, Pedro reiteró que Dios destruirá el universo actual maldito por el pecado: **¡los cielos, encendiéndose, serán deshechos, y los elementos, siendo quemados, se fundirán!** (Para un estudio de comentarios parecidos de Pedro en los vv. 7, 10, véase el comentario sobre esos versículos en el capítulo anterior de esta obra.) Hay varios pasajes en el libro del Apocalipsis que, aunque describen los sucesos de la tribulación mil años antes, ofrecen vívidos anticipos del tipo de poder que Dios exhibirá en la destrucción final:

> *El primer ángel tocó la trompeta, y hubo granizo y fuego mezclados con sangre, que fueron lanzados sobre la tierra; y la tercera parte de los árboles se quemó, y*

> *se quemó toda la hierba verde. El segundo ángel tocó la trompeta, y como una gran montaña ardiendo en fuego fue precipitada en el mar; y la tercera parte del mar se convirtió en sangre. Y murió la tercera parte de los seres vivientes que estaban en el mar, y la tercera parte de las naves fue destruida. El tercer ángel tocó la trompeta, y cayó del cielo una gran estrella, ardiendo como una antorcha, y cayó sobre la tercera parte de los ríos, y sobre las fuentes de las aguas. Y el nombre de la estrella es Ajenjo. Y la tercera parte de las aguas se convirtió en ajenjo; y muchos hombres murieron a causa de esas aguas, porque se hicieron amargas (Ap. 8:7-11).*
>
> *El séptimo ángel derramó su copa por el aire; y salió una gran voz del templo del cielo, del trono, diciendo: Hecho está. Entonces hubo relámpagos y voces y truenos, y un gran temblor de tierra, un terremoto tan grande, cual no lo hubo jamás desde que los hombres han estado sobre la tierra. Y la gran ciudad fue dividida en tres partes, y las ciudades de las naciones cayeron; y la gran Babilonia vino en memoria delante de Dios, para darle el cáliz del vino del ardor de su ira. Y toda isla huyó, y los montes no fueron hallados. Y cayó del cielo sobre los hombres un enorme granizo como del peso de un talento; y los hombres blasfemaron contra Dios por la plaga del granizo; porque su plaga fue sobremanera grande (16:17-21).*
>
> *Por lo cual en un solo día vendrán sus plagas; muerte, llanto y hambre, y será quemada con fuego; porque poderoso es Dios el Señor, que la juzga. Y los reyes de la tierra que han fornicado con ella, y con ella han vivido en deleites, llorarán y harán lamentación sobre ella, cuando vean el humo de su incendio, parándose lejos por el temor de su tormento, diciendo: ¡Ay, ay, de la gran ciudad de Babilonia, la ciudad fuerte; porque en una hora vino tu juicio! (18:8-10).*

Después de la destrucción final del universo llegará el día de Dios, y este corrupto sistema mundial será abolido para siempre (Ro. 8:18-23; 1 Jn. 2:16). **Según sus promesas,** ese nuevo día presentará **cielos nuevos y tierra nueva,** lo que significa que Dios creará un universo totalmente distinto (cp. Sal. 102:25-26; Is. 65:17; 66:22).

La palabra traducida **nuevos** (*kainos*) significa “novedoso en calidad”, “diferente” o “distinto a todo lo conocido anteriormente”. Por tanto, los cielos nuevos y la tierra nueva serán más que simplemente nuevos en tiempo o cronología; también serán nuevos en carácter: reinos **en los cuales mora la justicia. Mora** (*katoikeō*) quiere decir “establecerse y estar en casa”, o “instaurar residencia permanente y cómoda”. En el nuevo orden de Dios la justicia disfrutará una existencia permanente y perfecta. El apóstol Juan describió además lo maravilloso de ese nuevo universo:

> *Vi un cielo nuevo y una tierra nueva; porque el primer cielo y la primera tierra pasaron, y el mar ya no existía más. Y yo Juan vi la santa ciudad, la nueva Jerusalén, descender del cielo, de Dios, dispuesta como una esposa ataviada para su marido. Y oí una gran voz del cielo que decía: He aquí el tabernáculo de Dios con los hombres, y él morará con ellos; y ellos serán su pueblo, y Dios mismo estará con ellos como su Dios. Enjugará Dios toda lágrima de los ojos de ellos; y ya no habrá muerte, ni habrá más llanto, ni clamor, ni dolor; porque las primeras cosas pasaron… Y no vi en ella templo; porque el Señor Dios Todopoderoso es el templo de ella, y el Cordero. La ciudad no tiene necesidad de sol ni de luna que brillen en ella; porque la gloria de Dios la ilumina, y el Cordero es su lumbrera. Y las naciones que hubieren sido salvas andarán a la luz de ella; y los reyes de la tierra traerán su gloria y honor a ella. Sus puertas nunca serán cerradas de día, pues allí no habrá noche. Y llevarán la gloria y la honra de las naciones a ella. No entrará en ella ninguna cosa inmunda, o que hace abominación y mentira, sino solamente los que están inscritos en el libro de la vida del Cordero (Ap. 21:1-4, 22-27).*

Basándose en todo lo que Dios les tiene preparado, los creyentes deberían vivir en expectativa constante: estando pendientes siempre del regreso de Cristo y viendo todo en esta vida a la luz del destino eterno que les espera.

PAZ INTERIOR

Por lo cual, oh amados, estando en espera de estas cosas, procurad con diligencia ser hallados por él… en paz (3:14*a*)

Como quienes están **en espera de estas cosas** (el día de Dios, los nuevos cielos y la nueva tierra, el estado eterno, y el glorioso reino eterno), los creyentes fieles están motivados a vivir en un modo que refleje su perspectiva eterna. Eso requiere que esperen **con diligencia** (Sal. 34:14; 2 Co. 13:11; 2 Ti. 2:22; Stg. 3:18) para que cuando Cristo regrese sean **hallados por él… en paz.** La frase **ser hallados** es un aleccionador recordatorio de que nadie podrá esconderse de Cristo cuando regrese. A Él no se le pasará nada, sino que “aclarará también lo oculto de las tinieblas, y manifestará las intenciones de los corazones” (1 Co. 4:5; cp. 2 Co. 5:9-10).

Paz (*eirēnē*) podría referirse a una relación de salvación con Dios y a estar en paz con Él (cp. Ro. 5:1; Ef. 2:14). Sin embargo, el apóstol se dirige a sus lectores como **amados,** lo que indica que ya eran cristianos (cp. Ro. 1:7; 12:19; 1 Co. 4:14; 15:58; Ef. 5:1; Col. 3:12; 2 Ts. 2:13; Stg. 2:5; 1 Jn. 3:2; Jud. 1). **Paz** también podría aplicarse a personas no salvas pero que tienen inclinación por la iglesia. Quizás Pedro las estaba exhortando a ser diligentes para ir tras la auténtica paz de la salvación, a fin de que cuando Cristo aparezca las encuentre verdaderamente salvas. Pero eso tal vez constituye solo un entendimiento secundario de la expresión, como lo es la idea de estar en paz con otros creyentes.

En este contexto, **paz** se refiere principalmente a la verdadera paz mental que acompaña una fe confiada en el Señor. Esta es una repetición de la amonestación de Pablo a los filipenses: "Por nada estéis afanosos, sino sean conocidas vuestras peticiones delante de Dios en toda oración y ruego, con acción de gracias. Y la paz de Dios, que sobrepasa todo entendimiento, guardará vuestros corazones y vuestros pensamientos en Cristo Jesús" (Fil. 4:6-7; cp. Jn. 16:33; Ro. 14:17; 15:13; Col. 3:15; 1 P. 5:14). Pedro está hablando de la clase de paz que destierra tanto las preocupaciones terrenales como los temores cósmicos, una paz que llega al saber con toda seguridad que los pecados están perdonados. Por terribles que se pongan las cosas a medida que la historia humana se dirige hacia la destrucción final, los creyentes que viven en esperanza gozan de continua y asentada paz, la cual el Señor ha planificado para aquellos que lo aman (1 Co. 2:9).

PUREZA PRÁCTICA

sin mancha e irreprensibles, (3:14*b*)

En marcado contraste con los falsos maestros, que son "inmundicias y manchas" (2:13), Pedro exhortó a sus lectores a permanecer **sin mancha e irreprensibles. Sin mancha** puede denotar carácter cristiano, el tipo de personas que los creyentes en realidad son; e **irreprensibles** denota reputación cristiana, la clase de individuos justos y virtuosos que otros perciben que los creyentes son... debido a lo que son.

Obviamente, dentro de la iglesia hay aquellos cuyas vidas no son ni **sin mancha** ni **irreprensibles.** Tales sujetos, caracterizados por estilos pecaminosos de vida, podrían ser cristianos o no (Mt. 13:20-22; Gá. 5:19-21; Ef. 5:5; 1 Jn. 1:6, 8, 10; 2:9-11; 3:10-12; cp. Jn. 8:34; Ro.6:16).

Hay quienes no son lo uno ni lo otro, y otros que en público parecen **irreprensibles,** pero cuyas vidas privadas en realidad están lejos de ser **sin mancha.** Al igual que los fariseos de hoy día, estos se esfuerzan por parecer buenos, pero no cultivan de veras un corazón de justicia (cp. Mt. 15:7-8; 23:25, 27). Aunque por fuera conservan una reputación honorable, lo hacen tan solo por ocultar hipócritamente el pecado del que no se han arrepentido.

En contraste, Pedro exhortó a sus lectores a mantenerse **sin mancha** *e* **irreprensibles.** Como verdaderos creyentes les ordena manifestar los más elevados niveles de integridad y santidad personal (Sal. 15:1-5; 24:3-4; 37:18; 119:1; Pr. 11:3, 5; Mi. 6:8; Jn. 14:23; Hch. 24:16; Ef. 1:4; Fil. 2:15; 4:8; 1 Ti. 3:9; 1 Jn. 2:3-6;

3:1-3; Jud. 24; cp. Gn. 6:9; Nm. 14:24; Esd. 7:10; Job 1:1). Cuando el mundo que está observando presencia su buena conducta, la reputación **sin mancha** de tales cristianos sirve como un testimonio esencial para la esperanza transformadora en el evangelio.

Entonces para los creyentes la promesa del regreso de Cristo sirve como un poderoso incentivo para vivir en santidad. Después de todo, la rendición futura de cuentas y la recompensa celestial son motivaciones convincentes que animan a los creyentes a abandonar continuamente el pecado y a practicar con diligencia los medios de gracia (tales como la oración y la alabanza, Fil. 4:6; la asimilación de la Biblia, Stg. 1:21-23; 1 P. 2:2; la adoración, Jn. 4:23-24; la Cena del Señor, 1 Co. 11:23-28, y el compañerismo, He. 10:25).

PREDICACIÓN FIEL

Y tened entendido que la paciencia de nuestro Señor es para salvación; (3:15*a*)

Sin lugar a dudas, Pedro deseaba que sus oyentes esperaran con anhelo el regreso de Cristo. Al mismo tiempo no quería que permanecieran ociosos ni se desligaran de la sociedad, estando consumidos de tal manera por pensamientos acerca del futuro que se olvidaran de sus apremiantes responsabilidades espirituales en el presente. El juicio de Dios aún no había llegado; su ira aún no se había derramado. Aún había tiempo para predicar las buenas nuevas a los perdidos. Por eso Pablo les recordó que continuaran con el ministerio de la reconciliación (2 Co. 5:18-20), tratando de alcanzar a otros con la verdad vivificante del evangelio.

Según se observó en 3:8-9 (véase el estudio de esos versículos en el capítulo anterior de esta obra), el **Señor** retarda su regreso para salvar al resto de sus elegidos. Por tanto los cristianos deberían considerar la **paciencia** de Dios con alegría, sabiendo que Él está añadiendo todos los días otros a su familia hasta que esté completa.

En la parábola del hijo pródigo (Lc. 15:11-32), Jesús ilustró de modo eficaz la realidad de la paciencia misericordiosa de Dios hacia los pecadores. La historia nos habla de un hijo rebelde que abandonó a su familia para llevar una vida de inmoralidad y disipación. Por mucho tiempo desperdició su oportunidad, desaprovechando el privilegio de servir a su padre. Pero un día entró en razón, se arrepintió de su estilo pecador de vida, y regresó a casa. En lugar de ser rechazado o desheredado por su padre, o recibido de mala gana, el padre aceptó al hijo con amor y compasión. Ese padre representa a Dios que responde a los pecadores penitentes con misericordia y gracia, derramadas pródiga, jubilosa y generosamente sobre los que se arrepienten y llegan a Él en fe. Y todo el cielo se regocija, como lo describe la fiesta que el padre dio en honor de su hijo.

Cuando los cristianos anticipan el día de Dios, que para ellos significa bendición eterna, también deben recordar el día del Señor, que para los perdidos significará castigo eterno. Con eso en mente, la oportunidad de la actual paciencia de Dios únicamente debería aumentar el celo evangelizador de la Iglesia (cp. Fil. 2:15; Col. 4:6; 2 Ti. 4:5).

PERCEPCIÓN DOCTRINAL

como también nuestro amado hermano Pablo, según la sabiduría que le ha sido dada, os ha escrito, casi en todas sus epístolas, hablando en ellas de estas cosas; entre las cuales hay algunas difíciles de entender, las cuales los indoctos e inconstantes tuercen, como también las otras Escrituras, para su propia perdición. Así que vosotros, oh amados, sabiéndolo de antemano, guardaos, no sea que arrastrados por el error de los inicuos, caigáis de vuestra firmeza. (3:15*b*-17)

Con la frase **como también,** Pedro se estaba refiriendo a advertencias similares que el apóstol Pablo había hecho con relación a la falsa enseñanza.

Pedro habló con cariño de su compañero apóstol como **nuestro amado hermano Pablo,** acentuando su vida y su misión común. Como los dos líderes principales de la iglesia primitiva, sin duda Pedro y Pablo estaban muy conscientes cada uno del ministerio del otro. Es más, ambos habían estado presentes en el fundamental concilio de Jerusalén (Hch. 15:6-21), y habían ministrado con Silas (cp. Hch. 15:40 con 1 P. 5:12). Más de veinte años antes, Pedro había sido confrontado por Pablo cuando erróneamente se negó a comer con cristianos gentiles (Gá. 2:11-21; cp. vv. 8-9; 1 Co. 1:12; 3:22). Como portavoz principal de la iglesia primitiva, Pedro quedó sin duda avergonzado por la amonestación pública de Pablo; no obstante, aceptó con buena actitud el reproche y respondió con arrepentimiento. Su respeto por Pablo no había disminuido.

Aquí Pedro busca apoyo en las cartas inspiradas de Pablo, recordándoles a sus lectores que rechacen a los falsos maestros y recuerden lo que Pablo **ha escrito, según la sabiduría que le ha sido dada.** Curiosamente, Pedro no especifica una o varias cartas paulinas. En lugar de eso ofrece un apoyo general a estos escritos inspirados, demostrando el origen divino de la revelación entregada a Pablo.

Se puede asumir que Pedro envió esta carta a las mismas regiones de Asia Menor que su primera epístola (cp. 1 P. 1:1; 2 P. 3:1). De ser así, sus lectores tal vez conocían muy bien varias de las epístolas de Pablo, ya que escribió varias de ellas a esa misma región (p. ej., Gálatas, Efesios, Colosenses). Por eso la referencia de Pedro a **casi todas** las **epístolas** de Pablo sugiere que los lectores de Pedro conocían mucha de la correspondencia de Pablo. Debido a que Pablo estaba **hablando en** sus cartas acerca **de estas** mismas **cosas** (es decir, acontecimientos escatológicos), tiene sentido que Pedro citara aquí las obras de Pablo.

Sin embargo, en los escritos de Pablo acerca del día del Señor, el regreso de Cristo, y las glorias de la eternidad, Pedro reconoció que **algunas** de esas cosas son **difíciles de entender,** como por ejemplo el arrebatamiento de la Iglesia (1 Ts. 4:15-17), la aparición del hombre de pecado (2 Ts. 2:1-4), el regreso de Cristo en juicio (1 Ts. 5:1-11; 2 Ts. 1:3-10), y las glorias del cielo (2 Co. 5:1; 12:2-4). La palabra traducida **difíciles de entender** (*dusnoētos*) conlleva la connotación adicional de "complicado de interpretar". Al usar dicho término Pedro no estaba sugiriendo que las enseñanzas de Pablo fueran imposibles de entender; solo está reconociendo que son más complejas que otras, especialmente la revelación profética (cp. 1 P. 1:1-12).

Tales complejidades abrieron la puerta para que **los indoctos e inconstantes**, es decir, los falsos maestros, distorsionaran lo que Pablo enseñaba acerca del futuro. **Indoctos** denota falta de información, e **inconstantes** un carácter espiritual vacilante. **Tuercen** se refiere a retorcer el cuerpo de alguien en un potro de tortura. El término describe vívidamente cómo los falsos maestros manipulaban ciertos asuntos proféticos, distorsionándolos para confundir y engañar a los faltos de juicio. Tal desviación a menudo continúa en la actualidad respecto a la revelación profética.

Como es lógico, los falsos maestros no se detuvieron con la profecía, sino que **también** distorsionaron **las otras Escrituras,** incluso la enseñanza bíblica sobre la ley de Dios, la justificación por fe y la santificación. El hecho de que Pedro pusiera los escritos de Pablo a la par con **las otras Escrituras** afirma claramente que Pablo escribió verdad inspirada divinamente (cp. 1:20-21; 1 Ts. 2:13; 2 Ti. 3:16-17). Los escritores del Nuevo Testamento estaban conscientes de que redactaban la Palabra de Dios, como sin duda lo estuvieron los profetas del Antiguo Testamento. La expresión traducida **Escrituras** es *graphas,* del verbo *graphō* ("escribir") que aparece ciento ochenta veces en el Nuevo Testamento, de las cuales la mitad se refieren a la Biblia como la "palabra escrita". El sustantivo *graphē* se usa cerca de cincuenta veces, exclusivamente respecto a la Biblia e inclusive al Antiguo Testamento (p. ej., Mr. 12:10) y al Nuevo Testamento, según lo clarifica esta referencia (cp. 1 Co. 15:3).

Al distorsionar **las Escrituras,** los falsos maestros estaban al mismo tiempo asegurando **su propia perdición** (cp. 2:1, 3-12; 3:7; Jud. 10, 13; Ap. 22:18-19), así como la muerte espiritual de sus seguidores. Por eso Pedro advierte a sus **amados** lectores **de antemano,** para que ellos puedan guardarse contra **el error de los inicuos** (Fil. 3:2; 1 Ti. 4:1-7; 6:20-21; 2 Ti. 2:15-19; Tit. 1:10-16; 3:10). **Inicuos** (*athesmōn*) tiene el significado literal de "sin ley o costumbre", y llegó a significar "moralmente corruptos", el rasgo esencial de carácter de los engañadores espirituales.

De acuerdo con la advertencia de Pedro, los creyentes **no** deben ser **arrastrados por** las mentiras antibíblicas de los falsos maestros (cp. 1 Ti. 1:18-19).

Al contrario, deben estar alerta y discernir, **no sea que** caigan de su **firmeza.** **Firmeza** (*stērigmos*) indica seguridad, o pie firme; es todo lo contrario a ser inestable. La preocupación de Pedro no era que sus lectores perdieran la salvación, sino que pudieran deslizarse de la estabilidad doctrinal y perder su confianza en la verdad (cp. 1 Co. 16:13; Ef. 4:14; 1 Ts. 5:21). Por esto el apóstol los instó a ser espiritualmente perceptivos, o tener discernimiento, para que su recompensa eterna no disminuyera (2 Jn. 8).

PROGRESO ESPIRITUAL

Antes bien, creced en la gracia y el conocimiento de nuestro Señor y Salvador Jesucristo. (3:18*a*)

En lugar de caer presa de las maquinaciones de los falsos maestros, Pedro animó a sus lectores a buscar la semejanza de Cristo y el crecimiento espiritual, una meta que todo creyente debería tener. El apóstol Pablo dio instrucción similar a los efesios.

> *Para que ya no seamos niños fluctuantes, llevados por doquiera de todo viento de doctrina, por estratagema de hombres que para engañar emplean con astucia las artimañas del error, sino que siguiendo la verdad en amor, crezcamos en todo en aquel que es la cabeza, esto es, Cristo, de quien todo el cuerpo, bien concertado y unido entre sí por todas las coyunturas que se ayudan mutuamente, según la actividad propia de cada miembro, recibe su crecimiento para ir edificándose en amor (Ef. 4:14-16).*

Creced (*auxanō*) significa "progreso o aumento en la esfera de". Debemos crecer en **la gracia** por medio del **conocimiento de nuestro Señor y Salvador Jesucristo.** Debido a su **gracia,** Dios perdona los pecados de sus hijos (Ro. 3:25; Ef. 1:7; 2:5, 8; cp. Hch. 15:11). Ellos a su vez se alimentan de la Biblia (Hch. 17:11; 2 Ti. 2:15) y se comunican con Cristo (Jn. 15:1-11), lo que en consecuencia aumenta el **conocimiento** que tienen de Él (Ef. 4:13; Col. 1:9-10; 3:10). En su carta anterior, Pedro había comentado acerca de este mismo proceso, exhortando a sus lectores: "Desead, como niños recién nacidos, la leche espiritual no adulterada, para que por ella crezcáis para salvación" (1 P. 2:2). A medida que aumentan en conocimiento y madurez, los cristianos están mejor preparados para defenderse de doctrinas destructivas y engaños espirituales.

Es fundamental señalar que Pedro llamó a Jesús **Señor** y **Salvador.** Buscar un entendimiento más profundo de la plenitud de la persona de Cristo, tanto en su obra de salvación como en su señorío (Ro. 5:1-5; Ef. 4:15-16; Fil. 2:12-14; 3:10,

12-14), proporciona a los creyentes la estabilidad doctrinal que necesitan para evitar que los engañen.

ALABANZA CONTINUA

A él sea gloria ahora y hasta el día de la eternidad. Amén. (3:18*b*)

Pedro terminó la carta con una doxología, llamando a los creyentes a alabar y adorar a Dios (cp. Sal. 95:1-6; 105:1-5; 113:1-6; 148; 150; Ro. 11:36; 1 Co. 10:31; 2 Co. 1:20; Ef. 1:12; 3:20-21; 1 Ti. 1:17; Jud. 25). Debían darle **a Él** toda la **gloria** tanto **ahora,** en el presente, como **hasta el día de la eternidad.**

Es claro que el pronombre **Él** se refiere de nuevo a Cristo y es una afirmación segura de su deidad e igualdad con Dios. Después de todo, el Antiguo Testamento declara que la **gloria** divina pertenece únicamente a Dios: "Yo Jehová; este es mi nombre; y a otro no daré mi gloria, ni mi alabanza a esculturas" (Is. 42:8; cp. 48:11; Dt. 5:24; 28:58; Neh. 9:5; Sal. 93:1-2; 104:31; 138:5; Ez. 11:23). Sin embargo, varios lugares en los evangelios atribuyen esa misma gloria a Jesucristo: "Y aquel Verbo fue hecho carne, y habitó entre nosotros (y vimos su gloria, gloria como del unigénito del Padre), lleno de gracia y de verdad" (Jn. 1:14; cp. Mt. 16:27; 25:31; Jn. 17:24). La única conclusión posible entonces es que Cristo es digno de la gloria del Padre *porque* Él mismo es Dios (cp. Jn. 5:23; Ap. 1:5-6). Pedro comenzó esta epístola con una afirmación de la deidad de Cristo en 1:1, y ahora termina con la misma aseveración.

Después de consolar a sus lectores con la seguridad del regreso de Cristo (en 3:1-10), Pedro concluyó con una exhortación para vivir a la luz de esa realidad (en vv. 11-18). En consecuencia, repitió uno de los temas más destacados del Nuevo Testamento. En palabras del apóstol Pablo:

> *Si, pues, habéis resucitado con Cristo, buscad las cosas de arriba, donde está Cristo sentado a la diestra de Dios. Poned la mira en las cosas de arriba, no en las de la tierra. Porque habéis muerto, y vuestra vida está escondida con Cristo en Dios. Cuando Cristo, vuestra vida, se manifieste, entonces vosotros también seréis manifestados con él en gloria (Col. 3:1-4).*

Bibliografía

Arndt, W. F., F.W. Gingrich y F.W. Danker. *A Greek-English Lexicon of the New Testament and Other Early Christian Literature.* Chicago: Univ. of Chicago, 1957.

Barclay, William. *Comentario al Nuevo Testamento.* Barcelona: Editorial Clie, 1999.

Bigg, Charles. *A Critical and Exegetical Commentary on the Epistles of St. Peter and St. Jude.* The International Critical Commentary. Reimpresión. Edinburgh: T. & T. Clark, 1975.

Bruce, F. F. *El canon de la Escritura.* Barcelona: Editorial Clie, 2002.

Carson, D. A., Douglas J. Moo y Leon Morris. *Una introducción al Nuevo Testamento.* Barcelona: Editorial Clie, 2008.

Green, E. M. B. (Michael). "Peter, Second Epistle of". En J. D. Douglas, ed. *The New Bible Dictionary.* Grand Rapids: Eerdmans, 1979.

________. *The Second Epistle of Peter and the Epistle of Jude.* The Tyndale New Testament Commentaries. Grand Rapids: Eerdmans, 2002.

________. *2 Peter Reconsidered.* Londres: Tyndale, 1961.

Guthrie, Donald. *New Testament Introduction.* Edición revisada. Downers Grove, Ill.: InterVarsity, 1990.

Harrison, Everett F. *Introducción al Nuevo Testamento.* Grand Rapids: Libros Desafío, 1980.

Hiebert, D. Edmond. *An Introduction to the Non-Pauline Epistles.* Chicago: Moody, 1962.

________. *First Peter: An Exegetical Commentary.* Chicago: Moody, 1984.

________. *Second of Peter and Jude: An Expositional Commentary.* Greenville, S. C.: Unusual Publications, 1989.

Kelly, J. N. D. *A Commentary on the Epistles of Peter and Jude.* Peabody, Mass.: Hendrickson, 1988.

Kistemaker, Simon. *Comentario al Nuevo Testamento: 1 y 2 Pedro, Judas.* Grand Rapids: Libros Desafío, 1994.

Kruger, Michael J. "The Authenticity of 2 Peter", *Journal of the Evangelical Theological Society* 42/4 (1999): pp. 645-71.

Lenski, R. C. H. *The Interpretation of the Epistles of St. Peter, St. John, and St. Jude.* Reimpresión. Minneapolis: Augsburg, 1966.

MacArthur, John. *Doce hombres comunes y corrientes.* Nashville: Caribe, 2004.

Picirilli, Robert E. "Allusions to 2 Peter in the Apostolic Fathers", *Journal for the Study of the New Testament* 33 (1988): pp. 57-88.

Rees, Paul S. *Triumphant in Trouble. Studies in 1 Peter.* Westwood, N.J.: Revell, 1962.

Schreiner, Thomas R. *1, 2 Peter, Jude.* The New American Commentary. Nashville: Broadman & Holman, 2003.

Selwyn, E. G. *The First Epistle of St. Peter.* London: Macmillan, 1961.

Stibbs, Alan M. *The First Epistle of Peter.* The Tyndale New Testament Commentaries. Grand Rapids: Eerdmans, 1971.

Vine, W. E. *Diccionario expositivo de palabras del Antiguo y del Nuevo Testamento exhaustivo.* Nashville: Grupo Nelson, 1999.

Wallace, Daniel B. "Second Peter: Introduction, Argument and Outline". Biblical Studies Press, www.bible.org, 2000.

Warfield, Benjamin B. "The Canonicity of Second Peter". En John E. Meeter, ed. *Selected Shorter Writings of Benjamin B. Warfield.* Volumen 2. Phillipsburg, N. J.: Presbyterian and Reformed, 1973.

White, William Jr. "Peter, Second Epistle of". En Merrill C. Tenney, ed. *The Zondervan Pictorial Encyclopedia of the Bible.* Volumen 4. Grand Rapids: Zondervan, 1977.

1, 2 Y 3 JUAN

Dedicatoria

A Bill Shannon,
con agradecimiento por sus años de haber pastoreado
con fidelidad el rebaño de Dios.

Contenido

Prólogo

Para mí sigue siendo una experiencia gratificante de comunión divina predicar de manera expositiva a través del Nuevo Testamento. Mi meta es tener siempre un profundo compañerismo con el Señor en el entendimiento de su Palabra, y a partir de esa experiencia explicar a su pueblo lo que un pasaje bíblico significa. En las palabras de Nehemías 8:8, me esfuerzo por poner "el sentido" en las Escrituras para que las personas puedan oír realmente a Dios hablando, y que al hacerlo puedan a su vez contestarle.

Es evidente que el pueblo de Dios debe entenderle, lo cual exige conocer su Palabra de verdad (2 Ti. 2:15) y permitir que more en abundancia en nosotros (Col. 3:16). De ahí que la idea central de mi ministerio sea ayudar a hacer viva la Palabra de Dios a su pueblo. Se trata de una aventura reconfortante.

Esta serie de comentarios del Nuevo Testamento refleja el propósito de explicar y aplicar las Escrituras. Algunos comentarios son sobre todo lingüísticos, otros teológicos, y otros tienen que ver más con la homilética. En esencia este comentario es explicativo o expositivo. No es lingüísticamente técnico, pero tiene que ver con la lingüística cuando eso parece ayudar a la adecuada interpretación. No es teológicamente extenso, pero se enfoca en las principales doctrinas de cada texto y en cómo estas se relacionan con toda la Biblia. Ante todo, no es homilético, aunque por lo general a cada unidad de pensamiento se la trata como un capítulo, con un claro esquema y flujo lógico de pensamiento. La mayoría de las verdades se ilustran y se aplican con otras Escrituras. Después de establecer el contexto de un pasaje, he tratado de seguir de cerca el desarrollo y el razonamiento del escritor.

Oro pidiendo que cada lector comprenda bien lo que el Espíritu Santo está diciendo a través de este segmento de su Palabra, de modo que su revelación pueda alojarse en las mentes de los creyentes y así lograr una mayor obediencia y fidelidad para la gloria de nuestro gran Dios.

Introducción a 1 Juan

El mundo grecorromano de finales del siglo I de nuestra era se hallaba en un estado de fermentación cultural, filosófica y religiosa. El sincretismo religioso y el inclusivismo eran las consignas de la época, según observa Donald W. Burdick:

> Aparte de la esfera judeocristiana, el mundo era religiosamente inclusivista. Siempre había espacio para una nueva religión, con tal que no tuviera una naturaleza exclusivista. Sin embargo, el sincretismo no se limitaba a expresarse simplemente en un ambiente de tolerancia hacia otras creencias. Su expresión característica estaba en la combinación de varias ideas y creencias de diferentes fuentes para formar nuevas o aberrantes religiones. Esta fue la era del desarrollo de religiones misteriosas, del ocultismo, y de la proliferación de sectas gnósticas (*The Letters of John the Apostle* [Chicago: Moody, 1984], p. 4).

En ninguna parte era más evidente esa situación que en la provincia romana de Asia, situada en la parte occidental Asia Menor, la Turquía moderna. La región forma una franja de tierra entre los continentes de Europa y Asia, a través de la cual fluían las olas de invasión y migración. Como resultado el lugar era un crisol de ideas, filosofías y religiones. El culto imperial de adoración al emperador estaba generalizado. La región también era el centro de adoración de innumerables dioses falsos, entre ellos Asclepio, Atenea, Zeus, Dionisio (Baco), Cibeles, Apolo y Artemisa, cuyo magnífico templo en Éfeso era una de las siete maravillas del mundo antiguo.

En medio de las tinieblas y la superstición del paganismo, la Iglesia Cristiana fue un faro de esperanza que hacía brillar la luz de la verdad (cp. Mt. 5:14; Fil. 2:15). Pero la iglesia en Asia no existió aislada de la cultura circundante. La gran abundancia de ideologías conflictivas representaba inevitablemente una amenaza, tanto a nivel externo de parte de falsas religiones, como a nivel interno de parte de falsos maestros ("lobos rapaces"; Hch. 20:29; Mt. 7:15) y sus seguidores (cp. 2 Co. 11:26; Gá. 2:4) que se infiltraban en las iglesias. La presión ya había comenzado a hacer mella en las iglesias en Asia. Algunas se habían dividido, y habían salido de ellas los falsos maestros y sus seguidores (1 Jn. 2:19). Solo dos de las siete iglesias en la región de las que habla Apocalipsis 2—3 fueron elogiadas por el Señor (Esmirna y Filadelfia); las otras cinco fueron reprendidas por la mundanalidad y por tolerar falsas doctrinas (Éfeso, Pérgamo, Tiatira, Sardis y Laodicea).

Fue en este lugar estratégico donde la batalla contra "los gobernadores de las tinieblas… [y las] huestes espirituales de maldad en las regiones celestes" (Ef. 6:12) se propagó más agresivamente de lo que Juan, el último apóstol vivo, ministraba. Él había llegado a Asia muchos años antes y se había establecido en Éfeso, la capital de la provincia (véase *Fecha y lugar del escrito* más adelante). Aunque Juan ya era un hombre anciano (lo más probable al menos en sus 80 y tantos años), su edad no había disminuido su celo ardiente por la verdad. Reconociendo los peligros que amenazaban a las congregaciones bajo su cuidado, el apóstol tomó su pluma para defender "la fe que ha sido una vez dada a los santos" (Jud. 3).

En nuestra era inclusivista del secularismo, el relativismo posmoderno, las sectas de la Nueva Era, y los militantes de las religiones del mundo, las palabras de advertencia y convicción del apóstol son a la vez oportunas y relevantes. Como siempre, la Iglesia las ignora para su propio peligro.

AUTOR

Primera de Juan y Hebreos son las únicas dos epístolas del Nuevo Testamento que no identifican a sus autores. Pero desde el siglo I hasta el surgimiento de la moderna y destructiva alta crítica a finales del siglo XVIII, la Iglesia constantemente identificó al apóstol Juan como el autor de 1 Juan. Hay posibles y definitivas alusiones a 1 Juan en obras de finales del siglo I y principios del siglo II como *Primera y segunda epístolas a los corintios* de Clemente de Roma, el *didaché,* la *Epístola de Bernabé,* el *Pastor de Hermas,* la *Epístola de Diogneto,* las *Apologías* y *Diálogo con Trifón* de Justino Mártir, la *Epístola a los filipenses* de Policarpo, y los escritos de Papías, contemporáneo de Policarpo. Pero el primer escritor que citó directamente de 1 Juan y nombró al apóstol Juan como su autor fue Ireneo, en las últimas décadas del siglo II. Su testimonio es especialmente significativo puesto que se trata de un discípulo de Policarpo, quien a su vez fue discipulado por el apóstol mismo. Clemente de Alejandría y Tertuliano, contemporáneos de Ireneo, también atribuyeron 1 Juan al apóstol Juan, al igual que lo hizo la lista de libros canónicos del siglo II conocida como el canon muratorio. En el siglo III Orígenes, Dionisio de Alejandría y Cipriano de Cartago también manifestaron que el apóstol Juan fue el autor de esta epístola. Al resumir la evidencia de la iglesia primitiva, el historiador de la iglesia del siglo IV Eusebio escribió: "Pero de los escritos de Juan, no solo su evangelio, sino también la primera de sus epístolas [1 Juan], ha sido aceptada sin debate tanto ahora como en los tiempos antiguos" (*Historia Eclesiástica,* 3.24).

Aunque Juan no se identifica a sí mismo en 1 Juan (como tampoco lo hace en el Evangelio de Juan), la evidencia interna apoya firmemente el testimonio de la iglesia primitiva de que él escribió esta epístola.

Primero, la carta muestra notables similitudes con el Evangelio de Juan. Ambas obras presentan una serie de marcados contrastes, sin una tercera alternativa (p. ej., luz y tinieblas; vida y muerte; amor y odio; verdad y mentiras; amor del Padre y amor del mundo; hijos de Dios e hijos del diablo; estar en el mundo, pero no ser del mundo; conocer a Dios o no conocer a Dios; tener vida eterna o no tener vida eterna).

Sus estilos gramaticales también son muy parecidos, lo que llevó a Nigel Turner a escribir: "Las consideraciones estilísticas a favor de la unidad [de autoría] en realidad son abrumadoras" (J. H. Moulton, *A Grammar of New Testament Greek*; vol. IV: *Style*, por Nigel Turner [Edinburgh: T. & T. Clark, 1976], p. 133).

Los dos libros también tienen en común muchas palabras y frases, algunas de las cuales no se encuentran en otras partes del Nuevo Testamento (para listas detalladas de tales similitudes, véase Robert Law, *The Tests of Life* [Edinburgh: T. & T. Clark, 1914], pp. 341-45; y A. E. Brooke, *A Critical and Exegetical Commentary on the Johannine Epistles*, The International Critical Commentary [Edinburgh: T. & T. Clark, 1912], ii-ix). Algunos críticos señalan las diferencias entre 1 Juan y el Evangelio de Juan como evidencia de dos autores distintos. Pero tales diferencias son debatibles, intrascendentes o explicables por las variadas circunstancias que motivaron los dos escritos. A pesar de las diferencias, los vocabularios de 1 Juan y el Evangelio de Juan son más parecidos que los de Lucas y Hechos, Efesios y Colosenses, o 1 Timoteo y Tito, los cuales se saben que han venido del mismo escritor (D. A. Carson, Douglas J. Moo, y Leon Morris, *An Introduction to the New Testament* [Grand Rapids: Zondervan, 1992], pp. 448-49).

Por último, los mismos temas teológicos impregnan ambas obras, e incluyen la encarnación (1 Jn. 4:2; Jn. 1:14) del único ("unigénito"; 1 Jn. 4:9; Jn. 3:16) y eterno (1 Jn. 1:1; Jn. 1:1), Hijo de Dios (1 Jn. 5:5; Jn. 20:31); la verdad de que Jesucristo es la fuente de vida eterna (1 Jn. 5:11; Jn. 6:35) y de que es vida eterna (1 Jn. 5:20; Jn. 11:25); de que los creyentes una vez fueron hijos del diablo (1 Jn. 3:8; Jn. 8:44) y parte de su sistema mundial perverso (1 Jn. 4:5; Jn. 15:19), que anduvieron en tinieblas (1 Jn. 1:6; Jn. 12:35), que estuvieron espiritualmente ciegos (1 Jn. 2:11; Jn. 9:39-41) y muertos (1 Jn. 3:14; Jn. 5:25); de que debido a su amor por los pecadores perdidos, Dios envió a su Hijo a dar su vida por los creyentes (1 Jn. 3:16; Jn. 10:11) y pagar por sus pecados (1 Jn. 3:5; Jn. 1:29), con el fin de que pudieran nacer de nuevo (1 Jn. 5:1; Jn. 3:5-7) y recibir vida eterna (1 Jn. 5:11; Jn. 3:15-16) por medio de creer en Jesús (1 Jn. 5:13; Jn. 3:16); y que como resultado conocieran a Dios (1 Jn. 5:20; Jn. 17:3), supieran la verdad (1 Jn. 2:21; Jn. 8:32), fueran de la verdad (1 Jn. 3:19; Jn. 18:37), obedecieran la verdad (1 Jn. 2:5; Jn. 8:51), y fueran hijos de Dios (1 Jn. 3:1-2; Jn. 1:12).

El autor de 1 Juan también afirma haber sido testigo de los acontecimientos de la vida de Cristo (véase más adelante en esta obra mi exposición de 1 Jn. 1:1-4), en oposición a la segunda generación de cristianos a la que se dirigió. Eso reduce considerablemente el campo de posibles autores. Significa que el escritor debió haber sido uno de los pocos que habían estado íntimamente relacionados con Jesús durante su vida terrenal (cp. 1:1) y que aún estuvieron vivos muchas décadas después, cuando se escribió 1 Juan.

Algunos críticos intentan evadir la fuerza de este argumento afirmando que el uso del "nosotros" en los primeros versículos se refiere a la Iglesia como un todo. Sin embargo, recurrir a la experiencia común de todos los creyentes difícilmente se utilizaría para autenticar el mensaje del escritor. Además, si el "nosotros" en los versículos 1-4 es la Iglesia como un todo, ¿quién es el "vosotros"? Este punto de vista da como resultado el absurdo de que la comunidad cristiana se esté dirigiendo a sí misma. Esto no es nada más que un intento fallido de evitar la obvia verdad de que el escritor fue un testigo presencial, como lo fue el apóstol Juan.

El autor también escribe con un aire de autoridad:

> No hay nada indeterminado o apologético en cuanto a lo que el autor escribe. Él no duda en llamar a ciertas clases de individuos mentirosos, engañadores o anticristos. Suministra pruebas por las cuales a todo el mundo se le puede clasificar en una u otra de las dos categorías. Según la relación que tengan con sus pruebas, o tienen a Dios o no lo tienen, conocen a Dios o no lo conocen, han nacido de Dios o no lo han hecho, tienen vida o permanecen en muerte, andan en las tinieblas o en la luz, son hijos de Dios o hijos del diablo. Esta autoridad dogmática del escritor se ve particularmente en sus declaraciones y en sus mandamientos (John R. W. Stott, *The Epistles of John*, The Tyndale New Testament Commentaries [Grand Rapids: Eerdmans, 1964], p. 34).

El autor esperaba claramente que sus lectores obedecieran sus mandamientos sin cuestionarlos. Solo un apóstol conocido y respetado por los destinatarios pudo haber escrito la carta con tal autoridad sin dar su nombre.

Ya que es evidente que el mismo autor escribió tanto el Evangelio de Juan como 1 Juan, la evidencia de que el apóstol Juan escribió el evangelio también es evidencia de que escribió la epístola. Esa evidencia se puede resumir brevemente en cinco puntos que de modo inequívoco limitan el enfoque hacia el apóstol:

Primero, el autor del evangelio era judío, según indica su familiaridad con las costumbres y creencias judías.

Segundo, había vivido en Palestina, como lo evidencia su detallado conocimiento de esa región.

Tercero, el autor debió haber sido testigo presencial de muchos de los acontecimientos que narró, ya que proporcionó numerosos detalles que solo un testigo presencial habría conocido.

Cuarto, el autor era un apóstol. Sabía íntimamente lo que los doce estaban pensando y sintiendo.

Por último, el autor fue el apóstol Juan, ya que su nombre no aparece en el cuarto evangelio. Ningún otro escritor pudo haber dejado de mencionar a tan prominente apóstol. (Para un estudio más completo de la evidencia de que el apóstol Juan escribió el evangelio que lleva su nombre, véase *Comentario MacArthur del Nuevo Testamento: Juan* [Grand Rapids: Portavoz, 2011], pp. 15-20).

A pesar del testimonio unánime de la iglesia primitiva y de la fuerte evidencia interna de que el apóstol Juan escribió esta epístola, algunos críticos insisten perversamente en atribuirla a otra persona. El candidato habitual es el llamado Juan el Anciano. La existencia de ese sombrío personaje descansa totalmente en una controversial afirmación atribuida por Eusebio a Papías quien, al igual que Policarpo, fue discípulo del apóstol Juan. Eusebio cita que Papías manifiesta: "Si, pues, cualquiera que hubiera servido para representar a los ancianos viniera, preguntaría detalladamente después de lo que expresara, qué dijeron Andrés o Pedro, o lo que dijo Felipe, Tomás, Jacobo, Juan, Mateo o cualquier otro de los discípulos del Señor: qué cosas afirman Aristión y el presbítero [anciano] Juan, los discípulos del Señor" (*Exposition of the Oracles of the Lord*, p. 1).

No obstante, es dudoso que Papías tuviera en mente a dos Juanes distintos. Menciona a Juan otra vez con Aristión porque ambos aún estaban vivos (como indica el verbo en tiempo presente "afirman"). Papías repite la palabra "presbítero" antes de nombrar otra vez a Juan para demostrar que se está refiriendo al Juan al que anteriormente describió como uno de los ancianos (presbíteros). R. C. H. Lenski señala:

> En la segunda mención de Juan, Papías repite con cuidado la frase "*el presbítero* Juan", a fin de mostrar más allá de toda duda que Papías tenía en mente el Juan nombrado entre los siete a quienes acababa de llamar "los presbíteros"; porque si en este segundo caso solo hubiera escrito "Juan", el lector pudo haber tomado a este Juan como otro distinto del mencionado en la lista de los siete denominados "los presbíteros". Papías se asegura que pensemos en el mismo hombre cuando se menciona "al presbítero Juan", uno de los siete presbíteros que acababa de mencionar (*The Interpretation of St. John's Revelation* [Minneapolis: Augsburg, 1943], p. 9).

Es poco probable que dos hombres tan eminentes llamados Juan vivieran en Éfeso al mismo tiempo. Pero, aunque se pudiera demostrar que "el anciano Juan" realmente existió, no hay ni una pisca de evidencia de que escribiera las epístolas juaninas (o cualquier otra cosa). Que ejercía autoridad sobre varias iglesias (cp. 2 y 3 Juan) también sugiere que el escritor fuera un apóstol, ya que la autoridad de los ancianos estaba limitada a sus propias congregaciones. El punto de vista de que "el anciano Juan" escribió 1 Juan tampoco explica por qué Ireneo, discípulo de uno de los discípulos de Juan, lo atribuyó al apóstol.

Juan era el menor de los dos hijos de Zebedeo (ya que casi siempre se coloca a Jacobo el primero cuando se mencionan juntos a los dos), un próspero pescador en el lago de Galilea que poseía su propia barca y tenía jornaleros contratados (Mr. 1:20). La madre de Juan era Salomé (cp. Mr. 15:40 con Mt. 27:56), quien contribuyó económicamente al ministerio de Jesús (Mt. 27:55-56), y que pudo haber sido la hermana de María, la madre de Jesús (Jn. 19:25). Si es así, Juan y Jesús habrían sido primos.

Juan era discípulo de Juan el Bautista (cp. Jn. 1:35-40; aunque típicamente Juan mismo no se nombraba a sí mismo). Cuando Juan el Bautista señaló a Jesús como el Mesías, al instante Juan lo dejó y siguió a Jesús (Jn. 1:37). Tras permanecer con Él por un tiempo, Juan regresó al negocio de pesca de su padre. Más tarde se convirtió en un discípulo permanente de Jesús (Mt. 4:18-22) y fue denominado apóstol (Mt. 10:2).

Junto con Jacobo y Pedro, Juan formaba parte del círculo de los doce (cp. Mt. 17:1; Mr. 5:37; 13:3; 14:33). Después de la ascensión se convirtió en uno de los líderes de la iglesia en Jerusalén (Hch. 1:13; 3:1-11; 4:13-21; 8:14; Gá. 2:9). De acuerdo con la tradición, Juan pasó las últimas décadas de su vida en Éfeso, supervisando las iglesias en la región adyacente (Clemente de Alejandría, *¿Quién es el hombre rico que se salvará?*, 42) y escribiendo su evangelio (aprox. 80-90 d.C.) y sus tres epístolas (aprox. 90-95 d.C.). Hacia el final de su vida (según Ireneo [*Contra las herejías,* 3.3.4], Juan vivió hasta la época del emperador Trajano [98-117 d.C.]) y fue desterrado a la isla de Patmos. Allí fue donde recibió y escribió las visiones descritas en el libro del Apocalipsis (aprox. 94-96 d.C.).

A pesar de su reputación como "el apóstol del amor", Juan tenía un temperamento vehemente. Jesús llamó "Hijos del trueno" a Jacobo y Juan (Mr. 3:17), y los dos hermanos hacían honor a ese nombre. Indignados cuando una aldea samaritana se negó recibir a Jesús y los discípulos, y valorando en exceso su poder apostólico, con vehemencia le preguntaron al Señor: "¿Quieres que mandemos que descienda fuego del cielo, como hizo Elías, y los consuma?" (Lc. 9:54). En el único incidente narrado en los evangelios sinópticos en que Juan actúa y habla solo, muestra la misma actitud al decirle a Jesús: "Maestro, hemos visto a uno que echaba fuera demonios en tu nombre; y se lo prohibimos, porque no sigue con nosotros" (Lc. 9:49).

Aunque con el tiempo se ablandó hacia las personas (analizo el desarrollo de su carácter espiritual en mi libro *Doce hombres comunes y corrientes* [Nashville: Caribe, 2004]), Juan nunca perdió su pasión por la verdad. Dos anécdotas de sus años en Éfeso dan a conocerlo. Según Policarpo, "Juan, el discípulo del Señor, al ir a bañarse en Éfeso y percibir adentro [al hereje] Cerinto, salió corriendo del baño público sin bañarse, exclamando: 'Huyamos, no sea que incluso el baño público se derrumbe porque Cerinto, el enemigo de la verdad, está adentro" (Ireneo, *Contra las herejías,* 3.3.4). Clemente de Alejandría relata cómo Juan entró valientemente al campamento de una banda de ladrones y llevó a su capitán, quien una vez había profesado fe en Cristo, a un verdadero arrepentimiento (véase *¿Quién es el hombre rico que se salvará?*, 42).

LUGAR Y FECHA DE ESCRITURA

A pesar de no contener indicios claros de cuándo o dónde se escribió esta carta, lo más probable es que Juan la escribiera en la última parte del siglo I en Éfeso. Según se indicó antes, el testimonio de la iglesia primitiva ubica a Juan en esa ciudad durante ese período. Las repetidas referencias del apóstol a sus lectores como "hijitos míos" (2:1, 12, 28; 3:7, 18; 4:4; 5:21) sugiere que era mucho mayor que ellos y que escribió 1 Juan hacia el final de su vida. La herejía que Juan enfrentó (véase a continuación el estudio bajo el título de *Ocasión y propósito*) parece haber sido una forma incipiente de gnosticismo, que comenzó a desarrollarse hacia el final del siglo I. Además, la ausencia de cualquier referencia a la persecución bajo el emperador Domiciano (aprox. 95 d.C.) sugiere que Juan escribió la epístola antes de que comenzara esa persecución. Por último, 1 Juan se escribió probablemente después del Evangelio de Juan (cp. Burdick, *The Letters of John*, pp. 38-40, quien calcula que al menos el 80 por ciento de los versículos en 1 Juan reflejan conceptos hallados en el Evangelio de Juan [p. 40]). Puesto que Juan escribió su evangelio aproximadamente entre los años 80-90 d.C. (*Comentario MacArthur del Nuevo Testamento: Juan*, p. 20), es razonable ponerle una fecha a 1 Juan entre los años 90-95 d.C.

OCASIÓN Y PROPÓSITO

Como se indicó anteriormente, los padres de la iglesia (p. ej. Justino Mártir, Ireneo, Clemente de Alejandría, Eusebio) ubican a Juan en Éfeso durante la época en que esta epístola fue escrita, y que el anciano apóstol supervisaba a muchas iglesias en la región adyacente. Como Pablo ya había predicho (Hch. 20:29-30), habían surgido falsos maestros, influenciados por la corriente religiosa y tendencias filosóficas del día. Esos herejes estaban contagiando las iglesias con falsas doctrinas; esas enseñanzas heréticas representaban las etapas iniciales de la virulenta herejía conocida posteriormente como gnosticismo, que se desarrolló en el siglo II y planteó una grave amenaza para la verdad.

El gnosticismo (de la palabra griega *gnōsis* ["conocimiento"]) era una mezcla de varios sistemas de pensamiento pagano, judío y casi cristiano. Influido por la filosofía griega (en especial la de Platón), el gnosticismo enseñaba que la materia era intrínsecamente mala y que el espíritu era bueno. Ese dualismo filosófico llevó a los falsos maestros confrontados por Juan a aceptar alguna forma de deidad de Cristo, pero a negar su humanidad. Según ellos, Cristo no pudo haber tomado un cuerpo físico, ya que la materia era mala. La negación de la encarnación en el gnosticismo tomó dos formas básicas. Algunos, conocidos como los docetistas (del verbo griego *dokeō* ["parecer" o "aparecer"]), enseñaban que el cuerpo de Jesús no era real ni físico, sino que solamente parecía serlo. En marcado contraste, Juan afirmó de modo enérgico que había "oído", "visto", "contemplado" y palpado a Jesucristo (1:1), quien en realidad había "venido en carne" (4:2; cp. Jn. 1:14).

Otros (como el hereje Cerinto, cuya presencia hizo huir a Juan de los baños públicos) enseñaban que el espíritu de Cristo descendió sobre Jesús hombre en su bautismo, pero que salió de Él antes de la crucifixión. Juan refutó ese engañoso argumento afirmando que el Jesús que fue bautizado fue la misma persona crucificada (véase la exposición de 1 Jn. 5:6 en el capítulo 17).

Cualquiera de esos puntos de vista heréticos socava no solamente la enseñanza bíblica de la verdadera humanidad de Jesús, sino también de la expiación. Si Jesús no fue verdadero hombre, como también verdadero Dios, al sufrir y morir no pudo haber sido un sacrificio sustitutivo aceptable por el pecado.

El dualismo filosófico del gnosticismo también les hacía ser indiferentes a los valores morales y a la conducta ética. Para ellos el cuerpo era simplemente la prisión en la cual el espíritu estaba encarcelado. Por tanto, el pecado cometido en el cuerpo no tenía relación ni efecto sobre el espíritu. Sin embargo, así declaró Juan enérgicamente: "Si decimos que no tenemos pecado, nos engañamos a nosotros mismos, y la verdad no está en nosotros... Si decimos que no hemos pecado, le hacemos a él mentiroso, y su palabra no está en nosotros" (1:8, 10; cp. 2:4; 3:3-10; 5:18; 3 Jn. 11).

Ya que los gnósticos se veían como la élite espiritual, y los únicos que tenían verdadero conocimiento espiritual, despreciaban a los no iluminados que carecían de tal conocimiento. Los gnósticos eran arrogantes, perversos y carentes de amor. Pero esa conducta no caracteriza a quienes poseen un conocimiento superior de Dios, sino más bien a quienes no lo conocen en absoluto, una verdad que Juan declaró de manera clara y reiterada:

> *El que dice que está en la luz, y aborrece a su hermano, está todavía en tinieblas. (2:9)*

> *En esto se manifiestan los hijos de Dios, y los hijos del diablo: todo aquel que no hace justicia, y que no ama a su hermano, no es de Dios. (3:10)*

> *Nosotros sabemos que hemos pasado de muerte a vida, en que amamos a los hermanos. El que no ama a su hermano, permanece en muerte. Todo aquel que aborrece a su hermano es homicida; y sabéis que ningún homicida tiene vida eterna permanente en él. (3:14-15)*

> *Si alguno dice: Yo amo a Dios, y aborrece a su hermano, es mentiroso. Pues el que no ama a su hermano a quien ha visto, ¿cómo puede amar a Dios a quien no ha visto? Y nosotros tenemos este mandamiento de él: El que ama a Dios, ame también a su hermano. (4:20-21)*

Al igual que cualquier pastor, Juan no podía permanecer cruzado de brazos mientras a su pueblo lo agredían con las mentiras satánicas que propagaban los falsos maestros. En respuesta a la grave crisis que amenazaba a las iglesias bajo su cuidado, el apóstol les envió esta carta para ayudarles a confrontar la plaga mortal. Pero el propósito de Juan no era tan solo polémico sino también pastoral, expresando su profunda preocupación por los creyentes. Él no solo quería refutar a los falsos maestros sino también consolar a los verdaderos cristianos. Por tanto, mientras que Juan expresó la finalidad de su evangelio afirmando: "Éstas [palabras] se han escrito para que creáis que Jesús es el Cristo, el Hijo de Dios, y para que creyendo, tengáis vida en su nombre" (Jn. 20:31), el apóstol expresó así el propósito de 1 Juan: "Estas cosas os he escrito a vosotros que creéis en el nombre del Hijo de Dios, para que sepáis que tenéis vida eterna, y para que creáis en el nombre del Hijo de Dios" (1 Jn. 5:13). Al repetir una y otra vez las verdades esenciales del cristianismo, Juan, con creciente, profunda y amplia divulgación, fortaleció a su pueblo contra las agresiones de los falsos maestros y les aseguró que poseían vida eterna. Primera de Juan se mueve en espiral a través del equilibrio bíblico de la verdad, la obediencia y el amor.

DESTINO Y LECTORES

Algunos han puesto en duda que 1 Juan sea realmente una carta, ya que carece de algunas características generales de las cartas de esa época. Pero su tono y contenido íntimo indican que no fue un tratado general sino una carta pastoral y personal. Las iglesias a las que se dirigió estaban probablemente ubicadas en Asia Menor, cerca del hogar de Juan en Éfeso (véase el título Autor para evidencia de que Juan vivía en Éfeso).

Poco se sabe con certeza acerca de los destinatarios de 1 Juan. Lo más probable es que eran sobre todo gentiles, como sugiere la ausencia de citas y referencias al Antiguo Testamento (aparte de 3:12) y la advertencia final en contra de la idolatría (5:21).

BOSQUEJO

I. Evidencias fundamentales de la comunión genuina: ESPIRAL I (1:1—2:17)
  A. Evidencias doctrinales fundamentales (1:1—2:2)
    1. Una visión bíblica de Cristo (1:1-4)
    2. Una visión bíblica del pecado (1:5—2:2)
  B. Evidencias morales fundamentales (2:3-17)
    1. Una visión bíblica de la obediencia (2:3-6)
    2. Una visión bíblica del amor (2:7-17)
      a. El amor que Dios exige (2:7-11)
      b. El amor que Dios aborrece (2:12-17)

II. Evidencias fundamentales de la comunión genuina: ESPIRAL II (2:18—3:24)
  A. Parte 2 de la evidencia doctrinal (2:18-27)
    1. Los anticristos salen de la comunión cristiana (2:18-21)
    2. Los anticristos niegan la fe cristiana (2:22-25)
    3. Los anticristos engañan a los fieles cristianos (2:26, 27)
  B. Parte 2 de la evidencia moral (2:28—3:24)
    1. La esperanza purificadora del regreso del Señor (2:28—3:3)
    2. La incompatibilidad del cristiano con el pecado (3:4-24)
      a. Requisito de la justicia (3:4-10)
      b. Requisito del amor (3:11-24)

III. Evidencias fundamentales de la comunión genuina: ESPIRAL III (4:1-21)
  A. Parte 3 de la evidencia doctrinal (4:1-6)
    1. La fuente demoníaca de la falsa doctrina (4:1-3)
    2. Necesidad de la sana doctrina (4:4-6)
  B. Parte 3 de la evidencia moral (4:7-21)
    1. El carácter del amor de Dios (4:7-10)
    2. Requisito del amor de Dios (4:11-21)

IV. Evidencias fundamentales de la comunión genuina: ESPIRAL IV (5:1—21)
  A. La vida victoriosa en Cristo (5:1-5)
  B. El testimonio de Dios por Cristo (5:6-12)
  C. Certidumbres cristianas a causa de Cristo (5:13-21)
    1. Seguridad de la vida eterna (5:13)
    2. Seguridad de la oración contestada (5:14-17)
    3. Seguridad de victoria sobre el pecado y Satanás (5:18-21)

Seguridades del Verbo de vida 1

Lo que era desde el principio, lo que hemos oído, lo que hemos visto con nuestros ojos, lo que hemos contemplado, y palparon nuestras manos tocante al Verbo de vida (porque la vida fue manifestada, y la hemos visto, y testificamos, y os anunciamos la vida eterna, la cual estaba con el Padre, y se nos manifestó); lo que hemos visto y oído, eso os anunciamos, para que también vosotros tengáis comunión con nosotros; y nuestra comunión verdaderamente es con el Padre, y con su Hijo Jesucristo. Estas cosas os escribimos, para que vuestro gozo sea cumplido. (1:1-4)

Vivimos en una época que ve con recelo cualquier clase de certidumbre o convicción acerca de la verdad. Nuestra sociedad ha abandonado la idea de los absolutos, y en su lugar ha decidido arbitrariamente darle igual validez a toda opinión y divagación filosófica. Tristemente, la Iglesia moderna, influenciada por la cultura circundante, ha caído presa de un inclusivismo que al parecer tolera todo punto de vista, excepto el dogmatismo. En la esfera de la interpretación bíblica, por ejemplo, un nuevo e importante movimiento está ganando terreno en afirmar que nadie puede saber con seguridad lo que la Biblia quiere decir. Según este punto de vista emergente, la Biblia confunde tanto que cualquier persona que interpreta las Escrituras no debería ofrecer más que una cautelosa, "humilde" y comprensiva opinión del significado del texto. Pero tal escepticismo radical y sin base alguna hace abiertamente caso omiso a la propia enseñanza de la Biblia de que los cristianos no solo pueden sino que deben conocer la verdad (Jn. 8:32; cp. Sal. 19:8; 119:105; Pr. 22:21; Is. 29:24; Lc. 1:4; 1 Ti. 4:3; 2 P. 1:12, 19; 1 Jn. 2:21; 4:6; 2 Jn. 1). Por tanto, afirmar que el significado de la Biblia es misterioso constituye un ataque directo a la claridad divinamente asignada de la Palabra de Dios; en esencia es acusar a Dios de no poder revelarse claramente ni poder revelar su verdad a la humanidad. La consecuencia inevitable de tal arrogancia —para quienes la aceptan— es la pérdida de la certeza y la confianza en cuanto a las ricas y esenciales verdades doctrinales de la fe cristiana.

Por el contrario, los escritores de la Biblia estaban absolutamente seguros de lo que creían, y bajo la inspiración del Espíritu Santo escribieron con una claridad y una audacia que hace al mensaje de salvación en toda su plenitud comprensible para la mente regenerada e iluminada. Sin embargo, el adecuado sentido de dogmatismo es totalmente contrario a las actitudes relativistas de hoy, y a quienes lo apoyan se les condena constantemente como insensibles, sin afecto natural y opuestos a lo intelectual. La realidad es que quienes niegan la claridad de las Escrituras están probablemente motivados por la rebelión contra el claro mensaje de pecado y justicia que la Biblia proclama (cp. Jn. 3:20). Negar que la Palabra de Dios se puede entender ofrece falso consuelo a quienes no les gusta la verdad que revela. Por el contrario, los que aman la verdad se apresuran a buscarla y aplicarla a sus vidas (Jn. 3:21). Esa adherencia a la verdad divina y absoluta que honra a Dios es precisamente lo que el apóstol Juan exalta en su primera epístola como evidencia de la auténtica salvación.

La enseñanza de esta carta se puede dividir en tres categorías: certidumbre teológica con relación al evangelio y la persona de Jesucristo (2:1-2, 22; 5:1, 20), certidumbre moral respecto a los mandamientos de Dios (2:4, 7, 29; 3:9, 22), y certidumbre relacional en cuanto al amor (2:10; 4:7, 21; 5:2-3). (Para una visión general y completa de los temas de Juan en su primera epístola, véase *Introducción a 1 Juan* al principio de esta obra).

Conforme a su firme compromiso con la certidumbre de la verdad divina, Juan prescindió de todas las buenas maneras introductorias: ni siquiera se nombra como el autor ni identifica a sus lectores. Más bien, se lanza inmediatamente a escribir la verdad inspirada por el Espíritu. Comienza presentando cinco certidumbres acerca de la persona y la obra de Cristo: El Verbo de vida es inmutable, histórico, transmisible, relacional y gozoso.

EL VERBO DE VIDA ES INMUTABLE

Lo que era desde el principio, (1:1*a*)

El mensaje de redención es invariable. **Desde el principio** de la predicación del evangelio ha sido el mismo. Los que predican el verdadero evangelio siempre han exigido fe y arrepentimiento (Mt. 4:17; Jn. 3:16-18; Hch. 2:38; 17:30), han declarado que el reino de Dios está a la mano (Mt. 3:2; Hch. 19:8), han anunciado la disponibilidad misericordiosa y clemente del perdón divino (Hch. 10:43; Ef. 1:7), y han instado a los pecadores a reconciliarse con Dios por medio de Jesucristo (2 Co. 5:18-21). Cuando el apóstol Juan escribió esta epístola, un incipiente gnosticismo ya estaba amenazando a las iglesias de Asia Menor. Sus partidarios negaban la total deidad y humanidad de Jesucristo, y por consiguiente su verdadera naturaleza esencial al evangelio. Además afirmaban haber obtenido, sin tener en cuenta el evangelio, un conocimiento extraordinario de lo divino, disponible tan solo para la élite "espiritual", y por lo demás fuera del alcance del creyente común.

Estos falsos maestros amenazaban la Iglesia de la época de Juan, así como lo siguen haciendo hoy día; y lo seguirán haciendo hasta el final de la era. Jesús advirtió: "Porque se levantarán falsos Cristos, y falsos profetas, y harán grandes señales y prodigios, de tal manera que engañarán, si fuere posible, aun a los escogidos" (Mt. 24:24). Amenazan con socavar la Iglesia (Hch. 20:29-30; 2 Ti. 3:1-9), tratando de alejarla de la doctrina apostólica de fe (cp. Hch. 2:42; 13:8; 14:22; 16:5; 1 Co. 16:13; 2 Co. 13:5; Ef. 4:4-6; Col. 1:23; 1 Ti. 4:1, 6; 6:10, 21; 2 Ti. 3:8; 4:7; Tit. 1:13; 3:15; 2 P. 1:20-21; Jud. 3, 4, 20), es decir, la verdad inspirada que nada puede nunca reemplazar (cp. He. 13:8-9).

Cualquier alteración a esta revelación celestial, sea añadiendo o quitando de ella, significa un ataque a la verdad y a su Autor soberano. Todos los predicadores, maestros y testigos del evangelio (en cualquier generación o localización, por cualquier razón, incluso la de hacer el mensaje más aceptable o comercializable) deberían saber que no pueden libremente cambiar con impunidad cualquier elemento de la revelación de Dios.

El apóstol Pablo también advirtió antes con palabras claras a quienes propagan un evangelio alterado o falso:

> *Estoy maravillado de que tan pronto os hayáis alejado del que os llamó por la gracia de Cristo, para seguir un evangelio diferente. No que haya otro, sino que hay algunos que os perturban y quieren pervertir el evangelio de Cristo. Mas si aun nosotros, o un ángel del cielo, os anunciare otro evangelio diferente del que os hemos anunciado, sea anatema. Como antes hemos dicho, también ahora lo repito: Si alguno os predica diferente evangelio del que habéis recibido, sea anatema (Gá. 1:6-9).*

Con una sencilla declaración inicial Juan establece que el mensaje del evangelio acerca del Verbo de vida es permanente e inalterable (cp. Ap. 22:18-19).

EL VERBO DE VIDA ES HISTÓRICO

lo que hemos oído, lo que hemos visto con nuestros ojos, lo que hemos contemplado, y palparon nuestras manos tocante al Verbo de vida (porque la vida fue manifestada, (1:1*b*-2*a*)

Contrariamente a lo que los falsos maestros enseñaban, experimentar a Cristo y su evangelio no es algo místico, espiritualmente trascendente, y de visión secreta reservada tan solo para aquellos de élite que ascienden a algún entendimiento superior. Juan manifestó a sus lectores, incluso a quienes eran jóvenes en su fe (cp. 2:12), que podían comprender la verdad actual e histórica acerca del **Verbo de vida** (la persona y la obra de Jesucristo como se proclama en el evangelio).

En su registro de la vida y el ministerio de Cristo, Juan escribió que "aquel Verbo fue hecho carne, y habitó entre nosotros (y vimos su gloria, gloria como del unigénito del Padre), lleno de gracia y de verdad" (Jn. 1:14; cp. Ro. 1:3; Gá. 4:4; He. 1:1-3; 1 Ti. 3:16; Ap. 19:13). Jesucristo era el Dios-hombre (Jn. 10:30), totalmente divino (Fil. 2:6; Col. 2:9); y completamente humano (Lc. 1:31; Fil. 2:7-8; He. 2:14; 4:15). El apóstol había experimentado esa realidad por medio de sus sentidos naturales y era un testigo verdadero de la encarnación en su plenitud.

Juan enumeró cuatro maneras en las que de veras había percibido al Verbo de vida con sus sentidos. Primera había **oído** hablar al Señor. Juan oyó las parábolas (p. ej., Mt. 13:3-33; Mr. 4:26-29; Lc. 15:11-32), los sermones (Mt. 4:23; 5-7), y las palabras confidenciales de instrucción y consejo de parte de Jesús (Mt. 10:5-42; Jn. 13:12-17; 14-16). **Hemos oído** se traduce de una forma del tiempo perfecto del verbo *akouō* que indica una ocurrencia terminada en el pasado con influencia en el presente. Juan no simplemente oyó algo de Jesús en una sola ocasión. Estuvo presente a lo largo del ministerio terrenal de Cristo (cp. Jn. 20:30-31; 21:24-25). Aunque el apóstol escribió esta carta como unos sesenta años después, lo que había oído de primera mano aún era una verdad vívida en su corazón.

Segunda, Juan no solo había oído al Señor, también lo había **visto.** El verbo traducido **hemos visto** también está en tiempo perfecto, y de nuevo sugiere una acción pasada y terminada con una influencia actual y continua. El apóstol añade **con nuestros ojos** para clarificar que se estaba refiriendo a la experiencia física de ver; no se estaba refiriendo a algún tipo de visión espiritual que solo hubiera en su mente. Cristo no era una imagen mística, un fantasma como algunos han afirmado, sino un hombre real a quien Juan había observado diariamente durante tres años por medio de una visión normal.

Tercera, reforzando la verdad de que había visto realmente a Jesús, Juan añadió el término **hemos contemplado.** Ese vocablo implica más que un simple vistazo o una rápida mirada; al contrario, denota una mirada detenida y escudriñadora (cp. 4:14; Mt. 11:7; Lc. 23:55). Es el mismo verbo (*theaomai*) que la *Reina Valera* traduce "vimos" en Juan 1:14. Además de las obras que Jesús realizó, Juan y los otros apóstoles lo observaron atentamente por varios años y vieron las asombrosas e inconfundibles realidades de quién es Él (cp. Mt. 13:16-17): el Señor y Dios, Mesías y Salvador (Lc. 2:25-32; Jn. 1:29, 41), con poder sobrenatural sobre los demonios, la enfermedad, la naturaleza y la muerte (Mt. 4:23-24; 8:28-32; Mr. 1:23-27; Lc. 5:4-6; 7:12-15; Jn. 2:6-10; 4:46-53; 5:5-9; 9:1-7; 11:38-45), y con la autoridad para perdonar pecados (Mr. 2:5, 9; Lc. 7:48) y otorgar vida eterna (Lc. 19:10; Jn. 11:24-27). Como testigos íntimos y constantes del ministerio terrenal de Jesús tuvieron amplias evidencias de que Jesucristo era Dios en carne humana (Jn. 14:8-11).

Por último, Juan expresó a sus lectores que sus **manos palparon al Verbo de vida.** La palabra traducida **palparon** (*psēlaphaō*) significa "sentir después de" o "tantear" (como un ciego). Jesús usó la misma palabra en Lucas 24:39: "Palpad, y ved; porque un espíritu no tiene carne ni huesos, como veis que yo tengo". Los apóstoles habrían tocado a Jesús todo el tiempo en el curso diario de su compañía con Él. Juan incluso se describió como aquel que se recostó en el pecho de Jesús (Jn. 13:23, 25; 21:20). El Señor animó a Tomás a que lo tocara en aquella ocasión posterior a la resurrección: "Pon aquí tu dedo, y mira mis manos; y acerca tu mano, y métela en mi costado; y no seas incrédulo, sino creyente" (Jn. 20:27).

Con la encarnación de Jesucristo **la vida fue manifestada.** El verbo traducido **fue manifestada** (*phaneroō*) significa "revelar" o "hacer visible lo que estaba oculto". Dios no se reveló en carne humana hasta el ministerio terrenal de Cristo cuando la **vida** eterna se volvió visible para la humanidad. Así declaró Jesús: "Porque como el Padre tiene vida en sí mismo, así también ha dado al Hijo el tener vida en sí mismo" (Jn. 5:26; cp. 1:1-4; 5:39-40; 11:25-26; 1 Jn. 5:12). El Padre y el Hijo tienen la misma vida divina, y ambos pueden conceder vida eterna (Jn. 6:37-40).

EL VERBO DE VIDA ES TRANSMISIBLE

y la hemos visto, y testificamos, y os anunciamos la vida eterna, la cual estaba con el Padre, y se nos manifestó); lo que hemos visto y oído, eso os anunciamos, (1:2*b*-3*a*)

Para Juan, lo que **se** le **manifestó,** el Verbo de vida, se convirtió en la base para su proclamación de la verdad. Su vida privilegiada en la presencia del Señor Jesucristo no fue una experiencia privada para elevarlo por sobre los demás que no fueran tan bendecidos, como si de alguna manera él fuera uno de los "hijos predilectos" de Dios. Más bien, su privilegio se volvió la plataforma para su responsabilidad y mandato, como apóstol y testigo presencial, a fin de dar testimonio (testificar) de la verdad (Jn. 20:30-31; 21:24; cp. 1:41-42; 2 Co. 5:14-15) y anunciar el regalo de **la vida eterna** en Cristo (cp. Sal. 145:11-12; 1 Co. 2:2; 9:16) a aquellos, incluso sus lectores, que no habían visto a Jesús. Debido a su amplia reputación con aquel que había estado con Jesús como un apóstol (cp. Jn. 1:14, 16-18, 37-51), Juan era un testigo verdadero y creíble (Jn. 19:35-37). Otros libros del Nuevo Testamento escritos por apóstoles o sus colaboradores también presentan narraciones de testigos presenciales acerca de Jesús y la verdad del evangelio. Los otros evangelios hacen eso (cp. Lc. 1:1-4), al igual que el libro de Hechos (cp. 1:1-3) y las epístolas (p. ej., 2 P. 1:16-21).

El apóstol Juan sabía que el asunto de comunicar al Verbo de vida no era una opción sino un mandato. El contenido del mensaje no debía ser atesorado, sino que su verdad inmutable se debía declarar en todo el mundo. Al comentar sobre este pasaje, John R. W. Stott proporcionó esta perspectiva clave:

La manifestación histórica de la vida eterna fue proclamada, no monopolizada. La revelación fue dada a unos pocos para muchos. Ellos tenían que comunicarla al mundo... Él [Cristo] no solo se manifestó a los discípulos para capacitarlos como *testigos,* sino que les entregó una comisión seria como *apóstoles* para predicar el evangelio. El autor [Juan] insiste en que él posee esas credenciales necesarias. Al poseerlas, él muestra gran valentía. Después de oír, ver y tocar al Señor Jesús, da testimonio de Él. Tras recibir una comisión, predica el evangelio con autoridad, porque el mensaje cristiano no es una especulación filosófica, ni una sugerencia tentativa, ni una modesta contribución al pensamiento religioso, sino una afirmación dogmática por parte de aquellos cuya experiencia y comisión los calificó para llevarla a cabo. (*The Epistles of John,* Tyndale New Testament Commentaries [Grand Rapids: Eerdmans, 1964], pp. 61, 62-63, cursivas en el original).

EL VERBO DE VIDA ES RELACIONAL

para que también vosotros tengáis comunión con nosotros; y nuestra comunión verdaderamente es con el Padre, y con su Hijo Jesucristo. (1:3*b*)

John predicó al Verbo de vida **para que** (*hina,* "con el fin de que") todos los creyentes se dieran cuenta de que tienen **comunión** (una auténtica relación) **con** Jesucristo y con los compañeros creyentes (cp. Hch. 1:14; 2:42, 44-47; 1 Co. 12:26-27; Ef. 4:1-3; He. 10:25; 12:22-24). La palabra traducida **comunión,** el conocido término griego *koinonia,* significa una participación mutua en una causa común o vida conjunta (cp. Gá. 2:9; 6:6; 1 Ti. 6:18; Tit. 1:4; Flm. 6; 1 P. 4:13; Jud. 3). Se trata de algo más que una simple asociación de quienes han tenido las mismas creencias y, por tanto, se congregan. Más bien es una vida y un amor mutuos de quienes son uno en espíritu (1 Co. 6:17; cp. Ef. 5:30-32)

El objetivo de la predicación del evangelio es producir fe que descanse en Cristo (Jn. 6:29; Hch. 20:21). Quienes creen en Jesús para salvación entran en una unión genuina **con el Padre, con su Hijo Jesucristo,** y con el Espíritu Santo. El apóstol Pablo escribió:

> *Fiel es Dios, por el cual fuisteis llamados a la comunión con su Hijo Jesucristo nuestro Señor (1 Co. 1:9; cp. Gá. 2:20).*

> *La gracia del Señor Jesucristo, el amor de Dios, y la comunión del Espíritu Santo sean con todos vosotros. Amén (2 Co. 13:14; cp. Jn. 17:21).*

Incluso cristianos en pecado que pierden el gozo de su comunión con Dios no pierden la realidad de esa vida eterna de Él (1 Co. 1:9; 2 Co. 13:14; Fil. 2:1; He. 12:10), que les ha sido dada a través de su unión con Cristo (Ro. 6:3-5; Ef. 2:5; Col. 3:3). Jesús declaró: "De cierto, de cierto os digo: El que oye mi palabra, y cree al que me envió, tiene vida eterna; y no vendrá a condenación, mas ha pasado de muerte a vida" (Jn. 5:24; cp. Ef. 5:26; Tit. 3:5). El nuevo nacimiento produce nueva vida, por lo que los creyentes están regenerados en la comunión eterna con el Dios trino (cp. Jn. 3:5-8).

EL VERBO DE VIDA ES GOZOSO

Estas cosas os escribimos, para que vuestro gozo sea cumplido. (1:4)

Debido a que es una verdad transformadora, el mensaje de Juan ocasiona **gozo cumplido,** produciendo satisfacción y realización total que nunca se pueden perder (Jn. 10:28-29; Ro. 8:35-39; Fil. 1:6; 2 P. 1:10-11). Jesús indicó a los apóstoles en el aposento alto: "Estas cosas os he hablado, para que mi gozo esté en vosotros, y vuestro gozo sea cumplido" (Jn. 15:11; cp. 16:22, 33; Lc. 2:10). Así lo explicó el apóstol Pablo: "Porque el reino de Dios no es comida ni bebida, sino justicia, paz y gozo en el Espíritu Santo" (Ro. 14:17; cp. Fil. 4:4; 1 Ts. 5:16).

La definición secular que el diccionario da de **gozo** ("emoción evocada por el bienestar, el éxito o la buena fortuna, o por la posibilidad de poseer lo que se desea") es totalmente inadecuada cuando se aplica a la vida cristiana. Martyn Lloyd-Jones observó de manera correcta:

> Algo más que debemos tener en mente, en cualquier definición que podamos dar del gozo del Nuevo Testamento, es que no tenemos que ir al diccionario; en vez de eso vamos al Nuevo Testamento. Esto es algo bastante peculiar que no se puede explicar; es una cualidad que pertenece a la vida cristiana en su esencia, por lo que en nuestra definición de gozo debemos tener mucho cuidado en que se conforme a lo que vemos en nuestro Señor. El mundo nunca ha visto a alguien que conociera el gozo como lo conoció nuestro Señor, y sin embargo Él fue un "varón de dolores, experimentado en quebranto". Así que nuestra definición de gozo de alguna manera debe corresponder a esa realidad (*Life in Christ: Studies in 1 John* [Wheaton, Ill.: Crossway, 2002], p. 28).

Lloyd-Jones pasó a resumir adecuadamente el tipo de emoción de la que el apóstol Juan estaba hablando:

> El gozo es algo muy profundo y significativo, algo que afecta por completo a toda la personalidad. En otras palabras, se trata de esto: solo existe una cosa que puede producir verdadero gozo y es la contemplación del Señor Jesucristo. Él satisface mi mente; satisface mis emociones; satisface todos mis deseos; Él y su gran salvación incluyen la personalidad plena y nada menos, y en Él estoy completo. Es decir, el gozo es la respuesta y la reacción del alma al conocimiento del Señor Jesucristo (*Life in Christ*, p. 30).

Juan quería que sus lectores experimentaran el **gozo** que viene de comprender la realidad de Cristo, la verdad salvadora del evangelio, y la comunión que cada cristiano tiene con Dios y con los compañeros creyentes. Es entonces que todos los verdaderos seguidores de Jesús tendrán el "gozo [de Cristo] cumplido en sí mismos" (Jn. 17:13; cp. 15:11; 16:24; Sal. 16:11).

Pruebas de la salvación. Primera parte: Creencia en Dios y certeza del pecado

2

Este es el mensaje que hemos oído de él, y os anunciamos: Dios es luz, y no hay ningunas tinieblas en él. Si decimos que tenemos comunión con él, y andamos en tinieblas, mentimos, y no practicamos la verdad... Si decimos que no tenemos pecado, nos engañamos a nosotros mismos, y la verdad no está en nosotros... Si decimos que no hemos pecado, le hacemos a él mentiroso, y su palabra no está en nosotros. (1:5-6, 8, 10)

Además de guiar y alimentar a las ovejas, los pastores temerosos de Dios, como guías espirituales, deben advertir a sus rebaños en cuanto a los falsos maestros y los errores doctrinales que estos propagan. Así exhortó el apóstol Pablo a los ancianos efesios:

> *Por tanto, mirad por vosotros, y por todo el rebaño en que el Espíritu Santo os ha puesto por obispos, para apacentar la iglesia del Señor, la cual él ganó por su propia sangre. Porque yo sé que después de mi partida entrarán en medio de vosotros lobos rapaces, que no perdonarán al rebaño. Y de vosotros mismos se levantarán hombres que hablen cosas perversas para arrastrar tras sí a los discípulos. Por tanto, velad, acordándoos que por tres años, de noche y de día, no he cesado de amonestar con lágrimas a cada uno (Hch. 20:28-31; cp. 1 Ti. 6:20; 2 Ti. 1:13-14).*

Del mismo modo, Juan escribió esta carta para proteger a su rebaño de creyentes fieles en Asia Menor reiterándoles la verdad de Dios. La celosa preocupación del apóstol por las seguridades de la enseñanza divina también lo motivó a escribir su segunda y su tercera carta. Por tanto, dirigió su segunda epístola "a la señora elegida y a sus hijos, a quienes yo amo en la verdad; y no sólo yo, sino también todos los que han conocido la verdad, a causa de la verdad que permanece en nosotros, y estará para siempre con nosotros" (vv. 1-2). Tres veces en ese saludo de apertura Juan se refiere a "la verdad", lo que subraya la importancia que esta tenía para él. Luego en el versículo 4 añade: "Mucho me regocijé porque he hallado a algunos de tus hijos andando en la verdad, conforme al mandamiento que recibimos del Padre" (cp. 3 Jn. 3-4).

En la medida que Juan era apasionado en su amor por la verdad, lo era igualmente en su oposición al error. En 2 Juan 7 advirtió a sus lectores: "Muchos engañadores han salido por el mundo, que no confiesan que Jesucristo ha venido en carne. Quien esto hace es el engañador y el anticristo". Entonces los exhortó a separarse de todos esos herejes:

> *Cualquiera que se extravía, y no persevera en la doctrina de Cristo, no tiene a Dios; el que persevera en la doctrina de Cristo, ése sí tiene al Padre y al Hijo. Si alguno viene a vosotros, y no trae esta doctrina, no lo recibáis en casa, ni le digáis: ¡Bienvenido! Porque el que le dice: ¡Bienvenido! participa en sus malas obras (vv. 9-11; cp. 3 Jn. 9-10).*

A fin de proteger al rebaño de quienes tratan de destruirlo, un fiel pastor debe saber y enseñar la sana doctrina (cp. Tit. 1:9). También debe dar a su iglesia las pruebas por las cuales ellos pueden distinguir a los verdaderos creyentes de los falsos profesantes. Hacer esa distinción fundamental es básico para la protección y el crecimiento espiritual de la Iglesia. El trigo debe diferenciarse de la cizaña (cp. Mt. 13:24-30), las ovejas de las cabras, o si no el pastor piadoso nunca podrá clarificar a su pueblo su verdadera condición ni protegerlo de los engaños mortales de los falsos maestros.

En estos versículos Juan presenta dos pruebas doctrinales cruciales para determinar quién es verdadero: una creencia correcta en la naturaleza de Dios, y una creencia genuina en la certeza del pecado.

NATURALEZA DE DIOS

Este es el mensaje que hemos oído de él, y os anunciamos: Dios es luz, y no hay ningunas tinieblas en él. (1:5)

El mensaje, predicado por Juan y los demás apóstoles, era el que habían **oído de él** [Jesús] y que anunciaban a sus lectores. Como Dios en carne humana (Jn. 1:1-4, 18; Tit. 2:13; He. 1:8; 1 Jn. 5:20; cp. Jn. 4:26; 8:24, 28, 58; 18:5), Jesucristo es la fuente perfecta de revelación relacionada con la naturaleza y el carácter de Dios. Tiempo atrás el apóstol registró la declaración de Jesús: "Dios es Espíritu" (Jn. 4:24); aquí en su primera epístola declaró: **Dios es luz**, y más adelante afirmaría: "Dios es amor" (4:8).

La descripción de **Dios** como **luz** capta la esencia de su naturaleza y es fundamental para el resto de la epístola. Sin embargo, a diferencia de las expresiones directas "Dios es Espíritu" (que significa que Él es inmaterial en forma; compárese Jn. 4:24 con Lc. 24:39) y "Dios es amor" (que significa que las personas de la Trinidad se aman entre sí y a la humanidad; cp. 3:17; 4:7, 16; Mi. 7:18; Sof. 3:17; Jn. 5:42; 15:10; Ro. 5:5, 8; 8:39; Ef. 2:4; Tit. 3:4), la idea de que **Dios es luz** (cp. Sal. 78:14; Is. 60:19-20; Jn. 1:9; 3:19; 8:12; 9:5; 12:46; Hch. 9:3; Ap. 21:23) es más compleja.

A lo largo de las Escrituras, Dios y su gloria a menudo se describen en términos de luz. Por ejemplo, durante el éxodo Dios apareció a los israelitas en la forma de luz:

> *Y Jehová iba delante de ellos de día en una columna de nube para guiarlos por el camino, y de noche en una columna de fuego para alumbrarles, a fin de que anduviesen de día y de noche. Nunca se apartó de delante del pueblo la columna de nube de día, ni de noche la columna de fuego (Éx. 13:21-22; cp. 40:34-38; 1 R. 8:11).*

Cuando Moisés bajó del monte Sinaí después de reunirse con el Señor, su rostro resplandecía con un reflejo de la luz de Dios (Éx. 34:29-35; cp. 2 Co. 3:7-8). En el Salmo 104:1-2, el salmista afirma: "Bendice, alma mía, a Jehová. Jehová Dios mío, mucho te has engrandecido; te has vestido de gloria y de magnificencia. El que se cubre de luz como de vestidura, que extiende los cielos como una cortina" (cp. 1 Ti. 6:14-16). No solo que Dios es luz en su esencia, sino que también es la fuente de la luz del creyente (Sal. 27:1; Jn. 1:9; 12:36).

En la transfiguración, cuando Jesús ofreció a los tres discípulos un vislumbre de su gloria plena se manifestó como luz: "Se transfiguró delante de ellos, y resplandeció su rostro como el sol, y sus vestidos se hicieron blancos como la luz" (Mt. 17:2). Segunda de Corintios 4:4-6 resume bien la importancia de Dios como luz y de su papel en la vida cristiana:

> *En los cuales el dios de este siglo cegó el entendimiento de los incrédulos, para que no les resplandezca la luz del evangelio de la gloria de Cristo, el cual es la imagen de Dios. Porque no nos predicamos a nosotros mismos, sino a Jesucristo como Señor, y a nosotros como vuestros siervos por amor de Jesús. Porque Dios, que mandó que de las tinieblas resplandeciese la luz, es el que resplandeció en nuestros corazones, para iluminación del conocimiento de la gloria de Dios en la faz de Jesucristo (cp. Mt. 5:14-16; Ef. 5:8-10; Fil. 2:15; Col. 1:12-13; 1 P. 2:9).*

Aunque los pasajes anteriores describen la importancia de la luz divina, no la definen. No obstante, el Salmo 36:9 sí lo hace: "Porque contigo está el manantial de la vida; en tu luz veremos la luz" (cp. 1 P. 2:9). El salmista empleó aquí un paralelismo usando dos declaraciones para decir lo mismo. Equipara la luz y la vida: Dios es luz en el sentido de que es vida, y es la fuente y el sustento tanto de la vida física como de la espiritual.

Juan expresó esa verdad en el prólogo de su evangelio:

> *En el principio era el Verbo, y el Verbo era con Dios, y el Verbo era Dios. Este era en el principio con Dios. Todas las cosas por él fueron hechas, y sin él nada de lo que ha sido hecho, fue hecho. En él estaba la vida, y la vida era la luz de los hombres. La luz en las tinieblas resplandece, y las tinieblas no prevalecieron contra ella. Hubo un hombre enviado de Dios, el cual se llamaba Juan. Este vino por testimonio, para que diese testimonio de la luz, a fin de que todos creyesen por él. No era él la luz, sino para que diese testimonio de la luz. Aquella luz verdadera, que alumbra a todo hombre, venía a este mundo. En el mundo estaba, y el mundo por él fue hecho; pero el mundo no le conoció. A lo suyo vino, y los suyos no le recibieron. Mas a todos los que le recibieron, a los que creen en su nombre, les dio potestad de ser hechos hijos de Dios; los cuales no son engendrados de sangre, ni de voluntad de carne, ni de voluntad de varón, sino de Dios (Jn. 1:1-13; cp. 2:23-3:21; Col. 1:15-17).*

Jesús declaró: "Yo soy la luz del mundo; el que me sigue, no andará en tinieblas, sino que tendrá la luz de la vida" (Jn. 8:12; cp. 12:45-46). Dios, la fuente de la luz verdadera, la da a los creyentes en la forma de vida eterna a través de su Hijo, quien fue la luz encarnada.

La Biblia revela dos principios fundamentales que fluyen de la verdad básica de que Dios es luz. Primero, la luz representa la verdad de Dios, encarnada en su Palabra. El salmista escribió estas conocidas palabras: "Lámpara es a mis pies tu palabra, y lumbrera a mi camino… La exposición de tus palabras alumbra; hace entender a los simples" (Sal. 119:105, 130; cp. Pr. 6:23; 2 P. 1:19). La luz y la vida de Dios están intrínsecamente relacionadas con la verdad y caracterizada por ella.

Segundo, la Biblia también vincula a la luz con la virtud y la conducta moral. El apóstol Pablo instruyó a los efesios: "Porque en otro tiempo erais tinieblas, mas ahora sois luz en el Señor; andad como hijos de luz (porque el fruto del Espíritu es en toda bondad, justicia y verdad)" (Ef. 5:8-9; cp. Is. 5:20; Ro. 13:12; 1 Ts. 5:5-6).

Esas dos propiedades esenciales de luz y vida divinas son cruciales para distinguir la fe verdadera de una pretensión falsa. Si alguien profesa tener la Luz y morar en ella (haber recibido vida eterna) mostrará evidencia de vida espiritual por su devoción tanto a la verdad como a la justicia, según Juan escribe más adelante en esta carta:

> *El que dice que está en la luz, y aborrece a su hermano, está todavía en tinieblas. El que ama a su hermano, permanece en la luz, y en él no hay tropiezo. Pero el que aborrece a su hermano está en tinieblas, y anda en tinieblas, y no sabe a dónde va, porque las tinieblas le han cegado los ojos (2:9-11; cp. Mt. 5:16; 25:34-40; Lc. 1:6; 11:28; Ro. 6:17; 16:19; Fil. 1:11; Tit. 2:7; Stg. 2:14-20).*

Si la verdad y la justicia están ausentes de la vida de alguien, esa persona, diga lo que diga, no posee vida eterna (Mt. 7:17-18, 21-23; 25:41-46). No puede pertenecer a Dios, porque **no hay ningunas tinieblas en él.** Dios es absolutamente perfecto en verdad y santidad (Éx. 15:11; 1 S. 2:2; Sal. 22:3; 48:10; 71:19; 98:2; Is. 6:3; Ap. 4:8; 15:4). Por supuesto que los creyentes están muy lejos de esa perfección, pero manifiestan un deseo y un esfuerzo divino y continuo hacia la verdad y la justicia celestiales (cp. Fil. 3:7-16).

CERTEZA DEL PECADO

Si decimos que tenemos comunión con él, y andamos en tinieblas, mentimos, y no practicamos la verdad... Si decimos que no tenemos pecado, nos engañamos a nosotros mismos, y la verdad no está en nosotros... Si decimos que no hemos pecado, le hacemos a él mentiroso, y su palabra no está en nosotros. (1:6, 8, 10)

A partir de la caída la humanidad ha tratado de negar la realidad del pecado, a pesar de que todo ser humano es innatamente consciente de su presencia.

> *Porque cuando los gentiles que no tienen ley, hacen por naturaleza lo que es de la ley, éstos, aunque no tengan ley, son ley para sí mismos, mostrando la obra de la ley escrita en sus corazones, dando testimonio su conciencia, y acusándoles o defendiéndoles sus razonamientos, en el día en que Dios juzgará por Jesucristo los secretos de los hombres, conforme a mi evangelio (Ro. 2:14-16; cp. Ec. 7:20; Ro. 5:12; Gá. 3:22).*

La gente hoy día minimiza y redefine el pecado, aduciendo a menudo que los "fracasos" de su vida y ciertos "trastornos" existen debido a cómo otros los han tratado. La mentalidad de víctima reina soberana mientras la cultura popular se consuela afirmando que las personas son básicamente buenas y que cualquier cosa que pueda estar mal no es realmente mala, sino tan solo una preferencia de libertad personal. En lugar de asumir la responsabilidad por su conducta, las personas exigen ser aceptadas como son. Reclasifican asuntos graves y de corazón como "enfermedades" y "adicciones", e intentan "curarlos" con medicamentos prescritos y psicoterapia. Pero debido a que no se trata con el pecado, que es la verdadera causa del problema, la sociedad va de mal en peor. En contraste con todo ese engaño, Jesús enseñó que toda persona es pecadora en el mismo centro de su ser:

> *Lo que del hombre sale, eso contamina al hombre. Porque de dentro, del corazón de los hombres, salen los malos pensamientos, los adulterios, las fornicaciones, los homicidios, los hurtos, las avaricias, las maldades, el engaño, la lascivia, la envidia, la maledicencia, la soberbia, la insensatez. Todas estas maldades de dentro salen, y contaminan al hombre (Mr. 7:20-23; cp. Gn. 6:5; Jer. 17:9; Stg. 1:15; 4:1).*

Sin embargo, muchos en la Iglesia de hoy parecen reacios a hacer el diagnóstico que Jesús hizo, por temor a ofender a alguien o a ser considerados de "no tener amor". Por tanto, el pecado está explicado en términos culturalmente aceptables.

El pueblo de Judá en la época de Malaquías era igualmente adepto a negar su pecado. Dios les había dado instrucciones muy claras y detalladas con relación a qué ofrendas le eran aceptables (Lv. 1:1—7:38); pero ellos siguieron presentando al Señor alimentos contaminados y animales defectuosos. Entonces se mostraron sorprendidos (como si no hubieran hecho nada malo) cuando el Señor, a través del profeta Malaquías, los confrontó acerca de su clara desobediencia:

> *El hijo honra al padre, y el siervo a su señor. Si, pues, soy yo padre, ¿dónde está mi honra? y si soy señor, ¿dónde está mi temor? dice Jehová de los ejércitos a vosotros, oh sacerdotes, que menospreciáis mi nombre. Y decís: ¿En qué hemos menospreciado tu nombre? En que ofrecéis sobre mi altar pan inmundo. Y dijisteis: ¿En qué te hemos deshonrado? En que pensáis que la mesa de Jehová es despreciable. Y cuando ofrecéis el animal ciego para el sacrificio, ¿no es malo? Asimismo cuando ofrecéis el cojo o el enfermo, ¿no es malo? Preséntalo, pues, a tu príncipe; ¿acaso se agradará de ti, o le serás acepto? dice Jehová de los ejércitos (Mal. 1:6-8).*

Entonces Dios pasó de una expresión de desagrado a una advertencia de juicio severo sobre los dirigentes religiosos, los sacerdotes:

> *Ahora, pues, oh sacerdotes, para vosotros es este mandamiento. Si no oyereis, y si no decidís de corazón dar gloria a mi nombre, ha dicho Jehová de los ejércitos, enviaré maldición sobre vosotros, y maldeciré vuestras bendiciones; y aun las he maldecido, porque no os habéis decidido de corazón. He aquí, yo os dañaré la*

> *sementera, y os echaré al rostro el estiércol, el estiércol de vuestros animales sacrificados, y seréis arrojados juntamente con él. Y sabréis que yo os envié este mandamiento, para que fuese mi pacto con Leví, ha dicho Jehová de los ejércitos (2:1-4).*

La reprensión que el Señor hizo a los judíos fue necesariamente dura porque ellos le habían desobedecido en manera muy grave (2:11-16), y sin embargo estaban actuando como si no hubieran hecho nada malo. De modo arbitrario (y erróneo) excusaban su malvada conducta, hasta el punto en que con audacia acusaban a Dios de ser injusto con ellos (v. 17). En un sentido similar, hoy día hay muchos que creen que Dios sería brutalmente injusto por enviar a algún ser humano al infierno. No es hasta que las personas acepten tanto la absoluta santidad de Dios como la total responsabilidad por sus pecados, que van a admitir que Dios tiene el derecho de juzgarlos y castigarlos (cp. Esd. 9:13; Neh. 9:33; Lc. 15:21; 23:41).

El apóstol Juan enfrentó una situación parecida en las iglesias a las que escribió su carta. A Éfeso y las otras ciudades e iglesias en Asia Menor las estaban inundando engañosos y falsos maestros que negaban el pecado (cp. 2:18; 4:1-3; 2 P. 2:1-2; Jud. 4). Además de las herejías del docetismo (que afirmaba que el cuerpo de Cristo solo parecía ser físico) y del cerintianismo (que sostenía que el "espíritu divino" de Cristo descendió sobre el Jesús humano en su bautismo pero que se marchó justo antes de su crucifixión), Juan debió contender con el dualismo filosófico griego (la base del gnosticismo), un punto de vista que negaba la realidad del pecado y el mal. Los que apoyaban esta filosofía mística y elitista sostenían que lo espiritual siempre era bueno y que lo físico siempre era malo; por tanto, crearon una dicotomía artificial entre el reino espiritual y el mundo físico, sosteniendo que las realidades espirituales eran lo único que importaba, y que lo que se hacía en la carne (incluso el pecado) era una insignificancia. A medida que Juan se topaba con esta herejía debía desenmascarar a quienes negaban la existencia del pecado y, por consiguiente, eludían su propia responsabilidad por el pecado y sus consecuencias.

Juan dividió en tres categorías similares pero diferentes a quienes afirman estar en comunión, pero rechazan la verdad: los que están en tinieblas, los engañados, y los que difaman a Dios. Estos tres grupos de personas o rechazaban obstinadamente o hacían total caso omiso a la realidad de que los verdaderos creyentes y el pecado son incompatibles. Pablo exclamó en Romanos 6:2: "Los que hemos muerto al pecado, ¿cómo viviremos aún en él?" Más tarde en ese capítulo agregó: "Pero gracias a Dios, que aunque erais esclavos del pecado, habéis obedecido de corazón a aquella forma de doctrina a la cual fuisteis entregados; y libertados del pecado, vinisteis a ser siervos de la justicia" (vv. 17-18; cp. Ef. 2:1-5). Al no arrepentirse, estos falsos profesantes (o maestros) que negaban el pecado demostraban estar fuera del plan de salvación de Dios, que empieza con elección (Ro. 8:29; Ef. 1:4, 11) e incluye redención (1 Co. 1:30; Gá. 3:13; He. 9:12), santificación (1 Co. 6:11; Ef. 5:26-27; Fil. 2:12-13), y crecimiento espiritual (Jn. 16:13; 17:17; cp. 2 Ts. 2:13; 1 Ti. 3:15); y culmina con glorificación (2 Co. 3:18; 2 Ts. 2:14; 2 Ti. 2:10).

LOS QUE ESTÁN EN TINIEBLAS

Si decimos que tenemos comunión con él, y andamos en tinieblas, mentimos, y no practicamos la verdad; (1:6)

La primera categoría de falsos profesantes la conforman quienes miran con frialdad su pecado como si no fuera una realidad para ellos. Afirman tener **comunión con** Dios, compartir aspectos comunes de vida **con Él,** es decir, vida eterna (cp. Jn. 17:3). Sin embargo, esa afirmación no tiene sentido si se sigue andando **en tinieblas. Andando** hace referencia a una manera de vivir o conducta (Ro. 8:4; cp. 13:13; Ef. 4:1; Col. 1:10; véase también Dt. 10:12-13; Sal. 119:1; Mi. 6:8), y es allí donde la verdadera salvación se manifiesta, no en una simple profesión de que se posee vida eterna. Profesar una cosa y vivir en contradicción a ello es mentir **y no** practicar **la verdad.** Jesús condenó la religión superficial de los judíos al declararles: "La lámpara del cuerpo es el ojo; así que, si tu ojo es bueno, todo tu cuerpo estará lleno de luz; pero si tu ojo es maligno, todo tu cuerpo estará en tinieblas. Así que, si la luz que en ti hay es tinieblas, ¿cuántas no serán las mismas tinieblas?" (Mt. 6:22-23). En esta analogía el Señor lanzó un argumento de menor a mayor. Si es algo negativo estar en oscuridad física (ciego), mucho peor es estar en tinieblas espirituales. Juan en su evangelio enseñó que Jesús era la luz verdadera para un mundo ensombrecido por el pecado (Jn. 1:4-5; cp. 8:12). Pero ya que la humanidad pecadora prefiere la oscuridad sobre la luz (Jn. 3:19-20), nadie que afirma ser cristiano pero que vive en tinieblas (es decir que continuamente practica acciones perversas) es realmente salvo (1 Jn. 3:4, 9; cp. Mt. 7:17-18; 13:38; Jn. 8:42-44).

Los que aceptan de veras la verdad prestan atención a la amonestación de Santiago:

> *Pero sed hacedores de la palabra, y no tan solamente oidores, engañándoos a vosotros mismos. Porque si alguno es oidor de la palabra pero no hacedor de ella, éste es semejante al hombre que considera en un espejo su rostro natural. Porque él se considera a sí mismo, y se va, y luego olvida cómo era. Mas el que mira atentamente en la perfecta ley, la de la libertad, y persevera en ella, no siendo oidor olvidadizo, sino hacedor de la obra, éste será bienaventurado en lo que hace (Stg. 1:22-25).*

Los creyentes poseen la vida de Dios, son nuevas criaturas en Cristo hechas para buenas obras (1 Jn. 5:20; Ro. 6:11-17; 8:1-2; 12:5; 1 Co. 1:2; 2 Co. 1:21; 5:17; Gá. 3:28; Ef. 2:10; Fil. 1:1; Col. 1:27-28), y son morada del Espíritu Santo (Ro. 8:11; 1 Co. 3:16; 2 Ti. 1:14). Por tanto, no pueden hacer caso omiso a la existencia de la iniquidad personal y andar en tinieblas (cp. Col. 1:12-14). Declare lo que declare alguien con relación a sí mismo, la autenticidad de la fe siempre se puede ver en su vida por el amor a la justicia (Mt. 7:15-20).

LOS ENGAÑADOS

Si decimos que no tenemos pecado, nos engañamos a nosotros mismos, y la verdad no está en nosotros. (1:8)

Un segundo grupo de falsos profesantes afirman **no** tener **pecado.** Esta posición es más orgullosa que la actitud de los de la primera categoría que ignoran su pecado (cp. Jer. 17:9). Todos los supuestos cristianos que afirman haber alcanzado un plano espiritual más elevado, donde el pecado ya no existe en sus vidas, malinterpretan por completo su condición y la obra de santificación progresiva del Espíritu.

Una vez más, todos los que ignoran la existencia del pecado muestran clara evidencia de que **la verdad no está en** ellos. La Biblia enseña claramente el principio de la depravación humana. En Romanos 3:10-23 Pablo escribió:

> *Como está escrito: No hay justo, ni aun uno; no hay quien entienda, no hay quien busque a Dios. Todos se desviaron, a una se hicieron inútiles; no hay quien haga lo bueno, no hay ni siquiera uno. Sepulcro abierto es su garganta; con su lengua engañan. Veneno de áspides hay debajo de sus labios; su boca está llena de maldición y de amargura. Sus pies se apresuran para derramar sangre; quebranto y desventura hay en sus caminos; y no conocieron camino de paz. No hay temor de Dios delante de sus ojos. Pero sabemos que todo lo que la ley dice, lo dice a los que están bajo la ley, para que toda boca se cierre y todo el mundo quede bajo el juicio de Dios; ya que por las obras de la ley ningún ser humano será justificado delante de él; porque por medio de la ley es el conocimiento del pecado. Pero ahora, aparte de la ley, se ha manifestado la justicia de Dios, testificada por la ley y por los profetas; la justicia de Dios por medio de la fe en Jesucristo, para todos los que creen en él. Porque no hay diferencia, por cuanto todos pecaron, y están destituidos de la gloria de Dios (cp. Gn. 8:21; 2 Cr. 6:36; Sal. 51:5; Jer. 13:23; Ro. 8:7-8; 1 Co. 2:14; Tit. 3:3).*

Jesucristo fue el único ser humano que siempre pudo afirmar que no tenía pecado (He. 4:15). Todos los que hacen una declaración ten descabellada simplemente se están engañando. Solo cuando los creyentes sean glorificados en el cielo, su proceso de santificación se habrá completado (Ro. 8:19, 23), y entonces estarán sin pecado.

LOS QUE DIFAMAN A DIOS

Si decimos que no hemos pecado, le hacemos a él mentiroso, y su palabra no está en nosotros. (1:10)

La lista de los que niegan la certeza del pecado finaliza con un tercer grupo: quienes no solo afirman no pecar ahora, sino que dicen **que no** han **pecado** nunca. Al hacer esa declaración ridícula, de modo blasfemo hacen **mentiroso a** Dios (cp. Tit. 1:2; 1 Jn. 5:10-11) en dos maneras. Primera, de forma explícita niegan la enseñanza divina de que todos hemos pecado (véase anteriormente), y segunda, de modo implícito niegan la necesidad de un Salvador (cp. Is. 53:10-11; Zac. 9:9; Mt. 1:21; Lc. 2:11; 19:10; Hch. 5:31; 13:38-39; Ro. 6:23; 1 Ti. 1:15; He. 5:9). Después de todo, ¿por qué necesitarían un Sustituto que cargue con su castigo por algo que declaran nunca haber cometido?

A estos tres tipos de falsos pretendientes les va mal en la segunda prueba doctrinal de Juan porque niegan la certeza del pecado. Por tanto, demuestran que la **palabra** de Dios (la verdad) **no está en** ellos. Cualquier persona, incluso creyentes profesos, que trata de encubrir su pecado, está en las profundidades del engaño y las tinieblas espirituales, y blasfema de Dios. En cambio, cuando los que están verdaderamente en comunión caen en pecado, no niegan la presencia del pecado o su propensión a pecar (Ro. 7:14-25; 1 Ti. 1:12-15; cp. Sal. 32:5; 51:1, 3; Pr. 28:13). Al contrario, con franqueza y sinceridad confiesan sus pecados delante del Señor y se arrepienten de ellos.

La Biblia corrobora la validez y la necesidad de las dos primeras pruebas doctrinales de Juan en cuanto a la salvación: creer en Dios y creer en la certeza del pecado. Con respecto a la fe esencial, el autor de Hebreos declara:

> *Es, pues, la fe la certeza de lo que se espera, la convicción de lo que no se ve… Pero sin fe es imposible agradar a Dios; porque es necesario que el que se acerca a Dios crea que le hay, y que es galardonador de los que le buscan (11:1, 6; cp. Jn. 6:47; 20:31; Ro. 1:17; 3:21-22, 28; 1 Jn. 5:1).*

La parábola de Jesús acerca del fariseo y el publicano (cobrador de impuestos) deja bien claro que nadie puede ser justificado aparte de una sincera confesión de su propia pecaminosidad:

Mas el publicano, estando lejos, no quería ni aun alzar los ojos al cielo, sino que se golpeaba el pecho, diciendo: Dios, sé propicio a mí, pecador. Os digo que éste descendió a su casa justificado antes que el otro; porque cualquiera que se enaltece, será humillado; y el que se humilla será enaltecido (Lc. 18:13-14; cp. Pr. 26:12; 1 Co. 6:9-10; Gá. 5:19-21; Ef. 5:5).

Pruebas de la salvación. Segunda parte: Creer en el perdón de pecados y en la confesión

3

pero si andamos en luz, como él está en luz, tenemos comunión unos con otros, y la sangre de Jesucristo su Hijo nos limpia de todo pecado... Si confesamos nuestros pecados, él es fiel y justo para perdonar nuestros pecados, y limpiarnos de toda maldad... Hijitos míos, estas cosas os escribo para que no pequéis; (1:7, 9; 2:1*a*)

La promesa gloriosa del evangelio es el perdón gratuito y clemente del pecado ofrecido a todos los que de verdad se arrepienten y creen en la persona y la obra del Hijo de Dios. Ese perdón divino es tan completo que Dios quita toda impureza, culpa y castigo de los creyentes pecadores, y reemplaza esos aspectos con justicia, santificación y recompensa celestial. Además, el perdón de Dios es eterno e inalterable (cp. Jn. 5:24; He. 10:17-18). El apóstol Pablo resumió esa sublime bendición en su epístola a los romanos:

> *Ahora, pues, ninguna condenación hay para los que están en Cristo Jesús... Y sabemos que a los que aman a Dios, todas las cosas les ayudan a bien, esto es, a los que conforme a su propósito son llamados. Porque a los que antes conoció, también los predestinó para que fuesen hechos conformes a la imagen de su Hijo, para que él sea el primogénito entre muchos hermanos. Y a los que predestinó, a éstos también llamó; y a los que llamó, a éstos también justificó; y a los que justificó, a éstos también glorificó. ¿Qué, pues, diremos a esto? Si Dios es por nosotros, ¿quién contra nosotros? El que no escatimó ni a su propio Hijo, sino que lo entregó por todos nosotros, ¿cómo no nos dará también con él todas las cosas? ¿Quién acusará a los escogidos de Dios? Dios es el que justifica. ¿Quién es el que condenará? Cristo es el que murió; más aun, el que también resucitó, el que además está a la diestra de Dios, el que también intercede por nosotros. ¿Quién nos*

> *separará del amor de Cristo? ¿Tribulación, o angustia, o persecución, o hambre, o desnudez, o peligro, o espada?... Antes, en todas estas cosas somos más que vencedores por medio de aquel que nos amó. Por lo cual estoy seguro de que ni la muerte, ni la vida, ni ángeles, ni principados, ni potestades, ni lo presente, ni lo por venir, ni lo alto, ni lo profundo, ni ninguna otra cosa creada nos podrá separar del amor de Dios, que es en Cristo Jesús Señor nuestro (Ro. 8:1, 28-35, 37-39; cp. Sal. 103:12; Ro. 5:20-21; Gá. 3:13-14; Ef. 1:7; véase también Sal. 32:1-2; Ro. 4:6-8).*

Sin embargo, el hecho de que el perdón sea total e irrevocable ha llevado a algunos a concluir erróneamente que quienes han recibido la salvación nunca necesitan volver a confesar sus pecados delante de Dios ni a requerir perdón. Los partidarios de este enfoque sostienen que, a fin de que los cristianos acepten de veras todo su perdón y disfruten por completo su libertad en Cristo, deben pasar por alto el pecado y enfocarse únicamente en la gracia de Dios. Pero por tradición tal enseñanza ha llevado continuamente al error del antinomianismo: un desprecio práctico por la ley de Dios y una falta insensible de preocupación por haberla violado. Si tales individuos son realmente salvos, son indiferentes hacia las disciplinas que produce santidad en sus vidas. Los efectos de ese pensamiento incorrecto son desastrosos. (Para más análisis de este tema, véase John MacArthur, *La libertad y el poder del perdón* [Grand Rapids: Portavoz, 1999], capítulo 3).

A fin de justificar su indiferencia hacia la ley moral de Dios, muchos que sostienen tal posición relegan la enseñanza de Cristo sobre el perdón a otra dispensación (y consideran que la instrucción de Jesús se aplica solo al Israel del Antiguo Testamento, y no a la Iglesia del Nuevo Testamento). Por tanto, alegan que cuando Jesús mandó a los apóstoles que oraran por el perdón del Padre (cp. Lc. 11:4), sus palabras reflejaban la era de la ley, no de la gracia. Además, sugieren que la razón de que Cristo diera tales estipulaciones a sus discípulos se debió a que entendía que la salvación en el Antiguo Testamento era condicional, basada en confesar el pecado, ofrecer sacrificios y guardar la ley. No obstante, esas afirmaciones básicamente son infundadas, porque la salvación nunca funcionó de ese modo durante ninguna parte de la era del Antiguo Testamento (y desde luego, no fue así como Jesús la entendió). Dios salvaba entonces a personas en la misma base que las salva ahora: por medio de la muerte sustitutiva y expiatoria de Jesucristo, la cual visualizaba el sistema sacrificial. Los pecadores de entonces, igual que los de ahora, eran salvos solo por fe, demostrada cuando al ser abrumados por su pecado y por la imposibilidad de guardar la ley santa de Dios, pedían misericordia a Dios y recibían perdón (cp. Sal. 32:1-2*a*; Is. 55:6-7; Mi. 7:18-19; Lc. 18:13-14). Aquellos a quienes salvó antes de la cruz los eligió Dios en la eternidad pasada y, mirando adelante hacia la muerte "del Cordero que fue inmolado desde el principio del mundo" (Ap. 13:8), aplicó a su favor la muerte del Cristo venidero, incluso de la manera en que ahora Él mira atrás hacia el Calvario y extiende la misma gracia de elección a todos los que han creído el evangelio. Los justos siempre vivieron por fe (Hab. 2:4; Ro. 1:17), así que no hay sacrificio, confesión o cumplimiento de la ley que en alguna época pudiera conseguir el derecho de estar delante de Dios o satisfacer el justo juicio contra los pecadores (cp. Ro. 4:1-24; He. 9:11-15). Únicamente la muerte perfecta y sustitutiva del Cordero de Dios podía satisfacer la justicia y salvar de la ira de Dios a los pecadores creyentes. Y solamente la vida justa de Cristo acreditada a su favor podía hacerlos aceptables ante Dios (Jn. 1:29; 2 Co. 5:21; 1 P. 1:18-19).

¿Cómo entonces puede alguien con la necesidad continua de penitencia cristiana (p. ej., Sal. 6; 32; 38; 51; 102; 130; 143; Mt. 6:14-15) reconciliar la amplitud y la permanencia del perdón de Dios, y la imputación de la justicia perfecta a los creyentes en la salvación? Es necesario reconocer que el perdón divino consta de dos aspectos interrelacionados: el judicial (o legalmente forense) y el santificador (o personal y paternal). El Señor ilustró esos dos aspectos del perdón cuando lavó los pies de los apóstoles en el aposento alto:

> *Sabiendo Jesús que el Padre le había dado todas las cosas en las manos, y que había salido de Dios, y a Dios iba, se levantó de la cena, y se quitó su manto, y tomando una toalla, se la ciñó. Luego puso agua en un lebrillo, y comenzó a lavar los pies de los discípulos, y a enjugarlos con la toalla con que estaba ceñido. Entonces vino a Simón Pedro; y Pedro le dijo: Señor, ¿tú me lavas los pies? Respondió Jesús y le dijo: Lo que yo hago, tú no lo comprendes ahora; mas lo entenderás después. Pedro le dijo: No me lavarás los pies jamás. Jesús le respondió: Si no te lavare, no tendrás parte conmigo. Le dijo Simón Pedro: Señor, no sólo mis pies, sino también las manos y la cabeza. Jesús le dijo: El que está lavado, no necesita sino lavarse los pies, pues está todo limpio; y vosotros limpios estáis, aunque no todos (Jn. 13:3-10).*

Como prototipo de humildad y servicio, el Señor realizó uno de los más frecuentes actos serviles de cortesía hallados en el antiguo Oriente Medio, una tarea normalmente hecha por el esclavo de más bajo nivel. En lugar de pedir a uno de sus discípulos que hiciera aquella tarea sucia, Jesús mismo les quitó las sandalias a sus seguidores y les lavó los pies mugrientos en preparación para la Pascua.

Cuando le dijo a Pedro: "El que está lavado, no necesita sino lavarse los pies, pues está todo limpio" (Jn. 13:10), el Señor hizo una distinción entre los dos aspectos del perdón. El baño que limpia todo representa la aplicación forense de Dios de la muerte de Cristo para pecadores arrepentidos, justificándolos por completo y para siempre (Hch. 13:39; Ro. 3:22, 24; 4:6-8; 5:1; Gá. 2:16), y librándolos de forma perenne del infierno eterno. Por otra parte, lavar los pies representa el perdón paternal de la santificación. Aunque los pecadores arrepentidos ya han sido justificados de una vez, aún no han sido liberados de la presencia y el poder del pecado en sus vidas diarias (Ro. 7:15-20; Gá. 5:17). Por tanto, los creyentes deben confesar y abandonar el pecado de modo regular, lavando de esta forma la suciedad metafórica del pecado de sus pies (cp. Sal. 38:18; 97:10; 139:23-24; Pr. 28:13; Ro. 8:13; 12:9; Col. 3:5; He. 12:1). Pero al hacer eso, puesto que ya han sido limpiados por completo, van a confesar, no ante un Juez condenador (cp. Mt. 25:41; Ap. 20:11-15), sino más bien ante el Padre amoroso (1 Jn. 2:5; 4:16; cp. Sal. 36:7; Ro. 5:5; 8:39; Ef. 2:4), tratando de evitar el desagrado y la disciplina divina (cp. He. 13:17). Es esta clase de perdón el que buscan los cristianos confesos, y también la razón de que perdonen a los demás para que Dios no les retenga el perdón relacional que bendice (Mt. 6:14-15).

El arrepentimiento no solo es la obra de Dios en el corazón, que lleva a la salvación (Hch. 2:38; 3:19; 11:18; 2 Co. 7:10; 2 Ti. 2:25), sino también un elemento esencial de la santificación de todo creyente (cp. 2 Co. 7:1). Juan concluye la sección de apertura mediante la aplicación de dos pruebas de salvación verdadera que se relacionan con el arrepentimiento: creer en el perdón divino del pecado y una práctica regular de confesión de los pecados. Esta instrucción sugiere tres términos que describen a los verdaderos creyentes, a diferencia de aquellos que falsamente profesan estar en la comunión de fe (cp. 1:6, 8, 10). Los verdaderos creyentes están limpios del pecado; sin embargo, confiesan el pecado; e incluso vencen el pecado.

LIMPIEZA

pero si andamos en luz, como él está en luz, tenemos comunión unos con otros, y la sangre de Jesucristo su Hijo nos limpia de todo pecado. (1:7)

Andar se usa a lo largo del Nuevo Testamento, especialmente en las cartas de Pablo, para describir el efecto, no de justificación sino de santificación. La salvación no solo es un cambio en el estado legal de la persona cuando se le acredita en su cuenta la justicia divina, sino un cambio de comportamiento cuando la verdadera justicia se les da a los creyentes mediante la misma morada permanente del Espíritu de Dios. Vivir a diario la vida cristiana es andar con la activación del Espíritu (Jn. 8:12; 12:35; Ro. 6:4; 8:4; 1 Co. 7:17; 2 Co. 5:7; Gá. 5:16, 25; Ef. 2:10; 4:1; 5:8; Col. 1:10; 1 Ts. 4:1). El verbo es un subjuntivo presente que expresa acción continua, que no obstante es hipotético porque se aplica solo a algunas personas.

Quienes **andamos en** la **luz** lo hacemos porque el poder de Dios nos ha regenerado. Como "nueva[s] criatura[s]" para quienes "todas [las cosas] son hechas nuevas" (2 Co. 5:17), nos comportaremos de tal manera que se refleje el poder de la vida justa de Dios en nosotros, así **como** Dios mismo **está en** la **luz** (véase el análisis de 1:5 en el capítulo anterior de esta obra). El patrón general de nuestras acciones y actitudes diarias será divino. Tales caminantes experimentaremos **comunión unos con otros** (1:3, 7; Hch. 2:42; cp. Col. 1:12; Fil. 2:17-18), que se deriva de nuestra unión con el Dios trino (1:6; 1 Co. 1:9; 6:17; 12:6, 13). Todos los cristianos verdaderos viven y andan en la luz (es decir, en la vida de Dios) y en la comunión con los santos.

A todos los que **andamos en luz,** Dios nos concede su gracia de modo que a lo largo de nuestras vidas **la sangre de Jesucristo su Hijo nos limpia de todo pecado.** Esto no quiere decir que los cristianos ya no luchemos con el pecado, porque en esta vida nadie estará alguna vez totalmente libre de la humanidad no redimida de nuestra carne (Mt. 26:41; Ro. 7:18-24; Gá. 5:17; cp. Ro. 13:14). Sin embargo, debido a que **la sangre de Jesucristo** continuamente **limpia** toda impureza, el pecado no puede cambiar la posición del creyente delante de Dios (cp. Ro. 8:33-39). El término **sangre** se usa a menudo en el Nuevo Testamento como una manera dramática y gráfica de representar la muerte expiatoria de Cristo en la cruz (cp. Hch. 20:28; Ro. 3:25; 5:9; Ef. 1:7; He. 9:12; 10:19), por la cual "nos lavó de nuestros pecados con su sangre" (Ap. 1:5; cp. Col. 1:20-22; 1 Ti. 2:6; He. 2:17; Ap. 5:9).

La limpieza de salvación que Juan describe abarca todas las transgresiones del pecador, pasadas y futuras, y no depende de ninguna condición sino de la gracia soberana de Dios en respuesta a la fe salvadora. Sin lugar a dudas Juan está de acuerdo con la enseñanza de Pablo inspirada por el Espíritu de que los redimidos disfrutan perdón total, inalterable e irrepetible (cp. 1 Co. 6:11; 2 Co. 5:18-19; Ef. 1:7; Col. 1:14; He. 10:10).

CONFESIÓN

Si confesamos nuestros pecados, él es fiel y justo para perdonar nuestros pecados, y limpiarnos de toda maldad. (1:9)

La confesión de pecado es absolutamente esencial para entrar a la Luz (justificación) (cp. Mr. 1:15; Lc. 18:13-14) y andar en ella (santificación). Aunque esto es obvio en la Biblia, hay muchos que incluso afirman que solo se necesita aceptar los hechos acerca de Jesús para la salvación, argumentando que la confesión y el arrepentimiento del pecado son innecesarios (u opcionales a lo mejor) para la justificación. Del terreno de esa soteriología errante viene la indiferencia antonómica hacia la vida cristiana de arrepentimiento y confesión por el bien de la santidad. (Para un análisis a fondo de este erróneo punto de vista y una exposición de la doctrina bíblica de la salvación, véase John MacArthur,

El evangelio según Jesucristo [El Paso, TX.: Casa Bautista de Publicaciones, 1991, 1994, 1997, 2002], y *The Gospel According to the Apostles* [Nashville: Thomas Nelson, 1993, 2000]).

Tales puntos de vista existen a pesar del llamado bíblico al arrepentimiento y a los ejemplos de personas que reconocieron francamente sus pecados ante Dios. "Entonces dijo Judá: ¿Qué diremos a mi señor? ¿Qué hablaremos, o con qué nos justificaremos? Dios ha hallado la maldad de tus siervos; he aquí, nosotros somos siervos de mi señor" (Gn. 44:16*a*; cp. 41:9; Jon. 3:5-10). Abrumado por una visión de la majestuosa santidad de Dios, el profeta Isaías clamó: "¡Ay de mí! que soy muerto; porque siendo hombre inmundo de labios, y habitando en medio de pueblo que tiene labios inmundos, han visto mis ojos al Rey, Jehová de los ejércitos" (Is. 6:5; cp. 1 Cr. 21:17; Dn. 9:20). Los Salmos están llenos de confesiones, sobre todo la de David en el Salmo 51:

> *Ten piedad de mí, oh Dios, conforme a tu misericordia; conforme a la multitud de tus piedades borra mis rebeliones. Lávame más y más de mi maldad, y límpiame de mi pecado. Porque yo reconozco mis rebeliones, y mi pecado está siempre delante de mí. Contra ti, contra ti solo he pecado, y he hecho lo malo delante de tus ojos; para que seas reconocido justo en tu palabra, y tenido por puro en tu juicio. He aquí, en maldad he sido formado, y en pecado me concibió mi madre. He aquí, tú amas la verdad en lo íntimo, y en lo secreto me has hecho comprender sabiduría. Purifícame con hisopo, y seré limpio; lávame, y seré más blanco que la nieve. Hazme oír gozo y alegría, y se recrearán los huesos que has abatido. Esconde tu rostro de mis pecados, y borra todas mis maldades (vv. 1-9; cp. 32:5; 38:1-8, 17-18; 41:4).*

El Nuevo Testamento incluye expresiones parecidas. Nada menos que Juan el Bautista predicó el arrepentimiento con evidencia manifiesta como algo necesario para entrar al reino de salvación de Dios (Mt. 2:4-12; Lc. 3:4-14). Jesús exigió el reconocimiento del pecado y una respuesta de arrepentimiento para todos los que desean salvación (Mt. 4:17), diciendo incluso que los pecadores debían arrepentirse o perecer (Lc. 13:3, 5). El arrepentimiento y la confesión del pecado que Él exigió eran tan fuertes que requerían abnegación total (Lc. 9:23-26) y aborrecerse a sí mismo (Lc. 14:25-27), lo que hizo de la salvación algo demasiado exigente para algunos (Lc. 13:23-24). Pedro y Pablo confesaron cada uno su pecaminosidad (Lc. 5:8; 1 Ti. 1:12-16), y dos de las parábolas de Jesús se relacionaron con hombres que reconocieron sus propias condiciones pecadoras (Lc. 15:18; 18:13). Además, cuando los apóstoles predicaron el evangelio dejaron en claro que Dios llama a los pecadores en todas partes a admitir su pecado y arrepentirse (Hch. 17:30; cp. Is. 45:22; Hch. 2:38).

Primera de Juan 1:9 se ajusta a este patrón con una coherencia perfecta, si se interpreta correctamente. Puesto que Juan está escribiendo a creyentes ("hijitos míos", 2:1), a aquellos que son antinomianos que parecían hacer condicional el perdón (es decir, si los creyentes confiesan, Dios perdonará; si no confiesan, Dios no perdonará). Esta confusión se elimina fácilmente, antes que nada al observar que el versículo es en realidad una reiteración de la fidelidad de Dios a su promesa del Nuevo Pacto de salvación en el Antiguo Pacto: "Perdonaré la maldad de ellos, y no me acordaré más de su pecado" (Jer. 31:34; cp. Lc. 1:77-78; He. 9:13-14). El recordatorio de que **él es fiel y justo para perdonar nuestros pecados, y limpiarnos de toda maldad** vuelve a resaltar la verdad que Juan acababa de declarar en el versículo 7, de que Dios, debido a su carácter, asegurará su gloria eterna al seguir limpiando a los creyentes de todo pecado futuro. Él es fiel a su promesa y siempre hace lo que es justo. (El tiempo aoristo del verbo *aphiēmi* [**perdonar**] conlleva una connotación pasada y además demuestra que el perdón de Dios se deriva de un acontecimiento histórico, la expiación, que tiene beneficios perdurables para todos los que creen.) En el capítulo 2 Juan escribe: "Vuestros pecados os han sido perdonados por su nombre" (v. 12). El perdón es coherente con quién es Jesucristo y con lo que el Padre prometió, según su naturaleza perfectamente fiel (Is. 49:7; 1 Co. 1:9; He. 2:17; Ap. 19:11), justa (Sal. 7:11; Is. 53:11), recta (Gn. 18:25; Col. 3:25), santa (Éx. 15:11; Ap. 4:8) y amorosa (Jer. 31:3; 1 Jn. 4:8). En la confesión de los creyentes el perdón no es incompleto ni dependiente en el sentido de la salvación.

Con esto establecido, es posible entender el lugar de la confesión continua. La palabra traducida **confesamos** (*homologeō*) significa "decir la misma cosa". De ahí que los creyentes son aquellos que confiesan sus **pecados,** estando de acuerdo con Dios en relación a esos pecados, pues reconocen la realidad de ese pecado y declaran que es una transgresión de la ley y una violación de la voluntad divina, y el verdadero penitente trata de eliminar de su vida la presencia del pecado (3:4; Stg. 2:10-11; 4:17; cp. Ro. 7:24). Lo que Juan está diciendo realmente aquí acerca de la confesión es que puesto que los creyentes son perdonados, confiesan con regularidad sus pecados. Dicho de otro modo, ese perdón no viene a causa de la continua confesión, sino que el patrón continuo de penitencia y confesión se debe al perdón y la transformación. Cuando el Espíritu Santo santifica a los creyentes produce continuamente en ellos un odio por el pecado (Sal. 97:10; Pr. 8:13; Ro. 7:15-25; Fil. 3:8-9; cp. Sal. 1:1-2), que resulta en corazones penitentes y en un reconocimiento sincero de los pecados. Mientras más crecen en Cristo, más grande se vuelve el odio de los cristianos por el pecado y más profunda es su penitencia. Pablo, el creyente más devoto y dedicado, al final de su santificación terrenal, se veía como el primero de los pecadores (1 Ti. 1:15).

Si la confesión es genuina, siempre provendrá de adecuada tristeza por el pecado y de un anhelo real por no volver a cometerlo. En 2 Corintios 7:9-11, Pablo escribió:

> *Ahora me gozo, no porque hayáis sido contristados, sino porque fuisteis contristados para arrepentimiento; porque habéis sido contristados según Dios, para que ninguna pérdida padecieseis por nuestra parte. Porque la tristeza que es según Dios produce arrepentimiento para salvación, de que no hay que arrepentirse; pero la tristeza del mundo produce muerte. Porque he aquí, esto mismo de que hayáis sido contristados según Dios, ¡qué solicitud produjo en vosotros, qué defensa, qué indignación, qué temor, qué ardiente afecto, qué celo, y qué vindicación! En todo os habéis mostrado limpios en el asunto (cp. 2 S. 12:13).*

El apóstol no se refería a sentirse mal en cuanto a las consecuencias de la conducta pecaminosa, que es la tristeza del mundo caracterizada por desesperación, depresión y a veces suicidio (Mt. 27:3-5). Más bien estaba describiendo el tipo de tristeza según Dios que produce verdadero arrepentimiento que lleva a la salvación. El arrepentimiento bíblico se traducirá en "vehemencia", "reivindicación", "justificación", "temor", "anhelo", "celo", y "venganza". (Para más sobre estos resultados, véanse los comentarios sobre 2 Corintios 7:9-11 en John MacArthur, *Comentario MacArthur del Nuevo Testamento: 2 Corintios* [Grand Rapids: Portavoz, 2015]). Cuando el arrepentimiento está presente, los creyentes tienen un fuerte deseo de que Dios trate con el pecado a cualquier costo (cp. Mt. 5:29-30), incluso si ese costo podría ser alto para ellos personalmente (cp. Lc. 19:8-10). Por tanto, los verdaderos creyentes son confesores habituales que demuestran que Dios no solamente les ha perdonado su pecado y que todos los días los limpia fielmente de ese pecado, sino que en realidad los ha regenerado, convirtiéndolos en nuevas criaturas con deseos santos que dominan su voluntad. (Más adelante en esta epístola Juan muestra cómo los verdaderos creyentes no siguen pecando [3:4-10] sino que luchan por obedecer a Dios [3:19-24]).

A pesar de este significado sencillo, muchos individuos a lo largo de la historia han malinterpretado y aplicado erróneamente el concepto de la confesión. Por ejemplo, la Iglesia Católica Romana ve a la confesión como la declaración anónima de pecados a un sacerdote humano en un confesionario. Los católicos creen que tal confesión es un acto meritorio que obtiene el perdón del confesor, seguido por la ejecución de algún ritual penitencial (tal como repetir una oración o rezar el rosario cierta cantidad de veces). Bajo tal sistema en esencia se recibe perdón en base a las buenas obras de la confesión y la penitencia.

Otros ven a la confesión como un acto psicológico y emocionalmente terapéutico, un acto que ayuda a las personas a sentirse bien con relación a los malos sentimientos, asegurando que se "sienten" perdonados y experimentan sanidad. Otros más enseñan que la confesión en este versículo se refiere tan solo al momento de la salvación, sin tener en cuenta los tiempos posteriores de reconocer el pecado. Pero si alguien confía de veras en Cristo como Señor y Salvador (Lc. 9:23; Hch. 2:38-39; 16:31; Ro. 10:9-10; cp. Mr. 10:21-27; Jn. 15:4-8), admitirá regularmente sus pecados delante de Dios, como indica la forma activa del verbo *confesar.*

Tal vez la perspectiva más popular pero errónea de la confesión en este contexto es que los creyentes son perdonados solo de aquellos pecados que confiesan. Si eso fuera correcto, significaría que los pecados no confesados permanecen con los creyentes hasta el tribunal de juicio de Cristo, momento en el que tendrán que rendir cuentas por esas iniquidades. Pero ese simplemente no es el caso. Nadie entrará al cielo con una lista de pecados no confesados colgando aún sobre su cabeza (cp. 1 Co. 15:50; Gá. 5:21; Ef. 5:5; Ap. 22:15), puesto que la obra terminada de Jesucristo cubre totalmente todos los pecados de quienes creen, incluso los que permanecen sin confesar (véase el comentario sobre 1 Jn. 2:12 en el capítulo 7 de este comentario). Así escribió el apóstol Pablo:

> *Como también David habla de la bienaventuranza del hombre a quien Dios atribuye justicia sin obras, diciendo: Bienaventurados aquellos cuyas iniquidades son perdonadas, y cuyos pecados son cubiertos. Bienaventurado el varón a quien el Señor no inculpa de pecado (Ro. 4:6-8; cp. 8:33; 2 Co. 5:21; Gá. 3:13; Col. 2:13).*

VICTORIA

Hijitos míos, estas cosas os escribo para que no pequéis; (2:1*a*)

El Nuevo Testamento deja en claro que a los cristianos, al no ser ya esclavos al pecado, se les proporciona los medios espirituales para tener victoria sobre el pecado. El fuerte mandato de Pablo supone que los creyentes se apropian de sus recursos para vencer el pecado que aún permanece en el cuerpo no glorificado:

> *No reine, pues, el pecado en vuestro cuerpo mortal, de modo que lo obedezcáis en sus concupiscencias; ni tampoco presentéis vuestros miembros al pecado como instrumentos de iniquidad, sino presentaos vosotros mismos a Dios como vivos de entre los muertos, y vuestros miembros a Dios como instrumentos de justicia. Porque el pecado no se enseñoreará de vosotros; pues no estáis bajo la ley, sino bajo la gracia (Ro. 6:12-14; cp. 2 Co. 5:15; 1 P. 2:24).*

La ley hace exigencias, pero no proporciona poder ni habilitación para cumplirlas. Como resultado, solo condena y no salva.

El fuerte amor de Juan por sus lectores y su deseo de que le presten atención a sus palabras y **no** pequen se encuentran en su tierna designación, **hijitos míos,** una expresión que aparece otras seis veces en esta carta (2:12, 28; 3:7, 18; 4:4; 5:21; cp. 2:13, 18). Ser fieles y diligentes confesores del pecado, como una expresión de su nueva creación, vuelve a ese pecado contrario a la propia disposición de los creyentes de abusar de la gracia de Dios por caer en más pecado (cp. Ro. 6:1-2; Gá. 5:13; 1 P. 2:16). Juan les escribe **estas cosas** para animarlos en la santidad constante, porque eran personas regeneradas por la morada del Espíritu Santo, quien los había liberado del pecado habitual (cp. Ro. 8:12-13; Tit. 2:11-12; 1 P. 1:13-16). Una vez más Juan repite en un modo conciso la siguiente exhortación que Pablo hizo en Romanos 6:

> *¿Qué, pues? ¿Pecaremos, porque no estamos bajo la ley, sino bajo la gracia? En ninguna manera. ¿No sabéis que si os sometéis a alguien como esclavos para obedecerle, sois esclavos de aquel a quien obedecéis, sea del pecado para muerte, o sea de la obediencia para justicia? Pero gracias a Dios, que aunque erais esclavos del pecado, habéis obedecido de corazón a aquella forma de doctrina a la cual fuisteis entregados; y libertados del pecado, vinisteis a ser siervos de la justicia (vv. 15-18).*

Por tanto, al final de 1 Juan 1, el anciano apóstol presenta más pruebas de salvación y una descripción clara de quién pasa esas pruebas. Los que las superan son los verdaderos cristianos que aceptan el perdón de Dios pero, sin embargo, son constantes confesores de su propio pecado. Esa característica es una realidad en sus vidas debido a la obra regeneradora y santificadora de Dios en sus corazones, por medio del Espíritu Santo (Jn. 16:13; Ro. 8:15) y la Palabra de verdad (Jn. 17:17). Por tanto, los verdaderos creyentes son personas que han recibido limpieza de todo pecado, pero que siguen sintiendo la poderosa presencia del mal y están deseosos de confesar sus pecados que quedan y así, por el poder de la nueva vida en el Espíritu, vencen la tentación.

Jesucristo: El divino abogado defensor y la perfecta propiciación 4

y si alguno hubiere pecado, abogado tenemos para con el Padre, a Jesucristo el justo. Y él es la propiciación por nuestros pecados; y no solamente por los nuestros, sino también por los de todo el mundo. (2:1*b*-2)

La gente en la sociedad contemporánea es adicta a los dramas legales. Los programas de televisión y las películas que tratan con delincuencia y juicios mantienen hechizadas a las personas. Existen incluso canales de televisión por cable y por satélite que transmiten esa programación todo el tiempo. Miles siguen ávidamente los últimos juicios de alto perfil, convirtiéndolos en la oferta de entretenimiento del sistema judicial, y complaciendo el apetito de esta cultura hastiada.

Tales pequeñeces están transcendiendo infinitamente en un drama judicial cósmico que hace parecer insignificantes en alcance y gravedad a todos los juicios humanos. Dios el Padre es el Juez (Gn. 18:25; Sal. 7:11; He. 12:23), Satanás es el acusador (Zac. 3:1; Ap. 12:10; cp. Job 1:9-11; 2:4-5), y todas las personas que han vivido están en juicio. El asunto es cómo los pecadores injustos pueden justificarse delante de un Dios santo. R. C. Sproul escribe:

> La doctrina de la justificación conlleva un asunto legal de la más alta magnitud. Implica un asunto de juicio delante del tribunal supremo de Dios. El más básico de todos los problemas que enfrentamos en calidad de seres humanos caídos es cómo, siendo pecadores injustos, esperamos sobrevivir a un juicio ante la corte de un Dios absolutamente santo y justo. Dios es el Juez de toda la tierra. En eso radica nuestro dilema. Él es justo; nosotros injustos. Si recibimos de sus manos lo que la justicia debe darnos, enfrentamos el castigo eterno del infierno. ("The Forensic Nature of Justification", en Don Kistler, ed., *Justification by Faith Alone* [Morgan, Pa.: Soli Deo Gloria, 1995], p. 24).

Todos los que están ante el tribunal de la justicia divina son culpables de violar la santa ley de Dios; "todos están bajo pecado. Como está escrito: No hay justo, ni aun uno" (Ro. 3:9-10), y "cualquiera que guardare toda la ley, pero ofendiere en un punto, se hace culpable de todos" (Stg. 2:10). La sentencia justa que la corte divina debe dictar es castigo eterno en el infierno, "porque la paga del pecado es muerte" (Ro. 6:23).

Pero no todo es irremediable para los culpables, porque hay que tener en cuenta a un personaje más en este escenario del tribunal divino: el Señor Jesucristo, quien actúa como mediador o abogado defensor para todos los que confían que Él les dé la salvación. Sin embargo, Jesucristo es el abogado defensor más insólito, ya que no sostiene la inocencia de sus clientes, sino que más bien reconoce que son culpables. No obstante, nunca ha perdido un caso, y nunca lo perderá (Jn. 6:39; cp. Ro. 8:29-30). Usando el lenguaje de la corte, Pablo declaró: "¿Quién acusará a los escogidos de Dios? Dios es el que justifica. ¿Quién es el que condenará? Cristo es el que murió; más aun, el que también resucitó, el que además está a la diestra de Dios, el que también intercede por nosotros" (Ro. 8:33-34; cp. Col. 2:13-14). Esa última frase es la clave de cómo el Señor Jesucristo gana infaliblemente la absolución de todos los que ponen su fe en Él. Cristo intercede por los pecadores ante el Padre basándose en su propia sustitución en muerte expiatoria, la cual pagó totalmente la pena del pecado de todos los que confían en que les dé la salvación, supliendo así las exigencias de la justicia de Dios. Puesto que Dios "no escatimó ni a su propio Hijo, sino que lo entregó por todos" los creyentes (Ro. 8:32), y que por ellos "lo hizo pecado, para que [fueran] hechos justicia de Dios en él" (2 Co. 5:21), Dios los justificó "gratuitamente por su gracia, mediante la redención que es en Cristo Jesús" (Ro. 3:24). El resultado del veredicto divino es que los creyentes, "justificados [declarados justos] por fe [tienen] paz para con Dios por medio de [su] Señor Jesucristo" (Ro. 5:1).

El designio predeterminado del Padre y la aceptación del sacrificio de su Hijo como pago total por los pecados de los creyentes responde el dilema de cómo el Padre puede ser "el justo, y el que justifica al que es de la fe de Jesús" (Ro. 3:26). El amor y la justicia de Dios fueron igualmente satisfechos cuando consumó la redención por medio de Jesucristo.

Es ese drama judicial divino lo que sustenta el pensamiento del apóstol Juan en esta sección. Basándose en la gloriosa afirmación de 1:9 de que Dios "es fiel y justo para perdonar nuestros pecados, y limpiarnos de toda maldad", Juan explica que Dios puede hacerlo porque su Hijo es el abogado defensor de los creyentes y la propiciación perfecta por los pecados de ellos. Esa doble verdad es central al evangelio.

EL DIVINO ABOGADO DEFENSOR

y si alguno hubiere pecado, abogado tenemos para con el Padre, a Jesucristo el justo. (2:1*b*)

Esta analogía de **Jesucristo** encaja perfectamente con el vocabulario legal de Juan. Como se indicó antes, el lenguaje del apóstol describe el escenario de sala de juicio en el que los pecadores acusados llegan ante el estrado de Dios, y Cristo acelera el paso como el defensor legal de ellos. Con esa descripción en mente, Juan ofreció a sus lectores instrucción vital sobre cómo la justicia divina se relaciona con la salvación.

Pecado se traduce de una forma del verbo *hamartanō*, la palabra más común en el Nuevo Testamento para pecado, que literalmente significa "errar el tiro". La santidad de Dios marca la pauta de la conducta (Éx. 15:11; Lv. 19:2; 1 S. 2:2; Ap. 15:4), y la humanidad ha perdido ese modelo supremo (Gn. 6:5; Ec. 7:20; Ro. 5:12; Gá. 3:22*a*) al violar totalmente los requisitos divinos de obediencia perfecta (Ro. 3:23; Stg. 2:10).

La gramática griega de la frase **y si alguno hubiere pecado** es instructiva. El verbo es un subjuntivo pasado condicional de tercera clase que transmite la fuerte posibilidad de que tal situación ocurra en realidad. La expresión de Juan se podría traducir: "Si alguno hubiera pecado, y esto sucederá". Inmediatamente después del énfasis en la primera parte del versículo 1, de que los creyentes no deben pecar, el apóstol reconoce que en última instancia lo harán (cp. 1:8, 10). El uso de la primera persona del plural incluye al apóstol con los "hijitos", a los que se refiere antes en el versículo 1, demostrando que Juan se estaba refiriendo a los pecados de creyentes verdaderos.

De acuerdo con las imágenes, Dios aparece como el Juez supremo del universo, sentado en el trono celestial y juzgando a todas las personas según la absoluta perfección de su santa ley. Él es el autor (Lv. 26:46), intérprete (Sal. 119:34), y aplicador (Jer. 31:33) de la ley. Sin embargo, los creyentes deben ver la realidad de la justicia divina con gran sobriedad y respeto (1 P. 1:17; cp. Hch. 17:31; Col. 3:25), ya que Dios tiene el poder y la autoridad para condenar al infierno a todo pecador que alguna vez ha vivido. Jesús ofreció esta seria advertencia: "No temáis a los que matan el cuerpo, mas el alma no pueden matar; temed más bien a aquel que puede destruir el alma y el cuerpo en el infierno" (Mt. 10:28; cp. Lc. 12:5; 2 Ts. 1:5-9). Los profetas del Antiguo Testamento también dieron clara advertencia acerca de ese tipo de juicio divino (cp. Am. 5:18-20; Sof. 1:14-18).

No obstante, los que son salvos no deben temer la justicia divina porque tienen un **abogado para con el Padre,** nada menos que **a Jesucristo el justo.** Aquí **abogado** se traduce de *paraklētos* ("uno que acompaña") y denota en entornos jurídicos al defensor o consejero que llega para ayudar a su cliente. (Juan utiliza en su evangelio el mismo término, traducido allí como "Consolador" [14:16, 26; 16:7] para referirse al apoyo y consuelo dado a cada creyente por medio del Espíritu Santo). Cristo es el Abogado perfecto, ya que el Juez es su Padre, y los dos siempre están en armonía perfecta (cp. Mt. 26:39; Jn. 4:34). Además, el Hijo entiende por completo las debilidades humanas de los santos porque vino a la tierra como el Hijo del hombre totalmente humano (He. 4:14-15; cp. Gá. 4:4; Fil. 2:5-8). Él acepta como clientes solo a quienes confiesan su culpa y su desesperada necesidad de recibirlo como Salvador y Señor (cp. Mt. 7:21-23; 25:31-46; Jn. 6:37; 10:3, 14-15); y se convierte para ellos en el intercesor incomparable que siempre obtiene la absolución para los que confían en Él. En el lenguaje del Antiguo Testamento, Cristo es el gran Sumo Sacerdote (He. 7:25-28).

LA PROPICIACIÓN PERFECTA

Y él es la propiciación por nuestros pecados; y no solamente por los nuestros, sino también por los de todo el mundo. (2:2)

Cristo no podría presentar argumentos a favor de los santos como abogado defensor si no fuera también su Propiciador que lleva sobre si la ira de Dios para con los pecadores, quitándoles por consiguiente toda culpa y condenación. La **propiciación** por medio de la muerte de Cristo es una de las doctrinas clave de la fe cristiana, que se halla en el centro mismo del plan redentor de Dios (Ro. 3:25; 5:1, 10-11; 1 Co. 15:3; 2 Co. 5:18-19; Col. 1:20-22; 1 P. 1:18-20; cp. Lv. 10:17; 17:11; Mt. 26:28; Lc. 24:47; Hch. 20:28; He. 12:24; 13:20). Un correcto entendimiento de esta verdad en todos sus aspectos esenciales es vital para la salvación y la búsqueda de una vida de santidad.

El término **propiciación,** tanto en su definición como en su aplicación, es sobre todo una palabra bíblica y teológica. Se trata de una traducción de *hilasmos,* que significa "pacificación" o "satisfacción". La muerte expiatoria de Cristo en la cruz satisfizo las demandas de la justicia de Dios, y por consiguiente pacificó su santa ira contra los pecados de los creyentes.

Varios términos relacionados proporcionan un entendimiento adicional de la naturaleza de la propiciación. El verbo *hilaskomai,* "hacer satisfacción por", aparece en Lucas 18:13 y Hebreos 2:17. *Hilastērion* se refiere a la expiación o sacrificio requerido para aplacar la ira de Dios (cp. Ro. 3:25). Los traductores de la Septuaginta (LXX) usaron este término para designar al propiciatorio, que establece el vínculo de propiciación para el sistema sacrificial del Antiguo Testamento:

> Harán también un arca de madera de acacia, cuya longitud será de dos codos y medio, su anchura de codo y medio, y su altura de codo y

> medio. Y la cubrirás de oro puro por dentro y por fuera, y harás sobre ella una cornisa de oro alrededor. Fundirás para ella cuatro anillos de oro, que pondrás en sus cuatro esquinas; dos anillos a un lado de ella, y dos anillos al otro lado. Harás unas varas de madera de acacia, las cuales cubrirás de oro. Y meterás las varas por los anillos a los lados del arca, para llevar el arca con ellas. Las varas quedarán en los anillos del arca; no se quitarán de ella. Y pondrás en el arca el testimonio que yo te daré. Y harás un *propiciatorio* de oro fino, cuya longitud será de dos codos y medio, y su anchura de codo y medio. Harás también dos querubines de oro; labrados a martillo los harás en los dos extremos del *propiciatorio.* Harás, pues, un querubín en un extremo, y un querubín en el otro extremo; de una pieza con el *propiciatorio* harás los querubines en sus dos extremos. Y los querubines extenderán por encima las alas, cubriendo con sus alas el *propiciatorio*; sus rostros el uno enfrente del otro, mirando al propiciatorio los rostros de los querubines. Y pondrás el *propiciatorio* encima del arca, y en el arca pondrás el testimonio que yo te daré. Y de allí me declararé a ti, y hablaré contigo de sobre el *propiciatorio,* de entre los dos querubines que están sobre el arca del testimonio, todo lo que yo te mandare para los hijos de Israel (Éx. 25:10-22; cursivas añadidas para indicar usos de hilastērion en la LXX).

El propiciatorio era la tapa o cubierta del arca, situado entre la nube divina de la gloria Shekinah por encima del arca y las tablas de la ley dentro del arca. Debido a que los sacerdotes rociaban el propiciatorio con sangre de los sacrificios, este era el lugar en el cual ocurría la expiación por el pecado. Por tanto, la sangre rociada quedaba entre Dios (la Shekinah) y su ley quebrantada (las tablas). La sangre sacrificial de animales nunca aplacó a Dios (cp. He. 7:26-28; 9:6-15; 10:1-18), pero representaba el sacrificio futuro de Cristo que satisfaría por completo al Padre (He. 9:23-28; cp. Is. 53:6, 10; Mt. 20:28; Ef. 5:2). Si el sistema expiatorio del Antiguo Testamento hubiera apaciguado la ira de Dios de una vez por todas, los judíos no habrían seguido llevando sin parar ofrendas encendidas (Lv. 1:3-17; 6:8-13), ofrendas por el pecado (Lv. 4:1—5:13; 6:24-30), y ofrendas por la culpa (Lv. 5:14—6:7; 7:1-10) a lo largo de los siglos.

La propiciación es necesaria a causa de los **pecados** (cp. Sal. 7:11; Ez. 18:4; Ro. 1:18; 3:23; 6:23; 1 Ts. 1:10). Los pecadores quebrantan continuamente la perfecta ley de Dios (Jer. 17:9; Mt. 15:19-20*a*; Jn. 8:34; Ro. 3:9-19; 5:12-20; Stg. 1:14-15; 2:10-11) y Él, como el Creador justamente ofendido, debe reaccionar de manera justa en santo enojo, ira y juicio (Gn. 6:6-7; Dt. 25:16; Job 34:21-22, 25; Sal. 5:4-6; Pr. 6:16-19; Is. 59:1-2; Jer. 10:10; Nah. 1:2-3; Lc. 13:27; 16:15; Jn. 3:36; Ro. 1:18; 2:5, 8; Ef. 5:6; He. 3:17). La justicia de Dios debe ser satisfecha. Cada pecado cometido por toda persona que ha vivido será castigado en una de dos maneras. O la ira de Dios será satisfecha cuando todos los pecadores no arrepentidos e incrédulos sufran eternamente en el infierno (Mt. 13:42; 25:41, 46; 2 Ts. 1:9; Ap. 20:15), o es satisfecha por el castigo de Cristo en la cruz (Jn. 3:14-18) para todos los que, por el poder condenador y regenerador del Espíritu, se arrepienten y creen en Jesús para salvación. El castigo divino ofrece perdón según la gracia y el amor soberanos de Dios (cp. Ro. 3:24-26).

Por designio divino, representado en el requisito de la ley de un cordero sin defecto (Nm. 6:14), el Señor Jesucristo debía ser sin pecado (cp. 2:1). De otro modo no habría sido aceptable al Padre (cp. He. 9:14), y habría estado sujeto al juicio de Dios por sus propios pecados. Pero Cristo es justo (Is. 53:11), santo Ap. 3:7), inocente (Jn. 8:46; 18:37-38), sin mancha (He. 7:26), y está separado de los pecadores; no tan solo es el agente que hizo posible la propiciación para los pecadores, Él *es* la propiciación. El profeta Isaías lo describió como el sacrificio ideal:

> *Mas él herido fue por nuestras rebeliones, molido por nuestros pecados; el castigo de nuestra paz fue sobre él, y por su llaga fuimos nosotros curados. Todos nosotros nos descarriamos como ovejas, cada cual se apartó por su camino; mas Jehová cargó en él el pecado de todos nosotros. Angustiado él, y afligido, no abrió su boca; como cordero fue llevado al matadero; y como oveja delante de sus trasquiladores, enmudeció, y no abrió su boca. Por cárcel y por juicio fue quitado; y su generación, ¿quién la contará? Porque fue cortado de la tierra de los vivientes, y por la rebelión de mi pueblo fue herido. Y se dispuso con los impíos su sepultura, mas con los ricos fue en su muerte; aunque nunca hizo maldad, ni hubo engaño en su boca. Con todo eso, Jehová quiso quebrantarlo, sujetándole a padecimiento. Cuando haya puesto su vida en expiación por el pecado, verá linaje, vivirá por largos días, y la voluntad de Jehová será en su mano prosperada (Is. 53:5-10; cp. 2 Co. 5:21; Ef. 5:2; Gá. 3:13; 1 P. 2:24; 3:18).*

Todo el plan divino de redención fluye del amor del Padre por pecadores indignos que no merecen ser redimidos (Ro. 5:8; Ef. 1:4-7). Juan dejó en claro esta verdad cuando escribió: "En esto consiste el amor… en que él nos amó a nosotros, y envió a su Hijo en propiciación por nuestros pecados" (4:10; cp. Tit. 3:5).

Las palabras del apóstol **y no solamente por los nuestros, sino también por los de todo el mundo** muchos las han entendido como que se refieren a una expiación ilimitada, por la cual Cristo provee una salvación potencia para todas las personas sin excepción. Lógicamente, tal interpretación despoja la obra de Cristo en la cruz de cualquier expiación para cualquier persona en concreto, y provee solamente una satisfacción potencial a la ira de Dios. (Para un análisis de otros aspectos de la magnitud de la expiación, véase el estudio sobre 2 Pedro 2:1*c* en el capítulo 29 de mi comentario de 1 y 2 Pedro).

Para ser fieles a la verdad revelada en las Escrituras, la frase **de todo el mundo** debe comprenderse como una expresión genérica que se refiere a la humanidad a lo largo de la tierra, pero no necesariamente a todas las personas. **Mundo** simplemente identifica la esfera terrenal de la humanidad a la que Dios dirigió su amor reconciliador y al que suministró propiciación (cp. Jn. 1:29; 3:16; 6:51; 1 Ti. 2:5-6; Tit. 2:11; He. 2:9). El lenguaje de la Biblia es fuerte y claro al afirmar que la muerte de Cristo en realidad satisface de modo total y eterno las exigencias de la ira de Dios para quienes creen (Jn. 10:11, 15; 17:9, 20; Hch. 20:28; Ro. 8:32, 37; Ef. 5:25). Aunque la muerte del Salvador tuvo valor intrínseco e infinito, fue designada para asegurar de manera real (y no potencial) la satisfacción de la justicia divina solo en beneficio de aquellos que creerían.

Los creyentes judíos habrían entendido la propiciación porque estaban familiarizados con el sistema sacrificial del Antiguo Testamento, con la función del propiciatorio, y con el significado del día de la expiación, según se relata en Levítico 16:15-17:

> *Después degollará el macho cabrío en expiación por el pecado del pueblo, y llevará la sangre detrás del velo adentro, y hará de la sangre como hizo con la sangre del becerro, y la esparcirá sobre el propiciatorio y delante del propiciatorio. Así purificará el santuario, a causa de las impurezas de los hijos de Israel, de sus rebeliones y de todos sus pecados; de la misma manera hará también al tabernáculo de reunión, el cual reside entre ellos en medio de sus impurezas. Ningún hombre estará en el tabernáculo de reunión cuando él entre a hacer la expiación en el santuario, hasta que él salga, y haya hecho la expiación por sí, por su casa y por toda la congregación de Israel.*

Sin embargo, ellos entendían ahora que "la congregación de Israel" incluía prosélitos. En Cristo fueron abolidas todas las limitaciones nacionales (cp. Hch. 11:18; Ro. 1:17; 2:28-29). La muerte propiciatoria de Jesús es para todas las clases de los elegidos de Dios, que por su nombre Él está llamando "de todo linaje y lengua y pueblo y nación" (Ap. 5:9; cp. Jn. 10:16; Hch. 15:14-18; 26:23; Ro. 9:25-26; Tit. 2:14). La obra de Cristo en la cruz expió por todos aquellos que serían soberanamente atraídos por Dios a arrepentirse y creer (cp. Ro. 5:18), **y no solamente por** esos creyentes que constituían la iglesia en la época de Juan. No obstante, su muerte no expió para satisfacer la justicia divina con respecto a los millones de no arrepentidos e incrédulos que comparecerán delante del Juez en el gran trono blanco, en donde serán sentenciados al castigo eterno en el lago de fuego (Ap. 20:11-15).

Incluso al planear la muerte de Jesús, el sumo sacerdote Caifás pronunció de manera inconsciente palabras que providencialmente afirmaban la verdadera magnitud de la propiciación de Cristo. Juan 11:45-52 relata el escenario:

> *Entonces muchos de los judíos que habían venido para acompañar a María, y vieron lo que hizo Jesús, creyeron en él. Pero algunos de ellos fueron a los fariseos y les dijeron lo que Jesús había hecho. Entonces los principales sacerdotes y los fariseos reunieron el concilio, y dijeron: ¿Qué haremos? Porque este hombre hace muchas señales. Si le dejamos así, todos creerán en él; y vendrán los romanos, y destruirán nuestro lugar santo y nuestra nación. Entonces Caifás, uno de ellos, sumo sacerdote aquel año, les dijo: Vosotros no sabéis nada; ni pensáis que nos conviene que un hombre muera por el pueblo, y no que toda la nación perezca. Esto no lo dijo por sí mismo, sino que como era el sumo sacerdote aquel año, profetizó que Jesús había de morir por la nación; y no solamente por la nación, sino también para congregar en uno a los hijos de Dios que estaban dispersos.*

Caifás quiso decir solo que Jesús debía ser ejecutado para salvar la nación y las posiciones de los líderes de las represalias romanas contra ellos por causa de Jesús. Caifás habló *políticamente,* inconsciente del peso de las implicaciones *teológicas* de sus palabras. Sin embargo, puesto que él era el sumo sacerdote, el Espíritu Santo lo dirigió a que pronunciara tales palabras (cp. 2 S. 15:27*a*) para profetizar que Cristo moriría por la nación. Pero es obvio que "nación" no significa cada una de las personas judías porque prácticamente toda la nación había rechazado a Jesús (Jn. 1:11; cp. Ro. 2:28-29; 9:6-18, 27). Por tanto, la designación se limita a aquellos judíos que creyeron. Según el apóstol explicó en Juan 11:52, Jesús murió no solo por los judíos creyentes sino también por "los hijos de Dios que estaban dispersos". En el contexto original de su evangelio, la referencia de Juan a "los hijos de Dios" alude ante todo a los judíos creyentes de la dispersión que serían reunidos en el reino de Dios (cp. Is. 43:5; Ez. 34:12). Pero en el sentido más amplio, esa expresión anticipaba el alcance a los gentiles (cp. Jn. 12:32; He. 2:9). Por tanto, como resultado de la muerte expiatoria de Cristo, todo el mundo para el cual Cristo fue la propiciación se convirtió por fe en parte del mismo cuerpo, su Iglesia (Ef. 2:11-22; cp. Gá. 3:7-9, 26-29; Ef. 3:1-6).

La certeza de la seguridad cristiana

5

Y en esto sabemos que nosotros le conocemos, si guardamos sus mandamientos. El que dice: Yo le conozco, y no guarda sus mandamientos, el tal es mentiroso, y la verdad no está en él; pero el que guarda su palabra, en éste verdaderamente el amor de Dios se ha perfeccionado; por esto sabemos que estamos en él. El que dice que permanece en él, debe andar como él anduvo. (2:3-6)

Thomas Brooks, el puritano inglés del siglo XVII, escribió:

> La seguridad es un acto reflejo de un alma compasiva, por cuyo medio se ve de forma clara y evidente en un estado misericordioso y bendecido; es un sentimiento sensible, y un discernimiento experimental [experiencial] de un individuo que se halla en estado de gracia... la seguridad es un arca del creyente, donde se sienta, al igual que Noé, tranquilo incluso en medio de todas las distracciones y destrucciones, conmociones y confusiones (*Heaven on Earth: A Treatise on Christian Assurance* [reimpresión; Edinburgh: Banner of Truth, 1982], pp. 14, 11).

La seguridad da lugar a que los creyentes se regocijen con el escritor del himno: "¡Seguridad Bendita, Jesús es mío! ¡Oh, que anticipación de la gloria divina!" Tener seguridad es en cierto sentido experimentar el cielo en la tierra.

Pero tristemente, como Brooks pasa a lamentarse, la seguridad

> es una perla que la mayoría desea, una corona que pocos usan... Una seguridad muy bien cimentada... debe hallarse entre la mayoría de cristianos. Sin embargo, casi todos los seres humanos viven entre temores y esperanzas, y penden, por así decirlo, entre el cielo y el infierno; a veces esperan que su situación sea buena, en otras ocasiones temen que su condición sea mala: por ahora esperan que todo esté bien, y que así será para siempre; luego [en poco tiempo] temen que perecerán a manos de la corrupción, o que prevalecerán en tal o cual tentación. Por

consiguiente, son como un barco en medio de la tormenta, lanzado de aquí para allá (*Heaven on Earth,* pp. 15, 11).

La seguridad no es solo un privilegio; también es un derecho básico que los cristianos poseen como miembros del Cuerpo de Cristo (Ro. 5:1; 8:16; cp. Sal. 4:3; Jn. 10:27-29; Fil. 1:6; 1 Ts. 1:4). Por otra parte, no tener seguridad, y por tanto dudar de la salvación propia, produce incertidumbre y temor que a su vez provoca desdicha y desesperación.

Aunque la seguridad de la salvación es parte de la redención y vital para el gozo y el consuelo, la Palabra de Dios enseña que es posible perder el derecho a ella, a menos que se la busque. El apóstol Pedro escribió: "Por lo cual, hermanos, tanto más procurad hacer firme vuestra vocación y elección" (2 P. 1:10*a*; cp. He. 10:22). Pedro reveló que esta certeza llega a quienes van tras todas las características de la santidad con creciente diligencia (vv. 5-8).

No obstante, a pesar de tales mandatos bíblicos muchos en el cristianismo contemporáneo simplemente ignoran el sentido bíblico de la seguridad. Con frecuencia los maestros les aseveran que, si han repetido cierta oración, si han pasado adelante en una reunión evangelística, si han hecho una profesión de fe, si han dado asentimiento mental al evangelio, o incluso si se han bautizado, definitivamente son salvos y nunca deberían cuestionar su salvación. Tales personas no quieren examinarse como la Biblia enseña (2 Co. 13:5), porque razonan que al hacerlo podrían dañar sus frágiles autoestimas o hacerlos sentir culpables de dudar de Dios. Como resultado, a menudo todo el asunto de la seguridad no se enfatiza o se le hace caso omiso por completo.

Pero ese no siempre ha sido el caso. A través de la historia de la Iglesia, la seguridad personal de la salvación ha sido un tema importante (véase John MacArthur, *The Gospel According to the Apostles* [Nashville: Thomas Nelson, 1993, 2000], cap. 10). Por un lado, el catolicismo romano siempre ha negado rotundamente la posibilidad de la seguridad de la salvación. Esta perspectiva se deriva de la herejía católica de que la salvación es un esfuerzo conjunto entre Dios y los pecadores. Dios siempre hará su parte, pero el pecador tal vez no siga haciendo la suya; por tanto, nadie puede estar seguro de la salvación en esta vida. En las palabras del Concilio de Trento (1545-63), cualquier "seguridad del creyente en el perdón de sus pecados es una confianza vana e impía" (citado en J.C. Ryle, *Holiness* [1877, 1879; reimpresión, Moscow, Idaho: Charles Nolan, 2002], p. 123). El cardenal Roberto Belarmino, un teólogo jesuita de esa época, afirmó una vez que la seguridad es "un error fundamental de los herejes" (Ibíd., n. 1). En otras palabras, según el catolicismo romano nadie puede saber con certeza si ha recibido o no la salvación hasta el más allá, y pensar que sí puede tenerla es herejía.

Cuando los reformadores protestantes del siglo XVI recuperaron el verdadero evangelio de la ramera romana y reafirmaron la doctrina bíblica de la salvación, también expusieron con precisión el tema de la seguridad. Contrario a la teología romana, ellos estaban convencidos por medio de la Biblia que los creyentes pueden y deben disfrutar la confiada esperanza de la salvación. Juan Calvino enseñó correctamente que tal confianza no es una adición a la fe sino que en realidad es la esencia de la fe, ya que quienes confían de veras en el evangelio lo hacen porque intrínsecamente disfrutan una medida de seguridad en este. Cuando las personas experimentan fe salvadora reconocen tanto la verdad del evangelio como la maldad de su condición pecadora (cp. Ef. 2:4-6), y se arrepienten de sus pecados y aceptan a Jesucristo como Salvador y Señor (Lc. 18:13; Hch. 2:37-39; cp. 8:35-37; 16:27-34). Cuando esa obra divina (de conversión y regeneración) tiene lugar (Hch. 11:18; 16:14; 18:27), motivados por el Espíritu Santo, los creyentes sienten su recién hallada fe y están seguros de su salvación basándose en las promesas de la Biblia (p. ej., Lc. 18:14; Jn. 1:12-13; 3:16; 6:37; 10:9; Hch. 13:38-39; Ro. 10:9-13). Al exhibir las promesas de Dios sobre las cuales reposa la salvación, la Palabra de Dios provee a los creyentes una fuente objetiva de seguridad; adicionalmente, el Espíritu Santo ofrece seguridad subjetiva a través del fruto espiritual manifiesto.

Casi un siglo después de Calvino, los escritores de la Confesión de Fe de Westminster (1648) compusieron el siguiente párrafo:

> Esta seguridad infalible no pertenece a la esencia de la fe, pero puede ser que un verdadero creyente tenga que esperar mucho tiempo y luchar con muchas dificultades antes de ser partícipe de esta seguridad. Sin embargo, al estar habilitado por el Espíritu Santo para conocer lo que Dios le da gratuitamente, el creyente puede obtenerlo por el uso correcto de los medios ordinarios sin una revelación extraordinaria. Por tanto, es deber de cada uno dedicarse con toda diligencia a asegurar su llamamiento y su elección, para que así su corazón se ensanche de gozo y paz en el Espíritu Santo, en amor y gratitud a Dios, y en fortaleza y alegría en los deberes de la obediencia, que son los frutos propios de esta seguridad; hasta el momento, esa seguridad está muy lejos de inducir a los seres humanos a la negligencia (capítulo XVIII, artículo III).

Yendo un poco más allá de algunos de los primeros reformadores (que principalmente se habían enfocado en refutar a Roma), los teólogos de Westminster dirigieron las tendencias antinomianas de su época haciendo hincapié en la seguridad subjetiva, además de la enseñanza de Juan Calvino (y de la Biblia) sobre la seguridad objetiva. Destacaron el examen personal que llevaba a que los creyentes reconocieran evidencias prácticas en sus vidas de obediencia a la ley moral y los mandamientos de Dios. Pero algunos en la iglesia presionaron con exageración la idea de Westminster de que "un verdadero creyente tiene que esperar mucho tiempo y luchar con muchas dificultades" antes de poder tener seguridad plena. Por ejemplo, la sobria y minuciosa predicación de los puritanos ingleses del siglo XVII ocasionó que por lo general mucha gente careciera de seguridad, sin poder disfrutar de confianza incluso respecto al fruto evidente de la salvación. En consecuencia, algunos se volvieron temerosos, inseguros y obsesionados con introspección morbosa, rigurosa examinación personal, y fuertes dudas en cuanto a si eran elegidos o no, o incluso a que pudieran serlo. Los pastores puritanos escribieron muchos tratados para exhortar, animar y consolar a tales almas atribuladas, predicando especialmente lo que el apóstol Pablo escribió con relación al testimonio del Espíritu:

> *Porque todos los que son guiados por el Espíritu de Dios, éstos son hijos de Dios. Pues no habéis recibido el espíritu de esclavitud para estar otra vez en temor, sino que habéis recibido el espíritu de adopción, por el cual clamamos: ¡Abba, Padre! El Espíritu mismo da testimonio a nuestro espíritu, de que somos hijos de Dios (Ro. 8:14-16).*

El testimonio de esta seguridad conlleva la obra del Espíritu Santo en la conciencia y las emociones de los creyentes para que sientan el gozo del perdón y anhelen estar en la presencia de Dios, como niños con un padre amado. Ellos sienten cómo el Espíritu los guía y los dirige (1 Co. 2:14-16; Gá. 5:16-18, 25; cp. Lc. 24:44-45; Ef. 1:17-19; 3:16-19; Col. 1:9), no por medio de sabiduría y discernimiento propio, sino a través de concederles el deseo de vivir de manera piadosa y de obedecer las Escrituras.

Sin lugar a dudas, la Biblia enseña con toda claridad que los verdaderamente salvos nunca pueden perder su salvación (cp. Jn. 10:28). Han sido sellados de modo permanente con el Espíritu Santo (Ef. 1:13), y nada puede separarlos del amor de su Salvador (Ro. 8:38-39). Sin embargo, al mismo tiempo la Palabra de Dios también manda que todo cristiano profesante debe examinar su vida para ver si la salvación que ha afirmado es realmente auténtica (2 Co. 13:5). Si en realidad la salvación es verdadera habrá señales de que el Espíritu está obrando en la vida de esa persona, tanto en actitud como en comportamiento. La Biblia se refiere a estas características como "el fruto del Espíritu". Pablo las enumera en Gálatas 5:22-23: "Mas el fruto del Espíritu es amor, gozo, paz, paciencia, benignidad, bondad, fe, mansedumbre, templanza; contra tales cosas no hay ley". En sentido subjetivo, la seguridad de la salvación llega al examinar la propia vida y ver si hay evidencia de la obra del Espíritu en las actitudes. Tales disposiciones espirituales se manifiestan en acciones correspondientes de "amor, gozo, paz", etc., en sumisión a los mandatos de las Escrituras.

El propósito de Juan al escribir esta epístola se expresa claramente en 5:13:

“Estas cosas os he escrito a vosotros que creéis en el nombre del Hijo de Dios, para que sepáis que tenéis vida eterna”. El apóstol escribió para dar seguridad de la salvación a quienes de otro modo podrían llegar a dudar. Por eso en los versículos 3-6 del capítulo 2 Juan enfoca la seguridad manifiesta, desde la perspectiva de la obediencia, la cual constituye evidencia visible y objetiva de que alguien es cristiano. Ese es un elemento crucial en la prueba moral de Juan para los creyentes, un aspecto que él divide en tres secciones: la prueba especificada, la prueba aplicada y la prueba ejemplificada.

LA PRUEBA ESPECIFICADA

Y en esto sabemos que nosotros le conocemos, si guardamos sus mandamientos. (2:3)

Y en esto es una frase de transición que Juan usa para presentar un nuevo conjunto de pruebas que verifican la salvación y estimulan la seguridad. El apóstol presentó a sus lectores algunos aspectos adicionales por medio de los cuales podían verificar que estaban andando en la luz y que tenían una verdadera relación con Dios.

Juan expone el caso con certeza; no dice “esperamos”, “creemos” o “deseamos”, sino **sabemos. Sabemos** se traduce del tiempo presente del verbo *ginōskō,* y significa percibir continuamente algo por experiencia. La seguridad viene de obedecer los **mandamientos** de Dios en la Biblia. Quienes no los obedecen pueden y deben preguntarse si son convertidos y si el Espíritu Santo los está dirigiendo de veras. Pero los creyentes obedientes podemos estar seguros de **que nosotros le conocemos** (a Cristo). El tiempo perfecto del verbo *ginōskō* (**le conocemos**) recuerda una acción pasada (creer en Jesucristo para salvación) que tiene resultados continuos en el presente.

El conocimiento del que Juan habla no es el místico conocimiento “oculto” del gnosticismo (que promovía un conocimiento secreto y trascendental cuyos poseedores eran miembros de una fraternidad religiosa elitista), el conocimiento racionalista de la filosofía griega (que enseñaba que la razón humana podía desbloquear sin ayuda alguna los misterios del universo, tanto natural como sobrenatural), ni el conocimiento experiencial del hedonismo (que afirmaba que la verdad definitiva se descubría al experimentar los placeres del mundo físico). En cambio, Juan habla del conocimiento salvador de Cristo que viene de estar en una relación correcta con Él. Entonces el planteamiento del apóstol es que la obediencia externa proporciona evidencia de si se ha producido o no una realidad interna y transformadora, que viene al conocer a Jesucristo en la salvación.

Al escribir a Tito, Pablo resalta la diferencia entre el conocimiento falso y el verdadero: "[Algunos] profesan conocer a Dios, pero con los hechos lo niegan, siendo abominables y rebeldes, reprobados en cuanto a toda buena obra" (Tit. 1:16; cp. 2 Ti. 3:5, 7).

Pero ese no es el caso de la fe cristiana que Juan y los otros apóstoles enseñaron. Las personas que conocen de verdad a Dios son aquellas que buscan vidas santas y coherentes con el nuevo pacto de Dios. El profeta Jeremías explicó la naturaleza de ese pacto:

> *He aquí que vienen días, dice Jehová, en los cuales haré nuevo pacto con la casa de Israel y con la casa de Judá. No como el pacto que hice con sus padres el día que tomé su mano para sacarlos de la tierra de Egipto; porque ellos invalidaron mi pacto, aunque fui yo un marido para ellos, dice Jehová. Pero este es el pacto que haré con la casa de Israel después de aquellos días, dice Jehová: Daré mi ley en su mente, y la escribiré en su corazón; y yo seré a ellos por Dios, y ellos me serán por pueblo. Y no enseñará más ninguno a su prójimo, ni ninguno a su hermano, diciendo: Conoce a Jehová; porque todos me conocerán, desde el más pequeño de ellos hasta el más grande, dice Jehová; porque perdonaré la maldad de ellos, y no me acordaré más de su pecado (Jer. 31:31-34).*

El pueblo del nuevo pacto tiene la ley de Dios escrita en sus corazones, y lo que hay en el corazón de un individuo controla cómo vive. Así observó el escritor de Proverbios: "Porque cual es su pensamiento en su corazón, tal es él" (Pr. 23:7; cp. 2:10; 3:1; 4:4, 23; Sal. 40:8; 119:10-11; Mt. 6:21; 12:34-35; Ro. 6:17). Israel ilustra bien la relación entre conocer a Dios y obedecerle. Aunque la nación afirmaba conocerlo, demostró lo vacío de esa afirmación con su continua desobediencia (Éx. 32:9; Nm. 14:11; 25:3; Dt. 9:7, 24; 32:16; Is. 1:2, 4; 2:8; 29:13; Jer. 2:11-13; 3:6-8; 6:13; 8:5; 31:32; Ez. 16:59; 33:31; Mt. 15:7-9; Hch. 13:27; Ro. 10:3; 2 Co. 3:13-15). Por supuesto, la obediencia que acompaña a la salvación no es legalista, impuesta exteriormente, ni observada de manera superficial e hipócrita; es una actitud de obediencia activa que brota de la verdad aceptada interiormente, siguiendo lo que el Espíritu Santo está revelando de esa verdad a través de la Palabra. Aunque los creyentes aún batallan con el pecado (cp. Job 13:23; Sal. 19:13; Ro. 8:13; He. 12:1, 4), pueden estar de acuerdo con Pablo, quien escribió:

> *Así que, queriendo yo hacer el bien, hallo esta ley: que el mal está en mí. Porque según el hombre interior, me deleito en la ley de Dios; pero veo otra ley en mis miembros, que se rebela contra la ley de mi mente, y que me lleva cautivo a la ley del pecado que está en mis miembros. ¡Miserable de mí! ¿quién me librará de este cuerpo de muerte? Gracias doy a Dios, por Jesucristo Señor nuestro. Así que, yo mismo con la mente sirvo a la ley de Dios, mas con la carne a la ley del pecado (Ro. 7:21-25).*

La palabra traducida **guardamos** (una forma del verbo *tēreō*) resalta la idea de una obediencia vigilante y activa. También se puede traducir "cumplir", y en este contexto significaría cumplimos **sus mandamientos.** Puesto que **guardamos** es un subjuntivo presente activo, transmite el sentido de que los creyentes salvaguardan continuamente los mandamientos porque los consideran valiosísimos (5:3; Esd. 7:10; Sal. 19:7-8; 119:1, 34, 77, 97, 113, 165; Ro. 7:22). Juan no quería que sus lectores se conformaran con una norma mínima o marginal de justicia. Más bien, el apóstol resalta una obediencia amplia que proviene de una verdadera reverencia por los mandatos de Dios (Sal. 119:66, 172; cp. Hch. 17:11; Stg. 1:25).

Mandamientos es *entolē* ("requerimiento judicial", "orden" o "mandato", no *nomos* ("ley"). El término no se refiere a la ley mosaica sino a los preceptos y directrices de Cristo (cp. Mt. 28:19-20). Pero por supuesto, los preceptos morales y espirituales que enseñó el Señor son coherentes con los revelados a Moisés (cp. Mt. 5:17-18; Jn. 5:46), y todos reflejan la naturaleza inmutable de Dios.

Bajo el nuevo pacto Dios acepta la obediencia amorosa y sincera, aunque imperfecta, de los creyentes (cp. 1 R. 8:46; Pr. 20:9), y les perdona su desobediencia (cp. Sal. 65:3; 103:3; Is. 43:25). Por la gracia de Dios ellos muestran una devoción constante y sincera a la mente de Cristo (1 Co. 2:16; cp. Os. 6:6) como se revela en la Palabra (Sal. 1:1-2; 112:1; 119:1-2; Is. 48:17-18; Lc. 11:28). Esa obediencia voluntaria a las Escrituras en la vida diaria es un indicador fiable, tanto para nosotros mismos como para los demás, de que hemos llegado a un conocimiento salvador de Jesucristo (cp. Mt. 7:21; Jn. 8:31; 14:21). Esto distingue a los no arrepentidos de los regenerados; Pablo llamó a los no arrepentidos "hijos de desobediencia" (Ef. 2:2), mientras que Pedro identificó a los regenerados "como hijos obedientes" (1 P. 1:14).

La obediencia que honra a Dios es realmente un reflejo del amor genuino; según escribió Juan más adelante en esta epístola: "En esto conocemos que amamos a los hijos de Dios, cuando amamos a Dios, y guardamos sus mandamientos. Pues este es el amor a Dios, que guardemos sus mandamientos; y sus mandamientos no son gravosos" (5:2*b*-3). Pero este principio no era nuevo para Juan, pues lo había oído de Jesús años antes en el aposento alto y lo registró en su evangelio:

> *"Si me amáis, guardad mis mandamientos" (Jn. 14:15).*
>
> *"El que tiene mis mandamientos, y los guarda, ése es el que me ama; y el que me ama, será amado por mi Padre, y yo le amaré, y me manifestaré a él" (14:21).*
>
> *"Respondió Jesús y le dijo: El que me ama, mi palabra guardará; y mi Padre le amará, y vendremos a él, y haremos morada con él. El que no me ama, no*

guarda mis palabras; y la palabra que habéis oído no es mía, sino del Padre que me envió" (14:23-24).

"Si guardareis mis mandamientos, permaneceréis en mi amor; así como yo he guardado los mandamientos de mi Padre, y permanezco en su amor" (15:10).

LA PRUEBA APLICADA

El que dice: Yo le conozco, y no guarda sus mandamientos, el tal es mentiroso, y la verdad no está en él; pero el que guarda su palabra, en éste verdaderamente el amor de Dios se ha perfeccionado; por esto sabemos que estamos en él. (2:4-5)

En consonancia con el apodo de Boanerges ("Hijos del trueno") que Jesús les dio a él y a su hermano Jacobo, Juan explota ante todo aquel **que dice: Yo conozco** a Cristo pero que **no guarda sus mandamientos.** Así como había advertido antes en 1:6: "Si decimos que tenemos comunión con él, y andamos en tinieblas, mentimos, y no practicamos la verdad", Juan vuelve a advertir que la afirmación que tales personas hacían de estar en comunión es totalmente infundada. Cualquiera que afirma eso y vive en desobediencia **es mentiroso.** El epíteto del apóstol expone con valentía el peligro del autoengaño en cuanto a la salvación, que es condenador para los que no se dan cuenta de su ceguera, no se arrepienten de sus pecados, y no aceptan la verdad (cp. Gá. 6:7; Tit. 3:3).

Está claro que quienes están en el reino de Dios oyen su voz y la obedecen. Jesús le advirtió a Poncio Pilato: "Todo aquel que es de la verdad, oye mi voz" (Jn. 18:37*c*; cp. 1 Jn. 3:18-19). En marcado contraste, quienes no obedecen los mandamientos demuestran que **la verdad no está en** ellos. Por tanto, Juan puso al descubierto la pretensión vacía de aquellos que suponían que habían ascendido a un nivel más elevado de la "verdad divina". Para tales falsos maestros, presentes con los lectores, su supuesto conocimiento los elevaba por sobre los asuntos terrenales prosaicos y hacían innecesaria toda preocupación por la conducta moral o la vida piadosa. Pero como Santiago declaró: "Así también la fe, si no tiene obras, es muerta en sí misma… Porque como el cuerpo sin espíritu está muerto, así también la fe sin obras está muerta" (Stg. 2:17, 26; cp. Ef. 2:10; He. 12:14; 1 P. 1:14-16). Aquellos cuya fe es verdadera obedecen la verdad.

El versículo 5 se aplica entonces de forma positiva a la prueba de la seguridad. **El que** con sinceridad y cariño **guarda su palabra, en éste verdaderamente el amor de Dios se ha perfeccionado.** Es mejor entender la frase traducida **el amor de Dios** como un objetivo genitivo, que significa **el amor** *por* **Dios.** Juan describe el amor verdadero que los creyentes tienen por Dios como algo que **se ha perfeccionado,** no en el sentido de perfección acabada, sino de salvación cumplida. Es más, este verbo griego *teteleiōtai* se tradujo "acabe" en Juan 4:34; "cumpliese" en Juan 5:36; y "he acabado" en Juan 17:4. Incluso puede significar "dar comienzo a". La concesión sobrenatural de este amor (Ro. 5:5) resulta en obediencia a la Biblia, y no es simplemente una experiencia emocional o mística.

Es **por** este amor verdadero que los creyentes **sabemos que estamos en él.** La corta frase **en Él** [Cristo] aparece en varios lugares del Nuevo Testamento (vv. 8, 27-28; 3:6; 4:13; 5:20; 1 Co. 1:5; 2 Co. 5:21; Ef. 1:4, 7, 13; 4:21; Fil. 3:9; Col. 2:6-7, 10-11; 2 Ts. 1:12; cp. Col. 1:28) e indica una verdad central de la fe cristiana. El comentarista John Stott resume así este significado:

> Todo el contexto, y en especial el versículo 6, sugieren que la frase *en él* se refiere de nuevo a Cristo. Estar "en Cristo" es la descripción característica que Pablo hace del cristiano. Pero Juan también usa ambas formas. Estar (o "permanecer" del versículo 6) "en" Él equivale a "conocerlo" (3, 4) y "amarlo" (5). Ser cristiano consiste en esencia de una relación personal con Dios en Cristo, conociéndolo, amándolo y permaneciendo en Él así como el pámpano permanece en la vid (Jn. 15:1 ss.). Este es el significado de "vida eterna" (Jn. 17:3; 1 Jn. v. 20). (*The Epistles of John*, The Tyndale New Testament Commentaries [Grand Rapids: Eerdmans, 1964], p. 91. Cursivas en el original).

PRUEBA EJEMPLIFICADA

El que dice que permanece en él, debe andar como él anduvo. (2:6)

La única persona que puede pasar la prueba de obediencia y hacer realidad la plena seguridad es la **que permanece en él,** porque Jesucristo es el modelo perfecto para obedecer al Padre. En Juan 15:4-5 Jesús mandó:

> *Permaneced en mí, y yo en vosotros. Como el pámpano no puede llevar fruto por sí mismo, si no permanece en la vid, así tampoco vosotros, si no permanecéis en mí. Yo soy la vid, vosotros los pámpanos; el que permanece en mí, y yo en él, éste lleva mucho fruto; porque separados de mí nada podéis hacer (cp. vv. 10-11).*

Los creyentes obtienen vida espiritual del Señor Jesucristo, así como las ramas lo sacan de una vid. Permanecer en Cristo es mantenerse en Él; no se trata de una unión temporal y superficial sino de una relación permanente y profunda (cp. Lc. 9:23; Jn. 6:53-65; Fil. 1:6; 2:11-13). Tal permanencia auténtica en el Salvador caracteriza a quienes permanecen "fundados y firmes en la fe, y sin [moverse] de la esperanza del evangelio que [han] oído" (Col. 1:23; cp. 2:7;

Ef. 3:17), porque son realmente regenerados: nuevas criaturas que poseen vida eterna irrevocable.

Juan dejó bien claro que todo aquel que afirma vivir en Cristo **debe andar como él anduvo. Andar** es una metáfora para conducta diaria en los creyentes (1:7; Jn. 8:12; 12:35; Ro. 6:4; 8:4; 1 Co. 7:17; 2 Co. 5:7; Gá. 5:16; Ef. 2:10; 4:1; 5:2, 8; Col. 1:10; 2:6; 1 Ts. 2:12; 4:1; 2 Jn. 6; cp. Mr. 7:5). El Señor mismo ejemplificó a la perfección este principio durante su ministerio terrenal. Él obedeció la voluntad de su Padre en toda manera:

> *Porque he descendido del cielo, no para hacer mi voluntad, sino la voluntad del que me envió (Jn. 6:38).*
>
> *Porque el que me envió, conmigo está; no me ha dejado solo el Padre, porque yo hago siempre lo que le agrada (Jn. 8:29).*
>
> *Por eso me ama el Padre, porque yo pongo mi vida, para volverla a tomar. Nadie me la quita, sino que yo de mí mismo la pongo. Tengo poder para ponerla, y tengo poder para volverla a tomar. Este mandamiento recibí de mi Padre (Jn. 10:17-18).*
>
> *Mas para que el mundo conozca que amo al Padre, y como el Padre me mandó, así hago (Jn. 14:31).*

Obviamente, la obediencia de los creyentes no será perfecta, como fue la de Jesús. Sin embargo, Él estableció el modelo ideal que ellos deben seguir. Si alguno afirma conocerlo y morar en Él, esto será evidente en la vida de tal persona. Andará en la luz, en el reino de la verdad y la santidad, y guardará (obedecerá) los mandamientos del Señor debido a su apasionado amor por la verdad y por el Señor de la verdad. Ahí radica la clave para la verdadera seguridad de la salvación.

Una nueva clase de amor 6

Hermanos, no os escribo mandamiento nuevo, sino el mandamiento antiguo que habéis tenido desde el principio; este mandamiento antiguo es la palabra que habéis oído desde el principio. Sin embargo, os escribo un mandamiento nuevo, que es verdadero en él y en vosotros, porque las tinieblas van pasando, y la luz verdadera ya alumbra. El que dice que está en la luz, y aborrece a su hermano, está todavía en tinieblas. El que ama a su hermano, permanece en la luz, y en él no hay tropiezo. Pero el que aborrece a su hermano está en tinieblas, y anda en tinieblas, y no sabe a dónde va, porque las tinieblas le han cegado los ojos. (2:7-11)

El amor es la marca preeminente de un creyente verdadero. El amor por Dios es el punto de referencia de la relación que se tenga con Él, y el amor por los demás es la síntesis de las relaciones humanas. El Nuevo Testamento explica varias veces la supremacía del amor. Jesús citó dos versículos del Antiguo Testamento (Dt. 6:5; Lv. 19:18) como prueba de que amar a Dios y al ser humano es cumplir el mandato supremo de la ley:

> *Entonces los fariseos, oyendo que había hecho callar a los saduceos, se juntaron a una. Y uno de ellos, intérprete de la ley, preguntó por tentarle, diciendo: Maestro, ¿cuál es el gran mandamiento en la ley? Jesús le dijo: Amarás al Señor tu Dios con todo tu corazón, y con toda tu alma, y con toda tu mente. Este es el primero y grande mandamiento. Y el segundo es semejante: Amarás a tu prójimo como a ti mismo. De estos dos mandamientos depende toda la ley y los profetas (Mt. 22:34-40; cp. 7:12; Ro. 13:10; 1 Ti. 1:5).*

En un pasaje majestuoso y lírico en su primera carta a los corintios, el apóstol Pablo defendió la superioridad del amor sobre los dones espirituales:

> *Procurad, pues, los dones mejores. Mas yo os muestro un camino aun más excelente. Si yo hablase lenguas humanas y angélicas, y no tengo amor, vengo a ser como metal que resuena, o címbalo que retiñe. Y si tuviese profecía, y entendiese todos los misterios y toda ciencia, y si tuviese toda la fe, de tal manera que*

trasladase los montes, y no tengo amor, nada soy. Y si repartiese todos mis bienes para dar de comer a los pobres, y si entregase mi cuerpo para ser quemado, y no tengo amor, de nada me sirve. El amor es sufrido, es benigno; el amor no tiene envidia, el amor no es jactancioso, no se envanece; no hace nada indebido, no busca lo suyo, no se irrita, no guarda rencor; no se goza de la injusticia, mas se goza de la verdad. Todo lo sufre, todo lo cree, todo lo espera, todo lo soporta. El amor nunca deja de ser; pero las profecías se acabarán, y cesarán las lenguas, y la ciencia acabará. Porque en parte conocemos, y en parte profetizamos; mas cuando venga lo perfecto, entonces lo que es en parte se acabará. Cuando yo era niño, hablaba como niño, pensaba como niño, juzgaba como niño; mas cuando ya fui hombre, dejé lo que era de niño. Ahora vemos por espejo, oscuramente; mas entonces veremos cara a cara. Ahora conozco en parte; pero entonces conoceré como fui conocido. Y ahora permanecen la fe, la esperanza y el amor, estos tres; pero el mayor de ellos es el amor (1 Co. 12:31-13:13; cp. Mt. 5:44-45; Jn. 13:34-35; 15:9; Ef. 4:32; Fil. 2:1-4; Col. 3:14; He. 10:24; 1 P. 4:8; 1 Jn. 4:8, 17-19).

Debido a que el amor de Dios es el máximo deber moral de los santos hacia los demás, no es solo la señal suprema de la verdadera salvación, sino que también provee la seguridad definitiva de esa realidad.

En este pasaje Juan reitera el tema de la luz en oposición a la oscuridad que ya había presentado (cp. 1:5-7). La luz representa el reino de Cristo y la vida eterna (Lc. 2:32; Jn. 1:4, 9; 8:12; 12:46; 2 Co. 4:4*b;* 1 P. 2:9; cp. Sal. 36:9; Pr. 4:18; Jn. 3:20-21; Ef. 5:13), y la oscuridad representa el reino de Satanás y la muerte eterna (Pr. 2:13; Mt. 8:12; 22:13; Hch. 26:18; Ef. 5:11; 6:12; Col. 1:13; 1 Ts. 5:5; 2 P. 2:4; Jud. 6; cp. Is. 59:9-10). Aunque en esta sección únicamente aparece una forma de la palabra *amor,* es claro que el amor es el tema de Juan a medida que resalta su primacía como una prueba moral para verificar la salvación (cp. 3:10-11, 16-18, 23; 4:7-12, 16-21; 5:1-3; 2 Jn. 5-6). El pasaje describe al amor como un mandamiento antiguo, un mandamiento nuevo, y una forma de vida.

EL AMOR COMO UN ANTIGUO MANDAMIENTO

Hermanos, no os escribo mandamiento nuevo, sino el mandamiento antiguo que habéis tenido desde el principio; este mandamiento antiguo es la palabra que habéis oído desde el principio. (2:7)

A lo largo de los siglos predicadores, maestros y comentaristas han llamado a Juan "el apóstol del amor". Su amor por los compañeros creyentes a quienes a menudo escribía se expresaba en el conocido término **hermanos** o amados (cp. 3:2, 21; 4:1, 7; 3 Jn. 2). Ese título era tan adecuado en esta epístola, que afirma al amor como el punto de referencia de la verdadera salvación.

En un juego de palabras, extendido hasta el versículo 8, Juan escribió que el mandato de amar no era un **mandamiento nuevo** en cierto sentido, sino realmente un **mandamiento antiguo.** Este se había enseñado a lo largo del texto bíblico. Sea que fueran judíos o gentiles, **desde el principio** los lectores de Juan habrían **oído** el concepto del Antiguo Testamento de amarse unos a otros (1 S. 20:17, 41-42; cp. Gn. 45:15; Sal. 133:1-2). En el Pentateuco, Dios estableció en términos inconfundibles la ley: "No te vengarás, ni guardarás rencor a los hijos de tu pueblo, sino amarás a tu prójimo como a ti mismo. Yo Jehová" (Lv. 19:18).

Al instruir a los romanos con relación al amor fraternal, Pablo citó el Decálogo y Levítico 19:18:

> *No debáis a nadie nada, sino el amaros unos a otros; porque el que ama al prójimo, ha cumplido la ley. Porque: No adulterarás, no matarás, no hurtarás, no dirás falso testimonio, no codiciarás, y cualquier otro mandamiento, en esta sentencia se resume: Amarás a tu prójimo como a ti mismo. El amor no hace mal al prójimo; así que el cumplimiento de la ley es el amor (Ro. 13:8-10; cp. Jn. 13:34-35; 1 Co. 14:1; Fil. 1:9; Col. 3:14; 1 Ts. 4:9; 1 Ti. 2:15; He. 6:10; 1 P. 1:22; 4:8; 1 Jn. 3:23; 4:7, 21).*

Hay un vínculo inseparable entre obedecer y amar a Dios y al prójimo; por eso Pablo declara "que el cumplimiento de la ley es el amor".

La verdad de que los lectores debían amarse unos a otros era algo que habían **tenido desde el principio. El principio** del que se habla aquí no es la creación ni la entrega que Dios hiciera de la ley de Moisés, sino **el principio** de sus vidas cristianas (cp. 2:24; 3:11; 2 Jn. 6). Esto se enseñaba desde el inicio, y no simplemente se trataba de una innovación reciente de Juan. **La palabra** relacionada con el amor que ellos habían **oído** era el **mandamiento antiguo,** la enseñanza del Antiguo Testamento sobre el amor, la cual Jesús ya había reiterado (Mt. 22:34-40; Mr. 12:28-34; cp. Mt. 5:43-48; Lc. 6:27-36). Cuando los lectores de Juan se convirtieron en cristianos se habrían comprometido a obedecer la ley de Dios, a amarlo, y a amar a los demás, todo lo cual Jesús había enseñado y ejemplificado durante su ministerio terrenal (Mt. 5:1-7:27; 16:24-27; 19:16-26; 28:18-20; Lc. 10:29-37; 14:25-35; Jn. 4:21-24; 6:26-58; 8:12, 31-32; 12:23-26; 13:1, 12-17; 15:1-17; 21:15-19; cp. Jn. 7:37-38; 10:11-18; 11:25-26). La enseñanza de Juan era por consiguiente parte de la instrucción ética a lo largo de toda la revelación divina, y era así como los lectores la habían oído dese el inicio de sus vidas cristianas. La obediencia a esa instrucción era la prueba de la realidad de que se habían convertido, y además constituía un elemento básico en la sumisión general de todo aquel que está en Jesucristo y que voluntariamente se somete a su señorío (Mt. 7:21-23; Lc. 6:46; 9:22-26; Hch. 4:19-20; 5:29; Ro. 6:17; 1 P. 1:2, 14; cp. Ec. 12:13; Stg. 1:25).

EL AMOR COMO UN MANDAMIENTO NUEVO

Sin embargo, os escribo un mandamiento nuevo, que es verdadero en él y en vosotros, porque las tinieblas van pasando, y la luz verdadera ya alumbra. (2:8)

Al parecer **os escribo** contradice el anterior "no os escribo" (v. 7) de Juan. Pero una mirada más de cerca revela claramente que el apóstol estaba usando esta aparente contradicción para clarificar cómo el antiguo mandato de amar no es al mismo tiempo nuevo y, sin embargo, es nuevo. Hay una sensación de que Juan estaba escribiendo **un mandamiento nuevo** (*kainos*). *Kainos* (usado en los vv. 7 y 8) define algo que es fresco en esencia y calidad, aunque no necesariamente nuevo en cronología (*kairos*).

La novedad del mandamiento no se encuentra en las palabras, sino en la ilustración del amor, descrito en la expresión: **que es verdadero en él.** Aunque el Antiguo Testamento enseña el deber de amar, nunca antes el amor perfecto se había manifestado de manera tan clara como ocurrió en el Cristo encarnado (Jn. 13:1; 15:13; Hch. 10:38; 2 Co. 8:9; cp. Is. 40:11; Mt. 4:23-24; 11:28-30; 23:37-39; Lc. 19:41). Por tanto, lo novedoso no está en el mandamiento de amar, sino en la manifestación perfecta del amor en la persona de Cristo. Esta es una de las muchas maneras en que el Hijo encarnado de Dios reveló la naturaleza de Dios en una plenitud nunca antes manifestada (cp. Jn. 1:14-15; Col. 2:9).

El Señor ejemplificó magníficamente esta verdad en el aposento alto solo pocas horas ante de su muerte. Las promesas que esa noche les hizo a los apóstoles de que iba a prepararles un lugar en el cielo (Jn. 14:1-4), de que su paz estaría con ellos (Jn. 14:27), de que les enviaría el Espíritu Santo (Jn. 14:25-26; 15:26; 16:7-15), y de que si permanecían en Él llevarían mucho fruto (Jn. 15:1-11) eran reflejos de su amor divino. Sin embargo, les demostró su amor de modo más misericordioso en su humilde servicio a ellos. Juan 13:1-17 relata lo que sucedió:

> *Antes de la fiesta de la pascua, sabiendo Jesús que su hora había llegado para que pasase de este mundo al Padre, como había amado a los suyos que estaban en el mundo, los amó hasta el fin. Y cuando cenaban, como el diablo ya había puesto en el corazón de Judas Iscariote, hijo de Simón, que le entregase, sabiendo Jesús que el Padre le había dado todas las cosas en las manos, y que había salido de Dios, y a Dios iba, se levantó de la cena, y se quitó su manto, y tomando una toalla, se la ciñó. Luego puso agua en un lebrillo, y comenzó a lavar los pies de los discípulos, y a enjugarlos con la toalla con que estaba ceñido. Entonces vino a Simón Pedro; y Pedro le dijo: Señor, ¿tú me lavas los pies? Respondió Jesús y le dijo: Lo que yo hago, tú no lo comprendes ahora; mas lo entenderás después. Pedro le dijo: No me lavarás los pies jamás. Jesús le respondió: Si no te lavare, no tendrás parte conmigo. Le dijo Simón Pedro: Señor, no sólo mis pies, sino*

también las manos y la cabeza. Jesús le dijo: El que está lavado, no necesita sino lavarse los pies, pues está todo limpio; y vosotros limpios estáis, aunque no todos. Porque sabía quién le iba a entregar; por eso dijo: No estáis limpios todos. Así que, después que les hubo lavado los pies, tomó su manto, volvió a la mesa, y les dijo: ¿Sabéis lo que os he hecho? Vosotros me llamáis Maestro, y Señor; y decís bien, porque lo soy. Pues si yo, el Señor y el Maestro, he lavado vuestros pies, vosotros también debéis lavaros los pies los unos a los otros. Porque ejemplo os he dado, para que como yo os he hecho, vosotros también hagáis. De cierto, de cierto os digo: El siervo no es mayor que su señor, ni el enviado es mayor que el que le envió. Si sabéis estas cosas, bienaventurados seréis si las hiciereis.

El acto humilde y desinteresado del Señor estuvo en concordancia con la descripción que Pablo hiciera en su carta a los filipenses:

El cual, siendo en forma de Dios, no estimó el ser igual a Dios como cosa a que aferrarse, sino que se despojó a sí mismo, tomando forma de siervo, hecho semejante a los hombres; y estando en la condición de hombre, se humilló a sí mismo, haciéndose obediente hasta la muerte, y muerte de cruz (Fil. 2:6-8).

La ministración de Cristo en el aposento alto manifestó el corazón de Dios: amor perfecto, sacrificio perfecto (Is. 53:3-12; Ef. 5:2; He. 9:12), y humildad perfecta (Lc. 22:27).

Pero el mandato de amar no solo tiene una nueva expresión debido a la poderosa muestra del amor en la vida y el ministerio de Cristo, sino que también es fresca a causa de su manifestación en las vidas de los creyentes. Se trata de una demostración gloriosa de lo que significa ser nueva criatura en Cristo (2 Co. 5:17). Si algo define este amor desde el lado humano, es la humildad. Los pecadores han de humillarse radicalmente (cp. Stg. 4:6-10) hasta el punto de odiarse (Lc. 14:26) y de sacrificarse (Mt. 16:24-27), para ser como el publicano arrepentido en Lucas 18:13-14:

Mas el publicano, estando lejos, no quería ni aun alzar los ojos al cielo, sino que se golpeaba el pecho, diciendo: Dios, sé propicio a mí, pecador. Os digo que éste descendió a su casa justificado antes que el otro; porque cualquiera que se enaltece, será humillado; y el que se humilla será enaltecido.

En la salvación, el Espíritu Santo llega a residir en la vida del creyente (Jn. 14:16-17; Ro. 8:9, 14; 1 Co. 6:19; Ef. 1:13-14; 2 Ti. 1:14; 1 Jn. 2:27; 3:24; 4:13) y afirma la humildad original, de la cual Él produce los elementos del fruto espiritual (Gá. 5:22-23), de los cuales el más importante es el amor. El apóstol Pablo afirmó la presencia de este amor en los creyentes cuando escribió a los romanos: "El amor de Dios ha sido derramado en nuestros corazones por el Espíritu Santo que nos fue dado" (5:5), y cuando escribió a los tesalonicenses diciendo: "Pero acerca del amor fraternal no tenéis necesidad de que os escriba, porque… también lo hacéis así con todos los hermanos… Pero os rogamos, hermanos, que abundéis en ello más y más" (1 Ts. 4:9-10).

El mandamiento nuevo o la manifestación del amor ha venido **porque las tinieblas van pasando, y la luz verdadera ya alumbra.** Es obvio que **la luz verdadera** es Jesucristo (Jn. 8:12), quien vino e inauguró su reino (Zac. 9:9; Mt. 21:5; Jn. 12:12-15; He. 1:8-9; 12:28; cp. Sal. 24:7-10), en el cual Él (y esta nueva dimensión del amor) **ya alumbra** (cp. Ef. 3:16-19). Con la inauguración del reino espiritual del Mesías, **la luz verdadera** comenzó a brillar y a vencer a **las tinieblas** del reino de Satanás (Ro. 16:20; Col. 2:15; He. 2:14; 1 Jn. 3:8; cp. Ef. 6:11-16). En este momento la luz coexiste con las tinieblas, pero *la* Luz y el amor divino que Él irradia disiparán cada vez más las tinieblas (cp. 1 Jn. 2:17*a*), resplandecerán aun con más brillo durante el reino milenial de Cristo, y al final gobernarán supremamente a lo largo de la eternidad. Por tanto, es solo debido a que a los creyentes se los ha "librado de la potestad de las tinieblas, y trasladado al reino de su amado Hijo", la Luz, que este mandamiento nuevo es una realidad en sus vidas (Col. 1:13).

EL AMOR COMO UNA FORMA DE VIDA

El que dice que está en la luz, y aborrece a su hermano, está todavía en tinieblas. El que ama a su hermano, permanece en la luz, y en él no hay tropiezo. Pero el que aborrece a su hermano está en tinieblas, y anda en tinieblas, y no sabe a dónde va, porque las tinieblas le han cegado los ojos. (2:9-11)

Juan aplica en esta parte final del pasaje la prueba del amor sobrenatural a quienes afirman ser cristianos. La presencia de este amor es una señal segura de transformación, salvación y vida divina. Los falsos maestros de la época de Juan afirmaban con arrogancia que tenían un conocimiento superior acerca de la naturaleza divina y comunión con la deidad, pero esto solo producía orgulloso desprecio por las personas comunes y no iluminadas. Sin embargo, los cristianos, la mayoría de los cuales eran esclavos o miembros de la clase trabajadora (cp. 1 Co. 1:26-29), constituían los verdaderos iluminados que demostraban su verdadero conocimiento de Dios puesto que no solo se amaban unos a otros, sino que se extendían en amor hacia los perdidos en las tinieblas del pecado (cp. Mt. 5:44; Lc. 6:27, 35).

Es un alarde sin sentido que alguien diga **que está en la luz** (cp. Mt. 7:21-23; Stg. 1:22; 2:14-26; 1 Jn. 1:6); si **aborrece a su hermano** (lo que significa que no ama a los santos de manera desinteresada como Dios ama) no se encuentra en el reino divino de la luz sino que **está todavía en tinieblas.** Por otro lado, **el que ama a su hermano, permanece en la luz, y en él no hay tropiezo.** Quienes aman y obedecen la Palabra de Dios, y expresan amor desinteresado a los hermanos creyentes, están realmente transformados; no harán que otros caigan. En el Nuevo Testamento, **tropiezo** se refiere a pecar (cp. Mt. 5:29-30; 13:41; 18:6, 8-9; Lc. 17:2; Jn. 16:1; 1 Co. 8:13; Ap. 2:14). Juan usa el término para explicar que la persona que ama de veras a los demás (como un reflejo de su amor por Cristo) no los motivará a pecar (cp. Ro. 13:8-10) ni a rechazar el evangelio. Por tanto, este es un amor que demuestra la salvación, como el Hijo de Dios dijera: "Un mandamiento nuevo os doy: Que os améis unos a otros; como yo os he amado, que también os améis unos a otros. En esto conocerán todos que sois mis discípulos, si tuviereis amor los unos con los otros" (Jn. 13:34-35).

Juan reitera de manera enfática que cualquiera que aborrece a su hermano está en tinieblas [sigue un curso normal de vida], y anda en tinieblas. Esa clase de individuo no sabe a dónde va [cp. Jn. 12:35] porque las tinieblas le han cegado los ojos. Es como quien está completamente ciego y tantea alrededor para determinar dónde se encuentra (cp. Gn. 19:11; Hch. 13:11-12). Tales personas sin amor se hallan claramente fuera del reino de la Luz (cp. Mt. 5:21-22; 1 Jn. 3:15) y vacíos de vida espiritual. Juan describió antes a tales sujetos como mentirosos:

> *Este es el mensaje que hemos oído de él, y os anunciamos: Dios es luz, y no hay ningunas tinieblas en él. Si decimos que tenemos comunión con él, y andamos en tinieblas, mentimos, y no practicamos la verdad (1:5-6).*

A los pecadores no convertidos, carentes de amor y que viven en tinieblas espirituales, no les es posible cumplir con el conocido mandato de Jesús acerca del amor (véase otra vez Jn. 13:34-35), que entregó originalmente a los apóstoles en el aposento alto. Tampoco pueden expresar el tipo de amor sacrificial que Jesús mostró cuando lavó los pies de los apóstoles (Jn. 13:3-15), ni aquello a lo que se refirió más tarde esa noche cuando declaró: "Nadie tiene mayor amor que este, que uno ponga su vida por sus amigos" (Jn. 15:13; cp. 1 Jn. 3:16).

Por otra parte, la obediencia a ese mandamiento es una prueba válida de la autenticidad de cada creyente. Tal obediencia proporciona un contraste distinto con los que no muestran amor y persisten en caminar en las tinieblas. Los creyentes que manifiestan el nuevo tipo de amor enseñado primero por Jesús y reiterado por Juan, obedecen de veras el mandamiento del Señor en el Sermón del Monte: "Así alumbre vuestra luz delante de los hombres, para que vean vuestras buenas obras, y glorifiquen a vuestro Padre que está en los cielos" (Mt. 5:16; cp. Ef. 5:8; Fil. 2:15; 1 P. 2:9).

Etapas del crecimiento espiritual 7

Os escribo a vosotros, hijitos, porque vuestros pecados os han sido perdonados por su nombre. Os escribo a vosotros, padres, porque conocéis al que es desde el principio. Os escribo a vosotros, jóvenes, porque habéis vencido al maligno. Os escribo a vosotros, hijitos, porque habéis conocido al Padre. Os he escrito a vosotros, padres, porque habéis conocido al que es desde el principio. Os he escrito a vosotros, jóvenes, porque sois fuertes, y la palabra de Dios permanece en vosotros, y habéis vencido al maligno. (2:12-14)

Una esencia de la vida es el crecimiento. Esto es verdad en el reino físico y en el espiritual. Así como las semillas vivas crecen hasta convertirse en plantas maduras y los bebés crecen hasta llegar a ser adultos maduros, así también los nuevos cristianos crecen en semejanza a Cristo. Cuando el crecimiento se ve obstaculizado en el reino físico, ya sea por desnutrición, enfermedad o defectos de nacimiento, los resultados pueden ser trágicos. Pero una tragedia aún mayor es cuando los creyentes no crecen ni maduran espiritualmente. Después de todo, los cristianos inmaduros no pueden apreciar de lleno todas las bendiciones y los privilegios que Dios les ha reservado, ni servirle con la utilidad que Él desea (Jn. 15:4-5; 17:21; Ro. 5:2; 8:28, 34; 9:23; 2 Co. 4:15-17; Ef. 2:19; 3:12, 20; Fil. 4:7; He. 7:25; Stg. 1:17; 2 P. 1:4; cp. Sal. 18:2; 27:1; 46:11; 48:14; Is. 40:11).

Al igual que el crecimiento físico, el crecimiento espiritual depende en última instancia del poder de Dios, pero también requiere el elemento de responsabilidad humana. Todos los llamados bíblicos a la obediencia evidencian eso. Es más, el Nuevo Testamento repite varias veces este llamado a los cristianos: "Ocupaos en vuestra salvación con temor y temblor" (Fil. 2:12). Pedro mandó a los creyentes: "Creced en la gracia y el conocimiento de nuestro Señor y Salvador Jesucristo" (2 P. 3:18*a*), mientras Pablo los exhortó: "Sed, pues, imitadores de Dios como hijos amados" (Ef. 5:1). Pablo también expuso el fin último del crecimiento espiritual:

> *Hermanos, yo mismo no pretendo haberlo ya alcanzado; pero una cosa hago: olvidando ciertamente lo que queda atrás, y extendiéndome a lo que está delante,*

prosigo a la meta, al premio del supremo llamamiento de Dios en Cristo Jesús (Fil. 3:13-14; cp. Ro. 8:29).

El apóstol entendió que "la meta... [para alcanzar el] premio del supremo llamamiento de Dios" es llegar a ser como "Cristo Jesús" (cp. Fil. 2:5; 3:10). El apóstol Juan reiteró esa misma verdad cuando escribió: "El que dice que permanece en él, debe andar como él anduvo" (1 Jn. 2:6). Ya que son los que aman al Señor, los creyentes deben estar continuamente buscando la santidad "como aquel que [los] llamó es santo" (1 P. 1:15). Afortunadamente, Dios ha proporcionado a su Iglesia hombres dotados para ayudar a los creyentes a medida que crecen en ese propósito:

Y él mismo constituyó a unos, apóstoles; a otros, profetas; a otros, evangelistas; a otros, pastores y maestros, a fin de perfeccionar a los santos para la obra del ministerio, para la edificación del cuerpo de Cristo, hasta que todos lleguemos a la unidad de la fe y del conocimiento del Hijo de Dios, a un varón perfecto, a la medida de la estatura de la plenitud de Cristo (Ef. 4:11-13; cp. vv. 15-16; 3:16-20; Ro. 8:29; 2 Co. 3:18; Gá. 4:19; 1 P. 2:2).

Cada mandato bíblico hacia la santificación supone la obediencia necesaria de parte de los creyentes. Eso deja en claro que estos tienen el deber de usar fiel y obedientemente los medios de gracia para crecer hasta llegar a la madurez.

Al hablar del crecimiento espiritual es importante examinar varios conceptos erróneos que con mucho cuidado deben evitarse. Primero, el crecimiento espiritual no determina la posición del creyente en gracia delante de Dios. Ese asunto se resuelve de manera final y completa cuando los pecadores confían en la obra expiatoria de Jesucristo y se les imputa la justicia divina (Ro. 3:21-26; 4:5-8; 1 Co. 1:30; 2 Co. 5:21; Gá. 3:13; Fil. 3:9; Col. 2:10; 1 P. 2:24). En el momento de la conversión, al pecador creyente se le aplica el propio sacrificio de Cristo por el pecado y al penitente se le acredita la propia justicia de Cristo a fin de que la ira de Dios se aparte, todos los pecados sean perdonados, y el creyente sea aceptado por Dios en Cristo Jesús. La posición resultante es fija e irrevocable, y establece para siempre el destino celestial de los creyentes.

Segundo, el crecimiento espiritual no afecta al amor de Dios por los creyentes. Él no ama a los santos maduros más que a los menos maduros. (La razón de esto es que el amor de Dios no se basa en el mérito individual de alguna persona [Ro. 5:8]). El Señor Jesucristo ama perfectamente a todos los elegidos. Incluso la noche antes de la crucifixión, los apóstoles demostraron inmadurez y orgullo (se pusieron a debatir acerca de quién sería el más grande en el reino [Lc. 22:24; cp. Mt. 20:20-24; Mr. 9:34]), siendo insensibles a su Señor que ya estaba en la sombra amenazante de la cruz. Sin embargo, Juan escribe que en medio del peor comportamiento de ellos, el Señor siguió amándolos "hasta el fin", es decir, hasta la perfección o lo máximo de su amor (Jn. 13:1).

Tercero, el crecimiento espiritual no se mide por el calendario (cp. He. 5:11-14). Quienes han sido creyentes durante muchos años a menudo son menos maduros que otros que llevan menos tiempo como creyentes. Eso podría ser el resultado del estudio inadecuado o instrucción en la Palabra (cp. Ef. 4:11-15), o de desobediencia carnal y aplicación infiel de la sana doctrina (1 Co. 3:1-3).

Cuarto, el crecimiento espiritual no tiene que ver con la cantidad de información teológica que los creyentes tengan. Algunos cristianos poseen una cantidad adecuada e incluso excepcional de conocimiento bíblico y teológico, y sin embargo espiritualmente son muy inmaduros. Esa es una situación peligrosa en la cual estar porque mientras más información bíblica una persona reciba y no la aplique, más engañada llega a estar en cuanto a su propia condición espiritual (cp. Ro. 2:17-29; He. 5:12-14). El mismo sol que derrite la cera endurece el barro. La desobediencia constante produce indiferencia y una conciencia sometida, lo que impide el crecimiento espiritual.

Quinto, el crecimiento espiritual tampoco tiene nada que ver con la actividad ministerial exteriormente exitosa. Algunos de los más ocupados en la iglesia son inexpertos en la verdad e inmaduros en la sabiduría que viene de lo alto (Stg. 3:17-18). Incluso prominentes líderes espirituales pueden mostrar una terrible falta de sabiduría bíblica. El éxito temporal grandioso, un elevado nivel de influencia, la dirección de una organización grande, o la generación de mucho apoyo económico no es indicador de verdadera madurez espiritual. Es más, a veces lo contrario es la verdad. Para Pablo la debilidad, el sufrimiento, la persecución y la pobreza (2 Co. 6:3-10; 11:23-33; 12:9-10; Fil. 4:11-13; cp. 1 Ti. 6:6-10) fueron las verdaderas señales de su madurez en el Señor.

Por último, el crecimiento espiritual no es místico, sentimental o psicológico. No proviene de un acto único de renovación espiritual, decisión religiosa, o experiencia emocional que produce buenos sentimientos. Más bien, al igual que el crecimiento físico resulta del proceso de consumir alimento, así también el crecimiento espiritual resulta del proceso de asimilar la verdad de Dios (su Palabra), creerla y aplicarla (Jn. 5:24, 39; 6:63; 8:31-32; Hch. 17:11; Ro. 15:4; 1 Ts. 2:13; 4:1-2; 1 Ti. 4:5-6; Stg. 1:22-25). Al responder a la tentación de Satanás, Jesús citó palabras de Moisés tomadas de Deuteronomio 8:3: "Escrito está: No sólo de pan vivirá el hombre, sino de toda palabra que sale de la boca de Dios" (Mt. 4:4). Las cartas de Pablo definen así el crecimiento espiritual: "Transformaos por medio de la renovación de vuestro entendimiento" (Ro. 12:2); "perfeccionando la santidad en el temor de Dios" (2 Co. 7:1); prosiguiendo "a la meta" (Fil. 3:14); "arraigados y sobreedificados en él, y confirmados en la fe" (Col. 2:7); y siguiendo "la justicia, la piedad, la fe, el amor, la paciencia, la mansedumbre" (1 Ti. 6:11). Además, Pedro mandó a sus lectores en 1 Pedro 2:2: "Desead, como niños recién nacidos, la leche espiritual no adulterada, para que por ella crezcáis para salvación".

El apóstol Juan, bajo la inspiración del Espíritu Santo, puso este párrafo aquí para dar seguridad y consuelo a sus lectores de que eran verdaderos hijos de Dios, a diferencia de los falsos maestros y falsos creyentes que los amenazaban. En vista de las pruebas doctrinales y prácticas que Juan ya había presentado (la prueba acerca de creer en Cristo y de reconocer el pecado, y las pruebas de la obediencia y el amor) el apóstol quería confirmar la autenticidad de la salvación de sus lectores. Este párrafo recalca el propósito declarado a continuación de toda la carta: "Estas cosas os he escrito a vosotros que creéis en el nombre del Hijo de Dios, para que sepáis que tenéis vida eterna, y para que creáis en el nombre del Hijo de Dios" (1 Jn. 5:13; cp. 1:4).

Obviamente no todos los lectores originales o actuales de esta epístola estaban o están en igual etapa de madurez espiritual. Algunos son bebés espirituales mientras que otros son adultos espirituales. Con el fin de animar eficazmente a todos los destinatarios, Juan comenzó esta sección clave con una reafirmación general, después de lo cual ofreció seguridad específica a los que se encontraban en cada etapa general de crecimiento espiritual: niños pequeños, jóvenes y padres.

REAFIRMACIÓN GENERAL

Os escribo a vosotros, hijitos, porque vuestros pecados os han sido perdonados por su nombre. (2:12)

Juan sabía que las personas a quienes escribía eran creyentes y que sus **pecados** habían **sido perdonados.** En este versículo, y en los siguientes, el apóstol dijo seis veces: **Os escribo,** u "os he escrito", con el fin de afirmar enfáticamente que este mensaje estaba limitado a sus lectores, los únicos que eran de verdad parte de la familia de Dios.

La palabra traducida **hijitos** (*teknia*) significa "nacidos", y habla de descendencia en un sentido general sin relación con edad. Se usa comúnmente en el Nuevo Testamento para describir a los creyentes como los **hijitos** de Dios (Jn. 13:33; 1 Jn. 2:1, 28; 3:7, 18; 4:4; 5:21; cp. Gá. 4:19, 28). Mediante el uso de este término el apóstol se estaba dirigiendo a todos los que formaban parte del verdadero linaje de Dios, en cualquier nivel de madurez espiritual. Juan centró su atención en todos aquellos que lamentan su condición pecaminosa (Mt. 5:4), confían en Jesucristo como su único Señor y Salvador (Hch. 16:31), tienen sus vidas transformadas por el Espíritu Santo (Tit. 3:5), viven en obediencia a la Palabra de Dios (Ro. 6:17), y demuestra amor sincero unos por otros (1 P. 1:22).

Desde la perspectiva de Dios solo existen dos familias espirituales: hijos de

Dios e hijos de Satanás (cp. Jn. 8:39-44). Los hijos de Dios no aman a la familia de Satanás ni son leales al mundo que este controla (cp. 1 Jn. 2:15). Al contrario, crecen (aunque no todos al mismo ritmo ni con la misma constancia) en su amor por el Señor, un amor que se manifestará en sincera obediencia y servicio (cp. Jn. 14:15).

El Nuevo Testamento establece claramente que todos los creyentes, sin importar dónde se encuentren en el crecimiento espiritual continuo, **han sido perdonados** de todos sus **pecados** (1:7; Mt. 26:28; Lc. 1:77; Hch. 2:38; 3:19; 26:18; Col. 1:14; 2:13-14). Es más, esta verdad es básica para la misión evangelizadora de la Iglesia. Jesús indicó a sus apóstoles "que se predicase en su nombre el arrepentimiento y el perdón de pecados en todas las naciones" (Lc. 24:47). Pedro declaró a Cornelio y sus compañeros: "De éste [Cristo] dan testimonio todos los profetas, que todos los que en él creyeren, recibirán perdón de pecados por su nombre" (Hch. 10:43; cp. 13:38-39). Pablo atestiguó que en Cristo "tenemos redención por su sangre, el perdón de pecados según las riquezas de su gracia" (Ef. 1:7; cp. 4:32; 1 Jn. 1:7; 3:5). Por supuesto, esta gran realidad del perdón de pecados no era algo novedoso en el Nuevo Testamento, sino que estaba firmemente arraigado en la enseñanza del Antiguo Testamento (cp. Sal. 32:1-2; 86:5; 103:12; 130:3-4; Is. 1:18-19; 43:25; 44:22).

Juan concluye esta frase con el recordatorio de que Dios concede perdón a los creyentes, no porque lo merezcan, sino **por su nombre.** Esa expresión se refiere a la gloria de Dios (cp. Dt. 28:58; Neh. 9:5; Sal. 8:1; Is. 42:8; 48:11), que es la razón principal para todo lo que Él realiza (cp. Sal. 19:1; 25:11; 57:5; 79:8-9; 93:1; 104:31; 106:7-8; 109:21; 111:3; 113:4; 145:5, 12; Is. 6:3; 48:9; Jer. 14:7-9; Hab. 2:14; Ro. 1:5). Dios perdona a los pecadores debido a que le complace glorificar su nombre por medio de su manifestación de sobreabundante gracia, misericordia y poder. Como aquellos a quienes se les ha concedido el don del perdón, los creyentes siempre alabarán y magnificarán a Dios (cp. 2 Co. 4:15; Ap. 5:11-13). Sin embargo, mientras estén en la tierra se hallarán en distintas etapas de crecimiento, con características distintivas.

SEGURIDAD PARA HIJOS ESPIRITUALES

Os escribo a vosotros, hijitos, porque habéis conocido al Padre. (2:13*c*)

El término traducido **hijitos** (*paidia*) es diferente del que se tradujo de igual modo (*teknia*) en el versículo 12. Según se indicó antes, *teknia* se refiere a todos los hijos de Dios. Pero *paidia* denota más específicamente a niños pequeños, los que aún están bajo instrucción paternal. Esos **hijitos** son ignorantes e inmaduros y están en necesidad de cuidado y guía.

Los hijos espirituales inmaduros son los que han **conocido al Padre** (Sal.

9:10; cp. Jn. 10:4, 14; Ro. 8:15; Gá. 4:6) del mismo modo que un bebé tiene poco más que un conocimiento básico de sus padres. Las características distintivas de los bebés en Cristo es que los consume su recién descubierta relación con el Dios y Salvador al que han llegado a conocer de manera salvadora (p. ej., Lc. 19:5-6), y también los consume el gozo y la paz resultante de ese conocimiento. Pero no dejan de ser bebés, que todavía no se han dado un festín con la nutritiva carne espiritual de la sana doctrina (cp. He. 5:12-13).

Al igual que ocurre con los bebés físicos, la ignorancia de los hijos espirituales los hace propensos a debilidades y altamente susceptibles a peligros. Muy a menudo son motivados por los deseos carnales y les falta discernimiento para evitar lo que es peligroso y buscar lo beneficioso. Con frecuencia se adhieren ingenuamente a sus héroes espirituales o a sus maestros favoritos, por lo cual Pablo reprendió a los corintios: "Porque diciendo el uno: Yo ciertamente soy de Pablo; y el otro: Yo soy de Apolos, ¿no sois carnales?" (1 Co. 3:4; cp. vv. 1-3, 5; 1:12-13). A los niños espirituales también les falta discernimiento y son susceptibles a las seducciones de engañadores y a sus doctrinas herejes. Por eso Pablo advirtió a los efesios:

> *Para que ya no seamos niños fluctuantes, llevados por doquiera de todo viento de doctrina, por estratagema de hombres que para engañar emplean con astucia las artimañas del error, sino que siguiendo la verdad en amor, crezcamos en todo en aquel que es la cabeza, esto es, Cristo (Ef. 4:14-15; cp. 1 Co. 16:13).*

Los creyentes maduros pueden elogiar en los nuevos creyentes su amor exuberante, su devoción entusiasta y sincera a Dios, su apego a nuevos amigos en Cristo, y su punto de vista a menudo optimista hacia su nueva vida cristiana. Sin embargo, los cristianos maduros también deben advertir a los menos maduros contra el peligro de ser descarriados por falsos maestros y sus doctrinas inspiradas por demonios (2 Jn. 10-11).

SEGURIDAD PARA JÓVENES ESPIRITUALES

Os escribo a vosotros, jóvenes, porque habéis vencido al maligno… Os he escrito a vosotros, jóvenes, porque sois fuertes, y la palabra de Dios permanece en vosotros, y habéis vencido al maligno. (2:13*b*, 14*b*)

La segunda etapa de crecimiento espiritual lleva a los creyentes de un énfasis en la relación básica a un énfasis en la revelación bíblica. A diferencia de los niños espirituales que se enfocan principalmente en la devoción a Dios, los **jóvenes** espirituales han progresado hasta estar interesados en la claridad de la doctrina.

Los jóvenes espirituales se caracterizan por una comprensión de la verdad bíblica (cp. Sal. 1:2; 119:11, 16, 97, 103, 105, 148; Hch. 17:11; 20:32; 2 Ti. 3:15). Han superado el egocentrismo infantil con sentimientos, y se han movido más allá de las luchas elementales a menudo asociadas con los nuevos cristianos. Poseen una filosofía bíblica de la vida, su teología está en gran parte bien establecida, y manifiestan un amor maduro por la verdad y un deseo de proclamarla y defenderla (cp. Ef. 6:17; 2 Ti. 2:15; He. 4:12).

Debido a que **la palabra de Dios permanece en** los que están en esta etapa, son **fuertes** en verdad doctrinal (Ef. 4:13-16; 1 Ti. 4:6; 2 Ti. 3:16-17; Tit. 2:1; cp. Sal. 119:99). En consecuencia, ya han **vencido al maligno.** Después de todo, el énfasis principal de Satanás no está en tentar a individuos hacia el pecado (cp. Stg. 1:14), sino en obrar a través de múltiples sistemas religiosos falsos para engañar al mundo y llevar a la condenación a la mayor parte de personas (2 Co. 10:3-5; 11:13-15; Ef. 6:11-12; cp. 1 Ti. 4:1-2; 1 Jn. 4:1, 3). Sin embargo, los jóvenes espirituales en esta etapa de madurez se encuentran preparados por medio de su entendimiento de las Escrituras para mantenerse firmes contra estas maquinaciones engañosas (Ef. 6:11). Armados con la sana doctrina que les han enseñado pueden refutar el error y proteger la verdad.

SEGURIDAD PARA PADRES ESPIRITUALES

Os escribo a vosotros, padres, porque conocéis al que es desde el principio... Os he escrito a vosotros, padres, porque habéis conocido al que es desde el principio. (2:13*a*, 14*a*)

La tercera etapa de crecimiento espiritual es cuando los creyentes no solo entienden la doctrina de manera intelectual, sino que han llegado a conocer (de *ginōskā*, "saber por asimilación de conocimiento; llegar a saber") **al que es** (Dios) la fuente de la verdad y el objeto de la adoración y la alabanza que este crecimiento produce. Juan afirma esa realidad tanto en los versículos 13 como en el 14, y Pablo la repite en Filipenses 3:10. Los que son **padres** espirituales han meditado (cp. Jos. 1:8; Sal. 1:2; 19:14; 49:3; 77:11-12; 139:17-18; 143:5) en las profundidades del carácter de Dios hasta el punto en que anhelan obtener un hondo conocimiento de Él y adorarlo íntimamente. En un sentido, la mayoría de santos maduros han dado un giro completo, con el énfasis de sus vidas cristianas otra vez en su relación con el Dios eterno **al que es desde el principio** (Sal. 90:2; 102:25-27; Ro. 1:20; Ap. 1:8; 16:5; 21:6; 22:13; cp. Jn. 8:58). Solo ahora esa relación es mucho más plena y rica porque está totalmente informada por la comprensión de la doctrina bíblica, y se encuentra vinculada a ella. A través de experimentar graves sufrimientos, Job llegó a este profundo conocimiento de Dios; él afirmó: "Por tanto me aborrezco, y me arrepiento en polvo y ceniza" (Job 42:6), por lo que se lamentó realmente de su punto de vista incompleto e inmaduro de Dios que antes había mantenido en su vida (cp. Job 36:3-4; Sal. 119:66; Pr. 1:7; 2:10; 9:10; Fil. 1:9; Col. 1:9-10; 2 P. 1:3, 8).

La única manera en que los creyentes pueden progresar en el crecimiento espiritual continuo (de niños a jóvenes y a padres) es a través de la aplicación dadora y transformadora de vida de la Palabra de Dios en sus vidas (2 Ti. 2:15; cp. Esd. 7:10). Al leer, estudiar, memorizar, meditar y aplicar la verdad de la Biblia en toda situación, los cristianos son transformados a la imagen de Dios (cp. 2 Co. 3:18) por el poder del Espíritu (cp. Ef. 6:17; Col. 3:16; 2 P. 1:19-21).

A medida que siguen creciendo en su santificación, la meta de todos los creyentes debe ser convertirse en padres espirituales, lo cual se caracteriza por una comunión íntima con Dios. En su oración sacerdotal por los apóstoles y todos los creyentes, Cristo oró:

> *Y por ellos yo me santifico a mí mismo, para que también ellos sean santificados en la verdad. Mas no ruego solamente por éstos, sino también por los que han de creer en mí por la palabra de ellos, para que todos sean uno; como tú, oh Padre, en mí, y yo en ti, que también ellos sean uno en nosotros; para que el mundo crea que tú me enviaste. La gloria que me diste, yo les he dado, para que sean uno, así como nosotros somos uno. Yo en ellos, y tú en mí, para que sean perfectos en unidad, para que el mundo conozca que tú me enviaste, y que los has amado a ellos como también a mí me has amado. Padre, aquellos que me has dado, quiero que donde yo estoy, también ellos estén conmigo, para que vean mi gloria que me has dado; porque me has amado desde antes de la fundación del mundo. Padre justo, el mundo no te ha conocido, pero yo te he conocido, y éstos han conocido que tú me enviaste. Y les he dado a conocer tu nombre, y lo daré a conocer aún, para que el amor con que me has amado, esté en ellos, y yo en ellos (Jn. 17:19-26).*

Jesús desea que los creyentes conozcan a Dios no en una manera superficial, ni solo en un sentido académico, sino con intimidad sobrenatural, algo que es posible únicamente mediante una vida de obediencia a Él y a su Palabra.

La descripción que Juan hace de las etapas de crecimiento espiritual también reta a los creyentes a abundar "más y más" (1 Ts. 4:10) en sus vidas cristianas. Los niños espirituales deben pasar de su deleite inicial en el amor del Padre, a tener un sano conocimiento de la verdad bíblica. Los jóvenes no deben detenerse en su conocimiento de la verdad bíblica, sino seguir adelante en conocer profundamente al Dios de quien viene toda la verdad y a quien señala toda la verdad. E incluso los padres deben seguir extendiendo y profundizando su conocimiento del Dios eterno. Mientras los santos vivan en esta tierra están obligados a obedecer el mandato de crecer "en la gracia y el conocimiento de nuestro Señor y Salvador Jesucristo" (2 P. 3:18*a*).

El amor que Dios aborrece 8

No améis al mundo, ni las cosas que están en el mundo. Si alguno ama al mundo, el amor del Padre no está en él. Porque todo lo que hay en el mundo, los deseos de la carne, los deseos de los ojos, y la vanagloria de la vida, no proviene del Padre, sino del mundo. Y el mundo pasa, y sus deseos; pero el que hace la voluntad de Dios permanece para siempre. (2:15-17)

Cuando llegaba al final de su vida terrenal y reflexionaba en sus muchos años de fiel ministerio, el apóstol Pablo escribió:

> *Porque yo ya estoy para ser sacrificado, y el tiempo de mi partida está cercano. He peleado la buena batalla, he acabado la carrera, he guardado la fe. Por lo demás, me está guardada la corona de justicia, la cual me dará el Señor, juez justo, en aquel día; y no sólo a mí, sino también a todos los que aman su venida (2 Ti. 4:6-8).*

Después de ministrar de manera audaz y obediente, Pablo estaba deseoso por ver a su Salvador y recibir la recompensa eterna. Pero al mismo tiempo el apóstol se preocupaba mucho por aquellos que dejaría atrás (cp. Fil. 1:21-24). Uno de esos individuos era Timoteo, compañero íntimo en el ministerio de Pablo e hijo en la fe (1 Ti. 1:2; 2 Ti. 2:1). Aunque Pablo tenía confianza en la integridad espiritual de su discípulo (2 Ti. 1:5), también sabía que Timoteo era un hombre joven (cp. 1 Ti. 4:12), y que era susceptible a ciertas tentaciones. Por eso, en su última epístola el apóstol exhortó a su joven pupilo a mantenerse firme y valiente:

> *Por lo cual te aconsejo que avives el fuego del don de Dios que está en ti por la imposición de mis manos. Porque no nos ha dado Dios espíritu de cobardía, sino de poder, de amor y de dominio propio. Por tanto, no te avergüences de dar testimonio de nuestro Señor, ni de mí, preso suyo, sino participa de las aflicciones por el evangelio según el poder de Dios… Retén la forma de las sanas palabras que de mí oíste, en la fe y amor que es en Cristo Jesús. Guarda el buen depósito por el Espíritu Santo que mora en nosotros (2 Ti. 1:6-8, 13-14).*

Pablo continuó recordándole a Timoteo la sorprendente y aleccionadora realidad de que muchos ya habían desamparado al apóstol: "Ya sabes esto, que me abandonaron todos los que están en Asia, de los cuales son Figelo y Hermógenes" (2 Ti. 1:15). Pero quizás el desertor más notorio entre los compañeros de Pablo aparece en 2 Timoteo 4:10: "Demas me ha desamparado, amando este mundo, y se ha ido a Tesalónica". Demas probablemente había sido compañero de trabajo de Pablo durante muchos años y había ministrado con tan nobles colegas como Crescente, Tito, Lucas, Marcos y Tíquico (vv. 10-12), Epafras y Aristóbulo (Col. 4:12-14; Flm. 23-24). No obstante, a pesar de haber estado en la compañía de hombres de Dios tan formidables (predicadores de la Palabra, autores de la Biblia, plantadores de iglesias, siervos fieles, hombres de oración y que habían sufrido por el evangelio) Demas abandonó por completo a Pablo y a los miembros de su equipo ministerial.

Segunda de Timoteo 4:10 manifiesta claramente el motivo de la deserción de Demas: Amó a "este mundo". Él amó el sistema mundial, con su pecado, su sabiduría humana y sus engaños satánicos, más de lo que amaba al reino de Dios. La vida de Demas mostró las características tanto de la tierra superficial y rocosa, en que la semilla de la Palabra había florecido brevemente pero que se marchitó y murió frente a la tribulación y la persecución, como de la tierra espinosa en que la semilla fue asfixiada bajo los cuidados del mundo y el engaño de las riquezas (véase la parábola de Jesús en Mt. 13:3-23). Mientras Pablo esperaba el martirio por su fe, Demas decidió que no estaba dispuesto a pagar un precio similar. Por tanto, abandonó a sus compañeros y se fue "a Tesalónica", una ciudad grande y cosmopolita en la principal ruta comercial este-oeste de Asia Menor que ofrecía todas las seducciones materialistas, inmorales y filosóficas del mundo que él amaba. Al hacer eso, Demas demostró que nunca había amado a Dios.

Demas fue culpable de prostitución espiritual, el tipo de pecado contra el que Santiago advirtió fuertemente a algunos de sus lectores: "¡Oh almas adúlteras! ¿No sabéis que la amistad del mundo es enemistad contra Dios? Cualquiera, pues, que quiera ser amigo del mundo, se constituye enemigo de Dios" (Stg. 4:4). El lenguaje figurado de Santiago evocó las conocidas imágenes del Antiguo Testamento respecto al adulterio espiritual de Israel (cp. 2 Cr. 21:11-15; Jer. 2:20-25; 3:1-14; Os. 1:2; 4:15; 9:1).

Al cometer adulterio espiritual, Demas se convirtió en "enemigo de Dios", otra idea conocida del Antiguo Testamento (cp. Dt. 32:41; Sal. 21:8-9; 68:21; 72:9; Nah. 1:2). Lo hizo al regresar a la vida que hipócritamente había reprimido por algunos años mientras viajaba con Pablo y los demás.

El trágico ejemplo de Demas proporciona una inequívoca ilustración bíblica del amor que Dios aborrece. El amor perfecto de Dios es un tema que se da por todas las Escrituras (Dt. 7:7-8; 10:15; Sal. 25:6; 26:3; 36:7, 10; 40:11; 63:3; 69:16; 92:2;

103:4; 119:88; 138:2; 143:8; Is. 63:7; Jer. 31:3; Os. 2:19; Sof. 3:17) y que aparece con énfasis particular en el Nuevo Testamento (Ro. 5:5, 8; 8:39; 2 Co. 13:11; Ef. 2:4-5; 2 Ts. 2:16; Tit. 3:4; Jud. 21), especialmente en esta epístola (2:5; 3:1; 4:7-21) y en otras partes de los escritos de Juan (Jn. 3:16; 5:42; 11:5, 36; 13:1-2; 14:21, 23; 15:9-10, 12; 16:27; 17:23-24; 19:26; cp. 2 Jn. 3, 6). Pero puesto que Dios ama perfectamente, también aborrece de manera perfecta. Al ser el Santo (cp. 2 R. 19:22; Sal. 71:22; Pr. 30:3; Is. 1:4; 40:25), ama todo lo que es justo, santo y que está alineado con su voluntad y propósito glorioso (cp. Éx. 15:11; 1 S. 2:2; Sal. 22:3; 47:8; 99:3, 5; 145:17; Is. 6:3; 57:15; Ap. 4:8; 15:4). Por supuesto, lo que esto significa es que al mismo tiempo odia todo lo que amenaza esos aspectos o se opone a ellos (Dt. 29:20, 27-28; 32:19-22; Sal. 2:2-5; 7:11; 21:8-9; Nah. 1:2-3; Sof. 1:14-18; Ro. 1:18; Col. 3:6; Ap. 11:18; cp. Mt. 13:41; 25:41; 1 Co. 6:9-10; 2 Ts. 1:8; Ap. 21:27).

El absolutamente perfecto amor de Dios de igual manera exige que quienes lo aman participen de su odio a todo lo que se le opone. El salmista exhortó: "Los que amáis a Jehová, aborreced el mal" (97:10; cp. Pr. 8:13); y: "De tus mandamientos he adquirido inteligencia; por tanto, he aborrecido todo camino de mentira" (119:104; cp. vv. 128, 163; 139:21-22). Salomón esbozó más específicamente algunos de esos caminos falsos y perversos:

> *Seis cosas aborrece Jehová, y aun siete abomina su alma: Los ojos altivos, la lengua mentirosa, las manos derramadoras de sangre inocente, el corazón que maquina pensamientos inicuos, los pies presurosos para correr al mal, el testigo falso que habla mentiras, y el que siembra discordia entre hermanos (Pr. 6:16-19; cp. Am. 5:21; Mal. 2:16; Ap. 2:6).*

Dios aborrece todas esas cosas porque son totalmente incongruentes con su naturaleza y su gloria santas.

Este breve pero conocido pasaje en la primera carta de Juan describe un objeto importante del odio de Dios: el mundo y quienes lo aman. En medio de la serie de pruebas doctrinales y morales de Juan relacionadas con la seguridad de la salvación (4:13), el apóstol insertó un mandato de no amar al mundo. Su amonestación, que forma parte de la prueba moral, se divide en dos elementos principales: El mandato de no amar al mundo, y las razones de por qué los creyentes no deben amarlo.

EL MANDATO DE NO AMAR AL MUNDO

No améis al mundo, ni las cosas que están en el mundo. (2:15*a*)

Al examinar el uso del término **mundo** en un contexto bíblico particular, y comparar adecuadamente las Escrituras con las Escrituras, se pueden entender sus varios significados. En este versículo está claro aquello a lo que Juan *no* se está refiriendo. Primero, no está hablando del mundo físico, u orden creado. El apóstol no habría mandado a sus lectores que aborrecieran algo a lo que Dios declaró originalmente en Génesis 1:31 como "bueno en gran manera". A pesar de que la creación está empañada por la caída (cp. Génesis 3), las bellezas físicas de la naturaleza todavía reflejan la gloria de Dios y exigen alabanza. El salmista expresó este principio de manera elocuente:

> *Los cielos cuentan la gloria de Dios, y el firmamento anuncia la obra de sus manos. Un día emite palabra a otro día, y una noche a otra noche declara sabiduría. No hay lenguaje, ni palabras, ni es oída su voz. Por toda la tierra salió su voz, y hasta el extremo del mundo sus palabras. En ellos puso tabernáculo para el sol; Y éste, como esposo que sale de su tálamo, se alegra cual gigante para correr el camino. De un extremo de los cielos es su salida, y su curso hasta el término de ellos; y nada hay que se esconda de su calor (Sal. 19:1-6; cp. 104:1-32; Hch. 14:15-17; 17:23-28; Ro. 1:20).*

Segundo, Juan no habría mandado a los creyentes que aborrecieran el **mundo** de seres humanos. Eso se debe a que Dios ama a las personas que hay en el mundo y envió a su Hijo para que fuera propiciación por sus pecados (véase 2:2; 4:9-10, 14; cp. Jn. 3:16; 2 Co. 5:19; 1 Ti. 2:3-6; Tit. 2:11-14; 3:4-5).

El **mundo** y sus **cosas,** que Juan advirtió a sus lectores que **no** amaran, es el sistema universal invisible y espiritual de maldad. Es el *kosmos* ("orden mundial", "reino de la existencia", "manera de vivir") que Satanás gobierna; así les recordó Pablo a los efesios: "En [esa manera de vivir] anduvisteis en otro tiempo, siguiendo la corriente de este mundo, conforme al príncipe de la potestad del aire, el espíritu que ahora opera en los hijos de desobediencia" (Ef. 2:2). Más adelante en esta carta Juan escribió: "El mundo entero está bajo el maligno" (5:19; cp. 4:1-5; Jn. 12:31). El "mundo" aquí se refiere al mismo sistema perverso al que Jesús se refirió cuando expresó: "Si el mundo os aborrece, sabed que a mí me ha aborrecido antes que a vosotros" (Jn. 15:18; cp. 17:14). Así que no fue la humanidad en general ni el orden creado lo que Cristo aborreció, sino más bien las ideologías e iniciativas malvadas, corruptas (2 P. 2:19) y demoníacas que estimulan a la humanidad caída (cp. Mt. 13:19, 38; 2 Co. 2:11; 4:4; 11:14; 1 Ts. 2:18; 2 Ts. 2:9; Ap. 16:14). De acuerdo con este entendimiento, el apóstol Pablo ve correctamente al mundo envuelto en una guerra espiritual masiva contra el reino de Dios:

> *Pues aunque andamos en la carne, no militamos según la carne; porque las armas de nuestra milicia no son carnales, sino poderosas en Dios para la destrucción de fortalezas, derribando argumentos y toda altivez que se levanta*

contra el conocimiento de Dios, y llevando cautivo todo pensamiento a la obediencia a Cristo (2 Co. 10:3-5; cp. Ef. 6:11-13).

"Argumentos" significa ideologías o sistemas de creencias, que van desde métodos primitivos y animistas hasta sofisticadas y complejas religiones, filosofías y teorías políticas mundiales, o cualquier visión del mundo que no sea bíblica. Representan todas las ideas y los dogmas de los incrédulos que, a menudo desde un punto de vista elitista, se levantan contra el verdadero conocimiento de Dios. En respuesta, los creyentes tienen la orden de confrontar y destruir las mentiras espirituales y los falsos argumentos del mundo con la verdad. Por tanto, Pablo identifica al mundo como el espectro total de creencias e inclinaciones que se oponen a los propósitos de Dios, y Juan repite implícitamente esa definición. Cuando alguien se convierte en cristiano, ya no es esclavo del sistema mundial. El cristiano ha sido "librado... de la potestad de las tinieblas, y trasladado al reino de su amado Hijo" (Col. 1:13; cp. 2 Co. 6:17-18; Ef. 5:6-12).

RAZONES DE POR QUÉ LOS CREYENTES NO DEBEN AMAR AL MUNDO

Si alguno ama al mundo, el amor del Padre no está en él. Porque todo lo que hay en el mundo, los deseos de la carne, los deseos de los ojos, y la vanagloria de la vida, no proviene del Padre, sino del mundo. Y el mundo pasa, y sus deseos; pero el que hace la voluntad de Dios permanece para siempre. (2:15*b*-17)

El reino del mundo y el reino del Dios son intrínsecamente incompatibles (cp. 4:5-6; 5:4-5; Jn. 15:19; Gá. 6:14). Los dos son mutuamente exclusivos y opuestos entre sí. Son contrarios y no pueden coexistir pacíficamente. Por eso los verdaderos cristianos no se caracterizan por amar de manera habitual al mundo, ni las personas mundanas demuestran un afecto verdadero por el evangelio y el Señor (Jn. 3:20; Hch. 7:51; 13:8-10; 17:5, 13; Ro. 8:7; Col. 1:21; 1 Ts. 2:14-16).

Es evidente que hay una línea inconfundible de demarcación entre las cosas de Dios y las del mundo. El continuo deterioro moral y ético de la cultura contemporánea hace obvio esto. Incluso un breve estudio proporciona una larga lista de programas culturales que son agresivamente hostiles hacia el cristianismo bíblico: un ataque a la familia tradicional mediante el feminismo, una promoción activa de la promiscuidad sexual y la homosexualidad, una creciente aceptación de la violencia, un énfasis en el materialismo y el hedonismo por parte de los medios seculares de comunicación, una disminución constante de las normas de integridad personal y ética comercial, un debilitamiento del bien y el mal mediante el relativismo posmoderno, y así sucesivamente.

Con el fin de apoyar su amonestación, Juan no ofrece una larga lista de ilustraciones específicas o detalladas. Más bien presenta tres razones generales de por qué los creyentes no deben amar al mundo: debido a quiénes son, a lo que el mundo hace, y a dónde se está dirigiendo el mundo.

DEBIDO A QUIÉNES SON LOS CREYENTES

Si alguno ama al mundo, el amor del Padre no está en él. (2:15*b*)

Los creyentes no pueden amar al mundo puesto que son perdonados (Sal. 86:5; 130:3-4; Is. 1:18; Mt. 26:28; Lc. 1:77; Ef. 1:7; 4:32; Col. 1:14; 2:13-14; 3:13; 1 Jn. 2:12), que poseen un conocimiento verdadero de Dios (2 Co. 2:14; 4:6; Ef. 4:13; Col. 1:9-10), que la Palabra de Dios habita en ellos (Sal. 119:11; Col. 3:16), que han vencido a Satanás (Stg. 4:7; 1 Jn. 4:4), y que tienen una relación cada vez más íntima con el Padre (1 Jn. 2:12-14). **Si alguno ama al mundo,** demuestra que **el amor del Padre no está en él.** Al igual que Demas, tales desertores espirituales manifiestan que cualquier afirmación anterior de conocer y amar a Dios no fue nada más que una mentira (2:19).

Sin embargo, la identidad básica de los creyentes como hijos de Dios no los hace inmunes al atractivo del mundo. Puesto que aún son pecadores caídos (aunque salvados por gracia) los verdaderos seguidores de Cristo son tentados a través de su carne remanente por medio de comportamientos e iniciativas del mundo (Mt. 26:41; 1 Co. 10:13; Gá. 6:1; Ef. 6:16; Stg. 1:12-14; 1 P. 5:8-9). Sea que la tentación venga de prioridades mundanas, diversiones mundanas, riquezas mundanas, o deseos mundanos, los creyentes desean resistir los esfuerzos del mundo por seducirlos. Como advirtiera Jesús a sus oyentes: "Ningún siervo puede servir a dos señores; porque o aborrecerá al uno y amará al otro, o estimará al uno y menospreciará al otro. No podéis servir a Dios y a las riquezas" (Lc. 16:13; cp. Mt. 6:19-21, 24).

DEBIDO A LO QUE EL MUNDO HACE

Porque todo lo que hay en el mundo, los deseos de la carne, los deseos de los ojos, y la vanagloria de la vida, no proviene del Padre, sino del mundo. (2:16)

El significado de **todo lo que hay en el mundo** y **proviene... del mundo** aparece en las tres descripciones calificativas de categorías de pecado. El pecado es la realidad dominante en el mundo, y el inicio de este versículo es útil para mirar de modo más amplio al pecado, por definición llamado "infracción" (1 Jn. 3:4), cualquier violación de la perfecta y santa ley de Dios. Mientras que la ley de Dios abarca todo lo que es justo (Sal. 19:7; 119:142; Is. 42:21; cp. Jos. 1:7-8; Sal.

119:18; Neh. 8:9, 18; Is. 51:4; Mt. 22:36-40; Hch. 28:23; Ro. 3:21; Stg. 1:25), el pecado abarca todo lo que es injusto (Pr. 24:9; Mt. 15:19; 1 Jn. 5:17; cp. Gn. 6:5).

Aunque el pecado se manifiesta en acciones externas, sus raíces son mucho más profundas, pues están incrustadas en el tejido mismo del corazón humano depravado. El pecado impregna la mente caída, profanando interiormente al pecador en todos los aspectos de su ser (cp. Mt. 15:18-20). De ahí que el Antiguo Testamento compara el pecado con una plaga mortal (1 R. 8:38) o con vestiduras viles (Zac. 3:3-4; cp. Is. 64:6). El pecado es tan nauseabundo que Dios lo aborrece (Pr. 15:9) y los pecadores se odian a sí mismos (Ez. 6:9) a causa de su maldad inherente.

Por naturaleza el pecado no solo es rebelde sino también desagradecido, tanto que si fuera posible destronaría a Dios en favor de los pecadores (cp. Sal. 12:4; Jer. 2:31; 44:17). Su actitud es la de Absalón, quien después de ser perdonado por su padre, el rey David, no obstante conspiró de inmediato para derrocarlo (2 S. 14:33-15:12). Romanos 1:21*a* asevera de los impíos: "Pues habiendo conocido a Dios, no le glorificaron como a Dios, *ni le dieron gracias*" (cursivas añadidas; cp. 2 Ti. 3:2).

El pecado también es humanamente incurable. Los pecadores no tienen capacidad por sí mismos para remediar su pecado (Ro. 8:7-8; 1 Co. 2:14; Ef. 2:1). El profeta Isaías describió la incurable condición pecadora de Israel:

> *¡Oh gente pecadora, pueblo cargado de maldad, generación de malignos, hijos depravados! Dejaron a Jehová, provocaron a ira al Santo de Israel, se volvieron atrás. ¿Por qué querréis ser castigados aún? ¿Todavía os rebelaréis? Toda cabeza está enferma, y todo corazón doliente. Desde la planta del pie hasta la cabeza no hay en él cosa sana, sino herida, hinchazón y podrida llaga; no están curadas, ni vendadas, ni suavizadas con aceite (Is. 1:4-6).*

El pecado es como una enfermedad terminal, o condición hereditaria, respecto a la cual los pecadores no pueden hacer nada en sus propias fuerzas. Dios dijo de Israel: "¿Mudará el etíope su piel, y el leopardo sus manchas? Así también, ¿podréis vosotros hacer bien, estando habituados a hacer mal?" (Jer. 13:23; cp. Job 14:4; Mt. 7:16-18).

Por último, el pecado es universal. David escribió: "Todos se desviaron, a una se han corrompido; no hay quien haga lo bueno, no hay ni siquiera uno" (Sal. 14:3; cp. Is. 53:1-3; Ec. 7:20; Ro. 3:10-12; 5:12). Por tanto, todas las personas, abandonadas a su propia suerte, eligen pecar:

> *Y esta es la condenación: que la luz vino al mundo, y los hombres amaron más las tinieblas que la luz, porque sus obras eran malas. Porque todo aquel que hace*

> *lo malo, aborrece la luz y no viene a la luz, para que sus obras no sean reprendidas (Jn. 3:19-20; cp. Sal. 7:14; Pr. 4:16; Is. 5:18; Jer. 9:5).*

Debido a que la gente es pecadora, el mal subyuga a la humanidad caída (cp. Gn. 6:5; Jn. 8:34; Ro. 6:20*a*), de tal manera que los no regenerados solo pueden pensar y hacer lo pecaminoso, porque el pecado domina sus mentes, voluntades y afectos. Es a causa del pecado que están bajo el control de Satanás, como esclavos del príncipe de las tinieblas (cp. Ef. 2:2). Es debido al pecado que los no redimidos permanecen bajo la ira de Dios, y están destinados al infierno eterno a menos que se arrepientan (Sal. 9:17; Mt. 3:7, 10, 12; 7:13; 13:40-42; 25:41, 46; Lc. 13:3; Jn. 3:36; Ro. 1:18; 2:5; Col. 3:6; Ap. 6:17; 19:15; 20:11-15). Es a causa del pecado que las personas están sometidas a todas las desdichas de esta vida. Como Elifaz el temanita, uno de los amigos de Job, comentara: "El hombre nace para la aflicción" (Job 5:7*a*). Y Salomón recordó a sus lectores el vacío y la falta de sentido que el pecado ocasiona: "Miré todas las obras que se hacen debajo del sol; y he aquí, todo ello es vanidad y aflicción de espíritu" (Ec. 1:14; cp. vv. 2, 8; Is. 48:22; Ro. 8:20).

También es crucial entender correctamente la naturaleza del origen del pecado en la conducta humana. Si bien es cierto que la verdadera tentación viene del sistema de Satanás (cp. Ef. 6:12; 1 P. 5:8-9) a través del mundo, en última instancia no puede culparse de la conducta pecaminosa a influencias externas. El pecador mismo es responsable por sus acciones pecadoras, las cuales surgen de sus propios deseos malvados (Stg. 1:13-16). El pecado reside entonces en todos los corazones humanos, según Jesús enseñó claramente:

> *Y llamando a sí a toda la multitud, les dijo: Oídme todos, y entended: Nada hay fuera del hombre que entre en él, que le pueda contaminar; pero lo que sale de él, eso es lo que contamina al hombre. Si alguno tiene oídos para oír, oiga. Cuando se alejó de la multitud y entró en casa, le preguntaron sus discípulos sobre la parábola. El les dijo: ¿También vosotros estáis así sin entendimiento? ¿No entendéis que todo lo de fuera que entra en el hombre, no le puede contaminar, porque no entra en su corazón, sino en el vientre, y sale a la letrina? Esto decía, haciendo limpios todos los alimentos. Pero decía, que lo que del hombre sale, eso contamina al hombre. Porque de dentro, del corazón de los hombres, salen los malos pensamientos, los adulterios, las fornicaciones, los homicidios, los hurtos, las avaricias, las maldades, el engaño, la lascivia, la envidia, la maledicencia, la soberbia, la insensatez. Todas estas maldades de dentro salen, y contaminan al hombre (Mr. 7:14-23; cp. Gn. 6:5; Jer. 17:9; Stg. 1:13-15).*

Las palabras del Señor ilustran la doctrina del pecado original; todo pecado proviene de la naturaleza caída de la humanidad, y esa naturaleza se deriva de la desobediencia inicial de Adán y Eva (Gn. 3; cp. Sal. 51:5; 58:3; Ef. 2:3; 4:17-19; Col. 2:13*a*), que desde entonces ha sido parte integral de todos los que han vivido (Ro. 5:12-21).

Al entender el grave peligro que el pecado representa, el apóstol Juan resume las opciones que el mundo usa para incitar a pecar: **los deseos de la carne, los deseos de los ojos, y la vanagloria de la vida.** Aunque mencionadas brevemente, estas tres señalizaciones tienen profunda importancia.

La frase **los deseos de la carne** se refiere a las ansias envilecidas y poco nobles de los corazones perversos. **La carne** denota la condición humana y su esencia pecaminosa. La palabra traducida **deseos** (*epithumia*) es un término común en el Nuevo Testamento que denota deseos tanto positivos como negativos (Lc. 22:15; Ro. 1:24; Fil. 1:23; Col. 3:5; 1 Ts. 2:17; 2 Ti. 2:22; Tit. 3:3; Stg. 1:14-15; 2 P. 1:4; cp. Mt. 5:28; Gá. 5:17; He. 6:11; Stg. 4:2). Aquí se refiere negativamente a los impulsos sensuales del mundo que llevan a las personas a transgredir. La expresión **deseos de los ojos** evoca sobre todo los pecados sexuales lujuriosos, pero aunque están incluidos en su definición, sin duda alguna la frase no se limita a ese significado.

La lujuria fundamental del corazón humano pervierte y distorsiona todos los deseos normales (Jer. 17:9), enviándolos a una búsqueda incesante y servil del mal que excede los límites apropiados de lo que es bueno, razonable y justo: cualquier actitud, conversación o acción que se opone a la ley de Dios (cp. Ro. 7:5; 8:7). Esos deseos incluyen todos los excesos inmorales acerca de los cuales Pablo advirtió a los gálatas:

> *Y manifiestas son las obras de la carne, que son: adulterio, fornicación, inmundicia, lascivia, idolatría, hechicerías, enemistades, pleitos, celos, iras, contiendas, disensiones, herejías, envidias, homicidios, borracheras, orgías, y cosas semejantes a estas; acerca de las cuales os amonesto, como ya os lo he dicho antes, que los que practican tales cosas no heredarán el reino de Dios (Gá. 5:19-21; cp. Ro. 1:24-32; 1 Co. 6:9-10).*

Esas actitudes y acciones pecaminosas son características principales del sistema del mundo y son irresistiblemente atractivos para la corrupción del alma no convertida.

El mundo también seduce a los pecadores a realizar acciones y tener pensamientos contrarios a la voluntad de Dios a través de **los deseos de los ojos.** Estos son regalos de Dios (cp. Pr. 20:12; Ec. 11:7) que permiten a las personas ver su hermosa creación y obras excelentes (cp. Sal. 8:3-4; 19:1; 33:5; 104:24; Is. 40:26; Ro. 1:20). Sin embargo, así como dejan pasar la luz, también son por tanto ventanas abiertas para que entre la tentación; en consecuencia, el pecado pervierte el uso de los ojos (cp. Pr. 27:20; Ec. 1:8; 4:8) y sumerge al individuo en insatisfacción, codicia e idolatría (cp. Sal. 106:19-20; 115:4; Ec. 5:10). La esposa de Lot utilizó mal sus ojos, y como resultado Dios la mató (Gn. 19:17, 26). Acán se apoderó de bienes prohibidos que vio, lo que también le causó la muerte (Jos. 7:18-26; 22:20). Desde su azotea David vio a Betsabé bañándose, más tarde cometió adulterio con ella, y pagó gravemente por su pecado el resto de su vida (2 S. 11:1-5; 12:1-20; Sal. 51:1-17). Debido a tales consecuencias potenciales, es de gran importancia para los creyentes cuidar sus ojos (cp. Job 31:1; Sal. 101:3; 119:37). La exageración gráfica de Jesús resalta la necesidad de evitar los deseos de los ojos:

> *Oísteis que fue dicho: No cometerás adulterio. Pero yo os digo que cualquiera que mira a una mujer para codiciarla, ya adulteró con ella en su corazón. Por tanto, si tu ojo derecho te es ocasión de caer, sácalo, y échalo de ti; pues mejor te es que se pierda uno de tus miembros, y no que todo tu cuerpo sea echado al infierno (Mt. 5:27-29).*

El tercer elemento humano que ofrece al alma una vía para la tentación es **la vanagloria de la vida.** Tal **vanagloria** es la arrogancia (cp. 1 S. 2:3; 17:4-10, 41-45; Sal. 10:3; 75:4; Pr. 25:14; Jer. 9:23; Ro. 1:30; Stg. 3:5; 4:16) que posiblemente motiva todos los pecados, incluso los deseos de la carne y de los ojos, ya que trata de elevar al yo por sobre todo lo demás (cp. Sal. 10:2, 4; Pr. 26:12; Dn. 5:20; Lc. 18:11-12; Ro. 12:3, 16). **La vanagloria** es la corrupción de las partes más nobles de la esencia de los seres humanos (cp. Sal. 10:2-6, 11; Pr. 16:18-19), su racionalidad y su espíritu creados por Dios para que los disfruten (Gn. 1:26-27). En lugar de aceptar esa realidad con adecuada humildad y gratitud a Dios, los pecadores se exaltan y buscan glorificarse a sí mismos (Ro. 1:22-25).

En **la carne** (sensualidad), la humanidad se desempeña según los deseos básicos de los animales (cp. Éx. 32:1-9, 19-20, 25). Con **los ojos** (codicia), los individuos tratan de tener más que los demás (cp. Lc. 12:16-21). Por medio de la **vanagloria** la humanidad desafía a Dios y de manera arrogante intenta destronar al Soberano del universo (cp. Gn. 11:2-4). No obstante, esa triple matriz de tentación es más una abstracción teológica. Dos de los pasajes más fundamentales en la Biblia, Génesis 3:1-7 y Lucas 4:1-13, apoyan de manera concreta e histórica el modo en que Satanás ha atacado a través de esas vías.

> *Pero la serpiente era astuta, más que todos los animales del campo que Jehová Dios había hecho; la cual dijo a la mujer: ¿Conque Dios os ha dicho: No comáis de todo árbol del huerto? Y la mujer respondió a la serpiente: Del fruto de los árboles del huerto podemos comer; pero del fruto del árbol que está en medio del huerto dijo Dios: No comeréis de él, ni le tocaréis, para que no muráis. Entonces la serpiente dijo a la mujer: No moriréis; sino que sabe Dios que el día que*

comáis de él, serán abiertos vuestros ojos, y seréis como Dios, sabiendo el bien y el mal. Y vio la mujer que el árbol era bueno para comer, y que era agradable a los ojos, y árbol codiciable para alcanzar la sabiduría; y tomó de su fruto, y comió; y dio también a su marido, el cual comió así como ella. Entonces fueron abiertos los ojos de ambos, y conocieron que estaban desnudos; entonces cosieron hojas de higuera, y se hicieron delantales (Gn. 3:1-7).

Jesús, lleno del Espíritu Santo, volvió del Jordán, y fue llevado por el Espíritu al desierto por cuarenta días, y era tentado por el diablo. Y no comió nada en aquellos días, pasados los cuales, tuvo hambre. Entonces el diablo le dijo: Si eres Hijo de Dios, di a esta piedra que se convierta en pan. Jesús, respondiéndole, dijo: Escrito está: No sólo de pan vivirá el hombre, sino de toda palabra de Dios. Y le llevó el diablo a un alto monte, y le mostró en un momento todos los reinos de la tierra. Y le dijo el diablo: A ti te daré toda esta potestad, y la gloria de ellos; porque a mí me ha sido entregada, y a quien quiero la doy. Si tú postrado me adorares, todos serán tuyos. Respondiendo Jesús, le dijo: Vete de mí, Satanás, porque escrito está: Al Señor tu Dios adorarás, y a él solo servirás. Y le llevó a Jerusalén, y le puso sobre el pináculo del templo, y le dijo: Si eres Hijo de Dios, échate de aquí abajo; porque escrito está: A sus ángeles mandará acerca de ti, que te guarden; y, en las manos te sostendrán, para que no tropieces con tu pie en piedra. Respondiendo Jesús, le dijo: Dicho está: No tentarás al Señor tu Dios. Y cuando el diablo hubo acabado toda tentación, se apartó de él por un tiempo (Lc. 4:1-13).

En ambos casos Satanás utilizó la misma tentación triple para atacar su objetivo. Adán y Eva sucumbieron en Génesis 3:6, sumiendo a la humanidad en el pecado: "Y vio la mujer que el árbol era bueno para comer, y que era agradable a los ojos, y árbol codiciable para alcanzar la sabiduría; y tomó de su fruto, y comió; y dio también a su marido, el cual comió así como ella". El diablo recurrió a los deseos de comida en Eva (**deseos de la carne**), a su ambición de poseer algo atractivo (**deseos de los ojos**), y a su codicia por tener sabiduría (**vanagloria de la vida**). Adán aceptó las mismas seducciones sin protestar y comió del fruto que su esposa le ofreció, y el reino de Satanás ganó su firme posición inicial en la tierra.

En el segundo relato, Satanás usó un enfoque similar cuando trató de arruinar la misión redentora de Jesús (cp. Mt. 16:21-23; Jn. 13:21-30). Recurrió a la humanidad del Señor (su hambre de pan), a sus ojos (su aprecio por el esplendor del mundo), y a su orgullo percibido (su salto desde el pináculo del templo habría abusado de la protección de Dios y le habría dado prestigio adicional cuando aterrizara sano y salvo). Pero las tres estrategias siniestras del diablo fueron frustradas cuando el Señor rechazó cada apelación citando la verdad del Antiguo Testamento (Dt. 8:3; 6:13, 16; cp. 10:20).

No extraña entonces ver que el mundo, bajo el liderazgo de Satanás, sigue atacando a los pecadores por medio de esas tres mismas sendas de tentación. El diablo juega con la corruptibilidad del corazón humano caído a fin de lograr el máximo impacto hacia el mal y el caos en el mundo. Pero los creyentes no son esclavos del diabólico y corrupto sistema del mundo (Ro. 6:5-14; Stg. 4:7; 1 P. 5:8-9; 1 Jn. 4:1-6). Al igual que su Señor que los ha redimido, ellos poseen la capacidad de resistir con éxito las tentaciones de este mundo (cp. Ro. 8:1-13; Stg. 4:7).

DEBIDO A DÓNDE SE ESTÁ DIRIGIENDO EL MUNDO

Y el mundo pasa, y sus deseos; pero el que hace la voluntad de Dios permanece para siempre. (2:17)

La tercera razón porque los creyentes no deben amar **el mundo** se debe a que este **pasa.** El principio de la muerte espiritual que impregna al **mundo** es exactamente lo contrario del principio de la vida espiritual que actúa en el reino de Dios. Por tanto, los muertos vivientes en el mundo están destinados a la muerte eterna en el infierno, pero los cristianos están destinados a la vida eterna en el cielo (Mt. 13:37-50; 25:31-46; cp. Mt. 5:12*a*; Lc. 10:20; He. 12:22-23; 1 P. 1:3-5).

El verbo traducido **pasa** es una forma del tiempo presente de *paragō* ("desaparecer"). El tiempo presente indica que el mundo ya está en proceso de autodestrucción (1 Co. 7:31*b*; 1 P. 4:7*a*; cp. Stg. 1:10; 4:14; 1 P. 1:24). Todo el sistema contiene las semillas de su propia desintegración (cp. Ro. 8:20-21). (Dios destruirá el universo físico al final del milenio y justo antes de la segunda venida de Jesucristo [2 P. 3:10], pero eso no es lo que Juan tenía aquí en mente). El apóstol miraba adelante hacia la destrucción del sistema mundial satánico y a todos los que se aferran a **sus deseos:** sus ideologías que se oponen a Dios y a Cristo (2 Co. 10:3-5; 2 P. 2:1-17; Jud. 12-15; Ap. 18:21-24; cp. 19:11-21; 20:7-10). Todos ellos se precipitan rápidamente hacia la condenación eterna, como Pablo escribió con relación a los impíos que perseguían a los creyentes tesalonicenses:

> *Porque es justo delante de Dios pagar con tribulación a los que os atribulan, y a vosotros que sois atribulados daros reposo con nosotros, cuando se manifieste el Señor Jesús desde el cielo con los ángeles de su poder, en llama de fuego, para dar retribución a los que no conocieron a Dios, ni obedecen al evangelio de nuestro Señor Jesucristo; los cuales sufrirán pena de eterna perdición, excluidos de la presencia del Señor y de la gloria de su poder, cuando venga en aquel día para ser glorificado en sus santos y ser admirado en todos los que creyeron (por cuanto nuestro testimonio ha sido creído entre vosotros) (2 Ts. 1:6-10).*

Pablo no afirmó que esos miembros no arrepentidos del mundo dejarían de existir (esa sería una doctrina antibíblica de aniquilación), sino que experimentarían un castigo eterno en el infierno (cp. Mt. 25:46; Mr. 9:43-49; Ap. 20:15). El proceso de autodestrucción del mundo se acelerará y empeorará en los años venideros (cp. 2 Ti. 3:13) hasta que el Señor regrese.

Por otra parte, **el que hace la voluntad de Dios,** aquel que obedece a Cristo y confía en Él para salvación, no tiene nada que temer con relación a la destrucción del mundo (1 Ts. 1:10; 5:9). Es la voluntad de Dios que las personas crean el evangelio, se arrepientan de su pecado, y acepten a Jesucristo como Señor y Salvador (Mr. 1:15; Jn. 6:29; 1 Ti. 2:4-6). Juan había oído antes estas palabras de Jesús: "Y esta es la voluntad del que me ha enviado: Que todo aquél que ve al Hijo, y cree en él, tenga vida eterna" (Jn. 6:40*a*). Cada persona que ha obedecido esa enseñanza es cristiana y **permanece para siempre** (Lc. 6:46-48; Jn. 8:51; 10:27; 14:21; 15:10; Stg. 1:22-25; 1 Jn. 2:5; 3:24; cp. Sal. 25:10; 111:10).

El apóstol Pablo es un excelente ejemplo de alguien que aprendió lo que significa amar los propósitos de Dios en lugar de las cosas del mundo. En Filipenses 3:3-11 relata su transformación:

> *Porque nosotros somos la circuncisión, los que en espíritu servimos a Dios y nos gloriamos en Cristo Jesús, no teniendo confianza en la carne. Aunque yo tengo también de qué confiar en la carne. Si alguno piensa que tiene de qué confiar en la carne, yo más: circuncidado al octavo día, del linaje de Israel, de la tribu de Benjamín, hebreo de hebreos; en cuanto a la ley, fariseo; en cuanto a celo, perseguidor de la iglesia; en cuanto a la justicia que es en la ley, irreprensible. Pero cuantas cosas eran para mí ganancia, las he estimado como pérdida por amor de Cristo. Y ciertamente, aun estimo todas las cosas como pérdida por la excelencia del conocimiento de Cristo Jesús, mi Señor, por amor del cual lo he perdido todo, y lo tengo por basura, para ganar a Cristo, y ser hallado en él, no teniendo mi propia justicia, que es por la ley, sino la que es por la fe de Cristo, la justicia que es de Dios por la fe; a fin de conocerle, y el poder de su resurrección, y la participación de sus padecimientos, llegando a ser semejante a él en su muerte, si en alguna manera llegase a la resurrección de entre los muertos (cp. Hch. 9:1-22; 26:4-23).*

Los creyentes deben perseverar en santificación y justicia de igual forma que hizo Pablo: "Olvidando ciertamente lo que queda atrás, y extendiéndome a lo que está delante, prosigo a la meta, al premio del supremo llamamiento de Dios en Cristo Jesús" (Fil. 3:13*b*-14). Al hacer esto demostrarán que aman lo que Dios ama y aborrecen lo que Él aborrece. Claramente ya no se dedicarán al sistema del mundo de los incrédulos y evitarán el atractivo continuo del pecado, el cual viene a través de **los deseos de la carne, los deseos de los ojos, y la vanagloria de la vida.**

Anticristos y cristianos

9

Hijitos, ya es el último tiempo; y según vosotros oísteis que el anticristo viene, así ahora han surgido muchos anticristos; por esto conocemos que es el último tiempo. Salieron de nosotros, pero no eran de nosotros; porque si hubiesen sido de nosotros, habrían permanecido con nosotros; pero salieron para que se manifestase que no todos son de nosotros. Pero vosotros tenéis la unción del Santo, y conocéis todas las cosas. No os he escrito como si ignoraseis la verdad, sino porque la conocéis, y porque ninguna mentira procede de la verdad. ¿Quién es el mentiroso, sino el que niega que Jesús es el Cristo? Este es anticristo, el que niega al Padre y al Hijo. Todo aquel que niega al Hijo, tampoco tiene al Padre. El que confiesa al Hijo, tiene también al Padre. Lo que habéis oído desde el principio, permanezca en vosotros. Si lo que habéis oído desde el principio permanece en vosotros, también vosotros permaneceréis en el Hijo y en el Padre. Y esta es la promesa que él nos hizo, la vida eterna. Os he escrito esto sobre los que os engañan. Pero la unción que vosotros recibisteis de él permanece en vosotros, y no tenéis necesidad de que nadie os enseñe; así como la unción misma os enseña todas las cosas, y es verdadera, y no es mentira, según ella os ha enseñado, permaneced en él. (2:18-27)

Desde que Satanás y sus fuerzas demoníacas se rebelaron contra el cielo ha habido un poder malvado, sobrenatural y opuesto a Dios en el universo ("el mundo de" en 2:15-17). Desde sus primeros capítulos la Biblia muestra que el maligno (cp. 2:13, 14) y todos los que actúan en su reino (Ef. 2:2-3; Col. 1:13) se han opuesto constantemente al plan de Dios (p. ej., la caída [Gn. 3]; el diluvio [Gn. 6:1-13]; la torre de Babel [Gn. 11:1-9]; la aflicción que Satanás le provocara a Job [Job 1:6-2:7]). Como el arquitecto original del plan en contra de Dios, el diablo siempre ha sido el principal ejemplo del espíritu del anticristo y el que fortalece a los innumerables anticristos que le han seguido su guía.

Aunque el término *anticristo* aparece únicamente en las cartas de Juan, la idea que lo expresa aparece varias veces a lo largo de la Biblia (cp. Dn. 7:7s.; 9:26-27; 11:36-39; Mt. 24:15; Mr. 13:6; 2 Ts. 2:3, 8; Ap. 11:7; 13:1-10, 18; 17:1-18). Se trata de una palabra compuesta que translitera el vocablo griego *antichristos,* de *christos* ("Cristo") y *anti* ("contra" o "en el lugar de"). El término se refiere a cualquier persona que se opone a Cristo, que trata de suplantarlo (Mt. 24:24; Mr. 13:21-22), o que lo representa falsamente. Tal oposición siempre ofrece puntos de vista distorsionados y aberrantes acerca de la naturaleza de Cristo (cp. 2 Jn. 7); por ejemplo, se refleja en la declaración definitiva de Juan de que "todo espíritu que no confiesa que Jesucristo ha venido en carne, no es de Dios; y este es el espíritu del anticristo" (1 Jn. 4:3*a*).

La Biblia enseña claramente que durante el período de siete años de la futura tribulación (Mr. 13:19) emergerá un hombre como el último anticristo. A través de los siglos ha habido mucho estudio y especulación, tanto por parte de eruditos como de laicos, con relación a quién será este anticristo final. La gente ha propuesto numerosas figuras históricas, entre ellas Nerón y otros emperadores romanos, Mahoma, varios papas, Napoleón Bonaparte, Benito Mussolini y Adolfo Hitler. Tan imprudente especulación siempre ha sido inútil. Cuando el apóstol Juan escribió esta carta afirmó que muchos anticristos ya habían surgido en los breves sesenta años desde Pentecostés, e innumerables más han plagado la Iglesia hasta ahora.

Juan reitera en este pasaje sus anteriores pruebas doctrinales (la evaluación adecuada de la pecaminosidad del hombre y la evaluación correcta de la naturaleza de Cristo como el Dios-hombre) y pruebas morales (amor por Cristo y otros, y obediencia a la Palabra). El propósito de estas pruebas, según lo declara Juan en 5:13, era ayudar a sus lectores a evaluar su verdadera posición delante de Dios: si eran salvos o no. El apóstol entendía que una errónea visión de Cristo los llevaría a la condenación eterna (cp. Jn. 8:24), si no arrepentían ni la corregían. Tan aterradoras consecuencias ponen el asunto en blanco y negro, por lo que Juan lo presentó con tanta franqueza: los falsos maestros de la fe niegan la verdad acerca de Cristo, revelándose a sí mismos como anticristos; por otra parte, los verdaderos maestros afirman (junto con las otras características) la verdad en cuanto a Cristo, revelándose así como verdaderos hijos de Dios.

CARACTERÍSTICAS DE LOS ANTICRISTOS

Hijitos, ya es el último tiempo; y según vosotros oísteis que el anticristo viene, así ahora han surgido muchos anticristos; por esto conocemos que es el último tiempo. Salieron de nosotros, pero no eran de nosotros; porque si hubiesen sido de nosotros, habrían permanecido con nosotros; pero salieron para que se manifestase que no todos son de nosotros... ¿Quién es el mentiroso, sino el que niega que Jesús es el Cristo? Este es anticristo, el que niega al Padre y al Hijo. Todo aquel que niega al Hijo, tampoco tiene al Padre. El que confiesa al Hijo, tiene también al Padre... Os he escrito esto sobre los que os engañan. (2:18-19, 22-23, 26)

La combinación de hipocresía engañosa con herejías demoníacas hace a los maestros anticristos doblemente peligrosos cuando de manera intencional intentan introducirse desapercibidos en la Iglesia, maquinando desde antes sus estrategias destructivas (cp. Jud. 4). A fin de advertir a sus lectores, Juan empieza esta sección con una breve introducción de los anticristos, seguida por una descripción de sus características.

SURGIMIENTO DE LOS ANTICRISTOS

Hijitos, ya es el último tiempo; y según vosotros oísteis que el anticristo viene, así ahora han surgido muchos anticristos; por esto conocemos que es el último tiempo. (2:18)

De nuevo Juan se dirige a sus lectores como **hijitos** (*paidia;* cp. 2:13), identificándolos como los que pertenecen a la familia de Dios, y aquellos a quienes su Padre desea advertir que había un peligro inminente. Es esencial que los cristianos, en especial los que son menos maduros espiritualmente y, por tanto, más vulnerables, entiendan la grave amenaza que los anticristos representan.

Resaltando aún más la urgencia del tema, Juan recuerda a sus lectores que **ya es el último tiempo.** La frase dice literalmente: "la hora final ya es", haciendo del orden de las palabras una expresión enfática. **El último tiempo** se refiere a la época actual perversa, una de las dos eras (junto con la venidera) que el Nuevo Testamento bosqueja (cp. Mt. 12:32; Mr. 10:30; Ef. 1:21; He. 6:5). **El último tiempo** comenzó en la primera venida de Jesucristo (cp. 1 Co. 10:11; Gá. 4:4; He. 1:1-2; 9:26; 1 P. 1:20), y concluirá cuando él regrese. (La era por venir abarca todo el futuro, incluso el reino milenial, el reinado terrenal de Cristo durante mil años en que la justicia prevalecerá en el mundo [Is. 9:6-7; 11:2, 6-9; 30:23-26; 35:2-6; 45:22-24; 65:18-23; 66:13; Ez. 34:25; 47:12; Jl. 2:28-32; Am. 9:13; Zac. 14:16-21; 1 Co. 15:24-28; Ap. 20:4; cp. 2 S. 7:16; Mt. 19:28; Ap. 3:21; 5:10]).

La venida de Cristo desató la oposición de Satanás con una intensidad nunca vista antes o después, que resultó en el surgimiento de **muchos anticristos.** Después de tres años de implacable hostilidad hacia Jesús (cp. Hch. 4:26-28), sus enemigos finalmente lo hicieron clavar en la cruz. Ese mismo espíritu maligno de anticristo ha seguido floreciendo hasta el día de hoy (1 Jn. 4:3).

Este versículo constituye el primer uso de la palabra *anticristo* en el Nuevo Testamento, pero ciertamente no es la primera introducción bíblica del concepto. Según señaló el mismo Juan, sus lectores ya habían oído **que el anticristo viene.** Ya que por las profecías del Antiguo Testamento sabían en cuanto a la venida de Cristo, algunos pudieron haber sabido respecto al anticristo de las mismas fuentes. El profeta Daniel vislumbró a un líder humano, satánicamente motivado, que vendrá a Jerusalén, impondrá su voluntad, se exaltará por sobre todas las demás personas y dioses, y causará estragos y matanzas (Dn. 7-8; 9:26-27; 11). El **anticristo** final será un personaje grandioso e intimidante, de intelecto superior y habilidades oratorias, que posee avanzada experiencia militar y económica, que se convierte en el dirigente mundial. Como aliado y libertador será tan convincente que Israel firmará un pacto con él como protector de la nación. Después se volverá contra ella y ocupará el trono en el santuario del templo reconstruido, el cual para Israel aún simbolizará la presencia de Dios, y de manera blasfema se presentará al mundo como si fuera Dios. (Para detalles adicionales de las acciones del anticristo, véase Apocalipsis 13 y 17 y mi estudio sobre esos pasajes en *Comentario MacArthur del Nuevo Testamento: Apocalipsis* [Grand Rapids: Portavoz; véase también Ap. 6:2; 16:13; 19:20).

El profeta Zacarías también vislumbró al futuro anticristo:

> *Porque he aquí, yo levanto en la tierra a un pastor que no visitará las perdidas, ni buscará la pequeña, ni curará la perniquebrada, ni llevará la cansada a cuestas, sino que comerá la carne de la gorda, y romperá sus pezuñas. ¡Ay del pastor inútil que abandona el ganado! Hiera la espada su brazo, y su ojo derecho; del todo se secará su brazo, y su ojo derecho será enteramente oscurecido (Zac. 11:16-17).*

Al final de la era Dios permitirá que surja un pastor perverso (el anticristo), el cual será la antítesis del Buen Pastor. Este individuo será un falso apacentador que no ama a las ovejas, sino que las mata para satisfacer su hambre insaciable. Zacarías lo describe como un hijo de destrucción dedicado a la violencia y la devastación. Aunque su brazo representa su gran fortaleza, y sus ojos representan su inteligencia, está condenado. Dios destruirá a ese anticristo cuando la espada divina de venganza caiga sobre él.

Los lectores de Juan seguramente también habrían sabido del sermón de Jesús en el monte de los Olivos, en que hizo referencia a los mismos acontecimientos relacionados con el anticristo como los ya profetizados en el Antiguo Testamento:

> *Por tanto, cuando veáis en el lugar santo la abominación desoladora de que habló el profeta Daniel (el que lee, entienda), entonces los que estén en Judea, huyan a los montes. El que esté en la azotea, no descienda para tomar algo de su casa; y el que esté en el campo, no vuelva atrás para tomar su capa. Mas ¡ay de las que estén encintas, y de las que críen en aquellos días! Orad, pues, que vuestra huida no sea en invierno ni en día de reposo; porque habrá entonces gran tribulación, cual no la ha habido desde el principio del mundo hasta ahora,*

ni la habrá. Y si aquellos días no fuesen acortados, nadie sería salvo; mas por causa de los escogidos, aquellos días serán acortados. Entonces, si alguno os dijere: Mirad, aquí está el Cristo, o mirad, allí está, no lo creáis. Porque se levantarán falsos Cristos, y falsos profetas, y harán grandes señales y prodigios, de tal manera que engañarán, si fuere posible, aun a los escogidos. Ya os lo he dicho antes (Mt. 24:15-25).

Los destinatarios de la carta de Juan probablemente también habrían conocido muy bien las palabras de Pablo, escritas cuatro décadas antes, que claramente predicen la venida del anticristo. El apóstol dio estas instrucciones a los creyentes tesalonicenses:

Pero con respecto a la venida de nuestro Señor Jesucristo, y nuestra reunión con él, os rogamos, hermanos, que no os dejéis mover fácilmente de vuestro modo de pensar, ni os conturbéis, ni por espíritu, ni por palabra, ni por carta como si fuera nuestra, en el sentido de que el día del Señor está cerca. Nadie os engañe en ninguna manera; porque no vendrá sin que antes venga la apostasía, y se manifieste el hombre de pecado, el hijo de perdición, el cual se opone y se levanta contra todo lo que se llama Dios o es objeto de culto; tanto que se sienta en el templo de Dios como Dios, haciéndose pasar por Dios. ¿No os acordáis que cuando yo estaba todavía con vosotros, os decía esto? Y ahora vosotros sabéis lo que lo detiene, a fin de que a su debido tiempo se manifieste. Porque ya está en acción el misterio de la iniquidad; sólo que hay quien al presente lo detiene, hasta que él a su vez sea quitado de en medio. Y entonces se manifestará aquel inicuo, a quien el Señor matará con el espíritu de su boca, y destruirá con el resplandor de su venida; inicuo cuyo advenimiento es por obra de Satanás, con gran poder y señales y prodigios mentirosos, y con todo engaño de iniquidad para los que se pierden, por cuanto no recibieron el amor de la verdad para ser salvos. Por esto Dios les envía un poder engañoso, para que crean la mentira, a fin de que sean condenados todos los que no creyeron a la verdad, sino que se complacieron en la injusticia (2 Ts. 2:1-12).

Pablo declaró que tales sucesos culminantes no ocurrirían "sin que antes venga la apostasía". "Apostasía" es la transliteración de *apostasia* ("una caída", "un abandono", "una deserción"). Teológicamente se trata del abandono deliberado de una posición anteriormente profesada. Pero en este contexto la palabra denota más que un simple abandono general de Dios y Cristo. A lo largo de la historia redentora cierta apostasía general siempre ha estado ocurriendo en las iglesias, en congruencia con el espíritu laodiceo siempre actual (Ap. 3:14-16; cp. He. 10:25-31; 2 P. 2:20-22). En realidad, a medida que pasa el tiempo habrá una creciente deserción de la verdad:

Pero el Espíritu dice claramente que en los postreros tiempos algunos apostatarán de la fe, escuchando a espíritus engañadores y a doctrinas de demonios; por la hipocresía de mentirosos que, teniendo cauterizada la conciencia, prohibirán casarse, y mandarán abstenerse de alimentos que Dios creó para que con acción de gracias participasen de ellos los creyentes y los que han conocido la verdad (1 Ti. 4:1-3; cp. Mt. 24:12; 2 Ti. 3:1-9; 2 P. 2:1-3; Jud. 4, 17-19).

Sin embargo, Pablo escribió a los tesalonicenses acerca de un *evento* único, identificable e histórico: *la* apostasía. Antes de que llegue el día del Señor habrá un acto culminante de renegación dirigido por el hombre de pecado, o hijo de perdición. Ese individuo (el anticristo) desafiará abiertamente el gobierno de Dios y vivirá sin tener en cuenta su ley (cp. 1 Jn. 3:4). Lo único "que lo detiene, a fin de que a su debido tiempo se manifieste" (2 Ts. 2:6) es el Espíritu Santo, a quien Dios en su momento perfecto sacará de la situación. Por eso el hombre de pecado y de perdición de Satanás no puede llegar aparte de la programación divina. (Para un análisis más completo de 2 Tesalonicenses 2:1-12, véase *Comentario MacArthur del Nuevo Testamento: 2 Tesalonicenses* [Grand Rapids: Portavoz, 2012], pp. 55-74).

PARTICULARIDADES DE LOS ANTICRISTOS

Salieron de nosotros, pero no eran de nosotros; porque si hubiesen sido de nosotros, habrían permanecido con nosotros; pero salieron para que se manifestase que no todos son de nosotros... ¿Quién es el mentiroso, sino el que niega que Jesús es el Cristo? Este es anticristo, el que niega al Padre y al Hijo. Todo aquel que niega al Hijo, tampoco tiene al Padre. El que confiesa al Hijo, tiene también al Padre... Os he escrito esto sobre los que os engañan. (2:19, 22-23, 26)

Los anticristos que se infiltran en la Iglesia y se mezclan entre los creyentes, tratando de destruir a través de propagar mentiras y engaños, son fácilmente identificables por tres características principales. Primera, se apartan de la comunión. Entran a la Iglesia solo para sabotearla, usando a menudo una estrategia sofisticada de falsa enseñanza y mentiras. Pero al final la mayoría se aleja, separándose de los verdaderos cristianos, dejando una senda de destrucción espiritual a su paso, y llevándose inevitablemente a algunos de los débiles.

Algunos de los que permanecen se quedan confundidos y se preguntan si los falsos maestros y sus "convertidos" se llevaron con ellos la verdad cuando se fueron. También podrían estar preguntándose por qué sus hermanos profesos, si realmente habían sido parte de la verdadera iglesia, siguieron tan fácilmente a los anticristos. Al parecer los lectores de Juan estaban haciéndose tales preguntas. Y el apóstol encaró todas esas dudas con la simple declaración: **Salieron de nosotros, pero no eran de nosotros.**

Juan detalló que **si** esos maestros y sus partidarios **hubiesen** poseído de veras la vida eterna, **habrían permanecido con nosotros.** Dios permitió, y sigue permitiendo, que mentirosos, engañadores y falsos maestros entren a la asamblea de creyentes a fin de depurarla, porque **salieron para que se manifestase que no todos son de** la comunión. Los desertores dan evidencia clara de su verdadero carácter y su condición no regenerada. Por eso en su plan perfecto Dios usa falsos maestros para sacar de la Iglesia a los falsos creyentes, de manera que no permanezcan en la asamblea como influencias dañinas y corruptoras (cp. 1 Co. 5:6; Gá. 5:9). Él permite que en su propia Iglesia los anticristos hagan su labor siniestra para el bien último de todo el cuerpo (cp. Gn 50:29). De manera sorprendente permitió que un mensajero de Satanás dividiera la iglesia en Corinto con el fin de herir al apóstol Pablo y producirle mayor humildad, confianza y fortaleza (2 Co. 12:7-10). Por supuesto, los falsos maestros son plenamente responsables de sus aborrecibles acciones, ganando para sí mismos el más severo juicio eterno (cp. Jud. 13; 2 P. 2:12). Sin embargo, a pesar del odio que le tienen a Dios sirven al fin divino de purificar a su pueblo. Satanás y todos sus demonios cumplen en última instancia los propósitos soberanos de Dios.

Los verdaderos creyentes no deben temer ninguna influencia fatal de las actividades de los anticristos, porque los hijos de Dios siempre permanecen fieles a la fe y perseveran hasta el fin (Jn. 10:27-30; Fil. 1:6; 1 P. 1:5; Jud. 24-25). Pablo les aseguró a los colosenses que debido a que estaban reconciliados con Dios no desertarían (Col. 1:21-23), y el escritor de Hebreos ofreció una seguridad similar (He. 3:6, 14). Por otra parte, los que se oponen a la verdad o se dedican a la apostasía (cp. Nm. 16:1-35; 22-25; 1 Ti. 4:1-3; 2 P. 2:1-9; Jud. 10-13) no están anclados a la verdad (Mt. 7:26-27; Mr. 4:17; He. 6:4-6), o no tienen verdadera salvación.

La segunda particularidad claramente reconocible de los anticristos es que niegan la fe. De modo específico en este contexto no pasan la prueba cristológica de Juan. El espíritu de anticristo es el del **mentiroso... el que niega que Jesús es el Cristo.** Una visión correcta de Jesucristo (su persona, su obra y su mensaje salvador) es un rasgo esencial de la fe genuina que salva; no se puede salvar nadie que rechace la revelación bíblica acerca de Cristo (Jn. 8:24; cp. 1:12-13; 3:18, 36; Hch. 4:12; Ro. 10:9-10; 1 Co. 15:1-4). Tampoco hay esperanza para quien confía en alguna idea personal y especulativa en cuanto a quién es Jesucristo (cp. Mt. 16:13-14). La salvación verdadera requiere aceptar a Jesús como el Mesías ungido de Dios (Jn. 1:43-49), afirmar que Él es único Dios-hombre (1 Ti. 2:5; Tit. 2:13), y obedecer las enseñanzas de su evangelio (Mr. 1:15; Jn. 3:36; 15:10).

Como en otras partes de esta carta y de su evangelio (1:3; 4:2-3, 9-10; cp. Jn. 1:1, 14; 5:23; 10:30; 12:45; 14:7-10), Juan resalta la inseparable igualdad divina con relación **al Padre y al Hijo,** señalando que **es anticristo el que niega** a ambos. Además, hace hincapié en este punto al aseverar que **todo aquel que niega al Hijo, tampoco tiene al Padre** (cp. 4:2-3). A pesar de sus afirmaciones de lo contrario, quienes niegan la deidad de Jesucristo no conocen a Dios (cp. Mt. 11:27; Lc. 10:16; Jn. 5:23; 15:23-24; 2 Jn. 9).

Cualquier negación, desviación o distorsión del punto de vista bíblico de Jesucristo (su encarnación [Mt. 1:18-25; Jn. 1:14] y que es tanto Hijo de Dios [Mr. 1:1] como Hijo de hombre [Jn. 9:35-37], el Profeta [Dt. 18:15, 18], Sacerdote [He. 4:14-5:10], Rey [Is. 9:7; Jn. 12:12-15], y Redentor prometido [1 Co. 1:30; Gá. 3:13; 4:4-5; cp. Is. 59:20]) constituye el espíritu de anticristo.

Una visión igualmente intolerable, y más común en la época de Juan en que el incipiente gnosticismo amenazaba a la Iglesia, es negar que Cristo (que nació, vivió, murió, resucitó y ascendió como hombre real) vino en carne humana (cp. Fil. 2:5-9; Col. 2:9). En su segunda carta, Juan escribió: "Muchos engañadores han salido por el mundo, que no confiesan que Jesucristo ha venido en carne. Quien esto hace es el engañador y el anticristo" (v. 7). Esa percepción hereje de Cristo décadas más tarde se convirtió en un principio fundamental del gnosticismo. Su filosofía antibíblica percibía un "Cristo espíritu", un ser sobrenatural etéreo pero poderoso que descendió sobre un hombre llamado Jesús en su bautismo y lo dejó justo antes de su muerte. Por tanto, el "Cristo espíritu" no era totalmente humano, sino que tan solo habitó temporalmente en un hombre por el cual ese espíritu, antes de partir, demostró poder y sabiduría extraordinarios.

Tercera, por naturaleza los anticristos tratan de confundir a los fieles. Juan advirtió a sus lectores que les había **escrito esto** acerca de **los que** los **engañan.** Los falsos maestros persisten en tratar de descarriar a los santos, pero en última instancia no pueden lograr que los creyentes abandonen la fe. Con relación a esos esfuerzos inútiles, Jesús manifestó: "Se levantarán falsos Cristos, y falsos profetas, y harán grandes señales y prodigios, de tal manera que engañarán, si fuere posible, aun a los escogidos" (Mt. 24:24; cp. Jn. 10:4-5). Ellos pueden confundir la simplicidad de la devoción de los creyentes con Cristo (cp. Gá. 1:6-9; Col. 2:4-5, 16-19), manipularle su confianza espiritual (cp. 1 Ti. 6:3-5*a*), hacerles dudar de la suficiencia de la Palabra (2 Ti. 3:16-17; cp. Col. 2:20-23) y lograr que se confundan o estén inseguros de las doctrinas clave (Gá. 3:1), pero no pueden quitarles la fe que los aferra a Cristo ni la vida eterna que pertenece a los que de veras son elegidos y regenerados (Jn. 10:27-29).

CARACTERÍSTICAS DE LOS CRISTIANOS

Pero vosotros tenéis la unción del Santo, y conocéis todas las cosas. No os he escrito como si ignoraseis la verdad, sino porque la conocéis, y porque ninguna mentira procede de la verdad... Lo que habéis oído desde el principio, permanezca en vosotros. Si lo que habéis oído desde el principio permanece en vosotros, también vosotros permaneceréis en el Hijo y en el Padre. Y esta es la promesa que él nos hizo, la vida eterna... Pero la unción que vosotros recibisteis de él permanece en vosotros, y no tenéis necesidad de que nadie os enseñe; así como la unción misma os enseña todas las cosas, y es verdadera, y no es mentira, según ella os ha enseñado, permaneced en él. (2:20-21, 24-25, 27)

En oposición a los anticristos están los verdaderos cristianos que son creyentes comprometidos con la verdad. En su segunda carta, Juan escribió a la Iglesia: "Mucho me regocijé porque he hallado a algunos de tus hijos andando en la verdad" (v. 4*a*); y de nuevo en su tercera epístola animó a sus lectores con lo siguiente: "No tengo yo mayor gozo que este, el oír que mis hijos andan en la verdad" (v. 4). La descripción que el apóstol hace de los cristianos como los que caminan en la verdad (cp. 2 Co. 4:2; Ef. 6:14; 1 Ts. 2:13) está en clara distinción con los anticristos que propagan mentiras espirituales. Al final, existen dos razones obvias de por qué los cristianos no van por mal camino: aceptan la fe, y se mantienen fieles a ella.

LOS CRISTIANOS ACEPTAN LA FE

Pero vosotros tenéis la unción del Santo, y conocéis todas las cosas. No os he escrito como si ignoraseis la verdad, sino porque la conocéis, y porque ninguna mentira procede de la verdad... Pero la unción que vosotros recibisteis de él permanece en vosotros, y no tenéis necesidad de que nadie os enseñe; así como la unción misma os enseña todas las cosas, y es verdadera, y no es mentira, según ella os ha enseñado, permaneced en él. (2:20-21, 27)

Los falsos maestros que amenazaban a los lectores de Juan empleaban los conceptos para conocimiento y unción con el fin de describir su experiencia religiosa. De modo arrogante se veían como si poseyeran una forma elevada y esotérica de conocimiento divino, y como los receptores de una unción especial, secreta y transcendental. Eso los llevaba a creer que estaban enterados de la verdad que los no iniciados no poseían. La respuesta de Juan, que era a la vez una refutación de los anticristos y un consuelo para los creyentes, estaba afirmando que en realidad todos los verdaderos cristianos tienen **la unción del Santo.**

Puesto que los creyentes han recibido esa unción, tienen el verdadero conocimiento de Dios que viene exclusivamente a través de Jesucristo (2 Co. 4:6), "en quien están escondidos todos los tesoros de la sabiduría y del conocimiento" (Col. 2:3). No necesitan ningún conocimiento secreto, especial, o visión transcendente y esotérica. **Unción** (*chrisma*) literalmente significa "ungüento" o "aceite" (cp. He. 1:9). En este texto se refiere de modo figurado al Espíritu Santo (cp. 2 Co. 1:21-22), quien ha venido a morar en los creyentes a instancias de Jesucristo, **el Santo** (cp. Lc. 4:34; Hch. 3:14), y revela a través de la Biblia todo lo que necesitan saber (Jn. 14:26; 16:13; 1 Co. 2:9-10).

En el versículo 21 Juan reitera que los creyentes tienen verdadero conocimiento de Dios al decir que **no** les ha **escrito como si** no conocieran **la verdad, sino porque la** conocen. Entonces concluye el versículo con la declaración axiomática de que **ninguna mentira procede de la verdad** (algo no puede ser verdadero y falso al mismo tiempo). Ya que el Espíritu les enseña a los cristianos a conocer la verdad, estos pueden reconocer el error doctrinal por lo que en realidad es (cp. 1 Co. 2:10-16). El apóstol escribió como lo hizo porque sus lectores ya conocían el evangelio y sus verdades acompañantes, y comprenderían la apelación que les hacía a la exclusividad de la verdad bíblica. (Para un estudio básico de la incompatibilidad de la verdad con el error, véase John MacArthur, *¿Por qué un único camino?* [Grand Rapids: Portavoz, 2004], pp. 77-84; cp. Jn. 14:6; Hch. 4:12; 2 Co. 6:14-18; Gá. 1:6-9; 2 Jn. 9-11).

El versículo 27 reitera la verdad de que **la unción** [el conocimiento de la verdad otorgado por el Espíritu] **que** los lectores de Juan recibieron **de él** [Cristo] **permanece en** ellos. Los creyentes poseen la verdad; la cual reside permanentemente en ellos (Jn. 4:16-17; Ro. 8:9; Ef. 1:13), **y** ya **no** tienen ninguna **necesidad de que nadie** se la **enseñe.** Y puesto que la verdad de Dios es suficiente (Sal. 19:7-14; 2 Ti. 3:16-17) e incompatible con el error, su **unción misma** les **enseña todas las cosas, y es verdadera, y no es mentira.**

Cuando el apóstol aseveró que los creyentes no necesitan otros maestros, no estaba abogando por un antiintelectualismo místico que rechaza a todo maestro humano. Al contrario, el Señor ha dado a la Iglesia pastores, ancianos y maestros piadosos "a fin de perfeccionar a los santos para la obra del ministerio, para la edificación del cuerpo de Cristo" (Ef. 4:12; cp. v. 11; 1 Co. 12:28). El planteamiento de Juan es que los creyentes no deben confiar en sabiduría humana o filosofía centrada en el individuo (cp. 1 Co. 1:18-2:9; Col. 2:8), sino en la enseñanza de la Palabra de Dios por parte de maestros humanos dotados por el Espíritu y en la obra iluminadora del Espíritu Santo.

LOS CRISTIANOS PERMANECEN FIELES

Lo que habéis oído desde el principio, permanezca en vosotros. Si lo que habéis oído desde el principio permanece en vosotros, también vosotros

permaneceréis en el Hijo y en el Padre. Y esta es la promesa que él nos hizo, la vida eterna. (2:24-25)

Aunque Juan sabía que las verdaderas ovejas no podían perder la salvación (Jn. 10:27-29; cp. 1 P. 1:5), exhortó a su audiencia a perseverar, a dejar que **lo que** [la verdad] habían **oído desde el principio** permaneciera en ellos. A los creyentes se les manda perseverar activamente en la verdad porque este es el medio de gracia por el que son santificados (Jn. 8:31; 1 Co. 15:1-2; Fil. 2:12-13; Col. 1:22-23; 2 Ti. 3:14) al igual que la fe es el medio por el que son misericordiosamente justificados (Ro. 3:24-26). La palabra traducida **permanezca, permanece** y **permaneceréis** viene de *menō,* que se refiere a una acción continua de perdurar (cp. su uso en Jn. 6:56; 8:31; 14:17; 15:4, 9-10; 1 Co. 13:13; 2 Ti. 3:14). Los que perduran en lo que han **oído desde el principio** demuestran que esa realidad **permanece en** ellos, y **también** que ellos permanecen **en el Hijo y en el Padre** (1 Jn. 3:17; 4:13).

El premio final para quienes permanecen fieles es desde luego **la vida eterna.** Con relación a sí mismo, el verdadero Pan de vida, y a quienes están espiritualmente unidos a Él, Jesús prometió:

> *De cierto, de cierto os digo: Si no coméis la carne del Hijo del Hombre, y bebéis su sangre, no tenéis vida en vosotros. El que come mi carne y bebe mi sangre, tiene vida eterna; y yo le resucitaré en el día postrero. Porque mi carne es verdadera comida, y mi sangre es verdadera bebida. El que come mi carne y bebe mi sangre, en mí permanece, y yo en él. Como me envió el Padre viviente, y yo vivo por el Padre, asimismo el que me come, él también vivirá por mí. Este es el pan que descendió del cielo; no como vuestros padres comieron el maná, y murieron; el que come de este pan, vivirá eternamente (Jn. 6:53-58; cp. 14:1-6; 2 Ti. 1:1; Tit. 1:2; 3:7; 1 P. 1:3-5; Jud. 21).*

La diferencia entre los anticristos y los cristianos es absolutamente clara. Los anticristos niegan la fe, apartan de la fe, y tratan de engañar a los fieles. Por otra parte, los cristianos afirman la fe y permanecen fieles hasta el final (no pueden ser engañados permanentemente). La Confesión de Fe de Westminster establece lo siguiente con relación al entendimiento de la verdad y la perseverancia:

> Las cosas contenidas en las Escrituras, no todas son igualmente claras ni se entienden con la misma facilidad por todos; sin embargo, las cosas que necesariamente deben saberse, creerse y guardarse para conseguir la salvación, se proponen y declaran en uno u otro lugar de las Escrituras, de tal manera que no solo los estudiosos, sino aun los que no lo

> son, pueden adquirir un conocimiento suficiente de tales cosas por el debido uso de los medios ordinarios (I:VII).
>
> A quienes Dios ha aceptado en su Amado, y que han sido llamados eficazmente y santificados por su Espíritu, no pueden caer ni total ni definitivamente del estado de gracia, sino que ciertamente han de perseverar en él hasta el fin, y serán salvados eternamente (XVII:I).

Todos los cristianos pueden tener consuelo eterno en la verdad de esas palabras.

La esperanza purificadora 10

Y ahora, hijitos, permaneced en él, para que cuando se manifieste, tengamos confianza, para que en su venida no nos alejemos de él avergonzados. Si sabéis que él es justo, sabed también que todo el que hace justicia es nacido de él. Mirad cuál amor nos ha dado el Padre, para que seamos llamados hijos de Dios; por esto el mundo no nos conoce, porque no le conoció a él. Amados, ahora somos hijos de Dios, y aún no se ha manifestado lo que hemos de ser; pero sabemos que cuando él se manifieste, seremos semejantes a él, porque le veremos tal como él es. Y todo aquel que tiene esta esperanza en él, se purifica a sí mismo, así como él es puro. (2:28—3:3)

En 1 Corintios 13:13 se mencionan las tres virtudes de referencia del cristianismo bíblico: "Y ahora permanecen la fe, la esperanza y el amor, estos tres; pero el mayor de ellos es el amor". De estos tres temas frecuentemente estudiados, la "fe" y "amor" han suscitado el mayor debate entre los creyentes; mientras que a la "esperanza", al menos en comparación, a menudo la hemos ignorado o descuidado. Sin embargo, al igual que la fe y el amor, la esperanza no solo es un concepto bíblico fundamental sino la realidad principal hacia la cual señalan todas las demás, realidad que todos los cristianos deben entender en su profunda riqueza y pleno significado con el fin de conservar una perspectiva correcta y verdadera con relación a esta vida y a la siguiente.

El concepto de esperanza espiritual es análogo a encender una luz resplandeciente en un lugar oscuro. Al instante ilumina nuestras perspectivas, nos anima el alma, y nos produce gozo en el corazón. La esperanza aporta vida y felicidad a este mundo manchado por el pecado y lleno de muerte (cp. Sal. 146:5; Pr. 10:28; Ro. 5:1-2; 12:12; 15:13; Gá. 5:5; 2 Ts. 2:16; He. 3:6). Sin embargo, es muy lamentable que la mayor parte de la gente no sepa nada de las ventajas y privilegios que produce esa verdadera esperanza. Los incrédulos simplemente no cuentan con ninguna "segura y firme ancla del alma" (He. 6:19). Es más, lo único que poseen son vanas fuentes de seguridad: cuestiones tales como narcóticos, alcohol, sexo, diversión, materialismo, relaciones a nivel superficial, además de un deseo centrado en el hombre para un futuro mejor. Pero todas estas falsas esperanzas solo son espejismos espirituales que se desvanecen al instante cuando esta vida termina (Job 8:13; 27:8; 31:24-28; Pr. 10:28; cp. Ef. 2:12). "Esperanza", para el mundo, es un simple deseo basado en un anhelo o un plan, pero no cimentado en las promesas del Dios que siempre declara la verdad y que es fiel a toda su Palabra. La esperanza bíblica no es un deseo sino una realidad futura absoluta garantizada por el Señor.

La desesperanza del mundo está en marcado contraste con la esperanza genuina y duradera que Dios ofrece. Así instruyó Pablo a los romanos:

> *Porque sabemos que toda la creación gime a una, y a una está con dolores de parto hasta ahora; y no sólo ella, sino que también nosotros mismos, que tenemos las primicias del Espíritu, nosotros también gemimos dentro de nosotros mismos, esperando la adopción, la redención de nuestro cuerpo. Porque en esperanza fuimos salvos; pero la esperanza que se ve, no es esperanza; porque lo que alguno ve, ¿a qué esperarlo? Pero si esperamos lo que no vemos, con paciencia lo aguardamos (Ro. 8:22-25).*

Sin lugar a dudas, las alegrías actuales de la salvación no pueden compararse con el gozo definitivo y sin par que garantiza la esperanza divina para el futuro, cuando la salvación se efectúe plenamente. Por ejemplo, la continua batalla contra el pecado que los cristianos experimentan aquí (Ro. 6:6, 12, 19; 7:24-25; 8:4-6, 12-13; 2 Co. 7:1; Gá. 3:3; 5:24; Fil. 3:3) terminará para siempre cuando lleguen al cielo (Ro. 8:30; 13:11; 2 Ti. 2:10; cp. Sal. 73:24). Además de estar libres de pecado, los creyentes también recibirán cuerpos perfectos y glorificados que Dios ha preparado para ellos (Ro. 8:23; 1 Co. 15:43; Fil. 3:20-21; cp. 2 Co. 3:18), cuerpos que complementarán sus almas ya redimidas.

Es bueno en esta vida poder sentir el gozo que viene del perdón del pecado (Sal. 32:1-2; Mt. 9:2; Lc. 5:20; Col. 2:13), de conocer el poder del Espíritu que mora en nosotros, de ver su fruto en nuestra vida (Gá. 5:22-23), de experimentar oraciones contestadas (1 Jn. 5:14-15), y de participar en la comunión espiritual (Sal. 133:1; He. 10:25), la adoración (Sal. 34:3), y el servicio espiritual (cp. 2 Co. 8:1-7); pero todo ese deleite está muy lejos del gozo definitivo que los santos disfrutarán cuando Dios cumpla para siempre las promesas que forman la esperanza que conservan.

Puesto que la gloria eterna —la meta de la esperanza— es la razón del plan y el propósito salvador de Dios, la Biblia expone una teología completa de esperanza que en primer lugar encuentra su inicio en el Dios inmutable, que no puede hablar nada más que la verdad. El salmista declaró: "¿Por qué te abates, oh alma mía, y por qué te turbas dentro de mí? Espera en Dios; porque aún he de alabarle, salvación mía y Dios mío" (Sal. 43:5; cp. 78:7). Las promesas divinas en cuanto a cuidado (1 P. 5:6-7), protección (Sal. 121:8; Jud. 24), guía (Sal. 23:3) y sustento (Fil. 4:19) tienen como propósito que los creyentes puedan confiar plenamente en Dios con relación a las promesas que ha hecho para el futuro.

La esperanza cimentada en la Deidad inmutable y eterna es segura y absolutamente firme. En el saludo de su carta a Tito, el apóstol Pablo se refiere a "los escogidos de Dios… en la esperanza de la vida eterna, la cual Dios, que no miente, prometió desde antes del principio de los siglos" (1:1-2). Dios, quien siempre es veraz (Nm. 23:19; Dt. 32:4; Sal. 89:14; Is. 65:16), registró en su libro de la vida antes de la fundación del mundo los nombres de todos aquellos que creerían y recibirían la esperanza de vida eterna (Ap. 13:8; 17:8; 20:12; cp. Mt. 25:34; Ef. 1:4; Fil. 4:3). Tan cierta es esa esperanza que el autor de Hebreos pudo escribir que la "tenemos como segura y firme ancla del alma, y que penetra hasta dentro del velo, donde Jesús entró por nosotros como precursor, hecho sumo sacerdote para siempre según el orden de Melquisedec" (He. 6:19-20). No hay un ancla de esperanza más confiable o segura que la que reposa en Cristo y su obra terminada (cp. Col. 1:23, 27; 2 Ts. 2:16; Tit. 1:2).

Segundo, la esperanza es un regalo de la gracia divina; no es algo que podamos ganar. Pablo ofreció estas palabras de bendición a los tesalonicenses: "Y el mismo Jesucristo Señor nuestro, y Dios nuestro Padre, el cual nos amó y nos dio consolación eterna *y buena esperanza por gracia,* conforte vuestros corazones, y os confirme en toda buena palabra y obra" (2 Ts. 2:16-17, cursivas añadidas).

Tercero, la auténtica esperanza se revela en la Biblia. Romanos 15:4 afirma que "las cosas que se escribieron antes, para nuestra enseñanza se escribieron, a fin de que por la paciencia y la consolación de las Escrituras, tengamos esperanza". Al ser inspirada (2 Ti. 3:16; 2 P. 1:21) e infalible (Sal. 119:160; Jn. 17:17; cp. Dn. 10:21*a;* Stg. 1:18*a*) la Palabra de Dios, la Biblia, está llena de promesas dadas por Dios, garantías divinas en las que los creyentes pueden tener confianza plena. El salmista, a pesar de sus pruebas y dificultades, aprendió a vivir en esa expectativa: "Desfallece mi alma por tu salvación, mas espero en tu palabra" (Sal. 119:81; cp. v. 49).

Cuarto, la esperanza es razonable y justificable. La esperanza que el creyente tiene en alcanzar perfección santa, recibir un cuerpo redimido, y adorar y regocijarse eternamente con Cristo en el cielo no es un anhelo irrealista e ilusorio. Es una esperanza justificable porque viene de un Dios confiable y veraz que la reveló en su Palabra (Col. 1:5). De ahí que Pedro instara a sus lectores: "Santificad a Dios el Señor en vuestros corazones, y estad siempre preparados para presentar defensa con mansedumbre y reverencia ante todo el que os demande razón de la esperanza que hay en vosotros" (1 P. 3:15).

Quinto, la resurrección corporal de Jesucristo de la tumba asegura la esperanza de los cristianos. El apóstol Pedro ya había dado testimonio de esta verdad en su primera epístola: "Bendito el Dios y Padre de nuestro Señor Jesucristo, que según su grande misericordia nos hizo renacer para una esperanza viva, por la resurrección de Jesucristo de los muertos" (1 P. 1:3; cp. v. 21). El monumental e histórico hecho de la resurrección aseguró verdadera esperanza para todos los que alguna vez creerían (1 Co. 15:1-4; cp. vv. 20-28, 50-54). Así le declaró Jesús a Marta: "Yo soy la resurrección y la vida; el que cree en mí, aunque esté muerto, vivirá. Y todo aquel que vive y cree en mí, no morirá eternamente" (Jn. 11:25-26; cp. Job 19:25-26; Sal. 16:10).

Sexto, la esperanza se confirma y activa en los creyentes por medio del Espíritu Santo. Pablo escribió a los romanos: "El Dios de esperanza os llene de todo gozo y paz en el creer, para que abundéis en esperanza por el poder del Espíritu Santo" (Ro. 15:13). De manera sobrenatural el Espíritu pone en los creyentes una actitud esperanzada en anticipación de la justicia celestial que disfrutarán (Gá. 5:5). Además, el Espíritu sirve como garantía y sello divino de la esperanza del creyente, que asegura que lo que Dios ya empezó en el presente lo llevará a un pleno y glorioso cumplimiento en el futuro (Ef. 1:13-14).

Séptimo, la esperanza defiende a los santos contra los ataques de Satanás. Pablo incluyó la esperanza como parte importante de la armadura espiritual que los creyentes deben usar en la guerra inevitable contra el enemigo. En 1 Tesalonicenses 5:8, el apóstol declaró: "Nosotros, que somos del día, seamos sobrios, habiéndonos vestido con la coraza de fe y de amor, y con la esperanza de salvación como yelmo" (cp. Ef. 6:17). Satanás y sus fuerzas tratan de asestar en los creyentes golpes contundentes de duda y desánimo. Pero cuando el pueblo de Dios usa el yelmo de la salvación, que es la esperanza, disponen de protección contra esos ataques satánicos.

Octavo, la esperanza también se confirma a través de las pruebas. Puesto que los creyentes tienen esperanza, ni siquiera las adversidades y los sufrimientos más severos los separarán del resguardo seguro en las manos de Dios. El estímulo de Pablo a los cristianos romanos ilustra este punto:

> *¿Qué, pues, diremos a esto? Si Dios es por nosotros, ¿quién contra nosotros? El que no escatimó ni a su propio Hijo, sino que lo entregó por todos nosotros, ¿cómo no nos dará también con él todas las cosas? ¿Quién acusará a los escogidos de Dios? Dios es el que justifica. ¿Quién es el que condenará? Cristo es el que murió; más aun, el que también resucitó, el que además está a la diestra de Dios, el que también intercede por nosotros. ¿Quién nos separará del amor de Cristo? ¿Tribulación, o angustia, o persecución, o hambre, o desnudez, o peligro, o espada? Como está escrito: Por causa de ti somos muertos todo el tiempo; somos contados como ovejas de matadero. Antes, en todas estas cosas somos más que vencedores por medio de aquel que nos amó. Por lo cual estoy seguro de que ni la muerte, ni la vida, ni ángeles, ni principados, ni potestades, ni lo presente, ni lo por venir, ni lo alto, ni lo profundo, ni ninguna otra cosa creada nos podrá separar del amor de Dios, que es en Cristo Jesús Señor nuestro (Ro. 8:31-39; cp. 1 Ts. 5:9).*

En realidad, las pruebas no solo confirman la verdadera esperanza; sirven para fortalecer y perfeccionar ese sentido de esperanza y expectativa celestial (cp. Stg. 1:2-12; 1 P. 1:6-7).

Noveno, la esperanza es la fuente de mayor gozo y bendición para el creyente. El salmista declaró jubiloso: "Bienaventurado aquel cuyo ayudador es el Dios de Jacob, cuya esperanza está en Jehová su Dios" (Sal. 146:5; cp. Jer. 17:7). Debido a quién es el Dios soberano, y a lo que hace por los suyos, nada puede reemplazar la esperanza en Él como fuente de gozo duradero. Los que esperan en Él pueden soportar las circunstancias más difíciles de esta vida sin perder el gozo. Después de todo, por incierta que parezca esta vida, Dios siempre sigue siendo igual: el Rey todopoderoso del universo y Padre amoroso de sus hijos, a quienes llevará a la gloria plena. En consonancia con el propósito del Padre, el Hijo amparará a todos los que el Padre le da y los resucitará "en el día postrero" (véase Jn. 6:39-40) a la gloria eterna.

Una décima característica de la esperanza es que elimina el temor a la muerte. Aquellos que son realmente salvos están muy conscientes de sus violaciones pecaminosas de la santa ley de Dios (Sal. 25:11; 38:3-4; 51:3-4; 69:5; Ro. 7:17-24; 1 Ti. 1:15; cp. Is. 6:5) y de la gravedad y permanencia terrenal de las respectivas consecuencias (cp. Gn. 3:7-24; Ro. 5:12; 1 Co. 6:9-11; Gá. 6:7-8). Pero en el momento de la salvación sus pecados son perdonados, reciben vida eterna y, aunque obtienen mayor sensación de pecado, pierden el temor a la muerte como juicio divino. Los creyentes podrían no sufrir el dolor y el sufrimiento que puede acompañar a la muerte (de ahí el mandato bíblico de confiar en Dios y no estar ansiosos; cp. Sal. 55:22; Jon. 2:7; Fil. 4:6). Sin embargo, poseen una esperanza que elimina el aguijón final de la muerte, el cual es parte del castigo para aquellos que rechazan la ley de Dios. Al igual que Pablo, los creyentes pueden esperar la muerte con gozo, porque el Salvador ha satisfecho la pena de muerte para todos los que creen:

> *Y cuando esto corruptible se haya vestido de incorrupción, y esto mortal se haya vestido de inmortalidad, entonces se cumplirá la palabra que está escrita: Sorbida es la muerte en victoria. ¿Dónde está, oh muerte, tu aguijón? ¿Dónde, oh sepulcro, tu victoria? ya que el aguijón de la muerte es el pecado, y el poder del pecado, la ley. Mas gracias sean dadas a Dios, que nos da la victoria por medio de nuestro Señor Jesucristo (1 Co. 15:54-57; cp. Col. 1:5, 22-23, 27).*

Por último, todas las gloriosas facetas de la esperanza cristiana se consumarán cuando Jesucristo regrese (1 Co. 1:8; Col. 3:4; 1 Ts. 3:13; 5:23; He. 9:28). Su regreso (refiriéndose ampliamente al arrebatamiento y a la Segunda Venida) abarcará todo lo que los creyentes esperan, incluso cuerpos glorificados resucitados (1 Co. 15:50-52; 1 Ts. 4:13-18), el privilegio de reinar con Cristo en su reino terrenal (2 Ti. 2:12; Ap. 20:4), y el recibimiento de la recompensa eterna (2 Ti. 4:8; Ap. 22:12). La esperanza del creyente no se cumplirá totalmente hasta el momento de la resurrección; entonces se consumará por completo en la segunda venida de Cristo, y continuará en su pleno esplendor durante toda la eternidad. De ahí que Pablo pudiera escribir que los santos están continuamente "aguardando la esperanza bienaventurada y la manifestación gloriosa de nuestro gran Dios y Salvador Jesucristo" (Tit. 2:13; cp. 1 Ts. 4:16-18; 1 P. 1:3-5).

Como debería estar claro ahora, la esperanza no solo es fundamental para la doctrina cristiana y la confianza del creyente, sino que también tiene inmensas implicaciones éticas. La verdadera esperanza purificará las vidas de quienes la poseen (3:3), y por tanto confirmará que son cristianos. Este es uno de los temas principales de los escritos del apóstol Juan, sobre todo en este pasaje.

En esta carta Juan ya ha presentado pruebas doctrinales y morales que pueden determinar nuestra verdadera condición espiritual, y en esta sección profundiza aún más en la prueba moral (ética). Las creencias ortodoxas acerca de la naturaleza del pecado y de la persona de Cristo, la presencia práctica de la obediencia y el amor sinceros, y ahora una búsqueda personal de pureza y santidad, son evidencias todas de que el individuo tiene verdadera esperanza eterna.

Este pasaje contiene cinco perspectivas que definen y clarifican aún más la esencia de la esperanza bíblica: es asegurada por permanencia, se manifiesta por la justicia, se establece por el amor, se cumple por la semejanza a Cristo, y se caracteriza por la pureza.

LA ESPERANZA ES ASEGURADA POR LA PERMANENCIA

Y ahora, hijitos, permaneced en él, para que cuando se manifieste, tengamos confianza, para que en su venida no nos alejemos de él avergonzados. (2:28)

La contundente partícula *nun* (**ahora**) presenta una nueva sección y claramente indica un salto de párrafo. (También sugiere firmemente que a pesar de las modernas divisiones de capítulos en el texto, el capítulo 3 debería comenzar en este punto). El anciano apóstol Juan vuelve a elegir uno de sus favoritos términos pastorales, **hijitos,** para dirigirse a sus lectores. Esa palabra abarca a creyentes en todos los niveles de madurez (2:12; 3:7, 18; 4:4; 5:21; Jn. 13:33; cp. Ro. 8:16-17; 1 Co. 4:14; Gá. 4:19; Ef. 5:1; Fil. 2:15; 1 P. 1:14; 1 Jn. 3:1-2) y expresa su continuo cuidado y perenne preocupación paternal por los destinatarios de esta carta (cp. 2:12).

Permaneced se traduce de una forma del verbo *menō,* que significa "morar" o "mantenerse". Se trata de un término que el apóstol Juan usa con frecuencia en sus escritos del Nuevo Testamento; por ejemplo, aparece casi una docena de veces solamente en Juan 15. Allí Jesús dio instrucciones a los once apóstoles

(Judas ya había dejado el grupo; Jn. 13:27-31): "Permaneced en mí, y yo en vosotros. Como el pámpano no puede llevar fruto por sí mismo, si no permanece en la vid, así tampoco vosotros, si no permanecéis en mí" (Jn. 15:4; cp. vv. 6, 7, 16). Al inicio de este segundo capítulo, Juan se vuelve a enfocar en la importancia de permanecer en Cristo y en el significado general de los aspectos de permanecer: "El que en mí no permanece, será echado fuera como pámpano" (v. 6; cp. vv. 10, 14, 19, 24, 27). Ni Cristo ni Juan se referían a alguna experiencia espiritual mística y elitista. Los creyentes tienen el mandato de perseverar diariamente y sustentar su fe en el evangelio y en el Cristo del evangelio (1 Co. 16:13; Gá. 6:9; Fil. 1:27; Col. 1:10, 22-23; 2 Ti. 3:14; He. 10:23; 2 P. 3:18; cp. Sal. 73:24; 138:8; Pr. 4:18). A fin de hacer eso, deben seguir amando y obedeciendo la Biblia, sometiéndose a la dirección del Espíritu Santo, y manteniéndose comprometidos a la verdad que recibieron primero (cp. 4:12-13, 15-16; 2 Jn. 2, 9). Tal permanencia excluye el hecho de aferrarse a un patrón habitual de pecado (véase el comentario sobre 3:6, 9, 14-15, y 17 en los próximos dos capítulos de esta obra).

El mandato del apóstol para los verdaderos cristianos: **permaneced en él** refuerza la declaración de Jesús: "El que persevere hasta el fin, éste será salvo" (Mt. 24:13). Las palabras de Juan también son coherentes con la exhortación de Pablo a los colosenses a fin de que continúen en la fe:

> *Y a vosotros también, que erais en otro tiempo extraños y enemigos en vuestra mente, haciendo malas obras, ahora os ha reconciliado en su cuerpo de carne, por medio de la muerte, para presentaros santos y sin mancha e irreprensibles delante de él; si en verdad permanecéis fundados y firmes en la fe, y sin moveros de la esperanza del evangelio que habéis oído, el cual se predica en toda la creación que está debajo del cielo; del cual yo Pablo fui hecho ministro (Col. 1:21-23).*

Nadie que profesa creer en el evangelio pero luego abandona de modo permanente la fe posee vida eterna. A principios de esta carta Juan escribió: "Salieron de nosotros, pero no eran de nosotros; porque si hubiesen sido de nosotros, habrían permanecido con nosotros; pero salieron para que se manifestase que no todos son de nosotros" (2:19). Solo aquellos que permanecen fieles al Señor y su Palabra, y dan evidencia de los frutos de justicia (5:1-5, 10; Mt. 7:17-18; 12:33, 35; Jn. 3:21, 36; 13:35; 2 Co. 5:17; Gá. 5:22-23; 6:7-8; Ef. 5:9; Stg. 2:14-26; cp. Is. 3:10; Jer. 17:9-10) por el poder interior y la presencia del Espíritu (cp. Ro. 8:9; 1 Co. 3:16; 6:19; Gá. 4:6) son realmente salvos. Así lo declaró Juan anteriormente en este capítulo:

> *Todo aquel que niega al Hijo, tampoco tiene al Padre. El que confiesa al Hijo, tiene también al Padre. Lo que habéis oído desde el principio, permanezca en vosotros. Si lo que habéis oído desde el principio permanece en vosotros, también*

> *vosotros permaneceréis en el Hijo y en el Padre. Y esta es la promesa que él nos hizo, la vida eterna (2:23-25).*

La Biblia enseña las verdades complementarias de que los verdaderos cristianos perseverarán en su fe, y que Dios los mantendrá eternamente seguros. Sin lugar a dudas, el Señor sostiene con seguridad a los suyos. Jesús lo explicó de este modo:

> *Mis ovejas oyen mi voz, y yo las conozco, y me siguen, y yo les doy vida eterna; y no perecerán jamás, ni nadie las arrebatará de mi mano. Mi Padre que me las dio, es mayor que todos, y nadie las puede arrebatar de la mano de mi Padre (Jn. 10:27-29; cp. Ro. 8:38-39; 1 Co. 1:8-9; Jud. 24-25).*

Sin embargo, esa maravillosa realidad no exime a los creyentes de la responsabilidad de perseverar en su fe y permanecer en Cristo (cp. Fil. 2:12-13; Jud. 20-21).

En realidad, las verdades aparentemente opuestas de la seguridad eterna y la perseverancia obran juntas en perfecta armonía. No se trata de algo distinto a la salvación cuando de forma soberana Dios salva a pecadores, pero no aparte de la fe personal que estos tengan; o de algo distinto a la santificación en que de manera sobrenatural Dios conforma a los creyentes a semejanza de su Hijo, pero no aparte de la obediencia que muestren. En la vida cristiana, Dios siempre proporciona el poder y los medios para que los creyentes ganen la batalla espiritual. De ahí que Jesús le dijera a Pedro: "Simón, Simón, he aquí Satanás os ha pedido para zarandearos como a trigo; pero yo he rogado por ti, que tu fe no falte" (Lc. 22:31-32*a*). Además, Pablo alentó a los corintios con esta promesa divina: "No os ha sobrevenido ninguna tentación que no sea humana; pero fiel es Dios, que no os dejará ser tentados más de lo que podéis resistir, sino que dará también juntamente con la tentación la salida, para que podáis soportar" (1 Co. 10:13; cp. Jn. 17:15; He. 2:18). Pero los creyentes también deben perseverar activamente; deben pelear "la buena batalla de la fe" (1 Ti. 6:12), sabiendo que es "bienaventurado el varón que soporta la tentación; porque cuando haya resistido la prueba, recibirá la corona de vida, que Dios ha prometido a los que le aman" (Stg. 1:12). Tal vez en ninguna parte de la Biblia se expresa más claramente el equilibrio entre la obra de Dios y la del creyente que en las palabras de Pablo a los filipenses: "Por tanto, amados míos, como siempre habéis obedecido, no como en mi presencia solamente, sino mucho más ahora en mi ausencia, ocupaos en vuestra salvación con temor y temblor, porque Dios es el que en vosotros produce así el querer como el hacer, por su buena voluntad" (2:12-13; cp. Col. 1:29).

Como ya se indicó, un aspecto importante de la esperanza cristiana es que esta terminará cuando Jesucristo venga otra vez, lo cual brinda a los creyentes un fuerte incentivo para llevar una vida piadosa (3:3; cp. Col. 3:4; 1 Ti. 6:14; 2 Ti. 4:8; 2 P. 3:14). **Cuando** Cristo **se manifieste,** los santos fieles tendremos **confianza, para que en su venida no nos alejemos de él avergonzados**. La manifestación de Cristo se refiere en particular a la reunión de la Iglesia en el arrebatamiento (cp. Jn. 14:1-6; 1 Co. 15:51-54; 1 Ts. 4:13-18) y a las actividades que seguirán al tribunal de Cristo (cp. 1 Co. 4:5; 2 Co. 5:9-10). **Confianza** se traduce de una palabra griega (*parrēsian*) que significa "franqueza" o "libertad de expresión". En otras partes del Nuevo Testamento se refiere al valor de los creyentes para acercarse a Dios (He. 4:16; 10:19; 1 Jn. 3:21; 5:14). En este versículo indica una seguridad que se deriva de una vida santa de permanecer en Cristo (cp. Ef. 5:27; Col. 1:22; 1 Ts. 3:13; 5:23). En cambio, los cristianos nominales, que en realidad son incrédulos, se alejarán **de él avergonzados** porque no son verdaderos hijos de Dios (Mt. 13:20-22; cp. Jn. 8:31; 15:6; He. 3:6, 12; 6:4-6; 10:39), y su hipocresía se habrá evidenciado por el hecho de que no perseveraron en la fe que inicialmente profesaran.

Por la gracia soberana de Dios, los creyentes son salvos y santificados, y esa misma gracia poderosa los conducirá en la resurrección hasta la recompensa eterna **en la venida** del Señor (Tit. 2:11-14; Ap. 22:12).

LA ESPERANZA SE MANIFIESTA POR LA JUSTICIA

Si sabéis que él es justo, sabed también que todo el que hace justicia es nacido de él. (2:29)

El nuevo nacimiento está inevitable y necesariamente acompañado de justicia (cp. Ro. 6:4; 2 Co. 5:17; Ef. 2:10; 4:24). Del mismo modo, todos los que profesan ser salvos pero que no manifiestan ningún fruto tangible de justicia prueban que realmente no se les ha perdonado y que tienen una esperanza vana (cp. Lc. 6:43-44; Stg. 2:26). Tales individuos no pueden hacer ningún reclamo legítimo de las promesas eternas, ya que sus vidas delatan un corazón que todavía no está regenerado.

Es importante comprender los distintos significados de las palabras traducidas **sabéis** en este versículo. La primera vez que aparece viene de *oida* y tiene el sentido de percibir una verdad absoluta, mientras que la segunda vez (de *ginoskō*) expresa "conocer por experiencia", "reconocer" o "llegar a percibir". El apóstol Juan afirma en primer lugar que los creyentes que saben **que** Dios **es justo** pueden reconocer **también que todo el que hace justicia** refleja la vida del Señor (cp. 1 P. 1:13-16); es decir, **es nacido de él** (1 P. 1:3; cp. Jn. 3:7 donde se usa el mismo verbo traducido nacer). En consecuencia, Juan insiste en que los verdaderos creyentes no se conocen tanto por lo que afirman sino por el modo en que viven (Ro. 6:18; cp. Lc. 1:6).

Por supuesto, el llamado de Juan a la santidad personal no era un concepto nuevo. El libro de Levítico expone varias veces la norma divina de pureza y justicia (p. ej., 18:4-5, 30; 19:2, 37; 20:7, 26; 22:32). En el Nuevo Testamento, las cartas de Pablo exhortan continuamente a los creyentes a buscar santidad. Romanos 12:1-2 es un ejemplo extraordinario y conocido:

> *Así que, hermanos, os ruego por las misericordias de Dios, que presentéis vuestros cuerpos en sacrificio vivo, santo, agradable a Dios, que es vuestro culto racional. No os conforméis a este siglo, sino transformaos por medio de la renovación de vuestro entendimiento, para que comprobéis cuál sea la buena voluntad de Dios, agradable y perfecta (cp. 2 Co. 7:1; Ef. 5:27; 1 Ts. 4:7; 1 P. 1:14-16; 2:11).*

En este versículo el apóstol Juan observa desde el efecto (conducta justa) hacia la causa (el nuevo nacimiento), y muestra que la vida justa (no solamente la profesión exterior) evidencia el hecho de que una regeneración se ha producido de veras (Stg. 2:20, 26; 2 P. 3:11; cp. Ro. 14:17).

LA ESPERANZA SE ESTABLECE POR EL AMOR

Mirad cuál amor nos ha dado el Padre, para que seamos llamados hijos de Dios; por esto el mundo no nos conoce, porque no le conoció a él. (3:1)

Juan estaba asombrado por el hecho de que pecadores se conviertan en hijos de Dios por gracia divina. La frase inicial de este versículo, **mirad cuál amor,** refleja el asombro del apóstol. La palabra traducida **mirad** (*idete*) es un mandato y una exclamación que exhorta a los lectores a prestar mucha atención al resto de la declaración. **Cuál** (*potapēn*) es un término poco usado que no tiene paralelo preciso en castellano. Con relación a esta palabra, D. Edmond Hiebert escribió:

> El adjetivo traducido "cuán grande" ["cuán"] (*potapēn*) aparece solo siete veces en el Nuevo Testamento y sugiere una reacción de asombro, y por lo general de admiración, al ver a una persona o cosa. La expresión transmite fuerza tanto cualitativa como cuantitativa: "¡Qué amor tan glorioso e inmenso!" (*The Epistles of John* [Greenville, S.C.: Bob Jones University Press, 1991], p. 133; cp. Mt. 8:27; 2 P. 3:11).

Dios ama a los creyentes con un **amor** que es imposible articular en cualquier lenguaje humano, y que es totalmente ajeno a la comprensión y experiencia normal humana. Se trata del amor *agapē,* el amor volitivo de Dios que por su libre decisión sin influencia alguna **nos ha dado** a todos los que ha llamado a creer en Jesucristo para salvación. El Señor lo resumió de esta manera: "Nadie tiene mayor amor que este, que uno ponga su vida por sus amigos" (Jn. 15:13). Y más adelante en esta carta Juan observa:

> *En esto se mostró el amor de Dios para con nosotros, en que Dios envió a su Hijo unigénito al mundo, para que vivamos por él. En esto consiste el amor: no en que nosotros hayamos amado a Dios, sino en que él nos amó a nosotros, y envió a su Hijo en propiciación por nuestros pecados (4:9-10; cp. vv. 16, 19; Jn. 3:16; Ro. 5:8; 8:39; Ef. 2:4; Tit. 3:4).*

Esa clase de amor busca, a gran costo para sí mismo, dar de manera libre y espontánea para beneficio de otro, aunque esa persona no sea digna de tal expresión (cp. Dt. 7:7-8).

Ya que todos los atributos de Dios actúan en armonía perfecta, su amor necesariamente funciona en relación con cada uno de sus demás atributos. Él es amor santo (Ap. 4:8; 15:4), justo (Is. 30:18; Ro. 3:26; 1 P. 3:18), misericordioso (Sal. 86:15; Lc. 6:36; 2 Co. 1:3), clemente (Sal. 103:8; 1 P. 5:10), paciente (2 P. 3:9, 15), omnisciente (Sal. 147:5; Ro. 11:33-34), omnipotente (Ro. 1:20; Ap. 19:6), omnipresente (Sal. 139:7-10; Jer. 23:23-24) e incluso irascible (Sal. 7:11; Ap. 19:15). Respecto a la humanidad, el amor de Dios tiene una doble expresión: es general hacia la humanidad perdida (gracia común; Sal. 145:9; Mt. 5:45; cp. Mr. 10:21*a*) y específico hacia los creyentes (gracia especial; cp. Jn. 13:1; Ro. 5:8; 8:38-39; 9:13-15; Ef. 5:25). Es este amor específico y único de Dios por los que le pertenecen lo que se erige como uno de los cimientos inquebrantables de esperanza eterna.

En otras palabras, los creyentes pueden vivir en esperanza porque han experimentado el amor de Dios en una manera eterna y salvadora, al haber sido adoptados en la familia divina (Ro. 8:16) y haber sido **llamados hijos de Dios** (Jn. 1:12; cp. 2 P. 1:4). Se convierten en sus hijos tan solo porque Dios les ha otorgado amor generoso, inmerecido y soberano aparte de cualquier cosa que tenga mérito humano. Tal amor es inexplicable en términos humanos. No es de extrañar entonces que **el mundo no** conozca la naturaleza de la relación entre Dios y sus hijos (cp. He. 11:38*a*), **porque no** la conoce. Quienes están fuera de Cristo no pueden entender (1 Co. 2:15-16; 1 P. 4:3-4) la verdadera esencia y el verdadero carácter de los creyentes, los cuales resplandecen en la semejanza al Padre celestial y su Hijo Jesucristo, el Salvador y Señor de ellos (Mt. 5:16; Fil. 2:15; 1 P. 2:12; cp. 1 Co. 14:24-25). Incluso para los creyentes es un reto "comprender con todos los santos cuál [es] la anchura, la longitud, la profundidad y la altura, y de conocer el amor de Cristo, que excede a todo conocimiento" (Ef. 3:18-19*a*). Puesto que al haber sido transformados por el Padre que los adoptó los cristianos son intrínsecamente distintos del mundo que los rodea, el Nuevo Testamento los describe de modo adecuado como "extranjeros y peregrinos"

(He. 11:13; 1 P. 2:11) y "expatriados" (1 P. 1:1). Se trata de aquellos que en esperanza "anhelaban una [patria] mejor, esto es, celestial; por lo cual Dios no se avergüenza de llamarse Dios de ellos; porque les ha preparado una ciudad" (He. 11:16). Después de haberlos declarado justos por la justificación, los está haciendo justos en santificación y perfeccionará esa justicia en glorificación cuando la esperanza se haga realidad.

LA ESPERANZA SE CUMPLE POR LA SEMEJANZA A CRISTO

Amados, ahora somos hijos de Dios, y aún no se ha manifestado lo que hemos de ser; pero sabemos que cuando él se manifieste, seremos semejantes a él, porque le veremos tal como él es. (3:2)

El cielo es atractivo para los creyentes porque allí no solo verán al Señor Jesucristo, sino que también llegarán a ser como Él. Con relación a esa transformación dramática y eterna, el apóstol Pablo escribió:

> *Y así como hemos traído la imagen del terrenal, traeremos también la imagen del celestial. Pero esto digo, hermanos: que la carne y la sangre no pueden heredar el reino de Dios, ni la corrupción hereda la incorrupción. He aquí, os digo un misterio: No todos dormiremos; pero todos seremos transformados, en un momento, en un abrir y cerrar de ojos, a la final trompeta; porque se tocará la trompeta, y los muertos serán resucitados incorruptibles, y nosotros seremos transformados. Porque es necesario que esto corruptible se vista de incorrupción, y esto mortal se vista de inmortalidad (1 Co. 15:49-53).*

Aunque todos aquellos que ejercemos la fe salvadora en la persona y obra de Cristo **ahora somos hijos de Dios** (cp. Ro. 8:14-18), **aún no se ha manifestado lo que hemos de ser** cuando experimentemos lo que Pablo denominó "la libertad gloriosa de los hijos de Dios" (8:21). Será entonces cuando el "Señor Jesucristo... transformará el cuerpo de la humillación nuestra, para que sea semejante al cuerpo de la gloria suya, por el poder con el cual puede también sujetar a sí mismo todas las cosas" (Fil. 3:20-21; cp. Sal. 73:24; Ro. 9:23; 1 Co. 15:42-49; Col. 3:4; 1 Ts. 4:16; 2 Ts. 2:14; 2 Ti. 2:10). Como resultado, **seremos semejantes a él, porque le veremos tal como él es.** Dios ha prometido llevar a cabo una transformación tan importante "porque a los que antes conoció, también los predestinó para que fuesen hechos conformes a la imagen de su Hijo, para que él sea el primogénito entre muchos hermanos" (Ro. 8:29). Tal transformación hará perfectamente santos y justos a los redimidos, y con una capacidad pura para adorar y glorificar a Dios por siempre de manera totalmente satisfactoria, gozosa e intacta (cp. Ap. 5:11-14).

Se ha dicho con razón que la imitación es la forma más elevada de alabanza, y esta transformación será un tributo supremo a Jesucristo de que Él es el Jefe único, el *prototokos,* entre muchos que son hechos a su semejanza. Aquellos a quienes el Padre ha elegido para salvación a través del Hijo serán hechos como el Hijo, conformados a la imagen de Cristo. Él será el primero entre su humanidad elegida y redimida que se unirá con los santos ángeles para alabar y glorificar el nombre de Cristo, reflejar su bondad, y proclamar su grandeza, mientras lo adoren sin cesar.

LA ESPERANZA SE CARACTERIZA POR LA PUREZA

Y todo aquel que tiene esta esperanza en él, se purifica a sí mismo, así como él es puro. (3:3)

La esperanza en el regreso de Cristo determina prácticamente el estilo de vida y la conducta de los creyentes. Cuando **esta esperanza** se ha puesto **en él** produce un creciente anhelo de llegar a ser ahora semejantes a Jesús (Gá. 2:20; Ef. 4:17-32; Col. 3:1-17). Jesucristo es el Señor y Salvador de los santos, quien provee el ejemplo ideal de una vida santa. Él es la meta de las vidas de ellos, el Único a quien deben seguir con creciente diligencia y fervor, así como hizo el apóstol Pablo (Fil. 3:12-14; cp. 1 Co. 9:24-27; 1 Ti. 6:12; He. 12:1). En última instancia debería decirse que cada creyente **se purifica a sí mismo, así como** Cristo **es puro** (cp. Mt. 5:8; Fil. 4:8; 1 Ti. 1:5; 3:9; He. 9:14; 1 P. 1:22). La idea de purificarse personalmente no significa que los cristianos puedan generar su propia santificación. Más bien hace hincapié en que la obra santificadora del Espíritu Santo no se lleva a cabo aparte de la obediencia del creyente y el uso de los medios de la gracia santificadora. Este es un llamado típico a que los cristianos obedezcan las Escrituras en todos sus aspectos.

Al pensar en el cielo, los creyentes no deberían preocuparse excesivamente con especulaciones acerca de cómo podría ser flotar en nubes o caminar por calles de oro. En lugar de eso, su enfoque principal debería estar en el profundo significado de ser eternamente conformados a la imagen de Cristo. Cuando fijan la esperanza en su Salvador y Señor absolutamente santo y ansían estar con Él y ser como Él en el futuro, sus vidas se afectan positivamente hacia la justicia en la actualidad. En consecuencia, Pablo les declaró a los creyentes en Corinto: "Nosotros todos, mirando a cara descubierta como en un espejo la gloria del Señor, somos transformados de gloria en gloria en la misma imagen, como por el Espíritu del Señor" (2 Co. 3:18; cp. 4:6; 1 Co. 13:12).

El evangelio ofrece a los creyentes un mensaje de esperanza. El apóstol Pedro expresa con elocuencia esta esperanza en el inicio de su primera carta:

> *Bendito el Dios y Padre de nuestro Señor Jesucristo, que según su grande misericordia nos hizo renacer para una esperanza viva, por la resurrección de Jesucristo de los muertos, para una herencia incorruptible, incontaminada e inmarcesible, reservada en los cielos para vosotros, que sois guardados por el poder de Dios mediante la fe, para alcanzar la salvación que está preparada para ser manifestada en el tiempo postrero (1 P. 1:3-5; cp. Fil. 3:20-21).*

Pablo reduce su objetivo espiritual a un solo aspecto: "Una cosa hago: olvidando ciertamente lo que queda atrás, y extendiéndome a lo que está delante, prosigo a la meta, al premio del supremo llamamiento de Dios en Cristo Jesús" (Fil. 3:13*b*-14). La única meta espiritual dominante que el apóstol debía buscar ("prosigo a la meta") era ir tras el "premio" cuando recibió el "supremo llamamiento". Ese premio es la semejanza a Cristo, según clarifica Juan en este pasaje. La recompensa en la vida venidera (semejanza al Señor) es la búsqueda de todos los creyentes en esta vida.

Aquellos que permanecen en Cristo, manifestando justicia, reconociendo con gratitud el amor que Dios les tiene, siendo cada vez más conformados a imagen de Cristo, e intentando vivir con pureza, pueden estar seguros de que tienen una esperanza que no defrauda. Ni siquiera las peores pruebas de la vida pueden disminuirles la confianza eterna en las promesas de Dios. Es más, mientras los creyentes enfrenten más dificultades en esta vida, más fuerte y brillante se vuelve su esperanza. Tal esperanza es básica para todo pecador redimido delante de Dios:

> *Justificados, pues, por la fe, tenemos paz para con Dios por medio de nuestro Señor Jesucristo; por quien también tenemos entrada por la fe a esta gracia en la cual estamos firmes, y nos gloriamos en la esperanza de la gloria de Dios. Y no sólo esto, sino que también nos gloriamos en las tribulaciones, sabiendo que la tribulación produce paciencia; y la paciencia, prueba; y la prueba, esperanza; y la esperanza no avergüenza; porque el amor de Dios ha sido derramado en nuestros corazones por el Espíritu Santo que nos fue dado (Ro. 5:1-5).*

Incompatibilidad del cristiano con el pecado 11

Todo aquel que comete pecado, infringe también la ley; pues el pecado es infracción de la ley. Y sabéis que él apareció para quitar nuestros pecados, y no hay pecado en él. Todo aquel que permanece en él, no peca; todo aquel que peca, no le ha visto, ni le ha conocido. Hijitos, nadie os engañe; el que hace justicia es justo, como él es justo. El que practica el pecado es del diablo; porque el diablo peca desde el principio. Para esto apareció el Hijo de Dios, para deshacer las obras del diablo. Todo aquel que es nacido de Dios, no practica el pecado, porque la simiente de Dios permanece en él; y no puede pecar, porque es nacido de Dios. En esto se manifiestan los hijos de Dios, y los hijos del diablo: todo aquel que no hace justicia, y que no ama a su hermano, no es de Dios. (3:4-10)

A lo largo de su historia la Iglesia verdadera siempre ha sostenido que la Biblia establece claramente ciertas normas básicas de fe y conducta como características necesarias de la legítima fe salvadora. La afirmación y aceptación del evangelio bíblico, y una vida que se caracteriza por un caminar digno, se han visto correctamente como indicadores confiables de la obra de la Trinidad en el corazón de la persona. Cuando ese fruto está ausente en la vida del individuo, la Iglesia ha dudado y con razón de la profesión de fe que él o ella hayan hecho.

No obstante, en las últimas décadas tal situación ha comenzado a cambiar. Cada vez son más los llamados evangélicos que han minimizado la importancia de la doctrina bíblica, incluso doctrinas tan cruciales como la persona de Cristo y la justificación solo por fe. Por increíble que parezca, algunos se han atrevido a aseverar que los perdidos pueden salvarse sin la participación absoluta de algún conocimiento del evangelio, sosteniendo que si las personas paganas simplemente viven a la altura de las normas religiosas, morales y éticas que poseen, Dios las aceptará. (Véase la crítica a este punto de vista en el capítulo 20 de este comentario). Ya que afirman que casi no existen necesidades doctrinales, difícilmente podría haber algunas relacionadas con la conducta.

El apóstol Juan se habría horrorizado por esa equivocación evangélica actual. Él escribió de modo claro e inconfundible que la fe que salva implica aceptar ciertas doctrinas esenciales (como la Trinidad y la obra sustitutiva de Cristo en la cruz) y resultados en ciertas acciones esenciales que incluyen arrepentimiento del pecado, obediencia a la Palabra, un deseo de caminar como Cristo anduvo (vivir rectamente), amor a los hermanos, y odio por los males del mundo y la carne. Juan y todos los escritores del Nuevo Testamento enseñaron que a menos que una persona crea y practique tales verdades, no es salva, afirme lo que afirme. La mala teología condena, y el mal comportamiento revela mala teología. Sin embargo, a pesar de la inconfundible claridad con que esto se presenta en esta epístola (**todo aquel que es nacido de Dios, no practica el pecado** [3:9*a*]) y en el resto del Nuevo Testamento, un importante segmento representativo del cristianismo contemporáneo sigue sin convencerse y está confundido con relación a la verdad.

Por ejemplo, algunos comentaristas afirman que el apóstol estaba exhortando a cristianos sin ley y con mala conducta a que volvieran a dedicar sus vidas al Señor y que pasaran de su conducta inmadura y carnal a la espiritualidad. De este modo intentan bajar el tono de la carta y hacerla menos definitiva o dura. Pero sus argumentos no explican el claro propósito de Juan para escribir la epístola (en 5:13), que fue permitir que sus lectores se examinaran con el fin de que pudieran saber si la fe que tenían era salvadora. La dicotomía que Juan presenta no es fe más profunda en comparación con una fe más superficial, sino más bien una fe salvadora frente a otra que no salva.

Otros han perdido el significado y la aplicación del pasaje debido a un entendimiento incorrecto de la naturaleza de la fe que salva. Por ejemplo, hay quienes creen que el arrepentimiento no es más que un sinónimo para fe, por lo que no se refiere a volverse del pecado y, por consiguiente, no es necesaria para la salvación. Según este punto de vista, la fe que salva no es más que un mero asentimiento intelectual de los hechos del evangelio. (Pedir a los pecadores que se arrepientan sería pedirles que contribuyeran con una obra para su salvación). Por tanto, la salvación podría no hacer ningún cambio en la doctrina o el carácter de la persona. Incluso un estado de permanente carnalidad (vivir del mismo modo que los que no son salvos) no sería razón suficiente para dudar de la salvación de alguien. (Para un análisis completo de estos temas y una explicación del evangelio bíblico y sus ramificaciones prácticas, véase John MacArthur, *El evangelio según Jesucristo* [El Paso, Tx.: Casa Bautista de Publicaciones, 1991], y MacArthur, *The Gospel According to the Apostles* [Nashville: Thomas Nelson, 1993, 2000]).

Desde luego, ninguna de las posiciones anteriores explica el continuo hincapié del Nuevo Testamento en el arrepentimiento y el fruto que debería esperarse de un corazón que ha experimentado cambio (1:6; cp. Mt. 4:17; 11:20-21; Mr. 6:12; Lc. 5:32; 13:3, 5; 15:7, 10; 18:13-14; 24:47; Hch. 2:38; 3:19; 11:18; 17:30; 20:21; 2 Co. 7:9-10; 2 Ti. 2:25).

Incluso aquellos que han batallado más en serio con el texto a veces han malinterpretado lo que Juan declara acerca de la relación del creyente con el pecado. Los perfeccionistas (por lo general arminianos, que creen que los cristianos pueden perder la salvación) aseveran que los creyentes pueden vencer poco a poco el pecado hasta quedar totalmente inmaculados. Después de llegar a ese punto, ya no pueden perder la salvación. Pero esto entra en conflicto directo con lo que Juan mismo dice en 1:8: "Si decimos que no tenemos pecado, nos engañamos a nosotros mismos, y la verdad no está en nosotros".

En un error similar, otros afirman que Juan simplemente quiere decir que la naturaleza regenerada del creyente no puede pecar. No obstante, eso hace de una separación entre la nueva naturaleza regenerada del creyente y su humanidad no redimida (carne, o antigua naturaleza) algo demasiado grande y artificial, y puede conducir a la antinomia ya que el individuo puede llegar a sentirse cómodo con la carne no redimida, no pudiendo hacer nada más que pecar. Todo santo es una persona unificada, tanto con aspiraciones justas como con tendencias pecadoras. El pecado proviene de la carne (Ro. 7:18, 25; cp. Mt. 26:41; Ro. 6:12; 8:3), pero cada creyente debe asumir su propia responsabilidad por sus acciones pecaminosas.

Algunos han tratado de explicar la instrucción que Juan da aquí aseverando que solo está describiendo un objetivo ideal pero irrealizable en la santificación: aunque los cristianos no pueden llegar a ser perfectos en esta vida, al menos pueden luchar por ser inmaculados. El problema principal con esta interpretación idealista es que no encaja en el carácter práctico y realista de la carta de Juan.

Otro punto de vista considera que la declaración del apóstol solo se aplica a pecado voluntario y deliberado por parte de los creyentes. Alguien comentó: "Un creyente no comete pecado, lo sufre". Pero Juan en ninguna parte del texto describe a los cristianos como víctimas indefensas de iniquidad. Los creyentes pecan porque voluntariamente eligen ceder a la tentación (Stg. 1:14-15).

La histórica posición católico-romana es parecida a este punto de vista en que también divide arbitrariamente al pecado en dos categorías. El catolicismo distingue entre pecados veniales (menos graves) y pecados mortales (los que resultan en condenación eterna). Según Roma, quienes cometen pecados mortales pierden la gracia de la justificación y ya no permanecen en Cristo. No obstante, esa clasificación de pecados es totalmente ajena al Nuevo Testamento.

A pesar de las numerosas interpretaciones de este pasaje, no es difícil tener un verdadero entendimiento de lo que Juan quiere decir. El punto de vista correcto de las referencias del apóstol en cuanto a que los creyentes no pecan se deriva de una precisa comprensión de los tiempos verbales griegos. En este pasaje todos los verbos relacionados con el pecado están en tiempo presente, lo que indica una acción continua y habitual. En otras palabras, Juan no está refiriéndose a actos ocasionales de pecado, sino a patrones establecidos y continuos de conducta pecaminosa. Los creyentes a veces pecan (Ro. 7:14-25), incluso de manera voluntaria, pero no pecan ni pecarán de forma habitual y persistente, ni como estilo de vida (cp. Ro. 6:4-14; Gá. 5:24; Ef. 2:10).

Cuando el Espíritu Santo atrae a pecadores hacia Dios, los regenera y les concede vida eterna mediante la fe en Jesucristo, los vuelve a crear (2 Co. 5:17) para obedecer la Palabra, seguir a Cristo, rechazar las tentaciones del mundo, y mostrar en sus vidas los frutos de justicia (Ro. 8:6; Fil. 3:9; Col. 3:2). Todo eso no es más que la verdad fundamental del nuevo pacto (Jer. 31:33; Ez. 36:25-27; He. 8:10; 10:16; cp. Sal. 119:1-5, 9-11, 97-105, 137-140).

La meta permanente de esta epístola es mostrar las pruebas por las cuales la afirmación que una persona hace de la salvación puede ser verificada o rechazada. Juan refuta en el capítulo uno la declaración de los falsos maestros de haber avanzado más allá de cualquier lucha con el pecado (1:8-10). El apóstol sigue dejando en claro en el capítulo dos que sin importar lo que cualquier persona pueda creer, si no obedece los mandamientos de Cristo (2:3) y vive de manera recta (p. ej., demostrando amor [2:9-10]), no es un creyente. En este pasaje Juan refuerza las pruebas de fe que ya ha establecido. Al hacerlo refuta aún más a los falsos maestros que minimizaban o negaban la importancia del pecado. Nos ofrece tres razones por las que los cristianos trinitarios no practican de modo habitual el pecado: este es incompatible con la ley de Dios, es incompatible con la obra de Cristo, y es incompatible con el ministerio del Espíritu Santo.

EL PECADO ES INCOMPATIBLE CON LA LEY DE DIOS

Todo aquel que comete pecado, infringe también la ley; pues el pecado es infracción de la ley. (3:4)

Las dos definiciones bíblicas más importantes de **pecado** son: "Errar el blanco" (*hamartia*), y "sin justicia" (*adikia*). Integral a ambas definiciones es que el pecado es una transgresión de la ley de Dios. En este versículo Juan equipara explícitamente al pecado con una actitud de anarquía y rebelión contra Dios (Ro. 8:7; cp. Jn. 3:20; 2 Co. 4:4; Ef. 4:18; Col. 1:21). El apóstol sin duda aprendió este principio años antes, durante el ministerio terrenal del Señor, cuando Cristo condenó la teología santurrona de los fariseos:

> *No todo el que me dice: Señor, Señor, entrará en el reino de los cielos, sino el que hace la voluntad de mi Padre que está en los cielos. Muchos me dirán en aquel día: Señor, Señor, ¿no profetizamos en tu nombre, y en tu nombre echamos fuera demonios, y en tu nombre hicimos muchos milagros? Y entonces les declararé: Nunca os conocí; apartaos de mí, hacedores de maldad (Mt. 7:21-23).*

La descripción de Juan no permite excepciones ni duplicidad de normas. **Todo aquel que** habitualmente **comete pecado, infringe también la ley** (Stg. 2:10-11; cp. Ro. 4:15), condición que caracteriza a todos los que están fuera del reino de Dios (cp. Ro. 1:32; Gá. 5:19-21; Ap. 21:8).

Sin embargo, los creyentes ya no se caracterizan por infringir la ley, sino que han obedecido el mandato de Jesús: "Si alguno quiere venir en pos de mí, niéguese a sí mismo, tome su cruz cada día, y sígame" (Lc. 9:23). El corazón verdaderamente arrepentido resuelve obedecer la ley de Dios (1 Ts. 2:13), rechaza los deseos carnales (Ro. 13:14; 2 Ti. 2:22; 1 P. 1:14), resiste las tentaciones del mundo (Tit. 2:12), y de buena gana se somete en todo al señorío soberano de Jesucristo (cp. Lc. 6:46). Aquellos a quienes Dios ha transformado para salvación han cambiado la esclavitud al pecado por esclavitud a Dios, según Pablo escribió:

> *¿No sabéis que si os sometéis a alguien como esclavos para obedecerle, sois esclavos de aquel a quien obedecéis, sea del pecado para muerte, o sea de la obediencia para justicia? Pero gracias a Dios, que aunque erais esclavos del pecado, habéis obedecido de corazón a aquella forma de doctrina a la cual fuisteis entregados; y libertados del pecado, vinisteis a ser siervos de la justicia (Ro. 6:16-18; cp. 8:12-14).*

Está claro entonces que los creyentes no violan habitualmente la ley de Dios. Mientras que antes permitían que el caos dominara su vida, ahora aman a Dios y desean someterse a Él. La obediencia a la Palabra se vuelve valiosa para ellos, así como lo fue para David:

> *La ley de Jehová es perfecta, que convierte el alma; el testimonio de Jehová es fiel, que hace sabio al sencillo. Los mandamientos de Jehová son rectos, que alegran el corazón; el precepto de Jehová es puro, que alumbra los ojos. El temor de Jehová es limpio, que permanece para siempre; los juicios de Jehová son verdad, todos justos. Deseables son más que el oro, y más que mucho oro afinado; y dulces más que miel, y que la que destila del panal. Tu siervo es además amonestado con ellos; en guardarlos hay grande galardón (Sal. 19:7-11; cp. 1:2; 40:7-8; 119:97).*

EL PECADO ES INCOMPATIBLE CON LA OBRA DE CRISTO

Y sabéis que él apareció para quitar nuestros pecados, y no hay pecado en él. Todo aquel que permanece en él, no peca; todo aquel que peca, no le ha visto, ni le ha conocido. Hijitos, nadie os engañe; el que hace justicia es justo, como él es justo. El que practica el pecado es del diablo; porque el diablo peca desde el principio. Para esto apareció el Hijo de Dios, para deshacer las obras del diablo. (3:5-8)

Jesús vino a la tierra con el objetivo principal de **quitar nuestros pecados.** Por tanto, es desde todo punto incongruente con la obra redentora de Jesucristo en la cruz que alguien que afirme ser cristiano (que participa de la misma vida de Cristo) continúe en pecado. Hacer eso pasa totalmente por alto la realidad del elemento santificador de la salvación, por el cual los creyentes son apartados del pecado para justicia (1 Co. 6:11; Ef. 5:7-9; cp. 1 Ts. 1:5-9).

Juan recuerda a sus lectores que ellos saben (una forma del verbo *oida*), no por simple información sino por la confianza de la percepción personal, **que** Jesús **apareció.** El apóstol usa una forma del verbo *phaneroō,* que a menudo en el Nuevo Testamento indica la primera o la segunda venida de Cristo (p. ej., Col. 3:4; He. 9:26; 1 P. 5:4), para referirse al hecho indiscutible de que Señor había venido. Jesús no solo vino a pagar el castigo por el pecado y proporcionar perdón (las doctrinas de propiciación y justificación [Ro. 3:25; 4:25; 5:9, 18; He. 2:17; 1 Jn. 4:10]), sino también **para quitar nuestros pecados.** (**Quitar** es una forma activa pasada del verbo *airō,* que significa eliminar por supresión [cp. Jn. 1:29; Col. 2:14]). Como resultado de la expiación vicaria de Cristo en la cruz, los creyentes han sido apartados del pecado para santidad (cp. Ef. 1:3-4). La anarquía que una vez caracterizó sus vidas ha sido quitada. Puesto que Cristo murió para santificar (es decir, hacer santo) al creyente (2 Co. 5:21; Ef. 5:25-27), vivir de modo pecaminoso es opuesto a su obra de quebrar el dominio del pecado en la vida del creyente (Ro. 6:1-15).

La verdad de que Cristo vino para destruir el pecado no es solo una esperanza futura sino también una realidad actual. Juan no está diciendo simplemente que los creyentes serán liberados del pecado cuando mueran, y que mientras tanto serán tan pecadores como lo fueron antes de su conversión. En la salvación, los creyentes experimentan verdadera limpieza y separación de sus pecados (cp. Ef. 5:26; Tit. 3:5; He. 10:22), lo que en un nivel práctico sigue ocurriendo a medida que se conforman más y más a la imagen de Cristo (cp. 2 Co. 3:18; 1 Ts. 4:1; 2 P. 1:5-11). Tito 2:11-14 resume así los aspectos presentes y escatológicos de la santificación:

> *Porque la gracia de Dios se ha manifestado para salvación a todos los hombres, enseñándonos que, renunciando a la impiedad y a los deseos mundanos, vivamos en este siglo sobria, justa y piadosamente, aguardando la esperanza bienaventurada y la manifestación gloriosa de nuestro gran Dios y Salvador Jesucristo, quien se dio a sí mismo por nosotros para redimirnos de toda iniquidad y purificar para sí un pueblo propio, celoso de buenas obras (cp. Ef. 2:10; 1 P. 2:24).*

Juan concluye el versículo 5 con la frase **y no hay pecado en él.** Jesucristo es el único absolutamente sin mancha (2 Co. 5:21; He. 4:15; 7:26; 1 P. 1:19), verdad que tiene inmensas ramificaciones prácticas. Juan escribió antes en esta epístola: "Si sabéis que él es justo, sabed también que todo el que hace justicia es nacido de él" (2:29). En 3:6 el apóstol reitera el principio de que nadie relacionado con Jesucristo para salvación puede seguir viviendo en pecado: **Todo aquel que permanece en él, no peca; todo aquel que peca, no le ha visto, ni le ha conocido.** Años antes Pablo enseñó la misma verdad a los creyentes romanos:

> *Porque somos sepultados juntamente con él para muerte por el bautismo, a fin de que como Cristo resucitó de los muertos por la gloria del Padre, así también nosotros andemos en vida nueva. Porque si fuimos plantados juntamente con él en la semejanza de su muerte, así también lo seremos en la de su resurrección; sabiendo esto, que nuestro viejo hombre fue crucificado juntamente con él, para que el cuerpo del pecado sea destruido, a fin de que no sirvamos más al pecado. Porque el que ha muerto, ha sido justificado del pecado (Ro. 6:4-7; cp. vv. 20-22).*

Po otra parte, eso explica a grandes rasgos las provisiones clave del nuevo pacto, de lo que Pablo da más detalles: "Pero gracias a Dios, que aunque erais esclavos del pecado, habéis obedecido de corazón a aquella forma de doctrina a la cual fuisteis entregados; y libertados del pecado, vinisteis a ser siervos de la justicia" (Ro. 6:17-18). El énfasis de las afirmaciones del apóstol está en la santificación, con verdaderos cristianos que poseen el Espíritu Santo (Ro. 8:12-17) y que reciben un corazón nuevo (Hch. 16:14; cp. Ez. 36:26; He. 10:16-17), así como perdón total (Col. 1:14) y una vida transformada (Col. 3:5-10). Todo eso se evidencia en la nueva capacidad que tienen para obedecer la ley de Dios.

De este modo Juan enseña que **todo aquel que peca** (el tiempo presente del verbo vuelve a denotar la acción habitual de desafío y rebelión de un corazón caído) no puede permanecer en Cristo. No es que quienes se convierten en cristianos nunca vuelven a pecar (1:8), sino que no vivirán como lo hacían, porque **todo aquel que peca** de manera constante o habitual según el patrón de los no regenerados, **no le ha visto, ni le ha conocido.**

Juan advierte además a sus lectores que deben asegurarse de que **nadie** los **engañe** con relación a un entendimiento adecuado acerca de la santificación. A pesar de cualquier enseñanza engañosa de lo contrario, solamente **el que hace justicia** puede tener alguna seguridad de que **es justo, como él es justo.**

El Señor Jesús vino a la tierra para quitar los pecados de todos los que confían en él, colocándolos de este modo en la senda de la santificación. En cambio, **el que practica el pecado es del diablo.** *Diabolos* (**diablo**) significa "acusador" o "calumniador".

La expresión **el diablo peca desde el principio** probablemente se refiere al momento de la rebelión de Satanás contra Dios (cp. Lc. 10:18), porque Dios originalmente lo creó como un ser angelical perfecto (Is. 14:12-14; Ez. 28:12-17).

Satanás es el rebelde prototípico, el principal antagonista en contra de Dios, y el gobernador del sistema pecaminoso de este mundo (Ef. 2:2). Debido a que se opuso a Dios y su plan (Gn. 3:1-14; cp. Zac. 3:1; Mt. 4:1-11; 13:19; 1 Ts. 2:18) e instigó la rebelión original contra la ley de Dios, todos los pecadores no salvos son en cierto sentido hijos del diablo (cp. Jn. 8:44; 2 Co. 4:3-4; Ef. 2:1-3).

Juan llega a la conclusión obvia de que debido a que **para esto apareció el Hijo de Dios, para deshacer las obras del diablo** (Gn. 3:15; cp. Jn. 12:31; He. 2:14), es imposible e impensable que los verdaderos creyentes sigan mostrando una conducta parecida a la del diablo. Hoy día Satanás sigue oponiéndose a los planes de Dios y a su pueblo (1 P. 5:8), pero los creyentes ya no son hijos del demonio que estén bajo su dominio, ni están obligados a ejecutar **las obras del diablo.**

La frase **las obras del diablo** abarca varias actividades satánicas tales como instigar al pecado y a la rebelión, tentar a creyentes, inspirar ideologías antibíblicas y falsas religiones, perseguir y acusar a los creyentes, instigar la obra de los falsos maestros, y ejercer el poder de la muerte (p. ej., Lc. 8:12; Jn. 8:44; Hch. 5:3; 1 Co. 7:5; 2 Co. 4:4; 10:3-5; Ef. 6:11-12; 1 Ts. 2:18; He. 2:14; Ap. 12:10). Ninguna de tales **obras** puede en última instancia derrotar a los santos, quienes están libres del dominio del maligno (Col. 1:13).

EL PECADO ES INCOMPATIBLE CON EL MINISTERIO DEL ESPÍRITU SANTO

Todo aquel que es nacido de Dios, no practica el pecado, porque la simiente de Dios permanece en él; y no puede pecar, porque es nacido de Dios. En esto se manifiestan los hijos de Dios, y los hijos del diablo: todo aquel que no hace justicia, y que no ama a su hermano, no es de Dios. (3:9-10)

El nuevo nacimiento (ser **nacido de Dios**) personifica la obra del Espíritu Santo:

> *Respondió Jesús y le dijo: De cierto, de cierto te digo, que el que no naciere de nuevo, no puede ver el reino de Dios. Nicodemo le dijo: ¿Cómo puede un hombre nacer siendo viejo? ¿Puede acaso entrar por segunda vez en el vientre de su madre, y nacer? Respondió Jesús: De cierto, de cierto te digo, que el que no naciere de agua y del Espíritu, no puede entrar en el reino de Dios. Lo que es nacido de la carne, carne es; y lo que es nacido del Espíritu, espíritu es. No te maravilles de que te dije: Os es necesario nacer de nuevo. El viento sopla de donde quiere, y oyes su sonido; mas ni sabes de dónde viene, ni a dónde va; así es todo aquel que es nacido del Espíritu (Jn. 3:3-8; cp. 1:12-13).*

A quienes el Espíritu Santo regenera les implanta el principio de vida divina, la cual Juan describe como una **simiente.** Así como un nacimiento humano resulta de una semilla implantada que crece hasta convertirse en una nueva vida física, así también la vida espiritual empieza cuando, en el momento de la regeneración, la simiente divina es implantada por el Espíritu dentro de aquel que cree.

El instrumento mediante el cual el Espíritu concede nuevo nacimiento a los pecadores es la Palabra de Dios. El apóstol Pedro explicó a los lectores de su primera epístola:

> *Siendo renacidos, no de simiente corruptible, sino de incorruptible, por la palabra de Dios que vive y permanece para siempre. Porque: Toda carne es como hierba, y toda la gloria del hombre como flor de la hierba. La hierba se seca, y la flor se cae; mas la palabra del Señor permanece para siempre. Y esta es la palabra que por el evangelio os ha sido anunciada (1 P. 1:23-25; cp. Sal. 19:7; 2 P. 1:4).*

El nuevo nacimiento es por medio de semilla incorruptible, asegurando así la salvación de creyente para la eternidad e iluminando la mente de tal modo que pueda discernir realidades espirituales (Jn. 14:26; 1 Co. 2:10, 13-14; cp. Is. 40:13-14). Este nuevo nacimiento proporciona a los creyentes la mente de Cristo (1 Co. 2:16) a fin de que puedan entender los pensamientos de Dios. Libera y activa la voluntad esclavizada, anteriormente incapaz de obedecer a Dios, pero que ahora puede hacerlo de modo libre y voluntario (Jn. 6:44, 65; Col. 2:13; cp. Jn. 5:21*b*). El nuevo nacimiento señala el final de la vida antigua del pecador; aquellos que eran desesperadamente corruptos se convierten en nuevas criaturas en Cristo (2 Co. 5:17), enterrados con Él y resucitados a una nueva vida de justicia (Ro. 6:4; Ef. 4:24). De ahí que Juan vuelva a establecer que el creyente **no puede pecar, porque es nacido de Dios.**

El nuevo nacimiento también es una operación monergista, lo cual significa que solo el Espíritu de Dios puede lograrlo. (No es algo sinergético, en que el esfuerzo humano representaría alguna parte en el proceso). El lenguaje de Pablo en Efesios 2:1-6 es inconfundiblemente claro a este respecto:

> *Y él os dio vida a vosotros, cuando estabais muertos en vuestros delitos y pecados, en los cuales anduvisteis en otro tiempo, siguiendo la corriente de este mundo, conforme al príncipe de la potestad del aire, el espíritu que ahora opera en los hijos de desobediencia, entre los cuales también todos nosotros vivimos en otro tiempo en los deseos de nuestra carne, haciendo la voluntad de la carne y de los pensamientos, y éramos por naturaleza hijos de ira, lo mismo que los demás. Pero Dios, que es rico en misericordia, por su gran amor con que nos amó, aun estando nosotros muertos en pecados, nos dio vida juntamente con Cristo (por gracia sois salvos), y juntamente con él nos resucitó, y asimismo nos hizo sentar en los lugares celestiales con Cristo Jesús (cp. Tit. 3:5; Stg. 1:18).*

Ya que las personas no regeneradas están espiritualmente muertas, no pueden responder a la verdad divina. Esta doctrina de depravación total —mejor dicho, de absoluta incapacidad humana— no significa que todos los no redimidos sean tan pecadores como posiblemente podrían ser. Más bien significa que sus naturalezas pecadoras caídas afectan cada ámbito de vida y los hacen incapaces de salvarse a sí mismos. Así que el individuo espiritualmente muerto necesita ser vivificado solo por Dios, por medio de su Espíritu. Ese mismo poder impulsa cada aspecto de la vida cristiana (cp. Ro. 6:11-13).

Juan concluye esta sección con este resumen: **En esto se manifiestan los hijos de Dios, y los hijos del diablo: todo aquel que no hace justicia, y que no ama a su hermano, no es de Dios.** Solo existen dos grupos de personas en el mundo (cp. Pr. 15:9): **los hijos de Dios y los hijos del diablo.** Los primeros exhiben el carácter justo de Dios por medio de la obediencia a la ley divina (cp. Lc. 1:6); los segundos exhiben el carácter pecaminoso de Satanás haciendo caso omiso a la Palabra y pecando de manera habitual (cp. Sal. 36:3; 119:150; Ro. 2:8). Sin importar lo que las personas profesen, o hacia qué ritual o experiencia religiosa pasada puedan estar orientadas, **todo aquel que no hace justicia, y que no ama a su hermano, no es de Dios.**

Las últimas frases de esta sección, **y que no ama a su hermano, no es de Dios,** reafirman a los lectores otro aspecto de la prueba moral de Juan para identificar a los verdaderos creyentes, a saber, la prueba del amor (cp. Jn. 13:34-35). Para el apóstol también era obvio que cualquiera que afirma ser cristiano pero que no demuestra amor fraternal realmente no podía estar en Cristo. Juan desarrolla este argumento en la porción restante del capítulo 3.

Los hijos del diablo frente a los hijos de Dios 12

Porque este es el mensaje que habéis oído desde el principio: Que nos amemos unos a otros. No como Caín, que era del maligno y mató a su hermano. ¿Y por qué causa le mató? Porque sus obras eran malas, y las de su hermano justas. Hermanos míos, no os extrañéis si el mundo os aborrece. Nosotros sabemos que hemos pasado de muerte a vida, en que amamos a los hermanos. El que no ama a su hermano, permanece en muerte. Todo aquel que aborrece a su hermano es homicida; y sabéis que ningún homicida tiene vida eterna permanente en él. En esto hemos conocido el amor, en que él puso su vida por nosotros; también nosotros debemos poner nuestras vidas por los hermanos. Pero el que tiene bienes de este mundo y ve a su hermano tener necesidad, y cierra contra él su corazón, ¿cómo mora el amor de Dios en él? Hijitos míos, no amemos de palabra ni de lengua, sino de hecho y en verdad. (3:11-18)

En 1970, el reconocido apologista, evangelista y escritor cristiano Francis Schaeffer (1912-1984) presentó su libro *The Mark of the Christian* con las siguientes declaraciones:

> A lo largo de los siglos los hombres han mostrado muchos símbolos diferentes para demostrar que son cristianos. Han usado emblemas en las solapas de sus chaquetas y abrigos, se han colgado cadenas en los cuellos, e incluso se han hecho cortes especiales de cabello.
>
> Por supuesto, no hay nada malo en todo esto, si alguien cree que es su llamado. Pero existe una señal mucho mejor, una marca que no se ha ideado como cuestión de conveniencia para ser usada en alguna ocasión especial o en alguna época específica. Se trata de una marca universal que debe perdurar a través de todas las épocas de la Iglesia hasta que Jesús regrese.
>
> ¿Cuál es esta marca?
>
> Al final de su ministerio, Jesús esperaba su muerte en la cruz, la tumba abierta y la ascensión. Como sabía que estaba a punto de irse,

Jesús prepara a sus discípulos para lo que había de venir. He aquí lo que clarifica cuál debe ser la marca distintiva del cristiano:

> Hijitos, aún estaré con vosotros un poco. Me buscaréis; pero como dije a los judíos, así os digo ahora a vosotros: A donde yo voy, vosotros no podéis ir. Un mandamiento nuevo os doy: Que os *améis* unos a otros; como yo os he *amado*, que también os *améis* unos a otros. En esto conocerán todos que sois mis discípulos, si tuviereis *amor* los unos con los otros (Jn. 13:33-35).

Este pasaje da a conocer la marca que Jesús ofrece para etiquetar a un cristiano no solo en una época o en una localidad sino en todos los tiempos y en todos los lugares hasta que Jesús regrese (Downers Grove, Ill.: InterVarsity, 1970, pp. 7-8; palabras resaltadas se han añadido en la cita bíblica).

El amor entonces, en oposición a quienes están en el reino de Satanás, siempre ha sido una característica esencial de todo cristiano verdadero. El resto del Nuevo Testamento confirma constantemente esta verdad.

> *Y la esperanza no avergüenza; porque el amor de Dios ha sido derramado en nuestros corazones por el Espíritu Santo que nos fue dado (Ro. 5:5).*

> *Mas el fruto del Espíritu es amor, gozo, paz, paciencia, benignidad, bondad, fe, mansedumbre, templanza; contra tales cosas no hay ley (Gá. 5:22-23).*

> *Pero acerca del amor fraternal no tenéis necesidad de que os escriba, porque vosotros mismos habéis aprendido de Dios que os améis unos a otros (1 Ts. 4:9).*

> *Habiendo purificado vuestras almas por la obediencia a la verdad, mediante el Espíritu, para el amor fraternal no fingido, amaos unos a otros entrañablemente, de corazón puro (1 P. 1:22).*

> *Y este es el amor, que andemos según sus mandamientos. Este es el mandamiento: que andéis en amor, como vosotros habéis oído desde el principio (2 Jn. 6).*

Dios no solo manda a quienes están en Cristo que muestren amor (cp. Jn. 15:12: Ro. 12:10; 1 P. 4:8). También les posibilita obedecer ese mandato, concediéndoles la capacidad de hacer lo que Él requiere (cp. Ro. 5:5).

No hay nada novedoso o sin precedente entonces en cuanto a la enseñanza de Juan de que los cristianos se caracterizan por amarse unos a otros. (Su enseñanza acerca del amor en esta epístola sirve como el segundo aspecto de la prueba moral [cp. 2:7-11]). Puesto que Dios los ama (Ro. 5:8; Ef. 1:3-14; 2:4-5), los verdaderos creyentes sin duda alguna reflejarán ese amor en sus relaciones con otras personas (Mt. 22:37-39; Ef. 5:2; 1 Jn. 4:19). Por tanto, la instrucción del apóstol aquí no es nueva, sino que es "el mandamiento antiguo que habéis tenido desde el principio; este mandamiento antiguo es la palabra que habéis oído desde el principio" (2:7; cp. v.10; 4:7-8).

Los lectores de Juan conocían esa verdad debido a que los predicadores apostólicos se las habían transmitido fielmente (cp. 1:5; 2:24). Sin embargo, los falsos maestros también habían llegado y enseñado, al parecer, que el amor fraternal no es una característica esencial de la verdadera salvación. Esos apóstatas añadían a sus puntos equivocados de vista de la naturaleza de Cristo, y a la desobediencia que exhibían a los mandamientos de Dios, una falta de amor por los verdaderos creyentes. En respuesta, Juan dirige otra vez a sus lectores al **mensaje que** habían **oído desde el principio,** refiriéndose al inicio de la predicación del evangelio. Esa enseñanza incluía la verdad acerca de Jesucristo, del evangelio, de la condición perdida de la humanidad, y de la necesidad de una vida recta, así como del mandamiento de **que nos amemos unos a otros.** El apóstol insta a sus lectores a recordar lo que se les enseñó primero y a no permitir que alguien los lleve por el mal camino (cp. Jud. 3).

En cierto sentido, el mandato del Señor en Juan 13:34-35 era muy antiguo (Lv. 19:18; Ro. 13:10). Pero en otro sentido, era nuevo. El amor nunca se había manifestado como ocurrió con Cristo: culminando en su muerte expiatoria por aquellos que amaba. Él declaró: "Este es mi mandamiento: Que os améis unos a otros, como yo os he amado. Nadie tiene mayor amor que este, que uno ponga su vida por sus amigos" (Jn. 15:12-13; cp. Lc. 19:10; Gá. 2:20; Ap. 1:5). El Señor Jesucristo es el modelo perfecto del amor que Dios siempre ha ordenado. Aunque los creyentes no pueden amar hasta el punto en que Él ama, sí pueden obedecer el mandato de Juan: **Que nos amemos unos a otros** (3:23; 4:7, 21; 2 Jn. 5; cp. Ro. 12:10; 13:8-9; Gá. 5:13-14; Col. 3:14; He. 10:24; 13:1; 1 P. 1:22; 4:8) del modo en que Cristo amó, por el poder del Espíritu (Ro. 5:5), sacrificándose por otros con amor y desinterés.

Después de haber hecho hincapié en 3:11 sobre la importancia de amar, Juan contrastó a los hijos de Dios, los que obedecen ese mandato, con los hijos del diablo, los que no lo hacen. En vez de caracterizarse por el amor, los hijos de Satanás se caracterizan por asesinato, odio e indiferencia hacia los hijos de Dios.

LOS HIJOS DE SATANÁS ASESINAN A LOS HIJOS DE DIOS

No como Caín, que era del maligno y mató a su hermano. ¿Y por qué causa le mató? Porque sus obras eran malas, y las de su hermano justas... Nosotros

sabemos que hemos pasado de muerte a vida, en que amamos a los hermanos. El que no ama a su hermano, permanece en muerte. (3:12, 14)

El asesinato es el máximo acto de odio (cp. Nm. 35:20-21; Mt. 5:21-22) y demuestra la ausencia de amor en la manera más extrema. A fin de ilustrar ese punto, Juan insertó la única referencia del Antiguo Testamento en todo el capítulo: a **Caín,** el primer asesino.

Caín, como adorador de Dios, le ofreció un sacrificio (Gn. 4:3-5). No obstante, a diferencia de su hermano Abel, Caín no llevó a Dios un sacrificio aceptable (cp. He. 11:4). Abel llevó un sacrificio animal, lo cual la narración sugiere que estaba en obediencia al mandato de Dios. Por otra parte, Caín, en la religión elaborada por él mismo, hizo caso omiso del requisito divino y como ofrenda llevó del fruto de la tierra.

Pero lejos de ser un verdadero adorador de Dios, tanto la desobediencia de Caín como el hecho de que **mató a su hermano** revelaron **que era del maligno.** Génesis 4:2*b*-8 menciona el impresionante relato del primer asesinato de la historia:

> *Abel fue pastor de ovejas, y Caín fue labrador de la tierra. Y aconteció andando el tiempo, que Caín trajo del fruto de la tierra una ofrenda a Jehová. Y Abel trajo también de los primogénitos de sus ovejas, de lo más gordo de ellas. Y miró Jehová con agrado a Abel y a su ofrenda; pero no miró con agrado a Caín y a la ofrenda suya. Y se ensañó Caín en gran manera, y decayó su semblante. Entonces Jehová dijo a Caín: ¿Por qué te has ensañado, y por qué ha decaído tu semblante? Si bien hicieres, ¿no serás enaltecido? y si no hicieres bien, el pecado está a la puerta; con todo esto, a ti será su deseo, y tú te enseñorearás de él. Y dijo Caín a su hermano Abel: Salgamos al campo. Y aconteció que estando ellos en el campo, Caín se levantó contra su hermano Abel, y lo mató.*

Que Caín **era del maligno** significa que pertenecía al reino de las tinieblas, al igual que los incrédulos judíos que, así como Caín, odiaban la verdadera justicia y buscaban matar a Jesús. Cristo les declaró: "Vosotros sois de vuestro padre el diablo, y los deseos de vuestro padre queréis hacer. El ha sido homicida desde el principio, y no ha permanecido en la verdad, porque no hay verdad en él" (Jn. 8:44*a*).

La palabra traducida **maligno** (*ponēros*) denota maldad decidida, agresiva y ferviente que se opone activamente a lo que es bueno (cp. Mt. 4:3-10; 2 Co. 2:11; 1 P. 5:8). Su significado se extiende más allá del básico mal o corrupción (*kakos*) hasta incluir un tipo de pecaminosidad perversa que destruye y arruina a otras personas (cp. Mt. 13:19, 38-39*a*; 2 Co. 4:4).

El verbo en la frase de Juan de que Caín **mató a su hermano** es una variante de *sphazō,* que es un término vívido que significa carnicería o masacre. Se usaba para los animales muertos en sacrificio (cp. Lv. 1:5, LXX) y sugiere una muerte violenta. (En la única otra referencia a matar antes de la acción de Caín, Dios mató a un animal y usó partes de la piel para cubrir a Adán y Eva [Gn. 3:21]). Es como si Caín, intensamente resentido y celoso porque su sacrificio inferior fue rechazado por Dios mientras que el de Abel fue aceptado, hubiera tajado violentamente la garganta de su hermano, convirtiéndolo así de modo insolente en su "sacrificio de reemplazo".

La pregunta retórica de Juan, **¿y por qué causa le mató?** está fácilmente contestada en una caracterización general de Caín: **Porque sus obras eran malas, y las de su hermano justas.** Así de simple. Caín era malo y odiaba tanto la justicia que incluso mató a su propio hermano, cuyos hechos justos lo habían reprendido.

Al igual que Caín, a los impíos les molestan los justos porque a través de las acciones rectas que exhiben exponen las falsas creencias y las prácticas perversas de los que son malos (cp. Mt. 14:3-5; Hch. 6:8-14; 7:51-60).

Por otro lado, aquellos **que** han **pasado de muerte a vida** (cp. Jn. 5:24) tienen asegurada esa realidad porque aman **a los hermanos** (cp. 1 Jn. 4:7, 12). El nuevo nacimiento (Jn. 3:8; Tit. 3:5; 1 P. 1:23), que concede vida a los espiritualmente muertos (cp. 2 Co. 5:17; Gá. 6:15; Ef. 4:24), convierte actitudes odiosas y hasta asesinas en amorosas (cp. Col. 2:11). Por tanto, Juan recuerda a sus lectores que todo aquel **que no ama** no ha recibido vida espiritual, sino que **permanece en** condición de **muerte** espiritual.

LOS HIJOS DE SATANÁS ODIAN A LOS HIJOS DE DIOS

Hermanos míos, no os extrañéis si el mundo os aborrece... Todo aquel que aborrece a su hermano es homicida; y sabéis que ningún homicida tiene vida eterna permanente en él. (3:13, 15)

A los ojos de Dios, el odio es el equivalente moral del asesinato; de ahí que **todo aquel que aborrece a su hermano es homicida.** Desde luego, es cierto que solo un pequeño porcentaje de personas matan realmente a alguien. Muchos más han estado tan enojados como para haberlo hecho, si las circunstancias hubieran sido favorables y no hubieran temido a las graves consecuencias que habrían sufrido (cp. Gn. 9:6; Mt. 26:52; Ro. 13:4). Pero la única diferencia externa entre el asesinato y el odio es el hecho en sí, porque las actitudes son iguales. En el Sermón del Monte, Jesús dejó esto en claro:

> *Oísteis que fue dicho a los antiguos: No matarás; y cualquiera que matare será culpable de juicio. Pero yo os digo que cualquiera que se enoje contra su hermano,*

será culpable de juicio; y cualquiera que diga: Necio, a su hermano, será culpable ante el concilio; y cualquiera que le diga: Fatuo, quedará expuesto al infierno de fuego (Mt. 5:21-22).

Los pecadores impenitentes y no convertidos serán eternamente condenados por sus actitudes habituales de odio, aunque tales actitudes nunca se traduzcan en acciones físicas.

Juan advirtió a sus lectores que aunque fueron transformados para amar a otros creyentes e incluso a no creyentes (cp. Mt. 5:44; Ro. 12:14, 20; 1 P. 3:9), **no** debían extrañarse que **el mundo** los aborreciera**.** La expresión **no os extrañéis** se traduce de la forma presente imperativa activa del verbo *thaumazō,* un término que tiene la connotación de maravilla, asombro o sorpresa. En lugar de horrorizarse por la oposición del mundo, los creyentes en realidad deberían esperarla (cp. Hch. 14:22; 2 Ti. 3:12; 1 P. 4:12), porque el mundo no tiene nada en común con el reino de Dios (cp. 2 Co. 6:14-15), y las vidas de los justos reprenden a las de los impíos. En el aposento alto, Jesús prometió a los apóstoles que el mundo los aborrecería:

Si el mundo os aborrece, sabed que a mí me ha aborrecido antes que a vosotros. Si fuerais del mundo, el mundo amaría lo suyo; pero porque no sois del mundo, antes yo os elegí del mundo, por eso el mundo os aborrece… El que me aborrece a mí, también a mi Padre aborrece. Si yo no hubiese hecho entre ellos obras que ningún otro ha hecho, no tendrían pecado; pero ahora han visto y han aborrecido a mí y a mi Padre. Pero esto es para que se cumpla la palabra que está escrita en su ley: Sin causa me aborrecieron (Jn. 15:18-19, 23-25).

Por su odio, los hijos del diablo siempre han manifestado su verdadero carácter. La historia redentora contiene muchos ejemplos de la persecución del mundo al pueblo de Dios (cp. He. 11:36-40). La gente del propio pueblo de Jesús lo odiaron y trataron de matarlo después de escucharle solo un mensaje (Lc. 4:28-29). Los dirigentes de la nación conspiraron para matarlo (cp. Mt. 12:14; Mr. 3:6; 14:1-2, 11; Jn. 10:39; 11:45-57; Hch. 7:52). El mundo odió a los apóstoles (Lc. 21:12-13; Jn. 16:2-3; Hch. 4:1-31; 5:17-41; cp. Jn. 17:15-16) y los martirizó a todos menos al apóstol Juan, a quien exiliaron a la isla de Patmos (Ap. 1:9). Los enemigos del evangelio siempre han perseguido a quienes aman la verdad. Incluso hoy creyentes en todo el mundo mueren bajo las manos asesinas y de odio de los hijos del diablo.

En su habitual y absoluto estilo bien definido, Juan recuerda a sus lectores **que ningún homicida tiene vida eterna permanente en él.** Eso no significa que un creyente nunca podría cometer un acto de asesinato, o que alguien que ha cometido asesinato nunca pueda ser salvo. Sin embargo, sí significa que aquellos que se caracterizan por actitudes de odio y con regularidad albergan ideas asesinas evidencian que tienen un corazón no regenerado y, a menos que se arrepientan, perecerán eternamente (cp. Ap. 21:7-8; 22:14-15).

LOS HIJOS DE SATANÁS SON INDIFERENTES HACIA LOS HIJOS DE DIOS

En esto hemos conocido el amor, en que él puso su vida por nosotros; también nosotros debemos poner nuestras vidas por los hermanos. Pero el que tiene bienes de este mundo y ve a su hermano tener necesidad, y cierra contra él su corazón, ¿cómo mora el amor de Dios en él? Hijitos míos, no amemos de palabra ni de lengua, sino de hecho y en verdad. (3:16-18)

La frase **en esto hemos conocido el amor** vuelve a afirmar al amor verdadero como la característica sobresaliente del cristiano (cp. el estudio hecho del v. 11). Por la gracia de Dios, una amorosa disposición de renunciar a todo por ayudar a otros (cp. 2 Co. 9:6-12; 1 Ti. 6:17-19; He. 13:16, 21) impregna las actitudes de los creyentes y resplandece en sus vidas. El Nuevo Testamento contiene varios ejemplos maravillosos de un amor tan sacrificial. Uno de tales ejemplos fue el de Epafrodito, a quien el apóstol Pablo elogió ante los filipenses:

> *Mas tuve por necesario enviaros a Epafrodito, mi hermano y colaborador y compañero de milicia, vuestro mensajero, y ministrador de mis necesidades; porque él tenía gran deseo de veros a todos vosotros, y gravemente se angustió porque habíais oído que había enfermado. Pues en verdad estuvo enfermo, a punto de morir; pero Dios tuvo misericordia de él, y no solamente de él, sino también de mí, para que yo no tuviese tristeza sobre tristeza. Así que le envío con mayor solicitud, para que al verle de nuevo, os gocéis, y yo esté con menos tristeza. Recibidle, pues, en el Señor, con todo gozo, y tened en estima a los que son como él; porque por la obra de Cristo estuvo próximo a la muerte, exponiendo su vida para suplir lo que faltaba en vuestro servicio por mí (Fil. 2:25-30).*

Pablo también estuvo dispuesto a entregar su vida por la causa de Cristo: "Para mí el vivir es Cristo, y el morir es ganancia" (Fil. 1:21; cp. Ro. 9:3-5; 2 Co. 1:9-10). Por supuesto, el Señor Jesús fue el modelo de Pablo, porque en la cruz Jesús dio su vida por todos aquellos que creen (cp. Jn. 10:11, 14-18; 15:13; Ro. 8:32-34; Gá. 3:13; 1 P. 2:24).

La expresión **puso su vida por nosotros** es particular del apóstol Juan (Jn. 10:11, 15, 17, 18; 13:37-38; 15:13), y además de la **vida** en sí se refiere a despojarse de algo importante. Obviamente, la muerte expiatoria de Cristo es el ejemplo supremo de amor desinteresado (Jn. 15:12-13; Fil. 2:5-8; 1 P. 2:19-23; cp.

2 Co. 8:9). Por eso Juan nos exhorta a sus lectores, como seguidores de Cristo, a que **también nosotros debemos poner nuestras vidas por los hermanos,** en caso de que tal sacrificio fuera necesario. Que esta expresión se refiere a algo mucho más extenso que solamente la muerte expiatoria por un compañero creyente está claro por la subsiguiente declaración acerca de la tenencia de **bienes** que alguien necesite.

La indiferencia egoísta de los incrédulos contrasta profundamente con el amor generoso y compasivo que los creyentes exhiben (Hch. 2:45; 4:36-37; 9:36; 11:29-30; 2 Co. 8:1-5; 9:2, 11-13; Fil. 4:14-16). Juan ilustra en términos prácticos y específicos la diferencia en actitud: **Pero el que tiene bienes de este mundo y ve a su hermano tener necesidad, y cierra contra él su corazón, ¿cómo mora el amor de Dios en él?** Los hijos del diablo a menudo tienen a su disposición **bienes de este mundo** (riqueza material). Cuando los entregan de manera sacrificial a alguien más (cp. Mr. 12:43-44) lo hacen motivados por egoísmo. Los esfuerzos filantrópicos de los no creyentes por lo general son simplemente para pacificar sus conciencias, satisfacer sus emociones, o darse honra a sí mismos (cp. Mt. 6:1-2) en vez de glorificar a Dios.

Pero eso no ocurre con los creyentes, según indica el mandato último de Juan a sus lectores: **Hijitos míos, no amemos de palabra ni de lengua, sino de hecho y en verdad.** No basta que un individuo simplemente profese amar a otros (lo cual también es cierto con relación a la fe; cp. Lc. 6:46; Stg. 2:18-26). La prueba de que tenemos amor verdadero y que somos hijos de Dios no reposa en sentimientos sino en acciones (cp. Mt. 25:34-40).

Por tanto, para Juan las diferencias entre los hijos de Satanás y los hijos de Dios no pueden ser más distintas. No poseen vida eterna quienes asesinan, odian por hábito, o son crónicamente egocéntricos e indiferentes a las necesidades de otros. Pero aquellos que, como parte de haberse arrepentido de sus pecados y haber puesto su confianza en Cristo, han renunciado a actitudes de asesinato y odio, y a toda indiferencia fría y egoísta ante las necesidades de otros, brindan evidencia de que han nacido de nuevo. En lugar de tales rasgos pecaminosos, los cristianos manifiestan amor verdadero hacia otros, en especial a los compañeros creyentes (Ro. 12:10-13; Gá. 6:10), debido al amor de Dios derramado en sus corazones. Obedecen de modo sincero el mandato de Santiago: "La religión pura y sin mácula delante de Dios el Padre es esta: Visitar a los huérfanos y a las viudas en sus tribulaciones, y guardarse sin mancha del mundo" (Stg. 1:27; cp. 2:8, 15-17).

Afectos santos 13

Y en esto conocemos que somos de la verdad, y aseguraremos nuestros corazones delante de él; pues si nuestro corazón nos reprende, mayor que nuestro corazón es Dios, y él sabe todas las cosas. Amados, si nuestro corazón no nos reprende, confianza tenemos en Dios; y cualquiera cosa que pidiéremos la recibiremos de él, porque guardamos sus mandamientos, y hacemos las cosas que son agradables delante de él. Y este es su mandamiento: Que creamos en el nombre de su Hijo Jesucristo, y nos amemos unos a otros como nos lo ha mandado. Y el que guarda sus mandamientos, permanece en Dios, y Dios en él. Y en esto sabemos que él permanece en nosotros, por el Espíritu que nos ha dado. (3:19-24)

Jonathan Edwards (1703-1758) podría considerarse como el teólogo más grande que Estados Unidos jamás haya conocido. Ministró durante el Primer Gran Despertar a principios del siglo XVIII, siendo usado por Dios para ayudar a encender uno de los avivamientos más extraordinarios en la historia estadounidense (un Segundo Gran Despertar ocurrió a principios del siglo XIX, y el avivamiento de oración de laicos se llevó a cabo entre 1857-1858). Junto con George Whitefield y otros más, el Espíritu Santo usó a Edwards para llevar a innumerables cantidades de pecadores al arrepentimiento auténtico y la fe que salva en el evangelio. Los sermones que predicó y las obras que escribió llamaron poderosamente a las personas a obedecer el evangelio de Jesucristo, volverse del pecado, y acoger la autoridad de la Biblia y la santidad personal, todo lo cual las llevó a encontrar su realización en glorificar a Dios.

La influencia del Espíritu Santo a través de Jonathan Edwards y sus compañeros, en cuanto a encender una amplia respuesta al evangelio, significó que la seguridad de la salvación se convirtiera rápidamente en un asunto de suma importancia. El llamado a aceptar el evangelio, obedecer la Palabra de Dios, y perseverar en santidad abrumó a muchos de los nuevos convertidos. Las personas se cuestionaban si estaban haciendo o no todo lo que debían hacer, y si eran verdaderamente salvas o no. En respuesta a esas inquietudes, Edwards escribió en 1746 su libro clásico *A Treatise Concerning Religious Affections*. Esta monumental obra sostiene que la prueba más exacta de la salvación es la presencia de afectos santos y religiosos en la vida de alguien: una inclinación celosa y bíblica hacia la justicia, evidenciada por buenas obras prácticas. Debido a que Edwards vio el peligro de que Satanás falsificara las conversiones, tuvo mucho cuidado de advertir a sus lectores que es posible experimentar un interés inicial y positivo en el evangelio (como las semillas sembradas entre pedregales y espinos en la parábola de Jesús; Mt. 13:1-23) y aun así no tener verdadera fe que salva. No obstante, cuando la gracia de Dios está de verdad plantada en el corazón de una persona, siempre dará como resultado una naturaleza transformada (cp. 2 Co. 5:17) y se caracterizará por un deseo permanente de vivir en santidad.

Desde luego, la enseñanza de Edwards no se originó con él. La extrajo del Nuevo Testamento, según se resume en el libro de Santiago: "Así también la fe, si no tiene obras, es muerta en sí misma" (2:17). El entendimiento de Edwards también representaba el punto de vista histórico reformado de que la verdadera salvación es un regalo permanente de Dios que inevitablemente resulta en una vida recta.

En cambio, la posición arminiana histórica enseña que la salvación es condicional, que no garantiza nada más allá de una experiencia inicial de desear santidad. Por eso los arminianos creen que los cristianos pueden perder, y pierden su salvación (por medio de pecado contumaz, incredulidad o negación), y que junto con ella pierden también su capacidad de realizar buenas obras. De acuerdo con este punto de vista, los creyentes quedan con una clase muy frágil de seguridad porque la salvación en sí puede perderse, la vida eterna puede terminar, y el Espíritu Santo puede retirarse a causa de las fallas de los cristianos.

El siglo XX vio emerger una tercera posición sobre la seguridad, una que combina ciertos elementos de las otras dos posturas. Este criterio (a menudo llamado perspectiva de gracia inmerecida o de ningún señorío) niega que sea necesaria alguna relación entre la justificación y la santificación. Por tanto enseña que las personas justificadas son salvas para siempre, aunque solo tengan una manifestación temporal e interés en la obediencia y la santidad. En otras palabras, una vez que toma la decisión de seguir a Cristo, el individuo se considera salvo sin importar si niega abiertamente la fe o si vive simplemente el resto de su vida sin ningún interés en asuntos que honren al Señor. (Para una crítica de esta enseñanza, véase mi libro *The Gospel According to the Apostles* [Nashville: Thomas Nelson, 1993, 2000], pp. 5-20, 193-216. Y para una amplia exposición adicional sobre la naturaleza del evangelio bíblico, véase mi libro anterior, *El evangelio según Jesucristo* [El Paso, Tx.: Casa Bautista de Publicaciones, 1991]). Este punto de vista basa erróneamente la seguridad en el hecho pasado de haber profesado una sola vez, no en el fruto actual y constante de una vida santa.

En contraste con las erróneas perspectivas del arminianismo y de la gracia inmerecida que, o bien hacen imposible conservar la seguridad o proporcionan los criterios equivocados para sustentarla, Juan escribió esta epístola "a vosotros que creéis en el nombre del Hijo de Dios, para que sepáis que tenéis vida eterna" (5:13). El apóstol quería que sus lectores estuvieran seguros de su salvación, poseyendo una seguridad que fuera tanto legítima como perdurable. Con eso en mente, Juan ofrece de modo conciso cinco actitudes conocidas en los versículos 19-24 que los verdaderos creyentes manifestarán de forma habitual en sus vidas. Al examinarse a sí mismos (cp. 2 Co. 13:5) pueden saber con certeza que son salvos, porque sus vidas estarán caracterizadas por: gratitud por la gracia de Dios, denuedo en la oración, sumisión a los mandamientos de Dios, fe en Jesucristo, y aprecio por la permanencia del Espíritu Santo en sus corazones.

Cada uno de estos elementos se deriva del tema del amor, más recientemente mencionado en el versículo 18 de este capítulo: "Hijitos míos, no amemos de palabra ni de lengua, sino de hecho y en verdad". Por eso Juan mantiene su énfasis en la más noble de las virtudes (1 Co. 13:13) a medida que explica estas perspectivas.

GRATITUD POR LA GRACIA DE DIOS

Y en esto conocemos que somos de la verdad, y aseguraremos nuestros corazones delante de él; pues si nuestro corazón nos reprende, mayor que nuestro corazón es Dios, y él sabe todas las cosas. (3:19-20)

Todo ser humano nace con la ley de Dios escrita en el corazón y con una conciencia que le acusa o excusa, dependiendo de cómo el individuo actúe con relación a esa ley:

> *Porque cuando los gentiles que no tienen ley, hacen por naturaleza lo que es de la ley, éstos, aunque no tengan ley, son ley para sí mismos, mostrando la obra de la ley escrita en sus corazones, dando testimonio su conciencia, y acusándoles o defendiéndoles sus razonamientos (Ro. 2:14-15).*

Esto significa que cada persona tiene cierto grado de conocimiento personal y cierta habilidad para reconocer lo bueno y lo malo.

Los que son cristianos han aceptado la verdad de las Escrituras, por medio de la cual son regenerados (1 P. 1:23) y santificados (Jn. 17:17). Anhelan conocer y obedecer la Palabra (cp. 1 Jn. 2:3-6; 3:6-10). Y cuando los creyentes obedecen la Palabra de Dios, sus conciencias les informan que hicieron lo correcto (Ro. 9:1), dándoles gozo y confianza piadosa (2 Co. 1:12). De igual modo, si pecan sus conciencias los acusan debido a sus malos pensamientos y sus malas palabras o acciones (Jn. 8:9). Si los creyentes persisten en pecar, de modo implícito la conciencia los volverá temerosos, deprimidos e inseguros (cp. Sal. 32:3-4; 38:1-8;

40:11-12). Comenzarán entonces a cuestionar la autenticidad de su profesión de fe, a causa de su prolongada desobediencia. Aunque no pueden perder la salvación (si son realmente salvos), pueden empezar a perder la seguridad de esa salvación debido a una conciencia atormentadora que los acusa. A menos que traten como corresponde con el pecado, su conciencia, fortalecida por el conocimiento verdadero y la ayuda del Espíritu acerca de las normas bíblicas para la santidad, seguirá recordándoles con dolor la flagrante discrepancia entre lo que profesan y lo que practican.

La conciencia es entonces el dispositivo divino de advertencia productor de culpa, dado a cada persona para confrontar el pecado. Del mismo modo que el dolor es un mecanismo de advertencia física que informa a las personas que padecen una lesión o enfermedad corporal, la conciencia es un mecanismo de advertencia espiritual que alerta al alma de cualquier conducta peligrosa. Desde luego, para que funcione de manera eficaz la conciencia debe estar informada por las normas correctas, porque es únicamente un reactor para las convicciones de la persona acerca de lo bueno y lo malo. Si está mal informada por falsedades y mentiras, la conciencia reaccionará sin embargo a esas falsedades que gobiernan las creencias de un individuo (p. ej., los terroristas suicidas musulmanes).

La conciencia no es en sí un sistema independiente de moralidad. Más bien funciona basándose en cualquier conocimiento y sistema de creencia que le hacen saber, y en respuesta a las condiciones culturales que la rodean. Si el nivel de moral y conocimiento espiritual se extrae de cualquier otra fuente que no sea la Biblia, la conciencia (como la del terrorista islámico suicida convencido de que está haciendo la obra de Dios) funcionará en respuesta a esas falsas ideas. Se la puede acallar no solo por estar mal informada, sino al hacérsele constantemente caso omiso o anularla, hasta que se sienta aterrorizada y quede sin respuesta (1 Ti. 4:2).

Por eso es crucial conocer la ley de Dios con precisión (Sal. 19:7-9; 119:1-8; Lc. 11:28; Jn. 8:31-32; Stg. 1:21-25) y permitirle que informe de manera adecuada a la conciencia. Es la ley de Dios fortalecida por el Espíritu la que hace ver a las personas su condición pecaminosa y su necesidad de salvación (cp. Jn. 16:8-11; Ro. 7:9-10). Al ver su verdadera desdicha como culpable ante Dios, el pecador se enfrenta entonces a la realidad de la ira y el juicio divino en su contra, en compensación con la oferta de misericordia y liberación por medio de la fe en el Señor Jesucristo (cp. Lc. 18:13).

En la salvación, por medio de la obra de Cristo en la cruz, la ira de Dios se apacigua y la culpa del pecado se elimina en el pecador perdonado que luego llega a disfrutar la liberación emocionante y sincera de la gracia celestial (cp. Ef. 2:1-9; Col. 2:11-14; 3:9-10). Uno de los regalos más misericordiosos de la salvación es una conciencia limpia (cp. He. 10:19-22), en el sentido que deja de acusar. Justo antes de la salvación acusa del modo más intenso, pero después la acusación se detiene y el creyente pasa de temor a gozo, de miedo a esperanza, y de ansiedad a paz. El escritor de Hebreos se refiere a esta obra de Dios cuando escribe: "¿Cuánto más la sangre de Cristo, el cual mediante el Espíritu eterno se ofreció a sí mismo sin mancha a Dios, limpiará vuestras conciencias de obras muertas para que sirváis al Dios vivo?" (He. 9:14). Hebreos 10:22 nos explica que en la salvación tenemos "purificados los corazones de mala conciencia".

Aun así, el apóstol Juan entendió que a veces los verdaderos creyentes pueden luchar con la certeza de su salvación. Algunos de sus lectores quizás estaban tan agobiados por el recuerdo de sus pecados pasados y la conciencia de los actuales, que les resultaba casi imposible aceptar la idea del perdón de Dios. Sus conciencias hiperactivas que los acosaban con sus propios defectos, tal vez les hacía difícil tener una conciencia correctamente establecida delante de Dios. Por eso Juan escribió para animar a esos creyentes y permitirles que evaluaran exactamente sus propias condiciones espirituales. Al hacerlo trataba de solidificarles la convicción, informar correctamente a sus conciencias, y fortalecerles su certeza con un verdadero entendimiento de su transformación y las evidencias que demuestra esa transformación. (Para un estudio más completo de la conciencia humana, véase mi libro *The Vanishing Conscience* [Dallas: Word, 1994], pp. 35-75, 229-55).

La palabra **conocemos** se traduce de una forma del común verbo griego *ginōskō,* que significa "saber", "enterarse", "averiguar" o "entender". El uso que Juan hace del tiempo presente indica que lo que sus lectores irían a captar no era algo intuitivo o indefinido, sino una promesa basada en una realidad existente. Este punto lo fortalece la frase corta anterior **y en esto,** la cual se remonta de manera más natural a la amonestación del versículo 18 en referencia al amor fraternal. Cuando como creyentes **conocemos** que tenemos amor sincero unos por otros, podemos estar seguros de **que somos de la verdad** (la frase literalmente reza: "De la verdad existimos"). Solo aquellos que se han convertido genuinamente por medio de la obra sobrenatural de Dios poseen el amor sacrificial que Juan describe en los versículos 14-18, el cual se genera en la obediencia sumisa que el apóstol delinea en los versículos 4-12.

La **verdad** que se trata aquí es la que está escrita en la Biblia (Sal. 119:160; Jn. 17:17), que abarca la verdad encarnada en el Señor Jesucristo (Jn. 1:9, 14; 7:18; 14:6; 1 Jn. 5:20). Una creencia en la verdad caracteriza a todos los que se arrepienten y confían (2 Ts. 2:10, 12-13; 1 Ti. 3:15*b*).

Los creyentes disfrutan de una seguridad basada no solo en lo que la Biblia promete a los que creen (Sal. 4:3; Fil. 1:6; 2 Ti. 1:12), sino también, en un nivel práctico, basada en la presencia de un amor de servicio hacia los hermanos creyentes (cp. vv. 13-18) y en un anhelo de vivir en santidad (cp. vv. 4-12). Estas cualidades, ya que provienen de Dios, no pueden existir en una persona que aún no ha sido regenerada. **Aseguraremos** viene del futuro indicativo activo del verbo *peithō,* y significa "convenceremos". Algunos lexicógrafos ofrecen "tranquilizaremos" como una posible definición, la cual podría tener una interesante connotación en este contexto. A pesar de que los creyentes están **delante de él,** en medio de la impresionante e intimidante presencia del Dios absolutamente santo (Éx. 15:11; 1 S. 2:2; Ap. 15:4), pueden tener **corazones** sosegados, tranquilos, confiados y una conciencia de afirmación (Hch. 23:1; 24:16; 2 Co. 1:12; 1 Ti. 1:5; 3:9; 2 Ti. 1:3).

Estar en la presencia de Dios aterró hasta a los más nobles de los santos. "Moisés cubrió su rostro, porque tuvo miedo de mirar a Dios" (Éx. 3:6). Los profetas Isaías (Is. 6:1-5) y Ezequiel (Ez. 1:26-28) también sintieron gran temor cuando estuvieron en la presencia de la santidad. Después de presenciar uno de los milagros del Señor, el apóstol Pedro "cayó de rodillas ante Jesús, diciendo: Apártate de mí, Señor, porque soy hombre pecador" (Lc. 5:8). Tanto él como sus compañeros apóstoles Santiago y Juan estuvieron traumatizados en el monte de la transfiguración (Mt. 17:1-8), como lo estuvo Juan cuando vio a Cristo glorificado (Ap. 1:12-18). Aunque los creyentes ya no son esclavos del pecado sino de la justicia (Ro. 6:16-18), el pecado remanente dentro de su humanidad no redimida (cp. Ro. 7:14-25) podría hacer de la santa presencia de Dios algo muy aterrador si no fuera por el misericordioso regalo de la seguridad.

Aquellos que han sido justificados por la fe están en paz *con* Dios (Ro. 5:1) y disfrutan la paz *de* Dios (Fil. 4:7). No obstante, un creyente podría experimentar culpa innecesaria ya que su corazón lo condena. Pero hay un tribunal más alto que el **corazón** humano, porque **mayor que nuestro corazón es Dios** que **sabe todas las cosas.** Si Él ha declarado justos en Cristo a los creyentes, entonces son justos. De ahí que Pablo escribiera: "Ahora, pues, ninguna condenación hay para los que están en Cristo Jesús" (Ro. 8:1). Y nadie puede de ningún modo separarlos del amor salvador de Dios en Cristo (8:31-39). Él observa las más grandes y profundas fallas de los creyentes, y sabe mucho más acerca de las debilidades de ellos que incluso sus propias conciencias (Sal. 1:6; 103:14; 139:1-6; Pr. 24:12; He. 4:13). Pero Dios ha perdonado a aquellos que por fe en Cristo han sido adoptados en la familia divina (Ro. 8:14-17). Además, obra en los corazones de los creyentes, limpiándolos continuamente del pecado que aún perdura en ellos (cp. Fil. 2:12-13). Dios mira más allá del pecado que aún permanece y percibe los afectos santos que ha plantado en ellos, los cuales demuestran las naturalezas transformadas de sus hijos. Por tanto, aunque abrumados por su pecaminosidad, los creyentes pueden decir igual que Pedro: "Señor, tú lo sabes todo; tú sabes que te amo" (Jn. 21:17*b*; cp. Ro. 7:14-25).

DENUEDO EN LA ORACIÓN

Amados, si nuestro corazón no nos reprende, confianza tenemos en Dios; y cualquiera cosa que pidiéremos la recibiremos de él, (3:21-22*a*)

La duda cesa cuando los creyentes andamos en fidelidad y obediencia, porque **nuestro corazón no nos reprende** de modo que la inseguridad y el temor dan paso a la **confianza** que **tenemos en Dios.** Tal seguridad hace que los creyentes entremos con seguridad en la presencia de Dios (Ef. 3:12; He. 10:19; cp. 2 Co. 3:4; 1 Ti. 3:13), de tal modo que cualquier cosa que pidamos en oración la recibiremos de parte de Él. La palabra traducida **confianza** (*parrēsia*) significa "denuedo" y "libertad de expresión". Describe el privilegio de llegar ante alguien de importancia, poder y autoridad, y sentirse libre para expresar cualquier cosa que se tenga en mente. Para los creyentes significa entrar en la presencia de nuestro amoroso Padre celestial sin ningún temor (cp. 2:28; 4:17) y con total seguridad de que **cualquiera cosa que pidiéremos la recibiremos de él** (cp. 5:14; Jn. 14:13-14; 15:7, 16; 16:23-24). El escritor a los Hebreos usa una forma de *parrēsia* en 4:16: "Acerquémonos, pues, confiadamente al trono de la gracia, para alcanzar misericordia y hallar gracia para el oportuno socorro".

Algunos podrían considerar presuntuoso tal enfoque. Pero obviamente, todas las peticiones que los creyentes hacen a Dios deben estar de acuerdo con la voluntad divina (cp. Mt. 26:39, 42). John R. W. Stott proporciona unas reflexiones útiles al respecto:

> Juan no quiere dar a entender que Dios oye y contesta nuestras oraciones simplemente por la razón subjetiva de que tenemos una conciencia clara y un corazón que no condena. Hay una razón objetiva y moral, a saber *porque guardamos sus mandamientos y*, más generalmente, *hacemos lo que es agradable a su vista.* La obediencia es la condición indispensable, no la causa meritoria, de la oración contestada. *Cualquiera cosa que pidiéremos la recibiremos* describe la experiencia habitual del cristiano (los verbos sugieren tiempo presente), y Candlish tiene razón en señalar al Hijo encarnado como el ejemplo supremo de cómo agradar a Dios y en consecuencia ser oídos por Dios (Jn. viii. 29, xi. 41, 42). La declaración hace eco de la promesa del Señor, en que aparecen los dos mismos verbos: "Pedid, y se os dará… porque todo aquel que pide, recibe" (Mt. vii. 7, 8) (*The Epistles of John*, The Tyndale New Testament Commentaries [Grand Rapids: Eerdmans, 1964], p. 149; cursivas en el original).

El denuedo en la oración es, por tanto, una clara evidencia de un corazón cambiado. Puesto que los creyentes conocen a Dios como "¡Abba, Padre!" (Ro. 8:15; Gá. 4:6), se dan cuenta de que todo lo que le pidan dentro de la voluntad divina (cp. Jn. 14:13-14) Él lo oirá porque ha prometido atender todas sus necesidades (Fil. 4:19; cp. Sal. 23:1; 2 Co. 9:8).

SUMISIÓN A LOS MANDAMIENTOS DE DIOS

porque guardamos sus mandamientos, y hacemos las cosas que son agradables delante de él. (3:22*b*)

Después de hacer hincapié en el denuedo en la oración, Juan continúa enfocándose en la seguridad destacando otra vez que los creyentes se someten voluntariamente a los mandatos divinos porque desean complacerlo. Sin embargo, aquí el propósito del apóstol al unir los conceptos de la oración contestada y la obediencia activa es el de no dar a los creyentes un motivo egoísta y ulterior para obedecer. Así lo explica un comentarista:

> ¿Está estableciendo Juan dos prerrequisitos para la oración contestada? Realmente no. Obedecer los mandamientos de Dios nunca se debe hacer bajo coacción o con el propósito de recibir [de modo egoísta] recompensas [terrenales]. El cristiano cumple el mandato de Dios con un corazón alegre que expresa gratitud. El apóstol está diciendo que cuando obedecemos los mandamientos divinos estamos haciendo lo que le agrada a Dios. Al añadir la frase *haciendo lo que le agrada a Dios,* Juan descarta cualquier idea de mérito propio; agradar a Dios brota del amor y la lealtad. Implícitamente el apóstol hace que sus lectores recuerden a Jesús, quien durante su ministerio terrenal siempre trató de agradar al Padre haciendo su voluntad (Jn. 8:29).
>
> La base para la oración contestada no es obediencia ciega sino un deseo de agradar a Dios con amor dedicado. Y Dios satisface nuestras peticiones debido al vínculo de amor y comunión entre Padre e hijo (Simon J. Kistemaker, *1 John*, New Testament Commentary [Grand Rapids: Baker, 2004], p. 317).

El énfasis del apóstol está entonces en la obediencia verdadera y sincera (motivada por amor), en contraposición a un falso legalismo externo (motivado por ambición egoísta y orgullo). Jesús declaró esta verdad a sus apóstoles en el aposento alto:

> *Si permanecéis en mí, y mis palabras permanecen en vosotros, pedid todo lo que queréis, y os será hecho. En esto es glorificado mi Padre, en que llevéis mucho fruto, y seáis así mis discípulos. Como el Padre me ha amado, así también yo os he amado; permaneced en mi amor. Si guardareis mis mandamientos, permaneceréis en mi amor; así como yo he guardado los mandamientos de mi Padre, y permanezco en su amor (Jn. 15:7-10).*

En cada mandato que el Nuevo Testamento nos da a los creyentes se nos indica de manera explícita o implícita la necesidad de guardar los **mandamientos** de Dios (p. ej., Mt. 7:21; 16:24; Jn. 14:15; Stg. 1:22). Hacer **las cosas que son agradables delante de él** debería motivar todo lo que los cristianos hacemos; así lo expresa la abundante bendición de la epístola a los Hebreos:

> *Y el Dios de paz que resucitó de los muertos a nuestro Señor Jesucristo, el gran pastor de las ovejas, por la sangre del pacto eterno, os haga aptos en toda obra buena para que hagáis su voluntad, haciendo él en vosotros lo que es agradable delante de él por Jesucristo; al cual sea la gloria por los siglos de los siglos. Amén (13:20-21).*

FE EN JESUCRISTO

Y este es su mandamiento: Que creamos en el nombre de su Hijo Jesucristo, y nos amemos unos a otros como nos lo ha mandado. (3:23)

Después de entrar a la vida cristiana por medio de la dádiva perdurable de la fe dada por Dios (Ef. 2:8-9), los cristianos pueden obtener seguridad con relación a la certeza de que nunca dejarán de creer **en el nombre de su Hijo Jesucristo;** la fe que salva nunca muere. Esta fe fundamental es en respuesta al **mandamiento** de Dios, y resulta en obediencia continua a su mandato de que **nos amemos unos a otros** (Ef. 2:8-10; He. 12:1-2).

La fe salvadora contiene tres elementos inseparables y esenciales, los cuales Juan ha reiterado a lo largo de la epístola: fe, amor y anhelo de obedecer. En este versículo, **creamos** se traduce de una variante en pasado del verbo *pisteuō* y se refiere a un momento en el tiempo en que creímos. Sin embargo, esa acción produce resultados continuos que perduran por el resto de la vida del creyente. El objeto de la fe es **el nombre de su Hijo Jesucristo;** su **nombre** denota todo lo que Él es (incluso el hecho de que es tanto Salvador como Señor, cp. Fil. 2:9-11). Creer en el nombre de Cristo es un tema importante y muy repetido en el Nuevo Testamento (Jn. 3:15-16; 20:31; Hch. 16:31; cp. Mr. 1:15; Lc. 24:47), especialmente en esta carta (2:12; 4:2, 15). Por esto es que Juan escribió su evangelio (20:31) y su primera epístola (5:13).

Aunque sin duda este mandato de creer está dirigido a aquellos que todavía deben confiar en la obra salvadora de Cristo en la cruz, también tiene influencia directa en las vidas de los redimidos. A quienes ya creen, R. S. Candlish los exhorta:

> Sigan creyendo. Continúen creyendo más y más, simplemente porque ustedes sienten y creen más y más que este debe ser "el mandamiento

> que tienen que creer en el nombre de su Hijo Jesucristo". En ustedes que han creído, la incredulidad significa desobediencia agravada. Y, como tal, esto es y debe ser especialmente desagradable ante Dios. Al Padre le complace que se conozca a su Hijo, que se confíe en Él, se lo adore, ame y honre como Dios mismo debe ser honrado. No hay manera de desagradar más al Padre que deshonrado al Hijo y negándonos a recibirlo, a descansar en él, a aceptarlo, a mantenernos fieles a él, y como redentor, hermano y amigo a poner en él toda la confianza. No nos engañemos creyendo que podría haber algo más bien humano en nuestras dudas y temores, en nuestro inestable e inseguro estado de ánimo, como si este presagiara humildad y baja autoestima en nosotros. Cuidado, no sea que Dios sencillamente vea en esto que se le tiene en poca estima a su Hijo Jesucristo (R. S. Candlish, *1 John* [Carlisle, Pa.: Banner of Truth, 1993], p. 339).

Una característica de la verdadera fe salvadora es que con el tiempo su nivel de confianza plena en Cristo se hace cada vez más profunda y fuerte.

Amemos se traduce de una forma presente y activa del conocido verbo del Nuevo Testamento *agapaō,* que es el amor sacrificial no de sentimiento sino de voluntad y opción. El tiempo presente del verbo significa que el amor debe caracterizarse de manera continua y habitual en las actitudes y acciones del creyente, según el apóstol Juan ha dejado en claro en varias ocasiones (cp. Lc. 6:31-35; Gá. 5:13, 22; Fil. 1:9; 1 Ts. 4:9; He. 10:24; Stg. 2:8). Ese amor se expresará a todos los hombres (Gá. 6:10), pero en especial a los hermanos en la fe, tal como Jesús mandó (Jn. 13:34-35; 15:12, 17). Este es otro recordatorio de Juan a sus lectores de que la fe en Cristo y el amor por los hermanos son inseparables, y que ambos son realidades e imperativos para todos los cristianos.

APRECIO PORQUE EL ESPÍRITU SANTO PERMANEZCA EN NOSOTROS

Y el que guarda sus mandamientos, permanece en Dios, y Dios en él. Y en esto sabemos que él permanece en nosotros, por el Espíritu que nos ha dado. (3:24)

La bendición prometida para **el que guarda** los **mandamientos** de **Dios** es que **permanece en** Cristo **y Dios en él.** El término traducido **permanece** (del verbo *menō,* "alojarse, quedarse") es una de las palabras favoritas de Juan para salvación (véase Jn. 15:4-10) y una referencia repetida en esta carta (cp. 2:6, 10, 24, 28; 3:6; 4:13, 16). (Para más sobre el tema de permanecer, véanse los análisis anteriores de 2:6 y 2:28 en los capítulos 5 y 10, respectivamente, de este comentario). Esa vida compartida es posible únicamente **por el Espíritu que** Dios **nos ha dado** (cp. Lc. 11:13; 12:12; Jn. 14:16-17, 26; 15:26; Hch. 1:4-8; Ro. 5:5; 8:11, 16; Gá. 4:6; 5:16, 22; Ef. 1:13-14; 1 Jn. 2:20, 27; 4:1-2, 13).

Sin duda alguna, las obras del Espíritu Santo incluyen un elemento de lo misterioso, que los seres humanos frágiles y pecadores no pueden controlar o entender por completo; sin embargo, los resultados de esas obras son evidentes, así como Jesús le dijo a Nicodemo por medio de un ejemplo conocido: "El viento sopla de donde quiere, y oyes su sonido; mas ni sabes de dónde viene, ni a dónde va; así es todo aquel que es nacido del Espíritu" (Jn. 3:8). Así como los efectos del viento pueden verse, sentirse y oírse, así también la obra del Espíritu se manifiesta en las vidas, y quienes vemos esa obra **sabemos** por esto **que** [Cristo] **permanece en nosotros.**

Fue el Espíritu de Cristo (Ro. 8:9) quien dio vida a almas de santos espiritualmente muertas (Jn. 3:5-8; Tit. 3:5), quien dio vista a ojos ciegos, e hizo que corazones pecadores se arrepientan (cp. Hch. 16:14), y los atrajo en fe hacia Jesús (1 P. 1:2). Fue el Espíritu quien los puso en el cuerpo de Cristo (1 Co. 12:13) y los dotó para el ministerio en la Iglesia (1 Co. 12:7; cp. Ro. 12:3-8; 1 P. 4:10-11). Es a través de la esclarecedora instrucción del Espíritu que la Biblia cobra vida para los creyentes cuando estos la leen y meditan en ella (1 Co. 2:10-14; cp. Ef. 6:17). El Espíritu también activa las oraciones de los santos (Ef. 6:18; Jud. 20) e intercede por ellos (Ro. 8:26-27). Dirige y guía a los cristianos (8:14) y les da la seguridad de que son hijos de Dios (vv. 15-16; Ef. 1:13-14).

La salvación no es un evento de una sola vez sino una forma de vida, y entraña disposición de seguir a Jesús cueste lo que cueste (cp. Lc. 9:23, 57-62). La presencia de verdaderos afectos santos (gratitud hacia Dios, denuedo en oración, sumisión a sus mandamientos, fe en el Señor Jesucristo, y aprecio por el poder del Espíritu Santo en sus vidas, todo esto caracterizado y apuntalado por un amor continuo hacia otros creyentes) identifica a aquellos que perseveran en esta fe verdadera (cp. Ro. 2:7; Col. 1:21-23). La presencia de tales virtudes santas brinda auténtica seguridad a quienes las manifiestan (2 P. 1:8-10; cp. Fil. 1:6; 2 Ti. 1:12*b*), así como confianza de que han nacido de lo alto por medio del poder de Dios.

Cómo probar los espíritus 14

Amados, no creáis a todo espíritu, sino probad los espíritus si son de Dios; porque muchos falsos profetas han salido por el mundo. En esto conoced el Espíritu de Dios: Todo espíritu que confiesa que Jesucristo ha venido en carne, es de Dios; y todo espíritu que no confiesa que Jesucristo ha venido en carne, no es de Dios; y este es el espíritu del anticristo, el cual vosotros habéis oído que viene, y que ahora ya está en el mundo. Hijitos, vosotros sois de Dios, y los habéis vencido; porque mayor es el que está en vosotros, que el que está en el mundo. Ellos son del mundo; por eso hablan del mundo, y el mundo los oye. Nosotros somos de Dios; el que conoce a Dios, nos oye; el que no es de Dios, no nos oye. En esto conocemos el espíritu de verdad y el espíritu de error. (4:1-6)

¡Eureka!

Esta sencilla palabra griega (que significa "¡lo he encontrado!") se convirtió en California en un lema de vida para miles de buscadores de oro a mediados del siglo XIX. Resume el sueño de todo buscador de tesoros, y expresa la emoción de un llamativo negocio redondo. Para James Marshall (el primero en descubrir el precioso metal en 1848) y los "cuarenta y nueve" que lo siguieron, el término *eureka* significaba riquezas instantáneas, jubilación anticipada y una vida de comodidades.

Pero los aspirantes a buscadores rápidamente aprendieron que no todo lo que brilla es oro. Cauces y canteras podrían estar llenos de motas de oro que no obstante eran totalmente inservibles. Ese "oropel" o engañabobos era pirita de hierro, y los mineros debían tener cuidado para distinguirla del verdadero oro. Su propia subsistencia dependía de ello.

Mineros experimentados por lo general podían distinguir el oropel del oro simplemente observándolos. Sin embargo, en algunos casos la diferencia no era tan clara. Por tanto desarrollaron pruebas para discernir lo verdadero de lo que no lo era. Una prueba implicaba morder la roca en cuestión. El verdadero oro es más suave que el diente humano, mientras que la pirita es más dura. Una segunda prueba implicaba raspar la roca con un pedazo de piedra blanca, tal como cerámica. El verdadero oro deja una raya amarilla, mientras que el residuo dejado por el oropel es negro verdoso. En ambos casos, un minero se basaba en pruebas para autenticar sus hallazgos; tanto su fortuna como su futuro dependían de los resultados.

Espiritualmente hablando, los cristianos se encuentran a menudo en una posición parecida a los buscadores de oro en California de mediados del siglo xix. Al enfrentarnos con las variadas doctrinas y enseñanzas religiosas, todas las cuales pretenden ser verdaderas, los creyentes debemos poder distinguir las que son bíblicamente sanas de las que no lo son.

Al igual que en la fiebre del oro, el solo hecho de que algo brille no significa que sea bueno. Los cristianos debemos ser igualmente cuidadosos de la "pirita" espiritual. No debemos aceptar algo como cierto sin primero probarlo para ver si cumple con la aprobación de Dios. Si no pasa la prueba, los cristianos debemos descartarlo como falso y advertir también a otros. Pero si pasa la prueba, de acuerdo con la verdad de la Palabra de Dios, los creyentes debemos aceptarlo y apoyarlo de todo corazón.

Los buscadores de oro de California gritaban "¡eureka!" solo cuando encontraban oro verdadero. Cuando se trata de asuntos espirituales, los cristianos debemos tener mucho cuidado de hacer lo mismo.

CÓMO APRENDER A VIVIR CON DISCERNIMIENTO

El "oropel" espiritual no es algo nuevo. Es más, tanto el Antiguo Testamento como el Nuevo están llenos de advertencias acerca de falsos maestros (Dt. 13:1-3; Is. 8:19-20; Mt. 7:15; 24:4-5, 11, 24; Hch. 20:29; Ro. 16:17-19; 2 Co. 11:4, 13-15; Jud. 4) y sus falsas doctrinas (Hch. 20:30; 1 Ti. 1:4-7, 19; 6:20-21; 2 Ti. 2:17-18; 2 P. 2:1; cp. Is. 30:10). Los cristianos debemos aprender a discernir "para que ya no seamos niños fluctuantes, llevados por doquiera de todo viento de doctrina, por estratagema de hombres que para engañar emplean con astucia las artimañas del error" (Ef. 4:14). Es crucial hacer caso a la advertencia: "Examinadlo todo; retened lo bueno". Si no lo hacemos estaremos aumentando nuestra vulnerabilidad al engaño satánico (Mt. 13:19; 2 Co. 2:11; 4:4; 11:3, 14; 2 Ts. 2:9; cp. Gn. 3:1; Mt. 4:3-10; Lc. 22:31; Ef. 6:10).

La estrategia básica de Satanás para atacar la verdad se hizo patente por primera vez en el huerto del Edén, donde montó un ataque triple a la Palabra de Dios. Primero, lanzó dudas sobre lo que Dios había dicho respecto a comer del fruto del árbol de la vida ("¿Conque Dios os ha dicho: No comáis…?", Gn. 3:1). Segundo, negó rotundamente lo que Dios le había dicho a Adán ("no moriréis", v. 4). Por último, agregó una distorsión a lo que Dios le había dicho específicamente a Adán ("seréis como Dios, sabiendo el bien y el mal", v. 5). Desde entonces Satanás y sus fuerzas demoníacas han llevado a cabo una continua campaña implacable (cp. Ap. 16:14*a*) contra la verdad, usando incluso sus tácticas originales de duda, negación y distorsión (cp. 2 Co. 4:4).

La Biblia contiene muchas referencias a la prolongada batalla por conocer, respetar y obedecer la verdad. En el Antiguo Testamento, Moisés (p. ej., Dt. 4:1-31; 6:1-25; 8:1-20; 12:29—13:18; 30:1-20), Josué (Jos. 23:1—24:28), Samuel (1 S. 12:1-25), Elías (1 R. 18:20-40) y los profetas (Is. 31:6; 42:17; Jer. 8:5; 17:5; Ez. 18:26; Os. 14:1) continuamente llamaron al pueblo de Dios a volverse de la falsedad y la idolatría. Y en el Nuevo Testamento, Jesús mismo advirtió en contra de los falsos profetas (Mt. 7:15; 24:4-5, 11, 24), como también hicieron Pablo (Hch. 20:29; Ro. 16:17-18), Pedro (2 P. 2:1-3), Juan (1 Jn. 2:18-24) y Judas (Jud. 4-19).

Al igual que en el huerto del Edén, la fuente del error siempre se puede remontar a raíces satánicas (Jn. 8:44). De ahí que Pablo le dijera a Timoteo: "Pero el Espíritu dice claramente que en los postreros tiempos algunos apostatarán de la fe, escuchando a espíritus engañadores y a doctrinas de demonios; por la hipocresía de mentirosos que [tienen] cauterizada la conciencia" (1 Ti. 4:1-2; cp. Lv. 17:7; Dt. 32:17; Sal. 106:34-39; Stg. 3:14-16; Ap. 16:13-14). Cualquier ideología, filosofía, opinión o religión que no sea la verdad de Dios encaja en la agenda de Satanás, por lo que es tan importante que los creyentes reconozcamos la diferencia entre el Espíritu de verdad y el espíritu del error.

Si fallamos en discernir, los cristianos no solo estaremos confundidos y seremos incapaces de discernir por nosotros mismos, sino que tampoco seremos capaces de transmitir con exactitud la verdad a otros. Por tanto, debemos proteger la verdad (1 Ti. 6:20-21; 2 Ti. 1:13-14; Jud. 3; cp. Hch. 20:28; Pr. 23:23) conociéndola, reteniéndola como una convicción (cp. Lc. 1:4; Jn. 8:32; 19:35; 1 Ti. 2:4; 2 Ti. 2:15), y distinguiéndola de lo que es falso (cp. Fil. 3:2; Col. 2:8). Al ser fieles a la sana doctrina también podremos enseñar a otros (cp. 2 Ti. 2:2).

El apóstol Juan sabía que sus lectores estaban bajo ataque de falsos maestros. Como salvaguardia les mandó probar a aquellos que afirmaban enseñar la verdad. Les dio razones de que tal prueba es crucial, y pautas sobre cómo debían realizar esa prueba. Al hacerlo presentó una estrategia que todos los cristianos pueden usar para distinguir entre las verdaderas riquezas espirituales y el "oropel" doctrinal.

EL MANDATO DE PROBAR

Amados, no creáis a todo espíritu, (4:1*a*)

Tras analizar la obra permanente del Espíritu Santo en los verdaderos creyentes (3:24), Juan hace la transición a la obra de todo **espíritu** inmundo en los falsos maestros y en sus falsas enseñanzas. Puesto que estos espíritus antiguos y sobrenaturales son expertos en el engaño, los cristianos debemos tener cuidado en examinar de cerca todo mensaje espiritual que encontramos (cp. Mt. 10:16; 1 Ts. 5:21-22).

La forma imperativa del verbo **creáis,** con la partícula negativa **no,** se podría traducir literalmente "dejar de creer". La frase de Juan indica lo prohibitivo de una acción ya en marcha. Si algunos de sus lectores ya habían estado aceptando sin sentido crítico el mensaje de los falsos maestros, debían dejar de hacer eso inmediatamente. Debían ejercer discernimiento bíblico, así como los bereanos de quienes Lucas escribió: "Y éstos eran más nobles que los que estaban en Tesalónica, pues recibieron la palabra con toda solicitud, escudriñando cada día las Escrituras para ver si estas cosas eran así" (Hch. 17:11).

Los no creyentes, al tener "el entendimiento entenebrecido" (Ef. 4:18), no poseen ninguna base sobre la cual evaluar varias enseñanzas que reclaman origen divino (1 Co. 2:14). En consecuencia son muy susceptibles a la doctrina aberrante, y pueden ser fácilmente llevados al error. Pero los creyentes, quienes tienen la Palabra de verdad y el Espíritu de verdad, deben probar lo que oyen con lo que saben que es cierto, según se revela en las Escrituras (1 Ts. 5:21-22).

UNA RAZÓN PARA PROBAR

sino probad los espíritus si son de Dios; porque muchos falsos profetas han salido por el mundo. (4:1*b*)

El término traducido **probad** es una forma del imperativo presente del verbo *dokimazō.* Se usaba para referirse a ensayos metalúrgicos de metales con el fin de probar su pureza y valor. El uso que Juan hace del tiempo presente indica que los creyentes deben examinar continuamente **los espíritus** para ver **si son de Dios.** A diferencia de la opinión de algunos, este mandato no tiene nada que ver con confrontar personalmente a demonios o realizar exorcismos. En vez de eso, los cristianos debemos evaluar continuamente lo que vemos, oímos (cp. 1 Co. 14:29; 1 Ts. 5:20-21) y leemos para determinar si se origina en el Espíritu de Dios o, en su defecto, en los demonios.

La única manera confiable de probar cualquier enseñanza es compararla con lo que Dios ha revelado en su Palabra infalible y escrita (Is. 8:20; cp. Pr. 6:23; 2 Ti. 3:16-17). Como la norma perfecta de verdad (Jn. 17:17) y la espada del Espíritu (Ef. 6:17), la Palabra de Dios proporciona a los creyentes la defensa principal contra el error (cp. 2 Co. 10:3-5; He. 4:12).

La urgencia del mandato de Juan reside en el hecho de que no unos pocos sino **muchos falsos profetas han salido por el mundo.** Satanás no solo quiere oponerse a la Iglesia (cp. Hch. 5:3; 13:8-10; 16:16-23; 1 Ts. 2:18), sino que desea engañarla (cp. 2 Co. 11:14). En consonancia con sus artimañas fraudulentas, sus secuaces se han infiltrado en denominaciones, iglesias y otras instituciones, organizaciones, además de seminarios cristianos, dando como resultado componendas y error (cp. Jud. 4).

Satanás no solo desarrolla mentiras que niegan directamente la verdad bíblica, sino que con frecuencia también sabotea sutilmente la verdad mezclándola con error. Verdad mezclada con error es por lo general más eficaz y mucho más destructiva que una contradicción abierta de la verdad. Son objetivos principales de engaño doctrinal aquellos que creen todo lo que leen de librerías cristianas u oyen en la radio y la televisión cristiana. En resumidas cuentas, así lo describió Pablo: "El mismo Satanás se disfraza como ángel de luz. Así que, no es extraño si también sus ministros se disfrazan como ministros de justicia" (2 Co. 11:14*b*-15*a*).

De modo que Satanás disfraza sus mentiras como verdad. No siempre libra la guerra de manera abierta contra el evangelio. Es mucho más probable que ataque a la Iglesia infiltrándose en su interior con errores sutiles. El diablo utiliza la estrategia del caballo de Troya colocando sus falsos maestros en la Iglesia, donde presentan "encubiertamente herejías destructoras" (2 P. 2:1). Pone sus mentiras en la boca de alguien que afirma hablar por Jesucristo (Mt. 4:6; Hch. 20:30). De este modo el diablo disfraza la falsedad como verdad, haciendo así que lo malvado parezca bueno.

Por esto, Jesús mismo advirtió de los falsos profetas:

> *Guardaos de los falsos profetas, que vienen a vosotros con vestidos de ovejas, pero por dentro son lobos rapaces. Por sus frutos los conoceréis. ¿Acaso se recogen uvas de los espinos, o higos de los abrojos? Así, todo buen árbol da buenos frutos, pero el árbol malo da frutos malos (Mt. 7:15-17; cp. Mr. 13:21-23; 2 P. 2:1-2).*

Los cristianos que no toman en cuenta la advertencia del Señor lo hacen para su propio perjuicio. Hay muchas voces potentes que a gritos piden atención dentro de la iglesia. Por eso es fundamental que los creyentes practiquen el discernimiento bíblico (cp. 1 Co. 2:12-13; Ef. 6:17; 2 Ti. 1:13; 3:15-17). Esto se exige especialmente para los pastores.

> *Porque es necesario que el obispo sea irreprensible, como administrador de Dios; no soberbio, no iracundo, no dado al vino, no pendenciero, no codicioso de ganancias deshonestas, sino hospedador, amante de lo bueno, sobrio, justo, santo, dueño de sí mismo, retenedor de la palabra fiel tal como ha sido enseñada, para que también pueda exhortar con sana enseñanza y convencer a los que contradicen. Porque hay aún muchos contumaces, habladores de vanidades y engañadores, mayormente los de la circuncisión, a los cuales es preciso tapar la boca; que trastornan casas enteras, enseñando por ganancia deshonesta lo que no conviene (Tit. 1:7-11).*

PAUTAS PARA APRENDER A PROBAR

En esto conoced el Espíritu de Dios: Todo espíritu que confiesa que Jesucristo ha venido en carne, es de Dios; y todo espíritu que no confiesa que Jesucristo

ha venido en carne, no es de Dios; y este es el espíritu del anticristo, el cual vosotros habéis oído que viene, y que ahora ya está en el mundo. Hijitos, vosotros sois de Dios, y los habéis vencido; porque mayor es el que está en vosotros, que el que está en el mundo. Ellos son del mundo; por eso hablan del mundo, y el mundo los oye. Nosotros somos de Dios; el que conoce a Dios, nos oye; el que no es de Dios, no nos oye. En esto conocemos el espíritu de verdad y el espíritu de error. (4:2-6)

Juan expone tres pruebas conocidas para determinar si un maestro y su mensaje reflejan el Espíritu de Dios o el espíritu de Satanás. Estas pruebas son teológicas (¿confiesa la persona a Jesucristo?), de conducta (¿manifiesta la persona evidencia del fruto de justicia?) y de presuposición (¿está la persona comprometida con la Palabra de Dios?). De ahí que los maestros verdaderos deban caracterizarse por confesar al Señor divino, por poseer la vida divina, y profesar la ley divina. Aquellos que no exhiben estas características demuestran que no son de Dios.

CONFESAR AL SEÑOR DIVINO

En esto conoced el Espíritu de Dios: Todo espíritu que confiesa que Jesucristo ha venido en carne, es de Dios; y todo espíritu que no confiesa que Jesucristo ha venido en carne, no es de Dios; y este es el espíritu del anticristo, el cual vosotros habéis oído que viene, y que ahora ya está en el mundo. (4:2-3)

La primera prueba es teológica, o más específicamente, cristológica, y pregunta: ¿Qué enseña esta persona acerca de Jesucristo? El verbo traducido **confiesa** es una forma del tiempo presente del verbo *homologeō,* que significa "decir lo mismo". **Todo espíritu** (maestro humano) que concuerda con la Biblia en **que Jesucristo ha venido en carne es** por consiguiente **de Dios,** ya que confiesa una verdad enseñada por el Espíritu Santo: que **Jesucristo** es Dios encarnado.

El apóstol no explora aquí todos los matices de la cristología; simplemente repite la declaración cristológica definitiva con que inició esta epístola:

> *Lo que era desde el principio, lo que hemos oído, lo que hemos visto con nuestros ojos, lo que hemos contemplado, y palparon nuestras manos tocante al Verbo de vida (porque la vida fue manifestada, y la hemos visto, y testificamos, y os anunciamos la vida eterna, la cual estaba con el Padre, y se nos manifestó); lo que hemos visto y oído, eso os anunciamos, para que también vosotros tengáis comunión con nosotros; y nuestra comunión verdaderamente es con el Padre, y con su Hijo Jesucristo (1:1-3).*

Jesucristo procedió de Dios el Padre como el Verbo viviente de Dios (Jn. 1:1-2) que se hizo carne (Lc. 1:31; Jn. 1:14; cp. Col. 2:9). Él es uno con el Padre (Jn. 10:30, 38;

14:7-10), manifestado a la humanidad como la segunda persona de la Trinidad (un correcto entendimiento de la cristología inevitablemente será trinitario), el Hijo de Dios (Is. 9:6; Jn. 3:16; cp. Jn. 1:18; He. 1:5, 8). Según el plan de Dios, Jesús vino en la carne a fin de que pudiera tener una muerte sustitutiva como un ser humano por los pecados de otros hombres. Esa es la única forma en que podía redimir a todos los que habrían de creer (Gá. 4:4-5; He. 2:17; cp. 1 Ti. 2:5; 1 Jn. 2:1-2).

Juan resalta varias veces la deidad de Cristo y enseña la gigantesca verdad con enormes implicaciones: que nadie puede honrar al Padre sin honrar al Hijo (2:22-23; Jn. 5:23; 2 Jn. 3, 7, 9) porque ellos participan la misma naturaleza divina y perfecta (3:21-23; 5:6, 20). Para ser salvos debemos creer que Jesús es Deidad eterna, la segunda persona de la Divinidad que se hizo hombre. Él no es simplemente un ser creado (contrario a lo que los antiguos falsos maestros enseñaron y a lo que sectas modernas tales como los mormones y los Testigos de Jehová enseñan). Sin embargo, el simple asentimiento intelectual a esa verdad no salva a nadie (cp. Stg. 2:19); para ser salvos también es necesario reconocer a Jesús como Señor (Ro. 10:9-10).

La comprensión y la aceptación que una persona haga de la identidad de Jesús es la prueba de fuego definitiva de la legitimidad de la fe que profesa. En el mundo evangélico de hoy cada vez es políticamente más correcto afirmar que todas las religiones monoteístas adoran al mismo Dios. Pero la realidad es que no es así. Jesús mismo dejó eso absolutamente en claro: "El que a vosotros [los discípulos] oye, a mí me oye; y el que a vosotros desecha, a mí me desecha; y el que me desecha a mí, desecha al que me envió" (Lc. 10:16); "yo soy el camino, y la verdad, y la vida; nadie viene al Padre, sino por mí" (Jn. 14:6; cp. Hch. 4:12; 1 Jn. 2:23). **Todo espíritu** misionero en cualquier religión o filosofía **que no confiesa que Jesucristo ha venido en carne, no es de Dios.** Tal enseñanza es errónea, herética y un rechazo a Cristo (2 P. 2:1; cp. Gá. 1:8-9). Juan la llama **el espíritu del anticristo** (cp. 2:18, 22; para un análisis más completo de este tema, véase el capítulo 9 de este comentario). Los creyentes han **oído que** el último anticristo **viene** (2 Ts. 2:3-4, 8-9), pero **el espíritu del anticristo,** que se evidencia en la falsa religión y la doctrina aberrante, **ya está en el mundo.** La verdadera naturaleza de Jesucristo es inevitablemente negada por los falsos maestros y los sistemas que estos promueven (Jud. 4; cp. Hch. 3:14). No obstante, aquellos que entienden correctamente a Jesucristo y lo presentan a Él y a su obra de forma certera demuestran que poseen el Espíritu de verdad.

POSEER LA VIDA DIVINA

Hijitos, vosotros sois de Dios, y los habéis vencido; porque mayor es el que está en vosotros, que el que está en el mundo. Ellos son del mundo; por eso hablan del mundo, y el mundo los oye. (4:4-5)

En la encarnación, Dios se hizo partícipe de la naturaleza humana (Fil. 2:7-8; He. 2:14, 17; 4:15). Por otra parte, a través de la regeneración los seres humanos se vuelven partícipes de la naturaleza divina (2 P. 1:4; cp. 2 Co. 3:18). La declaración de Juan: **Hijitos, vosotros sois de Dios, y los habéis vencido; porque mayor es el que está en vosotros, que el que está en el mundo,** es principalmente una afirmación de la seguridad de los creyentes contra los falsos maestros (cp. 2:20, 24, 27). Todos los cristianos verdaderos poseen una simiente incorruptible de vida eterna (1 P. 1:23-25), lo que quiere decir que ningún engaño satánico puede alejarlos de la mano salvadora de Dios (Jn. 10:28-29). A quienes realmente han nacido de nuevo se les ha concedido no solo una visión sobrenatural de la verdad (Lc. 10:21) sino también amor por esta (Sal. 1:2; 119:97, 113, 159, 167; cp. 2 Ts. 2:10; 1 P. 1:22) y discernimiento que los protege de la apostasía (cp. Mr. 13:22; He. 10:39). Así escribió Pablo:

> *Y nosotros no hemos recibido el espíritu del mundo, sino el Espíritu que proviene de Dios, para que sepamos lo que Dios nos ha concedido, lo cual también hablamos, no con palabras enseñadas por sabiduría humana, sino con las que enseña el Espíritu, acomodando lo espiritual a lo espiritual. Pero el hombre natural no percibe las cosas que son del Espíritu de Dios, porque para él son locura, y no las puede entender, porque se han de discernir espiritualmente. En cambio el espiritual juzga todas las cosas; pero él no es juzgado de nadie. Porque ¿quién conoció la mente del Señor? ¿Quién le instruirá? Mas nosotros tenemos la mente de Cristo (1 Co. 2:12-16).*

Los creyentes podrían estar inseguros en cuanto a cuestiones secundarias y periféricas, pero no acerca de las verdades fundamentales del evangelio, tales como la persona y la obra de Cristo (cp. Jn. 3:14-16; Ro. 1:16-17; 3:24-26; 5:1; Gá. 2:16; Ef. 2:8-9; 2 Ti. 1:9). Ellos no se dejarán engañar cuando falsos maestros invariablemente menosprecien la obra de Cristo al abogar por alguna forma de salvación por obras (cp. Gá. 4:9-11; Col. 2:20-23).

Por otra parte, los falsos maestros y sus seguidores se aferran a ideas mundanas (véase 2:15-17 y 1 Co. 2:14) porque **ellos son del mundo; por eso hablan del mundo, y el mundo los oye.** Por medio de lo que dicen y cómo viven, los falsos maestros demuestran que son cualquier cosa menos verdaderos siervos de Cristo. No obstante, los verdaderos creyentes se oponen a las ideas mundanas porque han **vencido** al mundo (cp. Jn. 16:33).

PROFESIÓN DE LA LEY DIVINA

Nosotros somos de Dios; el que conoce a Dios, nos oye; el que no es de Dios, no nos oye. En esto conocemos el espíritu de verdad y el espíritu de error. (4:6)

En contraste con los proveedores demoníacos de falsedad (Hch. 13:10; Gá. 1:7; cp. Jn. 8:44), quienes **somos de Dios** proclamamos su Palabra revelada como la fuente de verdad (cp. 2 Co. 6:7; 1 Ti. 2:7; Tit. 1:3). El pronombre **nosotros** se refiere principalmente a Juan y los demás escritores de la Biblia. Igual que ellos, todos los maestros verdaderos predican con exactitud la Palabra de Dios, y **el que conoce a Dios,** los **oye** (cp. Jn. 8:47; 10:4-5, 16, 26-27; 14:26; 18:37). Por el contrario, todo aquel **que no es de Dios, no oye** las enseñanzas de los maestros verdaderos.

La revelación escrita y completa del Antiguo y Nuevo Testamentos es por consiguiente la única autoridad por la cual los cristianos deben probar todas las ideologías espirituales. Según Pablo escribiera a Timoteo: "Toda la Escritura es inspirada por Dios, y útil para enseñar, para redargüir, para corregir, para instruir en justicia, a fin de que el hombre de Dios sea perfecto, enteramente preparado para toda buena obra" (2 Ti. 3:16-17). La Biblia es "más segura" que las experiencias o sensaciones humanas (2 P. 1:19). Perdura para siempre (1 P. 1:25). Es digna de confianza en todos sus detalles (Mt. 5:18). Es inmutable y eterna (Is. 40:8); Jesús mismo declaró: "El cielo y la tierra pasarán, pero mis palabras no pasarán" (Mt. 24:35). Es la norma de la verdad (Jn. 17:17). Y es por medio de esa norma, con la ayuda del Espíritu Santo (cp. Jn. 14:17; 15:26; 16:13), que los creyentes **conocemos el espíritu de verdad y el espíritu de error.**

En un mundo plagado de falsas enseñanzas demoníacas, los creyentes debemos probar constantemente los espíritus para discernir cuál es de Dios y cuál no lo es. Usando las pruebas que Juan ha bosquejado aquí podemos diferenciar las joyas espirituales verdaderas de los "engañabobos" doctrinales. Al igual que los nobles bereanos, los santos de hoy día están llamados a comparar con la norma bíblica revelada todo mensaje espiritual con que se topen (Hch. 17:11). Solo entonces pueden obedecer la amonestación de Judas de contender "ardientemente por la fe que ha sido una vez dada a los santos" (Jud. 3). Al guardar fielmente la verdad en la actualidad, los creyentes la preservan en pureza tanto para sí mismos como para las generaciones futuras.

Manifestación del amor perfecto

15

Amados, amémonos unos a otros; porque el amor es de Dios. Todo aquel que ama, es nacido de Dios, y conoce a Dios. El que no ama, no ha conocido a Dios; porque Dios es amor. En esto se mostró el amor de Dios para con nosotros, en que Dios envió a su Hijo unigénito al mundo, para que vivamos por él. En esto consiste el amor: no en que nosotros hayamos amado a Dios, sino en que él nos amó a nosotros, y envió a su Hijo en propiciación por nuestros pecados. Amados, si Dios nos ha amado así, debemos también nosotros amarnos unos a otros. Nadie ha visto jamás a Dios. Si nos amamos unos a otros, Dios permanece en nosotros, y su amor se ha perfeccionado en nosotros. En esto conocemos que permanecemos en él, y él en nosotros, en que nos ha dado de su Espíritu. Y nosotros hemos visto y testificamos que el Padre ha enviado al Hijo, el Salvador del mundo. Todo aquel que confiese que Jesús es el Hijo de Dios, Dios permanece en él, y él en Dios. Y nosotros hemos conocido y creído el amor que Dios tiene para con nosotros. Dios es amor; y el que permanece en amor, permanece en Dios, y Dios en él. En esto se ha perfeccionado el amor en nosotros, para que tengamos confianza en el día del juicio; pues como él es, así somos nosotros en este mundo. En el amor no hay temor, sino que el perfecto amor echa fuera el temor; porque el temor lleva en sí castigo. De donde el que teme, no ha sido perfeccionado en el amor. Nosotros le amamos a él, porque él nos amó primero. Si alguno dice: Yo amo a Dios, y aborrece a su hermano, es mentiroso. Pues el que no ama a su hermano a quien ha visto, ¿cómo puede amar a Dios a quien no ha visto? Y nosotros tenemos este mandamiento de él: El que ama a Dios, ame también a su hermano. (4:7-21)

La Trinidad es una doctrina bíblica insondable y, sin embargo, inconfundible. Como observó Jonathan Edwards después de estudiar ampliamente el tema: "Creo, sin embargo, que [la doctrina de la Trinidad] es el más exaltado y más profundo de todos los misterios divinos, a pesar de todo lo que he afirmado o concebido al respecto" (*An Unpublished Treatise on the Trinity*). No obstante, aunque la plenitud de la Trinidad está mucho más allá de la comprensión humana, se trata indiscutiblemente del modo en que Dios se ha revelado en la Biblia: como un Dios que existe en la eternidad en tres personas.

Esto, por supuesto, no quiere decir que la Biblia presenta tres dioses diferentes (cp. Dt. 6:4). Más bien, Dios es tres personas en una sola esencia; la esencia divina subsiste en su plenitud y de modo indivisible, simultánea y eternamente, en los tres miembros de la Deidad: Padre, Hijo y Espíritu Santo.

Las Escrituras son claras en que estas tres personas juntas son un Dios y solo uno (Dt. 6:4). Juan 10:30 y 33 explican que el Padre y el Hijo son uno. Primera Corintios 3:16 muestra que el Padre y el Espíritu son uno. Romanos 8:9 deja en claro que el Hijo y el Espíritu son uno. Además, Juan 14:16, 18 y 23 demuestran que el Padre, el Hijo, y el Espíritu son uno.

A pesar de eso, al mostrar la unidad entre los miembros de la Trinidad, la Palabra de Dios en ninguna manera niega la existencia simultánea y el carácter distintivo de cada una de las personas de la Deidad. Es decir, la Biblia deja en claro que Dios es un solo Dios (no tres), pero que el único Dios es una Trinidad de personas.

La Biblia sugiere en varias formas en el Antiguo Testamento la idea de la Trinidad. El título *Elohim* ("Dios"), por ejemplo, es un sustantivo plural, lo que puede sugerir multiplicidad (cp. Gn. 1:26). Esto corresponde al hecho de que el pronombre plural ("nosotros") se usa en ocasiones para Dios (Gn. 1:26; Is. 6:8). Más directamente, hay lugares en que el nombre de Dios se aplica a más de una persona en el mismo texto (Sal. 110:1; cp. Gn. 19:24). Además, también hay pasajes en que todas las tres personas divinas se ven en acción (Is. 48:16; 61:1).

En gran medida el Nuevo Testamento se basa en estas verdades, y las revela de modo más explícito. La fórmula bautismal de Mateo 28:19 designa a todas las tres personas de la Trinidad: "Id, y haced discípulos a todas las naciones, bautizándolos en el nombre del Padre, y del Hijo, y del Espíritu Santo". En su bendición apostólica a los corintios, Pablo subrayó esta misma realidad cuando escribió: "La gracia del Señor Jesucristo, el amor de Dios [el Padre], y la comunión del Espíritu Santo sean con todos vosotros" (2 Co. 13:14). Otros pasajes del Nuevo Testamento también explican la gloriosa verdad del Dios trino (Ro. 15:16, 30; 2 Co. 1:21-22; Ef. 2:18).

Al describir la Trinidad, el Nuevo Testamento distingue claramente tres personas que están todas simultáneamente activas. No son simplemente modos o manifestaciones de la misma persona (como de modo incorrecto afirman las herejías del modalismo o el sabelianismo, y la teología más moderna de la unicidad) que a veces actúa como Padre, en ocasiones como Hijo, y en otras más como Espíritu Santo. En el bautismo de Cristo estaban simultáneamente activas todas las tres personas (Mt. 3:16-17), en que el Hijo se estaba bautizando, el Espíritu descendiendo, y el Padre hablando desde el cielo. Jesús mismo oró al Padre (cp. Mt. 6:9), enseñó que su voluntad era diferente de la del Padre (Mt. 26:39), prometió que le pediría al Padre que enviara el Espíritu (Jn. 14:26), y pidió al Padre que lo glorificara (Jn. 17:5). Estas acciones no tendrían sentido a menos que el Padre y el Hijo fueran dos personas distintas. En otra parte del Nuevo Testamento, el Espíritu Santo intercede ante el Padre en favor de los creyentes (Ro. 8:26-27), así como lo hace el Hijo, quien es nuestro Abogado (1 Jn. 2:1). En el Evangelio de Juan, el apóstol informa que Jesús afirmó que el Espíritu Santo moraría en los creyentes (14:16), que Él mismo moraría en ellos (vv. 18, 20-21), y que el Padre también moraría en ellos (v. 23). Una vez más la distinción de cada persona está a la vista.

La Biblia es clara. Solo existe un Dios, pero existe y siempre ha existido como una Trinidad de personas: el Padre, el Hijo, y el Espíritu Santo (cp. Jn. 1:1, 2). Negar o malinterpretar la Trinidad es negar o malinterpretar la misma naturaleza de Dios.

La doctrina de la Trinidad es crucial en una cantidad infinita de niveles, ya que está en el mismo centro de la doctrina de Dios. Así lo explica un escritor:

> La Trinidad es la más exaltada revelación que Dios ha hecho de sí mismo a su pueblo. Es el toque final, la estrella más brillante en el firmamento de verdades divinas… Debemos saber, entender y amar a la Trinidad para ser total y plenamente cristianos. Por esto es que decimos que la Trinidad es la más grande de las verdades reveladas de Dios (James White, *The Forgotten Trinity* [Minneapolis: Bethany House, 1998], pp. 14-15).

Es muy significativo que la Trinidad tenga implicaciones no solo para lo que los creyentes piensan acerca de Dios, sino también para cómo se relacionan con Él y unos con otros. Después de todo, es la verdad de la Trinidad la que explica a Dios como un ser relacional. Desde la eternidad pasada, Padre, Hijo y Espíritu Santo han disfrutado la plenitud de la relación interpersonal. Siempre se han gloriado de la infinita intimidad de la que participan. En pocas palabras, Dios nunca ha estado solo, sino que siempre ha estado satisfecho en la comunión perfecta de felicidad intertrinitaria. John Piper lo explica de este modo:

> Podemos decir que desde la eternidad, y antes de toda creación, Dios es la única realidad que ha existido siempre. Esto constituye un misterio muy grande ya que resulta difícil para nosotros imaginar que Dios no tenga ningún principio, que él haya estado por siempre y siempre, sin que nada ni nadie lo haya colocado allí. Se trata de una realidad absoluta que todos tenemos que considerar nos guste o no. Sin embargo, ese Dios que ha vivido eternamente no ha estado «solo». No fue un centro solitario de conciencia. Siempre hubo otro que era uno con Dios en esencia y gloria, pero [tan distinto en personalidad] para que ellos pudieran tener a lo largo de toda la eternidad una comunión personal (*Los deleites de Dios* [Miami: Vida, 2006], s.p.).

Basado en ese impecable modelo relacional y en su perfecto deseo y propósito de tener relación con sus criaturas, el Dios trino diseñó al hombre como un ser relacional. La creación del ser humano a imagen de Dios le dio conciencia de sí mismo y la habilidad de pensar de modo racional, de apreciar la belleza, de adquirir sabiduría, de sentir emoción, y de entender la moralidad. Pero el aspecto más importante de la imagen de Dios se ve en la capacidad del hombre de amar a otros, según se demuestra a través de su comunión relacional con Dios y con otros seres humanos. Aunque solo una sombra, el amor humano (tanto por Dios como por los demás) es un reflejo del perfecto amor intertrinitario que ha caracterizado a Dios desde antes del inicio del tiempo.

El origen trinitario del amor perfecto pone de relieve el tema del apóstol en 1 Juan 4:7-21. Cuatro veces en el pasaje (una vez en el versículo 12, otra en el versículo 17, y dos en el versículo 18) Juan se refiere al amor perfecto o perfeccionado. El Nuevo Testamento menciona muchas clases de amor (Mt. 5:44; 22:37-38; Jn. 13:34; 14:15, 21; 15:12; Ro. 12:9-10; 13:8-10; 1 Co. 8:3; 13:4-8, 13; 2 Co. 5:14; Gá. 5:22; Ef. 5:25, 28, 33; Fil. 1:9; Col. 3:14; 1 Ts. 4:9; 2 Ts. 3:5; He. 13:1; Stg. 2:8; 1 P. 1:22; 4:8; Jud. 21), pero el amor supremo es el amor perfeccionado y completo que viene de Dios en la salvación. En Romanos 5:5 Pablo escribió: "El amor de Dios ha sido derramado en nuestros corazones por el Espíritu Santo que nos fue dado". Se trata de un amor que no se deriva de una experiencia mística ni está vinculado con sentimentalismo emocional, sino que se origina en la salvación (cp. Ro. 8:28-30) y se demuestra en las buenas obras de santificación (cp. Ef. 2:10; He. 10:24). La expresión total de este amor ocurre cuando los creyentes obedecen al Señor: "El que guarda su palabra, en éste verdaderamente el amor de Dios se ha perfeccionado" (1 Jn. 2:5*a*; cp. 5:3).

Este pasaje constituye en realidad la tercera vez que Juan habla del amor en esta carta. Primero presentó al amor en 2:7-11 como una prueba de verdadera comunión. Luego lo examinó en 3:10-17 como evidencia de la filiación de los creyentes. Este tercer debate acerca del amor es un ejemplo del regreso cíclico del apóstol en la epístola a través de la moral y las pruebas doctrinales de salvación, ofreciendo cada vez a sus lectores mayor profundidad y amplitud.

Juan expone en este pasaje la naturaleza del amor trinitario perfecto según se relaciona con el carácter de Dios, con la venida de Cristo, con la afirmación de fe del cristiano, y con la confianza del creyente en el juicio.

EL AMOR PERFECTO Y EL CARÁCTER DE DIOS

Amados, amémonos unos a otros; porque el amor es de Dios. Todo aquel que ama, es nacido de Dios, y conoce a Dios. El que no ama, no ha conocido a Dios; porque Dios es amor. (4:7-8)

Juan se dirigió a sus lectores como **amados** (*agapētoi,* "[divinamente] queridos") (cp. 2:7; 3:2, 21; 4:1, 11) a quienes instó: **amémonos unos a otros.** Una vez más, a diferencia del amor emocional, físico o fraternal, *agapē* (**amor**) se trata del amor del servicio abnegado (Fil. 2:2-5; Col. 3:12-14; cp. Ro. 14:19; 1 Co. 10:23-24; 13:4-7), es decir el amor concedido a alguien que necesita ser amado (He. 6:10; 1 P. 2:17; cp. Ro. 12:15), no necesariamente a alguien que sea atractivo o digno de ser amado.

La primera razón de que los creyentes deben extender ese amor sacrificial unos a otros es **porque el amor es de Dios.** Así como Dios es vida (Sal. 36:9) y la fuente de vida eterna (1:1-2; 3:1-2, 9; 5:12; 2 Ti. 1:1; Tit. 1:2), y así como Él es luz (1:5-7; 2:8-11; cp. Is. 60:19), también es amor (cp. 4:16). Por tanto, si los creyentes poseen la vida de Dios y andan en la luz de Dios (justicia y verdad), también poseen y manifiestan el amor divino, pues **todo aquel que ama, es nacido de Dios, y conoce a Dios.** Debido a que son hijos de Dios, manifestarán la naturaleza divina y reflejarán el amor de Dios a otros.

Como ya se mencionó, el amor al que Juan se refiere es el amor divino y perfecto que Dios ofrece únicamente a los suyos. El verbo traducido **es nacido** es una forma pasiva perfecta de *gennaō* y podría traducirse literalmente "se ha engendrado". Todo aquel a quien Dios salvó en el pasado sigue dando evidencia de esa realidad en el presente. Aquel que posee la vida de Dios tiene la capacidad y la experiencia de amar. Por el contrario, **el que no ama, no ha conocido a Dios.** Aquellos cuyas vidas no se caracterizan por amar a otros no son cristianos, sin importar lo que afirmen. Los religiosos judíos (escribas, fariseos y los demás dirigentes) de la época de Jesús, así como los falsos maestros en la iglesia del tiempo de Juan, sabían mucho *acerca de* Dios, pero en realidad no lo *conocían* (cp. 1 Ti. 6:20; 2 Ti. 3:7). La ausencia del amor de Dios en sus vidas revelaba de modo muy concluyente la condición no regenerada en que se hallaban, así como lo estaba su aberrante teología.

Por naturaleza, **Dios es amor,** y por tanto Él define al amor; el amor no lo define a Él. La gente impone constantemente sobre Dios un punto de vista humano del amor; no obstante, Él trasciende cualquier tipo de limitaciones humanas. El hecho de que Dios es amor explica una cantidad de aspectos en la perspectiva global del mundo. Primero, explica la razón por la cual creó. En la eternidad pasada, dentro de la comunión perfecta de la Trinidad, Dios el Padre se propuso, como una dádiva de amor para su Hijo, redimir a un pueblo que honraría y glorificaría al Hijo (cp. Jn. 6:39; 17:9-15). Por eso, aunque Dios existía en perfecta soledad trinitaria, creó un género de seres de los cuales amaría y rescataría a aquellos que a su vez amarían a Dios por siempre.

Segundo, la verdad de que Dios es amor explica la selección humana. Él diseñó que pecadores lo conocieran y lo amaran por un acto de sus voluntades (cp. Jn. 7:17-18), aunque no aparte de la obra del Espíritu Santo (cp. Jn. 1:12-13;

Ef. 2:5; Tit. 3:5). El más grande mandamiento es que las personas lo amen de todo corazón, alma, mente y fuerzas (Mr. 12:29-30).

Tercero, la realidad de que Dios es amor también explica su providencia. Él organiza todas las circunstancias de la vida, en medio de todo el asombro, la belleza e incluso las dificultades de sus hijos, a fin de revelar muchas evidencias del amor divino (Sal. 36:6; 145:9; Ro. 8:28).

Cuarto, que Dios es amor explica el plan divino de redención. Si Él actuara solo basándose en su ley habría condenado al ser humano por su pecado, y con justicia destinaría a todo el mundo a pasar la eternidad en el infierno (cp. Sal. 130:3). Pero su amor proporcionó un remedio para el pecado a través de la obra expiatoria de Jesucristo (Mt. 1:21; Gá. 4:4-5) a favor de todos los que se arrepienten de sus pecados y confían en la misericordia de Dios (Jn. 3:14-15). En la declaración más conocida de su ministerio terrenal, Jesús declaró: "Porque de tal manera amó Dios al mundo, que ha dado a su Hijo unigénito, para que todo aquel que en él cree, no se pierda, mas tenga vida eterna" (Jn. 3:16; cp. 2 Co. 5:19-20; 1 Ti. 4:10; Tit. 3:4-5).

El amor general de Dios por la humanidad se manifiesta en varias maneras. Primera, Dios expresa su amor y su bondad a todos por medio de la gracia común. El salmista escribió: "Bueno es Jehová para con todos, y sus misericordias sobre todas sus obras" (Sal. 145:9; cp. Mt. 5:45). Como parte de esto, Dios revela su amor a través de su compasión, principalmente en que retarda su juicio final contra pecadores no arrepentidos (Gn. 15:16; Hch. 17:30-31; Ro. 3:25; cp. Gn. 18:20-33). Esa compasión está expresada aún más en sus innumerables advertencias a los pecadores (Jer. 7:13-15, 23-25; 25:4-6; Ez. 33:7-8; Sof. 2:1-3; Lc. 3:7-9; 1 Co. 10:6-11; Ap. 3:1-3). Dios no encuentra placer en la condenación de alguien (Ez. 18:23, 32; 2 P. 3:9). Junto con sus advertencias, Dios extiende su amor a cada sección del mundo por medio de su ofrecimiento general del evangelio (Mt. 11:28; Jn. 7:37; 1 Ti. 2:4; Tit. 2:11). Así ordenó Jesús a los apóstoles: "Id por todo el mundo y predicad el evangelio a toda criatura" (Mr. 16:15; cp. Mt. 28:19).

Sin embargo, ese amor general está limitado a esta vida. Después de la muerte, pecadores impenitentes experimentarán la ira final de Dios y juicio por toda la eternidad (Dn. 12:2; Mt. 25:41; 2 Ts. 1:9; Ap. 20:12-15). Pero Dios tiene un amor especial y perfecto que derrama sobre todos los que creen. El apóstol Juan caracterizó acertadamente ese amor que Jesús mostró a los apóstoles cuando al inicio de la narración en el aposento alto escribió: "Como había amado a los suyos que estaban en el mundo, [Jesús] los amó hasta el fin" (Jn. 13:1*b*). Pablo celebró más tarde ese amor especial en su epístola a los Efesios:

> *Pero Dios, que es rico en misericordia, por su gran amor con que nos amó, aun estando nosotros muertos en pecados, nos dio vida juntamente con Cristo (por*

gracia sois salvos), y juntamente con él nos resucitó, y asimismo nos hizo sentar en los lugares celestiales con Cristo Jesús, para mostrar en los siglos venideros las abundantes riquezas de su gracia en su bondad para con nosotros en Cristo Jesús (Ef. 2:4-7).

(Para un estudio completo del amor de Dios, véase John MacArthur, *The God Who Loves* [Nashville: Word], 1996, 2001).

EL AMOR PERFECTO Y LA VENIDA DE CRISTO

En esto se mostró el amor de Dios para con nosotros, en que Dios envió a su Hijo unigénito al mundo, para que vivamos por él. En esto consiste el amor: no en que nosotros hayamos amado a Dios, sino en que él nos amó a nosotros, y envió a su Hijo en propiciación por nuestros pecados. Amados, si Dios nos ha amado así, debemos también nosotros amarnos unos a otros. (4:9-11)

Jesucristo es la manifestación principal del amor de Dios (Jn. 1:14; cp. Ro. 5:8); Él es el **Hijo unigénito** (único) de Dios (He. 1:5), que vino a la tierra en la carne (Lc. 2:7-14; Jn. 1:14, 18; He. 5:5). La encarnación fue la evidencia suprema de un amor divino que era y es soberano y busca; **no** fue **que nosotros** [los creyentes] **hayamos amado a Dios, sino en que él nos amó a nosotros, y envió a su Hijo en propiciación por nuestros pecados.** El término **propiciación** se refiere al pago por el pecado (Ro. 3:25; He. 2:17), y es una forma de la misma palabra (*hilasmos*) usada en 2:2 (para una explicación más detallada de este importante vocablo y de su trasfondo, véase el capítulo 4 de este comentario). Centenares de años antes de Cristo el profeta Isaías vislumbró el sacrificio propiciatorio de Jesús:

Ciertamente llevó él nuestras enfermedades, y sufrió nuestros dolores; y nosotros le tuvimos por azotado, por herido de Dios y abatido. Mas él herido fue por nuestras rebeliones, molido por nuestros pecados; el castigo de nuestra paz fue sobre él, y por su llaga fuimos nosotros curados. Todos nosotros nos descarriamos como ovejas, cada cual se apartó por su camino; mas Jehová cargó en él el pecado de todos nosotros (Is. 53:4-6; cp. 2 Co. 5:21; Gá. 3:13; 1 P. 3:18).

Juan escribió: **En esto se mostró el amor** perfecto **de Dios para con nosotros** [los creyentes]: **en que Dios envió a su Hijo unigénito al mundo, para que** [los creyentes] **vivamos por él.** El punto del apóstol es que debido a que en su soberana misericordia Dios mostró de modo compasivo su amor al enviar a Cristo, los santos seguramente deberían seguir el ejemplo y amar a otros con el amor sacrificial que Cristo mostró (Ef. 4:32). El Padre no solo dio a sus hijos un amor perfecto cuando los redimió (Ro. 5:5), sino que también les proveyó el modelo definitivo en Cristo sobre cómo actúa ese amor en sacrificio desinteresado. La cruz de Cristo apremia a los creyentes a tal amor. De ahí que Juan exhortara a sus lectores: **Amados, si Dios nos ha amado así, debemos también nosotros amarnos unos a otros** (cp. Jn. 15:13). En realidad el apóstol solo reiteró su amonestación de 3:16: "En esto hemos conocido el amor, en que él puso su vida por nosotros; también nosotros debemos poner nuestras vidas por los hermanos". Nadie que alguna vez haya creído para salvación en el sacrificio expiatorio de Cristo, y que por tanto se le concediera vida eterna, puede regresar de modo permanente a un estilo de vida centrado en sí mismo. En lugar de eso, tales personas obedecerán la exhortación de Pablo a los efesios: "Sed, pues, imitadores de Dios como hijos amados. Y andad en amor, como también Cristo nos amó, y se entregó a sí mismo por nosotros, ofrenda y sacrificio a Dios en olor fragante" (Ef. 5:1-2; cp. 1 P. 1:15-16).

EL AMOR PERFECTO Y LA DECLARACIÓN DE FE DEL CRISTIANO

Nadie ha visto jamás a Dios. Si nos amamos unos a otros, Dios permanece en nosotros, y su amor se ha perfeccionado en nosotros. En esto conocemos que permanecemos en él, y él en nosotros, en que nos ha dado de su Espíritu. Y nosotros hemos visto y testificamos que el Padre ha enviado al Hijo, el Salvador del mundo. Todo aquel que confiese que Jesús es el Hijo de Dios, Dios permanece en él, y él en Dios. Y nosotros hemos conocido y creído el amor que Dios tiene para con nosotros. Dios es amor; y el que permanece en amor, permanece en Dios, y Dios en él. (4:12-16)

En el versículo 12 Juan vuelve a repetir el razonamiento de que si **nadie ha visto jamás a Dios** (cp. Jn. 4:24; 1 Ti. 1:17; 6:16), y Jesús ya no está visiblemente presente para manifestarlo, las personas no verán el amor de Dios a menos que los creyentes **nos** amemos **unos a otros.** Si se aman mutuamente, Dios se exhibirá, atestiguando que **permanece en nosotros, y su amor se** habrá **perfeccionado en nosotros** (cp. Jn. 13:34-35; 1 Jn. 3:24). Por tanto, el Dios invisible se revela a través del amor visible de los creyentes; el amor que se originó en Dios y que se manifestó en su Hijo se demuestra ahora en su pueblo.

En esta sección el apóstol Juan también explica una secuencia clave de evidencias para recordar una vez más a los lectores que pueden saber que son salvos. La seguridad empieza con la obra del Espíritu Santo (2:20, 27; Ro. 8:9, 14-16; 1 Co. 6:19-20; Ef. 1:13-14). Bruce Milne lo resume de este modo para los creyentes:

> El núcleo de la experiencia cristiana del Espíritu Santo reside en que nos lleva a una relación viva con Jesucristo a fin de que participemos en

> su redención y en todas sus bendiciones. Toda la experiencia cristiana se puede enfocar en este regalo de Dios para nosotros a través de su Espíritu: nuestra unión con Cristo (*Know the Truth* [Downers Grove, Ill.: InterVarsity, 1982], p. 182).

De ahí que Juan asegure a sus lectores que **en esto** pueden saber que permanecen **en él, y él en** ellos, porque les **ha dado de su Espíritu.**

Después de haberse enfocado en el Padre y el Hijo en el debate sobre el amor perfecto, Juan resalta ahora el papel del Espíritu. Al observar la obra de cada miembro de la Trinidad, el apóstol subraya los orígenes trinitarios del amor perfecto. Tal amor, que se logra por medio de la obra de la Trinidad en cada miembro y que posteriormente se manifiesta en las vidas de los creyentes, encuentra su fuente en el Dios trino, quien desde la eternidad pasada disfruta comunión perfecta como Padre, Hijo y Espíritu Santo. En calidad de quienes **permanecemos en** Dios, los creyentes debemos reflejar su amor, porque Él permanece en nosotros y su Espíritu está en acción en nuestros corazones.

Jesús comparó al Espíritu Santo con el viento (Jn. 3:8) y dijo que las personas solo pueden ver los efectos del Espíritu; no hay señales visibles y físicas que garanticen que se está lleno del Espíritu. Pero la realidad de la fe permite a los creyentes saber que tienen al Espíritu morando en ellos, como Juan les recuerda a sus lectores: **Y nosotros hemos visto y testificamos que el Padre ha enviado al Hijo, el Salvador del mundo. Todo aquel que confiese que Jesús es el Hijo de Dios, Dios permanece en él, y él en Dios.** Creer en el evangelio (la prueba doctrinal) proporciona evidencia del ministerio y la presencia del Espíritu (cp. 1 Co. 12:3). Puesto que los pecadores están espiritualmente muertos (Ef. 2:1, 5), no pueden llegar a Dios por cuenta propia (cp. Mt. 12:35; Jn. 1:12-13). La fe que salva es posible solo porque Dios la concede (Ef. 2:8). En el caso de Juan, su propia experiencia de ver y estar con Jesús verificó su fe (1 Jn. 1:1-3). El apóstol dio testimonio de **que el Padre ha enviado al Hijo, el Salvador del mundo,** pero no habría creído si el Padre no lo hubiera elegido (Jn. 6:44; 15:16, 19) y el Espíritu no le hubiera abierto los ojos a la verdad.

Todo aquel que confiese que Jesús es el Hijo de Dios, Dios permanece en él, y él en Dios. El verdadero creyente ha discernido la presencia del Espíritu Santo, y ha **conocido y creído el amor que Dios tiene para con nosotros.** Tales personas comprenden el amor eterno de **Dios**, quien **es amor,** para con todos los creyentes. Ellos pueden descansar confiadamente en la seguridad de que quien **permanece en amor, permanece en Dios, y Dios en él.** Los creyentes demostrarán aún más la autenticidad de su salvación por amar al Padre y al Hijo, amando la justicia y a los hermanos en la fe en lugar del sistema del mundo, e incluso amando a sus enemigos. En resumen, cada vez amarán del modo en que Dios ama (cp. Mt. 5:48; 22:37-40; 2 Co. 3:18).

EL AMOR PERFECTO Y LA CONFIANZA DEL CRISTIANO EN EL JUICIO

En esto se ha perfeccionado el amor en nosotros, para que tengamos confianza en el día del juicio; pues como él es, así somos nosotros en este mundo. En el amor no hay temor, sino que el perfecto amor echa fuera el temor; porque el temor lleva en sí castigo. De donde el que teme, no ha sido perfeccionado en el amor. Nosotros le amamos a él, porque él nos amó primero. Si alguno dice: Yo amo a Dios, y aborrece a su hermano, es mentiroso. Pues el que no ama a su hermano a quien ha visto, ¿cómo puede amar a Dios a quien no ha visto? Y nosotros tenemos este mandamiento de él: El que ama a Dios, ame también a su hermano. (4:17-21)

La **confianza en el día del juicio** es la experiencia de los creyentes de saber no solo cuándo reciben una comprensión precisa del evangelio y de otras doctrinas bíblicas, sino también cuándo **se ha perfeccionado el amor** dentro de ellos (cp. 1 Co. 13:10-13; Gá. 5:24-25; Ef. 5:15-21; Col. 3:12-17).

El día del juicio se refiere en el sentido más amplio al momento final de rendir cuentas delante de Dios (cp. 2:28). Juan informa a los creyentes que pueden vivir con **confianza** (literalmente, "audacia") mientras esperan el día en que Cristo regrese y se hallen delante de Dios (1 Co. 3:9-15; 2 Co. 5:10; cp. Stg. 1:12; Ap. 2:10). En 3:21 Juan usa la misma palabra (*parrēsia*) para referirse a la confianza que los creyentes pueden tener en que Dios les concederá sus peticiones de oración. En el presente versículo el apóstol declara que la confianza y la falta de temor deberían caracterizar a los creyentes (cp. Ro. 5:2; He. 6:19) siempre que piensen en el tiempo futuro del juicio divino (cp. Tit. 2:13).

¿Por qué pueden los creyentes tener tal confianza? Porque **como él es, así somos nosotros en este mundo.** Esta asombrosa declaración significa que el Padre trata a los santos del mismo modo que lo hace con su Hijo Jesucristo. Dios viste a los creyentes con la justicia de Cristo (Ro. 3:21-22; 2 Co. 5:21; Fil. 3:9), y les concede el perfecto amor (Mt. 9:36; Jn. 10:11, 14-16; 13:1; 14:21) y la obediencia del Hijo (cp. Jn. 4:34; 5:30; 18:37). Algún día los creyentes estarán delante del trono de Dios con tanta confianza como la que ostenta su Señor y Salvador. Cuando lleguen a este ajuste final de cuentas verán el cumplimiento de 1 Jn. 3:2*b*: "[Los creyentes] sabemos que cuando él se manifieste, seremos semejantes a él, porque le veremos tal como él es".

Aquellos cuyo amor perfecto (completo, maduro) demuestra la realidad de su salvación no deben temer el regreso de Cristo o el juicio de Dios, porque **el perfecto amor echa fuera el temor.** Tal clase de amor disipa el temor **porque el temor lleva en sí castigo,** y los creyentes perfeccionados en amor no enfrentan castigo final (Ro. 5:9; 1 Ts. 1:10; 5:9; cp. Ef. 5:6). Sin embargo, **el que teme** el juicio de Dios **no ha sido perfeccionado en el amor.** Alguien que profesa a Cristo pero que teme su regreso evidencia que algo está bastante mal, porque todos los verdaderos santos aman la venida de Jesús (2 Ti. 4:8; cp. Stg. 1:12).

La razón de que los creyentes tengan tal confianza plena con relación al futuro es obvia: **Nosotros** [los cristianos] **le amamos a él, porque él nos amó primero.** Fue el amor perfecto y eterno de Dios el que atrajo de modo soberano a los creyentes hacia Él (4:10; Jn. 15:9, 16, 19; Hch. 13:48; Ro. 5:8; Ef. 1:4), permitiéndoles así que reflejen el amor divino a otros.

El apóstol repite su advertencia (cp. 2:4, 9; 3:10, 17; 4:8) de que cualquiera que declare amar a Dios pero que no ama a otros es un engañador: **Si alguno dice: Yo amo a Dios, y aborrece a su hermano, es mentiroso. Pues el que no ama a su hermano a quien ha visto, ¿cómo puede amar a Dios a quien no ha visto?** Es absurdo decir que amamos al Dios invisible pero que al mismo tiempo no mostremos amor por su pueblo. Juan responde a esa idea hipócrita con un mandato final: **Y nosotros tenemos este mandamiento de él: El que ama a Dios, ame también a su hermano.** El amor fraternal no busca nada a cambio sino que perdona incondicionalmente (cp. Mt. 18:21-22), lleva las cargas de otros (Gá. 6:2), y se sacrifica para suplirles las necesidades (Hch. 20:35; Fil. 2:3-4). No obstante, también se trata de un amor justo que no tolera la falsa doctrina ni el pecado habitual (1 Ti. 5:20; cp. 2 Ts. 3:15).

El amor perfecto de Dios es una bendición para que los creyentes lo conozcan y un gozo para que lo manifiesten a otros. Aunque resalta y enriquece el amor emocional que tienen por otras personas, el amor perfecto trasciende cualquier tipo de sentimiento que el mundo podría experimentar. Se trata de un amor completo y maduro que refleja la esencia de Dios y la obra de Cristo, y que fluye a través de los creyentes hacia cualquiera en necesidad (3:17; Mt. 25:34-40; 2 Co. 8:1-7; 9:7-15; Stg. 1:27; cp. Mt. 5:16; Hch. 9:36; Tit. 3:8), especialmente hacia otros en la familia de Dios (Gá. 6:2, 10; cp. 1 Ti. 5:8; He. 6:9-10). Este amor, que ha caracterizado al Dios trino desde la eternidad pasada, es también la característica de sus hijos (Jn. 13:35). Puesto que este amor viene tan claramente de Dios, quienes aman como Él pueden estar seguros de que le pertenecen. Así lo expresa de manera acertada el himno "Yo soy suyo, y él mío es":

> Amado con amor eterno,
> Llevado por la gracia que anhela conocer;
> Espíritu Santo de los cielos,
> ¡Tú me lo has enseñado muy bien!
> ¡Oh, qué paz perfecta y maravillosa!
> ¡Oh, todo cuán divino es!
> En un amor que cesar no puede,
> Yo soy suyo, y él es mío es.

Cómo reconocer a un vencedor

16

Todo aquel que cree que Jesús es el Cristo, es nacido de Dios; y todo aquel que ama al que engendró, ama también al que ha sido engendrado por él. En esto conocemos que amamos a los hijos de Dios, cuando amamos a Dios, y guardamos sus mandamientos. Pues este es el amor a Dios, que guardemos sus mandamientos; y sus mandamientos no son gravosos. Porque todo lo que es nacido de Dios vence al mundo; y esta es la victoria que ha vencido al mundo, nuestra fe. ¿Quién es el que vence al mundo, sino el que cree que Jesús es el Hijo de Dios? (5:1-5)

Al pueblo de Dios se le identifica en las Escrituras mediante muchos nombres, entre ellos *creyentes* (1 Ts. 1:7; 2:10; 1 Ti. 6:2), *cristianos* (Hch. 11:26; cp. 26:28; 1 P. 4:16), *niños* (Mt. 18:3; Ef. 5:1; 1 P. 1:14), *hijos de Dios* (Jn. 1:12; Ro. 8:16; Fil. 2:15; 1 Jn. 3:1), *hijos de luz* (Ef. 5:8; cp. Lc. 16:8), *hijos de la promesa* (Gá. 4:28); *hijos del día* (1 Ts. 5:5), *hijos del reino* (Mt. 13:38), *amigos de Jesucristo* (Jn. 15:15; cp. Stg. 2:23), *hermanos* (Mt. 28:10; Hch. 1:15; 11:1; 14:2; 16:2; 28:14; Ro. 8:29; 1 Co. 8:12; 15:6; Gá. 1:2; Fil. 4:21; Col. 1:2; 1 Ts. 4:9; 5:27; 1 Ti. 4:6; 6:2; He. 2:11; 13:1; 1 P. 1:22; 1 Jn. 3:14, 16; 3 Jn. 3, 5; Ap. 12:10), *ovejas* (Jn. 10:1-16, 26-27; 21:16-17; He. 13:20), *santos* (Hch. 9:13, 32, 41; 26:10; Ro. 1:7; 12:13; 1 Co. 1:2; 2 Co. 1:1; Ef. 1:1; 3:8; Fil. 1:1; 4:21, 22; Col. 1:2, 4; Flm. 5; He. 13:24; Jud. 3), *compañeros de milicia* (Fil. 2:25; 2 Ti. 2:3; Flm. 2), *testigos* (He. 12:1), *administradores* (1 P. 4:10), *conciudadanos* (Ef. 2:19), *luminares en el mundo* (Fil. 2:15), *escogidos* (Mt. 22:14; Mt. 24:22, 24; Lc. 18:7; Ro. 8:33; Col. 3:12; 2 Ts. 2:13; 2 Ti. 2:10; Tit. 1:1; 1 P. 1:1; 2:9; 2 Jn. 1, 13), *llamados* (Ro. 1:6-7; 8:28, 30; 1 Co. 1:9, 24), *embajadores en nombre de Cristo* (2 Co. 5:20), *herederos* (Ro. 8:17; Gá. 3:29; Tit. 3:7; Stg. 2:5), *pámpanos* (Jn. 15:5; cp. Ro. 11:16-21), *miembros del cuerpo de Cristo* (Ro. 12:5; 1 Co. 12:12, 27; Ef. 3:6; 4:12; 5:23; Col. 1:24; 3:15), *piedras vivas* (1 P. 2:5), *amados de Dios* (Ro. 1:7; Ef. 5:1; Col. 3:12; 1 Ts. 1:4; 2 Ts. 2:13; Jud. 1), *seguidores de Cristo* (Mr. 9:41), *hijos de Abraham* (Gá. 3:7), *discípulos* (Jn. 15:8; Hch. 6:1, 2, 7; 9:1, 26; 11:26; 15:10), *cartas de Cristo* (2 Co. 3:3), *siervos de Cristo* (1 Co. 7:22; Ef. 6:6; Ap. 6:11), *los piadosos* (2 P. 2:9), *el pueblo de Dios* (He. 4:9; 1 P. 2:10), *real sacerdocio* (1 P. 2:9), *la sal de la tierra* (Mt. 5:13), *instrumento para honra* (2 Ti. 2:21), *los justos* (Mt. 13:43), *extranjeros y peregrinos* (1 P. 2:11), y *miembros de la familia de Dios* (Ef. 2:19).

Como un diamante multifacético, cada uno de esos nombres revela algo del carácter, las bendiciones y los privilegios de los creyentes. Sin embargo, Juan revela en este pasaje otro título para los cristianos: *vencedores.* Los creyentes son victoriosos, ganadores o conquistadores. La forma verbal *nikaō* ("vence"), aparece dos veces en el versículo 4 y una vez en el versículo 5. Este es uno de los términos favoritos de Juan; veinticuatro de sus veintiocho apariciones en el Nuevo Testamento están en los escritos del apóstol. La palabra significa "conquistar", "obtener la victoria", o "derrotar". Este era un término popular entre los griegos, quienes creían que la victoria final no la pueden lograr los mortales sino solamente los dioses. Incluso tenían una diosa llamada Niké, la diosa de la victoria que ayudó a Zeus en su batalla contra los titanes. Frente a ese contexto pagano, era impresionante en el Nuevo Testamento asignar a cristianos la invencibilidad asociada solamente con los dioses.

El Señor Jesucristo usó *nikaō* en Juan 16:33 para hablar de su victoria sobre el sistema mundial satánico. Esa victoria es la base de la calidad de triunfadores de los creyentes, la cual el apóstol Pablo describió en Romanos 8:37: "Antes, en todas estas cosas somos más que vencedores por medio de aquel que nos amó" (cp. 1 Co. 15:57). "Más que vencedores" se traduce de una forma compuesta e intensificada de *nikaō* (*hupernikaō*), que se refiere a ser absoluta y totalmente victorioso. En Jesucristo los creyentes son invencibles e inconquistables, por lo que "ni la muerte, ni la vida, ni ángeles, ni principados, ni potestades, ni lo presente, ni lo por venir, ni lo alto, ni lo profundo, ni ninguna otra cosa creada nos podrá separar del amor de Dios, que es en Cristo Jesús Señor nuestro" (Ro. 8:38-39).

Los creyentes son vencedores de Satanás. A principios de esta epístola Juan escribió que los jóvenes espirituales vencieron al diablo por medio del poder de la Palabra (2:13-14). En la visión que Juan tuvo del futuro, los santos de la tribulación "han vencido [a Satanás] por medio de la sangre del Cordero y de la palabra del testimonio de ellos, y menospreciaron sus vidas hasta la muerte" (Ap. 12:11). Los creyentes no solo han vencido a Satanás sino también a sus siervos (1 Jn. 4:1-4).

Aunque sigue siendo un enemigo peligroso (1 P. 5:8), la derrota de Satanás es segura. Pablo escribió en Romanos 16:20: "Y el Dios de paz aplastará en breve a Satanás bajo vuestros pies". Santiago agregó: "Someteos, pues, a Dios; resistid al diablo, y huirá de vosotros" (Stg. 4:7*b*). Satanás será finalmente lanzado al infierno, donde recibirá castigo para siempre en el "fuego eterno preparado para [él] y sus ángeles" (Mt. 25:41; cp. Ap. 20:10). Mientras tanto, los creyentes pueden triunfar sobre Satanás cuidándose de las estratagemas diabólicas (2 Co. 2:11; Ef. 6:11), negándose a darle una oportunidad de sacar ventaja de ellos (2 Co. 2:11; Ef. 4:27), y poniéndose "toda la armadura de Dios" (Ef. 6:11).

Los creyentes también han vencido a la muerte. En la conclusión de su magnífico capítulo sobre la resurrección, Pablo escribió:

> *Y cuando esto corruptible se haya vestido de incorrupción, y esto mortal se haya vestido de inmortalidad, entonces se cumplirá la palabra que está escrita: Sorbida es la muerte en victoria. ¿Dónde está, oh muerte, tu aguijón? ¿Dónde, oh sepulcro, tu victoria? ya que el aguijón de la muerte es el pecado, y el poder del pecado, la ley. Mas gracias sean dadas a Dios, que nos da la victoria por medio de nuestro Señor Jesucristo (1 Co. 15:54-57).*

El apóstol se burla de la muerte, comparándola con una abeja a la que le han quitado el aguijón (el pecado y su merecido castigo). Dios concede a los creyentes victoria sobre la muerte a través de Jesucristo, quien "nos redimió de la maldición de la ley, hecho por nosotros maldición (porque está escrito: Maldito todo el que es colgado en un madero" [Gá. 3:13]).

Por último, así como Juan observa tres veces en este pasaje (vv. 4, 5), los cristianos han vencido al mundo. El mundo es el invisible sistema espiritual de maldad, que es hostil a Dios (Jn. 1:10; 7:7; 15:18-19; 17:14, 25; Stg. 4:4) y está gobernado por Satanás (Jn. 12:31; 14:30; 16:11; 2 Co. 4:4; Ef. 2:2; 1 Jn. 5:19). Sus ciudadanos están dominados por ambición carnal, orgullo, codicia, egoísmo y placer, todo lo cual constituye "los deseos de la carne, los deseos de los ojos, y la vanagloria de la vida" (1 Jn. 2:16).

No obstante, a través de su relación con el Señor Jesucristo, los creyentes ya no forman parte del sistema mundial, igual que Él tampoco forma parte (Jn. 17:14, 16). Según Colosenses 1:13, Dios "nos ha librado de la potestad de las tinieblas, y trasladado al reino de su amado Hijo". Como resultado, "nuestra ciudadanía está en los cielos, de donde también esperamos al Salvador, al Señor Jesucristo" (Fil. 3:20). A pesar de que aún viven en el mundo (Jn. 17:11), los cristianos no tienen una relación continua con este (1 Jn. 3:1); ellos allí son "extranjeros y peregrinos" (1 P. 2:11; cp. He. 11:13). Sus nuevas naturalezas, junto con el apremio del Espíritu Santo, los alejan del mundo y los llevan hacia Dios. Los atractivos del mundo ya no les cautivan sus corazones, y ya no aman lo que este tiene para ofrecerles (1 Jn. 2:15-17; cp. Tit. 2:11-12).

Lejos de estar enamorados del mundo, los creyentes luchan contra él. El apóstol Pablo es un ejemplo claro de alguien que enfrentó intensa oposición del mundo, algo que describió en 2 Corintios 11:23-27:

> *¿Son ministros de Cristo? (Como si estuviera loco hablo.) Yo más; en trabajos más abundante; en azotes sin número; en cárceles más; en peligros de muerte muchas veces. De los judíos cinco veces he recibido cuarenta azotes menos uno. Tres veces he sido azotado con varas; una vez apedreado; tres veces he padecido*

> *naufragio; una noche y un día he estado como náufrago en alta mar; en caminos muchas veces; en peligros de ríos, peligros de ladrones, peligros de los de mi nación, peligros de los gentiles, peligros en la ciudad, peligros en el desierto, peligros en el mar, peligros entre falsos hermanos; en trabajo y fatiga, en muchos desvelos, en hambre y sed, en muchos ayunos, en frío y en desnudez.*

Sin embargo, esa hostilidad no lo derrotó, porque el mundo no tenía poder sobre él. Pablo escribió: "De ninguna cosa hago caso, ni estimo preciosa mi vida para mí mismo, con tal que acabe mi carrera con gozo, y el ministerio que recibí del Señor Jesús, para dar testimonio del evangelio de la gracia de Dios" (Hch. 20:24). Cuando quienes amaban al apóstol le suplicaron en medio de lágrimas que no fuera a Jerusalén, donde iba a enfrentar arresto, él contestó: "¿Qué hacéis llorando y quebrantándome el corazón? Porque yo estoy dispuesto no sólo a ser atado, mas aun a morir en Jerusalén por el nombre del Señor Jesús" (Hch. 21:13).

Pablo sabía que su triunfo final sobre el mundo era seguro. Así les escribió a los corintios: "Esta leve tribulación momentánea produce en nosotros un cada vez más excelente y eterno peso de gloria; no mirando nosotros las cosas que se ven, sino las que no se ven; pues las cosas que se ven son temporales, pero las que no se ven son eternas" (2 Co. 4:17-18). O, como simple y llanamente declaró en Filipenses 1:21: "Para mí el vivir es Cristo, y el morir es ganancia".

Entonces, los creyentes son vencedores invencibles, no por sí mismos ni por su propio poder, sino en Jesucristo y mediante su poder. Aunque su victoria final está asegurada, los cristianos aún pierden algunas de las batallas. Sucumben ante las tentaciones de Satanás, las seducciones del mundo y la corrupción de sus propios corazones, y caen en pecado. Pero si no siempre resultan victoriosos en las escaramuzas de esta vida, ¿cómo pueden estar seguros de que son verdaderos vencedores? Al reiterar, recordar y enriquecer con los temas ya conocidos antes en esta epístola, Juan ofrece tres características de un vencedor en los versículos 1-5: fe en la verdad, amor por Dios y por los demás y obediencia a la Palabra.

FE EN LA VERDAD

Todo aquel que cree que Jesús es el Cristo, es nacido de Dios… Porque todo lo que es nacido de Dios vence al mundo; y esta es la victoria que ha vencido al mundo, nuestra fe. ¿Quién es el que vence al mundo, sino el que cree que Jesús es el Hijo de Dios? (1*a*, 4-5)

La característica fundamental de un vencedor es que cree **que Jesús es el Cristo** (Mesías). Tal declaración breve sugiere que todo es cierto respecto a Él; que

Jesús es el Hijo de Dios, la segunda persona de la Trinidad, quien vino a la tierra para morir y resucitar a fin de lograr la salvación de los pecadores. Solo **aquel que cree** en la verdad acerca de Jesús **es nacido de Dios** (lit., "de Dios ha sido engendrado") y **vence al mundo. Todo** aquel **que es nacido de Dios** es un vencedor, y solamente los que creen en Jesucristo son nacidos de Dios.

En el prólogo de su evangelio, Juan escribió: "A todos los que le recibieron, a los que creen en su nombre, les dio potestad de ser hechos hijos de Dios" (Jn. 1:12). El Señor mismo declaró: "Yo soy el camino, y la verdad, y la vida; nadie viene al Padre, sino por mí" (Jn. 14:6). En Hechos 4:12, Pedro informó audazmente a las hostiles autoridades judías que "en ningún otro [diferente a Jesús; v. 10]; hay salvación; porque no hay otro nombre bajo el cielo, dado a los hombres, en que podamos ser salvos". Pablo escribió: "Nadie puede poner otro fundamento que el que está puesto, el cual es Jesucristo" (1 Co. 3:11), y: "Hay un solo Dios, y un solo mediador entre Dios y los hombres, Jesucristo hombre, el cual se dio a sí mismo en rescate por todos, de lo cual se dio testimonio a su debido tiempo" (1 Ti. 2:5-6). Cualquier enseñanza que afirme que las personas pueden salvarse aparte de la fe en Jesucristo es bíblicamente insostenible (véase el estudio de este punto en el capítulo 20 de este comentario).

Los tiempos de los verbos en el versículo 1 revelan una importante verdad teológica. **Cree** se traduce de una forma del tiempo presente del verbo *pisteuō*, mientras que *gegennētai* (**es nacido**) está en el tiempo perfecto. La frase inicial del versículo 1 dice textualmente: "Todo aquel que viva creyendo que Jesús es el Cristo, es nacido de Dios", lo cual significa que, contrario a la teología arminiana, la fe continua es el resultado del nuevo nacimiento, no su causa. Los cristianos no conservan su nuevo nacimiento creyendo otra vez, ni pierden su salvación si dejan de creer. Por el contrario, es su perseverancia en la fe lo que proporciona evidencia de que han nacido de nuevo. La fe que Dios concede en la regeneración (Ef. 2:8) es permanente, y no puede perderse. Tampoco puede morir, como algunos enseñan, porque la fe muerta no salva (Stg. 2:14-26). No existe tal cosa como "creyente incrédulo".

A veces surge la duda con relación a aquellos que profesan fe en Cristo, pero que luego dejan de creer en Él. Nuestro Señor describió a tales individuos en la parábola del Sembrador:

> *Parte [de la semilla] cayó en pedregales, donde no había mucha tierra; y brotó pronto, porque no tenía profundidad de tierra; pero salido el sol, se quemó; y porque no tenía raíz, se secó. Y parte cayó entre espinos; y los espinos crecieron, y la ahogaron… Y el que fue sembrado en pedregales, éste es el que oye la palabra, y al momento la recibe con gozo; pero no tiene raíz en sí, sino que es de corta duración, pues al venir la aflicción o la persecución por causa de la palabra, luego tropieza. El que fue sembrado entre espinos, éste es el que oye la palabra,*

pero el afán de este siglo y el engaño de las riquezas ahogan la palabra, y se hace infructuosa (Mt. 13:5-7, 20-22).

Esa fe falsa y temporal no produce fruto, en contraste con la verdadera fe que salva, la única que produce el fruto que demuestra el nuevo nacimiento en alguien:

Pero parte cayó en buena tierra, y dio fruto, cuál a ciento, cuál a sesenta, y cuál a treinta por uno... Mas el que fue sembrado en buena tierra, éste es el que oye y entiende la palabra, y da fruto; y produce a ciento, a sesenta, y a treinta por uno (Mt. 13:8, 23; cp. 3:8; Hch. 26:20).

Juan explicó a principios de esta epístola que quienes de modo permanente se apartan de la fe nunca fueron redimidos en primera instancia: "Salieron de nosotros, pero no eran de nosotros; porque si hubiesen sido de nosotros, habrían permanecido con nosotros; pero salieron para que se manifestase que no todos son de nosotros" (2:19; cp. la exposición de este versículo en el capítulo 9 de este comentario). La fe que profesaron tener nunca fue fe salvadora. La fe que salva no es simple conocimiento intelectual de los hechos del evangelio, sino que implica un compromiso sincero y permanente con Jesús como Señor, Salvador, Mesías y Dios encarnado.

Según se indicó anteriormente, el contenido de la fe salvadora es **que Jesús es el Cristo,** que Él es el objeto de esa fe. Aquellos que han nacido de Dios creen la verdad acerca de Cristo; quienes no han nacido de Dios son mentirosos y anticristos. Así advirtió Juan antes en esta carta: "¿Quién es el mentiroso, sino el que niega que Jesús es el Cristo? Este es anticristo, el que niega al Padre y al Hijo" (2:22). A continuación, sin dejar ninguna duda de que nadie puede llegar al Padre aparte de Jesucristo, el apóstol agregó: "Todo aquel que niega al Hijo, tampoco tiene al Padre. El que confiesa al Hijo, tiene también al Padre" (v. 23; cp. capítulo 9 de este comentario para una exposición de 2:22-23). Nadie que rechace a Jesucristo verá alguna vez el cielo, pues todo aquel "que no confiesa que Jesucristo ha venido en carne, no es de Dios" (4:3), y solamente "aquel que confiese que Jesús es el Hijo de Dios, Dios permanece en él, y él en Dios" (v. 15).

Para resaltar la verdad del versículo 1, Juan repite que **todo** aquel **que** cree en Jesucristo **es nacido de Dios** y **vence al mundo,** obteniendo **la victoria** sobre este por medio de su **fe.** La frase **nuestra fe** expresa literalmente: "la fe que tenemos". Podría referirse a la fe subjetiva y personal de creyentes individuales, u objetivamente a la fe cristiana, "la fe que ha sido una vez dada a los santos" (Jud. 3; cp. Hch. 6:7; 13:8; 14:22; 16:5; 1 Co. 16:13; 2 Co. 13:5; Gá. 1:23; Fil. 1:27; 1 Ti. 4:1; 6:10, 21; 2 Ti. 4:7). Es adecuado ver en este contexto de creencia que Juan no está refiriéndose al contenido objetivo del evangelio como teología, sino a la confianza subjetiva por la cual Dios hace santos vencedores.

Esta interpretación se apoya en la pregunta retórica del apóstol: **¿Quién es el que vence al mundo, sino el que cree que Jesús es el Hijo de Dios?** (cp. 4:15). Los cristianos son vencedores victoriosos desde el momento de la salvación, cuando se les ofrece una fe que nunca dejará de acoger el evangelio. Pueden experimentar momentos de duda, y pueden clamar igual que David: "¿Hasta cuándo, Jehová? ¿Me olvidarás para siempre? ¿Hasta cuándo esconderás tu rostro de mí?" (Sal. 13:1; cp. 22:1; 27:9; 44:24; 69:17; 88:14; 102:2; 143:7; 2 Ti. 2:11-13). Pero la verdadera fe que salva nunca se apaga, porque quienes la poseen han triunfado en Cristo sobre todo enemigo. La "grande nube de testigos" (He. 12:1; cp. Ro. 8:31-39), los héroes de la fe descritos en Hebreos 11, atestigua que la fe verdadera resiste toda prueba y emerge victoriosa sobre todas ellas. Job expresó el triunfo de la fe cuando clamó en medio de sus sufrimientos: "Aunque él me matare, en él esperaré" (Job 13:15*a*).

AMOR POR DIOS Y POR LOS DEMÁS

y todo aquel que ama al que engendró, ama también al que ha sido engendrado por él. (5:1*b*)

La característica principal de un vencedor implica la prueba doctrinal de creer la verdad de la fe cristiana. La segunda característica es otra vez de tipo moral: un vencedor **ama** tanto **al** Padre **que** lo **engendró** como **al** hijo **que ha sido engendrado por él.** El nuevo nacimiento lleva a las personas no solo a una relación de fe con Dios, sino también a una relación de amor con Él y con sus hijos. Juan ha enfatizado ese principio a lo largo de esta epístola:

> *El que ama a su hermano, permanece en la luz, y en él no hay tropiezo. Pero el que aborrece a su hermano está en tinieblas, y anda en tinieblas, y no sabe a dónde va, porque las tinieblas le han cegado los ojos (2:10-11).*
>
> *En esto se manifiestan los hijos de Dios, y los hijos del diablo: todo aquel que no hace justicia, y que no ama a su hermano, no es de Dios (3:10).*
>
> *Nosotros sabemos que hemos pasado de muerte a vida, en que amamos a los hermanos. El que no ama a su hermano, permanece en muerte (3:14).*
>
> *Pero el que tiene bienes de este mundo y ve a su hermano tener necesidad, y cierra contra él su corazón, ¿cómo mora el amor de Dios en él? (3:17).*
>
> *Y este es su mandamiento: Que creamos en el nombre de su Hijo Jesucristo, y nos amemos unos a otros como nos lo ha mandado (3:23).*

Amados, amémonos unos a otros; porque el amor es de Dios. Todo aquel que ama, es nacido de Dios, y conoce a Dios. El que no ama, no ha conocido a Dios; porque Dios es amor (4:7-8).

Nadie ha visto jamás a Dios. Si nos amamos unos a otros, Dios permanece en nosotros, y su amor se ha perfeccionado en nosotros (4:12).

Si alguno dice: Yo amo a Dios, y aborrece a su hermano, es mentiroso. Pues el que no ama a su hermano a quien ha visto, ¿cómo puede amar a Dios a quien no ha visto? Y nosotros tenemos este mandamiento de él: El que ama a Dios, ame también a su hermano (4:20-21).

El amor del que Juan escribe no es simple emoción o sentimentalismo, sino un deseo de honrar, agradar y obedecer a Dios. Enfocado en las personas, se trata del amor de voluntad y decisión, el amor que atiende de modo sacrificial las necesidades de otros. Pablo lo describió en 1 Corintios 13:4-7:

El amor es sufrido, es benigno; el amor no tiene envidia, el amor no es jactancioso, no se envanece; no hace nada indebido, no busca lo suyo, no se irrita, no guarda rencor; no se goza de la injusticia, mas se goza de la verdad. Todo lo sufre, todo lo cree, todo lo espera, todo lo soporta.

El Nuevo Testamento manda reiteradamente tal amor (p. ej., Jn. 13:34-35; 15:12, 17; Gá. 5:13; 1 Ts. 4:9; He. 13:1; 1 P. 1:22).

OBEDIENCIA A LA PALABRA

En esto conocemos que amamos a los hijos de Dios, cuando amamos a Dios, y guardamos sus mandamientos. Pues este es el amor a Dios, que guardemos sus mandamientos; y sus mandamientos no son gravosos. (5:2-3)

La declaración de apertura del versículo 2, **en esto conocemos que amamos a los hijos de Dios, cuando amamos a Dios,** es el corolario a la verdad que Juan expresa en el versículo 1. Así como es imposible amar a Dios sin amar a sus hijos, así también es imposible amar realmente a sus hijos si no amamos a Dios. Estas prioridades gemelas de amar a Dios y a los demás cristianos caracterizan a todos los que han nacido de nuevo.

La prueba de la fe genuina es la obediencia constante y afectuosa; se manifiesta **cuando amamos a Dios, y guardamos sus mandamientos.** La verdadera fe salvadora produce amor, lo cual resulta en obediencia. Aquellos que creen que Dios es aquel que la Biblia revela responderán en **amor,** alabanza y adoración. Puesto que Él es el objeto supremo de los afectos de los creyentes, estos anhelarán obedecerle. **Guardamos** se traduce de una forma del tiempo presente del verbo *poieō,* que tiene la connotación de "conseguir", "llevar a cabo", o "practicar". El tiempo presente indica que la obediencia de los creyentes debe ser continua; siempre constituirá la dirección, aunque no la perfección, de sus vidas. Una palabra diferente, una forma del verbo *tēreō,* se traduce **guardemos** en el versículo 3, y tiene la connotación de vigilar, custodiar o preservar. Aquel que ama de veras a Dios verá los mandamientos divinos como un tesoro precioso que se debe guardar a todo precio (2 Ti. 1:14). *Poieō* se refiere a acción, *tēreō* a la actitud de corazón que motiva obediencia.

Por toda la Biblia se extiende el principio de que quienes aman de verdad a Dios le obedecerán. En Deuteronomio 13:4 Moisés ordenó a Israel: "En pos de Jehová vuestro Dios andaréis; a él temeréis, guardaréis sus mandamientos y escucharéis su voz, a él serviréis, y a él seguiréis". Samuel reprendió la desobediencia de Saúl recordándole que "obedecer es mejor que los sacrificios, y el prestar atención que la grosura de los carneros" (1 S. 15:22*b*). Salomón, el hombre más sabio que ha vivido, escribió: "El fin de todo el discurso oído es este: Teme a Dios, y guarda sus mandamientos; porque esto es el todo del hombre" (Ec. 12:13). Dios mandó a Israel por medio del profeta Jeremías: "Escuchad mi voz, y seré a vosotros por Dios, y vosotros me seréis por pueblo; y andad en todo camino que os mande, para que os vaya bien" (Jer. 7:23).

La obediencia también fue un tema fundamental en la enseñanza del Señor Jesucristo. En Mateo 12:50 expresó: "Todo aquel que hace la voluntad de mi Padre que está en los cielos, ése es mi hermano, y hermana, y madre". También declaró: "Bienaventurados los que oyen la palabra de Dios, y la guardan" (Lc. 11:28). En Juan 8:31 retó a quienes profesaban fe en Él: "Si vosotros permaneciereis en mi palabra, seréis verdaderamente mis discípulos". A los discípulos en el aposento alto habló claramente: "Si me amáis, guardad mis mandamientos" (Jn. 14:15), y repitió esa verdad varias veces durante ese mismo discurso:

> *El que tiene mis mandamientos, y los guarda, ése es el que me ama; y el que me ama, será amado por mi Padre, y yo le amaré, y me manifestaré a él (14:21).*
>
> *El que me ama, mi palabra guardará... El que no me ama, no guarda mis palabras (14:23-24).*
>
> *Si guardareis mis mandamientos, permaneceréis en mi amor; así como yo he guardado los mandamientos de mi Padre, y permanezco en su amor (15:10).*
>
> *Vosotros sois mis amigos, si hacéis lo que yo os mando (15:14).*

Los apóstoles también enseñaron que la obediencia es una característica esencial de los redimidos:

Y nosotros somos testigos suyos de estas cosas, y también el Espíritu Santo, el cual ha dado Dios a los que le obedecen (Hch. 5:32).

Por quien recibimos la gracia y el apostolado, para la obediencia a la fe en todas las naciones por amor de su nombre (Ro. 1:5).

Porque no osaría hablar sino de lo que Cristo ha hecho por medio de mí para la obediencia de los gentiles, con la palabra y con las obras (Ro. 15:18).

Al que puede confirmaros según mi evangelio y la predicación de Jesucristo, según la revelación del misterio que se ha mantenido oculto desde tiempos eternos, pero que ha sido manifestado ahora, y que por las Escrituras de los profetas, según el mandamiento del Dios eterno, se ha dado a conocer a todas las gentes para que obedezcan a la fe (Ro. 16:25-26).

Habiendo sido perfeccionado, vino a ser autor de eterna salvación para todos los que le obedecen (He. 5:9).

Pedro, apóstol de Jesucristo, a los expatriados de la dispersión en el Ponto, Galacia, Capadocia, Asia y Bitinia, elegidos según la presciencia de Dios Padre en santificación del Espíritu, para obedecer y ser rociados con la sangre de Jesucristo: Gracia y paz os sean multiplicadas (1 P. 1:1-2).

Como hijos obedientes, no os conforméis a los deseos que antes teníais estando en vuestra ignorancia (1 P. 1:14).

Habiendo purificado vuestras almas por la obediencia a la verdad, mediante el Espíritu, para el amor fraternal no fingido, amaos unos a otros entrañablemente, de corazón puro (1 P. 1:22).

La obediencia que caracteriza al verdadero hijo de Dios no es conformidad externa, ritualista y legalista; tampoco es renuente, parcial, incongruente o rencorosa. La obediencia amorosa es de corazón (Dt. 11:13; 30:2, 10; Ro. 6:17), dispuesta (Éx. 25:2; 1 P. 5:2; cp. Lv. 26:21), total (Dt. 27:26; Gá. 3:10; Stg. 2:10), constante (Fil. 2:12) y gozosa (Sal. 119:54; cp. 2 Co. 9:7).

Aquellos que obedecen de veras a Dios descubren que **sus mandamientos no son gravosos.** En Mateo 11:28-30 Jesús invita a pecadores cansados: "Venid a mí todos los que estáis trabajados y cargados, y yo os haré descansar. Llevad mi yugo sobre vosotros, y aprended de mí, que soy manso y humilde de corazón; y hallaréis descanso para vuestras almas; porque mi yugo es fácil, y ligera mi carga". En el Salmo 119, el salmista expresó varias veces su deleite en la ley de Dios:

> *Me he gozado en el camino de tus testimonios más que de toda riqueza (v. 14).*
>
> *Me regocijaré en tus estatutos; no me olvidaré de tus palabras (v. 16).*
>
> *Tus testimonios son mis delicias y mis consejeros (v. 24).*
>
> *¡Oh, cuánto amo yo tu ley! Todo el día es ella mi meditación (v. 97).*
>
> *¡Cuán dulces son a mi paladar tus palabras! Más que la miel a mi boca (v. 103).*

Los que aman a Dios obedecen su ley, porque quieren honrar su santa naturaleza divina. No lo hacen por temor, sino por afectuosa adoración.

Debido a que se deleita en los vencedores, Dios derramará abundantes bendiciones sobre ellos. Las cartas a las siete iglesias (Ap. 2, 3) contienen esos regalos excelentes y especiales que Dios promete a todos los vencedores.

La primera de tales promesas se encuentra en la carta a la iglesia en Éfeso. En Apocalipsis 2:7 Jesús manifestó: "Al que venciere, le daré a comer del árbol de la vida, el cual está en medio del paraíso de Dios". Después que Adán y Eva pecaron, Dios los expulsó del huerto del Edén, en parte para que el hombre no "tome también del árbol de la vida, y coma, y viva para siempre" en su estado pecaminoso (Gn. 3:22; cp. v. 24). El árbol de la vida simboliza vida eterna; el "paraíso de Dios" es el cielo (cp. Lc. 23:43; 2 Co. 12:2, 4). Entonces, la promesa para los vencedores es que vivirán para siempre en el cielo.

La segunda promesa es la otra cara de la primera. En la carta a la iglesia en Esmirna, Jesús prometió: "El que venciere, no sufrirá daño de la segunda muerte" (Ap. 2:11). La caída dio como resultado no solo muerte física sino también la segunda muerte: castigo eterno en el infierno (Ap. 20:14; 21:8). Sin embargo, a pesar de que los vencedores experimentarán la primera muerte (física), no morirán espiritual y eternamente. La segunda muerte no tiene poder sobre ellos (Ap. 20:6), ya que Dios les ha concedido vida eterna (Jn. 3:16; 5:24; Hch. 13:48; Ro. 6:23; 1 Jn. 2:25; 5:11) y les ha prometido el cielo.

La carta a la iglesia en Pérgamo revela dos promesas más de Cristo para los vencedores: "Al que venciere, daré a comer del maná escondido, y le daré una piedrecita blanca, y en la piedrecita escrito un nombre nuevo, el cual ninguno conoce sino aquel que lo recibe" (Ap. 2:17). El "maná escondido" representa la provisión de Dios para las necesidades de su pueblo. El maná fue para Israel una manifestación visible y tangible de la provisión de Dios. Jesucristo, "el pan que descendió del cielo" (Jn. 6:41; cp. vv. 31, 35), es la provisión de Dios para todas las necesidades de los cristianos (cp. 2 Co. 9:8; Fil. 4:19). La "piedrecita blanca" se daba a atletas victoriosos en los juegos, y servía como un boleto de entrada a una celebración especial para los ganadores. Dios promete a los vencedores admisión a la celebración de la victoria eterna en el cielo.

Los vencedores en la iglesia en Tiatira (Ap. 2:26-28) también recibieron dos promesas. Primera, Jesús les aseguró: "Al que venciere y guardare mis obras hasta el fin, yo le daré autoridad sobre las naciones, y las regirá con vara de hierro, y serán quebradas como vaso de alfarero; como yo también la he recibido de mi Padre" (vv. 26-27). Según el Salmo 2:8-9, Jesucristo mismo regirá las naciones con una vara de hierro (cp. Ap. 12:5; 19:15). El Señor delegará su autoridad a los creyentes, quienes reinarán con Él durante su reinado milenial (cp. 1 Co. 6:2; 2 Ti. 2:12; Ap. 20:6) como pastores (cp. Jn. 21:16; Hch. 20:28; 1 P. 5:2) bajo el Príncipe de los pastores (1 P. 5:4; cp. Jn. 10:11, 14; He. 13:20; 1 P. 2:25; Ap. 7:17). Más que eso, a los vencedores Cristo les promete "la estrella de la mañana" (Ap. 2:28). Puesto que Él es "la estrella resplandeciente de la mañana" (Ap. 22:16), esa es nada menos que una promesa del Cristo mismo en toda su plenitud (cp. 1 Co. 13:12).

La iglesia en Sardis estaba tan llena de personas no regeneradas que el Señor declaró que estaba muerta (Ap. 3:1). Sin embargo, allí había unos pocos que eran redimidos. A tales vencedores se dirigió Cristo con la promesa triple: "El que venciere será vestido de vestiduras blancas; y no borraré su nombre del libro de la vida, y confesaré su nombre delante de mi Padre, y delante de sus ángeles" (Ap. 3:5). El color blanco simboliza pureza (cp. Ap. 6:11; 7:9, 13, 14; 19:8, 14) y es adecuado para los que se han vestido con la justicia de Cristo (Gá. 3:27; cp. Is. 61:10). Después que se les lavara los pecados en la sangre del Cordero (Ap. 7:14; cp. 1 P. 1:18-19), un día serán liberados del resto de pecado que aún les causa problemas (He. 12:1) y recibirán perfecta santidad y pureza.

Puesto que se han purificado de sus pecados, Cristo también promete no borrar los nombres de los vencedores del libro de la vida (cp. Fil. 4:3; Ap. 13:8; 17:8; 20:12, 15; 21:27). En la antigüedad los gobernantes mantenían un registro de los habitantes de su ciudad. A quienes habían cometido delitos particularmente atroces se les podía borrar sus nombres de ese registro, lo que los convertía en parias. Pero bajo ninguna circunstancia Cristo borrará del libro los nombres de verdaderos cristianos cuyos nombres fueron "escritos en el libro de la vida del Cordero que fue inmolado desde el principio del mundo" (Ap. 13:8), porque Cristo "puede también salvar perpetuamente a los que por él se acercan a Dios, viviendo siempre para interceder por ellos" (He. 7:25).

Lejos de borrarles los nombres del libro de la vida, Jesús prometió confesar "delante de [su] Padre, y delante de sus ángeles" el nombre de cada vencedor, afirmando así que le pertenecen (Ap. 3:5). Esa promesa la hizo también en

Mateo 10:32: "A cualquiera, pues, que me confiese delante de los hombres, yo también le confesaré delante de mi Padre que está en los cielos".

A los vencedores de la fiel iglesia en Filadelfia Cristo prometió: "Al que venciere, yo lo haré columna en el templo de mi Dios, y nunca más saldrá de allí; y escribiré sobre él el nombre de mi Dios, y el nombre de la ciudad de mi Dios, la nueva Jerusalén, la cual desciende del cielo, de mi Dios, y mi nombre nuevo" (Ap. 3:12). Una "columna" sugiere estabilidad, permanencia e inmovilidad. El Nuevo Testamento describe metafóricamente a la Iglesia como templo de Dios (1 Co. 3:16-17; 2 Co. 6:16; Ef. 2:21; cp. 1 P. 2:5), del cual cada creyente es parte integral y permanente.

La seguridad del Señor de que los creyentes "no saldrán" del cielo refuerza aún más la verdad de la certeza absoluta y eterna que ellos poseen. Las palabras de Jesús fueron especialmente significativas para los de Filadelfia, ya que su ciudad era una región propensa a terremotos, y en ocasiones tenían que huir para salvar sus vidas. Pero nadie será alguna vez obligado a salir del cielo.

En imágenes que reflejan aún más la seguridad eterna de los creyentes, Jesús declaró: "Escribiré sobre [los vencedores] el nombre de mi Dios [una marca de que los posee], y el nombre de la ciudad de mi Dios, la nueva Jerusalén, la cual desciende del cielo, de mi Dios [una marca de la ciudadanía celestial de los vencedores], y mi nombre nuevo [una marca del amor de Dios]" (Ap. 3:12).

La promesa final fue dirigida a los fieles creyentes en la tibia iglesia en Laodicea. Como si todas las anteriores no fueran suficientes, Jesús hizo esta asombrosa promesa: "Al que venciere, le daré que se siente conmigo en mi trono [cp. Mt. 19:28; Lc. 22:29-30], así como yo he vencido, y me he sentado con mi Padre en su trono" (Ap. 3:21). Así como Jesús comparte el trono de su Padre, así también los vencedores compartirán el trono y reino del Padre victoriosamente con Él para siempre. (Para una exposición completa de las cartas a las siete iglesias, véase *Comentario MacArthur del Nuevo Testamento: Apocalipsis* [Grand Rapids: Portavoz, 2010], capítulos 4-10).

El testimonio de Dios 17

Este es Jesucristo, que vino mediante agua y sangre; no mediante agua solamente, sino mediante agua y sangre. Y el Espíritu es el que da testimonio; porque el Espíritu es la verdad. Porque tres son los que dan testimonio en el cielo: el Padre, el Verbo y el Espíritu Santo; y estos tres son uno. Y tres son los que dan testimonio en la tierra: el Espíritu, el agua y la sangre; y estos tres concuerdan. Si recibimos el testimonio de los hombres, mayor es el testimonio de Dios; porque este es el testimonio con que Dios ha testificado acerca de su Hijo. El que cree en el Hijo de Dios, tiene el testimonio en sí mismo; el que no cree a Dios, le ha hecho mentiroso, porque no ha creído en el testimonio que Dios ha dado acerca de su Hijo. Y este es el testimonio: que Dios nos ha dado vida eterna; y esta vida está en su Hijo. El que tiene al Hijo, tiene la vida; el que no tiene al Hijo de Dios no tiene la vida. (5:6-12)

A lo largo de esta epístola el apóstol Juan ha dejado bien claro que la verdad de un punto de vista correcto acerca del Señor Jesucristo es esencial para la salvación. Ese fue el tema del apóstol desde el principio, y es valioso leer los textos anteriores que apoyan tal énfasis:

> *Lo que era desde el principio, lo que hemos oído, lo que hemos visto con nuestros ojos, lo que hemos contemplado, y palparon nuestras manos tocante al Verbo de vida (porque la vida fue manifestada, y la hemos visto, y testificamos, y os anunciamos la vida eterna, la cual estaba con el Padre, y se nos manifestó); lo que hemos visto y oído, eso os anunciamos, para que también vosotros tengáis comunión con nosotros; y nuestra comunión verdaderamente es con el Padre, y con su Hijo Jesucristo. Estas cosas os escribimos, para que vuestro gozo sea cumplido (1:1-4).*

En 2:22 Juan preguntó de manera retórica: "¿Quién es el mentiroso, sino el que niega que Jesús es el Cristo? Este es anticristo, el que niega al Padre y al Hijo". Él también dejó por escrito: "Este es su mandamiento: Que creamos en el nombre de su Hijo Jesucristo, y nos amemos unos a otros como nos lo ha mandado" (3:23). En 4:1-2 el apóstol advirtió a sus lectores contra los falsos maestros que negarían la verdad acerca de Jesucristo:

Amados, no creáis a todo espíritu, sino probad los espíritus si son de Dios; porque muchos falsos profetas han salido por el mundo. En esto conoced el Espíritu de Dios: Todo espíritu que confiesa que Jesucristo ha venido en carne, es de Dios.

Los versículos 9 y 10 de ese mismo capítulo declaran:

En esto se mostró el amor de Dios para con nosotros, en que Dios envió a su Hijo unigénito al mundo, para que vivamos por él. En esto consiste el amor: no en que nosotros hayamos amado a Dios, sino en que él nos amó a nosotros, y envió a su Hijo en propiciación por nuestros pecados.

Juan comenzó el capítulo 5 recordando a sus lectores que solamente el "que cree que Jesús es el Cristo, es nacido de Dios" (v. 1), mientras volvemos a observar que el versículo 13 es la clave de toda la carta: "Estas cosas os he escrito a vosotros que creéis en el nombre del Hijo de Dios, para que sepáis que tenéis vida eterna". Por último, Juan escribió en el versículo 20: "Sabemos que el Hijo de Dios ha venido, y nos ha dado entendimiento para conocer al que es verdadero; y estamos en el verdadero, en su Hijo Jesucristo. Este es el verdadero Dios, y la vida eterna".

Jesucristo es el punto clave de la historia redentora, y el Padre ha atestiguado varias veces que Él es el Mesías, Salvador, Redentor y Rey. Ese testimonio vino primero como un rayo brillante de esperanza en las tristes consecuencias del pecado de Adán y Eva. En el contexto de la maldición de Dios sobre la humanidad llegó la promesa de un libertador. Dios le advirtió a la serpiente (Satanás): "Pondré enemistad entre ti y la mujer, y entre tu simiente y la simiente suya; ésta te herirá en la cabeza, y tú le herirás en el calcañar" (Gn. 3:15). Más adelante en Génesis, Dios reiteró su promesa de enviar a su Hijo, quien gobernaría como Rey: "No será quitado el cetro de Judá, ni el legislador de entre sus pies, hasta que venga Siloh [el Mesías]; y a él se congregarán los pueblos" (49:10; cp. Ap. 5:5). Dios eligió de manera soberana revelar una profecía mesiánica a través del falso profeta Balaam: "Saldrá ESTRELLA de Jacob, y se levantará cetro de Israel" (Nm. 24:17). En la canción inspirada de Ana, Dios otra vez prometió enviar a su Rey mesiánico (1 S. 2:10, 35; cp. 2 S. 22:51). En 2 Samuel 7:12-15, se registra la promesa de Dios a David de un Hijo más grande que Salomón, quien establecería un reino eterno (v. 13). En el Salmo 2 el salmista reitera la gran esperanza del venidero Rey mesiánico (vv. 2, 6), el que gobernará las naciones (vv. 8, 9), y es el Hijo de Dios (v. 12).

El Antiguo Testamento también predijo los detalles precisos de la vida de Jesús. Isaías profetizó que Cristo nacería de una virgen (7:14), Miqueas que nacería en Belén (5:2), Oseas que sería llamado de Egipto (11:1), Jeremías el intento de asesinarlo en medio de la matanza de los inocentes por parte de

Herodes en el nacimiento de Jesús (31:15; cp. Mt. 2:17-18), Malaquías predijo al precursor (Juan el Bautista) que prepararía el camino para el Mesías (4:5-6), e Isaías el ministerio de Cristo en Galilea (9:1-2; cp. Mt. 4:12-16). El Salmo 41:9 predice la traición por parte de un amigo íntimo, el Salmo 22 delinea los detalles de la crucifixión, Isaías 53 explica el significado teológico de la muerte del Mesías, y el Salmo 16 profetiza la resurrección.

Dado que las Escrituras del Antiguo Testamento señalan de modo inequívoco e inconfundible a Jesucristo y a ningún otro como el Mesías, no hay excusa para no reconocerlo como tal. El Señor reprendió la torpeza de sus seguidores frente a la abrumadora evidencia:

> *¡Oh insensatos, y tardos de corazón para creer todo lo que los profetas han dicho! ¿No era necesario que el Cristo padeciera estas cosas, y que entrara en su gloria? Y comenzando desde Moisés, y siguiendo por todos los profetas, les declaraba en todas las Escrituras lo que de él decían… Y les dijo: Estas son las palabras que os hablé, estando aún con vosotros: que era necesario que se cumpliese todo lo que está escrito de mí en la ley de Moisés, en los profetas y en los salmos. Entonces les abrió el entendimiento, para que comprendiesen las Escrituras; y les dijo: Así está escrito, y así fue necesario que el Cristo padeciese, y resucitase de los muertos al tercer día; y que se predicase en su nombre el arrepentimiento y el perdón de pecados en todas las naciones, comenzando desde Jerusalén (Lc. 24:25-27, 44-47).*

Jesús también reprendió a los dirigentes judíos hostiles por no hacer caso al testimonio que de Él daba el Antiguo Testamento: "Escudriñad las Escrituras; porque a vosotros os parece que en ellas tenéis la vida eterna; y ellas son las que dan testimonio de mí" (Jn. 5:39). El problema no estaba en que el testimonio que el Antiguo Testamento daba de Jesús fuera poco claro, sino más bien en que ellos no quisieron ir a Él para obtener vida (v. 40).

Pablo ofreció en Hechos detalles con relación a ese tema:

> *Varones hermanos, hijos del linaje de Abraham, y los que entre vosotros teméis a Dios, a vosotros es enviada la palabra de esta salvación. Porque los habitantes de Jerusalén y sus gobernantes, no conociendo a Jesús, ni las palabras de los profetas que se leen todos los días de reposo, las cumplieron al condenarle. Y sin hallar en él causa digna de muerte, pidieron a Pilato que se le matase. Y habiendo cumplido todas las cosas que de él estaban escritas, quitándolo del madero, lo pusieron en el sepulcro (Hch. 13:26-29).*

En esta sección de su epístola Juan profundiza en el tema de su evangelio, el cual fue "escrito para que [las personas crean] que Jesús es el Cristo, el Hijo de Dios, y para que creyendo, [tengan] vida en su nombre" (Jn. 20:31). El

Evangelio de Juan relata que el Padre testificó de la deidad de Cristo a partir de varias fuentes: Las Escrituras (5:39-40), Juan el Bautista (1:6-8, 34), los discípulos (15:27), las palabras (8:14, 18; 18:37) y las obras de Cristo (5:36; 10:25, 38), el Espíritu Santo (15:26), y el Padre mismo (5:37; 8:18).

La clave en esta sección es la palabra *testimonio,* que en su forma sustantiva y verbal aparece nueve veces en los versículos 6-12. Ambas se derivan de la raíz griega *martus,* que es una expresión común que aparece 175 en sus varias formas en el Nuevo Testamento. Tiene el significado básico de recordar y atestiguar algo relacionado. Ese testimonio podría darse en un entorno legal (como en Mr. 14:63; Hch. 6:13; 7:58; He. 10:28), o en el sentido general de relatar conocimiento de primera mano (como en Lc. 11:48; 1 Ti. 6:12; He. 12:1; 1 P. 5:1). Tal vez debido a que muchas personas que testificaban del evangelio verdadero pagaban con sus vidas, *martus* se convirtió en la raíz de la palabra *mártir* en español.

En el Antiguo Testamento, Dios llamó al pueblo de Israel a ser testigo de que solo Él es Dios (Is. 43:10-13; 44:6-8). El Nuevo Testamento es sobre todo el testimonio Dios sobre su Hijo. Los evangelios relatan la historia de la vida, muerte y resurrección de Cristo; el libro de Hechos describe la propagación inicial en todo el mundo de la verdad acerca de Él; las epístolas explican el abundante significado teológico de su vida, muerte, resurrección, ascensión y segunda venida; el libro del Apocalipsis da a conocer la consumación del propósito redentor de Dios en Cristo.

En armonía con el mandamiento bíblico de que "por boca de dos o de tres testigos se decidirá todo asunto" (2 Co. 13:1; cp. Dt. 19:15; Mt. 18:16; 1 Ti. 5:19; He. 10:28), Juan muestra tres aspectos del testimonio que Dios presenta de Jesucristo. A continuación, después de delinear los detalles del testimonio del Padre hacia el Hijo, el apóstol da a conocer el propósito de tal testimonio, y por último cierra esta sección ilustrando el poder del testimonio.

DETALLES DEL TESTIMONIO DE DIOS

Este es Jesucristo, que vino mediante agua y sangre; no mediante agua solamente, sino mediante agua y sangre. Y el Espíritu es el que da testimonio; porque el Espíritu es la verdad. Porque tres son los que dan testimonio en el cielo: el Padre, el Verbo y el Espíritu Santo; y estos tres son uno. Y tres son los que dan testimonio en la tierra: el Espíritu, el agua y la sangre; y estos tres concuerdan. Si recibimos el testimonio de los hombres, mayor es el testimonio de Dios; porque este es el testimonio con que Dios ha testificado acerca de su Hijo. (5:6-9)

En la sección anterior (vv. 1-5), Juan describió las alegrías y las bendiciones de los vencedores, aquellos que creen que Jesucristo es el Hijo de Dios. Pero el apóstol sabía que muchos irían a preguntar por qué debían creer que Jesús es quien Juan afirmaba que era. Después de todo, Israel lo rechazó; "a lo suyo vino, y los suyos no le recibieron" (Jn. 1:11). Los judíos se refirieron con desdén a Jesús como un engañador mentiroso (Mt. 27:63), culpable de hacer descarriar al pueblo (Jn. 7:12, 47; Lc. 23:2) y de fomentar una insurrección contra Roma (Lc. 23:5; cp. Jn. 11:47-48). De modo blasfemo lo acusaron de ser glotón y borracho (Mt. 11:19), de estar loco (Jn. 10:20; cp. Mr. 3:21), y, lo más atroz de todo, de estar endemoniado (Jn. 8:48; cp. v. 52; 7:20; Mt. 9:34; 10:25; 12:24; cp. vv. 31-32). Por último, el odio asesino que tenían por Jesús los llevó a pedir que lo crucificaran (Mt. 27:22-23). ¿Por qué entonces, a la luz del rechazo de Israel, alguien debería creer que Jesucristo es el Mesías, Dios encarnado, el único Salvador de los pecadores? A causa del testimonio infalible, irrebatible e indiscutible de Dios mismo.

Houtos (**este**) señala hacia **Jesucristo.** Su posición enfática en el texto griego resalta la unicidad de Cristo. **Este** y ningún otro es Dios el Hijo, **que vino** al mundo. La vida de Jesucristo no comenzó en su nacimiento; Él había existido desde la eternidad (Jn. 1:1-2). De ahí que el Nuevo Testamento hable de Jesús viniendo a este mundo, no de que llegó a existir. En la encarnación, el eternamente existente "Verbo fue hecho carne, y habitó entre nosotros" (Jn. 1:14). En Juan 16:28 Jesús declaró: "Salí del Padre, y he venido al mundo; otra vez dejo el mundo, y voy al Padre" (cp. 8:14; 13:3; 18:37). Más adelante en esta epístola Juan escribió: "Para esto apareció [no "fue creado"] el Hijo de Dios, para deshacer las obras del diablo" (3:8).

La encarnación de Jesucristo es la gloriosa verdad central de la historia redentora y el fundamento de la fe cristiana. Es de la venida del Hijo y de su deidad que el Padre da testimonio en este pasaje. Juan ofrece tres elementos de ese testimonio confirmador: el **agua,** la **sangre y** el **Espíritu.**

Algunos relacionan la frase **agua y sangre** con la muerte de Jesús, cuando "uno de los soldados le abrió el costado con una lanza, y al instante salió sangre y agua" (Jn. 19:34). Sin embargo, no existe razón alguna para suponer que Juan tuviera en mente ese hecho. Es difícil ver cómo la perforación del costado de Jesús fuera un testimonio divino de su deidad; ese acto no representa una declaración divina de alguna cosa, sino más bien una afirmación muy humana de que Jesús estaba muerto (pero que Zac. 12:10 lo profetizó).

Otros ven en estos términos una referencia al bautismo y la Cena del Señor. No obstante, una vez más no hay ninguna razón exegética o contextual para relacionar la referencia que Juan hace al agua y la sangre con esas ordenanzas. Además, el bautismo y la Cena del Señor son el testimonio que la Iglesia, no el Padre, da de Cristo (cp. 1 Co. 11:26).

Es mejor ver aquí al **agua** como una referencia al bautismo de Cristo, y a la **sangre** como una referencia a su muerte. Esos dos extraordinarios eventos asociaron el ministerio terrenal del Señor, y en ambos el Padre dio testimonio acerca de su Hijo.

La frase **no mediante agua solamente, sino mediante agua y sangre** no es redundante, pero aborda un punto teológico importante. Los falsos maestros decían que el Padre afirmó a Jesús en su bautismo, pero no en su muerte. Juan quiere refutar esa herejía. Esos herejes proveedores de una forma incipiente de gnosticismo enseñaban que el "espíritu de Cristo" descendió sobre el hombre Jesús en su bautismo, convirtiéndolo en el Ungido de Dios. Según esta herejía, Jesús, bajo el control del "espíritu de Cristo" proveyó valiosas enseñanzas éticas durante su ministerio. Pero los falsos maestros afirmaban además que el espíritu de Cristo abandonó a Jesús antes de la crucifixión y que murió como un simple ser humano, no como el Dios-hombre cuya muerte sacrificial expió los pecados de todos aquellos que alguna vez serían justificados.

Al igual que toda enseñanza que niega la eficacia de la expiación sustitutiva de Cristo, esa enseñanza era una mentira satánica, ya que "Jesucristo el justo... es la propiciación por nuestros pecados" (2:1-2; cp. 4:10; Ro. 3:25; He. 2:17). De no haber poseído su naturaleza divina en la cruz, Jesús no habría podido conquistar el pecado y la muerte para los creyentes. Pero la gloriosa verdad es que Aquel, "que no conoció pecado, por nosotros [Dios] lo hizo pecado, para que nosotros fuésemos hechos justicia de Dios en él" (2 Co. 5:21).

En el principio del ministerio terrenal de Cristo, el Padre dio testimonio de Juan en el **agua** cuando fue bautizado. Mateo relata que "Jesús vino de Galilea a Juan al Jordán, para ser bautizado por él" (3:13). Como precursor del Mesías, Juan el Bautista predicó un bautismo "para arrepentimiento" (v. 11; Mr. 1:4; Lc. 3:3; Hch. 13:24; 19:4), e invitó a los israelitas a preparar sus corazones para la venida del Mesías confesando y arrepintiéndose de su pecado, y pidiéndole a Dios que los limpie. El bautismo de ellos representaba una afirmación pública de arrepentimiento del pecado, un acto externo que simbolizaba una realidad interna. Puesto que únicamente los gentiles prosélitos se bautizaban, los judíos estaban reconociendo que no eran mejores que los gentiles y que debían convertirse de veras en el pueblo de Dios (cp. Ro. 2:28-29).

Pero Juan el Bautista sabía que como el inmaculado "Cordero de Dios, que quita el pecado del mundo" (Jn. 1:29), Jesús no tenía pecado del que tuviera que arrepentirse, y por tanto no necesitaba bautizarse. En consecuencia, "Juan se le oponía, diciendo: Yo necesito ser bautizado por ti, ¿y tú vienes a mí?" (Mt. 3:14). Juan se asombró por el cambio de rumbo de lo que él sabía era cierto: él era el pecador y Jesús no tenía pecado; que él era el menor y Jesús el mayor (cp. Jn. 1:27; 3:30).

Aunque no tenía pecado (2 Co. 5:21; He. 4:15; 7:26; 1 P. 2:22; cp. Jn. 8:46), aún era necesario que Jesús fuera bautizado. Al hacerlo se identificó públicamente con los pecadores. Por consiguiente le declaró a Juan: "Deja ahora, porque así conviene que cumplamos toda justicia" (Mt. 3:15*a*). Jesús siempre llevó a cabo lo que Dios requería de su pueblo; no exigió una exención aquí, así como tampoco la exigió al pagar el impuesto del templo (17:24-27). La perfecta obediencia de Jesús (cp. Jn. 4:34; 8:29; 14:31; 15:10) lo convirtió en el sacrificio sin defecto cuya muerte hizo expiación por el pecado.

"Jesús, después que fue bautizado [por Juan], subió luego del agua; y he aquí los cielos le fueron abiertos, y vio al Espíritu de Dios que descendía como paloma, y venía sobre él" (Mt. 3:16). La manifestación física de la presencia del Espíritu Santo proporcionó evidencia visible del testimonio que el Padre hacía del Hijo, especialmente para Juan el Bautista, quien más tarde declaró:

> *Vi al Espíritu que descendía del cielo como paloma, y permaneció sobre él. Y yo no le conocía; pero el que me envió a bautizar con agua, aquél me dijo: Sobre quien veas descender el Espíritu y que permanece sobre él, ése es el que bautiza con el Espíritu Santo. Y yo le vi, y he dado testimonio de que éste es el Hijo de Dios (Jn. 1:32-34).*

Después del testimonio visual que diera de Jesús por medio del Espíritu, el Padre ofreció esta declaración explícita: "Este es mi Hijo amado, en quien tengo complacencia" (Mt. 3:17). Estas palabras, que recuerdan las del Salmo 2:7 e Isaías 42:1, expresaron la aprobación que el Padre hacía del Hijo, y la confirmación de él como el Mesías.

Juan presenta entonces un segundo testimonio, la **sangre,** que representa la muerte de Cristo. Así como hizo en el bautismo, el Padre ofreció un contundente testimonio de Jesús en los milagrosos acontecimientos que rodearon la crucifixión. Mateo 27:45 relata que "desde la hora sexta hubo tinieblas sobre toda la tierra hasta la hora novena". En medio del día cayó una oscuridad sobrenatural, que simbolizaba el abandono que el Padre hacía del Hijo como el sacrificio por llevar el pecado humano. Al sentir eso, "Jesús clamó a gran voz, diciendo: Elí, Elí, ¿lama sabactani? Esto es: Dios mío, Dios mío, ¿por qué me has desamparado?" (v. 46; cp. Sal. 22:1).

Al momento de la muerte de Jesús hubo otro milagro cuando "el velo del templo se rasgó en dos, de arriba abajo" (Mt. 27:51*a*). Ese velo, que separaba el lugar santísimo del lugar santo, era demasiado grande y pesado para que los hombres pudieran romperlo, especialmente de arriba abajo. La acción del Padre simbolizó su aceptación del sacrificio de Jesús, a través del cual se abrió el camino hacia su santa presencia (cp. He. 10:19-20).

En otro milagro increíble, "la tierra tembló, y las rocas se partieron; y se abrieron los sepulcros, y muchos cuerpos de santos que habían dormido, se levantaron; y saliendo de los sepulcros, después de la resurrección de él, vinieron a la santa ciudad, y aparecieron a muchos" (Mt. 27:51*b*-53). Tales apariciones en forma corporal dieron testimonio de la resurrección de Cristo como las "primicias de los que durmieron" (1 Co. 15:20). Tan irresistible fue el milagroso testimonio de Dios hacia Jesús que un aguerrido centurión romano que lo presenció clamó aterrado: "Verdaderamente éste era Hijo de Dios" (Mt. 27:54; cp. Mr. 15:39).

El testimonio que el Padre dio de Jesús también aparece en las profecías del Antiguo Testamento de que su muerte se llevaría a cabo, sobre todo en el Salmo 22:

> *Todos los que me ven me escarnecen; estiran la boca, menean la cabeza, diciendo: Se encomendó a Jehová; líbrele él; sálvele, puesto que en él se complacía (vv. 7-8; cp. Mt. 27:39-40).*

> *He sido derramado como aguas, y todos mis huesos se descoyuntaron; mi corazón fue como cera, derritiéndose en medio de mis entrañas. Como un tiesto se secó mi vigor, y mi lengua se pegó a mi paladar, y me has puesto en el polvo de la muerte. Porque perros me han rodeado; me ha cercado cuadrilla de malignos; horadaron mis manos y mis pies. Contar puedo todos mis huesos; entre tanto, ellos me miran y me observan. Repartieron entre sí mis vestidos, y sobre mi ropa echaron suertes (vv. 14-18).*

Y en Isaías 53:

> *Subirá cual renuevo delante de él, y como raíz de tierra seca; no hay parecer en él, ni hermosura; le veremos, mas sin atractivo para que le deseemos. Despreciado y desechado entre los hombres, varón de dolores, experimentado en quebranto; y como que escondimos de él el rostro, fue menospreciado, y no lo estimamos. Ciertamente llevó él nuestras enfermedades, y sufrió nuestros dolores; y nosotros le tuvimos por azotado, por herido de Dios y abatido. Mas él herido fue por nuestras rebeliones, molido por nuestros pecados; el castigo de nuestra paz fue sobre él, y por su llaga fuimos nosotros curados. Todos nosotros nos descarriamos como ovejas, cada cual se apartó por su camino; mas Jehová cargó en él el pecado de todos nosotros. Angustiado él, y afligido, no abrió su boca; como cordero fue llevado al matadero; y como oveja delante de sus trasquiladores, enmudeció, y no abrió su boca. Por cárcel y por juicio fue quitado; y su generación, ¿quién la contará? Porque fue cortado de la tierra de los vivientes, y por la rebelión de mi pueblo fue herido. Y se dispuso con los impíos su sepultura, mas con los ricos fue en su muerte; aunque nunca hizo maldad, ni hubo engaño en su boca (vv. 2-9).*

El Padre también dio testimonio del Hijo por medio del ministerio del **Espíritu,** quien **es la verdad** (cp. Jn. 14:17; 15:26; 16:13). El Espíritu Santo es el Espíritu de verdad en que es auténtico y, por tanto, fuente y revelador de la verdad divina (1 P. 1:12; cp. Hch. 1:16; 28:25; He. 3:7; 10:15-17), en particular acerca de Jesucristo (Jn. 15:26). El Espíritu participó en la concepción (Mt. 1:18, 20; Lc. 1:35), en el bautismo (Mt. 3:16) y en la tentación de Jesús (Mr. 1:12; Lc. 4:1), y a lo largo de su ministerio. Pedro manifestó a los reunidos en la casa de Cornelio: "Vosotros sabéis... cómo Dios ungió con el Espíritu Santo y con poder a Jesús de Nazaret, y cómo éste anduvo haciendo bienes y sanando a todos los oprimidos por el diablo, porque Dios estaba con él" (Hch. 10:37-38; cp. Mt. 12:28; Lc. 4:14; Jn. 3:34). Debido a que el Espíritu Santo facultó a Jesús para que ministrara, atribuir a Satanás las obras milagrosas de Cristo era blasfemar del Espíritu Santo (Mr. 3:28-30). Jesús siempre hizo la voluntad del Padre en el poder del Espíritu.

La confirmación de que **tres son los que dan testimonio en la tierra: el Espíritu, el agua y la sangre concuerdan** a la perfección y demuestra de manera convincente que Jesús es el Cristo, el Hijo de Dios. Qué insensatos seríamos **si recibimos el testimonio de los hombres** en cuanto a asuntos de menos importancia, al mismo tiempo que rechazamos el **testimonio de Dios** infinitamente **mayor con que Dios ha testificado acerca de su Hijo.**

Algunas versiones en español añaden entre los versículos 7 y 8 la llamada *coma juanina* (como la RVR60 ["**Y tres son los que dan testimonio en la tierra: el Espíritu, el agua y la sangre; y estos tres concuerdan**"], y la LBLA ["En el cielo: el Padre, el Verbo y el Espíritu Santo; y estos tres son uno. Y tres son los que dan testimonio en la tierra"]). Aunque lo que el pasaje agregado enseña es la verdad, se trata de un espurio. El renombrado erudito Bruce M. Metzger resume la abrumadora evidencia en contra de la autenticidad de este texto:

> El pasaje no aparece en ningún manuscrito griego conocido excepto en ocho [todos los cuales datan de la Edad Media], y estos contienen el pasaje en lo que parece ser una traducción de reseña de la Vulgata Latina. Cuatro de los ocho manuscritos contienen el pasaje como una variante de lectura escrita al margen en calidad de una adición posterior al documento.
>
> El pasaje no lo cita ninguno de los padres griegos, quienes de haberlo conocido sin duda lo hubieran empleado en las controversias trinitarias (sabeliana y arriana). Su primera aparición en el griego es en una versión griega de la Sentencia (latín) del Concilio de Letrán en 1215.
>
> El pasaje está ausente en los manuscritos de todas las versiones antiguas... a excepción del latín; y no se encuentra (*a*) en el latín antiguo en su forma original... o en la Vulgata (*b*) ni en los elaborados por Jerónimo... o (*c*) ni en los revisados por Alcuino [en el siglo IX].
>
> El primer ejemplo de que el pasaje se cita como parte del texto

> actual de la epístola se encuentra en un tratado del latín del siglo IV titulado *Liber Apologeticus*... atribuido ya sea al hereje español Prisciliano (muerto aprox. en el 385) o a su seguidor Obispo Instancio... En el siglo V la glosa fue citada por los padres latinos en el norte de África e Italia como parte del texto de la epístola, y desde el siglo VI en adelante se encuentra cada vez con mayor frecuencia en manuscritos de la Antigua Latina y la Vulgata (*A Textual Commentary on the Greek New Testament,* segunda edición [Stuttgart: Deutsche Bibelgesellschaft, 2002], pp. 647-48).

F. F. Bruce relata cómo este pasaje fue a parar a las biblias inglesas:

> Cuando Desiderio Erasmo [el erudito humanista cristiano holandés y contemporáneo de Lutero] preparó su edición impresa del Testamento Griego, con toda la razón dejó fuera esas palabras, pero fue atacado por personas que creyeron que el pasaje era un valioso texto de prueba para la doctrina de la Trinidad. Erasmo contestó (más bien incautamente) que si le pudieran presentar algún manuscrito griego que contuviera las palabras, él las incluiría en su próxima edición. Por desgracia se difundió un manuscrito griego de no más de unos veinte años de antigüedad en que aparecían las palabras, que se habían traducido del latín al griego. Por supuesto, el hecho de que el único manuscrito griego que exhibía las palabras perteneciera al siglo XVI era en sí un argumento en contra de su autenticidad; sin embargo, Erasmo había dado su palabra, así que en la edición de 1522 incluyó el pasaje (*History of the Bible in English* [Nueva York: Oxford University Press, 1978], pp. 141-42).

Del Nuevo Testamento griego de Erasmo el pasaje fue a parar al Textus Receptus, el texto griego usado por los traductores Casiodoro de Reina y Cipriano de Valera. El hecho de que este pasaje no forme parte de los textos inspirados no afecta a la doctrina bíblica de la Trinidad, la cual no se apoya en esta inserción espuria.

PROPÓSITO DEL TESTIMONIO DE DIOS

Y este es el testimonio: que Dios nos ha dado vida eterna; y esta vida está en su Hijo. (5:11)

El propósito del **testimonio** de Dios a través del agua, la sangre y el Espíritu es que los pecadores pudieran recibir **vida eterna,** la que implica mucho más que simplemente vivir para siempre en un sentido cronológico. La esencia de **vida**

eterna es la participación del creyente en la bendita vida eterna de Cristo (cp. Jn. 1:4) por medio de la unión con Él (Ro. 5:21; 6:4, 11, 23; 1 Co. 15:22; 2 Co. 5:17; Gá. 2:20; Col. 3:3-4; 2 Ti. 1:1, 10; Jud. 21). Jesús la definió en su oración sacerdotal al Padre: "Esta es la vida eterna: que te conozcan a ti, el único Dios verdadero, y a Jesucristo, a quien has enviado" (Jn. 17:3). Se trata de la vida en la era venidera (Ef. 2:6-7) que los creyentes experimentarán más plenamente en perfecta y perpetua gloria, santidad y alegría celestial (Ro. 8:19-23, 29; 1 Co. 15:49; Fil. 3:20-21; 1 Jn. 3:2).

La vida eterna prometida por Dios en el Antiguo Testamento (p. ej., 2 S. 12:23; Sal. 16:8-11; 133:3; Dn. 12:2) e inquirida por los judíos de la época de Jesús (Lc. 10:25; Jn. 5:39) viene únicamente para aquellos que creen el testimonio de Dios y que ponen su fe en **su Hijo.** El evangelio es exclusivo; no existen muchos caminos a Dios, sino solo uno. Jesús declaró en Juan 14:6: "Yo soy el camino, y la verdad, y la vida; nadie viene al Padre, sino por mí". Pedro agregó: "Y en ningún otro hay salvación; porque no hay otro nombre bajo el cielo, dado a los hombres, en que podamos ser salvos" (Hch. 4:12; cp. Jn. 6:68; 17:2; Ro. 6:23; 1 Ti. 1:16; Jud. 21).

RESPUESTA AL TESTIMONIO DE DIOS

El que cree en el Hijo de Dios, tiene el testimonio en sí mismo; el que no cree a Dios, le ha hecho mentiroso, porque no ha creído en el testimonio que Dios ha dado acerca de su Hijo... El que tiene al Hijo, tiene la vida; el que no tiene al Hijo de Dios no tiene la vida. (5:10, 12)

Lo que las personas hacen con el testimonio que Dios da de Jesucristo determina el destino eterno que obtendrán. Solo hay dos respuestas posibles: creer el testimonio de Dios, o rechazarlo. Nadie puede mantenerse neutral, ya que Jesús manifestó: "El que no es conmigo, contra mí es" (Mt. 12:30). **El que cree en el Hijo de Dios, tiene el testimonio en sí mismo.** La fe salvadora en Jesucristo resulta en aferrarse para siempre a la vida eterna (cp. 3:23; 4:2, 15; 5:1, 4-5). Puesto que la fe verdadera persevera, aquellos que se alejan del evangelio dejan ver que nunca fueron salvos en primer lugar (véase la exposición de 1 Jn. 2:19 en el capítulo 9).

Por otra parte, **el que no cree a Dios, le ha hecho mentiroso.** Negar que Jesucristo es quien Dios declara que es, negarse a creer **en el testimonio que Dios ha dado acerca de su Hijo,** hace a Dios **mentiroso,** lo cual es la más grave de todas las blasfemias ya que Dios es la verdad perfecta y no puede mentir (cp. Nm. 23:19; 1 S. 15:29; Tit. 1:2; He. 6:18). Rechazar el testimonio de Dios con relación a su Hijo no es una adversidad de la cual compadecerse, o algo a pasar por alto en nombre de la tolerancia. Es un pecado atroz y condenador, y una afrenta a la naturaleza santa de Dios. A los culpables de este pecado no se les trata con condescendencia, ni se los consuela o tranquiliza, sino que se los confronta y se les llama al arrepentimiento. Esta no es una cuestión banal; la integridad de Dios está en juego.

Juan concluyó esta sección exponiendo los resultados eternos de las dos únicas respuestas posibles al testimonio que Dios brinda de Jesucristo: **El que tiene al Hijo, tiene la vida; el que no tiene al Hijo de Dios no tiene la vida.** Aquí es evidente otra vez la exclusividad del evangelio. Solo quienes creen el testimonio del Padre hacia el **Hijo** y reconocen a Jesús como Señor y Salvador tienen **vida** eterna; todo aquel que se niega a proceder así **no tiene al Hijo,** y en consecuencia **no tiene vida** eterna.

La gloriosa promesa para aquellos que creen el testimonio de Dios es que "a todos los que le recibieron [a Jesús], a los que creen en su nombre, les dio potestad de ser hechos hijos de Dios" (Jn. 1:12). No obstante, esta es la aleccionadora advertencia para los que rechazan dicha verdad: "¿Cómo [escaparán], si [descuidan] una salvación tan grande?" (He. 2:3).

Certezas cristianas 18

Estas cosas os he escrito a vosotros que creéis en el nombre del Hijo de Dios, para que sepáis que tenéis vida eterna, y para que creáis en el nombre del Hijo de Dios. Y esta es la confianza que tenemos en él, que si pedimos alguna cosa conforme a su voluntad, él nos oye. Y si sabemos que él nos oye en cualquiera cosa que pidamos, sabemos que tenemos las peticiones que le hayamos hecho. Si alguno viere a su hermano cometer pecado que no sea de muerte, pedirá, y Dios le dará vida; esto es para los que cometen pecado que no sea de muerte. Hay pecado de muerte, por el cual yo no digo que se pida. Toda injusticia es pecado; pero hay pecado no de muerte. Sabemos que todo aquel que ha nacido de Dios, no practica el pecado, pues Aquel que fue engendrado por Dios le guarda, y el maligno no le toca. Sabemos que somos de Dios, y el mundo entero está bajo el maligno. Pero sabemos que el Hijo de Dios ha venido, y nos ha dado entendimiento para conocer al que es verdadero; y estamos en el verdadero, en su Hijo Jesucristo. Este es el verdadero Dios, y la vida eterna. Hijitos, guardaos de los ídolos. Amén. (5:13-21)

La vida en este mundo caído está llena de incertidumbre, con escasas garantías y poco en lo cual se pueda depender. Job se lamentó: "El hombre nacido de mujer, corto de días, y hastiado de sinsabores" (Job 14:1), siendo "como las chispas [que] se levantan para volar por el aire, así el hombre nace para la aflicción" (5:7). Enfermedades, accidentes, violencia o vejez pasan factura a todos al final, porque toda persona "ciertamente es neblina que se aparece por un poco de tiempo, y luego se desvanece" (Stg. 4:14; cp. Sal. 39:5; 90:10). Mientras tanto, el viaje de la vida está lleno de dudas, inquietudes e incertidumbres. Los empleos desaparecen a medida que las compañías reducen su tamaño y subcontratan. La volatilidad del mercado de valores, las fluctuaciones de la economía y el aumento de impuestos crean más incertidumbre. Las relaciones van y vienen, y la fidelidad de la gente solo dura mientras se le esté atendiendo en sus necesidades, o hasta que encuentran a alguien más atractivo. La incertidumbre de las relaciones ha convertido los acuerdos prenupciales en algo común y corriente, a medida que las personas intentan protegerse contra la explotación por parte de sus antiguos cónyuges. En mayor escala, desastres naturales como terremotos, huracanes, tornados, incendios e inundaciones pueden acabar en un instante con los tesoros acumulados durante toda una vida.

La incertidumbre por lo que depara el futuro lleva a la gente a gastar un porcentaje importante de sus ingresos en seguros, en su intento por protegerse contra todas las potenciales contingencias negativas. Los seguros de automóviles proporcionan cierta medida de seguridad en caso de un accidente. La inseguridad en cuanto a incendios, robos y desastres naturales lleva a las personas a comprar cobertura con el fin de proteger sus hogares. Los seguros de salud ayudan a salvaguardar contra la ruina económica en caso de enfermedad grave; los seguros de vida proveen dinero en caso de muerte de quien sostiene la familia.

Sin embargo, la incertidumbre más profunda, y con los resultados más desastrosos, no está en el reino material sino en el reino espiritual. Debido a que las personas rechazan el evangelio y están sin Dios, también se encuentran sin esperanza (Ef. 2:12) o protección de la ira divina y el infierno eterno. La mayoría de personas ponen su esperanza en que religiones falsas o ideologías personales los lleven a un estado de felicidad eterna. Además, popularmente se ha creído que todas las religiones conducen al cielo, que la mayoría de personas son buenas, y que por tanto se encaminan hacia allá. Lo que no es popular es la realidad de que solamente la Biblia es la verdadera Palabra de Dios, que el evangelio es el único camino al cielo, y que todo aquel que no cree irá al infierno para siempre.

En un mundo de incertidumbre, relativismo y engaño, la Biblia proclama verdad absoluta. Cinco palabras, basadas en absolutos bíblicos, formulan el paradigma.

La primera palabra es *objetividad.* La verdad es objetiva, no subjetiva, y existe independientemente fuera de la mente humana, tiene su origen en Dios, y nos llega por medio de revelación en las Escrituras (Jn. 17:17; cp. Sal. 119:151, 160; 2 Ti. 2:15).

La segunda palabra es *racionalidad.* La revelación de Dios es inteligible; no es mística, no contiene significados ocultos accesibles solo para la élite religiosa. La Biblia brinda su significado a la mente que la enfoca de manera razonable.

Una tercera palabra es *veracidad.* La Biblia, adecuadamente interpretada en una forma normal y racional, brinda verdad divina.

El cuarto término es *autoridad.* La verdad divinamente revelada de la Biblia conlleva la autoridad de Dios y, por tanto, es vinculante en todo lo que afirma.

Una última palabra es *incompatibilidad.* Debido a que la Biblia contiene verdad divina, todo lo que la contradice es erróneo. El compromiso del cristianismo bíblico con la verdad absoluta lo convierte en exclusivo en medio de un mundo inclusivo.

La Biblia da a conocer la verdad acerca de cómo empezó el universo, y de cómo terminará; en cuanto a por qué las personas se comportan como lo hacen; respecto a qué está bien y qué está mal; con relación al cielo y el infierno, y de cómo la gente va a parar a esos lugares; acerca de cómo se forman buenas relaciones humanas; en cuanto a las promesas de Dios; y lo más importante, respecto al Señor Jesucristo, incluso a su nacimiento virginal, su vida sin pecado, su enseñanza sin paralelo, su muerte sustitutiva, su resurrección literal, su ascensión corporal y su segunda venida.

La Biblia está llena de certezas absolutas, que incluyen la realidad de que el pecado trae consecuencias (Nm. 32:23); que la Palabra de Dios es veraz (Sal. 19:7; 111:7; Lc. 1:4; 2 P. 1:19); que la justicia produce una recompensa (Pr. 11:18); que solo Dios es Dios (Dt. 4:39; Is. 43:10-12; 45:6), que puede hacer todas las cosas (Job 42:2), que no actúa con maldad (Job 34:12), que juzga según la verdad (Ap. 16:7; 19:2; cp. Sal. 119:75), que es fiel (Dt. 7:9), que castiga el pecado (Ro. 2:2), que creó todo (Is. 48:13) incluso los seres humanos (Sal. 100:3), y que es bueno y clemente (Sal. 23:6); que Jesucristo llevó nuestros pesares y dolores (Is. 53:4), que es el Mesías, el Santo de Dios (Jn. 6:69; cp. Mt. 14:33; Hch. 2:36), que conoce todo (Jn. 16:30; 21:17), que fue enviado por el Padre (Jn. 17:8; cp. v. 25; 16:27, 30), que tiene autoridad para perdonar pecados (Mt. 9:6), que no rechazará a aquellos que acuden a Él (Jn. 6:37), que conoce a los suyos (Jn. 10:14; cp. 2 Ti. 2:19), que ha entrado a la presencia de Dios a favor de los creyentes (He. 6:19-20), y que regresará (Ap. 22:20); que la promesa divina de salvación está garantizada (Ro. 4:16); que habrá una resurrección (Job 19:25-27); que Dios hace que todo obre para bien de quienes lo aman (Ro. 8:28); que los pecadores no heredarán el reino de Dios (Ef. 5:5); que el Día del Señor vendrá (1 Ts. 5:2); y que Dios ayudará y sostendrá a su pueblo (Is. 41:10; cp. 2 Ti. 1:12).

Juan escribió esta epístola para proporcionar a sus lectores una certeza acerca de lo que Dios ha revelado concerniente a la salvación. El argumento formal de la carta finalizó en 5:12, y los versículos 13-21 son su epílogo. Sin embargo, las observaciones finales de Juan no son una colección de pensamientos al azar, sino que forman un poderoso punto culminante para todo lo que ha escrito. A lo largo de la carta el apóstol ha reciclado pruebas para identificar quién es un verdadero cristiano. Esas pruebas sirven a un propósito polémico; desenmascaran a los falsos creyentes y los falsos maestros: los anticristos engañadores. Pero también sirven a un propósito pastoral, dando cada vez más confianza y seguridad más firme a los verdaderos creyentes.

A medida que la epístola va aumentando en una intensidad familiar, Juan se enfoca en cinco aspectos acerca de los cuales los verdaderos cristianos pueden estar seguros: vida eterna, oración contestada, victoria sobre el pecado, pertenencia a Dios, y deidad de Cristo.

VIDA ETERNA

Estas cosas os he escrito a vosotros que creéis en el nombre del Hijo de Dios, para que sepáis que tenéis vida eterna, y para que creáis en el nombre del Hijo de Dios. (5:13)

La frase **estas cosas** nos lleva hasta abarcar toda la carta, como es evidente por varias consideraciones. Primera, el cambio de tercera persona en el versículo 12 ("el que tiene al Hijo… el que no tiene al Hijo…") a primera persona (**estas cosas os he escrito…**) sugiere que el versículo 13 no simplemente continúa el hilo del pensamiento del versículo anterior. Segundo, en 1:4 Juan anunció su propósito al escribir; en el versículo 13 mira a lo que ya había escrito. Juntos los dos versículos declaran el propósito del apóstol al escribir, ya que es la seguridad de la vida eterna la que produce plenitud de gozo. Por último, hay un fuerte paralelismo entre el versículo 13 y Juan 20:31 ("éstas [señales] se han escrito para que creáis que Jesús es el Cristo, el Hijo de Dios, y para que creyendo, tengáis vida en su nombre"). Puesto que el versículo se refiere sin lugar a dudas a todo el Evangelio de Juan, lo más probable es que la expresión paralela en el versículo 13 se refiera a toda la epístola. Juan escribió su evangelio para que las personas pudieran creer y ser salvas; escribió su primera epístola para que aquellos que creen supieran que son salvos.

Como ha quedado en claro, las bendiciones de la salvación y la certeza son únicamente para quienes creen **en el nombre del Hijo de Dios** (cp. el estudio de 3:23 en el capítulo 13). Él ha garantizado estas bendiciones a los cristianos al darles el Espíritu Santo como arras (Ef. 1:14). La tajante presentación que Juan hace de la verdad en términos absolutos y sin reservas, los incesantes ataques de los falsos maestros, y la salida de algunos de los falsos creyentes (2:19) habían estremecido a sus lectores. El apóstol les aseguró que si pasaban las pruebas, tanto doctrinales como prácticas, podían saber con certeza **que** tenían **vida eterna.**

En su sentido más básico, **vida eterna** es vivir para siempre con Dios en el cielo (Mt. 25:46; Mr. 10:30). Pero según se indicó en el estudio de 5:11 en el capítulo anterior de esta obra, la frase no se refiere principalmente a duración de vida, sino a calidad de vida. Vida eterna es conocer a Jesucristo (Jn. 17:3), quien es vida eterna (1 Jn. 5:20), así como participar de su vida. Se trata de una posesión actual, no de una simple esperanza futura (Jn. 3:36; 5:24; 6:47, 54; 10:28; 1 Jn. 3:15), aunque no se manifiesta plenamente en esta vida. Pero llegará el día futuro en que la vida eterna que los creyentes ya poseen no estará encarcelada en su carne pecaminosa y caída. En ese día glorioso experimentarán su "adopción, la redención de [su] cuerpo" (Ro. 8:23; cp. Fil. 3:21; 1 Jn. 3:2). Entonces la gloria de la vida eterna —el poder de la Trinidad que obra dentro de ellos [cp. Ef. 3:16-19]— resplandecerá a través de ellos al ser despojados de sus cuerpos mortales.

ORACIÓN CONTESTADA

Y esta es la confianza que tenemos en él, que si pedimos alguna cosa conforme a su voluntad, él nos oye. Y si sabemos que él nos oye en cualquiera cosa que pidamos, sabemos que tenemos las peticiones que le hayamos hecho. Si alguno viere a su hermano cometer pecado que no sea de muerte, pedirá, y Dios le dará vida; esto es para los que cometen pecado que no sea de muerte. Hay pecado de muerte, por el cual yo no digo que se pida. Toda injusticia es pecado; pero hay pecado no de muerte. (5:14-17)

Como se indicó antes, la experiencia plena de vida eterna espera a los cristianos en el cielo. No obstante, aunque todavía no han entrado a su herencia eterna (cp. 1 P. 1:4), tienen acceso a todos los recursos divinos a través de la oración. *Parrēsia* (**confianza**) significa textualmente "libertad de expresión" (cp. el análisis de 3:21 en el capítulo 13). También se puede traducir "denuedo" (Hch. 4:31), o "abiertamente" (Hch. 28:31). La frase traducida **en él** posee el sentido de "en su presencia". A través de Jesucristo, los creyentes tienen "seguridad y acceso con confianza" (Ef. 3:12) a Dios que les permite acercarse "confiadamente al trono de la gracia, para alcanzar misericordia y hallar gracia para el oportuno socorro" (He. 4:16).

La promesa segura de Dios es que cuando los creyentes acuden a Él con valentía y libertad llevándole sus peticiones, Él oye y responde. Juan escribió: **si pedimos alguna cosa conforme a su voluntad, él nos oye. Y si sabemos que él nos oye en cualquiera cosa que pidamos, sabemos que tenemos las peticiones que le hayamos hecho.** Oír en este contexto se refiere a más que al hecho de que Dios simplemente está consciente de las solicitudes de los creyentes; también significa que concede **las peticiones que le hayamos hecho.** Eso es nada menos que un cheque en blanco para pedirle cualquier cosa a Dios, pero viene con un habilitador importante: las peticiones deben ser **conforme a su voluntad.**

Orar conforme a la voluntad de Dios supone antes que nada ser salvo. Dios no está obligado a contestar las oraciones de los incrédulos. Podría elegir hacerlo cuando conviene a los propósitos soberanos divinos, pero no está obligado en sí mismo ante ningún incrédulo. Juan ilustró este principio al escribir antes en esta epístola: "Amados, si nuestro corazón no nos reprende, confianza tenemos en Dios; y cualquiera cosa que pidiéremos la recibiremos de él, porque guardamos sus mandamientos, y hacemos las cosas que son agradables delante de él" (3:21-22). El Señor Jesucristo hizo una declaración parecida, registrada en Juan 15:7: "Si permanecéis en mí, y mis palabras permanecen en vosotros, pedid todo lo que queréis, y os será hecho" (cp. v. 16). Solamente los creyentes, es decir aquellos que obedecen los mandamientos de Dios, pueden tener la seguridad de que Él contestará sus oraciones.

Orar conforme a la voluntad de Dios también significa confesar el pecado. El salmista escribió en el Salmo 66:18: "Si en mi corazón hubiese yo mirado a la iniquidad, el Señor no me habría escuchado" (cp. 1 P. 3:7).

Una vez más, la promesa del Señor en Juan 14:13-14 afirma el requisito de orar conforme a la voluntad de Dios: "Todo lo que pidiereis al Padre en mi nombre, lo haré, para que el Padre sea glorificado en el Hijo. Si algo pidiereis en mi nombre, yo lo haré". Orar en el nombre de Jesús es orar en consonancia con quién es Él, con el objetivo de darle la gloria. Es seguir el patrón de su modelo de oración: "Venga tu reino. Hágase tu voluntad, como en el cielo, así también en la tierra" (Mt. 6:10), y su ejemplo de humilde sumisión a la voluntad del Padre cuando oró en Getsemaní: "Padre, si quieres, pasa de mí esta copa; pero no se haga mi voluntad, sino la tuya" (Lc. 22:42). La meta de la oración no es satisfacer nuestros deseos egoístas (cp. Stg. 4:3), sino alinear nuestras voluntades con los propósitos de Dios.

Orar conforme a la voluntad de Dios no solo trae gloria al Hijo sino también a los creyentes. Jesús declaró: "De cierto, de cierto os digo, que todo cuanto pidiereis al Padre en mi nombre, os lo dará. Hasta ahora nada habéis pedido en mi nombre; pedid, y recibiréis, para que vuestro gozo sea cumplido" (Jn. 16:23*b*-24). Cuando los creyentes obedientes se deleitan en el Señor, Él planta en sus corazones el anhelo por aquello que lo glorifica (Sal. 37:4), y esos anhelos controlarán las oraciones de ellos. Las respuestas de Dios a esas oraciones lo glorificarán al alinear los deseos de los creyentes con los propósitos de Él, y llenándolos de gozo.

A primera vista el versículo 16 parece presentar un cambio brusco de tema. Pero tras un mayor examen se hace evidente la relación entre los versículos 16 y 17 con los versículos 14 y 15. En una manera contrastante, y ofreciendo una excepción importante, Juan ilustra la extensión de la promesa de Dios para contestar la oración. El apóstol escribe que cuando un creyente ve a un **hermano** (un creyente real o profesante) **cometer pecado que no sea de muerte, pedirá, y Dios le dará vida; esto es para los que cometen pecado que no sea de muerte.** Por otra parte, **hay** un **pecado** que lleva a la **muerte,** por el cual Juan no aconseja a los cristianos **que se pida.**

Es evidente que el apóstol y sus lectores sabían cuál era el **pecado de muerte,** puesto que no da ninguna explicación, pero para nosotros es difícil determinar su significado. Se presentan dos posibilidades.

Primera, el pecado en cuestión aquí podría ser de un incrédulo que se dirige a la muerte eterna. En ese caso se trataría de un rechazo definitivo a Jesucristo, como el que cometieron aquellos que adjudicaron los milagros de Jesús al poder de Satanás (Mt. 12:31-32). Tal apostasía final es imperdonable, según Jesús declaró:

> *Por tanto os digo: Todo pecado y blasfemia será perdonado a los hombres; mas la blasfemia contra el Espíritu no les será perdonada. A cualquiera que dijere alguna palabra contra el Hijo del Hombre, le será perdonado; pero al que hable contra el Espíritu Santo, no le será perdonado, ni en este siglo ni en el venidero (Mt. 12:31-32).*

Orar por la restauración de tales individuos a la comunidad de la cual han salido (1 Jn. 2:19) es inútil, porque es imposible que quienes "recayeron, sean otra vez renovados para arrepentimiento, crucificando de nuevo para sí mismos al Hijo de Dios y exponiéndole a vituperio" (He. 6:6). Juan no prohibió orar por dichas personas, ya que es imposible saber quiénes son; simplemente estableció que la oración que haga a favor de ellas no recibirá respuesta. Dios ya ha tomado la decisión final respecto al futuro que tendrán. En apoyo al punto de vista de que Juan se está refiriendo a incrédulos, se encuentra el tiempo presente del participio *hamartanonta* ("pecando"; el texto griego literalmente dice: "Si alguien ve a su hermano cometiendo un pecado…"); en otra parte de esta epístola Juan usa el tiempo presente para describir los pecados habituales que caracterizan a los incrédulos (p. ej., 3:4, 6, 8; 5:18).

Otra posibilidad es que Juan no se esté refiriendo a un incrédulo sino a un creyente. De acuerdo con este punto de vista, el **pecado de muerte** se refiere al pecado de un cristiano que es tan grave que Dios le quita la vida al que lo comete. Le quitó la vida a Ananías y Safira cuando estos mintieron al Espíritu Santo frente a la iglesia (Hch. 5:1-11). Pablo escribió a los corintios con relación a aquellos que estaban abusando de la Cena del Señor: "Por lo cual hay muchos enfermos y debilitados entre vosotros, y muchos duermen [han muerto]" (1 Co. 11:30). Dicho pecado no es un pecado particular, sino cualquier pecado que el Señor determine que es suficientemente serio como para merecer tan grave castigo.

Los dos puntos de vista anteriores reflejan verdad bíblica, y es difícil dogmatizar en cuanto a qué tenía el apóstol en mente. Cualquiera que sea el caso, lo que Juan dice es que orar por quienes están cometiendo pecado de muerte no dará lugar a los resultados que de otra manera podrían esperarse.

Aunque en su misericordia Dios no castiga todo pecado con muerte instantánea, cada pecado es sin embargo algo muy serio para Él. Juan les recordó a sus lectores: **Toda injusticia es pecado; pero hay pecado no de muerte.** Todo pecado es una violación de la ley divina y una afrenta a Dios, y es necesario confesarlo (1:9; Sal. 32:5), abandonarlo (Pr. 28:13), y sentir vergüenza por haber pecado (Ro. 8:13; Col. 3:5).

VICTORIA SOBRE EL PECADO

Sabemos que todo aquel que ha nacido de Dios, no practica el pecado, pues Aquel que fue engendrado por Dios le guarda, y el maligno no le toca. (5:18)

A medida que concluye esta carta, Juan reitera un principio de vital importancia que repitió antes en esta epístola: nadie que ha sido transformado por el nuevo nacimiento sigue viviendo en un patrón continuo de pecado.

Los incrédulos no pueden hacer nada más que pecar. Son pecadores de nacimiento (Sal. 51:5), esclavos del pecado (Jn. 8:34; Ro. 6:16), enemigos insolentes y rebeldes de Dios (Sal. 5:10; Ro. 1:28-32; 5:10; 8:7), y se hallan bajo el dominio de Satanás (Ef. 2:2; cp. Hch. 26:18; Col. 1:13). En resumen, están "muertos en [sus] delitos y pecados" (Ef. 2:1).

Sin embargo, **todo aquel que ha nacido de Dios** no puede, por varias razones, vivir en un patrón continuo de pecado. Primero, el pecado es incompatible con la ley de Dios (1 Jn. 3:4). Los redimidos aman la ley de Dios (Sal. 119:97, 113, 163, 165) y no pueden vivir habitualmente violándola (cp. 1 Jn. 2:3-4; 3:24; 5:3). Segundo, el pecado es incompatible con la obra de Cristo, quien "apareció para quitar nuestros pecados" (1 Jn. 3:5; cp. v. 8; Mt. 1:21; Jn. 1:29). Por último, el pecado es incompatible con la obra del Espíritu Santo, quien en el nuevo nacimiento planta el principio de vida divina en los redimidos (1 P. 1:23; 1 Jn. 3:9). (Para un estudio completo de la incompatibilidad de los cristianos con el pecado, véase mi exposición de 1 Jn. 3:4-10 el capítulo 11).

El que los creyentes no vivan continuamente en pecado no significa que lleguen a un punto en esta vida en que nunca pequen. Es más, Juan expresó que quienes hacen tales afirmaciones son mentirosos (1:8, 10). Además, la descripción que hizo de Jesús como abogado de los creyentes (2:1) supone que seguirán pecando y que necesitan la intercesión de Cristo. El punto aquí es el mismo de antes: que un patrón de justicia caracteriza a los redimidos, mientras que un patrón de injusticia caracteriza a los no redimidos.

Pablo recordó a los romanos que debido a que el poder del pecado sobre ellos se ha roto, este no puede caracterizarles las vidas:

> *Pero gracias a Dios, que aunque erais esclavos del pecado, habéis obedecido de corazón a aquella forma de doctrina a la cual fuisteis entregados; y libertados del pecado, vinisteis a ser siervos de la justicia. Hablo como humano, por vuestra humana debilidad; que así como para iniquidad presentasteis vuestros miembros para servir a la inmundicia y a la iniquidad, así ahora para santificación presentad vuestros miembros para servir a la justicia. Porque cuando erais esclavos del pecado, erais libres acerca de la justicia. ¿Pero qué fruto teníais de aquellas cosas de las cuales ahora os avergonzáis? Porque el fin de ellas es muerte. Mas*

ahora que habéis sido libertados del pecado y hechos siervos de Dios, tenéis por vuestro fruto la santificación, y como fin, la vida eterna (Ro. 6:17-22).

Los no redimidos son "esclavos del pecado", pero los redimidos han "obedecido de corazón" la ley de Dios, y por tanto, después de haber sido "libertados del pecado, [vienen] a ser siervos de la justicia". Aunque la consecuencia inevitable para quienes viven en pecado es la muerte espiritual (Ro. 6:23), aquellos que han "sido libertados del pecado y hechos siervos de Dios" obtienen "vida eterna" (v. 22).

Un creyente nunca puede volver a caer en un patrón de pecado continuo **pues Aquel que fue engendrado por Dios le guarda.** Esta segunda referencia a **Aquel que fue engendrado por Dios** es a Jesucristo, el unigénito Hijo de Dios (Jn. 1:14; 3:16, 18; He. 1:5; 5:5; 1 Jn. 4:9). Como el Buen Pastor, Jesús protege su rebaño para que **el maligno** (Satanás) **no** pueda tocarlo (arrebatarlo o mantenerlo sujeto). El creyente ya no está bajo el control del diablo, pues ha sido "librado de la potestad de las tinieblas" (Col. 1:13; cp. Hch. 26:18; 2 Ti. 2:26; He. 2:14-15). Satanás puede tentar y hostigar a los santos, como hizo con Job (Job 1—2) y Pedro (Lc. 22:31), pero no puede reclamarlos. Jesús no dejará de proteger a los redimidos (Jn. 10:28; 2 Ti. 1:12; Jud. 24-25), que el Padre le ha dado (Jn. 6:37, 39; 17:2, 6, 9, 24). Cristo es para los creyentes la "segura y firme ancla del alma, y que penetra hasta dentro del velo, donde Jesús entró por nosotros como precursor, hecho sumo sacerdote para siempre según el orden de Melquisedec" (He. 6:19-20).

La Biblia sí habla de que los cristianos deben conservarse puros (1 Ti. 5:22), deben guardar los mandamientos de Dios (1 Jn. 3:22), guardar la fe (2 Ti. 4:7), guardarse sin mancha del mundo (Stg. 1:27), guardarse de los ídolos (1 Jn. 5:21), guardar la Palabra de Dios (1 Jn. 2:5), y deben conservarse en el amor de Dios (Jud. 21).

Sin embargo, Juan ve aquí la obra de Dios de preservar de modo sobrenatural a su pueblo, lo cual está tan garantizado como la justificación que les hace. Las promesas de Dios constituyen la primera garantía. En Filipenses 1:6 Pablo escribió: "Estando persuadido de esto, que el que comenzó en vosotros la buena obra, la perfeccionará hasta el día de Jesucristo". A los tesalonicenses les escribió: "El mismo Dios de paz os santifique por completo; y todo vuestro ser, espíritu, alma y cuerpo, sea guardado irreprensible para la venida de nuestro Señor Jesucristo" (1 Ts. 5:23-24). Casi al final de su vida, con el martirio inminente, Pablo aún expresó con seguridad: "El Señor me librará de toda obra mala, y me preservará para su reino celestial. A él sea gloria por los siglos de los siglos. Amén" (2 Ti. 4:18).

Segunda, el poder de Dios garantiza la certeza de los creyentes; Él puede cumplir lo que prometió. En Romanos 5:10 Pablo señala que puesto que Dios tiene el poder para llevar a cabo la obra más grande de redención, sin duda tiene el poder suficiente para hacer la obra más pequeña de preservación: "Porque si siendo enemigos, fuimos reconciliados con Dios por la muerte de su Hijo, mucho más, estando reconciliados, seremos salvos por su vida".

Tercera, el propósito eterno e inmutable de Dios de salvar a los escogidos (Mt. 25:34; Ef. 1:4; 2 Ts. 2:13; 2 Ti. 1:9; Ap. 13:8; 17:8) les garantiza su preservación.

Cuarta, la oración de Cristo, "Padre santo... guárdalos en tu nombre" (Jn. 17:11*b*), lleva al Padre a cuidar a los elegidos.

Quinta, la inseparable unión de los creyentes con Cristo (Ro. 6:3-5; cp. 1 Co. 6:17) les garantiza su preservación.

Sexta, el alto precio que Dios pagó por redimir a los escogidos (la sangre de su Hijo [Hch. 20:28; He. 9:12]) garantiza que no nos perderá.

En Romanos 8:31-39 Pablo resume con elocuencia la absoluta seguridad de que Dios preservará a los suyos:

> *¿Qué, pues, diremos a esto? Si Dios es por nosotros, ¿quién contra nosotros? El que no escatimó ni a su propio Hijo, sino que lo entregó por todos nosotros, ¿cómo no nos dará también con él todas las cosas? ¿Quién acusará a los escogidos de Dios? Dios es el que justifica. ¿Quién es el que condenará? Cristo es el que murió; más aun, el que también resucitó, el que además está a la diestra de Dios, el que también intercede por nosotros. ¿Quién nos separará del amor de Cristo? ¿Tribulación, o angustia, o persecución, o hambre, o desnudez, o peligro, o espada? Como está escrito: Por causa de ti somos muertos todo el tiempo; somos contados como ovejas de matadero. Antes, en todas estas cosas somos más que vencedores por medio de aquel que nos amó. Por lo cual estoy seguro de que ni la muerte, ni la vida, ni ángeles, ni principados, ni potestades, ni lo presente, ni lo por venir, ni lo alto, ni lo profundo, ni ninguna otra cosa creada nos podrá separar del amor de Dios, que es en Cristo Jesús Señor nuestro.*

PERTENENCIA A DIOS

Sabemos que somos de Dios, y el mundo entero está bajo el maligno. (5:19)

A pesar de la existencia de un sinnúmero de entidades políticas, culturales y sociales en el mundo, en realidad solo hay dos reinos. El privilegio que nos consuela a los creyentes, además de que tenemos vida eterna, oraciones contestadas, y victoria sobre el pecado, es que **sabemos que somos de Dios.** Aunque estamos en este mundo, no formamos parte de él (Jn. 15:19; 17:14); somos hijos de Dios (Jn. 1:12-13), "extranjeros y peregrinos" (1 P. 2:11; cp. 1:1, 17; 1 Cr. 29:15; Sal. 119:19; He. 11:13), nuestra verdadera ciudadanía está en el cielo (Fil. 3:20).

Por otra parte, **el mundo entero** —su política, economía, educación, entretenimiento y, sobre todo, su religión— **está bajo el** poder del **maligno.** El perverso sistema mundial es hostil a Dios y los creyentes (Jn. 15:18-19), como Juan observó antes en esta epístola (véase el estudio de 1 Jn. 3:13 en el capítulo 12). Dicho sistema sigue el ejemplo de su gobernante, Satanás (Jn. 12:31; 14:30; 16:11; cp. Ef. 2:2; 6:12), el archienemigo de Dios y su pueblo. Puesto que el mundo está totalmente bajo la influencia de Satanás, los creyentes deben evitar la contaminación mundana (2:15-17; cp. Stg. 1:27).

No hay término medio, ni tercera opción. Todo el mundo es parte del reino de Dios, o del reino de Satanás. En palabras de Jesús: "El que no es conmigo, contra mí es; y el que conmigo no recoge, desparrama" (Lc. 11:23). O como Santiago sarcásticamente declara: "¡Oh almas adúlteras! ¿No sabéis que la amistad del mundo es enemistad contra Dios? Cualquiera, pues, que quiera ser amigo del mundo, se constituye enemigo de Dios" (Stg. 4:4).

DEIDAD DE CRISTO

Pero sabemos que el Hijo de Dios ha venido, y nos ha dado entendimiento para conocer al que es verdadero; y estamos en el verdadero, en su Hijo Jesucristo. Este es el verdadero Dios, y la vida eterna. Hijitos, guardaos de los ídolos. Amén. (5:20-21)

Estos versículos últimos llevan finalmente la epístola a completar el círculo. Juan comenzó con la venida del Verbo de vida (1:1-4); ahora finaliza con la seguridad de que **el Hijo de Dios ha venido.** El tiempo presente del verbo *hēkō* (**venido**) indica que Jesús vino y que sigue estando presente. La fe cristiana no es teórica ni abstracta; está enraizada en la verdad práctica de que Dios se hizo hombre en la persona de Jesucristo.

Puesto que nadie puede saber "quién es el Padre, sino el Hijo, y aquel a quien el Hijo lo quiera revelar" (Lc. 10:22), Jesús **nos ha dado entendimiento para conocer al que es verdadero.** Pero más allá del simple conocimiento, los cristianos tienen una unión personal **en el verdadero... Hijo** de Dios, **Jesucristo** (cp. Ro. 8:1; 1 Co. 1:30; 2 Co. 5:17; 1 P. 5:14). La Biblia enseña que la única manera de conocer al Dios verdadero y vivo es a través de Jesucristo. Nadie que no crea en Cristo puede ser salvo, porque no hay salvación aparte de Él (cp. 2:1-2; 4:10, 14; 5:1; Jn. 14:6; Hch. 4:12).

El triple uso que Juan le da a la palabra *alēthinos* (**verdadero**) en este versículo resalta la importancia de entender la verdad en un mundo saturado con las mentiras de Satanás. El último uso del término muestra la verdad más significativa de todas: que Jesucristo **es el verdadero Dios, y la vida eterna.** La deidad de Jesucristo es un elemento esencial de la fe cristiana, y nadie que la rechaza puede ser salvo. (Para una detallada defensa bíblica de la deidad de Cristo, véase *Comentario MacArthur del Nuevo Testamento: Juan* [Grand Rapids: Portavoz, 2011], capítulo 1).

La advertencia final de Juan, **Hijitos, guardaos de los ídolos,** refleja la importancia crucial de adorar de forma exclusiva al Dios verdadero. El peligro de la idolatría era especialmente grave en Éfeso (donde es probable que Juan escribiera esta epístola), centro de adoración de la diosa Diana (Artemisa). Algunas décadas antes, el ministerio del apóstol Pablo había provocado un motín por parte de los celosos adoradores de este ídolo (Hch. 19:23-41). Sin embargo, el peligro no se limitaba a Éfeso, según indica la advertencia de Pablo a los corintios: "No podéis beber la copa del Señor, y la copa de los demonios; no podéis participar de la mesa del Señor, y de la mesa de los demonios" (1 Co. 10:21). Aunque parecería que no son muchos los que en nuestra cultura contemporánea adoran ídolos físicos, la idolatría no obstante está muy extendida. Cualquier cosa que las personas eleven por sobre Dios es un ídolo del corazón. "Toda altivez que se levanta contra el conocimiento de Dios" (2 Co. 10:5) debe ser destruida, y solo Cristo debe ser exaltado.

En un mundo siniestro repleto de incertidumbre, los cristianos tienen la gloriosa seguridad basada en la revelación divina, "la palabra profética más segura... una antorcha que alumbra en lugar oscuro" (2 P. 1:19). Mientras el mundo anda a tropezones en medio de las tinieblas (Jer. 13:16), la Palabra de Dios "lámpara es a [los] pies [de los santos] y lumbrera a [su] camino" (Sal. 119:105), "porque el mandamiento es lámpara, y la enseñanza es luz" (Pr. 6:23).

Introducción a 2 Juan

OCASIÓN Y PROPÓSITO

Las dos breves epístolas de 2 y 3 Juan son las más cortas de los libros del Nuevo Testamento. Cada una contiene menos de trescientas palabras en el texto griego que podrían caber en una sola hoja de papiro (cp. 2 Jn. 12; 3 Jn. 13). Se aproximan mucho a la forma de la carta convencional del mundo grecorromano contemporáneo.

Sin embargo, a pesar de su brevedad ambas epístolas son importantes en que resaltan la importancia y los límites de amar en la verdad. Segunda de Juan enfoca los mismos hechos históricos básicos de 1 Juan: falsos maestros estaban asaltando las congregaciones que se hallaban bajo la supervisión de Juan (v. 7). Tras salir de la comunidad de creyentes (1 Jn. 2:19), los herejes estaban viajando de iglesia en iglesia, aprovechando la hospitalidad cristiana mientras propagaban sus mentiras venenosas. La dama a quien Juan dirigió esta carta pudo, de manera inadvertida o imprudente, haberles mostrado hospitalidad. Juan le advirtió (como un modelo para todos los creyentes) en contra de participar en las malas acciones de los falsos maestros al mostrarles hospitalidad.

AUTOR, FECHA Y LUGAR DEL ESCRITO

Las estrechas afinidades de esta carta con 1 Juan (p. ej., v. 5 y 1 Jn. 2:7; 3:11; v. 6 y 1 Jn. 5:3; v. 7 y 1 Jn. 2:18-26; v. 9 y 1 Jn. 2:23; v. 12 y 1 Jn. 1:4) dejan en claro que también fue escrita por el apóstol Juan (véase el estudio bajo Autor de 1 Juan en Introducción a 1 Juan). Lo más probable es que 2 Juan se escribiera en Éfeso más o menos al mismo tiempo o poco después de 1 Juan (aprox. en el 90-95 d.C.).

DESTINO Y LECTORES

Muchos comentaristas creen que la frase "la señora elegida" (v. 1) se refiere metafóricamente a la iglesia local. No obstante, la interpretación más natural en el contexto es tomar la frase como una referencia a una verdadera mujer y sus hijos, a quienes Juan conocía personalmente. La evidente similitud de la carta con 3 Juan, la cual claramente (v. 1) fue escrita a un individuo, favorece la opinión de que 2 Juan también tuvo como destinatario a una persona. Además, sería forzado sostener tal forma de expresión a lo largo de toda la carta. Tal metáfora elaborada tampoco está en armonía con la simplicidad de la carta y la ternura de su tono. Por último, el cambio de la forma singular del pronombre personal "te" en el versículo 5 a la forma plural en el versículo 12 se aplica más naturalmente a una mujer y sus hijos que a una iglesia y sus miembros.

BOSQUEJO

I. Bases de la hospitalidad cristiana (1-3)
II. Comportamiento de la hospitalidad cristiana (4-6)
III. Límites de la hospitalidad cristiana (7-11)
IV. Bendiciones de la hospitalidad cristiana (12-13)

La vida en la verdad 19

El anciano a la señora elegida y a sus hijos, a quienes yo amo en la verdad; y no sólo yo, sino también todos los que han conocido la verdad, a causa de la verdad que permanece en nosotros, y estará para siempre con nosotros: Sea con vosotros gracia, misericordia y paz, de Dios Padre y del Señor Jesucristo, Hijo del Padre, en verdad y en amor. Mucho me regocijé porque he hallado a algunos de tus hijos andando en la verdad, conforme al mandamiento que recibimos del Padre. (1-4)

Cuando Pilato preguntó cínicamente: "¿Qué es la verdad?" (Jn. 18:38) reflejó la opinión de muchas personas hoy día. El posmodernismo ve el concepto de verdad con escepticismo. Muchos creen que no existe tal cosa como una verdad absoluta o, si la hay, que no se puede conocer. Argumentan que ciertamente no hay verdad religiosa, que la religión es simplemente una preferencia personal, como los gustos por el arte, la música o la literatura.

Sin embargo, la verdad (la verdad divina y absoluta) *sí* existe, y es la realidad más importante en el universo. Cuando Marta se quejó que su hermana no le estaba ayudando a servir, Jesús contestó: "Marta, Marta, afanada y turbada estás con muchas cosas. Pero sólo una cosa es necesaria; y María ha escogido la buena parte, la cual no le será quitada" (Lc. 10:41-42). No había mayor prioridad para María que sentarse a los pies de Jesús a oír su palabra de verdad (v. 39). La verdad es un bien preciado, más valioso que todas las riquezas terrenales (cp. Sal. 19:7-10; 119:72, 127); una vez hallada es necesario aferrarse a ella a cualquier precio. Por eso Proverbios 23:23*a* exhorta: "Compra la verdad, y no la vendas".

La Biblia, la Palabra de verdad (Sal. 119:160; Jn. 17:17; 2 Co. 6:7; 2 Ti. 2:15; Stg. 1:18), se especializa en el tema de la verdad. Dios es el "Dios de verdad" (Sal. 31:5; Is. 65:16), que abunda en verdad (Éx. 34:6) y siempre habla la verdad (2 S. 7:28; cp. Nm. 23:19; Tit. 1:2); Cristo es la verdad (Jn. 14:6; Ef. 4:21), está lleno de verdad (Jn. 1:14), reveló la verdad (Jn. 1:17), habló la verdad (Jn. 8:45-46), y dio testimonio de la verdad (Jn. 18:37); el Espíritu Santo es el Espíritu de verdad (Jn. 14:17; 15:26; 16:13; 1 Jn. 5:6). La verdad de Dios es eterna

(Sal. 117:2), infinita (Sal. 57:10; 86:15; 108:4), y salvadora (Sal. 69:13). La salvación viene por fe en la verdad (2 Ts. 2:13; cp. 1 Ti. 2:4; 2 Ti. 2:25); los creyentes son santificados por la verdad (Jn. 17:17), aman la verdad (cp. 2 Ts. 2:10), son libres por la verdad (Jn. 8:32), adoran en verdad (Jn. 4:23-24), se regocijan en la verdad (1 Co. 13:6), hablan la verdad (Ef. 4:15, 25), meditan en la verdad (Fil. 4:8), manifiestan la verdad (2 Co. 4:2), obedecen la verdad (1 P. 1:22), son guiados por la verdad (Sal. 25:5; 43:3) y, más ampliamente, caminan en la verdad (1 R. 2:4; 3:6; 2 R. 20:3; Sal. 26:3; 86:11).

Los creyentes debemos estar comprometidos con la verdad porque existimos en el mundo, el cual es el reino de Satanás (1 Jn. 5:19), el "padre de mentira" (Jn. 8:44), quien se esfuerza por evitar que los pecadores comprendan y crean la verdad; él es "el dios de este siglo [que] cegó el entendimiento de los incrédulos, para que no les resplandezca la luz del evangelio de la gloria de Cristo, el cual es la imagen de Dios" (2 Co. 4:4). Como resultado, "cada uno engaña a su compañero, y ninguno habla verdad; acostumbraron su lengua a hablar mentira" (Jer. 9:5). Los incrédulos son "hombres corruptos de entendimiento y privados de la verdad" (1 Ti. 6:5), que "resisten a la verdad" (2 Ti. 3:8) "y apartarán de la verdad el oído" (2 Ti. 4:4) porque "cambiaron la verdad de Dios por la mentira" (Ro. 1:25).

En un mundo de mentiras, la Iglesia está llamada a ser "columna y baluarte de la verdad" (1 Ti. 3:15). La metáfora de Pablo la habrían entendido fácilmente Timoteo y su congregación en Éfeso. Situado en esa ciudad estaba el templo de Diana (Artemisa; Hch. 19:23-28), una de las Siete Maravillas del Mundo Antiguo. El techo del inmenso templo lo sostenían 127 columnas, que reposaban sobre un enorme cimiento. Así como ese templo era un monumento a las mentiras de Satanás, así la Iglesia debe ser un monumento a la verdad de Dios. La misión de la Iglesia es vivir en forma inamovible e inquebrantable, defender, proteger y predicar la verdad de la Palabra de Dios; es proclamar "todo el consejo de Dios" (Hch. 20:27), no solamente la parte de la verdad divina que es inofensiva para la cultura que nos rodea. En las palabras de Martín Lutero, un campeón incondicional de la controversia necesaria:

> Si yo profesara con la voz más alta y la más clara exposición cada punto de la verdad de Dios menos precisamente ese puntito que el mundo y el diablo están atacando en ese momento, no estaría *confesando* a Cristo, por audazmente que pudiera estar *profesando* a Cristo. Cuando la batalla se recrudece es cuando se prueba la lealtad del soldado, y ser constante en todo el campo de batalla es simple huida y vergüenza si se acobarda en ese punto (*D. Martin Luthers Werke, Kritische Gesamtausgabe. Briefwechsel*, 18 vols. [Weimar: Verlag Hermann Bohlaus Nachfolger, 1930-1985], 3:81, cursivas añadidas).

Cualquier llamada iglesia que no ejerza su mayordomía de la verdad de Dios enfrenta el juicio divino, así como ocurrió con los judíos por no defender y vivir la verdad del Antiguo Testamento que les fue encomendada (cp. Ro. 2:23-24). Sin embargo, a lo largo de la historia, la Iglesia verdadera se ha aferrado tenazmente a la verdad, a pesar de las tormentas de persecución, dolor al rechazo, y asaltos enemigos tanto por dentro como por fuera de sus líneas (cp. Hch. 20:29-30). Miles y miles han padecido martirio por no transigir o abandonar la verdad.

Estratégicamente, las últimas epístolas del Nuevo Testamento hacen hincapié en la prioridad de la verdad (2 y 3 Juan), y en la necesidad de contender por ella frente a los mentirosos apóstatas (Judas).

Juan escribió sus dos breves cartas (más tarjetas postales que cartas) para destacar la importancia de la verdad. *Alētheia* ("verdad") aparece cinco veces en esta sección inicial de 2 Juan y seis veces en la más breve 3 Juan. Aunque cada una es una carta personal para un individuo, Juan estaba escribiendo la revelación inspirada de Dios que era para el pueblo de Dios a través del tiempo. Al reconocer que todos los lectores de su carta enfrentaban y siempre enfrentarían un mundo de mentiras y engaño, Juan escribió para llamarlos a vivir en la verdad de Dios, amar dentro de los límites de la verdad, y ser leales y buscar la verdad. En los versículos iniciales Juan revela cuatro características de vivir en la verdad: la verdad une a los creyentes, permanece en ellos, los bendice y los controla.

LA VERDAD UNE A LOS CREYENTES

El anciano a la señora elegida y a sus hijos, a quienes yo amo en la verdad; y no sólo yo, sino también todos los que han conocido la verdad, (1)

Para cuando escribió esta epístola Juan era un hombre muy anciano, el último apóstol sobreviviente. Aun así, su referencia a sí mismo como **el anciano** (*presbuteros* con el artículo definido) no resalta tanto su edad como su posición de supervisor espiritual de la Iglesia. En el Nuevo Testamento el término, tomado del uso conocido del Antiguo Testamento (cp. Lv. 4:15; Nm. 11:25; Dt. 25:7-8, etc.), se refiere generalmente al cargo de anciano (la excepción es en 1 Ti. 5:1, donde se refiere simplemente a un hombre mayor); el término relacionado *presbutēs* (traducido "viejo" en Lc. 1:18 y "anciano" en Flm. 9) describe a un hombre mayor sin referencia a un papel de liderazgo. La descripción que Juan hace de sí mismo refuerza la verdad de que escribió esta epístola; si alguien lo hubiera personificado tal vez habría preferido el título "apóstol", mientas que un escritor que no tratara de personificarlo quizás no se habría llamado a sí mismo *el* anciano (cp. Alfred Plummer, *The Epistles of St. John*, The Cambridge Bible for Schools and Colleges [Cambridge: Cambridge Univ., 1911], p. 175). Juan no necesitaba referirse a sí como un apóstol porque sus lectores lo conocían y lo aceptaban como tal, aunque en la experiencia de la iglesia les servía como su pastor.

En el Nuevo Testamento, las iglesias siempre recibían enseñanza que estaban dirigidas por una pluralidad de ancianos (Hch. 11:30; 14:23; 15:2, 4, 6, 22, 23; 16:4; 20:17; 21:18; 1 Ti. 5:17; Tit. 1:5; Stg. 5:14; 1 P. 5:1, 5). Pero aunque habría otros ancianos que servían con Juan en Éfeso (cp. Hch. 20:17; véase la Introducción a 1 Juan en esta obra para evidencia de que Juan escribió sus epístolas desde esa ciudad), él era el anciano patriarcal, cuya autoridad y supervisión se extendía más allá de Éfeso. Al igual que Pedro (1 P. 5:1), Juan era anciano y apóstol; como el último de los apóstoles, él era *el* anciano, el más distinguido de todos los ancianos; el único anciano vivo que fue elegido para ser un apóstol por parte del Señor Jesucristo y fue miembro del círculo más íntimo de los doce apóstoles; quien fuera reconocido por él mismo como el "discípulo, aquel al que amaba Jesús" (Jn. 20:2; cp. 13:23; 19:26; 21:7, 20). Al contrario de los falsos maestros, Juan era el abanderado de la tradición apostólica.

Como se indicó en la Introducción a 2 Juan, **la señora elegida** a quien Juan dirigió esta carta era una mujer real, no una iglesia. **Señora** se traduce de la forma femenina del sustantivo *kurios* ("señor"). El esposo es el "señor" de la casa como su cabeza divinamente ordenada (cp. 1 Co. 11:3; Ef. 5:23), pero la **señora** también tenía su esfera de autoridad y responsabilidad (cp. Tit. 2:3-5 y 1 Ti. 5:14, donde "cuidadosas de su casa" se traduce de un verbo griego que literalmente significa "gobernar o administrar una casa"). El hecho de que no se mencione al esposo podría indicar que la mujer era viuda. En todo caso, ella era responsable por proveer hospitalidad en el hogar, según lo clarifica 1 Timoteo 5:9-10. Puesto que Juan también se dirigió **a** los **hijos** de la señora, quizás ellos también estaban viviendo en casa con ella. Era típico que las familias compartieran una casa común, incluso después que los hijos se hubieran casado.

Elegida se traduce de una forma de la palabra griega *eklektos* ("seleccionado", "escogido", "elección"). El término describe a aquellos seleccionados por Dios para la gloria eterna, trátese de Cristo (Lc. 23:35; 1 P. 2:4, 6), los ángeles santos (1 Ti. 5:21), o los redimidos (Mt. 22:14; 24:22, 24, 31; Mr. 13:20, 22, 27; Lc. 18:7; Ro. 8:33; Col. 3:12; 2 Ti. 2:10; Tit. 1:1; 1 P. 1:1; 2:9; 2 Jn. 13; Ap. 17:14). La otra ocasión fuera de esta epístola en que se usa la mencionada palabra para una persona se halla en Romanos 16:13, donde Pablo describe a Rufo como "escogido [de *eklektos*] en el Señor".

La descripción que Juan hace de esta mujer (y de su hermana; v. 13) como **elegida** refleja la verdad bíblica de que Dios elige soberanamente a los creyentes para salvación (además de los versículos ya citados, véase Mr. 13:20; Hch. 13:48; Ro. 8:28-30; Ef. 1:4-5, 11; 2 Ts. 2:13; 2 Ti. 1:9; Stg. 2:5). A diferencia de quienes tienen un débil punto de vista de la soberanía divina, los escritores del Nuevo Testamento no dudaron en referirse a los creyentes como "los escogidos". Es más, el mismo Señor Jesucristo hizo eso en Mateo 24:22: "Y si aquellos días no fuesen acortados, nadie sería salvo; mas por causa de los escogidos, aquellos días serán acortados". El término es no menos adecuado que los más populares "hijo de Dios", "salvo", "nacido de nuevo", "creyente", o "cristiano".

La declaración de Juan **yo amo en la verdad** revela su relación personal con esta familia (el pronombre relativo *hous* [**quienes**] es plural y abarca tanto a la dama como a sus hijos). *Egō* (**yo**) es enfático, y destaca el amor personal y continuo (el verbo está en tiempo presente) del apóstol por ellos. La palabra **amo** que tenemos aquí es la devoción y el servicio intencional y espiritual transmitido por el conocido verbo *agapaō*. La frase **en la verdad** explica y califica la esfera del amor que Juan les tiene a sus destinatarios. No se refiere a su sinceridad, pues no estaba afirmando que los amaba "de veras", aunque obviamente así era. Más bien, **verdad** se refiere aquí a la encarnación de la verdad del evangelio. Es algo análogo a la expresión frecuente del Nuevo Testamento "la fe" (Hch. 6:7; 13:8; 14:22; 16:5; 1 Co. 16:13; 2 Co. 13:5; Gá. 1:23; Ef. 4:13; Fil. 1:27; Col. 1:23; 1 Ti. 1:2; 3:9; 4:1; 5:8; 6:10, 21; 2 Ti. 3:8; Tit. 1:13; Jud. 3). La frase de Juan es parecida a la exhortación que Pablo le hace a Tito: "Saluda a los que nos aman en la fe" (Tit. 3:15*b*); es decir, en la verdad objetiva del evangelio. Se refiere a la verdad que ligaba **no sólo** a Juan, **sino también** a **todos los que** conocían de **verdad** a esta dama y sus hijos. La creencia común en la verdad del evangelio es lo que une a todos los creyentes.

La declaración de Juan resume el tema principal de esta breve epístola: que la verdad siempre debe regir el ejercicio del amor. El profundo y mutuo afecto de los cristianos fluye de su compromiso común con la verdad. Juan escribió en su primera carta: "Todo aquel que cree que Jesús es el Cristo, es nacido de Dios; y todo aquel que ama al que engendró, ama también al que ha sido engendrado por él" (1 Jn. 5:1). No podemos tener verdadera comunión con quienes han rechazado la verdad del evangelio, ya que no tenemos ninguna vida espiritual en común con ellos. Tales personas están fuera de la comunidad de creyentes, porque se trata únicamente de aquellos que han "purificado [sus] almas por la obediencia a la verdad" y que tienen "amor fraternal no fingido" (1 P. 1:22).

Puesto que la salvación requiere creer en la verdad, es muy importante para la Iglesia predicar el mensaje correcto. Para producir salvación basta una presentación sencilla y precisa del evangelio, a través del poder transformador del Espíritu Santo. Por otra parte, se recalca que la más cuidadosamente concebida y suavemente pulida de las presentaciones de algo menor al evangelio no salvará.

La vinculación que Juan hace del amor y la verdad demuestra que estas realidades son cualquier cosa menos incompatibles, como algunos están siempre dispuestos a sugerir. Los creyentes deben hablar en amor, pero también con verdad (Ef. 4:15). Minimizar la verdad en nombre del amor es abandonar el amor bíblico, el cual se basa en la verdad. Los propósitos de Dios no se lograrán si se compromete su verdad; el amor por las almas nunca se manifiesta al minimizar la verdad.

LA VERDAD PERMANECE EN LOS CREYENTES

a causa de la verdad que permanece en nosotros, y estará para siempre con nosotros: (2)

En armonía con su apasionado compromiso con la verdad, Juan escribió esta epístola **a causa de la verdad.** Su preocupación era que la señora cristiana a quien se dirigió pudiera comprometer la verdad en nombre de la hospitalidad. El amor, la comunión y la hospitalidad cristiana son vitalmente importantes, ya que manifiestan el poder transformador del evangelio (cp. Ro. 12:13; 1 Ti. 3:2; Tit. 1:8; 1 P. 4:9). Los creyentes son partícipes de un amor espiritual que fluye de su vida eterna común en Cristo. Pero no pueden manifestar genuinamente ese amor si no tienen un compromiso inquebrantable con la verdad de la Palabra de Dios. Esa verdad impregna todos los aspectos de la vida individual y colectiva de la Iglesia, subyacente en toda su predicación, evangelización y comunión.

En un lenguaje que recuerda la promesa de Jesús con relación al Espíritu Santo (Jn. 14:17), Juan escribió que **la verdad... permanece en nosotros, y estará para siempre con nosotros.** La comparación es apropiada, ya que el Espíritu Santo es "el Espíritu de verdad" (Jn. 14:17; 15:26; 16:13; 1 Jn. 5:6). Aunque durante la vida no podamos comprender la enorme profundidad de toda la verdad bíblica, todos los verdaderos cristianos conocen la verdad bíblica que salva. Saben que son pecadores, que enfrentan el justo juicio de Dios, y que el perdón viene únicamente por la gracia divina, aparte de las obras, por medio de la fe en el Señor Jesucristo y su sacrificio expiatorio y su resurrección. Si no comprenden esas realidades no serían cristianos, ya que, como se indicó antes, entender la verdad es necesario para la salvación.

En su primera epístola, Juan enseñó que todos los creyentes pueden discernir entre verdad y error:

> *Vosotros tenéis la unción del Santo, y conocéis todas las cosas. No os he escrito como si ignoraseis la verdad, sino porque la conocéis, y porque ninguna mentira procede de la verdad... Pero la unción que vosotros recibisteis de él permanece en vosotros, y no tenéis necesidad de que nadie os enseñe; así como la unción misma os enseña todas las cosas, y es verdadera, y no es mentira, según ella os ha enseñado, permaneced en él (1 Jn. 2:20-21, 27).*

Menō (**permanece**) es uno de los términos favoritos de Juan, y aparece más de sesenta veces en sus escritos. Se usa en un sentido teológico para referirse a la verdad que reside en los creyentes (1 Jn. 2:14, 24-27; cp. Jn. 5:38 donde Jesús reprende a los judíos incrédulos porque la Palabra no mora en ellos), es decir, en los verdaderos creyentes que permanecen en la Palabra (Jn. 8:31) y que, por tanto, no están en tinieblas espirituales (Jn. 12:46), al Espíritu que permanece en los creyentes (Jn. 14:17; cp. 1 Jn. 4:12, 15, 16) y sobre todo, a creyentes que permanecen en Cristo (Jn. 6:56; 14:10; 15:4-7, 9-10; 1 Jn. 2:6, 10, 28; 3:6, 24; 4:13). La verdad de la Palabra, que permanece en los creyentes **para siempre**, les otorga "la mente de Cristo" (1 Co. 2:16).

LA VERDAD BENDICE A LOS CREYENTES

Sea con vosotros gracia, misericordia y paz, de Dios Padre y del Señor Jesucristo, Hijo del Padre, en verdad y en amor. (3)

Aunque aparecen juntas solo aquí y en las cartas de Pablo a Timoteo (1 Ti. 1:2; 2 Ti. 1:2), **gracia, misericordia y paz** son términos conocidos del Nuevo Testamento. A menudo se usan en los saludos de las epístolas. **Gracia** se combina con **paz** en Romanos 1:7, 1 Corintios 1:3, 2 Corintios 1:2, Gálatas 1:3, Efesios 1:2, Filipenses 1:2, Colosenses 1:2, 1 Tesalonicenses 1:1, 2 Tesalonicenses 1:2, Tito 1:4, Filemón 3, 1 Pedro 1:2, 2 Pedro 1:2, y Apocalipsis 1:4; **misericordia** y **paz** en Judas 2. Las tres palabras resumen la progresión del plan de salvación: La **gracia** de Dios lo llevó a conceder **misericordia,** lo cual resulta en **paz.** La **gracia** ve a los pecadores como culpables e indignos (Ro. 5:20; Ef. 1:7); la **misericordia** los ve como necesitados e indefensos (Mt. 5:3; Ro. 11:30-32; Ef. 2:4-5; Tit. 3:5; 1 P. 1:3); la **paz** es el resultado del derramamiento de Dios tanto de **gracia** como de **misericordia** (Hch. 10:36; Ro. 5:1; Ef. 2:14; Col. 1:20). Estas bendiciones divinas, al igual que todo en la vida cristiana, viene solo **de Dios Padre y del Señor Jesucristo, Hijo del Padre.** "Toda buena dádiva y todo don perfecto desciende de lo alto, del Padre de las luces, en el cual no hay mudanza, ni sombra de variación" (Stg. 1:17). Y a través del Hijo, "todas las promesas de Dios son en él Sí" (2 Co. 1:20). Dichas bendiciones están presentes cuando la **verdad** divina domina la mente y el corazón, lo que resulta en verdadero **amor.** La doble repetición de *para* (**de** y **del**) resalta la igualdad de Jesús con el Padre. Juan hace hincapié en la identidad de Cristo como Hijo de Dios porque los falsos maestros estaban negando esa verdad (cp. el estudio de los falsos maestros y sus enseñanzas heréticas en la Introducción a 1 Juan).

LA VERDAD CONTROLA A LOS CREYENTES

Mucho me regocijé porque he hallado a algunos de tus hijos andando en la verdad, conforme al mandamiento que recibimos del Padre. (4)

A la luz del compromiso de Juan con la verdad, no sorprende que se hubiera regocijado por haber **hallado a algunos de** los hijos de esta señora cristiana **andando en la verdad.** Sin duda el apóstol estaba eufórico por la noticia de que ellos obedecían la revelación divina, noticia que había oído de la hermana o de los hijos de la hermana de ella (cp. v. 13). El hecho de que Juan mencione solo a **algunos de** los **hijos** no significa necesariamente que los otros no fueran salvos; el apóstol se estaba refiriendo únicamente a aquellos de los que tenía conocimiento personal.

La verdad de la Palabra de Dios se debe vivir, así como se debe creer (cp. Mt. 7:21; 12:50; Lc. 6:46-49; 11:28; Jn. 13:17; Ro. 2:13; Stg. 1:22; 1 Jn. 2:3). La frase **andando en la verdad** se refiere a caminar por la vida controlados por la verdad; es el equivalente a andar en la luz (1 Jn. 1:7). Andar es una metáfora frecuente del Nuevo Testamento para la vida cristiana: "Andemos en vida nueva" (Ro. 6:4), "por fe andamos, no por vista" (2 Co. 5:7), "andad en el Espíritu" (Gá. 5:16, 25), "buenas obras, las cuales Dios preparó de antemano para que anduviésemos en ellas" (Ef. 2:10), "os ruego que andéis como es digno de la vocación con que fuisteis llamados" (Ef. 4:1), "andad en amor" (Ef. 5:2), "andad como hijos de luz" (Ef. 5:8), "Mirad, pues, con diligencia cómo andéis" (Ef. 5:15), "para que andéis como es digno del Señor, agradándole en todo" (Col. 1:10), "os encargábamos que anduvieseis como es digno de Dios, que os llamó a su reino y gloria" (1 Ts. 2:12), "el que dice que permanece en [Jesús], debe andar como él anduvo" (1 Jn. 2:6), y "este es el amor, que andemos según sus mandamientos" (2 Jn. 6).

La referencia de Juan **al mandamiento que** los creyentes han recibido **del Padre,** de andar en la verdad, no es una alusión a un mandamiento en particular, sino que refleja el mandato general y obvio de las Escrituras a obedecer. A la Biblia incluso se le llama "el precepto de Jehová" (Sal. 19:8; cp. el uso similar de "mandamiento" en 1 Ti. 6:14). La obediencia a la verdad de Dios no es opcional. "Dios no ha revelado su verdad en una manera tal que nos deja libres a nuestro placer para creerla o no creerla, para obedecerla o desobedecerla. La revelación trae consigo responsabilidad, y mientras más clara la revelación, mayor la responsabilidad de creerla y obedecerla" (John R. W. Stott, *The Epistles of John* The Tyndale New Testament Commentaries [Grand Rapids: Eerdmans, 1964], p. 206).

Esta breve carta se inicia con un sonoro llamado a que los cristianos vivan de modo coherente con la verdad que creen. La única base verdadera para la unidad en la Iglesia es la verdad de la Palabra de Dios que permanece en los creyentes individuales, y que bendice y controla sus vidas. Solamente iglesias y cristianos bien cimentados en el sólido cimiento de la verdad podrán resistir las tormentas de persecución, tentación y falsa doctrina que constantemente los asaltan.

Los límites del amor

20

Y ahora te ruego, señora, no como escribiéndote un nuevo mandamiento, sino el que hemos tenido desde el principio, que nos amemos unos a otros. Y este es el amor, que andemos según sus mandamientos. Este es el mandamiento: que andéis en amor, como vosotros habéis oído desde el principio. Porque muchos engañadores han salido por el mundo, que no confiesan que Jesucristo ha venido en carne. Quien esto hace es el engañador y el anticristo. Mirad por vosotros mismos, para que no perdáis el fruto de vuestro trabajo, sino que recibáis galardón completo. Cualquiera que se extravía, y no persevera en la doctrina de Cristo, no tiene a Dios; el que persevera en la doctrina de Cristo, ése sí tiene al Padre y al Hijo. Si alguno viene a vosotros, y no trae esta doctrina, no lo recibáis en casa, ni le digáis: ¡Bienvenido! Porque el que le dice: ¡Bienvenido! participa en sus malas obras. Tengo muchas cosas que escribiros, pero no he querido hacerlo por medio de papel y tinta, pues espero ir a vosotros y hablar cara a cara, para que nuestro gozo sea cumplido. Los hijos de tu hermana, la elegida, te saludan. Amén. (5-13)

El versículo 9 resalta en esta sección: **Cualquiera que se extravía, y no persevera en la doctrina de Cristo, no tiene a Dios; el que persevera en la doctrina de Cristo, ése sí tiene al Padre y al Hijo.** Otra vez (como ocurre a lo largo de 1 Juan) se trata de la prueba de un verdadero cristiano y un verdadero predicador: la doctrina pura con relación a Cristo.

La verdadera Iglesia de Jesucristo siempre ha entendido ese hecho. A través de los siglos, incluso en las horas más tristes de la Iglesia siempre ha habido aquellos que fueron fieles para evangelizar a los perdidos con el evangelio puro de Jesucristo. Estos creyentes escudriñaban las Escrituras, sin disponer de todas las herramientas de estudio de la Biblia que tenemos en la actualidad, a fin de entender el evangelio en preparación para la difusión del mensaje de salvación. Muchos héroes desconocidos de la fe trabajaron durante décadas en traducir la Palabra, con el fin de que la gente pudiera leerla en sus propios idiomas. Misioneros viajaron en circunstancias penosas y amenazantes para alcanzar lugares difíciles con la verdad de Cristo. Allí soportaron prolongados períodos de separación de sus familias, amistades y naciones, sufrieron la pérdida de compañeros y seres queridos, y lucharon con enfermedad, peligro y oposición satánica por causa del evangelio (cp. Ef. 6:12). Decenas de miles de fieles evangelistas han sido martirizados por su inquebrantable compromiso en obedecer el mandato del Señor de predicar la verdad que salva.

No obstante, hay algunos que abogan por un cambio radical y alarmante de esta comisión, sugiriendo que predicar el evangelio a los perdidos en realidad podría ser innecesario, junto con los inmensos sacrificios que se han hecho para hacer eso. Yendo más allá de la enseñanza de la Biblia acerca de la revelación general de Dios en la naturaleza (véase el estudio de Ro. 1:18-32 a continuación), hay quienes sostienen que la sola teología natural ("el intento de obtener una comprensión de Dios y su relación con el universo por medio de la reflexión racional, sin apelar a la revelación especial tal como la auto revelación de Dios en Cristo y en la Biblia" [Colin Brown, "Natural Theology", en Sinclair B. Ferguson, David F. Wright, y J. I. Packer, eds., *New Dictionary of Theology* (Downers Grove, Ill.: InterVarsity, 1988), p. 452]) es suficiente para salvar, aparte de cualquier conocimiento del Dios verdadero, de Jesucristo, o del evangelio. Algunos imaginan que Dios salva personas aparte del evangelio tratándolas como hizo con quienes vivieron antes de la época del Nuevo Testamento (punto de vista etiquetado transdispensacionalismo). Sin embargo, según enfatiza el escritor de Hebreos: "Dios, habiendo hablado muchas veces y de muchas maneras en otro tiempo a los padres por los profetas, en estos postreros días nos ha hablado por el Hijo, a quien constituyó heredero de todo, y por quien asimismo hizo el universo" (He. 1:1-2). Después de dar su revelación final en su Hijo, Dios no hará retroceder el reloj a otra época. Juan 1:12 fija la necesidad de la fe en Cristo: "Mas a todos los que le recibieron, a los que creen en su nombre, les dio potestad de ser hechos hijos de Dios".

Otros más, defensores de la llamada misericordia más extensa, proponen algo aún más radical. Ellos también creen que los pecadores perdidos pueden salvarse aparte del evangelio; pero van un paso más allá y sostienen que aquellos que están en religiones no cristianas, esas religiones en realidad pueden ayudarlos a llegar a Dios. Clark Pinnock escribe:

> Abordar al hombre de una fe diferente a la nuestra debe hacerse en un espíritu de esperanza para averiguar cómo le ha estado hablando Dios, y qué nueva comprensión de la gracia y del amor de Dios podríamos descubrir en este encuentro. Nuestra primera tarea al enfocarnos en otro pueblo, otra cultura, y otra religión debe ser quitarnos los zapatos, porque el lugar al que nos acercamos es santo... Podríamos olvidar que Dios estuvo aquí antes de nuestra llegada (Citado en Erwin Lutzer, *Christ Among Other gods* [Chicago: Moody, 1994], p. 185).

Entonces, sorprendentemente añade:

> Dios... está haciendo que ocurra más por medio de la redención de lo que sucedió en la Palestina del primer siglo (Ibíd., p. 185).

El universalismo de Pinnock rechaza la enseñanza de los apóstoles, quienes sin vacilar declararon: "En ningún otro [que no sea Jesucristo] hay salvación; porque no hay otro nombre bajo el cielo, dado a los hombres, en que podamos ser salvos" (Hch. 4:12; cp. 1 Co. 3:11; 1 Ti. 2:5). Esta idea también rechaza la enseñanza del Señor Jesucristo, quien declaró inequívocamente: "Yo soy el camino, y la verdad, y la vida; nadie viene al Padre, sino por mí" (Jn. 14:6).

En Romanos 10:9-10 Pablo explica lo esencial para la salvación: "Si confesares con tu boca que Jesús es el Señor, y creyeres en tu corazón que Dios le levantó de los muertos, serás salvo. Porque con el corazón se cree para justicia, pero con la boca se confiesa para salvación". Luego en los versículos 13-15 el apóstol, en marcado contraste con el punto de vista de la "misericordia más extensa", recalca la necesidad absoluta de que la Iglesia lleve a cabo la Gran Comisión:

> *Porque todo aquel que invocare el nombre del Señor, será salvo. ¿Cómo, pues, invocarán a aquel en el cual no han creído? ¿Y cómo creerán en aquel de quien no han oído? ¿Y cómo oirán sin haber quien les predique? ¿Y cómo predicarán si no fueren enviados? Como está escrito: ¡Cuán hermosos son los pies de los que anuncian la paz, de los que anuncian buenas nuevas!*

La secuencia de Pablo es clarísima: solo aquellos que invocan el nombre del Señor pueden ser salvos (cp. Hch. 16:31). Pero nadie puede invocar al Señor sin primero creer en Él, y nadie puede creer en Él a menos que oiga el evangelio. Por tanto, la Iglesia debe enviar predicadores a proclamar el mensaje del evangelio a los pecadores perdidos porque, como Pablo resumió en Romanos 10:17, "la fe [que salva] es por el oír, y el oír, por la palabra de Dios". En 2 Corintios 5:18-21 está claro que el mensaje y el ministerio de la reconciliación es predicar a Cristo, ya que "somos embajadores en nombre de Cristo" a través de quien Dios hace su llamado a la reconciliación (v. 20).

De acuerdo con el mandato bíblico, la iglesia primitiva llevó, a gran costo, el evangelio a los confines más lejanos del mundo romano y fuera de sus fronteras, comprendiendo claramente que las personas no pueden salvarse si no es por medio de creer en Cristo. De haber habido salvación por otros medios, el sufrimiento que los predicadores del evangelio soportaron (cp. 2 Co. 11:22-33) seguramente habría sido en vano. Si los perdidos pudieran salvarse a través de la teología natural o de sus religiones paganas, los misioneros cristianos podrían haberse quedado a salvo en casa. Incluso exponer a los paganos al evangelio pudo haberlos condenado, ya que pudieron no haberlo creído. En tal caso habría sido mejor que esas personas nunca hubieran oído el evangelio.

El encuentro de Pablo con los atenienses paganos en el areópago es una muestra de cómo la iglesia primitiva debe abordar a los de otra fe. El apóstol comenzó elogiándolos por su celo religioso (Hch. 17:22-23), igual que hizo con los judíos no creyentes (Ro. 10:2). Después, como solía hacer cuando evangelizaba gentiles (cp. Hch. 14:15-17), Pablo apeló a la revelación general de Dios en la naturaleza. Observó que había hallado "también un altar en el cual estaba esta inscripción: AL DIOS NO CONOCIDO" (Hch. 17:23). A pesar de la enorme cantidad de dioses que los atenienses adoraban, tenían un interés agobiante de que pudiera haber alguno al que todavía no hubieran adorado. Con el fin de no ofender, erigieron un altar general de múltiple contenido para apaciguar a cualquier dios que pudieran haber pasado por alto sin saber.

La reacción del apóstol es esclarecedora. No abordó a esos paganos esperando descubrir cómo Dios les había estado hablando. Tampoco buscó una novedosa comprensión de la gracia y el amor de Dios en su encuentro con ellos. Al contrario, los confrontó con el hecho de que estaban adorando en ignorancia (Hch. 17:23), y les explicó quién realmente era Dios (vv. 24-29). Y lejos de suponer que ellos pudieran conocer a Dios y ser salvos del infierno a través de la falsa religión que tenían, Pablo concluyó su mensaje llamándolos al arrepentimiento y a volverse a Jesucristo, el único camino a Dios, expresando: "Dios, habiendo pasado por alto los tiempos de esta ignorancia, ahora manda a todos los hombres en todo lugar, que se arrepientan; por cuanto ha establecido un día en el cual juzgará al mundo con justicia, por aquel varón a quien designó, dando fe a todos con haberle levantado de los muertos" (vv. 30-31).

El encuentro de Pablo con los atenienses ilustra la imposibilidad de que alguien sea salvo solo por medio de revelación general, la cual demuestra que existe un Creador todopoderoso, pero no revela el camino de salvación, "ya que en la sabiduría de Dios, el mundo no conoció a Dios mediante la sabiduría" (1 Co. 1:21*a*). Incluso con la ayuda de la revelación general, la sabiduría humana no puede producir un conocimiento salvador de Dios. Por tanto, Pablo siguió escribiendo: "Agradó a Dios salvar a los creyentes por la locura de la predicación" (1 Co. 1:21*b*). Solo aquellos que creen el mensaje de "Cristo crucificado, para los judíos ciertamente tropezadero, y para los gentiles locura; mas para los llamados, así judíos como griegos, Cristo poder de Dios, y sabiduría de Dios" (vv. 23-24; cp. 2:1-5) serán salvos (cp. 2 Ts. 1:8, mientras que Pablo define a aquellos que no conocen a Dios como los que "obedecen al evangelio de nuestro Señor Jesucristo").

Ningún ser humano tiene en sí mismo el poder para llegar a Dios, incluso por medio del evangelio. La Biblia es clara en que la humanidad está muerta y en la carne no puede agradar a Dios (Ro. 8:7-8). Ninguna persona puede por sus propias fuerzas, obras o fe agradar en nada a Dios, y menos con el fin de ganar la salvación ni siquiera oyendo el evangelio, mucho menos sin este. Solo

Dios salva de modo soberano y siempre a través del evangelio. Solo Él puede dar vida y luz produciendo arrepentimiento y fe, siempre dirigidos hacia Jesucristo.

Decir que todos los hombres son totalmente depravados no quiere decir que cada uno sea tan malo como otros, o tan malo como es posible. Eso no puede ser cierto porque hasta los "malos hombres" en general "irán de mal en peor" (2 Ti. 3:13). No obstante, todos los hombres son "ajenos [a] la vida de Dios por la ignorancia que en ellos hay, por la dureza de su corazón" (Ef. 4:18), incapaces de hacer algo para agradar a Dios, especialmente para hacer el mayor bien: arrepentirse y creer. Si un pecador no regenerado, mediante una acción libre de su voluntad, logra creer por su cuenta en Dios o Cristo, entonces haría la más grandiosa de todas las obras. Pero la Biblia dice que esa persona no puede agradar a Dios. La Biblia mentiría si tal individuo pudiera hacer eso, y tendría que declarar que los pecadores no están muertos ni se encuentran impotentes, alienados, entristecidos y sin esperanza. Pero los pecadores no regenerados no tienen la capacidad de creer para salvación. Si tuvieran el poder de hacer lo que agrada a Dios, serían glorificados por ello… y tal vez hasta adorados. Pero nadie puede ser salvo excepto por gracia divina, soberana y regeneradora, y Dios es quien la concede aparte de cualquier acto de justicia, pero solo en relación con oír y creer en el evangelio del Señor Jesucristo.

Si la salvación de alguien que oye el evangelio estuviera condicionada a su capacidad de creer, entonces no habría necesidad de la gracia eficaz. Y Dios estaría tomándose demasiado mérito por su parte en relación a la salvación, al manifestar que toda ella es por la gracia divina. No obstante, esta es una idea ridícula, hasta blasfema. Ningún pecador puede hacer algo que agrade a Dios, y solo Dios puede soberanamente conceder gracia salvadora solo por gracia, y Él lo hace tan solo a través de Cristo. Pablo escribe así a este respecto:

> *Bendito sea el Dios y Padre de nuestro Señor Jesucristo, que nos bendijo con toda bendición espiritual en los lugares celestiales en Cristo, según nos escogió en él antes de la fundación del mundo, para que fuésemos santos y sin mancha delante de él, en amor habiéndonos predestinado para ser adoptados hijos suyos por medio de Jesucristo, según el puro afecto de su voluntad, para alabanza de la gloria de su gracia, con la cual nos hizo aceptos en el Amado, en quien tenemos redención por su sangre, el perdón de pecados según las riquezas de su gracia (Ef. 1:3-7).*

Si la salvación fuera por voluntad del ser humano, ¿qué sentido tendría entonces la elección que Dios hace de un pueblo? Sin embargo, todos los redimidos son elegidos en Cristo, el Amado, y salvos por medio del don divino de confiar en Él y en su obra (Ef. 2:8-9; cp. Ro. 1:16).

Dios no salva por gracia soberana a través de revelación general; más bien, sin la ayuda de Dios, el pecador es entregado a juicio por esa revelación y sin excusa alguna. Todos los hombres tienen amplia evidencia de la existencia de Dios, "porque lo que de Dios se conoce les es manifiesto, pues Dios se lo manifestó. Porque las cosas invisibles de él, su eterno poder y deidad, se hacen claramente visibles desde la creación del mundo, siendo entendidas por medio de las cosas hechas, de modo que no tienen excusa" (Ro. 1:19-20). Sin embargo, ese conocimiento no los lleva a Dios. Por el contrario, solamente los deja sin excusa cuando se les juzgue, "porque la ira de Dios se revela desde el cielo contra toda impiedad e injusticia de los hombres que detienen con injusticia la verdad" (v. 18). La revelación general no basta para salvar, pero es suficiente para condenar. La sola razón humana nunca llevará a pecadores a un conocimiento salvador de Dios porque estos reprimen el conocimiento de Él, disponible en la revelación general (cp. Ro. 3:9-18). Aparte de la revelación especial de Dios en su Hijo y en las Escrituras, las personas siguen siendo pecadoras impías, insolentes y depravadas, irremediablemente perdidas en las tinieblas de la falsa religión idolátrica (Ro. 1:22-32). Y lejos de aceptarlas, Dios en realidad las ha abandonado por completo (vv. 24-32).

El apóstol Juan sabía que no hay sustituto a la enseñanza de "la verdad que está en Jesús" (Ef. 4:21) y recalcó su importancia en esta breve epístola. Juan había llamado a sus lectores a vivir en la verdad de Cristo que los une, que permanece en ellos, que los bendice y controla (véase la exposición de los vv. 1-4 en el capítulo anterior de esta obra). Estaba a punto de alentarlos a que permanecieran leales a la verdad, a que la protegieran y la aprendieran. Pero antes de hacer eso, el apóstol hizo una pausa para añadir una importante salvedad: la verdad y el amor están inseparablemente vinculados. El amor es parte integral de la obediencia a la verdad, siendo reiteradamente ordenado en la Biblia (cp. el estudio a continuación); por tanto, aquellos que no aman no practican la verdad. Y los que protegen la verdad lo hacen en amor (Ef. 4:15).

AMOR A LA VERDAD

Y ahora te ruego, señora, no como escribiéndote un nuevo mandamiento, sino el que hemos tenido desde el principio, que nos amemos unos a otros. Y este es el amor, que andemos según sus mandamientos. Este es el mandamiento: que andéis en amor, como vosotros habéis oído desde el principio. (5-6)

La frase griega *kai nun* ("**Y ahora**") que empieza el versículo 5 provee un vínculo lógico con el versículo 4. Juan no dudó en rogar a esta **señora** cristiana que amara; la petición era perfectamente coherente con vivir en la verdad del evangelio. La declaración explicativa, **no como escribiéndote un nuevo mandamiento, sino el que hemos tenido desde el principio, que nos amemos unos a**

otros, hace eco de 1 Juan 2:7-11 (véase la exposición de ese pasaje en el capítulo 6). Juan no estaba escribiendo **un nuevo mandamiento** nunca antes revelado, **sino** que estaba reiterando **el que** [ella había] **tenido desde el principio** de su vida cristiana. Todos los creyentes estamos llamados a una comunión especificada en que **nos amemos unos a otros.** La revelación divina está clara en que el amor es la característica que define a un verdadero creyente, y su falta caracteriza a los incrédulos. En 1 Juan 2:9-11 el apóstol declaró:

> *El que dice que está en la luz, y aborrece a su hermano, está todavía en tinieblas. El que ama a su hermano, permanece en la luz, y en él no hay tropiezo. Pero el que aborrece a su hermano está en tinieblas, y anda en tinieblas, y no sabe a dónde va, porque las tinieblas le han cegado los ojos (cp. 4:20-21).*

En cierto sentido, lo que Juan escribió no fue **un nuevo mandamiento. Nuevo** se traduce de *kainos,* que no se refiere a algo novedoso en tiempo, sino en carácter esencial. El mandato de amar no es exclusivo del Nuevo Testamento. La ley del Antiguo Testamento proporciona un resumen de cómo amar. Deuteronomio 6:5 manda: "Amarás a Jehová tu Dios de todo tu corazón, y de toda tu alma, y con todas tus fuerzas", mientras que Levítico 19:18 añade: "Amarás a tu prójimo como a ti mismo". Cuando le pidieron que dijera cuál era el más grande mandamiento de la ley, Jesús contestó citando esos dos mismos mandatos: "Amarás al Señor tu Dios con todo tu corazón, y con toda tu alma, y con toda tu mente. Este es el primero y grande mandamiento. Y el segundo es semejante: Amarás a tu prójimo como a ti mismo. De estos dos mandamientos depende toda la ley y los profetas" (Mt. 22:37-40). Los Diez Mandamientos, el resumen de la ley, se dividen en dos secciones. Los cinco primeros describen cómo amar a Dios; los cinco últimos describen cómo amar a las personas. Por eso Pablo pudo escribir "que el cumplimiento de la ley es el amor" (Ro. 13:10).

Pero aunque el **mandamiento** del que Juan hablaba era antiguo desde una perspectiva, visto desde otra era nuevo. En 1 Juan 2:8 el apóstol manifestó: "Sin embargo, os escribo un mandamiento nuevo, que es verdadero en él y en vosotros, porque las tinieblas van pasando, y la luz verdadera ya alumbra". Hay tres sentidos en que el mandamiento es nuevo. Primero, el amor "es verdadero en él"; es decir, ahora ha sido perfectamente modelado en una vida humana por parte del Señor Jesucristo. En su evangelio Juan escribió con relación al amor de Cristo: "Como había amado a los suyos que estaban en el mundo, los amó hasta el fin (lit., 'a la perfección", 'por completo', o 'en toda su plenitud')" (Jn. 13:1). Jesús se ofreció como un ejemplo de cómo amar cuando manifestó: "Un mandamiento nuevo os doy: Que os améis unos a otros; como yo os he amado, que también os améis unos a otros. En esto conocerán todos que sois mis discípulos, si tuviereis amor los unos con los otros" (Jn. 13:34-35; cp. 15:13; Fil. 2:5-9).

Pablo exhortó a los creyentes: "Andad en amor, como también Cristo nos amó, y se entregó a sí mismo por nosotros" (Ef. 5:2).

Segundo, los cristianos también tienen una nueva comprensión del amor a través de la morada del Espíritu Santo en ellos. Según señaló Juan en su primera epístola, es posible para nosotros amar solo "porque él nos amó primero" (1 Jn. 4:19; cp. Ef. 3:16-19). Pablo escribió en Romanos 5:5 que "el amor de Dios ha sido derramado en nuestros corazones por el Espíritu Santo que nos fue dado". Ese amor sobrenatural es un aspecto del fruto del Espíritu (Gá. 5:22); por eso Pablo pudo escribir respecto a los creyentes: "Habéis aprendido de Dios que os améis unos a otros" (1 Ts. 4:9).

Por último, el mandamiento de amar es nuevo en que pertenece a la nueva época inaugurada por la venida de Cristo. Ahora vivimos en el reino espiritual (Lc. 17:20-21), que está en desarrollo (Lc. 13:18-20) dentro del glorioso reino milenial que se establecerá cuando Cristo regrese, y después de eso vendrá el reino eterno. Durante este actual reino espiritual "las tinieblas van pasando, y la luz verdadera ya alumbra" (1 Jn. 2:8). La "luz verdadera" es Jesucristo (cp. Jn. 8:12; 9:5; 12:35), a través de quien Dios nos ha rescatado "del presente siglo malo" (Gá. 1:4) y "de la potestad de las tinieblas, y trasladado al reino de su amado Hijo" (Col. 1:13). Somos bendecidos "con toda bendición espiritual en los lugares celestiales en Cristo" (Ef. 1:3), lo que incluye amor divino y sobrenatural, el cual es una forma de vida para quienes están en el reino de Jesucristo.

La característica determinante del **amor** es: **que andemos según sus mandamientos.** El amor y la obediencia están inseparablemente vinculados, según Jesús evidenció en Juan 14:15 cuando declaró: "Si me amáis, guardad mis mandamientos" (cp. vv. 23-24; 15:10). Los creyentes manifiestan su amor a Dios por medio de la obediencia a Él. En su primera epístola, Juan escribió: "Pues este es el amor a Dios, que guardemos sus mandamientos" (1 Jn. 5:3). El Antiguo Testamento también ve la obediencia a Dios como la expresión definitiva del amor por Él. En Deuteronomio 11:1 Moisés mandó a Israel: "Amarás, pues, a Jehová tu Dios, y guardarás sus ordenanzas, sus estatutos, sus decretos y sus mandamientos, todos los días". Josué, el sucesor de Moisés, entregó a Israel un encargo similar: "Solamente que con diligencia cuidéis de cumplir el mandamiento y la ley que Moisés siervo de Jehová os ordenó: que améis a Jehová vuestro Dios, y andéis en todos sus caminos; que guardéis sus mandamientos, y le sigáis a él, y le sirváis de todo vuestro corazón y de toda vuestra alma" (Jos. 22:5). El amor y la obediencia también están vinculados en pasajes del Antiguo Testamento tales como Éxodo 20:6; Deuteronomio 5:10; 7:9; 30:16; Nehemías 1:5; y Daniel 9:4.

Repitiendo el tema con el fin de resaltar la importancia de esta verdad, Juan escribió: **Este es el mandamiento: que andéis en amor, como vosotros habéis oído desde el principio.** Aquellos que aman de veras andan en obediencia a la verdad bíblica, y viceversa.

SER LEALES A LA VERDAD

Porque muchos engañadores han salido por el mundo, que no confiesan que Jesucristo ha venido en carne. Quien esto hace es el engañador y el anticristo. Mirad por vosotros mismos, para que no perdáis el fruto de vuestro trabajo, sino que recibáis galardón completo. (7-8)

El amor bíblico no implica aceptación ingenua, crédula y sin criterio de cualquiera que afirme representar a Jesucristo. Por eso, después de haber insistido en la importancia del amor, Juan inmediatamente le puso límites. En nombre del amor los creyentes no pueden aceptar a cualquiera de los **muchos engañadores** que **han salido por el mundo.** Los seguidores de la verdad de Cristo no pueden amar a los anticristos; aquellos que están comprometidos con la verdad bíblica no pueden tener comunión con los que la pervierten (cp. 2 Co. 6:14-15). **Engañadores** se traduce de la forma plural de *planos,* que textualmente significa "un vagabundo" (de ahí se deriva la palabra castellana "planeta"). En este caso se refiere a individuos que se desvían de la verdad de la Biblia; que la corrompen; que alejan a otros de ella; que son impostores (Pablo denominó a tales sujetos como "falsos hermanos" en 2 Co. 11:26 y Gá. 2:4; cp. la descripción que Judas hace de ellos como "estrellas errantes" que se dirigen a "la oscuridad de las tinieblas" del juicio eterno [v. 13]).

Estos lobos vestidos de ovejas (Mt. 7:15) se vuelven especialmente peligrosos cuando se infiltran en la Iglesia; de ahí que el Nuevo Testamento esté lleno de advertencias respecto a ellos. En el Sermón del Monte Jesús predijo que en los últimos tiempos "se levantarán falsos Cristos, y falsos profetas, y harán grandes señales y prodigios, de tal manera que engañarán, si fuere posible, aun a los escogidos" (Mt. 24:24). Pablo los llamó "lobos rapaces" (Hch. 20:29); "falsos apóstoles, obreros fraudulentos, que se disfrazan como apóstoles de Cristo" (2 Co. 11:13); siervos de Satanás que, así como su perverso amo (v. 14), "se disfrazan como ministros de justicia; cuyo fin será conforme a sus obras" (v. 15). El apóstol advirtió a Timoteo que "el Espíritu dice claramente que en los postreros tiempos algunos apostatarán de la fe, escuchando a espíritus engañadores y a doctrinas de demonios" (1 Ti. 4:1). En su primera carta Juan imploró a sus lectores:

> *Amados, no creáis a todo espíritu, sino probad los espíritus si son de Dios; porque muchos falsos profetas han salido por el mundo. En esto conoced el Espíritu de Dios: Todo espíritu que confiesa que Jesucristo ha venido en carne, es de Dios; y todo espíritu que no confiesa que Jesucristo ha venido en carne, no es de Dios; y este es el espíritu del anticristo, el cual vosotros habéis oído que viene, y que ahora ya está en el mundo (1 Jn. 4:1-3).*

Así denunció Judas vívida y extensamente a estos engañadores:

> *Algunos hombres han entrado encubiertamente, los que desde antes habían sido destinados para esta condenación, hombres impíos, que convierten en libertinaje la gracia de nuestro Dios, y niegan a Dios el único soberano, y a nuestro Señor Jesucristo… ¡Ay de ellos! porque han seguido el camino de Caín, y se lanzaron por lucro en el error de Balaam, y perecieron en la contradicción de Coré. Estos son manchas en vuestros ágapes, que comiendo impúdicamente con vosotros se apacientan a sí mismos; nubes sin agua, llevadas de acá para allá por los vientos; árboles otoñales, sin fruto, dos veces muertos y desarraigados; fieras ondas del mar, que espuman su propia vergüenza; estrellas errantes, para las cuales está reservada eternamente la oscuridad de las tinieblas. De éstos también profetizó Enoc, séptimo desde Adán, diciendo: He aquí, vino el Señor con sus santas decenas de millares, para hacer juicio contra todos, y dejar convictos a todos los impíos de todas sus obras impías que han hecho impíamente, y de todas las cosas duras que los pecadores impíos han hablado contra él (Jud. 4, 11-15; cp. la denuncia similar que Pedro hace de ellos en 2 P. 2:1-21).*

Adondequiera que vaya el verdadero evangelio, los emisarios de Satanás se aseguran de seguirlo. Predican un evangelio falso y satánico, y con ello pervierten el verdadero mensaje y contaminan la Iglesia. Pablo advirtió a los gálatas en contra de ellos en los términos más enérgicos posibles:

> *Estoy maravillado de que tan pronto os hayáis alejado del que os llamó por la gracia de Cristo, para seguir un evangelio diferente. No que haya otro, sino que hay algunos que os perturban y quieren pervertir el evangelio de Cristo. Mas si aun nosotros, o un ángel del cielo, os anunciare otro evangelio diferente del que os hemos anunciado, sea anatema. Como antes hemos dicho, también ahora lo repito: Si alguno os predica diferente evangelio del que habéis recibido, sea anatema (Gá. 1:6-9).*

Juan definió en particular a los falsos maestros como aquellos **que no confiesan que Jesucristo ha venido en carne.** Existen muchas maneras de socavar el evangelio, tales como rechazar la deidad de Jesucristo, o negar que la salvación sea por gracia solamente por medio de la fe. Pero estos herejes negaban la verdadera humanidad de **Jesucristo,** negándose a reconocer que Él era Dios que se había vuelto totalmente humano. Eran precursores de la peligrosa herejía del siglo II conocida como gnosticismo, que representaba una de las amenazas más graves para la iglesia primitiva. (Para mayor información sobre la herejía contra la cual escribió Juan, véase la Introducción a 1 Jn. en esta obra).

Juan contrarrestó los diversos ataques de los falsos maestros sobre la persona de Jesucristo resaltando en sus epístolas la verdad acerca de Él. En 1 Juan 1:3 identificó a Jesucristo como Dios el Hijo (cp. 3:23; 2 Jn. 3); en 2:1 lo presentó como el abogado de los creyentes ante el Padre, cuya muerte propició la ira de Dios contra los pecados de ellos (v. 2; cp. 1:7; 4:9-10); en 2:22-23 declaró que los que niegan que Jesús es el Cristo no conocen a Dios; en 3:8 señaló que Jesús ha destruido las obras de Satanás; en 4:14 afirmó que el Padre envió al mundo al Hijo como Salvador, y reiteró en el versículo 15 que solo aquellos que confiesan a Jesús como el Hijo de Dios conocen al Padre (cp. 2 Jn. 9); y en 5:9-13 Juan escribió que solo quienes creen la revelación divina respecto a Jesucristo tienen vida eterna.

Negar la verdad bíblica de que en Jesucristo, el Mesías prometido, Dios se volvió totalmente humano es propagar doctrina demoníaca. **Quien esto hace** es un **engañador y** un **anticristo** (cp. 1 Jn. 2:18, 22; 4:3). Enseñar, como hacían estos herejes, que la humanidad de Jesús era simplemente una ilusión es lanzar un golpe al núcleo del evangelio. Si Jesús no fuera el Dios-hombre, totalmente humano y totalmente divino, no podía haber muerto como sustituto por los hombres.

Puesto que conocía la grave amenaza que los falsos maestros representaban, Juan advirtió a sus lectores: **Mirad por vosotros mismos.** La Iglesia debe ser vigilante, entendida, incluso desconfiada, porque lo que está en juego es muy importante. Después de haber trabajado en las vidas de esta dama y sus hijos, el apóstol quería ver **el fruto de** ese esfuerzo; no quería que ellos perdieran **el fruto de** lo que juntos habían logrado. Pablo expresó una preocupación parecida por los corintios:

> *¡Ojalá me toleraseis un poco de locura! Sí, toleradme. Porque os celo con celo de Dios; pues os he desposado con un solo esposo, para presentaros como una virgen pura a Cristo. Pero temo que como la serpiente con su astucia engañó a Eva, vuestros sentidos sean de alguna manera extraviados de la sincera fidelidad a Cristo. Porque si viene alguno predicando a otro Jesús que el que os hemos predicado, o si recibís otro espíritu que el que habéis recibido, u otro evangelio que el que habéis aceptado, bien lo toleráis (2 Co. 11:1-4).*

Así como todo pastor fiel, Juan y Pablo estaban preocupados de que las personas bajo su cuidado no perdieran terreno espiritualmente. Fue esa preocupación lo que motivó a Pablo a reprender con firmeza a los gálatas por aventurarse en la falsa doctrina:

> *¡Oh gálatas insensatos! ¿quién os fascinó para no obedecer a la verdad, a vosotros ante cuyos ojos Jesucristo fue ya presentado claramente entre vosotros como crucificado? Esto solo quiero saber de vosotros: ¿Recibisteis el Espíritu por las*

> *obras de la ley, o por el oír con fe? ¿Tan necios sois? ¿Habiendo comenzado por el Espíritu, ahora vais a acabar por la carne? (Gá. 3:1-3).*

La Iglesia de hoy día tiene un legado que se lo han transmitido, una herencia que debe preservarse a cualquier precio. Los hombres de Dios a lo largo de la historia han predicado, enseñado y defendido el verdadero evangelio, a menudo con gran costo de tiempo, esfuerzo y persecución, incluso hasta el punto de la muerte. Cuando su vida llegaba a su fin, Pablo alentó varias veces a Timoteo que protegiera la verdad que se le había dado: "Oh Timoteo, guarda lo que se te ha encomendado" (1 Ti. 6:20); "retén la forma de las sanas palabras que de mí oíste, en la fe y amor que es en Cristo Jesús. Guarda el buen depósito por el Espíritu Santo que mora en nosotros" (2 Ti. 1:13-14); "persiste tú en lo que has aprendido y te persuadiste, sabiendo de quién has aprendido" (2 Ti. 3:14; cp. 2 Ts. 2:15).

Sin embargo, aquellos que retroceden influenciados por los falsos maestros, están arriesgando mucho más que deshacer la labor de los pastores fieles. Las trágicas recompensas de la regresión espiritual de estos engañadores incluirán dejar de recibir un **galardón completo.** La Biblia enseña que los creyentes serán recompensados en el cielo por su servicio en esta vida (p. ej., Mt. 5:12; 10:41-42; Lc. 6:35; 1 Co. 3:10-15; 4:3-5; 2 Co. 5:10; Col. 3:24; Ap. 22:12). Aunque la salvación no puede perderse (cp. Jn. 6:37-40; Ro. 5:1; 8:1, 28-39; He. 7:25; 1 P. 1:4), los creyentes infieles podrían perder algunas de las recompensas que la fidelidad a la verdad les habría dado. Juan no quería ver que eso les sucediera a los que amaba y entre los que trabajaba. Pablo tenía en mente la misma preocupación cuando advirtió a los colosenses: "Nadie os prive de vuestro premio, afectando humildad y culto a los ángeles, entremetiéndose en lo que no ha visto, vanamente hinchado por su propia mente carnal" (Col. 2:18).

Los creyentes deben tener discernimiento y rechazar de modo tajante el engaño de los falsos maestros, sin importar que estos apelen a gritos al amor y la tolerancia. Lo exige la lealtad al verdadero evangelio, escrito y encarnado, y las consecuencias de no hacerlo (tanto ahora como en la eternidad) son suficiente razón para ser fieles.

PROTEGER LA VERDAD

Cualquiera que se extravía, y no persevera en la doctrina de Cristo, no tiene a Dios; el que persevera en la doctrina de Cristo, ése sí tiene al Padre y al Hijo. Si alguno viene a vosotros, y no trae esta doctrina, no lo recibáis en casa, ni le digáis: ¡Bienvenido! Porque el que le dice: ¡Bienvenido! participa en sus malas obras. (9-11)

Aquellos que son leales a las Escrituras tratarán, por supuesto, de protegerla y guardarla. Afirme lo que afirme, **cualquiera que se extravía, y no persevera en la doctrina de Cristo, no tiene a Dios.** *Proagō* (**que se extravía**) significa en este contexto "ir más allá de los límites establecidos de enseñanza o instrucción, con la implicación de no obedecer adecuadamente" ("proagō", *Louw-Nida Greek-English Lexicon of the New Testament Based on Semantic Domains*, segunda edición, editado por J. P. Louw y E. A. Nida. Copyright © 1988 por United Bible Societies, Nueva York, NY 10023. Edición electrónica, BibleWorks 7). "Los límites establecidos de enseñanza o instrucción" están revelados en la Biblia. En 1 Corintios 4:6 Pablo escribió: "Pero esto, hermanos, lo he presentado como ejemplo en mí y en Apolos por amor de vosotros, para que en nosotros aprendáis a *no pensar más de lo que está escrito*, no sea que por causa de uno, os envanezcáis unos contra otros" (cursivas añadidas). Cualquier enseñanza que no sea coherente con la Biblia debe rechazarse (cp. Ap. 22:18-19).

Persevera se traduce de nuevo del participio presente del verbo *menō*, que significa "permanecer", "continuar" o "persistir". **La doctrina de Cristo** puede referirse a su enseñanza o a la enseñanza bíblica acerca de Él, ya que ambas están en total acuerdo. Los falsos maestros no están contentos con mantenerse dentro de los límites de las Escrituras, sino que invariablemente añaden interpretaciones, revelaciones, visiones, palabras erróneas como si fueran del Señor, o distorsiones esotéricas del texto bíblico, mientras afirman tener conocimiento avanzado, nueva verdad, o sabiduría oculta disponible solamente para ellos y sus seguidores.

No obstante, tales afirmaciones son engañosas. Juan afirma claramente que cualquiera que altera, agrega, niega o malinterpreta lo que la Biblia dice en cuanto a Jesucristo **no tiene a Dios** (cp. Mt. 11:27; Jn. 5:23; 15:23; 1 Jn. 2:23; Ap. 22:18-19). A la inversa, **el que persevera en la doctrina de Cristo, ése sí tiene al Padre y al Hijo.** Este es lenguaje de salvación; tener a Dios y a Cristo debe querer decir que él habite en nosotros. Así declaró Jesús en Juan 14:23: "El que me ama, mi palabra guardará; y mi Padre le amará, y vendremos a él, y haremos morada con él". No hay manera de conocer a Dios aparte de la fe en el Cristo de las Escrituras (Jn. 14:6; Hch. 4:12; 1 Ti. 2:5).

En el versículo 10 Juan expone una aplicación práctica de cómo defender la verdad: **Si alguno viene a vosotros, y no trae esta doctrina, no lo recibáis en casa.** La hospitalidad para maestros itinerantes era común en aquel tiempo (cp. Lc. 9:1-6; 10:1-12). La prohibición aquí no es a alejarse de los ignorantes; no significa que los creyentes no puedan invitar a incrédulos (incluso a los que pertenecen a una secta o religión falsa) a estar en medio de ellos. Eso haría difícil, si no imposible, entregarles la verdad. Lo que dice es que los creyentes no deben recibir ni brindar atención a falsos maestros itinerantes que intentan posar en sus casas, lo que daría la apariencia de que quienes los reciben creen en ellos y están de acuerdo con lo que estos herejes enseñan.

El uso que Juan da a la conjunción *ei* (**si**) con un verbo en indicativo muestra una condición que probablemente sea cierta. Según parece, la dama a la que le escribió por cualquier motivo que fuera, y en nombre de la comunión cristiana, ya había recibido en su casa a falsos maestros. Era precisamente a personas tan compasivas y bien intencionadas como esta dama a quienes los falsos maestros buscaban (cp. 2 Ti. 3:6); puesto que se suponía que las iglesias estaban protegidas por ancianos que eran maestros diestros en la Palabra (1 Ti. 3:2; Tit. 1:9), estos habrían sido menos susceptibles a las mentiras propagadas por los engañadores. Después de establecerse en hogares, los falsos maestros esperaban finalmente meterse en las iglesias. Esto podría parecerse mucho al modo en que hoy día la falsa enseñanza invade de modo insidioso los hogares cristianos por medio de televisión, radio, internet y literatura.

Tan amenazadores son estos emisarios de Satanás que Juan pasó a prohibir incluso que les dijeran **¡bienvenido! Porque el que le dice: ¡Bienvenido! participa en sus malas obras.** Ireneo relata que cuando el hereje Marción le preguntó al padre de la iglesia Policarpo: "¿Me conoces?", él contestó: "Sí te conozco, eres el primogénito de Satanás" (*Contra las herejías,* 3.3.4). El mismo Juan enfrentó una vez a Cerinto (otro famoso hereje) en un baño público en Éfeso. Sin embargo, en vez de saludarlo Juan se volvió y marchó exclamando a quienes estaban con él: "Huyamos, no sea que incluso el baño se venga abajo, porque Cerinto, el enemigo de la verdad, está adentro" (Ireneo, *Contra las herejías,* 3.3.4).

Chairein (**bienvenido**) significa "regocijarse". Este era un saludo cristiano común que transmitía el gozo que los creyentes tenían en presencia unos de otros. Sin embargo, aquí se trata de una afirmación de solidaridad totalmente inadecuada para los falsos maestros, quienes no tienen parte en la verdadera o genuina comunión cristiana. A tales emisarios de Satanás se les debe desenmascarar y rechazar, no afirmarlos ni recibirlos con alegría.

Los falsos maestros suelen criticar tal trato como duro, intolerante y falto de amor. Pero el amor prohíbe dejar que peligrosos engaños espirituales se afiancen entre los cristianos. La amonestación pastoral de Juan es perfectamente coherente con la denuncia que Jesús hiciera de los falsos maestros como "lobos rapaces" (Mt. 7:15; cp. Hch. 20:29); ladrones y salteadores (Jn. 10:1) cuyo único propósito es "hurtar y matar y destruir" (v. 10). La Iglesia no puede ayudar o apoyar impunemente que esos villanos espirituales hagan lo que sea con tal de que los reconozcan como cristianos. Aquel que hace eso, incluso realizando algo al parecer tan inofensivo como darles la bienvenida, **participa** en las **malas obras** de estos individuos ayudándoles a promover sus engaños.

APRENDIZAJE DE LA VERDAD

Tengo muchas cosas que escribiros, pero no he querido hacerlo por medio de papel y tinta, pues espero ir a vosotros y hablar cara a cara, para que nuestro gozo sea cumplido. Los hijos de tu hermana, la elegida, te saludan. Amén. (12-13)

La conclusión de esta corta y maravillosa epístola da a conocer una responsabilidad final que los creyentes tienen para con la verdad. Si han de vivir en, y acorde con, ella, si van a protegerla y serle leales, deben aprenderla constantemente. A pesar de todo lo que la señora había aprendido de Juan y de sus otros pastores y maestros, aún había **muchas cosas** sobre las que él debía escribirle. El apóstol aún tenía mucho que enseñarle, pero no quería **hacerlo por medio de papel** (papiro) **y tinta** (lit., "negro", una referencia a tinta hecha de agua, carbón y resina de goma). Él esperaba visitarla **y hablar cara a cara** con la mujer. El texto griego literalmente reza "boca a boca", una expresión idiomática comparable con la locución castellana "frente a frente". En Números 12:8 Dios declaró que hablaba "cara a cara" con Moisés. La frase revela el corazón pastoral de Juan; él anhelaba tener una conversación personal con esta influyente dama cristiana con el fin de seguir instruyéndola en la verdad.

Como consecuencia de que ella aprendiera la verdad, el **gozo** que iban a experimentar sería **cumplido** (cp. 1 Jn. 1:4). Mientras más grande sea el conocimiento de la verdad, mayor es el gozo del creyente. Jeremías declaró: "Fueron halladas tus palabras, y yo las comí; y tu palabra me fue por gozo y por alegría de mi corazón" (Jer. 15:16). Jesús también relacionó conocer y obedecer la verdad con experimentar gozo (Jn. 15:11; 17:13).

La declaración final de Juan, **los hijos de tu hermana, la elegida, te saludan,** era un saludo personal que él transmitía junto con el de los sobrinos de esta señora. Como señalamos en el estudio del versículo 1 en el capítulo anterior de esta obra, Juan nunca dudó en referirse a los creyentes como elegidos. **Saludan** se traduce de una forma del verbo *aspazomai,* el cual se usa a menudo en la conclusión de las epístolas del Nuevo Testamento (Ro. 16:22, 23; 1 Co. 16:19-20; 2 Co. 13:12-13; Fil. 4:21-22; Col. 4:10, 12, 14, 15; 1 Ts. 5:26; 2 Ti. 4:19, 21; Tit. 3:15; Flm. 23; He. 13:24; 1 P. 5:13-14; 3 Jn. 14). Desde donde se hallaba en Éfeso, Juan se despidió después de hacer un llamado a la verdad a esta apreciada señora, y por ende a todos los cristianos.

En una era de relativismo y escepticismo, la Iglesia debe mantenerse firmemente anclada al sólido fundamento de la verdad divina. No hay lugar para la predicación insípida, superficial y teológicamente sin contenido, para la adoración basada en emoción carente de verdad, o para tolerar falsas enseñanzas. No existe virtud en la ignorancia, y ningún sustituto para aprender, amar y guardar la verdad. Solo haciendo eso la Iglesia podrá cumplir su llamado divino de ser "columna y baluarte de la verdad" (1 Ti. 3:15), haciendo brillar la verdad de Dios en el mundo de tinieblas.

Introducción a 3 Juan

OCASIÓN Y PROPÓSITO

Tercera de Juan es la más personal de las tres epístolas juaninas. Al igual que 2 Juan, enfoca el tema del deber que tienen los creyentes de mostrar amor y hospitalidad dentro de los límites de la fidelidad a la verdad. Segunda de Juan reveló el lado negativo: a los falsos maestros no debemos concederles hospitalidad en nombre de mostrar amor. Tercera de Juan expresa la contraparte positiva a ese principio: todos los que acepten la verdad deben ser amados y cuidados.

Gayo, a quien se destinó esta carta, era un conocido personal de Juan. Un individuo poderoso e influyente (Diótrefes) en la iglesia de Gayo no quería mostrar hospitalidad a maestros itinerantes a los cuales Juan aprobaba (vv. 5-8). No solo eso. Diótrefes también excomulgaba a quienes lo retaban y mostraban hospitalidad a los maestros (v. 10). Llegó incluso tan lejos como para calumniar al apóstol Juan y desafiar su autoridad apostólica (v. 10). Juan escribió para animar a Gayo a permanecer fiel a la verdad al seguir mostrando hospitalidad a desconocidos, tal como había hecho en el pasado (vv. 5-6). Juan también prometió tratar personalmente con Diótrefes (v. 10) cuando este llegara (v. 14).

Mayor información relacionada con Gayo y Diótrefes se puede hallar en la exposición de esta epístola.

AUTOR, FECHA Y LUGAR DEL ESCRITO

Ya que el estilo, la estructura y el vocabulario de 3 Juan son muy similares a los de 2 Juan (p. ej., v. 1 y 2 Jn. 1; v. 4 y 2 Jn. 4; v. 13 y 2 Jn. 12; v. 14 y 2 Jn. 12), se concluye que también fue escrita por el apóstol Juan. Lo más probable es que 3 Juan se escribió en Éfeso más o menos en el mismo tiempo en que se escribieron 1 y 2 Juan (aprox. 90-95 d.C.).

BOSQUEJO

I. Recomendación en cuanto a hospitalidad cristiana (1-8)
II. Condenación en cuanto a hospitalidad cristiana (9-11)
III. Conclusión en cuanto a hospitalidad cristiana (12-14)

Amor sacrificial por quienes son fieles a la verdad 21

El anciano a Gayo, el amado, a quien amo en la verdad. Amado, yo deseo que tú seas prosperado en todas las cosas, y que tengas salud, así como prospera tu alma. Pues mucho me regocijé cuando vinieron los hermanos y dieron testimonio de tu verdad, de cómo andas en la verdad. No tengo yo mayor gozo que este, el oír que mis hijos andan en la verdad. Amado, fielmente te conduces cuando prestas algún servicio a los hermanos, especialmente a los desconocidos, los cuales han dado ante la iglesia testimonio de tu amor; y harás bien en encaminarlos como es digno de su servicio a Dios, para que continúen su viaje. Porque ellos salieron por amor del nombre de Él, sin aceptar nada de los gentiles. Nosotros, pues, debemos acoger a tales personas, para que cooperemos con la verdad. (1-8)

La verdad es el tema de esta carta, especialmente en la sección inicial donde esta palabra aparece cinco veces. Este es un llamado a dar hospitalidad, pero en especial a aquellos que eran maestros fieles del evangelio de la verdad (cp. 2 Jn. 10-11).

Cuando el apóstol Pablo detalla sus padecimientos por la causa de Cristo (2 Co. 11:22-33), parte de ese sufrimiento resultó de viajes sin ninguna de las comodidades y seguridades de los viajes modernos. Sin embargo, la experiencia del apóstol refleja la realidad común de la vida en el mundo antiguo. Pablo escribió: "En caminos muchas veces; en peligros de ríos, peligros de ladrones, peligros de los de mi nación, peligros de los gentiles, peligros en la ciudad, peligros en el desierto, peligros en el mar" (v. 26), "tres veces he sido azotado con varas; una vez apedreado; tres veces he padecido naufragio; una noche y un día he estado como náufrago en alta mar" (v. 25). Según indica la lista, los viajes eran arduos, incómodos y hasta peligrosos. Los pocos albergues que existían (cp. Lc. 2:7; 10:34) a menudo eran poco más que burdeles infestados de ratas e insectos y con encargados deshonestos y de mala reputación. Como resultado, los viajeros que buscaban seguridad dependían en gran medida de que las personas les abrieran sus casas.

De ahí que la hospitalidad fuera tanto una necesidad como un deber. Incluso en culturas paganas la necesidad hacía de la hospitalidad una de las mayores virtudes. Es más, algunos de los dioses inventados por los cananeos estaban dedicados a actuar como protectores de forasteros y viajeros. Los griegos también veían a los viajeros como seres bajo la protección de las deidades y, por consiguiente, les mostraban hospitalidad, como William Barclay observa:

> La hospitalidad era un deber sagrado en el mundo antiguo. Los extranjeros estaban bajo la protección de Zeus Xenius, el dios de los extranjeros (*xenos* es la palabra griega para *extranjero*, que ha dado algunos derivados en español, como *xenofobia*)... En el mundo antiguo había un sistema de *amistades de hospedaje* mediante el cual distintas familias de partes distintas del país se comprometían a darse hospitalidad cuando fuera necesario. Esta relación de familias se prolongaba a través de generaciones, y cuando se solicitaba, el solicitante tenía que presentar un *sumbolon* o *señal* que le identificaba ante su anfitrión. Algunas ciudades tenían un *proxenos* al que acudían por hospitalidad o protección los que tenían que emprender viajes (William Barclay, *Comentario al Nuevo Testamento* [Barcelona: Editorial Clie, 1999], p. 1077).

La Biblia hace hincapiés en la importancia de la hospitalidad. Lo que el falso dios Zeus Xenios supuestamente hizo, el Dios verdadero realmente lo hizo. El Salmo 146:9*a* declara: "Jehová guarda a los extranjeros" (cp. Dt. 10:18). Dios encargó a Israel: "No angustiarás al extranjero; porque vosotros sabéis cómo es el alma del extranjero, ya que extranjeros fuisteis en la tierra de Egipto" (Éx. 23:9; cp. 22:21; Lv. 19:33-34; 25:35; Dt. 10:19). Entre aquellos a quienes Dios condena en Malaquías 3:5 estaban los que rechazaban a los extranjeros.

El Antiguo Testamento relata muchos ejemplos de hospitalidad. Melquisedec proporcionó pan y vino a Abraham después que este regresara de rescatar a Lot (Gn. 14:18). Abraham proveyó comida para el Señor y dos ángeles (Gn. 18:1-8), y poco más tarde Lot albergó a dos ángeles en su casa (Gn. 19:1-3). Labán ofreció hospitalidad al criado de Abraham (Gn. 24:31-33), Jetro a Moisés (Éx. 2:20), los padres de Sansón al ángel del Señor (Jue. 13:15), un hombre anciano en Gabaa mostró hospitalidad a un levita (Jue. 19:15, 20-21), y la mujer sunamita a Eliseo (2 R. 4:8). En defensa de su integridad contra las falsas acusaciones de sus amigos, Job declaró: "El forastero no pasaba fuera la noche; mis puertas abría al caminante" (Job 31:32).

La hospitalidad igualmente se destaca en el Nuevo Testamento. La opinión general de la cultura judía respecto a la hospitalidad está implícita en el encargo de Jesús a los setenta en Lucas 10:4-7:

No llevéis bolsa, ni alforja, ni calzado; y a nadie saludéis por el camino. En cualquier casa donde entréis, primeramente decid: Paz sea a esta casa. Y si hubiere allí algún hijo de paz, vuestra paz reposará sobre él; y si no, se volverá a vosotros. Y posad en aquella misma casa, comiendo y bebiendo lo que os den; porque el obrero es digno de su salario. No os paséis de casa en casa.

Zaqueo ofreció hospitalidad a Jesús (Lc. 19:5-7), igual que hicieron la aldea samaritana de Sicar (Jn. 4:40), Simón el fariseo (Lc. 7:36), otro fariseo anónimo (Lc. 14:1), María, Marta y Lázaro (Lc. 10:38), Simón el leproso (Mt. 26:6), y los dos discípulos en el camino a Emaús (Lc. 24:29-30).

Los apóstoles también disfrutaron la hospitalidad de judíos y de gentiles. Pedro se hospedó en las casas tanto de Simón el curtidor (Hch. 9:43; 10:5-6) como de Cornelio (Hch. 10:24-33, 48). Pablo y sus compañeros recibieron hospitalidad de Lidia (Hch. 16:14-15), el carcelero en Filipos (Hch. 16:34), Jasón (Hch. 17:5-7), Priscila y Aquila (Hch. 18:1-3), Justo (Hch. 18:7), Felipe el evangelista (Hch. 21:8), Mnasón (Hch. 21:16), y Publio (Hch. 28:7).

La hospitalidad no era tan solo una obligación cultural, sino aún más un deber cristiano. Esta es una expresión muy necesaria y práctica del amor que debería caracterizar a la comunidad de creyentes (cp. Jn. 13:34-35). En Romanos 12:13 Pablo escribió que los cristianos siempre deben practicar "la hospitalidad", mientras que Pedro exhortó: "Hospedaos los unos a los otros sin murmuraciones" (1 P. 4:9). El escritor de Hebreos mandó a sus lectores: "No os olvidéis de la hospitalidad, porque por ella algunos, sin saberlo, hospedaron ángeles" (He. 13:2). En 1 Timoteo 5:10 Pablo habla de la hospitalidad como una de las virtudes de una mujer cristiana piadosa. De los ancianos en particular se requiere que sean hospedadores como una de las exigencias ejemplares para ese cargo (1 Ti. 3:2; Tit. 1:8).

La hospitalidad también era una responsabilidad importante porque el hogar era algo básico para la vida de la iglesia primitiva (cp. Hch. 2:46; 5:42; 12:12; 16:40; 18:7; 20:20; Ro. 16:5; 1 Co. 16:19; Col. 4:15; Flm. 2). Los creyentes se reunían en casas para adorar (el primer edificio conocido de la iglesia data de inicios del siglo III), orar, tener comunión, enseñar, predicar y discipular. Por eso era común para los cristianos abrir sus puertas a viajeros que visitaban la iglesia, en especial a maestros fieles de la verdad (3 Jn. 6-8).

Si bien el tema de mostrar amor por medio de hospitalidad se ordena claramente en 2 y 3 Juan, la realidad fundamental por debajo de ese deber es amor y obediencia a la verdad. Juan exalta la verdad en su segunda carta en que establece el límite exclusivo en que se muestre hospitalidad solo a aquellos que aceptan la verdad. En la tercera carta afirma el enfoque inclusivo de que quienes están en la verdad reciben amor y cuidado. Ese énfasis se hace evidente en el saludo de Juan: **El anciano a Gayo.**

A diferencia de la moderna correspondencia, se acostumbraba que el escritor antiguo pusiera su nombre al principio de la carta. Según se indicó en el estudio de 2 Juan 1 en el capítulo 19 de esta obra, **anciano** no solo designa la edad de Juan (era muy anciano cuando escribió esta carta), sino más importante, señala su posición de supervisor espiritual. Como el último apóstol sobreviviente de Jesucristo, Juan no solo era *un* anciano, sino *el* anciano, el personaje más reverenciado y respetado en la iglesia.

No se saben detalles acerca de **Gayo.** Hay varios individuos más con ese nombre en el Nuevo Testamento (Hch. 19:29; 20:4; Ro. 16:23; 1 Co. 1:14). Pero ya que Gayo era uno de los nombres más comunes en la sociedad romana, es imposible identificar a esta persona con alguno de ellos. Es evidente que se trataba de un destacado miembro de una iglesia local, probablemente en alguna parte en Asia Menor, a quien el apóstol Juan conocía en persona.

Aunque la vida de Gayo permanece oculta, su excelente carácter se revela en el gran honor que el noble apóstol le diera. El generoso término *agapētos* (**amado**) puede incluir no solo el pensamiento de que este Gayo era amado por la comunidad cristiana (cp. su uso en Hch. 15:25; Ef. 6:21; Col. 1:7; 2 P. 3:15), sino también por el Señor (cp. Ro. 1:7; Ef. 5:1). Juan se dirigió a la mujer a quien escribió su segunda epístola como "elegida" (2 Jn. 1); aquí se dirige a Gayo como **amado.** Todos aquellos que aman al Señor Jesucristo son tanto elegidos como amados por Dios. En Colosenses 3:12 Pablo se refirió a los cristianos como "escogidos de Dios, santos y amados". La Biblia habla en varias ocasiones del amor de Dios por sus elegidos (Sof. 3:17; Jn. 13:1, 34; 14:21, 23; 15:9, 12-13; 16:27; 17:23, 26; Ro. 5:5, 8; 8:35-39; 2 Co. 13:14; Gá. 2:20; Ef. 1:4-5; 2:4; 5:2, 25; 2 Ts. 2:16; He. 12:6; 1 Jn. 3:1; 4:9-11, 16, 19; Ap. 1:5; 3:9, 19).

Juan también amaba a este hombre (cp. vv. 2, 5, 11) y lo confesó diciendo que Gayo es un hombre **a quien amo en la verdad** (cp. 2 Jn. 1). La **verdad,** como siempre, es la esfera común en la cual el verdadero amor bíblico es compartido por los creyentes; una vez más, el amor y la verdad están inseparablemente vinculados (cp. vv. 3, 4, 8, 12). Hay una sensación de que los cristianos han de amar a todas las personas (cp. Gá. 6:10), así como Dios ama al mundo (Mt. 5:44-45; cp. Jn. 3:16; Mr. 10:21). Pero el amor del que Juan habla aquí es el amor exclusivo que los creyentes tienen por aquellos que están en Cristo y son fieles a la verdad (Jn. 13:34-35; 15:12, 17; Ro. 12:10; 13:8; 1 Ts. 3:12; 4:9; 2 Ts. 1:3; 1 P. 1:22; 4:8; 1 Jn. 3:11, 23; 4:7, 11, 12; 2 Jn. 5).

Esta carta gira alrededor de tres individuos y su relación con la verdad y el amor: Gayo, quien andaba en la verdad y amaba de modo sacrificial (vv. 1-8); Diótrefes, quien rechazaba la verdad y obstaculizaba el amor sacrificial (vv. 9-11); y Demetrio, quien recibiría amor sacrificial por su fidelidad a la verdad (v. 12). Juan empieza expresando su preocupación, elogio y consejo a Gayo.

PREOCUPACIÓN DE JUAN POR GAYO

Amado, yo deseo que tú seas prosperado en todas las cosas, y que tengas salud, así como prospera tu alma. (2)

La frase **yo deseo que tú seas prosperado en todas las cosas, y que tengas salud** era un saludo normal en las cartas antiguas, por tanto no sugiere que Gayo estuviera enfermo. **Prosperado** se traduce de una variante del verbo *euodoō*. El término, usado solo aquí, en Romanos 1:10, y en 1 Corintios 16:2, significa "tener éxito", "hacer que las cosas vayan bien", o "disfrutar circunstancias favorables". El primer uso de prosperar en el versículo 2 se refiere a la **salud** física de Gayo, como aclara el contraste con la última parte del versículo. El deseo del apóstol era que la salud física de Gayo fuera tan buena como su salud espiritual.

La preocupación de Juan por Gayo es un anhelo pastoral de que fuera libre de la confusión, el dolor y la debilitación de la enfermedad de modo que no tuviera limitaciones en su servicio al Señor y su iglesia. Esta actitud refleja la preocupación de Dios por la salud física de su pueblo. Las leyes dietéticas y las regulaciones con relación a la higiene en el Antiguo Testamento (p. ej., Dt. 23:13), incluso la circuncisión, fueron diseñadas con el fin de proteger la salud del pueblo de Israel tanto para utilidad como para preservación. En el Nuevo Testamento, Pablo aconsejó a Timoteo: "Ya no bebas agua, sino usa de un poco de vino por causa de tu estómago y de tus frecuentes enfermedades" (1 Ti. 5:23). El vino en los tiempos bíblicos por lo general se mezclaba con agua, a la cual el alcohol en el vino ayudaba a desinfectar. Beber esa agua relativamente purificada habría ayudado a proteger de mayor enfermedad a Timoteo. La preocupación de Pablo por la salud física de Timoteo era característica del afecto de cualquier apóstol por un hijo en la fe (cp. Tit. 1:4). Lo mismo sin duda se aplicaba al amor de Juan por Gayo.

Pero la salud del **alma** de Gayo le producía mucho más placer a Juan, pues sabía que él tenía una vida espiritual dinámica. Usando expresiones de otros apóstoles, podemos decir que Gayo estaba entre aquellos que son "sanos en la fe" (Tit. 1:13); que crecen constantemente "en la gracia y el conocimiento de nuestro Señor y Salvador Jesucristo" (2 P. 3:18), y que andan "como es digno del Señor, agradándole en todo, llevando fruto en toda buena obra, y creciendo en el conocimiento de Dios" (Col. 1:10). Juan sabía que esto era cierto por el testimonio de quienes conocían personalmente a Gayo, como se declara en el versículo siguiente.

ELOGIO A GAYO

Pues mucho me regocijé cuando vinieron los hermanos y dieron testimonio de tu verdad, de cómo andas en la verdad. No tengo yo mayor gozo que este, el

oír que mis hijos andan en la verdad. Amado, fielmente te conduces cuando prestas algún servicio a los hermanos, especialmente a los desconocidos, los cuales han dado ante la iglesia testimonio de tu amor; (3-6*a*)

Juan se regocijó **mucho cuando** algunos **hermanos,** probablemente predicadores itinerantes a los que Gayo había mostrado hospitalidad, **vinieron... y dieron testimonio de... la verdad** que era eficaz y evidente en la vida de Gayo. La imagen de andar que se usa a menudo en el Nuevo Testamento se refiere metafóricamente a la conducta diaria (p. ej., Mr. 7:5; Lc. 1:6; Jn. 8:12; 11:9-10; 12:35; Hch. 21:21, 24; Ro. 6:4; 8:4; 14:15; 1 Co. 3:3; 7:17; 2 Co. 4:2; 5:7; 10:2-3; Gá. 5:16, 25; 6:16; Ef. 2:2, 10; 4:1, 17; 5:2, 8, 15; Fil. 3:17-18; Col. 1:10; 2:6; 3:7; 1 Ts. 2:12; 4:1; 1 Jn. 1:6-7; 2:6, 11; 2 Jn. 4, 6).

Mostrar hospitalidad era una manifestación de amor, tanto más notable al contrastarla con el feo rechazo de Diótrefes (v. 10). Sin embargo, Juan no elogió a Gayo por su amor sino más esencialmente por su compromiso con la verdad. Como siempre ocurre con los creyentes, el amor genuino de Gayo fluía de su obediencia a la verdad. Juan lo elogió no solo porque conocía la verdad, sino porque vivía en ella.

Tales elogios no son insólitos en el Nuevo Testamento. Febe fue elogiada por ser una sierva fiel y de gran ayuda en su iglesia (Ro. 16:1). Priscilla y Aquila, el equipo de marido y mujer que era muy apreciado para Pablo, fueron elogiados por los grandes sacrificios que habían hecho en beneficio del apóstol (Ro. 16:3). Estéfanas y su casa, junto con Fortunato y Acaico, fueron elogiados por su servicio a los santos (1 Co. 16:15-18). Epafrodito fue elogiado por servir a Pablo, incluso arriesgando su propia vida (Fil. 2:25-30). Epafras fue doblemente elogiado por su fructífero servicio a Cristo, especialmente su dedicación a orar por los santos (Col. 1:7; 4:12). A pesar de la falta inicial de Juan Marcos (Hch. 13:13; cp. 15:37-39), Pablo lo elogió por el útil servicio que le prestaba (2 Ti. 4:11). Pedro elogió a Silvano como un "hermano fiel" (1 P. 5:12). Sin embargo, no hay mayor elogio para un cristiano que el que Juan le dio a Gayo: quien no solo conocía la verdad revelada por Dios, sino que también vivía conforme a ella (cp. Lc. 6:46-49; 11:28; Jn. 13:17; Stg. 1:22-23).

El comentario general de Juan, **no tengo yo mayor gozo que este, el oír que mis hijos andan en la verdad** (cp. 2 Jn. 4), expresa el objetivo final de todo ministro verdadero. Ese objetivo no es solo enseñar la verdad, o incluso saber que su gente la entiende, sino comprobar que las personas creen, aman y obedecen la verdad (cp. 1 Co. 4:14-16; 1 Ts. 2:11, 19-20; 3:1-10). El escritor de Hebreos exhortó a sus lectores: "Obedeced a vuestros pastores, y sujetaos a ellos; porque ellos velan por vuestras almas, como quienes han de dar cuenta; para que lo hagan con alegría, y no quejándose, porque esto no os es provechoso" (He.

13:17). La gran tristeza de ministrar a las personas es que sean indiferentes o rebeldes hacia la Palabra de Dios.

Con Gayo no había dicotomía entre credo y conducta, entre profesión y práctica. La enfática posición del pronombre **mis** en el texto griego podría significar que Gayo se había convertido bajo el ministerio de Juan.

El apóstol explica así la obediencia de Gayo hacia la verdad: **fielmente te conduces cuando prestas algún servicio a los hermanos.** Gayo sin duda ofrecía hospedaje, comida y quizás dinero a los predicadores del evangelio, supliéndoles sus necesidades, incluso aunque fueran **desconocidos** para él. La verdadera fe que salva, tal como la que Gayo poseía, siempre produce buenas obras (Ef. 2:8-10; 1 Ti. 2:10; 5:10; 6:18; Stg. 2:14-26). Los misioneros estaban tan impresionados con el servicio humilde que Gayo les ofreció, que al regresar a Éfeso dieron **ante la iglesia testimonio** del **amor** de este hombre. Coherente con la devoción de Gayo hacia la verdad, estaba el hecho de que él era un modelo de alguien que vivía "compartiendo para las necesidades de los santos; practicando la hospitalidad" (Ro. 12:13).

CONSEJO DE JUAN PARA GAYO

y harás bien en encaminarlos como es digno de su servicio a Dios, para que continúen su viaje. Porque ellos salieron por amor del nombre de El, sin aceptar nada de los gentiles. Nosotros, pues, debemos acoger a tales personas, para que cooperemos con la verdad. (6*b*-8)

Juan animó a este hombre piadoso a continuar con su amor generoso cuando otros predicadores de la verdad llegaran en el futuro. El apóstol aconsejó a Gayo: **harás bien en encaminarlos como es digno de su servicio a Dios. Harás bien** es una expresión idiomática griega equivalente a la expresión en español "por favor". Juan le rogó que orientara a algunos misioneros que le llegaran y los enviara renovados y totalmente abastecidos **para que continúen su viaje.** La exhortación de Juan es una reminiscencia del mandato de Pablo a Tito: "A Zenas intérprete de la ley, y a Apolos, encamínales con solicitud, de modo que nada les falte" (Tit. 3:13).

La norma es elevada; Gayo debía tratar a los misioneros **como es digno de su servicio a Dios.** Debía proveerles generosamente como Dios haría. Tres razones se sugieren para apoyar a todos los siervos fieles de Cristo.

Primera, **ellos salieron por amor del nombre de El.** El **nombre** de Dios representa todo lo que Él es. La obra de estos hombres es la obra del mismo Dios y para su propia gloria (1 Co. 10:31; Col. 3:17), y es el motivo implícito en los esfuerzos evangelizadores de la Iglesia (cp. Mt. 6:9; Lc. 24:47; Hch. 5:41;

9:15-16; 15:26; 21:13; Ro. 1:5). Representa una afrenta a Dios que las personas no crean en el nombre del Hijo de Dios, quien es digno de ser amado, alabado, honrado y confesado como Señor. Cuando los creyentes proclaman las buenas nuevas del evangelio de Jesucristo se salvan personas, y en consecuencia abunda "la gracia por medio de muchos, la acción de gracias [sobreabunda] para gloria de Dios" (2 Co. 4:15).

Segunda, los predicadores de la verdad no deben esperar **nada de los gentiles.** No hace falta decir que los incrédulos no apoyan a quienes predican el verdadero evangelio. Si los cristianos no los apoyan, nadie lo hará. Además, según Pablo le explicó a Timoteo, los que fielmente predican la Palabra de Dios son dignos de compensación económica (1 Ti. 5:17-20).

Desde luego, aunque es justo que se les pague por su trabajo, los verdaderos embajadores del evangelio nunca deben estar en el ministerio por dinero. Es más, es precisamente el asunto del dinero lo que separa a los verdaderos predicadores de los falsos. La Biblia es clara en que los últimos están en el ministerio invariablemente por dinero, y no tienen compromiso sincero con la verdad. Son mercachifles y estafadores espirituales culpables de falsificar "la palabra de Dios" (2 Co. 2:17), "enseñando por ganancia deshonesta lo que no conviene" (Tit. 1:11). Judas exclamó: "¡Ay de ellos! porque han seguido el camino de Caín, y se lanzaron por lucro en el error de Balaam, y perecieron en la contradicción de Coré" (Jud. 11). La Didaché, un antiguo escrito cristiano, ofrecía el siguiente consejo sabio acerca de cómo distinguir a un falso profeta:

> Recibamos a todo apóstol [maestro; evangelista] cuando llegue, como si fuera el Señor. Pero no debe quedarse más allá de un día. No obstante, en caso de necesidad, también el día siguiente. Si se queda tres días, se trata de un falso profeta. Al partir, un apóstol no debe aceptar nada más que comida suficiente para llevar hasta su siguiente alojamiento. Si pide dinero, es un falso profeta (11:4-6; citado en Cyril C. Richardson, ed., *Early Christian Fathers* [Nueva York: Macmillan, 1978], p. 176).

Con el fin de evitar cualquier sospecha de que pudiera tratarse de algún charlatán, Pablo trabajó con sus propias manos para sustentarse (Hch. 20:34; 1 Co. 4:12; 9:18; 1 Ts. 2:9; 2 Ts. 3:7-9; cp. 1 P. 5:1-2).

Por último, **nosotros, pues, debemos acoger a tales personas, para que cooperemos con la verdad.** En 2 Juan 10-11, el apóstol advirtió en contra de participar en las malas acciones de los falsos maestros, animándolos incluso en forma verbal. Sin embargo, al apoyar a quienes presentan la **verdad** los cristianos cooperan con ellos. En Mateo 10:41 Jesús expresó: "El que recibe a un profeta por cuanto es profeta, recompensa de profeta recibirá; y el que recibe a un justo por cuanto es justo, recompensa de justo recibirá". Por consiguiente,

Él prometió recompensa eterna, como si quien atiende a un profeta él mismo fuera profeta. En su gracia ilimitada Dios no solo recompensa a un verdadero profeta, predicador o misionero por su fidelidad, sino que también premia a cualquier persona que lo recibe. Recibir a un profeta equivale a acoger su ministerio, afirmándole en su llamado y apoyando su obra. Al recibir a un hombre justo se aplica ese mismo principio, extendido a todo creyente que es aceptado por causa de Cristo. En un intercambio incomprensible de bendición, Dios derrama sus recompensas sobre toda persona que recibe a los cristianos porque estos son el pueblo del Señor.

Cada vez que nos convertimos en la fuente de bendición para otros, somos bendecidos; y siempre que otros creyentes se convierten en una fuente de bendición para nosotros, ellos resultan bendecidos. En la magnífica economía de la gracia divina, el menor de los creyentes puede participar de las bendiciones del mayor, y la buena obra de alguien no quedará sin recompensa.

El hombre al que le encantaba la preeminencia 22

Yo he escrito a la iglesia; pero Diótrefes, al cual le gusta tener el primer lugar entre ellos, no nos recibe. Por esta causa, si yo fuere, recordaré las obras que hace parloteando con palabras malignas contra nosotros; y no contento con estas cosas, no recibe a los hermanos, y a los que quieren recibirlos se lo prohíbe, y los expulsa de la iglesia. Amado, no imites lo malo, sino lo bueno. El que hace lo bueno es de Dios; pero el que hace lo malo, no ha visto a Dios. Todos dan testimonio de Demetrio, y aun la verdad misma; y también nosotros damos testimonio, y vosotros sabéis que nuestro testimonio es verdadero. Yo tenía muchas cosas que escribirte, pero no quiero escribírtelas con tinta y pluma, porque espero verte en breve, y hablaremos cara a cara. La paz sea contigo. Los amigos te saludan. Saluda tú a los amigos, a cada uno en particular. (9-15)

Una de las características que definen a todo corazón humano es el orgullo (Pr. 21:4). El orgullo hace que las personas se olviden de Dios (Dt. 8:14; Os. 13:6), que le sean infieles (2 Cr. 26:16), desagradecidas con Él (2 Cr. 32:24-25), y que se conviertan en una abominación para Dios (Pr. 16:5). Fue a través del orgullo que el pecado entró en el universo, cuando Satanás intentó exaltarse por encima de Dios (Is. 14:12-14; cp. 1 Ti. 3:6).

Igual que sucedió con el diablo, el orgullo lleva a los seres humanos a tratar de exaltarse. Siempre habrá individuos orgullosos, egoístas y que se promocionan a sí mismos, tratando de usurpar la autoridad, apoderarse de los lugares de preeminencia, y elevarse por encima de los demás, incluso de Dios. Estos sujetos manipulan y tienden a dominar en las posiciones de poder, influencia y protagonismo. La Biblia registra a muchas de esas personas, las cuales forman una clase de "Salón de la vergüenza", en contraste con los héroes de la fe mencionados en Hebreos 11.

La historia del orgullo humano comenzó en el huerto del Edén. Igual que ocurrió en la caída de Satanás, el orgullo fue un ingrediente importante en el acto de desobediencia que catapultó a la humanidad en el pecado. Eva comió del fruto prohibido en parte porque creyó la mentira de Satanás de que ella llegaría a ser tan sabia como Dios (Gn. 3:5-6). Además, cuando decidió comer del fruto, sin consultar con Adán, Eva se encumbró por sobre su esposo, usurpándole el papel en el orden creado (1 Ti. 2:13; cp. 1 Co. 11:3-10). Está claro entonces que el orgullo estaba en acción desde el mismo instante en que el pecado entró al mundo.

El siguiente capítulo del Génesis presenta a Lamec, un descendiente de Caín, el primer asesino. Lamec también fue un asesino (así como el primer polígamo conocido). Tal como el asesinato de Caín fue motivado por envidia orgullosa, las matanzas de Lamec fueron consecuencia del orgullo. En el primer poema registrado en la historia humana, Lamec se jactó con arrogancia delante de sus esposas:

> *Ada y Zila, oíd mi voz; mujeres de Lamec, escuchad mi dicho: Que un varón mataré por mi herida, y un joven por mi golpe. Si siete veces será vengado Caín, Lamec en verdad setenta veces siete lo será (Gn. 4:23-24).*

Quizás Enoc tenía a Lamec en mente cuando profetizó: "He aquí, vino el Señor con sus santas decenas de millares, para hacer juicio contra todos, y dejar convictos a todos los impíos de todas sus obras impías que han hecho impíamente, y de todas las cosas duras que los pecadores impíos han hablado contra él" (Jud. 14-15).

Génesis 10 y 11 relatan la historia de Nimrod, otro personaje lleno de orgullo. Génesis 10:8 lo describe como "el primer poderoso en la tierra". Es probable que su nombre se relacione con una palabra hebrea que significa "rebelarse", aunque la expresión traducida "poderoso" se refiere a alguien que se magnifica a sí mismo, que actúa con soberbia, o que es un tirano. La descripción de Nimrod como un "vigoroso cazador" (v. 9) podría indicar su destreza para cazar animales, o para cazar personas con el propósito de esclavizarlas. Fue bajo su liderazgo que se construyó la torre de Babel, un monumento a la altivez humana y la rebelión contra Dios (Gn. 11:1-9). Nimrod también fue el fundador de lo que más tarde se convirtiera en los imperios babilónico y asirio (cp. Gn. 10:10-12). Derek Kidner escribe respecto al carácter de Nimrod: "Nimrod aparece en la antigüedad como el primero de los 'grandes hombres que están en la tierra', recordado por dos aspectos que el mundo admira: habilidad personal y poder político" (*Genesis,* The Tyndale Old Testament Commentaries [Downers Grove, Ill.: InterVarsity, 1979], p. 107).

Cuando Israel deambulaba por el desierto, "Nadab y Abiú, hijos de Aarón, tomaron cada uno su incensario, y pusieron en ellos fuego, sobre el cual pusieron incienso, y ofrecieron delante de Jehová fuego extraño, que él nunca les mandó. Y salió fuego de delante de Jehová y los quemó, y murieron delante de Jehová" (Lv. 10:1-2). Estos dos sacerdotes, hijos de Aarón, en su primer acto sacerdotal violaron en alguna manera específica la prescripción divina para ofrecer incienso. La conducta de ellos, quizás estando borrachos (cp. Lv. 10:8-10), les traicionó su rebelde imprudencia, irreverencia y preferencia por hacer su voluntad por sobre los mandatos específicos de Dios. Los dos decidieron hacer las cosas a su manera, y pagaron el precio más elevado por tan altiva independencia. También durante el vagar por el desierto los propios hermanos de Moisés, Aarón y María, trataron de elevarse a sí mismos hasta el nivel de su hermano (Nm. 12:1-3). El Señor juzgó severamente a los dos por su arrogancia y presunción (vv. 4-15).

Durante la época sin ley de los jueces, Abimelec, el hijo de Gedeón, quiso ser rey. Tan apasionada era su ansia de poder que asesinó a setenta de sus hermanos en un intento por eliminar a todos los rivales posibles (Jue. 9:1-6). Pero el reinado de Abimelec llegó a un final prematuro y vergonzoso. Mientras sitiaba a la ciudad de Tebes, "una mujer dejó caer un pedazo de una rueda de molino sobre la cabeza de Abimelec, y le rompió el cráneo" (v. 53). En la agonía de la muerte, el monarca realizó un intento desesperado y orgulloso de evitar la vergüenza de morir por mano de una mujer. "Entonces llamó apresuradamente a su escudero, y le dijo: Saca tu espada y mátame, para que no se diga de mí: Una mujer lo mató. Y su escudero le atravesó, y murió" (v. 54). A pesar de su intento por encubrirlo, la muerte vergonzosa de Abimelec quedó registrada en la Biblia para siempre.

La búsqueda de poder y protagonismo de parte de Absalón lo llevó a encabezar un golpe de estado contra su propio padre, el rey David. Pero sus días en la tierra fueron efímeros, y enfrentó un final ignominioso. Mientras huía de los hombres de David a través de un bosque espeso, la mula de Absalón pasó por debajo de una encina. La cabellera del joven se enredó en las gruesas ramas del árbol, dejándolo suspendido indefenso en el aire. Pronto fue ejecutado por Joab, el general de David (2 S. 18:9-15).

Otro de los hijos de David, Adonías, también trató de usurpar el trono de su padre. En los últimos días de la vida de David, "Adonías hijo de Haguit se rebeló, diciendo: Yo reinaré. Y se hizo de carros y de gente de a caballo, y de cincuenta hombres que corriesen delante de él [igual que había hecho su hermano Absalón; 2 S. 15:1]" (1 R. 1:5). Sin embargo, su intento de apoderarse del trono fracasó, frustrado por la rápida acción del profeta Natán (vv. 11-48). Al recibir misericordia por parte del rey Salomón (vv. 50-53), Adonías le pagó esa bondad conspirando para derrocarlo (1 R. 2:13-21). Pero Salomón se dio cuenta de la maquinación, y lo hizo ejecutar (vv. 22-25).

No contento con ser rey, Uzías trató de usurpar la función de los sacerdotes. De acuerdo con 2 Crónicas 26:16, "cuando ya era fuerte, su corazón se enalteció para su ruina; porque se rebeló contra Jehová su Dios, entrando en el templo de

Jehová para quemar incienso en el altar del incienso". A Uzías se le opusieron valientemente Azarías y ochenta sacerdotes, quienes le advirtieron que estaba sobrepasando sus límites (vv. 17-18). Furioso, altanero y seguro de sí mismo Uzías amenazó a los sacerdotes y de inmediato Dios lo hirió con lepra (v. 18). Durante el resto de su vida Uzías vivió marginado en una casa aislada, y su hijo Jotam asumió los deberes reales (v. 21).

El libro de Ester relata la historia de Amán, el gran enemigo del pueblo judío. Obsesionado con su propia importancia tras ser elevado a una alta posición en el imperio persa, Amán se enfureció porque Mardoqueo no quiso rendirle honores (Est. 3:5). Por consiguiente, Amán instigó una matanza con el fin de exterminar a los judíos, el pueblo de Mardoqueo, (v. 6). Sin embargo, al final fue Amán quien pereció, colgado en la misma horca en que había planeado ejecutar a Mardoqueo (Est. 7:10).

Nabucodonosor era el rey del poderoso imperio babilónico. Un día mientras caminaba por la azotea de su palacio real en Babilonia, "habló el rey y dijo: ¿No es ésta la gran Babilonia que yo edifiqué para casa real con la fuerza de mi poder, y para gloria de mi majestad?" (Dn. 4:30). Pero su orgullo fue rápidamente humillado y aplastado:

> *Aún estaba la palabra en la boca del rey, cuando vino una voz del cielo: A ti se te dice, rey Nabucodonosor: El reino ha sido quitado de ti; y de entre los hombres te arrojarán, y con las bestias del campo será tu habitación, y como a los bueyes te apacentarán; y siete tiempos pasarán sobre ti, hasta que reconozcas que el Altísimo tiene el dominio en el reino de los hombres, y lo da a quien él quiere. En la misma hora se cumplió la palabra sobre Nabucodonosor, y fue echado de entre los hombres; y comía hierba como los bueyes, y su cuerpo se mojaba con el rocío del cielo, hasta que su pelo creció como plumas de águila, y sus uñas como las de las aves (vv. 31-33).*

En el Nuevo Testamento, el presuntuoso rey Herodes Agripa I decidió celebrar una fiesta. Mientras él pronunciaba un discurso, el embelesado pueblo incapaz de contenerse "aclamaba gritando: ¡Voz de Dios, y no de hombre!" (Hch. 12:22). Debido a que Herodes se negó a darle la gloria a Dios, un ángel del Señor lo hirió y murió (v. 23), provocando un brusco e inesperado final a las festividades.

Los cuatro evangelios describen todo un grupo de hombres jactanciosos que buscaron preeminencia, concretamente los escribas y fariseos. Jesús dijo de ellos:

> *Hacen todas sus obras para ser vistos por los hombres. Pues ensanchan sus filacterias, y extienden los flecos de sus mantos; y aman los primeros asientos en las*

cenas, y las primeras sillas en las sinagogas, y las salutaciones en las plazas, y que los hombres los llamen: Rabí, Rabí (Mt. 23:5-7).

Estos son de los que se justifican a sí mismos delante de los hombres (Lc. 16:15), "por pretexto hacen largas oraciones" (Lc. 20:47), reciben "gloria los unos de los otros" (Jn. 5:44), y les encanta "más la gloria de los hombres que la gloria de Dios" (Jn. 12:43).

La ambición orgullosa apareció incluso entre los propios discípulos de Jesús. Mateo 20:20-21 narra que "se le acercó la madre de los hijos de Zebedeo con sus hijos, postrándose ante él y pidiéndole algo. El le dijo: ¿Qué quieres? Ella le dijo: Ordena que en tu reino se sienten estos dos hijos míos, el uno a tu derecha, y el otro a tu izquierda". Santiago y Juan usaron la supuesta influencia que su madre tenía sobre Jesús para pedir lugares destacados en el reino. No obstante, en vez de concederles su petición, Jesús usó la ocasión para instruir a sus discípulos con relación a la importancia de la humildad:

Entonces Jesús, llamándolos, dijo: Sabéis que los gobernantes de las naciones se enseñorean de ellas, y los que son grandes ejercen sobre ellas potestad. Mas entre vosotros no será así, sino que el que quiera hacerse grande entre vosotros será vuestro servidor, y el que quiera ser el primero entre vosotros será vuestro siervo; como el Hijo del Hombre no vino para ser servido, sino para servir, y para dar su vida en rescate por muchos (vv. 25-28).

En esta tercera epístola el apóstol Juan presenta a Diótrefes, otro más en la larga línea de los individuos que buscan preeminencia. El versículo 9 marca un cambio brusco en el tono de la carta. Los ocho primeros versículos alaban a Gayo por mostrar amor sacrificial hacia los misioneros que llegaban a su iglesia. Pero al comenzar el versículo 9, el tono es todo lo contrario, cuando Juan reprende con dureza a un hombre llamado Diótrefes por negarse a mostrar hospitalidad hacia los siervos del evangelio, y por negarse a permitir que otros sí lo hicieran. El apóstol desenmascara la ambición personal y las acciones perversas de Diótrefes, y ofrece a otro hombre, Demetrio, como un contraste digno de elogio para él.

AMBICIÓN PERSONAL DE DIÓTREFES

Yo he escrito a la iglesia; pero Diótrefes, al cual le gusta tener el primer lugar entre ellos, no nos recibe. (9)

El contraste entre el justo Gayo y el injusto **Diótrefes** es sorprendente; los dos hombres eran polos opuestos. Gayo era gentilmente hospitalario. Diótrefes era un descortés inhospitalario. Gayo amaba la verdad y a todos con humildad (vv. 3-6); Diótrefes rechazaba la verdad y se amaba a sí mismo, y amenazaba a todo el mundo desde su posición de autoridad autoproclamada en la iglesia. Uno se sometía a palabras de verdad; el otro mascullaba palabras de desprecio. La diferencia entre los dos hombres no era principalmente doctrinal sino de comportamiento; Juan no reprendió a Diótrefes por herejía, sino por soberbia.

La carta que el apóstol escribió **a la iglesia** de Gayo se perdió, tal vez porque Diótrefes la interceptó y la destruyó. No pudo haberse tratado de 2 Juan porque esa carta no fue escrita a una iglesia sino a una persona. Tampoco pudo haber sido 1 Juan, la cual no trata del tema de mostrar hospitalidad a los misioneros.

La descripción explicativa de **Diótrefes** como alguien a quien **le gusta tener el primer lugar entre ellos** va al meollo del asunto. **Le gusta tener el primer** se traduce de una forma en participio del verbo griego *philoprōteuō,* una palabra compuesta de *philos* ("amor") y *prōtos* ("primero"). Describe a una persona que es egoísta y egocéntrica. El tiempo presente del participio indica que este era el patrón constante de la vida de Diótrefes. *Prōteuō* aparece en el Nuevo Testamento solo en Colosenses 1:18, donde se refiere a la preeminencia del Señor Jesucristo. Al rechazar a quienes estaban representando a Cristo, Diótrefes en realidad estaba usurpando el papel de Cristo como cabeza de la iglesia. El nombre **Diótrefes** (lit., "nutrido por Zeus" o "hijo de crianza de Zeus") no era común, mientras que Gayo sí lo era. Algunos creen que se usaba exclusivamente en familias nobles. Si Diótrefes era parte de una familia noble, su conducta arrogante bien se pudo haber cultivado en ese ambiente exaltado.

El hecho de que Diótrefes **no** aceptara las palabras de Juan indica simplemente cuán lejos había llegado en su arrogancia. Sorprendentemente, sus ansias de poder y de gloria personal lo habían llevado a rechazar la autoridad de Cristo mediada a través del apóstol Juan. Diótrefes era culpable de orgullo espiritual de la peor clase. Su actitud era la de un demagogo que se promovía a sí mismo, y que se negaba a servir a otros pero ansiaba que todos le sirvieran. Esa actitud desafía totalmente la enseñanza del Nuevo Testamento sobre el liderazgo de siervo (cp. Mt. 20:25-28; 1 Co. 3:5; 2 Co. 4:5; Fil. 2:5-11; 1 P. 5:3).

ACCIONES PERVERTIDAS DE DIÓTREFES

Por esta causa, si yo fuere, recordaré las obras que hace parloteando con palabras malignas contra nosotros; y no contento con estas cosas, no recibe a los hermanos, y a los que quieren recibirlos se lo prohíbe, y los expulsa de la iglesia. (10)

Por esta causa (el desafío altanero de Diótrefes a la autoridad apostólica de Juan) el apóstol declaró: **si yo fuere, recordaré las obras que hace.** Juan no pasaría por alto este reto a su autoridad apostólica y al gobierno de Cristo en la iglesia. Desenmascararía a Diótrefes delante de la congregación, haría de la conducta del hombre un asunto de disciplina en la iglesia (1 Ti. 5:19-20), y si era necesario usaría su autoridad apostólica para tratar con él. Pablo lanzó un reto similar a los rebeldes en Corinto cuando escribió: "Iré pronto a vosotros, si el Señor quiere, y conoceré, no las palabras, sino el poder de los que andan envanecidos" (1 Co. 4:19), y volvió a reprenderlos en su segunda carta a Corinto, cuando declaró:

> *Esta es la tercera vez que voy a vosotros. Por boca de dos o de tres testigos se decidirá todo asunto. He dicho antes, y ahora digo otra vez como si estuviera presente, y ahora ausente lo escribo a los que antes pecaron, y a todos los demás, que si voy otra vez, no seré indulgente (2 Co. 13:1-2).*

Juan acusó a Diótrefes de cuatro cargos. En cada caso, el tiempo presente del verbo indica que estos comportamientos eran continuos y habituales de parte de Diótrefes.

Primero, Diótrefes era culpable de estar **parloteando con palabras malignas contra** Juan. La difamación es una estrategia muy común entre los que buscan exaltación. Se ganan la confianza de la gente no de manera positiva manifestando un carácter piadoso, sino de modo negativo destruyendo la confianza que las personas han depositado en otros dirigentes. El verbo traducido **parloteando** aparece solo aquí en el Nuevo Testamento, pero un vocablo relacionado se traduce "chismosas" en 1 Timoteo 5:13. La Biblia condena reiteradamente el chisme (Pr. 20:19; Ro. 1:29; 2 Co. 12:20; 1 Ti. 3:11; 5:13; 2 Ti. 3:3; Tit. 2:3), y la calumnia (Lv. 19:16; Sal. 15:3; 101:5; 140:11; Pr. 10:18; 16:28; Mt. 15:19; Ro. 1:30; 2 Co. 12:20; Ef. 4:31; Col. 3:8; 1 P. 2:1). El adjetivo traducido **malignas** se usa cinco veces en 1 Juan para describir al diablo (2:13, 14; 3:12; 5:18, 19) y una vez para las malas acciones de Caín (3:12). En 2 Juan 11 describe los hechos perversos de los falsos maestros. Las perversas acusaciones de Diótrefes eran infames, falsas y calumniadoras. Él veía a Juan como una amenaza a su poder y prestigio en la iglesia, y por tanto lo atacó de forma salvaje. Esto se parece a la manera en que los falsos maestros en Corinto habían atacado a Pablo (2 Co. 7:2-3; 10:10; 11:5-7; 12:15; 13:3).

Segundo, **no contento con** atacar a Juan, de modo desafiante Diótrefes **no** recibía **a los hermanos,** es decir, a los predicadores itinerantes que proclamaban el mensaje apostólico del evangelio. Puesto que veía a estos misioneros como una amenaza a su propio poder en la iglesia, Diótrefes se negaba a extenderles hospitalidad. Puesto que la Biblia ordena tal hospitalidad (Ro. 12:13; He. 13:2; 1 P. 4:9), Diótrefes también era culpable de rechazar la Palabra de Dios. Así lo explica un comentarista:

> No solo que las palabras de Diótrefes son crueles; sus hechos son igualmente reprensibles. De modo intencional rompe las reglas de la hospitalidad cristiana al negarse a recibir misioneros enviados a proclamar el evangelio. Al negarles techo y comida obstaculiza el avance de la Palabra de Dios. En resumen, Diótrefes está frustrando los planes y propósitos de Dios, y en consecuencia enfrenta la ira divina (Simon J. Kistemaker, *III John,* New Testament Commentary [Grand Rapids: Baker, 1986], pp. 9-10).

Diótrefes no solo se negaba personalmente a extender hospitalidad a los hermanos; también prohibía hacerlo **a los que** querían **recibirlos.** Además abusaba de su poder obstruyendo o evitando que otros en la iglesia mostraran hospitalidad a los predicadores itinerantes.

Aquellos que desafiaban a Diótrefes al mostrar hospitalidad eran expulsados **de la iglesia.** Tan amenazador era este sujeto que tenía influencia para excomulgar a cualquiera que él percibía como una amenaza aparente. Tal vez eso le había sucedido realmente a Gayo, lo cual podría explicar por qué Juan debió hablarle de lo que estaba pasando en la iglesia. De haber estado todavía en la iglesia, Gayo enfrentaría hostilidad y oposición de parte de Diótrefes, lo que quizás motivó a que Juan lo animara para que no cediera, sino que continuara mostrando hospitalidad en el futuro (cp. el estudio de 3 Juan 5-8 en el capítulo anterior de esta obra).

Como la mayoría de los conflictos en la Iglesia, este se derivó del orgullo. Fue orgullo lo que hizo que Diótrefes calumniara a Juan, rechazara a los misioneros y expulsara a quienes se atrevían a desafiarlo. Su arrogancia lo llevó a la ambición, lo cual resultó en acusaciones calumniadoras, desafío a la autoridad apostólica, y aplastamiento de cualquier oposición a su poder. Es muy triste que siempre haya habido individuos como Diótrefes en las iglesias. Incluso es más trágico que muchas iglesias, ya sea porque les tienen miedo o en el nombre de la tolerancia, se niegan a tratar con sus propias clases de Diótrefes. Sin embargo, el apóstol Juan no dudó en enfrentarse a tal pecador por el bien de la Iglesia y la honra de Cristo.

ENCOMIABLE CONTRASTE DE DEMETRIO

Amado, no imites lo malo, sino lo bueno. El que hace lo bueno es de Dios; pero el que hace lo malo, no ha visto a Dios. Todos dan testimonio de Demetrio, y aun la verdad misma; y también nosotros damos testimonio, y vosotros sabéis que nuestro testimonio es verdadero. Yo tenía muchas cosas que escribirte, pero no quiero escribírtelas con tinta y pluma, porque espero verte en breve, y hablaremos cara a cara. La paz sea contigo. Los amigos te saludan. Saluda tú a los amigos, a cada uno en particular. (11-15)

A primera vista el versículo 11 parece interrumpir el flujo de pensamiento del apóstol. No obstante, es una introducción necesaria a la sección de elogio a Demetrio. Juan instó a Gayo a que **no** imitara **lo malo** de la conducta de Diótrefes negándose a recibir a Demetrio. En vez de eso, lo instó a modelar su vida en **lo bueno,** como hacía Demetrio. El recordatorio de Juan de que **el que hace lo bueno es de Dios; pero el que hace lo malo, no ha visto a Dios,** es una aplicación práctica de la prueba moral de la verdadera fe que enseñó en su primera epístola (véanse las exposiciones de 1 Jn. 2:3-6 y 5:2-3 en los capítulos 5 y 16 de esta obra). La Biblia es clara en que las buenas obras no salvan; "el hombre no es justificado por las obras de la ley, sino por la fe en Jesucristo… por cuanto por las obras de la ley nadie será justificado" (Gá. 2:16; cp. Ro. 3:20). Sin embargo, la obediencia es la prueba externa y visible de la salvación (Jn. 14:15, 21). La negativa de Diótrefes a obedecer los mandamientos de Dios demuestra que él no era salvo.

En contraste con su fuerte condenación a Diótrefes, Juan elogió calurosamente a **Demetrio.** Así como Gayo, el nombre Demetrio ("el que pertenece a Deméter", la diosa griega del grano y la cosecha) era común. Un orfebre en Éfeso con ese nombre inició un alboroto por la enseñanza de Pablo, porque el evangelio estaba perjudicándole a él y a sus compañeros fabricantes de ídolos (Hch. 19:23-41). Demas (Col. 4:14; 2 Ti. 4:10; Flm. 24) era una abreviatura de Demetrio.

Aparte de este versículo, nada se sabe del Demetrio a quien Juan elogió, y que pudo haber entregado esta carta de Juan para Gayo. Que era un hombre de noble carácter cristiano es evidente por estas tres fuentes. Primera, **todos** daban buen **testimonio de Demetrio.** Su reputación era conocida entre la comunidad cristiana de esa región. Segunda, Demetrio estaba comprometido a vivir **la verdad misma** (v. 3). Por último, Juan añadió su propio **testimonio** (el cual Gayo sabía que era **verdadero**) para elogiar el carácter de Demetrio. El ejemplo de Demetrio muestra que la valía de un hombre se puede medir por su reputación en la comunidad, su fidelidad a la verdad de la Biblia, y la opinión que dirigentes cristianos piadosos tengan de él. Demetrio recibió altas calificaciones en todos los escrutinios.

La conclusión de esta epístola se asemeja mucho a la de 2 Juan. El apóstol escribió: **Yo tenía muchas cosas que escribirte, pero no quiero escribírtelas con tinta y pluma, porque espero verte en breve, y hablaremos cara a cara.** En ambas epístolas Juan tenía mucho más qué decir a quienes les escribió, pero prefería hacerlo **no con tinta y pluma,** sino **cara a cara.**

El deseo del apóstol en su despedida, **la paz sea contigo,** era apropiada para esa congregación desgarrada por los conflictos. Evidentemente Gayo y Juan tenían **amigos** mutuos que pidieron a este último que saludara a Gayo en nombre de ellos. Juan también pidió a Gayo que saludara a los **amigos** que estaban con él. La frase **a cada uno en particular** añade un toque personal e íntimo. Aunque con más de noventa años, el apóstol seguía apreciando a quienes había ministrado a lo largo de su vida.

Sin lugar a dudas, el concepto de la verdad se destaca en esta breve carta. Primero, los creyentes deben conocer la verdad y obedecerla (v. 3). Segundo, deben ser hospitalarios con otros creyentes fieles que predican la verdad (vv. 6-8). Por último, deben modelar sus vidas con las que corresponden a ejemplos piadosos que viven en la verdad (v. 11; cp. He. 13:7). Donde la verdad prevalece, el Señor es glorificado en su Iglesia.

Bibliografía

Brooke, A. E. *A Critical and Exegetical Commentary on the Johannine Epistles.* The International Critical Commentary. Edinburgh: T. & T. Clark, 1912.

Bruce, F. F. *The Epistles of John.* Grand Rapids: Eerdmans, 1970.

Burdick, Donald W. *The Letters of John the Apostle.* Chicago: Moody, 1985.

Carson, D. A., Douglas J. Moo y Leon Morris. *Una introducción al Nuevo Testamento.* Barcelona: Editorial Clie, 2008.

Gundry, Robert H. *A Survey of the New Testament.* Grand Rapids: Zondervan, 1970.

Guthrie, Donald. *New Testament Introduction.* Edición revisada. Downers Grove, Ill.: InterVarsity, 1990.

Hiebert, D. Edmond. *An Introduction to the Non-Pauline Epistles.* Chicago: Moody, 1962.

________. *The Epistles of John.* Greenville, S.C.: Bob Jones University Press, 1991.

Kistemaker, Simon. *Comentario al Nuevo Testamento: Santiago, 1-3 Juan.* Grand Rapids: Libros Desafío, 1986.

Law, Robert. *The Tests of Life.* Edinburgh: T. & T. Clark, 1914.

Lloyd-Jones, Martyn. *Life in Christ: Studies in 1 John.* Wheaton, Ill.: Crossway, 2002.

MacArthur, John. *The MacArthur Bible Commentary.* Nashville: Thomas Nelson, 2005.

________. *Comentario MacArthur del Nuevo Testamento: Juan.* Grand Rapids, MI: Editorial Portavoz, 2011.

Marshall, I. Howard. *The Epistles of John.* The New International Commentary on the New Testament. Grand Rapids: Eerdmans, 1978.

Moulton, J. H. *A Grammar of New Testament Greek.* Vol. IV: *Style,* por Nigel Turner. Edinburgh: T. & T. Clark, 1976.

Plummer, Alfred. *The Epistles of St. John.* The Cambridge Bible for Schools and Colleges. Cambridge: Cambridge University Press, 1911.

Smith, David. "The Epistles of John". En W. Robertson Nicoll, ed., *The Expositor's Greek Testament Vol. V.* Reimpresión. Peabody, Mass.: Hendrickson, 2002.

Stott, John R. W. *The Epistles of John.* The Tyndale New Testament Commentaries. Grand Rapids: Eerdmans, 1964.

Westcott, Brooke Foss. *The Epistles of St. John.* Reprint. Grand Rapids: Eerdmans, 1966.

JUDAS

Dedicatoria

A Rick Holland, mi consiervo pastor en Grace Community Church, quien me anima siempre con su amistad leal, su servicio fiel, su liderazgo entusiasta, y su excepcional predicación expositiva.

Contenido

Prólogo

Para mí sigue siendo una experiencia gratificante de comunión divina predicar de manera expositiva a través del Nuevo Testamento. Mi meta es tener siempre un profundo compañerismo con el Señor en el entendimiento de su Palabra, y a partir de esa experiencia explicar a su pueblo lo que un pasaje bíblico significa. En las palabras de Nehemías 8:8, me esfuerzo por poner "el sentido" en las Escrituras para que las personas puedan oír realmente a Dios hablando, y que al hacerlo puedan a su vez contestarle.

Es evidente que el pueblo de Dios debe entenderle, lo cual exige conocer su Palabra de verdad (2 Ti. 2:15) y permitir que more en abundancia en nosotros (Col. 3:16). De ahí que la idea central de mi ministerio sea ayudar a hacer viva la Palabra de Dios a su pueblo. Se trata de una aventura reconfortante.

Esta serie de comentarios del Nuevo Testamento refleja el propósito de explicar y aplicar las Escrituras. Algunos comentarios son sobre todo lingüísticos, otros teológicos, y otros tienen que ver más con la homilética. En esencia este comentario es explicativo o expositivo. No es lingüísticamente técnico, pero tiene que ver con la lingüística cuando eso parece ayudar a la adecuada interpretación. No es teológicamente extenso, pero se enfoca en las principales doctrinas de cada texto y en cómo estas se relacionan con toda la Biblia. Ante todo, no es homilético, aunque por lo general a cada unidad de pensamiento se la trata como un capítulo, con un claro esquema y flujo lógico de pensamiento. La mayoría de las verdades se ilustran y se aplican con otras Escrituras. Después de establecer el contexto de un pasaje, he tratado de seguir de cerca el desarrollo y el razonamiento del escritor.

Oro pidiendo que cada lector comprenda bien lo que el Espíritu Santo está diciendo a través de este segmento de su Palabra, de modo que su revelación pueda alojarse en las mentes de los creyentes y así lograr una mayor obediencia y fidelidad para la gloria de nuestro gran Dios.

Introducción a Judas

La amonestación de Salomón: "Compra la verdad, y no la vendas" (Pr. 23:23) refleja el hecho de que la verdad es un bien muy preciado en la Biblia. Después de todo, Dios es el "Dios de verdad" (Sal. 31:5; Is. 65:16), que ha ensalzado su palabra que es verdad (Sal. 119:160; 138:2; Jn. 17:17). El Señor Jesucristo, Dios en carne humana, está "lleno de gracia y de verdad" (Jn. 1:14; cp. v. 17), pues Él mismo es "el camino, y la verdad, y la vida" (Jn. 14:6; cp. Ef.4:21). El Espíritu Santo es "el Espíritu de verdad" (Jn. 14:17; 15:26; 16:13; 1 Jn. 5:6), que sella la salvación de aquellos que aceptan "la palabra de verdad" (Ef. 1:13). Además, la Iglesia es "columna y baluarte de la verdad" (1 Ti. 3:15), que protege y predica la verdad del evangelio (cp. Col. 1:5). En realidad, es por creer la verdad que la gente es liberada del pecado y la muerte (Jn. 8:32).

Aunque el pueblo de Dios a veces se olvida de la importancia de la verdad, Satanás nunca lo hace. Ya desde la caída, el padre de la mentira (cp. Jn. 8:44) ha hecho todo lo posible para destruir, ocultar y tergiversar la verdad, intentando todo el tiempo reemplazarla con falsedad y engaño. Irónicamente, sus ataques más mortíferos no vienen de parte de aquellos que de plano rechazan la verdad, sino más bien de quienes profesan conocerla y creerla, pero que mienten. Los agentes más eficaces de Satanás, al igual que terroristas espirituales, se infiltran sigilosamente en la Iglesia donde logran pasar por verdaderos pastores y líderes. Sin embargo, realmente son impostores y desertores, apóstatas que afirman conocer a Cristo, pero que en realidad lo rechazan. Con sus bocas alegan tener conocimiento de la Palabra, pero sus acciones indican que realmente son enemigos de la verdad.

Al igual que Simón el mago (Hch. 8:9-24), Himeneo (1 Ti. 1:20; 2 Ti. 2:17), Alejandro (1 Ti. 1:20; cp. 2 Ti. 4:14) y Diótrefes (3 Jn. 9), estos desertores "no sirven a nuestro Señor Jesucristo sino a sus propios vientres, y con suaves palabras y lisonjas engañan los corazones de los ingenuos" (Ro. 16:18). "Porque éstos son falsos apóstoles, obreros fraudulentos, que se disfrazan como apóstoles de Cristo" (2 Co. 11:13), "hombres corruptos de entendimiento y privados de la verdad" (1 Ti. 6:5). A estos es necesario oponerse y desarraigar de manera vigorosa, para que no seduzcan a las almas inconstantes y las lleven a la destrucción (cp. 2 P. 2:14).

El Nuevo Testamento reiteradamente advierte del peligro que los falsos maestros apóstatas representan para la Iglesia. Tanto Jesús (Mt. 7:15) como Pablo (Hch. 20:29) compararon el salvajismo engañoso de estos individuos con los ataques de lobos feroces. Jesús advirtió: "Muchos falsos profetas se levantarán, y engañarán a muchos" (Mt. 24:11). Pablo previno a Timoteo: "El Espíritu dice claramente que en los postreros tiempos algunos apostatarán de la fe, escuchando a espíritus engañadores y a doctrinas de demonios" (1 Ti. 4:1). Pedro y Juan también advirtieron sobre estos impostores espirituales (2 P. 2, 3; 1 Jn. 4:1-3; 2 Jn. 7; Ap. 2:14-15, 20-24), así como lo hizo Judas en esta breve carta de un solo capítulo.

La concisa epístola de Judas es una condena enérgica de los falsos maestros que se estaban infiltrando en la iglesia durante su época, y por extensión a todos los que habrían de llegar. En nuestra cultura posmoderna, en que a la verdad se la considera relativa y a la tolerancia se la aprecia por encima de todo lo demás, la súplica elocuente de Judas por la pureza doctrinal es particularmente aplicable. Como escribió Thomas R. Schreiner:

> El mensaje de juicio [de Judas] es especialmente oportuno para las personas de hoy día, puesto que nuestras iglesias son propensas al sentimentalismo, sufren de crisis moral, y casi nunca pronuncian un mensaje definitivo de juicio a causa de una definición inadecuada del amor. La carta de Judas nos recuerda que la enseñanza descarriada y la vida disoluta tienen consecuencias nefastas (*1, 2 Peter, Jude,* The New American Commentary [Nashville: Broadman & Holman, 2003], pp. 403-4).

En definitiva, no prestar atención al mensaje de Judas resulta en comprometer la misma "fe que ha sido una vez dada a los santos" (v. 3).

CONFIRMACIÓN EXTERNA

La evidencia externa de la existencia y autenticidad de Judas es más completa que la de 2 de Pedro. Incluso hay posibles alusiones a ella entre los padres apostólicos (*La Didaché, La epístola a los corintios* de Clemente, *La epístola de Bernabé, El pastor de hermas,* y *La epístola a los filipenses* de Policarpo), pero son demasiado ambiguas para ser conclusivas. Sin embargo, para finales del siglo II la evidencia es innegable. Por ejemplo, el canon muratorio (una lista de finales del siglo II de los libros del Nuevo Testamento) incluye a Judas como canónico. Por ese mismo tiempo, el filósofo cristiano Atenágoras reflejó un conocimiento de la epístola de Judas en su defensa del cristianismo (que dirigió al emperador Marco Aurelio). Teófilo de Antioquía, contemporáneo de Atenágoras, también tenía conocimiento de la carta.

A finales del siglo II o inicios del III, Tertuliano se refirió a la epístola como parte de las Escrituras y a Judas como su autor. Más o menos al mismo tiempo Clemente de Alejandría escribió un comentario sobre las Escrituras, que incluía a Judas (cp. el estudio en la Introducción a 2 Pedro en esta obra). Orígenes, alumno de Clemente, reconoció que algunos en su época tenían dudas acerca de la autenticidad de Judas. No obstante, Orígenes no tuvo tales dudas. En vez de eso, citó con frecuencia a Judas. El papiro Bodmer P72 del siglo III también contiene a Judas, e indica que la iglesia del siglo III afirmaba que esta epístola era parte del canon.

En el siglo IV Eusebio incluyó a Judas entre los libros cuya autenticidad cuestionaban algunos (hizo lo mismo con 2 Pedro). Sin embargo, no lo enumeró como uno de los libros espurios. Eusebio también reconoció que Judas era aceptado por muchos en la iglesia. Más tarde en el siglo IV, Dídimo el ciego (que dirigía la escuela de formación cristiana en Alejandría) defendió la autenticidad de Judas contra sus detractores. Aquellos que cuestionaban la epístola lo hacían principalmente porque tiene citas de los apócrifos judíos. No obstante, el libro fue comúnmente aceptado por la iglesia del siglo IV, como lo evidencian los testimonios de Anastasio, el Concilio de Laodicea, Cirilo de Jerusalén, San Gregorio Nacianceno, Epifanio y Jerónimo (cada uno de los cuales consideraba a Judas como canónico).

AUTOR

El Nuevo Testamento menciona ocho hombres llamados Judas ("Judas" se traduce del nombre griego "Judá"). El nombre era muy popular, debido tanto a Judá, el fundador de la tribu del mismo nombre, como a Judas, el héroe de la revuelta de los macabeos contra el gobernante griego Antíoco Epífanes en el siglo II a.C. De los ocho mencionados en el Nuevo Testamento, solo dos están relacionados con un hombre llamado Jacobo (v. 1) y de ahí que son candidatos convincentes a haber escrito esta epístola: el apóstol Judas, y Judas el medio hermano del Señor. El apóstol Judas se puede descartar, ya que era el *hijo,* no *hermano* de un hombre llamado Jacobo (Lc. 6:16 NVI; Hch. 1:13; la traducción de la RVR-60, "Judas hermano de Jacobo" en ambos versículos es incorrecta [la frase "Judas hijo de Jacobo" NBD, NVI, CST o "Judas hijo de Santiago" NTV, PDT, BLP, BLPH, hacen correctamente la misma construcción en concordancia con el uso griego normal]). Por otra parte, si Judas el hijo de Alfeo hubiera sido el autor, se habría identificado como apóstol, ya que era uno de ellos. No obstante, el escritor de Judas se diferenció a sí mismo *de* los apóstoles (v. 17).

El Jacobo con el cual el mismo Judas se identifica era el hermano del Señor (Gá. 1:19), el líder de la iglesia en Jerusalén y autor de la epístola de Santiago. Después del martirio del apóstol Jacobo (Hch. 12:2) no hubo otro Jacobo en la iglesia primitiva a quien poder referirse simplemente por nombre sin ningún otro calificativo. Por tanto, Judas, al igual que Jacobo, era uno de los medios hermanos de Jesús (Mt. 13:55). Judas es el único escritor del Nuevo Testamento que se identifica por relación familiar.

Irónicamente, el hombre que escribió la condena más fuerte de los apóstatas en la Biblia tiene el mismo nombre del más notorio de todos los apóstatas, Judas Iscariote.

La profunda humildad de Judas se refleja en el hecho de que, al igual que su hermano Santiago (Stg. 1:1), se refirió a sí mismo como "siervo de Jesucristo" (v. 1) y no como "el hermano de Jesús". Así como sus otros hermanos (incluso Jacobo, llamado también Santiago), Judas no creyó en la deidad y la condición mesiánica de Jesús hasta después de la resurrección (Jn. 7:5; Hch. 1:14; cp. 1 Co. 15:7, donde "Santiago" podría ser el medio hermano del Señor). Después de la resurrección, la relación de Jesús con sus hermanos carnales cambió de hermano a Señor y Mesías (cp. Mr. 3:32-35; Jn. 2:4).

Poco se sabe acerca de Judas aparte de esta epístola. Según 1 Corintios 9:5, estaba casado y tenía un ministerio itinerante como evangelista. Los anales de la Iglesia relatan la historia (posiblemente legendaria) de cómo los nietos de Judas fueron llevados ante el emperador romano Domiciano. El emperador les cuestionó la lealtad debido a que eran descendientes de la línea real davídica. Pero al enterarse que se trataba simplemente de agricultores, el emperador los despidió con desdén (Eusebio, *Historia eclesiástica,* 3.19-20). Aparte de ese relato, la tradición no dice nada con relación a Judas.

Algunos críticos niegan que Judas el hermano de Jacobo escribiera esta epístola, alegando que existe evidencia de que el libro es posterior a la vida de él. Pero ese no es el caso (véase el estudio bajo el título "Fecha y lugar de escritura" más adelante. Es muy poco probable que un falsificador escribiera un libro asumiendo el papel de un personaje relativamente desconocido como Judas; las obras pseudo-epigráficas se atribuían a apóstoles conocidos, tales como Pedro o Pablo. Ningún falsificador que fingiera ser Judas se identificaría como el hermano del Señor.

Otros críticos incrédulos insisten en que el griego de la epístola es demasiado bueno para que lo hubiera redactado un simple campesino galileo. Sin embargo, según se observó en la Introducción a 2 Pedro, Galilea estaba cerca de la región eminentemente gentil conocida como Decápolis, que se encontraba al oriente y sur del lago de Galilea. También hay evidencia de que el griego se hablaba comúnmente en toda la Palestina del siglo I (cp. Robert L. Thomas y Stanley N. Gundry, "The Languages Jesus Spoke", en *A Harmony of the Gospels* [Chicago: Moody, 1978], pp. 309-12). Por tanto, las suposiciones dogmáticas con relación a la aptitud de Judas en griego (o la falta de ella) simplemente son injustificadas. También es posible que Judas trabajara con un amanuense, así como hizo Pedro cuando escribió 1 Pedro (1 P. 5:12).

Incluso otros, especialmente en la iglesia primitiva, cuestionaban el uso que Judas hizo de material apócrifo (*1 Enoc* y tal vez la *Asunción de Moisés*). Pero el simple hecho de que el autor de esta carta citara esas obras no sugiere que respaldara todo en ellas. Pablo citó a poetas griegos (Hch. 17:28; 1 Co. 15:33; Tit. 1:12) y aludió a una tradición judía extra bíblica (1 Co. 10:4; 2 Ti. 3:8). Sin embargo, es evidente que no respaldaba todo en esas obras; tampoco las consideraba Escrituras inspiradas. Al igual que Pablo, Judas citó las conocidas obras apócrifas a modo de ilustración. No hay indicio de que las considerara divinamente inspiradas.

FECHA Y LUGAR DE ESCRITURA

No hay nada en la epístola en sí que indique cuándo fue escrita. Quienes niegan que Judas la escribiera, la fechan en el siglo II. En apoyo a esa última fecha, alegan que Judas 17 habla de que la era apostólica había pasado mucho tiempo antes. También alegan que los falsos maestros descritos en la epístola eran gnósticos del siglo II. Pero Judas simplemente sugiere que la mayoría de los apóstoles (tal vez todos menos Juan) estaban muertos; no dice nada acerca de cuánto tiempo hacía que habían muerto. Es más, el versículo 18 sugiere que los lectores de Judas habían oído predicar a los apóstoles, por lo que estos no pudieron haber muerto hacía mucho tiempo. Tampoco estaban presentes los falsos maestros del gnosticismo del siglo II de la época de Judas (véase el estudio sobre "Ocasión" a continuación). Una fecha del siglo II también es difícil de armonizar con la confirmación inicial a Judas en los escritos de los padres de la iglesia (véase "Confirmación externa" anteriormente).

Otros ubican a Judas en la era apostólica (es decir, antes de la muerte de Pedro y Pablo), quizás tan pronto como a mediados del siglo I. Sin embargo, ya que Judas probablemente se escribió después de 2 Pedro (véase "Relación de Judas con 2 Pedro" a continuación), es poco probable que se hubiera escrito antes de la muerte de Pedro (véase "Fecha, lugar del escrito, y destino" en la Introducción a 2 Pedro en esta obra). Puesto que Judas no utiliza la destrucción de Jerusalén (70 d.C.) como ilustración del juicio divino para los impíos, es muy probable que escribiera su epístola antes de ese acontecimiento. Entonces, la fecha más probable para Judas es el período entre la muerte de Pedro y la destrucción de Jerusalén (aprox. 68-70 d.C.).

No se sabe dónde estaba Judas cuando escribió esta epístola. Puesto que su hermano Jacobo dirigía la iglesia en Jerusalén, es posible que a pesar de que Judas viajaba en su ministerio, Jerusalén fuera su base de operaciones. Si ese fuera el caso, pudo haber escrito su epístola desde allí.

DESTINATARIOS

No se sabe a qué iglesia o iglesias específicas Judas dirigió su epístola. A la luz de su elección de ejemplos del Antiguo Testamento y los apócrifos judíos, sus lectores tal vez fueron mayormente creyentes judíos.

OCASIÓN

Judas había planeado originalmente escribir una carta positiva, celebrando las grandes verdades de la "común salvación" que compartía con sus lectores (v. 3). Pero la alarmante noticia de que falsos maestros habían invadido las congregaciones a las que escribió, amenazando dicha salvación (v. 4), le obligó a cambiar sus planes. Por eso escribió una fuerte denuncia acerca de los falsos maestros y sus estilos impíos de vida, advirtiendo a sus lectores y llamándolos a contender "ardientemente por la fe" a fin de proteger el evangelio común (v. 3). La magnífica doxología con que concluye la carta (vv. 24-25) da a conocer la confianza de Judas en que sus lectores se mantendrían firmes por la gracia de Dios.

Se desconoce la identidad exacta de los falsos maestros. Está claro que no eran gnósticos del siglo II, ya que no hay evidencia de las enseñanzas distintivas del gnosticismo (tales como un dualismo cosmológico con el buen Dios trascendente en oposición a la emanación malvada que creó el mundo material, la maldad del mundo material, la salvación a través de conocimiento secreto u oculto, etc.) en la descripción que Judas hace de los falsos maestros.

Es más, Judas no se enfoca en los matices de la falsa doctrina. En vez de eso denuncia el estilo impío de vida de los falsaos maestros, condenándolos un total de seis veces como "impíos" (vv. 4, 15, 18). Eso en sí los marcaba como falsos maestros, ya que Jesús declaró: "Por sus frutos los conoceréis" (Mt. 7:16, 20). Tras poner al descubierto sus vidas corruptas, no había necesidad de que Judas les refutara las enseñanzas herejes, puesto que "al poner en evidencia el carácter de ellos, Judas los despojó de cualquier autoridad en la congregación. Ningún cristiano pensante seguiría a individuos que básicamente son egoístas. Judas no solo lo condenó, sino que dio a conocer lo que en realidad eran, quitándoles toda razón para tener influencia en la iglesia" (Schreiner, *1, 2 Peter, Jude*, p. 415).

La imagen que Judas pinta de los falsos maestros pone de manifiesto la asombrosa profundidad de su depravación. Al igual que depredadores, "han entrado encubiertamente" (v. 4) en el pueblo de Dios. Estos individuos "convierten en libertinaje la gracia de nuestro Dios" (v. 4), desviando la misma gracia que enseña a los creyentes "que, renunciando a la impiedad y a los deseos mundanos, [vivan] en este siglo sobria, justa y piadosamente" (Tit. 2:11-12) hacia la posesión de una licencia para pecar. Eran tan corruptos que Judas los comparó con pecadores tan notorios como los ángeles caídos, los hombres de Sodoma y Gomorra, Caín,

Balaam, y los rebeldes bajo el mando de Coré (vv. 6, 7, 11). En pocas palabras, Judas los describe "como animales irracionales" (v. 10). En su descarada audacia "rechazan la autoridad y blasfeman de las potestades superiores" (v. 8), algo que ni siquiera el poderoso arcángel Miguel hizo (v. 9). Debido a su arrogante altivez, estos hombres "blasfeman de cuantas cosas no conocen" (v. 10).

Judas describió la engañosa hipocresía de los falsos maestros usando metáforas gráficas:

> *Estos son manchas en vuestros ágapes, que comiendo impúdicamente con vosotros se apacientan a sí mismos; nubes sin agua, llevadas de acá para allá por los vientos; árboles otoñales, sin fruto, dos veces muertos y desarraigados; fieras ondas del mar, que espuman su propia vergüenza; estrellas errantes, para las cuales está reservada eternamente la oscuridad de las tinieblas (vv. 12-13).*

En resumen, aunque estos individuos estaban en la iglesia, no eran parte de ella; "no tienen al Espíritu" (v. 19) y, por tanto, no son redimidos (Ro. 8:9). La realidad de su malvada hipocresía y del consecuente peligro que representaban para la iglesia provocó la condenación y advertencia más fuerte que a Judas le fue posible dar.

RELACIÓN DE JUDAS CON 2 PEDRO

Hasta una lectura superficial de Judas y 2 Pedro revela el sorprendente paralelismo entre las dos cartas. Es más, diecinueve de los veinticinco versículos de Judas encuentran paralelismo en 2 Pedro. Los eruditos están divididos en cuanto a qué autor usa al otro como fuente. (Existe una tercera posibilidad, de que Pedro y Judas sacaran ideas de una fuente común. No obstante, no hay evidencia de que tal fuente existiera). Muchos de los argumentos a favor de la prioridad de cualquiera de esas epístolas son subjetivos y tienden a anularse entre sí. Pero hay dos argumentos objetivos que favorecen la prioridad cronológica de 2 Pedro. Primero, Pedro predice que los falsos maestros llegarían en el futuro (p. ej., 2:1, 2; 3:3), mientras que Judas los describe como una realidad presente (p. ej., vv. 4, 10, 11, 12, 16). Eso sugiere firmemente que 2 Pedro se escribió antes que Judas. El hecho de que Pedro se refiera algunas veces a los falsos maestros usando el tiempo presente no anula la fuerza de ese argumento, ya que "el tiempo presente es usado constantemente [por Pedro] para describir el *carácter* de los falsos maestros, mientras que el tiempo futuro se usa para describir que *vienen*" (Daniel B. Wallace, "Judas: Introducción, argumento y bosquejo" [Biblical Studies Press: www.bible.org, 2000], cursivas en el original). Si Pedro hubiera conocido la epístola de Judas, que describe a los falsos maestros como ya presentes en la iglesia, su uso del tiempo futuro no tendría sentido.

Segundo, la redacción de los versículos 17-18 es casi idéntica a 2 Pedro 3:3. Parece que Judas estuviera citando la profecía de Pedro (de que vendrían falsos maestros) y haciendo ver su cumplimiento en su época. No hay otra profecía en la Biblia expresa de forma tan similar a la que Judas pudiera estar refiriéndose. Además, la palabra traducida "burladores" (*empaiktēs*) aparece en el Nuevo Testamento solo en Judas 18 y 2 Pedro 3:3. Judas usó el plural "apóstoles" en el versículo 17, aunque solo citó a Pedro, porque los demás apóstoles habían hecho predicciones parecidas (cp. 1 Ti. 4:1; 2 Ti. 3:1-5; 4:3).

BOSQUEJO

Saludo (1-2)

I. El peligro de los apóstatas (3-4)
II. La perdición de los apóstatas (5-7)
III. La descripción de los apóstatas (8-16)
IV. La defensa en contra de los apóstatas (17-23)

Doxología final (24-25)

Obligados a contender

1

Judas, siervo de Jesucristo, y hermano de Jacobo, a los llamados, santificados en Dios Padre, y guardados en Jesucristo: Misericordia y paz y amor os sean multiplicados. Amados, por la gran solicitud que tenía de escribiros acerca de nuestra común salvación, me ha sido necesario escribiros exhortándoos que contendáis ardientemente por la fe que ha sido una vez dada a los santos. (1-3)

Sin lugar a dudas, la mayor amenaza para la Iglesia siempre ha sido la falsa enseñanza. Su sutileza y gravedad la convierten en un veneno espiritual diferente a cualquier otro. Aunque las amenazas externas (tales como persecución religiosa y animosidad del mundo) son con seguridad desagradables, las heridas que infringen solo son físicas y las lesiones que ocasionan solo son temporales. Por otra parte, la falsa enseñanza más mortífera no viene de las religiones engañosas y no cristianas de fuera de la Iglesia, sino de embaucadores espirituales *dentro de* ella. El daño resultante es mucho mayor que el causado por asaltos externos; las víctimas son espirituales y las consecuencias son eternas. No es de extrañar entonces que Jesús advirtiera a sus seguidores acerca de los peligros mortales de la apostasía:

> *Guardaos de los falsos profetas, que vienen a vosotros con vestidos de ovejas, pero por dentro son lobos rapaces. Por sus frutos los conoceréis. ¿Acaso se recogen uvas de los espinos, o higos de los abrojos? Así, todo buen árbol da buenos frutos, pero el árbol malo da frutos malos. No puede el buen árbol dar malos frutos, ni el árbol malo dar frutos buenos. Todo árbol que no da buen fruto, es cortado y echado en el fuego. Así que, por sus frutos los conoceréis (Mt. 7:15-20).*

En su exhortación a los ancianos de Éfeso el apóstol Pablo repitió la advertencia del Señor:

> *Porque yo sé que después de mi partida entrarán en medio de vosotros lobos rapaces, que no perdonarán al rebaño. Y de vosotros mismos se levantarán hombres que hablen cosas perversas para arrastrar tras sí a los discípulos. Por tanto, velad, acordándoos que por tres años, de noche y de día, no he cesado de amonestar con lágrimas a cada uno (Hch. 20:29-31).*

El resto del Nuevo Testamento registra advertencias similares, que enseñan a los creyentes a protegerse contra la engañosa naturaleza de la falsa enseñanza que se hace pasar por verdad cristiana (Mt. 24:10-14; 2 Ts. 2:3-12; 1 Ti. 4:1-3; 2 Ti. 3:1-9; 2 P. 2:1—3:7; 1 Jn. 2:18-19; 4:1-3; 2 Jn. 7-10; Ap. 2:6, 14-16, 20-23; 3:1-3, 14-18; cp. Stg. 5:1-6).

Esas advertencias estaban justificadas. Para finales del siglo I, cuando el apóstol Juan escribió el libro del Apocalipsis, solo dos de las siete iglesias a las que se dirigió (Esmirna y Filadelfia) permanecían totalmente fieles. Las otras cinco iglesias en un grado u otro habían caído presas de la infiltración de error doctrinal y de sus consecuencias morales. Por tanto, Cristo les mandó arrepentirse, mantenerse firmes y combatir la falsedad que enfrentaban; debían combatir la apostasía y vencerla.

Aunque la carta de Judas se escribió cerca de veinticinco años antes, él también reconoció que en la iglesia ya había comenzado la batalla por la verdad, según Pedro profetizara unos años antes en 2 Pedro 1:1-3 y 3:1-3. Por eso es que Judas dedicó toda su carta a la presencia de falsos maestros apóstatas. Él deseaba que sus lectores se mantuvieran firmes contra los engaños espirituales que amenazaban con hacer estragos en la comunidad. Además, quería que todos aquellos que propagaban tales errores en la iglesia fueran desenmascarados y expulsados.

Como la última de las epístolas del Nuevo Testamento, el libro de Judas sirve de entrada literaria al libro del Apocalipsis. En Judas, los falsos maestros son examinados, sus motivos descubiertos y su perdición profetizada. En Apocalipsis, esa inevitable destrucción se desarrolla en detalles, mientras que el futuro triunfo de Cristo elimina finalmente el error y establece la verdad para siempre.

Judas escribió esta carta entre el 68-70 d.C., poco después que Pedro terminara su segunda epístola. Las dos cartas están íntimamente relacionadas, y contienen varias descripciones casi idénticas de los falsos maestros y la apostasía. Es más, tal vez Judas sea una secuela de 2 Pedro, escrita quizás al mismo grupo de cristianos para exponerles que lo que Pedro había dicho se estaba presentando ahora. Segunda de Pedro 2—3 usa tiempos futuros en sus referencias a los falsos maestros. Judas escribió en tiempo presente. Cuando comenzó su carta, sentando las bases en los tres primeros versículos, dio a conocer sus antecedentes, su audiencia, y su exhortación.

ANTECEDENTES DE JUDAS

Judas, siervo de Jesucristo, y hermano de Jacobo, (1*a*)

Judas (heb. "Judá") era un nombre común en el Nuevo Testamento. Por ejemplo, dos de los discípulos de Jesús se llamaban Judas: Judas Iscariote y Judas, hijo de

Jacobo (Lc. 6:16 NVI; Jn. 6:71; 14:22; Hch. 1:13). El apóstol Pablo, poco después de su conversión, conoció a Ananías en la casa de Judas de Damasco (Hch. 9:11). Y Judas Barsabás, un dirigente en la iglesia primitiva, se unió a Pablo, Bernabé y Silas para llevar una carta de parte del concilio de Jerusalén a los creyentes en Antioquía (Hch. 15:22-33). Hubo incluso un Judas de Galilea, quien fundó los zelotes y dirigió un levantamiento en Palestina a principios del siglo I (Hch. 5:37).

Pero el **Judas** que escribió esta carta no fue ninguno de esos hombres. En vez de eso, este era el **hermano de Jacobo,** quien era medio hermano de Jesús (Mt. 13:55; Mr. 6:3; cp. Gá. 1:19) y el líder del concilio de Jerusalén (Hch. 15:13). El saludo de Judas aquí es parecido al de su hermano (cp. Stg. 1:1), aunque, a diferencia de Jacobo, Judas no se consideraba apóstol (cp. v. 17). No obstante, su íntima relación con Jesús (como medio hermano) y con Jacobo seguramente le dio a Judas una posición destacada y de autoridad en la iglesia primitiva, una plataforma desde la cual pudo enfrentar los peligros de la falsa enseñanza. Es irónico que en la providencia de Dios, el Espíritu Santo eligiera un hombre con el mismo primer nombre de Judas Iscariote, el apóstata más infame de todos los tiempos (Hch. 1:16-20, 25), para escribir la epístola del Nuevo Testamento sobre la apostasía. (Para un análisis de la autoría de esta epístola, véase la Introducción a Judas en esta misma obra).

Judas se presentó como **siervo de Jesucristo,** sugiriendo que la muerte, la resurrección y la ascensión de Cristo le habían trasformado el corazón. Pasó de ser un incrédulo (cp. Jn. 7:5) a ser un **siervo** (*doulos,* "esclavo"), alguien que confiaba en Cristo como su Señor y Maestro (cp. Mt. 24:46; Lc. 2:29; Hch. 4:29; Gá. 1:10; Col. 1:7; 2 Ti. 2:24; Ap. 19:5). En consecuencia, su relación de salvación con Cristo se volvió más importante que los vínculos familiares (cp. Mr. 3:31-35). De ahí que Judas decidiera humildemente llamarse **siervo de** Jesús en vez de resaltar la realidad más impresionante de que era medio hermano del Señor.

En el mundo grecorromano la esclavitud era generalizada, haciendo muy significativa la conocida designación de **siervo** (cp. Ro. 1:1; Fil. 1:1; 2 P. 1:1) hallada en el Nuevo Testamento. La palabra denotaba ser posesión de alguien, así como sumisión absoluta y desinteresada hacia esa persona, en este caso a Jesús como Señor. En esta carta dicha identificación es especialmente apropiada porque coloca a Judas en marcado contraste con los apóstatas. Él era un esclavo agradecido y voluntario del Señor Jesucristo, mientras que los apóstatas negaban el señorío de Cristo por medio de sus estilos de vida abiertamente pecaminosos (v. 4; cp. 2 P. 2:1).

AUDIENCIA DE JUDAS

a los llamados, santificados en Dios Padre, y guardados en Jesucristo: Misericordia y paz y amor os sean multiplicados. (1*b*-2)

El saludo de Judas esboza claramente que estaba escribiendo a creyentes verdaderos. Tal saludo enfatiza la confortante verdad de que como creyentes que contienden con la creciente apostasía permanecen seguros en el propósito soberano de Dios. Al igual que Pedro, quien consoló a sus lectores con dos ejemplos del Antiguo Testamento acerca de la protección y la liberación de Dios (Noé y Lot), Judas animó a sus lectores a confiar en Dios incluso en medio de intensa batalla espiritual. Es más, enumeró cuatro razones para que los cristianos descansaran en Dios y no tuvieran temor, a saber, porque son llamados, santificados, guardados y bendecidos por Él.

LLAMADOS

a los llamados, (1*b*)

Llamados se traduce del pronombre adjetivo *klētos,* que se relaciona con el conocido verbo *kaleō,* "llamar". Es la palabra principal de la frase, con dos participios pasivos perfectos (que describen a los creyentes) en yuxtaposición a ella. Incluso como sugiere la traducción en español, el vocablo transmite la idea de ser escogido o seleccionado personalmente. Dios ha llamado a los creyentes hacia Él; los ha apartado y escogido como sus hijos.

Judas no está hablando aquí sobre la invitación general de Dios a los pecadores (Is. 45:22; 55:6; Ez. 33:11; Mt. 11:28; 22:14; 23:37; Lc. 14:16-24; Jn. 7:37; Ap. 22:17), un llamado que a menudo se ignora y se rechaza (cp. Mt. 12:14; Lc. 4:16-19, 28-30; Hch. 4:13-18; 5:17-18, 26-28, 33-40; 7:54-58; 2 Co. 2:15-16). Más bien, el escritor está hablando del llamado especial e interno de Dios a través del cual despierta la voluntad humana e imparte vida espiritual que permite a pecadores que una vez estuvieron muertos aceptar por fe el evangelio (cp. Jn. 5:21; Hch. 16:14; Ef. 2:5). Es a esto a lo que Cristo se refirió cuando declaró: "Ninguno puede venir a mí, si el Padre que me envió no le trajere" (Jn. 6:44; cp. v. 65). Pablo también se refirió al llamado eficaz de los creyentes cuando escribió a Timoteo:

> *Por tanto, no te avergüences de dar testimonio de nuestro Señor, ni de mí, preso suyo, sino participa de las aflicciones por el evangelio según el poder de Dios, quien nos salvó y llamó con llamamiento santo, no conforme a nuestras obras, sino según el propósito suyo y la gracia que nos fue dada en Cristo Jesús antes de los tiempos de los siglos (2 Ti. 1:8-9; cp. Ro. 1:6-7; 8:30; 1 Co. 1:1-2, 9, 24; 1 Ti. 6:12; 1 P. 3:9; Ap. 17:14).*

En su soberana sabiduría, Dios eligió a los creyentes basándose únicamente en su propósito amoroso en Cristo desde antes del comienzo del tiempo. Su llamado no estaba arraigado en algo que viera en ellos, ni siquiera en la fe prevista que habrían de tener (véase el estudio de la presciencia divina en mi exposición de 1 Pedro 1:2a en el capítulo 1 de mi comentario de 1 y 2 Pedro). Más bien, el llamado de Dios está motivado por su propia gloria y voluntad, para que su misericordia pudiera mostrarse eternamente (Ro. 9:23-24). Los creyentes son entonces aquellos que son divinamente elegidos para salvación. No se ganan la decisión de Dios; tampoco pueden perder la salvación ni alguien se la puede quitar (cp. Jn. 6:37-40; 10:27-30; Ro. 8:28-30, 38-39). Por tanto, pueden descansar en la seguridad del llamado misericordioso de Dios, incluso en el más peligroso conflicto con la falsa enseñanza.

SANTIFICADOS

santificados en Dios Padre, (1*c*)

Dios eligió salvar creyentes porque los amaba. Basado totalmente en su placer soberano y por razones más allá de la comprensión humana (cp. Ro. 9:11-13; 10:20; 1 Co. 1:26-29; Stg. 2:5), el **Padre** se propuso poner su amor en ciertos pecadores y redimirlos (Mt. 11:27; Ro. 8:28-30; Ef. 1:4). Incluso cuando eran rebeldes los eligió para que fueran sus hijos y los beneficiarios de la muerte de Cristo. Así les dijo Pablo a los romanos: "Dios muestra su amor para con nosotros, en que siendo aún pecadores, Cristo murió por nosotros" (Ro. 5:8; cp. Jn. 3:16; 13:1; 1 Jn. 4:10, 19).

Santificados se traduce de un participio pasivo perfecto derivado del conocido verbo *agapaō*. El tiempo perfecto indica que Dios puso su amor en los creyentes en la eternidad pasada (Ef. 1:4-5), con resultados que continúan en el presente y dentro del futuro. Por su amor no influenciado y selectivo, el Padre determinó desde antes de la fundación de mundo quiénes creerían (cp. Hch. 13:48; 2 Ts. 2:13; 2 Ti. 1:9). Ese amor requería que también diera a su Hijo para morir en la cruz en lugar de ellos, pagando así la culpa por los pecados que tenían (Is. 53:5-6; Mr. 10:45; Jn. 3:16; 1 P. 2:24). Por amor, el Padre envió al Espíritu Santo para convencer de pecado a los pecadores, atraerlos a la fe que salva y regenerar sus corazones pecadores (Jn. 3:3-8; 6:37, 44; Ro. 3:25-26; 8:1; 1 Co. 6:11; Tit. 3:5, 7). Además, es por su amor que Dios sigue asegurando y protegiendo a sus hijos, prometiéndoles una relación con Él que durará por toda la eternidad (cp. Jn. 14:1-4; Ef. 1:13-14; 5:27; 1 P. 1:3-4).

El apóstol Juan escribió esto acerca del amor de Dios por los creyentes: "Mirad cuál amor nos ha dado el Padre, para que seamos llamados hijos de Dios; por esto el mundo no nos conoce, porque no le conoció a él" (1 Jn. 3:1). La expresión traducida "cuál amor" viene de *potapos*, que originalmente significaba "¿de qué nación?" Describe el amor divino como algo ajeno a los seres humanos y que está fuera de su capacidad natural de entendimiento —otro tipo mundano de amor— como si fuera un concepto de una cultura extranjera o raza desconocida. Por lo general las personas no aman a los extranjeros, y especialmente no aman a sus enemigos (cp. Mt. 5:43-48). Sin embargo, Dios decidió amar a pecadores elegidos incluso cuando eran pecadores *rebeldes* (Ef. 2:1-10; cp. Jn. 15:13, 16; Ro.5:8; 1 Ti. 1:12-16; 1 Jn. 4:19).

En su oración sacerdotal, Jesús describió aún más la clase de amor que su Padre tiene por sus hijos:

> *La gloria que me diste, yo les he dado, para que sean uno, así como nosotros somos uno. Yo en ellos, y tú en mí, para que sean perfectos en unidad, para que el mundo conozca que tú me enviaste, y que los has amado a ellos como también a mí me has amado. Padre, aquellos que me has dado, quiero que donde yo estoy, también ellos estén conmigo, para que vean mi gloria que me has dado; porque me has amado desde antes de la fundación del mundo. Padre justo, el mundo no te ha conocido, pero yo te he conocido, y éstos han conocido que tú me enviaste. Y les he dado a conocer tu nombre, y lo daré a conocer aún, para que el amor con que me has amado, esté en ellos, y yo en ellos (Jn. 17:22-26).*

Aunque los creyentes no hicieron nada para ganarse el afecto de Dios (y en realidad hicieron todo por provocarlo a ira), El Padre ama a los pecadores redimidos con el mismo amor que tiene por su Hijo. Se trata de un amor que es infinito, eterno y totalmente seguro. Juan escribió en su evangelio que Dios amó "a los suyos… los amó hasta el fin" (13:1), es decir a la perfección y para siempre. Es más, nada separará alguna vez a los creyentes de tal amor, como Pablo declara en Romanos 8:38-39:

> *Por lo cual estoy seguro de que ni la muerte, ni la vida, ni ángeles, ni principados, ni potestades, ni lo presente, ni lo por venir, ni lo alto, ni lo profundo, ni ninguna otra cosa creada nos podrá separar del amor de Dios, que es en Cristo Jesús Señor nuestro.*

GUARDADOS

y guardados en Jesucristo: (1*d*)

Guardados en se traduce de un participio pasivo perfecto (*tetērēmenois*), del verbo *tēreō,* "observar, poner atención a, colocar bajo resguardo, sustentar". Aunque los traductores de la *Reina-Valera 1960* tradujeron la redacción de Judas como **guardados en,** el caso dativo del participio sugiere que "guardados por" (NVI) podría ser una traducción preferible. De ahí que la frase de Judas repita la propia enseñanza de Jesús sobre la preservación de los creyentes:

> *Mis ovejas oyen mi voz, y yo las conozco, y me siguen, y yo les doy vida eterna; y no perecerán jamás, ni nadie las arrebatará de mi mano. Mi Padre que me las dio, es mayor que todos, y nadie las puede arrebatar de la mano de mi Padre (Jn. 10:27-29; cp. 6:37-44; 17:11, 15; Ro. 8:31-39).*

Jesucristo ha prometido mantener seguros a los creyentes por toda la eternidad (Jn. 6:35-40; 10:27-30; Ro. 8:35-39), una garantía que hizo posible por su muerte en la cruz. Por medio de su sacrificio de una sola vez (1 P. 3:18), Cristo extiende el perdón de pecados, la realidad de la vida eterna y la esperanza de glorificación a sus seguidores.

Además, lo que Cristo aseguró en la cruz el Padre lo protege por medio de su poder (1 P. 1:5). No existe ninguna persona o poder en el universo que sea más grande que Dios. Tampoco hay alguna fuerza que alguna vez pudiera acabar con el agarre amoroso que tiene sobre los que le pertenecen. Como resultado, los creyentes pueden reposar en Él, sabiendo que su salvaguardia eterna está en las manos omnipotentes de Dios. Este es un terreno importante en que los creyentes pueden luchar sin temor contra falsos maestros. Aquellos que creen que la salvación se puede perder deberían ser coherentes y reacios a participar de cerca en tan mortal error. Judas empieza su carta quitando ese temor innecesario: ¡Los creyentes son **guardados!**

BENDECIDOS

Misericordia y paz y amor os sean multiplicados. (2)

La salvación que Dios provee para sus hijos está llena de abundantes bendiciones (Sal. 37:6, 17, 24, 39; 84:5, 11; 92:12-14; Mt. 6:31-33; Jn. 10:10; Hch. 20:32; Ro. 9:23; 2 Co. 9:8-10; Fil. 4:19), tres de las cuales Judas enumera en este saludo. Él toma la frase **misericordia y paz,** un saludo común judío (cp. 1 Ti. 1:2; 2 Ti. 1:2; 2 Jn. 3), y le añade **amor** para recordar a sus lectores el amor de Cristo por ellos (cp. Ef. 3:19; Ap. 1:5). Esta triple expresión ocurre solo aquí en el Nuevo Testamento.

Sean multiplicados (una forma del verbo *plēthunō*) significa "ser aumentado" implícitamente hasta la medida más plena. La oración de Judas es que sus lectores disfrutaran continuamente la bendición del Señor, por difícil que la batalla espiritual pudiera llegar a ser (cp. 1 P. 1:2; 2 P. 1:2).

Primero, la bendición de Dios incluye un generoso suministro de su **misericordia** (Mr. 5:19; Lc. 1:50; Ro. 9:15; Gá. 6:16; Ef. 2:4; Tit. 3:5; 1 P. 2:10; cp. Is. 63:9; Jer. 31:20). Cada vez que los creyentes pecan, encuentran siempre una amplia provisión de misericordia en el trono de gracia de Dios (He. 4:16). Pablo dijo a los romanos: "las riquezas de su gloria [de Dios], las mostró para con los vasos de misericordia que él preparó de antemano para gloria" (Ro. 9:23). Los "vasos de misericordia", aquellos pecadores a quienes Él ha elegido para salvación, reciben continuamente el derramamiento de la misericordia divina, como copas o tazones que se están rellenando constantemente de agua.

A fin de suplir las necesidades en cada circunstancia, Dios también multiplica su **paz** a los creyentes, una paz que proviene de saber que sus pecados son perdonados. Jesús consoló a los apóstoles con estas palabras: "La paz os dejo, mi paz os doy; yo no os la doy como el mundo la da. No se turbe vuestro corazón, ni tenga miedo" (Jn. 14:27; cp. 16:33; Sal. 29:11; 85:8; 119:165; Is. 9:7; 26:3; Jer. 33:6; Lc. 2:14; Ro. 5:1; 15:13; 1 Co. 14:33; Gá. 5:22; Fil. 4:7; Col. 3:15; 1 Ts. 5:23).

Dios también bendice a los creyentes con efusiones constantes de **amor.** Pablo manifestó: "El amor de Dios ha sido derramado en nuestros corazones por el Espíritu Santo que nos fue dado" (Ro. 5:5; cp. 8:39; Jn. 16:27; 17:23; Ef. 2:4; 2 Ts. 2:16; 1 Jn. 4:7-10). (Para más sobre el amor de Dios por los creyentes, véase John MacArthur, *The God Who Loves* [Nashville: Word Publishing, 2001]).

Es evidente que Dios derrama sus abundantes bendiciones sobre aquellos que llama, ama y guarda. Ser su hijo incluye privilegio infinito y bendición espiritual (Ef. 1:3). Sin embargo, con esas bendiciones viene una gran responsabilidad, un tema aleccionador que Judas enfoca ahora.

EXHORTACIÓN DE JUDAS

Amados, por la gran solicitud que tenía de escribiros acerca de nuestra común salvación, me ha sido necesario escribiros exhortándoos que contendáis ardientemente por la fe que ha sido una vez dada a los santos. (3)

Al usar el término **amados,** Judas muestra su sincera preocupación pastoral por sus lectores (cp. Ro. 1:7; 12:19; 1 Co. 4:14; 15:58; Ef. 5:1; Fil. 2:12; Stg. 1:16, 19; 2:5; 1 P. 4:12; 1 Jn. 2:7; 3:2, 21). Esa preocupación no era una forma superficial de sensiblería, sino una expresión sentida de afecto por el pueblo de Dios. También personifica una inquietud nacida de una profunda convicción respecto a la importancia crucial de la verdad de Dios.

Inicialmente Judas tuvo **gran solicitud** en escribir **acerca de** la **común salvación** que compartía con sus lectores. **Solicitud** (*spoudē*) connota apremio o velocidad, y puede significar que Judas se apuró en escribir, o que se esforzó pero no pudo completar lo que originalmente planeaba decir. Cualquiera que sea el caso, la presencia de falsa enseñanza se lo impidió, impresionándolo con la urgente necesidad de convocar a la iglesia a batallar. Su idea inicial era hablar positivamente de las bendiciones participadas de la **salvación.** Pero esa misma salvación estaba bajo ataque por parte de apóstatas, de ahí el cambio de temas.

Al igual que Pablo, quien escribió a los corintios: "Me es impuesta necesidad; y ¡ay de mí si no anunciare el evangelio!" (1 Co. 9:16), a Judas le **ha sido necesario** (una pesada carga o mandato) escribir. *Agchō,* la raíz del sustantivo traducido **necesario,** significa literalmente "comprimir". Judas reconoció que él era un atalaya de la verdad (cp. Ez. 3:16-21) que no podía tan solo observar en silencio mientras sus lectores se deslizaban dentro del error. La ferviente pasión de Judas por la sana doctrina, en especial con relación al evangelio, hacía que hasta pensar en la falsa enseñanza fuera una pesada carga en su corazón (cp. 2 Co. 11:28). Él y sus lectores no iban a participar de una **común salvación** si ellos perdían el evangelio.

Judas también sentía un amor profundo por sus lectores, es decir que le interesaba el bienestar espiritual de ellos. En consecuencia, su tono transmitía una preocupación genuina similar a la de Pablo, quien escribió a los ancianos en Éfeso: "Por tanto, velad, acordándoos que por tres años, de noche y de día, no he cesado de amonestar con lágrimas a cada uno" (Hch. 20:31; cp. Col. 1:29).

Judas no podía dejar de **exhortar** (*parakaleō,* "apelar, animar") a sus lectores a que contendieran **ardientemente por la fe.** La poderosa expresión **contendáis ardientemente** se traduce de un infinitivo presente (*epagōnizomai*) y resalta la necesidad de defender la verdad de modo continuo y vigoroso (cp. 1 Ti. 1:18; 6:12; 2 Ti. 4:7). Se trata de un verbo compuesto del que se translitera el español *agonizar.* Desde la época de Judas hasta el día de hoy, los verdaderos creyentes siempre han tenido que batallar por la pureza del evangelio de salvación.

Al referirse a **la fe,** Judas no está hablando de un conjunto nebuloso de doctrinas religiosas. Más bien, **la fe** constituye la fe cristiana, la fe del evangelio, la verdad objetiva de Dios (es decir, todo lo perteneciente a **nuestra común salvación**). Esto es de lo que Lucas escribió en Hechos 2:42 para hacer notar que los primeros creyentes "perseveraban en la doctrina de los apóstoles" (cp. 1 Co. 15:1-4; 2 Ts. 3:6). Pablo encomendó a Timoteo que protegiera esa fe: "Retén la forma de las sanas palabras que de mí oíste, en la fe y amor que es en Cristo Jesús. Guarda el buen depósito por el Espíritu Santo que mora en nosotros" (2 Ti. 1:13-14; cp. 1 Ti. 6:19-20).

La verdad de Dios es de suma importancia en la vida y el ministerio (cp. Sal. 25:5, 10; 71:22; 119:142, 160; Pr. 23:23; Jn. 4:24; 8:32; 2 Co. 13:8; 1 Ti. 2:4; 2 Ti. 2:15). Manipular y distorsionar esa verdad, o mezclarla con error, es invitar la ira eterna de Dios. Por eso Pablo advirtió a los gálatas: "Si alguno os predica diferente evangelio del que habéis recibido, sea anatema" (Gá. 1:9). Además, el apóstol Juan expresó a sus lectores:

> *Cualquiera que se extravía, y no persevera en la doctrina de Cristo, no tiene a Dios; el que persevera en la doctrina de Cristo, ése sí tiene al Padre y al Hijo. Si alguno viene a vosotros, y no trae esta doctrina, no lo recibáis en casa, ni le*

digáis: ¡Bienvenido! Porque el que le dice: ¡Bienvenido! participa en sus malas obras (2 Jn. 9-11).

Judas define aún más **la fe** en términos concisos y específicos como **que ha sido una vez dada a los santos.** *Hapax* (**una vez**) se refiere a algo que se logra o se completa una sola vez, con resultados perdurables y sin necesidad de repetición. A través del Espíritu Santo, Dios reveló la fe cristiana (cp. Ro. 16:26; 2 Ti. 3:16) a los apóstoles y sus colaboradores en el siglo I. Sus escritos en el Nuevo Testamento, junto con las Escrituras del Antiguo Testamento, conforman el verdadero "conocimiento" de Jesucristo, y es todo lo que los creyentes necesitan para la vida y la piedad (2 P. 1:3; cp. 2 Ti. 3:16-17).

Los autores del Nuevo Testamento no descubrieron las verdades de la fe cristiana por medio de experiencias religiosas místicas. Más bien Dios, con finalidad y certeza, entregó el contenido completo de su revelación en la Biblia. Cualquier sistema que afirme tener nueva revelación o nueva doctrina debe ser descartado como falso (Ap. 22:18-19). La Palabra de Dios es suficiente; es todo lo que los creyentes necesitan para contender por la fe y oponerse a la apostasía dentro de la Iglesia.

Advertencias contra los apóstatas

2

Porque algunos hombres han entrado encubiertamente, los que desde antes habían sido destinados para esta condenación, hombres impíos, que convierten en libertinaje la gracia de nuestro Dios, y niegan a Dios el único soberano, y a nuestro Señor Jesucristo. Mas quiero recordaros, ya que una vez lo habéis sabido, que el Señor, habiendo salvado al pueblo sacándolo de Egipto, después destruyó a los que no creyeron. Y a los ángeles que no guardaron su dignidad, sino que abandonaron su propia morada, los ha guardado bajo oscuridad, en prisiones eternas, para el juicio del gran día; como Sodoma y Gomorra y las ciudades vecinas, las cuales de la misma manera que aquéllos, habiendo fornicado e ido en pos de vicios contra naturaleza, fueron puestas por ejemplo, sufriendo el castigo del fuego eterno. (4-7)

La sana doctrina está bajo asedio. Es más, siempre lo ha estado.

El ataque a la verdad es tan antiguo como la historia humana. Comenzó en el huerto del Edén, cuando Satanás tergiversó la Palabra de Dios y convenció a Eva de que desobedeciera a su Creador (Gn. 3:1-6). Desde entonces el "padre de mentira" (Jn. 8:44) ha continuado sin cesar su amarga ofensiva contra la verdad divina (cp. Hch. 20:29-30; Ef. 6:10-18). Su meta es simple: oponerse al avance del reino de Dios a cualquier costo. Su táctica es sigilosa, atrayendo a sus víctimas por medio del engaño y la distorsión. Su estrategia es exitosa entre los no creyentes (dentro de los límites soberanos de Dios), como deja bien en claro el embrollo tan confuso de la religión moderna.

Sin embargo, a pesar de las victorias aparentes de Satanás, sus días están contados. Dios mismo promete que al final la verdad prevalecerá (cp. 2 Ts. 2:5-17); el reino eterno de Cristo (en el cual el error no tiene parte) se establecerá un día (2 P. 3:13). En cuanto al maligno y sus tácticas guerrilleras, serán vencidos para siempre (Ap. 20:10).

Mientras tanto, reconociendo que Satanás está todavía al acecho (1 P. 5:8), los cristianos deben ser serios y firmes en contender por la fe (véase el v. 3). Deben ser proactivos en ir tras la verdad, y también en confrontar y resistir todo lo falso. Eso requiere gran discernimiento, sabiduría, fortaleza y entereza. El apóstol

Pablo exhortó a Timoteo: "Retén la forma de las sanas palabras que de mí oíste, en la fe y amor que es en Cristo Jesús. Guarda el buen depósito por el Espíritu Santo que mora en nosotros" (2 Ti. 1:13-14; cp. 1 Ti. 6:20-21). Al igual que Timoteo, los creyentes de la actualidad tienen el mandato de tomar en serio la verdad del evangelio, haciendo todo lo posible por proteger y preservar su pureza. Esto es especialmente crucial para pastores y ancianos, quienes como responsables por "la grey de Dios" (1 P. 5:2), deben ser fieles en retener "la palabra fiel tal como ha sido enseñada, para que también pueda[n] exhortar con sana enseñanza y convencer a los que contradicen" (Tit. 1:9). Ellos son responsables por interpretar correctamente la Biblia o quedarán avergonzados (cp. 2 Ti. 2:15).

Sin duda alguna Judas entendió lo que estaba en juego; sabía que en la iglesia se estaban infiltrando enemigos. Él reconoció que se estaba preparando una batalla, un conflicto que caracterizaba la más novedosa campaña de Satanás en su prolongada guerra contra la verdad. Por eso Judas escribió esta carta: para alertar a sus lectores acerca de los peligros doctrinales que enfrentaban por parte de los agentes de Satanás. Como un general que instruye a sus tropas acerca del enemigo, Judas hace para sus lectores una reseña de estos enemigos apóstatas. Por tanto, en esta sección trata con la presencia, la predicción, la descripción y el deterioro de los falsos maestros con el fin de que su audiencia pueda estar bien preparada para desenmascarar y desarmar a esos terroristas espirituales.

LA PRESENCIA DE LOS APÓSTATAS

Porque algunos hombres han entrado encubiertamente, (4*a*)

La advertencia de Judas no era simplemente hipotética; los falsos maestros ya estaban presentes. La palabra traducida **entrado encubiertamente** (*pareisduō*) aparece solo aquí en el Nuevo Testamento, y tiene la connotación de escurrirse en secreto con mala intención. En el griego común la expresión describía la sagacidad de un abogado que por medio de argumentación astuta se infiltra en las mentes de los funcionarios del tribunal y les corrompe el pensamiento. Después de penetrar en la iglesia, los apóstatas estaban en posición de presentar "encubiertamente herejías destructoras" (2 P. 2:1).

Sin lugar a dudas, hay muchos falsos maestros fuera de la iglesia que propagan mentiras y engaños, y que abiertamente proclaman su oposición al cristianismo. Jesús advirtió a los apóstoles: "Mirad por vosotros mismos; porque os entregarán a los concilios, y en las sinagogas os azotarán; y delante de gobernadores y de reyes os llevarán por causa de mí, para testimonio a ellos" (Mr. 13:9; cp. Hch. 4:1-3, 13-18; 5:17-18, 26-40; 6:12-14; 7:54, 57-59; 8:1-3; 12:1-4; 14:19; 16:19-24; 17:5-9; 21:26-36; 23:12—24:9). No obstante, los falsos pastores, ancianos, diáconos y maestros dentro de la iglesia son por lo general mucho más peligrosos. Los ataques desde fuera de la iglesia a menudo unen al pueblo, pero los ataques desde el interior (que vienen de los falsos maestros) por lo general dividen y confunden al rebaño.

Estos falsos maestros entran **encubiertamente,** se infiltran en la estructura de la iglesia y causan el mayor daño posible. En consecuencia, la verdadera comunión, adoración, ministración y evangelización desaparecen a medida que la iglesia sucumbe ante devastadores errores tanto en doctrina como en práctica. El Nuevo Testamento reiteradamente advierte del peligro que la apostasía representa dentro de la Iglesia (cp. Hch. 20:28-31; 2 Co. 11:12-15; Gá. 1:6-9; 3:1-3; Col. 2:8, 18-19; 2 P. 2; 1 Jn. 2:9-11, 18-22; 4:1-6; 2 Jn. 7-11). En la Iglesia de hoy, dicha apostasía toma muchas formas. Los falsos maestros escriben libros y editan publicaciones, hablan por radio y televisión, enseñan en universidades y seminarios, predican en púlpitos, y tienen sitios web en la Internet. Satanás siempre siembra su cizaña en medio del trigo (Mt. 13:24-30), y levanta falsos hermanos disfrazándolos como mensajeros de la verdad (cp. 2 Co. 11:14).

A pesar de que la descripción que Judas hace de los apóstatas como **algunos hombres** es ambigua, su específica identidad histórica no es esencial para el punto principal de Judas; es decir, que todos los embaucadores espirituales representan un peligro claro y actual para la Iglesia, cualquiera que sea su error. Judas tampoco considera necesario detallar los matices de la falsa teología particular de estos mentirosos. Podría haberse tratado de una forma incipiente de gnosticismo o de una versión temprana de nicolaísmo (una herejía que pervertía la gracia y promovía conducta malvada e inmoral; véase Ap. 2:6, 15). En cualquier caso, los lectores de Judas sabían quiénes eran los apóstatas y qué enseñaban. Por tanto, les advirtió que estuvieran alerta. De igual modo, los cristianos contemporáneos también deben estar conscientes de similares herejes que aún amenazan la iglesia de hoy (Mt. 7:15; 24:11; Hch. 20:29).

LA PREDICCIÓN REFERENTE A LOS APÓSTATAS

los que desde antes habían sido destinados para esta condenación, (4*b*)

Desde los primeros tiempos de la historia de la redención, Dios ha prometido juzgar a los apóstatas con la mayor severidad. El tiempo perfecto del participio *progegrammenoi* (**desde antes habían sido destinados**) sugiere que hace mucho tiempo Dios pronunció condenación contra todos los apóstatas. Estos son hijos de ira a quienes Él ha ordenado **para esta condenación** profetizada. Judas también se refirió a tal condenación en los versículos 14-15 de esta carta:

> *De éstos también profetizó Enoc, séptimo desde Adán, diciendo: He aquí, vino el Señor con sus santas decenas de millares, para hacer juicio contra todos, y dejar*

convictos a todos los impíos de todas sus obras impías que han hecho impíamente, y de todas las cosas duras que los pecadores impíos han hablado contra él (Véase el estudio de este pasaje en el capítulo 4 de esta obra; cp. Is. 47:12-15; Sof. 1:4-6; 2 P. 2:17, 20-22).

Los profetas del Antiguo Testamento también hicieron muchas predicciones acerca del juicio a los apóstatas (Is. 8:20-22; Jer. 5:13-14; 8:12-13; Os. 9:7-9; Sof. 3:1-8), igual que hizo el apóstol Pedro:

Por avaricia harán mercadería de vosotros con palabras fingidas. Sobre los tales ya de largo tiempo la condenación no se tarda, y su perdición no se duerme. Porque si Dios no perdonó a los ángeles que pecaron, sino que arrojándolos al infierno los entregó a prisiones de oscuridad, para ser reservados al juicio; y si no perdonó al mundo antiguo, sino que guardó a Noé, pregonero de justicia, con otras siete personas, trayendo el diluvio sobre el mundo de los impíos; y si condenó por destrucción a las ciudades de Sodoma y de Gomorra, reduciéndolas a ceniza y poniéndolas de ejemplo a los que habían de vivir impíamente (2 P. 2:3-6).

(Véase también el estudio de dichos versículos en el capítulo 30 de mi comentario de 1 y 2 Pedro). El veredicto contra estos apóstatas fue dictado hace mucho tiempo, lo que quiere decir que su juicio final es inevitable e inalterable.

DESCRIPCIÓN DE LOS APÓSTATAS

hombres impíos, que convierten en libertinaje la gracia de nuestro Dios, y niegan a Dios el único soberano, y a nuestro Señor Jesucristo. (4*c*)

Sin lugar a dudas, los apóstatas de la época de Judas (al igual que los falsos maestros de cualquier período) se caracterizaban por la impiedad (cp. v. 15). Afirmaban que pertenecían a Dios y hablaban por Él; sin embargo, sus corazones estaban lejos de Dios (cp. Mt. 7:15-23). A la luz de esta realidad Judas describió el carácter, la conducta, y el credo de estos mentirosos como corruptos.

SU CARÁCTER

hombres impíos, (4*c*)

Al ser **hombres impíos** (*asebēs*), los falsos maestros no podían adorar a Dios de forma adecuada. Es más, estaban y están desprovistos de toda reverencia hacia

Él. Los padres de la iglesia primitiva usaron el término *asebēs* en referencia a ateos y herejes. Esos individuos solo juegan a la religión, aunque no poseen ningún temor verdadero de Dios ni amor por Él (cp. Mt. 23:25; 1 Ti. 6:5; 2 Ti. 3:5; Tit. 1:16). A pesar de que pretenden ser líderes espirituales, en realidad traicionan notoriamente la confianza de sus mandantes en formas escandalosamente inmorales y antiéticas. Todos ellos afirman conocer y hablar con veracidad de Dios, de Jesús y de la Biblia, pero el carácter pecaminoso que muestran socava tal afirmación.

SU CONDUCTA

que convierten en libertinaje la gracia de nuestro Dios, (4*c*)

La falsa espiritualidad de los apóstatas no podía reprimir sus deseos carnales. Pervierten **la gracia** de **Dios** y la **convierten en libertinaje** (*aselgeia,* "sensualidad, indecencia, vicio desenfrenado") o en "lascivia" (que es la traducción de *aselgeia* en Gá. 5:19). Bajo la tiranía de sus pasiones no redimidas (cp. Ro. 8:3-6; 2 Co. 7:1; Gá. 5:16-17, 24; 6:8; Fil. 3:3), los falsos maestros complacían en secreto sus deseos carnales. Entonces, para empeorar las cosas excusaban su conducta pervirtiendo el concepto bíblico de la gracia. Al hacer eso demostraban que nunca habían aceptado en realidad la salvación de Cristo; si ellos en verdad hubieran saboreado el perdón divino, no habrían usado la gracia como una licencia para pecar (cp. Ro. 6:1-2; Gá. 5:13; 1 P. 2:16; 2 P. 2:19).

SU CREDO

y niegan a Dios el único soberano, y a nuestro Señor Jesucristo. (4*c*)

Los falsos maestros apóstatas se ven a sí mismos como sus propios amos. Por tanto, se niegan a reconocer sinceramente el señorío de **Jesucristo** (Sal. 89:27; Hch. 7:55-56; 10:36; Ro. 5:1; 6:23; 10:9, 12; Ef. 1:21-22; 4:15; Fil. 2:11; Col. 1:18; 2:10; 1 Ti. 6:15; Ap. 5:12; 19:16). No se someten a Jesús como **soberano** (*despotēs,* "amo gobernante") y **Señor** (*kurios,* "dueño", "propietario", términos usados como títulos de deferencia y honor); ni le dan la honra que singularmente requiere como **Dios** el Hijo y el Salvador de pecadores. Por consiguiente, le **niegan** a Cristo su posición que le corresponde como Dios (Jn. 5:23), como Rey (Mt. 25:34; Jn. 1:49-51; 12:13; 18:37), y como Mesías (Mt. 2:4-6; Mr. 8:27-29; Lc. 2:25-35; Jn. 4:25-26). De ese modo confirman que son falsos, pues "profesan conocer a Dios, pero con los hechos lo niegan, siendo abominables y rebeldes, reprobados en cuanto a toda buena obra" (Tit. 1:16).

LA MALDICIÓN DE LOS APÓSTATAS

Mas quiero recordaros, ya que una vez lo habéis sabido, que el Señor, habiendo salvado al pueblo sacándolo de Egipto, después destruyó a los que no creyeron. Y a los ángeles que no guardaron su dignidad, sino que abandonaron su propia morada, los ha guardado bajo oscuridad, en prisiones eternas, para el juicio del gran día; como Sodoma y Gomorra y las ciudades vecinas, las cuales de la misma manera que aquéllos, habiendo fornicado e ido en pos de vicios contra naturaleza, fueron puestas por ejemplo, sufriendo el castigo del fuego eterno. (5-7)

Judas proporciona en este pasaje más entendimiento acerca de la condenación de los engañadores (v. 4*b*) citando tres de los juicios pasados de Dios contra los apóstatas: a saber, israelitas apóstatas, ángeles apóstatas y gentiles apóstatas. Este segmento se asemeja mucho a 2 Pedro 2:3-10. Allí el apóstol escribió acerca del juicio divino sobre ángeles caídos, sobre incrédulos a través del diluvio, y sobre los habitantes tan malvados de Sodoma y Gomorra. (Véase el análisis de 2 Pedro 2:3*b*-10*a* en el capítulo 30 de mi comentario de 1 y 2 Pedro). Judas se centró igualmente en los ángeles caídos y en los moradores de Sodoma y Gomorra, pero hizo referencia a los israelitas incrédulos en lugar de las personas de la época de Noé. Tanto en las cartas de Pedro como de Judas las referencias son breves y generales porque ya eran conocidas por sus lectores.

LOS ISRAELITAS APÓSTATAS

Mas quiero recordaros, ya que una vez lo habéis sabido, que el Señor, habiendo salvado al pueblo sacándolo de Egipto, después destruyó a los que no creyeron. (5)

El uso que Judas hace de ejemplos conocidos del Antiguo Testamento surgió del deseo de recordarles a sus lectores (cp. 2 P. 1:12) que los desertores de la verdad siempre enfrentarán juicio divino.

El primer ejemplo se centró en **que el Señor, habiendo salvado al pueblo** (Israel) **sacándolo de Egipto, después** los guió a través del desierto. Como una imagen vívida de la redención, la historia del Éxodo era una poderosa ilustración del amor de Dios por su pueblo, simbolizado y conmemorado en la Pascua (Éx. 12; cp. Lc. 22:20; 1 Co. 5:7). Pero también era un severo recordatorio del juicio divino, no solo sobre los egipcios sino también sobre aquellos israelitas que pérfidamente se apartaron de Dios (1 Co. 10:1-18). Aunque Judas sabía que sus lectores estaban muy conscientes de la historia (**que una vez** la habían **sabido**) la usó para revelarles la inmutable actitud de Dios hacia cualquiera en cualquier tiempo o lugar que corrompa la Palabra. Es más, el juicio de Dios contra los apóstatas se detalla a lo largo de todo el Antiguo Testamento (Jue. 11:14-21; Neh. 9:21; Sal. 78; 95; 105; 106; cp. Dt. 4:27; 28:64; Os. 9:17; Zac. 7:14). Una vez que Dios liberó de Egipto a los israelitas, **después destruyó a los que no creyeron** (Éx. 7:14—17:7; Nm.11:1—14:38). Números 14:26-38 resume la rebelión de Israel y la respuesta de Dios:

> *Y Jehová habló a Moisés y a Aarón, diciendo: ¿Hasta cuándo oiré esta depravada multitud que murmura contra mí, las querellas de los hijos de Israel, que de mí se quejan? Diles: Vivo yo, dice Jehová, que según habéis hablado a mis oídos, así haré yo con vosotros. En este desierto caerán vuestros cuerpos; todo el número de los que fueron contados de entre vosotros, de veinte años arriba, los cuales han murmurado contra mí. Vosotros a la verdad no entraréis en la tierra, por la cual alcé mi mano y juré que os haría habitar en ella; exceptuando a Caleb hijo de Jefone, y a Josué hijo de Nun. Pero a vuestros niños, de los cuales dijisteis que serían por presa, yo los introduciré, y ellos conocerán la tierra que vosotros despreciasteis. En cuanto a vosotros, vuestros cuerpos caerán en este desierto. Y vuestros hijos andarán pastoreando en el desierto cuarenta años, y ellos llevarán vuestras rebeldías, hasta que vuestros cuerpos sean consumidos en el desierto. Conforme al número de los días, de los cuarenta días en que reconocisteis la tierra, llevaréis vuestras iniquidades cuarenta años, un año por cada día; y conoceréis mi castigo. Yo Jehová he hablado; así haré a toda esta multitud perversa que se ha juntado contra mí; en este desierto serán consumidos, y ahí morirán. Y los varones que Moisés envió a reconocer la tierra, y que al volver habían hecho murmurar contra él a toda la congregación, desacreditando aquel país, aquellos varones que habían hablado mal de la tierra, murieron de plaga delante de Jehová. Pero Josué hijo de Nun y Caleb hijo de Jefone quedaron con vida, de entre aquellos hombres que habían ido a reconocer la tierra.*

Para los lectores de Judas, el juicio a Israel fue un recordatorio vívido de lo que sucede a los que (sea que se vuelvan maestros del Señor o no), después de oír lo que Dios espera y siendo testigos de lo que Él puede hacer, aún fallan en creer (cp. Mt. 13:54-58; Mr. 3:1-6, 20-30; 6:1-6; Jn. 6:60-71; 8:31-59). El Señor condenará y destruirá a tales renegados (cp. Mt. 11:20-24; He. 3:7-12; 10:26-31).

LOS ÁNGELES APÓSTATAS

Y a los ángeles que no guardaron su dignidad, sino que abandonaron su propia morada, los ha guardado bajo oscuridad, en prisiones eternas, para el juicio del gran día; (6)

El segundo ejemplo que Judas dio fue el de **los ángeles** apóstatas. El hecho de que estos ángeles no estén específicamente identificados indica que Judas supuso que su audiencia conocía a fondo los detalles de tan extraordinaria deserción.

Los comentaristas han ofrecido tres opiniones principales en cuanto a la identidad de dichos ángeles. Algunos sostienen que la referencia de Judas es a un episodio del que sus lectores no sabían nada. Pero eso no se ajusta al contexto más amplio en que, como ya se indicó, Judas recordó a sus lectores que ya habían sabido la historia (cp. v. 5). En consecuencia, se debe suponer que Judas se refirió a un relato del Antiguo Testamento que era de conocimiento general para su audiencia.

Otros afirman que Judas se refirió a la caída original de Satanás (Is. 14:12-15; Ez. 28:12-17; cp. Lc. 10:18; Ap. 12:7-10). Esa es una interpretación posible, pero no explica la mención que Judas hace de **prisiones eternas,** la cual no se aplica a la actual posición de Satanás y los demonios. El apóstol Pedro escribió correctamente que "el diablo, como león rugiente, anda alrededor buscando a quien devorar" (1 P. 5:8; cp. Job 1:6-7). Por eso es poco probable que Judas esté refiriéndose a la caída de Satanás.

Un tercer y más convincente punto de vista es que Judas se refirió a una infracción sumamente atroz de algunos de los ángeles caídos. Este pecado, relatado en el Antiguo Testamento (Gn. 6:1-4), fue tan grave que Dios encadenó a los demonios transgresores para evitar que volvieran a cometer tal perversidad. (Para un análisis más completo del pecado cometido por dichos ángeles, véanse los comentarios sobre 1 P. 3:18*b*-20*a* en el capítulo 19 y 2 P. 2:4 en el capítulo 30 de mi comentario de 1 y 2 Pedro).

Pedro comentó que esos ángeles pecaron, mientras que Judas describió dos aspectos íntimamente relacionados del pecado que cometieron. Primero, **no guardaron su dignidad.** En vez de permanecer en su propia esfera de autoridad dada por Dios, salieron de allí. Segundo, **abandonaron su propia morada.** Junto con Lucifer se rebelaron contra su papel y lugar de seres creados en el cielo (cp. Is. 14:12). Cuando Dios los expulsó del cielo a causa de esa rebelión (cp. Ap. 12:4, 9), algunos continuaron su descendente caída hasta el punto de tomar aspecto masculino humano y cohabitar con mujeres humanas a fin de producir una generación de hijos influenciados por demonios y totalmente corruptos (cp. Gn. 6:11-13). Dios envió a tales ángeles (demonios) apóstatas particulares a un lugar **bajo oscuridad** para el juicio del gran día. Pedro escribió que Dios "los entregó a prisiones de oscuridad, para ser reservados al juicio" (2 P. 2:4).

LOS GENTILES APÓSTATAS

como Sodoma y Gomorra y las ciudades vecinas, las cuales de la misma manera que aquéllos, habiendo fornicado e ido en pos de vicios contra naturaleza, fueron puestas por ejemplo, sufriendo el castigo del fuego eterno. (7)

Para su tercer ejemplo de juicio divino pasado sobre apóstatas, Judas les recordó a sus lectores lo sucedido en **Sodoma y Gomorra.** La gente malvada que vivía en esos lugares, **y las ciudades vecinas,** participaban en pecados igualmente escandalosos y espantosos que los de los ángeles. Génesis 18:16—19:29 relata los sórdidos detalles, mientras que 19:1-11 presta atención especial a las acciones depravadas de los residentes no arrepentidos:

> *Llegaron, pues, los dos ángeles a Sodoma a la caída de la tarde; y Lot estaba sentado a la puerta de Sodoma. Y viéndolos Lot, se levantó a recibirlos, y se inclinó hacia el suelo, y dijo: Ahora, mis señores, os ruego que vengáis a casa de vuestro siervo y os hospedéis, y lavaréis vuestros pies; y por la mañana os levantaréis, y seguiréis vuestro camino. Y ellos respondieron: No, que en la calle nos quedaremos esta noche. Mas él porfió con ellos mucho, y fueron con él, y entraron en su casa; y les hizo banquete, y coció panes sin levadura, y comieron. Pero antes que se acostasen, rodearon la casa los hombres de la ciudad, los varones de Sodoma, todo el pueblo junto, desde el más joven hasta el más viejo. Y llamaron a Lot, y le dijeron: ¿Dónde están los varones que vinieron a ti esta noche? Sácalos, para que los conozcamos. Entonces Lot salió a ellos a la puerta, y cerró la puerta tras sí, y dijo: Os ruego, hermanos míos, que no hagáis tal maldad. He aquí ahora yo tengo dos hijas que no han conocido varón; os las sacaré fuera, y haced de ellas como bien os pareciere; solamente que a estos varones no hagáis nada, pues que vinieron a la sombra de mi tejado. Y ellos respondieron: Quita allá; y añadieron: Vino este extraño para habitar entre nosotros, ¿y habrá de erigirse en juez? Ahora te haremos más mal que a ellos. Y hacían gran violencia al varón, a Lot, y se acercaron para romper la puerta. Entonces los varones alargaron la mano, y metieron a Lot en casa con ellos, y cerraron la puerta. Y a los hombres que estaban a la puerta de la casa hirieron con ceguera desde el menor hasta el mayor, de manera que se fatigaban buscando la puerta.*

En cierto modo como los ángeles pervertidos antes que ellos, y **de la misma manera que aquéllos,** los sodomitas fornicaron y fueron **en pos de vicios contra naturaleza.** Al solicitar favores sexuales de los santos mensajeros divinos, ellos también pervirtieron el diseño que Dios les asignó. **Fornicado** se traduce de una palabra compuesta (*ekporneuō*), que sugiere que tal conducta homosexual e intento de fornicación era especialmente desviado del diseño ordenado por Dios para la sexualidad humana (cp. Lv. 18:22; 20:13; Ro. 1:26-27; 1 Co. 6:9; 1 Ti. 1:9-10). El hecho de que los hombres de Sodoma hubieran **ido en pos de vicios contra naturaleza** indica que, al igual que los ángeles apóstatas, persiguieron a criaturas (ángeles) más allá de lo que les era apropiado. (Para un estudio adicional de Sodoma y Gomorra, véase la exposición de 2 P. 2:6-8 en el capítulo 30 de mi comentario de 1 y 2 Pedro).

Las personas de Sodoma y Gomorra **fueron puestas por ejemplo** de que Dios castiga a los apóstatas con certeza y severidad (Mt. 11:23; Ro. 9:29; 2 P. 2:6; cp. Is. 1:9-10; Am. 4:11). Finalmente, estos serán sentenciados al **castigo del fuego eterno,** el infierno ardiente de horrible tormento, donde el castigo es eterno (Mt. 3:12; 13:42, 50; 25:41; cp. Sal. 9:17; Pr. 5:5; 9:17-18; 15:24; Is. 33:14; Mt. 5:29; 8:12; 10:28; 25:46). Este es el juicio final y permanente de Dios sobre los no regenerados, especialmente sobre los que desprecian o abandonan la verdad divina (cp. Ap. 19:20). El apóstol Juan describió de esta manera al infierno: "El diablo que los engañaba fue lanzado en el lago de fuego y azufre, donde estaban la bestia y el falso profeta; y serán atormentados día y noche por los siglos de los siglos" (Ap. 20:10; cp. Is. 30:33).

Este poderoso pasaje, con sus tres ilustraciones dramáticas de la apostasía, es un aleccionador recordatorio de la suerte final que les espera a quienes desertan de la fe. Como tal, proporciona una motivación apropiada para los creyentes a medida que continúan contendiendo por la verdad. También sirve como una advertencia solemne para cualquiera que conoce la verdad pero que por alguna razón se inclina a alejarse del evangelio (He. 6:4-8). Después de todo, si se hace caso omiso a la amonestación de Judas, las consecuencias son aterradoras:

> *¿Cuánto mayor castigo pensáis que merecerá el que pisoteare al Hijo de Dios, y tuviere por inmunda la sangre del pacto en la cual fue santificado, e hiciere afrenta al Espíritu de gracia? Pues conocemos al que dijo: Mía es la venganza, yo daré el pago, dice el Señor. Y otra vez: El Señor juzgará a su pueblo. ¡Horrenda cosa es caer en manos del Dios vivo! (He. 10:29-31).*

Por tanto, el sufrimiento eterno más severo corresponderá a aquellos que conocen y rechazan la verdad. Aún más terrible será el juicio para los que, una vez hecho esto, sigan enseñando mentiras demoníacas como si fueran verdaderas (cp. Stg. 3:1).

Los apóstatas ejemplificados 3

No obstante, de la misma manera también estos soñadores mancillan la carne, rechazan la autoridad y blasfeman de las potestades superiores. Pero cuando el arcángel Miguel contendía con el diablo, disputando con él por el cuerpo de Moisés, no se atrevió a proferir juicio de maldición contra él, sino que dijo: El Señor te reprenda. Pero éstos blasfeman de cuantas cosas no conocen; y en las que por naturaleza conocen, se corrompen como animales irracionales. ¡Ay de ellos! porque han seguido el camino de Caín, y se lanzaron por lucro en el error de Balaam, y perecieron en la contradicción de Coré. Estos son manchas en vuestros ágapes, que comiendo impúdicamente con vosotros se apacientan a sí mismos; nubes sin agua, llevadas de acá para allá por los vientos; árboles otoñales, sin fruto, dos veces muertos y desarraigados; fieras ondas del mar, que espuman su propia vergüenza; estrellas errantes, para las cuales está reservada eternamente la oscuridad de las tinieblas. (8-13)

El terrorismo siempre ha existido en varias formas. Desde asesinatos políticos hasta secuestros notorios y guerra de guerrillas, la historia está repleta de hombres que han tratado de lograr un cambio por medios violentos. Pero en la fecha decisiva del 11 de septiembre de 2001, el terrorismo alcanzó un nuevo nivel cuando mercenarios de la red terrorista Al Qaeda secuestraron cuatro aviones de pasajeros y los utilizaron como misiles. La consecuente destrucción de las torres gemelas del Centro Mundial de Comercio en la Ciudad de Nueva York y el daño al Pentágono en Washington D.C. (junto con el accidente del cuarto avión en la región rural de Pennsylvania), mataron a más de tres mil personas y asestaron un duro golpe a la economía estadounidense, acrecentando la amenaza del terrorismo internacional a una altura sin precedentes. En respuesta, se crearon estrictas precauciones de seguridad, especialmente para viajes por vía aérea, industrias vitales y eventos públicos de gran notoriedad. Antes del 11 de septiembre, los Estados Unidos parecían felizmente inmunes a los ataques terroristas; pero después del increíble derrumbe de las torres gemelas, los estadounidenses obtuvieron conocimiento de primera mano en las tácticas mortales del terrorismo.

A diferencia de la guerra convencional, el terrorismo presenta una amenaza muy grave por dos razones principales. Primera, los terroristas actúan en la clandestinidad. Son relativamente pocos en cantidad, permanecen escondidos, y desde luego que no usan uniformes. Sus planes se mantienen en secreto hasta después que golpean, lo que hace que sus ataques sean muy difíciles de contrarrestar. Segunda, los terroristas por lo general están dispuestos a morir por su causa (a menudo suicidándose mientras llevan a cabo sus objetivos). Están deseosos de sacrificarse por el bien de su misión. De ahí que incluso la posibilidad del más severo castigo humano, como la pena de muerte, no los disuada. Si se los va a frustrar es necesario desenmascararlos y detenerlos antes de que actúen. De otra manera será demasiado tarde.

Las mismas características que hacen a los terroristas políticos tan peligrosos en el mundo, hacen a los maestros apóstatas aún más peligrosos en la Iglesia. Puesto que a menudo se disfrazan como ángeles de luz (2 Co. 11:14) o como lobos vestidos de ovejas (Mt. 7:15), los apóstatas son difíciles de identificar. Además, debido a su propio autoengaño, de buena gana (aunque inconscientemente) aceptan su propia ruina eterna por el bien de sus mentiras venenosas. Al destruir almas, ellos mismos cometen suicidio espiritual.

Ya que para las naciones que aman la libertad es importante batallar contra terroristas ideológicos, para los creyentes es infinitamente más esencial poner al descubierto y rechazar a terroristas espirituales. Los terroristas políticos pueden causar daño material y muerte física, pero los apóstatas disfrazados como verdaderos maestros pueden subvertir la verdad de Dios y llevar a las personas a creer mentiras condenatorias.

Judas se dio cuenta del inmenso peligro que los apóstatas representan para la verdad divina. Por tanto, animó a sus lectores a contender "ardientemente por la fe" (v. 3), a seguir luchando por la doctrina pura de "nuestra común salvación" (v. 3) contra aquellos que socavarían el evangelio. Pero debido a que los falsos maestros "han entrado encubiertamente" (v. 4), el reto viene en reconocerlos y desenmascararlos antes de que causen daño.

Con tal perspectiva, este pasaje sigue describiendo el verdadero rostro de los apóstatas. Estos son tan impíos y tan peligrosos espiritualmente, que Judas usa el lenguaje más punzante y condenatorio para describirlos. Al hacerlo presenta tres características de la naturaleza de los apóstatas, tres afinidades con los apóstatas del pasado, y cinco comparaciones con fenómenos naturales.

CARACTERÍSTICAS DE LA NATURALEZA DE LOS APÓSTATAS

No obstante, de la misma manera también estos soñadores mancillan la carne, rechazan la autoridad y blasfeman de las potestades superiores. Pero cuando el arcángel Miguel contendía con el diablo, disputando con él por el cuerpo de Moisés, no se atrevió a proferir juicio de maldición contra él, sino que dijo: El Señor te reprenda. Pero éstos blasfeman de cuantas cosas no

conocen; y en las que por naturaleza conocen, se corrompen como animales irracionales. (8-10)

De la misma manera es una transición importante, y abre aún más el significado del pasaje anterior. Los apóstatas típicamente exhiben rasgos impíos de carácter, así como los israelitas apóstatas, los ángeles caídos, y la población libertina de Sodoma y Gomorra. El comportamiento perverso de **estos soñadores** se deriva de una fantasía, y Judas usa el término **soñadores** para identificar a los apóstatas como falsos visionarios. El Nuevo Testamento normalmente usa el sustantivo *onar* para referirse a sueños (Mt. 1:20; 2:12, 13, 19, 22; 27:19), pero Judas elige aquí una variante del verbo *enupniazō,* que se usa solo en otro lugar del Nuevo Testamento: Hechos 2:17. En ese pasaje, Pedro (predicando en el día de Pentecostés) declaró: "En los postreros días, dice Dios, derramaré de mi Espíritu sobre toda carne, y vuestros hijos y vuestras hijas profetizarán; vuestros jóvenes verán visiones, y vuestros ancianos soñarán sueños" (2:16-17).

La profecía de Joel (Jl. 2:28-32) y su afirmación en el sermón de Pedro muestran que los sueños en cuestión podrían referirse a sueños reveladores (más que a sueños normales). Durante la tribulación, las profecías, las revelaciones y las visiones que ahora han cesado regresarán, junto con revelación divina. Dios hablará a las personas a través de sueños, así como hizo antes en la historia bíblica (p. ej., José en Egipto, Daniel en Babilonia, y otros).

Los falsos maestros a menudo aducen que sus sueños son fuente divina autorizada para las "nuevas verdades" que proclaman, que en realidad solo son mentiras y distorsiones. Tales afirmaciones permiten a los apóstatas substituir su propia autoridad falsa por la verdadera autoridad bíblica de Dios.

Sin duda los sueños de estos **soñadores** también incluyen imaginaciones pervertidas y malvadas de los apóstatas. Al rechazar la Palabra de Dios basan sus enseñanzas engañosas en las divagaciones equivocadas de sus propias mentes perturbadas y endemoniadas. En el Antiguo Testamento, el término "soñador" era prácticamente sinónimo de falso profeta, como se ve en la advertencia de Moisés:

> *Cuando se levantare en medio de ti profeta, o soñador de sueños, y te anunciare señal o prodigios, y si se cumpliere la señal o prodigio que él te anunció, diciendo: Vamos en pos de dioses ajenos, que no conociste, y sirvámosles; no darás oído a las palabras de tal profeta, ni al tal soñador de sueños; porque Jehová vuestro Dios os está probando, para saber si amáis a Jehová vuestro Dios con todo vuestro corazón, y con toda vuestra alma. En pos de Jehová vuestro Dios andaréis; a él temeréis, guardaréis sus mandamientos y escucharéis su voz, a él serviréis, y a él seguiréis. Tal profeta o soñador de sueños ha de ser muerto, por cuanto aconsejó rebelión contra Jehová vuestro Dios que te sacó de tierra de Egipto y te rescató de casa de servidumbre, y trató de apartarte del camino por el cual Jehová tu Dios*

te mandó que anduvieses; y así quitarás el mal de en medio de ti (Dt. 13:1-5; cp. Jer. 23:25-32).

En este sentido, el apóstol Pablo advirtió:

Nadie os prive de vuestro premio, afectando humildad y culto a los ángeles, entremetiéndose en lo que no ha visto, vanamente hinchado por su propia mente carnal, y no asiéndose de la Cabeza, en virtud de quien todo el cuerpo, nutriéndose y uniéndose por las coyunturas y ligamentos, crece con el crecimiento que da Dios (Col. 2:18-19; cp. 1 Ti. 4:1-2).

Una vez identificados los apóstatas como falsos soñadores, Judas pasa a esbozar tres características de su naturaleza: inmoralidad, insubordinación e irreverencia.

SU INMORALIDAD

mancillan la carne, (8*b*)

Carne (*sarx*) se refiere aquí al cuerpo físico, no a la esencia de la depravación. Si la intención de Judas hubiera sido lo último habría usado *sarkinos,* como hizo Pablo en Romanos 7:14. La palabra traducida **mancillan** viene del verbo *miainō,* que significa teñir o manchar algo, tal como ropa o vidrio. También puede significar "corromper", "contaminar" o "pervertir". Unida a *sarx,* la referencia es a profanación moral y física, o a pecado sexual.

Los maestros apóstatas son inevitablemente inmorales, aunque su inmoralidad no se conozca de modo público. Después de todo, no tienen capacidad para refrenar su lujuria, y por lo general se caracterizan como quienes viven en la pasión de la lujuria porque no conocen a Dios (cp. 1 Ts. 4:5). Más tarde en esta carta Judas escribió que los falsos maestros "no tienen al Espíritu" (v. 19), según lo evidencia el abandono que hacen de la verdad (cp. 1 Jn. 2:19-23). Por tanto, no tienen poder divino para controlar sus propios impulsos pecaminosos (cp. Ro. 6:20-21; 8:7-8; Gá. 5:19), y en vez de eso, "siguiendo la carne, andan en concupiscencia e inmundicia" (2 P. 2:10; cp. 2:18; véase el comentario sobre estos versículos en el capítulo 31 de mi comentario sobre 1 y 2 Pedro). Con el tiempo surgirá inevitablemente la verdad en cuanto a su inmoralidad (cp. 2 Ti. 3:1-9).

SU INSUBORDINACIÓN

rechazan la autoridad (8*c*)

Puesto que los maestros apóstatas aman su inmoralidad, lo siguiente es que **rechazan la autoridad. Rechazan** es una forma del verbo *atheteō,* que se refiere a destruir algo establecido, tal como una autoridad existente. La palabra traducida **autoridad** (*kuriotēs*) se relaciona con el término más conocido *kurios* ("señor"). Debido a que exigen gobernar sus propias vidas, los apóstatas se niegan a someterse al señorío de Cristo sobre ellos (cp. v. 4).

No obstante, la realidad es que tales falsos maestros son muy parecidos a los escribas y fariseos a quienes Jesús confrontó en Mateo 23:27-28: "Sois semejantes a sepulcros blanqueados, que por fuera, a la verdad, se muestran hermosos, mas por dentro están llenos de huesos de muertos y de toda inmundicia. Así también vosotros por fuera, a la verdad, os mostráis justos a los hombres, pero por dentro estáis llenos de hipocresía e iniquidad".

SU IRREVERENCIA

y blasfeman de las potestades superiores. Pero cuando el arcángel Miguel contendía con el diablo, disputando con él por el cuerpo de Moisés, no se atrevió a proferir juicio de maldición contra él, sino que dijo: El Señor te reprenda. Pero éstos blasfeman de cuantas cosas no conocen; y en las que por naturaleza conocen, se corrompen como animales irracionales. (8*d*-10)

La frase poco usual de que **blasfeman de las potestades superiores** presenta la tercera acusación de Judas acerca del carácter de los apóstatas. **Blasfeman** viene de *blasphēmeō,* "calumniar", o "hablar mal de", especialmente hablar de modo profano de asuntos sagrados, incluso Dios mismo (cp. 2 R. 19:22; Sal. 74:22; Is. 65:7; Ez. 20:27; Mt. 12:31-32). Los falsos maestros no solo eran irreverentes en cierto sentido leve; eran blasfemos, y específicamente **de las potestades superiores.**

La *Reina-Valera 1960* traduce la sola palabra griega *doxa* ("gloria") como **potestades superiores.** Aunque es posible interpretarla como una referencia a la majestad de Dios, la traducción **potestades superiores** es mejor a la luz del pasaje paralelo en la epístola de Pedro (2 P. 2:10). En su carta, Pedro usa la misma palabra para identificar a ángeles como los objetos de tal blasfemia (véase el estudio de ese versículo en el capítulo 31 de mi comentario de 1 y 2 Pedro; cp. Dn. 10:13, 20).

A lo largo de la historia redentora, quienes están dedicados a la santa gloria de Dios han desempeñado un papel especial en establecer el orden moral de Dios. Por ejemplo, Dios les entregó el ministerio de ayudar a comunicar la ley divina (Dt. 33:2; cp. Hch. 7:53; Gá. 3:19; He. 2:1-2). Los santos ángeles también participarán en el juicio final sobre los malvados: "He aquí, vino el Señor con sus santas decenas de millares, para hacer juicio contra todos, y dejar convictos a todos los impíos de todas sus obras impías que han hecho impíamente, y de todas las cosas duras que los pecadores impíos han hablado contra él" (Jud.

14*b*-15). Por su inmoralidad e insubordinación anárquica, los apóstatas no solo blasfeman de los ángeles santos; también blasfeman del mismo Dios.

Judas demostró aún más la gravedad de la irreverencia de los apóstatas al contrastarles su conducta con la del **arcángel Miguel.** En calidad del ángel más poderoso de Dios y protector del pueblo de Dios (cp. Dn. 10:13-21; 12:1), Miguel no demostró irreverencia cuando **contendía con el diablo, disputando con él por el cuerpo de Moisés.** Miguel sabía que Dios podía otorgarle poder sobre Satanás (cp. Ap. 12:7-9), pero también entendía que no iba a actuar más allá de los límites prescritos por Dios. Por respeto a la posición y al poder de Satanás como el ser más alto creado, Miguel **no se atrevió a proferir juicio de maldición contra él** (Satanás) como si este tuviera dominio soberano sobre el arcángel. Es más, Miguel no hizo nada más que pronunciar las palabras: **El Señor te reprenda.**

La respuesta de Miguel adelantó el ejemplo del ángel del Señor en Zacarías 3:2: "Dijo Jehová a Satanás: Jehová te reprenda, oh Satanás; Jehová que ha escogido a Jerusalén te reprenda. ¿No es éste un tizón arrebatado del incendio?" En la visión de Zacarías, el sumo sacerdote Josué (quien junto con Zorobabel llevó de vuelta al primer grupo de judíos de la cautividad babilónica) se hallaba en el cielo delante del ángel del Señor. El diablo también estaba allí, a la diestra de Josué, acusándolo a él y a la nación de Israel a quien representaba.

El argumento de Satanás, basado en la pecaminosidad de Israel, era que Dios debe romper sus promesas de pacto (cp. Gn. 12:3, 7; 26:3-4; 28:14; Dt. 5:1-21; 2 S. 7:12; Sal. 89:3-4; cp. Ro. 9:4; Gá. 3:16). En respuesta, el ángel del Señor (Cristo preencarnado) defendió a Israel adhiriéndose a Dios el Padre y pidiéndole que reprendiera a Satanás (cp. 1 Jn. 2:1). El Padre honró al Hijo preencarnado. En vez de romper el pacto con su pueblo escogido, Dios reafirmó su compromiso en cuanto a la futura justificación de Israel, prometiendo perdonar el pecado del pueblo y vestirlo con ropas de justicia (Zac. 3:3-5).

Cuando Miguel **contendía con el diablo por el cuerpo de Moisés,** hizo exactamente lo que llevó a cabo el ángel del Señor. Su apelación al Señor como soberano al parecer terminó la disputa con Satanás. Es significativo que este sea el único lugar de las Escrituras que menciona este incidente; el Antiguo Testamento no proporciona más detalles acerca de la muerte de Moisés que esta declaración: "Y murió allí Moisés siervo de Jehová, en la tierra de Moab, conforme al dicho de Jehová. Y lo enterró en el valle, en la tierra de Moab, enfrente de Bet-peor; y ninguno conoce el lugar de su sepultura hasta hoy" (Dt. 34:5-6). Puesto que Dios no quería que alguien conservara el cuerpo de Moisés y lo venerara, entregó a Miguel la responsabilidad de enterrarlo donde nadie (incluso Satanás) pudiera hallarlo. Los falsos maestros no ejercían tal moderación, sino que pretendían tener poder personal sobre Satanás y los seres angelicales.

Para concluir esta sección, Judas escribió: **Pero éstos** [los apóstatas]

blasfeman de cuantas cosas no conocen. La conducta de los falsos maestros evidenciaba su increíble ignorancia y presunción. (Véase la exposición de 2 P. 2:10*b*-13*a* en el capítulo 31 de mi comentario de 1 y 2 Pedro para un comentario sobre la declaración paralela de Pedro; también cp. 1 Co. 1:18-31; 2:11-16).

Al igual que el apóstol Pedro, Judas comparó a los apóstatas con **animales irracionales, que por naturaleza conocen** lo que los falsos maestros saben. Estos funcionaban por divagaciones intuitivas, de su propia **naturaleza** y lujuria. No interpretaban sanamente la verdad de la revelación especial. El término traducido **irracionales** (*alogos*) literalmente significa "sin decir una palabra". Es decir, los apóstatas eran como animales mudos que no logran hablar en forma razonable porque no pueden razonar. Por muy educados que los maestros apóstatas sean, por profundamente filosófica que crean que es su enseñanza, o por cuántas visiones y comprensiones místicas afirmen haber tenido, seguían siendo como **animales** brutos. Al igual que el resto de humanidad reprobada, "profesando ser sabios, se hicieron necios" (Ro. 1:22; cp. 1 Co. 3:18; 2 Co. 10:5, 12; Gá. 6:3; Ef. 4:17; 2 Ti. 3:2, 4). Al final, **se corrompen** por medio de su propia mentira y sus herejías engañosas, lo cual les trae el juicio de Dios (cp. Gn. 6:17; 19:24; 2 R. 22:17; Jer. 30:16; Mt. 7:22-23; 13:40-42; 25:41; He. 10:27).

AFINIDADES CON APÓSTATAS DEL PASADO

¡Ay de ellos! porque han seguido el camino de Caín, y se lanzaron por lucro en el error de Balaam, y perecieron en la contradicción de Coré. (11)

Fue George Santayana, poeta, filósofo y crítico literario hispano-estadounidense, quien dijo: "Aquellos que no pueden recordar el pasado están condenados a repetirlo". Tal fue ciertamente el caso de los falsos maestros de la época de Judas.

Al igual que Santayana, Judas entendió la importancia crucial de aprender de la historia. Ya había extraído ejemplos de la historia bíblica al esbozar su descripción de los apóstatas en los versículos 5-7 (véase el estudio de esos versículos en el capítulo anterior de esta obra). Lo volvió a hacer en esta sección cuando los comparó con tres influyentes y conocidos ejemplos del pasado: Caín, Balaam y Coré.

CAÍN

¡Ay de ellos! porque han seguido el camino de Caín, (11*a*)

Al exclamar **¡ay de ellos!** Judas siguió el ejemplo de Cristo (cp. Mt. 23:13, 14, 15, 16, 23, 25, 27, 29) y los profetas (cp. Is. 3:9, 11; 5:8-23; 29:15; 30:1; 31:1;

Jer. 13:27; 23:1; Ez. 13:3; 16:23; 34:2; Os. 7:13; Zac. 11:17) en pronunciar juicio espiritual definitivo sobre los apóstatas. La palabra traducida **ay** (*ouai*) es una interjección o lamento emocional que esencialmente es como exclamar: "Oh destino, ¡qué horrible será!"

Caín fue el modelo prototípico de alguien que se apartó de la verdad de Dios. Fue el primer hijo de Adán y Eva, quien nació después de la caída. Génesis 4:1-15 contiene la historia familiar:

> *Conoció Adán a su mujer Eva, la cual concibió y dio a luz a Caín, y dijo: Por voluntad de Jehová he adquirido varón. Después dio a luz a su hermano Abel. Y Abel fue pastor de ovejas, y Caín fue labrador de la tierra. Y aconteció andando el tiempo, que Caín trajo del fruto de la tierra una ofrenda a Jehová. Y Abel trajo también de los primogénitos de sus ovejas, de lo más gordo de ellas. Y miró Jehová con agrado a Abel y a su ofrenda; pero no miró con agrado a Caín y a la ofrenda suya. Y se ensañó Caín en gran manera, y decayó su semblante. Entonces Jehová dijo a Caín: ¿Por qué te has ensañado, y por qué ha decaído tu semblante? Si bien hicieres, ¿no serás enaltecido? y si no hicieres bien, el pecado está a la puerta; con todo esto, a ti será su deseo, y tú te enseñorearás de él. Y dijo Caín a su hermano Abel: Salgamos al campo. Y aconteció que estando ellos en el campo, Caín se levantó contra su hermano Abel, y lo mató. Y Jehová dijo a Caín: ¿Dónde está Abel tu hermano? Y él respondió: No sé. ¿Soy yo acaso guarda de mi hermano? Y él le dijo: ¿Qué has hecho? La voz de la sangre de tu hermano clama a mí desde la tierra. Ahora, pues, maldito seas tú de la tierra, que abrió su boca para recibir de tu mano la sangre de tu hermano. Cuando labres la tierra, no te volverá a dar su fuerza; errante y extranjero serás en la tierra. Y dijo Caín a Jehová: Grande es mi castigo para ser soportado. He aquí me echas hoy de la tierra, y de tu presencia me esconderé, y seré errante y extranjero en la tierra; y sucederá que cualquiera que me hallare, me matará. Y le respondió Jehová: Ciertamente cualquiera que matare a Caín, siete veces será castigado. Entonces Jehová puso señal en Caín, para que no lo matase cualquiera que le hallara.*

El hecho de que el sacrificio de Caín no fuera aceptable demuestra que Dios ya le había dicho antes cuál debía ser el sacrificio apropiado. Caín sabía que Dios exigía un sacrificio de sangre, pero en lugar de obedecerle inventó su propia forma de adorar. Su ofrenda inapropiada dio a conocer la blasfemia irreverente de su corazón, al rechazar la revelación de Dios y actuar según su propia naturaleza sediciente y vanidosa en lo que él había producido.

A la luz de sus similitudes, Judas pudo referirse a los orgullosos y obstinados apóstatas como los que **han seguido el camino de Caín.** Caín era religioso pero desobediente, y cuando Dios no le aceptó la ofrenda respondió con ira celosa, asesinando a su obediente hermano Abel. El escritor de Hebreos ofreció este comentario sobre el trágico episodio: "Por la fe Abel ofreció a Dios más excelente sacrificio que Caín, por lo cual alcanzó testimonio de que era justo, dando Dios testimonio de sus ofrendas; y muerto, aún habla por ella" (He. 11:4).

BALAAM

y se lanzaron por lucro en el error de Balaam, (11*b*)

Judas desenmascara aquí el motivo fundamental detrás de los intereses religiosos de los falsos maestros: actúan **por lucro** (cp. Sal. 10:3; Mi. 3:11; 1 Ti. 6:10; 2 P. 2:3). A diferencia de los verdaderos pastores (cp. 1 Ti. 3:3; Tit. 1:7; 1 P. 5:2), estos mercenarios del ministerio estaban **en el error de Balaam, y se lanzaron** de cabeza a la codicia y la envidia.

Números 22—24 relata la historia de Balaam, con algunas referencias adicionales que se dan en el capítulo 31 de mi comentario de 1 y 2 Pedro. Balac, rey de Moab, contrató a Balaam para que maldijera a Israel. Así que Balaam ideó un plan por medio del cual atraería a Israel a la idolatría y la inmoralidad, y finalmente al juicio de Dios. Pero Dios usó un ángel junto con la propia asna de Balaam para evitar que este llevara a cabo su plan. (Para un análisis más completo de Balaam y su pecado, véase la exposición de 2 P. 2:15-16 en el capítulo 31 de mi comentario de 1 y 2 Pedro). Como profeta asalariado, Balaam es un ejemplo perfecto de los falsos maestros: a quienes les encanta la riqueza y el prestigio más que la fidelidad y la obediencia (cp. Ap. 2:14).

CORÉ

y perecieron en la contradicción de Coré. (11*c*)

Números 16 presenta la historia de **Coré,** un primo de Moisés. Como levita y coatita, Coré tenía importantes deberes en el tabernáculo (Nm. 1:50-51; 3:6-8; 18:3; Dt. 10:8; cp. 1 Cr. 15:2). Sin embargo, cuando no fue elegido para ser sacerdote, se enfureció. Con el fin de mostrar su desprecio, se unió a Datán y Abiram (junto con otros doscientos cincuenta hombres) en una **contradicción** o ataque contra el liderazgo de Moisés.

El libro de Números relata la falsa acusación de Coré contra Moisés: "¡Basta ya de vosotros! Porque toda la congregación, todos ellos son santos, y en medio de ellos está Jehová; ¿por qué, pues, os levantáis vosotros sobre la congregación de Jehová?" (Nm. 16:3). En su arrogancia, Coré rebatió la idea de que los israelitas necesitaban un líder y mediador, alguien que pudiera hablar por Dios y enseñarles la verdad divina (Éx. 4:10-17). Coré se rebeló abiertamente contra la autoridad que Dios le había dado a Moisés, y de modo activo se alió con otros para que le apoyaran en su motín espiritual.

No obstante, Dios respondió poniendo fin a **la contradicción de Coré** de una manera brusca y decisiva, y los rebeldes al igual que todos los apóstatas, **perecieron.** Números 16:32-35 relata:

> *Abrió la tierra su boca, y los tragó a ellos, a sus casas, a todos los hombres de Coré, y a todos sus bienes. Y ellos, con todo lo que tenían, descendieron vivos al Seol, y los cubrió la tierra, y perecieron de en medio de la congregación. Y todo Israel, los que estaban en derredor de ellos, huyeron al grito de ellos; porque decían: No nos trague también la tierra. También salió fuego de delante de Jehová, y consumió a los doscientos cincuenta hombres que ofrecían el incienso.*

Es muy trágico que las consecuencias de la rebelión se extendieran más allá de las familias de Coré, Datán y Abiram, y los doscientos cincuenta hombres. En la secuela del juicio divino, muchos de los israelitas —mostrando su simpatía con la posición de Coré— murmuraron contra Moisés y Aarón. Como resultado, Dios envió una plaga que mató a 14.700 israelitas más (Nm. 16:41-50). La devastación general de la plaga caracterizó la extensa influencia de Coré entre el pueblo. Muchos de los falsos maestros de hoy también tienen muchos seguidores, integrados por individuos que serán partícipes del juicio (cp. 1 Ti. 1:1-4). No obstante, al igual que Coré y sus seguidores, todos los rebeldes apóstatas finalmente experimentarán la ira de Dios (cp. Mr. 3:29; Jn. 15:6; He. 10:26-31; Ap. 20:10-15).

COMPARACIONES CON CINCO FENÓMENOS NATURALES

Estos son manchas en vuestros ágapes, que comiendo impúdicamente con vosotros se apacientan a sí mismos; nubes sin agua, llevadas de acá para allá por los vientos; árboles otoñales, sin fruto, dos veces muertos y desarraigados; fieras ondas del mar, que espuman su propia vergüenza; estrellas errantes, para las cuales está reservada eternamente la oscuridad de las tinieblas. (12-13)

En muchas de sus parábolas, el Señor Jesús usó fenómenos naturales como lecciones objetivas para ilustrar la verdad espiritual (cp. la parábola del Sembrador en Mt. 13:3-23; la parábola del trigo y la cizaña en Mt. 13:24-30, 36-43; las parábolas del reino de Mt. 13:31-33, 44-50; las parábolas de las higueras en Mt. 24:32-34 y Lc. 13:6-9; y la parábola de la oveja perdida en Lc. 15:3-7). Los Salmos también contienen muchas alusiones ricas a la creación y los fenómenos naturales (cp. Sal. 1, 8, 18, 23, 29, 33, 42, 46, 59, 68, 72, 90, 91, 97, 98, 104, 107,

114, 124, 135, 147, 148). En este pasaje Judas siguió ese patrón bien establecido al comparar a los apóstatas con cinco fenómenos naturales: manchas, nubes sin agua, árboles otoñales sin fruto, fieras ondas marinas y estrellas errantes.

MANCHAS

Estos son manchas en vuestros ágapes, que comiendo impúdicamente con vosotros se apacientan a sí mismos; (12*a*)

La descripción que Judas hace de los apóstatas como **manchas,** o escollos (LBLA), describe de manera gráfica el peligro invisible que estos malos elementos representan. Los escollos son formaciones marinas de coral localizadas por lo general cerca de la orilla. Son potencialmente peligrosos para los barcos porque pueden rasgar el fondo de sus cascos, haciendo que se hundan. Al igual que esas **manchas** dañinas, los apóstatas entraban encubiertamente en los **ágapes** o fiestas de amor de la iglesia primitiva, en donde con sus mentiras y maldades hacían daño a personas crédulas. Originalmente, los **ágapes** estaban destinados a ser reuniones regulares de iglesia con el propósito de instrucción mutua (cp. Hch. 17:11), estímulo (He. 10:24-25), confrontación (cp. He. 3:13), y cuidado (Ro. 12:10; 13:8; Gá. 5:13; Ef. 4:2, 25; 5:21; Col. 3:9; 1 Ts. 4:9; 1 P. 4:9-10). La fiesta era parecida a una comida contemporánea celebrada en el Día del Señor. Los creyentes se reunían para adorar, oír la enseñanza de la Biblia, participar en la Santa Cena, y después expresar su amor común en medio de una comida (cp. Hch. 2:42).

Sin embargo, con el tiempo se llegó a abusar de los ágapes hasta el punto que se pervirtieron de tal manera a causa de la influencia contaminante de los falsos maestros (cp. 1 Co. 11:17-22), que terminaron por desaparecer. A falta de una conciencia para actuar o sentido de convicción, y al ser adeptos hipócritas, los apóstatas eran capaces de estar **comiendo impúdicamente con** creyentes sin ningún temor. Pablo escribió a Timoteo que tales herejes son "mentirosos que [tienen] cauterizada la conciencia" (1 Ti. 4:2). El hecho de que sus acciones dañaran terriblemente a otros no les preocupaba en absoluto. Aunque los **ágapes** estaban diseñados para que los creyentes se preocuparan unos por otros, los falsos maestros eran culpables de apacentarse **a sí mismos.** La palabra traducida **apacientan** viene de *poimainō*, "pastorear", que indica que los apóstatas no pastoreaban a otros sino a sí mismos. El único interés que los motivaba era su propio interés y satisfacción, a expensas de los demás.

NUBES SIN AGUA

nubes sin agua, llevadas de acá para allá por los vientos; (12*b*)

En círculos meteorológicos normales, las nubes regularmente producen esperanza de lluvia. Sin embargo, las **nubes sin agua** llegan con la simple promesa de que van a producir lluvia, pero luego no la entregan. Salomón manifestó: "Como nubes y vientos sin lluvia, así es el hombre que se jacta de falsa liberalidad" (Pr. 25:14). Los maestros apóstatas prometen traer verdadera bendición y refrigerio espiritual de parte de Dios, pero no cumplen esa promesa. Judas los comparó con nubes **llevadas de acá para allá por los vientos,** presagiando constantemente lluvia pero sin producirla. El término traducido **sin agua** (*anudros*) también aparece en Mateo 12:43 en referencia a las andanzas de espíritus malignos por lugares secos y estériles (cp. Lc. 11:24-26). Al describir a los falsos maestros de la misma manera que Lucas describe a los demonios, Judas reitera la relación entre los apóstatas y sus fuentes satánicas.

ÁRBOLES OTOÑALES SIN FRUTO

árboles otoñales, sin fruto, dos veces muertos y desarraigados; (12*c*)

El otoño es la estación en que los agricultores y jardineros esperan cosechar los últimos cultivos del año. Si no resulta nada, deben soportar desilusión y dificultades durante el invierno. En la siguiente primavera pueden volver a empezar el laborioso proceso de fertilizar, sembrar, regar y esperar que la cosecha madure. Con esto en mente, la frase **árboles otoñales sin fruto** describe la desilusionadora realidad de una cosecha estéril.

Judas compara la vacía profesión de los apóstatas y la falta total de vida espiritual con una cosecha estéril. Los llamó **dos veces muertos;** primero, no tienen fruto porque no hay vida en ellos; segundo, están **desarraigados,** muertos en el núcleo mismo. Son como árboles que han brotado en la tierra y se han desconectado de la fuente dadora de vida del agua y los nutrientes. Así les habló Jesús a los fariseos: "Toda planta que no plantó mi Padre celestial, será desarraigada" (Mt. 15:13; cp. 3:10; 7:17-20; 13:6). Tales individuos no producen fruto transformador de vida, ni en ellos mismos ni en otros.

FIERAS ONDAS MARINAS

fieras ondas del mar, que espuman su propia vergüenza; (13*a*)

A menudo la Biblia usa al **mar** como un símbolo para los que no conocen a Dios. Isaías escribió: "Los impíos son como el mar en tempestad, que no puede estarse quieto, y sus aguas arrojan cieno y lodo. No hay paz, dijo mi Dios, para los impíos" (57:20-21). Después de una tormenta la costa queda llena de desechos y fango, lo cual no es beneficioso ni engendra vida. Aquella es una imagen gráfica de lo que los falsos maestros producen. Con todo su discurso vacío y su actividad egoísta son como las **ondas del mar** que en definitiva solamente lanzan **su propia vergüenza** en forma de espuma. Sus acciones vergonzosas **espuman** hasta mostrar toda forma de herejía, engaño, inmoralidad, irreverencia e insubordinación.

ESTRELLAS ERRANTES

estrellas errantes, para las cuales está reservada eternamente la oscuridad de las tinieblas. (13*b*)

Estrellas errantes no se refiere a cuerpos celestiales que brillan continuamente y que tienen órbitas fijas. Lo más probable es que la expresión signifique un meteorito o "estrella fugaz" que resplandece a través del cielo en un momento descontrolado de brillantez y luego desaparece para siempre en **la oscuridad de las tinieblas** (cp. v. 6). Los apóstatas a menudo aparecen por un tiempo corto en el escenario del cristianismo. Prometen luz espiritual y dirección duradera pero no producen más que un destello errático, sin objetivo y sin ningún valor. La total **oscuridad** del infierno **está reservada eternamente** para ellos (cp. 2 P. 2:4, 9, 17).

Todas las impresionantes descripciones, comparaciones válidas y analogías gráficas de Judas con la naturaleza pintan un vívido retrato de los apóstatas. Los falsos maestros son engañadores hipócritas, pecadores inmorales, hedonistas materialistas, y en consecuencia terroristas espirituales. Malinterpretan la verdad acerca de Cristo y retuercen las enseñanzas de la Biblia. Por el contrario, los verdaderos pastores tienen una comprensión precisa del evangelio (Jn. 1:12-13; 3:16; Ro. 1:16-17; 1 Co. 15:3-4) y una perspectiva correcta de quién es Jesús (Mt. 16:16; Col. 2:9; cp. 1 Ti. 3:16). Muestran una actitud humilde y sumisa hacia el señorío de Cristo (Jn. 1:47-49; 20:27-28; Lc. 5:8), y entienden la seriedad de la declaración del Señor: "Yo soy el camino, y la verdad, y la vida; nadie viene al Padre, sino por mí" (Jn. 14:6). Por otra parte, los falsos maestros eligen el camino de Caín por sobre el camino de Cristo, el error de Balaam por sobre la verdad de Cristo, y la muerte de Coré por sobre la vida de Cristo.

El juicio venidero sobre los apóstatas 4

De éstos también profetizó Enoc, séptimo desde Adán, diciendo: He aquí, vino el Señor con sus santas decenas de millares, para hacer juicio contra todos, y dejar convictos a todos los impíos de todas sus obras impías que han hecho impíamente, y de todas las cosas duras que los pecadores impíos han hablado contra él. Estos son murmuradores, querellosos, que andan según sus propios deseos, cuya boca habla cosas infladas, adulando a las personas para sacar provecho. (14-16)

El infierno no es desde luego una idea popular en la sociedad occidental. En una era de tolerancia y aceptación, el tema del castigo eterno representa un tabú; a la sola mención se le considera falta de amor. Después de todo, la cultura posmoderna cree que todo el mundo es básicamente bueno y espera que la vida después de la muerte (si es que la hay) incluya el cielo para todos menos para las personas más malvadas.

Es triste que tanto lo políticamente correcto como la ambigüedad doctrinal que caracterizan al mundo contemporáneo también hayan impregnado a la Iglesia. Incluso entre aquellos que se llaman evangélicos, el infierno lo consideran una vergüenza teológica. Los pasajes que enseñan destrucción eterna a menudo se justifican, se suavizan de modo arbitrario, o los ignoran por completo. En consecuencia, los erróneos puntos de vista de la sociedad con relación al juicio de Dios simplemente se refuerzan.

En marcado contraste con la ambigüedad contemporánea, la Palabra de Dios es sin reparos directa acerca de la realidad del juicio divino (cp. Gn. 6—8; Dt. 28:15-68; Is. 1; 3; 5; 13-23; Jer. 2-9; 46-51; Ez. 20:33-44; 25-32; Jl. 3:12-16; Zac. 12:2, 9; 14:2; Mal. 3:2-6; Mt. 12:36; 25:31-46; Lc. 12:48; Ro. 14:10-12; 1 Co. 3:12-15; 5:5; 2 Co. 5:10; Gá. 6:7; Col. 3:24-25; Ap. 6-20). A lo largo de sus páginas, los temas de retribución divina, representada tanto en castigo temporal como eterno, no se pueden pasar por alto. La realidad de que Dios ha juzgado, está juzgando, y juzgará a los pecadores, tanto con muerte como con castigo eterno, es inconfundible. El trato que el Nuevo Testamento da al juicio futuro es especialmente claro e incluye al menos siete características principales.

Primera, el aspecto final de la ira de Dios se relaciona con un suceso futuro específico, esto es, la segunda venida de Jesucristo. Al final de la era, el Señor regresará a la tierra para ejecutar juicio: "Ha establecido un día en el cual juzgará al mundo con justicia, por aquel varón a quien designó, dando fe a todos con haberle levantado de los muertos" (Hch. 17:31; cp. Mt. 24:29-30; Ro. 2:5-8, 16; 2 P. 2:9*b;* Jud. 6b; Ap. 6:16-17). Ningún ser humano sabe la hora o el día exacto de la Segunda Venida, solo el Padre lo sabe (Mt. 24:36). Pero Él ha fijado el momento exacto en que su Hijo regresará, un evento que promete que ocurrirá con rapidez (Ap. 22:7, 12, 20).

Segunda, este juicio será general y público. Por ejemplo, en el juicio de las ovejas y las cabras (que precede inmediatamente al reino milenial), Cristo pedirá cuentas a todas las naciones de la tierra:

> *Cuando el Hijo del Hombre venga en su gloria, y todos los santos ángeles con él, entonces se sentará en su trono de gloria, y serán reunidas delante de él todas las naciones; y apartará los unos de los otros, como aparta el pastor las ovejas de los cabritos. Y pondrá las ovejas a su derecha, y los cabritos a su izquierda (Mt. 25:31-33).*

Nadie en ningún lugar podrá ocultar sus pecados o escapar a la responsabilidad por estos (Mt. 10:26; Mr. 4:22). El juicio del gran trono blanco al final de la historia de la tierra será aún más extenso, cuando todos los enemigos de Dios de toda época sean llevados ante Él para recibir la sentencia final (Ap. 20:7-15).

Tercera, el juicio de Dios será justo e imparcial (Ro. 2:11; Gá. 2:6; cp. Gn. 18:25). El apóstol Pablo declaró que ni los abiertamente malvados (Ro. 1:21-31) ni los que se creen buenos (2:1-3) escaparán al juicio de Dios, juicio que Dios el Padre ha delegado en su Hijo Jesucristo (Jn. 5:22, 27; cp. Mt. 16:27; Hch. 10:42). Solamente Dios (en su gloria trina) está en condiciones de juzgar, porque solo Él es perfectamente santo y justo (Éx. 15:11; 1 S. 2:2; Sal. 47:8; Is. 6:3; 57:15; Lc. 1:35; Hch. 4:27; He. 7:26; Ap. 3:7; 4:8).

Cuarta, la promesa de juicio divino tiene el propósito de advertir. El Señor lo diseñó para producir temor de su ira (Éx. 20:20; 2 Co. 7:1; He. 10:27; 11:7; cp. Jn. 19:8; Hch. 24:25), tal como Jesús advirtió en Mateo 10:28: "No temáis a los que matan el cuerpo, mas el alma no pueden matar; temed más bien a aquel que puede destruir el alma y el cuerpo en el infierno". Al advertir de su ira a los hombres, Dios en su misericordia ofrece a los perdidos una oportunidad de arrepentirse (cp. 2 P. 3:9).

Quinta, el juicio de Dios está basado en su ley (Dt. 27:26; Ro. 2:12; 3:19; Gá. 3:10; Stg. 2:10). Puesto que el corazón humano es engañoso y malvado (Jer. 17:9; Ro. 3:10-18; Gá. 5:19-21; Ef. 2:1-3), las personas no solo son incapaces de guardar la ley de Dios (Ec. 7:20; Ro. 7:5; 8:7) sino que también la desobedecen de manera voluntaria (Sal. 78:10; Is. 30:9; Jer. 9:13). Todo el mundo ha violado la ley de Dios (Ro. 3:23; Stg. 2:10); en consecuencia, todos merecen la ira de Dios (cp. 2 Ts. 1:6-8). Sin embargo, Dios extiende perdón a aquellos que creen verdaderamente en Jesucristo (Ro. 10:9-10). Los creyentes no enfrentarán la ira final de Dios porque han sido salvados por medio de la fe en la obra expiatoria de Cristo (Lc. 18:13-14; Hch. 3:19; Ro. 3:23-28; 4:3-5; 5:9; Ef. 1:7; Col. 2:13; 1 Jn. 1:7), y sus nombres están escritos en el libro de la vida (cp. Ap. 3:5; 20:12; 21:24-27). Por otra parte, los que persisten en quebrantar la ley de Dios, sin mostrar señales de verdadero arrepentimiento, serán juzgados por su rebelde incredulidad.

Sexta, el juicio final de Dios ocurrirá en fases específicas. Empezará durante el período de siete años de tribulación (que sigue inmediatamente al arrebatamiento, 1 Ts. 4:13-17; cp. Ap. 3:10). Durante la tribulación, Dios desatará su ira contra los impíos a través de los juicios de los sellos (Ap. 6:1—8:5), trompetas (8:6—11:19) y copas (15:5—16:21). Su juicio culminará en la batalla de Armagedón (19:11-21) en que derrotará totalmente a sus enemigos. Después de Armagedón, el Señor establecerá su reino terrenal, durante el cual Satanás será atado y Cristo reinará en Jerusalén por mil años (20:1-6). Satanás será entonces liberado y dirigirá una rebelión final, antes de que él y sus seguidores sean lanzados para siempre al lago de fuego (20:7-15). Esa sentencia final (de todos los enemigos de Dios) ocurrirá en el juicio del gran trono blanco. Así que la primera fase del juicio de Dios será terrenal durante el período de tribulación; la segunda y última fase será celestial a los pies del trono divino.

Por último, la retribución de Dios finalmente resulta en condenación eterna en el infierno:

> *De manera que como se arranca la cizaña, y se quema en el fuego, así será en el fin de este siglo. Enviará el Hijo del Hombre a sus ángeles, y recogerán de su reino a todos los que sirven de tropiezo, y a los que hacen iniquidad, y los echarán en el horno de fuego; allí será el lloro y el crujir de dientes (Mt. 13:40-42; cp. 24:50-51; Jn. 5:29).*

Durante el transcurso de su ministerio terrenal, el Señor tuvo mucho que decir acerca de la realidad del infierno. En su Sermón del Monte, Jesús advirtió del peligro del infierno (Mt. 5:22) y habló de todo el cuerpo entrando allí (5:30). Esta realidad de un cuerpo en el infierno fue enseñada claramente por el Señor en sus palabras relacionadas con la "resurrección de condenación" (Jn. 5:29). En sus referencias al infierno, Jesús usó la palabra *gehenna*. Ese conocido término, que identificaba al basurero de la ciudad que ardía constantemente en el valle de Hinom fuera de Jerusalén, ilustraba gráficamente a los oyentes de Jesús el feroz tormento del infierno (cp. Mr. 9:43-48). Casi al final del Sermón, Jesús describió al falso maestro como árbol que no lleva buen fruto y que "es cortado y echado en el fuego" (Mt. 7:19).

Quizás la más dramática y aterradora descripción que Jesús hiciera del infierno aparece en la historia del hombre rico y Lázaro:

> *Aconteció que murió el mendigo, y fue llevado por los ángeles al seno de Abraham; y murió también el rico, y fue sepultado. Y en el Hades alzó sus ojos, estando en tormentos, y vio de lejos a Abraham, y a Lázaro en su seno. Entonces él, dando voces, dijo: Padre Abraham, ten misericordia de mí, y envía a Lázaro para que moje la punta de su dedo en agua, y refresque mi lengua; porque estoy atormentado en esta llama. Pero Abraham le dijo: Hijo, acuérdate que recibiste tus bienes en tu vida, y Lázaro también males; pero ahora éste es consolado aquí, y tú atormentado. Además de todo esto, una gran sima está puesta entre nosotros y vosotros, de manera que los que quisieren pasar de aquí a vosotros, no pueden, ni de allá pasar acá (Lc. 16:22-26).*

Dios reserva el juicio más severo para quienes oyen la verdad, pero la rechazan. Al dirigirse a algunas de las aldeas galileas que se negaron a creer en Él, Jesús advirtió:

> *¡Ay de ti, Corazín! ¡Ay de ti, Betsaida! Porque si en Tiro y en Sidón se hubieran hecho los milagros que han sido hechos en vosotras, tiempo ha que se hubieran arrepentido en cilicio y en ceniza. Por tanto os digo que en el día del juicio, será más tolerable el castigo para Tiro y para Sidón, que para vosotras. Y tú, Capernaum, que eres levantada hasta el cielo, hasta el Hades serás abatida; porque si en Sodoma se hubieran hecho los milagros que han sido hechos en ti, habría permanecido hasta el día de hoy. Por tanto os digo que en el día del juicio, será más tolerable el castigo para la tierra de Sodoma, que para ti (Mt. 11:21-24; cp. Lc. 12:46-48).*

Jesús también fustigó la hipocresía y la falsa enseñanza de los escribas y fariseos; los condenó por su orgullo, legalismo, codicia, hipocresía y en general por su ceguera espiritual. En respuesta a su santurrona duplicidad, Jesús les anunció este destino: "¡Serpientes, generación de víboras! ¿Cómo escaparéis de la condenación del infierno?" (Mt. 23:33; cp. todo el capítulo; Mt. 16:6, 11-12; Mr. 7:5-8; Lc. 11:44).

Tales advertencias de juicio son especialmente aplicables a falsos apóstoles y maestros. Quienes afirman representar a Cristo pero hacen un daño irreparable al mensaje divino (de modo que se pierdan almas eternamente) recibirán el más severo juicio de todos. El escritor de Hebreos lanzó esta grave advertencia a todo aquel que juega con la verdad divina, advertencia particularmente fatídica para los falsos maestros:

> *Porque si pecáremos voluntariamente después de haber recibido el conocimiento de la verdad, ya no queda más sacrificio por los pecados, sino una horrenda expectación de juicio, y de hervor de fuego que ha de devorar a los adversarios. El que viola la ley de Moisés, por el testimonio de dos o de tres testigos muere irremisiblemente. ¿Cuánto mayor castigo pensáis que merecerá el que pisoteare al Hijo de Dios, y tuviere por inmunda la sangre del pacto en la cual fue santificado, e hiciere afrenta al Espíritu de gracia? Pues conocemos al que dijo: Mía es la venganza, yo daré el pago, dice el Señor. Y otra vez: El Señor juzgará a su pueblo. ¡Horrenda cosa es caer en manos del Dios vivo! (He. 10:26-31; cp. 2 P. 2:1-2, 20-21; 3:7; Ap. 19:20).*

Judas señaló anteriormente que los apóstatas "desde antes habían sido destinados para esta condenación" (v. 4; cp. vv. 6, 13). Los versículos 14-16 reafirman esa verdad y la verdad de todos los demás pasajes de juicio del Nuevo Testamento que la preceden. El primer pasaje subraya la realidad de una antigua profecía de Enoc; luego sugiere tres certezas respecto al juicio final de Dios: El Señor vendrá, no llegará solo, y aparecerá con el fin de ejecutar juicio sobre los destinatarios que lo merezcan.

REALIDAD DE LA ANTIGUA PROFECÍA DE ENOC

De éstos también profetizó Enoc, séptimo desde Adán, (14*a*)

De éstos se refiere a los apóstatas a quienes Judas describió en la sección anterior: falsos visionarios, rebeldes a la autoridad espiritual, maldicientes, animales irracionales que se comportan por instinto carnal, manchas en los ágapes, nubes sin agua, árboles muertos y desarraigados, fieras ondas de mar, y estrellas errantes que se dirigen a las tinieblas eternas. Incluso antes del diluvio, **Enoc** (Gn. 5:21-24) **también profetizó** que el Señor vendría a juzgar a tales falsos maestros. Al citar a Enoc, Judas resalta la motivación detrás del juicio divino sobre la apostasía, al tiempo que refuerza la certeza de ese juicio.

A pesar de que esta profecía no se registra en el Antiguo Testamento, el Espíritu Santo inspiró a Judas (cp. 2 Ti. 3:16; 2 P. 1:20-21) para utilizarla porque era conocida, históricamente válida, y apoyaba su tesis general. Judas extrajo la cita del libro pseudo-epígrafe *1 Enoc,* que sus lectores del siglo I conocían muy bien. El libro era parte de la historia y la tradición escritas del pueblo judío, y las alusiones rabínicas a dicha obra no eran poco frecuentes.

Aunque Enoc no fue el autor del libro, su mensaje se transmitió por tradición oral hasta que finalmente quedó registrado en lo que se llamó *1 Enoc.* Ese libro, al igual que otros como *El libro del jubileo, El testamento de los doce patriarcas,* y *La asunción de Moisés* (del cual es probable que Judas haya citado en el v. 9), no formaba parte del canon del Antiguo Testamento; sin embargo, debido a su exactitud era aceptable que Judas lo usara para reforzar su argumento. Nada menos que el apóstol Pablo de vez en cuando siguió ese mismo ejemplo (citar fuentes no bíblicas con el fin de hacer legítimo un punto espiritual) en sus enseñanzas (cp. Hch. 17:28; 1 Co. 15:33; Tit. 1:12). (Para mayor análisis del uso que Judas hace de obras apócrifas, véase la Introducción a Judas en esta obra).

Enoc era el **séptimo desde Adán** (Gn. 5:4-24). Fue un héroe para el pueblo judío porque, igual como sucedió con el profeta Elías más tarde (2 R. 2:11-12), fue llevado al cielo sin pasar por la muerte: "Caminó, pues, Enoc con Dios, y desapareció, porque le llevó Dios" (Gn. 5:24; cp. He. 11:5). Aunque no fue incluida en el registro bíblico hasta el libro de Judas, la profecía de Enoc es la profecía humana más antigua encontrada en las Escrituras. (La única profecía anterior registrada en la Biblia fue hecha por Dios en Gn. 3:15). Es más, el mensaje de Enoc es, por muchos siglos, anterior a las palabras de Moisés, Samuel y los profetas hebreos.

CERTEZAS CON RELACIÓN AL JUICIO DE DIOS

diciendo: He aquí, vino el Señor con sus santas decenas de millares, para hacer juicio contra todos, y dejar convictos a todos los impíos de todas sus obras impías que han hecho impíamente, y de todas las cosas duras que los pecadores impíos han hablado contra él. Estos son murmuradores, querellosos, que andan según sus propios deseos, cuya boca habla cosas infladas, adulando a las personas para sacar provecho. (14*b*-16)

La profecía de Enoc y los posteriores comentarios de Judas exponen tres certezas relacionadas con el juicio de Dios sobre la apostasía. La primera certeza es que **el Señor** vendrá (cp. Dn. 7:13; Lc. 12:40; Hch. 1:9-11; 1 Ts. 3:13). El tiempo pasado del verbo traducido **vino** sugiere que la visión de Enoc fue tan sorprendente y convincente que él habló como si el juicio ya hubiera sucedido. La certeza del regreso de Cristo estaba bajo ataque de falsos maestros, y el recordatorio de Judas reforzó la enseñanza anterior del apóstol Pedro sobre este tema (cp. 2 P. 3:1-10 así como el comentario sobre ese pasaje en el capítulo 32 de mi comentario de 1 y 2 Pedro).

Segunda, el Señor no vendrá solo. Aunque Él es el juez único y definitivo, estará acompañado por **sus santas decenas de millares. Santas** ("santos") podría referirse a creyentes (cp. 1 Co. 1:2; 1 Ts. 3:13) que regresarán con Cristo cuando Él venga a juzgar (Ap. 19:14; cp. Zac. 14:5). No obstante, el énfasis en el juicio aquí parece favorecer la opinión de que las **santas decenas** son ángeles, ya que estos aparecen en otros contextos de juicio en el Nuevo Testamento

(Mt. 24:31; 25:31; Mr. 8:38; 2 Ts. 1:7). Los santos tendrán un papel de juicio durante el reino milenial (Ap. 2:26-27; 3:21; cp. Dn. 7:22; 1 Co. 6:2), pero ángeles servirán como verdugos de Dios cuando Cristo regrese (Mt. 13:39-41, 49-50; 24:29-31; 25:31; 2 Ts. 1:7-10).

Tercera, el Señor vendrá con un propósito definido: **hacer juicio contra todos** los destinatarios que lo merecen. Estos son **todos los impíos** que han hecho caso omiso total de la ley de Dios. El verbo traducido **dejar convictos** (*elegchō*) significa "poner en evidencia", "reprender", o "demostrar culpabilidad", lo que incluye mostrar a alguien su error y su culpa. Cuando el Señor regrese, los pecados de los impíos serán puestos en evidencia y el veredicto se dictará en consecuencia. La sentencia final, como ya se indicó, será castigo eterno en el infierno (Ap. 20:11-15; cp. Mt. 5:22; 7:19; 8:12; 10:28; 13:40-42; 25:41, 46).

La frase **todos los impíos** incluye a los apóstatas (véase el estudio del v. 4 en el capítulo 2 de esta obra). Como el Juez justo, Dios castigará a estos sujetos debido a **todas sus obras impías que han hecho impíamente, y de todas las cosas duras que los pecadores impíos han hablado contra** Dios. El uso cuádruple que Enoc hace de **impíos** (*asebēs*, "ateos" o "impiedad") para describir a los apóstatas (cp. 2 P. 2:5-6; 3:7) les identifica su básica actitud pecaminosa, pues ellos se negaron a tener una adecuada reverencia hacia Dios. Todos estos depravados (como los falsos maestros inmorales, irreverentes y blasfemos) están acumulando ira y castigo divino para sí mismos en el día del juicio (Ro. 2:5; cp. Sal. 2:2-5; Jer. 10:10; Nah. 1:6; Jn. 3:36; Ro. 1:18; 1 Ts. 2:16; He. 10:26-27). El castigo les llega a causa de sus acciones impías y su discurso impío; tanto sus obras como sus palabras ponen en evidencia la maldad de sus corazones.

Es cierto que el Señor vendrá a impartir juicio a impíos culpables. **Estos** se refiere una vez más a maestros apóstatas que amenazaban a la iglesia (cp. vv. 4, 8, 10, 12-13). En el versículo 16 Judas se fija en particular en los pecados que llenaban sus bocas. **Murmuradores** aparece solo aquí en el Nuevo Testamento, y es el mismo término que la Septuaginta usa para describir las murmuraciones de Israel contra Dios (Éx. 16:7-9; Nm. 14:27, 29; cp. Jn. 6:41; 1 Co.10:10). Al igual que los antiguos israelitas (Sal. 106:24-25; 107:11; Zac. 7:11), estos otros murmuraban contra la verdad y contra la santa ley de Dios. Los apóstatas también eran **querellosos** o quejosos acerca del propósito y el plan santo de Dios. La palabra traducida **querellosos** (*mempsimoiros*) significa "echar culpa", y describe a quienes están siempre descontentos e insatisfechos. Los falsos maestros atacaban con el mayor descaro al Señor y su verdad, un hecho que Judas ilustra antes en su carta al compararlos con los israelitas incrédulos, los reprobados de Sodoma y Gomorra, los ángeles caídos, Caín, Coré y Balaam.

De manera egocéntrica, los falsos maestros están en desacuerdo con Dios porque **andan según sus propios deseos** (cp. vv. 4, 7; 2 P. 2:10, 18; 3:3). Esta frase del Nuevo Testamento describe con frecuencia a los incrédulos (cp. v. 18;

2 P. 3:3). Los apóstatas están tan dominados por sí mismos que su **boca habla cosas infladas,** o con arrogancia, como la NVI traduce la expresión. En forma ostentosa presumen con un vocabulario religioso, elaborado y sofisticado que tiene tono y atractivo espiritual externo pero que está vacío de verdad y sustancia divinas. Por ese discurso los apóstatas también vivían **adulando a las personas para sacar provecho.** Eran buenos en decirles a las personas lo que querían que estas oyeran (cp. 2 Ti. 4:3-4), manipulando hábilmente a los demás para sacar provecho. Sin duda no se preocupan por predicar la verdad de Dios para la edificación de quienes los escuchaban (cp. Sal. 5:9; 12:2-3; Pr. 26:28; 29:5; Ro.3:13; 16:18).

Fue Jesús quien afirmó que "lo que sale de la boca, del corazón sale; y esto contamina al hombre" (Mt. 15:18). En el caso de los falsos maestros, sus labios dejan ver su descontento, hipocresía, lujuria, orgullo y egoísmo. Sus bocas delatan la maldad de sus corazones. Además, como Enoc profetizó, un día el pecado de los apóstatas será desenmascarado por parte del Juez perfecto que los declarará culpables de sus crímenes espirituales.

En este pasaje Judas afirma la promesa, los participantes y el propósito de la venida del Señor en juicio. Por tanto enfoca el *quién, qué, dónde* y *por qué* del regreso de Cristo. La única pregunta importante que no contesta es *cuándo,* y la respuesta a eso la tiene únicamente Dios. Así es como el Señor Jesús exhortó adecuadamente a sus apóstoles:

> *Pero de aquel día y de la hora nadie sabe, ni aun los ángeles que están en el cielo, ni el Hijo, sino el Padre. Mirad, velad y orad; porque no sabéis cuándo será el tiempo. Es como el hombre que yéndose lejos, dejó su casa, y dio autoridad a sus siervos, y a cada uno su obra, y al portero mandó que velase. Velad, pues, porque no sabéis cuándo vendrá el señor de la casa; si al anochecer, o a la medianoche, o al canto del gallo, o a la mañana; para que cuando venga de repente, no os halle durmiendo. Y lo que a vosotros digo, a todos lo digo: Velad (Mr. 13:32-37; cp. Lc. 21:34-36).*

Estrategia de sobrevivencia para los tiempos de los apóstatas

5

Pero vosotros, amados, tened memoria de las palabras que antes fueron dichas por los apóstoles de nuestro Señor Jesucristo; los que os decían: En el postrer tiempo habrá burladores, que andarán según sus malvados deseos. Estos son los que causan divisiones; los sensuales, que no tienen al Espíritu. Pero vosotros, amados, edificándoos sobre vuestra santísima fe, orando en el Espíritu Santo, conservaos en el amor de Dios, esperando la misericordia de nuestro Señor Jesucristo para vida eterna. A algunos que dudan, convencedlos. A otros salvad, arrebatándolos del fuego; y de otros tened misericordia con temor, aborreciendo aun la ropa contaminada por su carne. (17-23)

A medida que la carta de Judas se acerca a su final surge una pregunta crucial: ¿Cómo podemos como creyentes contender de manera práctica por la verdad a fin de ser victoriosos en una época de falsedad desenfrenada? En otras palabras, ¿cómo podemos aplicar personalmente en nuestra vida y ministerio las advertencias de Judas en cuanto a la apostasía? Sin lugar a dudas la advertencia de Judas es inconfundible, y exige claramente una respuesta. Sin embargo, ¿a qué se parece esa respuesta? ¿Y dónde empieza?

Desde luego, Judas reconoció que sus lectores necesitaban más que una simple advertencia; necesitaban también un plan de ataque. En lugar de actuar simplemente a la defensiva, debían ser proactivos en su lucha por la fe. Esto significaba actuar, no solo en reforzar su propia armadura espiritual (cp. Ef. 6:10-17), sino también dedicarse a ayudar a otros en la iglesia.

A este fin, los lectores de Judas necesitaban mucho desarrollar discernimiento. Tenían que poder reconocer la diferencia entre la verdad y el error. De otra manera, no sabrían qué aceptar y qué rechazar. No podrían contender "ardientemente por la fe que ha sido una vez dada a los santos" (v. 3) a menos que pudieran discernir entre la fe verdadera y las falsificaciones. Por tanto, si iban a prestar atención a las advertencias de Judas tenían que comenzar por buscar activamente discernimiento espiritual.

La importancia del discernimiento se destaca a lo largo de toda la Biblia (Pr. 2:3; 23:23; 1 Co. 16:13; Fil. 1:9; He. 5:14; Ap. 2:2). El apóstol Pablo, por ejemplo, expresó su temor de que los corintios fueran llevados por mal camino:

> *¡Ojalá me toleraseis un poco de locura! Sí, toleradme. Porque os celo con celo de Dios; pues os he desposado con un solo esposo, para presentaros como una virgen pura a Cristo. Pero temo que como la serpiente con su astucia engañó a Eva, vuestros sentidos sean de alguna manera extraviados de la sincera fidelidad a Cristo. Porque si viene alguno predicando a otro Jesús que el que os hemos predicado, o si recibís otro espíritu que el que habéis recibido, u otro evangelio que el que habéis aceptado, bien lo toleráis (2 Co. 11:1-4).*

Preocupado por su falta de discernimiento, Pablo temía que los creyentes fueran engañados por los falsos maestros. Ellos eran demasiado tolerantes del error, y como resultado abrían tontamente la puerta a la apostasía.

En este mismo sentido, Pablo amonestó a los tesalonicenses a la sana doctrina y a ejercer discernimiento. Los instruyó así: "No menospreciéis las profecías. Examinadlo todo; retened lo bueno. Absteneos de toda especie de mal" (1 Ts. 5:20-22; cp. 1 Jn. 4:1-3). Los creyentes en Tesalónica debían reaccionar con cuidado a los mensajes espirituales que escuchaban, examinándolos con atención para ver si estaban o no de acuerdo con la enseñanza apostólica. Los mensajes que pasaban la prueba debían mantenerse firmes y aceptarse. Pero había que abstenerse de los que no pasaban la prueba y rechazarlos.

Incluso los líderes religiosos judíos y los eruditos de élite en la época de Jesús no tenían percepción espiritual. El Señor los acusó de poder discernir más las condiciones meteorológicas que los asuntos espirituales:

> *Vinieron los fariseos y los saduceos para tentarle, y le pidieron que les mostrase señal del cielo. Mas él respondiendo, les dijo: Cuando anochece, decís: Buen tiempo; porque el cielo tiene arreboles. Y por la mañana: Hoy habrá tempestad; porque tiene arreboles el cielo nublado. ¡Hipócritas! que sabéis distinguir el aspecto del cielo, ¡mas las señales de los tiempos no podéis! La generación mala y adúltera demanda señal; pero señal no le será dada, sino la señal del profeta Jonás. Y dejándolos, se fue (Mt. 16:1-4).*

A pesar de la meticulosa atención que daban a las Escrituras, de su riguroso entrenamiento teológico y de su posición destacada en la comunidad, los fariseos y saduceos rechazaron la verdad porque no pudieron discernirla.

Tristemente, hay muchos en la Iglesia contemporánea que tampoco tienen discernimiento espiritual. Ellos son mucho más propensos a permanecer en sintonía con tendencias culturales, que a entender y apreciar la doctrina bíblica. En algunos casos, iglesias enteras han cambiado su enfoque de las claras enseñanzas de la Biblia a las necesidades sentidas de los pecadores. Quieren que el servicio de la iglesia sea "cómodo" y "sin controversias". Como resultado, los mensajes que defienden son teológicamente débiles, y las personas a las que sirven son doctrinalmente ingenuas. Esas iglesias se encuentran indefensas contra el error.

Existen por lo menos seis razones para la preocupante falta de discernimiento que caracteriza a gran parte del cristianismo contemporáneo. Es evidente que la primera es la reciente tendencia entre muchos evangélicos a minimizar la importancia de la doctrina. Los que están en este campo sostienen que la claridad bíblica es divisiva y que no muestra amor, para ellos esta construye muros, es falta de humildad e impide la unidad. Sin embargo, la realidad es que la Iglesia ha sufrido graves consecuencias por abandonar su compromiso con la sana doctrina. Entre tales repercusiones están un falso sentido de humildad y una falsa fe producida por "creencias fáciles", así como presentaciones aguadas del evangelio, una falsa unidad basada en un ecumenismo interreligioso y concesiones teológicas, una falsa comisión preocupada por activismo político y moralidad legislada, una falsa adoración motivada por servicios centrados en el ser humano y cristianismo basado en experiencias, y un ministerio falso enfocado únicamente en satisfacción temporal y éxito externo; todo lo cual hace sentir cómodas a las personas en esta vida, pero falla totalmente en prepararlas para la vida venidera.

Segunda, la Iglesia se ha vuelto menos objetiva en su perspectiva al sustituir la verdad incondicional por el relativismo moral y la subjetividad posmoderna. En lugar de ver la verdad en términos radicales de blanco o negro, muchos cristianos la tratan como algo gris. Pero la Biblia es claramente contraria a eso; hace distinciones absolutas entre el bien y el mal, la verdad y el error, la fe salvadora y las falsas profesiones. Por ejemplo, la enseñanza del Señor Jesús era blanca o negra: Él contrastó el camino ancho y el camino angosto (Mt. 7:13-14), la condenación eterna y la vida eterna (Mt. 24:46-51), el reino de Satanás y el reino de Dios (Mt. 13:38), el odio y el amor (Mt. 5:43-44), la sabiduría mundana y la sabiduría divina (cp. Mt. 11:16-19; Mr. 6:2), etc. Por el contrario, la iglesia contemporánea se aleja de los absolutos teológicos, prefiriendo en cambio aceptar de modo tolerante "todo viento de doctrina" (Ef. 4:14), como si esa postura fuera una virtud.

Tercera, como parte de su estrategia evangelística contemporánea, la Iglesia ha abandonado su compromiso con el poder de la Biblia y ha llegado a preocuparse más de la imagen bíblica. A fin de alcanzar a la cultura, se ha vuelto como la cultura. Sin embargo, Santiago escribió: "¿No sabéis que la amistad del mundo es enemistad contra Dios? Cualquiera, pues, que quiera ser amigo del mundo, se constituye enemigo de Dios" (Stg. 4:4; cp. 1 Jn. 2:15-17). Ser amigo de Dios nos hace enemigos del mundo, y viceversa. Nos engañamos al creer que la clave para ganar a los perdidos se encuentra en imitarlos. Al imitar a la sociedad secular, algunos creyentes en realidad están perdiendo tanto su distintivo como el poder de las Escrituras. Y si se pierde el llamado característico del evangelio, también desaparecerá toda esperanza de evangelizar a la cultura (cp. Mt. 5:13).

Cuarta, y como consecuencia del punto anterior, la actual falta de discernimiento de la Iglesia se debe a la falta del estudio e interpretación adecuados de las Escrituras. La pereza pastoral, la dejadez exegética, y una actitud de indiferencia hacia la Palabra de Dios han sumido en el error al pueblo de Dios. Puesto que el apóstol Pablo entendía los peligros mortales de tal apatía espiritual, mandó a Timoteo: "Procura con diligencia presentarte a Dios aprobado, como obrero que no tiene de qué avergonzarse, que usa bien la palabra de verdad" (2 Ti. 2:15; cp. 2 Co. 4:2). El libro de Hechos también elogió a los hermanos de Berea por ser "más nobles que los que estaban en Tesalónica, pues recibieron la palabra con toda solicitud, escudriñando cada día las Escrituras para ver si estas cosas eran así" (17:11; cp. 1 Ts. 2:13). Según demuestra el ejemplo de los de Berea, no se puede desarrollar discernimiento sin un deseo de conocer la verdad y sin una determinación por descubrirla. Pero hoy día casi no se encuentra ese interés por la verdad.

Una quinta razón de la preocupante falta de discernimiento que caracteriza a gran parte del cristianismo contemporáneo es el abandono general de la disciplina de la Iglesia en círculos evangélicos (cp. Mt. 18:15-18). Cuando el pueblo de Dios no confronta el pecado y la herejía, es imposible detectar la maldad dentro del cuerpo. La congregación inevitablemente acumula más y más miembros no regenerados: incrédulos que se sienten cómodos porque sus asuntos de pecado nunca se abordan. Incluso, bajo un falso pretexto de amor, a veces se pasan por alto faltas graves de inmoralidad e importantes fallas éticas. Pero una iglesia no puede promover discernimiento de manera eficaz si condona alegremente el pecado o si la mayoría de sus miembros son pecadores no salvos. Después de todo, la congregación que piensa de modo incorrecto en cuanto a la santidad, muestra que también piensa erróneamente acerca de la verdad.

Una última razón para la falta de discernimiento en la Iglesia es el vacío incontrolado de madurez espiritual dentro de sus filas. Quienes tienen una comprensión superficial de la Biblia (cp. Mr. 12:24), un débil entendimiento de la sana doctrina y un punto de vista deficiente acerca de Dios, no cuentan con la capacidad necesaria para discernir. Sin embargo, esas son las mismas personas que llenan la mayoría de las bancas cada domingo. Al igual que los judíos incrédulos del siglo I, muchos cristianos contemporáneos harían bien en prestar atención a la amonestación dada por el autor de Hebreos:

Porque debiendo ser ya maestros, después de tanto tiempo, tenéis necesidad de que se os vuelva a enseñar cuáles son los primeros rudimentos de las palabras de Dios; y habéis llegado a ser tales que tenéis necesidad de leche, y no de alimento sólido. Y todo aquel que participa de la leche es inexperto en la palabra de justicia, porque es niño; pero el alimento sólido es para los que han alcanzado madurez, para los que por el uso tienen los sentidos ejercitados en el discernimiento del bien y del mal (He. 5:12-14).

(Para estudiar más sobre el tema del discernimiento espiritual y la gran necesidad que tiene la Iglesia de recuperar esta capacidad crucial, véanse John MacArthur, *Reckless Faith* [Wheaton, Ill.: Crossway, 1994], y MacArthur, ed. gen., *Fool's Gold?* [Wheaton, Ill.: Crossway, 2005], especialmente los capítulos 1 y 12).

Si quienes están en la Iglesia de hoy han de honrar al Dios de la revelación y han de disfrutar de victoria espiritual en sus vidas, a pesar de la constante tentación a capitular, deben comenzar por desarrollar discernimiento. Deben poder diferenciar entre lo que es bueno y lo que es malo, así como poder ir tras lo bueno y huir de lo malo. Esto requiere ser serios y precisos en interpretar la Biblia. De otro modo, en su confusión los cristianos profesantes dejarán de contender por la fe incluso antes de entrar a la batalla.

En esta sección Judas aborda cómo contender de modo apropiado por la fe y prosperar espiritualmente durante épocas cada vez más apóstatas. El hermano del Señor presenta a sus lectores tres verdades esenciales que si se aplican fielmente concederán discernimiento a todos los creyentes: Deben recordar, perseverar y tender la mano.

RECORDAR

Pero vosotros, amados, tened memoria de las palabras que antes fueron dichas por los apóstoles de nuestro Señor Jesucristo; los que os decían: En el postrer tiempo habrá burladores, que andarán según sus malvados deseos. Estos son los que causan divisiones; los sensuales, que no tienen al Espíritu. (17-19)

Las palabras de Judas aquí hacen eco de los versículos 5-7 y 11-13, que recordaban a sus lectores que los falsos maestros representan una amenaza constante. Estuvieron presentes durante los tiempos del Antiguo Testamento (Is. 28:7; Jer. 23:14; Ez. 13:4; Mi. 3:11; Sof. 3:4), afligieron a la iglesia primitiva (1 Jn. 2:18-19; 2 Jn. 7-11; Ap. 2:2-3, 15-16; 3:9), también están activos hoy, y seguirán siendo una amenaza en el futuro (2 Ts. 2:1-4; Ap. 13; 19:19-20). Puesto que siempre han plagado al pueblo de Dios, su presencia no debería sorprender a los creyentes en ninguna época.

Al igual que Pedro (2 P. 1:12-13), Judas exhortó a sus lectores que tuvieran

memoria de las verdades que ya habían oído: **las palabras que antes fueron dichas por los apóstoles de nuestro Señor Jesucristo** que predijeron la apostasía venidera. El Señor mismo fue el primero en advertir contra los falsos maestros en el Nuevo Testamento: "Guardaos de los falsos profetas, que vienen a vosotros con vestidos de ovejas, pero por dentro son lobos rapaces" (Mt. 7:15; cp. 24:11). Al defender su apostolado ante los corintios, Pablo repitió estas mismas inquietudes:

> *Mas lo que hago, lo haré aún, para quitar la ocasión a aquellos que la desean, a fin de que en aquello en que se glorían, sean hallados semejantes a nosotros. Porque éstos son falsos apóstoles, obreros fraudulentos, que se disfrazan como apóstoles de Cristo. Y no es maravilla, porque el mismo Satanás se disfraza como ángel de luz. Así que, no es extraño si también sus ministros se disfrazan como ministros de justicia; cuyo fin será conforme a sus obras (2 Co. 11:12-15).*

El apóstol hizo otras advertencias sobre los falsos maestros en varias más de sus epístolas (Col. 2:16-19; 1 Ts. 2:14-16; 2 Ts. 2:3-12; 1 Ti. 4:1-3; 6:20-21; 2 Ti. 2:17-19; 3:1-9; 4:1-3). De igual modo, Pedro advirtió que "habrá... falsos maestros, que introducirán encubiertamente herejías destructoras, y aun negarán al Señor que los rescató, atrayendo sobre sí mismos destrucción repentina" (2 P. 2:1; véase el comentario sobre 2 Pedro 2 en los capítulos 28-31 de mi comentario de 1 y 2 Pedro). Además, el apóstol Juan escribió: "Amados, no creáis a todo espíritu, sino probad los espíritus si son de Dios; porque muchos falsos profetas han salido por el mundo" (1 Jn. 4:1; cp. 2:18-19; 2 Jn. 7; 3 Jn. 9-11).

En repetidas ocasiones Cristo y los apóstoles **decían** que falsos maestros se infiltrarían en la iglesia y se opondrían a la verdad. En vista de eso, Judas citó la advertencia de Pedro: **En el postrer tiempo habrá burladores, que andarán según sus malvados deseos** (véase 2 P. 3:3). (El hecho de que la palabra traducida **burladores** aparezca en el Nuevo Testamento solo aquí y en 2 P. 3:3 sugiere que Judas citó a Pedro; véase el análisis de la relación de Judas con Pedro en Introducción a Judas en esta obra). La frase técnica **el postrer tiempo** se refiere al período entre la primera y la segunda venida de Cristo (cp. Hch. 2:17; Gá. 4:4; 2 Ti. 3:1; He. 1:2; 1 P. 1:5, 20; 1 Jn. 2:18-19; Stg. 5:3).

Pedro declaró que los burladores se mofaban de la verdad del regreso de Cristo (2 P. 3:4), y aquí Judas da a entender que se burlaban de la ley de Dios (cp. el análisis de "murmuradores" en el capítulo 4 de esta obra). Por supuesto, ambas ideas son paralelas ya que aquellos que se burlan de la ley de Dios también se burlarán del regreso de Cristo; no quieren ser responsables por sus pecados, sean actuales o futuros, ante el Juez divino.

Estos burladores andarán según sus malvados deseos, una realidad que Judas ya estableció en los versículos 4, 15, y 16. Dan rienda suelta a sus pasiones porque no tienen capacidad para la santidad. Puesto que sus corazones no están transformados, lo único que pueden hacer es ir tras sus propios deseos impíos.

Judas describe además a los falsos maestros como **los que causan divisiones.** La palabra *apodiorizō* (**divisiones**) hace referencia a la motivación detrás del comportamiento de los falsos maestros, así como a su efecto divisorio. El término significa "discriminar" y, en el caso de los apóstatas, quería decir que ellos se describían como superiores a quienes enseñaban la verdad. Al igual que los fariseos, los falsos maestros eran arrogantes (Lc. 16:15; 18:9, 11) y se creían superiores (Mt. 23:4-5), adhiriéndose a su autoproclamado conjunto de normas (cp. Mr. 7:5-8), su propia comprensión de élite de "la verdad" (cp. Mt. 16:6, 11-12). En vez de poner a otros antes que ellos mismos (lo cual es la clave de la verdadera unidad espiritual; cp. Fil. 2:1-4), se exaltaban a sí mismos y a sus propias intenciones ocultas. Naturalmente, el resultado final era división y conflicto en la iglesia.

Sensuales (*psuchikos,* lit. "del alma") es una traducción más exacta que "mundanos" (RVR77). Con cierta deferencia a la filosofía griega, Judas describe a los falsos maestros en términos estrictamente físicos. La materialista descripción que les hace los pone al descubierto por lo que realmente son: terroristas religiosos que no poseen cualidades internas tales como una adecuada percepción de sí mismos, capacidad para razonar y verdadero conocimiento de Dios. A pesar de que afirman tener un entendimiento trascendental de Dios, no lo conocen en absoluto, **no tienen al Espíritu** (cp. Jn. 3:5; Ro. 8:9; 1 Jn. 3:24; 4:13). Lo cierto es que están físicamente vivos pero, al no haber sido regenerados por el Espíritu Santo, están espiritualmente muertos. Son fraudes religiosos que hablan mucho de la fe y la vida espiritual, pero que con sus acciones lo niegan. Como le dijo Pablo a Tito: "Profesan conocer a Dios, pero con los hechos lo niegan, siendo abominables y rebeldes, reprobados en cuanto a toda buena obra" (Tit. 1:16).

PERSEVERAR

Pero vosotros, amados, edificándoos sobre vuestra santísima fe, orando en el Espíritu Santo, conservaos en el amor de Dios, esperando la misericordia de nuestro Señor Jesucristo para vida eterna. (20-21)

Para quienes somos cristianos que debemos ejercer discernimiento y protegernos del engaño es indispensable que permanezcamos en la senda de la santificación. Hacer eso implica en primer lugar edificarnos **sobre** nuestra **santísima fe,** llegando a ser doctrinalmente fuertes si queremos reconocer el error y pelear de modo eficaz la batalla por la verdad. El participio presente y activo traducido **edificándoos** tiene un sentido imperativo, que significa que no es opcional.

Metafóricamente, la idea de edificar se refiere a edificación personal y crecimiento espiritual, e implica establecer el cimiento firme de la sana doctrina. Como en el versículo 3, la **santísima fe** es el núcleo objetivo de la verdad bíblica.

En términos prácticos, la edificación se centra en estudiar la Palabra de Dios y aprender a aplicarla. En Hechos 20:32 Pablo les dice a los ancianos en Éfeso: "Y ahora, hermanos, os encomiendo a Dios, y a la palabra de su gracia, que tiene poder para sobreedificaros y daros herencia con todos los santificados". Todos los ministerios de la Iglesia deberían resultar en edificación (Ro. 14:19; 1 Co. 14:12, 26; Ef. 4:16; 1 Ts. 5:11; cp. 1 Co. 8:1). Dios dio a la Iglesia apóstoles, profetas, evangelistas y pastores/maestros para proclamar su Palabra, lo cual da como resultado "la edificación del cuerpo de Cristo" (Ef. 4:11-12; cp. Col. 2:6-7). Pedro escribió que los creyentes deberían desear la Palabra para crecimiento espiritual, así como los bebés desean leche para su sustento físico (1 P. 2:2). En ese mismo sentido, el apóstol Juan escribió que los creyentes espiritualmente fuertes, los que son capaces de librar con éxito la verdadera guerra por la verdad, son aquellos en quienes mora la Palabra de Dios (1 Jn. 2:14).

Un segundo elemento esencial de santificación implica orar **en el Espíritu Santo.** Esa expresión no se refiere a hablar en lenguas, sino a orar por lo que es coherente con la voluntad del Espíritu: sus deseos, pautas y decretos. Aunque la voluntad de Dios está revelada a través de los claros mandamientos de la Biblia (Dt. 17:19-20; Sal. 19:7, 11; 119:11, 105, 130; Pr. 6:23; Mt. 4:4; Lc. 11:28; Jn. 5:39; Ro. 15:4; 2 Ti. 3:16-17; Stg. 1:25), como creyentes no siempre sabemos cómo aplicarla de manera práctica a los diversos aspectos de la vida. De ahí que el Espíritu Santo interceda por nosotros delante del Padre con verdadera simpatía y fervor inexpresable (Ro. 8:26-27). Desde luego, la voluntad del Espíritu y la voluntad del Padre (e incluso orar en el nombre de Jesús) son una y la misma cosa. Cuando oramos **en el Espíritu Santo** nos sometemos personalmente a Él, descansamos en su sabiduría, buscamos su voluntad y confiamos en su poder (cp. Jn. 14:14-17; 1 Jn. 5:14-15).

Así como los creyentes buscamos la santificación, también debemos mantenernos **en el amor de Dios.** Este es un principio de vital importancia, y significa permanecer en la esfera del amor divino, o en el lugar de su bendición (Ro. 5:5; 8:39; 1 Jn. 4:16). En un nivel práctico significa que debemos mantenernos obedientes a Dios, ya que la bendición divina está prometida solo dentro de la esfera de la obediencia. Como Jesús declaró a los apóstoles:

> *Como el Padre me ha amado, así también yo os he amado; permaneced en mi amor. Si guardareis mis mandamientos, permaneceréis en mi amor; así como yo he guardado los mandamientos de mi Padre, y permanezco en su amor. Estas cosas os he hablado, para que mi gozo esté en vosotros, y vuestro gozo sea cumplido (Jn. 15:9-11; cp. 1 Jn. 2:5).*

Por otra parte, si nos volvemos desobedientes, pasamos de una posición de bendición a otra de castigo (He. 12:3-11).

Por último, a medida que buscamos santificación los cristianos debemos estar **esperando la misericordia de nuestro Señor Jesucristo para vida eterna.** El verbo traducido **esperando** (*prosdechomai*) significa "anhelar" o "acoger", y connota hacerlo con gran expectativa. Por eso debemos vivir con la eternidad en mente mientras anticipamos con anhelo el regreso del Señor (1 Co. 1:7; Fil. 3:20; 1 Ts. 1:10; 2 Ti. 4:8; Tit. 2:12-13; cp. 1 P. 4:7; 2 P. 3:11-13 y el comentario sobre estos tres versículos en el capítulo 33 de mi comentario de 1 y 2 Pedro). En ese gran día futuro, todos los que hemos confiado en Él experimentaremos **la misericordia** final de Cristo y disfrutaremos la plenitud de la **vida eterna** (cp. Ro. 2:7; 1 Ti. 6:12; 1 Jn. 5:13) cuando vivamos la resurrección y glorificación de nuestros cuerpos (Jn. 5:24; 17:3; Ro. 5:17; 2 Ti. 1:10; 1 Jn. 5:20; cp. Dn. 7:18).

TENDER LA MANO

A algunos que dudan, convencedlos. A otros salvad, arrebatándolos del fuego; y de otros tened misericordia con temor, aborreciendo aun la ropa contaminada por su carne. (22-23)

Aquellos que representan la mayor amenaza para la Iglesia también constituyen parte de su campo misionero. No solamente los cristianos son responsables de identificar y oponerse al enemigo y sus errores; también se les encomienda alcanzar y evangelizar al enemigo con la verdad. Eso es precisamente lo que Jesús trató de hacer cuando participó en comidas con los fariseos (Lc. 7:36; 11:37-38; 14:1); aunque los denunció como herejes, también les predicó el camino de la salvación (Lc. 7:40-50; cp. 14:3-6). Nicodemo, por ejemplo, era un fariseo que con franqueza buscaba la verdad (Jn. 3:1-21). Su sincera investigación en las enseñanzas de Jesús fue recibida con compasión y bondad por parte del Salvador.

En estos dos versículos Judas identifica tres categorías de individuos incrédulos que, desde la perspectiva de la Iglesia, son tanto una amenaza como un campo misionero: los confundidos, los convencidos, y los comprometidos con el error.

LOS CONFUNDIDOS

A algunos que dudan, convencedlos. (22)

Las declaraciones sacrílegas y engañosas hechas por los falsos maestros, junto con sus estilos de vida licenciosa, pueden confundir fácilmente a algunas personas dentro de la iglesia. Es más, eso es exactamente lo que ocurrió en Corinto (2 Co. 11:3) y en Galacia (Gá. 3:1-5; cp. 1:6-9). Y todavía sucede hoy día. Atrapados en la red del engaño, algunos se encuentran totalmente confundidos, inseguros de qué es cierto y qué no lo es. A fin de alcanzar a esas personas, Judas pidió a la iglesia tener **misericordia** de ellos, mostrar bondad, compasión y simpatía para con **algunos que dudan.**

Como lobos que acechan ovejas, los falsos maestros se aprovechan de las personas débiles (cp. 2 Ti. 3:6), individuos que se hallan vacilantes, inseguros y sumidos en la duda (Stg. 1:6-8; cp. Sal. 73:13-16; 77:7-9). Los que son fuertes deben mostrar misericordia con las almas que se debaten entre la verdad y el error (cp. Ef. 4:14), comprometidas y no comprometidas (He. 3:7-4:13; 6:1-12). Mostrar misericordia no significa ignorar la gravedad de la falsa enseñanza ni elogiar a los débiles por su vacilación. Sin embargo, sí significa exhortar a esas personas con la verdad, con mansedumbre y paciencia, siendo diligentes a fin de presentarles el evangelio antes de que sean atrapados permanentemente en la herejía.

LOS CONVENCIDOS

A otros salvad, arrebatándolos del fuego; (23*a*)

En este aspecto de alcanzar a otros, se incrementa el reto para los creyentes. Ya no es tan solo una cuestión de mostrar misericordia, y se convierte en la difícil tarea de rescatar a aquellos que ya están convencidos de la falsa enseñanza. No obstante, quienes somos fieles debemos estar dispuestos en humildad y fe a ser usados por Dios para salvar **a otros.** Dios sigue siendo la fuente fundamental de salvación (Sal. 3:8; Jon. 2:9; Jn. 1:12-13; 3:6-8; Ef. 2:8), pero nosotros somos los medios secundarios que Él usa para alcanzar a pecadores (cp. Hch. 2:37-41; 4:1-4; 8:26-38; 13:46-48; 16:13-14). Santiago escribió: "Hermanos, si alguno de entre vosotros se ha extraviado de la verdad, y alguno le hace volver, sepa que el que haga volver al pecador del error de su camino, salvará de muerte un alma, y cubrirá multitud de pecados" (Stg. 5:19-20).

Arrebatándolos se traduce de *harpazō,* y presenta la fuerte imagen de apoderarse de algo, o de tomar algo o alguien por la fuerza. Judas sin duda tomó esta imagen de los profetas, específicamente de la declaración de Amós acerca de Israel: "Fuisteis como tizón escapado del fuego" (Am. 4:11; cp. Zac. 3:2). Incluso cuando escribió su carta, Judas al parecer sabía de algunos que ya habían sido arrastrados hacia las doctrinas condenatorias de los apóstatas. Los describió como los que se habían chamuscado en el **fuego** del infierno, un presagio del abismo eterno que un día iba a engullirlos si seguían aceptando la falsa enseñanza (cp. Is. 33:14; Mt. 13:42).

La única manera de rescatar a esas personas es aplastando sus falsas ideologías antes de que sea demasiado tarde. Y esto solo puede hacerse con el poder de la verdad de Dios (2 Co. 10:3-5). Jesús dio ejemplo de este principio durante su ministerio terrenal. A aquellos que estaban confundidos, inseguros y llenos de dudas, con paciencia y bondad les presentó el evangelio (Jn. 4:10-26; 6:26-59). Pero a los que estaban comprometidos con la falsa enseñanza, como los escribas, los fariseos y sus devotos, sin ambages les advirtió de la gravedad de su condición perdida (Mt. 12:1-37; 15:1-14; Lc. 11:37-54; Jn. 8:12-59).

LOS COMPROMETIDOS CON EL ERROR

y de otros tened misericordia con temor, aborreciendo aun la ropa contaminada por su carne. (23*b*)

A veces los cristianos pueden tener la oportunidad de alcanzar a los apóstatas más comprometidos. Tales herejes son individuos profundamente engañados que están muy envueltos en sus propios engaños. En algunos casos son incluso los articuladores de la doctrina herética y los líderes dentro de un sistema falso. Cuando alcanzamos a esas personas, quienes conocemos la verdad debemos proceder con la mayor prudencia y lucidez. La amonestación **de otros tened misericordia con temor** indica la naturaleza aleccionadora y aterradora que conlleva alcanzar a tales individuos. El **temor** nace de una conciencia de que acercarse demasiado al error corrupto y apóstata podría resultar en ser manchados de algún modo por esas mentiras (cp. Mt. 16:6, 12; 1 Co. 5:6-7; 15:33; Gá. 5:7-9).

Judas usa un lenguaje muy gráfico y crudo para resaltar el grado de peligro implicado en este tipo de alcance. **Ropa** se traduce de *chitōn* y se refiere a la vestimenta que la gente de esa época usaba debajo de sus túnicas exteriores; esta era su ropa interior. La palabra traducida **contaminada** es una variante del participio del verbo *spiloō,* que significa "manchar" o "corromper". Tener la ropa **contaminada por su carne** significa que "está ensuciada por las funciones corporales". Así como nadie quiere tocar la ropa interior sucia de otra persona y resultar corrompido físicamente, así también deberíamos ser muy cuidadosos en acercarnos demasiado a la corrupción espiritual de quienes están contaminados por falsos maestros. Incluso al llevar el evangelio a los apóstatas comprometidos, los santos deben tener mucho cuidado y sabiduría (cp. Mt. 10:16).

Cuando la Iglesia no trata con cuidado la contaminación espiritual que los falsos maestros pueden propagar, los resultados pueden ser desastrosos. Por ejemplo, el Señor le advirtió a la iglesia en Sardis: "Yo conozco tus obras, que tienes nombre de que vives, y estás muerto" (Ap. 3:1). Eso se debía a que solo unos pocos en Sardis no habían "manchado sus vestiduras" (v. 4). Los demás habían aceptado sin discernimiento la apostasía, lo que condenó sus almas y dañó a la iglesia. Sardis, junto con algunas de las otras siete iglesias en Apocalipsis (especialmente Pérgamo, Tiatira y Laodicea), no hicieron caso a la advertencia del apóstol Pablo:

> *Mas os ruego, hermanos, que os fijéis en los que causan divisiones y tropiezos en contra de la doctrina que vosotros habéis aprendido, y que os apartéis de ellos. Porque tales personas no sirven a nuestro Señor Jesucristo, sino a sus propios vientres, y con suaves palabras y lisonjas engañan los corazones de los ingenuos (Ro. 16:17-18).*

La sobrevivencia y prosperidad espiritual de los que amamos a Cristo, especialmente en tiempo de creciente apostasía, exigen gran perseverancia y cuidado. Debemos estar a la defensiva, recordando lo que la Biblia dice acerca de la presencia de falsos maestros. Además debemos ser proactivos, practicando de modo diligente las disciplinas de estudio bíblico, oración y obediencia mientras anticipamos con anhelo el regreso de Cristo. Por último, debemos ejercer audaz discernimiento en tomar la ofensiva y alcanzar a los apóstatas y a quienes están influidos por sus herejías. La vida cristiana siempre ha sido un peregrinaje (He. 11) y una batalla espiritual (Ef. 6:10-18), pero su final será triunfante (Ap. 18—22). Con esa verdad en mente podemos tener gran consuelo y ánimo en las palabras del muy conocido himno "Firmes y adelante, huestes de la fe":

Firmes y adelante, huestes de la fe,
sin temor alguno, que Jesús nos ve.
Jefe soberano, Cristo al frente va,
y la regia enseña tremolando está.

Al Sagrado nombre de nuestro Adalid,
tiembla el enemigo y huye de la lid.
Nuestra es la victoria, dad a Dios loor,
y óigalo el averno, lleno de pavor.
(Trad. Juan Bautista Cabrera)

Garantía de los santos

6

Y a aquel que es poderoso para guardaros sin caída, y presentaros sin mancha delante de su gloria con gran alegría, al único y sabio Dios, nuestro Salvador, sea gloria y majestad, imperio y potencia, ahora y por todos los siglos. Amén. (24-25)

Todas las doctrinas de la salvación son absolutamente esenciales y profundamente valiosas para los redimidos. Pero la doctrina de la seguridad eterna, mejor conocida como la perseverancia de los santos, se destaca como la más maravillosa de todas. La gloria de los demás aspectos de la salvación (como justificación, regeneración, conversión y adopción) no se pueden apreciar por completo si la salvación no fuera para siempre. Sin la seguridad y confianza de la certeza eterna, la vida cristiana daría paso a la duda, la preocupación y el miedo, mientras los cristianos se preguntarían si las demás doctrinas serían permanentes. Y la idea de renunciar a todo por seguir a Cristo difícilmente parecería digna del costo si al final todo podría perderse (cp. Lc. 9:23-25). Sin embargo, debido a la doctrina de la seguridad eterna, como creyentes podemos reposar en la certeza de que nada puede robarnos esa fe salvadora que en última instancia producirá "un cada vez más excelente y eterno peso de gloria" (2 Co. 4:17).

Si de nosotros solos dependiera mantener nuestra salvación, sin duda alguna la perderíamos. Así como aquellos que siguen luchando con el pecado (1 Jn. 1:8-10; cp. Ro. 7:15-23; 1 Co. 1:11; 5:1; 11:18; Stg. 1:14-15; 4:1-3), con regularidad perderíamos nuestra posición de justos delante de Dios. Incluso el apóstol Pablo reconoció su batalla continua en contra de la carne, exclamando: "¡Miserable de mí! ¿quién me librará de este cuerpo de muerte?" (Ro. 7:24). Reconoció que no podía obtener ni mantener la salvación a través de sus propios esfuerzos farisaicos (Fil. 3:4-14).

Gracias a Dios, la salvación verdadera no se basa en nuestras obras como creyentes, sino más bien en la obra de Cristo. Es su justicia la que cubre a quienes confían en Él (Fil. 3:9; 2 P. 1:1). No debemos preocuparnos por mantener o perder nuestra salvación porque esta no se basa en nuestras obras. En lugar de eso, se basa en la persona inmutable de Jesucristo (cp. He. 13:8). El plan

(Ro. 8:29-30), la promesa (He. 10:23), el poder (Ro. 1:16), y la provisión (2 Co. 5:21) de Dios mismo garantiza nuestro destino eterno.

La doctrina de la perseverancia de los santos (que los creyentes verdaderos perseveran en fe en el evangelio hasta el final porque el Padre les ha otorgado una fe infalible) se relaciona de modo inseparable con las demás doctrinas de salvación. Por ejemplo, está íntimamente vinculada con la doctrina de la elección (v. 1; Ef. 1:11; 1 Ts. 5:24; cp. 1 P. 1:4-5): Dios asegura que los escogidos para vida eterna nunca la perderán (Jn. 10:28-29; 1 Co. 1:8-9; Fil. 1:6). También está eternamente vinculada con la doctrina de la justificación (Ro. 5:1, 9; 8:30), según la cual Jesucristo pagó por completo el castigo del pecado por los creyentes (1 P. 2:24; cp. 2 Co. 5:21), de modo que no hay ninguna base sobre la cual puedan ser condenados (Ro. 8:1, 33-35). Además, se relaciona de modo inseparable con las doctrinas de la santificación (2 Ts. 2:13) y la glorificación (He. 2:10), en que el Espíritu Santo sella a los creyentes y los santifica (2 Co. 1:21-22; Ef. 1:13-14), certificando con ello que todos serán llevados a la gloria (cp. He. 10:14-15). Si los que por fe aceptamos el evangelio pudiéramos perder nuestra salvación, entonces cada una de esas otras doctrinas se vería seriamente debilitada.

A punto de concluir su carta, Judas resalta la obra divina de preservación en la salvación por medio de una doxología, un mensaje de alabanza a Dios. Al hacerlo, Judas está en armonía con el precedente bíblico. Por ejemplo, cada uno de los cinco libros de los Salmos concluye con una doxología (41:13; 72:18-19; 89:52; 106:48; 150). El Nuevo Testamento también registra muchas otras doxologías (p. ej., Lc. 2:13-14; 19:35-38; Ro. 11:36; 16:27; Ef. 1:3; 3:20-21; Fil. 4:20; 1 P. 5:11; 2 P. 3:18; Ap. 1:6), todas las cuales se enfocan en la gloria y la gracia de Dios. Son siempre estallidos de alabanza por la grandeza de la salvación y las bendiciones prometidas de vida eterna en el cielo. Por ejemplo, Pablo concluyó su carta a los romanos con esta doxología:

> *Y al que puede confirmaros según mi evangelio y la predicación de Jesucristo, según la revelación del misterio que se ha mantenido oculto desde tiempos eternos, pero que ha sido manifestado ahora, y que por las Escrituras de los profetas, según el mandamiento del Dios eterno, se ha dado a conocer a todas las gentes para que obedezcan a la fe, al único y sabio Dios, sea gloria mediante Jesucristo para siempre. Amén (16:25-27; cp. Gá. 1:3-5; 1 Ti. 1:17; 2 Ti. 4:18).*

En contraste con sus advertencias acerca de la apostasía, la doxología de Judas produce consuelo y ánimo, recordando a los creyentes la fidelidad y el poder de Dios. Niega el miedo (cp. Sal. 27:1; Pr. 1:33; Jn. 14:27), produce gozo (cp. Is. 35:10; Mt. 5:12*a;* Ro. 15:13), y estimula la esperanza en el futuro (cp. Ro. 12:12; Ef. 4:4; Tit. 1:2; 1 P. 1:3). Y hace esto resaltando dos aspectos cruciales que el Señor hará por nosotros sus santos: preservar nuestra salvación y presentarnos sin mancha delante de su trono glorioso.

EL SEÑOR PRESERVA A LOS SANTOS

Y a aquel que es poderoso para guardaros sin caída, (24*a*)

Debido a que Dios es perfectamente fiel, supremamente poderoso e infinitamente amoroso, no permitirá que sus hijos se alejen de la fe que salva o que deserten del evangelio para perderse otra vez en sus pecados. No solo que Él está dispuesto a preservar a los creyentes (Ro. 8:28; Ef. 1:9-11; cp. Jn. 17:20-23), sino que también **es poderoso para** guardarlos hasta el final.

Durante su ministerio terrenal, Jesús enseñó que en definitiva Dios asegura de modo soberano a todos los que creen:

> *Todo lo que el Padre me da, vendrá a mí; y al que a mí viene, no le echo fuera. Porque he descendido del cielo, no para hacer mi voluntad, sino la voluntad del que me envió. Y esta es la voluntad del Padre, el que me envió: Que de todo lo que me diere, no pierda yo nada, sino que lo resucite en el día postrero. Y esta es la voluntad del que me ha enviado: Que todo aquél que ve al Hijo, y cree en él, tenga vida eterna; y yo le resucitaré en el día postrero (Jn. 6:37-40, 44; cp. 10:28-29; 1 P. 1:3-5).*

La Biblia está llena de muchos otros testimonios de la promesa y el poder de Dios para guardar a su pueblo. En otra doxología del Nuevo Testamento, Pablo regocijó así a los efesios: "Y a Aquel que es poderoso para hacer todas las cosas mucho más abundantemente de lo que pedimos o entendemos, según el poder que actúa en nosotros, a él sea gloria en la iglesia en Cristo Jesús por todas las edades, por los siglos de los siglos. Amén" (Ef. 3:20-21; cp. 2 Co. 9:8). Y el autor de Hebreos, hablando de Jesús, se hace eco: "Por lo cual puede también salvar perpetuamente a los que por él se acercan a Dios, viviendo siempre para interceder por ellos" (He. 7:25; cp. 5:7).

Humanamente hablando, el camino al cielo siempre ha sido difícil (cp. Hch. 14:22; 2 Co. 6:4-10; 11:23-30; He. 11:32-40; Ap. 12:10-11), lleno de peligros de parte de Satanás y sus agentes apóstatas (Lc. 22:31; Ef. 6:11-17; 1 Ts. 2:18; 3:5; 1 P. 5:8-9; cp. Job 1:12-19; 2:6-7; Mt. 4:1-11). No obstante, desde la perspectiva divina el camino al cielo es absolutamente seguro, no porque los creyentes sean capaces de guardarse sino porque Dios puede preservarlos.

Guardaros es la traducción de una palabra militar (*phulassō*) que significa "preservar" o "vigilar". Dios está en su puesto, hace guardia sobre los creyentes para garantizarles la seguridad (Sal. 12:7; Pr. 3:26; 1 Co. 1:8-9) durante cualquier asalto del enemigo (cp. 1 Jn. 5:18). Él es el Único que puede guardarlos **sin caída** de la apostasía. Como se lo dijo Jesús el Buen Pastor a sus oyentes:

> *Mis ovejas oyen mi voz, y yo las conozco, y me siguen, y yo les doy vida eterna; y no perecerán jamás, ni nadie las arrebatará de mi mano. Mi Padre que me las dio, es mayor que todos, y nadie las puede arrebatar de la mano de mi Padre (Jn. 10:27-29).*

En su oración sacerdotal registrada en Juan 17 (cp. 9, 11, 15) el Señor Jesús confió otra vez a sus seguidores en las manos del Padre. En los versículos 24 y 26, oró así:

> *Padre, aquellos que me has dado, quiero que donde yo estoy, también ellos estén conmigo, para que vean mi gloria que me has dado; porque me has amado desde antes de la fundación del mundo… Y les he dado a conocer tu nombre, y lo daré a conocer aún, para que el amor con que me has amado, esté en ellos, y yo en ellos.*

El amor infinito del Hijo por el Padre garantiza que protegerá a aquellos que el Padre le ha confiado. Y viceversa, el amor infinito del Padre por el Hijo asegura que protegerá a aquellos que ha entregado al Hijo. Por tanto, el creyente está asegurado por el Padre y por el Hijo.

La salvación también está garantizada por el Espíritu Santo. El apóstol Pablo subraya esta verdad cuando les escribe a los efesios. Después de recalcar la doctrina de la elección, que Dios elige a los suyos basándose únicamente en su buena voluntad (1:3-12), Pablo añadió:

> *En él también vosotros, habiendo oído la palabra de verdad, el evangelio de vuestra salvación, y habiendo creído en él, fuisteis sellados con el Espíritu Santo de la promesa, que es las arras de nuestra herencia hasta la redención de la posesión adquirida, para alabanza de su gloria (vv. 13-14).*

De igual modo que un sello antiguo servía para asegurar una garantía y como una marca de propiedad, el Espíritu Santo se da a los creyentes como prueba divina de salvación. La obra del Espíritu Santo en las vidas de los suyos confirma que estos han recibido verdadera regeneración (Tit. 3:3-8; cp. Gá. 5:21-22). Pablo observó también en otra parte: "El Espíritu mismo da testimonio a nuestro espíritu, de que somos hijos de Dios" (Ro. 8:16). Tras ser adoptados en la familia de Dios, por la morada del Espíritu Santo mismo los creyentes están asegurados con relación a que nunca serán desheredados.

En varias partes de sus escritos, el apóstol Pablo también hace hincapié en que la salvación es un regalo basado únicamente en la gracia de Dios por medio de la muerte de Cristo. No está basada en las buenas obras humanas, sino más bien en la obra única de Dios. En Romanos 5:8-11, Pablo escribió:

> *Mas Dios muestra su amor para con nosotros, en que siendo aún pecadores, Cristo murió por nosotros. Pues mucho más, estando ya justificados en su sangre, por él seremos salvos de la ira. Porque si siendo enemigos, fuimos reconciliados con Dios por la muerte de su Hijo, mucho más, estando reconciliados, seremos salvos por su vida. Y no sólo esto, sino que también nos gloriamos en Dios por el Señor nuestro Jesucristo, por quien hemos recibido ahora la reconciliación.*

Antes de que Dios los salvara, los creyentes eran enemigos de Dios (Ef. 2:1-3). No había nada bueno en ellos que los hiciera dignos del amor divino (cp. Ro. 3:10-19). Por tanto, fue solo por su infinita gracia y según su plan perfecto (cp. Ro. 8:28-30) que les ofreció la salvación. Efesios 2:8-9 reitera esta realidad: "Porque por gracia sois salvos por medio de la fe; y esto no de vosotros, pues es don de Dios; no por obras, para que nadie se gloríe". La salvación es un verdadero regalo de Dios, el cual no puede ser ganado por obras humanas o justicia propia (cp. Tit. 3:1-8). Por la misma razón, la salvación no puede mantenerse por esfuerzo humano. La seguridad eterna del creyente reposa en el mismo sacrificio infinito que en primer lugar produjo salvación: la muerte de Jesucristo (cp. He. 7:27). Puesto que los cristianos no hicieron nada para ganar la salvación, no pueden hacer nada para perderla; fueron salvados por el poder amoroso de Dios, y siguen siendo salvos por el mismo poder. Con esto en mente, Pablo exclamó lleno de gozo:

> *Por lo cual estoy seguro de que ni la muerte, ni la vida, ni ángeles, ni principados, ni potestades, ni lo presente, ni lo por venir, ni lo alto, ni lo profundo, ni ninguna otra cosa creada nos podrá separar del amor de Dios, que es en Cristo Jesús Señor nuestro (Ro. 8:38-39).*

Nada, incluidos los actos personales de pecado, puede separar al verdadero creyente de su Salvador.

Otros pasajes en el Nuevo Testamento también afirman que esta doctrina es cierta:

> *De tal manera que nada os falta en ningún don, esperando la manifestación de nuestro Señor Jesucristo; el cual también os confirmará hasta el fin, para que seáis irreprensibles en el día de nuestro Señor Jesucristo. Fiel es Dios, por el cual fuisteis llamados a la comunión con su Hijo Jesucristo nuestro Señor (1 Co. 1:7-9).*

> *Y no contristéis al Espíritu Santo de Dios, con el cual fuisteis sellados para el día de la redención (Ef. 4:30).*

> *Estando persuadido de esto, que el que comenzó en vosotros la buena obra, la perfeccionará hasta el día de Jesucristo (Fil. 1:6).*

> *Y el mismo Dios de paz os santifique por completo; y todo vuestro ser, espíritu, alma y cuerpo, sea guardado irreprensible para la venida de nuestro Señor Jesucristo. Fiel es el que os llama, el cual también lo hará (1 Ts. 5:23-24).*

A la luz de la evidencia bíblica, un escritor pregunta:

> ¿Es concebible que a pesar de todo esto, los cristianos aún puedan caer y perderse? ¿Es posible para Dios predeterminarnos con el propósito de darnos santidad, y sin embargo que nosotros no nos volvamos santos? ¿Puede Él adoptarnos como hijos y después negarnos? ¿Puede darnos seguridad de la salvación para luego retractarse de su promesa? ¿Es la voluntad humana tan fuerte para vencer al poder divino? ¡Sin duda que no! ¿Qué más tiene Dios que decir para asegurarnos que nos sostendrá hasta el final? (David Clotfelter, *Sinners in the Hands of a Good God* [Chicago: Moody, 2004], p. 176).

Incluso el apóstol Pedro, quien era muy propenso a fallar (como cuando negó tres veces a Cristo), nunca sugirió que la salvación pudiera perderse. Al contrario, cuando escribió su primera epístola, el apóstol reconoció el poder de Dios como lo que preserva la salvación:

> *Bendito el Dios y Padre de nuestro Señor Jesucristo, que según su grande misericordia nos hizo renacer para una esperanza viva, por la resurrección de Jesucristo de los muertos, para una herencia incorruptible, incontaminada e inmarcesible, reservada en los cielos para vosotros, que sois guardados por el poder de Dios mediante la fe, para alcanzar la salvación que está preparada para ser manifestada en el tiempo postrero (1 P. 1:3-5).*

Al final de esta misma epístola, Pedro volvió a tratar el tema de la perseverancia, escribiendo: "Después que hayáis padecido un poco de tiempo, él mismo os perfeccione, afirme, fortalezca y establezca" (5:10).

La magnitud de esa promesa es abrumadora. Dios mismo perfecciona, afirma, fortalece y establece a quienes somos sus hijos. Aunque su propósito para el futuro implica algo de sufrimiento en la actualidad, Él sin embargo nos concederá gracia para soportar y perseverar en fe. Incluso cuando el enemigo nos ataca personalmente, Dios al mismo tiempo nos perfecciona. Dios mismo lo está haciendo. Él llevará a cabo sus propósitos en nosotros, conduciéndonos a la realización, poniéndonos en terreno sólido, fortaleciéndonos, y estableciéndonos sobre una base firme.

Sin lugar a dudas, la doctrina de la seguridad eterna no significa que las personas puedan vivir en patrones de pecado del que no se hayan arrepentido y todavía tener la seguridad del cielo. La seguridad eterna no es una licencia para pecar (cp. Ro. 6:1). Respecto a eso, quienes creemos de veras nunca lo veríamos de ese modo, ya que se nos ha dado una nueva naturaleza (cp. 2 P. 1:4) que encuentra satisfacción en obedecer a nuestro Maestro (Jn. 14:15). Quienes hacen una profesión de fe, pero luego caen en estilos pecaminosos de vida, revelan que la profesión que hicieron nunca fue realmente genuina (cp. 1 Jn. 2:19). Pero para aquellos de nosotros cuya fe es real, la seguridad de la salvación es en realidad una certeza gozosa.

EL SEÑOR PRESENTA A LOS SANTOS

y presentaros sin mancha delante de su gloria con gran alegría, al único y sabio Dios, nuestro Salvador, sea gloria y majestad, imperio y potencia, ahora y por todos los siglos. Amén. (24*b*-25)

Una característica distintiva de la fe salvadora es que persiste hasta el final (Mt. 24:13). **Presentaros** se traduce del verbo *histēmi,* que en este contexto significa "establecer", "instaurar", "confirmar" o "constituir". En la actualidad los creyentes están establecidos en gracia (Ro. 5:1-4), pero en el futuro estarán también establecidos en gloria (Col. 3:4; 1 P. 5:10).

Para seres humanos caídos estar presentes **delante de** la **gloria** de Dios es algo que produce terror. Isaías pronunció una maldición sobre sí mismo (Is. 6:5). Ezequiel cayó abrumado como una persona muerta (Ez. 1:28). Pedro, Santiago y Juan experimentaron temor abrumador en el monte de la transfiguración (Mt. 17:5-7; Lc. 9:32-34). Cuando tuvo la visión del Cristo resucitado y glorioso, el apóstol Juan se desmayó como si estuviera muerto (Ap. 1:17). Después de estar frente a frente con la gloriosa presencia de Dios, cada uno de estos hombres sintió al instante todo el peso de su pecaminosidad (cp. Lc. 5:8). Cada uno cayó a tierra, abrumado por su propia sensación de indignidad.

A fin de estar en la gloriosa presencia de Dios, los creyentes deben ser **sin mancha.** Apocalipsis 21:27 deja en claro que los pecadores no arrepentidos no entrarán a la gloria del cielo: "No entrará en [la Jerusalén celestial], ninguna cosa inmunda, o que hace abominación y mentira, sino solamente los que están inscritos en el libro de la vida del Cordero" (cp. 22:14-15). *Amōmos* (**sin mancha**) significa "sin falta", y se usa aquí para describir el estado de inocencia que los creyentes disfrutarán un día. El Nuevo Testamento también usa el término para referirse a la pureza de sacrificios (He. 9:14, "sin mancha"; cp. 1 P. 1:19). Aunque los creyentes, como aquellos de nosotros a quienes Dios nos ha imputado la justicia de Cristo, somos ahora posicionalmente sin mancha (Ro. 4:6-8; 1 Co. 1:30; 2 Co. 5:21; Tit. 3:7), aún nos encontramos en nuestros cuerpos carnales y pecaminosos. Sin embargo, estamos esperando la resurrección, en la que recibiremos nuestros nuevos cuerpos glorificados (cp. Jn. 5:25; 11:24-25; 1 Co. 15:21-23, 42-44; 2 Co. 5:1; Fil. 3:21). En el cielo experimentaremos no solo una ausencia de pecado sino también una presencia de santidad perfecta (1 Ts. 3:13; cp. Ap. 21:22-22:5). Todas nuestras facultades estarán emancipadas del mal y totalmente dedicadas a la justa adoración de Dios por siempre jamás (cp. Ap. 4:6-11; 5:11-14; 19:6).

Como santos en gloria, no sabremos nada del temor y el trauma que caracterizan al hecho de estar en la presencia de Dios en la tierra (véanse los ejemplos ya mencionados). En lugar de eso experimentaremos **gran alegría,** lo cual caracterizará cada aspecto de nuestra vida celestial (cp. Ap. 7:16-17). Esta alegría se refiere principalmente al gozo divino (cp. Lc. 15:7, 10; Sof. 3:17) del Padre y el Hijo por nuestra comunión con otros creyentes, un gozo en el que los redimidos participarán por toda la eternidad. En consecuencia, todos los creyentes moraremos con Dios en amor perfecto y santo deleite por siempre y para siempre.

> *Y no habrá más maldición; y el trono de Dios y del Cordero estará en ella, y sus siervos le servirán, y verán su rostro, y su nombre estará en sus frentes. No habrá allí más noche; y no tienen necesidad de luz de lámpara, ni de luz del sol, porque Dios el Señor los iluminará; y reinarán por los siglos de los siglos (Ap. 22:3-5).*

Al terminar su epístola, Judas ofreció esta alabanza por la actual salvación y futura glorificación de los creyentes: **al único y sabio Dios, nuestro Salvador, sea gloria y majestad, imperio y potencia, ahora y por todos los siglos.** Solo Dios... a través de Jesucristo puede lograr la obra de un **Salvador.** En consecuencia, Judas reservó la mayor alabanza para el Hijo. **Gloria** resume todos los atributos divinos en su poderoso resplandor (cp. Éx. 33:22); **majestad** significa el reino absoluto del Padre (cp. He. 1:3; 8:1) y el Hijo (cp. 2 P. 1:16); **imperio** se refiere al alcance de su poder y gobierno activo sobre todo (cp. Sal. 66:7); y **potencia** denota el supremo derecho y privilegio de Cristo de hacer lo que Él quiere (cp. Hch. 2:33-35; Fil. 2:9-11). Esta supremacía divina sobre todo el universo abarca toda la eternidad (cp. Ap. 1:8): **ahora** (época actual), **y por todos los siglos** (eternidad futura).

Debido a que Dios es todopoderoso, y a que su glorioso nombre está en juego, podemos confiar sin reserva alguna en su promesa de guardar a sus santos y en que un día nos presentará delante de su trono. Dudar de la realidad de esa promesa es dudar de Dios mismo. Pero aceptarla es encontrar gozo sin fin y consuelo eterno. En las palabras de Charles Spurgeon:

> Cuando oí decir que el Señor guardaría a su pueblo hasta el final, y que Cristo había dicho: "Mis ovejas oyen mi voz, y yo las conozco, y me siguen, y yo les doy vida eterna; y no perecerán jamás, ni nadie las arrebatará de mi mano", debo confesar que la doctrina de la preservación final de los santos fue un cebo que mi alma no pudo resistir. Pensé que era una cierta clase de seguro de vida, un seguro de mi carácter, un seguro de mi alma, un seguro de mi destino eterno. Yo sabía que no podía preservarme a mí mismo, pero si Cristo prometió hacerlo, entonces supe que estaría seguro para siempre; y anhelé y oré por encontrar a Cristo, porque sabía que si lo encontraba Él no me daría una salvación temporal y sin valor, como algunos predican, sino vida eterna que nunca podría perderse, la simiente viva e incorruptible que vive y mora para siempre, porque nada ni nadie "nos podrá separar del amor de Dios, que es en Cristo Jesús Señor nuestro" (C. H. Spurgeon, tomado de "Danger, Safetly, Gratitude", sermón no. 3.074, predicado en enero 8, 1874, *The Metropolitan Tabernacle Pulpit* [reimpreso, Pasadena, TX: Pilgrim Publications, 1978], 54:24).

Bibliografía

Arndt, W. F., F.W. Gingrich y F.W. Danker. *A Greek-English Lexicon of the New Testament and Other Early Christian Literature.* Chicago: Univ. of Chicago, 1957.

Bigg, Charles. *A Critical and Exegetical Commentary on the Epistles of St. Peter and St. Jude.* The International Critical Commentary. Reimpresión. Edinburgh: T. & T. Clark, 1975.

Bruce, F. F. *El canon de la Escritura.* Barcelona: Editorial Clie, 2002.

Carson, D. A., Douglas J. Moo y Leon Morris. *Una introducción al Nuevo Testamento.* Barcelona: Editorial Clie, 2008.

Guthrie, Donald. *New Testament Introduction.* Edición revisada. Downers Grove, Ill.: InterVarsity, 1990.

Harrison, Everett F. *Introducción al Nuevo Testamento.* Grand Rapids: Libros Desafío, 1980.

Hiebert, D. Edmond. *An Introduction to the Non-Pauline Epistles.* Chicago: Moody, 1962.

________. *Second of Peter and Jude: An Expositional Commentary.* Greenville, S. C.: Unusual Publications, 1989.

Kelly, J. N. D. *A Commentary on the Epistles of Peter and Jude.* Peabody, Mass.: Hendrickson, 1988.

Kistemaker, Simon. *Comentario al Nuevo Testamento: 1 y 2 Pedro, Judas.* Grand Rapids: Libros Desafío, 1994.

Lenski, R. C. H. *The Interpretation of the Epistles of St. Peter, St. John, and St. Jude.* Reimpresión. Minneapolis: Augsburg, 1966.

Schreiner, Thomas R. *1, 2 Peter, Jude.* The New American Commentary. Nashville: Broadman & Holman, 2003.

Vine, W. E. *Diccionario expositivo de palabras del Antiguo y del Nuevo Testamento exhaustivo.* Nashville: Grupo Nelson, 1999.

Wallace, Daniel B. "Jude: Introduction, Argument and Outline". Biblical Studies Press. www.bible.org, 2000.

TEOLOGÍA SISTEMÁTICA

UN ESTUDIO PROFUNDO DE LA DOCTRINA BÍBLICA

JOHN MACARTHUR
RICHARD MAYHUE

Aclamado como uno de los expositores más talentosos de hoy, MacArthur presenta una visión sistemática de las principales creencias cristianas. Profundiza tu comprensión de las doctrinas relacionadas con la Palabra de Dios, cada persona de la Trinidad, la humanidad y el pecado, la salvación, los ángeles, la iglesia y el futuro del mundo.

MANUAL DE

VERDADES BÍBLICAS

DOCTRINA CRISTIANA ESENCIAL

EDITOR GENERAL

JOHN MACARTHUR

Este manual conciso, desarrollado a partir de la obra más amplia de John MacArthur, *Teología sistemática*, es un punto de partida para estudiar temas teológicos como la Biblia, el Espíritu Santo, la iglesia y más. Mientras MacArthur recorre los fundamentos de la fe cristiana, doctrina por doctrina, no solo animará tu corazón y tu mente, sino que también te dará el poder para proclamar la fe "que ha sido una vez dada a los santos" (Judas 3).

EDITORIAL
PORTAVOZ

NUESTRA VISIÓN

Maximizar el efecto de recursos cristianos de calidad que transforman vidas.

NUESTRA MISIÓN

Desarrollar y distribuir productos de calidad —con integridad y excelencia—, desde una perspectiva bíblica y confiable, que animen a las personas a conocer y servir a Jesucristo.

NUESTROS VALORES

Nuestros valores se encuentran fundamentados en la Biblia, fuente de toda verdad para hoy y para siempre. Nosotros ponemos en práctica estas verdades bíblicas como fundamento para las decisiones, normas y productos de nuestra compañía.

Valoramos la excelencia y la calidad
Valoramos la integridad y la confianza
Valoramos el mérito y la dignidad de los individuos y las relaciones
Valoramos el servicio
Valoramos la administración de los recursos